U0456786

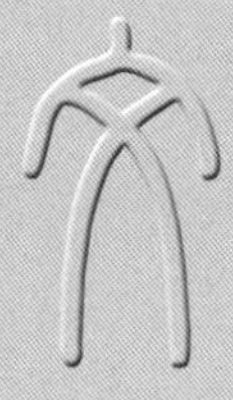

许慎文化研究（二）

第二届许慎文化国际研讨会论文集

上

■ 主编：王蕴智　吴玉培

中国社会科学出版社

图书在版编目 (CIP) 数据

许慎文化研究 . 2，第二届许慎文化国际研讨会论文集：全 2 册 / 王蕴智，吴玉培主编 . —北京：中国社会科学出版社，2015. 2

ISBN 978-7-5161-5535-6

Ⅰ. ①许… Ⅱ. ①王… ②吴… Ⅲ. ①《说文》- 研究 ②许慎（约 54 ~ 149）- 人物研究 Ⅳ. ① H161 ② K825.5

中国版本图书馆 CIP 数据核字（2015）第 026819 号

出 版 人　赵剑英
责任编辑　任　明
特约编辑　乔继堂
责任校对　邓晓春
责任印制　何　艳

出　　版　中国社会科学出版社
社　　址　北京鼓楼西大街甲 158 号
邮　　编　100720
网　　址　http://www.csspw.cn
发 行 部　010-84083685
门 市 部　010-84029450
经　　销　新华书店及其他书店

印刷装订　北京市兴怀印刷厂
版　　次　2015 年 2 月第 1 版
印　　次　2015 年 2 月第 1 次印刷

开　　本　787 × 1092　1/16
印　　张　57. 5
插　　页　6
字　　数　962 千字
定　　价　168.00 元（全 2 册）

凡购买中国社会科学出版社图书，如有质量问题请与本社联系调换
电话：010-84083683

際研討會 留念 2010.10

路（前排左十五）和与会代表合影

第九、十届全国人大常委会副委员长许嘉

与会代表祭拜字圣许慎

2010 年 10 月 28 日，许嘉璐（左八）和中国文字学会、中国训诂学研究会、河南省人民政府、中共漯河市委、漯河市人民政府的领导参加漯河市许慎小学揭牌仪式

第二届许慎文化国际研讨会部分代表在筹建中国辞书博物馆论证会上热烈讨论

漯河市小学生在第二届许慎文化国际研讨会开幕式上诵读中华经典

第九、十届全国人大常委会副委员长许嘉璐，教育部副部长、国家语言文字工作委员会主任李卫红，中国文字学会、中国训诂学研究会、河南省人民政府、河南省政协、中共漯河市委、漯河市人民政府有关领导和专家学者在开幕式主席台前就座

国外专家学者出席开幕式

许嘉璐在开幕式上作重要讲话

教育部副部长、国家语言文字工作委员会主任李卫红在开幕式上致辞

时任河南省政协主席王全书出席开幕式

时任中共河南省委常委、宣传部长、副省长孔玉芳在开幕式上致辞

时任河南省人民政府副省长刘新民出席许慎文化园开园仪式和祭拜字圣活动

河南省政协副主席、时任中共漯河市委书记靳克文主持许慎文化园开园仪式和祭拜字圣活动

第二届许慎文化国际研讨会主题报告会会场

专题研讨第一组会场

专题研讨第二组专家合影

中国文字学会会长黄德宽在祭拜字圣仪式上恭读祭文

时任中国训诂学研究会会长李建国在字圣殿前留影

李建国（左）和现任中国训诂学研究会会长朱小健（右）在许慎塑像前合影

四川大学教授赵振铎在开幕式上

清华大学教授彭林（左）和香港大学教授单周尧（右）在开幕式上

漯河市政协主席、时任中共漯河市委副书记张社魁（左），河南省监察厅副厅长、时任漯河市人民政府副市长孙运锋（右）陪同河南省文字学会会长王蕴智（中）参观许慎文化园

专题研讨第三组会场

安徽大学教授黄德宽（左二）、清华大学教授彭林（右一）、台湾大学教授叶国良（左三）、香港大学教授单周尧（左四）、日本京都大学教授古胜隆一（右二）参加“许慎与中华文化”名家访谈

第二届许慎文化国际研讨会与会代表参加许慎文化园开园仪式和祭拜字圣活动

《许慎文化研究（二）——第二届许慎文化国际研讨会论文集》

编 委 会

继承　发展　和谐　创新

（代序）

许嘉璐

时隔五年，我又来到了漯河，的确非常高兴。这次来到漯河，给我的第一印象是：漯河变了。昨天到漯河的召陵区、源汇区转了转，五年前狭窄的街道不见了，当时的澧河和沙河，水细如沟，垃圾遍岸，河边上骑着自行车都要跳起来的“按摩”路不见了。可以说漯河真正是三年一小变，五年一大变。怪不得漯河这些年连续获得了数不清的荣誉称号：国家园林城市、国家森林城市、全国绿化模范城市、中国宜居城市、综合治理示范市、信访工作先进市、未成年人思想道德示范市，等等。

漯河随着祖国矫健的步伐在快速地前进。在成绩背后，是广大的市民和市委、市政府一条心，上下配合的结果。而在这种团结一心、携手向前的背后，也就是在我们能够看到的发展变化背后的背后，则是全市人民对于和谐的追求。也难怪，在治理沙河和澧河的时候，原定四个月拆迁的任务，两个月就完成了。大家喊出的口号是：和谐拆迁、阳光拆迁、亲情拆迁、依法拆迁。

在漯河发生的这些事，是一种什么现象呢？如果我们从具体的操作、具体的事情中跳出来，用历史的眼光、哲学的眼光、发展的眼光去看的话，其实很简单，就是中华文化。我们在街道上，立交桥上看到了醒目的标语：“传承光大许慎文化，打造漯河文化品牌”，眼前的情景证明，这不是一句空喊的口号，在打造漯河文化品牌的过程中，许叔重这一漯河瑰宝，的的确确在今天又在为他的后代乡亲、为我们的祖国做着贡献。

许慎的文化，许慎的精神，概括地说有哪些特点呢？我认为至少有以下三点。第一个特点：重继承，求发展。他一生的著述今天大家熟知的有《说文解字》和另外两部书，即《五经异义》和《淮南鸿烈解诂》。他为什么撰《五经异义》？为什么为《淮南子》作注？首先是要继承，其次是要站在公元开始的年代，以那个时候的眼光和自己的学识，对中国重要的典籍重新进行阐释。对于传统的阐释，从来无不带有时代的和个人的特色，这个特色就体现了发展。在《说文解字》里，他搜集了在那个时代他所能看到的所有关于文字的证据，对 9353 个文字一一做出解释。他所做出的解释，就是在求发展。第二个特点：传道统，开小学。“道统”这一观念，是唐代的韩愈提出来的，我借用来说叔重夫子。他作《说文》，就是想引导社会回归元典原意。扬雄在评介当时的今文经学时说：“终能致远者，盖亦鲜矣。”这是指责今文经学家大多钻到了一部经书里，严秉师说，过重家法，不能致远。什么是“远”？在我理解，就是司马迁在《报任安书》里所说的“究天人之际，通古今之变”，就是超越眼前，超越学术，超越感官所能感知的范围，实际上就是探究人生、社会、宇宙、未来，这就是传承道统。许慎作《五经异义》实际是要致远。同时他延续、开辟了“小学”领域。诚如刚才李卫红副部长所说，《说文解字》给中国的语言文字学奠定了基础。汉字是形、音、义三位一体的。由“形”派生出后来的“文字学、汉字学”；由“音”派生出“音韵学”；由“义”派生出“训诂学”。实际上，这些“学”是受了西方近代自然科学的影响而人为划分，甚至是勉强分立的，有利有弊，这里不必详说。在周代，这些知识称为“小学”，是贵族子弟教育的初级阶段，学习识文断字，但具体情形不得而知。由于出现了《说文解字》，后代又逐步形成了研究形、音、义的“小学”这门学科。许慎知道“工欲善其事，必先利其器”。他著《说文》，是让人们正本清源，知道每个字的原义是什么，同时知道对字要如此这般地分析，不要象有些今文学家那样望文生义，随意解释、“阐发”圣人的“微言大义”。第三个特点：倡包容，履知行。履，就是践行。从许慎的《五经异义》残文可以看得出来，他对今文经学、古文经学并没有门户之见。在《说文》里，开卷第一条解释“一”字：“惟初太始，道立于一，造分天地，化成万物”，就是承用今文经学家董仲舒的说法，在“王”字的解释里又直接引用了董仲舒的话。所以可以说，他的一部《五经异义》、一部《说文解字》，包容、融汇了今文经学和古文经学。在东汉期间今文经学已经衰落，后代有些人认为今文经学一无可取，其实并非如此。许慎就是要兴古文经学，救今文经学。昨天我参观许慎文化园，工作人员说许慎是贾逵的学生，贾逵是他的恩师。我说，不要这样提。东汉时，在今文经学博士那里，哪个人是不是谁的学生是非常严格的，要在编牒上登记的。古文经学也讲师承，如果许慎是贾逵的学生，史书就会说“受业于贾逵”或“从贾逵习……”而所有史籍中都没有说许慎出自贾逵门下。他是“博问通人”的，但是《后汉书》的作者突出了一个“考之于逵”，而贾逵则“虽为古学，兼通五家《谷梁》之说”。许慎撰《说文》开卷就用今文之说，又“考之于逵”，这正是许慎突破当时门户之见的一个了不起的行动。同时，他履知行，亲自实践，学了孔夫子等前圣的教导，就在自己的生活和学术实践中践行，而不是钻在象牙塔里，见字知字，而不问窗外事。《后汉书》上说他“性淳笃”。“笃”，厚也；厚则定，于是又有“笃定”的意思，即立了志，不动摇，这都是圣人之训。但是他挽救不了今文经学，积重难返，利益集团已经成为今文经学的掌控者。许慎就象孔夫子一样，“知其不可而为之”。我想这都是他的践行。在今、古文经学势同水火的社会环境里，他能够突破门户藩篱，也是一种特立独行，是一种创新。他的经学，虽然我们不能窥其全豹，但是根据许慎一生的为人，根据他的儿子许冲《上 < 说文解字 > 表》所表述的，可以知道，他所追求的最高境界，就像是一千年后关中学派的创始人张横渠所说的：“为天地立心，为生民立命，为往圣继绝学，为万世开太平。”

许慎身后基本上是寂寞的。虽然从汉经南北朝，到唐宋，时不时地有人提到他，但是他真正“红”起来是在清代。可惜的是，清代把他的学术和精神阉割了。特别是进入乾嘉以后，由于社会的、历史的和学术界自身的原因，把许慎的文化，或者说许慎的学术和精神缩小了范围，只停留在“小学”的狭小圈子里，后来干脆称之为“许学”。乾嘉以至乾嘉以后，虽然以扬州学派为代表的一些学者开始要突破这种只在文字、音韵、训诂上讨生活的视野，研究历史的和社会的问题，但是，学术和社会的主流还是所谓汉学、经学，只讲字、只讲音、只讲形，鲜有涉及义理。

西学东来之后，在乾嘉以来的基础上，更加严重了。西方哲学当中的二元对立思想，造成只有“为学术而学术”、“纯学术”才是最高级的这样一种荒谬的观念。受到这种潮流的影响，我们的学科分类，个人所学越来越细，越来越窄，越来越远离了“博”与“通”。分工、专门、精细是必要的，唯有专门才有深入。但是如果忽视了博与通，则将一往而不知复，见木而不知林。任何事物都是复杂的、综合的、整体的，所以前些年西方学者提出要学科“渗透”、要“综合”、要培养复合型人才。二三十年过去了，他们的期盼还是梦想、神话，积弊过重转弯也难哪。当然，社会是多元的，学术也应该多元。个人的爱好、特长、专攻，都是学术和社会所需要的。文字、音韵、训诂、考据、版本、校勘，都是进行综合、渗透、博通的基础，非常重要。但是，宏观地看，如果整个学术界，或者说整个社会，只知“器”，而不知“道”，“道统”就要断，文化就要断，于是民族的价值观、人生观、伦理观就要断。打个通俗的比喻，厨房里既需要专门切葱花的师傅，也需要掂起炒勺能做出南北大菜的师傅；借用清代大儒戴震的话说，我们既需要抬轿的人，也需要坐轿的人。只有葱花切得好，洋芋削得好，肉剁得好，大厨才能烹调出色香味俱全的大菜；有抬轿的人，才能有坐轿的人，或者说坐轿人才有轿可坐。在我国学术界，只知“器”、只治“器”而不知“道”、不治“道”的现象比较严重，应该引发我们的深思。

来到漯河我高兴地看到，漯河的领导与群众在用自己的实践兼顾“道”与“器”。刚才我叙述了漯河的变化和我感受到的干部和乡亲们的内心，这在许慎文化园也有所体现。漯河人没有忘记许慎的另一面：对经学的关心和独到。漯河正在努力打造自己的文化品牌，我想，许慎文化肯定是漯河文化品牌里耀眼的一部分。漯河的今昔，我是拿四分之一世纪之前的情况和现在对比的。由这一对比我可以断言，漯河的前程不可限量。因为，科学发展最重要、最根本的动力是文化，这一点，漯河的乡亲们已经感受到了。现在不管是内企还是外企到漯河来投资，第一看重的不是交通，不是地价，而是这个城市人民的素质、文化水平。引资招商是如此，整个城市的可持续发展也是如此。25 年前的漯河几乎没有什么工业，地下也没有任何矿藏，如今能成为经济增长在河南排在前列的城市，力量从哪里来？资源从哪里来？最大的力量来自文化，最大的资源还是文化，特别是价值观和创新意识。现在，漯河正在朝着打造国内先进、在世界上有影响的食品文化名城前进。我想，如果漯河能够在学术上，在旅游、制造等行业上，坚持在继承基础上创新，那么，未来的五年漯河一定又有一大变。在这个变化当中，许叔重夫子会继续助他的乡亲们一臂之力。而且，随着应各国朋友之邀，汉语、汉字大规模地、成建制地走向世界，汉字—许慎—漯河会让越来越多的各国学者和人民所知晓。现在漯河还在内海里航行，按照中国海洋法、交通法航行；漯河一定会开到公海上去，按照国际规则航行。那时候，许叔重夫子也会随着漯河的航船让世界人们所知。

一得之见，可能谬误，请多多指教。

* 本文为作者在 2010 年第二届许慎文化国际研讨会开幕式上的讲话。

许嘉璐：第九、十届全国人大副委员长。曾任国家语言文字工作委员会主任、民进中央主席。

目录

上卷

下　卷

上　卷

《说文解字》与汉字阐释学

黄德宽

安徽大学

《说文解字》(以下简称《说文》)是一部划时代的伟大著作，它的产生标志着中国文字学的正式创立。这部伟大的著作奠定了中国文字学研究的理论基础、基本方法和范式。《说文》自问世以来，一直影响和决定着中国文字学研究的历史进程和总体方向，整个传统文字学研究史也可以说就是一部《说文》研究史。

晚清以来，西学东渐，中国传统学术受到了严峻的挑战，面临着存亡危机。以《说文》为代表的传统中国文字学也不例外，随着现代语言学的传入，一些语言学者试图摆脱《说文》影响而创立新说，有的人甚至奉西学为神明，无知地否定和批判《说文》和传统文字学。尽管如此，随着中国传统学术的发展和进步,《说文》的潜在价值和巨大影响不仅没有降低，反而日益彰显。作为汉字研究的经典性著作,《说文》博大精深，蕴涵丰富，许慎的一些重要的文字学思想及其价值尚没有被后人充分认识到，有待当代学者进一步去发掘和弘扬。我们认为，提出汉字阐释问题并探讨建立汉字阐释学的可能，就属于这方面的一个尝试。

在汉字教学与研究过程中，汉字的阐释问题实际上是汉字研究的核心问题。无论是教学还是研究，对汉字的认知和解释，即是起点也是终点。认知汉字的形、音、义并做出合理的解释，是学习者、教学者和研究者首先要面对的问题，也是最终要解决的问题。

汉字作为记录语言的符号系统，学习者在汉字习得过程中，逐步认知汉字的各种属性（形、音、义），从而达到了解汉字知识并学会书写和应用汉字。这是一般意义上的汉字认知过程，也就是汉字习得的过程。对普通的语言文字学习者来说，学会运用也就达到了目的。

教学者为实现教学目标，必须尽可能地对汉字的各种属性给出合理的解释，这种解释是建立在研究者对汉字阐释的基础之上的。这就涉及汉字研究中的阐释问题。

汉字的阐释实际包含两个不同层次：一是为一般汉字习得者更好学习汉字，对汉字属性做出必要的解释，比如汉字教学过程中的字形分析、字音描写和字义解说；二是对汉字属性形成的原由予以揭示并做出解释和说明，其目的是要阐明汉字构形的“所以然”，比如汉字形体来源、音义关系的分析等，这种分析往往涉及汉字构形的功能及其文化蕴涵。

汉字阐释牵涉的问题相当复杂，面对数量巨大、内容庞杂的汉字体系，阐释者如何分析解释，影响汉字阐释的要素有哪些，应遵循什么样的原则和方法，如何有效建立汉字与其产生发展的历史文化背景的联系，历代汉字阐释的成果如何甄别，能否建立科学的汉字阐释模式，诸如此类，都需要进行深入的专门探讨，我们将研究探讨汉字阐释问题的专门之学称为“汉字阐释学”。

早在中国文字学的萌芽阶段，对汉字阐释的问题就已经有所触及，如《左传·宣公十二年》中出现的“夫文，止戈为武”，《韩非子・五蠹》“自环谓之私，背私谓之公”，就是对汉字“武、私、公”的构造及其含义的阐释。《说文》是汉字阐释的百科全书式著作，书中不仅对所收全部汉字的形、音、义及其构造意蕴进行了力所能及的阐释，而且许慎阐释汉字的理论、方法和经验为汉字阐释学的建立提供了宝贵的借鉴。下面我们看一个例子，《说文》卷一“王”字：

王，天下所归往也。董仲舒曰：古之造文者，三画而连其中谓之王。三者，天、地、人也；而参通之者，王也。孔子曰：一贯三为王。

对“王”的解释体现了许慎说文解字的基本方法和目标追求，也包含了他的汉字阐释思想。“天下所归往”说的是“王”的读音来源，即“王”的读音源自“天下所归往”的“往”；“三画而连其中谓之王。三者，天、地、人也；而参通之者，王也。孔子曰：一贯三为王”。这段文字是要阐释“王”字为何写成“三横画一竖画”，说的是“王”的构形意蕴，即字形构造的理据。比较一下现在通行的权威工具书，我们就会发现，这些工具书只是注明“王”字读音和字义，一般不再说明其读音的来源和构形的理据，也就是说现代语文工具书基本上放弃了《说文》的释字传统。即便如此，汉字研究和教学过程中，却无法回避这个问题。因此，关于“王”的解释，一直是学者所关注的问题，后来也提出了不少新说，如：王字从火（旺）说、象王冠说、象人端拱而坐说、象牡器之形说，现在大家比较同意林澐的“象斧钺形”的说法。

上举新说，虽然多不同意许慎对“王”的阐释甚至超越了许慎，但是在方法上，则依然继承了《说文》开创的汉字阐释传统，那就是从特定的文化背景和文化传统出发，通过分析汉字构形及其蕴含的文化要素，来揭示汉字构造和发展与中国文化的深层关系，从而阐释汉字构形的理据、特点和规律。这种汉字阐释的方法，已突破汉字作为记录语言符号系统的层次，将汉字阐释从语言层面上升到与历史文化的研究相结合的层面，我们曾将具有这类特征的汉字阐释称作“汉字的文化阐释”。“汉字的文化阐释”是对《说文》汉字阐释传统的继承和发扬，具有当代学术意义和重要价值。“汉字阐释学”即是对“汉字文化阐释”的理论化和系统化，是一个跨越语言文字学、历史学、考古学、民俗学和思想文化史等不同学科的交叉边缘学科，许慎及其《说文》可以说是这门学问的思想源头和资料宝库。

从汉字的文化阐释到汉字阐释学的提出，并不是我们要标新立异，而是文字学研究的必然要求；将许慎及其《说文》与建立汉字阐释学联系起来，也不是我们盲目推崇古人，而是《说文》及其奠定的文字学传统使然。近年来，汉字的研究、教学呈现出一片繁荣景象，孔子学院在世界各国的建立更是促进了汉语汉字在海外的广泛传播。如果我们全面考察汉字教学和研究的实际情况，尤其是关于汉字文化或汉字与中国文化关系的各种观点，对汉字与传统文化的误读误解可谓比比皆是，这在一定程度上造成汉字阐释的混乱，给学习者、教学者带来不少困惑，也使人们对汉语文字学的科学性有所质疑。这种状况的出现，表明已经形成的文字学理论和成果还不能适应当前汉字教学和研究的需要，建构真正能科学解释汉字与中国文化关系的新的理论学说，对当前的汉字研究和教学都具有现实的必要性。因此，我们认为，借鉴许慎的汉字阐释成果，发掘《说文》蕴藏的文字学理论遗产，建立科学汉字阐释学是汉字研究适应时代要求的新拓展。

《说文》对建立汉字阐释学提供的借鉴，至少有以下几个方面：

其一，《说文》对汉字功能和属性的认识，奠定了建立汉字阐释学的认识论基础。许慎说：“盖文字者，经艺之本，王政之始，前人所以垂后，后人所以识古。故曰：本立而道生，知天下之至啧而不可乱也。”这种认识，一方面与现代语言学对文字功用的认识完全一致，即文字符号系统通过记录语言，从而突破有声语言的时空局限，“传于异地，流于异时”，实现“垂后”“识古”的功效；另一方面，特别值得注意的是许慎将文字提高到“经艺之本，王政之始”的高度，认为文字是“经艺”和“王政”的本始，具有根本性、决定性的作用，这就为他阐释文字的文化内涵奠定了认识论基础。从这种认识出发，他对《说文》这部书的作用也就有了明确的定位，那就是“将以理群类，解谬误，晓学者，达神恉……万物咸睹，靡不兼载”。他的观点和研究实践，尤其符合汉字这种自源性文字体系，是对汉字与中国文化关系的自觉体认。只有准确认识汉字与它赖以产生、发展的文化背景的深层联系，揭明汉字与传统文化的依存关系，才能发展出真正适应这种文化背景下产生的文字体系的阐释理论和方法。从这个意义上说，将许慎看作汉字阐释理论的奠基者是毫不为过的。

其二，《说文》确立了汉字阐释学必须坚持的历史性原则。确立汉字的历史发展观是正确考察汉字并实现对汉字科学阐释的基本原则，这在今天是一个常识问题。因为汉字经历了产生、发展、变革等各个发展阶段，这是一个漫长的历史进程。在不同的历史阶段发生的汉字现象，其蕴含的文化信息是有差别的，对其正确阐释必须是建立在对这种历史发展的正确认识之上的。但是，许慎所处的时代，对汉字的历史发展认识并不清晰，比如对待重新发现的古文，“世人大共非訾，以为好奇者也，故诡更正文，向壁虚造不可知之书，变乱长行，以耀于世”。许慎批评“诸生竞说字解经谊，称秦之隶书，为仓颉时书，云父子相传，何得改易？乃猥曰：马头人为长，人持十为斗，虫者屈中也”。从《说文·叙》这些记录可以看出，当时对汉字的历史发展面貌世人多所不晓，甚至对“古文”这种字形的存在都表示怀疑，基本上没有建立起汉字的历史发展观。许慎《说文·叙》则清晰地描述了文字的生成和发展，他认为：文字起始于庖牺氏“始作八卦”、神农氏“结绳为治”；黄帝之史仓颉“初造书契”，“仓颉之初作书，盖依类象形”，“其后形声相益”；“五帝三王之世，改易殊体”；到周宣王有太史籀大篆，春秋之后“诸侯力政”，战国时期“言语异声，文字异形”；秦始皇于是书同文字，颁行小篆；“是时，秦烧灭经书，涤除旧典，大发隶卒，兴役戍，官狱职务繁，初有隶书，以趋约易，而古文由此绝矣”。这个描述，是当时对汉字发生、发展史认识最完整的记录，就今天的认识而言，也基本符合汉字产生和发展的实际情况，这证明当时许慎已经确立了汉字历史发展的正确观点，正是这种观点的确立，才保证了他的汉字阐释研究能坚持历史性原则，经得起时代的考验。

其三，《说文》发展了汉字阐释的理论和方法，使对汉字的系统阐释成为可能。

许慎撰写《说文》一书,对汉字系统的构造进行了深入研究,发明了汉字540部首,“其建首也,立一为耑(端),方以类聚,物以群分,同牵条属,共理相贯,杂而不越,据形系联,引而申之,以究万原,毕终于亥,知化穷冥”。《说文》构建的汉字系统揭示了汉字形音义的内在联系性,使数以万计的汉字变得有规律可循。许慎认为汉字的构形是由“依类象形”再到“形声相益”而“孳乳浸多”的,他发展和丰富的“六书”理论为“说文解字”确立了基本理论和方法。汉字研究的历史表明,这也是汉字阐释的有效方法。

其四,《说文》的汉字阐释实践,为汉字阐释学的建立提供了丰富的素材。据《说文·叙》记录,《说文》共收列9353字,重文1163,解说文字达133441字。这是对当时所使用汉字和流传的籀文、古文、或体、奇字的全面整理,是一部皇皇巨著。《说文》对所收文字的阐释,体现了他的汉字阐释思想,内容极为丰富。其子许冲上《说文》表,称《说文》“六艺群书之诂,皆训其意而天地鬼神山川艸木鸟兽虫杂物奇怪王蚰制礼仪世间人事,莫不毕载”。《说文》不仅收录宏富,关键是他“引而申之,以究万原”,对每个字所进行的阐释,是一次汉字阐释的伟大实践。今天看来,无论他的阐释正确与否,对汉字阐释学的建立都具有重要的理论意义和样本价值。许慎阐释汉字所体现的认知过程、阐释模式、遵循原则和基本方法及其对汉字与文化背景关系的梳理,影响和启迪了历代学者的汉字阐释行为,这些学者中有许多成就卓著,如南唐徐锴、清代段玉裁等。历代汉字阐释的成果为建立汉字阐释学提供了资料积累和理论准备,而这一切又都是建立在《说文》基础之上的。

基于以上几点,我们认为从发掘《说文》蕴涵的汉字阐释成果入手,弘扬许慎汉字阐释的理论和思想,探索建立科学的汉字阐释学,以适应当代汉字教学和研究的需要,是许慎和《说文》对当代文字学研究价值的又一个体现。

在建立汉字阐释学的视野下,我们再一次发现了《说文》这部巨著的重大价值,但是真正意义上的科学汉字阐释学的建立,将是一项艰巨的任务。我们必须通过对汉字阐释传统的继承和合理要素的发掘,充分利用当代文字学,特别是古文字学研究的新成果,吸收考古学、历史学、思想文化史等学科领域的营养,立足《说文》而又有所超越和发展。

第一,要进一步理清汉字阐释涉及的基本要素和主要环节。汉字阐释是一个复杂的主体行为过程，涉及阐释的对象、阐释主体和阐释过程，这是构成汉字阐释的三个基本要素。

第一个基本要素“阐释对象”，也就是历代汉字。汉字是中国文化的产物和文化信息的载体，汉字蕴涵的文化要素既有本源性的，也有历代发展演变过程中附加上的，异常丰富而复杂。当前对历代汉字，尤其是先秦汉字面貌的认识，已远远超过许慎，我们所见到的甲骨文、青铜器铭文、战国文字资料，许慎都无缘见到，对历代汉字的发展演变我们的认识也更为清晰。因此，我们要借鉴许慎的思想、理论和方法，回答许慎试图解决而由于时代和资料的局限无法解决的问题，包括纠正当时背景下难以避免的错误。

第二个基本要素“阐释主体”，也就是汉字的阐释者（解释者）。汉字的阐释者既是汉字文化阐释的实施者，同时又是一定文化的创造物，其阐释行为模式和认知范式总是取决于他所接受的文化传统、一定时期文化背景的影响以及个人生长的文化环境。在这一点上，今天的学者比起许慎有许多优势也有很大局限，许慎去古未远，沉浸于当时的文化情境之中去体味汉字的一点一画，这是今天的学者永远也无法企及的。时代相去越远的阐释者，与阐释对象之间的疏离越是难以弥合，阐释者总是难以摆脱其时代的局限和对远古的蒙昧无知。

第三个基本要素是“阐释过程”。汉字阐释是一种非常复杂的主体心智活动，从阐释对象的确定、认知，到对汉字文化要素的揭示，并进一步予以证说，从而得到正确的结论，这个过程严密、复杂、艰难，而且充满歧途。因为，汉字自身不能证说自己而且情况复杂，中国文化又博大无比，其内涵及其变化更是气象万千，一个汉字到底在哪一个层面以何种方式与一种文化现象发生内在联系，往往是很难做出简单的判断的。故此，汉字阐释的过程就显得十分复杂和充满风险，这个过程最终决定着阐释的成败。

近年来，对中国传统文化的重新估价，使得汉字文化研究再次引起学者的重视。但是，由于阐释者对汉字文化的简单化理解以及中国文化和汉字知识的积累所限，致使各种似是而非甚至错谬百出的阐释触目皆是。这也从一个方面表明汉字阐释的复杂性和艰难性。即便是训练有素、学识渊博的文字学家，也难以保证自身所做的阐释就是准确无误的，历代学者在这方面留下了许多教训。

第二，在认识到汉字阐释的复杂性和不确定性的同时，要将《说文》阐释汉字的经验进一步上升到科学的理论。汉字阐释作为一个非常复杂的主题行为过程，尽管因阐释者的差异存在着种种不同，但是阐释者也遵循着基本的阐释模式。当阐释者面对阐释的汉字时，总是试图调动其全部知识，对汉字的构形及其文化内涵做出合理的解释和证说。我们曾认为，排除阐释者由于所处时代、个人文化积累和背景不同而形成的差异，汉字阐释大体上涉及以下五个重要范畴，即文化诱导、文化抉择、具体化、体悟和证说。

所谓“文化诱导”，即指文化传统和各种文化要素对汉字阐释的导向作用。阐释者是一定文化传统的表征，无论何种阐释，阐释者都是一定文化要素的代言人。在阐释过程中，各种文化要素都有可能引导阐释者对阐释对象做出某种判断。

所谓“文化抉择”，即指阐释者对阐释过程中起诱导作用的各种文化要素和信息的选择和取舍。阐释对象的单一性和文化信息的庞杂性，使得面对同一阐释对象时，对文化信息的抉择显得至关重要。因为只有某一或某些信息对阐释对象是有意义的，其他信息则是起干扰作用的多余信息。

所谓“具体化”，即指将阐释者抉择的文化信息落实到阐释对象——汉字的构形或读音之上的过程。这个过程既有对字形具体而细微的分析证明，也有对字形符号的抽象和超越，往往只有通过抽象来引发不同的联想，才能正确揭示阐释对象的文化内涵。

所谓“体悟”，即指阐释者在认知和阐释汉字过程中呈现的一种复杂的心智活动。体悟激发文化要素与阐释对象的关联，决定阐释者对文化信息的取舍并影响文化信息具体化的过程。

所谓“证说”，即指汉字阐释者对自身阐释合理性的证明，它应当展示阐释过程及结果的理据性和可靠性。因此，阐释者需要追索汉字早期构形及其流变，考察汉字时代背景，寻找各种文化典籍、考古学和人类文化学材料予以证明。

以上五个范畴，构成汉字阐释完整的模式化过程，虽然并非每个汉字的阐释都机械地遵循全部的阐释环节，但是哪怕最简单的阐释也不会违背各个范畴的实质，否则，就会走向歧途。但是，即使认识到汉字阐释所涉及的这种模式，也不能保证阐释结论就必然正确。许慎为代表的传统汉字阐释及后人对汉字的种种“误读”，为我们提供了有益的镜鉴。

第三，建立科学的汉字阐释学，需要进一步深化对《说文》所遵循的历史性原则的认识。这一原则不仅应贯穿于汉字阐释的过程之中，而且也是判断汉字阐释结论正确与否的基本依据。

一是关于汉字系统层积性的认识。汉字是伴随着历史发展而次第产生并逐步完成的符号系统，汉字系统的层积性是汉字阐释坚持历史性原则的基础。汉字作为一种文化遗存所呈现出的完整性和系统性，使人们几乎无法客观地再现其内在的历史层次。因此，当人们去建立汉字与中国历史文化的联系时，常常因忽视历史层次性而发生种种误读。即便是许慎也因此出现许多错误，如上举他对“王”字构形和意蕴的阐释，就属于这样的问题。

二是关于汉字与文化发展层次对应性的认识。不同时代产生的汉字，其最初形态及其负载的文化信息只与它产生的那个时代的历史文化相关联。文化本身是动态的系统，既体现传承性，也体现一定的时代性。要尽可能排除主观随意性，只有坚持历史性原则，真正寻找并建立汉字与相应时代历史文化发展层次相对应的关系，对汉字构形的文化阐释才有可能趋向正确。

三是关于汉字携带的文化信息层累性的认识。将不同时期产生的汉字置于同一历史层面，并试图建立它们与中国古代文化的联系，必然会混淆汉字与文化关联的历史层次性，背离汉字阐释的历史性原则。汉字携带的文化要素实际上也是一个历时层累的过程，随着汉字历经不同时代的沿用，它负载的文化信息也越来越多，这种层层迭加的文化要素，使得同一字因此负载着不同时代的文化信息。如“王”字、干支字的使用、沿革所不断叠加的信息。因此，汉字的阐释者只有坚持历史性原则，才能科学分辨各种文化信息的历史层次，从而正确地阐释内涵复杂而丰富的汉字。

当然，汉字阐释学的建立，面临的问题远不止以上这几个方面。比如，汉字形、音、义本身还是一个复杂的有待证明的系统，许多汉字的构形及其音义关系是混沌不清的，这需要尽可能地将汉字阐释建立在对汉字本身科学分析的基础上；汉字的历史层次性和动态发展的轨迹迄今还未能得到充分的揭示，使得汉字阐释必须首先面临汉字发展历史层次的判别问题，这需要以艰辛而严谨的汉字断代研究工作为前提；古代历史文化虽然得以流传和保存下来，但是文化信息的丢失、断裂和变形是普遍发生的，使得阐释过程中对汉字与古代文化关系的建立显得非常艰难，有时会面临误读误判的风险，这就要求阐释者必须尽最大可能寻找那些失落的文化信息，排除相关文化信息的干扰，从而真正重现汉字与古代文化的本来联系；对汉字文化阐释的证说，总是难以摆脱阐释者自身的和时代的局限，因此，如何科学地估价历代汉字阐释的成果并审慎地加以运用，这也是衡量汉字阐释者水平高低的一道难题。

许慎和《说文》这部伟大的著作，为汉字阐释学的建立奠定了基础，积累了经验，他致力于揭示汉字与中国文化深层关系的努力，不仅开创了汉字阐释的传统，也为当代建立科学的汉字阐释学、创新文字学研究提供了可能，这可以说是《说文》重大学术价值的再一次证明和显现。

黄德宽，男，1954年出生，安徽广德人。安徽大学汉语言文字学教授、博士生导师。担任国家社科基金评审委员会委员、中国文字学会会长等职。主要从事中国文字学、古文字学教学和研究。

论许慎的学术定位

彭　林

清华大学

许慎是中国学术史上里程碑式的人物，影响极之深远。许慎的成就是多方面的，对他的学术身份的界定，要作全盘的分析与考量，要符合他一生的旨趣与学术追求，以及社会对他的评价，避免举其一隅而遗其大端，这是许慎文化研究首先要解决的问题。

一　许慎首先是经学家，然后才是文字学家

提及许慎，就会想到尽人皆知的《说文》，进而以“文字学家”的身份来定位他，这是目前社会上普遍的认识。漯河有关方面曾有在许慎故里建造“中国文字博物馆”的设想，就是这一认识的反映。将许慎定位为“文字学家”自有一定道理，但并不到位。我们先来看《后汉书》对许慎的介绍：

叔重者，名慎，汝南召陵人也。性纯笃，少博学经籍，马融常推敬之，时人为之语曰:“《五经》无双许叔重。”为郡功曹，举孝廉，再迁除洨长。卒于家。初，慎以《五经》传说臧否不同，于是撰为《五经异议》，又作《说文解字》十四篇，皆传于世。

以上所引，不过寥寥百余字，但贯穿人物一生的主线是经学，却是无可置喙的：许慎年少时即“博学经籍”，涵泳于六艺之中；许慎在经学上一定有不同凡响的识见，否则岂能令马融“常推敬之”？马融乃东汉经学大师，《后汉书》说他“才高博洽，为世通儒。教养诸生，常有千数”。当初，郑玄兼学今古文，以为“山东无足问者，乃西入关”，师事马融，“融素骄贵，玄宗门下，三年不得见”，而马融居然如此推戴许慎；不仅如此，许慎还赢得了学界与社会“五经无双”的赞誉，其在经学领域的成就之高，于此可以窥知；许慎学术的代表作首推《五经异义》，然后才是《说文》。对许慎的学术定位，不得悖逆《后汉书》的记载，这是我们应当恪守的底线。

许慎以经学见重于汉代，却以小学名闻于今世，令人感伤。众所周知，中国学术自汉代起，就以经、史、子、集四部为大纲，经学位居四部之冠，绝非偶然。自武王克商、周公制礼作乐以后，民本主义思潮兴起，建设以道德理性为准则的典章制度、树立高尚的人格和正确的人生价值观，成为知识界的主流，而经学则是这一思潮的理论形态，是中国人实现修齐治平与天下大同的不二法门，是中国文化的核心之所在。由《左传》可知,孔子之前的诸多知识精英,就开始诠释《诗》《书》《易》等经典的人文内涵，并不断为之添加新的思想资源。其后的学者踵武相继，绵延千载，形成了独具东方文化色彩的学科：经学。在不以宗教立国、而以人文教化为主轴的中华，经学的巨大正面作用无可替代。

包括文字、音韵、训诂在内的小学，自古以来就依附于经学，而不是独立的学科。将原本是经学名家的许慎，定位为文字学家，既不符合史事，也不能全面反映他的学术贡献。我们在此不厌其烦地辨析经学与小学的区别，旨在精准地定位许慎的学术，而无意贬低文字学的地位，诸位不要以文害辞。恰恰相反，小学是治经的不可须臾或离的工具，离开小学，则经学研究无从谈起。清代学术之所以名家辈出，重要原因就在于清人无不精熟于《说文》之学，这是人所共知的事实，毋庸赘言。

许慎学术与经学、小学的关系，可以钓者、鱼、鱼钩为譬。许慎是钓鱼高手，同时又擅长做鱼钩。许慎并非专做鱼钩、以此为业的匠人,许慎做鱼钩,旨在钓鱼,此鱼就是经学。许慎金针度人，将鱼钩惠赠学界，若是学界据此称他为鱼钩专家，许慎将作何感想？因此，我们主张，许慎的学术定位以“著名的经学家、文字学家”为妥，先经学，后文字学。

二　诠解经典是《说文》的重心

许慎无意成为文字学家,《说文》之前已有《尔雅》，因而《说文》并非首创的字书。许慎作《说文》的初衷，乃是出于一种文化忧虑。秦火之后，文化传承出现断裂,突出的一点,乃是由于“隶变”造成的文字隔阂。尉吏说律,望文生义,乃至出现“猥曰”云云的笑谈。古文经较多地保留着经典文本的旧貌，对于正确理解经义大有裨益，不料居然受到嘲讽和排斥，说经成为比较随兴的行为，长此以往，经典的本义必然受到伤害。许慎通过全面说解文字，讲明文字的本义，是为了捍卫经典的神圣与纯正。这一理念在《说文序》中有突出的表述：

言文者，宣教明化于王者朝廷，君子所以施禄及下，居德则忌也。……盖文字者，经艺之本，王政之始，前人所以垂后，后人所以识古。故曰：本立而道生，知天下之至啧而不可乱也。

文字是王者“宣教明化”的工具，是“经艺之本”，推行王政的起点，承担着前人垂后、后人识古的传承文明的重任。因此，只有文字这一“本”得以树立，王政之“道”才有载体。没有文字，就无所谓经典，道就无从体现，前人无法将自己的文明昭示于子孙后代，子孙后代也无从了解祖先的文明。

《说文》9353字，不可能字字都与经典有关，但是许慎尽其所能，大面积地地征引经典。据粗略统计，全书征引《诗》《书》《礼》《易》《春秋》《孟子》以及孔子之说者，约1000次。其中引《诗》《礼》数量最多，约居其半。这一现象，是《尔雅》所没有的，非常突出。许慎的此类诠解，先说字义，后举文献，紧紧围绕经典展开：

祏：宗庙主也。《周礼》有郊宗石室。

祫：大合祭先祖亲疏远近也。从示、合声。《周礼》曰：三岁一祫。

衡：牛触横大木其角。从角、从大，行声。《诗》曰：设其楅衡。

觿：佩角锐耑，可以解结。从角、巂声。《诗》曰：童子佩觿。

璿：美玉也。从玉、睿声。《春秋传》曰：璿弁玉缨。

琥：发兵瑞玉，为虎文。从玉、从虎，虎亦声。《春秋传》曰：赐子家双琥。

龤：乐和龤也。从龠、皆声。《虞书》曰：八音克龤。

琨：石之美者。从玉、昆声。《虞书》曰：杨州贡瑶琨。

玕：琅玕也。从玉、干声。《禹贡》：雍州球琳琅玕。

利：銛也。从刀，和然后利，从和省。《易》曰：利者，义之和也。

刲：刺也。从刀、圭声。《易》曰：士刲羊。

葬：藏也。从死在茻中，一，其中所以荐之。《易》曰：古之葬者，厚衣之以薪。

讱：顿也。从言、刃声。《论语》曰：其言也讱。

啟：教也。从攴、启声。《论语》曰：不愤不启。

謜：徐语也。从言、原声。《孟子》曰：故謜謜而來。

上列诸字，大多是常用字，生僻字不多，但许慎所举，都是经典文句，中间没有过渡，字义与经文直接联系。这种处理方式，与其说是讲解文字，毋宁说是讲解经文、为经典作注。

在许慎而言，经典是最权威的文本，经典所言，千真万确，因而屡屡直接征引，用来说解字义。通常的情况，是明引经文，说明出处，但也不乏暗引的情况，不说明出处，但显然是采用了经文。以下是许慎暗引《周礼》文本解字的若干例证：

旐：龟蛇四游，以象营室，游游而长。从㫃、兆声。

按："龟蛇四游，以象营室"，取自《周礼·辀人》："龟蛇四斿，以象营室也。"

旗：熊旗五游，以象伐星，士卒以为期。从㫃、其声。

按："熊旗五游，以象伐星"，取自《周礼·辀人》："熊旗六斿，以象伐也。"

卩：瑞信也。守国者用玉卩，守都鄙者用角卩，使山邦者用虎卩，土邦者用人卩，泽邦者用龙卩，门关者用符卩，货贿用玺卩，道路用旌卩。

按："守国者用玉卩，守都鄙者用角卩，使山邦者用虎卩，土邦者用人卩，泽邦者用龙卩，门关者用符卩，货贿用玺卩，道路用旌卩"，取自《周礼·小行人》："达天下之六节：山国用虎节，土国用人节，泽国用龙节，皆以金为之；道路用旌节，门关用符节，都鄙用管节，皆以竹为之。"

洫：十里为成，成间广八尺，深八尺谓之洫。从水、血声。《论语》曰：尽力于沟洫。

按："十里为成，成间广八尺，深八尺谓之洫"，取自《周礼·匠人》："方十里为成，成间广八尺，深八尺，谓之洫。"

巜：水流浍浍也。方百里为巜，广二寻，深二仞。

按："方百里为巜，广二寻，深二仞"，取自《周礼·匠人》："方百里为同，同间广二寻，深二仞，谓之浍。"

圭：瑞玉也，上圜下方。公执桓圭九寸，侯执信圭，伯执躬圭，皆七寸，子执谷璧，男执蒲璧，皆五寸，以封诸侯。

按："公执桓圭九寸，侯执信圭，伯执躬圭，皆七寸，子执谷璧，男执蒲璧，皆五寸，以封诸侯"，取自《周礼·大宗伯》："以玉作六瑞，以等邦国：王执镇圭，公执桓圭，侯执信圭，伯执躬圭，子执谷璧，男执蒲璧。"以及《大行人》：上公之礼，执恒圭九寸；诸侯之礼，执信圭七寸；诸伯执躬圭；诸子执谷璧，五寸；诸男执蒲璧。

斝：玉爵也。夏曰琖，殷曰斝，周曰爵。

按："夏曰琖，殷曰斝，周曰爵"，取自《礼记·明堂位》："夏后氏以琖，殷以斝，周以爵。"

引用经文解字并非易事，难题之一，是学者对经义的理解每每有分歧。从某种意义上来说，许慎是通过《说文》来介入关于经义的讨论。检阅《说文》，随处可见许慎对经义的不同处理。下面以《说文》引《诗》为例加以考察。西汉三家《诗》博士都是今文，唯独《毛诗》为古文。许慎虽然总体倾向于古文，但在具体的文字诠释上，态度非常独立，可用"是是非非"四字来概括。约略而言，大致有三种处理方式：

1. 沿用毛传成说

《毛诗》的优长非常明显，许多诂训都正确无误，对于这一部分，许慎直接采信，而用自己的语言表述，核对毛传，情况即一览无遗，如：

《说文》玖：石之次玉，黑色者。从玉、久声。《诗》曰："贻我佩玖。"

按：《诗·王风·丘中有麻》"贻我佩玖"，毛传："石次玉者。"

《说文》蕣：木堇，朝华暮落者。从艸、舜声。《诗》曰："颜如蕣华。"

按:《诗·郑风·有女同车》"颜如蕣华"，毛诗作"颜如舜华"，传云:"舜，木堇。"

《说文》葽：艸也。从艸、要声。《诗》曰：四月秀葽。

按：《诗·豳风·七月》"四月秀葽"，传云："葽：艸也。"

《说文》：薾：华盛。从艸、爾声。《诗》曰：彼薾惟何。

按：《诗·鹿鸣·采薇》"彼尔惟何"，传云："尔，华盛皃。"

《说文》：菉：王芻也。从艸、录声。《诗》曰：菉竹猗猗。

按：《诗·卫风·淇奥》"绿竹猗猗"，传云："绿，王芻也。"

《说文》：牣：牣满也。从牛、刃声。《诗》曰：于牣鱼跃。

按：《诗·文王·灵台》"于牣鱼跃"，传云："牣：牣满也。"

《说文》：啴：喘息也。一曰：喜也。从口、單声。《诗》曰：啴啴骆马。

按：《诗·小雅·四牡》"啴啴骆马"，传云："啴啴，喘息之皃。"

2. 补足毛传空白

毛氏解《诗》，时有付之阙如之处，有些字非常生僻，氏亦不置一词，令人读之茫然。凡此，《说文》多予补足，以利读者完整了解文意，如：

《诗·大雅·旱麓》“莫莫葛藟”，藟，毛传无说。《说文》：“藟，艸也。”

《诗·小雅·頍弁》“蔦与女蘿”，蔦，毛传无说。《说文》：“蔦，寄生也。”

《诗·小雅·甫田》“黍稷薿薿”，薿，毛传无说。《说文》：“薿，茂也。”

《诗·大雅·生民》“后稷呱矣”，呱，毛传无说，《说文》：“呱，小兒嗁声。”

3. 与毛氏立异

《说文》主旨，乃在是正经义，故大凡《毛诗》之说有可商之处，许慎则提出己说，以广听闻，供读者斟酌权衡。诸如此类，比较二者即可知晓。如：

《诗·王风·中谷有蓷》“中谷有蓷”，毛传：“蓷，鵻也。”《说文》：“蓷，萑也。”

《诗·大雅·生民》“瓜瓞菶菶”，毛传：“菶菶然，多实也。”《说文》：“唪，大笑也。”

《诗·大雅·执竞》“磬莞将将”，毛传：“磬莞将将，集也。”《说文》：“蹡，行貌。”

《诗·小雅·甫田》“营营青蝇”，毛传：“营营，往来皃。”《说文》：“謍，小声也。”

许慎对其余诸经的处理，与此大体相同。许慎从解释文字本义的角度全面端正经义，创立了经典训诂的体系，昭示来学，功在百代。

三 《说文》构拟的经典世界

与以往各种字书不同，许慎没有将《说文》写成一部识字课本，或者介绍文字源流的手册，《说文》中的六书，属于技术层面的知识，许慎的理想是要将文字作为建筑材料，来构拟儒家经典的世界。鄙见，《说文》有别于《尔雅》的特色，至少有以下两点：

其一，许慎用“始一终亥”与五百四十个部首作为总体间架，将看似漫无际涯、彼此不相关涉的近万汉字，串联成为一个以类相从、井然有序的有机整体。“惟初太始，道立于一，造分天地，化成万物”，从这一社会公认的理念出发，文字的排列从“一”开始，不仅与文以载道，道立于一之说吻合，而且符合文字从简到繁的发展规律。《说文》之末，用十二地支表示十二月之阴阳二气的消息，于“亥”字收尾，富于哲理，妙不可言，可谓大智慧。

其二，具体到每个文字的诠释，则尽量吸收儒家的文化精神，赋予理性的含义，如“妻”字，如果解释为“偶也”、“匹也”、“配也”等，只有配偶之义，尽管显得比较中性，但内涵贫乏，没有境界。而《说文》解释为：“妻，妇与夫齐者也。”“妇与夫齐者也”，取自《礼记·郊特牲》“壹与之齐，终身不改”，从而将儒家的婚姻观融入了“妻”字的定义。又如对“王”字的说解，尽人皆知，许慎将“王”字定义为“天下所归往也”，然后引董仲舒语：“古之造文者，三画而连其中谓之王。三者，天地人也。而参通之者，王也。孔子曰：一贯三为王。”

即便是一件器物或者一个动作，许慎也绝不就事论事，而必定让人与儒家的礼器相联系。下面数例是与《仪礼·乡饮酒礼》有关的解释：

觯，乡饮酒角也。《礼》曰：一人洗举觯，觯受四升。从角、单声。

觚，乡饮酒之爵也。一曰：觞受三升者谓之觚。从角、瓜声。

豐，豆之豐满者也。从豆，象形。一曰：乡饮酒有豐侯者。

柶，《礼》有柶。柶，匕也。从木、四声。

挞，乡饮酒罚不敬，挞其背。从手、达声。

给人的印象，依然不像是字典，而是讲《乡饮酒礼》的读物。再如关于玉器的诠释：

玉：石之美有五德：润泽以温，仁之方也；理自外可以知中，义之方也；其声舒扬专以远闻，智之方也；不桡而折，勇之方也；锐廉而不技，絜之方也。象三玉之连，丨，其贯也。

璠：玙璠，鲁之宝玉。从玉、番声。孔子曰：美哉，玙璠！远而望之，奂若也；近而视之，瑟若也。一则理胜，二则孚胜。

无论是人、是物，其定义每每赋予人文内涵，最后汇成儒家道德理性的世界，这是《说文》的深意之所在。细细品味《说文》，经学的身影何处不在？

彭林，男，1949年出生，江苏无锡人。清华大学教授、博士生导师，国际儒学联合会理事，中国社会科学院古代文明研究中心客座研究员。主要从事先秦史等历史文献学和中国古代学术思想史的教学和研究。

读《说文》一得

——《集韵》引《说文》研究

赵振铎

四川大学

一

《集韵》佐证释义多引前代辞书旧注，其中引用《说文》最多。正如作者在《韵例》中所说："凡字训悉本许慎《说文》，慎所不载，则引它书为解。"[1]阅读《集韵》，不难发现，许多在《说文》以前已经有的辞书、旧注资料，在释义的时候多不引用，而是引用《说文》，试比较：

（一）平声《东韵》："穹，丘弓。《说文》：'穷也。'"

《诗·豳风·七月》："穹窒熏鼠。"毛传："穹，穷也。"

（二）《虞韵》（元俱切）："娱，《说文》：'乐也。'"

《诗·郑风·出其东门》："聊可与娱。"毛传："娱，乐也。"

（三）上声《董韵》："动，杜孔切。《说文》：'作也。'"

《尔雅·释诂》："动，作也。"

（四）去声《志韵》："炽，昌志切。《说文》：'炽，盛也。'"

《尔雅·释言》："炽，盛也。"

《诗·小雅·六月》："玁狁孔炽。"毛传："炽，盛也。"

（五）《祭韵》："世，始制切。《说文》：'三十年为一世。'从靖，曳长之。"

《论语·子路》："必世而后仁。"何晏集解引孔安国注："三十年为一世。"

（六）《漾韵》："壮，侧亮切。《说文》：'壮，大也。'"

《尔雅·释诂》："壮，大也。"

《诗·小雅·采岂》："克壮其犹。"毛传："壮，大也。"

《尔雅》、《诗》毛传、《论语》孔安国注的时代都在许慎《说文》之前，《集韵》的编者没有引用，而只引用《说文》，说明编者在编纂《集韵》的时候对《说文》

这部书的重视，正如作者在《韵例》中所说："凡字训悉本许慎《说文》，慎所不载，则引它书为解。"[2]

二

《集韵》对《说文》的引用，一般是按照徐铉的注音确定它排列的位置。因为徐铉注音根据的是孙愐《唐韵》。这个反切代表了唐代以来文学语言的读音，有一定的规范性。徐铉在上表中所说："《说文》之时未有反切，后人附益，互有异同。孙愐《唐韵》，行之已久，今并以孙愐音切为定，庶夫学者有所适从。"[3]

试就平声《东韵》举几例如下：

东，《说文》：动也。从木。官溥说：从日在木中。（都笼切）

按：后面括号内的切语是《集韵》对所收字的注音。《说文》在《东部》，铉音得红切。"都笼"和"得红"用字虽然不同，但是读音确是相同。下面举的例子情况都一样。

涷，《说文》：水出发鸠山，入于河。（都笼切）

按：《说文》在《水部》，铉音德红切。

恫，《说文》：痛也。一曰呻吟。（他东切）

按：《说文》在《心部》，铉音他红切。

僮，《说文》：未冠也。（徒东切）

按：《说文》在《人部》，铉音徒红切。

铜，《说文》：赤金也。（徒东切）

按：《说文》在《金部》，铉音徒红切。

聋，《说文》：无闻也。（卢东切）

按：《说文》在《耳部》，铉音卢红切。

蓬，《说文》：蒿也。（蒲蒙切）

按：《说文》在《艸部》，铉音薄红切。

蒙，艸名。《说文》：王女也。（谟蓬切）

按：《说文》在《艸部》，铉音莫红切。

从所举的例子可以看出，他们根据大徐本的读音。但是也有个别的情况，引用《说文》而读音没有按照大徐的音读，而是另有来源。如："柅"字《集韵·旨韵》女履切收有这个字，引《说文》：木也。实如李。和大徐本一致。但是《纸韵》乃倚切也收了这个字，引用的也是《说文》，它的音源就需要作进一步的考察了。下面再举几个例子。

机，《说文》：闭也。（《合韵》渴合切）

按：根据方成珪考证"机"是"玩"字之误。"玩"在《说文·户部》，铉音口盍切。应该在《盍韵》，而《盍韵》克盍切小韵却没有收"玩"字。《广韵·合韵》口忧切收"玩"字，注："闭户声。"

垢，《说文》：覆盖。（《盍韵》乙盍切）

按：《说文》在《皿部》，徐铉等曰："今俗别作凋，非是。乌合切。"

徐铉将此字读音定在《合韵》，与《集韵》不同。《广韵·盍韵》安盍切收"垢"字，注云："《说文》：覆盖也。"当是《集韵》所本。

大徐给《说文》的字注音，有时一个字注了不止一个读音，《集韵》的编者就分别在相关的音韵地位下收列那个字。例如：

矜，《说文》：矛柄也。（《谆韵》渠巾切）

《说文》：矛柄也。一曰憨也，庄也。（《蒸韵》居陵切）

按：《说文》在《矛部》，铉音居陵切又巨巾切。

更，《说文》：改也。一曰历也，偿也。（《庚韵》居行切）

《说文》：凋、更，《说文》：改也。隶作更。（《映韵》居孟切）

按：《说文》在《攴部》，铉音古孟切又古行切。

缿，《说文》：受钱器也。古以瓦，今以竹。（《讲韵》户讲切）

《说文》：受钱器也。古以瓦，今以竹。（《剿韵》徒口切）

按：《说文》在《缶部》，铉音大口切又胡讲切。

也有收录大徐的读音，却没有标注《说文》。如：

餽，《说文》：吴人谓祭曰餽。（《至韵》基位切）

吴人谓祭曰餽。（《至韵》求位切）

按：《说文》在《食部》，铉音惧位切又音馈。求位切就音馈。这一条用的是大徐音，却没有注明是引用《说文》。又如：

谧，《说文》：笑皃。（《昔韵》伊昔切）

笑声。（《锡韵》馨激切）

按："谧"字在《说文·言部》徐铉有两个读音，一个是伊昔切，另外一个是呼狄切，《集韵》在《昔韵》伊昔切下面标注的是《说文》，而在馨激切下面却没有引证《说文》，而是用了《广韵》的释义。

还有一种情况，就是徐铉只有一个读音，而在《集韵》里面却在两处引用《说文》。例如：入声《质韵》质入切收"恩"字，注："《说文》：膺也。"按：《说文》在《心部》，铉音之入切。但是在《缉韵》籍入切也收"恩"字，注文也是"《说文》：膺也"。大徐本《说文》没有这个音读。看来它是另有来源。下面举几个例子。

犛，《说文》：西南夷长髦牛也。（《咍韵》郎才切）

《说文》：西南夷有长髦牛也。（《爻韵》谟交切）

按：《说文》在《犛部》，铉音莫交切。《集韵》有郎才切一音，可能是根据《广韵·咍韵》落哀切。

祸，《说文》：盛膏器。（《过韵》古卧切）

《说文》：盛膏器。（《过韵》胡卧切）

按：《说文》在《木部》，"读若过"，铉音乎卧切。古卧切就是根据《说文》读若定的音，而胡卧切则是根据大徐定的音。

皋，《说文》：瘢属。（《阚韵》苦滥切）

《说文》：瘢属。（《阚韵》呼滥切）

按：《说文》在《虎部》，铉音呼滥切。苦滥切一音待考。

靖，《说文》：三十并也。（《合韵》悉合切）

卅，《说文》：三十并也。（《盍韵》悉盍切）

按：《说文》在《靖部》，铉音苏沓切。跟悉合切读音一致。《广韵·合韵》苏合切"靖"字下注释说："《说文》云：靖，三十也。今作卅，直为三十字。"至于悉切一读，《广韵·盍韵》私盍切收有这个字。当是《集韵》读音的依据。

三

《集韵》引证《说文》，除了佐证释义的文字外，有时对字形解说也加以引用。特别是象形、指事和部分会意字。例如：

鱼，《说文》：水虫也。象形。鱼尾与燕尾相似。（《鱼韵》牛居切）

羊，《说文》：祥也。从副，象头角足尾之形。孔子曰：牛羊之字以形举也。（《阳

韵》余章切）

仌，《说文》：冻也。象水凝之形。（《蒸韵》悲陵切）

雨，《说文》：水从云下也。一象天，枝象云，水霝其间也。（《㑥韵》王矩祖切）

果，《说文》：木实也。从木，象果形，在木之上。（《果韵》古火切）

又，《说文》：手也。象形。三指者手之列也，多略不过三也。（《宥韵》尤救切）

木，《说文》：冒也。冒地而生，东方之行，从屮下象其根。（《屋韵》莫卜切）

日，《说文》：实也。太阳之精不亏。从口一，象形。（《质韵》入质切）

月，阙也。太阴之精。象形。（《月韵》鱼厥切）

这些都是象形字，《说文》在叙述的时候都说明了。下面这个字也是象形字，瓜，《说文》：㼌也。（《麻韵》姑华切）

这个字旁边象藤蔓，中间象有瓜高悬之形。《说文·瓜部》“也”下有“象形”二字，《集韵》编者没有引出。象“山”、“牛”等字情况都一样。

下面这些字是指事字。《集韵》引《说文》说得明明白白。

甘，《说文》：美也。从口含一，一，道也。（《谈韵》沽三切）

姶，《说文》：底也。指事。（《马韵》亥雅切）

㆖，《说文》：高也。此古文，指事也。（《养韵》是掌切）

刃，《说文》：刀坚也。象刀有刃之形。（《震韵》而振切）

末，《说文》：木上曰末。从木一在其上。（《末韵》莫葛切）

下面这些字也是指事字，《说文》有说明，《集韵》没有表示出来。

朱，《说文》：赤心木，松柏属。（《虞韵》钟输切）

按：《说文》在《木部》，原有“从木一在其中”，编者没有引。

本，《说文》：木下曰本。（《混韵》补衮切）

按：《说文》在《木部》，原有“从木一在其下”，编者也没有引。

着两个字都用“一”表示木的部位，用“一”指其下，表示木之本；用“一”指其中是朱，因为木心多赤。《说文》原来有表示指事的话，《集韵》的编者没有引用。

《集韵》对《说文》的会意字说明引用不少。

灰，《说文》：死火余烬，从火，又，叉手也。火既灭，可以执持。（《灰韵》呼回切）按：“又”上脱“从”字，当补。

看：《说文》：睎也。从手下目。（《寒韵》丘寒切）

休,《说文》：息土也。从人依木。(《尤韵》虚尤切）

男,《说文》：丈夫也。从田，从力，言用力于田也。(《覃韵》那含切）

孔,《说文》：通也。从湟，从子。湟请子之候鸟也。湟至而得子，嘉美之也。古人名嘉，字子孔。(《董韵》苦动切）

竦,《说文》：敬也。从立，从束。自申束也。(《肿韵》笋勇切）

秉,《说文》：禾束也。从又，持禾。(《梗韵》补永切）

婦,《說文》：服也。从女持帚洒扫也。(《有韵》扶缶切）

莫,《说文》：曰且冥也。从日在龠中。(《莫韵》莫故切）按："曰"当作"日"。

益,《说文》：饶也。从水皿，皿，益之意也。(《昔韵》伊昔切）

有相当多的会意字,《说文》是有说明的,《集韵》没有引用。有些是比较容易看出来,如叠文的会意字,情况就是如此。还有一些"从某,从某""从某、某",《集韵》的编者也没有将《说文》注明是会意字的文字引出。例如：

删,《说文》：淘也。(《删韵》师姦切）

按：《说文》在《刀部》,"也"下有"从刀册，册，书也"。说明它是会意字，编者没有引用。

采,《说文》：採取也。(《海韵》此宰切）

按：《说文》在《木部》,"採"字当作"庚"。"也"下有"从木，从爪。"

四

《集韵》的编者在引用《说文》的时候也加进自己的解释，虽然不多，但是也还有一些。例如：

抜,《说文》：淡抜，秦汉之初侍中所冠。淡抜，婆也。似山鸡而小。(《支韵》鱼羁切）

按：《说文》在《鸟部》，原文是："抜，淡抜，秦汉之初侍中冠淡抜冠。"这里是引用时略有删节。"淡抜,婆也。"是《鸟部》"淡"篆的解释,移到这里说明"淡抜"是什么鸟。"似山鸡而小"是编者根据《汉书·司马相如传》颜师古注加的补充。

袸,《说文》：鸡栖垣为袸。今寒乡穿墙栖鸡。(《之韵》市之切）

按："今寒乡"云云以下为《尔雅·释宫》郭璞注,《集韵》编用它来给所引《说文》作解释。

櫛，艸名。《说文》：櫛月也。郭璞曰：似蕨可食。(《之韵》渠之切)

按：段玉裁校“也”字作“爾”。“郭璞曰”以下是《尔雅·释草》“櫛，月爾”的注释，用来补充解释“櫛”这种草本植物。

胥，《说文》：蟹醢也。郑康成曰：青州之蟹胥。(《鱼韵》新于切)

按：郑康成的话见于《周礼·天官·庖人》“共祭祀之好羞”注，编者用来补充说明“蟹醢”的。

恢，《说文》：大也。谓志大也。(《灰韵》呼回切)

按：“谓志大也”是编者加的补充说明。

棓，《说文》：芇也。谓木杖。(《讲韵》部项切)

按：“谓木杖”为编者所加。方成珪认为“木”是“大”字之误。

跟，《说文》：冠织也。谓以缁帛韬发。(《纸韵》所绮切)

按：“谓以缁帛韬发”为编者所加。

斗，《说文》：謓斗。谓少也。(《缉韵》直立切)

按：“谓少也”为编者所加。

五

应该看到，《集韵》引用《说文》出现了一些错误。有些错误在宋本里面就已经存在。例如：

鰖，《说文》：鱼名。状如修足长寸，大如叉股，出辽东。(《鱼韵》亏于切)

按：《说文》在《鱼部》，“足”上有“無”字。现在的《集韵》和几种宋本都脱这个字。

崔，《说文》：山高也。(《灰韵》昨回切)

按

珠，《说文》：佩刀下饰。天子以玉，诸侯以金。(《董韵》补孔切)

按：现在看到的宋本都如此。《玉篇·玉部》“珠”字注同。《说文·玉部》和《诗·小雅·瞻彼洛矣》毛传“下”字都作“上”。

榜，《说文》：石之次玉者，以为系□。(同上)

按：潭州本“系”字下空一格。[4] 明州本、金州本空格处为“壁”字，与《说文·玉部》“榜”篆注同。

嗤,《说文》：嗤闲也。(《纸韵》五委切)

按：潭州本、金州本都作“嗤”。明州本“嗤”字作“頣”，与《说文·页部》“嗤”篆注同。当据改正。又明州本“闲”字下有“习”字，与《说文》同。

噲,《说文》：乘舆金马耳也。(《纸韵》母被切)

按：现在看到的各种宋本都如此,《说文·耳部》“金”篆注有“饰”字,当据补。

蟅,《说文》：虫名。(《祃韵》之夜切)

按：潭州本、金州本与此同。明州本注“名”字作“也”，与《说文·虫部》“蟅”篆注合。

漚,《说文》：久积也。(《候韵》于候切)

按：潭州本同。明州本、金州本注“積”字作“漬”，与《说文·水部》“漚”篆合。

也有另外一种情况，宋本引用《说文》，没有错，而是现在的本子错了。例如：

通，遠也。(《东韵》他东切)

按：南宋明州本、潭州本“遠”字作“達”，与《说文·辵部》“通”字注合。现在的本子错了。

尉,《说文》：从后至也。象人两两胫后有致之者。(《旨韵》展几切)

按：明州本、潭州本、金州本不重“两”字，与《说文·尉部》“尉”字注合。

崔,《说文》：山高也。(《灰韵》昨回切)

按：明州本、潭州本、金州本注“山”字作“大”，与《说文·山部》“崔”篆注合。

庙,《说文》：尊先　皃也。(《笑韵》眉召切)

按：明州本、潭州本、金州本“袓”字作“祖”,与《说文·广部》“庙”字注合。

个,《说文》：仿枚也。(《个韵》居贺切)

按：明州本、潭州本、金州本注“仿”字作“竹”，与《说文·竹部》“箇”字注合。

绀,《说文》：帛深青杨赤色。(《勘韵》古暗切)

按：明州本、潭州本、金州本注“杨”字作“扬”，与《说文·苔部》“绀”字注合。

稿,《说文》：稿湒，沸南也。(《缉韵》敕立切)

按:明州本、潭州本、金州本注“沸南”二字作“卿”,与《说文·水部》“稿”字注合。

也有确实是《集韵》编者引证错漏的。

雙,《说文》:隹二枚也。又持之。(《江韵》荀江切)

按:《说文》在《堀部》。依许慎字形解说,应该是“从堀,又持之”。这里脱去“从堀”二字,意思反而不明确了。

纪,《说文》:陶也。(《支韵》商支切)

按:《说文》在《段部》。“陶”字作“满”。

倍,《说文》:城上女垣健倪也。(《支韵》频弥切)

按:《说文》在《淘部》。“垣”字作“墙”。

《集韵》引用《说文》的错讹情况比较复杂,值得进一步深入研究。

注释

[1]本文引用《集韵》均据嘉庆十九年顾广圻重修扬州诗局曹楝亭本。

[2]见卷首《韵例》。

[3]徐铉《上新校正说文解字表》,清陈昌治刻本。

[4]曹楝亭本《集韵》,据笔者考证它的母本就是藏于故宫的南宋潭州刻本,参拙作《记〈古逸丛书〉三编影宋刻本〈集韵〉》,《古籍整理研究学刊》1995年第1、2期。

赵振铎,男,1928年出生,四川成都人。四川大学汉语言文字学教授、博士生导师。主要从事汉语言文字学、音韵学教学与研究。

《說文》引孔的訓詁傳承

李建國

提　要　許慎《說文》是中國字典之祖，集周秦以來文字、音韻、訓詁研究之大成。它以小篆為質，合以古籀，博采通人，小大有證，解說文字形、音、義相統一的造字之理。《說文》追本孔氏古文，從敘言到正文，徵引孔子和《論語》的言論至多，引證方式多樣，涉及注音、說形、釋義、書證諸方面，直接傳承了孔子以來原始儒學言不苟發、論不虛作的求實精神，接續了文字為經藝之本、治經由文字始，正名釋義為施政先務，溫故知新、述而不作的訓詁價值理念，以及應用了以聲求義、以形說義、界定釋義和不知蓋闕的訓詁體式和方法。許慎對儒學訓詁的傳承，奠定了後世辭書訓詁的基本格局，影響十分深遠。

關鍵詞　引孔內容　訓詁體式　訓詁理念　意義

引　言

漢代居統治地位的學術是儒家經學。西漢以今文經學為主，至西漢末古文經學崛起，與今文經展開角逐。其後今古文經學相爭相融，彼此滲透，至東漢末由鄭玄總其成，以古為宗，融納今學，遂實現經學的小一統。在經學由今向古的轉換過渡中，古文經學家賈逵、鄭興領其先，馬融、許慎承其後，皆為古學一時之選。特別是許慎，以其五經無雙的學術造詣，成為東漢中期經學轉型的關鍵人物。《後漢書·儒林傳》：許慎“性淳篤，少博學經籍，馬融常推敬之。時人為之語曰：‘五經無雙許叔重。’——初慎以五經傳說臧否不同，於是撰為《五經異義》，又作《說文解字》十四篇，皆傳於世”。[1]許沖上《說文》書曰：慎“從逵受古學”。六經為中國學術之本，諸子皆其流亞。許慎從賈逵學古學，為古文經學家，其經學著作《五經異義》雖然佚失，然而《說文》流傳後世，從中仍能見其經學涯略。《說文》徵引經書，追本古文，總括前代，博采通人，小大有徵，“分別部局，不相雜廁，萬物咸睹，靡不兼載”[2]，成一家之言，即孔子所謂“述而不作”者也。

清段玉裁《說文解字注》云："無《說文解字》則倉、籀造字之精意，周、孔傳經之大旨，薶蘊不傳於終古矣。"正說明《說文》在傳承經學、再造儒術、弘揚中華文化中一幟獨樹、無可替代的"金聲而玉振"的作用。

漢代經學是孔子所開創的原始儒學的繼承和發展。作為古文經學家，許慎傳承了孔子"信而好古，述而不作"的治學傳統，並在《說文》中大量稱引孔子的言論以證成其說。《說文》博采周秦兩漢通人之說 32 家[3]，孔子居其首。本文所說"引孔"，只是為了便於稱說，其中既有《說文》直接徵引"孔子曰"的內容，又含引用《論語》中孔子及其弟子的言論等。較之他家之說，許慎"引孔"說不惟數量多，而且內容廣泛，體例和功用豐贍，從中可知儒學鼻祖孔子于小學訓詁的理念、條理和方法，以及許慎又是怎樣遠紹孔子、在總結周秦兩漢小學的基礎上著作《說文》這一立言不朽的傳世之作的。

一 《說文》引孔的內容分析

(一)《說文》引孔的內容

《說文》引孔含敘文引孔和正文引孔兩類。敘文引孔有 4 處：

1. 孔子曰："吾猶及史之闕文，今亡矣夫！"按，今本《論語》[4]作"吾猶及史之闕文，'有馬者借人乘之'，今亡矣夫。"此屬節引，古人所謂"斷章取義"之例。

2. "其於所不知，蓋闕如也。"按，今本《論語》作"君子於其所不知，蓋闕如也。"此亦屬節引，且更動"其於"二字前後之序。

3. "本立而道生。"按，今本《論語》作"君子務本，本立而道生。"此雖為節引，而引文無更動。

4. "博采通人，小大由之。"按今本《論語》作"賢者識其大者，不賢者識其小者"。此屬節略隱括引證，抽繹其義而稱引之。

正文引孔共 45 處，又可分兩類。

(1) 引孔以說字形、字音、字義

① 王部　王　天下所歸往也。董仲舒曰："古之造文者，三畫而連其中謂之王。三者，天、地、人也，而參通之者王也。"孔子曰："一貫三爲王。"凡王之屬皆从王。按，此以形說義，王字于六書為會意。

② 士部 士 事也。數始於一，終於十。从一从十。孔子曰："推十合一爲士。"凡士之屬皆从士。 按，此亦以形說義，士字于六書為會意。

③ 羊部 羊 祥也。从𦍌，象頭角足尾之形。孔子曰："牛羊之字以形舉也。"

凡羊之屬皆从羊。 按，此亦以形說義，且因羊而牛，連類而及，並為六書之象形字。

④ 烏部 烏 孝烏也。象形。孔子曰："烏，䳺呼也。取其助氣，故爲烏呼。"

凡烏之屬皆從烏。 按，此亦以形說義，烏字於六書為象形，並言命名取義之由。

⑤ 兒部 兒 仁人也。古文奇字人也。象形。孔子曰："在人下，故詰屈。"凡兒之屬皆从兒。 按，此亦以形說義，兒字於六書為象形，並言隨體詰詘，畫成其物之由。

⑥ 犬部 犬 狗之有縣蹏者也。象形。孔子曰："視犬之字如畫狗也。"凡犬之屬皆从犬。 按，此亦以形說義，犬字於六書為象形，並言犬、狗同類同形，並可依類象形，畫成其物。

⑦ 豸部 貉 北方豸種。从豸各聲。孔子曰："貉之爲言惡也。" 按，貉字於六書為形聲，引孔說以明命名取義之由。 貉、惡音近義同，因聲求義，所謂聲訓是也。

⑧ 川部 侃 剛直也。从㐰，㐰，古文信；从川，取其不舍晝夜。《論語》曰："子路侃侃如也。" 按，侃字于六書為會意，从川、從信省。隱括略引《論語》"子在川上曰：逝者如斯，不舍晝夜"，以說从川之義，複引《論語》之語作書證，以明論不虛作，信而有證 。

⑨ 黍部 黍 禾屬而黏者也。以暑而種，故謂之黍。从禾，雨省聲。孔子曰："黍可為酒，禾入水也。" 凡黍之屬皆从黍。 按，此於六書為形聲，孔子以禾入水為黍，解为会意字。

⑩ 卤部 粟 嘉谷实也。从卤从米。孔子曰："粟之為言續也。" 按，此于六書為會意。孔子以聲言之，言粟字命名之義。

⑪ 糸部 絬《論語》曰："絬衣長，短右袂。"从糸舌聲。 按，絬字於六書為形聲，此引孔說以釋義，為描寫性釋義方法。

⑫ 革部 革 鞻車衡三束也。曲轅革鞻縛，直轅䡞縛。从革鞻聲。讀若《論語》"鑽燧"之"鑽"。 按，此字於六書為形聲，引孔說以標明字音。

⑬ 車部 轒 車轒鉉也。从車眞聲。讀若《論語》“鏗爾，舍瑟而作”。又讀若掔。按，此字於六書為形聲，引孔說以標明字音。

（2）引孔說作書證，以經證字

⑭ 玉部 璠 璵璠。魯之寶玉。从玉番聲。孔子曰：“美哉璵璠。遠而望之，奐若也；近而視之，瑟若也。一則理勝，二則孚勝。”

⑮ 玉部 瑮 玉英華羅列秩秩。从玉㮚聲。《逸論語》曰：“玉粲之璱兮，其瑮猛也。”

⑯ 玉部 瑩 玉色。从玉，熒省聲。一曰石之次玉者。《逸論語》曰：“如玉之瑩。”

⑰ 艸部 蓧 艸田器。从艸，條省聲。《論語》曰：“以杖荷蓧。”今作蓧。

⑱ 艸部 蕢 艸器也。从艸貴聲。《論語》曰：“有荷蕢而過孔氏之門。”

⑲ 言部 訒 頓也。从言刃聲。《論語》曰：“其言也訒。”

⑳ 言部 誃 離別也。从言多聲。讀若《論語》“跢予之足”。周景王作洛陽誃臺。

㉑ 言部 諞 便巧言也。从言扁聲。《周書》曰：“截截善諞言。”《論語》曰：“友諞佞。”

㉒ 言部 訴 告也。从言，㡿省聲。《論語》曰：“訴子路於季孫。”

㉓ 廾部 弈 圍棊也。从廾亦聲。《論語》曰：“不有博弈者乎！”

㉔ 革部 鞹 去毛皮也。《論語》曰：“虎豹之鞹。”从革郭聲。

㉕ 攴部 啟 教也。从攴启聲。《論語》曰：“不憤不啟。”

㉖ 白部 魯 鈍詞也。从白，鮺省聲。《論語》曰：“參也魯。”

㉗ 皀部 旣 小食也。从皀旡聲。《論語》曰：“不使勝食旣。”

㉘ 食部 餲 飯餲也。从食曷聲。《論語》曰：“食饐而餲。”

㉙ 木部 櫌 摩田器。从木憂聲。《論語》曰：“櫌而不輟。”

㉚ 部 孛 孛也，从人色也，从子。《論語》曰：“色孛如也。”

㉛ 穴部 寮 穿也。从穴尞聲。《論語》有公伯寮。

㉜ 人部 伉 人名。从人亢聲。《論語》有陳伉。

㉝ 人部 份 文質偆也。从人分聲。《論語》曰：“文質份份。”

㉞ 衣部 袍 襺也。从衣包聲。《論語》曰：“衣弊緼袍。”

㉟ 衣部 袉 裾也。从衣它聲。《論語》曰：“朝服，袉紳。”

㊱ 色部 艴 色艴如也。从色弗聲。《論語》曰：“色艴如也。”

㊲ 豸部 貈 似狐，善睡獸。从豸舟聲。《論語》曰：“狐貈之厚以居。”

㊳ 夰部 奡 嫚也。从頁從夰，夰亦聲。《虞書》曰：“若丹朱奡。”讀若傲。《論語》：“奡湯舟。”

㊴ 心部 愉 薄也。从心俞聲。《論語》曰：“私覿，愉愉如也。”

㊵ 水部 洫 十裏爲成。成閒廣八尺、深八尺謂之洫。从水血聲。《論語》曰：“盡力於溝洫。”

㊶ 門部 閾 門梱也。从門或聲。《論語》曰：“行不履閾。”

㊷ 女部 㜮 過差也。从女監聲。《論語》曰：“小人窮斯㜮矣。”

㊸ 弓部 羿 帝嚳㜮官，夏少康滅之。从弓幵聲。《論語》曰：“羿善㜮。”

㊹ 糸部 純 絲也。从糸屯聲。《論語》曰：“今也純，儉。”

㊺ 糸部 繪 會五采繡也。《虞書》曰：“山龍華蟲作繪。”《論語》曰：“繪事後素。”从糸會聲。

（二）《說文》引孔的分析

就《說文》引孔內容而言，總括起來，大要不外引孔以明字理和引孔以明義理兩式，並且字理與義理貫穿證發，相互為用。這是周秦以來小學訓詁的正途，也是許慎著述《說文》的主要宗旨和體式所在。

二 《說文》引孔的訓詁體式

孔子自述“十有五而志於學”，是志于成人之學，即學《詩》《書》《禮》《樂》《易》《春秋》六經之文，窮理盡性、修齊治平之道。孔子小時受何教育，史無載錄。但孔子出身於破落的貴族之家，天資聰慧，幼而好禮，卻是史有明文。他自認“吾少也賤，故多能鄙事”，並且因為“不試”而“多藝”[5]。他之所謂“鄙事”和“藝”，即周代小學所學灑掃、應對、進退之節，禮、樂、射、禦、書、數等“六藝”之術。其中“書”即六書。可見孔子雖值禮崩樂壞的春秋時代，《周禮》所說“八歲入小學，保氏教國子，先以六書”的遺風猶存，作為童蒙識字讀本的宣王太史籀所作大篆十五篇，仍為世所共用。風習浸淫，孔子嫺于小學六書之學自是題中應有之義。許慎引孔，是用最權威的學理以證成其說字解經義的。

上舉《說文》引孔說明：一是六書之學淵源有自，從來已久，是孔子時代學者辨析文字、說解字義的人所共用基本方法。《說文》引楚莊王曰：“夫武，定功戢兵。"《左傳》亦有記載,可證以六書條理說解文字形音義,已是當時社會的共識。

二是以字說經、引經證字，字義訓詁與經學義理貫穿證發，相互為用，後世所謂考據之學與夫義理之學在先秦原為一體。以引孔例 1 為例,表面上孔子以"一貫三爲王"，是比類合義，以說王字形體之義，而內涵卻是原始儒學王道義理的高度概括。孔子主張取法五帝三王，"為政以德"，"導之以德，齊之以禮"[6]。德政的最高境界是"無為而治"。欲達此境界，執政者必須具有"至德"，即應天順人、通達自然規律和社會法則、以天下為公的至誠無私之德："唯天下至誠，為能盡其性；能盡其性，則能盡人之性；能盡人之性，則能盡物之性；能盡物之性，則可以贊天地之化育；可以贊天地之化育，則可以與天地參矣。"[7]與天地而參，唯聖王所能為："夫大人者，與天地合其德，與日月合其明，與四時合其序，與鬼神合其吉凶。先天而天弗違，後天而奉天時。天且弗違，而況於人乎？況於鬼神乎？"[8]這就是"一貫三為王"所蘊含的儒家"天人合一"的義理。這個義理，即使用以要求現在的政治精英們，遵循自然規律、按照人類的普世價值觀來治理國家、促進世界和平發展，不是依然富有積極的意義嗎？

三是孔子時訓詁的基本體式已備，漢儒在此基礎上繼有發揮。歷來言訓詁發展史者，皆以《國語·周語下》所載周靈王二十三年（前 550）晉大夫叔向聘於周時對《周頌·昊天有成命》的解釋為肇基[9]。從時間上說，叔向的解釋自在孔子之前，且其說主要是依文為訓、以詞釋義的文意訓詁之表述，若論訓詁之條理法式，即以形說義、以音說義、以義說義的形訓、聲訓、義訓的訓詁基本體式之表述，有文獻可證的，則當以孔子為始祖。孔子而後，孔門弟子薪火代傳，訓詁體式益臻精密，至漢代訓詁術語通識共用，傳注訓詁尤其發達。許慎《說文》以辭典的形式，兼采並用，從而奠定了辭書訓詁的基本格局，並為後世所沿用。

三 《說文》引孔的訓詁理念

《說文》引孔不但揭示了孔子有關小學訓詁的基本體式，還應用了孔子進德修業、教學育人中相關的訓詁理念，以為《說文》著作之精神。

（一）文字為經藝之本，治經由文字始

《論語·學而》載有子曰："君子務本，本立而道生。孝悌也者，其為仁之本與！"許慎節引此文時，由孝為仁本，觸類旁通，引喻為："文字者，經義之本，

王道之始，前人所以垂後，後人所以識古，故曰‘本立而道生’，知天下之至嘖而不可亂也。”深刻揭示了文字記錄、識別和傳承文化的符號性特徵以及超越時空的交際作用。文以載道，六經之文字，皆承載先王之道，欲明先王之道，必先由識文解字始。所以從原始儒學開始，周秦以來，皆以小學六書為基礎之學，由文字而通訓詁，以治經學。經學為體，小學為用，成為通經明道的治學大法。許慎是漢代古文經學開派大師劉歆的四傳弟子，其師賈逵之父賈徽為劉歆入室弟子，“逵悉傳父業，弱冠能誦《左氏傳》及《五經》本文，以《大夏侯尚書》教授，雖為古學，兼通五家《谷梁》之說。……尤明《左氏傳》、《國語》，為之《解詁》五十一篇”[10]。許慎從賈逵受古學，學習古文《尚書》、《詩毛氏》、《春秋左氏傳》及《倉頡》古文、《史籀》大篆。他秉承古學傳統，就有道而正焉，博問通人，考之於賈逵，著作《說文》，“六藝群書之詁，皆訓其意。而天地鬼神、山川艸木、鳥獸蚰蟲、雜物奇怪、王制禮儀、世間人事，莫不畢載，凡十五卷”。引經證字，以字解經，以六書貫通其意，是許慎治學的大法，也是著作《說文》的大法。

（二）考文辨物，正名為先

正確解釋字詞，幫助讀者準確認識和理解字義和文義是訓詁的核心價值和功能。自黃帝命名百物，教化萬民始，歷代帝王開國伊始，無不議禮樂，定制度，考書名。古曰名，今曰字。名者，以聲言之；字者，以形言之。考書名卽考定文字。訓詁之學本質上就是追求正名辨物之能事。孔子論為政要務，以正名為先，認為“名不正則言不順，言不順則事不成，事不成則禮樂不興，禮樂不興則刑罰不中，刑罰不中則民無所措手足”[11]。在單音節詞為主的上古時代，名和字就是詞，考字正名就是規範語言文字。孔子在從政和教學中非常重視正名的工作。《論語》中明言“子所雅言，《詩》、《書》、執禮，皆雅言也”，一概用周代社會的通用語言進行教學，十分重視字詞的考辨。據《韓詩外傳》載：

孔子侍坐于季孫，季孫之宰通曰：“君使人假馬，其與之乎？”孔子曰：“吾聞君取於臣謂之取，不曰假。”季孫悟，告宰通，曰：“自今以往，君有取謂之取，無曰假。”故孔子正假馬之名，而君臣之義定矣。

克己復禮，按照周代的“君臣父子”的綱常倫理、等級秩序，循名以正實，反對亂名改作，這就是孔子正名論的宗旨。

漢承秦亂之後，非常重視正名工作。漢初以吏為師，考試以《漢律》為主：

“《尉律》：學童十七以上始試，諷籀書九千字乃得為吏。又以八體試之，郡移太史並課，最者以為尚書史。書或不正，輒舉劾之。”小學與干祿聯姻，字學可以求取功名，自會受到重視。但是自從武帝實行“罷黜百家，獨尊儒術”的治國方略後，通經取仕成了讀書人步入仕途的唯一渠道，官吏多文學彬彬之士，“尉律不課，小學不修”，文字失範，經義紛歧，六書之學漸衰。許慎之前，約有兩次規範文字的政府行為。第一次是漢宣帝時，因隸書盛行，古文鮮有人識，於是詔通《倉頡》讀者，令學者集中學習篆籀古文。第二次是漢平帝時，徵天下通古文者，聚于未央宮講說文字。這兩次規範文字的工作都發生在西漢。東漢以來，經學雖大昌明，但是“《尉律》不課，小學不修，莫達其說久矣”。是時俗儒鄙夫，人用其私，“玩其所習，蔽所希聞，不見通學，未嘗睹字例之條，怪舊藝而善野言，以其所知為秘妙，究動聖人之微旨”，“諸生競逐說字解經誼，稱秦之隸書為倉頡時書，云父子相傳，何得改易？乃猥曰‘馬頭人為長’，‘人持十為斗’，‘蟲者屈中也’。廷尉說律，至以字斷法，苛人受錢，‘苛之字，止句也’”。此類情況甚多，“皆不合孔氏古文，謬于史籀大篆”。因此許慎著《說文》：“今敘篆文，合以古籀，將以理群類，解謬誤，曉學者，達神旨。”其意即在是正文字，說字解經義，一切以古文、古本經籍為准。從根本意義上說，訓詁其實就是正名的學術事業，其興于正名，成于正名，所持守的無非是名實相副的價值取向，這應該是訓詁的靈魂。

（三）言無所苟，不知闕如

孔子主張言行一致，出言謹慎：“故君子名之必可言也，言之必可行也。君子於其言，無所苟而已矣！”又說：“君子於其所不知，蓋闕如也。”[12]言不虛發，論不空作，實事求是。《論語·八佾》篇載：

哀公問社於宰我，宰我對曰：“夏後氏以松，殷人以柏，周人以栗，曰使民戰慄。”子聞之，曰：“成事不說，遂事不諫，既往不咎。”

夏代以松樹為社主，殷代以柏樹為社主，周人以栗樹為社主，都是因地制宜的結果。周人以栗，並非取義於“使民戰慄”。宰我自以為是，強作解人，孔子告誡他出言要慎，言必有據，不可胡說八道。

言無所苟固然是務實求真，“聞疑載疑”、不知闕如，同樣也是務實求真，不過留待他人或後學賢達繼續求解罷了。《說文》以六書理論統攝9353小篆正體，“分別部居，不相雜廁，萬物鹹睹，靡不畢載。厥誼不昭，爰明以喻。——其於所不知，蓋闕如也”。許慎繼承的是孔子所主倡的“知之為知之，不知為不知，是知也”的實事求是的治學精神，即原始儒學的樸學精神。許慎更將“不知闕如”引入著書體例，凡字形、字音、字義之不知者，蓋標明闕如。這一體例亦成為漢以降注疏訓詁、辭書訓詁和考據訓詁中常用的體例。它的姑且存疑，一則遵循孔子的教誨，“多聞闕疑，慎言其餘，則寡尤”[13]，可以杜絕以不知為知的臆測和妄說之貽誤後學，為當世負責；二則明示疑難，將問題留待後世賢達繼續探賾求隱，為學術真理負責。

（四）述而不作，信而有證

《論語・述而》載孔子說："信而好古，述而不作，竊比我於老彭。"歷來以為孔子治學，只傳述不創作。其實這是誤解。這句話中的“不作”之“作”是“不知而作”的意思。《論語·述而》載:“子曰:‘蓋有不知而作之者，我無是也。多聞，擇其善者而從之；多見而識之；知之次也。’”孔子自許“我非生而知之者，好古，敏以求之者也”，並認為“溫故而知新”才“可以為師矣”。教學中啟發學生舉一反三，觸類旁通，鼓勵學生務實創新，“日知其所亡，月無忘其所能”。他所說的“述而不作”，即是溫故知新，在前人研究基礎上，經過學而思、思而學、學行統一的實踐，在累積、比較中，厚積而博發，取精而用宏，寓作於述。傳述的取捨存去之間，必有決斷和新解，否則“溫故而知新”就成了空話。事實上，孔子整理六經，序《易》之《彖》《系傳》《象》《說卦》《文言》，因史記而作《春秋》，“筆則筆，削則削，子夏之徒不能贊一辭”[14]，都是創新之作。《說文》引孔子“吾猶及史之闕文，今亡矣夫”，既是對割斷歷史、自以為是、不知而作、學風頹敗的感歎和警示，也是對回歸實事求是、無證不信的儒學精神的呼喚。

孔子所主張的這種“述而不作”“信而有證”的治學精神和著述體式，亦為後學所傳承。中國儒家學術著作，累代相傳，多用經傳注疏體式，大抵為“述而不作”之作。即使史學著作的體裁，文學著作的用典，亦都貫穿著“述而不作”“無證不信”的精神。“述而不作”的著述體式，以述為經，以作為緯，經之緯之，寓作於述，在傳述經文、推介前人解釋的同時，注入各個時代學者自己的理念和見解，遵古而用今，于繼承中求創新，累積地層級地彙集了歷代學術研究成果。這種體式的著作，一可資比較鑒別，從歷代的資訊中品評抉擇，擇善而從；二可資鑒往知來，發現問題，開掘新的課題；三可資後起者繼續研究“闕疑”的問題，加深和完善經典義理的闡釋；四可資辨章學術，考鏡源流，究天人之際，通古今之變。可以說，這是信古、好古、釋古、研古的集約式的最佳著作體式，無縱貫古今、旁通百家的學術造詣難竟其功。謂予不信，試將真正的注釋性著作與那些不知而作的空頭高文相比，即知其差別不可以道里計。

許慎著《說文》，博采通人之說，上自孔子，下至漢儒，多達數十人之多；至於小大，信而有證。惟其如此，《說文》不僅為字學之祖，用字典的形式總結和傳輸學術文化，亦為漢代經學之集大成。

結　語

《說文》博采通人之說，引經據典，洋洋大觀，聚焦了先秦兩漢三教九流、諸子百家有關六書訓詁的寶貴材料，教人如入武陵源中，絢麗美景，目不暇接。其中引孔說為最多，全面揭示了孔子小學訓詁導夫先路的成就。過往講訓詁者，絕少措意於儒家開山大师與訓詁的關係，更遑論孔子之訓詁研究。《說文》引孔說明，周代已有成熟的文字理論，而孔子精於六書之學，在其教學中曾熟練地應用六書條理以說解文字，是迄今存世文獻中最早講究字義訓詁的儒學大師。許慎自覺地引孔為證，一可見六書學由來久遠，傳承有自，《說文》非向壁虛造之書，二可見許慎遠紹孔學，篤信好學，守死善道，是儒學正宗的血脈相傳。

《說文》引孔表明，原始儒學實事求是、言無所苟的精神是訓詁的靈魂。胡適在《中國哲學史大綱》中論述孔子對語言文字上的影響時曾經說過:“孔子的‘君子于其言,無所苟而已’一句話,實是一切訓詁書的根本觀念。”[15]可謂獨具慧眼。傳統語言學又稱樸學，即實事求是之實學，訓詁尋求字義文意之真諦，必然是絕肊必，戒妄牽。許慎的《說文》，正是回答俗儒鄙夫們“怪舊藝而善野言，以其所知為秘妙，究動聖人之微旨”而作的，一以貫之的正是孔子所倡導的言無所苟的精神。

許慎《說文》引經說字，以字解經，將經學訓詁與小學訓詁融為一體，開創了辭書訓詁的新模式。後世研究古文字和先秦經典,不通《說文》難為功。《說文》的列字、注音、釋義、義項、書證、部首等體例，特別是引證體例，並為後世辭書所遵承。《說文》是世界上第一部體大思精、條理縝密的字典，許慎當之無愧是中國的字學之祖。

注释

［1］《後漢書》，北京，中華書局1962年版。

［2］許慎《說文解字敘》，北京，中華書局1963年版。本文引用《說文》，皆從此書。後文凡引用《說文敘》者，不再一一具注。

［3］《說文》載通人說33家：孔子說，楚莊王說，韓非說，師曠說，呂不韋說，司馬相如說，淮南王說，董仲舒說，劉向說，劉歆說，京房說，揚雄說，爰禮說，班固說，宋弘說，尹彤說，逯安說，王育說，莊都說，歐陽喬說，黃顥說，譚長說，周盛說，官溥說，張徹說，甯嚴說，桑欽說，杜林說，衛宏說，徐巡說，傅毅說，張林說，賈侍中說。另有博士說、司農說各一家，不明姓名。

［4］本文所用今本《論語》為《四書集注》本。江蘇，鳳凰出版社2008年版。

［5］《論語·子罕》。

［6］《論語·為政》。

［7］《四書集注·中庸章句》，江蘇，鳳凰出版社2008年版。

［8］《易·系辭上傳》，《十三經注疏》，北京，中華書局1980年版。

［9］《昊天有成命》原詩是："昊天有成命，二后受之。成王不敢康，夙夜基命宥密。於緝熙亶厥心，肆其靖之。"叔向解釋說："是道成王之德也。成王能明文昭，能定武烈者也。夫道成命者，而稱昊天，翼其上也。二后受之，讓於德也。成王不敢康，敬百姓也。夙夜，恭也。基，始也。命，信也。宥，寬也。密，寧也。緝，明也。熙，廣也。亶，厚也。肆，固也。靖，和也。其始也，翼上德讓，而敬百姓；其中也，恭儉信寬，帥歸於寧；其終也，廣厚其心，以固和之。始于德讓，中於信寬，終於固和，故曰成。"這是對整章詩的文意解釋，屬章句訓詁之例。

［10］《後漢書·賈逵列傳》，北京，中华书局1962年版。

［11］《論語·子路》。

［12］《論語·子路》。

［13］《論語·為政》。

［14］《史記·孔子世家》，北京，中華書局1959年版。

［15］《中國現代學術經典·胡適卷》，河北，河北教育出版社1996年版。

李建国，男，1942年出生。曾任语文出版社社长、中国训诂学研究会会长、中国语文辞书专业委员会副主任。主要从事汉语训诂学、辞书学和应用语言学等方面的研究。

说“文”解“字”之文化诠析

向光忠

提　要　许慎《说文》之说解文字，时或揭示文化底蕴，由此引示文字文化烙印之瞩目，从而导启文字文化史征之考辨。而延及现今，则兴起文字文化研究热。

本文依循《说文》关于“文”、“字”之篆训，同殷周甲骨文、钟鼎文相参验，剖析“文”“字”构形，拓展讨索视阈，追溯社会演进，稽考华夏文明，辨察历史征迹，阐述“文”、“字”所映现的广博而丰富的文化意象，诸如：关于先民“文身”的传统习俗；关于“天体”之为“天文”，“地貌”之为“地文”，“人世”之为“人文”的宇宙观念；关于“修文德以兴治绩，举武力而立功业”之“文治武功”的世传古训；关于“长者字爱幼者”的道德伦理；关于男子“冠而字”与女子“笄而字”之“字以表德”，“冠德明功”的古代礼仪；关于“文字”术语称名的由来，关于“依类象形”之“文”“形声相益”为“字”的文字孳乳法则，等等。如是以求，发掘文字之文化意象。

关键词　“文”“字”　文化意象

《说文·文部》：“文，错画也。象交文。”“文”，甲骨文作 （《战后京津新获甲骨集》二八三七）、 （《殷虚文字乙编》六八二一反）、 （《殷虚文字甲编》三九四〇），金文作 （旂鼎）、 （令簋）、 （夌尊）、 （史喜鼎）、 （启尊）、 （追丞卣）、 （楚王酓章戈），象人正面直立而胸前刺有花纹。书契求简，自殷周始，即略去胸前之花纹， （《殷虚书契后编》一、一九、七）、 （虢文公鼎）、 （秦公鐘）、 （秦公镈）、 （曾侯乙鐘）、 （《三体石经·文公》），《说文》小篆 即沿袭契文铭文简化之形，隶书文、楷书文亦相因循。

“文”的造形之构拟，缘于传统民俗。远古之世，先民曾有“文身”的风习。新石器时代马家窑文化即有文身之人像，西安半坡遗址亦有文身之刻画。蔡元培《民族学上之进化观》云：“未开化的民族，最初都有文身的习惯，有人说文身是一种图腾的标记；有人说文身是纯为装饰……文身之法，或在身体各部涂上颜色，或先用针刺然后用色。”这种“文身”的习俗，迄于春秋战国之际，荆楚、南越犹存，先秦典籍即有记载：

《礼记·王制》：“东方曰夷，被发文身，有不火食者矣；南方曰蛮，雕题交趾，有不火食者矣。”郑玄注：“雕文谓刻其肌以丹青涅之。”孔颖达疏：“文身者，谓以丹青文饰其身。”

《谷梁传·哀公十三年》：“吴，夷狄之国也，祝发文身。”范宁集解：“祝，断也。文身，刻画其身以为文也。必自残毁者，以辟蛟龙之害。”杨士勋疏：“荆扬之域，厥土涂泥，人多游泳，故刻画其身，以为蛟龙之文，与之同类，以辟其害。”

《战国策·赵策二》：“祝发文身，错臂左衽，瓯越之民也。”

《庄子·逍遥游》：“宋人资章甫而适诸越，越人断发文身，无所用之。”

汉代著作亦有记述：

《韩诗外传》卷八第一章：“夫越亦周室之列封也，不得处于大国，而处江海之陂，与魭鳣鱼鳖为伍，文身翦发而后处焉。”

《淮南子·原道训》：“九疑之南，陆事寡而水事众，于是民人被发文身，以象鳞虫。”

《史记·周本纪》：“（古公）长子太伯、虞仲知古公欲立季历以传昌，乃二人亡如荆蛮，文身断发，以让季历。”裴骃集解引应劭曰：“常在水中，故断其发，文其身，以象龙子，故不见伤害。”

刘向《说苑·善说》：“越文身剪发，范蠡、大夫种出焉。”

《汉书·地理志》：“（会稽）文身断发，以避蛟龙之害。”王先谦补注亦引应劭语。

中原地区开化早，文身的俗尚，不像吴、越等地延续之久，流行之盛，却也有遗风尚存。这在稗官野史中也有所记叙：

《新编五代史平话·汉史》：“刘知远出去将钱雇倩针笔匠文身，左手刺个仙女，右手刺一条枪宝青龙，背脊上刺一个笑天夜叉。”

宋·庄季裕《鸡肋编》卷下：“车驾渡江，韩刘诸军皆征戍在外，独张浚一军常从行在，择卒之少壮长大者，自臀而下文刺至足，谓之花腿。京师旧日浮浪辈以此为夸。今既效之，又不使之逃于他军，用为验也。”

宋·孟元老《东京梦华录·驾回仪卫》：“有三五文身热少年控马，谓之‘花腿马’。”

唐末至宋代，曾盛行针刺的习（陋）俗，一些市井无赖在自己身上刺生平经历等，号为“针史”。

宋·陶榖《清异录·针史》云：“自唐末，无赖男子以劄刺相高，或铺《辋川图》一本，或窃白乐天、罗隐二人诗百首；至有以平生所历郡县饮酒蒱博之事，所交妇人姓名齿行第坊巷形貌之详，一一标表者，时人号为针史。”

由此看来，文身的遗风之因循，不同的地域，不同的时代，虽历经演化而有所变异，却都印证了远古先民的文身俗尚。而“文”的古文字之构形，即取象于文身。朱芳圃《殷周文字释丛》：“文即文身之文。象人正立形，胸前之∕ × 丶 ∪ ……，即刻画之文饰也。”[1]

严一萍《释文》：“案甲骨及彝铭之文皆示人身有错画如……者，盖文身之象形。”“综其错画之形，种类颇多，作……，不一而足，古之文身宛然在目。”[2]徐中舒主编《甲骨文字典》：文“象正立之人形，胸部有刻画之纹饰，故以文身之纹为文。”“甲骨文所从之× ∪ 一等形即象人胸前之交文错画。”[3]

“文”之构形取象于“文身”，“文”之朔义即指“交错画文”。故《说文》本训“文，错画也。象交文。”段玉裁《说文解字注》：“错当作逪。逪画者，迭逪之画也。《考工记》曰：‘青与赤谓之文。’逪画之一耑也。逪画者，文之本义。”王筠《说文句读》：“错者，交错也。错而画之，乃成文也。”徐灏《说文解字注笺》：“文象分理交错之形。”[4]

“文”象“交错画文”之“文身”，引而申之，泛指“交错画文”于物体：

《礼记·月令》：“乃命司服具饬衣裳，文绣有恒。”郑玄注：“文谓画也。”

《战国策·齐策四》：“齐王闻之，君臣恐惧，遣太傅赍黄金千斤，文车二驷，服剑一。”鲍彪注：“文，彩绘也。”

《国语·晋语八》：“而能金玉其车，文错其服。”韦昭注：“文，文织。”

《楚辞·招魂》：“被文服纤，丽而不奇些。”王逸注：“文，谓绮绣也。”

画文为修饰，“文”之含义亦指“文以饰之”。《广雅·释诂二》：“文，饰也。”

《礼记·玉藻》：“大夫以鱼须文竹。”郑玄注：“文，犹饰也。”孔颖达疏：“文，饰也。”

《荀子·儒效》:“《小雅》之所以为《小雅》者，取是而文之也。”杨倞注:“文，饰也。”

“文”指“文饰”,在人们的意念中,“文饰”为美化,故“文”之义蕴,亦指物事、德行之“美”、“善”:

《尚书·文侯之命》:“追孝于前文人。”孔安国传:“使追孝于前文德之人。”

《礼记·乐记》:“礼减而进，以进为文;乐盈而反，以反为文。”郑玄注:“文，犹美也、善也。”

传统观念以为,人的禀性、风操、谈吐、举止之雅而不俗,显示文明气质,故“文雅”连属，指“温文尔雅”，同“鄙俗”相对:

《东观汉记·蒋叠传》:“久在台阁，文雅通达，明故事。”

而“文”之用以饰谬，则为掩饰而含贬义:

《论语·子张》:“小人之过也必文。”(成语有“文过饰非”)

因应于一定的思想观念,关联于特定的文化背景,“文”由“近取诸身”而“远”推及“物”，其义复经推演，则派生诸多义涵:

“文”由“画文”、“文饰”之行为义转化出“花文”、“文理”之名物义。[5]《古今韵会举要·文韵》:“文，理也。如木有文亦名曰理。”

《易·系辞下》:“物相杂，故曰文。”

《礼记·乐记》:“五色成文而不乱。”孔颖达疏:“(五行之色)各依其行色成就文章而不错乱。”

《左传·隐公元年》:“仲子生而有文在其手。”

《山海经·南山经》:“杻阳之山……有兽焉，其状如马而白首，其文如虎而赤尾，其音如谣，其名曰鹿蜀，佩之宜子孙。”

由此演绎，“文”之含义，延而展之，“文”之为用，推而广之，则可泛指呈现脉理之宇宙万象。徐锴《说文解字系传·通论》于“文”曰:“天地细缊，万物化生，天感而下，地感而上，阴阳交泰，万物咸亨，阳以经之，阴以纬之，天地经之，人实纬之，故曰经天纬地之谓文。”此乃华夏文明所体现的“天文”、“地文”、“人文”之宇宙观念——日月星辰、雷电雨雪、寒暑阴阳……诸多天象之分布运行，以其固有脉理而谓之“天文”。《易·贲·彖》:“刚柔交错，天文也。”[6]王弼注:“刚柔交错而成文焉，天之文也。”孔颖达疏:“刚柔交错成文，是天文也。”

《淮南子》“天文训”高诱注：“文者，象也。天先垂文，象日月五星及彗孛。”程颐《周易程氏传》：“天文谓日月星辰之错列，寒暑阴阳之代变。”高亨《周易大传今注》：“天象是阳阴并陈，阳阴迭运，刚柔交错以成文。故曰：‘刚柔交错，天文也。’”南怀瑾《白话易经》：“刚柔交错，日月星辰运转不息，是天上的文饰。”

丘岳河海、禽兽虫豸、花草树竹……诸多地貌之异彩纷呈，以其富有脉理而谓之“地文”。《庄子·应帝王》：“乡吾示之以地文，萌乎不震不正。”刘勰《文心雕龙·原道》：“傍及万品，动植皆文。龙凤以藻绘呈瑞，虎豹以炳蔚凝姿，云霞雕色，有逾画工之妙；草木贲华，无待锦匠之奇。”

典章教化、诗书礼乐、风尚习俗……诸多人间之世事沿革，以其蕴有脉理而谓之“人文”。《易·贲·彖》：“文明以止，人文也。”高亨《周易大传今注》：“人文指社会之制度文化教育等。……社会之制度文化教育皆在使人有所止。故曰：‘文明以止，人文也。’”南怀瑾《白话易经》：“到了文明之境界，而立即止于此，这是人类的文明。”韦昭注《国语·周语上》“有不享则修文”曰：“文，典法也。”朱熹注《论语·子罕》：“文王既没，文不在兹乎！”曰：“道之显者谓之文，盖礼乐制度之谓。”顾炎武《日知录》：“自身而至于国家天下，制之为度数，发之为音容，莫非文也。”

概而言之，“日月照耀，风霆流行，云霞卷舒，变化不常者，天之文也。山岳列峙，江河流布，草木发越，神妙莫测者，地之文也”[7]。“明道之谓文，立教之谓文，可以辅俗化民之谓文。”人之文也。[8]简而言之，“日月者，天之文也；山川者，地之文也；言语者，人之文也”[9]。

人们基于对自然现象与社会现象所秉持的意念，亲附世界，体察世界。《易·乾》：“本乎天者亲上，本乎地者亲下，则各从其类也。”《易·贲·彖》：“观乎天文，以察时变。观乎人文，以化成万物。”高亨《周易大传今注》：“治国者须观乎天文，以察时序之变化；观乎人文，以化成天下之人。”南怀瑾《白话易经》：“观察天上的文饰，刚柔交错，日月星辰运行的情形，就能察知四时的变化，观察人类文明的进展，就能化成天下，使至于文明而止。”否则，失察将遭际灾变。北齐·刘昼《新论·慎言》云：“天文失，则有谪蚀之变；地文失，必有崩竭之灾；人文失，必有伤身之患。”

“人文”之“文”，亦用为社会科学之类名“文科”而同自然科学之类名“理科”

相对。此或许相关于“天事武，地事文”[10]之观念。

“文”之指“花文”、“文理”，以其华丽而有“文采”，则与“质朴”相对，《韩非子·解老》云：“文为质饰者也。”从而“文”之所示与“质”之所指则形成对立关系概念。

《论语·雍也》：“质胜文则野，文胜质则史。文质彬彬，然后君子。”

《文心雕龙·情采》：“夫水性虚而沦漪结，木体实而花萼振，文附质也。”

“武”别于“文”，而近于“质”，在文字繁衍过程中，“文”与“武”相会合而滋生为“斌”，以示“文质兼备”之义。《玉篇·文部》：“斌，文质貌。亦作彬。”

《史记·儒林列传序》：“自此以来，则公卿大夫士吏，斌斌多文学之士矣。”

顾炎武《日知录·说文》：“魏明帝太和初，公卿奏言：‘夫歌以咏德，舞以象事，于文文武为斌，臣等谨制乐舞名曰《章斌》之舞。’”

在人们的意识中，“文”与“武”亦相对。

《说文·戈部》：“武，楚庄王曰：夫武，定功戢兵。故止戈为武。”楚庄王之诂训，或非初始造字之本旨，而为人们武功之观念，后世则有探究朔义者。《玉篇·止部》：“武，力也。”徐灏《说文解字注笺·止部》：“武者，兵事也。”于省吾《释武》：“武从戈、从止，本义为征伐示威。征伐者必有行，‘止’即示行也。征伐者必以武器，‘戈’即武器也。”

《尚书·大禹谟》：“帝德广运，乃圣乃神，乃武乃文。”孔安国传：“文，经天地；武，定祸乱。”《尚书·武成》：“王来自商，至于丰，乃偃武修文。”

《诗经·鲁颂·泮水》：“允文允武，昭假烈祖。”孔颖达疏：“信有文矣，信有武矣，文则能修泮宫，武则能伐淮夷，既有文德，又有武功。”

《孙子兵法·行军》：“故令之以文，齐之以武，是谓必取。”

《国语·周语中》：“武不可觌，文不可匿。觌武无烈，匿文不昭。”韦昭注：“觌，见也。匿，隐也。言不当尚武隐文也。”

《史记·秦始皇本纪》：“武殄暴逆，文复无罪。”张守节正义：“言秦以武力能殄息暴逆，以文训道令无罪失。”

“文”与“武”相关联，则有“文治武功”之古训。“文治”谓“修文德以兴治绩”，“武功”谓“举武力而立功业”。《荀子·不苟》：“治之为名，犹曰：君子为治而不为乱。”“推礼义之统，分是非之分，总天下之要，治海内之众”。《尉缭子·兵教上》:“开封疆，守社稷，除患害，成武德也。”此即世所承传之“文治观”、“武功观”。在华夏文明中，“文治武功”乃权衡朝政、品评人物之准绳。往昔之帝王公侯将相显贵则时或以此标榜“文德武功”、“文经武略”、“文经武纬”、“文才武略”。商王武丁、文丁即取名“武”、“文”。《礼记·祭法》:“文王以文治，武王以武功，去民之菑。”周王姬发会盟诸侯，举兵灭纣，建立周朝，以其征伐除暴之“武功”号称“武王”，以先父姬昌“文治”业绩而追尊为“文王”，乃至以“玟”、“珷”为专字。《盂鼎》:“不（丕）显玟王受天有（佑）大令，在珷王，嗣玟乍（作）邦。”[11]后世还以“文”、“武”专指周文王、周武王,《礼记·杂记下》:“张而不弛，文、武弗能也。弛而不张，文、武弗为也。一张一弛，文、武之道也。”曹丕代汉立魏，号称“文帝”，以先父曹操挥师南北、驰骋疆场，而追尊为“武帝”。春秋战国的“文公”、“武公”，“文侯”、“武侯”，虽未必名副其实，却莫不仿此取义。至于历来泛称之“文臣”、“武将”，“文官”、“武吏”，“文人”、“武夫”等，所指亦复如是。《尉缭子·原官》:“官分文武，惟王之二术也。”古代有所谓“谥号”，譬如：司马光之谥“文正”、苏轼之谥“文忠”，诸葛亮之谥“忠武”，岳飞之谥“武穆”，也都是旌其生前行迹彰显于“文”或“武”之事功。《逸周书·谥法解》曰：“经纬天地曰文，道德博厚曰文，勤学好问曰文，慈爱惠民曰文，愍民惠礼曰文，锡民爵位曰文。”《左转·宣公十二年》载：楚庄王遵循周武王遗训，阐发“武有七德”云：“夫武，禁暴、戢兵、保大、定功、安民、和众、丰财者也。”

制约于文字孳乳之规律，“文”由“花文”、“文理”之义，曾滋生一些衍形，如：

“文”衍生出“彣彰”之“彣”。《说文·彡部》:“彣，䬀（郁）也。”段玉裁注：“有彣彰谓之彣。”“彣彰”本作“文章”，“文章”原指“错杂之花纹或色彩”。《后汉书·张衡传》:“文章焕以粲烂兮，美纷纭以从风。”当今徐迟《精神分析》亦沿用之：“可是这匹畜生的身上，金舆错衡，黼黻文章。”“文章”称指“文辞或独立成篇之文字”乃后起之义。而此后“文章”称指“错杂之花纹或色彩”义，则增“彡”为“彣彰”。《龙龛手鉴·彡部》:“彣，彣彩斑杂也。”章炳麟《文学总略》:“凡文理、文字、文辞皆谓之文，而言其采色之焕发，则谓之彣。”

“文”衍生出织绣之“纹”。《玉篇·糸部》:“纹，绫纹也。”《康熙字典》引《篇海》:“凡锦绮黼绣之文皆曰纹。”“纹”原作“文”，《史记·货殖列传》:“刺绣文，不如倚市门。”后增“糸”为“纹”。杜甫《小至》诗：“刺绣五纹添弱线。”《聊斋志异·崔猛》："针刺其臂，作十字纹，朱涂之，俾勿灭。"

"文"衍生出云彩之"雯"。《广韵·文韵》："雯，雲文。"《集韵·文韵》："雯，雲成章曰雯。"《三坟·形坟·爻卦大象》："日雲赤昙，月雲素雯。"金代元好问《应州宝宫寺大殿》诗："七重宝树围金界，十色雯华拥画梁。"

"文"衍生出玉石之"玟"。《集韵·文韵》："玟，玉文。"亦指呈现纹理之玉石。《礼记·玉藻》："士佩瓀玟而缊组绶。"陆德明《经典释文》："玟，武巾反，字又作'砇'。"《集韵·真韵》："珉，《说文》：'石之美者。'或作'玟'、'砇'。"高本汉《汉文典》（修订本）："玟，宝石。"[12]

"文"衍生出纷杂之"紊"。《说文·糸部》："紊，乱也。""紊乱"乃纹理纷杂，故原以"文理"之"文"示之，《尚书·洛诰》："王，肇称殷礼，祀于新邑，咸秩无文。"王引之《经义述闻·尚书下》云："今按，文，当读为紊。紊，乱也。"而后另增"糸"为"紊"，《尚书·盘庚上》："若网在纲，有条而不紊。"（成语有"有条不紊"）

负荷语言的书面载体，标志语词的书写形式，名之曰"文字"。其谓之"文"者，盖亦相关于"交错画文"之本义。《说文·叙》云："黄帝之史仓颉，见鸟兽蹏迒之迹，知分理之可相别异也，初造书契。"而"仓颉之初作书，盖依类象形"，然则"画成其物，随体诘诎"，即自成文理，故谓之"文"。而独体之"文""其后形声相益，则谓之字"。

《说文·子部》："字，乳也。从子在宀下，子亦声。"（《说文·乚部》："乳，人及鸟生子曰乳。"）"字"，金文作（父己觯）、（沕其簋），原是取象于生育孩子，由"宀"与"子"构成。"宀"，甲骨文作（《殷虚文字乙编》五八四九），象房屋形；"子"，甲骨文作（《殷虚书契后编》下四二·七），象婴儿形。徐灏《说文解字注笺》云："妇人乳子居室中也。""字"既象孩子出生于室内之形，"字"的本义即指"生育"、"孕育"。故《说文》本训"字，乳也。"《广雅·释诂一》："字、乳，生也。"《玉篇·子部》："字，生也。"

《周易·屯》："女子贞不字，十年乃字。"王引之《经义述闻·周易上》："《广雅》曰：'字、乳，生也。'……《易》曰：'女子贞不字。'然则不生谓之不字。必不孕而后不生，故不字亦兼不孕言之。"

《山海经·中山经》："其上有木焉，名曰黄棘，黄华而员叶，其实如兰，服之不字。"郭璞注："字，生也。"

《墨子·节用上》："后圣王之法十年，若纯三年而字，子生可以二三年矣。"孙诒让间诂引《说文·子部》："字，乳也。"

王充《论衡·气寿》："妇人疏字者子活，数乳者子死。"

由此看来，形、声相益所孳乳的各式各样的合体符号，正如人的生育繁殖似的，便谓之"字"。贾公彦《周礼·春官·外史》疏："字者，滋也，滋益而名，故更称曰字。"

往后"文"与"字"之由分指"独体之文"与"合体之字"凝结为"文字"而概称"书写符号"或"书写体系"，始于秦始皇《琅玡台刻石》"同书文字"之史实，则反映了"书同文"的文字演化、文明演进的社会发展历程。

"字"由本义"生育"引申，而指"养育"：

《诗经·大雅·生民》："诞置之隘巷，牛羊腓字之。"马瑞辰《毛诗传笺通释》："字、乳、育三字同义。"高亨注："字，养育，指给他乳吃。"

《左传·昭公十一年》："其僚无子，使字敬叔。"杜预注："字，养也。"

复由"养育"引申，亦指"关爱"。

《尚书·康诰》："于父不能字厥子，乃疾厥子。"孙星衍疏："字者，爱也。"

《左传·成公四年》："楚虽大，非吾族也，其肯字我乎？"杜预注："字，爱也。"我国传统的伦理观念，长者之于幼者，应有慈爱之情，否则为不慈。孔安国《尚书·康诰》传曰："于为人父不能字爱其子，乃疾恶其子，是不慈。"《左传·成公十一年》记述："郤犨来聘，求妇于声伯。声伯夺施氏（孝叔）妇以与之。妇人（问其夫施氏）曰：'鸟兽犹不失俪，子将若何？'（其夫施氏）曰：'吾不能死亡。'妇人遂行。生二子于郤氏。郤氏亡，晋人归之施氏。施氏逆诸河，沉其二子。妇人怒曰：'己不能庇其伉俪而亡之，又不能字人之孤而杀之，将何以终？'遂誓施氏（发誓不复为之妇）。"

由此可知，"字"所反映的长者慈幼之观念。

古代贵族男女，既有"名"，亦有"字"。《字诂·名》："以声相命曰名。"范宁《谷梁传·隐公三年》"其不名"注："夫名者，所以相别尔。"张守节《史记·老子韩非列传》"名耳字聃"正义："字，号也。"《白虎通义·姓名》："人所以有字，何？冠德明功，敬成人也。"何休《公羊传·僖公九年》"字而笄之"注："字者，尊而不泄，所以远别也。”《颜氏家训・风操》：“古者名以正体，字以表德。”

“名”命于婴幼，“字”取于成年。《礼记·檀弓上》:“幼名，冠字。”孔颖达疏：“名以名质，生若无名，不可分别，故始生三月而加名”，“人年二十，有为人父之道，朋友等类不可复呼其名，故冠而加字”。古时，男子二十行礼加冠，女子十五行礼加笄，以示长大成人。古行加冠礼是重要的礼仪，《礼记・冠义》：“敬冠事所以重礼，重礼所以为国本也。”而加冠加笄即受字，《礼记・曲礼上》：“男子二十，冠而字。”“女子许嫁，笄而字。”《楚辞・离骚》：“名余曰正则兮，字余曰灵均。”人之表字，人所敬称。《礼记・郊特牲》：“冠而字之，敬其名也。”《礼记・冠义》：“已冠而字之，成人之道也。”郑玄注：“字所以相尊也。”在交际中，尊者称卑者以“名”，卑者称尊者以“字”，平辈之间，互称“字”，自称“名”，而于师前言同窗则称“名”。“名”与“字”，互有一定的意义联系，或义相近同，或义相对待，或义相关联。譬如：屈平，字“原”。《尔雅・释地》：“广平曰原。”颜回，字“子渊”。《说文·水部》：“渊，回水也。”诸葛亮，字孔明。段玉裁《说文解字注·儿部》:“亮，明也。”(《尔雅·释言》:“孔，甚也。”)曾点，字“皙”。《說文·黑部》:“点,小黑也。”《白部》:“皙,人色白也。”王子韶,字圣美。《论语·八佾》:“子谓《韶》尽美矣，又尽善也。”取义圣人孔子赞美《韶》乐。王念孙，字怀祖。“《说文·心部》:“怀，念思也。”“祖”与“孙”相对。是以《白虎通义·姓名》云：“或傍其名而为之字者,闻名即知其字,闻字即知其名。”而“表字”之所以谓之“字”,正是以“字”含“孳生”义,“表字”原是由“名”所孳乳的。可见,名字之“字”也映现了名字文化史征。

《仪礼・士昏礼》：“女子许嫁，笄而醴之称字。”《礼记・内则》：“(女子)十有五年而笄。”郑玄注：“谓应年许嫁者。女子许嫁，笄而字之，其未许嫁，二十则笄。”后因称女子年满十五为“及笄”，女子许婚为“许笄”，而“字”亦指女子“许嫁”、“允婚”。《正字通・子部》：“字，女子许嫁曰字。”《续资治通鉴・宋太宗至道二年》：“高丽国王王治请婚于辽，辽许以东京留守萧恒德女字之。”女子待嫁则称为“待字”。清代孙郁《双鱼珮・受聘》：“小女虽然待字，老夫膝下无人，是要入赘方可的。”由此，“字”则以指称“许配”而映现婚嫁文化。

综上所述，“文”与“字”，以特定构形，示固有本义，另引申转义，而富含多义，指称自然现象，标志社会形态，涉及了华夏文明的广阔领域，映现了历史文化的诸多征迹，蕴含意象何其丰富。

注释

[1]《殷周文字释丛》，中华书局1962年版。

[2]《中国文字》第九期，(台湾)艺文印书局。

[3]徐中舒主编：《甲骨文字典》，四川辞书出版社1988年版。

[4]徐锴：《说文解字系传·文部》：“文，画也。象交文。”无“错”字。

[5]“文”后衍形为“纹”。

[6]今本无“刚柔交错”句，此据郭京本。

[7](明)宋濂：《华川书社记》。

[8](明)宋濂：《文说赠王生鍎》。

[9](北齐)刘昼：《新论·慎言》。

[10]《国语·楚语下》。

[11]“玟”另见何尊、𠦪伯簋，“珷”另见利簋、何尊、德方鼎、夨簋、𠦪伯簋。

[12]《礼记·聘义》：“子贡问于孔子曰：敢问君子贵玉而贱瑉者，何也？为玉之寡而瑉之多与？”郑玄注：“瑉，石似玉，或作‘玟’也。”《切韵》以“玟”为“玫”之异体。《说文·玉部》：“玫，火齐(火齐珠)，玫瑰也。一曰石之美者。”

向光忠（1933—2012），男，湖北枝江人。南开大学教授，中国文字学会学术委员。长期致力于语言文字学研究，尤其对《说文解字》有较深研究，主编1—6辑《〈说文〉学研究》。

新时期中原家乡纪念许慎活动的回顾与展望

王蕴智
郑州大学

提　要　新时期改革开放以后，传统学术文化事业得到了全面复苏，从而也激发起学术界和中原家乡人民纪念字圣许慎的热情。1985 年 4 月，许慎故乡修复了许慎陵墓和“许南閤祠”的部分建筑设施，新设立了许慎纪念馆。从20世纪80年代中期到90年代初，学术界围绕纪念许慎和《说文》学研究这一主题，先后在许慎故乡召开了多次学术研讨会。为此中原人民深受鼓舞，并在这方面有着深刻的感悟，积累了许多经验。在充分认识许慎精神和中原地区汉字文化优势的前提下，2005 年 11 月，首届许慎文化国际研讨会在漯河市成功召开；2010 年金秋时节，许慎故乡人民再次诚邀海内外专家学者，隆重召开第二届许慎文化国际研讨会，并为新创建的“许慎文化园”开园。今后以“弘扬汉字文化，传承许慎精神”为主题的学术活动及文化建设项目可望进一步地展开，它将会进一步培育家乡人民及全社会纪念许慎、热爱汉字的情结，增进民族自豪感。衷心期望通过中原人民和广大学人的共同努力，争取把未来的许慎故乡，建设成为许慎文化学术交流中心和对世人进行汉字文化爱国主义素质教育的基地。

许慎在我国东汉时期有“五经无双”的美誉，是著名的经学大师。他用平生心血所撰著的《说文解字》(简称《说文》)，又使他成为汉语文字学的开山祖师。千百年来，人们习惯上把对许书的研究称为“《说文》学”，或亲切地称作“许学”。直到现在，如果要想深一步地了解中国古代的语言文字和文化，也同样需要学习、熟悉许慎的《说文》。

由于许慎为民族文化和汉字学术事业做出卓越的贡献，历代的文人学士，还有中原许慎家乡的人们，都对这位字学先哲怀有十分崇敬的心情，并进行过不同形式的纪念活动。然而在我国长期的封建社会，纪念许慎的活动是受种种历史条件制约的。过去人们对于许慎本人的敬仰，一般只是表现在尊许和祭许的层面上，不可能开展周密系统的大型学术纪念活动，也不可能从弘扬民族文化的境界高度来认识。自20世纪初至“文革”期间，国家几度受社会变革和政治运动的影响，文化学术事业历尽波折，像许慎这样的历史文化名人，依旧没有得到应有的重视。这方面真正进行有组织、有计划、高规格、在国内外能够产生较大影响的学术纪念活动，可以说还是新时期改革开放以后的事情。

20世纪70年代后期，我国结束了“文化大革命”，彻底排除了社会动乱的因素，文化学术事业得到了全面复苏。随着国家改革开放政策的确立和知识分子政策的落实，传统汉语汉字的研究在百花齐放、百家争鸣的学术氛围中焕发出勃勃生机。在这样的大气候下，也激发起广大语言文字学界同仁和中原家乡人民纪念许慎的热情。

一　纪念许慎活动的发起

早在20世纪70年代末至80年代初，河南省地方上的一些有识之士，便从关心家乡精神文明建设的大局出发，提出了有关恢复和建立纪念许慎文化设施的呼吁。如当时郾城县和西平县的两位教师，就曾分别向省、地、县等有关政府部门提出建议，呼吁在当时许慎的家乡郾城县建立许慎纪念馆，恢复“许南阁祠”，收集许学专著和字画作品，宣传许慎事迹，加强对许慎故里遗迹的保护。他们的这些建议和呼吁，得到了地方有关主管部门的重视。

1982年11月，出于纪念先哲、弘扬许学，促进文化交流的考虑，当时已是80岁高龄的著名语言文字学家、书画史论家于安澜先生在苏州召开的中国训诂学会年会上，提出筹备召开以纪念许慎为主题的全国性学术研讨会的倡议。这一提议得到了与会专家学者的积极响应和支持。大会认为，要继承和发展中国的语言文字学事业，就应从纪念许慎开始。会议还委托河南大学于安澜、赵天吏教授会后与河南省地方有关部门具体筹划许慎学术讨论会事宜。

这次会议之后，于安澜先生曾多次与河南省有关部门领导写信磋商。1983年1月21日，河南省文物局专门下发了“豫文物字（83）第五号函”，通知河南省郾城县及地方文化局做好迎接召开纪念许慎学术讨论会的准备工作。该文件特别提到要修缮许慎墓，并责成许昌地区文化局（当时隶辖郾城县）予以大力支持。

同年4月，于安澜先生又亲临许慎故里调研，向当地人民宣传纪念许慎活动的意义。

1983年10月，中国训诂学会在扬州召开纪念段玉裁、王念孙、王引之学术讨论会，会议特邀郾城县文化局赵怀然、张汝鲤二位先生赴会。会上于安澜先生向与会者介绍了在河南发起纪念许慎活动的情况，郾城县代表也汇报了他们为开好许慎会所做的各项准备工作。由于筹备工作的就绪和河南方面所做出的努力，大会正式决定于1985年4月在中原家乡召开全国第一次纪念许慎学术研讨会。

二 重修许慎墓、祠

为了迎接全国首次许慎学术研讨会的召开，1984年10月，郾城县政府组织人力，开始了许慎陵墓的修复工程[1]。该工程由河南省文化厅出资赞助，整个工程历时半年，包括征地、砌墓、立碑、植柏等一系列内容，于1985年4月竣工。为使陵墓园林化，便于人们瞻仰，这次对陵墓的修复，共征用土地6.92亩。重修后的许慎墓高5米，底径16米，占地3分。墓呈穹拱式高起，墓表封土植草。墓周用青色条石砌成环形墓基，墓基高1米，基圆周筑以甬道。墓后重新植上北方柏186株，象征许慎的传世之作《说文解字》成书距这次修墓的时代，已经有1860多年了。

修复陵墓时，许慎墓前又立了三通碑。一通为新立的“重修许慎墓碑记”，另两通为原来的清碑，即康熙年间的“汉孝廉许公之墓”碑和光绪年间的“许夫子从祀文庙碑记”碑。三通碑鼎立许墓陵前，均建有传统式的五脊飞檐挑角碑楼作为保护。两通清碑以前曾让人伐断，被许家后裔保存，这次又由许家后裔献出，并分别进行了黏结处理。根据题名的内容，“汉孝廉许公之墓”碑立在了许慎墓正前方2米处，碑前设有一石案供祭拜所用。“许夫子从祀文庙碑记”和“重修许慎墓碑记”分别立在墓的东南方和西南方25米处。

重修后的许慎墓和墓前所立的三通石碑

"重修许慎墓碑记"碑高2米，宽0.8米，厚0.35米。在碑额处，于安澜先生用古朴典雅的篆书写下了"冠冕千秋"4个大字。碑的右边纵列为楷书，碑题为"重修许慎墓碑记"7字，下有正文600余字，追记了许慎事迹和重修许墓的经过。正文为北京师范大学教授、中国训诂学会名誉会长陆宗达先生撰文，时间为"一九八五年三月吉日"。这通碑的建立，是在现代社会政通人和、学术昌明的环境下，由许慎故乡人民和全社会各界人士，尤其是汉语言文字学界的专家学者一起促成的。该碑文一方面反映出学术界特别是当代著名学者对许慎的深切感怀，另一方面也反映出华夏学子在历经时代变革之后，所焕发出来的强烈的爱国意识和传承学术文化的使命感。所以这通碑对于纪念许慎来说，它已不是简单的旧时祭奠的重复，而是赋寓了更多的时代理念。

这次重修许慎陵墓，当地政府对许慎之子许冲的墓地也进行了修整工作[2]。经过适当培土，许冲墓加高到1.5米，底径3.5米，围长6米，维持原来的土冢形式。另于墓前新立一"汉召陵万岁里公乘许冲之墓"碑，墓周围植北方柏4株。1983年12月，郾城县文物管理委员会又分别于许慎、许冲墓前，树立了"重点文物保护单位"标志牌[3]。1991年上半年，当地县政府还委托交通局，将漯(河)周(口)公路至许慎墓地一段约16里长的土路拓宽硬化，改建成了三级公路，定名为"许慎公路"。这条公路为许慎家乡故里今后的开发建设，奠定了良好的基础。

在重修许慎陵墓的同时，郾城县还对故"许南阁祠"的部分建筑设施进行了整修[4]。首先，县里把仅剩下来的阁祠5间过厅及门前的空地从县一中划分了出来，别开门院，使过厅门外修葺一新。院内新种下10多棵柏树，厅前一侧新立了"原许南阁祠绍介"碑，另一侧立下了黏结修补后的"创修后汉许公祠碑"。过厅门上方正中，新挂上了著名语言学家王力先生题写的"许慎纪念馆"馆名匾额，意味着这里已暂被用为许慎纪念馆馆址。在过厅两边门柱上，一副木质楹联端重省目："一部说文明故训，千秋学术仰宗师"(郾城张汝鲤老师题)。厅内布置为纪念馆展厅，在正中暖阁内，供有木刻版许慎全身画像(河南大学美术系王威教授创作)。像前设有原许南阁祠仅存的"汉先儒许慎之位"木主，厅内两边门柱上悬挂着著名语言学家周祖谟先生的篆书赞联："考文字之本源、存古留真，诚乃儒林楷式；标诂训之旨趣、探微索隐，允推汉学宗师"。在厅内四周展柜内，陈列着有关许慎生平事迹、《说文解字》的不同版本以及历代有关许学研究的专著等。另外在大厅四壁及两侧套间的内壁上，还征集有60多幅全国名家题赠的书画墨宝。整个展厅浓郁烘托出许氏故祠的典雅肃穆和汉字文化气息，它使一批批来自于国内外的专家学者、华裔同胞、许氏宗亲等各界人士在这里流连驻足。1987年，郾城县政府也将这里确立为重点文物保护单位。2007年，河南省政府将其命名为省级重点文物保护单位。

整修后的许南閤祠大门

整修后的许南閤祠正门

許慎紀念館 王力

王力先生题写的“许慎纪念馆”馆名

三　20世纪后期大型许学研讨会的召开

从20世纪80年代中期到90年代初，学术界围绕纪念许慎和《说文》学研究的主题，先后在许慎的故乡召开了多次学术研讨会。中原地区举办这种专题的大型学术活动，这在以前是不曾有过的。唯有在祖国学术繁荣、改革开放的时代，许学作为传统国学中的一支奇葩，才会像春天复苏的花草，在中原大地散发出芬芳的气息。

1985年4月12日，全国首届“纪念许慎学术讨论会”在位于古都开封的河南大学隆重开幕，100多位大专院校及有关科研单位的专家学者参加了大会。会议共历时4天，来自全国各地的学者就许慎的生平事迹、《说文解字》的有关专题、许学研究的回顾和展望、汉字六书理论、文字考释等一系列问题进行了踊跃发言，广泛交流了各自的学术观点。这次盛会的召开，把纪念许慎的活动以及许学研究推向了一个高潮。

4月16日下午，与会代表由开封抵达漯河市郾城县[5]，到许慎故乡寻访字圣的遗踪，受到当地人民的热烈欢迎。翌日上午，代表们来到许慎墓地举行新修陵墓揭碑仪式，当地群众纷纷前来助兴，会场计5000余人。披覆在《重修许慎墓碑记》碑上的红绸，由中国训诂学会会长徐复先生和郾城县县长王金林先生缓缓揭去。随后，各有关学会组织、大专院校、文化团体及领导机关向许慎墓献上了花篮，分别发表了感人的讲话，整个许慎陵园此时沉浸在盛典之中。当天晚上，专家学者们来到了故许南阁祠，即新建立的许慎纪念馆。在这里，他们怀着激动的心情，纷纷挥毫题记，直到深夜。

在结束了许慎故乡的纪念活动之后，全体与会人员又驱车赶赴当年许慎奋斗过的地方——东汉都城洛阳。这是此次会议所到达的最后一站，大家在这里举行了许慎塑像的落成典礼和大会闭幕式。新落成的许慎雕塑，参照了清人《说文统系图》上的许慎画像，用白水泥塑造而成。它高3米多，下设1米多高的四方像座，坐落在洛阳市图书馆门前。许君手握书稿，南向而立，一尊儒雅、矜持、执着、敦厚的形象，活现他当年在此撰《五经异义》、完成《说文解字》初稿的神情。他的身后，正是原来的汉朝国家图书馆的重地，即许慎在东观校理群书的地方。在他的像座正面，端庄地写有“许慎”二字。其基座背面，是于安澜先生用篆书写下的《后汉书》许慎本传。

1985年的许学会议，在国内外引起了很大的反响。它通过学术纪念活动和媒介宣传，使更多的人了解了许慎，有力地促进了许学的发展。许慎的故乡人民，也进一步认识到许慎的伟大。这以后，到许慎故地参观、拜谒、学习的学者，华侨同胞及国际友人越来越多。不少知名人士向许慎家乡馈赠了书画珍品，给予了经济和文化的投资，他们对办好许慎家乡的事情寄予了厚望。另外，战国时代以后迁居到汝河两岸的许氏后裔，隋唐时有移居闽粤者，明末清初有的离开大陆，在港台和东南亚开拓创业，成绩卓著。据台湾许氏宗亲会称，仅那里的许氏后代就达 37 万人。他们每年都派出代表团回大陆祭祖观光，所以许慎故乡又成为许氏宗亲寻根祭祖的圣地。

1989 年春，河南省漯河市召开了“许慎研究会成立大会暨第二届许慎学术讨论会”，省内外有关专家学者参加了大会。这次会议使纪念许慎的学术活动保持了连续性，各家的学术思想也得到了充分的交流。会议期间，许慎研究会成员还会见了前来祭祖观光的台湾许氏宗亲豪华团，并向他们赠送了许慎研究专著及有关礼品。1990 年 12 月，郾城县政府又特邀国内 20 余位著名许学专家聚会于漯河，在许慎家乡成立了许慎研究所，这也使当地人民纪念许慎的活动，迈向了很高的层次。

1991 年 9 月，许慎故乡人民迎来了一个前所未有的大型国际性盛会——“许慎与‘说文学’国际学术研讨会”。这次学术会议是由河南省对外文化交流协会、许慎研究会以及东道主漯河市联合主办的。应邀莅临这次大会的专家学者共计 80 余人，其中除了国内 20 余个省市高等院校的代表外，还有如日本、韩国、马来西亚以及来自香港、台湾地区的知名学者，大会包括特邀人员约计 160 余人。

这次参加会议的中外嘉宾有些是前两次许慎会的参加者，而更多的则是第一次来到会上，表现出许学的兴旺发达。这次大会共历时 4 天。会议讨论之余，代表们拜谒了许慎陵墓，参观了许慎祠、许慎纪念馆。会议期间，东道主还安排了别有特色的仲秋赏月会，组织大家参加了“慎园”暨“许慎纪念馆”（新馆）奠基典礼。

在学术研究方面，本次与会代表共提交大会论文 96 篇，有 60 多位学者做了大会发言。他们的论文包括许慎的事迹和治学思想、《说文解字》研究、文字考释、许书版本校勘、汉字学与汉字信息处理、六书与汉字教学等问题，其内容广泛而丰富，反映出了许学研究的最新成果。通过会上会下的相互交流，大家追怀先贤、切磋学术、以文会友，以饱满的学术热情纪念了这位汉字学宗师。值这次会议之际，由许慎研究会主编的《说文解字研究》即许慎与“说文学”国际学术研讨会论文集（第一辑），正式由河南大学出版社出版发行。另外在这次会议之后，漯河市郾城区统战部编印了《许学研究集刊》，北京师范大学汉字研究所和河南省文字学会还共同策划了一套“许慎与《说文》小丛书”。该套丛书共分 9 册，分别对字圣许慎的生平事迹、家乡故里及许学研究的不同方向做了深入浅出的概述。丛书由北京师范大学教授王宁先生和河南大学教授董希谦先生主编，王宁先生作序，陆续至 1994 年由河南人民出版社完成出版发行。

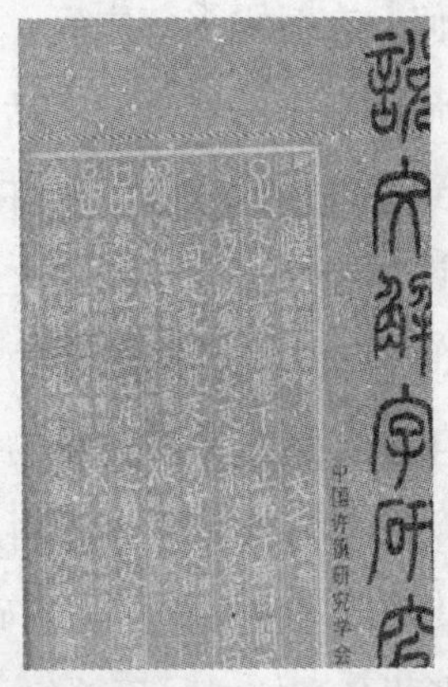

许慎研究会编《说文解字研究》书影

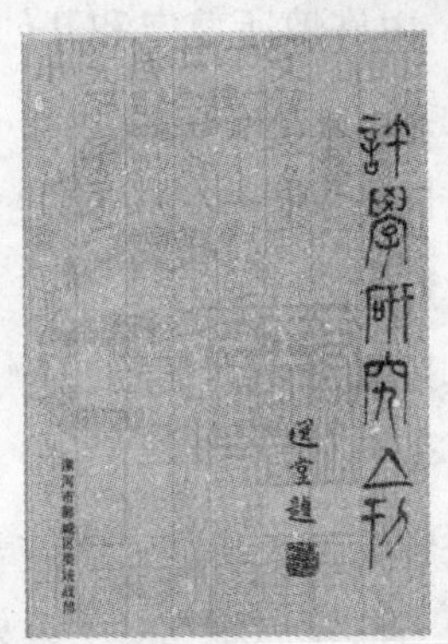

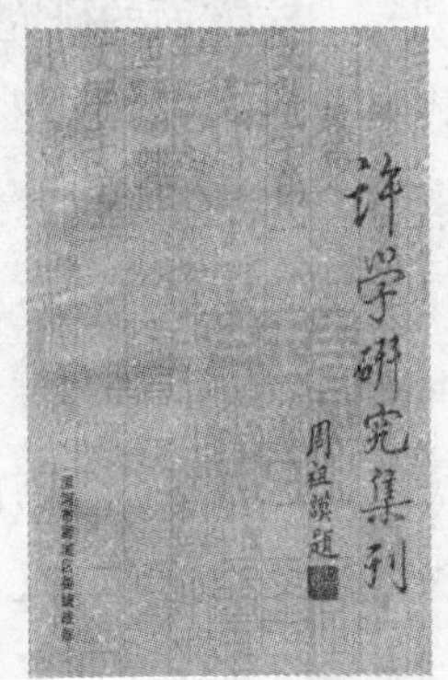

漯河市郾城区统战部编《许学研究集刊》书影

王宁、董希谦主编《许慎与〈说文〉小丛书》书影

四　2005年“许慎文化”国际研讨会的召开

中原地区以纪念许慎为主题的相关学术活动，由于种种原因，自20世纪末以来一度有所中断。但无论如何，在时隔多年之后，作为许慎故乡的漯河市和中原人民，对前些年由知识界所带动起来的许学纪念活动依然深受鼓舞，并在这方面有着深刻的感悟，逐步认识到了许学研究和开发许慎文化的价值。从大环境来看，我们的国家在逐年富强，许学也在振兴与拓展之中。这给新时期专业工作者开辟了辽阔的视野，提出了新的命题，肩负起更多的责任。

一方面来说，随着近百十年来各种古文字资料的大量被发掘出土，古文字学交叉在汉语文字学、考古学、历史学、文献学诸学科之间，结合传统的文字、音韵、训诂及文献典籍知识，尤其是以《说文》学为基础，取得了丰硕的科研成果。如今在大陆、香港、台湾等许多著名高校或科研单位，都相继成立汉语言字字学、古文字学研究机构，这方面的研究方兴未艾。由许慎所奠定和开创的学术事业，正在通过现当代学者的不懈努力而得到弘扬光大。

另一方面来说，世界正在快速向全球化方向发展，中外文化的交流及全球范围内的汉语、汉字学习热潮仍在不断升温。比起世界上其他类型的文字，汉字以它悠久的历史渊源、强大的超方言性、强烈的民族向心力和凝聚力、严密的构形体系和浓郁的民族文化内涵、无与伦比的书法审美特征而著称于世。随着汉字信息处理技术的深度开发和利用，汉字文化越来越为世人所瞩目。随着我国与世界各国友好关系的发展，文化交流活动日益频繁，据我们所知，全世界有很多海外的办学机构都在积极开展汉语、汉字教学。有100多个国家近4000所高等院校开设有汉语课程，世界一些主要国家学习汉语、汉字的人数正在以50%的幅度增加。不仅如此，致力于汉字文化、许慎文化研究的有识之士亦越来越多，许慎文化的影响，已经跨越了地域和国界。这也就是说，许慎不仅属于漯河，属于河南，也属于中华，属于世界。海内外学习、研究许学和汉字文化的学人，都希望有机会能到许慎故里来，亲身感受汉字学故乡的文化氛围。

2004年，在国内外广大专家学者的关心支持下，漯河市党政领导与时俱进，积极推行文化兴市的思路，着手与河南省文字学会共同承办新世纪里新一届的国际性许学研讨会事宜。筹备中的新一届许慎会议拟由中国文字学会、中国训诂学研究会、河南省人民政府共同主办。经过专家倡议和政府决策，即将召开的许学盛会初步定名为“首届许慎文化国际研讨会”。“许慎文化”作为一个新的概念，也正是在这时候被提出来的。

“许慎文化”作为一个概念，其内涵应当包括许慎精神和《说文》学两个方面。这个界说还可以广义一点来理解，即“许慎文化”当是指华夏同胞热爱汉字、学习研治汉字的传统人文精神以及由许慎所发凡、创立的汉字学[6]。

2005年10月，漯河市政府举行了新闻发布会，开展了许慎文化宣传月活动，在新闻媒体上开辟专栏进行“许慎文化”的广泛宣传。2005年11月21日，初冬时节有着春天般的温暖。备受关注的首届许慎文化国际研讨会在漯河市体育馆隆重开幕。来自中国、美国、加拿大、乌克兰、利比里亚和香港、台湾等国家和地区的近200位专家学者、富有声望的许氏宗亲代表以及国内各大媒体齐聚一堂。全国人大常委会副委员长许嘉璐，河南省委书记、省人大常委会主任徐光春等领导出席了开幕式。许嘉璐先生在致辞中意味深常地指出：今天纪念许慎，可以激发更多的人热爱汉字、珍惜传统文化、建设先进文化的热情。许慎一生对于汉字的热爱及其学术奉献，已成为感召当代学子的精神力量。由他所开创和奠定的汉语文字学大业，今后还将会得到更大的发展。

开幕式结束后，与会代表和各位领导共同来到扩建整修后的许慎陵园。新整修后的许慎陵园建立了围墙，面积为12.56亩，陵园中央的许慎铜像高3米，基座高1.88米。在鞭炮和掌声中，大家拜谒了许慎墓，并为新落成的许慎铜像揭幕。漯河市市长靳克文在揭幕仪式上表示，作为许慎文化的发源地，漯河市今后将以挖掘汉字文化为主题，以许慎陵园保护开发为着力点，以汉字文化国际交流为手段，努力把漯河建成全国许慎文化研究中心、许学文献资料中心和汉字文化圣地旅游中心[7]。在为期两天的许慎文化国际研讨会上，与会学者共提交了论文80余篇，会议围绕许慎与汉字学、古文字研究、汉字地位与价值、许慎文化资源开发建设等问题进行了认真的讨论与交流。在许慎文化学术研讨的同时，漯河市政府还组织了许慎文化资源开发项目推介会、许氏宗亲座谈会、“字圣故里千秋情”文艺晚会、纪念许慎名人字画展及许慎文化旅游等活动，通过地方党政领导与漯河家乡父老的齐心努力，这次会议办成了一个规模空前的弘扬许慎文化的国际性盛会。

这次大会的圆满成功，充分向世人展示出了漯河这个新兴城市的魅力。当今的漯河市是一个以许慎为荣的城市，是一个文化底蕴厚重的城市，是一个经济发达的城市，是一个社会和谐发展的城市。漯河市领导的周密部署，漯河市民众的淳朴热情给全体与会人员留下了深刻的印象。

2005 年新落成的许慎铜像和许慎陵园正门

首届许慎文化国际研讨会主会场

首届许慎文化国际研讨会主题会议第一分会场

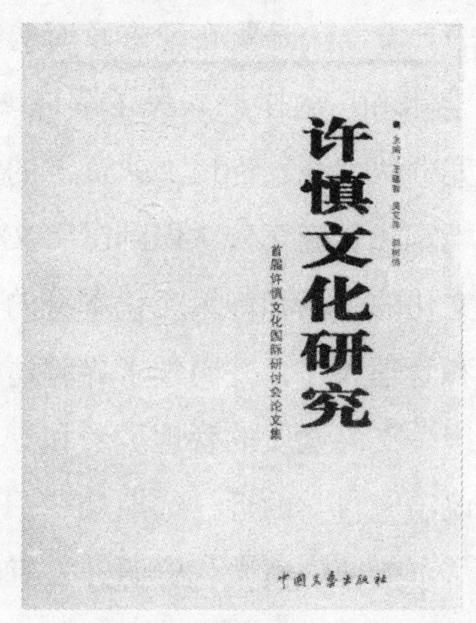

首届许慎文化国际研讨会论文集《许慎文化研究》书影

五　许慎文化资源的未来开发

河南是我国汉字学的发祥地，是著名的出土古文字大省，十几年前漯河境内舞阳贾湖遗址新发现的裴李岗文化刻画符号，距今已有8000年之遥，更引起世人对中华文字起源命题的新思维。作为许慎家乡的漯河市有着深厚的历史积淀和得天独厚的文化资源优势。正在启动的以纪念许慎为内容的文化建设项目，应当说是在充分认识中原自身文化优势的前提下所做出的选择。它的创建将会进一步培育家乡人民及全社会纪念许慎、热爱汉字的情结，增进民族自豪感。

此前的许学研究一直处在学术的层面。要使许慎文化走出书斋、走向社会，单靠专业学者的力量是不够的。对于许慎本人的敬仰，也不能仅表现在尊许和祭许的层面上。实际上，对于许慎的人格、为学精神以及他何以能够成为中国的字学宗师，并不是全社会都能够了解的。作为许慎的后学，我们也不能简单地依赖一部《说文》搞许学，因为我们今天毕竟看到了更为丰富的出土文字材料。一方面，我们需要像许慎那样沉下心来整理、研治文字。另一方面，我们还需要像许慎那样花大力气，做出一部更为完整的汉字发展史奉献给世人。如今我们开发家乡的许慎文化资源，首先是要进一步向全社会推广宣传字圣许慎的事迹，让漯河的人民都知道许慎，都了解许慎精神，普及汉字知识，都能对魅力无穷、内涵丰富的中华文字说上一二。

我们对许慎文化资源的开发，一是要在地方政府的领导和支持下，组织多种形式的普及宣传活动，让全市和广大中原人民了解许慎和《说文》，了解中原家乡汉字文化的地域优势，充分认识开发许慎文化资源的重要意义，积极培育适合许慎文化资源开发的大环境。二是应充分认识到汉字文化的博大精深和汉字本身的价值，认识到古今汉字文化的内涵和许慎文化本身的专业性。故这方面尤需注重选拔培养有关专业人才和管理人才，并向学术界聘请许慎文化、园林建筑规划诸方面的专家做顾问，组织一支高素质的管理班子和专业团队。三是经过反复论证，切实制订出总体开发议项和科学的近、远期规划，保证开发项目实施的质量和今后工作的规范有序，尽可能使许慎文化资源开发有条不紊、循序渐进，周密规划、不赶风潮，力戒浮躁虚套，少走弯路。

值 2010 年金秋时节，在当地政府在海内外专家学者的关心支持下，我们将在许慎故乡召开第二届许慎文化国际研讨会和“许慎文化园”开园典礼。这次大会的宗旨是“弘扬汉字文化，传承许慎精神”。可以预见，当今的学者，还会为许慎故乡人民诚挚笃厚的精神所感动，并使这种精神转化为从事许学研究和帮助许慎故乡进行经济、文化建设的强大动力。我们衷心期望通过中原人民和广大学人的共同努力，争取把未来的许慎故乡，建设成为许慎文化研究中心、学术交流中心和汉字文化遗产开发的重镇（对世人进行汉字文化和爱国主义素质教育的基地）。我们也十分期待通过许慎文化资源的开发，提升漯河城市乃至中原家乡的文化品位，树立起河南文化大省的良好形象。争取为漯河市的地方发展、为实现中原崛起的战略目标做出贡献。

注释

［1］许慎墓的具体位置是在今漯河市召陵区姬石乡许庄村东北约 350 米处，墓式为土冢状。至清朝末年，许慎墓占地为六分多，据《郾城县记·疆域篇》云：“黑许庄，在召陵故城西六里，庄东有许祭酒墓，围四十余步，高一丈余。”

［2］许冲墓位于许庄村西北约 15 米处，该墓在重修前高 1.1 米，底径 2.1 米，围长 3.5 米，东距许慎墓约 550 米。

［3］许慎墓于 1959 年被列为县级重点文物保护单位，1986 年被列为省级文物保护单位，2006 年被列为全国重点文物保护单位。

［4］许慎的家乡原有两处专祠。其中一处祠堂建于清代以前，遗址在今许庄村北30米处，该祠毁于明末兵燹。另一处"许南阁祠"建于清末，位于原郾城县城内。据《郾城县记·疆域篇》云："许祭酒祠，在县治东北隅。清光绪二十五年知县周云倡劝购地三亩三分创建，享堂五间，过厅五间，大门五间，门外有照壁、石桥。"辛亥革命后，这里一直成为学校，整修前祠堂面目已非。

［5］1985年河南省区划调整后，原许昌地区的漯河市升级为省辖市，郾城县属漯河市管辖。今漯河市所辖的郾城县被撤销后划分成两个区，改称为漯河市郾城区和召陵区。

［6］参见河南省文字学会提交给漯河市政府的《关于进一步弘扬许慎精神、促进许慎文化资源开发的倡议书》，载王蕴智、吴艾萍、郭树恒主编《首届许慎文化国际研讨会论文集：许慎文化研究》，中国文艺出版社2006年版。

［7］为了促进许慎文化资源的全面开发，学术界提出了许慎的家乡应该建设"三个中心"的基本构想。参见王蕴智《关于开发许慎文化资源的规划构想》，载《首届许慎文化国际研讨会论文集：许慎文化研究》。另可参考杨志有先生对王蕴智先生的采访报道，该报道题名为《许慎的家乡应该成为"三个中心"》，载《漯河内陆特区报》2005年7月11日"文化天地"版。"三个中心"的构想内容是：一、许慎文化研究中心：主要任务是，联络海内外专家学者及有关团体，组织许慎文化学术交流活动；编纂出版许学专辑和高水平的普及性汉字读物，吸引有关高校对口到许慎故乡进行实地办学，并争取在这里创办以汉字文化为品牌课程的专业学校；为深化汉语汉字及传统文化的教育实践作出贡献。二、许学文献资料中心：主要任务是，广泛征集古今中外有关学者许学专著、论文、文稿及许氏宗谱等文献资料，在许慎故乡建成规模较大的许学及汉字研究资料库。三、汉字文化圣地旅游中心：主要任务是，积极开发许慎和汉字文化旅游资源，组织各种引人入胜的汉字素质教育活动和与之相关的汉字知识观摩活动，吸引国内外学生和广大游客到许慎故里参观旅游，使旅游经济与发达的漯河食品经济比翼双飞，增添新的活力。

王蕴智，男，1955年出生，河南许昌人。郑州大学、河南大学教授，博士生导师，河南省文字学会会长。从事古文字与古代文明、甲骨学、汉字学等方面的教学和研究。

出土古文字资料丰富许训一例

董莲池

今传大徐本《说文·竹部》:“簠:黍稷圆器也。从竹从皿，甫声。”段注:“簠盛稻粱,见公食大夫礼经文,云左拥簠粱是也。”[1]无论是许云的“黍稷”还是《仪礼》所云的“稻粱”均认为“簠”作为一种礼器，祭祀时是用来盛放谷物之具。

在出土器物中，有一种作下揭形的器物：

形状长方是它的基本特征。此类器物多有铭，铭中自名为“匿”,“匿”不见于《说文》，以其从“古”声，遂一度认为就是《说文》中的“簠”，因此，上揭之器遂被以簠称之。但形状与《说文》所言不合，高明先生后来撰文考证认为“匿”应是皿部训为“器也”的“䀇”的古字。[2]现为学界所接受。而“䀇”亦即“匿”所指的器物就是文献见载的“胡琏”之“胡”。那么出土器物有无“簠”？20世纪30年代，曾出土一件器主为鲁大司徒厚氏元的器物，作下揭形：

形状类豆而有盖，其称呼，铭中名为“□”，□，一般认为从匚，从甫，“匚”为义符，“甫”为声符，其声符与“簠”从“甫”声合，器状圆形，也与许训合，因此学者主张这个字就是“簠”的古文，这个圆形类豆的器物就是许慎说的“簠”，不过是青铜制作而非竹木而已[3]，现在，这种意见为学界所承认。《金文编》等权威性工具书即将“□”释入“簠”下，大家现在也都这么认为，本人亦相信是正确的。但是，“□”构形本真及其真实意蕴却长期被掩盖，只是一般地认为从匚甫声而已。如《金文编》竹部“簠”下收作：

下注“从匚”，显然认为只有一个义符。《金文形义通解》亦将这个器名用字收在“簠”字头下，字形摹作：

和《金文编》收录的形体相比，所从“甫”形有些不同。今考载有这个器名用字的铭文拓本计有四纸，如下：

依次见《殷周金文集成》4691.1　4691.2　4690.1　4690.2。把器名用字裁切出

来依次为：

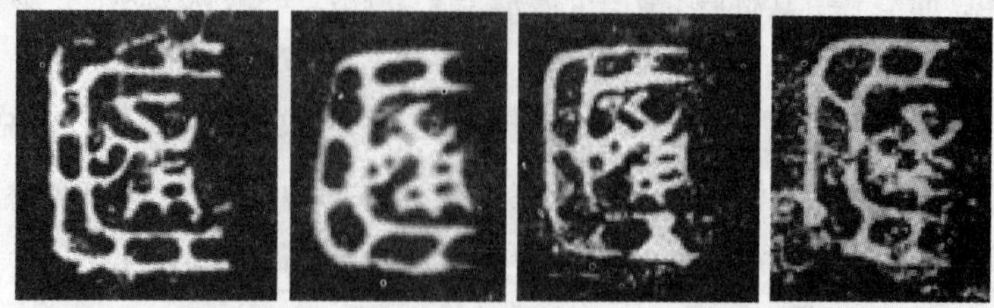

可见《金文编》收录的是后两个形体,《金文形义通解》收录的是前两个形体。仔细观察这四个形体，可以发现“匚”内所从实同，下面以后两个形体为例，除去匚旁看其所从：

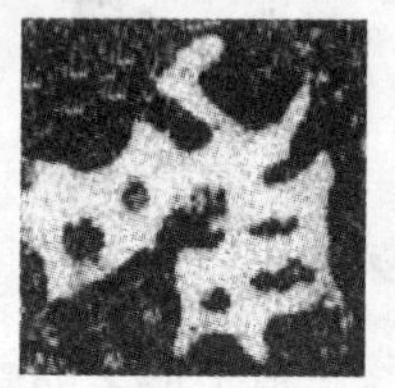
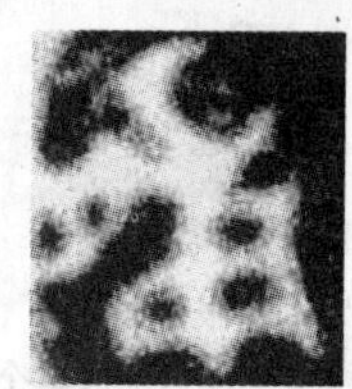

不难看出，除去“甫”形之外，在左上还有一个“”“”旁，这个形体，其实是金文中的“肉”旁，这可通过以下从肉的金文形体进行比较：

（臚）（掛）（胤）（膳）（胾）

比较可现，其为肉旁无疑。而《金文形义通解》所收录的两个形体所从也有“肉”，仔细观察可见。这样，我们就看到这个、、、构形其实应该是从匚、从肉、甫声（亦不排除“从匚、从脯，脯亦声，脯者，干肉也”），从匚，表示其为盛器；从肉，表示所盛。由此见这个形体并非仅仅从匚甫声那般简单。

既然以从肉表示所盛，又作为专门称呼此器的器名用字，联系器形类豆（从前有的学者干脆称呼其为厚氏豆），将这两个因素综合起来考虑，当有标示其器物功用的意图在内，豆，《说文》云:“古食肉器也”。段注:“《考工記》曰：食一豆肉，中人之食也。”[4] 这说明豆或类豆形器上古的主要功用是用来盛放肉食的（当然也不排除盛放黍稷的可能，学者云殷墟甲骨文和西周金文登尝之登从“豆”上著“米”可说明此点）。器既类豆形，于器名用字上又特标示以“肉”，其意应是告诉器主的后人,他的先辈是“肉食者”。典籍记载,上古食肉并非易事，一般人“七十”方可食肉，“食肉”同时也是地位权利乃至身份的象征，当权者被称为“肉食者”充分说明了这一点。

依据以上论述，为古簠字甚明，其所标明的簠器类似豆形，正许所云“圆器”，根据其实物，以青铜制作，用从“肉”标示其以盛放肉食为主，则《说文》云其仅仅盛放“黍稷”，当未能全面揭示“簠”在上古的主要功用。最有可能的情况是“簠”上古就是“食肉器”，后世易之以竹制，方用来盛黍稷，而其圆形仍然，对“簠”功用的全面解说应补充盛放肉食这一特点。

补记：

拙文在会上宣读后，承李家浩先生见告，李学勤先生曾对鲁大司徒厚氏元簠的器类归属问题有文章发表。回来后查考到李先生的文章，先生在文中考证认为鲁大司徒厚氏元簠可能就是文献称为笾的那种器，只是自名偶近于“簠”字，其流行时间又甚短促，仍以称铺为妥。本人经反复思考，觉得“铺”作为器的名称并不见载于典籍（有的学者认为其实也是簠的异体），而器铭昭示该器是，不是笾（不大可能以从甫声的字去表示叫做笾的器），既然该器已经自名，就应当立足其自名思考问题，因此本文在鲁大司徒厚氏元簠的器类归属问题上仍从簠类器说。谨慎起见，本人又托蒋玉斌君从香港寄来陈芳妹《晋侯对铺——兼论铜铺的出现及其礼制意义》一文，拜读后发现陈先生对鲁大司徒厚氏元簠上的也认为甫声（《故宫学术季刊》第十七卷第四期第57—59页），拙文则认为实从匚从肉甫声，构形中有一个用作会意的义符“肉”，拙文着眼点在许说上，故不作观点上的更动。于此仅向李家浩先生、蒋玉斌君表示谢意。

注释

［1］段玉裁：《说文解字注》，上海古籍出版社1981年版，第194页。

［2］高明：《䀇、簠考辨》，载《文物》1982年第6期。

［3］见唐兰《略论西周微史家族窖藏铜器群的重要意义》，载《文物》1978年第3期。

［4］段玉裁：《说文解字注》，上海古籍出版社1982年版，第207页。

董莲池，男，1953年出生，吉林大安人。华东师范大学中文系教授、博士生导师。中国语言学会理事。主要从事古文字学、《说文》学、汉语史的教研工作。

研究和翻译《说文解字》的一个新思路

Françoise Bottéro 蒲芳莎

法国国家科学研究中心东亚语言研究所，巴黎

一 序言

在中国，研究《说文解字》的历史非常悠久，并形成了一个很重要的研究传统，出现了一批重要的说文学者，如徐锴、徐铉、段玉裁等名家。在今天的研究中，我们当然应该重视这个传统，继承他们的重要贡献。但同时我们也应该看到，这个研究传统在某种程度上也影响了今天我们对《说文解字》的本来面目的认识。

首先需要强调的是，每一个时代，包括今天，对《说文解字》的解释都会受到当时的思想环境和文化思潮，甚至是科学技术的影响。这些因素都表现在历代学者对《说文解字》的注疏里，但是在今天的《说文解字》研究中我们却常常忽略这一点。比如，认为“文”和“字”这两个词代表了“独体字”和“合体字”的看法就不符合许慎本人的用法(下文中我再专门谈这个问题)。

另外，今天人们通常把《说文解字》看成一部汉代和汉代以前的语言字典，并常常把它作为现代意义上的字典来引用。但是事实并不是这样。虽然《说文解字》是中国字典的鼻祖，但是它本身是一部汉代关于字形的字源字典(graphic etymology)。许慎只是对字形的来源进行解释，不一定是对代表词的字进行解释；而他对字形来源的解释有时还带有一些主观因素，这当然也体现出了汉代思想环境的影响。比如说许慎通常都不列出某个字的所有字意，而只是给出跟字形有关的解释。如他对“八”字的解释是：

八 别也。象分别相背之形 (Bā is to separate. [The graph] depicts a form separating two things so that they turn they back to each other)。

在这里，许慎只是在解释字形的起源，他根本没有提到作为数字的“八”，而数字“八”在上古直到汉代的语言中一直是常用词。而且“分别相背之形”这个解释很可能是许慎自己的某种猜想：这是一种根据字形构造进行的推测，也许

许慎有某种依据。

又如：

所　伐木声也。从斤户声。《诗》曰：伐木所所。

可以看出，许慎根本没有去关注“所”在《诗经》和其他典籍里的具体用法，特别是作为地点或者置于动词或介词之前变成词组的小品词。他这里是用一个先秦典籍中根本没有用过的意思来解释为什么“所”字里有“斤”的义符。但是，为了验证他的解释，他还是从典籍里举出了个例子“伐木所所”，而“所所”在这里是一个双音节的象声词。[1]

今天，很多人只是把《说文解字》看作一个基本的汉字字典，特别是自甲骨文的发现以来，《说文解字》更成了一个沟通古今文字的桥梁，因而在文字学方面具有很重要的价值。《说文解字》的贡献并不限于文字学方面，它在哲学、文学、民族学、科学技术等方面都有着不可忽略的价值。但是对我们来说，最重要的是通过许慎的解释和引文，我们可以看到汉代学者进行训诂学（文献考据）研究的独特角度和方法。

因此，在我看来，今天的《说文解字》研究应该从《说文解字》的传统研究中走出来，直接进入许慎本人在《说文解字》中构造的体系。这也是我在这篇文章中要谈的《说文解字》研究的新思路。

二 《说文解字》研究的新思路

首先我要介绍一下我对这个新思路的两点基本认识，即

甲、运用解析法、而不是用描述法来研究和翻译《说文解字》。

乙、从许慎的文本出发，研究《说文解字》解释体例。

（一）运用解析法研究《说文》

在《说文》研究中运用解析法，就是要弄清许慎是如何理解并运用他自己的一套术语的。比如《说文解字》这个书名的含义应该怎么理解。我们认为，作为书名，《说文解字》这四个字有以下特定的意义：

第一，《说文解字》是许慎自己取的书名，所以一定有一个特别的目的。

第二，许慎以前的小学著作，基本上没有出现能真正说明内容的书名。许慎是第一位把“文”和“字”用作书名的学者，例外的只有《汉书·艺文志》中提

到的《别字》一书的书名中出现了“字”。但是在许慎之后，就有不少小学著作的书名中都用上了“字”，有些还用上了“文字”一类的术语。

现在，我们先来看看许慎为什么选择《说文解字》作书名，由此也可以了解到许慎在文字学方面的原创性贡献。

首先，在《说文解字》这四个字中，有两对对应的概念：

a)“说”与“解”；

b)“文”与“字”。

a)“说”所代表的是一般性的解释，主要是进行描述，而“解”是分析性的解释，具有一定的理论性。那么，为什么是《说文解字》而不是“说字解文”呢？在我看来，许慎是从“文”的角度出发来解释“字”，而不是相反。

在《后叙》中，许慎写下了下面的这句话：“诸生竞逐说字解经谊”（“Scholars competed in explaining written words and interpreting the meaning of the Classics”）。在这里出现了“说字解经”，也就是说，儒生们是以字为基础来解释经文。

有些学者总是把“文”和“字”的区别理解成是“独体字”和“合体字”之间的区别。可是，这真的是许慎的看法吗?

b) 我们现在来看看许慎对“文”和“字”这对概念的解释。

许慎对“文”的解释如下：

文。错画也。象交文。(9A 20a) (TKJ: 1222)

这里“文”的意思，显然是指交叉刻画出来的“图形”、“图像”或“图案”，同时也可以理解成“纹路”或“纹理”。

再看他对“字”的解释：

字。乳也。从子在宀下。子亦声。(14B 25a) (TKJ: 2130)

“字”在这里是“哺乳”、“哺育”的意思。

在这里，我们可以看到，“文”和“字”的意思与文字学意义上的“文”和“字”是没有什么关系的。但是在《后叙》里，许慎却是从文字学意义上对“文”和“字”进行区别的。他特别指出：

仓颉之初作书，盖依类象形，故谓之文。其后形声相益，即谓之字。（When Cangjie first invented writing it is presumably because he copied the forms according to their resemblances that they were called wén “patterns”. Then forms and pronunciations were added to each other, so they were called zì "written" words.)

从这个定义出发,许多学者通常把"文"看作是独体字,把"字"看成是合体字。但是,我认为,许慎对"文"和"字"的解释不涉及构字法。在许慎的体系中,"文"是用某种图形符号对自然图形的再现,因而也没有读音,而"字"是记录语言的符号,是以"文"为基础的符号,所以一定有读音。在我看来,"文"与"字"的最重要的区别正在于前者没有读音,而后者一定有读音。所谓"字",一定是在"形"上加上了发音。

为了验证我的看法,我对这两个字在《说文解字·后叙》和在先秦重要文献中的具体用法作了统计和分析[2],比如在《后叙》里,"文"一共出现了十次[3],"字"一共出现了十一次,"文字"一共出现了三次。通过对这两个字的用法分析,我发现没有一处能指明独体和合体的区别[4]。

而且,如果把"文"解释成"独体字",把"字"解释成"合体字",那么许慎下面这句话又怎么解释呢?

此十四篇五百四十部也。九千三百五十三文(……)解说凡十三万三千四百四十一字。(These 14 chapters comprise 540 radical, (···) 9353 graphs, and a total of 133 441 written words for the explanations.)

这九千三百五十三"文"肯定不都是独体字,而那十三万三千四百四十一"字"肯定也不都是合体字。

下面我将从更深的角度、从理论上来解释我对"文"和"字"这一对概念的理解。在我看来,"文"和"字"在文字学上所代表的是同样的概念,只是分析角度不同而已。

"文"是把文字看作某种图形,是表现某种自然现象的记号。在《左传》里有这样三个例子:

宋武公生仲子。仲子生而有文在其手。曰为鲁夫人。故仲子归于我。(Wugong, Prince of Song, had a daughter named Zhongzì . When she was born, Zhongzì had a mark on her hand meaning that she would become the principal wife of the Prince of Lu. This is why she came to marry our prince.)(《左传·隐公元年》[SSJZS: 1713a])

成季之将生也。桓公使卜楚丘之父[……]及生。有文在其手。曰友。遂以命之。(Just before the birth of Cheng ji, Duke Huan made the father of Chu Qiu, master of the diviners, consult the tortoise-shell, which he did, saying, "It will be a boy, whose name shall be called You … " When the boy was born, there was a figure on his hand – that of the character You, and he was named accordingly!)(《左传·闵公二年》[SSJZS: 1787c]).

武王邑姜方震大叔。梦帝谓己。余命而子曰虞[……]及生。有文在其手。曰虞。遂以命之。(When Yi Jiang, the wife of king Wu, was pregnant with Tai Shu, she dreamt that God said to her, "I have named your son Yu " …When the child was born, there appeared on his hand the character Yu [by which he was named accordingly].)《左传·昭公元年》[SSJZS: 2023c])

可以看出，"文"也有"图形"、"图像"或者"纹路"的意思。"字"是把文字作为记录语言的符号，与词有着密切的关系。它所表现的是文字的语言功能。[5]如此，我们就可以把《说文解字》这个书名理解成"解说图形和分析文字"。

（二）许慎在《说文解字》中运用的解释方法和体例

虽然许慎在《后叙》中对编撰原则有一个简要的说明，但是他对具体字条的定义方法没有任何解释。从《说文解字》的内容上看，他当然是有一个内在的解释原则和解释系统的，尽管这一体例并没有得到始终如一的贯彻。一般认为，许慎的解释体例只表现在字义——字形——字音这三个方面[6]。但是这个看法并没有涉及许慎的补充和验证材料。在我看来，许慎的体例远不限于这三个方面，他所建立的是一个更复杂、更缜密的完整的解释体例。

那么，这个体例是什么呢？

1.《说文解字》字条的内部分析体例

许慎的每一个条目按照以下几个项目安排的：

（1）字头（必有项，一共有9353个字头，均为小篆体，即许慎所谓的"文"）

（2）与字形分析有关的定义（必有项，许慎选择的释义多为某字的次要义或非常用义项）

（3）字形结构分析（包括两个部分：义符和声符）

（4）字件不同的重文（随机项）

（5）文献类或知识类的补充材料（随机项）

（6）部首归认

（7）以“读若”一类的句式标注的读音（随机项。约占全书字条的 10%）

上列各必有项的顺序在全书中绝无变化。一般来说，必有项通常都会出现在随机项之前，但有时知识项也会出现在释义项之后，这大概是因为该项多与字义有关，自然应该和字形释义结合在一起。

有时，为了慎重起见，许慎还给出补充义和参考义。当他不能确定的时候，就用“阙”标明，如：

（旁）　溥也。从二，阙；方声。，古文旁。，亦古文旁。，籀文。

通过上面这个项目序列，我们可以看出许慎对各字条的解释具有完整的系统性，这当然也正是他的创造性所在。

2.《说文解字》典型的条目

我们来看几个例子：

a)“所”字　(14A 14a)

（1）所　　[字头]

（2）伐木声也。　　[与字形分析有关的定义]

（3a）从斤　　[字形分析 3a: 义符分析]

（3b）户声。　　[字形分析 3b: 声符分析]

（4）《诗》曰：　　[文献类的补充材料，这里是《诗经》的引文（参见 SSJZS:410c/411a)，

“伐木所所。”　　“They hew the trees，(it sounds) suo suo.”]

b)“诂”字　(3A 7a)（在这里，我们加上了英文的翻译）

（1）　诂，　　[字头]H(ead)G(raph): g ǔ “to gloss”

（2）训故言也。　　[与字形分析有关的定义] G(loss): is to make glosses for old expressions.

（3a）从言　　[字形分析：义符分析]　SSF (semantic subsumption formula) : it has y á n “speech” as a semantic constituent.

（3b）古声。　　[字形分析 3b: 声符分析] PIF (phonetic interpretation formula) : g ǔ “ancient” is the phonetic constituent.

（4）《诗》曰：　　[文献类补充材料] I(llustrative) Q(uotation): In relation to The Book of Odes:　　诂训。 one speaks of glosses.（这个句子没有出现在今本《诗

经》中，有可能是毛诗中的解释用语。)

这里许慎的解释模式是一种分析型的模式；许慎不只是用“诂：训也”来解释，而是还加上了一点分析，用“故言”解释“诂”的意思。同时，他这样解释也可以让人知道为什么“诂”字里有“古”的成分，因为跟“故言”有关系。在这个例子，我们也可以看到许慎的字形分析不完全是一贯的。他没有说“从言，从古，古亦声”，他只说“从言，古声”。

c)“言”字 (3A 4a)

从下一个例子中，我们来看许慎是怎么处理部首的。许慎对部首的解说比一般字头的解说更丰富。如：

（1）[illegible] 言　　HG: yán “speech”

（2）直言曰言，　G: Speaking up straight out is called y á n,

论难曰语。　proposing a point of view and raising objections is called y ǔ .

（3a）从口，　SSF: it has kǒu “mouth” as a semantic constituent,

（3b）辛声。　PIF: qian is the phonetic constituent.

（4）凡言之属皆从言。 SF: As a matter of principle, all (graphs) classified under y á n have y á n as a semantic constituent.

我们注意到，这里许慎虽然并没有简单地用“言：语也”来进行解释，但是他还是把“语”作为一个对照的概念来解释“言”。他用“言”的最近同义词“语”来区别言和语的意思。对许慎来说，“言”具有宣告公能，而“语”具有对话讨论的功能。问题是在这里，许慎在解释的文字中不应该用被解释的字。

这一类运用近义对照法来解释的定义法在《说文解字》里并不多见。但是在许慎以前的经典注疏中，如《公羊传》和《谷梁传》，近义对照法却是比较典型的释义方法。

同时，我们还可以看到，这里许慎把独体字“言”又拆分成义符和声符。另外，他在每一个部首的下面都用了同样的句式“凡某之属皆从某”，这个肯定性的断言句式是要强调《说文解字》的标准性和系统性。但是把这个句式运用在某些字的部首归类时却不一定是对的，比如许慎虽然对“言”字的分析是“从口”，但是他并没有把“言”归入“口”部。

我们再看几个例子。在“女”字部：

d)“媻”字 (12B 9a)

[seal] 媻，　HG: pó

奢也。　G: is to stretch. [EP[7]: is (a way of) stretching out (one' s arms as in women' s dancing)]

从女，　SSF: it has nǚ “female” as a semantic constituent.

般声。　PIF: bān/bō is the phonetic constituent.

（臣铉等曰：今俗作婆，非是。薄波切。）

按照段玉裁的说法，“奢”有“张”的意思。

下一个字头就是

e)“娑”字 (12B 9b)

[seal] 娑，　HG: suō

舞也。　G: is to dance [[EP:is (a way of) dancing (scil. as practiced by women)]].

从女，　SSF: it has nǚ “female” as a semantic constituent.

沙声。　PIF: shā is the phonetic constituent.

《诗》曰：　IQ: The Book of Odes (SSJZS: 376c) says:

“市也媻娑。”　“In the market place she spreads her arms and dances.”

这个定义很简单。为了验证他的定义许慎引用了《诗经·东门之枌》中的一句诗 (137·2) 。但是应该知道的是，许慎在这里是把“媻”和“娑”联在一起进行解释的，是用来解释《诗经》中的“媻娑”。所以我们在研究《说文解字》中的这类字时，最好不要分开解释。另外在今天的《诗经》里“媻”不是写作“般”，而是写作“波”:“谷旦于差，南方之原。不绩其麻，市也婆娑。”

许慎所运用的一些定义方法都是在他以前的注疏中出现过的，他对此进行了搜集整理的工作，并进一步运用到《说文解字》的释义中。他在解释“媻娑”时运用的解释方法就是从《尔雅》来的:《尔雅·释训》有同样的定义:“婆娑，舞也。”[8] 也是专门解释《诗经·陈风·东门之枌》(137.1) 诗里的“子仲之子，婆娑其下”的。

但是许慎的释义目的跟《尔雅》不完全一样。就“婆娑”而言，《尔雅》的解释对象是一个词，而不是字。而许慎的目的却不同：1. 因为他编撰的是一部字典，他解释的是字，应该把每一个字，一个一个地解释下来；2. 他所遵循的是自己的释义原则和体例。那么在这个例子中，他要说明的是为什么这两个字的字形里有“女”字旁。这样一来，他只能把“娑”解释成“舞也”，而把“婆 / 媻”解释成另外一个 (罕见的) 意思。

虽然许慎受到以前的训诂学家的影响，而且也继承他们的传统，但是在释义方法上，却跟他们有本质的不同。其最重要的区别表现在，许慎以前的训诂学释义在某种意义上都是一种语境定义法，也就是通过文献的上下文来界定一个词的意思。词的定义离不开语境。而许慎的释义法却是一种超越语境的方法。他不再借助于上下文来定义，而是从字形出发，从中找出他认为是最恰当的字形意义，并进行判断 (比如部首分类)，分析，解说和印证。

三　结论

许慎在《说文》释义中所作出的最具创造性的贡献，是把过去传统训诂学的释义方法发展为文字学 (和语言学) 的释义方法，而且，通过对字形的分析，他进一步再现了 (汉代的) 中国人的思维和概念结构模式，并由此建立了中国文字学的基本原则。

参考文献

［1］段玉裁 :《说文解字注》，上海古籍出版社 1998 年版。

［2］《十三经注疏》(上、下)，中华书局 1980 年版。

［3］汤可敬 :《说文解字今释》(上、下)，岳麓书社 1997 年版。

［4］徐锴 :《说文解字系传》，中华书局 1987 年版。

［5］徐朝华 :《尔雅今注》，南开大学出版社 1987/1994 年版 。

［6］徐铉 :《说文解字》，中华书局 [1963, 1979] 2003 年版。

［7］F. Bott é ro (蒲芳莎), 2004, “Revisiting the wen and the zi: The Great Chinese Characters Hoax ” (《再论“文”和“字”: 汉字大骗局》), Bulletin of the Museum of Far Eastern Antiquities 74, 2002, pp. 14–33.

［8］F. Bott é ro (蒲芳莎), 2006, “Ecriture, parole et lecture du monde: la mise en place d’ une thé orie de l’ é criture à l’ é poque des Han (IIe s. av. J.–C. – IIe s.)” (文字、言语与对世界的解读：汉代文字理论的建设) , in F. Bottéro et R. Djamouri (é ds.) Ecriture chinoise : Donné es, usages et représentations. Paris: EHESS-CRLAO, 2006, pp. 115-135.

[9] F. Bottéro (蒲芳莎)、C. Harbsmeier (何莫邪):《〈说文解字〉与中国传统人文科学》(即将发表)。

注释

[1] 今本《诗经·小雅·伐木》(165) 诗中,该句就不是"伐木所所",而是"伐木丁丁"或者"伐木许许"(参见 SSJZS : 410)。

[2] 参见 F. Bottéro (蒲芳莎), 2006。

[3] 大徐本里只用了十次,但在段玉裁注本却出现了十一次。段注本加上了"文者物象之本也"("As for wén, they are the basis of the images of things"),其依据是孔颖达 [574-648] 在《左传》注中所引用的《说文解字》句。参见 SSJZS 1888a。

[4] 参见 F. Bottéro (蒲芳莎), 2004。

[5] 这个看法应该基于抄写书籍的史官的理解。在史官们看来,"字"是说话的一种表现或者是用来记录人们所说的语言的。

[6] 参见段玉裁《说文解字注》1A 1b:"凡篆一字,先训其义……次释其形…… 次释其音……合三者以完一篆。"

[7] 我们试图在双重方括号 ([[]]) 内说明许慎"定义"的逻辑内涵,并用 EP (explanatory paraphrase) 作为标记。我们认为许慎用"X,Y 也"格式的时候并不表达 X 和 Y 就是严格同义词,如训"息"为"喘也"。许慎当然知道"息"和"喘"二字的意思不同。

[8] 参见徐朝华, 1987/1994, 3.106, 153 页。

蒲芳莎(Françoise Bottéro)女,法国人。法国国家科学研究所、东亚语言研究所研究员。

韩国历代《说文》研究综述

河永三

韩国汉字研究所/庆星大学中文系

提　要　本文根据有关资料库，通过对韩国历代《说文》研究的调查和统计，指出域外（韩国地区）《说文》研究居多，《说文》翻译研究居多，体例、书体研究等本体研究较多；指出《说文》研究存在着不均衡现象；指出还需要加强对《说文》文本的研究、加强《说文》对韩国汉字学影响的研究、加强对《说文》在汉字文化圈内的比较研究；指出朝鲜时代《说文》不被重视和18世纪以后才被重视的原因。

关键词　说文解字　研究史　说文解字翼征　第五游　六书寻源

一　汉字的传入和使用

关于汉字传入韩国半岛的准确时间，直到现在我们仍然没有发现准确的文献记录。但是，在韩半岛北部成立卫满朝鲜（公元前2世纪）时期，设立汉四郡（公元前108—前107），已经与中国本土交流频繁，无论如何，汉字在该期已经被使用已是确凿无疑。

不过，1988年在庆尚南道昌原市东邑茶户里出土的公元前1世纪的"毛笔"(共5支，黑漆木头笔干，两端有笔毛）和"黑漆书刀"（长29.2厘米），却证明当时在韩国已经使用过汉字[1]。尤其，这些文物和天平、五铢钱、砝码、铜环等一起出土，证明这些毛笔和书刀是使用于记录以铁为媒介作贸易的商贸活动的[2]。又茶户里位于韩半岛的东南端，此地与中国直接接壤的北方相比，汉字进入时期还可以提前的可能性也有[3]。

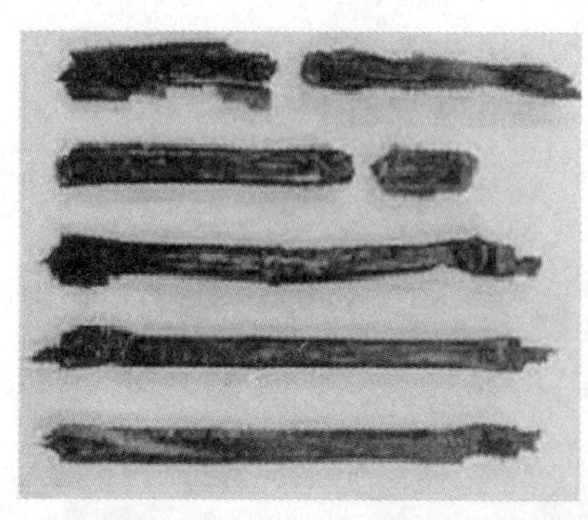

慶南昌原茶户里出土实物"毛笔"

另外，离茶户里不远的金海良洞里公元1世纪的伽倻遗迹出土了口缘带汉字的汉代一件，口缘部刻着汉篆体："西口铜鼎，容一斗，并盖重十一斤，第七。"这证明公元前当时已与中国交流相当频繁，汉字理解也达到一定水平[4]。

以后，到高句丽"广开土大王碑"(好太王碑)(414)和新罗"壬申誓记铭石"(552?)时，汉字达到非常成熟阶段，日常生活上也普遍使用。

二　《说文》传入和使用

《说文》何时传入韩国，到现在还不知道其正确年代。一般推测《说文》在晋代，《玉篇》在宋初，《广韵》在宋代[5]。

为了确认现传文献里的《说文》传入时期和使用例，根据河永三的《韩国历代中国语言学文论资料集成》(2003)；KoreaA2Z(东方 Media 韩国学 DB)；KRPIA/MMPIA(NURIMedia 韩国学 /Multimedia DB)；韩国学中央研究院的"韩国历史情报通合系统（http://www。koreanhistory.or.kr）等资料库，可以找到如下几点。

朝鲜时代以前的资料，诸如《三国史记》、《三国遗事》、《三国史节要》、《东国通鉴》、《丽史提纲》等史料里都没有出现并没有引用过《说文》。直到《高丽史》才出现两条，就如：

(1)073 志 27/ 选举 / 科目 / 科举："仁宗五年三月，诏复用诗·赋·论。九年三月，判防丁监试，虽入仕，必以诗·赋，选取。十四年八月…凡明书业式，贴经二日内，初日，贴说文六条，五经字样四条，全通，翌日，书品，长句诗一首，真书·行书·篆书·印文一，读说文十机，内破文兼义理，通六机，每义六问，破文通四机。……"(1134 年)

(2)074 志 28/ 选举 / 学校 / 国学："仁宗朝，式目都监，详定学式……有暇兼须习书，日一纸，并读国语·说文·字林·三仓·尔雅。五年三月，诏，诸州立学，以广教道。……"(1128—1134 在位)

从此可以知道高丽时《说文》已经用于科举教材。上文提到的高丽仁宗(1122—1146 年在位)十四年为公元 1136 年。那时《说文》是官吏们不可缺乏的必读书，已经受到足够的重视。

三　朝鲜时代《说文》研究

据于以上几种资料库，得知朝鲜时代《说文》研究到 18 世纪以后才正式出现；

之前，主要是《说文》的单纯引用，或仅用于对某字的解释以及说解器物名。

（一）引用《说文》例

"历代文献"、《承政院日记》、《王朝实录》、《高纯宗实录》、"韩国文集总刊"、"国学原典"等所引用《说文》的具体例和总次数则如下：

出处	次数	例子
"历代文献"	71	1. 丁若镛：经世遗表 9 卷 · 地官修制 2. 崔岦：简易集 9 卷 · 稀年录。 ……
《承政院日记》	2	1. 高宗 三十八年辛丑 (1901.8.11，甲辰) 条 2. 高宗 三十八年辛丑 (1901.12.27，己未) 条
《王朝实录》	11	1. 世宗 十二年 (1430) 1 条 2. 世宗 五礼 5 条 128 五礼 / 吉礼 瑞礼 / 乐器图说 / 铙 133 五礼 / 军礼 瑞礼 / 兵器 / 枪 · 长剑 · 剑 133 五礼 / 军礼 瑞礼 / 兵器 / 甲胄 133 五礼 / 军礼 瑞礼 / 兵器 / 铎 · 钲 133 五礼 / 军礼 瑞礼 / 兵器 / 矛 · 戟 · 钺 3. 中宗 十六年 (1521) 1 条[6] 4. 光海君 二年 (1610) 2 条 5. 英祖 二十六年 (1750) 1 条 6. 正祖 十三年 (1789) 1 条
《高纯宗实录》	2	1. 高宗 三十八年 (1901) 1 条 2. 高宗 三十九年 (1902) 1 条
"韩国文集总刊"	15	1.《青庄馆全书》卷之二十 · 雅亭遗稿 (十二) ○应旨各体 2.《泠斋集 · 卷之十一 · 策 · 六书策》奎章全韵校正诸臣制进 a_260_125d 3.《贞䕸阁集》《贞蕤阁集序》[序] 序 [陈鳣] a_261_596a 4.《贞䕸阁集》《蕤阁文集卷之二》[文] 六书策 a_261_625a 5.《弘斋全书 · 卷五十一 · 策问四》文字韵书编厘诸臣应制及抄启文臣亲试更试 a_263_287a 6.《惕斋集卷之七 · 对策》[文字] a_270_155c 7.《研经斋全集》《外集卷九诗类》毛许异训 a_275_423a 8.《研经斋全集》《外集卷二十孝经类》今古文辨 a_276_193a 9.《研经斋全集》《外集卷二十二緫经类》十叁经考上 a_276_229a 10.《与犹堂全书》《第二集经集第二十二卷○尚书古训》尧典 11.《台山集》卷十七《阙馀散笔》榕村第叁 a_294_591a 12.《阮堂全集》《阮堂先生全集卷一》辨尚书今古文辨 [下] a_301_024c 13.《凤栖集》卷之六《杞溪俞莘焕景衡着》杂着》文学难 a_312_096b 14.《瓛斋集》《瓛斋先生集卷之十》书牍》与王霞举轩 a_312_490a 15.《云养集》《云养集卷之十》序 [二] 说文翼徵序 a_328_404c

续表

出处	次数	例子
“国学原典”	28	1.《五洲衍文长笺散稿》《天地篇 / 天文类 · 风云雷雨雹虹》[0043] 风云雷雨雹虹皆有神物辩证说 2.《五洲衍文长笺散稿》《天地篇 / 地理类 · 邦国》[0164] 东土九夷六部辩证说 3.《五洲衍文长笺散稿》《天地篇 / 天地杂类 · 鬼神说》鬼神辩证说 ……

（二）文论和专著类

朝鲜时代所撰述的有关《说文》的文论和专著，按时代顺序排列，即如下。

1. 李瀷 (字子新，号星湖，1681—1763) 的《说文》

此文见于《星湖僿说》第 18 卷《经史门》，介绍了《说文》的价值和局限，是属于朝鲜时代提及《说文》的初期文论。它首先强调了许慎《说文》说解的权威性和可信性，说：“汉许慎《说文》其说最古可信”，“而慎乃汉时人……比后之杂家为可信”。但不盲信《说文》，说：“而多与今文不同。” 同时也指出《说文》在说解上的不当之处，说：“又云挥作弓，杜康作秫酒，神农作琴，疱牺作瑟，宿沙作初煮海盐，夷牟作矢”，“然弓矢之始见于《系辞》，慎岂不知而云尔耶？” 可见被称为朝鲜实学开创者的李星湖对《说文》和许慎的勇于质疑和批判的积极态度。

2. 沈有镇（字有之，号爱卢子，1723—？）的《第五游》

书名来自 “第五游，游于艺之义，书于六艺居其第五也” (沈来永，《第五游跋》) 之义。《第五游》为未完稿，是写本，共 1 册 103 张。此书为韩国现存最早汉字字源研究专著，现藏于韩国延世大学图书馆和国立中央图书馆 (古朝 –41–73，登录号码 16991)。最近由李圭甲教授首次介绍给学术界。[7]

沈有镇《第五游》书影

其结构为：“目录；检字类：203 字（2 字重复）；亿音类：133 字（2 字重复）；人音类：181 字；乙音类：83 字（1 字重复）；深音类：68 字；人音类：36 字；工音类：233 字（1 字重复）；于音类：458 字（4 字重复）；乃音类：138 字（3 字重复）” 共罗列 1535

字(13字重复)。之后，对此1535字进行解释字源。同部里的字序，则依据《三韵通考》而排列。

其具体解释体例，举例则如下：

赤 [小篆]：南方色也，从大从火，会意。而盖是南方朱雀之色，故雀音，俱是齿音。赤子赤地，以色而言，赤族赤贫，皆贫乏无余之意，赤地之类推与尺同。[8](亿音类，18b)

其体例为：[标题字(楷体)]–[小篆体]–[本义]–[形体结构]–[读音的由来]–[由该字组成词族的词义来源]而组成。[标题字]为楷体；楷体后附着《说文》[小篆体]，以便提供字形依据；之后，注明过该字的[本义]和[形体结构]；接着解释了[读音的由来]和[由该字组成词族的词义来源]。该书解释[读音的由来]时，尽量利用同音字或音近字来说明其读音的来源，积极传承了《释名》以来的“声训”传统。特别重视究明读音来源，尽量提供相对难于辨认出该字读音的韩国读者的方便。同时，积极解释[由该字组成词族的词义来源]，也充分表现出此书之追求使用性的目标。

天 [小篆]：地之上配也。从一大，会意。古篆作 [古篆]，上覆之形也。其高无上，故颠音。爱庐子以台臣 先大王朝讲元亨利贞之元字曰：天从二人，元仁亦皆从二人，二，兼爱之义，人，万物之主。天从二人，兼爱万物之义。元，是气之流行也。仁，人之禀是气也。其兼爱生生之义。三字自是一字，而随时变化者也。象其下覆则为天，象其流行则其脚曲而为元，禀于人则先人作仁，其终声则尚今无异。殿下尽仁字兼爱之义，则是所谓浩浩其天，其时适有事，故演义如此。上曰：新闻之语也。又曰：尔年几何？对曰云云。一大虽是本义，以二人解义，无害于画，不违于理。此字学之活法也。(人音类，26a)

按，“天”，甲骨文作 [甲骨文字形]，金文作 [金文字形]，象人之大头部，以后头部变为横画(一)，表象与人的头相接之处就是“天”之义。由此引申出：在上的、顶部、最高、天空、自然的、气候、上帝等义。但到楷书阶段，楷体再不能表现出原来的形体结构。因而解释为“从二从人”，同时视之为与此同音的人、仁、元等字的同源字，认为与此些字在意义上有密切联系。这样解释，当然作者也承认过“天，一大虽是本义”，但可以说是相当独特、颇有哲理性的说解。正如他所说“以二人解义，无害于画，不违于理”，故可以视之为”字学之活法”。朝鲜汉字形体解释上的独特传统，尚需要进一步研究。

3. 洪良浩 (字汉师，号耳溪，1724—1802) 的《六书经纬序》

《六书经纬序》介绍撰写《六书经纬》的缘由和该书的特征。首先说明文字的形成过程和文字的伟大功能，接着叹息汉字从发生到大篆、小篆、隶书、楷书的演变过程当中，已经发生了意义变化，却都注重韵书的研究而不重视字义解释的现状，即云 :“字体屡变，而六书之义不传。世之为字学者，惟从谐声，焉求之故，盈天下者，大抵三韵四声之谱而已。独说文一书，专详字义。而举母遗子，略而不备，古圣人制作之精义奥旨，犹不见矣。”

笔者平时痛恨这些弊病，利用北方贬谪期间，选 1700 常用字而解释其义，这就是《六书经纬》。故云 :“余尝恨之。往岁谪官北塞，闭门穷居，不与外物接，专精默思，若有悟焉。乃取今文恒用者千有七百余字。形也，意也，事也，声也，各因其象而释其义焉。点画戈趯，俱有指归，转注假借，错出互见，触类旁通，可以尽天下之文矣。分汇则本之易系大传，立言则放乎尔雅释名。要之辞约而意明，使夫愚夫愚妇皆可与知，命之曰六书经纬。”

书撰写之后，为了提高字义解释的可靠性，利用燕京使行的机会，购买明魏校《六书精蕴》而进行过比较，云 :“后数年西游中国，博求六书之学，得所谓精蕴者，即皇明太常魏校所撰也。字凡千有余，上泝钟鼎之积，下求篆隶之变，自谓得古人心法，庶几乎六书之遗也。”

虽然《六书经纬》现在不传，但由《六书经纬序》可以推知《六书经纬》的基本性质，他认为当时韵书的字义说明过于简单，所以选出当时的 1700 常用字，根据《说文》而详细解释其原义。

4. 李忠翊 (字虞臣，号椒园，1744—1816) 的《说文新义序》

《说文新义序》是为了说明南正和 (号心渊,生卒年月未详) 的《说文新义》(失传) 而写的。此文见于《椒园遗藁》，第 255 卷，514—515 页。它不仅介绍和评价了《说文新义》一书作者所做的工作及其贡献，而且阐发了李忠翊本人对《说文》研究的认识和思考，表现出他在《说文》、对许慎个人以及关于文字流变等方面的学识和修养。即云 :

今南子养心之新意，不师心而妄凿，独泝源而览变，脱略偏旁，声注之微曲；究观情形，造化之奥妙。贯穿三极，仓络六籍。危者安，昧者着。使许氏之挛曲者伸，痹弱者强。而后，知者知其忠于许氏，而不处其薄也。

今老白首矣，其所别易于许氏者，非苟为异也，盖其潜心默识，累十载而定者，譬如射御者，惟不诡彀轨而期其当而已。后之览斯文者，无南子之累工而流眄于翰墨，率意排攻，自附为许氏之徒，则其于南子之说，万分未得其一。

由于此《序》，可以推测现已失传的《说文新义》的主要内容和基本性质。

5. 朴齐家和李德懋的《六书策》

正祖大王于正祖十六年（壬子,1792）八月御命李德懋等人撰修《奎章全韵》。该书完成之后，阁臣尹行恁、徐荣辅、南公辙，承旨李书九、李家焕，校书校理成大中，检书官柳得恭、朴齐家等人校对之；又向诸位阁臣提问有关“六书”问题。《六书策》是对这些问题答复的“对策”。

现在留下来的朴齐家(1750—1805，字次修，在先，修其，号楚亭，贞蕤，苇杭道人)的《六书策》见于《贞蕤阁全集》(下),第115—132页);李德懋(1741—1793，字懋官，号炯庵，雅亭，青庄馆，婴处，东方一士，信天翁)的《六书策》见于《青庄馆全书》(卷20，第286—291页)。其主要内容可以概括如下几类：

①本质论：主要讨论“文字”之名义问题,即包括“文字”之名义,“字”之本义,“文”和“字”之区分等问题。

②结构论：主要讨论“六书说”,即包括“六书说”,“四经二纬说”,“对转注”,“假借的说解”等问题。

③演变论：主要讨论“书体变化”,即包括“古文”的特征,“文”和“字”和“书”之间的关系,“八体和六体”,“笔写方式”,“艺术书体”,“书法批评”,“河洛图书”等问题。

④功能论：主要讨论“小学的定义”，即包括“名物小学”与“义理小学”的问题。

关于“六书”,《六书策》涉及的范围相当广泛，可窥当时朝鲜对汉字学的认识和理解水平。详细内容以及他俩之间文字学认识上的特征和差异,可参拙文。[9]

6. 李圭景(字伯揆，号五洲、啸云居士，1788—1856)的《说文辩证说》

李五洲被称为整个朝鲜里最有代表性的辩证家。此文见于《五洲衍文长笺散稿》(经史篇/经传类、字书部分）卷8上第270页，是专门对《说文》的错误进行辩证的。之前，李五洲已在《洪亮吉字学辩证说》[10]

说过："予间阅洪亮吉所著卷施阁文乙集，有庄进士书及孙季逑赠苍颉篇序，知其于字学不后于人也，为一辩证。"基于此，他提出今本《说文》的局限，则云："夫篆之降隶，增减见于斯篇，文以括音，精博昭于许说。今召陵之书，广传于学者，而上蔡之论，半堕于梵编。此季逑所急为搜辑也。"

出发于以上认识，根据清顾炎武《日知录》，明陈大科《说文异同》、赵宧光《说文长笺》，清周亮工《因树屋书影》，明王士祯《汉简·跋》、方中履《古今释疑》、方以智《通雅》等，阐明了今本《说文》中的错谬之处，并证明《说文》引用的经典为许慎当时的异本。他说：

以引书与六经异，愚不佞，以说文中所引经传，乃当时异本，故叔重但取自家所读而记载，未及他本者也。何以证其为然。如《汉书·蔡邕传》……则石经之前，六经文字，人各异焉。故邕有此请正定者也。则叔重所引之经传，乌得无异，此其一证也。

如《汉书·儒林传序》……又见李巡传……取此考之，则先此诸儒，有五经文字私记，各有异同，加知。是亦一证也。

又按。黄思伯东观馀论，汉石经，与今文不同者，亦一证也。按。万斯同汉魏石经残碑，则与今经文字多异矣。叔重引经异字，何足疑哉！且顾炎武以为五经文字不同多矣。有一经之中，而自不同者……愚以是证叔重说文引经之有异也。

正如以上所述，李五洲根据明清以来《说文》研究的主要成果，对《说文》的错谬和局限进行彻底辩证，一一考证。这可以说是朝鲜时代的代表性辩证成果之一，从此可以了解朝鲜时《说文》研究水平。[11]

另外，李五洲还对中国历代字书作过详细辩证。他在《字学集成辩证说》[12]说：

凡为字学者，以六书为宗，说文为祖，此乃不刊之论也。虽好辨之士，此不敢移易。而字书中集大成者，梅氏字汇，张氏正字通。取字汇正字通，折衷为书者，即康熙字典。而有王锡候者，以字典为有未尽善，纂辑一书名以字贯，颇有发明，竟以此书被祸，然书则流行于世，更无雌黄云，其精可知也。

可见当时朝鲜对中国传统字书的理解和认识的一面。

7. 朴瑄寿(字温卿，号温斋，1821—1899)的《说文解字翼证》

该书由朝鲜末期的朴瑄寿(温斋)撰述，经过金晚植(字器卿，号翠堂，

1834—1900) 的校阅而完成的朝鲜时代《说文》研究的集大成者。朴温斋的外甥金晚植校阅过朴温斋的手稿，并撰写《附记》，还在书眉附注而补充温斋的学说；朴温斋的弟弟金允植(字洵卿，号云养，1835—1922) 也撰写了概括全书内容的《序文》和《附记》。1912 年得到寺内总督的补助由光文社石印出版，现藏于国立中央图书馆等。

《说文解字翼征》是一部用金文资料专门研究并补充《说文解字》的文字学著作，也是朝鲜时代流传至今的最重要的一部文字学著作。它对《说文》不准确、不够充分的 832 字的说解进行辩证，所征字数为 1351 种。辩证时所引用的铜器共有 35 类 387 种 (任食器 9 类 211 种；酒器 14 类 107 种；盥水器 2 类 24 种；乐器 3 类 31 种；武器 4 类 7 种；工具 2 种；货币 4 种；玺印 1 种)[13]。

该书不仅对《说文》的错谬进行辩证，还对汉字结构理论提出新的理论。特别对文和字的区别问题上提出新的分类法，则根据声符的有无，有声符则是“文”，无声符则是“字”；“文”再细分为繁从、联从、叠从、专义、专省等[14]。同时重新调整过《字汇》以来继承下来的 214 部首体系，对部首设定和部首归属问题上也作过新的尝试。辩证时，还尽量运用科学研究方法，积极反映朝鲜主流思想性理学的传统[15]和朝鲜后期实学的“利用厚生、实践躬行”精神和“实事求是”的研究法，提高学术上的质量。

由于这种成果，该书被称为朝鲜《说文》研究的集大成作，树立了有朝鲜特色的汉字解释传统，是一部根据金文资料批评和纠正《说文》的最早成果，其贡献决不亚于吴大澄的《说文古籀补》和孙诒让的《古籀拾遗》[16]。

8. 朴致馥 (字熏卿，号晚醒，1824—1894) 的《字训序》

此文见于《晚醒先生文集》11 卷，扼要地介绍了许传（性斋，1797—1886）所撰《字训》的撰述背景、经过和该书的特征。首先，对《字训》的撰述动机，说：“性斋许先生惟是之病，乃于讲学谈理之暇，就韵府四声，剔其棼紊，而汇其故实。音义之错出者，参互而订焉，授据之生割者，比类而联之。其常调而平淡易之者，难涩而鄙俚无用者，不与焉。”

接着介绍其书的撰述目的和特征，说：“性斋许先生惟是之病，乃于讲学谈理之暇，就韵府四声，剔其棼紊，而汇其故实。音义之错出者，参互而订焉，授据之生割者，比类而联之。其常调而平淡易之者，难涩而鄙俚无用者，不与焉。”

最后，对该书的价值，评价如下：“是以，为书才若干卷，而石渠琅寰之富，可一寓目而淹也。馆阁摛文之士，圭窦占毕之儒，庶乎其知所程矣。呜呼，文是载道之器，而未有舍字学，而为文则文字之黖黗，未必不为志道家之疵纇也。是编也，裒稡于蘣杂浩穰之中，輗軏乎六经之辐，畦畛乎百氏之圃，而用之备训诂笺疏，名物度数咸龈如也。”

许性斋是被称为朝鲜最精通于古文和经学家许穆的学术继承人，故《字训》一定具有汉字解释上的学术根据，水平也相当高，但其书不传，惜之又惜！

9. 权丙勋（惺台，1867—1943）的《六书寻源》

《六书寻源》是油印本，1936 年完成，1938 年出版。首编 2 册、本文 27 册、补编 2 册，共 31 册，8766 页，总字数达到 600 多万字，解说超过 6 万多字。

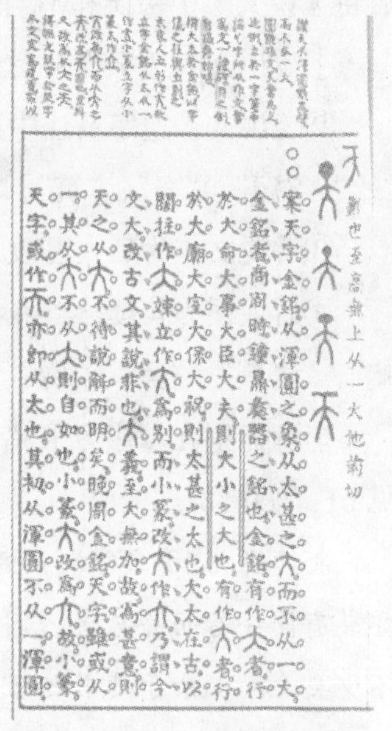

权丙勋《六书寻源》书影

董作宾在《郑重介绍六书寻源》(《大陆杂志》第 11 卷 第 1 期，1955）一文首次向学术界介绍了，但由于分量过大、具有韩国独特的解说方式等种种原因，一直没有进一步研究，但到 21 世纪收到重视，2005 年出版了两篇博士论文和一本资料集[17]，唤起学术界的关注。

《六书寻源》是尽量汇集《说文》、《玉篇》、《字汇》、《康熙字典》、《广韵》、《集韵》等传统字书而想做成字书的代表性集大成者。所以其解字的总数和分量上实现了空前的大规模，大大超过了以前任何字书，是一部充分体现韩国字书传统的代表作。尤其，对汉字结构理论作过深入研究，他提出的“赘划论”和“隐义说”等是很有理论意义的创见。他在《首篇》建立了他自己的六书分类法，反映他自己的理论而重新分为象形类、指事类、会意类、谐声类、转注类、假借类等。其中，谐声类分得特别详细，按照韩国汉字音的终声（韵母）而分类，同时认为声符也有“隐义”因素。解说字形时，尽量利用该字的读音来解说其字义。此很可能是继承《第五游》为代表的韩国历代字书的传统“音训”解说法的，也是《释名》以来“音训”法的另外应用。

10. 李邻镐(字琼锡,号醒斋,1892—1949)的《说文考异序》及《说文考异24条》

此文见于《醒斋先生文集》第一卷(《韩国文集丛刊》第2922卷),就阐明《说文考异》撰写目的，云："今观诸子所引《说文》，间多与今本《说文》不同。""既有所见，不但容已。敢分四类而录之，以为随考随入之端。"又云："世或有与我同志者，因全所录而益加深考，使无复有不同之叹。则岂徒于《说文》有功，不佞亦与有荣焉。是则不能无望于今与后之博文君子。"然后列举其"不同"的情况："有所引无于今本者，有今本字句少于所引者。""有所篡改者，有误句读者"。进而指出"不同"的原因分别是："此以校本之阙误"，"此以后人之妄率也"。最后将《说文》中错误和不当之处分为四类，每一类都举出实例，共计二十四条。

①《说文》逸字当补者："谣"、"涛"、"笑"3条。

②《说文》逸字及注中逸句夺字及错简，当补者:李邻镐共列出"桎"、"梏"、"蛤"、"痫"、"嵛"、"筑"、"睽"7条。

③《说文》为后人篡改，当订正者：态"、"躏"、"瑞"3条。

④后人误为句读，当辨者:"湫"、"昧"、"诂"、"参商"、"离黄"、"烽燧"、"肸响"、"隽周"、"旁"、"滂"、"绸"11条。

李醒斋别在《字音假借考序》，也辩证过《说文》和《史记》等历代文献所见61条假借例。他说：

余读经典，于文字形声音义之间，苦莫得其要。或音同而字异，或字同而音异，亦或有同字音而异义者。训诂不同，袭谬而昧正者既多，而胶守而不变通者，亦不少矣。……余于读书之暇，随录所见，为字音假借考，凡六十一字。

这是具体辩证《说文》误谬和《说文》所见假借例的佳好研究成果，充分表现出日益加深的朝鲜《说文》研究的水平。

（三）朝鲜时代《说文》研究特征

通过以上考察，我们可以发现如下几点特征：

首先，与《说文》的学术地位和价值相比，整个朝鲜时代对《说文》本体研究得比较少,此可以说《说文》不太受到朝鲜学界的充分重视。无须多讲,对《说文》的研究,连一次翻刻本也没有出现过,《说文解字翼证》是唯一的正式研究《说文》成果，其他都是简单引用《说文》或用作于说解难字或器名的。这显然与以各种形式屡次刊行过的"韵书"大有不同。

譬如，朝鲜时代韵书中，复刻中国韵书的有《新刊排字礼部韵略》(5卷)(中宗十九年，1524)[18]，《古今韵会举要》(30卷)(宣祖六年，1573)，《洪武正韵》(16卷5册)(英祖四十六年，1770)；韩国人撰写的中国式韵书有《三韵通考》(未详)，《三韵补遗》(朴斗世，肃宗二十八年，1702)；用谚字注明当时的朝鲜汉字读音的有《东国正韵》(申叔舟等，世宗三十年，1448)，《华东正音通释韵考》(朴性源，英祖二十三年，1747)，《华东叶音通释》(朴性源，正祖十二年，1788)，《三韵声汇》(洪启禧，英祖二十七年，1751)，《奎章全韵》(李德懋，正祖二十年，1796)等；用谚字注明当时的中国汉字读音的韵书和韵图有：《洪武正韵译训》(申叔舟等，端宗三年，1455)，《四声通考》(申叔舟等，世宗时代，失传)，《四声通解》(崔世珍，中宗十二年，1517)，《经世正韵》(崔锡鼎，肃宗四年，1678)，《韵解训民正音》(申景浚，英祖二十六年，1750)，《理薮新编》(黄胤锡，英祖时代)等[19]。

与此相反，中国字典的另一代表《玉篇》，在朝鲜一直受到极大的瞩目，因而在韩国“玉篇”已经不是专有名词，而是指称“字典”的普通名词。当然对其所以然的原因需要进一步深入研究，但主要原因应该从韩国的使用字典的背景上要寻找。在韩国，相对来说更需要便于容易查明字义和读音的使用性强的“字典”(《玉篇》)；而不太重视追求汉字本义和来源的《说文》。

韵书发达的原因，也缘于汉字的非表音特征。对韩国人来说，要掌握在文字生活上和谚字混用使用的汉字，弄清汉字的读音时，重要的是怎样掌握不断变化的汉字读音。为了满足这个需要，朝鲜屡次复刻过各阶段的中国韵书或编了自己的韵书。另外，朝鲜一直为了提高当时最重要的外国语“汉语”的驱使能力和当时流行的“汉诗”诗作能力，韵书可以说是既能查明读音又兼有简单字典功能的极大方便的工具书。因为这个原因，与《说文》相比韵书更受到欢迎。

第二，《说文》的价值到18世纪以后才开始受到重视。这主要由于“壬辰倭乱”以后进行内在反省和受到清代朴学的影响而导致的。因而，朝鲜“实学派”中最有学术成就的丁若镛(字美镛，颂甫，号茶山，三眉，与犹堂，俟庵，紫霞道人，袭翁，苔戒，门岩逸人，铁马山樵，1762—1836)在他的最后著作《尚书知远录》，概括他一生的学术生涯，说：

余惟读书之法，必先明诂训。诂训者，字义也。字义通而后句可解，句义通而后章可析，章义通而后篇之大义斯见。诸经尽然，而书为甚(《尚书知远录·序》)。

古者小学专习字书，字字讲究象形会意谐声之所以然，无不了然于心目。方属文而为篇章也，字字鸠合，用适其宜。……后世不习字书，直读古文。故文字之在心目者，皆连二字三四字，多至数十字，而各字各义都囫囵不明。及其发之于篇章也，古文全句随手使用。其中字义有逈，与事情乖戾者，而亦罔觉，故文皆陈腐，不切事情。(《与犹堂全书》(诗文集·说),《字说》)。

此与戴震《东原集》卷九《与是仲明论学书》所说极为相近:“经之至者,道也。所以明道者，其词也；所以成词者，字也。由字以通其词，由词以通其道，必有渐。”以文字为基础，从训诂音韵典章制度方面阐明经典大义；反对“空言说理，轻凭臆解”的毛病。

四　日本统治时代的《说文》研究

日本统治时代是在韩国整个历史上最艰难时期之一。在长达36年的漫长岁月里，韩国人的唯一的目标就是摆脱日本殖民统治而争取独立。语言和文化是一个文明国家的认同和象征。所以，这个时期韩国人为了保护韩国语和韩字尽量努力。对韩国人的心目中，汉字具有两种矛盾的性质，它既是和韩文混用的“韩国文字”，同时又是从中国借来的“外来文字”。故在这个时期韩国人的关心只集中在维护韩语和韩字上，没有余力研究汉字，汉字的研究被挤出关心外去。这就是到现在没有发现任何一篇这个时期进行得研究成果的原因。

五　大韩民国时代《说文》研究

1945年从日本殖民统治摆脱出来，终于恢复了主权。因而汉字研究也与其他学问一样逐渐开始回复起来。但经过日本殖民统治时代，最大的损失是到朝鲜末维持下来的“汉学”传统被隔离，几乎没有继承下来，失去了良好的汉学基础。还有，新出生的韩国人都认为汉字已经不是“韩国”的，而是从中国借来的“外货”。因此,大韩民国成立以后，对汉字的认识,虽然随着政权的变化而有所颠簸，但基本认识是一致的。

为了查寻1945年以后的《说文》研究，我们根据韩国国立中央图书馆（www.nl.go.kr)、韩国教育学术情报院（KERISS; www.riss.kr）和韩国研究财团（www.nrf.go.kr）的资料库,以“说文”为题目检查，查到了如下结果。

（一）学术论文

提取对象和原则是：以期刊论文作对象；专著（包括翻译本）不包括；在韩学者在韩国发表的学术性文章作对象；通过题目检索（包括副题，不包括关键词）而检寻的；但系列论文一律计为一篇。

结果，从1954年到2010年共抽出128篇。其具体情况和主题分类、年代分类，则如下表[20]。

著者	題目	期刊名	卷數	年度	頁數	出版單位	비고
車相轅	「說文解字」部首考	論文集	1	1954	77-90	Seoul大學校.	部首
Lin, Yin(林尹)	「說文」二徐異訓辨序	中國學報	2/1	1964	17-18	韓國中國學會	版本
許壁	"六書와 說文解字"	人文科學	36	1976	25-41	延世大學校人文科學研究所	六書
李鴻鎭	「說文解字·敍」考釋	國民大 論文集	16	1980		國民大學校.	譏譯
孫叡徹	「說文解字」簡介	"韓國語文學探究"李慶善博士回甲記念論文集		1983		民族文化社.	通論
李義活	二徐本『說文解字』流傳 小考	中國語文學	8/1	1984	209-223	嶺南中國語文學會	版本
梁東淑	「說文解字」中의 古文研究	論文集	25	1984	239-262	淑明女子大學校.	書體
金德均	「說文」引"論語曰"小考	中國人文科學	3	1984	223-230	中國人文學會.	通論
梁東淑	「說文解字」部首의 流變	中國學報	4/1	1984	23-50	韓國中國學會.	部首
鄭錫元	「說文」部首考	中語中文學	7	1985	177-207	韓國中語中文學會.	部首
秦光豪1)	「說文解字」形聲字結構考	中國語文學	12/1	1986	225-238	嶺南中國語文學會.	六書
李治洙	「說文解字通論」2)	中國語文學	12/1	1986	351-352	嶺南中國語文學會.	通論
李圭甲	「說文」所從文爲象形之省體字研究	人文學研究	13/1	1986	41-57	忠南大學校人文科學研究所	六書
李圭甲	「說文」"某以爲某"例 研究	論文集	14/1	1987	125-148	忠南大學校人文科學研究所	體例
李圭甲	「說文」"某以爲某"例 研究	人文學研究	14/1	1987	125-147	忠南大學校人文科學研究所	體例
成潤淑	「說文通訓定聲」指例	退溪學과 韓國文化(韓國의 哲學)	17	1989	187-201	慶北大學校 退溪學研究所.	研究史/說文通訓定聲
李賢淑	「爾雅」를 利用한『說文解字』釋例考	西原大學論文集	24	1989		西原大學校.	體例
成潤淑	「說文」音韻初探	東方漢文學	5	1989	??	東方漢文學會.	音韻
林東錫	「說文解字·敍」試釋	以文會報	10	1990			譏譯
南基守	「說文」音訓字의 聲母 研究	慶山大學 論文集	9	1991	??	慶山大學校.	音韻
李賢淑	「說文解字」釋例考	魯城崔完植敎授華甲記念論文集		1991			體例
金慶淑	「說文解字」全譯	言語研究		1992		公州大學校.	譏譯
金慶淑	「說文解字」를 通해 본 古代 社會相(1)	하동호敎授재경오기념論叢		1992			文化
崔南圭	大徐本『說文解字』省聲字 考辨	中國語文學	20/1	1992	281-292	嶺南中國語文學會.	體例
許壁	許愼與「說文解字」考3)	中國語文學論集	4	1992	1-5	中國語文學研究會	通論
崔琰澤	「說文解字」에 나타난 文字孳乳系統에 對한 研究	中國人文科學	12	1993	1-38	中國人文學會.	理論
金錫準	王筠의『說文釋例』研究(2)	中國學論叢	3/1	1994	199-237	韓國中國文化學會.	研究史/

分类	通论	版本	体例	书体	六书	部首	研究史	音韵	文字理论	文化	域外说文	翻译	教学	计
篇数	4	9	25	14	9	7	16	9	4	8	14	7	2	128
百分比	3	7	20	11	7	5	13	7	3	6	11	6	2	100%
备注		校勘7篇	引经1篇								域外传播1篇			

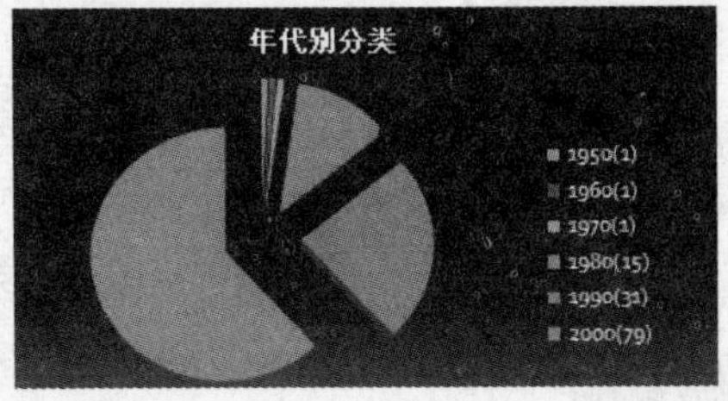

从内容分类来看，可见《说文》的体例、研究史、域外《说文》研究、字体的研究占多。对于这个特征，于后再叙述之。

按年代的分布来看，20 世纪 50—70 年代每十年只有一篇，可以说是属于《说文》研究的极其初创的阶段，这三十年里只有韩国第一代中文学者车相辕和许壁两位教授的有关《说文》介绍的文章，还有从台湾以交换教授身份来的林尹写的一篇论文而已。进入 70 年代，已有的首尔、成均馆、外国语三所大学之外，延世大学、高丽大学、岭南大学等新设立中文系，从这儿培养出来的一些人才到 80 年代中后期开始活动，正式启动了《说文》的真正研究。但他们绝大多数是从台湾留学回来的，故研究方向上还受到台湾学界的遗风，因而保持着清末国学传统，强调《说文》研究的主要目的在于解经。

进入 80 年代，主要国立和重要私立大学也设置了中文系，培养出大批研究队伍，他们推动了 90 年代《说文》研究的加强。到 90 年代以后，随着中韩建交，研究人力的来源也从台湾转到大陆，再之随着全球化的影响，日本和欧美留学回来的队伍也加入研究。与之相应，《说文》研究在研究主题上也呈现着多元化；摆脱以前的介绍《说文》和其本文研究，转到文化研究和比较研究。进入 21 世纪以后，受到 20 世纪 90 年代后期在大陆流行过的“文化热”的影响，多人参与利用《说文》研究文化现象。

（二）学位论文和专著

1981—2010 年共有 22 篇硕士学位论文、6 篇博士学位论文和 13 种专著类。

學位論文目錄

著者	題目	年度	學位	大學
金謹	『說文解字』部首의 字次와 그 意義	1981	碩士	Seoul大學校
黃美羅	六書理論研究	1989	碩士	檀國大學校
김선혜	六書小考	1990	碩士	全北大學校
최영택	『說文解字』의 省聲字에 對한 研究: 段注本을 中心으로	1992	碩士	全南大學校
정옥순	『說文解字』에 引用된 詩經의 釋例研究	1993	碩士	中央大學校
文準彗	『說文解字』의 部首 選定原則 研究	1994	碩士	梨花女子大學校
金順姬	『說文解字翼徵』에 關한 研究	1995	博士	中央大學校
이은정	『說文解字』省聲研究	1996	碩士	漢陽大學校
정하순	『說文解字』“讀若”研究: 「經書」·“通人說” 引用을 中心으로	1997	碩士	漢陽大學校
河水容	『說文解字』會意字研究	2000	碩士	釜山大學校/教育
김유연	『說文解字』“籀文”研究	2001	碩士	漢陽大學校
김하종	部首 規範化에 관한 研究: 『說文解字』540部首와 『字彙』214部首를 通하여	2003	碩士	濟州大學校
김영섭	『說文解字』古文이 楷書에 끼친 影響 研究	2003	碩士	延世大學校
廉丁三	『說文解字注』部首字譯解	2003	博士	Seoul大學校
박경란	異體字 研究--形符通用問題를 中心으로	2005	碩士	成均館大學校
장은영	『說文解字』 중 “奴隸”·“刑罰” 關聯 漢字의 意味 擴張 研究	2006	碩士	韓國外國語大學校
金美眞	『說文解字·女部』에 反映된 古代女性 이미지 考察	2006	碩士	釜山大學校
이승희	『說文解字』部首(540部)와 『漢韓字典』 部首(214部)의 比較 研究	2006	碩士	全北大學校
朴韓羅	部首字의 形義 分析을 通한 身體語彙의 類型 및 意味 變化 研究	2006	碩士	東國大學校
김지연	『說文解字』“?”部字의 意味研究	2007	碩士	韓國外國語大學校
양원석	朝鮮後期文字訓詁學研究	2007	博士	高麗大學校
文準彗	『說文解字翼徵』 解說字 譯解	2008	博士	Seoul大學校
송지현	『說文解字』形聲專字研究	2009	碩士	釜山外國語大學校
정애라	『說文解字』“心”部字의 認知言語學的 考察: 心理空間으로 隱喩되는 字를 中心으로	2009	碩士	韓國外國語大學校
김유연	『說文解字』“重文”研究	2009	博士	漢陽大學校
손청	『說文解字』에 引用된 先秦부터 西漢末까지의 “通人說”研究	2009	碩士	漢陽大學校
임선영	李陽氷의 『說文解字』研究: 『說文繫傳 · 祛妄篇』을 中心으로	2009	碩士	漢陽大學校
金惠經	朴瑄壽 『說文解字翼徵』의 干支論 研究: 許愼의 『說文解字』와 比較를 通해	2010	博士	嶺南大學校

其具体情况，则如下表。(学位论文，专著目录表)

其中，较为重要的专著有如下几种：

陆宗达(著)，金谨(译)，《说文解字通论》，启明大学校出版部，1994(2002)

阿辻哲次(著)，沈敬镐(譯)，《漢字學：說文解字의世界》，以會文化社，1996(寶庫社，2008)

廉丁三，《说文解字注部首字译解》，Seoul 大学校出版部，2007

金泰完，《許愼의苦惱，蒼頡의文字》，全南大學校出版部，2007

王寧(著)，金殷嬉(譯)，《說文解字의中國古代文化》，學古房，2010

姚孝遂(著)，河永三(译)，《许慎의说文解字》，China House，2010(待刊)

單行本目錄

著者	書名	年度	出版社
朴瑄壽	「說文解字翼徵」	1912	刊寫者未詳
유명곡	「(說文六百)字源 要典: 가장 쉬운 글자 記憶法」	1973	通文館
이현숙	「老乞大」의 中國音 表記法硏究, 爾雅釋詁分析, 「說文解字」部數의 假借와 그 意義, 「孟子」修辭論	1991	學古房
陸宗達(著)·金謹(譯)	「說文解字通論」	1994(2002)	啓明大學校出版部
소림박	「(新說文解字)漢字類編」	1995	木耳社
阿辻哲次	「漢字學:『說文解字』의 世界」	1996	以會文化社(2008, 寶庫社)
조옥구	「(21世紀 新)說文解字」	2005	白巖
金順姬	「說文解字翼徵」에 關한 硏究	2005	韓國學術情報
廉丁三	「說文解字注」部首字譯解」	2007	Seoul大學校出版部
金泰完	「許愼의 苦惱, 蒼頡의 文字」	2007	全南大學校出版部
서영근	「(說文解字) 部首形義 考察」	2009	韓國學術情報
王寧(著)·金殷嬉(譯)	「說文解字」와 中國古代文化	2010	學古房
姚孝遂(著)河永三(譯)	許愼與『說文解字』	2010	China House

(三)大韩民国时代《说文》研究的特征及建议

第一,这时期的《说文》研究,其主题上还是域外(韩国地区)《说文》研究占多。

譬如，关于朝鲜时代《说文》研究的代表性著作《说文解字翼征》的研究，已有金顺姬、河永三、文准彗、金惠经、柳东春、金玲敬等 13 篇。此外，对《第五游》和《六书寻源》有：李圭甲、董作宾、罗度垣等的研究。这当然是从韩国人的立场想介绍韩国著作的特殊心理的反映，但对与之性格类似的中外著作的比较研究较少，向后需要加强研究。

第二,《说文》翻译研究占多。诸如有：李炳官,《说文解字》译注(1)—(20)(2000—2010)；金庆淑,《说文解字》全译(1992)；孙叡彻,《说文解字》翻译(待刊)；金爱英，《说文解字注》十五篇翻译(1998)；廉丁三，《说文解字注》部首字译解(2003)等。但整体来说完成度相当底。除了李炳官之外，都号称想翻完全书，但都没有实现，甚至翻不到第一篇就中途而废的也有。廉丁三的翻译给我们提供一些有关《说文》翻译的模范，希望多多斟酌，不要中断翻译工作。

众所周知，《说文》既不是普通的、单纯的“字书”，而是一部被称为“《五经》无双”的许慎为了提高古文经学的地位而作的颇有哲理性大型“字典”，故翻译《说文》时需要对古典经学特别渊博的知识；同时因为每一个字都蕴涵着极深的哲理性，翻译时还需要细心思考和超人的忍耐心。因此，研究队伍相对局限的韩国，个人单独翻译《说文》，还不如组织团体来一起研究。

第三，《说文》本文研究上有关体例、书体和研究史（《说文》四大家）的研究占多。这多与韩国《说文》研究者的学术背景有联系。韩国《说文》研究者大多有台湾留学的经验，台湾比较注重《说文》的传统研究法。当然《说文》的本文研究是不能缺少的，是一个很重要的领域，应该要重视的，但到这个时代《说文》的文化和应用研究也很重要。尤其韩国人的立场来说，发掘并开拓韩国人能贡献的独特视角和优先领域是很重要的。其中一部分是基于《说文》的文化研究，通过《说文》所反映的意义体系，究明古代中国文化的原型，由此阐明东方文化的差别性[21]。

第四，研究倾向上呈现着不均衡现象。一般认为传统文字学研究上最重要的对象是《说文》；20世纪以后古文字研究上最具代表就是甲骨文。如对这两个领域作比较的话，甲骨文的研究大大超越了《说文》研究，学术论文就不必说，光是专书或翻译著作来说，有关甲骨文的研究已有15种，诸如：

《甲骨学一百年》（王宇信，河永三译，5册，2010），《甲骨文和古代文化》（梁东淑，2009），《甲骨文的发现和研究》（顾音海，林浩镇译，2008），《甲骨学通论》（王宇信，李宰硕译，2004），《中国甲骨学史》（吴浩坤・潘悠；梁东淑译，2002），《甲骨学的理解》（吴屿，金锡准译，2001），《甲骨学60年》（董作宾，孙睿彻译，1993），《甲骨文解读》（梁东淑，2005），《甲骨的世界》（Keightley，David N（基德炜），闵厚基译，2008），《甲骨文导论》（陈湛炜，李圭甲译，2002），《甲骨文述要》（邹晓丽，对外投资开发院译，2002），《甲骨文故事》（金经一，2002），《甲骨文所刻的神话与历史》（金成宰，2000），《甲骨文的世界：古代殷王朝的构造》（白川静，金玉石译，1981）等。

另外，有关从高丽到朝鲜时代的500多年继续使用过的最代表性的汉语教材

《老乞大》和《朴通事》的研究成果，已经有得79篇的学术论文，74部学位论文[22]。

可见，仅有100多年历史的甲骨文，将中、日、美比较重要的有关著作已经都翻译介绍了，还开始进入韩国学者自己的撰述阶段。但《说文》的研究，诸如马叙伦《说文解字研究法》等比较典型的著作也没有翻译[23]。这种倾向在金文研究上也同样出现向，金文在古文字领域里研究历史最悠久，资料也最丰富，但有关研究却少之又少。所以汉字研究倾向上呈现的不均衡现象，极其需要解决。

随着计算机的迅速发达，现代已经建设好各种各样的资料库；同时互联网的发展，全球进入信息化时代，已经没有什么国境，全世界任何地方都可以实时交流，提供研究上的极大方便。

譬如，中国中国文字研究和应用中心（上海，华东师范大学）已经建设好从甲骨文到明清时期的主要字书通检资料库；韩国庆星大学的韩国汉字研究所也正在建设“韩国历代字书韵书通检资料库”；日本的京都大学等各研究所也建设了不少有关日本字书资料库。我们基于以上各种资料库，进一步需要建设汉字文化圈或全世界范围内的“《说文》研究资料库”，同时开发通检系统，要联合组织全世界《说文》研究者，进行协力和比较研究，这样才可以实现《说文》研究的科学化。

参考文献

[1] 康寔镇：《老乞大朴通事研究》，台北：台湾学生书局1985年版。

[2] 权德周编：《六书寻源研究资料》（首尔：해돋이），2005年版。

[3] 金顺姬：《说文解字翼征에 관한研究》（中央大学文献情报学系，博士学位论文），1995年版。

[4] 金玲敬：《说文解字翼征研究》（华东师范大学中国文字研究与应用中心，博士学位论文），2004年版。

[5] 罗贤美（度垣）：《权丙勋六书寻源研究》（釜山大学中文系，博士学位论文），2005年版。

[6] 文準彗：《说文解字翼征解说字译解》（首尔大学中文系，博士学位论文），2007年版。

[7] 李圭甲：《第五游初探》，《中国语文学论集》49辑，中国语文学研究会，2008年版。

[8] 李健茂：《갈대밭 속의 나라 茶户里——그 发掘과 纪录》（首尔：国立中央博物馆），2008年版。

[9]河水容:《六书寻源의 著者 惺台 权丙勋의 六书观》(釜山大学汉文系,博士学位论文),2005年版。

[10]河永三:《韩国历代中国语言学文论资料集成》(釜山:庆星大学),2003年版。

[11]河永三:《六书策所见朴齐家与李德懋之文字观比较》,《国际中国学研究》(韩国中国学会)第6辑,2003年版。

[12]河永三:《朝鲜时对说文解字研究的一个水平:说文解字翼征》,《中国文字研究》第2辑,2001年版。

[13]河永三:《朴瑄寿 说文解字翼征의 文字理论과 解释体系의 特征》,《中国语文学》(岭南中国语文学会)第38辑,2001年版。

[14]韩国古典飜译院(编辑):《(影印标点)韩国文集丛刊》(首尔:韩国古典飜译院),2009年版。

[15]KoreaA2Z(东方Media韩国学DB)

[16]KRPIA/MMPIA(NURIMedia韩国学/Multimedia DB)

[17]韩国学中央研究院 韩国历史情报统合系统(http://www.koreanhistory.or.kr)

注释

[1]李健茂:《茶户里 遗蹟发掘의 意义》(《갈대밭 속의 나라 茶户里——그 发掘과 纪录》(国立中央博物馆,2008),第167页。参看《茶户里遺蹟 出土 븟(笔)에 对하여》,《考古学志》(韩国考古美术研究所)4(1992.12),第5—29页。

[2]李健茂:《茶户里 遗蹟发掘의 意义》(上同书),第171页。

[3]此外,《汉书新注》(卷96下)《西域传》(第66下)有云:"传子至孙右渠,所诱汉亡人滋多,又未尝入见;真番、辰国欲上书见天子,又雍(壅)阏弗通.元封二年,汉使涉何谯谕右渠,终不肯奉诏。"可见元封二年(B.C.109)韩半岛北边的真番和东南部的辰国已经使用过汉字。

[4]李学勤初次考释为"西口宫鼎,容一斗,并重十七斤七两,七。"(《韩国金海良洞里出土西汉铜鼎》(《失落的文明》(上海艺文出版社1997年版,第179—181页),但以后修订如上,并认为西字后一字为乡字,是地名,为诸侯的封地名。此地为《汉书地理志》所说的"涿郡有西乡",当过西乡侯的只有汉元帝初元五年(公元前44)封过的刘容和继他的刘景两个人,故此鼎的年代即可姑定在西汉晚期元帝或稍后一点的时间。李学勤:《韩国金海良洞里出土西

汉铜鼎续考》，载《中国古代文明研究》，华东师范大学出版社 2005 年版，第 123—125 页。

[5] 陈榴 :《康熙字典对韩国近代字典编纂的影响》，“康熙字典暨词典学国际学术研讨会”（山西 · 阳城）宣读论文。

[6] “오늘 아침 일찍이 상사 역시 사람을 보내 신에게 聖人圖 1 軸과 許氏의《說文解字》1 帙을 보내왔습니다 . 이것들은 모두가 上國 사람이 보낸 것이므로 감히 아룁니다 . 어제 즉시 와서 아뢰어야 했지만 날이 저물어 오지 못했고， 부득이 횡폭에 발문을 지어주었습니다 .” 하니, 전교하기를, “청한 글을 경이 지어준 것은 당연한 일이고, 보내온 물건은 받아도 된다 .” 하였다 . 此为有关中国使臣送来《说文》的记录。

[7]《第五游初探》，《中国语文学论集》（中国语文学研究会）第 49 辑，2008。

[8] 赤与尺的反切完全一致，属于同音字（《康熙字典》：“赤，古文作烾。唐韵集韵韵会正韵，昌石切，音尺。”）故赤与尺可以说是同音假借，《韵会》亦云尺与赤通用。

[9] 河永三 :《六书策所见朴齐家与李德懋之文字观比较》，载《国际中国学研究》（韩国中国学会）第 6 辑，2003.12.

[10]《五洲衍文长笺散稿》经史篇》经典类（2）》小学，第 65—67 页。

[11] 此文同时介绍了赵宧光《说笺文长笺》传入朝鲜的情况，即云:“《长笺》之来我东者，凡四套四十卷。江都行宫及洪启禧、金相国致仁、沈蕉斋念祖家俱藏之。然鬲部以下，自食部至甲部，二十五部并缺，四处收藏皆同。是或中国版本见落若此也，并记之，以待后考世之笃论《说文》者。”

[12]《五洲衍文长笺散稿》经史篇，经史杂类（2），典籍杂说。

[13] 参见河永三《朝鲜时對说文解字研究的一个水平 : 说文解字翼征》（《中国文字研究》2001）

[14] 文准彗 :《说文解字翼征解说字译解》（首尔大学博士学位论文，2007）

[15] 譬如，《祖》字的解说，可以窥见祖先崇拜的一面 :“按 : 今世，以祖为父之父称谓，而许氏训为始庙。然则何文为父之父称谓？金铭有作且者，每见皇字下，此即其文。而小篆不作且，以别从几之且。故致楷书之无且也。若谓以祖通称者，祖之从示，神之也。可以神之者，称其见在之王父乎。若谓且即其文者，且器名也，语助也，可以器名语助，称于至尊乎? 许氏何不于且字，训为父之父也，而训为荐也? 从几，足有二横乎? 可知许氏之祖下证声之且，但以祖且之头声，而非认为父之父称谓之文也。”

[16] 该书的研究可以参见金顺姬《说文解字翼征에 关한 研究》（1995）；金玲敬 :《说

文解字翼征研究》（2004）；文準彗：《说文解字翼征解说字译解》（2007）等。

［17］罗贤美（度垣）:《权丙勋六书寻源研究》（釜山大学中文系博士论文,2005）；河水容：《六书寻源의 著者 惺台 权丙勋의 六书观）（釜山大学汉文系博士论文,2005）;权德周（编）:《六书寻源研究资料》（해돋이,2005）,包括 14 篇资料:《序文》（都珖淳）、《自序》（权德周）、1.《六书寻源敍》（郑寅普）;2.《郑重하게 六书寻源을 绍介함》（董作宾）;3.《六书寻源复刊序》（李佑成）；4.《六书寻源을 읽고》（权相老）；5.《六书寻源研究》（李家源）；6.《六书寻源과 그 着者에 对하여》（权德周）；7.《六书寻源考》（李忠九）；8.《六书寻源考》（金泰洙）；9.《六书寻源의 着者 惺台의 六书观》（河水容）；10.《惺台 权丙勋先生의 世系——生平 및 그 学风》（权德周）；11.《韩国의 法律家象——权丙勋篇》（崔钟库）；12.《東权惺台》（卞荣晚）；13.《中训大夫 行成均馆典籍 权公墓碣文》（权丙勋）；14.《惺台先生과 나》（权德周）。

［18］此外，还有《礼部韵略》（宣祖 7 年，1574）、《排字礼部韵略》（4 卷）（光海君七年，1615）、《排字礼部韵略》（5 卷）（肃宗 4 年，1678）、《排字礼部韵略》（5 卷 2 册）（年代未详）等。

［19］康寔镇：《老乞大朴通事研究》，台湾学生书局 1985 年版，第 41—42 页。

［20］由于分量的关系，全体目录，以后公布于韩国汉字研究所的网站（“韩国《说文》研究资料库”）上。

［21］譬如，笔者最近的一些系列论文，诸如：《“言”和“文”系列汉字群的字源来看中国文字中心的象征体系》（2006）、《鬼系列汉字群的字源来看古代中国人的鬼神认识》（2007）、《说文解字“目”和“见”部系列字来看中国的视觉思维》（2007）、《真理的根源：真字字源考》（2009）等，集中探讨东方的文字中心主义的文化机制问题。

［22］到 2010 年 10 月 21 日为止的统计，居于釜山大学康寔镇教授主持的“韩国韵书研究组”的统计资料。

［23］此外，苏宝荣的《说文解字导读》（陕西人民出版社 1988 年版）、宋均芬的《说文学》（首都师范大学出版社 1997 年版）、向夏的《说文解字敘讲疏》、臧克和的《说文解字的文化说解》（湖北人民出版社 1995 年版）等也需要翻译介绍。

河永三，男，韩国人。韩国汉字研究所、庆星大学中文系教授。

《说文解字》在日本

南泽良彦

日本国立九州大学人文科学研究院

提　要　在公元5世纪左右，日本经由朝鲜接受了汉字及汉文书籍，日本人一接受汉字及汉文书籍就热情地学习起来，终于会用汉字写作文章了。891年成书的《日本国见在书目录》里载有《说文解字》16卷；12世纪成书的《通宪入道藏书目录》里载有《说文解字》10帖；13世纪成书的高僧藏书目录里载有《说文解字》12册；14世纪所建立的佛寺里旧藏了北宋刊南宋补刻本《说文解字》。由此可见日本人确实是认真学习《说文解字》的。

到了江户时代，日本人进一步研究了《说文解字》。狩谷望之写了《说文检字篇》，以字画数对《说文解字》的部首字进行了分类，写了《转注说》考据《说文解字》本文。太田方写了《全斋读例》批评传统定说，冈本保孝又反驳了太田的新说。可知江户时代的日本学者研究《说文解字》的水平相当高，与清朝考据学者的成就相比也毫不逊色。

近代日本虽然以全面欧美化为目标，但是京都大学的汉学以融合清朝考据学与西洋实证主义驰名天下。历代中文系的教授们都开设有讲解《说文解字·段玉裁注》的课。在东京也有一个《说文解字》学习班，最近正在构建《说文解字》的数据库。另外，立命馆大学的白川静教授以甲骨文、金文等为资料解释《说文解字》，开辟了另外一片汉字的天地。

关键词　说文解字　日本　日本国见在书目录　狩谷望之　京都大学　白川静

前　言

古代中国是东亚最大的文明国家，它发明了汉字这个文字，也产生了书籍这个媒体。中国文明通过汉字及汉文书籍在长久的历史之中传播到广泛的空间。古代日本是位于东亚边境的落后国家，当初没有自己的文字，也没有自己的历史书籍，因此，日本人要想知道古代日本的情况，就必须查中国的历史书所记载的日本传[1]。

好像水往低处流一样，中国的先进文明流传到了古代日本，经过一段时间以后，日本人熟悉了汉字及汉文书籍，自己也开始用汉字写作文章做成书籍了。后来日本人又根据汉字创造了日本自己的文字即假名文字，配合汉字和假名文字在一起写作文章。可是日本人以汉字作为真正的文字叫做真名，以日本自己创造的文字叫做假名。日本人，特别是日本知识分子非常尊重汉字及汉文书籍，撰述公文必须用汉字及汉文写作。

本稿打算简单地介绍一下，在那样的情况下，《说文解字》何时传入日本以及传入以后至今日本人是如何看待和研究《说文解字》的。

一　汉字及汉文书籍之初传日本

关于汉字及汉文书籍第一次传入日本，日本最古老的历史书《古事记·卷中·应神天皇纪》（成书于公元712年）里有一条记载，说道：

百济国（中略）若有贤人者贡上。故受命以贡上人，名和迩吉师。即《论语》十卷、《千字文》一卷，并十一卷，付是人即贡进（此和迩吉师者、文首等祖）。[2]

《古事记》的记载太简略又太笨拙，看不大懂，但看得出来：古代日本请朝鲜半岛的友邦百济国派遣贤人和迩奉献了《论语》10卷和《千字文》1卷共11卷。关于那位从自朝鲜来到日本的贤人，在日本正史之首《日本书记·卷第十·应神天皇纪》（成书于720年）里能看到更详细的记载，云：

（应神）十五年秋八月，百济王遣阿直岐，贡良马二匹，即养于轻坂上厩。因以阿直岐令掌饲，故号其养马之处曰厩坂也。阿直岐亦能读经典，及太子菟道稚郎子师焉。于是，天皇问阿直岐曰："如胜汝博士亦有耶。"对曰："有王仁者，是秀也。"时遣上毛野君祖荒田别、巫别于百济，仍征王仁也。其阿直岐者，阿直岐史之始祖也。

十六年春二月，王仁来之，则太子菟道稚郎子师之，习诸典籍于王仁，莫不通达。所谓王仁者，是书首等始祖也。[3]

日本最古老的史书就是《古事记》，这本书是天皇下令所写作的，但古代日本政府不满意《古事记》的质量，又以敕命撰述了《日本书纪》。《日本书纪》不仅内容丰富而且文章流利，因此博得好评，赢得了日本第一部敕撰史书的荣誉。这两本书均是用汉文写作的编年体史书。

《古事记》所记载的“和迩”与《日本书纪》所记载的“王仁”两个人名，用日语发音均为“wa’ ni”,当指同一人物而言,我们日本人一般以“王仁”称呼他。据《日本书纪》记载，王仁来日本当过太子的老师，教授过几种典籍，其后他的子孙历代担任了日本朝廷的书记。综合两本书的记载，王仁所教的典籍之中一定包括了《论语》，但是不好确定是否含有《千字文》。

应神天皇是日本的第十五代天皇，由于史料不足，无法确定他的在位年代，只能推定大约在公元5世纪左右，众所周知，《千字文》是梁武帝（502—549在位）下令制作的，怎么5世纪左右的朝鲜人就能带来日本呢？在《古事记》成书的时候日本人太喜欢《千字文》了，恐怕《古事记》的作者将《千字文》和别的识字书弄错罢了！

王仁这个人是来自朝鲜百济国，姓王名仁，5世纪左右的朝鲜还没有单姓的风习，根据可靠的史料，他出身于乐浪郡的汉人家族，乐浪郡灭亡了以后他的祖先移住百济以学问做官了。事实如此，则可以说：虽然经由朝鲜，却是通过汉人子孙，日本继承了好像珍宝似的地地道道的汉字及汉文书籍的传统。

二　日本藏书目录中所见的《说文解字》

（一）平安时代前期的《日本国见在书目录》

《说文解字》不是识字书，跟《千字文》相比分量和质量都完全不一样，没人弄错两本书，也无法知道王仁所带来的“诸典籍”之中是否有《说文解字》。在日本历史上到了平安时代（794—1185）的《日本国见在书目录》[4]，才能看到《说文解字》这个书名。

《日本国见在书目录》是藤原佐世所奉敕撰述的日本最初的书籍目录，成书于公元891年，以四部分类为40家，登录了当时日本所存的汉文书籍的名目1579部共16790卷。此书目成书在《隋书·经籍志》和《旧唐书·经籍志》之间，大体仿《隋志》而作，但收录有若干《隋志》所未见的书籍[5]，提供了可以补充中国文献学遗漏的材料。

其著录《说文解文》的情况如下：

《日本国见在书目录·小学家》：

《博雅》10卷。曹宪注。/《注博雅》10卷。/《三苍》3卷。郭璞注。

《苍颉篇》1卷。/《埤苍》2卷。张揖撰。/《急就篇》1卷。史游撰。

《急就篇注序》10卷。颜师古撰。/《启蒙记》3卷。晋散骑常侍顾恺之撰。

《小学篇》1卷。王羲之撰。/《千字文》1卷。周兴嗣次韵撰。

《千字文》1卷。李暹注。/《千字文》1卷。梁国子祭酒萧子云注。

《说文解字》16卷。许慎撰。

《字书》20卷。/《玉篇》31卷。陈左将军顾野王撰。

《声类》10卷。李登撰。/《开元文字音义》30卷。

（以下从略）[6]

对比不难看出，日本的《说文解字》和《玉篇》比中国的均多出1卷。有的日本学者认为增多的1卷大概是所辩论字体的沿革附加的。可是今天找不到16卷本的《说文》和31卷本的《玉篇》，增加的1卷究竟为什么内容依然是个谜。

《日本国见在书目录》是日本平安时代所作的国家图书目录，应当反映了那个时代的学术水平，虽然其书目1579部及卷数16790卷的数量只是《隋志》收录的6520部及56881卷的差不多三分之一到四分之一，但是所必备的书完备了，可知平安时代的日本人的学术水平相当高。就小学来说，比《隋志》毫无逊色。

《日本国见在书目录》是9世纪末所写的，相当于中国唐代，唐代书籍的样式通常是手抄的卷子本，所以9世纪的日本所藏的《说文解字》一定是手抄的卷子本。今天我们可以看唐代的抄本《说文解字》木部残本及口部残简。

周祖谟教授曾说了："今日所见之唐写本说文有二：一为木部残本，一为口部残简。木部残本为清同治二年莫友之得自安徽黟县令张仁法者，共六纸，存一百八十八字，将近全书五十分之一。……口部残简有二：一为日人平子尚氏所藏，存四字，未见。一为日人某氏藏，存六行十二字。……木部残本每行二篆。口部残简则每行三篆，惟每行至第三字皆断缺无存。二本同作乌丝栏，每字注文分为二三行属于篆文之下，由此尚可见唐本之旧式。"[7]

其后木部残本归于日本著名学者内藤虎次郎，现在为日本大坂杏雨书屋所藏。关于此残本的真伪问题，清末以来议论纠纷而迄今还没有定论[8]，但是如周教授所说“可见唐本之旧式”，也可以大体知道 9 世纪末年的日本人看到的《说文解字》的原貌。

（二）平安时代后期的《通宪入道藏书目录》

到了平安末期，在贵族的私家藏书目录里也能看到《说文解字》的书名。出身于日本最大望族藤原氏的藤原通宪（法号信西，1106?—1160）是以熟悉卜筮而知名的人，他的藏书目录叫做《通宪入道藏书目录》流传于世。《通宪入道藏书目录》大致采用了四部分类，但是除了汉文书籍以外，也收录了日文书籍，往往用日式写法，看清楚有一定困难。

其小学类著录有：

一合。第 12 匮

《说文解字》1 部。10 帖。

《字说》2 帙。上下。

《宋韵》1 部。5 帖。[9]

据《宋史》[10]，《字说》是北宋王安石（1021—1086）在 1076 年退居金陵以后所著述的。《宋韵》应当是《大宋重修广韵》的略称，是北宋陈彭年所奉敕撰述而 1008 年出版了的韵书，《古逸丛书》所收的所谓《宋本广韵》是 5 卷本。藤原通宪是个优秀的学者，他的藏书里没有《千字文》那种面向初学者的课本，通过严选购买了针对学者的最新最好的专门书。

《通宪入道藏书目录》所见的术语和中国的藏书目录所见的术语相当不同，“合（盒）”、“匮”两个字的意思是箱子，忠实地反映了把书籍放在箱子里整顿的样子；“帖”这个术语完全是日本特有的，指中国所谓“折本”即由长卷折叠成的书本，比如可以看在佛教寺庙现场里所使用的佛教经典如此装帧。折本的优点是比卷子本容易翻阅、比册子本容易制作的，总之折本便于实用。

藤原通宪是 12 世纪的人，年代相当于中国宋代，宋代是出版事业很发达的时代，当时日中交易不绝，以书籍为最重要的商品之一，而且日本人特别喜欢最新最好最美丽的东西，进口的书籍肯定是册子本的，恐怕没有商贾会特意买卖赚不了钱的折本。由此言之，藤原通宪所藏的 10 帖本《说文解字》是在日本所特别制作的折本《说文解字》，可知当时的日本贵族以《说文解字》为日常实用的书。

（三）镰仓时代的《普门院经论章疏语录儒书等目录》

1192年源赖朝（1147—1199）建立了镰仓幕府以后，日本变成了武士的天下，但是镰仓时代的武士阶级大部分无教养，文化事业的方面以佛教的僧侣为主，尤其注重研究中国的学问。

圆尔（1202—1280）是日本临济禅宗的僧侣，1235年入宋，修行于各地名刹，1241年携带内典（佛教的书籍）、外典（佛经以外的汉文书籍）数千卷回国来了。他所带回的书籍从《普门院经论章疏语录儒书等目录》可知其内容。《普门院经论章疏语录儒书等目录》以《千字文》为其编号，珍字为止，其内外典居于调字至丽字及玉字至珍字，约占百分之三十八多。

《说文解字》放在结字之下写：

结

《说文》12册。又1部12册。缺第六七。《尔雅兼义》3册。

为

《玉篇》5册。《广韵》5册。《玉篇》3册。《玉篇》4册。

《广韵》5册。《广韵》4册。[11]

在文献学上"册"这个术语通常是对册子本用，对折本、卷子本不用的，圆尔的藏书基本上都是他自己所带回了的，那两部《说文解字》应当是册子本，宋代有12册本的《说文解字》吗？《四部丛刊》所据以影印的宋刊《说文解字》是现在日本东京静嘉堂文库所藏的本子，其书目称云："《北宋椠说文》宋刊宋印八本。"[12]如上面所可见，《普门院经论章疏语录儒书等目录》所著录的《玉篇》有5册本，有3册本，也有4册本；《广韵》有5册本、4册本。依此类推，无怪乎《说文解字》除了8册本以外，还有12册本了。

（四）室町时代的周防国香山国清寺旧藏宋本《说文解字》

1333年镰仓幕府灭亡了，夹了短期的天皇亲政时代，武士政权转移到了足利氏的室町幕府（1336—1573）。室町幕府是个中央控制松散的政府，出现好像中国春秋战国时代似的群雄割据的局面，在文化方面上有的诸侯兴办了与中央政府相匹敌的事业。

周防国（现山口县）领主大内义弘（1356—1399）不仅是个有力诸侯，而且热心文教政策，尤其爱护佛教。他死了以后，他的弟弟大内盛见建立了香山国清寺。香山国清寺享受了领主的热情照顾，势力隆盛，藏书丰富，曾收藏了许多宋版，盖了“香山常住”的印为其所有的标示。现在日本大坂杏雨书屋收藏有几部盖有“香山常住”印的宋本，包括《说文解字》在内，山鹿诚之助《新修恭仁山庄善本书影·解说》[13]针对该本说道：

《说文解字残本》(存卷二、第五、第六、第十三至第十五。)汉许慎撰。宋徐铉等奉敕校定。四册。

北宋刊南宋补刻本。(中略)完本有十五卷、标目一卷，而每卷各分上下。其内存卷第二、第五、第六、第十三至第十五共六卷，而佚其他九卷，今装钉四册。而阙卷第六下之第九叶、卷第十三下之自第三叶至第八叶共八叶、卷第十五下之自第四叶至第八叶共四叶半。殊可惜佚卷第十五末尾所附进表及牒。

本书与岩崎氏静嘉堂文库所藏北宋刊本同种，而其书近年为四部丛刊所收而影印刊行。(中略)

近年施改装。原纸幅纵七寸强、横凡五寸。本书与《毛氏正义》[14]同有“香山常住”黑印。

众所周知，静嘉堂文库所藏的《北宋椠说文》原来是陆心源旧藏而明治时代以后才购买了的。推而言之，日本最古老的宋版《说文解字》无非是距离首都有500多公里之遥的日本本州最西部的佛寺旧藏的《说文解字残本》！

值得注意的是：根据山鹿的按语，改装为四册的时期是“近年”，决不是室町时代的香山国清寺所藏的原貌本来如此。虽然周防国香山国清寺建在离开首都很远的边缘地区，可是往中国大陆比去首都还近，考虑檀越大内氏的势力在内，与其想得到二手的残本，宁可推测其直接进口了崭新的宋本《说文解字》，恐怕该书离开寺庙以后，才发生了残缺。

三　江户时代的《说文解字》研究

(一)《说文解字篆韵谱》及《说文解字五音韵谱》的翻刻

1603年德川家康（1542—1616）建立江户幕府以来，日本享受了260多年的太平盛世，学术界也顺利地发展了。江户幕府以朱子学为正统学问，开创了昌平坡学问所及汤岛圣堂（孔子庙），而在民间有的学者开了私塾教授阳明学、考据学等儒学派别，各处学校都以小学为其所必须学习的补助学问而予以重视。

关于《说文解字》研究，首先介绍其文献学性质的研究。如上面所述，在15世纪宋本《说文解字》已经传入了日本，那本《说文解字》是大徐（徐铉）小字15卷本。小徐(徐锴)又撰述了《说文解字篆韵谱》,其书有五卷本及十卷本的两种，俱传入了日本。

据说,《说文解字篆韵谱》五卷本应当有南宋刊本而今不存，今天所可以看的最古老的版本是元本。江户时代的日本人很爱好《说文解字篆韵谱》，不仅进口了元版五卷本，而且由元本翻刻而制作了古活字本。江户时代的日本所制作了的翻刻本还有《说文解字真本》，该书以汲古阁本为底本，由于与韵谱本不同而名为“真本”。

为了便于检字，南唐的徐锴撰述了《说文解字篆韵谱》，南宋的李焘由于同样的意图撰述了《说文解字五音韵谱》。日本有其翻刻，日本学者夏川玄朴加以校点而由坊间书肆出版了，现存1670年及1673年的版本，可知其盛行[15]。

（二）狩谷望之的《说文检字篇》及《转注说》

在中国《说文解字五音韵谱》以后还陆续出现了便于检字《说文解字》的字书，比如明代的朱骏声《说文通训定声》、清代的阮元《经籍纂诂》等。几个日本人也参加了其队伍，写作了日式检索《说文解字》的索引，最著名的是狩谷望之的《说文检字篇》。

狩谷望之（1775—1835），字卿云，号棭斋，江户神田（现为东京）人，研究日本及中国的古典，擅长考据学，著书有《笺注倭名类聚抄》、《本朝度量衡考》等。他所写作的《说文检字篇》以字画数分类《说文解字》的部首540部，作为部首索引，以《说文解字真本》及段玉裁注为主，还加以《六书故》、《说文韵谱》、《玉篇》、《龙龛手鉴》、《五音篇海》、《五经文字》以及《九经字样》7部书的该字的出处，比如[16]：

五画

三 二三[17] 示[18] 示神至切[19] 一上 二[20] 韵九 七[21] 玉三[22]

龙二 四十三[23] 篇十二 三十二[24] 五中二十[25] 九 九[26]

狩谷望之是个考据学者，不仅制作了索引，而且撰写《转注说》等进行了考据方面的研究。《转注说》指出了：《说文解字·序》以老字为转注的例子，这是不对的，恐怕此处不是许慎的原文而是后人所窜入其妄说的地方；转注谓自本义转别义而用其字，非谓互训[27]。

（三）太田方的《全斋读例》及冈本保孝的《驳全斋读例》

除狩谷望之以外，还有几个日本学者所做的独创研究，太田方的《全斋读例》可以算其代表之一。太田方（1759—1829），字叔龟，号全斋，备后福山（现为广岛县）人，善诸子学，又精通于音韵学，著书有《韩非子翼毳》、《汉吴音图》、《全斋读例》等。

他写了《全斋读例》主张：《说文解字》所记载的"从某某声"，从来断句为"从某，某声"而读，这是不对的，应该断句为"从某某，声"来读，"声"表示其字属于六书的形声[28]。太田方的新说是出人意表而难以接受的，冈本保孝写了《驳全斋读例》进行了批评。

冈本保孝（1797—1878），号为况斋，江户的人，受学于狩谷望之，精通于日本及中国的学问，长于考据，著书有《韵镜考》、《难波江》等。1857年他看了《全斋读例》以为：从学问上来说，对太田的新说，连一点也没有可以采用的，可是如果不清楚地批评，人家就不懂其错误。于是他反驳说：由于《说文解字》解释了许多会意字写作"从某某"，太田弄错了。一般来说，"从"关系义理，不关音。可惜要是他深思的话，就不会如此谬说！[29]

我不能马上做出回答太田所说的对还是冈本所说的对，但能说江户时代的日本研究《说文解字》的水平相当高，狩谷等的日本学者们已经把汉字及汉文书籍作为我囊中物而随意对《说文解字》加以讨论了。

四　现代日本的《说文解字》研究

（一）京都大学的《说文解字》研究

在现代日本，继续从事《说文解字》研究的中心主要有两个：一个在京都大学，另一个在御茶水女子大学。首先介绍一下京都大学的《说文解字》研究。

1868年的明治维新以后，日本一直向欧美学习近代文明，在学术方面也以欧美的学问及其制度为模范，往往看不起传统学问。然而汉学不灭，并在近代大学制度里巩固地位，尤其是在京都大学。京都大学的汉学以融合清朝考据学与西洋实证主义驰名天下，中文讲座首任教授狩野直喜、东洋史讲座首任教授内藤虎次郎等都以继承清朝考据学自居，非常尊敬中国的汉学大师们。

对于《说文解字》的研究，京都大学拥有优良的传统，京都大学教授阿辻哲次说：

京都大学中文讲座有讲解《说文解字·段玉裁注》的传统。从仓石武四郎教授（后转入东京大学）开始，吉川幸次郎教授、小川环树教授接着讲课，现在由京都大学人文科学研究所附属东洋学文献中心的尾崎雄二郎教授担任着。这门课程历代布置学生以严格训练，听说现在也有许多学生们及研究生们在教室里向段玉裁挑一番战而艰苦奋战。虽然学生们往往对于考据讲解古典的训练产生惰心，可是讲解《说文解字·段注》的课是彻底锻炼他们的。我自己也参加那课，学来了不可估量的许多东西。[30]

值得注意的是，京都大学的《说文解字》学不是许学，是段学。京都大学的学生们所刻苦研读的书是《说文解字·段玉裁注》，不是《说文解字》本体，京都大学的老师们相信通过了解段玉裁的注解才能够弄懂许慎说解的意思。京都大学的汉学以清朝考据学的嫡传自居，特别推崇乾嘉之学，以段玉裁为突出有权威的小学大师。因此，他们研究《说文解字》，连一天也不能离开《段注》。这样的想法虽不能说是日本学界的共识，但可以说是很有势力的观念。

中国学者的想法与此不同，周祖谟教授说：

段氏凭借他那超卓的学力和才识来整理许书，固然有不少精辟的见解，但是由于一人的精力有限，平时裒集串用的时日多，考求研讨用的时日少，方面既广，自然不免有疏漏，甚且有时又自信太过，反而流于武断。所以，段书刊行以后，专门著书评订段氏之误的就有好几家。如钮树玉《段氏说文注订》八卷，王绍兰有《段注定补》十四卷，徐承庆有《说文解字注匡谬》八卷。其他单篇散记驳正段注之误也还不少。足见段注并不完全正确。要读段注，首先要了解其中得失所在，才不致迷罔而不知所从。[31]

虽然周教授以为段玉裁是有“超卓的学力和才识”的人，可是指出“段注并不完全正确”。周教授在别的文章里除《段注》以外还列举了桂馥的《说文解字义证》及王筠的《说文句读》，并说：“三家之书，各有所长，都是研究说文的必备的参考书。”[32]可以说称为血统纯正的继承人却同时有着冷静的眼睛，客观认识到先人的成就与不足。我们日本学者应该记住周教授所忠告的“要读段注，首先要了解其中得失所在，才不致迷罔而不知所从”这句话。

京都大学尾崎教授编著的《训读说文解字注》，预先计划为全8册，1981年起开始陆续出版，但是可惜到1993年出版了第5册后中断，其后2006年尾崎教授逝世了。[33]

（二）御茶水女子大学的赖惟勤教授及说文会的《说文解字》研究

御茶水女子大学的赖惟勤教授毕业于东京大学，受业于仓石武四郎教授，攻读《说文解字》。赖教授的受业弟子们组成了一个《说文解字》学习班，命名为“说文会”。在赖教授的指导下，说文会多年来坚持集体阅读讨论《说文解字段注》，在1983年出版的《说文入门》中披露了其研究成果的一部分。这本书不仅是针对初学者最好的指导书，更是针对专家最可靠的参考书。赖教授去世以后，说文会还继续其活动，最近正试验构建《说文解字》的数据库。

（三）立命馆大学的白川静教授的《说文新义》

在尾崎教授所刊行《训读说文解字注》的1980到90年代，立命馆大学的白川静教授（1910—2006）也著述了《字统》（1984年）、《字训》（1987年）以及《字通》（1996年）这三部字书巨著，他另有很多关于汉字的专业书和普及书，因其贡献普及汉字及其有关知识于日本社会。白川教授本来是半工半读的人，虽私淑内藤虎次郎而没有进入京都大学学习，一直是在立命馆大学。因此，他研究汉字学，不必受京都大学的学风的限制，能够比较自由地进行其研究。

1969年至1974年白川教授陆续刊行了《说文新义》全16册[34]，这部巨著除了《说文解字》以外以甲骨文、金文作为资料，虽然有的地方参见《段注》，但大体没受传统解释的限制，颇有新意，连批评许慎的说解也不辞。白川教授的新说之中最著名的是对“口”的解释，许慎以名字、告字等里的“口”解释脸中的嘴；白川教授根据甲骨文、金文的知识，以“口”解释所收藏向上帝供奉的祈祷文的箱子而一律说明了所有的含有“口”的汉字的意义。白川教授是个有着丰富想象力的人，他已经不满足于所受考据学限制的研究，于是走向未知的领域前进了。

《说文解字》540部以“一”开始，以“亥”为止，许慎说解了亥字曰：“亥为豕，与豕同，亥而生子，复从一起。”可知《说文解字》原来不仅是个实用的字书，而且是个所说明“终复始”的循环原理的哲学书。白川教授也从解释汉字的现实世界达到所存在汉字的背后的宗教世界，推而言之，研究汉字真是深奥的。

结 语

以世界上最有名的日本古典作品闻名的《源氏物语》是用假名文字写作的杰作，著者紫式部是个服侍皇后的女官，她虽然熟习汉字及汉文书籍，却以假名文字写作《源氏物语》。因为假名文字易学易用，适合于私事，而写作小说属于私事。反之，在日本，不管是否有明文规定，公文不用假名文字，只用汉字写成汉文。无论贵族、武士还是僧侣，从事公事的所有的日本人都必须熟习汉字及汉文书籍。因此而言，在日本，汉字字书的需要并不少，尤其是《说文解字》被视为读书人的必备书之一。

许慎撰述了《说文解字》以后已经有1900多年的历史，其间不会是一帆风顺的。特别在唐宋之间，《说文解字》的面貌发生了很大的改变，不但在样子上由手抄的卷子本改为印刷的册子本，而且在内容上经过二徐之手插入反切，新附许多字，小徐又完全拆开了《说文解字》重新组装为《说文解字篆韵谱》，于是人们的对《说文解字》的看法为之一变。到了清朝，由于考据学者们的努力，《说文解字》才恢复了其原貌。

根据文献，9世纪以前《说文解字》已经传入了日本，古代日本早已认识其书的价值，其后至今一直很受重视。但是日本在接受《说文解字》的历史上也有很大的变迁，虽然有的变化是由于日本独特的原因造成的，比如平安末期的《通宪入道藏书目录》里所记载的折本、江户时代的狩谷望之所制作的《说文检字篇》（同时可以检字《说文解字》及其他的七个字书在一起的索引）等，可是大致变化是由于反映中国的动态而造成的，比如从卷子本到册子本的变化、《韵谱》以及索引的流行、《段注》的盛行以及考据研究等。

总而言之，关于《说文解字》的形态、其使用的目的与方法以及研究动向等的变迁，日本与中国差不多同出一辙。这种情况仍在继续。虽然近年来赖惟勤、尾崎雄二郎、白川静三位教授先后逝世了，可是在日本对于《说文解字》及汉字学的研究一直维持着优良的传统，以他们的受业弟子们为首，进行着与世界的学术水平为伍的研究。

注释

[1] 比如陈寿《三国志 · 魏书 · 东夷传 · 倭人条》载日本的 3 世纪的情况。

[2]《古事记 · 卷中 · 应神天皇纪》,《日本古典文学大系 · 1》, 东京 : 岩波书店 1958 年版, 第 248 页。

[3]《日本书纪·卷十·应神天皇纪》,《日本古典文学大系·67》, 东京:岩波书店 1967 年版, 第 371、373 页。

[4]《日本国见在书目录》是正式名称,简称为《日本见在书目》,"见在"与"现在"互用, 又称《日本现在书目》等。

[5]比如《日本国见在书目录·道家》著录:《老子化胡经十卷》,《隋志》无;《新唐志》著录:《议化胡经状》一卷(原注:万岁通天元年,僧惠澄上言乞毁老子化胡经,敕秋官侍郎刘如璿等议状)。

[6]狩谷望之:《日本现在书目证注稿·卷七》,东京:日本古典全集刊行会,1928 年,第 72 页。

[7] 见周祖谟《唐本说文与说文旧音》,《问学集》, 北京:中华书局 1966 年版, 第 723 页。

[8] 参看何九盈《唐写本〈说文 · 木部〉残帙的真伪问题》,《中国语文》2006 年第 5 期, 第 441—443 页。梁光华 :《也论唐写本〈说文 · 木部〉残帙的真伪问题》,《中国语文》2007 年第 6 期, 第 566—569 页。

[9]《通宪入道藏书目录》,《日本书目大成·第 1 卷》, 东京:汲古书院 1980 年版, 第 47 页。

[10]《宋史·王安石传》:"晚居金陵,又作《字说》,多穿凿傅会。" 北京:中华书局 1985 年版, 第 10550 页。

[11]《普门院经论章疏语录儒书等目录》未刊行,摘录自大庭修《日中文化交流史丛书·卷 9 · 典籍》, 东京 : 大修馆书店 1996 年版, 第 37 页。

[12] 见《静嘉堂秘籍志》,《日本藏汉籍善本书志书目集成 · 第 4 册》, 北京 : 北京图书馆 2003 年版, 第 131 页。

[13]《新修恭仁山庄善本书影》, 大坂 : 临川书店 1985 年版, 第 5、6 页。恭仁山庄是内藤虎次郎旧居, 他死后, 其所藏的善本捐赠于杏雨书屋。

[14] 杏雨书屋还收藏国宝《毛诗正义残本》17 册, 有"金泽文库"、"香山常住"黑印。

[15] 参看福田襄之介《中国字书史的研究》, 东京:明治书院 1979 年版, 第 335—336 页。

[16] 狩谷望之 :《说文检字篇》, 东京 : 日本古典全集刊行会 1928 年版, 第 33 页。

[17]《六书故》的卷数及丁数。

[18] 原作为篆字。《说文解字》的部首。

[19]《说文解字真本》的反切。

[20] 段注的卷数及丁数。

[21]《说文韵谱》的卷数及丁数。

[22]《玉篇》的卷数。

[23]《龙龛手监》的卷数及丁数。

[24]《五音篇海》的卷数及丁数。

[25]《五经文字》的卷数及丁数。

[26]《九经字样》的卷数。

[27] 参看《中国字书史的研究》，第 349—350 页。

[28] 参看《中国字书史的研究》，第 351 页。

[29] 参看《中国字书史的研究》，第 351—352 页。

[30]阿辻哲次:《汉字学·〈说文解字〉的世界》,东京:东海大学出版会 1985 年版,第 282 页。

[31] 周祖谟 :《论段氏说文解字注》,《问学集》，第 852 页。

[32] 周祖谟 :《许慎及其说文解字》,《问学集》，第 722 页。

[33]尾崎雄二郎编:《训读说文解字注》，东京:东海大学出版会,《金册》1981 年、《石册》1986 年、《丝册》1989 年、《竹册》1991 年、《匏册》1993 年。训读是在汉文上注训点按日语的文法读汉文的方式。

[34] 现改为 8 册收录于《白川静著作集 · 别卷》，东京 : 平凡社 2002 年版及 2003 年版。

南泽良彦，男，日本人。日本国立九州大学人文科学研究院教授。

略論舊寫本《説文》口部殘簡

古勝隆一

京都大學人文科學研究所

前　言

周祖謨先生曾撰《唐本説文與説文舊音》一文云：

今日所見之唐寫本《説文》有二：一為木部殘本，一為口部殘簡。……口部殘簡有二：一為日人平子尚氏所藏，存四字，未見。一為日人某氏藏，存六行，十二字，見於日本京都《東方學報》第十册第一分“説文展觀餘録”中，雖為唐代日人之摹本，亦可寶也。[1]

此文撰於 1948 年，《問學集》又載“日人某氏藏説文口部殘簡（摹本）”圖版一片，[2] 中國學界由周先生介紹早已了解《説文》口部寫本之情況。

先年於東京開之拍賣會席上，筆者遇見《説文》口部殘簡，書肆擬其名為《篆隸字義》，《篆隸字義》乃釋空海《篆隸萬象名義》之異名，因寫本有篆文數字，竟誤解為《篆隸萬象名義》者。此殘簡似先學未論及之一種。其體例、書法與其他口部兩種寫本全同，疑其原為同一寫本，後被割斷為三種。作者擬介紹此三種口部殘簡，盼望中國專家批評與指正。

唐写本《説文》木部殘本為“清同治二年莫友芝得自安徽黟縣令張仁法者，共六紙，存一百八十八字”，後由端方流入日本，今為大阪杏雨書屋所得，被列為日本國寶（相當於國家一級文物）之一。莫友芝親自出版《唐寫本説文解字木部箋異》一書（同治三年序刊本），其後有周祖謨先生《唐本説文與説文舊音》及梁光華教授《唐寫本説文解字木部箋異注評》，俱承上啓下，大大發揮寫本《説文》木部之意義，為研究《説文》不可或缺之作。但至今却未有專論寫本《説文》口部者，因此，本人不揣冒昧，將略論此寫本殘簡。

此外，關於《説文》木部殘本真贋，至今仍有議論。筆者以為《説文》木部與口部之體例頗為近似，或可供討論木部真贋問題之參考。

一 《説文》口部殘簡三種簡介

周祖謨先生説明《説文》口部殘簡體制云："口部殘簡則每行三篆，惟每行之第三字皆斷缺無存。二本同作烏絲欄，每字注文分為二三行書於篆文之下，由此尚可見唐本之舊式。"其説甚精。以下介紹三種殘簡之體制、內容與其來歷。甲、乙、丙者，今案發現之先後命名排列。

〔甲簡〕存二行，一行三篆。存篆文六字（"叱""噴""吒""噊""嘮""啐"）。"吒""啐"二字只存篆文，缺注文（即説解及音注）。每字注文分為二三行書於篆文之下。日人平子尚（姓平子，名尚，號鐸嶺。1877—1911）曾於"手鑑"（割斷名家手跡，貼其斷片於襯紙上制作之手冊。用於書畫鑑定。江戶時代頗流行）中發現此殘簡。模刻見於大正年間刊行之"汲古留真"。平子尚舊藏。未詳現藏者。

〔乙簡〕存六行，一行三篆，唯各行第三字已剪去不存。存篆文十二字（"唁""哀""嗀""咼""嘆""舌""嗾""吠""嗥""狢""哮""喔"）。每字注文分為二三行書於篆文之下。音注用朱筆。日本熊本縣某氏曾於"手鑑"中發現。1939年秋天，東方文化學院京都研究所開"説文展觀"展覧會，展示此殘簡。其影印見於倉田淳之助《説文展觀餘録》一文中。[3] 又2008年春天，"謙慎書道會"得日本政府與中國在日大使館之支持主辦"日中書法傳承"展覧會，會上曾展示此殘簡。現藏者不公開其名。

〔丙簡〕存二行，一行三篆。存篆文六字（"哯""呰""嗻""咉""嗑""嗙"）。"嗻""嗙"二字只存篆文，缺注文。每字注文分為二三行書於篆文之下。音注用朱筆。1998年秋天，筆者於"東京古典會"（即一個大規模拍賣會）會場見到。其影印見於《平成十年十一月古典籍下見展觀大入札會目録》（東京古典會，1998）。[4] 未詳現藏者。

以上三種殘簡，體制一致，字體與料紙亦相似[5]，疑原為同一寫本，後被割裂者。周祖謨先生謂此云"唐代日人摹本"，"此雖為日人之摹本，而楷法尚早，與晚唐以後之人所寫有異，其為唐本，固無可疑"。其説似是（中國唐代當日本奈良、平安時代）。唯唐寫本與奈良平安寫本難以辨别，因此不能遽定其為唐寫本或奈良平安寫本。然觀其字體、料紙及風格，不宜視為室町時代（當中國明代）以後之書。

隋唐時，日本朝廷遣“遣隋使”“遣唐使”往中國取經，西曆 600 年（卽隋開皇二十年）始遣使，西曆 894 年（唐乾寧元年）停之。日本舊寫本之祖本多為此三百年間由隋唐將來之寫本。西曆 891 年寫定之《日本國見在書目録》亦著録《説文解字》。據此可以推知：遣唐使曾將來唐本《説文》，寫本《説文》口部殘簡者，其傳寫本之僅存者矣。

二　《説文》口部殘簡三種校讀

就《説文》字序而言，〈丙簡〉在先，〈甲簡〉次之，〈乙簡〉居後。《説文》諸本，字序非一，自“呧”（卽〈丙簡〉首字）至“喔”（〈乙簡〉末字），小徐本之排列之字序為：“呧、呰、嗻、唊、嗑、嗙、噧、𠯑、呶、吒、噴、叱、啐、唇、吁、嘵……各、否、唁、哀、嗁、㱿、咼、㕹、嗼、舌、昏、嗾、吠、咆、嗥、㹱、喈、哮、喔”。小徐本與寫本相較：“吒、噴、叱”部分寫本作“叱、噴、吒”，其他部分兩者一致。

大徐本之字序為：“呧、呰、嗻、唊、嗑、嗙、噧、𠯑、嘮、呶、叱、噴、吒、嘒、啐、唇、吁、嘵……各、否、唁、哀、嗁、㱿、咼、㕹、嗼、𠯔、昏、嗾、吠、咆、嗥、㹱、喈、哮、喔”。大徐本與寫本相較：“嘮、呶、叱、噴、吒、嘒、啐”部分寫本作“呶、叱、噴、吒、嘒、嘮、啐”。寫本“嘮”字在“嘒”後“啐”前，小徐本同。

總之，寫本字序與小徐近，與大徐有間。

今以大徐本（四部叢刊本）、小徐本（續古逸叢書本）較《説文》説解，又以《大廣益會玉篇》（四部叢刊本）、《篆隸萬象名義》（中華書局影印本）及韻書[6]較寫本反切如下。

〔**丙簡**〕

呧苛也。從口氏聲。大奚土隄

大徐本、小徐本“氏”作“氐”。案：寫本“氏”，“氐”之誤。

音“大奚”，定母齊韻；音“土隄”，透母齊韻。大徐“都禮切”，端母薺韻。小徐“的未反”，端母未韻。《大廣益會玉篇》“多禮切”，《篆隸萬象名義》“都禮反”，俱端母薺韻。《廣韻》失載“呧”字，唯“詆”有二音：平聲齊韻“都奚切”；上聲薺韻“都禮切”，《王二》同。《切三》“當嵇反”、《王一》“當兮反”，俱端母齊韻。

呰苛也。從口此聲。子爾

小徐本同。

音“子爾”，精母紙韻。大徐“將此切”。小徐“將此反”。《大廣益會玉篇》“祖爾切”。《篆隸萬象名義》同寫本。《廣韻》上聲紙韻“將此切”，《切三》“茲爾反”、《刊誤》“茲此反”、《王二》“茲此反”。皆精母紙韻。

嗻

寫本缺説解。

唊妄言也。從口夾聲。讀若莢。

大徐本、小徐本“言”作“語”。

嗑多言。從口盍聲。讀若甲。工盍

大徐本、小徐本“言”下有“也”字。

音“工盍”，見母盍韻。大徐“候榼切”、小徐“候臘反”，俱匣母盍韻。《大廣益會玉篇》“公盍反”，《篆隸萬象名義》同、俱見母盍韻，《廣韻》入聲盍韻“古盍切”音同。《切三》《王二》《唐韻》俱“胡臘反”，匣母盍韻。

嗙

寫本缺説解。

［甲簡］

叱訶也。從口七聲。

大、小徐本同。

噴吒也。從口賁聲。一曰：皷鼻。匹寸蒲怨

大、小徐本“皷”作“鼓”。

音“匹寸”，滂母慁韻。大徐“音（普）魂切”，小徐“鋪奔反”，俱平聲魂韻。《大廣益會玉篇》“普寸反”，《篆隸萬象名義》同，滂母慁韻。《廣韻》有二音：平聲魂韻“普魂切”；去聲慁韻“普悶切”，《王一》《王二》《唐韻》同。

音“浦怨”，滂母願韻。

吒

寫本缺説解。

嘺危也。從口喬聲。尤出唯𪓸

大、小徐本同。

音“尤出”，云母術韻。大徐“余律切”。小徐“與必反”，質韻。《大廣益會玉篇》“余出切”。《篆隸萬象名義》同寫本。《廣韻》有二音：入聲術韻“食聿切”、入聲術韻“餘律切”。

音“唯鼈”，余母薛韻。

嘮嘮呶讙也。從口勞聲。田交狃交

大、小徐本同。

音“田交”，定母肴韻；音“狃交”，泥母肴韻。大徐“敕交切”、小徐“丑交反”，俱徹母肴韻。《大廣益會玉篇》“丑加切”，徹母麻韻。《篆隸萬象名義》同小徐。《廣韻》平聲肴韻“敕交切”，徹母肴韻。

啐

寫本缺説解。

〔乙簡〕

唁弔生。從口言聲。《詩》云：“歸唁衛侯”。言建

大、小徐本“生”下有“也”字。

音“言建”，疑母願韻。大徐“魚變切”、小徐“擬線反”、《大廣益會玉篇》“宜箭切”、《篆隸萬象名義》“儀箭反”，俱疑母線韻。《廣韻》去聲線韻“魚變切”，《唐韻》同。

哀閔也。從口衣聲。哀

大、小徐本同。

音“哀”，影母咍韻。大徐“烏開切”。小徐“遏開反”。《大廣益會玉篇》“烏來切”，《篆隸萬象名義》同。《廣韻》平聲咍韻“烏開切”。

㱿歐皃也。從口㱿聲。《春秋傳》曰：“君將㱿之。”火木

大徐本、小徐本同。“之”，《大廣益會玉篇》作“焉”。

音“火木”，曉母屋韻。大徐“許角反”，曉母覺韻。小徐“刻學反”，溪母覺韻。《大廣益會玉篇》、《篆隸萬象名義》同大徐。《廣韻》有二音：入聲覺韻“許角切”，《王一》《王二》同；入聲屋韻“呼木切”，《切三》《王二》《唐韻》同。

咼口戾也。從口咼聲。口

大、小徐本“戾”下有“不正”二字。倉田淳之助云：“《一切經音義》卷六、《慧琳音義》卷二十四、卷二十七、卷六十六，俱引《説文》‘口戾也’。無‘不正’

二字。《玉篇》及《廣韻》十三佳引亦同。”

“咼”，大、小徐本作“冎”。

音“口”，溪母。大徐“苦媧切”、小徐“苦柴反”，俱溪母佳韻。《大廣益會玉篇》“口淮切”，溪母皆韻。《篆隸萬象名義》“口蛙反”，溪母佳韻。《廣韻》平聲佳韻“苦緺切”，《切三》“苦哇反”，《王二》“苦蛀反”，皆溪母佳韻。案：“咼”無音“口”者，寫本此音非直音，疑“口”下脱反切下字。

嗼宋也。從口莫聲。亡特

“宋”，大、小徐本作“啾嗼”。倉田淳之助云：“夕部‘𡖈’下亦云‘宋也’”。

音“亡特”，微母鐸韻。大徐“莫各切”。小徐“聞落反”。《大廣益會玉篇》、《篆隸萬象名義》“亡格反”。《廣韻》有二音：入聲陌韻“莫白切”；入聲鐸韻“慕各切”，俱明母。

𠯑塞口也。從口氏省聲。氏，古文厥。下刮光達

大、小徐本“氏”俱作“𠟭”。案：寫本作“氏”，“𠟭”之誤。

“古文厥”，大徐本作“音厥”，小徐本“厥”下有“字”字。嚴可均《説文校議》：“𠟭音厥，小徐作：𠟭，古文厥字。桉：皆校語”，非。

案：唐寫本《説文》木部“桰，隱也。從木𠯑聲。一曰矢頭也。古活”，篆文𠯑從𠟭。莫友芝云“口部：‘𠯑，𠟭省聲’。此（即桰字）不省耳”者，是。梁光華云：“然唐本桰篆説解則云：‘從木𠯑聲’。二徐本桰字篆傍亦作𠯑，説解與唐本相同。由此，愚以為唐本桰篆之中所衍之‘一’畫，蓋為寫者所誤加。”

《玉篇》引《説文》云“塞也”。

音“下刮”，匣母鎋韻。《大廣益會玉篇》、《篆隸萬象名義》、《廣韻》入聲鎋韻、曹憲並同。

音“光達”，見母末韻。大徐“古活切”，小徐同。胡吉宣《玉篇校釋》云：“𠯑，通作括。《廣雅》釋詁三：‘括、𠯑，塞也’。”“括”，《玉篇》“古奪切”；《切三》《王一》《唐韻》《廣韻》俱“古活反”；《五經文字》上：“𢪃、括。古末反。上《説文》，下經典相承隸省。”“古活”“古奪”“古末”，俱見母末韻，皆與“光達”音同。寫本音𠯑為“光達”，則以括音讀𠯑。

嗾使犬也。從口族聲。《春秋傳》曰：“公嗾夫敖焉。”先走兹或

“也”，大、小徐本作“聲”字。“敖”，大、小徐本作“獒”。大、小徐本缺“焉”

字。阮元本《左氏傳》宣二年傳作“嫯”，有“焉”字。

倉田淳之助云：“《左》宣二年傳《釋文》曰：‘嗾，《説文》云：使犬也。’亦無‘聲’字。”

段玉裁云：“使犬者，作之噬也。《方言》曰：秦、晉之西鄙，自冀隴而西，使犬曰哨。郭音《騷》，哨與嗾，一聲之轉。”

音“先走”，心母厚韻（上聲）。大徐“穌奏切”，小徐“食候反”，俱去聲。《左氏傳》宣二年傳《釋文》云：“嗾，素口反”；《五經文字》中：“嗾，先后反”，皆心母厚韻。《大廣益會玉篇》“蘇走、先奏二切”，俱心母，前音厚韻、後音候韻。《篆隸萬象名義》“莫走反”，“莫”疑“算”誤。《廣韻》“嗾”音有三：上聲厚韻“蘇后切”，《王二》同；去聲候韻“蘇奏切”，《王一》“蘇豆反、又先候反”；去聲候韻“倉奏切”，《王二》“倉候反”。《王一》《王二》又有平聲候韻“速候反”。

音“茲或”，精母德韻。此讀音罕見。

吠犬鳴。從口犬聲。父肺平瞰

大徐本“鳴”下有“也”字。大、小徐本“犬”下無“聲”字。

《五經文字》中：“吠、吷。扶肺反。犬聲也。上《説文》，《字林》下。”段玉裁云：“《字林》作吷，則形聲字。《太玄》曰：鴟鳩在林，吷彼衆經。《文選》注引《戰國策》作‘哦’。亦是形聲字”。寫本“從口犬聲”疑為“從口犮聲”之訛。

音“父肺”，奉母廢韻。大徐“符廢切”，小徐“扶穢反”，奉母廢韻。《大廣益會玉篇》“扶廢切”，《篆隸萬象名義》同，俱音同二徐。《廣韻》去聲廢韻“符廢切”，《王二》同。俱音同寫本。

音“平瞰”，“平”下一字，左“耳”右“叕”，不知何字。

嘷咆也。從口皐聲。下牢

大、小徐本“皐”作“皋”。

音“下牢”，匣母豪韻。大徐“乎刀切”。小徐“行高反”。《五經文字》中：“嘷，戸刀反。”《大廣益會玉篇》“胡高切”，《篆隸萬象名義》同。《廣韻》平聲豪韻“胡刀切”。皆匣母豪韻。

獋譚長説：嘷從犬。

大、小徐本“嘷”作“嘷”。

哮豕驚也。從口孝聲。呼交赫覺

大、小徐本“驚”下有“聲”字。倉田淳之助云：“《一切經音義》卷十二引‘驚也’，亦無‘聲’字。”

音“呼交”，曉母肴韻。大徐“許交切”。小徐“烹（亨）茅反”。《大廣益會玉篇》、《篆隸萬象名義》俱同寫本。《廣韻》平聲肴韻“許交切”，《切三》同。

音“赫覺”，曉母覺韻。此讀音，韻書中罕見。段玉裁曰：“按：哮亦作狗，許角切。《呉都賦》曰：封豨㘇。李云：㘇，豨聲。呼學切。亦即哮字，但字形有譌耳。”案“許角切”“呼學切”，俱曉母覺韻，段説甚是。

喔鷄聲也。從口屋聲。乙角戹族

大、小徐本同。

音“乙角”，影母覺韻。大徐“於角切”，小徐“江（於）岳反”，俱覺韻。《大廣益會玉篇》、《篆隸萬象名義》俱同寫本。《廣韻》入聲覺韻“於角切”，《王一》《王二》《唐韻》同。俱影母覺韻。

音“戹族”，影母屋韻。

三 《説文》口部殘簡與《篆隸萬象名義》

梁顧野王《玉篇》者，遙承《説文》，研究《説文》重要資料之一。但北宋以後《大廣益會玉篇》行於世，顧野王《玉篇》失傳於中國，楊守敬曾刻入其殘卷四卷於《古逸叢書》。唯野王《玉篇》存於今者，寥寥數卷[7]，無以窺其全貌。

《篆隸萬象名義》者，日本釋空海（774—835）所撰之漢字字書。全書抄録《玉篇》（即所謂《原本玉篇》）。賴《篆隸萬象名義》而後略可知顧野王《玉篇》之字序、字目及其體例，所以學者寳之，甚至楊守敬云“若據此書校刻《玉篇》以上”。[8]《篆隸萬象名義》固可當研究《説文》之參考。今顧野王《玉篇》缺“口部”，在此，以《篆隸萬象名義》為與《説文》口部比較之資料。

寫本字序為：“呧、呰、嗻、唊、嗑、嗙”“叱、噴、吒、噊、嘮、啐”“唁、哀”“嗀、咼”“嗼、舌”“嗾、吠”“嘷、獆”“哮、喔”。

《篆隸萬象名義》字序為：“呧、呰、嗻、唊、嗑、嗙、噧、㕡、呶、叱、噴、吒、噊、嘮、啐、唇、嘵、吁……各、否、唁、哀、嗁、嗀、咼、㖩、嗼、舌、昏、嗾、吠、咆、嘷、哮、喈、喔”。

“獋”字不見於《篆隸萬象名義》。《説文》重文有異部首者，《篆隸萬象名義》移屬於其部，“獋”字正見於犬部。此體例之不同者。

寫本“嗥、獋、(喈)、哮”，《篆隸萬象名義》作“嗥、哮、喈”，“喈”“哮”互倒。[9] 其他，《篆隸萬象名義》與寫本《説文》口部皆一致。

《篆隸萬象名義》有萬千字，其中字有篆文，為率一百分之六（其他字缺篆文，可謂名不副實）。[10] 神田喜一郎先生謂《篆隸萬象名義》之篆文來自唐代之《説文》。[11] 口部前半幸存篆文，可與寫本《説文》口部對比。雖《篆隸萬象名義》篆文頗為拙劣，與寫本《説文》口部，不可同年而語，然其篆體未受李陽冰改革篆書之影響，猶留懸針體筆意，據此可考唐以前篆文之來歷。今舉其顯而易見者：寫本《説文》“嗑”字之“皿”，與《篆隸萬象名義》“嗑”、唐寫本木部“榼”相同，李陽冰不同[12]，大小徐本亦不同；寫本“呰”字之“此”，《篆隸萬象名義》同形，大小徐不同；寫本“吒”字之“乇”，《篆隸萬象名義》同形，大小徐不同；“唁”字之“言”，《篆隸萬象名義》同形，李陽冰、大小徐不同；“哀”字之“衣”，《篆隸萬象名義》同形，大小徐不同；“嗾”字之“矢”，《篆隸萬象名義》同形，大小徐不同；“嗥”字之右半，《篆隸萬象名義》同形，大小徐不同。可知寫本《説文》口部與《篆隸萬象名義》俱傳李陽冰以前篆書之法。

四　《説文》口部殘簡之反切

周祖謨先生云：

考唐本《説文》之音與《萬象名義》多不合，則非《玉篇》一系可知。其反切用字與《切韻》一系韻書亦有不同。且頗有為《切韻》一系韻書所不采用者。如韻書中見母一、二、四等多用“古”字為切，而不用“工”；三等多用“居”字，而不用“己”字；定母多用“徒”字，而不用“大”字是也。……。如曉母用“呼”“虚”等字，鮮用“火”字；匣母用“胡”“戶”等字，鮮用“下”字；喻母四等用“以”“羊”等字，鮮用“弋”；澄母用“直”“除”等字，鮮用“丈”；如此之類至衆，不煩枚舉。

今就《説文》口部而言，見母用“工”字者，“嗑，工盍”（一等）者是也；定母用“大”字者，“呧，大奚”者是也；曉母用“火”字者，“嗀，火木”者是也；匣母用“下”字者，“舌，下刮”、“嗥，下牢”者是也。周先生雖未細論口部寫本，然其結論可適用口部，其説確然不可拔。

周先生又云:寫本“每有以細音字切洪音字”,口部之“嗔,匹寸”、“嗾,兹或”、“嗼,亡博”等,亦其例也。周先生又云:寫本“以輕脣切重脣”,口部之“嗼,亡博”者，亦其例。

總之,(一)見母用“工”字、(二)定母用“大”字、(三)曉母用“火”字、(四)匣母用“下”字、(五)以細音字切洪音字、(六)以輕脣切重脣，以上寫本木部反切特徵，寫本口部亦有之。周先生云“至於《説文》口部殘簡雖存字無多,反切用字亦與木部為一類”。此説至精,周先生未見之殘簡兩種(丙簡及甲簡)俱可證明其言之不誣。

莫友芝曾云:“《繫傳》音出朱翺《五音韻譜》,楚金(卽徐鍇)所加。鼎臣(卽徐鉉)校定，自取《唐韻》。皆出唐後，不若此音(卽唐寫本音)之古。”[13]周祖謨先生謂唐寫本木部反切“為唐以前人所作，或卽取自《字林》”。寫本口部之反切，其為數並不多，然唐以前讀音之僅存者，亦可寶矣。

餘論　《説文》木部真贋問題

近見何九盈教授《唐寫本〈説文·木部〉殘帙的真僞問題》一文[14]，由此略窺孫仲容之説。唯就寫本内容而言,周祖謨先生有深入研究,已駁孫氏之説[15];其後梁光華、沈之傑兩先生又與何教授立異。[16]周先生謂“或疑其為贋品,非也”,其説可據。孫氏深信友人汪氏之言疑寫本之僞，或智者之一失歟?

今木部殘本姑且不論,《説文》口部殘簡是否贋品?孫氏云人氏僞作木部,然則口部亦其時其人僞作者耶?

其實,《説文》口部是日本長久以來傳承之一種寫本，絶非近代以後從中國船載到日本者。如前所言，口部殘簡者，原為貼於“手鑑”中之斷片。“手鑑”有適當之大小,不能作過大,因此,制作“手鑑”者不得不割斷寫本《説文》下部,竟截去各行第三字。“手鑑”之作，萌於室町時代，流行於江戸時代，近代以後此風不競,則可知截断口部寫本者,宜在江戸時代之前。由其料紙與字體風格言,其寫本之年代，可溯於平安時代(當中國唐代)。誠如周先生所論，寫本《説文》木部之反切與口部之音極似，寫本風格亦接近，孫氏所謂僞作者若不知口部及其類似品，則如何能作精緻贋品?從此可知寫本《説文》口部既為真品，木部又宜為真本，唐寫本之僅傳存於今者矣。

注释

[1] 周祖謨 :《唐本説文與説文舊音》,《問學集》第 723 页。

[2] 周祖謨 :《許愼和他的〈説文解字〉》,《中國語文》1956 年 9 月（總第 51 期），已載此口部圖版。

[3] 《東方學報・京都》，第十冊第一分，1940 年。

[4]《平成十年十一月古典籍下見展觀大入札會目録》，東京古典會，1998 年。

[5] 因〈甲簡〉只有模刻本，原件不能確認，又無精緻照片，紙質、字體難以斷言。

[6] 韻書之略稱，用劉復、魏建功、羅常培《十韻彙編》之名稱。關於敦煌韻書，詳於高田時雄《敦煌韻書の發見とその意義》(《草創期の敦煌學》，知泉書館，2002 年)。

[7] 即卷八、卷九（二本)、卷十八、卷十九、卷二十二、卷二十四、卷二十七（二本)。

[8] 楊守敬 :《日本訪書志》《篆隸萬象名義》。

[9] 案:以小徐本為例，“喈，鳥鳴聲也”、“哮，豕驚聲也”、“喔，鷄鳴也”、“咮，鳥口也”、“嚶，鳥鳴也”為次。“喈”以下皆鳥鳴，疑“哮”、“喈”為當。則《篆隸萬象名義》不誤矣。

[10] 吕浩 :《篆隸萬象名義研究》，上海古籍出版社 2006 年版，第 39 页。

[11] 神田喜一郎:《篆隸萬象名義解題》(見《弘法大師全集》增補第 6 輯,密教文化研究所，1966 年)。

[12] 周祖謨 :《李陽冰篆書考》(見《問學集》)。

[13] 莫友芝 :《再校易稿識後》(見《唐寫本説文解字木部箋異》)。

[14] 何九盈 :《唐寫本〈説文・木部〉殘帙的真僞問題》,《中國語文》2006 年第 5 期（總第 314 期)。

[15] 惲天明、周祖謨 :《關於唐本〈説文〉的真僞問題》,《中國語文》1957 年第 5 期（總第 59 期)。

[16] 梁光華:《也論唐寫本〈説文・木部〉殘帙的真僞問題》,《中國語文》2007 年第 6 期（總第 321 期)；沈之傑 :《試説唐寫本〈説文・木部〉殘帙在清代以前的定位與流傳》,《中國語文》2007 年第 6 期（總第 321 期)。

古胜隆一，男，日本人。日本京都大学人文科学研究所副教授。

高本汉《先秦文献假借字例·绪论》所评《说文》谐声字初探

单周尧
香港大学

一 绪言

高本汉（Klas Bernhard Johannes Karlgren, 1889—1978）《先秦文献假借字例·绪论》说：

> 每当我们着手考订一个谐声字而把这个字音当作某一项假借在声韵上能够成立的主要证据时，我们就会面临两个难题。其一是，确定哪些字真正是谐声字；其二是，那些谐声字的上古音是什么样的。对于前一个问题，中国的古语学者（训诂学者）总会不约而同地把许慎抬出来，视许氏的《说文解字》为金科玉律。如果《说文》说：某字从某声，那就再也不容许有任何讨论的余地了。然而我们应该知道，许慎是公元1世纪时的人，对于他以前千余年所使用的古语，必定所知有限，并且虽然他是一位伟大的天才，而他的《说文解字》又是被人奉为圭臬的，但是他仍然犯下了许多严重的错误。由于这是一个重要的问题，所以我们绝对地有必要来建立一项观念，那就是：不可迷信许慎对于字词所作的解释。在下文我们将举出的一些例子中，可以清楚地看出，许氏所说的某字从某声，实际上都是不能成立的。

我们之所以敢于对《说文》下如此的判断，就是因为周代早期语音的系统与要点已经被我们建立了起来（请参阅拙著《中国声韵学大纲》“Compendium of Phonetics in Ancient and Archaic Chinese”）。在这篇论文里，有关拟测古音系统的理由，都作了逐条逐点的说明，每一个结论，都有它相当厚实的依据。自然在细节方面还应该再作增补，不过我相信整个的系统对于本书的研究颇有帮助。……并且拙著《增订汉文典》（*Grammata Serica Recensa*），也已经把先秦文献的用字与读音都作了系统的胪列。许氏误认的谐声字有：

“祋”（*twâd）从示（*d̑’ i r）声；

“丛”（*dz’ ung）从“取”（*ts’ i u）声；

“柰”（*nâd）从“示”（*d̑i ər）声；

“臬”（*ngi at）从“自”（*dz’ i ər）声；

“昱”（*di ôk）从“立”（*li əp）声；

“牗”（*zi ôg）从“甫”（*pi wo）声；

“宪”（*xi ân）从“害”（*g’ âd）声；

“怓”（*n ŏ g）从“奴”（*no）声；

“溢”（*di ĕt）从“益”（*. i ĕk）声；

“䙡”（*kiwan）从“益”（*. i ĕk）声；

“鼙”（*b’ i ĕn）从“卑”（*pi ĕg）声；

“委”（*. i wăr）从“禾”（*g’ wĕ）声；

“威”（*. i wər）从“戌”（*s i̯ wĕt）声；

“阏”（*. ât）从“于”（*. i o）声；

“隤”（*d’ wər）从“贵”（*ki w d）声；

“枼”（*di ap）从“世”（*śi ad）声；

这些例子足以表示许慎对于上古语音的认识实在还幼稚得很。如果我们再找，这样的例子还有很多。[1]

二 本论

上述高本汉认为许慎（约 58—约 147）误认的谐声字，是否真的误认？现试逐一予以分析：

（一）祋

高本汉认为许慎误认的谐声字中，首例为“祋”。案：《说文》三篇下殳部：

祋，殳也。从殳，示声。或说，城郭市里，高县羊皮，有不当入而欲入者，暂下以惊牛马，曰祋。故从示殳。《诗》曰：“何戈与祋。”（丁外切）[2]

根据《说文》，“祋”字的构造有“从殳示声”及“从示殳”两说，高本汉认为根据音理，“祋”字不可能从“示”声。尧案：“祋”字端纽月部，“示”字船纽脂部，端、船二纽《说文》谐声凡 42 见[3]，月、脂二部先秦合韵则只一见[4]，二字韵部相距稍远。

（二）丛

高本汉认为许慎误认的谐声字中，次例为“丛”。案：《说文》三篇上丵部：

丛，聚也。从丵，取声。[5]

高本汉认为根据音理，“丛”字不可能从“取”声。尧案：“丛”字从纽东部，“取”字清纽侯部，从、清旁纽双声，《说文》谐声凡32见[6]，东、侯二部则有对转关系[7]，二字声韵俱近。

（三）柰

高本汉认为许慎误认的谐声字中，第三个例子为“柰”。案：《说文》六篇上木部：

柰，果也。从木，示声。[8]

高本汉认为根据音理，“柰”字不可能从“示”声。尧案：“柰”字泥纽月部，“示”字船纽脂部，泥、船二纽《说文》无谐声记录[9]，月、脂二部先秦合韵只一见[10]，二字韵部相距稍远。

（四）臬

高本汉认为许慎误认的谐声字中，第四个例子为“臬”。案：《说文》六篇上木部：

臬，射准的[11]也。从木，从自。[12]

案：唐写本木部残卷[13]、小徐本[14]、《韵会》[15]均引作“从木自声”；大徐引李阳冰则曰“自非声”[16]。高本汉认为根据音理，“臬”字不可能从“自”声。尧案：“臬”为疑纽三等月部字，“自”为从纽质部字，疑纽三等与从纽《说文》无谐声记录[17]，月、质二部则有旁转关系[18]，二字声纽相距稍远。

（五）昱

高本汉认为许慎误认的谐声字中，第五个例子为“昱”。案：《说文》七篇上日部：

昱，明日也。从日，立声。[19]

高本汉认为根据音理，“昱”字不可能从“立”声。尧案：“昱”为余纽职部字，“立”为来纽三等缉部字，余纽与来纽三等《说文》谐声纪录凡11见[20]，职、缉二部则有旁转关系[21]。

（六）牖

高本汉认为许慎误认的谐声字中，第六个例子为“牖”。案：《说文》七篇上片部：

牖，穿壁以木为交窗也。从片、户、甫。谭长以为甫上日也，非户也。牖，所以见日。[22]

“从片、户、甫”，小徐本作“从片、户，甫声”。高本汉认为根据音理，“牖”字不可能从“甫”声。尧案：“牖”为余纽幽部字，“甫”为帮纽三等鱼部字，余纽与帮纽三等《说文》无谐声记录[23]，幽、鱼二部则有旁转关系[24]，二字声纽相距稍远。

（七）宪

高本汉认为许慎误认的谐声字中，第七个例子为“宪”。案:《说文》十篇下心部：

宪，敏也。从心，从目，害省声。[25]

高本汉认为根据音理，“宪”字不可能从“害”声。尧案：“宪”为晓纽三等元部字，“害”为匣纽月部字，晓纽三等与匣纽《说文》谐声凡20见[26]，元、月二部则有对转关系[27]，二字声韵俱近。

（八）怓

高本汉认为许慎误认的谐声字中，第八个例子为“怓”。案:《说文》十篇下心部：

怓，乱也。从心，奴声。[28]

高本汉认为根据音理，“怓”字不可能从“奴”声。尧案：“怓”字泥纽幽部，“奴”字泥纽鱼部，二字泥纽双声，幽、鱼旁转[29]，声韵俱近。

（九）溢

高本汉认为许慎误认的谐声字中，第九个例子为“溢”。案：《说文》十一篇上水部：

溢，器满也。从水，益声。[30]

高本汉认为根据音理，“溢”字不可能从“益”声。尧案：“溢”字影纽质部，“益”字影纽锡部，二字影纽双声，质、锡二部则有旁转关系[31]。亦有古音学家将“溢”字归锡部[32]，则“溢”、“益”二字声韵俱同。案:《说文》五篇上皿部：“䒶（益），饶也。从水、皿，皿益之意也。”[33]张舜徽（1911—1992）《说文解字约注》曰：“器饶于水则满，故满溢字古止作益。后复增水旁作溢。”[34]朱骏声（1788—1858）《说文通训定声》以“溢”为“益”之或体[35]，王筠（1784—1854）《说文释例》则以“溢”为“益”之后起分别文[36]。

（十）蠲

高本汉认为许慎误认的谐声字中，第十个例子为“蠲”。案：《说文》十三篇上虫部：

蠲，马蠲[37]也。从虫目[38]，益声。[39]

高本汉认为根据音理，“蠲”字不可能从“益”声。尧案：“蠲”为见纽三等元部字，“益”为影纽三等锡部字，见纽三等与影纽三等《说文》谐声凡9见[40]，元、锡二部则无合韵与谐声记录，二字韵部相距甚远。

（十一）顰

高本汉认为许慎误认的谐声字中，第十一个例子为“顰”。案：《说文》十一篇下瀕部：

顰，涉水顰蹙。从频，卑声。[41]

高本汉认为根据音理，“顰”字不可能从“卑”声。尧案：“顰”为并纽三等真部字，“卑”为帮纽三等支部字，并纽三等与帮纽三等《说文》谐声凡149见[42]，真、支二部则谐声、读若各一例[43]。

（十二）委

高本汉认为许慎误认的谐声字中，第十二个例子为“委”。案：《说文》十二篇下女部：

委，委随也。从女，从禾。[44]

“从女，从禾”，小徐本作“从女，禾声”[45]。高本汉认为根据音理，“委”字不可能从“禾”声。尧案：“委”字影纽微部，“禾”字匣纽歌部，影、匣二纽《说文》谐声凡36见[46]，微、歌二部则有旁转关系[47]。

（十三）威

高本汉认为许慎误认的谐声字中，第十三个例子为“威”。案：《说文》十二篇下女部：

威，姑也。从女，从戌。[48]

“从女，从戌”，小徐本作“从女，戌声”[49]。高本汉认为根据音理，“威”字不可能从“戌”声。尧案：“威”为影纽三等微部字，“戌”为心纽三等物部字，影纽三等与心纽三等《说文》谐声凡4见[50]，微、物二部则有对转关系[51]，二字声纽相距稍远。

（十四）阏

高本汉认为许慎误认的谐声字中，第十四个例子为“阏”。案：《说文》十二篇上门部：

阏，遮攤也。从门，于声。[52]

高本汉认为根据音理，“阏”字不可能从“于”声。尧案：“阏”字影纽月部，“于”字影纽鱼部，二字影纽双声，月、鱼二部谐声则只一见[53]，二字韵部相距颇远。

（十五）隤

高本汉认为许慎误认的谐声字中，第十五个例子为“隤”。案：《说文》十四篇下𨸏部：

隤，下队也。从𨸏，贵声。[54]

高本汉认为根据音理，“隤”字不可能从“贵”声。尧案：“隤”为定纽微部字，“贵”为见纽三等物部字，定纽与见纽三等《说文》谐声凡3见[55]，微、物二部则有对转关系[56]，二字声纽相距稍远。

（十六）枼

高本汉认为许慎误认的谐声字中，第十六个例子为“枼”。案：《说文》六篇上木部：

枼，楄[57]也。枼，薄也。从木，世声。[58]

高本汉认为根据音理，“枼”字不可能从“世”声。尧案：“枼”为余纽叶部字，“世”为书纽月部字，余、书二纽《说文》谐声凡46见[59]，叶、月二部则有旁转关系[60]。周名辉曰：

窃谓金文“枼”字皆系古“世”字，证以献伯毁：“十世不諲”，作[illegible]，“木”字在旁与在下，盖无分也。[61]

金文“世”字作“枼”，可见二字音近。张日升曰：

《金文编》卷六有“枼”字，与“万”或“永”字连言，亦即“永世”、“世万”[62]也。“世”、“枼”、“叶”恐本为一字，古音“世”在祭部：si ad;“叶”有两读，并在叶部：di p与 śi p是也。祭、叶两部元音近同，可以对转。而“叶”字其中一读与“世”字同纽，其本为一字无疑。[63]

张氏认为“世”、“枼”本为一字，二字自然有语音关系。从文字发展的角度看，

“枼”是“世”的后起分别文。周法高（1915—1994）曰：

俞敏《论古韵合怗屑没曷五部之通转》(《燕京学报》第三十四期页二九—四八〔一九四八〕) 条目如下：一入内纳；二入汭；三入枘；四立位；五卅世；六盍盖；七合会；八泣泪；九接际……所举共十八组，每组前者为合怗部（闭口韵)，后者为屑没曷部。在《诗经》叶韵，二者有别；但在较古之时，可能韵尾相通，高本汉、董同龢亦主后者在较古之时具有—b尾，至《诗经》时代变为—d。按俞氏谓“卅”与“世”有关，乃据《说文》“三十年为一世”之说，未必可信；然“叶”与“世”有关，则无可疑。李方桂先生及余拟构审纽三等之古音为st‘—，据《周氏上古音韵表》，上古音“世”为st‘jiar，今订较早时应为st‘jiab，叶为st‘jiap及riap。……此项拟测……可解释“世”与“叶”声韵相通之现象。[64]

“枼”、“叶”同音。根据周氏的拟音，“世”、“枼”自然声韵相通。高本汉认为“枼”字不可能从“世”声，似误。

三　结论

在高本汉认为许慎误认的谐声字中，“溢”为“益”之后起分别文（参2.9），“枼”为“世”之后起分别文（参2.16），似均无可疑。换句话说，“溢”从“益”声，“枼”从“世”声，都应该没有疑问。

此外，“丛”从“取”声（参2.2），“宪”从“害”声（参2.7），“怓”从“奴”声（参2.8），声韵相去俱不太远（“怓”、“奴”更是泥纽双声）。至于“昱”从“立”声（参2.5），二字韵部有旁转关系，声母则可能是同一复声母的分化。

注释

［1］高本汉著，陈舜政译：《先秦文献假借字例》上册，台北：中华丛书编审委员会1974年版，第11—13页；另参Bernhard Karlgren, “Loan Characters in Pre—Han Texts”, Bulletin of the Museum of Far eastern Antiguities, 35：7—8(1963)。

［2］《说文解字诂林》，台北：商务印书馆1970年版，第1291a页。汤可敬《说文解字今释》（长沙：岳麓书社1997年版）译文云：“祋，殳。从殳，示声。另一义说，城郭集市（门口)，(用祋竿）高高悬挂羊皮，有不应当进入而想进入的，突然降下羊皮来惊吓牛马，叫祋，所以由‘示’、

‘殳’会意。《诗经》说：‘荷着戈和祋。’”（第 426 页）

［3］参陆志韦《古音说略》，见《陆志韦语言学著作集（一）》，北京：中华书局 1985 年版，第 254 页。端纽，陆书作都母；船纽，陆书作时母。

［4］参陈新雄《古音学发微》，台北：文史哲出版社 1975 年版，第 1080 页。

［5］《说文解字诂林》第 1117b 页。

［6］参陆志韦《古音说略》第 256 页。从纽，陆书作昨母；清纽，陆书作仓母。

［7］参陈新雄《古音学发微》第 1085 页。

［8］《说文解字诂林》第 2376a 页。

［9］参陆志韦《古音说略》第 255 页。泥纽，陆书作奴母；船纽，陆书作时母。

［10］参陈新雄《古音学发微》第 1080 页。

［11］《说文解字诂林》第 2586a 页。汤可敬《说文解字今释》译文曰：“臬，射箭的靶子。”又汤书注释云：“准的：同义复合。准、的皆为靶子。”（第 807 页）

［12］《说文解字诂林》第 2586a 页。

［13］参《唐写本说文解字木部笺异》，载《续修四库全书》第 227 册，上海：上海古籍出版社 1995 年版，第 234 页下。

［14］参《说文解字诂林》第 2586b 页。

［15］参《古今韵会举要》，载《景印文渊阁四库全书》第 238 册，台北：台湾商务印书馆 1986 年版，卷 27 第 19a 页。

［16］《说文解字诂林》第 2586a 页。

［17］参陆志韦《古音说略》第 255 页。疑纽三等，陆书作鱼母；从纽，陆书作昨母。

［18］参陈新雄《古音学发微》第 1056 页。

［19］《说文解字诂林》第 2928 页。

［20］参陆志韦《古音说略》第 255 页。余纽，陆书作以母；来纽三等，陆书作力母。

［21］参陈新雄《古音学发微》第 1066—1067 页。

［22］《说文解字诂林》第 3049b 页。汤可敬《说文解字今释》译文云：“牖，凿穿墙壁，用木板作成横直相交的窗棂。由片、户、甫会意。谭长认为：‘甫’字之上是‘日’字，不是‘户’字；窗牖是用来照见阳光的地方。”（第 944 页）

［23］参陆志韦《古音说略》第 255 页。余纽，陆书作以母；帮纽三等，陆书作方母。

［24］参陈新雄《古音学发微》第 1052 页。

［25］《说文解字诂林》第4662a页。

［26］参陆志韦《古音说略》第255页。晓纽三等，陆书作许母；匣纽，陆书作胡母。

［27］参陈新雄《古音学发微》第1087页。

［28］《说文解字诂林》第4742b页。

［29］参陈新雄《古音学发微》第1052页。

［30］《说文解字诂林》第5083a页。

［31］参陈新雄《古音学发微》第1059页。

［32］参唐作藩《上古音手册》，南京：江苏人民出版社1982年版，第155页。

［33］《说文解字诂林》第2127b页。汤可敬《说文解字今释》译文云："益，富饶有余。由'水'在'皿'上会意，表示'皿'中满溢出水来的意思。"（第675页）

［34］张舜徽：《说文解字约注》，郑州：中州书画社1983年版，卷9第66b页。

［35］《说文解字诂林》第5083b页。

［36］《说文解字诂林》第2128ab页。

［37］段玉裁《说文解字注》"马蠲"下注云："多足虫也。"见《说文解字诂林》第5962b页。

［38］王筠《说文解字句读》曰："当云'从蜀，益声'。因不立蜀部，故其词如此，勿深泥也。"见《说文解字诂林》第5963a页。

［39］《说文解字诂林》第5962a页。

［40］参陆志韦《古音说略》第255页。见纽三等，陆书作居母；影纽三等，陆书作于母。

［41］《说文解字诂林》第5125a页。汤可敬《说文解字今释》译文云："颦，临到过水，皱着眉头皱着额头。从频，卑声。"（第1601页）

［42］参陆志韦《古音说略》第255页。并纽三等，陆书作符母；帮纽三等，陆书作方母。

［43］参陈新雄《古音学发微》第1084页。

［44］《说文解字诂林》第5579b页。汤可敬《说文解字今释》译文云："委，逶迤（……委曲自得的样子）。由女、由禾会意。"（第1765页）

［45］见《说文解字诂林》第5579b页。

［46］参陆志韦《古音说略》第255页。影纽，陆书作乌母；匣纽，陆书作胡母。

［47］参陈新雄《古音学发微》第1046页。

［48］《说文解字诂林》第5545a页。汤可敬《说文解字今释》译文云："威，丈夫的母亲。从女、由戌会意。"（第1751页）

[49] 见《说文解字诂林》第 5545b 页。

[50] 参陆志韦《古音说略》第 255 页。影纽三等，陆书作于母；心纽三等，陆书作息母。

[51] 参陈新雄《古音学发微》第 1030—1031 页。

[52]《说文解字诂林》第 5327b 页。汤可敬《说文解字今释》译文云："闲，阻塞。从门，于声。"（第 1671 页）

[53] 参陈新雄《古音学发微》第 1080 页。

[54]《说文解字诂林》第 6487b 页。汤可敬《说文解字今释》译文云："隤，向下坠落。从𠂤，贵声。"（第 2091 页）

[55] 参陆志韦《古音说略》第 255 页。定纽，陆书作徒母；见纽三等，陆书作居母。

[56] 参陈新雄《古音学发微》第 1030—1031 页。

[57] 王筠《说文解字句读》："楄当作牑。《玉篇》：'枼，牑也。' 牑即牑之误。《类篇》：'枼，簀也。'" 汤可敬《说文解字今释》："楄，当从《唐写本·木部残卷》作牑，床板，故《类篇》说枼，簀也。"（第 819 页）

[58]《说文解字诂林》第 2630a 页。汤可敬《说文解字今释》译文云："枼，床板。枼，又有薄木片义。从木，世声。"（第 819 页）

[59] 参陆志韦《古音说略》第 254 页。余纽，陆书作以母；书纽，陆书作式母。

[60] 参陈新雄《古音学发微》第 1058 页。

[61] 周名辉：《新定说文古籀考》，上海：开明书店 1948 年版，卷下第 9 页。

[62] 案："世万"，疑为"万世"之误。

[63] 周法高主编：《金文诂林》，香港：香港中文大学，1974—1975，第 3 册第 1223 页。

[64] 同上书，第 1224—1225 页。

单周尧，男，1947 年出生，香港人，祖籍广东东莞。香港大学教授。中国语言学会常务理事、中国文字学会常务理事。

論許慎經學的幾個問題

葉國良

臺灣大學中國文學系

提 要 許慎為東漢大儒，當時有“五經無雙”之稱。年代較鄭玄稍前，唯流傳至後世的著作不如鄭玄之多，僅有《五經異義》佚文若干與《說文解字》一書，但可藉以探討漢代經學的若干問題，乃是重要文獻。

由於前人對《五經異義》與《說文解字》二書的著述旨趣有些疑點，衍生不少臆測，本文從解析疑點入手，說明《五經異義》與《說文解字》著述旨趣雖不全同但兼採今、古文經說之立場則為一致。其次，前人檢視今存許慎經學資料，已指出其中涉及禮制問題者最多，可知禮學為東漢末期經學界關心的焦點，因而本文選擇許慎禮說二則，略抒筆者淺見。最後，《說文解字》引經，經句或為今本所無，經字或與今本相異，其故諸家說解不同，本文採擇諸家說之言簡義正者各數端，並據以說明《說文》之經學意義。

關鍵詞 許慎 《五經異義》《說文解字》

一 前言

許慎為東漢大儒，當時有“五經無雙”之稱。年代較鄭玄稍前，唯流傳至後世的著作不如鄭玄之多，僅有《五經異義》佚文若干與《說文解字》一書，但可藉以探討漢代經學的若干問題，乃是重要文獻。

由於前人對《五經異義》與《說文解字》二書的著述旨趣有些疑點，衍生不少臆測，本文從解析疑點入手，說明《五經異義》與《說文解字》著述旨趣雖不全同但兼採今、古文經說之立場則為一致。其次，前人檢視今存許慎經學資料，已指出其中涉及禮制問題者最多，可知禮學為東漢末期經學界關心的焦點，因而本文選擇許慎禮說二則，略抒筆者淺見。最後，《說文解字》引經，經句或為今本所無，經字或與今本相異，其故諸家說解不同，本文採擇諸家說之言簡義正者各數端，並據以說明《說文》之經學意義。

本文依據的主要素材，說明如下:《五經異義》,宋代已亡,鄭玄《駁五經異義》,亦同散失，清人孫星衍、王復、武億、袁鈞等相繼輯佚，而陳壽祺《五經異義疏證》[1]、皮錫瑞《駁五經異義疏證》[2]收集辨識之外，更涉及經義的討論。至於《說文解字》，除段玉裁《說文解字注》外，後人撰為“引經考”者頗多，其說甚為雜駁，亦有水準甚低者，本文主要依據吳玉搢《說文引經考》[3]、承培元《說文引經證例》[4]、馬宗霍《說文解字引經考》[5]等。至於今人論著，筆者所知者，以黃永武《許慎之經學》[6]一書最為富實。讀者察之。

二　論《五經異義》與《說文解字》旨趣不全同而立場一致

解經紛歧，自來有之，經師對彼此之經說較長論短，本是治學常情。[7]《五經異義》評騭今、古經說，並非首創;而許慎雖多治古學，但能於今、古經說中，依其所見，有所取捨，或從今，或依古，則顯現當時學界今、古兼治之風氣，不與廖平《今古學考》嚴分今、古文壁壘者同科。

此意前人言之已多，即如皮錫瑞雖高張今文學旗幟，其《駁五經異義疏證·自序》亦云:“今觀《異義》，親屬有服用歐陽之書，鄭詩淫聲取今《論》之說，天子駕數不信《毛詩》，鸛鵒來巢迺從二傳。”足資證明。

至於《說文解字》一書，從許慎經學的角度看，須討論之問題較多，包括該書文字資料從何而來?為何而作?與許慎經學有何關係?其中引經，意義何在?其引經，是否除《易》孟氏外均為古文經?與《五經異義》撰作旨趣有無矛盾?等等，學界異說頗多，若不釐清，終難了解許慎經學之大要。茲依上揭問題之先後，依序說明釐清之。

《說文解字》所收,正字凡九千餘,重文一千餘,遠多於其前之《蒼頡》、《急就》、《訓纂》等字書,其文字資料從何而來?王國維據許慎《自敘》“今敘篆文,合以古、籀”二語,依段玉裁說,撰為《說文今敘篆文合以古籀說》[8]一文加以引申補充,以解釋《說文》文字資料的來源和該書的體例:

凡三代之制度名物，其字僅見於六藝而秦時已廢者，李斯輩作字書時必所不取也。今《蒼頡》三篇雖亡，然足以窺其文字及體例者，猶有《急就篇》在。《急就》一篇，其文字皆《蒼頡》中正字，其體例，先名姓字，次諸物，次五官，皆日用必需之字，而六藝中字十不得四五，故古、籀中字，篆文固不能盡有。且《蒼頡》三篇，五十五章，章六十字，凡三千三百字，且尚有復字，加以揚雄《訓纂》，亦祇五千三百四十字。而《說文》正字多至九千三百五十三，此四千餘字者，許君何自得之乎？曰：此必有出於古文、籀文者矣。……重文中之古、籀，乃古、籀之異於篆文及其自相異者；正字中之古、籀，則有古、籀、篆文俱有此字者。亦有篆文所無而古、籀獨有者，全書中引經以說之字，大半當屬此第二類矣。然則《說文解字》實合古文、籀文、篆文而為一書。凡正字中，其引《詩》、《書》、《禮》、《春秋》以說解者，可知其為古文；其引《史篇》者，可知其為籀文；引杜林、司馬相如、揚雄說者，當出《蒼頡》、《凡將》、《訓纂》諸篇，可知其為篆文。雖《說文》諸字中，有此標識者十不逮一，然可得其大略。昔人或以《說文》正字皆篆文，而古文、籀文惟見於重文中者，殆不然矣。

易言之，秦代以來所造小篆，因為只重視“日用必需之字”，不能滿足學術研究的需要（特別是經學研究），因而許慎又取古文、籀文加入，因而字數有如此之多。其中有些古文或籀文其筆畫結構與小篆相同（筆者按：從書法的角度看，則筆勢可能有些不同），便依小篆筆勢改成小篆，其下便不再注古文或籀文；有些古文或籀文其筆畫結構與小篆不同，其下便會注出古文或籀文。

若是古文或籀文獨有，而沒有相應的現成小篆，便依小篆筆勢改成小篆，若是古文，則引經句證成，若是籀文，則引《史籀篇》證成。對王先生此說，疑者或將提問：出古文、籀文者，引經或《史籀篇》為標識者既“十不達一”，則何能證明“此四千餘字者”乃出於二者？筆者以為：凡引經解字，乃藉經義以釋字，引《史籀篇》同，但多數文字經分析部件已能明義，不須另引二者說明，因而有標識者雖“十不達一”，仍能支持王先生之論說。

依照王先生對《說文解字》文字資料來源的解釋，則其中包含先前的各種古文字資料（筆者按：相對於當時的隸書而言），“合古文、籀文、篆文而為一書”，而成為有史以來古文字集大成之作。

《說文解字》一書文字資料來源既明，便可據以回答該書為何而作？與許慎經學有何關係？其中引經，意義何在？等問題。王國維先生《兩漢古文家多小學家說》[9]一文云：

古學家之所以兼小學家者，當緣所傳經本多用古文，其解經須得小學之助，其異字亦足供小學之資，故小學家多出其中。……許慎《說文·敘》:“其稱《易》孟氏、《書》孔氏、《詩》毛氏、禮《周官》、《春秋》左氏、《論語》、《孝經》皆古文也。”許沖《上說文表》云:“慎本從（賈）逵受古學。”又云:“慎又學《孝經》孔氏古文說。”是慎本治古文學,而著《說文解字》十五篇,為後世言小學者之祖。由此觀之，兩漢古文學家與小學家實有不可分之勢，此足證其所傳經本多為古文。至改用隸定之本，當在賈、馬、鄭以後，而非兩漢間之事實矣。

王先生認為：經古文學家，其所傳經本多為古文，故古文學家多精於小學，許慎本治古文學，而成為此一傳統的集大成者。據王先生說，則《說文解字》一書兼有闡明古文經之意。

唯王先生之論述，了解不深者將誤以為許慎僅治古文學，《說文解字》之中反映者亦為古文學，而與《五經異義》兼採今、古文經說者旨趣有異、立場不同。其實不然。今將學界種種論說上之葛藤，試辨析之如下。

首先，關於《說文》書中引經，究竟用今、用古或兼用今古的問題，引起大量歧見的是《說文解字·敘》中以下一段文字：

其稱《易》孟氏《書》孔氏《詩》毛氏禮《周官》《春秋》左氏《論語》《孝經》皆古文也。

此段文字究竟應該如何斷句和理解？一般讀法，認為應作：

其稱《易》孟氏、《書》孔氏、《詩》毛氏、禮《周官》、《春秋》左氏、《論語》、《孝經》，皆古文也。

於是有人主張《易》孟氏屬古文而非今文。[10]但西漢立於學官者均為今文，《易》費氏不立於學官卻為古文，於是有人主張“孟”為“費”字之誤，此處當作《易》費氏。[11]王國維《說文所謂古文說》[12]一文,對此僅於自注中云“《易》孟氏非古文家,特牽率書之”,在上揭《說文今敘篆文合以古籀說》中又僅言“凡正字中，其引《詩》、《書》、《禮》、《春秋》以說解者，可知其為古文”，特意避開《易》而不深論，蓋王氏未真正探究《說文》中是否亦含有今文經說之問題。以上論者的思維，大抵認為《說文》所引乃是古文經，其經說即古文家說。

然而如此認知，有違事實。臺灣學者高明將該段文字讀為：

其稱《易》，孟氏;《書》，孔氏;《詩》，毛氏;禮，《周官》;《春秋》，左氏。《論語》、《孝經》，皆古文也。

並申論之云："《說文·敘》中所言'皆古文也'，但承《論語》、《孝經》而言，以兩書未言家數故也。其他經偁家數者，則今、古顯然，又不必言'皆古文也'矣。"此說為其弟子黃永武《許慎之經學》引用，並謂："今復按《說文》全書稱《易》者諸條，雖或兼存異本，出於孟氏實多。孟氏之書雖佚，然諸家傳授之脈絡隱然，猶復可辨。"其法大致是依《說文》所引《易》字與京氏《易》同而逆推孟氏，由於京氏源出孟氏，其說可信。但此說之成立，意義在指出《說文》並非專採古文經，亦有採今文經者，此說對於了解許慎經學，關係極大。

在此或有人提問：《說文》既能用《易》孟氏說，何以不用古文費氏說？筆者按：《漢書·儒林傳》云："費直，字長翁，東萊人也。治《易》為郎，至單父令。長於卦筮，亡章句，徒以《彖》、《象》、《系辭》十篇文言解說上下經。"易言之，費氏僅依據《彖》、《象》、《繫辭》等解說經文大意，並未自著章句，說解個別文字，故《漢書·藝文志》未載費氏書，因而亦無法符合《說文》"引經解字"的需求。

或有人再追問：據《漢書·藝文志》，劉向以中古文《易》校施、孟、梁丘經，惟費氏經與古文同，許慎為何不用古文？筆者按：《易》本卜筮之書，秦時未焚，今、古文各本無大差異，施、孟、梁丘較諸費氏，僅或脫去"無咎"、"悔亡"等字而已，費氏既無經說可以解字，此數字又不影響《說文》之收字，因而許慎不用。

據高、黃之說，《說文》引經確有今文，但僅一經，舉證尚嫌不足，茲再為其補證。查《說文·敘》所稱諸經，許慎固引用之，其不稱者亦非不引用。如《儀禮》一書，由於鄭玄注載明今文、古文之別，復按之，許慎多用今文。臧庸《說文儀禮用今文》[13]云：

余弟和貴（禮堂）云：《儀禮》一經，參用古今文而定之者，惟北海鄭公。若漢儒引用及蔡中郎書石，皆今文十七篇。許叔重《說文·序》自言偁經皆古文，而於《儀禮》則今文為多。如《士冠禮》"設扃鼏"，注："今文'扃'為'鉉'。古文'鼏'為'密'。"而《說文》作"鉉"不作"扃"，作"鼏"不作"密"。故金部云："鉉，舉鼎具也。《易》謂之鉉，《禮》謂之鼏。"鼎部云："鼏，以木橫貫鼎耳而舉之，从鼎，冂聲。《周禮》'廟門容大鼏七箇'。《易》'玉鉉，大吉也'。"

臧氏又指《說文》用"封"字不用古文"窆"、用"苄"字不用古文"苦"、用"名"字不用古文"銘"，以證其說。筆者按：臧說固是，但論"鼏"字有誤。錢大昕《潛研堂文集·答問》[14]云：

問：古者鼎有扃有鼏，《士喪禮》有“抽扃取鼏”之文，注謂“加扃於鼏上”，則扃與鼏非一物矣。今文“扃”為“鉉”,鉉卽扃也。《說文》以“鼏”與“鉉”為一，似與禮文乖刺。曰:《說文》“鼏,以木橫貫鼎耳而舉之。从鼎,冂聲”,又引《周禮》“廟門容大鼏七箇”，則叔重固讀若“扃”，未嘗讀若“冖”也[15]。冂與冋同，鼏卽扃之異文。《易》謂之“鉉”,鉉又扃之轉聲（自注:古音站泫切）也。鼏,从冖，所以覆鼎，此別是一字。叔重於鼎部蓋兼收之，學者多聞鼏，少聞鼏，疑為重出而刪其一,又以“覓狄切”注於“鼏”字之下,此二徐輩之誤,非叔重元本如是也。

據此,“鼏”之字形,有从冂、从冖之別,乃是二字（筆者按:電腦字無法區別，讀者諒察),从冂者為舉鼎具,與扃、鉉意同,从冖者為防塵具,與今“冪”字意同。《士冠禮》“設扃鼏”、《士喪禮》“抽扃取鼏”之“鼏”指防塵具,臧氏不知有从冂、从冖之別，故誤釋。然其《說文儀禮用今文》之說則是也。筆者按：《說文》髟部髽字下曰“禮，女子髽衰，弔則不髽。魯臧武仲與齊戰於狐鮐，魯人迎喪者始髽”。此兼用《儀禮·士喪禮》“婦人髽于室”與《禮記·檀弓》“魯婦人之髽而弔也,自敗于臺鮐始也”之文,亦是《說文》用今文《儀禮》、《禮記》之證。又《說文》鬼部魃字下曰：“《韓詩傳》曰：鄭交甫逢二女魃服。”此引《韓詩傳》，自屬今文。然則《說文》實今、古並引，絕非除《易》孟氏外皆用古文。

上文已明《五經異義》與《說文解字》均今、古兼採,實則二書尚可互相證成。按《五經異義》云：“今《尚書》歐陽說：肝，木也。心，火也。脾，土也。肺，金也。腎，水也。古《尚書》說:脾，木也。肺，火也。心，土也。肝，金也。腎，水也。案《月令》:春祭脾，夏祭肺，季夏祭心，秋祭肝，冬祭腎。與古《尚書》同。”《說文解字》云:“心，人心，土臧也。在身之中，象形。博士說以為火臧。”又言“腎，水臧也”、“肺，金臧也”、“脾，土臧也”，“肝，木臧也”，遂有兩土臧。段玉裁《說文解字注》以為“肺”、“脾”、“肝”三字下均有脫誤,當據“心”字例，上依古《尚書》說，下依今博士歐陽說。錢大昕《說文舉一反三之例》[16]則云：

古文著書，舉一可以反三，故文簡而義無不該。姑卽許氏《說文》言之……五藏配五行，古文說與博士說各異，唯腎為水藏則同,《五經異義》言之詳矣。其撰《說文解字》云：“心，土藏也。博士說以為火藏。”而脾土藏、肝木藏、肺金藏，則但用博士說，不言古文異同，亦舉一反三之例。

總之，此例可見許慎於《說文》亦兼採今、古文經說，不僅說解個別文字而已。然則不論研究許慎經學或僅單純研究其文字學，二書應參看。

據上所論，《五經異義》著述宗旨，在於評騭今、古文經說之短長並加取捨；而《說文解字》著述宗旨之一，則在於引經解字，但亦兼取今、古文。然則《說文解字》與《五經異義》之著述旨趣雖不全同，但其經學立場則相當一致，並無矛盾，甚且可以互證。

三 《五經異義》兩則禮說的評論

今所見《五經異義》佚文，或有鄭駁，或無。其無駁者，或因鄭意相同，或因鄭駁已佚。吾人紬繹許按、鄭駁，已能窺知許、鄭兩造之意，而陳壽祺、皮錫瑞猶或有說，是知詮釋經義，固無已時。今擇鄭、陳、皮氏說之尚有餘意者二則，略抒己意，以就教大雅。

（一）臣子先死君父稱名抑稱字的問題

《五經異義》云："公羊說：臣子先死，君父猶名之。孔子云'鯉也死'，是已死而稱名。左氏說：既沒稱字而不名。桓二年，'宋督弒其君與夷及其大夫孔父'。先君死，故稱其字。穀梁同左氏說。謹按：同左氏、穀梁說。《論語》稱'鯉也死'，時實未死，假言死耳。"

鄭玄駁曰："《論語》云：'鯉也死，有棺而無槨。'是實死未葬以前也。設言死，凡人於恩猶不然，況聖賢乎！"

對此，陳壽祺曰："《公羊解詁》曰：'大夫稱家，父者字也。禮，臣死，君字之。以君得字之，知先攻孔父之家。'《公羊通義》曰：'謹案《春秋》，賢者不名。仇牧、荀息，皆賢而名者。許人臣者，必使臣為累於君之辭。君前臣名，其道然也。獨孔父先死，得申不名之義。禮，於君所言，大夫歿則稱謚若字。又因以稱字，見先君死。倒其文而不紊其實。'《公羊義疏》曰：'按如此注，則公羊家亦無臣子先死君猶名之，未知《異義》所据。當時傳習《公羊》者，不僅邵公一人，或別有公羊異說與？又按左氏說與何氏同，與今杜氏異，必《左傳》先師鄭眾、賈逵等所傳之精義，故亦以孔父為字也。'《穀梁傳》曰：'何以知其先殺孔父也？曰：子既死，父不忍稱其名，以是知君之累之也。孔，氏，父，字，謚也。'《集解》曰：'孔父有死難之勳，故其君以字為謚。'"

皮錫瑞則謂："據《解詁》，則三傳義同，皆謂孔父是字，惟《異義》所引公羊說，以為孔父是名，與《解詁》不合，然亦無貶孔父之文，而杜預，乃以孔父稱名，為身死而禍及其君罪案，貶忠義而崇篡弒，大乖《春秋》之旨，又與《異義》所引左氏不符，不可用也。許君從左氏、穀梁，不誤。必引《論語》為證，則迂遠不近理，故鄭以實死未葬駁之。"

筆者按：入東漢後，經學家多兼治今古，或自創其說，《異義》引公羊說與何休《解詁》異，引左氏說又與杜預《注》"孔父稱名者，內不能治其閨門，外取怨於民，身死而禍及其君"不合，不足怪也。

又按：君前臣名，父前子名，師生比照父子，此是本分。若君對臣，優遇之，則可不名。《禮記・曲禮下》載："國君不名卿老、世婦，大夫不名世臣、姪娣，士不名家相、長妾。"鄭玄注："雖貴於其國家，猶有所尊也。卿老，上卿也。世臣，父時老臣。"魯哀公之誄孔子，呼為"尼父"，見《左傳》及《禮記・檀弓上》；西漢圖畫諸功臣於麒麟閣，獨霍光不名[17]，猶是此意。然則君之於臣，不論生死，稱名抑稱字，均不違禮法。至於父子、師生，則不聞有優遇之例。若然，《異義》引公羊說，以臣子死君父猶稱其名非有貶意，可以成立；左氏、穀梁以"先君死，故稱其字"，自亦可通。至於杜預注，以孔父是名為具貶意，自有其義例根據，說詳孔穎達疏。皮錫瑞批杜注，不無今、古門戶之見。

再按：《論語》"鯉也死"一語，《異義》所引公羊說以為鯉已死而稱名，許慎以為實未死而假言死，鄭玄以為實死而未葬之稱。筆者衡之《論語》，以為公羊說是，許、鄭均附會牽強。顏淵，名回，早卒，《雍也篇》、《先進篇》載孔子答魯哀公及季康子問"弟子孰為好學"，均答以"有顏回者好學"、"不幸短命死矣"，是已死稱名，則孔子稱"鯉也死"，當亦是已死稱名。《先進篇》載：顏淵死，顏路請子之車以為之椁。子曰："才不才，亦各言其子也。鯉也死，有棺而無椁。吾不徒行以為之椁。以吾從大夫之後，不可徒行也。"顏淵死，顏路敢於"請子之車以為之椁"，則此時必非鯉死未葬之時，否則豈非與孔子爭車？亦太不近人情矣，是知鄭玄"已死未葬"之說無據亦無理。且細審孔子語氣，"鯉也死"乃述往事，亦非如許慎所謂"假言"者。又《先進篇》載：子畏於匡，顏淵後。子曰："吾以女為死矣。"曰："子在，回何敢死？"《子罕篇》載孔子言："且予與其死於臣之手也，無寧死於二三子之手乎？且予縱不得大葬，予死於道路乎？"此皆

“假言死”，則鄭玄所稱“設言死，凡人於恩猶不然，況聖賢乎”之說亦不必然。總之，許、鄭之解“鯉也死”一語，穿鑿太過，難為典要。考其所以穿鑿者，以《檀弓上》載有子之言：“夫子制於中都，四寸之棺，五寸之椁，以斯知不欲速朽也。”若葬孔鯉有棺而無椁，則與所制牴觸，故曲折說之。然孔子意在防止民人棺椁過制，非提倡厚葬，故同篇載：子游問喪具，夫子曰：“稱家之有亡。”子游曰：“有亡惡乎齊？”夫子曰：“有，毋過禮。苟亡矣，斂首足形，還葬，懸棺而封，人豈有非之者哉？”《檀弓下》載：子路曰：“傷哉貧也！生無以為養，死無以為禮也。”孔子曰：“啜菽飲水，盡其歡，斯之謂孝。斂首足形，還葬而無椁，稱其財，斯之謂禮。”孔子言禮行禮，本以“稱家之有亡”為前提，許、鄭不解此意，拘泥太過，故穿鑿為說。

（二）公冠有樂無樂的問題

《五經異義》云：“《公冠·記》：無樂。《春秋傳》說：君冠，必以金石之樂節之。謹案：人君飯有舉樂，而云冠無樂，非禮義也。”未見鄭駁。

對此，孔廣林曰：“盧辯《公冠》注云：‘成人代父始，宜盡孝子之感，不可以歡樂取之。’若然，無樂是也。故《周禮》備詳樂事，獨不及冠樂。彼《春秋傳》之文，乃衰世變禮耳。”皮錫瑞從之，並言：“冠、昏皆屬吉禮，冠禮不當用樂，可以昏禮推之。《曾子問》，孔子曰：‘取婦之家，三日不舉樂，思嗣親也。’”

筆者按：《公冠·記》者，王聘珍《大戴禮記解詁》卷首《目錄》云：“《公符》第七十九，‘符’當為‘冠’之訛。《通典·嘉禮》注引譙周《五經然否論》云‘《禮·公冠》記周公冠成王’云云，是古本作《公冠》，公謂諸侯也。《儀禮·士冠·記》曰：‘公侯之有冠禮也，夏之末造也。’《左氏》襄九年傳曰：‘君冠，必以祼將之，禮行之，以金石之樂節之，以先君之祧處之。’是諸侯之有冠禮，當在《禮》古經五十六篇之中，此篇乃其記也。”今《公冠》文字甚簡，王氏謂乃《公冠》之記，其說是也。

又按：許慎以“人君飯有樂”論“公冠有樂”，比擬不倫，故不足以服人。至於盧辯謂“成人代父始”云云而主張無樂，蓋假定公冠均在方成人始代父之時，然此乃事理之不必然者。既云“公”，則已即君位，若為世子時已冠，自不在論內。但即君位有在沖齡者，服喪時當不行冠禮，其行冠禮之時，亦未必為“成人代父始”，則無所謂“不可以歡樂取之”。《周禮》不載天子冠樂者，蓋不假定有沖齡即位之事也。皮錫瑞謂“冠、昏皆屬吉禮”，微誤，當言“皆屬嘉禮”。先秦昏禮固不用樂，以其為陰禮也，然不宜與冠禮混為一談。查《儀禮》十七篇，凡用樂者，事涉公共事務，如《鄉飲》、《鄉射》、《燕禮》、《泰射》之類。《士冠禮》不載用樂，乃是士禮，且所行僅為一家內之事，其不用樂宜然。公冠則不同，一國之君成人，乃公共事務之大者，無不可用樂之理。

再按：《公冠》云：“公冠，自為主，迎賓，揖升自阼，立于席。……饗之以三獻之禮，無樂，無介，皆玄端。”此不言賓為何種身分，《說苑·修文》內容與《公冠》相類，則云：“公冠，自以為主，卿為賓，饗之以三獻之禮。”是饗者乃公饗卿。然則“無樂”也者，乃謂公冠畢饗賓，以賓卑，故無樂也，非謂公冠時不得以金石之樂節之也。且“無樂，無介”之言，非經文體，乃記文體，記特言饗時無樂，正明冠時有樂，此可以《儀禮》經、記之體例推而知之。是則《公冠》與《左傳》所言，本無直接矛盾。盧、孔、皮三氏誤以公冠後饗賓之無樂為公冠時之無樂，宜其所論未中肯綮。

四　《說文解字》引經的考察

後世所傳各經，經過隸定與傳抄遞刻，魯魚帝虎，郭公夏五，均所難免，而《說文》所引經句經字遂成為對勘之最佳資料，尤其許慎《自敘》明言所用《詩》、《書》、《周禮》、《左傳》、《論語》、《孝經》均屬古文，則其餘或為今文，更透露出漢時經本與後世的差異，至為可貴。故前人撰為“引經考”者不少，茲歸納為兩類問題，採擇諸家說之言簡義正者各數端，之後據以論《說文解字》一書之經學意義。

（一）《說文》所引經句為今本所無的問題

《說文》所引經句，或不見於今本，其故為何？前人間有論列而不周全，筆者綜合為數端，而間下己意，說之如下。

其一，所引經文為後世不傳者，故為今本所無。此類最多，包括引古文《尚書》之不在今文二十九篇之內者，引《禮》記之不在大、小戴本之內者，引逸《論語》之不在今二十篇內者。如水部涘字下曰：“《周書》曰：‘王出涘。’”心部惎字下曰：“《周書》曰：‘來就惎惎。’”此類當屬古文《尚書》之不在今文二十九篇之內者。鳥部鷸字下曰：“《禮》記曰：‘知天文者冠鷸。’”段玉裁《注》謂此類當屬《漢書·藝文志》所載《禮》記百三十一篇而不在大、小戴《禮記》之內者，筆者以為今《禮記·樂記》既有取於《樂記》，則亦可能出《藝文志》所載《明堂陰陽記》以下諸書。玉部瓔字下曰："逸《論語》曰：'玉粲之瑟兮，其瓔猛也。'"此類當屬多於今本之《問王》、《知道》二篇。段玉裁《注》謂："《藝文志》曰：《論語》，漢興有齊、魯之說，傳齊《論》者，惟王陽名家，傳魯《論》者，安昌侯張禹最後而行于世。然則張禹魯《論》所無，則謂之逸《論語》，如十七篇之外為逸《禮》，二十九篇之外為逸《尚書》也。"馬宗霍《說文解字引經考·引論語考》以許慎《自敘》既謂所舉《論語》為古文，"則許所謂逸者，或據古《論》而言之耳"。筆者以為馬說合理。

其二，引某經之傳記說解，而非經文，故為今本所無。如目部相字下曰："《易》曰：'地可觀者，莫可觀于木。'《詩》曰：'相鼠有皮。'"承培元《說文引經證例》卷二曰："此引《易》說以證从目木之義，引《詩》以證字也。《易》無此文，當屬說《易》者之詞。"日部旻字下曰："《虞書》曰：'仁覆閔下，則偁旻天。'"承培元同書卷三依小徐說作《虞書說》，並謂"用《尚書說》說字也"。筆者按：以上二例，《說文》所引俱非經文體，承氏說是也。至於八部兆字下曰："《孝經說》曰：故上下有別。"則已標明非經文矣。

其三，引經文省約或檃栝舉之，學者誤以為今本所無。如頁部𩔁頊字下曰："𩔁頊，好皃。……《詩》所謂'𩔁首'。"今本似無，錢大昕《答問》曰："許氏引《詩》，往往不舉全文。如'詁訓'即'古訓是式'，'𩔁首'即'螓首蛾眉'，螓與𩔁頊，文異而義同也。"水部浩字下曰："《虞書》曰：'洪水浩浩。'"吳玉搢《說文引經考》卷下云："今《書》無此文。疑即《堯典》'湯湯洪水方割，蕩蕩懷山襄陵，浩浩滔天'之文，而有所割裂脫誤也。"按：此係檃栝舉之，謂之"割裂脫誤"，似太拘泥。

其四，今本《說文》誤，故查無其文。示部禡字下曰："《周禮》曰：'禡于所征之地。'"吳玉搢《說文引經考》卷一曰："今《周禮》無此文，見《禮記·王制》。"按：《說文》亦引《禮記》，則此《周禮》蓋《禮記》之誤。又心部 字下曰："《詩》曰：'相時思民。'"吳玉搢上書同卷曰："今《詩》無此文。按：《商書·盤庚》'相時憸民'，古文《尚書》作思，疑誤《書》為《詩》也。"

（二）《說文》所引經字與今本相異的問題

《說文》引經，亦有句同字異者，其故何在？茲亦兼綜前人說如下，以備採擇：

其一,《說文》廣采異文，故有與今本相異者。錢大昕《答問》云：“問：許叔重《說文解字》十四篇，九千三百五十三文，不見於經典者，幾十之四，多而不適於用，竊所未喻。曰：今世所行九經，乃漢魏晉儒一家之學，叔重生於東京全盛之日，諸儒講授，師承各別，悉能通貫，故於經師異文，采摭尤備。即予所知者言之，如塙即《易》“確乎不可拔”之確（筆者按：以下舉例甚多，茲略）今人視為隱僻之字，大率經典正文也。經師之本，互有異同，叔重取其合乎古文者，稱經以顯之。其文異而義可通者，雖不著書名，亦兼存以俟後人之抉擇。此許氏所以為命世通儒，異於專己守殘、黨同門而妒道真者也。”按：錢氏說最為精核。如示部彭字下曰:“《詩》曰:‘祝祭于鬃。’ 祊,鬃或从方。’《說文》用《毛詩》，而今本《小雅．楚茨》作“祝祭于祊”。是知《說文》意在廣採異文，而最有功於經學。

其二,《說文》所用，今古文經同字，而今本經隸定，用後世通用字，故字異。攴部敷字下曰:“《周書》曰:‘用敷遺後人。’”吳玉搢《說文引經考》卷上曰:“今《書·康王之誥》作‘用敷遺後人休’。《五經文字》云：‘敷，經典相承，隸省作敷。《說文》少休字，疑脫誤。’”

其三,《說文》用古文經，而今本為今文經，故字異。如攴部敓字下曰:“《周書》曰:‘敓攘矯虔。’”此據古文《尚書》,吳玉搢《說文引經考》卷上:“今書《呂刑》作“奪”。《復古編》云：‘奪，古文作敓，今作奪，非。’”是作“奪”乃今文而又譌者。

其四,《說文》用古文經，今本亦古文經而字訛，故字異。夲部皋字下曰:“《周禮》曰：‘詔來鼓皋舞。’”吳玉搢《說文引經考》卷下曰：“《春官·樂師》。俗本作臯。《六書正譌》云:‘作臯，非。’又，鼓，今本作瞽，鄭司農曰:‘瞽當為鼓。’”是今本作“詔來瞽臯舞”者，一句譌兩字。

（三）論《說文》的經學意義

兩漢經學，一經或分今、古，今、古各復有數家，其所傳經本，有所不同，經字或此或彼，經說或同或異。而今日所傳，則《易》與《論語》各僅一家,《書》但有今文《尚書》,《詩》但有古文《毛詩》，與漢代各有今、古文者不同。而今本經隸定與傳抄遞刻，更非本來面目。[18]欲上求兩漢今、古文經本之異同，在今日可依據者，唯漢魏石經殘石、陸德明《經典釋文》、鄭玄《儀禮注》等，而最大宗者則為《說文解字》。許慎既於《自敘》言明所引何經屬今文，何經屬古文，則與今本同屬古文經若《毛詩》、《周禮》者，取與對勘，則知今本與古本之出入或有否譌誤，如火部熑字下曰："《周禮》曰：'煣牙，外不熑。'" 吳玉搢《說文引經考》卷下曰："今《周禮·考工記》作'凡揉牙，外不廉，而內不挫'，鄭注'揉，謂以火槁之'、'廉，絕也'，《說文》'煣，屈伸木也'，'熑，火煣車網絕也'，音同義近。" 二者字異而義同，是知漢時《周禮》有異文也。《說文》為古文經、而今本為今文經若《尚書》、《論語》者，取以對勘，則知古、今文之相異者何在，如心部悆字下曰："《周書》曰：'有疾不悆。'" 而今文《尚書·金縢》作"王有疾弗豫"，此古、今文之不同也。

至於其他未明引經句說字者，亦得對勘而有所推知，茲舉二例明之。如《關雎》"輾轉反側"，段玉裁《詩經小學》[19]曰："按古惟用展轉，《詩》《釋文》曰：'輾，本亦作展。呂忱從車展。'知輾字起於《字林》。《說文》:'展，轉也。'" 據《說文》，則《毛詩》本作"展轉反側"，作"輾轉反側"者，乃後人所改。又如今文《尚書·甘誓》"天用勦絕其命"，《說文》刀部劋字下曰："《夏書》曰：'天用劋絕其命。'" 承培元《說文引經證例》卷三曰："今作勦，譌字也。馬融作劋，从巢从刀，今譌刀為力。力部：'勦，勞也。' 晝嘫異義。《左傳》"勦民"，勞民也。此則訓絕，《曲禮》"毋劋說"，亦毋斷絕古人之語也，今亦譌勦，皆當更正。其誤始于張參。" 今《尚書》雖屬今文，然據《說文》，知"勦"字確為譌字。

然則《說文解字》不論引經與否，較之鄭玄《儀禮注》之注明今文、古文者，數量既多，貢獻尤大。

五　結論

東漢學風，兼治今、古，許慎既為大儒，亦預風潮。《五經異義》乃說經義之書，其中區分今、古文經說而加以取捨，並未以門戶自限。《說文解字》為解字之書，所引除經書及《禮記》、《明堂月令》、《五行傳》、《國語》等傳記外，兼引《司馬法》、《老子》、《墨子》、《孟子》、《韓非子》、《山海經》、《呂氏春秋》、《楚辭》、《淮南子》及揚雄、司馬相如語等，本非專門解經之作，而以解經為多，但亦兼採今、古。是知二書著作旨趣雖不全同，而立場則為一致。其書之明著今、古文經說、經句、經字，對考證漢代今、古文經之異同，校勘今本之譌誤，貢獻極大。[20]

清末民初，學者有以為漢人均嚴分今、古者，如廖平初主今文，其《今古學考》企圖依《五經異義》區分出漢代今文、古文學之壁壘，又如馬宗霍學宗章太炎，傾向古文學，其《說文解字引經考》企圖落實《易》孟氏為古文經之說，均屬一偏之見。

註釋

[1] 陳壽祺：《五經異義疏證》，收入《皇清經解》（臺北：藝文印書館，影印本），卷1248—1250。

[2] 皮錫瑞：《駁五經異義疏證》（臺北：文海出版社，影印甲戌河間李氏重刊本）。

[3] 吳玉搢：《說文引經考》（臺北：藝文印書館，百部叢書集成，影印咫進齋叢書本）。

[4] 承培元：《說文引經證例》（廣州：廣州出版社，廣州大典，第一輯，影印光緒二十一年廣雅書局本，2008年）。

[5] 馬宗霍：《說文解字引經考》（臺北：臺灣學生書局，影印本，1971年）。

[6] 黃永武：《許慎之經學》（臺北：臺灣師範大學，國文研究所博士論文，1971年）。

[7] 如《後漢書》賈逵本傳："（章帝）詔令撰歐陽、大小夏侯《尚書》古文同異，賈集為三卷，帝善之。復令撰齊、魯、韓《詩》與毛氏異同。"李育本傳："作《難左氏義》四十一事。"何休本傳："追述李育意以難二傳，作《公羊墨守》、《左氏膏肓》、《穀梁廢疾》。"等等均是。

[8] 王國維：《觀堂集林》（臺北：河洛圖書出版社，影印本，1975年），卷7。

[9] 同注[8]。

[10] 宋翔鳳：《過庭錄》（臺北：藝文印書館，影印皇清經解續編本），卷411—415。其《易孟氏為古文》說見卷411。又，馬宗霍說見《說文解字引經考．引易考敘例》。

[11] 劉師培：《左盦集》（臺北：華世出版社，劉申叔先生遺書本，1975年），卷3，《古今文考》。

[12] 同注[8]。

[13] 臧庸：《拜經日記》（臺北：藝文印書館，影印皇清經解本），卷1170—1177。下引文見卷1170。

[14] 錢大昕：《潛研堂文集・答問》（臺北：藝文印書館，影印皇清經解本），卷443—448。本文凡引《答問》均見卷447。

[15]《皇清經解》本作"未嘗讀若冂也"，誤。今據上下文意改。

[16] 錢大昕：《十駕齋養新錄》（臺北：世界書局，影印斷句本，1963年），卷4。

［17］司馬光等:《資治通鑑》(臺北:藝文印書館，影印本 1995 年)，卷 27，宣帝甘露三年。

［18］如《常武》"如震如怒"，李黼平曰:"《箋》云:'而震雷其聲，而勃怒其色。'《釋文》云:'如震如怒，一本此兩如字皆作而。'與《箋》合，是鄭作《箋》時，經字作而也。《正義》述經云:'如天之震，雷其聲;如人之勃，怒其色。'孔所據經字作如，故述經如此，不言《箋》異,其所據《箋》亦作如也。今本《箋》兩而字不知誰所校定。雖而與如古字本通,然必改作如,乃與經合。"據此,則《毛詩》本作"而震而怒",作"如震如怒"者,乃後人所改。李黼平:《毛詩紬義》(臺北:藝文印書館，影印皇清經解本)，卷 1331—至 1354。引文見卷 1351。

［19］段玉裁:《詩經小學》(臺北:藝文印書館，影印皇清經解本)，卷 630—633。下引文見卷 630。

［20］黃永武《許慎之經學》一書,取《說文》所見,逐條比對許說與杜子春、鄭眾、賈逵、鄭玄、王肅、虞翻、荀爽等漢魏儒者經說之異同，最能彰顯《說文》之經學價值。

叶国良，男，1949 年出生，台湾桃园人。曾任台湾大学教授、文学院院长。主要从事经学、金石学的教学和研究。

《說文》允字釋義
——從甲骨文中的構形求證

蔡哲茂

中央研究院歷史語言研究所

一 前言

“允”字的意義及其與字形之間的關係，長久以來未能有清晰的解釋，即便甲骨文出土之後，學者之間對如何將其字形解釋為“信”、“誠”或“承諾”的過程仍然說法紛紜，莫衷一是。今從甲骨文中兩版出現的“允”字異體出發，探討“允”字如何解釋為“承諾”與“信”等意義。

二 “允”字舊說

《說文》:“允，信也。从儿以聲。”

《繫傳》:“臣鍇曰：‘儿，仁人也，故為信。’”

《段注》云:“《釋詁》、《毛傳》皆曰:‘允信也。’《詩》‘仲允’，《漢表》作‘中術’。大徐作‘从儿以聲’，以非聲也，今依《韻會》所據小徐本‘以，用也。任賢勿貳是曰允’，此會意字。”[1]

許慎號稱“五經無雙許叔重”，且《說文解字》其意主於解經。《說文》對允字意義的解釋是“信也”，此為確詁，從先秦古籍文獻之中，允之意義為信，其例甚多。《書·堯典》:“允恭克讓”、“允釐百工”,《書·皋堯謨》:“允迪厥德”,《左傳·莊公十八年》:“明允篤誠”,《詩·鄘風》:“終然允臧”,《小雅·湛露》:“顯允君子”,《小雅·車攻》:“允矣君子”等，其例茲不贅舉。

《說文》對“允”字的訓詁是正確的。然《說文》云“允”從“以”聲，以及段注所主張“以非聲”並將之理解為會意字的說法，兩者都有點問題。張日昇曰：

按《說文》云：“允，信也。从儿㠯聲。”羅振玉謂象人回顧形，殆言行相顧之意。高鴻縉謂象人點首允許之狀，兩者並傳會許書而立說，恐非是也。林義光

謂 象人，上象其頭，丨進而益上之形，與 同字而當訓進，其說亦不足信。王獻唐據黃縣四盨允以同讀，證明許君从儿㠯聲不誤，說當可从。然謂允以一字，則似有可商。《說文》無以字，金文亦以㠯為用以之以。《經傳釋詞》謂允猶以也。蓋允以㠯得聲，古音近而通叚。[2]

從甲骨文、金文當中的“允”字來看，“允”乃為一獨體的字，無法切割為兩個部分。陳煒湛在《甲骨文“允”字說》曾云：

甲骨文“允”為常用字，作 、 、 、 、 諸形，僅兩筆，鈎勒出人的某種狀態，當為獨體象形字，只是具體所象頗難確指，學者間意見尚不統一。《甲骨文字典》云：“象人頭頂有標志之形，所象何意不明。”持論較為慎重。後經訛變，字形割裂，小篆作 ，《說文》：“允，信也。从儿㠯聲。”（大徐本，段注依《韻會》所據小徐本改為“从㠯儿”）今以甲骨文證之，知許君說義是而析形非，段氏目“允”為會意字亦非也。[3]

甲骨文出土後，學者對甲骨文中的獨體象形的“允”字有如下幾種解釋：

（一）象人回顧之形

羅振玉《殷虛書契考釋》：

《說文解字》：“允，信也。”从儿㠯聲。卜辭允字象人回顧形，殆言行相顧之意與。[4]

此回顧之形無法表達“信”之意義，故李孝定批評羅振玉之說：“羅謂象人回顧之形，亦未必然其義，其義則為信，與許訓同。”[5]

（二）象人鞠躬垂手之形

趙誠先生云：

允。甲骨文寫作 ，象人鞠躬低頭雙手向後下垂，以表示恭敬、誠信的樣子。用象形字來表示一種較為抽象的意思，是極為罕見的現象。卜辭用作副詞，有“果然”、“的確”、“真的”之義，但為本義之引申。[6]

李圃先生：

允，《說文》：“允，信也。”甲骨文允作 、 ，象人誠敬之形。甲骨文凡言“允某”者，大抵為所卜事件之實際結果，卽古人認為上帝祖先神允諾而實現之事，屬卜辭“驗辭”，其中允字相當於信然，亦卽確然、果然。允雨，猶言果然下雨了。[7]

董蓮池先生：《說文解字考正》

今按："允"甲骨文作[glyph]、[glyph]等（《甲骨文編》三六二——三六三頁），像人鞠躬垂手，一副恭敬誠信的樣子，為獨體象形字，非从儿㠯聲。西周漸訛作[glyph]（班簋），原上部之[glyph]訛為[glyph]（即㠯），下部變从[glyph]（人），篆本之而作[glyph]。許慎解說"允"之形是就訛變後的形體為說，不可從。[8]

（三）象點首允許之形

高鴻縉先生言：

按倚"人"畫其點首允許之形。由點首之形生意。故託以寄允許之意。動詞。後人每借用為果然意。副詞。《說文》以為从儿，[glyph]聲。與古形不合。[9]

（四）从人从巳（胎兒）會意

何金松先生《漢字形義考源》云：

巳字是胎字的象形初文。男女結合為夫妻，目的之一是為了生兒育女，繁衍後代。丈夫自然很關心妻子是否懷孕。如果毫無動靜，就沒有懷孕。懷孕三個月之後，一般會出現惡心嘔吐反應，可以驗證真的懷胎了，《說文》："胎，婦孕三月也。"蓋據此作的解說。允字从人从巳會意，用人懷孕三月，表示"真實"這一概念。《說文》解形釋義上都是正確的。只有女人才能懷孕，所以金文又在人字的右畫上加一符號合成女字。因形體較繁，很快就淘汰了。[10]

三 "允"字釋義

己巳貞：帚（婦）𡜎允（[glyph]）亡囚。

貞：㚣亡囚。

合 22261（乙 8694+ 乙 8695）（圖一）

己巳貞：帚（婦）𡜎允（[glyph]）亡囚。

貞：㚣亡囚。

合 22259（乙 8888 同文）（圖二）

合 22259（乙 8888 同文）的"[glyph]"字較合 22261 的"[glyph]"字多了一劃，以文例勘之，應為同一字之異構。至於為何會有這一多出來的指事符號，可能是羨劃，並不一定有指事意義；也可能是表達鞠躬時背部彎曲的動作，不僅是點頭，還加上了背部的動態指事符號。"允"字《摹釋總集》直接釋作"[glyph]"，白玉崢釋作

“長”。[11]李宗焜在其博士論文《殷墟甲骨文字表》0027僅列出“□”、“□”字，並未釋出。[12]沈建華、曹錦炎《甲骨文字形表》將“□”、“□”分列為二字。[13]劉釗等人編纂的《新甲骨文編》已將合22259與合22261列為“允”字條之下，可見其已將“□”當作是“允”字。[14]從幾條平行的卜辭例證可以看出上引兩條卜辭中的“□”字當釋為“允”字：

甲子貞：婦鼠無𡆥　屯南3847

☒不于多婦𡆥，五月。　合2825

☒卜：王𡔈☒婦允其戎。　合7006

辛巳卜　☒婦不戎于羨。　合7007

按：卜辭“允”字多作□、□、□、□、□等形，“□”形唯二見(合22261、乙8888)，又為同文，此“□”之構形可能表示“點頭”之意。“□”之前的“□”為指事符號，強調人在答應、允諾事情時的點頭動作。古書上允的意義有信、有誠，“點頭”即表達“允諾”或“同意”之意，引申便有信、誠之義。

古文字中以“□”這類的指事符號來表示動態的指示符號，可以用甲骨文中的“履(□)”字為代表：

辛卯貞：𡔈禾于河，弜□？　合33283

辛[卯]貞：𡔈□于河，弜□？　合33284

徐寶貴以為：

甲骨文此字“一”上邊的□和五祀衛鼎“履”字所从之“□”，特別是九年衛鼎“履”字所从之□是很相近的。金文無疑是其譌變。大簋概文“履”字下所从之一斜畫與甲骨文此字之下所从的一斜畫是相同的。以後論證可以證明甲骨文此字就是“履”字。

“履”有“履行”、“行”之意。《詩·小雅·大東》：“君子所履，小人所視”，鄭玄箋：“君子皆法效而履之。”《國語·吳語》：“夫謀必素見成事焉，而後履之，不可以授命”，韋昭注：“履，行也。”

“履”又有“踐”意。《玉篇》：“履，踐也。”《詩·大雅·生民》：“履帝武敏、歆”，毛傳：“履，踐也。”

甲骨文“履”字在卜辭中受否定副詞“弜”的修飾、限制，無疑是作動詞用的。揆度其文義，當是“踐”意。[15]

尚有金文中的“逆覆”,“覆”字之金文結構以“舟”下有一小畫表示動態。拙稿曾對此字有些意見：

金文此字最初以“□”表示舟在水上，舟旁小劃表示動態的指事符號，表示舟翻覆，所以此小劃不可省略，後來省略水旁成“□”，又要表示動態再加上辵成“□”，或為了有別於舟字加上宀成□（金文中常見一字加上宀，意義不變，如般又可作□，裡又可作□）□表示舟在水上，舟旁小劃表示動態的指事符號，表示舟翻覆，所以此小劃不可忽略。[16]

是以從合 22259 與合 22261 中的“□”字構形，可知“允”之構形本為點頭答應之形，“□”旁之“□”與“□”旁及金文“履”字人腳下的小畫作用相同，都是一種表示動態的指事符號。

四　結語

《說文》對“允”字的訓解是正確的，但對於字形還有可商之處，從古文字來看，“允”字當為一個獨體之字，不可拆分為兩個部分。從甲骨文來看，“允”的形體要表達人點頭的樣子，由於字形的演變，逐漸失去了原先表示動態意義的指事符號。在先秦古籍中“允”字多從《說文》所訓“信”之意，而文獻中“允”作“許諾”之意，則可見於南朝梁任昉《齊竟陵文宣王行狀》：“既允焚林之求，實兼儀行之寄。”唐韓愈《黃家賊事宜狀》“朝廷信之，遂允其請”等。今從史語所十五次挖掘中出現的允字異體來比對，可以找回原先“允”構形所欲表達之本義。可知高鴻縉先生之言非虛，更可以解釋何以古人以“允”字表達對承諾、允諾之意。

圖一　合 22261（乙 8694+ 乙 8695）

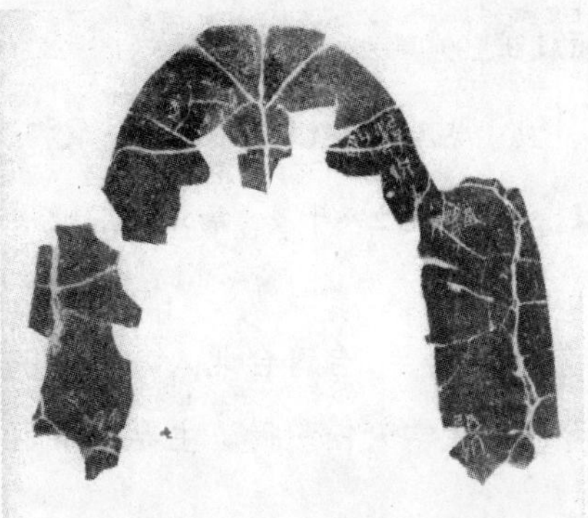

圖二　合 22259（乙 8888 同文）

注释

［1］段玉裁：《說文解字注》，台北：藝文印書館 1970 年版，第 409 頁。

［2］周法高主編：《金文詁林》，香港：香港中文大學 1975 年版，第十冊卷八，第 5387—5388 頁。

［3］陳煒湛：《甲骨文“允”字說》，《古文字研究》第廿五輯，北京：中華書局 2004 年版，第 1 頁。

［4］羅振玉：《殷虛書契考釋》，台北：藝文印書館 1939 年版，中卷，第 54 頁。

［5］李孝定編著：《甲骨文字集釋》，台北：中央研究院歷史語言研究所 1993 年 4 月，六版，卷八，第 2787 頁。

［6］趙誠：《甲骨文虛詞探索》，《古文字研究》，第十五輯，第 278 頁。相同意見亦見於其《甲骨文簡明詞典》，北京：中華書局 1988 年版，第 288 頁。

［7］李圃：《甲骨文選註》，上海：上海古籍出版社 1993 年 10 月，二刷，第 40 頁。

［8］董蓮池：《說文解字考正》，北京：作家出版社 2004 年版，第 341 頁。

［9］高鴻縉：《中國字例》，台北：明昌美術印刷廠有限公司，第 312 頁。

［10］何金松：《漢字形義考源》，武漢：武漢出版社 1995 年版，第 138 頁。馬敘倫《說文解字六書疏證》：“人允又聲同真類，其為人聲無疑。蓋為孕之轉注字。”

［11］白玉崢：《殷墟第十五次發掘所得甲骨校釋》，台北：藝文印書館 1990 年版，第 11 頁。

［12］李宗焜：《殷墟甲骨文字表》，北京；北京大學博士論文，1995 年，第 16 頁。

［13］沈建華、曹錦炎著：《甲骨文字形表》，上海：上海辭書出版社 2008 年版，第 24 頁。

［14］劉釗、洪颺、張新俊編纂：《新甲骨文編》，福州：福建人民出版社 2009 年版，第 491 頁。

［15］徐寶貴：《甲骨文考釋三則》，《于省吾教授誕辰 100 周年紀念文集》，長春：吉林大學出版社 1996 年版，第 45 頁。

［16］吴匡、蔡哲茂：《釋金文“[illegible]”、“[illegible]”、“[illegible]”、“[illegible]”諸字》，收錄於吴榮曾等著《盡心集：張政烺先生八十慶壽論文集》，北京：中國社會科學出版社 1996 年版，第 140 頁。

蔡哲茂，男，台湾台北人。中研院历史语言研究所研究员，辅仁大学兼任教授，台湾政治大学兼任教授。主要从事甲金文字考释方面的教学和研究。

《說文》段注“某行某廢”類型考察
——以形符變化為中心

徐富昌

内容提要 《說文解字注》中，段氏所主張的古今字，由注語中的術語可知者，約有以下三類：一是直接以“古今字”為術語；二是以“古字”、“今字”對舉來注釋；三是以“某行而某廢”來注釋。前兩類術語乃承襲漢唐以來經學大師之注經術語，第三類則為段氏所獨創。其中第三類“某行某廢”之類的注語，散見於各字的注釋之中，皆與古今之用字及廢字有關，段氏亦都以為與“古今字”有關。然細審之，此中仍可區分為古今區別字、異體字，或古用彼今用此之通假字，甚至有些同義近義之同源字，未必皆為古今字。故本文以形符為中心從注文之實例予以分析考察。

關鍵詞 《說文解字注》 某行而某廢　古今字　異體字

一　前言

《說文解字注》（以下簡稱“段注”）中，段氏所主張的古今字，由注語中的術語可知者，約有以下三類：一是直接以“古今字”為術語；二是以“古字”、“今字”對舉來注釋；三是以“某行而某廢”來注釋。

第一類術語，以注“某某，古今字”為最多，計百餘例，如“州洲，古今字”[1]；其次是“某某，古今字也”，如“𣐂鏵，古今字也”[2]；此外，尚有“某某，蓋古今字”，“某某，為古今字”，“某某、某某，皆古今字”，“某某，在某時為古今字”，“……皆古今字變”，“某某，亦古今字”，“某某，為古今字矣”，“是之謂古今字也”，“是亦古今字也”，“某某，古今字形異耳”等，皆屬此類。

第二類術語，為“古字”與“今字”對舉。最常見者，為“某，今之某字”，如“左，今之佐字”、“道，今之導字”；其他或稱“某者，今之某字”，如“到者，今之倒字”、

“說者，今之悅字”；或稱“某，今字作某”，如“擿，今字作擲”；或稱“某，古之某字”，如“北，古之背字”；或稱“古用某，今用某”，如“古無架字，以加為之”等。此外，亦有以解釋為之者，如“偷盜字，古只作愉也”之類[3]。總之，此類術語頗多，他如“某，即今之某字（也）”，“某，今某字”，“某，古某字”，“某，今字多作某”，“某某，皆今字也”，“古字作某，今字作某”，“某某，古字也，某某今字也”，“某，今字省作某”，“乃某之古字也”，“今人用某某字，古作某某”，“後人以今字改古字耳”，“今字作某，或作某”，“某亦某之今字”，“此以今字釋古字之例”等皆是。

第三類術語，則是以“某行某廢”之類的注語來表述者。此類術語，散見於各字的注釋之中。如云“後人多用某，某行而某廢矣”、“今人假以爲某某之某，某行而某廢矣”、“今專用某而某廢矣”、“今則某專行而某廢矣”、“今則專用某而某廢矣”、“某專行而某廢矣”、“今字某行而某廢矣”、“今字作某，某行而某廢矣”、“今字則某行而某廢矣”、“自某行而某某皆廢矣”、“今則皆用某字而某廢矣”、“今字用某某字為某某字而某字廢矣”、“今則不知有某字而某字廢矣”、“今則概用某而某廢矣”、“古多用某某為之而某廢矣”、“俗皆用某為某而某廢矣”、“經典多作某，某行而某廢矣”、“古書多作某作某，而真字乃廢矣”、“今假某為某而某廢矣”、“假借字行而真字廢矣”等，皆與古今之用字與廢字有關。

大抵而言，“某行某廢”之類，段氏在注中多不直言其為“古今字”，但偶亦有混合說明者，如“頪”下注云：“頪類，古今字。類本專謂犬，後乃類行而頪廢矣。”（頁 426）則先言“某某，古今字”，再言“某行某廢”；又如七篇上注云：“今貫行而毌廢矣。”（頁 319）另於十篇下“患”下則注：“毌貫，古今字”（頁 518）；又如“罙（罙）湥（深），古今字”（頁 347）；又如“廢竢而用俟，則竢俟爲古今字矣”（頁 373）等，既云“某行某廢”，又明言某某為古今字。依例可知，單用“某行某廢”、“廢某而用某”之類術語者，段氏雖未直稱其為古今字，但考段氏之意，實視此類為古今字也。

此外，“某行某廢”類，亦有涉及詞義而非用字者，主要是一字二義而一行一廢的情況，其術語特徵為“……本義廢矣”，如“某之本義廢矣”、“假借行本義廢矣”、“引申義行本義廢矣”、“旁義行本義廢矣”、“轉展他用而某之本義廢矣”、“俗制某為某某字而某之本義廢矣”、“別制某為某某字而某之本義廢矣”等。又如"今義行而古義廢矣"、"今上義行而此義廢矣"、"今毛義行而韓義廢矣"等，皆與詞義之行廢有關，雖未必是古今字現象，但與古今用字仍有相涉。至於所謂"今字則古文行而小篆廢矣"、"用古文而小篆廢矣"、"俗形行而本形廢矣"等，乃為古文與小篆、俗字與本字之別，則非段氏所謂古今字。

上舉三類中，前兩類術語乃承襲漢唐以來經學大師之注經術語，第三類則為段氏所獨創。由於段注中，"某行某廢"、"廢某而用某"之類注語甚多，本文謹以"形符變化"為中心，觀察此一類型之表現樣態。大抵言之，"某行某廢"之情形，其所謂今字專行而古字為廢者，多因字義統合所致，亦即今字統合古字所致。呂思勉云："凡音義皆同字，無論其為累增、非累增，必皆僅存其一。其不然，則因後世之讀音不同……又不然，則因其一為專名，不可廢……又不然，則因經典所用，不容擅改……更不然，則因俗人之字，相類之義旁恆相亂。洮汰作用之大者，莫如將本有微別之字，亦洮汰之而衹存其一……然則今所謂音義皆同字，誠為重文者固多；其實有微別者亦不少。而今皆一廢一存者？古雖有別，至後世察其無用，則亦從而廢之也。"[4] 總之，此類術語以段氏觀點大都視為與"古今字"有關。然細審之，此中仍可區分為分別字、古今異體字，或古用彼今用此之通假字，甚至有些同義近義之同源字，未必皆為古今字。再者，從文字發展來看，產生在前之古字，所用本應在先；出現於後之今字；所用理應在後。然從實際狀況來看，段氏所謂之古今字之前後使用，卻頗混亂，此一現象，實值思索。

二　增加形符，以為古今區別字

《段注》中，"某行某廢"所呈現的類型，以古今字為多，而古今字之今字有些是在古字上增加形符而成者。其中有些今字與古字的字義相同或相近；有些則今字與古字之字義相遠。相近者，字義相同或相通相近者，經過字義的引申擴大變成義同或義通關係，或古用某今用某，或今字獨行古字廢。而這類古今字，其所行者與所廢者間，實為今字在古字上增加形符而成。亦即在古字的基礎上另增偏旁，新造新字。另增之偏旁，主要是形符。這類古今字，從形體上看都是形聲字。而其聲符就是古字，本來乃是用以獨立記錄詞義，而非單純之聲符。這類今字，部分今字乃承古字某項意義而新造之字，乃為加強而字義而造；有些則是異體字，不全然是古今字。

（一）屰／逆

屰，《說文》："不順也。从干下凵。屰之也。"《段注》曰："後人多用逆，逆行而屰廢矣。"（頁 87）；逆，《說文》："迎也。从辵，屰聲。關東曰逆，關西曰迎。"（頁 72）段注曰："逆迎雙聲，二字通用，……今人假以爲順屰之屰，逆行而屰廢矣。"按屰字，甲骨文作□、□、□、□、□、□等形；金文作□、□、□、□等形，從倒大乃指倒逆之人，人應正立，倒過來即指不順，為變形表意手法。此外，甲骨文或加"止"形作□、□、□、□、□等形；或加"彳"形，如甲骨文作□、□、□、□、□等形，金文作□等形；或加"辵"形，如甲骨文作□、□、□、□、□、□等形，金文作□、□、□、□、□、□、□、□、□等形。按"止"、"彳"、"辵"皆有行走之義。加形符轉化其義，指逆向而走或迎面而來，為加形符加強字義的現象。亦即□、□、□諸字，皆在□字基礎上另增偏旁，新造其字，所加者如"止"、"彳"、"辵"等，皆為義符，聲符就是"屰"字。從故字看，屰逆這組字，其實是異體字關係，並非古今字。

（二）隶／逮

隶，《說文》："及也。从又尾省。又，持尾者从後及之也。"段注曰："此與辵部逮音義皆同，逮專行而隶廢矣。"（頁 118）逮，《說文》："唐逮，及也。从辵，隶聲。"段注曰："唐逮雙聲葢古語也。《釋言》曰：'遏遾逮也。'《方言》曰：'東齊曰蝎，北燕曰噬，逮通語也。'"（頁 73）按隶、逮音義皆同，辵有行之義，為加強字義，加形符辵新造逮字，而以"隶"字為聲符。此古今字。

（三）䀠／瞿

䀠，《說文》："䀠又視也。从二目。凡䀠之屬皆从䀠。讀若拘。又若良士瞿瞿。"《段注》曰："凡《詩·齊風》、《唐風》、《禮記·檀弓》、《曾子問雜記》、《玉藻》或言'瞿'。或言'瞿瞿'。葢皆䀠之假借，瞿行而䀠廢矣。瞿下曰：'䧢隼之視也。'若《毛傳》於齊曰瞿瞿無守之皃，於唐曰瞿瞿然顧禮義也。各依文立義。而爲驚遽之狀則一。會意。"（頁 137）瞿，《說文》："䧢隼之視也。从隹䀠，䀠亦聲。凡瞿之屬皆从瞿。讀若章句之句。又音衢。"段注曰："隼亦鶽字也。知爲鷹隼之視者，以从隹、䀠知之也。《吳都賦》曰：'鷹瞵鶚視。'經傳多假瞿爲䀠。"（頁 149）按䀠字从字形上看，左右視之意不夠明確，故依託鳥類習性，加隹為瞿，加強字義。因經傳多假瞿爲䀠，致瞿行而䀠廢矣。

（四）冓／構

冓,《說文》:“交積材也。象對交之形。凡冓之屬皆从冓。”《段注》曰:“高注《淮南》曰:‘構,架也。材木相乘架也。’按結冓當作此,今字構行而冓廢矣。木部曰:‘構,葢也。’義別。冓造必鉤心鬬角也。”（頁 160）構,《說文》:“葢也。從木，冓聲，杜林以為椽桷字。”段注曰:“此與冓音同義近，冓，交積材也，凡覆葢必交積材。以形聲包會意。”（頁 256）按構從冓得聲，冓、構音同而義別，構行而冓廢，乃因增加形符以強化字義而致古字廢行之例。

（五）㥯／隱／㥯

㥯,《說文》:“有所依也。从𠬪工。讀與隱同。”段注曰：“此與𨸏部隱音同義近,隱行而㥯廢矣。凡諸書言安隱者當作此。今俗作安穩。”（頁 162）隱,《說文》:“蔽也。从𨸏，㥯聲。”段注曰：“艸部曰：蔽茀，小皃也。小則不可見，故隱之訓曰蔽。若孟子隱几字則當爲㥯。𠬪部曰:㥯,有所據也。”（頁 741）㥯,《說文》:“謹也。从心，㥯聲。”《段注》曰:“於靳切。十三部。”（頁 509）按:㥯从㥯得聲,隱从㥯得聲。㥯、隱音同而義別,隱行而㥯廢。按《說文》“阜:大陸也”段注曰:“引申之為凡厚、凡大、凡多之稱。”又《玉篇》:“㥯，所依據也。今作隱。”隱行而㥯廢，亦為增加形符強化字義而致古字廢行之例。

（六）𡫳／塞；㥶／塞

𡫳,《說文》:“窒也。从𣦼从廾,窒宀中。𣦼猶齊也。”段注曰:“穴部曰:窒,𡫳也。此與土部塞，音同義異。與心部㥶，音同義近。塞，隔也。隔，塞也。與𡫳窒訓別。㥶，實也。實，富也。與𡫳窒訓近。凡填塞字皆當作𡫳。自塞行而𡫳、㥶皆廢矣。”（頁 203）㥶,《說文》:“實也。从心，𡫳聲。《虞書》曰：剛而㥶。”段注曰：“按𣦼部曰：𡫳，窒也。穴部曰：‘窒，𡫳也。’‘窴，𡫳也。’𡫳廢而俗多用塞。塞，隔也。非其義也。至若《燕燕》、《定之方中》、《堯典》、《咎繇謨》諸‘塞’字又皆當作‘𡫳’。即曰叚借,亦當叚𡫳,而不當叚塞也。”（頁 509）按塞,《說文》:“隔也。从土，𡫳聲。”段注曰：“𨸏部隔下云塞也。是爲轉注。俗用爲窒𡫳字，而塞之義，𡫳之形俱廢矣。”（頁 696）按塞，从土，𡫳聲。以塞代𡫳，塞行而𡫳廢為增加形符強化字義而致古字廢行，即塞為𡫳的累增字。以土窯𡫳為塞義。又按以塞代㥶，塞行而㥶廢，為改換形符加強字義的現象。以土實物為塞義。

（七）𥁕/溫

𥁕，《說文》："仁也。从皿，㠯食囚也。官溥說。"段注曰："凡云溫和、溫柔、溫暖者，皆當作此字，溫行而𥁕廢矣。水部溫篆下但云水名，不云一曰煗者，許謂煗義自有囚皿字在也。用此知日部昫日出溫也，安䁈溫也，㬤溫溼也。火部煗溫也，衮以微火溫肉也。金部銚溫器也，鏖溫器也。凡若此等皆作𥁕不作溫矣。"（頁215）溫，《說文》："溫水。出犍爲符。南入黔水。从水，𥁕聲。"段注曰："今以爲溫煗字。許意當用𥁕爲溫煗。"（頁524）按水有溫冷之分。增加形符為溫，溫行而𥁕廢，為加形符加強字義所致。

（八）盇/蓋

盇，《說文》："覆也。从血，大聲。"段注曰："皿中有血而上覆之，覆必大於下，故从大。艸部之蓋从盇會意。訓苫，覆之引申耳。今則蓋行而盇廢矣。"（頁216）蓋，《說文》："苫也。从艸，盇聲。"段注曰："引申之爲發端語詞。又'不知者不言'，《論語》謂之蓋闕，《漢書》謂之丘蓋。"（頁43）按苫為用茅草編製成之覆蓋物（《爾雅·釋器》）。加艸為盇，取其用艸覆蓋之意也。蓋行而盇廢，乃為增加形符加強字義，致今行而古廢。

（九）匋/陶

匋，《說文》："作瓦器也。从缶，包省聲。古者昆吾作匋。"段注曰："今字作陶，陶行而匋廢矣。陶見𨸏部，再成丘也。"（頁227）陶，《說文》："再成丘也。在濟陰。从𨸏，匋聲。《夏書》曰：'東至于陶丘。陶丘有堯城，堯嘗所凥，故堯號陶唐氏。'"段注曰："《釋丘》曰：一成爲敦丘，再成爲陶丘。"（頁742）按王筠於"匋"篆下曰："……亦陶竇連文，則'陶'為'匋'之累增字。引申之則瓦曰陶。《尚書大傳》：'舜陶于河濱。'馬注《周書·梓材》云'冶土器曰陶'。許君說陶但主陶丘，以字從阜也。"[5]陶行而匋廢，亦為加形符強化字義所致。

（十）𩫏/郭→鼓

𩫏，《說文》："度也。民所度居也。从回，象城𩫏之重，兩亭相對也。，或但从口。"段注曰："《釋名》曰：'郭，廓也。廓落在城外也。'按城𩫏字今作郭，郭行而𩫏廢矣。邑部曰：'䣍，齊之郭氏虛'也。鼓下云：'萬物郭皮甲而出'，當作𩫏，卽今之廓字也。……內城外𩫏，兩亭相對。"（頁231）郭（䣍），《說文》："齊之郭氏虛。善善不能進，惡惡不能退，是㠯亡國也。从邑，𩫏聲。"段注曰：

“謂此篆乃齊郭氏虛之字也。郭本國名。虛、墟，古今字。……郭，今以爲城𩫏字，又以爲恢郭字。”（頁 301）又鼓，《說文》：“郭也。春分之音，萬物郭皮甲而出，故曰鼓。从壴，从中又。”《段注》曰：“城𩫏字俗作郭。凡外障內曰郭，自內盛滿出外亦曰郭。郭、廓正俗字。”（頁 208）按廓字不見於《說文》，《玉篇》：“廓，大也、空也”，《廣韻》：“廓，空也、大也、虛也”。郭（𩫏）行而𩫏廢，其加形符，實為加強字義也。《周禮》：“四井為邑。”段注曰：“郭今以為城𩫏字，又以為恢郭字。”又按甲骨文作[illegible]、[illegible]、[illegible]、[illegible]、[illegible]、[illegible]、[illegible]、[illegible]等形；金文作[illegible]、[illegible]、[illegible]、[illegible]、[illegible]、[illegible]、[illegible]、[illegible]等形。皆象城郭形，四座看亭，或省為二。後演變成墉、郭兩字，《說文》“墉”之古文卽作𩫏字形。按墉，《說文》：“城垣也。从土，庸聲。𩫏，古文墉。”段注曰：“五篇曰：‘𩫏，度也，民所度尻也。’此云古文墉者，葢古讀如庸。秦以後讀如郭。”（頁 695）至於郭字加形符為廓，乃因其字義多，故加形符以分其義也。

（十一）啚／鄙

啚，《說文》：“嗇也。从口，从㐭。㐭，受也。𠶷，古文啚如此。”段注曰：“下文云：嗇，愛濇也。水部曰：濇，不滑也。凡鄙吝字當作此，鄙行而啚廢矣。”（頁 233）鄙，《說文》：“五酇爲鄙。从邑，啚聲。”段注曰：“《春秋》經傳鄙字多訓爲邊者，葢《周禮》都鄙距國五百里，在王畿之邊，故鄙可釋爲邊。又引申爲輕薄之偁。而鄙夫字故作啚。冣目云俗儒啚夫翫其所習，可證也。今則鄙行而啚廢矣。”（頁 286）按《說文》六篇下：“邑：國也。”《段注》曰：“《左傳》凡稱人曰大國，凡自稱曰敝邑。”饒炯謂說：“若以對文言之，諸侯曰國，大夫曰邑。國大而邑小。散文，則國、邑皆封地，故許以國說邑。”[6]可見“邑”實有卑下之義。段氏所云“鄙可釋爲邊，又引伸爲輕薄之偁”亦可證也。加邑為鄙，鄙行而啚廢。

（十二）复／復

复，《說文》：“行故道也。从夊，畐省聲。”段注曰：“彳部又有復，復行而复廢矣。疑彳部之復乃後增也。”（頁 235）復，《說文》：“往來也。从彳，复聲。”段注曰：“返，還也。還，復也。皆訓往而仍來。”（頁 76）按復从复得聲，音同義通。彳有步趨，行走之義，加彳為復，是加形符加強字義現象。復行而复廢。王筠曰：“《玉篇》云，复今作復。案從夊義已足矣。又加彳，微複也。”[7]复字，甲骨文作[illegible]、[illegible]、[illegible]、[illegible]、[illegible]、[illegible]、[illegible]、[illegible]等形；金文作[illegible]、[illegible]；按[illegible]字，上部所从，陳永正以為乃上古居住之㚅室[8]，為㚅之初文，則會從㚅室出入。其後加辵符作復，金文作、、、、、、、等形。按為復之初文，甲、金文𡕒、復二字，實為一字，乃異體關係，非段氏所謂之古今字關係。

（十三）夅／降

夅，《說文》：“服也。从夊牛，相承不敢竝也。”段注曰：“上从夊，下从反夊，相承不敢竝，夅服之意也。凡降服字當作此，降行而夅廢矣。”（頁239）降，《說文》：“下也。从𨸏，夅聲。”段注曰：“《釋詁》曰：‘降，落也。’古多叚降爲夅。夂部曰：‘夅，服也。’……《詩・召南》：‘我心則降。’毛傳曰：‘降，下也。’《春秋經》：‘郕降于齊師。’何注曰：‘降者，自伏之文。’又齊人降鄣。《穀梁傳》曰：‘降猶下也。’皆夅之叚借字也。……以地言曰降，故从𨸏。以人言曰夅，故从夂㐄相承。此亦形聲包會意。”（739—740大頁）按徐灝曰：“夅與降相承增偏旁。降從𨸏者，自高而下之意耳。段氏分降人降地為二義，未免自生枝節。”[9]又於夅篆下曰：“夅降古今字，引伸為升降。”[10]按夅、降二字皆見於說文，但夅字未見於甲骨文、金文。而降字，甲骨文作、、、、、、；金文作、、、、、、、、、、、，可見降字來源甚早。夅字雖未見獨用，但从甲、金文看，應是自降字析出，其構形所从部件夊、㐄二者，表左右二足，且皆為向下之腳趾形，表下降義，應是降之初文。夅字加邑為降，則表自山阜下降之狀，乃或為強化下降義而加偏旁。夅、降二者，應為一字，乃異體關係，並非段氏所謂之古今字關係。

（十四）𠂹／垂／陲

𠂹，《說文》：“艸木華葉𠂹。象形。凡𠂹之屬皆从𠂹。𤓰，古文。”段注曰：“引伸爲凡下𠂹之偁，今字垂行而𠂹廢矣。象其莖枝華葉也。”（頁277）垂（垂），《說文》：“遠邊也。从土，𠂹聲。”段注曰：“辵部曰：‘邊者，行垂崖也。’‘垂者，遠邊也。’‘崖者，高邊也。’邊本謂行於垂崖，因之垂崖有遠邊之偁，厓有山邊之偁矣。《逍遙游》‘翼若垂天之雲’崔云：‘垂，猶邊也，其大如天一面雲也。’《漢書》：‘千金之子，坐不垂堂。’謂坐不於堂之邊也。垂本謂遠邊。引申之，凡邊皆曰垂。俗書邊垂字作陲，乃由用垂爲𠂹，不得不用陲爲垂矣。𨸏部曰：‘陲，危也。’則無邊義。”（頁700）又陲（陲），《說文》：“危也。从𨸏，垂聲。”段注曰：“許義垂訓遠邊，陲訓危。以垂从土，陲从𨸏之故。今義訓垂爲懸，則訓陲爲邊，邊陲行而邊垂廢矣。”（頁

743）按《說文》埀（垂）訓遠邊，既有本字而以埀（垂）代之，實因𠂹字從字形上無法明顯表示字義。以埀（垂）代𠂹，埀（垂）行而𠂹廢。以埀（垂）為𠂹而為邊陲（陲）字後，又增阜作陲（陲），蓋以埀（垂）字義多，加形符分其一義也。

（十五）朿／刺

朿，《說文》："木芒也。象形。凡朿之屬皆从朿。讀若刺。"段注曰："芒者，艸耑也，引申爲凡鐵鋭之偁。今俗用鋒鋩字，古衹作芒。朿，今字作刺，刺行而朿廢矣。《方言》曰：'凡草木刺人，北燕朝鮮之閒謂之茦，或謂之壯。自關而東或謂梗，或謂之劌。自關而西謂之刺。江湘之閒謂之棘。'不言从木者，朿附於木，故但言象形也。"（頁 321）刺，《說文》："君殺大夫曰刺。刺，直傷也。从刀朿，朿亦聲。"《段注》曰："刺，直傷也，當爲正義。君殺大夫曰刺，當爲別一義。"（頁 184）按刺从刀朿，朿、刺音同而義異。以刺代朿、刺行而朿廢，為相承增加形符，以強化字義。

又《說文》另有莿字，"茦也。从艸刺聲。"段注曰："按《方言》衹作刺，即從艸，亦當與茦篆相屬，恐後人增之。"《說文繫傳》："莿，茦也。从艸朿聲。臣鍇曰：'此為草木之莿，刺為斫之刺。'"《說文句讀》："莿者，茦之累增字。"又按茦字，《說文》："莿也。从艸朿聲。"段注曰："茦、刺見《釋艸》，刺不從艸。《方言》曰：'凡艸木刺人，北燕朝鮮之閒謂之茦，或謂之壯。'按木芒曰朿，艸芒曰茦，因木芒之字爲義與聲也。但許君上下文皆係艸名，不當泛釋凡艸之刺。或因上文葎艸有刺聯及之，或自有艸名茦，一名莿，與《方言》異義，未可定也。"洪成玉以為莿字，"應是類化而生的古今字"[11]。

（十六）穌／蘇

穌，《說文》："杷取禾若也。从禾，魚聲。"段注曰："《漢書音義》曰：'樵，取薪也。蘇，取草也。'此皆假蘇爲穌也。蘇，桂荏也。蘇行而穌廢矣。"（頁 330）蘇《說文》："桂荏也。从艸，穌聲。"《段注》曰："蘇，桂荏。《釋艸》文、《內則》注曰：'薌蘇，荏之屬也。'《方言》曰：'蘇，亦荏也，關之東西或謂之蘇，或謂之荏。'郭樸曰：'蘇，荏類。'是則析言之則蘇、荏二物，統言則不別也。桂荏今之紫蘇。蘇之叚借爲樵蘇。素孤切。五部。"（頁 24）按穌與艸有關係，乃加艸為蘇，穌當為蘇之古字，蘇行而酥廢，為義近相承而增加形符。

三　省減形符，以為古今區別字

有些“某存某廢”或“古用某今用某”之古今字中，於字形上，今字為古字之省形，在字義上，則因古字為今字之累增字或為引申義所造之分別文，則或義近或義通。此類古今字之古字，因其形符為與字義無關之符號，則往往捨古字而取今字。即古字原為代表某一義之專字，經字義引申擴大後，其古字之形符往往不合於字義，變成與字義無關之符號。為消解“形符與字義不合”之現象，乃捨古字而取今字。此外，或因今字之意義範圍比古字大，往往則由今字統合古字；或因古字之形，較為繁重，則捨古字取今字。如：

（一）㣇/夷

㣇，《說文》:“行平易也。从彳，夷聲。”《段注》曰:“《廣雅》:‘㣇㣇，行也。’按凡平訓皆當作㣇。今則夷行㣇廢矣。”（頁 77）夷，《說文》:“東方之人也。从大从弓。”《段注》曰:“《出車》、《節南山》、《桑柔》、《召旻》傳皆曰:‘夷，平也。’此與君子如夷、有夷之行、降福孔夷傳易也同意。夷即易之叚借也。易亦訓平，故叚夷爲易也。《節南山》一詩中平易分釋者，各依其義所近也。《風雨》傳曰夷悅也者，平之意也。”（頁 498）按因夷字假借為易字，遂加形符彳新造㣇字，以表其假借義，惟後世捨仍㣇而用夷，致夷行而㣇廢。蓋以㣇訓行平易，而㣇之意義範圍不足，故捨㣇而用夷，此即本字統合後起區別字之現象也。

（二）敟/典

敟，《說文》:“主也。從攴，典聲。”段注曰:“《廣韻》典字下曰:‘主也，常也，法也，經也。’按凡典法、典守字皆當作敟。經傳多作典，典行而敟廢矣。”（頁 124）典，《說文》:“五帝之書也。从冊在丌上，尊閣之也。莊都說:‘典，大冊也。’𥫔，古文典，从竹。”段注曰:“三墳五典見《左傳》。……謂典字上从冊，下从大。以大冊會意，與冊在丌上說異。不別爲篆者，許意下本不從大，故存其說而已。古文冊作箊，此从古文冊也。漢碑多有从竹、从艸者。”（頁 202）按典引申為主、常、法、經，乃加形為敟，明示引申義，而後世捨敟而仍用典，今則典行而敟廢。李富孫曰：“戴氏侗曰，典之以治人，故从攴。今相承運用典册字。”[12] 敟之字義僅為典義之局部，典行而敟廢，故以典統合敟。

（三）斁／畢

斁，《說文》：“斁，盡也。從攴，畢聲。” 段注曰：“事畢之字當作此。畢行而斁廢矣。畢，田網也。”（頁126）畢，《說文》：“田网也。从田，从華象形。或曰田聲。”段注曰：“謂田獵之网也。必云田者，以其字從田也。《小雅》毛傳曰：‘畢，所以掩兔也。’《月令》注曰：‘罔小而柄長謂之畢’。按《鴛鴦》傳云：‘畢掩而羅之。’然則不獨掩兔，亦可掩鳥，皆以上覆下也。畢星主弋獵，故曰畢，亦曰罕車。許於率下曰：‘捕鳥畢也。’此非別有一畢，亦是掩物之网。”（頁160）按斁从畢得聲，是專為畢之引申義所造之專字。斁之字義僅為畢義之局部，故畢統合斁字義，今畢行而斁廢。此亦為本字統合後起區別字也。

（四）殠／臭

殠，《說文》：“腐氣也。从歺，臭聲。” 段注曰：“《廣韵》曰：‘腐，臭也。’按臭者，氣也，兼芳殠言之。今字專用臭而殠廢矣。《儀禮》釋文引《孟子》‘飯殠茹菜’。《楊敞傳》：‘冒頓單于得漢美食好物，謂之殠惡。’《楊王孫傳》：‘其穿下不亂泉，上不泄殠。’”（頁165）臭，《說文》：“禽走臭而知其迹者，犬也。从犬自。”《段注》曰：“走臭猶言逐氣。犬能行路蹤迹前犬之所至，於其气知之也，故其字从犬自。自者，鼻也。引伸叚借爲凡气息芳臭之偁。”（頁480）按臭者凡气息芳臭之稱，為分別其中一義而加形符造殠。殠為腐气之稱，殠所代表者僅為臭字字義之局部。今臭行而殠廢，則亦為本字統合後起區別字也。

（五）憙／喜

憙，《說文》：“說也。从心喜，喜亦聲。”《段注》曰：“口部嗜下曰：‘憙，欲之也。’然則憙與嗜義同，與喜樂義異。淺人不能分別，認爲一字，喜行而憙廢矣。顔師古曰：‘喜下施心是好憙之意。’”（頁207）喜，《說文》：“樂也。从壴从口。凡喜之屬皆从喜。歖，古文喜从欠，與歡同。”（頁207）按徐灝曰：“憙喜古今字，段強生區別。”[13] 桂馥曰：“《春秋元命苞》：‘心喜者為憙。’”[14] 憙為喜之區別字，兩者義通，喜統合憙，故喜行而憙廢。

（六）愘／咎

愘，《說文》：“怨愘也。从心，咎聲。”《段注》曰：“愘與咎音同義別，古書多叚咎字爲之，咎行而愘廢矣。”（頁517）咎，《說文》：“災也。从人各。各者，相違也。”段注曰：“《釋詁》曰：‘咎，病也。’《小雅·伐木》傳曰：‘咎，過也。’《北山》箋云：‘咎，猶罪過也。’《西伯戡黎》鄭注：‘咎，惡也。’《呂覽·移樂篇》注：‘咎，殃也。’《方言》：‘咎，謗也。’”（頁386）按咎字義多，加形符造慦以分其一義。後世捨新造之體仍用咎，咎行而慦廢，亦為基於義通而統合後起區別字也。

（七）霃／沈

霃，《說文》：“久䨮也。从雨，沈聲。”《段注》曰：“《月令》：‘季春行秋令，則天多沈陰。’沈卽霃之叚借也。沈行而霃廢矣。”（頁578）沈，《說文》：“陵上滈水也。从水，冘聲。一曰濁黕也。”段注曰：“謂陵上雨積停潦也。古多假借爲湛沒之湛，如《小雅》載沈載浮是。”（頁563）按霃與沈義通，沈行而霃廢，為基於義通而統合後起區別字也。

（八）䨠／染

䨠，《說文》：“濡也。从雨，染聲。”《段注》曰：“今人多用霑染、濡染，染行而䨠廢矣。染者，以繒梁爲色。非霑義。”（頁579）染，《說文》：“㠯繒染爲色。从水，杂聲。”《段注》曰：“此據《周禮·染人》言也。染人掌染絲帛。繒者，帛也。不言絲者，舉帛以該絲也。夏纁玄，秋染夏。”（頁570）按王筠於䨠篆下曰：“亦省作染。《文賦》‘終流離於濡翰’，五臣注：‘濡，染也。’”[15]染有深入之意，與䨠義可通。染行而䨠廢，為意義上之統合。

（九）嫥／專

嫥，《說文》：“壹也。从女，專聲。”段注曰：“壹下云：嫥也。與此爲轉注。凡嫥壹字古如此作，今則專行而嫥廢矣。專者，六寸薄也。紡專也。”（頁626）專，《說文》：“六寸簿也。從寸，叀聲。一曰專，紡專。”段注曰：“今專之俗字作甎、塼。以專為嫥壹之嫥。《廣韻》曰：‘擅也，單也，政也，誠也，獨也，自是也。’”（頁122）按王筠曰：“壹下云‘專，壹也，不曰嫥也。’以符轉注常例者，蓋古衹有專字。嫥則後起之區別字，但為女子而設。然《韓詩》窈窕貞專貌。此主謂女子而不作嫥，何況琴瑟專壹之類乎。此既有分別文、而人仍用借字者也。”[16]嫥為專之區別字，基於義通，專統合竱，於是專行而竱廢。

（十）緟／重

緟,《說文》:"增益也。从糸,重聲。" 段注曰:"增益之曰緟。經傳統叚重爲之,非字之本。如《易》之重卦,象傳言重巽。又言洊雷震、習坎、明兩作離,兼山艮、麗澤兑皆謂緟之也。今則重行而緟廢矣。增益之則加重，故其字从重。許書重文若干皆當作緟文。"（頁 662）重,《說文》:"厚也。从壬,東聲。凡重之重皆从重。"《段注》曰："厚者，𣆪也。厚斯重矣，引申之爲鄭重、重疊。"（頁 392）按王筠於緟篆下曰："緟者重之區別字。"[17] 重字義多，加形符為緟，是分其一義之區別字。後世捨緟而仍用重，乃基於義通，於是重行而緟廢。

四　區別字襲取本義，另造新字之本字之形

有些為了假借義或引申義，而在本字上加形符新造專字後，後世仍不用此區別字，所行用者反為本字者，如：

（一）敶／陳／陣

敶,《說文》:"列也。從攴,陳聲。" 段注曰:"《韓詩》:'信彼南山,惟禹敶之。'《爾雅》:'郊外謂之田。'李巡云:'田,敶也。謂敶列種穀之處。敶者敶之省。'《素問注》云:'敶, 古陳字。' 是也。此本敶列字, 後人假借陳為之, 陳行而敶廢矣。亦本軍敶字,㫃下云:'讀若軍敶之敶是也。' 後人別製無理之陣字,陳行而敶又廢矣。"(頁 125)陳,《說文》:"宛丘也,舜後嬀滿之所封。从𨸏,从木,申聲。[illegible](陣),古文陳。"段注曰:"《韵會》有也。《毛傳誼》[18] 曰：'陳者，大皞虙戲氏之墟，帝舜之胄。' 有虞閼父者，爲周武王陶正，武王賴其利器用，與其神明之後，封其子嬀滿於陳，都於宛丘之側，是曰陳胡公。按今河南陳州府治是其地。許必言宛丘者,爲其字从𨸏也。毛傳曰:'四方高，中央下，曰宛丘。' 卽釋丘之宛中曰宛丘也，陳本大皞之虛正字，俗叚爲敶列之敶，陳行而敶廢矣。"（頁 742）按敶、敶，亦古文陳。陳字甲骨文未見，金文多作"敶"，如作[illegible]、[illegible]、[illegible]、[illegible]、[illegible]、[illegible]、[illegible]、[illegible]、[illegible]、[illegible]、[illegible]等形，當指在山阜以土袋築成之防禦工事，或軍陣。後省偏旁"攴"作"陳"，故陳實為敶列、軍陣之本字。陳字義多故加形符為敶，敶是敶列之專字。後世為軍陳字別作"陣"，

陣不見於《說文》，為後起的俗字。《玉篇》曰："陣、師旅、本作陳。"[19] 捨敶而仍用陳，自陣行而敶、陳廢。

（二）郇/奄

郇，《說文》："周公所誅郇國。在魯。从邑，奄聲。"段注曰："《玉篇》作'周公所誅叛國商奄，是也。'奄、郇二字，周時竝行，今則奄行而郇廢矣。"（頁 299）奄，《說文》："覆也。大有餘也。又，欠也。从大申。申，展也。"段注曰："《釋言》曰：'荒，奄也。弇，同也。弇，蓋也。'古奄、弇同用，覆蓋同義。《詩·皇矣》傳曰：'奄，大也。'《執競》傳曰：'奄同也。'鄭箋詩奄皆訓覆。許云覆也，大有餘也。二義實相因也。覆乎上者，往往大乎下，故字从大。《周官經》謂宦者爲奄，以精氣閉藏名之，覆蓋義之引申也。"（頁 497）按奄假借為商奄，為避免本義与假借義之混淆，乃加形符為郇，以表假借義。後世捨郇而仍用奄，奄行而郇廢。奄字本義則以後起區別字表示，如掩、俺、晻、閹等字。此乃假借義奪取本字之形之例。

（三）頿/須

頿，《說文》："立而待也。从，須聲。竨，或从芻。"

段注曰："今字多作需，作須，而頿廢矣。雨部曰：'需，頿也。'遇雨不進止頿也。引《易》雲上於天，需。需與頿音義皆同。樊遲名須。須者，頿之叚借。頿字僅見《漢書·翟方進傳》。"（頁 505）須，《說文》："頤下毛也。從頁彡。凡須之屬皆從須。"段注曰："案《說文》雲'耐者，鬚也。'鬚謂頤下之毛，象形字也。今本'而'篆下雲：'頰毛也。''須'篆下雲：'面毛也'，語皆不通。'毛'篆下雲'眉髮之屬'，故眉解目上毛，須解頤下毛。須在頰者謂之頿，不謂之而。釋須爲面毛則尢無理。須在頤下，頾在口上，頿在頰，其名分別有定。……引申爲凡下垂之偁。凡《上林賦》之鷛蘇，《吳都賦》之流蘇，今俗雲蘇頭，皆即須字也。俗假須爲需。別製鬒鬚字。"（頁 428）按須為頤下毛，假借為需，故加形符而造頿字，以明示真假借義。後世為須之本義为造鬚字，於是須之假借義反奪取本義，致須行而頿廢。

五　增加形符，今字統合古字

段注有"今專用某而某廢矣"、"今則某專行而某廢矣"、"今字某行而某廢矣"、

"今字作某，某行而匋廢矣"、"今字則某行而某廢矣"、"今字用某某字為某某字而某字廢矣"、"今則不知有某字而某字廢矣"、"今則概用某而某廢矣" 等語，其中，或因字義統合，致今字專行而古字為廢，其存廢實乃今字統合古字所致。大抵古今字中，於形，則有今字在古義上加形符而成者；於音，則古字與今字間，或音同或音近；於義，則因今字乃從古字孳乳而成，義必相同、相近或相通。茲舉例如下：

（一）葡／備

葡，《說文》："具也。從用苟省。"《段注》曰："具，供置也。人部曰：'備，愼也。'然則防備字當作備，全具字當作葡，義同而略有區別。今則專用備而葡廢矣。"（頁129）備，《說文》："愼也。从人，葡聲。[illegible]（俻），古文備。" 段注曰："心部曰：'愼者，謹也。' 言部曰：'謹者，愼也。' 得備而三字同訓。或疑備訓愼未盡其義，不知用部曰葡，具也。此今之備字，備行而葡廢矣。葡廢而備訓具，尟知其古訓愼者，今義行而古義廢矣。凡許之書所以存古形古音古義也。"（頁375）按徐灝曰："葡、備古今字、相承增偏房。凡備其事者，皆謹愼義也，不必分為二義。" [20] 葡、備義同而略有區別，其後備字意義擴大，統合葡字之義，故"今則專用備而葡廢"矣。

（二）号／號

号，《說文》："痛聲也。从口在丂上。凡号之屬皆从号。" 段注曰："号，嘑也。凡嘑號字古作号。口部曰：嘑，号也。今字則號行而号廢矣。"（頁206）號，《說文》："嘑也。从号从虎。"《段注》曰："口部曰：嘑，號也。此二字互訓之證也。《釋言》曰：'號，謼也。'《魏風》傳曰：'號，呼也。' 以《說文》律之，謼、呼皆假借字。號嘑者，如今云高叫也。引申爲名號，爲號令。嘑号聲高，故从号。虎哮聲厲，故从虎。号亦聲。"（頁206）按號、号，或云"嘑也"，或云"痛聲也"，皆屬"聲"，字義相通，號行而号廢，乃基於義通而相統合也。徐灝曰："号、號，古今字。" [21]

（三）㫗／厚

㫗，《說文》："厚也。从反亯。凡㫗之屬皆从㫗。"《段注》曰："厚當作管。上文曰管，旱也。此曰旱，篤也。是爲轉注。今字厚行而旱廢矣。凡經典旱薄字皆作厚。倒亯者，不奉人而自奉，旱之意也。"（頁232）厚，《說文》："山陵之旱也。从厂从㫗。垕，古文厚从后土。" 段注曰："旱，各本作厚，今正。山陵之厚故其字从厂。今字凡㫗薄字皆作此。𩫖亦聲。"（頁 232）按厚專謂山陵，然厚從𩫖得聲，亦有𩫖義。厚與𩫖義通，乃以厚統𩫖而廢。

（四）肖／瑣

肖，《說文》："貝聲也。从小貝。"段注曰："聚小貝則多聲，故其字從小貝。引申爲細碎之偁，今俗瑣屑字當作此。瑣行而肖廢矣。《周易·旅》初六：'旅瑣瑣。'陸績曰：'瑣瑣，小也。艮爲小石，故曰旅瑣瑣也。'按瑣者，肖之假借字。"（頁 282）瑣，《說文》："玉聲。从王，肖聲。"段注曰："謂玉之小聲也。《周易》：'旅瑣瑣。'鄭君、陸績皆曰：'瑣瑣，小也。'"（頁 16）按徐鍇肖篆下曰："象連貫小貝相叩之聲也。"[22] 肖、小聲。瑣、玉之小聲。基於義通，瑣統合肖，乃瑣行而肖廢。"

（五）㪔／散

㪔，《說文》："分離也。从林从攴。林，分㪔之意也。"段注曰："散潸字以為聲，散行而㪔廢矣。"（頁 339）散，《說文》："𧙍肉也。从肉，㪔聲。"段注曰："從㪔者，會意也。㪔，分離也，引申凡㪔者皆作散。散行而㪔廢矣。"（頁 178）按散从㪔得聲，㪔與散本義相近。散字意義擴大，統合㪔字，散行而㪔廢。

（六）𢼸／微

𢼸，《說文》："眇也。从人从攴，豈省聲。"段注曰："凡古言𢼸眇者，即今之微妙字。眇者，小也。引申爲凡細之偁。微者，隱行也。微行而𢼸廢矣。"（頁 378）微，《說文》："隱行也。从彳，𢼸聲。《春秋傳》曰：'白公其徒微之。'"段注曰："𢼸訓眇。微从彳，訓隱行。叚借通用微而𢼸不行。《邶風》：'微我無酒。'又假微爲非。……《左傳·哀十六年》文。杜曰：'微，匿也。'與《釋詁》'匿，微也'，互訓，皆言隱，不言行，𢼸之叚借字也。此偁傳說叚借。"（頁 77）按𢼸字，甲骨文作[illegible]等形，作微者，彳乃後加。從古文字看，𢼸、微二者，實為異體字關係；從《說文》看，則微從𢼸得聲，微、𢼸本義相近，而微之字義擴大，統合𢼸之字義，今則微行而𢼸廢。

（七）昜／陽；侌（霒）／陰

昜，《說文》："開也。从日一勿。一曰飛揚，一曰長也，一曰彊者眾皃。"段注曰："此陰陽正字也。陰陽行而侌昜廢矣。"（頁 458）陽，《說文》："高明也。从𨸏，昜聲。"段注曰："闇之反也。不言山南曰昜者，陰之解可錯見也。山南曰陽，故从𨸏。毛傳曰：山東曰朝陽，山西曰夕陽。”（頁 738）按陽从昜得聲，昜與陽本義相近。陽字意義擴大,於是統合昜字之意義。陽行而昜廢。又霒,《說文》:“雲覆日也。从雲，今聲。侌，古文霒省。亦古文霒。”段注曰：“今人陰陽字小篆作霒昜，霒者，雲覆日。昜者，旗開見日。引申爲㒳儀字之用。今人作陰陽，乃其中之一耑而已。霒字今僅見《大戴禮記·文王官人》篇、《素問·五帝政大論》。於今切。七部。古文雲本無雨耳，非省也。陰字从此。此冣初古文也。侌則以小篆法整斉之。云亦同。”（頁 580）陰,《說文》:“闇也。水之南，山之北也。从𨸏，侌聲。”段注曰:“闇者，閉門也。閉門則爲幽暗，故以爲高明之反。《穀梁傳》曰：‘水北爲陽，山南爲陽。’注云:‘日之所照曰陽，然則水之南，山之北爲陰可知矣。’《水經注》引伏虔曰：‘水南曰陰。’《公羊·桓十六年》傳注曰：‘山北曰陰。’按山北爲陰，故陰字从𨸏。自漢以後通用此爲霒字。霒古文作侌。夫造化侌昜之气本不可象，故霒與陰，昜與陽皆叚雲日山𨸏以見其意而已。”（頁 738）又按陰从侌得聲，侌與陰本義相近。陰字意義擴大，統合侌字之義，陰行而侌廢，故段氏以為“陰陽行而侌昜廢矣”。

（八）朢／望

朢,《說文》:“月滿也。與日相望，佀朝君。从月从臣从𡈼。𦣠，古文朢，省。”《段注》曰：“此與望各字。望从朢省聲，今則望專行，而朢廢矣。”（頁 391）望，《說文》:“出亡在外，望其還也。从亡，朢省聲。”段注曰：“還者，復也。本義。引申之爲令聞令望之望。按望以朢爲聲。朢以望爲義。其爲二字較然也。而今多亂之。”（頁 640）依《說文》，則朢以望為義，朢、望義通，望統合朢，望專行而朢廢。按朢字，甲骨文作、、、、、等，从臣从人，會人挺立瞻望之意;或作、、等形，从臣从人，下加土形，與《說文》古文“𦣠”同。金文作、、與《說文》古文“𦣠”同；又作、、、、、、等形,从臣从𡈼从月,即《說文》朢字;又作、、等形,臣字聲化為“亡”，二者實為一字。郭店楚簡作、、等形，上博楚簡作、、等形，臣亦易作“亡”聲。郭店楚簡有作、者，从亡从𡈼，省“月”形。季旭昇云：“甲骨文‘𦣠’字從‘臣’(表目形),從人,會人挺立瞻望之意。下或加‘土’形。西周早期金文臣辰盉加‘月’形,表‘朔望’義;中期金文‘臣’形或聲化為‘亡’，二者實為一字,《說文》分為二字，釋義各自不同，並不可從。至於《說文》古文從臣從壬，目前戰國古文未見，但理論上戰國時六國應該有這種寫法，不必說直承商、西周早期文字。”[23]按從甲、金文及楚簡看，𦣠、朢、望三字實為一字，為異體字關係。

（九）巟／荒

巟，《說文》：“水廣也。从巛，亾聲。《易》曰：‘包巟用馮河。’”段注曰：“引申爲凡廣大之偁。《周頌》：‘天作高山，大王荒之。’《傳》曰：‘荒，大也。’凡此等皆叚荒爲巟也。荒，蕪也。荒行而巟廢矣。……今《易》作荒。陸云：‘本亦作巟。’”（頁574）荒，《說文》：“蕪也。从艸，巟聲。一曰艸掩地也。”段注曰：“荒之言尨也，故爲蕪薉。呼光切。十部。《周南》、《魯頌》毛鄭皆曰：‘荒，奄也。’此艸掩地引申之義也，一本掩作俺。”（頁40）按徐灝於巟篆下曰：“荒訓大者，卽荒蕪之引申，不必為巟之假借。《易·泰》包荒，本是包四荒之義。其作巟，因馮河而改之耳。”[23]荒之引申義與巟通，荒統合巟，乃荒行而巟廢。

六　增加形符以分其義而古字廢

因古字義多，乃增加形符以區分其義，致古字廢者。亦有增加形符以明其本義，致古字廢者。分見下列二例：

（一）夌／淩／凌／陵

夌，《說文》：“越也。从夊兴。兴，高大也。一曰夌徲也。”段注曰：“凡夌越字當作此。今字或作淩，或作凌，而夌廢矣。……凡言陵遟、陵夷當作夌徲，今字陵遟、陵夷行而夌徲廢矣。”（頁235）按段氏所云三字，分述如下：“淩”，《說文》：“淩水。在臨淮。从水，夌聲。”段注曰：“淩水，出淩縣，東流，逕其縣故城東。而東南流，注於淮，是曰淩口。……《廣韵》曰：‘淩，歷也。’今字今義也。”（頁540）又“勝”字，《說文》：“仌出也。从仌，朕聲。《詩》曰：‘納于勝陰。’凌，勝或从夌。”（頁576）又“陵”，《說文》：“大𨸏也。从𨸏，夌聲。”段注曰：“《釋地》、毛傳皆曰：‘大阜曰陵。’《釋名》曰：‘陵，隆也，體隆高也。’按引申之爲乘也，上也，躐也，侵陵也，陵夷也。皆夌字之叚借也。夊部曰：夌，越也。一曰：夌，徲也。夌徲，卽陵夷也。”（頁738）按夌有“越”、“陵夷”等義。今字淩、凌、陵行而夌廢，乃為古字義多，加形符以分其義之區別字。

（二）尊／罇／樽

尊，《說文》：“酒器也。从酋，廾目奉之。《周禮》六尊：犧尊、象尊、箸尊、壺尊、大尊、山尊。目待祭祀賓客之禮。尊，尊或从寸。”段注曰：“凡酒必實於尊以待酌者。鄭注禮曰：置酒曰尊。凡酌酒者必資於尊，故引申以爲尊卑字，猶貴賤本謂貨物而引申之也。自專用爲尊卑字，而別製罇、樽爲酒尊字矣。廾者，竦手也。奉者，承也。設尊者必竦手以承之。”（頁759）按尊字為引申義所專，乃加形符而造罇、樽字以明示本義之區別字。

七 因譌字取代而本字廢

段氏於《說文·敘》中云：“大氐叚借之始。始於本無其字。及其後也。既有其字矣。而多爲叚借。又其後也。且至後代譌字亦得自冒於叚借。博綜古今。有此三變。以許書言之。本無難易二字。而以難鳥、蜥易之字爲之。此所謂無字依聲者也。至於經傳子史不用本字而好用叚借字。此或古古積傳。或轉寫變易。有不可知。而如許書，每字依形說其本義，其說解中必自用其本形本義之字，乃不至矛盾自陷。”（“六曰假借”下注，764頁）可知因譌字而得借假借之途而取代本字，如或因聲符相同、相近而字形相似致譌，或純因字形相似而為轉寫致譌，皆有所見。如：

（一）瞢／營

瞢，《說文》：“瞢惑也。从目，熒省聲。”段注曰：“《淮南鴻烈》、《漢書》皆假營爲瞢。高誘注每云：營，惑也。不誤。小顏多拘牽營字本義，訓爲回繞，非也。營行而瞢廢。”（137頁）營，《說文》：“市居也。从宮，熒省聲。”段注曰：“諸葛孔明《表》云‘營中之事’，謂軍壘也。引申之爲經營，營治。凡有所規度皆謂之營。”（346頁）按瞢與營音近而義異，以營代瞢為譌字冒代而某行某廢。

（二）盅／沖

盅，《說文》：“器虛也。从皿，中聲。《老子》曰：‘道盅而用之。’”段注曰：“丘部曰：虛，大丘也。引申爲虛落，今之墟字也。又引申爲空虛，《邶風》：‘其虛其邪。’毛曰：‘虛，虛也。’是其義也。謂此虛字，乃虛中之虛也。盅虛字今作沖，水部曰：‘沖，涌繇也。’則作沖非也。沖行而盅廢矣。”（頁214）沖，《說文》：“涌繇也。

从水，中聲，讀若動。”段注曰：“繇、搖，古今字。涌，上涌也。搖，旁搖也。《小雅》曰：‘攸革沖沖。’毛云：‘沖沖，垂飾貌。’此涌搖之義。《豳風》傳曰：‘沖沖，鑿冰之意，義亦相近。’《召南》傳曰：‘忡忡，猶衝衝也。’忡與沖聲義皆略同也。凡用沖虛字者，皆盅之假借。《老子》：‘道盅而用之。’今本作沖是也。尚書沖人，亦空虛無所知之意。”（頁 552）按以沖代盅，沖行而盅廢，因為譌字假借所致。

（三）勼／鳩

勼，《說文》：“聚也。从勹，九聲，讀若鳩。”段注曰：“《釋詁》曰：‘鳩，聚也。’《左傳》作‘鳩’。《古文尚書》作‘逑’。辵部曰：‘逑，斂聚也。’《莊子》作‘九’。今字則鳩行而勼廢矣。”（頁 437）鳩，《說文》：“鶻鵃也。从鳥，九聲。”段注曰：“經傳多假鳩爲逑，爲勼。辵部曰：逑，斂聚也。勹部曰：勼，聚也。”（頁 150）按鳩為鳥名，經傳多假鳩為勼，乃鳩行而勼廢，為假借而成之古今字。

（四）崋／華

崋，《說文》：“崋山也，在弘農華陰。从山，𠌶聲。”段注曰：“《地理志》：‘京兆尹華陰，大華山在南，豫州山。’《郡國志》：‘弘農郡華陰，故屬京兆。有大華山，漢之華陰，今陝西同州府華陰縣是其地，泰華山在縣南十里，卽西嶽也。’各本作蕐省聲。今正，蕐卽𠌶聲也。……按西嶽字各書皆作華，華行而崋廢矣，漢碑多有从山者。”（頁 443）華，《說文》：“榮也。从艸𠌶。凡蕐之之屬皆从蕐。”段注曰：“見《釋艸》。艸部曰：‘葩，華也。’雩部曰：‘𩁹，華榮也。’按《釋艸》曰：‘蕍芛葟華榮。’渾言之也。又曰：‘木謂之華，艸謂之榮。榮而實者謂之秀，榮而不實者謂之英。’析言之也。引申爲《曲禮・削瓜》爲國君華之之字。又爲光華，華夏字。”（頁 277）按崋因地名而得名的山名，段注云：“漢碑多有从山者。”如西嶽華山廟碑作“崋”、曹全碑作“崋”；又魏曹真殘碑作“崋”，以華代崋，實為譌字所致。

（五）譣／驗

譣，《說文》：“問也。从言，僉聲。《周書》曰：‘勿以譣人。’”段注曰：“按言部‘讖，驗也’，竹部‘籤，驗也’，驗在馬部爲馬名。然則云徵驗者，於六書爲假借，莫詳其正字。今按：譣，其正字也。譣訓問，謂按問。與試驗、應驗義近。自驗切魚窆，譣切息廉，二音迥異，尟識其關竅矣。……按此偁《周書》説假借也。《立政》：‘勿用譣人，其惟吉士。’此譣正憸之假借。”（頁 93）驗，《說文》：

“馬名。从馬，僉聲。”段注曰：“今用爲譣字，證也，徵也，效也。不知其何自始。驗行而譣廢矣。”（頁 468）按驗為馬名，以驗代譣，亦為譌字相代也。

八　餘說

綜上所見，本文針對段注“某行某廢”類術語，進行有關形符變化部分之探索，並未討論古今字之主要問題。蓋以“某行某廢”類注語，段注雖視為古今字，惟從實例上看，有些固為古今區別字，但間多有異體字、通假字、同源字者，未必皆為古今字。

如“杇”字下段注云：“按此器今江浙以鐵爲之，或以木。《戰國策》：豫讓變姓名，入宮塗廁，欲以刺襄子。襄子如廁，心動，執問塗者，則豫讓也。刃其杅，曰欲爲智伯執讎。杅謂涂廁之杇。今本皆作扜。侯旰切。繆甚。刃其杅，謂皆用木而獨刃之。以楕下云古用木，故從木例之。疑杅古全用木。故杇槾古字也，釫鏝今字也。”“杇槾古字也，釫鏝今字也。”（頁 258）其中，“杇與釫”“槾與鏝”二者關係即為古今異體字，而非古今字。

又如“启”與“啟”之關係。启，《說文》：“開也。从戶口。”段注曰：“按後人用啟字訓開，乃廢启不行矣。”（頁 58）啟，《說文》：“教也。從攴，启聲。《論語》曰：‘不憤不啟。’”（頁 123）徐灝於“启”篆下曰：“启之本義謂開戶。引申為凡開之稱。”[25]以啟代启，啟行而启廢為加形符加強字義所形成之古今字。但啟字，甲骨文作、、、、、、等形；亦作、、、、、、等形；金文作、等形；亦作、、、、、、、、、等形。由此觀之，启與啟實為異體字，而非古今字關係。

關於古今字與異體字之議題，張銘指出：“古今字與古今異體字是兩種性質不同的文字現象。古今字是為了區別詞義而產生的，產生之後，古字與今字共同存在，分擔不同的文字職務，是詞的分化在文字上的不同反映。而異體字則是文字發展史上的“冗餘”現象，因此，大批異體字在使用過程中不斷被淘汰。……從字形上說，異體字之形體不同多是有選擇地改換偏旁或變換偏旁位置，古今字則是多在原字上增添或改換義符；從讀音上看，異體字之間聲音完全相同，古字與分化字的聲音有時相同，有時只是相近，因為它們已經分化成兩個不同的詞；

從意義上看，異體字之間意義完全相同，有時一字能完全包含另一字的意義。而古今字中的今字在承擔了古字的某個意義之後，便與原字有了分工，二者不再同時具有完全重合的意義。因此，從來源和結果上說，古今字和異體字是兩種本質完全不同的文字現象，不能夠混為一談或互有交叉。”[26]該說頗值參考。

此外，有些有造字相承關係之古今字，段氏有時視為假借字，有時又視為俗字。甚至有些特為假借義所造之今字，由於未能行開，廣為使用，故一般仍慣用借字。如：《說文》：“衛，將衛也。从行率聲。”段注曰：“衛，導也，循也。今之率字，率行而衛廢矣。率者，捕鳥畢也。將帥字古衹作將衛。帥行而衛又廢矣。帥者，佩巾也。衛與辵部達音義同。”（頁 79）按“衛”字雖確被廢，但此字既不見先秦經典，亦未見甲金文，最早只見《說文》，乃漢時為率帥假借義而專造之字，因後世未被用開而見廢。而率字見於甲骨文作 、 、 、 、 、 、 等；亦見於金文作 、 等，皆早於衛字，段注將古字看成今字，是其疏漏與局限之處。

大體而言，段氏儘管《段注》古今字之注釋存在不少缺失及局限，然其對古今字之理論闡釋及其深具有開創性與經典性之論述，仍頗值肯定與重視。至於其在訓詁學史上之貢獻，更不容置疑。

註釋

[1] 段玉裁：《說文解字注》“渚”字下，台北：黎明文化事業有限公司 1985 年 9 月版，第 545 頁。下凡引《說文》段注皆以此書為本，謹於該字下括號註明頁數，不另作注。又此類徑稱“古今字”者，其例頗多，又如“气氣，古今字”、“空孔，古今字”、“蕢蘋，古今字”、“介界，古今字”、“余予，古今字”、“粥䛐，古今字”、“牙芽，古今字”、“疋疏，古今字”、“辟僻，古今字”、“扣叩，古今字”、“共供，古今字”、“誼義，古今字”、“虛墟，古今字”、“涂塗，古今字”、“毌贯，古今字”等。

[2] 又如“躧屣，古今字”、“鄚蓟，古今字也”、“周曰泉，秦曰錢，在周秦為古今字也”等，皆是此例。

[3] 又如“今人藥劑字，乃周禮之齊字也”、“古悠長字，皆作攸”、“古比例字，衹作列”、“《說文》無妙字，眇卽妙也”、“卹與心部恤音義皆同，古書多用卹字，後人多改為恤”等，皆是此例。

[4] 呂思勉：《文字學四種》，台北：藍燈文化事業公司 1977 年版，第 325—527 頁。

[5]《說文解字句讀》,收入《說文解字詁林》五下,北京:中華書局1988年版,第5460頁。

[6]《說文解字部首訂》,收入《說文解字詁林》五下,第6539頁。

[7]《說文釋例》,收入《說文解字詁林》五下,第5603頁。

[8]陳永下:《釋亞》,《古文字研究》第4輯,北京:中華書局1980年版,第259—262頁。按復,《說文》:"地室也。從穴復聲。《詩》曰:'陶復陶穴。'"

[9]《說文解字注箋》,收入《說文解字詁林》十四下,第13951頁。

[10]《說文解字注箋》,收入《說文解字詁林》五下,第5685頁。

[11]洪成玉:《古今字》,北京:語文出版社1995年版,第53頁。

[12]《說文解字正俗》,收入《說文解字詁林》三下,第3638頁。

[13]《說文解字注箋》,收入《說文解字詁林》五上,第5102頁。

[14]《說文解字義證》,收入《說文解字詁林》五上,第5102頁。

[15]《說文句讀》,收入《說文解字詁林》十一下,第11361頁。

[16]《說文句讀》,收入《說文解字詁林》十二下,第12163頁。

[17]《說文句讀》,收入《說文解字詁林》十三下,第12718頁。

[18]段注原作"毛傳誼",乃"毛詩誼"之誤,今正。

[19]徐灝於陳篆下曰:"陳之本義卽謂陳列。因為國名所專,而後人昧其義耳。敶乃後制字。段謂俗假陳為敶列、非也。……軍旅亦謂之陳。皆有行列者也。軍旅之陳請去聲,俗別作陣。……陳之本義為陳列,故從阜、從木,申聲,蓋於平陸中布列之義。"見《說文解字注箋》,收入《說文解字詁林》十四下,第13995頁。

[20]《說文解字注箋》,收入《說文解字詁林》八上,第8028頁。

[21]《說文解字注箋》,收入《說文解字詁林》五上,第5083頁。

[22]《說文繫傳》,收入《說文解字詁林》六下,第6459頁。

[23]季旭昇:《說文新證》,台北:藝文印書館2004年版,下冊第22頁。

[24]《說文解字注箋》,收入《說文解字詁林》十一下,第11256頁。

[25]《說文解字注箋》,收入《說文解字詁林》二下,第2174頁。

[26]張銘:《段注古今字研究》,烏魯木齊:新疆師範大學碩士學位論文,2006年,第19頁。

徐富昌,1956年生,台灣新竹人,台灣大學中國文學系博士,現任台灣大學中國文學系教授。研究方向為古文字學、說文學、簡牘學、文獻學。代表作有《睡虎地秦簡研究》（台北：文史哲出版社 1993 年版）、《武威儀禮漢簡文字編》（台北："國家" 出版社 2006 年版）、《簡帛典籍異文側探》（台北："國家" 出版社 2006 年版）等；近年發表論文有《上博楚竹書〈易經〉異體字簡考》（《古文字研究》第 27 輯，北京：中華書局 2008 年 8 月版）、《竹簡〈文子〉與傳世本〈文子〉異文研究》（《台大中文學報》第 30 期，2009 年 6 月）、《郭店〈老子〉文本性質再探》（《文化、經典與閱讀——李威熊教授七秩華誕論文集》，台北：秀威資訊科技股份有限公司 2010 年 1 月版）、《戰國楚簡異體字類型舉隅——以上博楚竹書為中心》（《台大中文學報》第 34 期，2011 年 6 月）等。

段注转注音转说探究

沈宝春
台湾 成功大学中国文学系教授

一　前言

“六书”名称最早由《周礼·地官·保氏》[1]拈出，并与“五礼”、“六乐”、“五射”、“五驭”、“九数”依序列举，位居第五但缺乏说解。及至汉人分解细目，尤以许慎《说文解字》（以下简称《说文》）能作进一步叙明。但许慎以四言一句，二句押韵的解说形式施诸其他五书尚可理解，唯用在“转注”上却开启无限争端，这从攸关“转注”诸说各逞己见、分门别派[2]的景况也可略窥一斑。

历来申说检讨转注论者，一律都将清代说文四大家，人称南段北桂的南段——段玉裁转注说归诸“互训派”的义转说而鲜少有异议[3]。至于专文讨论段玉裁转注说者，已有学者留意到段氏转注说的复杂性，如1995年杨蓉蓉在《段玉裁的转注理论》一文中，已指出“考”、“老”两字一例，与其他五书不谐。且两字既是互训字，又是叠韵字，也是同部首字与从属字，“考”又是“老”省文注声字，故凭两字不足以互训当之。并以段氏认为“转注以义为主，义不外乎音，故转注亦主音。转注取诸同部异部者各半”。而段玉裁承认转注有同部首、异部首，同韵、异韵，两字、多字，本义、引申义、假借义多种类型，并指出：肿、痛，叠韵相转注；更、改，双声相转注；多、伙转注，本于方音造字；舟、船转注，基于古今语言不同等，都非“互训派”的义转说所能概括承受的；或是钟明立在《段玉裁转注理论试析》一文中，指出段氏认为的转注有二义：一为互相为训，二为以同意之字为训。但在谈转注的类型时，却又分析出“转注字中，亦有双声和叠韵关系的，段氏间或明言”的“双声和叠韵”类型，如《说文》：“潎，于水中击絮也。”段注：“亦谓之漂。《史记》韩信钓于城下，诸母漂。漂与潎双声为转注。”《说文》：“掘，搰也。”段注：“二篆叠韵转注。”“漂”“潎”同为滂纽，双声；“掘”“搰”同为物部，叠韵。亦或注明“双声互训”、“叠韵互训”的，如《说文》：“峙，躇也。”

段注:“《足部》曰:躇者，峙躇、不前也。峙躇为双声字。以躇释峙者，双声互训也。”《说文》:“恔，憭也。”段注:“叠韵互训。”“峙”、“躇”同为定纽，双声;“恔”、“憭”同为宵部，叠韵。[4]已然仔细地观察到段氏转注说的这些特殊类型，但也仅止于类型的整理，并未作进一步的追索探究。

也因为大家所认知的段玉裁转注说归属于“互训派”的义转说，从而批判推阐他的也站在这立足点上，如李伟书所说的：“段氏对转注的解释，从文字学的角度来看，未免过于宽泛，而且混淆了许慎所说的‘类’和‘首’的概念。而且，互训为训诂学术语，转注为文字学术语，将二者混而为一，显然不大科学合理。”[5]但是，诚如杨、钟二氏所说，段氏转注说并非全然皆属“互训派”的义转说，其中有“双声转注”、“叠韵转注”、“双声互训”、“叠韵互训”的类型，却是大家忽略不谈的，本文即针对此再作全盘的分析归纳与探索其来龙去脉。

二　段玉裁转注“音转说”的类型

如果卢凤鹏对《说文》互训词的统计没错的话，其广义互训词条例共256组512条，即训释512字，占《说文》9353字的6%，其中“单词互训”有199组398字，占《说文》互训条例的80%[6]，也即是说，段玉裁转注“互训说”的主张底下，当有512个转注字，256组互为训释的转注情况，其中《说文》段注明言为“双声转注”、“叠韵转注”、“双声互训”、“叠韵互训”诸字例兹分属如下：

（一）段注“双声转注”例

1.《说文》：“琱，治玉也。”段注：“《释器》：玉谓之雕。按：琱、琢同部双声相转注。《诗》、《周礼》之追、《大雅》之敦弓，皆与琱双声也。”〔一上·玉部〕段注琱音都僚切，古音在三部；琢音竹角切，三部。按：琱字古音端纽幽部；琢字古音端纽屋部[7]，二字双声。

2.《说文》：“潎，于水中击絮也。”段注：“亦谓之漂。《史记》韩信钓于城下，诸母漂。漂与潎双声为转注。漂，孚妙切。《玉篇》及曹宪注《广雅》乃合潎、漂为一字，同切孚妙，误矣。”〔十一上二·水部〕段注潎音匹蔽切，十五部；漂音匹消切，又匹妙切，二部。按：漂字古音滂纽宵部；潎字古音滂纽月部，二字双声。

3.《说文》：“龗，龙也。”段注：“双声转注。”〔十一下·龙部〕段注龙音力钟切，九部；靇音郎丁切，十一部。按：霝（靇）字古音来纽耕部；龙字古音来纽东部，二字双声。

（二）段注“叠韵转注”例

1.《说文》:“蔡，艹丰也。”段注：“丰读若介，丰字本无，今补。四篇曰丰、艹蔡也;此曰蔡、艹丰也，是为转注。艹生之散乱也，丰、蔡叠韵。”〔一下·艹部〕段注蔡音苍大切，十五部；丰音古拜切，十五部。按：丰字古音见纽月部；蔡字古音清纽月部，二字叠韵。

2.《说文》:“老，考也。”段注：“《序》曰：五曰转注，建类一首，同意相受，考、老是也。学者多不解。戴先生曰：老下云考也；考下云老也。许氏之恉，为异字同义举例也。一其义类，所谓建类一首也。互其训诂，所谓同意相受也。考、老适于许书同部。凡许书异部而彼此二篆互相释者视此。……老考以叠韵为训。”〔八上·老部〕段注老音卢皓切，古音在三部；考音苦浩切，古音在三部。按：考字古音溪纽幽部；老字古音来纽幽部，二字叠韵。

3.《说文》:“掘，搰也。”段注：“二篆叠韵转注。”〔十二上·手部〕段注掘音衢勿切，十五部；搰音户骨切，十五部。按：掘字古音羣纽物部；搰字古音匣纽物部，二字叠韵。

4.《说文》:“蜗,(蜗)蠃也。”段注:“此复举篆文之未删者也。当依《韵会》删。蠃者，今人所用螺字。〈释鱼〉曰：蚹蠃、螔蝓。郑注《周礼·醢人》:蠃，螔蝓。许上文蠃下亦云:一曰蠃，螔蝓，此物亦名蜗。故《周礼》、《仪礼》蠃醢，《内则》作蜗醢，二字叠韵相转注。薛综《东京赋》注曰:蜗者，螺也。崔豹曰:蜗，陵螺。蜗本呙声，故蜗牛或作瓜牛。徐仙民以力戈切蜗，似未得也。力戈乃蠃字反语耳。今人谓水中可食者为螺,陆生不可食者曰蜗牛,想周、汉无此分别。”〔十三上·虫部〕段注蜗音古华切，十七部；蠃音郎果切，十七部。按：蜗字古音见纽歌部；蠃字古音来纽歌部，二字叠韵。

（三）段注“双声互训”例

1.《说文》:“峙，踞也。”段注：“足部曰：踞者，峙踞不前也。峙、踞为双声字。此以踞释峙者，双声互训也。心部曰𢥞箸，足部曰蹢躅,《毛诗》曰踟蹰,《广雅》曰蹢躅、跢跦，皆双声叠韵而同义。”〔二上·止部〕段注峙音直离切，一部；踞音直鱼切，五部。按:峙字古音定纽之部;屠（踞）字古音定纽鱼部，二字双声。

2.《说文》：“幔，幎也。”段注：“幎，各本作幕，由作幂而误耳，今正。凡以物冡其上曰幔，与幎双声而互训。”〔七下·巾部〕段注幔音莫半切，十四部；幎音莫狄切，古音在十一部。按：幔字古音明纽锡部；幔字古音明纽元部，二字双声。

（四）段注“叠韵互训”例

1.《说文》：“读，籀书也。”段注：“籀，各本作诵，此浅人改也，今正。竹部曰：籀，读书也。读与籀叠韵而互训。”〔三上·言部〕段注读音徒谷切，三部；籀音直又切，三部。按：读字古音定纽屋部；籀字古音定纽幽部，二字双声，幽、屋旁对转，宜入双声互训。

2.《说文》：“丰，艹蔡也。”段注：“艹部曰：蔡，艹丰也。叠韵互训。”〔四下·丰部〕段注丰音古拜切，十五部；蔡音苍大切，十五部。按：此与（二）1条同，而彼处作“叠韵转注”。

3.《说文》：“恔，憭也。”段注：“叠韵互训。按《方言》：恔、快也。东齐海岱之闲曰恔。《孟子》：于人心独无恔乎？赵注：恔，快也。快即憭义之引申，凡明憭者、必快于心也。”〔十下·心部〕段注恔音吉了切，又下交切，二部；憭音力小切，二部。按：恔字古音见纽宵部；憭字古音来纽宵部，二字叠韵。

由上述丰、蔡二字例可知，“叠韵转注”即“叠韵互训”，而从归纳中反映出段注明言音转类型有：言“双声转注”者3例；言“叠韵转注”者4例；言“双声互训”2例；言“叠韵互训”3例，凡12例，只不过占广义互训词256组中的4%耳。当然，这不包括段氏虽未明言，实际上却有音转的成分在，如“完、全转注，同在十四部”的情况。也无怪乎大家忽略段注明言音转的类型而鲜少提及，进而将段氏转注说完全归诸“互训派”的义转说了。

另一方面，段注尚有称为“左右转注”此种类型者，如《说文》卷七下·瓠部：“瓠，匏也。”段注：“包部曰：匏，瓠也。二篆左右转注。”瓠音胡误切，五部；匏音薄交切，古音在三部，瓠乃匣纽鱼部，匏为并纽幽部，二字音韵不近。而段注所谓的”左右转注”一词，恐系从唐贾公彦《周礼》疏中言：“云转注者，考、老之类是也。建类一首，文意相受，左右相注，故名转注”[8]之说而来，指的是义转说。

三　段玉裁转注“音转说”溯源

杨蓉蓉尝言“段玉裁的转注说本于其师戴震，戴震转注说的产生则是基于唐宋元明的转注学说”[9]，也就是追本溯源，段氏转注说系前有所承，由前哲时贤诸说余绪而推阐发挥，此从段氏《说文解字注》中，《叙》“转注者，建类一首，同意相受。考、老是也”的注解可知，注云：

建类一首，谓分立其义之类而一其首，如《尔雅·释诂》第一条说始是也。同意相受，谓无虑诸字意恉略同，义可互受相灌注而归于一首，如初、哉、首、基、肇、祖、元、始、俶、落、权舆，其于义或近或远，皆可相训释而同谓之始是也。独言考、老者，其显明亲切者也。老部曰：老者，考也。考者，老也。以考注老，以老注考，是之谓转注。盖老之形从人毛匕，属会意。考之形从老丂声，属形声。而其义训则为转注。全书内用此例不可枚数。……转注之说，晋·卫恒、唐·贾公彦、宋·毛晃皆未误，宋后乃异说纷然。戴先生《答江慎修书》正之，如日月出矣，而爝火犹有思复然者，由未知六书转注、叚借二者，所以包罗自《尔雅》而下，一切训诂音义而非谓字形也。玉裁按：卫恒《四书体势》曰：转注者，以老注考也。此申明许说也，而今《晋书》譌为老，寿考也，则不可通。毛晃曰：六书转注，谓一字数义，展转注释而后可通。后世不得其说。[10]

文中提及晋·卫恒、唐·贾公彦、宋·毛晃以及其师戴震，尤其推崇其师“戴先生《答江慎修书》正之，如日月出矣，而爝火犹有思复然者”，那么，段氏关于转注为互训的说法外，音转说又是从何而来？如果回到戴震的振聋发聩之作《答江慎修先生论小学书》，是否可窥见端倪呢？戴氏于《答江慎修先生论小学书》中云：

《说文》所载九千余文，当小学废失之后，固未能一一合于古。即《尔雅》亦多不足据……就兹一字，《尔雅》失其传，《说文》得其传。触类推求，遽数之不能终其物。用是知汉人之书，就一书中，有师承可据者，有失传傅会者。《说文》于字体字训，罅漏不免。其论六书，则不失师传。刘歆、班固云：“象形、象事、象意、象声、转注、假借。”郑众云：“象形、会意、转注、处事、假借、谐声。”所言各乖异失伦。《说文·序》称：“一、指事，二、象形，三、形声，四、会意，五、转注，六、假借。”转注“考”、“老”二字，后人不解。裴务齐《切韵》猥云：

“考字左回，老字右转。”戴仲达、周伯琦之书，虽正“老”字属会意，“考”字属谐声，而不能不承“左回”、“右转”为转注，别举“侧山为𨸏，反人为匕”等象形之变转者当之。徐铉、徐锴、郑樵之书，就“考”字傅会，谓祖考之“考”，古铭识通用“丂”，与“丂”之本训转其义，而加“老”省注明之。又如犬走貌为“猋”，《尔雅》“扶摇谓之猋”，于“猋”之本训转其义，“飆”则偏旁加风注明之。此以谐声中声义两近者当转注，不特一类分为二甚难，且校义之远近必多穿凿。王介甫《字说》强以意解加之谐声字，陆佃《埤雅》中时摭之。使按之理义不悖，如程子、朱子论“中心为忠，如心为恕”，犹失六书本法，歧惑学者。今区分谐声一类为转注，势必强求其义之近似。况古字多假借，后人始增偏旁，其得尽证之使自为类乎？杨桓又谓：“三体已上，展转附注，是曰转注。”斯说之谬易见。而莫谬于萧楚、张有诸人“转声”为“转注”之说，虽好古如顾炎武亦不复深省。《说文》于假借举“令”、“长”字，乃移而属转注。古今音读莫考，如好恶之“恶”，今读去声，古人有读入声者；美恶之“恶”今读入声，古人有读去声者。宋魏文靖论《观卦》云：“今转注之说，则彖象为观示之‘观’，六爻为观瞻之‘观’。窃意未有四声反切已前，安知不为一音乎？”据此言之，转声已不易定，转注、假借何以辨？……后世求转注之说不得，并破坏谐声、假借，此震之所甚惑也。《说文》“老，从人毛匕，言须发变白也”；“考，从老省，丂声”。其解字体，一会意，一谐声，甚明。而引之于《叙》，以实其所论“转注”，不宜自相矛盾，是固别有说也。使许氏说不可用，亦必得其说然后驳正之，何二千年间纷纷立说者众，而以猥云左回右转之谬悠，目为许氏，可乎哉？震谓“考”、“老”二字属谐声、会意者，字之体；引之言转注者，字之用。转注之云，古人以其语言立为名类，通以今人语言犹曰“互训”云尔。转相为注，互相为训，古今语也。《说文》于“考”字训之曰“老也”，于“老”字训之曰“考也”。是以《叙》中论转注举之。《尔雅·释诂》有多至四十字共一义，其六书“转注”之法与？别俗异言，古雅殊语，转注而可知，故曰“建类一首，同意相受”。大致造字之始，无所冯依，宇宙间事与形两大端而已，指其事之实曰“指事”，一二、上下是也；象其形之大体曰“象形”，日月、水火是也。文字既立，则声寄于字，而字有可调之声；意寄于字，而字有可通之意。是又文字之两大端也。因而博衍之，取乎声谐，曰“谐声”；声不谐，而会合其意曰“会意”。四者，书之体止此矣。由是之于用，数字共一用者，如"初、哉、首、基"之皆为"始";"卬、吾、台、予"之皆为"我"，其义转相为注，曰"转注"。一字具数用者，依于义以引申，依于声而旁寄，假此以施于彼，曰"假借"。所以用文字者，斯其两大端也。六者之次第出于自然，立法归于易简。震所以信许叔重论六书必有师承，而"考"、"老"二字，以《说文》证《说文》，可不复疑也。存诸心十余载，因闻教未达，遂纵言之。[11]

在这一封洋洋洒洒思辨批驳各家转注说的同时，戴震也提出了大家熟知的戴氏转注"互训"说的"古今语",但另一脉潜伏默流也在分衍,亦即文中所谓的"古人以其语言立为名类,通以今人语言犹曰"'互训'云尔"、"别俗异言,古雅殊语,转注而可知"，此数语无疑是站在"言语"的立场上去观照古今用语、方俗异言，从而得知转注的。那么，它可能落入另一篇文章所极力斥为"无稽"的情况，在戴氏《六书论序》中云：

诸家之纷紊也。谓转声为转注者,起于最后,于古无稽,特萧楚诸人之意见也。盖转注之为互训，失其传且二千年矣。[12]

当然，萧楚诸人的"转声"与段氏转注音转说有别，但戴氏既标举出文字纪录语言"音"、"义"两大端的旗纛,转注互训说何能专美于前？何况戴氏又在《六书音均表·序》文强调"训诂音声，相为表里。训诂明，六经乃可明"[13]的一贯立场呢！

可是,段氏除了继承其师"戴先生"主张的转注互训说外,并开发出另一与"双声"、"叠韵"有关的转注说如前所述，那么，在他的观念认知里，音义本来就是一体之两面，表里相彰，何能舍彼就此，如段氏在《六书音均表·序》中所说：

穷文字之源流，辨声音之正变，洵有功于古学者已。古人以音载义，后人区音与义而二之。音声之不通而空言义理，吾未见其精于义也。[14]

或是以段氏自幼学习的切身经验感受，都是将声音摆在文字之先的，如《寄戴东原先生书》(乙未十月)云：

玉裁自幼学为诗，即好声音文字之学，甲戌、乙亥闲从同邑蔡丈一帆游，始知古韵大略。庚辰入都门，得顾亭林《音学五书》读之，惊怖其考据之博。癸未游于先生之门，观所为江慎修行略，又知有《古韵标准》一书与顾氏稍异。……音均明而六书明，六书明而古经传无不可通。玉裁之为是书，盖将使学者循是以知假借转注，而于古经传无疑义，而恐非好学深思尠能心知其意也。[15]

以此基础“默会其指归”从而建立其转注音转说也是顺理成章，不难理解的，故在段氏《六书音均表·古转注同部说》中，即明白标举出：

训诂之学，古多取诸同部，如仁者，人也；义者，宜也；礼者，履也；春之为言蠢也；夏之为言假也；子，孳也；丑，纽也；寅，津也；卯，茂也之类。《说文》神字注云：天神引出万物者也。祇字注云：地祇提出万物者也。麦字注云：秋种厚薶也，故谓之麦。神、引同十二部；祇、提同十六部；麦、薶同弟一部也。刘熙《释名》一书，皆用此意为训诂。[16]

所谓“转注同部”即可转换成“叠韵转注”的，至于段氏在《六书音均表·古异部假借转注说》中更显明主张转注涉及“音”的成分说：

转注以义为主，同义互训也。作字之始，有音而后有字，义不外乎音，故转注亦主音。假借取诸同部者多，取诸异部者少；转注取诸同部、异部者各半。……异部转注，如“爱，隐也”、“曾，重也”、“蒸，尘也”之类。[17]

已然主张“转注取诸同部、异部者各半”的概括比例。并在《六书音均表·六书说》中说：

文字起于声音，六书不外谐俗。六书以象形、指事、会意为形；以谐声、转注、假借为声。又以象形、指事、会意、谐声为形；以转注、假借为声。又以象形、指事、会意、谐声、转注、假借为形；以十七部为声……转注异字同义，假借异义同字，其源皆在音均。《说文解字》者，象形、指事、会意、谐声之书也。《尔雅》、《广雅》、《方言》、《释名》者，转注假借之书也。陆法言《切韵》为音韵之书。然古十七部藏薶未悟，不可以通古经传之文，今特表而出之，箸其分合。周秦汉人诂训之精微，后代反语、双声、叠韵、音纽、字母之学，胥一以贯之矣。[18]

从中不难发现，段氏所主张的“转注”都与“声”有关，而与“谐声”、“假借”属同一类，追究其根源“皆在音均”，不正补苴了他在注《说文》时未明言的部分吗？以故说“段玉裁完全把六书的转注和词义训释的互训等同起来”[19]，未免太简单视之；但说“段玉裁承认转注有同部首、异部首，同韵、异韵，两字、多字，本义、引申义、假借义多种类型，但又认为引申义转注、假借义转注，主要用于雅书、传注，在以转注纠正《说文》讹误时”，[20]又未免太复杂，苟能考虑从“音”、“义”两方面去解读，虽不中，亦未远矣！

由此观之，以转注互训义转说范围段氏转注说，而不涉及音转，其实是有些偏失的，段氏站在转注说的时间点上，承其先而启其后，拨开章太炎《转住假借说》的云雾从语言的角度切入[21]，或是鲁实先“音转而注，以合语言”，“义转而注，以明义恉”之论[22]，段氏钤键的地位，实不容忽略。

注释

[1]（汉）郑玄注，（唐）贾公彦疏：《周礼注疏》第3册，台北：艺文印书馆，十三经注疏附校勘记本，1979年3月7版，第212页。

[2]举如刘春卉《转注述评》，《贵州教育学院学报（社会科学版）》2001年第6期第17卷，第51页中，分同部说、互训说、声类说、形声说、反正说、同部省形说、声符注形说、假借说、引申说等等，并归纳为主形派、主义派和主声派。

[3]如黎千驹《历代转注研究述评》，《湖南城市学院学报》2008年7月，第29卷第4期，第27—28页；许锬辉《转注造字说析议》，《第二十一届中国文字学国际学术研讨会论文集》，2010年4月30日—5月1日，第4页。

[4]钟明立：《段玉裁转注理论试析》，《古汉语研究》2002年第1期，第30页。

[5]李传书：《段玉裁的转注论及其运用》，《长沙电力学院社会科学学报》1997年第3期，第118页。李氏认为段玉裁完全把六书的转注和词义训释的互训等同起来。

[6]卢凤鹏：《〈说文解字〉互训词研究》，《贵州文史丛刊》1998年第4期，第56页。

[7]以下古音参见郭锡良《汉字古音手册》，北京：北京大学出版社1986年版，第166、30；169、43；279、289；38、125；151、157；45、94；27、35；51、104；90、196；103、173；163、168页。

[8]（汉）郑玄注，（唐）贾公彦疏：《周礼注疏》，第213页，又第223页阮元《周礼注疏卷十四校勘记》云：“建类一首，此本及闽本脱‘建’，据监、毛本补。”

[9]杨蓉蓉：《段玉裁的转注理论》，《辞书研究》1995年第5期，第18页。

[10]（汉）许慎撰，（清）段玉裁注：《说文解字注》，台北：艺文印书馆，2005年10月初版，第763页。

[11]（清）戴震撰，张岱年编：《答江慎修先生论小学书》，《戴震全书》第三册，合肥：黄山书社1994年版，第330—334页。

[12]（清）戴震撰，张岱年编：《六书论序》，《戴震全书》第六册卷三，合肥：黄山书社

1995 年版，第 295 页。

［13］戴震：《六书音均表·序》，《说文解字注》，第 809 页。

［14］段玉裁：《六书音均表·序》，《说文解字注》，第 811 页。

［15］段玉裁：《寄戴东原先生书》（乙未十月），《说文解字注》，第 812—813 页。

［16］段玉裁：《六书音均表·古转注同部说》，《说文解字注》，第 826 页。

［17］段玉裁：《六书音均表·古异部假借转注说》，《说文解字注》，第 842 页。

［18］段玉裁：《六书音均表·六书说》，《说文解字注》，第 842—843 页。

［19］李传书：《段玉裁的转注论及其运用》，《长沙电力学院社会科学学报》1997 年第 3 期，第 118 页。

［20］杨蓉蓉：《段玉裁的转注理论》，《辞书研究》1995 年第 5 期，第 18 页。

［21］转注诸说可参见黎千驹《历代转注研究述评》，《湖南城市学院学报》2008 年 7 月，第 29 卷第 4 期；刘春卉：《转注述评》，《贵州教育学院学报》2001 年第 6 期（总第 66 期）。

［22］鲁实先：《说文正补·转注释义》，台北：黎明文化事业公司 2003 年 12 月版。

沈宝春，女，台湾人。台湾成功大学中国文学系教授。

《周易·坤》上六“龍戰于野”許慎“戰者，接也”說小識

謝向榮
香港大學

《周易·坤》上六“龍戰於野，其血玄黃。”[1]其“戰”字訓釋，歷來聚訟紛紜，莫衷一是。許慎（約30—124）《說文解字》（下引簡稱《說文》）“壬”字下曰：

壬（壬），位北方也。陰極陽生，故《易》曰：“龍戰于野。”戰者，接也。象人裹妊之形。承亥壬以子，生之敘也，與巫同意。壬承辛，象人脛。脛，任體也。凡壬之屬皆从壬。[2]

《說文》訓“龍戰於野”之“戰”為“接”，頗異於傳統《易》家注解。許慎“戰者，接也”之說，當作何解，以下試加以考辨之。

一

唐人李鼎祚（生卒年不詳）《周易集解》（下引簡稱《集解》）引干寶（286?—336）釋“龍戰于野”曰：

陰在上六，十月之時也。爻終於酉，而卦成於《乾》。《乾》體純剛，不堪陰盛，故曰“龍戰”。戌亥，乾之都也，故稱“龍”焉。陰德過度，以逼乾戰。郭外曰郊，郊外曰“野”。《坤》位未申之維，而氣溢酉戌之間，故曰“于野”。未離陰類，故曰“血”。陰陽色雜，故曰“玄黃”。言陰陽離則異氣，合則同功。君臣夫妻，其義一也。故文王之忠於殷，抑参二之強，以事獨夫之紂。蓋欲彌縫其闕，而匡救其惡，以祈殷命，以濟生民也。紂遂長惡不悛，天命殛之。是以至於武王，遂有牧野之事，是其義也。……天道窮，至於陰陽相薄也。君德窮，至於攻戰受誅也。柔順窮，至於用權變矣。[3]

干寶謂“《乾》體純剛，不堪陰盛，故曰‘龍戰’”，又謂“君德窮，至於攻戰受誅也”，顯釋“戰”為“爭戰”之意。又王弼（226—249）注曰：

陰之為道，卑順不盈，乃全其美。盛而不已，固陽之地，陽所不堪，故“戰

于野”。[4]

孔穎達（574—648）疏云：

以陽謂之龍，上六是陰之至極，陰盛似陽，故稱“龍”焉。“盛而不已，固陽之地，陽所不堪”，故陽氣之龍與之交戰，卽《說卦》云：“戰乎乾”是也。戰於卦外，故曰“于野”。陰陽相傷，故“其血玄黄”。“盛而不已，固陽之地”者，固為占固，陰去則陽來，陰乃盛而不去，占固此陽所生之地，故陽氣之龍與之交戰。[5]

又程頤（1033—1107）《周易程氏傳》曰：

陰從陽者也，然盛極則抗而爭。六旣極矣，復進不已，則必戰，故云“戰于野”。“野”謂進至於外也。旣敵矣，必皆傷，故“其血玄黄”。[6]

又朱熹（1130—1200）《周易本義》曰：

陰盛之極，至與陽爭，兩敗俱傷，其象如此。占者如是，其凶可知。[7]

是王、孔、程、朱諸氏，均訓“戰”為“爭戰”。高亨（1900—1986）《周易古經今注》[8]、李鏡池（1902—1975）《周易通義》[9]、金景芳（1902—2001）、吕紹綱《周易全解》[10]等，均從其說，釋“龍戰于野”為龍爭戰於野外也。

考今存《坤》上六之最早訓釋，當屬《小象傳》與《文言傳》所載。《小象傳》曰：“‘龍戰于野’，其道窮也。”[11]並未訓釋“戰”字。《文言傳》則曰：

陰疑[12]於陽，必戰。為其嫌於无陽[13]也，故稱龍焉。猶未離其類也，故稱血焉。夫玄黄者，天地之雜也，天玄而地黄。[14]

《文言傳》謂“陰疑於陽，必戰”，惟“戰”當作何解，似難斷言。《集解》則引荀爽（128—190）曰：

消息之位，《坤》在於亥。下有伏《乾》，為其嗛于陽，故稱“龍”也。……陰陽相和，故言“天地之雜也”。[15]

《集解》又引《九家易》曰：

實本《坤》體。“未離其類，故稱‘血’焉”，血以喻陰也。“玄黄，天地之雜”，言《乾》、《坤》合居也。……陰陽合居，故曰“兼”。陽謂上六，《坤》行至亥，下有伏《乾》，陽者變化，以喻龍焉。[16]

又引侯果（生卒年不詳）曰：

《坤》，十月卦也。《乾》位西北，又當十月。陰窮於亥，窮陰薄陽，所以戰也。故《說卦》云“戰乎乾”，是也。六稱“龍”者，陰盛似龍，故稱“龍”也。[17]

又引孟喜（生卒年不詳）曰：

陰乃上薄，疑似于陽，必與陽戰也。[18]

又引崔憬（生卒年不詳）曰：

《乾》、《坤》交會，《乾》為大赤，伏陰柔之，故稱“血”焉。[19]

據《集解》所載，知漢魏諸家，多據卦氣、方位為說。惟“戰”字之訓釋，似仍難據以確言。惟惠棟（1697—1758）《周易述》注曰：

消息《坤》在亥，亥《乾》之位，為其兼于陽也，故稱龍。戰者，接也。《說卦》曰：“戰乎《乾》。《乾》，西北之卦。”稱野。陰陽相薄，故有是象。血，以喻陰也。玄黃，天地之雜，言《乾》、《坤》合居也。[20]

惠氏又自疏之曰：

《坤》，消卦也。上六在亥，故曰“消息在亥”。《乾鑿度》曰：“陽始於亥，形於丑，《乾》位在西北，陽祖微據始。”是以《乾》位在亥。《文言》曰：“為其兼于陽也。”[21]《乾》為龍，故稱龍。《說文》曰：“壬位北方，陰極陽生。《易》曰：‘龍戰于野。’戰者，接也。”上六行至亥，與《乾》接。《說卦》“戰乎乾”，謂陰陽相薄也。卦无傷象，王弼謂與陽戰而相傷，失之。……《乾鑿度》曰：“《乾》、《坤》氣合戌亥。”故曰“合居”。[22]

又朱駿聲（1788—1858）《六十四卦經解》曰：

“戰”之為言“接”也。陰陽交接和會，大生廣生。《乾鑿度》曰：“《乾》、《坤》氣合戌亥，音受二子之節，陽生秀白之州。”卽“野”之謂也。[23]

又尚秉和（1870—1950）《周易尚氏學》曰：

陰至上六，《坤》德全矣，故萬物由以出生。然孤陰不能生也。荀爽云：“消息之位，《坤》在于亥，下有伏《乾》。陰陽相和，故曰‘龍戰于野’。”《坤》為野，龍者陽。《說文》“壬”下云：“《易》曰：‘龍戰于野。’戰者，接也。”《乾鑿度》云：“乾、坤合氣戌亥。”“合氣”卽“接”。《九家》云：“‘玄黃，天地之雜’，言乾、坤合居。”夫曰“相和”、曰“合氣”、曰“合居”，則“戰”之為“和合”明矣，皆與許詁同也。而萬物出生之本由于血，血者天地所遺氤氳之氣。天玄地黃，“其血玄黃”者，言此血為天地所和合，故能生萬物也。《易林》說此云（中孚之坤）：“符左契右，相與合齒。乾坤利貞，乳生六子。”夫曰“符契”、曰“合齒”，則乾、坤接也，卽“龍戰于野”也。消息卦，《坤》亥下卽震子出，故曰“乳生六子”。《彖傳》

云："乃終有慶。""慶"，此也。惟荀與《九家》，皆以血為陰，仍違《易》旨。《易》明言天地雜，則血非純陰可知，純陰則離其類矣，胡能生物？至侯果謂陰盛似陽，王弼、干寶謂陰盛逼陽，陽不堪故戰，以"戰"為戰爭。後孔穎達、朱子，因經言"戰"又言"血"，疑陰陽兩傷者，皆夢囈語也。清儒獨惠士奇用許說，謂"戰者接也，陰陽交接，卦無傷象"。識過前人遠矣。[24]

馬宗霍（1897—1976）《說文解字引易考》曰：

"龍戰于野"者，《坤》上六爻辭文。壬為十干之一，凡干支之字，許君皆以五行方位六气剛柔說之，當自有所本。此卽引《易》證壬之方位，兼證陰極陽生之義也。與壬字本形本義皆不相涉，故加"故"字於"《易》曰"之上，蓋引經之變例也。《坤》之為卦，坤下坤上䷁，六爻皆陰，上六為《坤》之盡，陰極生陽，故其象兼《乾》。《乾》為龍德，故《文言》曰："為其兼于陽也（原注：王弼本作'嫌于无陽'，《集解》引《九家易》作'兼于陽'，云'陰陽合居，故曰兼陽'），故稱龍焉。"郊外曰野，乾位西北，故為野。《易緯·乾鑿度》曰"陽始于亥"，又曰"乾坤气合戌亥"，是野者戌亥之間，正乾坤之交也。陰陽于是相薄，故曰戰。許訓戰為接者，《集解》引荀爽曰："消息之位，坤在於亥，下有伏乾。"伏乾猶伏龍，蓋謂上六坤行至亥與乾相接也。接卽交接之接。《說文》亥下云："十月微陽起接盛陰。"彼接字與此接字義正相應。惠棟云："訓戰為接，真古訓也。王弼謂與陽戰而傷，朱子謂兩敗俱傷。陰陽消息，何傷之有？"此說足以申許。許君蓋以亥壬同位而又合德（原注：壬位北方，亥西北方，壬亥相毗；以五行言，又同為水德水位），故引《易》此文以為證。[25]

黃永武先生《許慎之經學》曰：

《坤》上六爻辭曰："龍戰于野，其血玄黃。"《文言》曰："陰疑於陽必戰，為其兼于陽也[26]，故稱龍焉。猶未離其類也，故稱血焉。夫玄黃者，天地之雜也。"《文言》所釋，當為孔門之教，惜所釋猶未詳明，《集解》於《文言》"陰疑"句下引孟喜曰："陰乃上薄，疑似于陽，必與陽戰也。"（卷二）孟釋"疑"為"疑似"，卽匹擬之意。故李道平疏之曰："陰不與陽同盛，不能受化也。"（卷二）依李氏之意，以"受化"釋孟氏之"戰"，正同《說文》釋"戰"為"接"，接者交接受化也。惠棟曰："訓戰為接，真古訓也，王弼謂與陽戰而傷，朱子謂兩敗俱傷。亂經者弼，而朱子誤從之。陰陽消息，何傷之有？"（原注：見王鳴盛《蛾術篇·說字》引）夫以“戰”為“戰伐”，以其血玄黃為戰傷之象，乃王弼一家之說，許慎以“接”訓“戰”，而於“亥”下云：“十月微陽起接盛陰”，此“接”與“戰”之義相應。而《集解》引荀爽注曰：“實本坤卦，故曰未離其類，血以喻陰順陽也。”又曰：“陰陽相和，故曰天地雜也。”（卷二）荀氏以“陰順陽”故有血，是亦以“戰”為“交接”也。九家又申明荀注曰：“實本坤體，未離其類，故稱血焉，血以喻陰也。玄黃、天地之雜，言乾坤合居也。”又曰：“陰陽合居，故曰兼陽。”合居者交接之象，非戰伐之象，是荀注及九家並與許說相應。此外如崔憬曰：“乾坤交會。”干寶曰：“陰陽色雜，故曰玄黃。言陰陽離則異氣，合則同功，君臣夫妻，其義一也。”（原注：並《集解》所引）亦與許說相應，陰陽交接，故可裹妊，許書引《易》，以證陰極陽生之義，《坤》卦上六，為《坤》之盡，自方位言之：亥在西北，壬承亥後、以至於北，子居正北，而一陽生矣。故許書云：“承亥壬以子，生之敘也。”是以方位釋干支也。《釋名》云：“壬、妊也。陰陽交，物裹妊，至子而萌也。”與許書之意亦合。是方位之說，蓋盛行於漢代矣，其說實為漢人說《易》所本。[27]

然則諸家認為《集解》引荀爽謂“陰陽相和”，引《九家易》謂“陰陽合居”，引孟喜謂“疑似于陽”，引崔憬謂“《乾》、《坤》交會”云云，均可證“戰”當釋為“交接”，與許慎之說同。據上引諸家所言，陰陽交接，兩相和合，則可裹妊，故“交接”者，義即“交合”、“交媾”也。

關於“戰”之訓釋，廖名春先生《〈周易〉乾坤兩卦卦爻辭新解》嘗辨之云：

主流的說法是以“戰”為爭戰、爭鬥，突顯出的是陰陽矛盾鬥爭的一面。……非主流的說法是以“戰”為“交接”、“和合”、“交合”，突顯出的是陰陽統一和諧的一面。[28]

廖先生認為釋“戰”為“爭戰”屬於“主流的說法”，而釋“戰”為“交合”則為“非主流的說法”。考時下所見論著，頗有釋“戰”為“交合”者，如黃壽祺先生（1912—1990）、張善文先生《周易譯注》：“龍，喻陽剛之氣；戰，猶言‘接’，‘龍戰’指陰陽交合。”[29]辛介夫先生（原名佳甫，1912—2007）《〈周易〉解讀》：“龍戰于野，即龍在郊外接合。”[30]錢世明先生《周易象說》：“龍，男陽也。戰，交接也。上六，陰爻處陽位，坤陰已盛至極頂，故與陽交合。陰陽交合，血合為一。”[31]程石泉先生（1909—2005）《易辭新詮》：“今言‘其血玄黃’者，蓋言陰陽交媾，其血混合而成玄黃。”[32]臧守虎先生《飲食·男女·鼎新——〈易經·鼎卦〉及“鼎新”之義的發生新解》：“‘龍戰于野’……以人事言之也即男女相交。”[33]陳鼓應先生、趙建偉先生《周易今注今譯》：“‘龍’，雌雄龍。‘戰’，交合。”[34]陳良運先生《美的考索》第一章第三節“‘美’的‘原始意識’新探”：“‘龍戰于野，其血玄黃’（《坤·上六》），其本義為天地交合、陰陽交合、男女交合。”[35]張其成先生《易經感悟》：“‘戰’是採戰、交合的意思，就是說到了上六爻這個位置要和陽爻的龍交合於野外。”[36]王振復先生《周易精讀》：“‘戰’指陰陽、牝牡交合，指坤陰、乾陽即馬、龍之象的交合。”[37]藍甲雲先生《周易通釋》：“此爻可釋為雄龍與雌龍在野外嬉戲交合，龍流出的血青黃相雜，絢爛無比。”[38]黃天驥先生《周易辨原》：“古人所說的‘龍’，無非是蛇。所謂‘龍戰于野’，其實是‘蛇戰于野’。……‘戰’是交接、交合的意思。……這情狀，分明指蛇在交配。”[39]皆訓“戰”為“交合”、“交媾”之意。周師錫䪖《易經詳解與應用》[40]、吳辛丑先生《周易講讀》[41]、蔣凡先生《周易演說》[42]，則並存二說。是“戰”為“交合”之說，實不乏從者。

二

《周易集解》引荀爽釋《坤》上六“龍戰于野”謂“《坤》在於亥”，又引《九家易》謂“《坤》行至亥”，引侯果謂“陰窮於亥”等，乃據漢儒“十二月消息卦”說。《漢書·儒林傳》曰：

孟喜字長卿，東海蘭陵人也。父號孟卿，善為《禮》、《春秋》，授后蒼、疏廣。世所傳《后氏禮》、《疏氏春秋》，皆出孟卿。孟卿以《禮經》多，《春秋》煩雜，乃使喜從田王孫受《易》。喜好自稱譽，得《易》家候陰陽災變書，詐言師田生且死時枕喜膝，獨傳喜，諸儒以此耀之。同門梁丘賀疏通證明之，曰：“田生絕於施讎手中，時喜歸東海，安得此事？”又蜀人趙賓好小數書，後為《易》，飾《易》文，以為“箕子明夷，陰陽氣亡箕子；箕子者，萬物方荄茲也”。賓持論巧慧，《易》家不能難，皆曰“非古法也”。云受孟喜，喜為名之。後賓死，莫能持其說。喜因不肯仞，以此不見信。喜舉孝廉為郎，曲臺署長，病免，為丞相掾。博士缺，眾人薦喜。上聞喜改師法，遂不用喜。喜授同郡白光少子、沛翟牧子兄，皆為博士。繇是有翟、孟、白之學。[43]

然則西漢《易》家好言“卦氣”[44]之學，當始於孟喜。《新唐書·曆志》引唐僧一行（俗名張遂，683—727）曰：

十二月卦出於《孟氏章句》，其說《易》本於氣，而後以人事明之。[45]

清人唐晏（漢名震鈞，1857—1920）亦曰：

孟氏之學雜入陰陽災變。今所傳虞氏消息之說、鄭氏爻辰之說，疑皆出於孟氏也，故京房亦自託孟氏。[46]

是“十二月消息卦”之說，蓋本於西漢孟喜。“十二消息卦”又名“十二辟卦”，以圖示之，則詳如下：

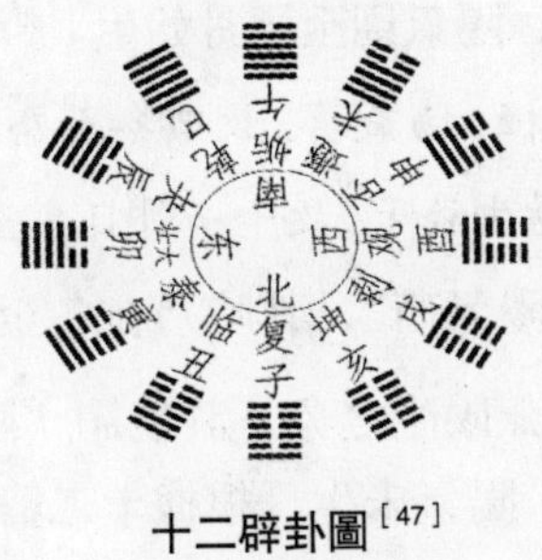

十二辟卦圖[47]

據圖可見，“十二辟卦”卦位由東至東北，依序為《大壯》、《夬》、《乾》、《姤》、《遯》、《否》、《觀》、《剝》、《坤》、《復》、《臨》、《泰》，十二卦分配十二辰支，並以其卦象表示陰陽二氣之消長；陽盈為息，自《復》至《乾》為息卦；陰虛為消，自《姤》至《坤》為消卦。十二辟卦配以二十四節氣、七十二候之情況，則詳見下：

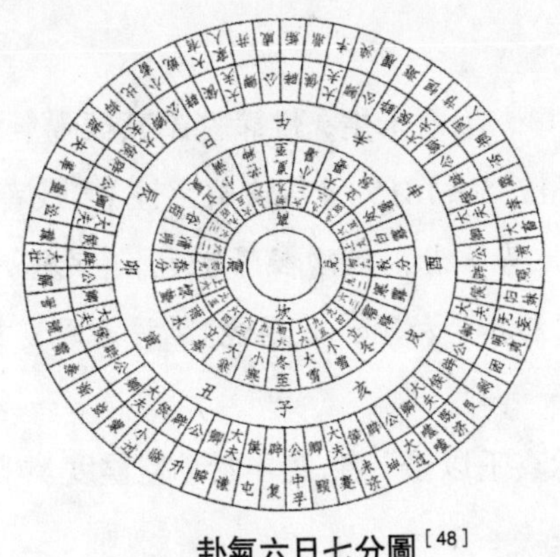

卦氣六日七分圖[48]

從上可見，《坤》居西北之位，值亥月之辰，立小雪之氣。許慎《說文解字·敘》

曰：

厥誼不昭，爰明以諭。其偁《易》孟氏、《書》孔氏、《詩》毛氏、《禮》、《周官》、《春秋》左氏、《論語》、《孝經》，皆古文也。[49]

此許氏自述引經證字之師承依據，《易》引自孟喜本[50]。許氏所釋陰陽氣化之說，當據孟氏《易》而申論也。

案：許慎舉《坤》上六爻辭論“陰極陽生”，諸家以為當中有“陰陽合德”之理。惟《周易正義・序》引鄭玄（127—200）曰：

建戌之月，以陽氣既盡。建亥之月，純陰用事，至建子之月，陽氣始生。[51]

鄭氏謂亥月“純陰用事”，陽氣則至子月始生。《淮南子・天文訓》亦云：

日冬至則斗北中繩，陰氣極，陽氣萌，故曰冬至為德。……斗指子則冬至……故曰：陽生於子，陰生於午。陽生於子，故十一月日冬至，鵲始加巢，人氣鍾首。[52]

《淮南子》謂“陰氣極，陽氣萌”，其時乃在冬至之節，位值子月。惟《坤》卦象純陰 ䷁，時值亥月，絕無陽生之象。許慎謂“陰極陽生”，“陽生”之時當在子月，而亥月則純陰用事，陽氣未生。根據十二辟卦說，釋《坤》上六“戰”為“交合”，實無憑藉。故此，尚秉和雖主張釋“龍戰”為“陰陽和合”，惟其論亦云：“陰至上六，《坤》德全矣，故萬物由以出生。然孤陰不能生也。”[53]所謂“孤陰不能生”，正明確道出其理論之矛盾。吳澂（1249—1333）《易纂言》曰：“舊說以為陽與上六戰……今觀卦內无陽，何以得陽與上六戰乎？”[54]是也。

三

《坤》位在亥，純陰用事，陽氣未生，惟諸家謂其與陽氣相合者，多依據《易緯・乾鑿度》。如段玉裁（1735—1815）《說文解字注》“戰者，接也”下曰：

釋《易》之戰字。引《易》者，證陰極陽生也。《乾鑿度》曰：“陽始於亥，乾位在亥。”《文言》曰：“為其兼於陽，故稱龍。”許君以亥壬合德，亥壬包孕陽气，至子則滋生矣。[55]

知段氏認為許慎謂“承亥壬以子”者，蓋本於《乾鑿度》“陽始於亥，乾位在亥”之說也。考《乾鑿度》曰：

孔子曰：乾坤，陰陽之主也。陽始於亥，形於丑，《乾》位在西北，陽祖微據始也。陰始名巳，形於未，據正立位，故《坤》位在西南，陰之正也。君道倡始，臣道終正，是以《乾》位在亥，《坤》位在未，所以明陰陽之職，定君臣之位也。……

《乾》，陽也；《坤》，陰也，並治而交錯行。《乾》貞於十一月子，左行，陽時六；《坤》貞於六月未，右行，陰時六，以奉順成其歲。歲終，次從於《屯》、《蒙》，《屯》、《蒙》主歲。《屯》為陽，貞於十二月丑，其爻左行，以間時而治六辰。《蒙》為陰，貞於正月寅，其爻右行，亦間時而治六辰。歲終，則從其次卦。陽卦以其辰為貞，丑與[56]左行，間辰而治六辰。陰卦與陽卦同位者，退一辰以為貞，其爻右行，間辰而治六辰。《泰》、《否》之卦，獨各貞其辰，其北[57]辰左行相隨也。《中孚》為陽，貞於十一月子。《小過》為陰，貞於六月未。法於《乾》、《坤》，三十二歲期而周，六十四卦，三百八十四爻，萬一千五百二十坼，復從於貞。歷以三百六十五日四分度之一為一歲，易以三百六十坼，當期之日，此律歷數也。五歲再閏，故再扐而後卦，以應律歷之數。故《乾》、《坤》氣合戌亥，音受二子之節，陽生秀白之州，載鐘名太乙之精也。[58]

《乾鑿度》謂"陽始於亥"、"《乾》位在亥"，又謂"《乾》、《坤》氣合戌亥"，似可證亥非孤陰之位，諸家乃據而申論"龍戰于野"有陰陽交合之意。考《乾鑿度》"《乾》位在西北"、"《坤》位在西南"之説，實本於《説卦傳》，其文云：

帝出乎震，齊乎巽，相見乎離，致役乎坤，説言乎兑，戰乎乾，勞乎坎，成言乎艮。萬物"出乎震"；震，東方也。"齊乎巽"；巽，東南也。齊也者，言萬物之絜齊也。離也者，明也，萬物皆"相見"，南方之卦也。聖人南面而聽天下，向明而治，蓋取諸此也。坤也者，地也，萬物皆致養焉，故曰"致役乎坤"。兑，正秋也，萬物之所説也，故曰"説言乎兑"。"戰乎乾"；乾，西北之卦也，言陰陽相薄也。坎者，水也，正北方之卦也，勞卦也，萬物之所歸也，故曰"勞乎坎"。艮，東北之卦也，萬物之所成終，而所成始也，故曰"成言乎艮"。[59]

朱熹據而立"文王八卦方位圖"如下[60]：

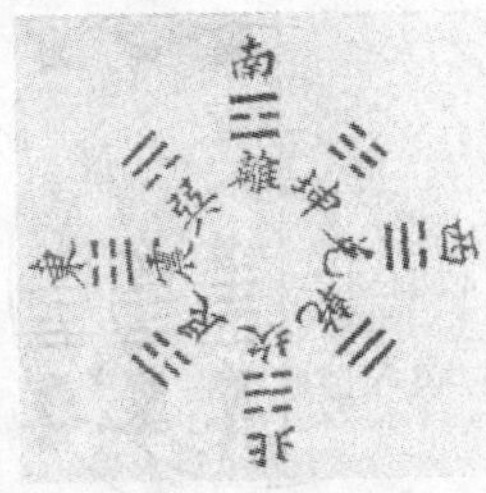

文王八卦方位圖

據《說卦傳》所載，知古代之方位圖式，乃以《震》、《離》、《兌》、《坎》為“四正”，而《巽》、《坤》、《乾》、《艮》則為“四維”。《乾鑿度》申之曰：

《震》生物於東方，位在二月。《巽》散之於東南，位在四月。《離》長之於南方，位在五月。《坤》養之於西南方，位在六月。《兌》收之於西方，位在八月。《乾》剝之於西北方，位在十月。《坎》藏之於北方，位在十一月。《艮》終始之於東北方，位在十二月。八卦之氣終，則四正四維之分明，生長收藏之道備，陰陽之體定，神明之德通，而萬物各以其類成矣。[61]

如將八卦方位配以卦氣系統，則詳如下：

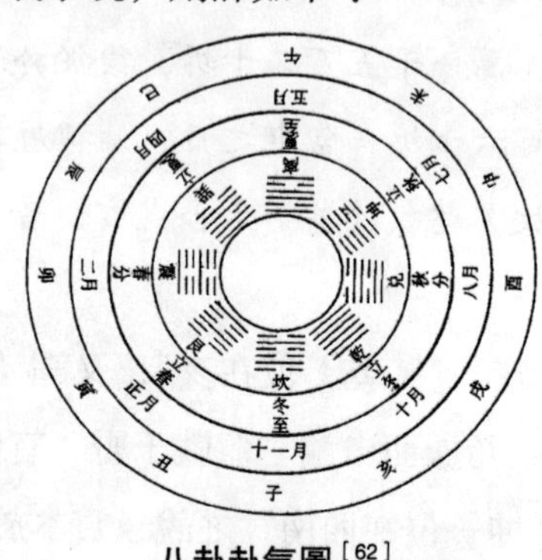

八卦卦氣圖[62]

根據八卦方位，《乾》位處西北，以卦氣系統言之，其方位主十月立冬，並以戌、亥兩支為其維度[63]，故《乾鑿度》云“陽生於亥”、“《乾》位在西北”、“《乾》位在亥”者，乃據“八卦方位說”而申論也。至於《乾鑿度》“《乾》、《坤》氣合戌亥”一段所載，以二卦十二爻配十二辰而成歲，六十四卦主三十二年，詳述《易緯》有關卦配年、爻配月、策配日等原則[64]，則屬於“卦主歲說”，大旨仍屬於“卦氣說”[65]之系統[66]。鄧師立光《象數易鏡原》嘗依其中“《乾》、《坤》十二爻配十二辰”之義，製圖如下[67]：

案:《坤》於十二消息說位居西北亥月,而《乾》於八卦方位說亦位居西北,以戌、亥兩支為其維度,故《乾鑿度》云“《乾》、《坤》氣合戌亥”。惟“方位說”與“卦氣說”，本屬兩種不同系統，前者旨在標示空間，後者則重在標示時間，或因時而生之不同氣候，兩者不應混為一談。黎廣基先生《〈易·坤〉“龍戰于野”義諸說平議》曰：

中國的西北方，本為嚴寒之地，用陰陽的角度說，就是陰盛陽衰之處。然而循西北方往右旋，則由北至於東北，則漸趨暖和，故西北一角，古來被視為一個重要的氣候分水嶺，稱之為“蹏通之維”。對此，高誘有這樣的說明:“西北純陰，陽氣閉結，陽氣將萌，蹏始通之，故曰‘蹏通之維’。”可見“蹏通之維”，其實就是純陰之地。不過，根據物極則反的原理，陰極則窮，窮則變，這又預示著“陽氣將萌”。因此，這原來只是純陰閉陽的西北一隅，經過古人的辯證思維，最終被點化成為陽生之地。而後人卽以《乾》卦，作為這片空間的代稱，以示“陽生”之義。這反映了古人喜陽惡陰的思想。……

事實上，十二消息是專門針對十二月候而發展出來的符號系統，而八卦卦氣則不然。故《坤》通過它的卦象，客觀地反映了十月陰氣嚴寒的氣候，而《乾》則通過它的名義，主觀地表現了人們對溫暖的期盼。因此，推本窮源,《乾》作為空間指標，代表的是純陰閉陽的西北方；而作為時間指標，代表的是陰極陽絕的九、十月。因此，所謂“陽始於亥”，其實是陽終於亥。而所謂“《乾》、《坤》氣合”，實則是兩者同居西北，並為陰氣。唯有越過此西北戌亥之交的維度，氣候才開始慢慢逆轉。這裏面有一個相互轉化的辯證過程。因此,《乾鑿度》說的“《乾》、《坤》氣合”,並不是陰陽二氣的交合。從八卦系統看,說《乾》已兼賅戌、亥；而從消息卦系統看,則《剝》、《坤》合而為《乾》。其實只不過是一維之氣。而《乾鑿度》之說,正是將八卦系統與十二消息系統重合,如此則《乾》、《坤》同位,戌、亥合氣，這才是“《乾》、《坤》氣合戌、亥”的真正意思。[68]

其說甚辨。《坤》為純陰之卦，時值亥月孟冬,《禮記·月令》謂其時“天氣上騰，地氣下降，天地不通，閉塞而成冬”[69]。無論據卦象抑或月候而言,《坤》卦均不應有陰陽交合之可能。

四

重審許慎“戰者,接也”之說,清人承培元（生卒年不詳）《說文引經證例》曰：

此引《易》證会極易生，会易承接之義也。[70]

承氏以“承接”釋“戰”,並無“交合”之意。又清人吳肇嘉《申〈說文〉“龍戰于野”義》云：

《易·坤·上六》:“龍戰于野。”後儒引《漢書·盧芳傳·贊》及《朱穆傳》以“鬪”釋“戰”，其謬固不足不辨（原注：此爻陰陽相接，卦无傷象，世有能辨之者）。鄦君不于《戈部》“戰”下引《易》，而于“壬”字下引《易》訓“接”，或因拘陰陽交接之說，遂以“交”混“接”，不知“戰”、“接”雙聲，“接”可訓戰（原注：《呂覽·愛士》“則刃無與接”，注:“戰也”），故“戰”亦可訓接。“交”雖古通“接”（原注：《表記》“君子之交如水”，注：“或為接”），義亦可以釋“戰”（原注：《小爾雅》：“校、戰，交也”），然此《易》“戰”字，但可訓接，不可訓“交”。“交”為陰陽平判相交午之象，其於《易》卦當屬《泰》。《坤》之上六，陰極盛，陽始生，是時微陽從地中起，與盛陰相續，故但可言“接”，不可言“交”。諸說每以“交”混“接”，差毫釐，謬千里矣。

或又因諸家解《易》，惟就亥取方位消息（原注：荀氏及《乾鑿度》），遂以鄦君不引《易》於“亥”字下為疑。繼因虞氏亥、壬兼說，則於“壬”字下必牽合“亥”字義，以為亥、壬合德，舉幹卽以賅支。以此說鄦書，反亂鄦書之例。鄦君於“壬”下明繫之曰“承亥”，亥為十月。《乾》於九月為《剝》，消入《坤》，至十一月為《復》，至子而萌。亥之下卽子，壬“承亥”孕子，為《乾》就《坤》之象。“壬”卽“妊”字，身震動欲生，生則為子，故曰“壬以子”。……陰之窮，卽陽之始。機紐相銜續，有“接”之義。……後儒不管斯恉，復以“交”混“接”，以“亥”混“壬”，鄦君之意所由晦，而《易》義愈不可明。[71]

吳氏據十二月消息卦為說,否定以“鬪”釋“戰”,又批評諸家以“交”混“接”不妥,認為“‘戰’字但可訓接,不可訓交”,其說甚是。黎廣基先生《〈易·坤〉“龍戰于野”義諸說平議》一文,於卦氣、《易緯》與《坤》上六“龍戰于野”之關係,詳稽博考，並引述吳肇嘉《申〈說文〉“龍戰于野”義》之說，認為：“只有按照吳肇嘉的說法，將《說文》‘戰者，接也’的‘接’解為‘接續’或‘承接’，意謂子月始生的陽氣，承接亥月窮極的陰氣，才能避免交合說的種種理論矛盾。"[72]黎先生重申吳肇嘉之說，釋"龍戰于野"為微陽接續盛陰，所論當世罕見，極具啓發意義。

又許慎於"壬"下引《坤》上六爻辭，而非於"亥"下引之，諸家頗以為疑，遂有"亥、壬合德"之說，而吳氏則認為此說實乃"反亂許書之例"。考李道平（1788—1844）《周易集解纂疏》釋"二十四方位"曰：

二十四方位，卽陰陽家二十四山也。其實漢人言《易》，多用此法。其義最古，故錄之備參考。八卦惟用四隅，而不用四正者，以四正卦正當地支子午卯酉之位，故不用卦而用支。用支卽用卦也。八卦既定，四正則以八干輔之：甲乙夾《震》，丙丁夾《離》，庚辛夾《兌》，壬癸夾《坎》。四隅則以八支輔之：戌亥夾《乾》，丑寅夾《艮》，辰巳夾《巽》，未申夾《坤》。合四維八干十二支，共二十四。天干不用戊己者，戊己為中央土，無定位也。[73]

李氏嘗列圖示之如下[74]：

黃永武先生《許慎之經學》據而申論許慎"承亥壬以子"句曰：

《坤》上六位既在亥，而許君不繫之於"亥"下，而獨繫之於"壬"下，諸家頗以為疑，或以"亥""壬"同位（原注：壬位北方，亥位西北），"亥""壬"合德（原注：同為水德），言"壬"卽可以見"亥"，舉幹卽可以賅支為說，於許君所說"承亥壬以子，生之敍也"一語，猶多未詳。今考許君此語，殆以二十四方位為釋者也，二十四方位者，八卦惟用四隅《乾》、《艮》、《巽》、《坤》，而不用四正《震》、《離》、《兌》、《坎》，以四正卦正當地支子、午、卯、酉之位，故不用卦而用支，用支卽用卦也。八卦既定四正，則以八干輔之，甲乙夾《震》，丙丁夾《離》，庚辛夾《兌》，壬癸夾《坎》。四隅則以八支輔之，戌亥夾《乾》，丑寅夾《艮》，辰巳夾《巽》，未申夾《坤》，合四維八干十二支，共二十四，天干不用戊己者，戊己為中央土，無定位也。李道平氏嘗列圖說明，並云："二十四方位，卽陰陽家二十四山也，其實漢人言《易》，多用此法，其義最古。"（原注：並見《周易集解纂疏·凡例》）今考《道藏》靈圖類所載"俯察地理圖"（原注：《大易象數鉤深圖》卷上第二十一），卽列二十四方位，又"六通圖"（原注：《修真歷驗鈔圖》第六），言陰陽六候之昇降者，及"八卦司化圖"（原注：《周易圖》第二十三），亦並取二十四方位為說，其方位以亥後為壬，壬後復為子，《乾》於九月為剝，消入《坤》，亥為十月，壬亦為十月，亥壬並為純陰《坤》卦，《坤》上六係之壬者，以二十四方位"壬"在"亥"後也。至十一月為《復》，其位在子，與許書曰："承亥壬以子，生之敘也。"說正相合。[75]

徐芹庭先生《漢易闡微》則考辨"壬承辛"諸說曰：

天干有十，配於五行、五方，則甲乙東方木，丙丁南方火，庚辛西方金，壬癸北方水，戊己中央土。壬屬北方，故云"位北方"也。以十二地支而言，亥屬北方。壬亥皆北方也，故云"承亥壬"。壬字形象褱妊，辛為西方金，十干庚辛然後壬癸，故云"壬承辛"。[76]

李道平《周易集解纂疏》所載"二十四方位圖（二十四山）"，其方位"亥"後為"壬"，"壬"後復為"子"，頗能解釋許慎於"壬"下繫以"亥"位之《坤》，以及"承亥壬以子"之說。黃永武先生所論，於理甚安，可從。徐芹庭先生以干支配五行、五方，結果亦與"二十四方位圖"所載相同，此不贅論。是許慎謂"承亥壬以子"、"壬承辛"云云，亦據卦位及卦氣為說，與"交合"、"交媾"之義無涉。

案：諸家認為許慎"戰者，接也"之"接"，義卽交合，考《廣雅·釋詁》云："接，續也。"[77]又《楚辭·九章·哀郢》"憂與愁其相接"，王逸（89—158）注云："接，續也。"[78]《淮南子·精神訓》"聖人食足以接氣"，高誘注云："接，續也。"[79]《戰國策·秦策五》"故使工人為木材以接手"，姚宏（生卒年不詳，約1086—1146在世）本"接"字作"續"[80]；又《儀禮·聘禮》"接聞命"，鄭玄注："接，猶續也。"[81]《漢書·賈誼傳》"竊恐陛下接王淮南諸子"，顏師古（581—645）注："接，猶續也，猶今人言續復也。"[82]《荀子·王制》"諸侯莫不懷交接怨"，王先謙（1842—1918）《荀子集解》引郝懿行（1757—1825）曰："接，猶續也。"[83]訓"接"為"續"，驗諸古籍，覈之情理，均無不妥。荀爽釋"十二消息"云："十二消息，陰陽往來无窮已，故通也。”[84]錢澂之（1612—1693）《田間易學》引胡庭芳（生卒年不詳）云：“陰陽消長，如環無端，不特見之卦畫之生如此，而卦氣之運亦如此，自然與月之陰陽消長相為配合。”[85]知十二月消息卦有陰陽“往來無窮”、“如環無端”之特性。依十二消息卦說，《坤》位西北，時值十月，亥氣純陰，上六則為其陰氣之窮末，許氏釋“龍戰于野”之“戰”為“接”者，當取其“承接”、“接續”之義，謂微陽將續盛陰也，故《小象傳》曰：“‘龍戰于野’，其道窮也。”[86]許慎《說文·亥部》“亥”下云：“十月微陽起接盛陰。”[87]“接”即承接之意，正可為“戰者，接也”說之注腳。

五

又馬王堆帛書《二厽子》釋《坤》上六“龍戰于野”云：

《易》曰：“龍戰于野，亓血玄黃。”孔子曰：“此言大人之廣德而施教於民也。夫文之孝（教）[88]，采物畢存者，亓唯龍乎？德義廣大，灋（法）物備具者，〔亓唯〕聖人乎？‘龍戰于野’者，言大人之廣德而下綏（接）民也。‘亓血玄黃’者，見文也。聖文出灋（法）教以道（導）民，亦猷（猶）龍之文也，可胃（謂）‘玄黃’矣，故曰‘龍’。見龍而稱莫大焉。”[89]

又帛書《衷》[90]云：

“龍單于野”，文而能達也。……“蘢（龍）單（戰）于野，亓血玄黃。”子曰：“耶（聖）人信𢦏（哉）！隱文且靜，必見（現）之胃（謂）也。蘢𠦃（七十）變而不能去亓文，則文亓信于（歟）。”[91]

廖名春先生《〈周易〉乾坤兩卦卦爻辭新解》曰：

從訓詁上看，“血”與“恤”通。《周易》升、萃、晉、家人四卦的“勿恤”，帛書《易經》皆作“勿血”。……而“恤”與“率”通。……

從時位上看，《小象傳》“‘龍戰于野’，其道窮也”的說解是正確的。上六為坤卦六爻的盡頭，故言“野”。“龍戰”至於“野”，故云“道窮”。如果是“言大人之廣德而下綏民也”，又怎能說“道窮”呢？《文言》說“陰疑於陽必戰”，“疑”當訓“擬”，比擬也。陰盛極則與陽爭鋒，比試高低短長，“戰于野”勢必難免。由此可知，以“戰”為“綏”或“接”不足為訓。“龍戰于野”當是指群龍打到了天邊野外。

如上所述，“亓血玄黃”的“血”當讀作“率”，“率”卽首領。“率”與“龍”都是指“大人”、“君子”，所以《文言》說“猶未離其類也，故稱‘血’焉”。“玄黃”不是指顏色，更不是指服從王化的幣帛，而是一雙聲聯綿詞，其義為病貌。《詩經·卷耳》：“我馬虺隤……我馬玄黃。”王引之曰：“《爾雅》曰：‘虺頹、玄黃，病也。’凡物皆得稱之。孫炎屬之馬，郭璞屬之人，皆非也。”其說是，爻辭也當如是解。龍戰至野，耗日持久，故云病矣。由六五“元吉”轉至上六病矣，正是“物極必反”，與乾卦情形同。所以，坤卦上六爻辭的本義，旣不是“天玄地黃”，也不是“陰陽交合”，更不是“言大人之廣德而下綏民也”、“見文也”，而是說群龍爭戰至天邊野外，它們的首領已勞瘁不堪了。陰與陽爭勝則病，這才是坤卦上六爻辭的主旨。[92]

又蘭甲雲先生《周易卦爻辭研究》曰：

釋“戰”為交接比釋“戰”為爭鬥合理。“龍戰于野”，指雄龍與雌龍在野外交合交接。……由《帛書二三子問》的解釋可知，“龍戰于野”闡述的是雄龍與雌龍在野外交接交媾之事，卽陰陽和合之事。陽為君為聖人，陰為民，故可釋為聖人教化百姓，龍之文采比喻聖人教化百姓之文法、教令。其血玄黃，指龍的文采絢爛無比。《九家易》曰：“實本《坤》體，未離其離，故稱血焉。血以喻陰也。玄黃，天地之雜，言《乾》《坤》合居也。”所謂《乾》《坤》合居，卽指陰陽交接交合之事，亦指雄龍與雌龍在野外交接交合之事。[93]

案：廖先生認為“戰”卽“爭戰”之意，若釋為“接”，則與《小象傳》“道窮”之說不合。惟如前文所述，依十二消息卦說，《坤》位西北，時值十月，亥氣純陰，上六則為其陰氣之窮末。《小象傳》曰：“‘龍戰于野’，其道窮也。”陰氣窮盡，則微陽接之，許慎訓“龍戰于野”之“戰”為“接”，取其“承接”、“接續”之義，謂微陽將續盛陰，正合於《小象傳》“道窮”之說。又廖先生訓“血”為“率”，並認為“玄黃”當指“病”貌，而非指顏色。考“玄黃”為病貌之說，前提需先確定“血”為“率”義，“血”如當依舊訓，則“其血玄黃”謂“龍血疲勞不堪”者，頗覺不辭。《升》、《萃》、《晉》、《家人》諸卦爻辭之“勿恤”，帛書本皆作“勿血”，廖先生據而認為《周易》“血”、“恤”二字可通。惟帛書本錯漏之處甚夥，如《泰蓄（大畜）》卦畫 ䷙ 誤作 [illegible][94]、《既濟》䷾ 誤作 [illegible][95]、《歸妹》䷵ 誤作 [illegible][96]、《解》䷧ 誤作 [illegible][97]，又《狗（姤）》爻題“九五”誤作“五五”[98]、《襦

(需)》“九五”誤作“六五”[99]、《既濟》“初九”誤作“初六”[100]、《奪(兌)》“六三”誤作“九三”[101]、《隋(隨)》“上六”誤作“尚(上)九”[102]、《泰(大)過》“九五”誤作“六五”、“上六”誤作“尚(上)九”[103]、《溍(晉)》“初六”誤作“初九”[104]、《渙》“六四”誤作“九四”[105]、《益》“六二”誤作“九二”[106]等，均為明顯誤例，足見其抄寫者之粗疏，故李學勤先生評之曰：“(帛書本)不難發現書內錯譌百出，表明抄手並不是那樣負責任的。……中間到底有多少譌字，恐怕不容易推求清楚。另外顛倒衍漏等錯誤，必然也有不少。說不定有些我們認為大有奧義可尋的地方，正出於抄手的粗心大意。”[107]考通行本《周易》“血”字共六見[108]：

1.《坤》上六　：龍戰于野，其血玄黃。

2.《屯》上六　：乘馬班如，泣血漣如。

3.《需》六四　：需于血，出自穴。

4.《小畜》六四：有孚。血去惕出，无咎。

5.《歸妹》上六：女承筐，无實，士刲羊，无血。无攸利。

6.《渙》上九　：渙其血去逖出，无咎。

又“恤”字亦六見[109]：

1.《泰》九三　：无平不陂，无往不復。艱貞，无咎。勿恤其孚，于食有福。

2.《晉》六五　：悔亡。失得，勿恤。往，吉，无不利。

3.《家人》九五：王假有家，勿恤。吉。

4.《夬》九二　：惕號。莫夜有戎，勿恤。

5.《萃》初六　：有孚，不終，乃亂乃萃。若號，一握為笑。勿恤。往，无咎。

6.《升》卦辭　：元亨。用見大人，勿恤。南征，吉。

以傳本《渙》上九、《小畜》六四之“血”為例，竹書本[110]、阜陽漢簡本[111]、帛書本[112]、唐石經[113]、敦煌本[114]均作“血”，未有作“恤”者。而“恤”字以《夬》九二、《萃》初六為例，除帛書本外[115]，竹書本[116]、漢石經[117]、唐石經[118]、敦煌本[119]均未有作“血”者。上博藏竹書本為迄今所見年代最早之《周易》寫本，觀其簡22《大坴(畜)》初九爻題嘗補入“九”字[120]，簡54《鱻(渙)》六三爻辭“亡”與“六”間補入“咎”字[121]，簡58《未淒(未濟)》“闇”與“二”間疑補入“九”字[122]，證明抄寫者曾作校勘。《夬》九二、《萃》初六之“恤”，竹書本均作“”形，整理者隸作“衁”[123]；而《需》六四、《渙》上九之“血”，竹書本則作“”形，整理者隸作“血”[124]，與今本無異。“衁”、“血”二字，除帛書本外，竹書本及其他諸本抄寫者均有意區別，其義當有所不同。廖先生謂“血”與“衁”通，而“衁”又通“率”，故“血”當讀作“率”，義卽首領，其推論過程未免迴曲，《周易》之“血”有“率”義否，似仍可待商榷。

據帛書《二厽子》、《衷》所釋，“龍”為“大人”、“聖人”，當指有才德之君王。“戰”，《二厽子》讀為“緌”，《玉篇·糸部》：“緌，緌續也。”[125]《集韻·葉韻》：“緌，續縷也。”[126]“緌”當為“續縷”之專字，交接字則通作“接”[127]。馬王堆帛書《黃帝書·經·五正》：“外内交緌，乃正於事之所成。”[128]其“緌”與“接”同義；又《晉》卦辭“康侯用錫馬蕃庶，晝日三接”，馬王堆帛書本“接”字作“緌”[129]，可證“緌”、“接”相通。帛書《二厽子》釋“龍戰于野”云“言大人之廣德而下緌民也”，其“緌”字但有“接見”、“接觸”之意，並無“交合”、“交媾”之可能。蘭氏據《二厽子》“言大人之廣德而下緌民也”句，認為“‘龍戰于野’闡述的是雄龍與雌龍在野外交接交媾之事”，非是。案：《坤》上六陰氣將窮，微陽接續而起；陽《乾》為君，陰《坤》為民，《二厽子》、《衷》以“龍戰于野”突顯大人之龍德顯達，強調君王接見人民者，實本於《坤》上六微陽接續盛陰之象，其說與《說文》“戰者，接也”之訓相近。

六

綜上所述，《周易·坤》上六“龍戰于野”，諸家或訓“戰”為“爭戰”、“爭鬥”，或據許慎《說文》“戰者，接也”之說，認為“接”卽交合、交媾之意。案許慎所釋《易》理，蓋本於孟喜“卦氣”之說。據十二消息卦，“陽生”之時當在子月，而《坤》卦則象純陰䷁，時值亥月，陽氣未生。無論據卦象抑月候而言，釋《坤》上六“戰”為“交合”，實無憑藉。十二消息卦之陰陽二氣消長，往來無窮，如環無端，《坤》位西北，時值十月，亥氣純陰，上六則為其陰氣之窮末，故《小象傳》云“其道窮也”。據二十四方位說，天干壬與地支亥，均位西北，地勢陰寒[130]。亥月陰氣將窮，則子月始生，陽氣重現，故許慎《說文·壬部》云“承亥壬以子”，《亥部》又云“十月微陽起接盛陰”；其所謂“承”、“接”，義卽“接續”，並無“交合”、“交媾”之意。馬王堆帛書《二厽子》釋“龍戰于野”云“言大人之廣德而下綏民也”,其以“綏”釋“戰”,亦無交合之意。故《說文》釋“龍戰于野”謂“戰者，接也”者，乃據十二消息為說，喻《坤》上六亥氣將盡，微陽將接續盛陰也。

從象數言,“龍”喻陽氣[131],“戰”謂接續，外卦之極曰“野”;《坤》上六盛陰窮極而反,陽氣接續而生,如龍於野外相接,故爻辭以“龍戰于野”為喻。《禮記·月令》謂“仲夏”:“陰陽爭，死生分。”鄭玄注云:“爭者，陽方盛，陰欲起也。”[132]《月令》又謂“仲冬”:“陰陽爭，諸生蕩。”鄭玄注云:“爭者，陰方盛，陽欲起也。”[133]是不論“陽極而陰起”,抑“陰極而陽起”,因陰陽二氣相反相生，其消息過程均有“爭”象。《坤》上六“龍戰于野”，本喻指微陽接續盛陰之時，引申而又有爭戰之象。許慎釋“龍戰于野”之“戰”為“接”，旨在詮釋陰陽消息之相生始端,其說乃漢儒重視“卦氣”之體現。後王弼諸家釋“戰”為“交戰”,則旨在強調陰陽矛盾之相接過程。“龍戰于野”後所繫“其血玄黃”,“血”喻“交戰”之傷創;天玄而地黃,“玄黃”喻陰陽之相合。陰陽既相生亦相剋，二說可以相因，並無衝突。

附記

2003年，榮於城大應用中文副文學士課程隨鄧立光師習《易》，首讀《乾》、《坤》二卦，卽狐疑於《坤》上六“龍戰于野”之訓釋。2009年2月，承港大學兄黎廣基博士賜閱其大作《〈易·坤〉“龍戰于野”義諸說平議》一文，並蒙不棄拙見淺陋，彼此於“戰”字之訓釋，多所討論，榮獲益匪淺，謹此衷心致謝。黎兄大作，根據卦氣、《易緯》及吳肇嘉諸說，認為“龍戰于野”意謂微陽接續盛陰，所論當世罕見，別具新意，於拙文亦頗有啟發之處。拙文所提論點，或可作為黎文之補充，謹此說明。

注释

[1] 王弼、韓康伯注，孔穎達疏:《周易注疏》〔影印清嘉慶二十年[1815]南昌府學重刊宋本《十三經注疏》附校勘記〕，臺北:藝文印書館，1973年5月，卷1頁25b(總頁20上)。標點為筆者所加。

[2] 許慎:《說文解字》〔影印清同治十二年[1873]陳昌治刻本〕，長沙:嶽麓書社2006

年 1 月版，卷 14 下頁 11（總頁 309 下）。標點為筆者所加。

［3］李鼎祚：《周易集解》〔影印清嘉慶三年 [1788] 姑蘇喜墨齋張遇堯局鐫本〕，北京：中國書店 1984 年 6 月版，卷 2 第 4a—b 頁。標點為筆者所加。

［4］王弼、韓康伯注，孔穎達疏：《周易注疏》，卷 1 第 25b 頁（總頁 20 上）。

［5］王弼、韓康伯注，孔穎達疏：《周易注疏》，卷 1 第 25b 頁（總頁 20 上）。

［6］程頤：《周易程氏傳》卷 4，《二程集》，北京：中華書局 1981 年 7 月初版，2008 年 7 月 2 版 5 印），第 711 頁。

［7］朱熹撰，廖名春點校：《周易本義》，北京：中華書局 2009 年 11 月版，第 46 頁。

［8］参高亨《周易古經今注》（重訂本），北京：中華書局 1984 年 3 月版，第 168—169 頁。

［9］参李鏡池《周易通義》，北京：中華書局 1981 年 9 月版，第 7—8 頁。

［10］参金景芳、吕紹綱《周易全解》，長春：吉林大學出版社 1989 年 6 月版，第 51 頁。

［11］王弼、韓康伯注，孔穎達疏：《周易注疏》，卷 1 第 25b 頁（總頁 20 上）。

［12］"疑"，石經、岳本、閩、監、毛本同。《經典釋文》："'疑'，荀、虞、姚信、蜀才本作'凝'。"参李學勤主編《周易正義》（《十三經注疏》標點本），北京：北京大學出版社 2000 年 12 月版，第 38 頁。

［13］"嫌於无陽"，石經、岳本、閩、監、毛本同。《經典釋文》："'嫌'，鄭作'謙'，荀、虞、陸、董作'嗛'。"黄焯：《經典釋文彙校》："十行本、閩、監本同，宋本'嗛'作'兼'。惠云：'朱震云："古文作'兼於'，陽盧本'謙'改'溓'。"'"阮元《周易校勘記》："按'鄭作謙'當云'鄭作溓'，說詳《釋文》。"《周易集解纂疏》引作"兼于陽"。参李學勤主編《周易正義》，第 38 頁；黄焯：《經典釋文彙校》，北京：中華書局 2006 年 7 月版，第 35 頁。

［14］王弼、韓康伯注，孔穎達疏：《周易注疏》，卷 1 第 27b 頁（總頁 21 上）。

［15］李鼎祚：《周易集解》，卷 2 第 4a、6b 頁。

［16］李鼎祚：《周易集解》，卷 2 第 4a、6b 頁。

［17］李鼎祚：《周易集解》，卷 2 第 4a 頁。

［18］李鼎祚：《周易集解》，卷 2 第 6b 頁。

［19］李鼎祚：《周易集解》，卷 2 第 6b 頁。

［20］惠棟撰，鄭萬耕點校：《周易述》，北京：中華書局 2007 年 9 月版，第 10 頁。

［21］案：傳本《文言傳》原文作"為其嫌於无陽也"。

［22］惠棟撰，鄭萬耕點校：《周易述》，第 12 頁。

[23] 朱駿聲：《六十四卦經解》，臺北：頂淵文化事業有限公司 2006 年 8 月版，第 18 頁。

[24] 尚秉和：《周易尚氏學》，《尚氏易學存稿校理》第 3 卷，北京：中國大百科全書出版社 2005 年 6 月版，第 25—26 頁。

[25] 馬宗霍：《說文解字引經考》，臺北：學生書局 1971 年 4 月版，第 103 頁。

[26] 案：傳本《文言傳》原文作“為其嫌於无陽也”。

[27] 黄永武：《許慎之經學》，臺北：臺灣中華書局 1972 年 9 月版，第 72—73 頁。標點與原文略異。

[28] 廖名春：《〈周易〉乾坤兩卦卦爻辭新解》，《〈周易〉經傳與易學史新論》，濟南：齊魯書社 2001 年 8 月版，第 18—19 頁。

[29] 黄壽祺、張善文：《周易譯注》(修訂本)，上海：上海古籍出版社 2001 年 9 月版，第 31 頁。

[30] 辛介夫：《〈周易〉解讀》，西安：陝西師範大學出版社 1998 年 11 月版，第 101 頁。

[31] 錢世明：《周易象說》，上海：上海書店出版社 1999 年 1 月版，第 8 頁。

[32] 程石泉：《易辭新詮》，上海：上海古籍出版社，2000 年 9 月，第 56 頁。

[33] 臧守虎：《飲食·男女·鼎新——〈易經·鼎卦〉及“鼎新”之義的發生新解》，《古籍整理研究學刊》2004 年第 6 期，第 33 頁。

[34] 陳鼓應、趙建偉：《周易今注今譯》，北京：商務印書館 2005 年 11 月版，第 37 頁。

[35] 陳良運：《美的考索》，南昌：百花洲文藝出版社 2005 年 11 月版，第 20 頁。

[36] 張其成：《易經感悟》，南寧：廣西科學技術出版社 2007 年 7 月版，第 16 頁。

[37] 王振復：《周易精讀》，上海：復旦大學出版社，2008 年 2 月版，第 69 頁。

[38] 藍甲雲：《周易通釋》，長沙：嶽麓書社 2008 年 11 月版，第 17 頁。

[39] 黄天驥：《周易辨原》，廣州：廣東人民出版社 2008 年 12 月版，第 27 頁。

[40] 参周師錫《易經詳解與應用》，香港：三聯書店 2005 年 12 月版，第 15—16 頁。案：周師《易經詳解與應用》即將出版增訂本，其對《坤》卦之訓釋，經已大幅修訂，别出新見。

[41] 参吴辛丑《周易講讀》，上海：華東師範大學出版社 2007 年 1 月版，第 51 頁。

[42] 蔣凡：《周易演說》，上海：上海古籍出版社 2007 年 7 月版，第 13 頁。

[43] 班固撰，顔師古注：《漢書》，北京：中華書局 1962 年 6 月版，第 7 冊，第 3599 頁。

[44] 劉玉建先生曰：“‘卦氣’具體說來，就是《周易》六十四卦與一年中體現陰陽之氣進退消長的四時、二十四節氣、十二個月、七十二候的相互結合交配。於是，便產生了古今

人們常說的四正卦說、十二消息卦說、六日七分法、七十二候說等，這些學說統稱為‘卦氣說’。”參氏著《兩漢象數易學研究》，南寧：廣西教育出版社 1996 年 9 月版，第 121 頁。

［45］歐陽修、宋祁：《新唐書》，北京：中華書局 1975 年 2 月版，第 2 冊，第 598 頁。

［46］震鈞：《兩漢三國學案》，北京：中華書局 1986 年 12 月版，第 17 頁。

［47］此圖據朱震《漢上易傳》所傳李溉《卦氣七十二候圖》而製。參張善文編《周易辭典》（修訂版），北京：中國大百科全書出版社 2005 年 6 月版，《圖表》第 2 頁。

［48］此圖採自惠棟《易漢學》。參張善文編《周易辭典》（修訂版），《圖表》第 3 頁。

［49］許慎：《說文解字》〔影印清同治十二年 [1873] 陳昌治刻本〕，長沙：嶽麓書社 2006 年 1 月版，卷 12 第 16b 頁（總頁 254 上）。標點為筆者所加。

［50］參黃永武《許慎之經學》，上冊，第 13—24 頁。

［51］王弼、韓康伯注，孔穎達疏：《周易注疏》，《易序》第 2a 頁（總頁 2 下）。

［52］何寧：《淮南子集釋》，北京：中華書局 1998 年 10 月版，第 208、214、218 頁。

［53］同注 24。

［54］吳澂：《易纂言》〔影印文淵閣《四庫全書》本〕，上海：上海古籍出版社 1990 年 1 月版，卷 1 第 6a 頁（總頁 15 下）。標點為筆者所加。

［55］見丁福保編《說文解字詁林》，北京：中華書局 1988 年 4 月版，卷 14 下第 6591a 頁（總頁 14155）。

［56］案：張惠言曰：“‘丑與’當為‘其爻’。”參林忠軍《〈易緯〉導讀》，濟南：齊魯書社 2002 年 11 月版，第 96 頁。

［57］案：張惠言曰：“‘北’當為‘比’。”參林忠軍《〈易緯〉導讀》，第 96 頁。

［58］黃奭輯：《易緯》，上海：上海古籍出版社 1993 年 4 月版，第 8、23—24 頁。

［59］王弼、韓康伯注，孔穎達疏：《周易注疏》，卷 9 第 4b—5b 頁（總頁 183 下—184 上）。

［60］參朱熹撰，廖名春點校：《周易本義》，第 18 頁。案：原圖無標示“東南西北”方位，引圖與原圖略異。

［61］黃奭輯：《易緯》，第 7—8 頁。

［62］見常秉義編《易經圖典精華》，北京：光明日報出版社 2003 年 4 月版，第 259 頁。原書名此圖為《京房卦氣圖》。

［63］《乾鑿度》云：“《乾》漸九月。”鄭玄注：“《乾》御戌、亥，在於十月，而漸九月也。”見黃奭輯《易緯》，第 8 頁。

[64] 詳參林忠軍《〈易緯〉導讀》，第36—39頁；劉彬：《〈易緯〉"卦主歲說"和"策軌說"初探》，電子期刊《學燈》第10期（2009年3月）。

[65]"卦氣說"之內容，參本文注44。

[66] 劉彬先生《〈易緯〉"卦主歲說"和"策軌說"初探》曰："所謂六十四卦主歲說，是把六十四卦卦爻配納到歲月之中的一種易學系統。它的內容包括兩個方面，一為卦主歲，一為爻主月。……卦主歲說的《乾》《坤》貞辰，從不合於六日七分卦氣卦序來說，是變例；但從襲用《乾》《坤》卦氣簡易形式來看，卦氣思想仍是它的基本原則。六日七分卦氣起《中孚》，《中孚》直十一月子，表示陽氣之生，這頗類似於卦氣簡易形式的《乾》。因此，卦主歲說使《中孚》及與它同歲的《小過》，效法《乾》《坤》的貞辰，而將《小過》貞未，其思路仍是本於卦氣宗旨。"

[67] 見鄧師立光《象數易鏡原》，成都：巴蜀書社1993年11月版，第98—99頁。

[68] 黎廣基：《〈易．坤〉"龍戰于野"義諸說平議》，未刊稿。論文承黎廣基學兄不吝賜閱，謹此致謝。

[69] 鄭玄注，孔穎達疏：《禮記注疏》〔影印清嘉慶二十年[1815]南昌府學重刊宋本《十三經注疏》附校勘記〕，臺北：藝文印書館1973年5月版，卷17第11b頁（總頁342上）。標點為筆者所加。

[70] 承培元：《說文引經證例》，載《續修四庫全書》第222冊，上海：上海古籍出版社1995年版，卷1第2b頁（總頁2上）。標點為筆者所加。

[71] 見丁福保編《說文解字詁林》，卷14下第6593b頁（總頁14160）。

[72] 黎廣基：《〈易·坤〉"龍戰于野"義諸說平議》，未刊稿。

[73] 李道平：《周易集解纂疏》，北京：中華書局1994年3月版，第24—25頁。

[74] 李道平：《周易集解纂疏》，頁26。

[75] 黃永武：《許慎之經學》，頁74。

[76] 徐芹庭：《漢易闡微》，北京：中國書店2010年1月版，上冊，第142頁。

[77] 王念孫：《廣雅疏證》〔影印清嘉慶元年[1796]王氏家刻本〕，南京：江蘇古籍出版社2000年9月版，卷2上第28a頁（總頁57下）。標點為筆者所加。

[78] 洪興祖：《楚辭補注》，北京：中華書局1983年3月版，第135頁。

[79] 何寧：《淮南子集釋》，第543頁。

[80] 劉向集錄：《戰國策》，上海：上海古籍出版社1985年3月版，第290頁。

[81] 鄭玄注，賈公彥疏：《儀禮注疏》〔影印清嘉慶二十年[1815]南昌府學重刊宋本《十三

經注疏》附校勘記]，臺北：藝文印書館 1973 年 5 月版，卷 19 頁 7a（總頁 229 上）。標點為筆者所加。

[82] 班固撰，顏師古注：《漢書》，第 8 冊，第 2263 頁。

[83] 王先謙：《荀子集解》，北京：中華書局 1988 年 9 月版，第 155 頁。

[84] 參李鼎祚《周易集解》，卷 14 第 7a 頁。

[85] 錢澂之：《田間易學》，合肥：黃山書社 1998 年 8 月版，第 104 頁。

[86] 王弼、韓康伯注，孔穎達疏：《周易注疏》卷 1 第 25b 頁（總頁 20 上）。

[87] 許慎：《說文解字》，卷 14 下第 20a 頁（總頁 314 上）。

[88] 案："孝"，廖氏《帛書〈周易〉論集》作"李"（第 370 頁），惟其《續修四庫全書》（上海：上海古籍出版社 1995 年版，第 1 冊，第 16 頁）、《易學集成》（楊世文等編，成都：四川大學出版社 1998 年 9 月版，第 3 冊，第 3026 頁）本釋文均作"孝"。廖氏《〈周易〉經傳與易學史新論》第 20 頁注 5 云："孝：疑通'教'。"今從其說。

[89] 廖名春：《帛書〈二厽子〉釋文》，《帛書〈周易〉論集》，上海：上海古籍出版社 2008 年 12 月版，第 370—371 頁。括號內之通假字為筆者所加。

[90] 案：《衷》，又名《易之義》、《易贊》、《子曰》，今採廖名春先生說，稱之為《衷》。詳參廖名春《試論帛書〈衷〉的篇名和字數》，《周易研究》2002 年第 5 期（2002 年 10 月），第 3—9 頁。

[91] 廖名春：《帛書〈衷〉釋文》，《帛書〈周易〉論集》，第 383、385 頁。

[92] 廖名春：《〈周易〉乾坤兩卦卦爻辭新解》，《〈周易〉經傳與易學史新論》，第 22—24 頁。

[93] 蘭甲雲:《周易卦爻辭研究》，長沙:湖南大學出版社 2006 年 5 月版，第 100—101 頁。

[94] 廖名春：《帛書〈易經〉釋文》，《帛書〈周易〉論集》，第 360 頁。

[95] 廖名春：《帛書〈易經〉釋文》，《帛書〈周易〉論集》，第 362 頁。

[96] 廖名春：《帛書〈易經〉釋文》，《帛書〈周易〉論集》，第 363 頁。

[97] 廖名春：《帛書〈易經〉釋文》，《帛書〈周易〉論集》，第 363 頁。

[98] 廖名春：《帛書〈易經〉釋文》，《帛書〈周易〉論集》，第 360 頁。

[99] 廖名春：《帛書〈易經〉釋文》，《帛書〈周易〉論集》，第 362 頁。

[100] 廖名春《帛書〈易經〉釋文》對帛書本錯字一般不加以更正，惟此處逕改"六"作"九"見《帛書〈周易〉論集》第 362 頁，與其他誤處之體例不一。此據馬王堆漢墓帛書整理小組《馬

王堆帛書〈六十四卦〉釋文》，第 3 頁；又参廖名春《馬王堆帛書周易經傳釋文》，《易學集成》第 3 冊，第 3017 頁。

[101] 廖名春：《帛書〈易經〉釋文》，《帛書〈周易〉論集》，第 365 頁。

[102] 廖名春：《帛書〈易經〉釋文》，《帛書〈周易〉論集》，第 366 頁。

[103] 廖名春：《帛書〈易經〉釋文》，《帛書〈周易〉論集》，第 366 頁。

[104] 廖名春：《帛書〈易經〉釋文》，《帛書〈周易〉論集》，第 367 頁。

[105] 廖名春：《帛書〈易經〉釋文》，《帛書〈周易〉論集》，第 369 頁。

[106] 廖名春：《帛書〈易經〉釋文》，《帛書〈周易〉論集》，第 369 頁。

[107] 李學勤：《馬王堆帛書〈經法·大分〉及其他》，載陳鼓應主編《道家文化研究》第 3 輯，上海：上海古籍出版社 1993 年 8 月版，第 275 頁；又載氏著《簡帛佚籍與學術史》，南昌：江西教育出版社 2001 年 9 月版，第 288 頁。

[108] Kunst, Richard Alan, The Original Yijing: A Test, Phonetic Transcription, Translation, and Indexes, with Sample Glosses (unpublished Ph.D. dissertation, University of California, Berkeley, 1985), p.586.

[109] Kunst, Richard Alan, The Original Yijing: A Test, Phonetic Transcription, Translation, and Indexes, with Sample Glosses, p.551.

[110] 竹書本存《渙》上九簡文，《小畜》六四則已殘缺。参馬承源主編《上海博物館藏戰國楚竹書（三）》，上海：上海古籍出版社 2003 年 12 月版，第 210 頁。

[111] 阜陽漢簡本存《小畜》六四簡文，《渙》上九則已殘缺。参韓自強《阜陽漢簡〈周易〉研究》，上海：上海古籍出版社 2004 年 7 月版，第 50 頁。

[112] 参廖名春《帛書〈易經〉釋文》，《帛書〈周易〉論集》，第 368—369 頁。

[113] 参中華書局編《景刊唐開成石經：附賈刻孟子嚴氏校文》〔影印 1926 年上海皕忍堂刊本〕，北京：中華書局 1997 年 10 月版，第 1 冊，卷 1 第 26 頁、卷 6 第 9 頁（總頁 13、61）。

[114] 敦煌寫卷《小畜》六四見"伯 2616 號"，《渙》上九見"斯 5992 號"。参許建平《敦煌文獻合集·羣經類周易之屬》，載張涌泉主編《敦煌經部文獻合集》，北京：中華書局 2008 年 8 月版，第 1 冊，第 17、80 頁。

[115] 参廖名春《帛書〈易經〉釋文》，《帛書〈周易〉論集》，第 365—366 頁。

[116] 参馬承源主編《上海博物館藏戰國楚竹書（三）》，第 187、193 頁。

［117］漢石經存《萃》初六簡文,《夬》九二則已殘缺。參屈萬里《漢石經周易殘字集證》，臺北："中研院"歷史語言研究所1961年12月版，卷2第9a頁。

［118］參中華書局編《景刊唐開成石經：附賈刻孟子嚴氏校文》，第1冊，卷5第2頁、第5頁（總頁45、47）。

［119］敦煌寫卷《夬》九二見"伯3640號",《萃》初六則已殘缺。參許建平《敦煌文獻合集．羣經類周易之屬》,《敦煌經部文獻合集》，第1冊，第73頁。

［120］圖版見馬承源主編《上海博物館藏戰國楚竹書（三）》，第34頁。

［121］圖版見馬承源主編《上海博物館藏戰國楚竹書（三）》，第66頁。

［122］圖版見馬承源主編《上海博物館藏戰國楚竹書（三）》，第70頁。

［123］參馬承源主編《上海博物館藏戰國楚竹書（三）》,第187、193頁。圖版見第50、54頁。

［124］參馬承源主編《上海博物館藏戰國楚竹書（三）》,第138、210頁。圖版見第14、67頁。

［125］顧野王：〔影印張士俊澤存堂刊本〕，北京：中國書店1983年9月版，卷27第59b頁（總頁496）。

［126］丁度等編《宋刻集韻》〔影印北京圖書館藏南宋孝宗年間[1163—1189]湖南地區刻本〕，北京：中華書局1989年5月版，入聲上葉韻卷36b（總頁223下）。

［127］參王輝《古文字通假字典》，北京：中華書局2008年2月版，第775—776頁。

［128］魏啓鵬：《馬王堆漢墓帛書〈黄帝書〉箋證》，北京：中華書局2004年12月版，第116頁。

［129］廖名春：《帛書〈易經〉釋文》,《帛書〈周易〉論集》，第367頁。

［130］《淮南子・天文訓》："西北為'蹏通之維'。"高誘注云："西北純陰，陽氣閉結，陽氣將萌，蹏始通之，故曰'蹏通之維'。"參何寧《淮南子集釋》，第207頁。

［131］《子夏傳》："龍，所以象陽也。"馬融："物莫大於龍，故借龍以喻天之陽氣也。"參李鼎祚《周易集解》，卷1第1a頁。

［132］鄭玄注，孔穎達疏：《禮記注疏》，卷16第6a頁（總頁317下）。

［133］鄭玄注，孔穎達疏：《禮記注疏》，卷17第19a頁（總頁346上）。

谢向荣，男，1981年出生，香港人，祖籍广东五华。香港大学中文学院硕士研究生，受业于单周尧教授。重点研究《周易》、训诂学与出土文献等。

略论《说文》籀文与战国五系文字之关系

李咏健

香港大学中文学院

提　要　《说文》籀文与战国文字关系密切。王国维曾撰《战国时秦用籀文六国用古文说》，认为“古文籀文者，乃战国东西文文字之异名”，其说影响甚巨。笔者曾比较籀文和商周古文字字形，发现籀文除合于西周金文外，部分字形亦与战国文字写法相近。本文结合战国文字材料，考察了籀文在战国西土和东土四系文字的分布情况。根据比照结果，籀文实广布于战国东、西土各系文字。换言之，王氏“战国时秦用籀文”之说，并不符合出土文字材料所反映的情况，其说有修正的必要。另一方面，本文对籀文与战国五系文字材料作了独立的异同比照，发现籀文在战国时期的使用比例较诸春秋时有所下降。不过，值得注意的是，东西土各系文字使用籀文的比率亦不尽相同，其中秦系最高，而楚、燕二系则较低，反映西周籀文对战国不同地域有着不同程度的影响。

关键词　籀文　《史籀篇》《说文》　战国　五系

一　引论

《说文》籀文与战国文字关系密切。清末王国维曾撰《战国时秦用籀文六国用古文说》，提出“古文籀文者，乃战国东西文文字之异名”的观点，后学论者甚众。笔者亦曾比较籀文和商周古文字材料的形体，发现籀文除了与西周金文构形相近外，某部分字形亦与战国文字写法相同。高明（1909—）说：“从（《说文》）所收籀文字形分析，其中有些的确与西周时代金文相近，也有些是战国文字。”[1]本文旨在结合战国文字材料，考察籀文在战国时期的流传与分布情况，重新审视王国维“战国时秦用籀文”之说。同时，借着观察籀文与战国东、西土各系文字的异同比率，揭示籀文由春秋到战国的消长情况。

二 籀文的时代

要分析籀文与战国文字之关系，必先清晰籀文的时代。传统观点认为，籀文为周宣王太史籀所编《史籀篇》中之文字。《汉书·艺文志》载“《史籀》十五篇”，班固自注曰：

周宣王时太史，作大篆十五篇，建武时亡六篇矣。[2]

东汉许慎撰《说文·叙》亦说：

及宣王太史籀，著大篆十五篇，与古文或异。[3]

班、许二氏皆以籀文为西周文字。后代学者如卫恒、魏收（506—572）、张怀瓘等皆从其说，以《史籀》大篆为周宣王时“太史史籀”所作。唯清末王国维（1877—1927）撰《史籀篇叙录》及《史籀篇证序》等，提出新说，认为《史籀篇》乃因篇首作“大史籀书"而得名，史籀非人名，“籀”训读，有抽读之义[4]。王氏既怀疑《史籀篇》之得名，又进而怀疑其时代。从籀文的形体特点[5]出发，他论定“《史籀》一书，殆出宗周文胜之后，春秋战国之间，秦人作之，以教学童。”[6]其后，在《战国时秦用籀文六国用古文说》中，他更提出“所谓秦文，即籀文也”，“古文籀文者，乃战国时东西二土文字之异名”[7]的观点，以籀文为战国时的西土文字。

针对王氏说法，笔者曾撰《籀文时代再探》一文。文中把《说文》所录225字籀文（另2形重文）[8]与现存的商周古文字材料作比对，并就相关字例详加分析，发现籀文与西周金文最为接近，汉人以籀文为西周文字之说可信。[9]籀文当如班固、许慎所言，为周宣王太史籀所编《史籀篇》中之文字。祝敏申（1950— ）也说：

籀文不仅见于西周晚期的典型著作《虢季子白盘》，还见于晚商甲骨及西周其他铜器……这原是各种异体之一，宣王史籀作了一次文字规范整理工作，许慎称史籀“著”大篆十五篇的“著”应当这样理解。这种被“史籀”选择为模板的字体便成了“正字”。《史籀篇》作用同秦《仓颉》三篇，它可以说是这一类字书的滥觞。当时有其他异体字，所以许慎说大篆十五篇“与古文或异”。[10]

祝氏所言甚是。由此可见，籀文作为一种字体，是宣王时确立的一种正体。它是西周后期进行文字规范时被选作范本的字体。现在我们所见与《说文》籀文构形相同的金文，可能与《史籀篇》中的籀文是同一种字体。

三　《说文》籀文与战国文字的系联统计

笔者曾比照《说文》籀文与商周古文字字形，发现籀文除合于西周金文外，有不少字形亦与战国文字相近。在可与商周古文字系联的97形籀文中，有57形可与战国文字系联，包括禋、中、折、嗌、𣪘、登、䟫、迹、速、兵、昼、杀、皮、败、弃、爰、敢、胪、则、剑、箕、鼓、仑、匋、树、盘、叒、员、赣、昌、昔、盟、栗、鼎、秦、癃、人、顶、豪、易、丽、大、奢、意、愆、靁、西、妣、紟、地、封、城、陆、四、癸、旮、申等字的籀文，占总系联数58.76%。[11]

王国维曾提出战国文字有东西土之分，然则这57形籀文在战国东西二土的流传情况又怎样呢？王世征、宋金兰曾说："战国文字与籀文有些传承关系，无论是在西土的秦系文字中，还是在东土的六国文字中都可以找到其脱胎于籀文的痕迹。"[12]为了厘清《说文》籀文与战国文字的传承关系，下文将利用战国古文字材料作分域统计，考察籀文在战国时东西二土的流传和分布概况。

下文以表列形式，列出《说文》籀文与战国各系文字相合之例。关于统计的内容，有几点需要说明：

1. 本表对字形的系联准则是：字形结构（即偏旁及各部件等）相同或大体相同，不考虑书写风格的差异。

2. 表中依李学勤《战国题铭概述》[13]和何琳仪《战国文字通论》[14]的分类，将材料按地域分为秦、楚、晋、燕、齐五系，以地区分，不以国别分。材料的具体系别则依据汤余惠《战国文字编》[15]和何琳仪《战国古文字典》[16]，遇有分歧者则折中取一家之说。

3. 战国文字字形根据汤余惠《战国文字编》，何琳仪《战国古文字典》，袁仲一、刘钰《秦文字类编》，李守奎《楚文字编》，张守中《睡虎地秦简文字编》、《郭店楚简文字编》、《包山楚简文字编》、《中山王䂂器文字编》，张光裕、黄锡全、滕壬生主编《曾侯乙墓竹简文字编》，李守奎、曲冰、孙伟龙编著《上海博物馆藏战国楚竹书（一—五）文字编》等书所载战国简帛、陶器、兵器及彝器等文字数据。

4.《说文》篆文及籀文的字形根据"大徐本"[17]所载字形数据。

战国时期《说文》籀文地域分布概况表					
	秦	楚	晋	燕	齐
禋（ ）			哀成弔鼎		
中（ ）	咸阳印钟	包山 138			子禾子釜
折（ ）		郭店·成之 31	玺汇 4299		
嗌（ ）		上博三·彭 7·24	玺汇 1551		
䍜（ ）		包山 176			玺汇 5294
登（ ）		包山 175			陈侯因資敦
䞓（ ）		曾侯乙 73			
迹（ ）	诅楚文				
速（ ）	秦陶 399 俑				
兵（ ）	诅楚文				
昼（ ）		帛书甲 8			
杀（ ）	云梦·日书甲 792 反面				
皮（ ）		郭店·缁衣 18	卅三年郑令剑		
败（ ）		郭店·老丙 12			
弃（ ）	秦简 28·16				
爰（ ）	商鞅方升				

续表

敢（ ）	新郪虎符		中山守丘石刻		
胪（ ）	云梦·秦律 13	包山 84	古币 219		
则（ ）	陶汇 5·400	中山王方壶			
剑（ ）	云梦·日乙 38				
箕（ ）	诅楚文	曾侯乙钟	哀成叔鼎		
鼓（ ）		曾侯乙钟			
仑（ ）			中山王鼎		
匋（ ）	吉大 145				
树（ ）	云梦·日乙 1023		（ ） 陶汇 6·80		
盘（ ）		上博四·曹 53·1			
叒（ ）	诅楚文	郭店·老丙 12	中山王鼎		
员（ ）			中山方壶（勋）		（ ） 陶汇 3·1061
赣（ ）		玺汇 5697			
昌（ ）				（ ） 货系 3227 刀	
昔（ ）					陶汇 3·362
盟（ ）			玺汇 0408		
栗（ ）		包山竹签			玺汇 0233
鼎（ ）	（ ） 中欧鼎		哀成吊鼎		

续表

秦（ ）	诅楚文		𠫑羌钟		
癃（ ）	十钟				
人（ ）	新郪虎符	郭店・老甲 11			货系 2560
顶（ ）			鱼颠匕		
豪（ ）	云梦・为吏 27				陶汇 3・925
易（ ）	陶汇 4・168	郭店・语丛 1・36	中山王鼎		
丽（ ）	陶汇 5・193				
大（ ）	泰山刻石			玺汇 0022	陶汇 3・691
奢（ ）	诅楚文				
意（ ）	诅楚文				
愆（ ）		包山 85			
靁（ ）		包山 175			玺汇 3694
西（ ）			货系 0060		
妣（ ）					十四年 陈侯午敦
紟（ ）		仰天 6			
地（ ）		郭店・忠信 4	中山王圆壶		
封（ ）		上博二・容 18・43	玺汇 0839		（ ） 货系 2541 刀

续表

城（[illegible]）		[illegible] 包山 2·2			
陆（[illegible]）		[illegible] 包山 62			
四（亖）	亖 秦陶 195 俑	亖 郭店·唐虞 26	[illegible] 令君瓜壶	[illegible]（亖）货系 4098 钱	[illegible] 十四年陈侯午敦
癸（[illegible]）	[illegible] 云梦·日甲 82 反				
昏（[illegible]）		[illegible] 砖 M3703			
总数:56 形[18]（百分比）	27 形（48.21%）	27 形（48.21%）	21 形（37.50%）	3 形（5.36%）	14 形（25.00%）

统计结果显示，《说文》籀文广泛见于战国东、西土的文字材料，其中东西比例最高的是楚系和秦系。在统计总数 56 形籀文中，同于战国楚系文字材料者共 27 形，占 48.21%，接近半数。秦系文字的数字与楚系相同。其余三系的比例排名依次为晋系、齐系、燕系，其中燕系材料的比例最低，仅有 3 形籀文能与之系联，占 5.36%，少于一成。

得出上述数据后，我们可以此考察战国时期籀文的流布情况。综观东土四系的统计数字，除燕系外，楚、晋、齐三系文字的系联比例均在两成以上，反映籀文在战国时期并不只流传于某一地区，事实上，有些籀文是广泛见于东西土各系的，最典型的例子莫过于"四"字。"四"籀文作"亖"，早在商代的甲骨文已习见此形，其后西周金文仍一律作亖，春秋时虽出现四（邵钟）、四（石鼓文）的异体，但作亖者仍甚普遍。战国时"四"字异形虽多，但各系文字中作亖者亦匪鲜，秦、楚、晋、齐、燕五系文字均有同于籀文形体的例子。此外，籀文"大"、"中"、"胪"、"叒"、"昜"等籀文也并见东、西土的三系文字。由此可见，使用籀文与否并非秦和六国文字的区别所在。换言之，我们也不能把籀文局限为某一地区的专用文字了。再者，上举 56 形籀文中，有些字例虽有可资比对的秦文字材料，但二者构形不同，相反，同于籀文的写法却见于东土各系的文字材料，如"登"、"折"、"昏"、"皮"、"败"、"鼓"、"箕"、"仓"、"赣"、"西"等[19]。凡此种种，皆显示王国维主张的"所谓秦文，即籀文也"和"古文籀文者，乃战国时代东西二土文字之异名”的观点并不符合出土文字材料所反映的情况，其说有修正的必要。

籀文在战国时期广布于东、西土各系，这个结果其实在意料之中。此因战国文字乃由春秋文字发展而来。笔者曾比照籀文与春秋文字字形[20]，证实籀文在春秋时期已广布于东西二土，故此，上表的统计结果不过是进一步加强了论证的说服力而已。此外，细审王说，不难发现王国维的“战国时秦用籀文”说乃基于他对《史籀篇》时代的看法。王氏既认为《史籀篇》是春秋战国之间的秦字书，那么在诸侯各自为政的战国时期，籀文的影响力当然也只限于西土秦国了。然而，笔者已论证王氏于《史籀篇》时代的说法有误，《史籀篇》应是西周晚期的产物。作为当时的正体字，籀文的影响及于春秋战国各系文字，也是顺理成章的。

不过，必须指出，上表只列出了籀文与各系文字相合的字例，而未有将二者相异的字形纳入统计中，故其结果仅能反映籀文在东西土的分布情况，难以揭示籀文与各系文字自身的关系。有见及此，下文将为各系别的文字材料作独立异同比照和分析，考察籀文在战国不同系别文字中的流传和使用情况。

四　《说文》籀文与战国各系文字关系分析

与上文的论证方式相同，本部分的分析也是系联籀文与战国五系文字字形，统计籀文与它们的异同比率。笔者在《〈说文〉籀文与商周古文字关系之研究》附录四“殷商至战国时期《说文》籀文构形样式分类数据库”中曾收集《说文》225字籀文[21]由商代至战国时期的古文字字形写法，按其构形分作不同体式。[22]针对战国文字材料的地域差别，本文又据何琳仪《战国古文字典》及汤余惠《战国文字编》二书的区分，将材料分作五系。下文依据该数据库所列出的字形，先就籀文与晋系文字的关系作独立分析。

（一）《说文》籀文与战国晋系文字的关系

战国晋系文字的内容十分广泛，据何琳仪的分类，除了韩、赵、魏三国属这一系外，中山国、东周、西周[23]、郑、卫等小国文字也可归入这一系[24]。本文为《说文》225字籀文与战国晋系文字字形作了系联和统计。结果如下：

《说文》籀文与战国晋系文字异同比较表[25]		
可系联者	禋、折、嗌、皮、敢、胪、则、箕、仑、树、叒、员（勛）、盟、鼎、秦、顶、易、西、地、封、四	共21形
不可系联者	旁、斋、中、[illegible]、登、是、迹、述、送、商、兵、燮、竖、臧、爽、弃、爰、叡、箕[26]、鼓、卢、赣、昌、昔、盟、秋、疾、网、人、屋、颂、仄、马、炙、大、流、鲂、翼、𦣝、婚、娄、膚、系、强、黾、垣、堵、堂、垔、城、车、陆、癸、子、申、酸、酱	共57形
总计	系联比例：21 / 78形，26.92%	共78形

在《说文》所录籀文中，有78形可与战国晋系文字材料作字形比对，其中21形与晋系文字构形相同或相近，可以系联，百分比为26.92%。

晋系文字的统计结果，已如上述。前文曾指出，中山国的文字也可归入晋系范畴，因此上表的统计资料已同时包含了战国中山国的文字。值得注意的是，表中的中山国文字，多出于《中山王器》(下称《 器》)。《器》在1977年出土于河北平山中山王墓，据张守中《中山王 器文字编・凡例》的统计，出土器物中有铭器物凡118件，其中铜器90件，玉器26件，木器2件，收录了2458字，数量丰富。至于《器》的年代，经学者考证，认为应是战国中晚期的中山国遗物[27]。为了更清楚理解籀文与晋系文字的关系，本文同时对《器》的文字与籀文作了独立的字形比对统计[28]。下表为统计结果：

《说文》籀文与战国《中山王器》文字异同比较表		
可系联者	则、箕、仑、叒、员（勛）、易、地、四	共8形
不可系联者	中、折、是、送、皮、弃、叡、箕[29]、昔、鼎、人、马、大、流、翼、垣、堂、封、城、车、子、申、酱	共23形
总计	系联比例：8 / 31形，25.81%	共31形

统计结果显示，在《说文》所录籀文中，有31形可与战国《嚳器》文字材料作字形比对，其中8形与《嚳器》文字构形相同或相近，可以系联，百分比为25.81%。这个比例与“《说文》籀文与战国晋系文字异同比较表”的统计结果（26.92%）相若。

从上述两项统计的结果看来，可以肯定战国时期籀文对晋系文字存在一定的影响。然而，仔细观察两表的数字，不难发现二者的系联比例皆不超过三成，而值得注意的是，笔者曾比对籀文与春秋晋系文字字形，发现二者的可系联比率为

50.00%（19 / 38 形）[30]，二者相较，战国的系联比例明显要低一些。这个现象，似乎反映籀文对战国晋系文字的影响力较春秋时已有所下降。

籀文在战国时的影响力不及春秋，是可以理解的。首先，籀文产自西周晚期，即使只算至战国初期，其间已历时超过三百年。在这段时间里，文字自身由繁趋简，或改易形体等的演变，本已造成籀文的使用率下降；其次，籀文之所以同于晋系文字，乃横向的地理影响所致。《春秋左氏传》云："周之东迁，晋、郑焉依。"[31]晋及其附近列国，因为邻近东周王畿，地理上的优势使得各国与周王室的交流相对频繁，文化和文字自然也会受到周室的影响了。

然而，战国时期"诸侯力政，不统于王"，所谓"万乘之国七，千乘之国五，敌侔争权，盖为战国，贪饕无耻，竞进无厌，国异政教，各自制断，上无天子，下无方伯，力功争强，胜者为右，兵革不休，诈伪并起"[32]，当时的情势已非春秋时"尊王攘夷"的局面可比，周王室作为天下共主的角色也日益淡化。事实上，早在战国初期，周王朝已沦为蕞尔小国，仅据有今河南洛阳、孟津、偃师、巩、汝阳等地[33]。发展至战国中期，周王畿甚至被分割成西周和东周两个小国。周室本身自顾不暇，更遑论在文化和文字上影响其他诸侯了。另一方面，春秋时期中原地区势力最大的晋国，战国时也被瓜分为韩、赵、魏三个国家，史称"三家分晋"。三晋的文化虽然同源，可是在战国时期已各自发展。李学勤也说"三晋虽然是一个国分立而成，但在灭亡前的近二百年间，文化逐渐形成自已的特色"[34]，因此原先周文化对它们的影响，自然也会相应下降。籀文，作为宗周文化的一种代表形式，其影响力随时递减，也是无可厚非的。从以上分析来看，我们不难发现，若从历史背景上作考察，籀文在晋系文字中的影响力减低，其实是有迹可循的。

（二）《说文》籀文与战国齐、秦二系文字的关系

齐、秦二系文字分属东、西土文字系统，但在继承宗周文化这点上，二者却有着若干共通处，王志民《齐文化概论》说：

周文化对齐文化的影响，无论在齐立国之后还是立国之前都是其他文化所不能比拟的。齐为周朝封国，在周初那种"普天之下，莫非王土"的情势之下，周文化对齐文化的形成是有决定性影响的。即令春秋而后，礼乐征伐自诸侯出，周王朝统治呈末大不掉之衰局，它作为天下之"共主"，在文化上的影响也是不可

小视的。齐文化在其形成鲜明特色的过程中，表现出大量与周鲁文化认同的一些方面，应与这种影响直接相关。[35]

王氏指出齐文化受周文化影响甚深。事实上，从文献记载也可得知东周时齐鲁仍保有西周古礼习俗。如《论语 · 述而》："子在齐闻韶，三月不知肉味。"可知齐存古乐。《论语·八佾》载孔子斥季氏"八佾舞于庭"，知东周时鲁犹行佾舞。[36]齐鲁文化既然在礼、乐等方面大量保存了西周的文化传统，那么，文字作为文化中不可或缺的重要部分，齐鲁等地在这方面继承宗周时代使用的《史籀》"正体"，也顺理成章。至于秦国方面，秦据有西周旧地，为其继承西周文化创造了条件。唐兰（1901—1979）说："秦系文字是直接西周的，秦民族既然处在周地，无形之间就承袭了她的文化。"[37]即明确道出了秦国与西周文化（包括文字）的传承关系。王国维也说："秦处宗周故地，其文字自当多仍周旧"[38]；"秦居宗周故地，其文字犹有丰镐之遗"[39]。由此看来，齐、秦二地虽远隔，但二系文字于承继宗周文化方面应有共通之处。事实上，笔者曾分别就春秋齐、秦二系文字与籀文作异同比照，结果发现它们与籀文的相合比率甚高，齐系的数字为54.55%（18 / 33形），秦系则为58.97%（23 / 39形），超过五成[40]。有见及此，下文将把齐、秦二系文字结合分析，以便观察籀文在春秋与战国齐、秦二系文字中使用情况的变化。

战国齐系文字以齐国为中心，同时包括鲁、邾、倪、任、滕、薛、莒、杞、纪、祝等泗上诸侯国的文字。此外，宋国原都河南商丘，战国时迁至江苏徐州，也在泗上诸侯之例。因此可一同纳入齐系文字的范围。

本文把《说文》籀文和战国齐系文字作了比对统计，下表是统计结果：

《说文》籀文与战国齐系文字异同比较表		
可系联者	中、毁、登、员、昔、栗、人、豪、大、靁、妣、封、城、四	共14形
不可系联者	是、商、童、兵、农、臧、杀、皮、鸡、爰、敢、胪、箕[41]、匋、昌、貪、盟、疾、颜、马、丽、流、西、娄、廬、强、堂、垔、城、车、陆、癸、子、酱	共35形（包括"箕"字2形重文）
总计	系联比例：14 / 49形，28.57%	共49形

统计结果表明，在《说文》所录籀文中，有49形可与战国齐系文字材料作字形比对，其中14形与齐系文字构形相同或相近，可以系联，百分比为28.57%。

前文曾提及，笔者曾对籀文与春秋齐系文字作异同比照，发现齐系文字中有近五成半（54.55%）字形合于籀文写法。然而，以上表的结果相较，战国时籀文与齐系文字的系联比例已下降至不足三成（28.57%），跌幅甚为显著（25.98%）。这意味著战国时籀文在齐系文字中的影响力已有所减弱。

接着我们再就《说文》籀文和战国秦系文字字形作对照统计。

现存的战国秦系文字材料十分丰富，铜器铭文以量器和兵器文字为主，另又有石刻铭文、货币文字、玺印文字、陶器文字、木器文字、漆器文字等。以时代细分，这些材料大部分属于战国中期至秦王朝建立期间[42]。陈昭容《秦系文字研究：从汉字史的角度考察》曾把战国秦文字材料分为三类，包括篆书、俗书和隶书[43]。其中的篆书材料，一般见于官方的器物，反映了当时正统的写法。为了考察籀文与战国秦系文字的关系。下文首先选取了战国中晚期其中一项篆书材料——《诅楚文》，与《说文》籀文作字形对照统计，以考察战国秦系篆书系统文字与籀文的关系。

《诅楚文》为战国中晚期的石刻文字[44]，共有三石，于北宋时期发现。三石的出土先后依次为《巫咸文》、《大沈厥湫文》、《亚驼文》。南宋时期，原石已不知去向，现仅有拓本的复刻本传世。关于《诅楚文》的真伪，历来争议甚多，陈炜湛认为是"唐宋间好事之徒所伪作"[45]，郭沫若则认为三石中的《亚驼文》为宋人伪造[46]。陈昭容《秦系文字研究：从汉字史的角度考察》中"论诅楚文的真伪及其相关问题"一章曾就诅楚文的真伪作过详细考证，认为《诅楚文》为唐宋人伪作的观点缺乏证据，不能成立[47]。本文倾向陈说，以为《诅楚文》并非伪作。

在肯定《诅楚文》为真迹的前提下，现在再就籀文与《诅楚文》字形作系联统计。必须指出，在本文之前，陈昭容《秦系文字研究：从汉字史的角度考察》曾就《说文》籀文与《诅楚文》字形作过异同比较 。有见及此，本文的统计大体上仍以陈氏的结果为基础，但同时又作了一些补正。以下是本文的统计结果：

《说文》籀文与秦《诅楚文》异同比较表		
可系联者	迹、兵、敢、则、秦、奢、𪻆、（申）[49]、"箕"[50]	共8形（包括"箕"字2形重文）
不可系联者	中、斋、是、述、"箕"[51]、昔、盟、婚、姻、城	共10形
总计	系联比例：8 / 18形，44.44%	共18形

统计结果显示，《说文》所录籀文中，有18形可与《诅楚文》作字形比对，其中8形与《诅楚文》构形相同或相近，可以系联，百分比为44.44%。

《诅楚文》文字与籀文相合的比例超过四成，反映战国篆书系统秦文字与籀文的关系甚为密切。但不能忽视的是，秦国篆书系统的文字材料并不只《诅楚文》一项，尚有其他刻石材料如《琅琊刻石》、兵符材料如《杜虎符》、《新郪虎符》及统一后的《阳陵虎符》等。此外，玺印、封泥等文字材料也都属于篆书系统。换言之，要全面考察籀文与篆书秦文字的关系，必须把上述这些材料纳入统计范围内。与《诅楚文》的统计相同，在本文以前，陈昭容《秦系文字研究：从汉字史角度考察》亦从事了这方面的比较统计。兹具录其统计结果如下：

战国篆书系统秦文字与籀文异同表		
同（包括秦）	中、迹、兵、皮、敢、则、秦、奢、意、癸、申	共11形
异（包括秦）	（中、则）、斋、是、述、乃、昔、盟、袭、婚、姻、强、城、四、辞	共15形
总计	系联比例：11 / 26形，42.31%	共26形

分析陈氏的统计结果前，本文有必要先为其内容作一些修正。首先，籀文“箕”字见《诅楚文》（用为“其”字），陈表未收，应予以补入。“中”、“则”二字，由于它们的写法既有与籀同者，也有与籀异者，故陈表将之分列于同、异两栏内。然而，本文的统计重点在于可系联的比率，今二字既有同于籀文之构形，那就无须列入“与籀异”一栏重复计算。此外，“申”字战国篆书作（秦骃祷病玉版）[52]、（诅楚文）、（秦骃祷病玉版）[53]、（云梦秦简）、（秦印）等，与籀文构形有别，据本文的系联准则，应不在可系联之列。换句话说，经上述修订后，陈氏的统计结果应如下表：

战国篆书系统秦文字与籀文异同表		
同（包括秦）	中、迹、兵、皮、敢、则、秦、奢、意、癸、“箕”[54]	共11形
异（包括秦）	斋、是、述、“箕”[55]、乃、昔、盟、袭、婚、姻、强、城、四、辞	共14形
总计	系联比例：11 / 25形，44.00%	共25形

统计结果表明，《说文》所录籀文中，有25形可与战国篆书系统秦文字作字形比对，其中11形与篆书文字构形相同或相近，可以系联，百分比为44.00%。

从以上两项统计得出的结果（44.44%和44.00%）看来，所传达的信息相当一致，也就是：相对其他系别文字而言，战国时篆书系统秦文字与籀文相合的比率是最高的[56]，显示籀文在该系统中仍发挥着相对大的影响力。不过，相对于籀文与春秋秦系文字的统计数字（系联比例:58.97%），战国的比例已略为下降[57]，可见籀文在秦系文字的影响力也是随时代推移而递减的。

籀文在战国时的影响力不如春秋，与东周时期秦文字自身的演变有关。徐筱婷说：

籀文从春秋时期至战国之际，对于秦文字的影响日趋减弱，这是由于秦文字发展到后来，形成一个拥有自己风格的文字——小篆。春秋时期籀文影响秦文较大的主因，与当时秦国初脱离蛮夷之名，毫无任何文化背景，因此全盘接收周代文明有关，当秦国日渐强大时，政经各方日趋繁杂，益以文化层面提高后，就会渐渐产生代表自我的文字。[58]

案徐说甚是。秦系文字虽较东方四系文字相对保守，文字的变化较慢，但在继承《史籀篇》的籀文系统之余，随着秦国自身文化和国力的壮大，必然会形成具自身特色的文字[59]。故此，在这一点上，秦国与东方各国文字的发展方向是相似的，只是其变化不及东方文字般快速而已。

当然，这里必须指出一点，即现存的战国篆书文字材料尚少，因此以上统计得出的结果可能未足以全面反映当时的文字使用情况，但从两项统计传递的一致讯息看来，籀文在战国秦篆文字中仍维持相对大的影响力，这点应该可以成立。

以上就齐、秦二系的文字材料作了统计和分析，证明战国时期籀文对这两系文字的影响力均逊于春秋时期。然而，比较两系的数字，我们同时发现了一个值得探究的现象，那就是：战国齐、秦二系文字对籀文的采用率均有所下降，但齐系的下降幅度明显大于秦系文字。

前文已指出，春秋时期，齐、秦二系较多地继承宗周文化传统。按理说，籀文作为宗周文化的一种重要表现形式，平王东迁后，它固然会因时间推移而降低影响力，可是征诸上文的统计结果，齐系使用籀文的比率由春秋时的五成半下跌至战国时的不足三成，跌幅逾两成半（25.98%）；相对而言，秦系篆书使用籀文的比率虽亦有所下降，但仍维持在较高水平（44.00%）。这个差异，是何种因素造成呢？

我们认为，齐、秦二系的数字之所以存在不一致的地方，与它们自身文字系统的特色有莫大关系。齐系属东土文字，秦系为西土文字。祝敏申曾指出，战国时西土秦国和东土六国存在文字异形的事实，秦系文字恪守《史籀》正体，东土文字则较多保留了不合《史籀》规范的异形古文（即《说文》古文）。至于齐系文字，基本上属东土大类，但“同楚、三晋、燕（中山）相比，他的东土特色较淡一些，与西土秦系靠拢一些，略带‘中间派’的意味”[60]。

关于齐系文字的“中性”特点，他又解释说：

齐系文字这种“中性”现象，也是由其本身历史文化背景决定的。在齐文化中，交织着两个重要因素：一个是齐鲁保存了较多的西周传统文化，一个是在广义的齐文化领域里，包罗着历史背景不一的当地文化传统。交织的结果，是齐文化对西周传统的继承或背离的态度出现折衷。[61]

祝氏之言正好道出了齐系与秦系文字不同之处。事实上，齐、秦虽然都保留较多的西周传统文化，但齐文化的内涵却不只周文化一种，还包含了齐地本身各种不同的文化传统。王志民曾指出，齐文化“是各种文化的多源复合体，从主要的方面讲，它与东夷文化、姜炎文化、商文化和周文化有更直接的渊源关系”[62]，可见齐文化的背景并非单一，而是多源的。如果我们把“泗上诸侯”等小国都计算在内，则齐文化的背景更为复杂，如前文提及的宋国，就是战国时才迁至齐系范围的，其文字多受到楚文化的影响[63]。总言之，由这些不同文化传统交织出来的结果，形诸文字上，自然不会是单单继承西周的籀文系统，而是有所创新的。何琳仪在《战国文字通论》也说：

春秋中叶以还，以齐国为中心的鲁、邾、倪、任、滕、薛、莒、杞、纪、祝等国铜器铭文，逐渐形成一种颇具特色的东方文字体系。[64]

他并举了“寿”和“簋”字为例，说明齐系文字在某些字的写法与西周以至各地区文字均有明显区别。由此可见，齐系文字其实早在春秋中期已开始发展出自身的特色，并非单纯的继承西周籀文系统，只是随时代推移，这种变化变得更为明显罢了。祝敏申也说：“在错综交织的文化因素影响下，齐系文字或早或晚，或多或少，总归逐渐走向了东周新体。”[65]其说甚是。换句话说，齐系文字所以较秦系文字更快脱离籀文的影响，其实是可以在文化背景中找到答案的。

再从秦系文字的角度出发分析。关于秦系文字的特点，祝敏申曾说：

秦系文字的特点，一方面表现于对西周大篆的继承性，一方面还表现于内部稳定性。自春秋直至战国末期文字大变革前，秦系文字几乎没有甚么改观，本系内异体也极少。[66]

案祝氏的说法颇具启发性。根据他的观点，可以推论战国秦文字与籀文保持较高的相合比率，原因有二：一是因为秦系文字恪守《史籀篇》的大篆系统，承袭西周以来的籀文写法；二则与秦系文字本身较为保守，变动不多有关[67]。秦系文字由于内部稳定性强，异体不多，为籀文的长足发展建立了良好基础。相反齐系则不然，正如何琳仪所说："齐系文字并非一成不变。一个文字往往有很多写法，这反映了当时异体字的繁多和书写者的任意性。"[68]繁多的异体自然也就影响了籀文在齐系文字中的采用率了。

当然，上文的论述乃基于秦系正统的篆书而言，而不能忽视的是，自战国中晚期，民间的俗书（见于陶、瓦、兵器的文字材料）、隶书（简牍文字）渐次兴起[69]。如果我们把这些材料连同篆书材料一起与籀文作异同比较的话，得出的结果又会怎样呢？本文据袁仲一、刘钰著《秦文字类编》所收战国秦文字字形，与《说文》籀文作了字形比照，得出的结果如下：

《说文》籀文与战国秦系文字（包括篆书、俗书、隶书）异同比较表		
可系联者	中、迹、速、兵、杀、弃、爰、敢、胪、则、剑、箕、匋[70]、树、烝、鼎、秦、癃[71]、人、豪、易、丽、大、奢、意、四、癸	共27形
不可系联者	旁、斋、祟、折、归、登、是、逋、商、耆、童、农、爨、燮、昼、臧、皮、败、闉、鸡、箕[72]、乃、鼓、卢、仑、就、墙[73]、栖、囿、员、赣、昌、昔、黄、秋、枲、宇、疾、瘽、袭、袤、屋、颜、頯、庑、马、驾、烟、炙、悁、涉、流、脉、霝、翼、西、姚、婚、姻、娄、缯、强、虹、黾、地、垣、堵、堂、封、壐、城、坏、车、陆、乾、辥、辞、子、申、酸、酱	共82形（包括"箕"和"墙"字各2形重文）
总计	系联比例：27 / 109形，24.77%	共109形

以上统计所包含的俗书和隶书的材料，其时代多属战国晚期至秦王朝。统计结果显示，与篆书系统秦文字的情况不一样，若把俗书和隶书计算在内，则籀文与秦系文字的系联比例明显下降。在109个可资比对的《说文》籀文中，只有27形同于或近于战国秦文字的写法，其比例甚至低于齐系文字。

《说文》籀文与整个秦系文字的系联比例不足两成半（24.77%），其数字比起单以篆书系统文字所作的统计结果低两成（19.23%），差距甚大。不过，这个差异其实也是在预期之内。这是因为俗书和隶书皆是从篆书发展出来的书体，俗书如陶、瓦上的文字，有时受书写工具的局限，多省简形体和笔画；同时，隶书的出现，也是为了便于书写。《说文・叙》说："初有隶书，以趣约易"[74]，正反映了它删繁就简的本质。陈昭容也说："隶体本是在草率篆体的基础上发展出来的，解散篆体，粗疏为之，以期达到书写时更省易的目的，其较篆体更趋简省，当然也就距离籀体更远了。"[75]其说甚是。由是观之，秦文字由春秋发展至战国，其文字均受到籀文的系统所影响，但这个影响愈往后愈趋减弱，发展至战国末期，民间所用的书体与籀文已有相当距离，只是以篆书系统为主的官方秦文字仍保留了保存了籀文的传统写法而已。

总的来说，与东方六国文字相比，秦系文字较为保守，忠实地继承了西周末期《史籀篇》的籀文系统，至于东方六国虽然都继承了籀文的写法，但渐次发展了不同的地域特色，因此"在春秋时期，秦国文字在作风上已经跟其他国家的文字有了相当明显的区别。到了战国时代，东方各国文字的变化大大加剧，秦国文字跟它们的区别也就越来越突出了"[76]。这个说法正好解释了为何春秋时期籀文与秦系文字的系联比例冠于五系。同时，进入战国以后，即使籀文对秦系文字的影响已有所减弱，但以正统篆书言之，秦系文字与籀文的相合比率依然是五系中最高的。

（三）《说文》籀文与战国燕系文字的关系

燕系范围只包括燕一个国家。燕国是周朝在北方最重要的封国，战国时为"七雄"之一，但相对其他六国来说，国力仍是最弱的一个。就战国文字材料而言，燕系的铜器铭文不多，较丰富的材料是兵器、货币、玺印等文字，当中"玺印文字所占的比例最大，内容丰富，风格特异，它与兵器铭文均为研究燕系文字的最主要数据"[77]。本文比较了《说文》籀文和战国燕系文字的字形，并得出了以下结果：

《说文》籀文与战国燕系文字异同比较表		
可系联者	昌、大、四	共3形
不可系联者	中、共、毁、登、迟、兵、竖、臧、杀、弃、敢、剑、箕[78]、卤、秋、秦、疾、人、屋、厂、马、西、廥、强、封、重、城、车、陆、辞、癸、子、申、酱	共35形（包括"箕"字2形重文
总计	系联比例：3 / 38形，7.89%	共38形

统计结果显示，《说文》籀文中有38形可与战国燕系文字材料作字形比对，但其中仅有3形与之构形相同或相近，可以系联，百分比为7.89%。

从上述结果看来，燕系文字与籀文的关系并不算十分密切。当然，这里亦必须指出，因现存的燕系文字材料不足，上表的数据未必能反映事实的全貌。另一方面，由于现在看到的燕系文字主要是玺印、货币、兵器等文字材料，这些材料因制作目的之不同，其文字往往出现较多装饰性笔画和构件，因而有异于当时普遍通行的文字。赵学清（1966— ）在《战国东方五国文字构形系统研究》中论及五国（除楚国之外的东方五国）文字材料的特点时也说：

东方五国文字中之所以出现较多的装饰性笔画和构件，也与我们的研究对象有关。由于来自玺印、货币、兵器的文字占有相当大的比例，所以汉字繁化装饰部件的出现也就不足为奇。因为玺印、货币、兵器等上面的汉字并不是当时社会的通行汉字，它们在记载人名、地名、官名、国名、币制的同时，很多时候还通过对通行文字一些非本质的改动来显示差异，展示各自独特的风貌。[79]

基于以上原因，现存的燕系文字材料也许未能完全反映战国时燕系通用文字的真貌，于此我们也只能以现有的证据作分析。

回到本文的统计结果，撇除其他因素不论，我们发现籀文与战国燕系文字的系联比例确实远较其他四系为低，而且，即使再往上追溯，春秋时期的燕系金文材料中亦未见有同于籀文的字例。[80]综合这些证据来看，我们认为燕系文字在春秋战国时期似未有受到籀文的广泛影响。[81]李学勤曾指出，春秋时燕国为少数民族戎狄所阻绝，与中原华夏诸国较少往来[82]，此或即东周以后籀文未能对燕系文字发挥影响之一因。以此推论，战国时期籀文对燕系文字的影响力也不会很大，相对其余四系来说，燕系使用籀文的比例可能要低一些。

（四）《说文》籀文与战国楚系文字的关系

战国楚系文字涵盖的范围与春秋时期大致相同，除楚国之外，还包括吴、越、蔡、徐等较大的国家。此外，江、淮之间星罗棋布的小国也都属于楚系范围。文字材料方面，现存的战国楚系文字材料十分丰富，包括铜器文字、兵器文字、石器文字、货币文字、陶器文字、玺印文字等，另外还有珍贵的缣帛文字（长沙子弹库楚帛书）和数量庞大的竹简文字材料。为考察这些文字与《说文》籀文的关系，本文根据李守奎《楚文字编》所收的战国楚文字字形，与籀文作了系联比较，并得出了结果，详见于下：

《说文》籀文与《楚文字编》文字（战国）异同比较表		
可系联者	中、折、嗌、[illegible]、登、趧、昼、皮、败、胪、箕、鼓、盘、叒、赣、栗、人、易、愆、靁、约、地、城、陆、四、舂	共 26 形
不可系联者	旁、斋、祷、祟、归、是、追、述、速、迟、商、话、訇、童、兵、爨、鞀、鞫、融、竖、臧、杀、爰、敢、翼、鸡、痽、则、剑、觞、箕[83]、差、乃、卢、甸、树、就、墙[84]、栝、员、昌、昔、盟、卣、鼎、秋、秦、寑、网、皃、颂、庑、[illegible]、马、驾、丽、大、涉、翼、西、娄、系、强、黾、堵、堂、壐、坏、车、辀、癸、子、申、酱、醢	共 76 形（包括“箕”和“墙”字各 2 形重文）
总计	系联比例：26 / 102 形，25.49%	共 102 形

系联结果显示，《说文》籀文中共有 102 形可与战国楚文字材料作字形比对，当中 26 形与之构形相同或相近，可以系联，百分比为 25.49%。

上表就《楚文字编》的文字与籀文作了系联统计，由于《楚文字编》收录的数据较为全面，因此系联的结果大致可信。不过，必须指出，1994 年，上海博物馆从香港文物市场收购了一批楚简，数量共 1200 余枚，收字总计 35000 左右，其数量远超已公开发表的竹简。这批材料经年代测定为战国后期。2001 年起，这批楚简由上海博物馆分阶段出版成书，名为《上海博物馆藏战国楚竹书》（下称《上博竹书》）。《上博竹书》在楚系文字乃至战国文字研究中均有极重要的地位，而《楚文字编》出版于 2003 年，当时《上博竹书》只发表了很小部分，而且该书所收字形限于 2000 年或以前的数据，故未有收录《上博楚书》的文字。有鉴于此，本文在《楚文字编》以外，又根据李守奎、曲冰、孙伟龙等著《上海博物馆藏战国楚竹书（一—五）文字编》所收字形，与《说文》籀文作了独立的系联统计，以比较二者的异同，结果如下：

《说文》籀文与《上博竹书》文字异同比较表		
可系联者	折、嗌、趧、昼、皮、败、胪、盘、叒、人、封、四	共 12 形
不可系联者	祷、璿、中、[illegible]、归、登、是、述、速、送、迟、商、訇、童、兵、戴、农、融、竖、臧、杀、奭、痽、弃、敢、叡、则、差、乃、乃、鼓、仑、匋、墙[85]、树、员、昌、昔、盟、卣、秋、秦、糂、寑、疾、次、颜、颂、易、马、栽、烟、大、霚、靁、西、颐、娄、强、地、堂、城、车、陆、子、孳、申、酱	共 69 形（包括“墙”字 2 形重文）
总计	系联比例：12 / 81 形，14.81%	共 81 形

系联结果显示,《说文》籀文中有81形可与《上博竹书》文字材料作字形比对，其中12形与之构形相同或相近，可以系联，百分比为14.81%。

除上博竹书外，新蔡葛陵楚墓出土之竹简亦属近出之重要文字材料。该批战国楚简数量甚夥，总计共1571枚[86]。本文据张新俊、张胜波著《新蔡葛陵楚简文字编》所载字形，把新蔡楚简文字与籀文作了比对，结果如下：

《说文》籀文与《新蔡葛陵楚简》文字异同比较表		
可系联者	折、胪、烝、赣、栗、人、紟、封、四、昚（曆）	共10形
不可系联者	斋、祷、祟、璿（璬）、中、归、是、述、速、迟、童（瞳、钟）、融、臧（[illegible]）、敢、剑、差、就、昔、盟、疾、颜、马、大、西、娄、地、城、癸、子、酱	共30形
总计	系联比例：10 / 40，25.00%	共40形

系联结果显示,《说文》籀文中有40形可与《新蔡葛陵楚简》文字作字形比对，其中二者相同或相近者10形，系联比例为25.00%。

从统计数字上看，籀文与《楚文字编》、《上博竹书》及《新蔡葛陵楚简》等文字材料的系联比例皆不多于两成半。以下我们再把上述三项统计的结果汇成一表，以揭示籀文与整个楚系文字的异同情况：

《说文》籀文与战国楚系文字异同比较表		
可系联者	中[87]、折、嗌、毀、登、䟐、昏、皮、败、胪、箕、鼓、盘、烝、赣、栗、人、易[88]、愆、靁[89]、紟、地[90]、封、城[91]、陆[92]、四、昚	共27形
不可系联者	旁、斋、祷、祟、璿、毀、归、登、是、退、述、速、送、迟、商、话、訇、童、兵、戴、农、爨、鞀、靷、融、竖、臧、杀、爽、鸡、雁、弃、爰、敢、叡、则、剑、觞、箕[93]、差、乃、乃、鼓、卢、仑、匋、就、树、墙[94]、栖、员、昌、昔、盟、卤、鼎、秋、秦、糂、寝、疾、网、皃、次、颜、颂、庑、条、马、驾、丽、裁、烟、大、涉、霚、翼、西、臣、娄、系、强、黾、堵、堂、垔、坏、车、辀、癸、子、孳、申、酱、醢	共96形（包括“墙”字2形重文）
总计	系联比例：27 / 123，21.95%	共123形

统计结果显示,《说文》籀文中有123形可与楚系文字材料作比对，其中27

形与之构形相同或相近，可以系联，百分比为21.95%。

在战国文字中，楚系的文字材料较为丰富，因此以上统计得出的结果也较具说服力。从数字上看，楚系文字的可系联字数是战国五系中最多的（27形），尽管如此，该系异于籀文的字形同样冠于五系，因此换算成百分比时，籀文与楚系文字的可系联比例并不高，不超过两成半。这是在审视统计结果时必须注意的地方。

与战国其余四系的情况相若，籀文与战国楚系文字的系联比例同样较春秋时要低。笔者曾比照籀文与春秋楚系文字字形，发现二者的系联比例为41.46%。[95]以此数字与上表的结果相较，差距达19.51%，反映籀文对战国楚系文字的影响力已有所下降。事实上，早在春秋时期，楚系文字脱离籀文的影响已较其他四系为快，究其原因，或与楚文化的独特个性有关。祝敏申在《王国维“战国时秦用籀文六国用古文说”疏证》中曾以文化角度诠释楚文化与别系文化的根本分别。他除了从铜器形制和纹饰等角度入手分析外，还强调了楚文化在文学领域上的反映。他说：

文学的特征与文字并非无关。楚人的精神面貌正如同楚辞（还不应忘记《庄子》）那样充满浪漫精神，不受约束，喜爱无羁的想象与狂放的活力。他们对待文字使用又会是怎样呢？楚人不喜爱西周规范化字体而宁愿继承形态多变的古异体，不喜墨守成规而追求结构更新，不喜把文字当成单纯的书写工具而创造出富有浪漫气息的鸟虫书……这一切，不都是很顺理成章吗？[96]

祝说甚是。楚文字脱离西周籀文“正体”较快，与楚文化“狂放”、“不受约束”等精神息息相关。这种文化精神是楚系本身独有的，与地域的因素颇有关系。邱德修曾指出，七国文字宜分为南北二系（南土文字即楚系文字），其实也是出于楚文化的与北方文化有显著差异的缘故。[97]这表示楚文化较诸北方各系文化确有较明显的不同。而楚人尚玄想、狂放不羁的特点，形诸文字上，自然是更新旧体和发展新体，这也许正是其脱离史籀“正体”影响较快的原因之一。

当然，战国楚系文字与籀文渐行渐远，除了文化原因外，还有多一重因素，即“隶变”的出现。隶变并非秦系文字所独有的演变方式，事实上，战国时东方各系文字也出现类似的演变，裘锡圭（1935— ）说：

在战国时代，六国文字的俗体也有向隶书类型字体发展的趋势。楚国的简帛文字“体式简略，形态扁平，接近于后世的隶书”（郭沫若《古代文字之辩证的发展》，《考古学报》1972 年第 3 期第 8 页）。在齐国陶文里可以看到把[illegible]所从的“大”写作大，把“棠”所从的[illegible]写作木，把[illegible]（卒）写作[illegible]或[illegible]等现象。这种简写方法跟隶书改造篆文的方法极为相似。如果秦没有统一中国，六国文字的俗体迟早也是会演成类似隶书的新字体的。[98]

隶变主要是透过改造俗体，变圆转笔道为方正笔法，以达到便于书写的目的，这种情况在战国中晚期的楚文字里已有充分体现。邹芙都说：

战国中晚期，楚铭字体发生了剧烈变化，已由瘦长形向方正形演化，甚至呈扁平、攲斜状，秀丽之风急衰而显草率，如“楚”、“金”、“其”、“铸”等字乍看便能与前期相区分。同时，战国中晚期之际，随着经济文化的发展，文字的应用日趋广泛，文字向“简便易行”的方向发展，因此本期（引者案：即战国早中期至战国晚期）文字的简化、异化、分化现象十分严重。[99]

又云：

春秋战国之交开始，楚文字字形开始向隶书方向加速发展，大约战国初年开始，文字笔画就出现了隶变的现象……战国初年，隶变现象还只局限于文字的笔画，而到了此段（引者案：指战国早中期至战国中期），成熟的隶书字形已产生，如湖北江陵雨台山 169 号楚墓出土的陇公戈铭文“陇公戈”三字便为成熟的隶书。[100]

可见隶书确实存在于战国中期以后的楚文字中。我们知道，籀文是西周末期的大篆，王筠曾指出籀文“好重叠”[101]，王国维亦谓籀文“稍涉繁复”[102]，可见籀文或有尚繁的倾向。籀文尚繁复，隶书则尚约易，二者的发展趋向显然大相径庭。即此而论，已知籀文不合于战国中期后各国文字的发展趋势，其对楚文字的影响持续衰减，也是意料中事。

（五）结论

综合《说文》籀文与战国晋、齐、秦、燕、楚五系文字的统计数据，我们认为战国五系文字皆或多或少受到籀文的影响，正如王世征、宋金兰所言：“战国时代的秦系文字和六国文字都是西周文字籀文的后裔，只不过秦系文字中继承的成分多，六国文字中变异的成分多而已。换言之，秦系文字和六国文字都是籀文在战国时代的地域变体。”[103] 不过，这里必须指出，若以整个东周时期言之，从春秋到战国，《说文》籀文在各系文字中的整体采用率是向下递减的。下表整合了笔者的统计结果（春秋和战国），以便观察其中的变化：

《说文》籀文与春秋战国五系文字系联数据比较表

		秦[104]	楚	晋	燕	齐
春秋	可系联	23/39 58.97%	17/41 41.46%	19/38 50.00%	不适用	18/33 54.55%
	不可系联	16/39 41.03%	24/41 58.54%	19/38 50.00%	不适用	15/33 45.45%
战国	可系联	11/25 44.00%	27/123 21.95%	21/78 26.92%	3/38 7.89%	14/49 28.57%
	不可系联	14/25 56.00%	96/123 78.05%	57/77 74.03%	35/38 92.11%	35/49 71.43%

从表中的数字可见，春秋时期，《说文》籀文与东、西土各系文字的系联比例均达四成或以上（燕系除外）。爰及战国，各系的数字均有所下降，平均跌幅为一成半至两成，齐系的减幅更超过两成半（25.98%）。而且，必须指出，上表的数字尚未计入秦系俗书与隶书材料的统计数据，如把这些材料计算在内，秦系文字的跌幅将更大（34.20%）。这些迹象表明，《说文》籀文在东周时期普遍行用于东、西土各系文字，但春秋时各国使用籀文的比率较高，到了战国时期，由于各地自身文化的影响，加之俗体和隶体的出现，籀文的影响力已日益减弱，与当时各地实际使用的文字渐行渐远。

总言之，籀文是周宣王时代的文字，平王东迁后，东周各系文字皆承袭了西周籀文的写法，因而在战国东西土文字中皆能找到籀文的踪迹。然而，随着时日推移，各地由于自身文化的发展，逐渐形成了不同的文字特色，籀文对各系文字的影响力亦随之下降。本文对《说文》籀文和战国文字的字形比照结果，正反映出这一事实。

附录 《说文》籀文与战国文字字形异同表[105]

（一）《说文》籀文与战国晋系文字统计数据

《说文》籀文与战国〈中山王器〉文字异同比较表									
可系联者	则	箕	仑	叒	员（勛）	昜	地	四	共8形
	方壶	方壶	大鼎	大鼎	方壶	大鼎	圆壶	大鼎	

《说文》籀文与战国晋系文字异同比较表						
可系联者	褈	折	嗌	皮	敢	共21形
	2782 衰成吊鼎	玺汇4299	玺汇1551	11693 卅三年郑令剑	中山守丘石刻	
	胪	则	箕	仑	树	
	古币 219	中山王方壶	衰成叔鼎	中山王鼎	陶汇6·80	
	叒	员（勛）	盟	鼎	秦	
	中山王鼎	中山方壶	玺汇0408	2782 衰成吊鼎	159䮾羌钟	
	顶	昜	西	地	封	
	鱼颠匕	中山王鼎	货系0060	圆壶	玺汇0839	
	四					
	令君瓜壶					

（二）《说文》籀文与战国齐系文字统计数据

《说文》籀文与战国齐系文字异同比较表								
可系联者	中	[illegible]	登	员	昔	栗	人	共14形
	子禾子釜	玺汇5294	陈侯因敦	陶汇1·3061	陶汇3·362	玺汇0233	货系2560	
	豪	大	靁	妣	封	城	四	
	陶汇3·925	陶汇3·691	玺汇3694	十四年陈侯午敦	货系2451刀	陶汇3·542	十四年陈侯午敦	

（三）《说文》籀文与战国秦系文字统计数据

《说文》籀文与战国秦系文字（包括篆书、俗书、隶书）异同比较表							
	中	迹	速	兵	杀	弃	
	咸阳印钟	诅楚文	秦陶399俑	诅楚文	云梦·日书甲792反面	秦简28·16	
	爰	敢	胪	则	剑	箕	
	商鞅方升	杜虎符	云梦·秦律13	诅楚文	云梦·日乙38	[106]诅楚文	
	匋	树	叒	鼎	秦	瘫	
	吉大145[107]	云梦·日乙1023	诅楚文	（鼎）中敃鼎	诅楚文	十钟[108]	
	人	豪	易	丽	大	奢	
	新郪虎符	云梦·为吏27	陶汇4·168	陶汇5·193	泰山刻石	诅楚文	
	意	四	癸				
	诅楚文	秦陶195俑	放马滩日书乙223				

（四）《说文》籀文与战国燕系文字统计数据

《说文》籀文与战国燕系文字异同比较表				
可系联者	昌	大	四	共3形
	（昌）货系3227刀	玺汇0022	货系4098钱	

（五）《说文》籀文与战国楚系文字统计数据

《说文》籀文与《楚文字编》文字（战国）异同比较表							
可系联者	中	折	嗌	[illegible]	登	匙	共26形
	包山138	郭店·成之31	天星	包山176	包山175	曾侯乙73	
	昼	皮	败	胪	箕	鼓	
	帛书甲8	郭店·缁衣18	曾侯乙115	信阳2·27	曾侯乙钟	曾侯乙钟	
	盘	叒	赣	栗	人	易	
	包山167	郭店·老丙12	玺汇5697	包山竹签	郭店·老甲11	郭店F·语丛1·36	
	悆	靁	给	地	城	陆	
	包山85	包山175	包山254	郭店·忠信5	包山2·4	包山62	
	四	沓					
	包山111	砖M3702					

《说文》籀文与《上博竹书》文字异同比较表						
可系联者	折	嗌	韪	昼	皮	共12形
	上博二·从甲2·14	上博三·彭7·24	上博三·周11·9	上博四·曹10·29	上博四·柬10·19	
	败	胪	盘	叒	人	
	上博四·曹44·6	上博二·鲁4·15	上博四·曹50·16	上博四·柬10·2	上博二·从甲18·18	
	封	四				
	上博二·容18·43	上博一·缁7·19				

备注：可与《上博竹书》文字系联而又未见于《楚文字编》的籀文只有“封”字。

《说文》籀文与《新蔡葛陵楚简》文字异同比较表						
可系联者	折	胪	叒	赣	栗	共10形
	新蔡甲一7	新蔡甲三291-2	新蔡甲三31	新蔡甲一10	新蔡甲三15·60	
	人	纶	封	四	耆（厝）	
	新蔡乙四126	新蔡甲三137	新蔡乙四136	新蔡甲三206	新蔡乙一15	

备注：可与《新蔡葛陵楚简》文字系联之籀文皆已见于《楚文字编》之字形。

注释

［1］高明：《中国古文字学通论》，北京：北京大学出版社1996年6月版，第4页。

［2］（汉）班固撰，（唐）颜师古注：《汉书》，北京：中华书局1962年版，第1719页。

［3］（汉）许慎撰，（宋）徐铉校定：《说文解字》，北京：中华书局2003年版，第314页。

［4］王国维：《史籀篇叙录》，载《海宁王静安先生遗书》，第1册，台北：台湾商务印书馆1979年版，第2版，第2058—2059页。

［5］王氏谓籀文作法，“大抵左右均一，稍涉繁复，象形象事之意少而规旋矩折之意多，推其体势，实上承石鼓文，下启秦刻石，与篆文极近。”王国维：《史籀篇证序》，收录于《海宁王静安先生遗书》，第1册，第242页。

［6］王国维：《史籀篇叙录》，收录于《海宁王静安先生遗书》，第5册，第2061页。

［7］王国维：《战国时秦用籀文六国用古文说》，收录于《海宁王静安先生遗书》，第1册，第293—294页。

［8］关于籀文的数量，据王国维《史籀篇疏证》的统计，共223字（另2形重文）。笔者的统计结果则为225字（另2形重文），较王氏多了“涉”、“流”二字，略有不同。

［9］详参拙文《籀文时代再探》，载《东方文化》第44期，2011年，待刊。相关论述亦见拙文《〈说文〉籀文与商周古文字关系之研究》，香港岭南大学中文系硕士论文，2009，第60—202页。

［10］祝敏申：《〈说文解字〉与中国古文字学》，上海：复旦大学出版社1998年版，第118页。

［11］详参拙文《〈说文〉籀文与商周古文字关系之研究》，香港岭南大学中文系硕士论文，2009，第246—271页。

［12］王世征、宋金兰：《古文字学指要》，北京：中国旅游出版社1997年版，第87页。

［13］李氏把战国文字分为“齐国题铭”、“燕国题铭”、“三晋题铭”、“两周题铭”、“楚国题铭”、“秦国题铭”等，当中除“两周题铭”外，其余五类都是按地域分类的。详参李学勤《战国题铭概述》，香港：神州图书公司 1974 年版。

［14］何氏据李学勤的五分法，但不以国家分，而以地区分类，即以“系”区分。有关其划分方法，详参何琳仪《战国文字通论（订补）》，南京：江苏教育出版社 2003 年版，第 85—201 页。

［15］汤余惠主编：《战国文字编》，福州：福建人民出社 2001 年 12 月版，第 1 版。

［16］何琳仪:《战国古文字典——战国文字声系》，北京：中华书局 1998 年 9 月版，第 1 版。

［17］（汉）许慎撰，（宋）徐铉校定：《说文解字》，北京：中华书局 2003 年版。

［18］前文指出籀文与战国文字共有 57 形相合，此处仅得 56 形，是因为籀文“申”字（[illegible]）虽见于战国文字，作[illegible]（玺汇 3137），但因该字所属系别未明，因此本表未有将之纳入统计范围。

［19］根据上表的资料，“[illegible]”、“[illegible]”、“嗌”三字亦未见于秦系文字材料，但这三例并没有可资比对的秦文字材料，我们不能肯定秦文字是否有近于籀文的写法，因此这里未把三字计算在内。

［20］详参拙著《试论〈说文〉籀文与春秋文字之关系》，南开大学中国文字学研究中心主办“第五届中国文字学研讨会”（2010 年 8 月 11—15 日）论文。相关论述亦见拙文《〈说文〉籀文与古文字关系之研究》，第 127—150 页。

［21］“箕”和“墙”二字各有 2 形重文籀文，二者均只当作一字处理。

［22］详参《〈说文〉籀文与商周古文字关系之研究》附录四“殷商至战国时期《说文》籀文构形样式分类数据库”，第 283—718 页。

［23］战国时，周王畿被分裂成东周和西周两个小国。战国前期，周考王（公元前 440 — 426 年）分封其弟揭于河南，是为西周桓公，至周显王二年（公元前 367 年），西周桓公封其少子班于巩，以奉王为名，号为东周，自始周王畿实际上分裂成两个小国。详参李学勤《东周与秦代文明》，北京：文物出版社 1984 年版，第 15 页；何琳仪《战国文字通论（订补）》，第 137 页。

［24］详见何琳仪《战国文字通论（订补）》，第 115 页。

［25］为表述方便，以下各统计表均只见今文字标示可与籀文系联的字形，实际的古文字

字形和出处详参本文附录“《说文》籀文与战国文字字形异同表（实际字形）”。

[26] 225字籀文中，“箕”、“墙”各有二字重文籀文，其中“箕”字籀文作[illegible]和[illegible]，前者的构形见于晋系文字，后者未见。

[27] 详参何琳仪《战国文字通论（订补）》，第134页。

[28] 本统计中，〈 器〉的文字根据张守中撰集《中山王 器文字编》，北京：中华书局1981年版，所录文字字形。

[29] “箕”有二字重文籀文，分别作[illegible]和[illegible]，前者的构形见于〈 器〉文字，后者未见。

[30] 笔者曾为籀文与春秋晋系文字（晋、郑、卫国）作异同比照，发现二者有38形可资比对，其中19形结构相近，包括中、嗌、登、是、誖、杀、则、箕、鼎、人、愆、妘、婚、黾（[illegible]）、地、堵、四、辥等籀文，系联比例为50.00%。详参拙文《〈说文〉籀文与商周古文字关系之研究》，第151—158页。

[31] 语出《左传·隐公六年》，见杨伯峻《春秋左传注》（第一册），北京：中华书局2006年版，第51页。

[32] 《战国策·刘向书录》，见刘向集录《战国策》，上海：上海古籍出版社1985年版，第1196页。

[33] 据何琳仪《战国文字通论（订补）》，第137页。

[34] 李学勤：《东周与秦代文明》，北京：文物出版社1984年版，第48页。

[35] 王志民：《齐文化概论》，济南：山东人民出版社1993年版，第24页。

[36] 祝敏申曾引例证明东周时齐、鲁仍存宗周古礼，详参《王国维“战国时秦用籀文六国用古文说”疏证》，载《中国古文字研究》第一辑，长春：吉林大学出版社1999年版，第270页。

[37] 唐兰：《中国文字学》，上海：上海古籍出版社2005年4月，第1版，第122页。

[38] 王国维：《史籀篇叙录》，收录于《海宁王静安先生遗书》，第5册，第2060页。

[39] 王国维：《战国时秦用籀文六国用古文说》，收录于《海宁王静安先生遗书》，第1册，第294页。

[40] 笔者曾比照籀文与春秋齐系文字（齐、鲁国）字形，发现二者有33形比对，其中18形结构相近，包括中、折、登、兵、则、箕、鼓、叒、鼎、人、易、妣、封、城、艰、四、辥、辞等，系联比例为54.55%。秦系材料方面，笔者曾比照籀文与春秋秦系篆书材料的字形，发现二者可比对者共39形，其中23形结构相近，包括中、商、童、皮、则、觞、树、囿、员、栗、秦、次、磬、鲂、翼、黾、四、辞、癸、鼎、箕、人、流等籀文，系联比例为58.97%。有关

统计资料详见拙文《〈说文〉籀文与商周古文字关系之研究》，第159—173页。

[41]“箕”有二字重文籀文，分别作[illegible]和[illegible]，二者皆未见于战国齐系文字材料。

[42]战国早期的有铭秦国器物只发现一件，为陕西凤翔八旗屯九号墓出土的“吉为乍元用”剑。详参何琳仪《战国文字通论(订补)》页181及陈昭容《秦系文字研究:从汉字史的角度考察》第10页。

[43]陈昭容：《秦系文字研究：从汉字史角度考察》，台北，中研院历史语言研究所2003年版，第10页。

[44]郭沫若《诅楚文考释》认为《诅楚文》是秦惠文王后元十三年（公元前312年），本文从郭说。郭说详参郭沫若《诅楚文考释》，收录于《中国西北文献丛书》第7辑，第1卷，兰州：兰州古籍书店1990年版，第271—281页。

[45]陈炜湛：《诅楚文献疑》，收录于《陈炜湛语言文字论集》，上海：上海古籍出版社2005年版，第82—93页。

[46]郭沫若:《诅楚文考释》,收录于《中国西北文献丛书》第7辑,第1卷,第270—271页。

[47]陈氏的论证详参《秦系文字研究：从汉字史的角度考察》，第213—246页。

[48]陈书原表及统计资料可参陈昭容《秦系文字研究:从汉字史角度考察》,第36—37页。

[49]此“申”字构形见诅楚文“[illegible]”字，但该“申”旁构形与籀文尚有一定差异，据本文的系联准则，未能归入可系联之列。

[50]“箕”字陈表未纳入统计之内，本文据《诅楚文》资料补入。

[51]“箕”有二字重文籀文，分别作[illegible]和[illegible]，前者的构形见于《诅楚文》，后者未见。

[52]此为“[illegible]”字，右从申旁。

[53][illegible]和[illegible]皆“神”字，右从申旁。

[54]“箕”字陈表未纳入统计之内，本文据《诅楚文》资料补入。

[55]“箕”有2形重文籀文，分别作[illegible]和[illegible]，前者的构形见于战国篆书系统秦文字材料，后者未见。

[56]战国晋系的比例是26.92%，齐系是28.57%，燕系是7.89%，楚系是21.95%，秦系篆书则是44.00%，为各系比例中最高。

[57]春秋的数字为58.97%，战国的数字44.00%，二者相差14.97%。

[58]徐筱婷:《秦系文字构形研究》，彰化师范大学国文学系硕士论文，2000年，第31页。

[59]小篆在战国时期已经行用于秦地，详参徐无闻《小篆为战国文字说》，《西南师范学

院学报》1984 年第 2 期，第 26—41 页。

[60] 祝敏申：《王国维"战国时秦用籀文六国用古文说"疏证》，载《中国古文字研究》第一辑，第 270 页。

[61] 同上。

[62] 王志民：《齐文化概论》，第 19 页。

[63] 李学勤：《东周与秦代文明》，第 110 页。

[64] 何琳仪：《战国文字通论（订补）》，第 86 页。

[65] 祝敏申：《王国维"战国时秦用籀文六国用古文说"疏证》，载《中国古文字研究》第一辑，第 271 页。

[66] 同上书，第 269 页。

[67] 何琳仪亦谓："与六国古文相比，战国秦系文字的形体始终变化不大，它与西周、春秋文字有着直接的承袭关系，而与六国文字相距悬殊"；又云："秦文字的'异形'比起六国文字的异形毕竟要少得多"，可见秦系文字与东方各系相比确是较为保守的，见《战国文字通论（订补）》，第 194—195 页。

[68] 说见何琳仪《战国文字通论（订补）》，第 97 页。何书并列举了 14 例齐系文字的异体来阐明其说法，其中城字既有从土作者，亦有从𩫖作如籀文者。详参《战国文字通论（订补）》，第 97—98 页。

[69] 裘锡圭说："秦系文字的俗体就是隶书形成的基础"，又说"战国晚期是隶书形成的时期"。他并指出秦孝公十六年（公元前 346 年）的商鞅矛镦上的铭文已有很草率的俗体，而"孝公之后，文字使用越来越频繁，俗体也随著越流行了"，可见秦文字的俗体要到战国中期以后才开始发展，隶书要到晚期才流行，较东方六国的俗体发展要晚一些。（裘说详参《文字学概要》[北京：商务印书馆，1988]，第 63、67 页）何琳仪《战国文字通论（订补）》也说："战国中晚期以后，诸如石鼓文、诅楚文、虎符之类的标准秦篆并不多。大多数的铜器铭文行笔方折简易，与青川木牍、云梦秦简风格接近，这应是秦隶的萌芽"（第 195 页），同样指出秦隶的形成时期在战国中晚期以后。

[70] "匋"字未见《秦文字类编》，此处据《战国文字编》所收字形补入。

[71] "瘫"字未见《秦文字类编》，此处据《战国文字编》所收字形补入。

[72] "箕"有 2 形重文籀文，分别作䇖和𠥍，前者的构形见于战国篆书系统秦文字材料，后者未见。

[73]“墙”字有2形重文籀文，分别作和，二者皆未见于战国秦系文字材料。

[74]《说文·叙》，北京：中华书局2003年版，第315页。

[75]陈昭容：《秦系文字研究：从汉字史的角度考察》，第38页。

[76]裘锡圭：《文字学概要》，第64页。

[77]何琳仪：《战国文字通论（订补）》，第108页。

[78]“箕”有二字重文籀文，分别作和，二者皆未见于战国燕系文字材料。

[79]赵学清：《战国东方五国文字构形系统研究》，上海：上海教育出版社2005年版，第49—50页。

[80]据罗卫东所编“春秋有铭器物表”，仅《杕氏壶》（春秋晚期）一器属燕国之物。在该器所录文字中，虽有“是”、“颂”、“车”三字可与籀文作比对，但当中未见有与籀文写法相近者。又何琳仪《战国文字通论》认为〈杕氏壶〉并非燕器，应属三晋文字体系，此说详见《战国文字通论（订补）》第135—136页，未知孰是，故存之。

[81]当然，籀文是西周晚期的金文，而燕系文字也是从西周金文发展而来的，其或多或少总会承袭籀文的写法，只是燕系文字的传承程度相对较低而已。

[82]李学勤：《东周与秦代文明》，第86页。

[83]“箕”有2形重文籀文，分别作和，前者的构形见于《楚文字编》，后者未见。

[84]“墙”字有2形重文籀文，分别作和，二者皆未见于《楚文字编》所收字形。

[85]“墙”字有2形重文籀文，分别作和，二者皆未见于上博简文字材料。

[86]张新俊、张胜波著：《新蔡葛陵楚简文字编·前言》，成都：巴蜀书社2008年8月，第1版，第1页。

[87]“中”字见于上博简，唯诸形皆与籀文不同。然《楚文字编》有与籀文构形接近者，可以系联。

[88]“昜”字见于上博简，唯诸形皆与籀文不同。然《楚文字编》有与籀文构形接近者，可以系联。

[89]“霝”字见于上博简，唯诸形皆与籀文不同。然《楚文字编》有与籀文构形接近者，可以系联。

[90]“地”字见于上博简，唯诸形皆与籀文不同。然《楚文字编》有与籀文构形接近者，可以系联。

[91]“城”字见于上博简，唯诸形皆与籀文不同。然《楚文字编》有与籀文构形接近者，

可以系联。

[92]“陆”字见于上博简，唯诸形皆与籀文不同。然《楚文字编》有与籀文构形接近者，可以系联。

[93]“箕”有2形重文籀文，分别作和，前者的构形见于战国楚系文字材料，后者未见。

[94]“墙”字有2形重文籀文，分别作和，二者皆未见于战国楚系文字材料。

[95]笔者曾统计籀文与春秋楚系（楚、吴、越、蔡、徐等国）文字的异同数字，在可比对的41形籀文中，二者相合者17形。包括中、折、登、皮、则、箕、差（[illegible]）、鼓、盘、叒、昔、鼎、人、易、怨、婚、四等籀文，系联比例为41.46%。相关论述详参《〈说文〉籀文与商周古文字关系之研究》，第173—186页。

[96]祝敏申：《王国维“战国时秦用籀文六国用古文说”疏证》，载吉林大学古文字研究室编《中国古文字研究》，长春：吉林文学出版社1999年版，第268页。

[97]邱德修《说文解字古文字释形考述》（台北：五南图书出版有限公司，1992）云：“中国自古均分南北二域，盖山川形势，本是不同；气候变化，南北迥别；民情风俗，因之而异。是故南人食以米，北食以麦；南人出则乘舟，北地出则服马；或因黄淮平原之壮阔，则其人每多豪迈之气；或系江南水乡泽国，风光旖旎，民性常富儿女情长。外在之别异，以致思想亦殊差，北人多坦率悍直，类似曲调；南人多玄想柔情，颇近词格，职是之故，诗为心声，其所披露亦有不同，则先秦文学中，以《诗经》为北方文学之表率，而南人则以《楚辞》为其宗祧。然则《楚辞》、《诗经》风格绝异，盖地域之限制、冷暖之有别，而所影响之性情，自亦有所不同也。”（第41—42页）因而主张分七国文字为南北二系文字。邱说详参邱著《说文解字古文字释形考述》，第34—47页。

[98]裘锡圭：《文字学概要》，第69页。

[99]邹芙都：《楚系铭文综合研究》，成都：巴蜀书社2007年版，第247页。

[100]邹芙都：《楚系铭文综合研究》，第248页。

[101]王筠：《说文释例》，北京：中华书局1998年版，第119—121页。

[102]王国维：《史籀篇叙录》，载《海宁王静安先生遗书》，第5册，第2060—2061页。

[103]王世征、宋金兰：《古文字学指要》，北京：中国旅游出版社1997年版，第88页。

[104]这里仅列出了春秋和战国篆书系统秦文字的统计数字。

[105]篇幅所限，此处仅列出可与籀文系联的战国文字字形，与籀文相异之字形写法详见拙文《〈说文〉籀文与商周古文字关系之研究》附录四“殷商至战国时期《说文》籀文构形

样式分类资料库”，第 283—718 页。

[106] 此字《秦文字类编》未收，今据郭沫若《诅楚文考释》补。

[107] “匋”字未见《秦文字类编》，此处据《战国文字编》所收字形补入。

[108] “瘙”字未见《秦文字类编》，此处据《战国文字编》所收字形补入。

李咏健，男，1984 年出生。香港大学中文学院博士研究生，香港岭南大学讲师。主要研究《说文解字》、简帛文字等。

六书与识字教学
——以台湾国小国语科课本为例

汪中文

嘉南药理科技大学通识教育中心

一　前言

识字教学是发展语文基础能力的重要教学内容，也是阅读和写作的根基，故在2003年台湾“教育部”针对教材编辑部分，公布了《国民中小学九年一贯课程纲要》以因应时代教育的需求，其中在“国语文”一科，“识字与写字能力”项目清楚载明：

D-1-1能认识常用中国文字1000—1200字。……1-1-3-2能利用部首或简单造字原理，辅助识字。D-2-1能认识常用中国文字2200—2700字。……2-1-3能利用简易的六书原则，辅助认字，理解字义。[1]

由此内容可知，台湾“教育部”除了订定出基本的识字量外，并强调利用“部首”或“六书”去辅助学童认字。因此，《国民中小学九年一贯课程纲要·实施要点·教学原则·识字与写字教学》中提及：

识字教学应配合部首、简易六书原则，理解其形、音、义等以辅助识字。[2]

“部首”属第一阶段识字教学，“六书”则为第二、三阶段识字教学，藉由二者之相辅相成，提升学童识字能力，奠定学童语文根柢。

近闻漯河市委宣传部要求全市展开“读‘说文’、识繁体、解汉字”活动。市民被要求每人要读一遍《说文解字》，并至少认识500个繁体字，以及知晓500个常用字的形、音、义。故本文拟就“台湾国小国语科课本之习写字”作为研究文本，以“六书辅助识字教学”为研究主轴，分析六书原则在国小国语科课本之比例情形及其教学应用之方式。

二　六书与识字教学的关系

中国识字教学一直与六书紧密牵引，班固《汉书·艺文志》云：

古者八岁入小学，故周官保氏，掌养国子，教之六书，谓象形、象事、象意、象声、转注、假借，造字之本也。[3]

古代视六书为造字之本，并以此教导学童识字，而许慎《说文解字·叙》亦有此记载：

周礼八岁入小学，保氏教国子，先以六书。一曰指事。指事者，视而可识，察而见意，上、下是也。二曰象形。象形者，画成其物，随体诘诎，日、月是也。三曰形声。形声者，以事为名，取譬相成，江、河是也。四曰会意。会意者，比类合谊，以见指㧑，武、信是也。五曰转注。转注者，建类一首，同意相受，考、老是也。六曰假借。假借者，本无其事，依声托事，令、长是也。[4]

除说明六书为识字教学之基础外，许慎更就“六书”一词，作了定义与例字。然而，“六书”如何运用在识字教学上？王筠《文字蒙求》自序所言，可略见梗概：

人之不识字也，病于不能分，苟能分一字为数字，则点画必不可以增减，且易记而难忘矣。苟于童蒙时，先令知某为象形，某为指事，而会意字即合此二者以成之，形声字即合此三者以成之，岂非执简御繁之法乎？[5]

透过六书的原则，促使学习者注意到中国文字的规则与演变，进而增加识字量，同时理解字义。时序递嬗，移至现今教育，赖惠玲、黄秀霜从台湾学童的国字学习成效去观察，认为：

我们很少能掌握中国字的特色去进行识字教学，儿童在书写时往往无法真正明白中文字形的特色，对于国字的造字原理也不能了解，以致中国文字特色在识字教学过程发挥空间尚嫌不足。因此建议：教导儿童识字，应从分析字形结构，以及造字原理。生字教学时，辅以六书，使学习者对汉字的意象更加深刻。[6]

而陈宜楠《六书在语文教学上的应用》就实际教学层面去探讨，亦类同赖惠玲、黄秀霜之论点，提出若能将生字教学与六书原则相契合，从文字构形的演变、意义转变以及从字的类属去分析，不仅可增加学童学习上的趣味，学习效果也深刻不移[7]。

故透过六书原则，包括具体图画提示的象形字，用笔画、符号关系表示抽象事物，即可明白意思的指事字，合并二个或二个以上的字组成新字的会意字，以及由表示事物声音的声旁和表示事物类别的形旁，所组成的形声字等，引导学童深入了解中国文字造字的方法和演变，促使识字更加快速、深刻，提高书写上之正确性，并提升阅读上之精准度。

三　台湾国小国语科课本习写字之六书分析

对中国文字而言，六书对于识字教学是不可或缺之基础，“教育部”《国民中小学九年一贯课程纲要》亦认同六书可辅助识字教学。检视台湾国小国语科课本之习写字，将各版本一到十二册的习写字以六书分类，初步整理如下：

南一版六书分布一到十二册统计表

六书/册数	形声		指事		象形		会意	
	字数	百分比	字数	百分比	字数	百分比	字数	百分比
第一册	31	44.3%	10	14.3%	20	28.6%	9	12.9%
第二册	85	55.6%	4	2.6%	26	17.0%	38	24.8%
第三册	145	69.0%	2	1.0%	22	10.5%	41	19.5%
第四册	138	66.0%	2	1.0%	22	10.5%	47	22.5%
第五册	163	72.8%	2	0.9%	19	8.5%	40	17.9%
第六册	165	72.4%	6	2.6%	18	7.9%	39	17.1%
第七册	176	77.5%	0	0.0%	18	7.9%	33	14.5%
第八册	188	84.3%	2	0.9%	6	2.7%	28	12.1%
第九册	206	83.1%	1	0.4%	8	3.2%	33	13.3%
第十册	208	84.6%	3	1.2%	12	4.9%	23	9.3%
第十一册	196	84.1%	9	3.9%	8	3.4%	20	8.6%
第十二册	157	91.8%	0	0.0%	1	0.6%	13	7.6%
总计	1858	76.1%	41	1.7%	180	7.4%	364	14.9%

康轩版六书分布一到十二册统计表

六书/册数	形声		指事		象形		会意	
	字数	百分比	字数	百分比	字数	百分比	字数	百分比
第一册	31	44.9%	6	8.7%	13	18.8%	19	27.5%
第二册	98	62.0%	4	2.5%	25	15.8%	31	19.6%
第三册	127	62.9%	2	1.0%	23	11.4%	50	24.8%
第四册	150	73.2%	1	0.5%	25	12.2%	29	14.1%
第五册	143	65.0%	3	1.4%	30	13.6%	44	20.0%
第六册	202	78.0%	2	0.8%	15	5.8%	40	15.4%
第七册	177	80.8%	2	0.9%	8	3.7%	32	14.6%
第八册	202	83.5%	0	0%	9	3.7%	31	12.8%
第九册	178	82.5%	2	0.9%	10	4.6%	27	12.0%
第十册	167	84.8%	1	0.5%	5	2.5%	24	12.2%
第十一册	184	86.4%	3	1.4%	9	4.2%	17	8.0%
第十二册	126	89.4%	0	0.0%	5	3.5%	10	7.1%
总计	1785	76.2%	26	1.1%	177	7.5%	354	15.1%

翰林版六书分布一到十二册统计表								
六书 \ 册数	形声		指事		象形		会意	
	字数	百分比	字数	百分比	字数	百分比	字数	百分比
第一册	19	27.1%	11	15.7%	25	35.7%	15	21.4%
第二册	93	55.4%	8	4.8%	26	15.5%	41	24.4%
第三册	118	65.6%	1	0.6%	17	9.4%	44	24.4%
第四册	115	64.6%	1	0.6%	23	12.9%	39	21.9%
第五册	148	75.5%	0	0.0%	15	7.7%	33	16.8%
第六册	154	73.3%	2	1.0%	18	8.6%	36	17.1%
第七册	171	74.3%	3	1.3%	16	7.0%	40	17.4%
第八册	163	81.5%	3	1.5%	5	2.5%	29	14.5%
第九册	187	79.9%	1	0.4%	13	5.6%	33	14.1%
第十册	205	89.9%	3	1.3%	7	3.1%	13	5.7%
第十一册	191	87.6%	3	1.4%	6	2.8%	18	8.3%
第十二册	144	90.0%	5	3.1%	3	1.9%	8	5.0%
总计	1708	75.2%	41	1.8%	174	7.7%	349	15.4%

以六书原则中“象形”、“指事”、“形声”、“会意”为主，将南一版、康轩版、翰林版三个版本一到十二册所列的台湾学童习写字作初步统计，发现以下几点现象：

1. 各版本一到十二册的习写字，其比率依序为形声字、会意字、象形字、指事字，故以形声字所占比例最多。且各版本比率皆符合六书造字的原则，即使把各册分开，也有相似的分布情况。据此可见形声字在识字上的重要性。

2. 形声字的比率随着册数增加而增加，而象形字则随着册数增加而逐渐减少。本研究认为可能是学童初学识字，最易从具体图像去学习、联想文字，随着文字的使用日益增加，学习的具体图像会愈来愈少，而抽象概念愈来愈多，进而发展出以形声表达意义的文字。

3. 象形字在各版本一到十二册中，以南一版最多，其次是康轩版。同时，象形字在各版本一到四册所占的比率，也比其它册次来得多，故康轩版第五册有30个象形字是较特殊的。

4. 指事字在各版本一到十二册中，比例都较少。其中以南一版和翰林版的字数为最多，与《说文解字》的指事字比率较为接近。此外，指事字多分布在一到四册，可能是因为六书中以象形、指事属具体图像，故对初学识字之学童较为易认可画；且就文字形式而言，指事字与象形字类若会意字和形声字的基础，故在识字初期，大量学习象形字、指事字，能提升学童对文字的兴趣。

5. 会意字在各版本一到十二册中，比例都仅次于形声字。不过，相较《说文解字》之六书比例，各版本会意字比例皆高于《说文解字》会意字比例。

6. 形声字在各版本一到十二册中，比例是最高的，确实是中国文字中最多的造字方法。不过，相较《说文解字》之六书比例，各版本形声字比例较低。

四 六书在识字教学上之应用

根据上述台湾国小国语科课本习写字之六书原则比例分析，可知识字教学配合六书原则能顺应中国文字发展，也符合中国文字特色。而教学者若试图将六书诠释得更加完整，在教学上应当掌握以下原则：

（一）说明字形结构及文字意义

象形字是保存至今最古老、最完整且具有系统的中国文字，故教学时，先以日常生活可见之事物作分类，再指导学童了解象形字是由原始的图像逐渐演变而成，并说明象形字实为依照物体外形，用屈曲的线条笔画，描绘出物体的形状，然而在文字使用成熟后，为了追求书写简便，将屈曲的线条笔画平直、删修，逐渐成为约定俗成的符号。例如：

1. 雷：甲骨文作“[illegible]”，金文作“[illegible]”表示打雷之意，或加雨作“[illegible]”，今省作“雷”。

2. 目：表示眼睛之意。甲骨文作“[illegible]”，金文作“[illegible]”，后篆文改作“[illegible]”而通用至今。

而在国小国语科课本中，最为重要的识字基础即为“部首”。部首共214个，其中属象形字者有143个，属指事者有30个，属会意者有34个，属形声者有6个，无法归类者有1个。可见在214个部首字中，属于象形字的比例最高，其次为指事字。故教学时若能透过部首的组合与笔画的变形去分析构字，便能增加学习的识字量。例如：

1. 乙：（南一版）九、也、乾、乳、乞、乱

（康轩版）乾、乙、乳、乱

（翰林版）也、乾、九、乱、乳

2. 戈：（南一版）我、成、戏、或、战、戴、戒、截

（康轩版）我、成、式、或、戏、战、戕

（翰林版）我、成、戏、战、戒、或、截、戴

3. 皿：（南一版）盒、荡、盛、盗、尽、盘、盎、盈、益、盔、杯

（康轩版）盒、荡、盛、盘、盆、尽、盈、监、益、盗

（翰林版）盆、盒、杯、盏、尽、荡、益、盗、盛、盘、盎、盈、盟

或可由部首部件组字的方式：

1. 犬：狗、狼、臭、哭、吠

2. 用：甬、勇、涌、恿、庸、角、解、嘴、佣

由上述例子不难发现中国文字的一大特色，即是"字"的从属字比例高。而教学时，将部首置于从属字之前，能够具有优先学习之价值，故对于这些独体字的象形、指事字采取优先选用，作为识字的基础，方利于合体字的会意、形声字的类化。

而也因为部首多为象形字，藉由从图画物象去引导学童客观地观察事物，结合生活的体验，理解记忆，强化识字的效果，也可使识字教学更加活泼。

（二）运用笔画增减及判别差异

指事字实际运用在教学上，笔者认为除了可以依照字形结构解说外，还可运用笔画增减来说明文字差异，或非文字的部件所表示字义，透过辨识相似、相异之处与分类比较，增进识字学习。例如：

1. 增减笔画："之"增"丿"为"乏"、"幻"增"丿"为"幼"。

2. 在象形字增加一个指事符号，所表示的事物有抽象、有具体："刀"加"丶"为"刃"、"木"加"一"为"本"及"末"等。

3. 运用实物的形象或不成文字的线条符号，表示抽象的概念："高，崇也，象台观高之形"、不成文字的"八"和"入"。

教学时，除了可简单运用笔画增减、线条符号的方法来表示文字外，也可变更文字形象位置，组合文字，进而了解字义，更能引起学童在学习上的兴趣，提升识字的能力。

（三）运用文字组合去强化识字

会意字是象形字的进一步发展，使用范围也较为广泛，因此，会意字的数量往往多于象形字，少于形声字。而会意字的构成、分类，学者主张亦多分歧。王筠《说文释例》认为：

凡会意字，或会两象形字以为意；或会两指事字以为意，或会一形一事以为意，或会一象形一会意，或会一指事一会意，皆常也。然亦有会形声字以为意者，言从辛声，而詹衎信音啻譃善，则从之以会意也。[8]

而龙宇纯认为“会”字有“会合”之义，故“会意”即是“会合二字之意以成一字”；或“会”字为“体会、领悟”之义，因此“武、信”二字归属会意字[9]。另外，李孝定认为“会意字”的构成方式主要有两种：

其一，以“会合两个或以上的象形字”来组成新字，也就是“会意字”，可以是会合两个或两个以上的“象形字”所构成的“合体的字”。如步、品、折、农。其二，是“变动某一象形字的一部分形体，或者夸大其中某一部分”来构字。“会意字”可以由所会合的两个象形字其中之一，经过变动来表意；又或者“会意字”也可以是由一个象形字加以变化或夸大的“独体的文”。如育、令、臣、丘。[10]

分类标准虽是不一，但笔者认为教学者可掌握会意字与象形、指事、形声三种构字方法的关系，在低、中年级多以象形字、指事字指导后，透过有趣的“文字加法”让学童知道会合两个字来组成新字，可以创造发展更多的文字。例如：

1. 从图像去体会意义

木（象形）→林（会意）→森（会意）。表示两个“木”组成“林”字，表示树林；三个“木”组成“森”字，表示树多。

苗→艸生于田者。

灰→柴草烧后手可抓。

2. 从意象去找出关联

“忐忑”用来表示一个人的心，上上下下跳着，显示着心情不安、不上不下的“卡”。其他有尖、掰。

3. 从人或动物的象形字为基础，增加表示身体某一器官的字：鸣、吠、吼、咩。

4. 从偏旁部件意义：山高的“嵩”、不正的“歪”、山石的“岩”。

也可运用“猜字谜”、“配对”的方式来进行，由意义的说明，找出正确文字，以活泼多元的教学方式，引起学童学习的动机。

（四）使用声旁记忆去增加识字

因形声字多为“形符—声符”配合的字体结构，在教学上，即可利用“形—音”彼此之联结，进行归类识字，以形旁理解字义、声旁记忆字音，例如：

1. 形符为部首且具有表意功能者。如：包（包子）、胞（细胞）、泡（气泡）、炮（炮弹）、跑（跑步）等，除了以“包”为声符外，配合部首的字义加以构词，也能达到大量的识字学习。

2. 基本字带字归类，例如以独体字“且”字代入部首偏旁：阻—阜十且，祖—示十且，租—禾十且，组—纟十且，诅—言十且，同时也可以读音相近去分析。借着基本字加上偏旁部首，使学童在掌握表意字形的基础上，进一步建立中国文字的形音义关系。

或可利用有相同声旁的字，加入相似的字，编成短文、谜语或歌谣，增加识字上的练习与辨别度。例如：

安静小精灵，晴空万里看不到，挂在夜空眨眼睛，猜一猜，它是谁?

这些方式皆是先认识基本字的形体与读音，再增添部首或部件以帮助学习后面的字，不但能够增进学童识字能力，更可以提高学童辨别字形的能力。

五 结语

中国文字的“形”、“音”、“义”，是无法分割的一个整体。故六书之于识字教学，应清楚说明文字的起源和发展，仔细讲述文字的形音及含义，以帮助学童确实掌握中国文字的形、音、义。

而黄沛荣认为配合六书的造字规则，确实可以帮助学童了解文字的起源，也能较有系统地掌握文字的结构与形态[11]。故如果教学者确实运用六书分类的造字原理来辅助教学，且掌握象形、指事字可认可画，会意字可画可演，充满趣味，及字音、字形相结合的形声字等特点，将一族族的字，以画图、表演动作、认图卡、说故事、念诵等方式编辑出基本规律，则学童在学习中，理解中国文字的组字规则，识字便不再是一笔一画地背诵，而是可以举一反三、触类旁通，知晓字与字的联系，以及字与词汇之间的关系，如此，方可为阅读与写作能力打下良好的基础。

注释

[1] 见“教育部”《国民中小学九年一贯课程纲要》，台北：“教育部”，2003年。

[2] 见“教育部”《国民中小学九年一贯课程纲要》，台北：“教育部”，2003年。

[3] 见（汉）班固撰，（唐）颜师古注《前汉书·艺文志》，北京：中华书局1985年版，

第 19 页。

[4] 见（汉）许慎撰，（清）段玉裁注《说文解字注》，高雄：复文图书 2004 年版，第 754—756 页。

[5] 见王筠《文字蒙求·自序》，台北：艺文印书馆 1994 年版，第 1 页。

[6] 见赖惠玲、黄秀霜《不同识字教学模式对国小学生国字学习成效研究》,《初等教育学报》1999 年，第 2—27 页。

[7] 参见陈宜楠《六书在语文教学上的应用》,《师说》，2000 年，第 41—43 页。

[8] 见王筠《说文释例·卷四》，台北：世界书局 1969 年版，第 29—30 页。

[9] 参见龙宇纯《中国文字学》，台北，五四书店 2001 年版，第 76—77 页。

[10] 见李孝定《从六书的观点看甲骨文字》,《汉字的起源与演变论丛》，台北：联经 1986 年版，第 38 页。

[11] 参见黄沛荣《汉字教学的理论与实践》，台北：乐学书局 2001 年版，第 176 页。

汪中文，男，台湾嘉南药理科技大学通识教育中心教授、主任。

許慎《說文解字》古文對釋讀戰國文字的貢獻

林素清
中研院歷史語言研究所

一 《說文解字》古文的來源

秦統一文字之前，中國文字演變經過，許慎在《說文解字·敘》中有段簡單而非常正確的記載：

倉頡之初作書，蓋依類象形，故謂之文，其後形聲相益，卽謂之字。……以迄五帝三王之世，改易殊體，封於泰山者，七十有二代，靡有同焉。……及宣王大史籀著大篆十五篇，與古文或異。至孔子書六經，左丘明述春秋傳，皆以古文，厥意可得而說，其後諸侯力政，不統於王，惡禮義之害己，而皆去其典籍。分為七國，田疇異畝……，言語異聲，文字異形。秦始皇帝禤兼天，丞相李斯乃奏同之，罷其不與秦文合者。斯作《倉頡篇》，中車府令趙高作《爰歷篇》，太史令胡毋敬作《博學篇》，皆取史籀大篆，或頗省改，所謂小篆者也。[1]

甲骨文出現後，羅振玉比較了殷周古文材料和說文古籀文，撰《殷虛書契考釋》，指出:“籀文非書體異名”及“大篆蓋因商周文字之舊，小篆又因大篆之舊，非大篆創於史籀，小篆創於相斯”，打破史籀創造字體之說。王國維繼承羅說，撰《史籀篇敘錄》，重新討論說文書中古、籀文之名稱及意義，結果發現說文所錄古文和籀文，既非殷周古文，也不成於周宣王時代，而都是春秋戰國時代之字體[2]。他關於籀文的理解，學者已有修正，本文不贅述，只討論許慎將所見壁中古文記錄了，並以《說文》古文形式保留下來，這些珍貴資料，對於今天我們面對大批戰國簡帛文字的辨識工作，無疑太重要了。如果沒有許慎《說文》古文提供的線索，我們對戰國文字的認識根本滯礙難行，所以說許慎對我們理解戰國文字的貢獻極大。

以下略舉新出《上海博物館藏戰國楚竹書》簡文數例為證，說明許慎取自孔壁古文的《說文》古文，確是戰國時代的文字，強調許慎《說文》古文對識讀戰國文字的重要性。換句話說，許慎為後人保存不少戰國古文面貌，對於秦焚書，滅古文之後，經歷二千多年，當我們重新認識戰國文字、釋讀戰國文字時，許慎《說文》古文是多麼寶貴。

二　從《上海博物館藏戰國楚竹書》與《說文》古文相合關係，證明同為戰國文字

（一）與《說文》古文同形舉例

1. 玉字，《說文》古文作[古文]，與上博簡所見從“玉”偏旁寫法相同，如：如瑨（[簡文]《容成氏》38.32）、璧（[簡文]《魯邦大旱》3.51）、玳（[簡文]《周易》30.19）、珤（[簡文]《昭王毀室》6.2；[簡文]《昭王毀室》7.32）、珪（[簡文]《緇衣》18.13）、琗（[簡文]《曹沬之陳》63.10）、欽（[簡文]《周易》41.23）、閏（[簡文]《容》38.14）、班（[簡文]《周易》22.34）。

2. 謀（悔、誨、敏）字。《說文》古文从口或从言。竹簡从口或从心。上博簡作：[簡文]《周易》47.11、[簡文]《曹沬之陳》55.19、[簡文]《緇衣》12.15；[簡文]《彭祖》6.3；[簡文]《曹沬之陳》13.26；[簡文]《三》13.19

3. 邇（迩）字，《說文》古文作[古文]，[簡文]《緇衣》22.15，竹書與《說文》古文同。

4. 復（退）字，《說文》“復”从彳，古文从辵。竹簡與《說文》古文同。竹書又或增“口”符（如：[簡文]（《昔者君老》1.31）），或上部譌从“目”（如：[簡文]（《相邦之道》4.3））、“田”（如：[簡文]（《曹沬之陳》58.5））。

5. 得（㝵）字，《說文》古文[古文]→[簡文]《三德》2.3；[簡文]《政從甲》17.17→“㝵”為“[簡文]”之譌形。《說文》“得”从彳从㝵，古文省彳。竹簡與《說文》古文同。竹書從“貝”為省形。《說文》从“見”是許慎誤識。

6. 敢（[古文]）字，《說文》古文[古文]→[簡文]《季康子》14.17→《說文》古文“敢”从[古文]古聲。竹書與《說文》古文同。

7. 甚字，《說文》古文[古文]→[簡文]季 11.8→《說文》古文作“[古文]”段《注》：“从口猶从甘也”。竹書與《說文》古文相同。

8. 㞢字，《說文》古文[古文]→[簡文]（《孔子詩論》10.10）→《說文》“㞢”从之从土，

古文从之从壬。竹書“[illegible]”（《孔子詩論》10.10）同《說文》古文。

9. 庿（廟）字,《說文》古文庿→[illegible]《周易》42.5→《說文》“廟”从广朝聲。竹書與《說文》古文同。

10. 長字,《說文》古文[illegible]→[illegible]《緇衣》6.14→《說文》古文作“[illegible]”、“[illegible]”，竹書與《說文》古文“[illegible]”同。

11. 淵（㘝）字，《說文》古文[illegible]→[illegible]君 3.35→《說文》“淵”从水，象形；古文从囗、水，作“[illegible]”；或體省“水”符，作“[illegible]”。竹簡與《說文》古文同。

12. 州字,《說文》古文[illegible]→[illegible]《容成氏》25.7→《說文》“州”从重川。竹書寫法與《說文》古文同。

13. 聞（䎽）字,《說文》古文[illegible]→[illegible]（《鬼神之明》5.22）→《說文》“聞”从耳門聲;古文从昏。竹書“[illegible]”（《鬼神之明》5.22）寫法與《說文》古文同,或“[illegible]”（《柬大王泊旱》8.7）左右結構相反，或“[illegible]”（民 5.14）繁加“宀”。“䎽”字及其異體有“問”和“聞”二讀。

14. 終（[illegible]）字,《說文》古文[illegible]→[illegible]《彭祖》3.5→《說文》“終”从糸冬聲。竹書寫法與《說文》古文同。

15. 毀字,《說文》古文[illegible]→[illegible]《曹沫之陳》10.21→《說文》“毀”从土，毇省聲；古文从壬，作“[illegible]”。竹書與《說文》古文同。

16. 堯（[illegible]）字,《說文》古文[illegible]→[illegible]《子羔》2.3→《說文》“堯”从垚在兀上。竹書寫法與《說文》古文同。

17. 斷（[illegible]）字,《說文》古文[illegible]→[illegible]《曹沫之陳》62.10。→《說文》“斷”从斤㡭;古文从𠂤，𠂤，古文叀字，作“[illegible]”，古文或作“[illegible]”。竹書“[illegible]”（62.10）寫法與《說文》古文[illegible]同;又从刀與从刃同,竹書或作“[illegible]”（《采風曲目》3.34），與《說文》古文[illegible]相似。

（二）與《說文》古文結構相同或相近：

1. 舁（與）字,《說文》古文[illegible]→[illegible]《競建内之》5.26→《說文》“與”从舁从与，古文从与从廾。竹書與《說文》古文同。

2. 近字,《說文》古文[illegible]→[illegible]《性情論》2.17→《說文》古文上从止下从斤，竹書“[illegible]”下从止上从斤。

3. 視（[illegible]）字,《說文》古文[illegible]→[illegible]《緇衣》1.42→《說文》古文“視”从見、

示。竹書與《說文》古文同从目从氐，但竹書為上下結構，《說文》古文為左右結構。

4. 鬼字，《說文》古文 [illegible] → [illegible]《鬼神之明》4.5 →《說文》古文“鬼”从示作“[illegible]”。竹書从示、从鬼省。竹書與《說文》古文同从示，然竹書為上下結構，《說文》古文為左右結構。

5. 𡿨（畎）字，《說文》古文 [illegible] → [illegible]《子羔》8.15 →“𡿨”，《說文》古文从田从川，作“[illegible]”；篆文从田犬聲，作“[illegible]”。竹書寫法與古文構形相同，但竹書為上下結構，“田”符在下方。

6. 戶（床）字，《說文》古文 [illegible] → [illegible]《周易》52.6 →《說文》“戶”象形。古文戶从木。竹書寫法與《說文》古文構形相同，但竹書為左右結構，“木”符在右方。

此外還有不少字形與上博楚竹書十分近似的例子，使我們得以輕易得以辨識出土古文字。例如：《說文》古文青作 [illegible]，《孔子詩論》的 [illegible] 字釋為情、《競建內之》[illegible]，釋為青等，都是完全不必費唇舌說明的。

又如《昭王毀室》[illegible] 字，由於有《說文》“僕，从人从菐，古文从臣”記錄，釋為“僕”是無須質疑的，只是竹書為上下省體結構而已。

有賴《說文》古文的登錄記載，使戰國詭譎多變的字形得以保存並流傳下來，成為我們認識戰國文字的憑證，許慎真是功不可沒。

注释

[1] 段玉裁：《說文解字注》，卷十五上第 8—12 頁，臺北：藝文印書館 1966 年影本。

[2] 王國維：《漢代古文考》，對《說文》古文的考述極詳盡，原載廣倉學宭學術叢編第一集本，復訂正刊載於《觀堂集林》卷七，第 305、337 頁。

林素清，女，台湾人。中研院历史语言研究所研究员。台湾中山大学中国语文学系教授，美国芝加哥大学东亚系客座教授。主要从事古文字学研究。

从《说文叙》看许慎的文字学思想

先师萧璋先生讲述

弟子孙雍长整理

提　要　本文为先师萧仲珪先生于1979年为其弟子李芳圃、陈绂、马景仑、贺友龄及本人开设《说文解字》课的部分内容。

先生首先指出，许慎本人的《叙》自“叙曰古者庖牺氏之王天下也”至“庶有达者理而董之”，还应包括部目（雍长案，自“此十四篇”至“庶有达者理而董之”，今之大徐本以为“后叙”。先生明其为许叙，发人之所未发）。

文章简要而清晰地勾勒了《说文叙》的脉络，揭示了许慎作《说文》的宗旨，论述了许慎的文字发展观，阐释了先生所体认的许慎的“六书”观与作《说文》的方法。

《说文叙》为第十五卷，在《说文解字》全书之末。古人作叙（序），多置于书末，起总结作用。除许《叙》段注中所列举的以外，如《淮南子·要略》、《庄子·天下》篇等，皆叙（序）也。

一　《说文叙》的脉络

叙文自“叙曰古者庖牺氏之王天下也”至“庶有达者理而董之”，包括部目（雍长案，自“此十四篇”至“庶有达者理而董之”，今之大徐本以为“后叙”。先生明其为许叙，发人之所未发）。

自“古者庖牺氏之王天下也”至“居德则忌也”——谈文字与八卦之关系。许慎认为，谈汉字不能不谈其起源，谈汉字之起源不能不谈及八卦。八卦对汉字的产生起过作用，但八卦不是文字。还谈了汉字的作用，汉字一产生即为政教服务（“宣教明化”）。

自“仓颉之初作书”至“靡有同焉”——谈“文”、“字”、“书”，并交代文字迭有发展。“文”，初之“依类象形”者；“字”，后之“形声相益”者；“书”，文字之“着于竹帛”者。历代文字“改易殊体”，“ 靡有同焉”，但总的是属于古文范畴。

自“周礼八岁入小学”至“厥意可得而说”——论述自周即重视六书之教，可见文字之严肃性（不仅仅是认字问题，还要懂得文字的结构）。《叙》中特意提及宣王、其时的史籀（大篆）问题。看来宣王中兴之时，曾进行过疏通文字的工作。史籀是汉字发展中的一个很重要的阶段，它为以后秦定小篆起了一定作用。这里具体说明了汉字处于逐渐演变之中，但六书之教从未衰竭。

自“其后诸侯力政”至“而古文由此绝矣”——战国混乱，书不同文，至秦时“有隶书以趣约易”。许以为迄小篆以前，汉字之演变，要不失为古文范畴，其意可得而说；隶书之后，文字变体，难以说解，故谓“古文由此绝矣”。

自“自尔秦书有八体”至“莫达其说久矣”——论述八体。意谓秦虽兴行隶书，但仍重视六书之教。“汉兴有艸书”，但“学僮十七已上始试讽籀书九千字乃得为吏，又以八体试之”，可见汉初仍不废六书（虽已衰弱，但未断绝）。但至许氏之时，则已“尉律不课，小学不修，莫达其说久矣”。

自“孝宣皇帝时”至“群书所载略存之矣”——说明西汉末年小学情况。先追述前代汉宣之时，虽小学渐衰，但并未绝，仍有“通仓颉读者”，“亦能言之”（言六书也）。“仓颉”，指李斯等人所著《仓颉篇》之类。

自“及亡新居摄”至“所以书幡信也”——论述王莽复兴六书（与前之六书不尽同；就中可看出刘歆之作用）。

自“壁中书者”至“其详可得略说也”——说明“壁中书”等皆为古文。

以上论述汉字之源流、变迁及六书之兴废。

自“而世人大共非訾”至“岂不悖哉”——许氏对自己当时的学术情况介绍并批评之。时人但知隶书（认为古文是“乡壁虚造不可知之书”），以之说经，殊多迷误。许氏甚不满，以为其风非纠不可（故不得不作《说文》）。

自“书曰予欲观古人之象”至“而不可乱也”——发感慨。许氏以为学术（包括治文字）“必遵修旧文而不穿凿”，应有阙疑精神和态度；抨击“巧说衺辞”；说明作《说文》实出不得已，是历史、政教之需要（段氏所谓“此许自言不得不为《说文解字》之故”者也）。

自“今叙篆文合以古籀”至“盖阙如也”——阐述作《说文》之本意及方法（为

什么作《说文》、如何作《说文》）。

自“此十四篇”至“庶有达者理而董之”——归纳《说文》字数、体例及自述家世。尾声。

《叙》后有许冲上书，亦谈及其父作《说文》之宗旨及方法，与《叙》文内容可相表里。

要而言之，《说文叙》一是说明为什么要作《说文》，一是说明如何作《说文》。下面就这两个问题分别来谈。

二　许慎作《说文》的目的

《叙》曰：“将以理群类，解谬误，晓学者，达神恉。”又曰：“万物咸覩，靡不兼载。厥谊不昭，爰明以谕。”

所谓“理群类”，即对代表天地万物的文字以六书条例一一阐释解说之。

所谓“解谬误”，针对时弊而言，即纠正当时“学者”对汉字形、音、义解说的谬误，以求得正确的说解。

所谓“晓学者，达神恉”，“学者”即指当时“诸生竞逐说字解经谊”者，“神恉”指六书之意旨。

“理群类，解谬误”与“万物咸覩，靡不兼载”相呼应，“晓学者，达神恉”与“厥谊不昭，爰明以谕”相呼应。

关于当时“诸生竞逐说字解经谊”，许《叙》中列举了“马头人为长”、“人持十为斗”、“虫者屈中”、“苛人受钱，苛之字，止苟也”。这些不伦不类的字与说解，在当时确实出现了，可参看《金文续编》下（雍长案，“苛人受钱，苛之字，止苟也”，章太炎《新方言》似有些意；关于“苛之字，止苟也”所形成的由来，可参看王氏《读书杂志·管子·五辅第十》）。当时“诸生竞逐说字解经谊”的情况，除许《叙》、段《注》所言外，刘歆《移书让太常博士》中亦谈及（刘文见《昭明文选》或《汉书·艺文志》及刘歆传）。

经学在汉时分今文、古文。汉自文帝废挟书令，广开献书之路。至武帝罢黜百家，独尊儒术，经学始兴。但当时仅为口传，流行的是隶书，叫今文。自壁中书等发现，古文重新出现。古文所载经书，多于今文篇目。张仓所献亦然。壁中书发现于汉武时，因巫蛊之乱而未得及时献出。后虽献出，又藏之秘阁，故不得盛行。至西汉末哀帝时，刘歆上书，主张立博士［立古文《尚书》（十六篇）、《易》、《礼》、《春秋左氏传》、《毛诗》（所献壁中书）等博士］。哀帝将刘歆上书下议，时今文博士内心不满，不置可否。刘以此作移文，抨击今文家，古文始兴。至东汉，今文衰，古文鼎盛，但今文仍有余孽，故及时许亦不得不让步。

今古文之争实是政教斗争之反映（参皮锡瑞《经学历史》）。

许慎对当时"诸生竞逐说字解经谊"之所以愤慨而非作《说文》不可，是与他的文字观分不开的。他认为文字一起源即出于政教之需要，并为政教服务。许《叙》中"古者庖牺氏之王天下也……以垂宪象"这段话基本上是《易经·系辞》上的，不同的是"以垂宪象"，"及神农氏，结绳为治……所以施禄及下，居德则忌也"这段文字中有《易经》的话，有许氏的话，体现了许氏的文字观。《易经》认为文字与八卦有关，许同意其说，并有所发展（"以垂宪象"、"及神农氏结绳为治"）。"结绳为治"到底何时开始，许意不同于《易经》，段注则同于《易经》而不同于许说。随着时代发展，原始的"结绳为治"越来越不能满足社会需要，弊病越来越多（"庶业其繁，饰伪萌生"），其后必然产生文字。"黄帝之史仓颉……初造书契"，仓颉造字，不足为信（文字是人类在长期的社会生活中共同创造的），但文字的兴起未必与古史无关。

许曰："盖文字者，经艺之本，王政之始，前人所以垂后，后人所以识古。故曰本立而道生，知天下之至啧而不可乱也。"这段话产明了文字的功用。所谓"本"，这里就是指文字。这就是许作《说文》之目的，亦即后文所言"将以理群类，解谬误，晓学者，达神恉"一个意思。

三　许慎的文字观

何以说作《说文》即可使古经典为政教服务？这就涉及许对汉字构造和六书的看法、对汉字发展的看法。下面集中谈谈这方面的内容。

许慎说："仓颉之初作书，盖依类象形，故谓之'文'；其后形声相益，即谓之'字'。'字'者，言孳乳而浸多也。著于竹帛谓之'书'。'书'者，如也。以迄五帝三王之世，改易殊体，封于泰山者七十有二代，靡有同焉。"这段话集中体现了许慎的文字观，和对汉字发展的看法。"文"是"物象之本"，是基本的。由"文"然后产生"字"，故曰"'字'者言孳乳而浸多也"。"著于竹帛谓之'书'。

‘书’者，如也”，为什么要插上这么一句？并特意解释“书”字？为什么许在这里对“书”的解释与《说文》正文中对“书”的解释又不同（《说文》卷三下聿部：“书，箸也”）？《尚书序》正义引《璿玑钤》云：“书者，如也。”孔疏：“舄其言，如其意，情得舒展也。”（《尚书·纬书》）段玉裁解释许慎引用“书者如也”四字的用意，是就汉字构造而言的，故段注为“谓每一字皆如其物状”，这是合乎许意的。“书者如也”四字为下文言“六书”留下伏笔。所谓“如”，不是“如”自己的随心所欲（想写成什么样就写成什么样），而是“如”事物的形态、客观规律。所以“六书”也必须“如也”。必须有对文字的这种严肃态度，才能正确解释经义。

“封于泰山者七十有二代，靡有同焉”，许氏何以知之？于其所见，推论其所不见，知必有变化。大史籀以前之古文、大史籀、秦以后之小篆，皆得见者，许据此而推论。这是许慎认为文字有发展变化的一种观点。

“及宣王太史籀箸大篆十五篇，与古文或异。至孔子书六经，左丘明述《春秋传》，皆以古文，厥意可得而说。”——宣王当中兴之时，政教复趋统一，文字亦统一。“太史籀箸大篆十五篇”，应当是当时文字的一次大整理（参考秦始皇“书同文”之情况可知）。“孔子书六经”，指壁中经。“左丘明述《春秋》”指张苍所献。“皆以古文”，说明自仓颉之初作书至左氏述《春秋》，汉字虽迭有演变，但总为古文系统。

“秦始皇帝初兼天下，丞相李斯乃奏同之，罢其不与秦文合者。斯作《仓颉篇》，中车府令赵高作《爰历篇》，太史令胡毋敬作《博学篇》，皆取史籀大篆，或颇省改，所谓小篆者也。是时秦烧灭经书，涤除旧典，大发隶卒，兴役戍，官狱职务繁，初有隶书，以趣约易，而古文由此绝矣。”——“或颇省改”，“或”者，言小篆之于大篆相承而同者多，省改而异者少也。前言大篆“与古文或异”，此言小篆“或颇省改”，二“或”字说明古文、籀文、小篆一脉相承，为同一系统。这一点很重要，否则许作《说文》则无所本也。“厥意可得而说”，“厥意”，其意。其者，古文也。言古文之笔意（六书之意）可得说解也。“初有隶书，以趣约易，而古文由此绝矣”，隶书是“以趣约易”，应时而生的，是时代的产物。但隶书之变，大非“或颇省改”之类，已非“书者如也”，是文字之突变，故曰“古文由此绝矣”。所谓“绝”，指隶书兴行后，古文类已不通行，用之绝也，非文字之失传也。

“壁中书者，鲁恭王坏孔子宅而得《礼记》《尚书》《春秋》《论语》《孝经》，又北平侯张仓献《春秋左氏传》，郡国亦往往于山川得鼎彝，其铭即前代之古文，皆自相似，虽叵复见远流，其详可得略说也”——壁中书是许氏作《说文》的重要材料。许冲上表言“自周礼、汉律，皆当学六书，贯通其意”，也说明自周至汉皆重六书之教，必须了解汉字构造。

由上可见，许慎认为小篆和小篆以前之古、籀皆为古文范畴，虽历代殊体，但六书之恉尚可得而说。通过六书，解释古文之形、音、义，用古文写的经典，就可准确地解释出它的意思来。《说文》就是用六书之说来解释古籀、篆文的专书，故许慎认为它可以达到“理群类，解谬误，晓学者，达神恉”的目的。从这一点上来说，可以起到用古文经典为政教服务的作用。

许慎认为古人造字是有条例的，一笔一画都有其意义，忽视这一点就不能准确了解字义，也就不能准确理解经义。所以，他反复提到“六书”之教，尤其对周之“六书”写得很详细。他认为，自周至秦至汉初至新莽，一直有“六书”之教，只是到他当时，才没有了。《说文》一书，也是以“六书”之教贯穿始终的。

四 许慎的“六书”观

下面讲讲“六书”问题。

“六书”之名最早见于《周礼·地官·保氏》,其细目最早见于刘歆《七略》(《七略》亡失，其文存于班固《汉书·艺文志》)。《艺文志》曰：“周官保氏，掌养国子，教之‘六书’，谓象形、象事、象意、象声、转注、假借。造字之本也。”稍后，郑众曰：“象形、会意、转注、处事、假借、谐声。”（见《周礼·地官·保氏》郑玄注引）许言“六书”，除条目外，还有解说。今言“六书”，用许之名目，依刘之次第。刘提出“六书”乃“造字之本”，值得重视。

指事——

“指事者，视而可识，察而见意。”“指事”也叫“象事”，广义地说，也是一种象形。象形“画成其物”，一见可识；指事者，其意需细察，方可见意知旨。可见指事造字之法，较象形抽象（不是说指事字所代表的事物都是抽象的），但仍是唯物的。如“刃”，于象形之“刀”（刀）上，加点标明刃之所在，其形“视而可识”，其意“察而可见”，但“刃”仍为具体物象。故许言指事亦曰“象形”。

象形——

“象形者，画成其物，随体诘诎。”所谓“随体诘诎”，指随物体之特征而画成其形。如“日”作☉，“月”作☾。但象形字不同于图画。

形声——

“形声者，以事为名，取譬相成。”“名”即“字”。许慎言“六书”，皆韵语，为合韵，故用“名”而不用“字”。其次，讲形声字，先有词（音），后有“字”，“名”可听（许《叙》中有云“大行人属瞽史谕书名”、“外史达书名于四方”），先于“字”而言，故用“名”而不用“字”。段注“半主声者，取其声而形之”，以此解释“取譬相成”，可见“形”是一个动词。《说文》“形”字下解曰“象形也”，也是解作动词（与“象形”、“指事”、“会意”及“象声”、“谐声”等比较，皆为动宾结构），不是名词，不作“形旁”讲。“形声”就是形其声，使声音形诸文字（由听觉到视觉）。未见诸文字的词（名），着重在音的上面，因而“形声”着重在声，是给“声”下的定义，不是给“形”下的定义。它是起注音作用，没有形旁问题。但“形声”又不是“假借”。

《叙》文说：“仓颉之初作书，盖依类象形，故谓之‘文’；其后形声相益，即谓之‘字’。‘字’者，言孳乳而浸多也。著于竹帛谓之‘书’。‘书’者，如也。”“书”包括“文”和“字”。“文”者，“依类象形”，“类”，物类也。“字”者，“形声相益”。按段氏理解，“形声相益”包括“形声”、“会意”。我认为主要指“形声”；“依类象形”主要指“象形”。“‘文’者，物象之本。”“本”，本体也。“‘字’者，言孳乳而浸多也”，说明“字”不是直接从外界物象抽象出来的，而是间接地产生出来的。

会意——

“会意者，比类合谊，以见指撝。”二字相会合，体现其意，无声音上的关系。《说文》释会意字，或曰“从某某”，或曰“从某从某”。王筠《说文释例》：“‘天’字说曰：‘从一大。’凡言‘从’者，从其义也。‘一’、‘大’连文，不可言‘从一从大’，不可言‘从大一’。此与‘人言’为‘信’、‘止戈’为‘武’同为正例。‘信’字在言部，‘信’以‘言’为主也，而其说曰‘从人言’，其词顺也。大徐不知，而改为‘从人从言’，谬也。果如所改，即当入人部矣。‘天’字不入大部者，重‘一’也。‘吏’下云‘从一从史’，此两字并峙为义者，亦正例也。亦可言‘从史从一’，特字隶一部，故先言‘一’。然不可言‘从一史’也，与‘天’从‘一’、‘大’为异耳。会意……既两字皆义，而义有主从，当入主义所在之部，此定例也。”段玉裁注“吏”字说：“‘一’是体，‘史’是用。”徐锴说：“‘史’者人也，‘一’

者心也。”许印林（王筠同时代人）反对徐说，认为“一”表示官吏在上的意思。唐元度《九经字样》对“吏”字解释为“言其执法如一，又重之在上。”（雍长案，此皆据小篆为说，未见甲、金文“吏”字耳）可见，会意两种体例是有区别的。“从某某”，连属成文；“从某从某”，是并列的。大、小徐本在这个问题上多相反。

转注——

“转注者，建类一首，同意相受。”刘歆指出“六书”是“造字之本”，则“转注”、“假借”亦为造字之本，看来许慎也是这个意思。讲“六书”，着重于形体（“‘书’者如也”），许当不会违背“造字之本”说。戴东原、段玉裁将“六书”分为两类，所谓一“体”一“用”，又将“转注”解作互训，我认为不妥。

言“转注”至今不统一，大体有如下三家说：一家为戴、段，一家为朱骏声，一家为章炳麟。其中影响最大的是戴、段的体用之说。

戴、段以互训作转注，朱以字义之引申为转注（认为《说文》中所举“考”、“老”是假借，“令”、“长”是转注），二家之说皆非“造字之本”的意思，背许意甚远。章氏《国故论衡·转注假借说》说：“‘转注’者，繁而不杀，恣文字之孳乳者也；‘假借’者，志而如晦，节文字之孳乳者也。”又说：“字之未造，语言先之矣。以文字代语言，各循其声。方语有殊，名义一也。其音或双声相转，叠韵相迆，则为更制一字，此所谓‘转注’也。”章氏承认“转注”、“假借”为造字之法，说“‘转注’者，繁而不杀（shài）”，“‘假借’者，志（记也）而如晦”，二者为造字繁省之大例，此说大有可取。但所谓“其音或双声相转，叠韵相迆，则为更制一字，此所谓‘转注’也”，将许氏“建类一首”之“类”理解为“声类”（语基），把语词之发展变化淆同于文字孳乳之变化（造字之演变），就有问题了；将文字随语音的变化而变化同造字法则混为一谈，是曲解了许慎的意思。

孙诒让《周礼正义·地官·保氏》引徐锴、江声两家之说，并同意他们的看法。徐锴《说文系传》说：“‘转注者，建类一首，同意相受’，谓‘老’之别名有‘耆’有‘耋’有‘耇’有‘耄’，又‘孝’子养老是也。‘一首’者，谓此等诸字皆取类于老，则皆从‘老’。‘转注’之意，若水之出原，分歧别派，为江为汉，各受其名，而本同主于一水也。”江声（《六书说》）说：“《说文解字》一书分部五百四十，即‘建类’也；始‘一’终‘亥’，即‘一首’也。凡云‘某之意皆从某’，即‘同意相受’也。”我认为孙同意徐、江之说不无道理，因徐、江说比较合符许意，而许说又比较合符文字孳乳的情况。

简单讲,“转注”就是展转相注的意思。所谓“建类”之“类”是指物类（义类）而非声类，“一首”之“首”是指代表某一物类的字即部首而非语基。段氏认为“首”即《尔雅》中所训之字,如“初、哉、肇、基……始也”,“始”就是“初、哉”等字的“首”，这种看法也是不对的。《说文·叙》中说：“其建首也，立一为耑，方以类聚，物以群分，同牵条属，共理相贯。”正是其具体说明。江声认为“首”就是《说文》中的部首,是有一定道理的。当然,造字时不一定就是完全具备了《说文》中的那540部首。但造字时必有部首概念，给事物归类，造字时便给文字归类,才能“繁而不杀”。无事类、部首概念,文字不能孳乳寖多。有些人驳江声说:造字的人怎么知道许慎的540部首呢？这种纽于540部首的看法，没有看到许氏540部首是从前人造字法则中归纳出来的，而以为是许氏的独创似的。

“同意相受”含义比较广泛,不但指某字和其所从的部首意义完全相同(如“考”和“老”)，而且还包括和其所从部首的一切关系（如作为“善事父母者”即孝子养老讲的“孝”，与“老”亦有关，故属老部）。既与部首同意，则从部首造字，所以文字逐渐“孳乳浸多”起来。“建类一首”是人类随着社会的发展，认识不断提高，在孳生文字时自然形成的现象，而并非许氏之发明。至于章氏所谓“字之未造，语言先之”，是说先有语言，后有文字，先有这个词，才能造出代表这个词的字，道理是对的。但词与字，毕竟是两回事。产生了新词，可以不造新字，而用旧有的字来代表。但是如果造新字，一般来说，就得先把新词所代表的事物归定出属于何类，然后再把代表这一物类的字加到准备制造的新字上，以标识这个新字在事物中属于何类，以帮助体现新字的意义。比如“考”和“老”，可能是同一语源。当“考”作为新词出现时，也许不一定造新字。譬如金文“考”有作“丂”（司土司簋）、“丂”（都公簋）的，就是用旧有的“气欲舒出，ㄅ上礙於一也”之“丂”字来代表,不从“老”省。也有作“[illegible]”（师望鼎）的。“丂”、“考”并存。可见在未造“考”字之前，已有其音（词）。后来为什么不直接假“丂”为“考”？又,为什么不以象形、会意法则造一个代表这个词的字？当然都可以。但是，后造之字，多归属义类，以明其本义。既与“老”义有关，故归属于老部而得“考”字。如今的“氧”、“氢”、“锰”等字，也是用这种方法造出来的。这种造字之法，就是“转注”。“建类一首”是人类在创造文字的长期过程中共同探索出来的一条法则，并非许氏独创，只是由许氏归纳出来罢了。

朱骏声关于“转注”的说法，是没有道理的。他颠倒了许说。即使不谈许慎，而从文字发展的规律来看，也是无道理的。他认为字义的引申就是“转注”，但许早已将字义的引申归纳到“假借”中去了（“假借”是“本无其字，依声托事”，如“令”、“长”、“难”、“易”等，既有字义的引申，也有全无干系的）。

“转注”是着重形旁说的，“形声”是着重声旁说的。“转注”八字与“形声”八字互文见义，合起来才说明我们今天所常指的“形声字”的全貌。

假借——

“假借者，本无其字，依声托事。”意思很清楚。可见“假借”是不造字的造字。从表意的功用来说，不能说它没有造字。决不是用字的问题。

“转注”是因新词而造新字，“假借”是因新词而用旧字（即章氏所谓繁省之二大例），于旧字附以新义，皆文字孳乳之法则。所以刘歆说六书是“造字之本”。“转注”是造新字，“象形”、“指事”、“会意”、“形声”也是造新字。但“转注”造出的新字，在形体上，不外乎“形声”、“会意”（“指事”极少）类。

五 许慎作《说文》的方法

许慎自己在《叙》中介绍说：“今叙篆文，合以古、籀，博采通人，至于小大，信而有证，稽譔其说。将以理群类，解谬误，晓学者，达神恉。分别部居，不相杂厕。万物咸睹，靡不兼载。厥谊不昭，爰明以谕。其称《易》孟氏、《书》孔氏、《诗》毛氏、《礼》、《周官》、《春秋》左氏、《论语》、《孝经》，皆古文也。其于所不知，盖阙如也。”基本上阐述了他作书之例。“今叙篆文，合以古、籀，博采通人，至于小大，信而有证”，这几句说明收字问题和立说根据（“万物咸睹，靡不兼载”是说所收文字，其内容包罗万象，也属于收字问题）；“分别部居，不相杂厕”，是说编排的问题；“厥谊不昭，爰明以谕。其称《易》孟氏、《书》孔氏、《诗》毛氏、《礼》、《周官》、《春秋》左氏、《论语》、《孝经》，皆古文也”，是指解说的内容；“其于所不知，盖阙如也”，是指阙疑载疑的精神。下面分别来谈谈：

收字编排

“今叙篆文，合以古、籀”，概括了《说文》一书收字编排的原则。“叙”就是叙次、排列的意思。过去讲此八字有分歧，一般认为“今叙篆文”是对正文而言，“合以古、籀”是对重文而言。钱大昕认为这八个字都是就正文而言（其说见于《小学考》引钱大昕《汗简跋》)，其后章太炎（《文始·叙例》）、王国维（《观堂集林·“今叙篆文合以古籀”说》）亦同钱说。段《注》说：“小篆因古、籀而不变者多，故先篆文，正所以说古、籀也。隶书则去古、籀远，难以推寻，故必先小篆也。其有小篆已改古、籀，古、籀异于小篆者，则以古、籀驸小篆之后，曰‘古文作某’、‘籀文作某’，此全书之通例也。其变例则先古、籀后小篆，如一篇二下云‘古文丄’，丅下云‘篆文二’。”另在“或颇省改”下注说：“……则许所列小篆，固皆古文大篆。其不云‘古文作某’、‘籀文作某’者，古、籀同小篆者也；其既出小篆，又云‘古文作某’、‘籀文作某’者，则所谓‘或颇省改’者也。”王国维认为：“此数语可谓千古卓识，二千年来治《说文》者，未有能言之明白晓畅如是者也。”但王氏认为小篆对古、籀不仅有省改，而且还有“存废”问题，所以《说文》9353字多于《仓颉》诸篇。这一点，段玉裁没有指出来，王氏认为是不足之处。段注似乎给人以“今叙篆文”指正文言，“合以古、籀”指重文言的印象，但并不明确；王国维却将段注的意思朝这方面明确化了。我觉得段注大可琢磨。如四卷羽部:“翌，乐舞。以羽翿自翳其首，以祀星辰也。从‘羽’，‘王’声。读若皇。”段注：“此等字小篆皆未必有之，专释古经古文也。”可见段氏也认为正文中未尝没有古、籀，只是未明其体例而已。

总之，“今叙篆文，合以古、籀”，是《说文》收字原则，是就正文而言的。《说文》收正文9353个、重文1163个。《叙》文说“万物咸睹，靡不兼载”，说明收的字数在当时是比较完备的，可谓集汉以前汉字之大成。小篆仍古、籀者多，省改者少，所以叙篆文即叙古、籀。正文中至少包括秦小篆3300个（三《仓》合称《仓颉篇》，分为十五章，每章六十字），其余6000多字大抵采自壁中古文、钟鼎彝器（秦小篆所废者）。

《说文》中也不能排除极个别的汉篆，如邑部的“鄯”（地名，霍光时所建）、豆部的“豋”（是先秦“菽”的意思，先秦的“豆”是指一种器物，可见“豋”是汉时新造的一个字）。此外，9000多字中，也有本为一字，由于部首关系，而分为二字的，如“大”和“亣”，“契”从“大”，奕（奕）从“亣”。

由古文改为小篆的，小篆收归正文，古文列为重文。如篆文“帝”为正文，古文“𢂇”为重文。但如“一”之后列重文“弌”，这两个字古文中都有，“弌”

是古奇字，“一”不见得是由“弌”省改来的（雍长案，“弌”之由来，请参拙著《转注论》增补本第67页，语文出版社2010年版）。另外，也有将古文收为正文，如“二”（篆文是丄），这是考虑到部属字的缘故（帝、旁皆从二）。《说文》偶尔也收了俗字，如“肩”从“户”，俗（本作“𦙃”）。

总之，《说文》收字，基本上以篆文为主，以古、籀为辅。为便于归部，也有将古、籀收为正文的，也有将一字分为二的，也收有俗字。

“分别部居，不相杂厕”，这是540部首组部的原则。后《叙》说：“其建首也，立一为耑，方以类聚，物以群分，同牵条属，共理相贯，杂而不越，据形系联，引而申之，以究万原”，这几句话是对“分别部居，不相杂厕”的具体解释。

“方以类聚”是同部问题，“物以群分”是异部问题，是互文见义的。上面已讲过，有同为一字而分为两个部首的，除“大”、“亣”外，另如“鬲”和“㽁”（“融”从“鬲”，“鬻”从“㽁”）。可见540部首并不等于540字。

重要的是“据形系联”。基本上如此，如卷一：一、二、示、三、王、玉、珏、气、士、丨、屮、艸、蓐、茻（段注所谓“蒙‘一’而次之”是也）。但也有不以形系联的，如“齿”、“牙”相连（由于同类）。更有既不蒙形，亦非同类者，如“冓”之后次以“幺”，“予”之后次以“放”。

每部中收的字，其排列次序，大抵是“先名后事”。段玉裁提到了这一点，他在玉部后“文百二十四、重十七”下注曰：“按，自‘璙’以下皆玉名也。‘瓚’者，用玉之等级也。‘瑛’，玉光也。‘璑’已下五文，记玉之恶与美也。‘璧’至‘瑞’，皆言玉之成瑞器者也。‘璬’、‘珩’、‘玦’、‘珥’至‘瓃’，皆以玉为饰也。‘玼’至‘瑕’，皆言玉色也。‘琢’、‘琱’、‘理’三文，言治玉也。‘珍’、‘玩’二文，言爱玉也。‘玲’已下六文，玉声也。‘瑀’至‘玖’，石之次玉者也。‘珢’至‘瑎’，石之似玉者也。‘琨’、‘珉’、‘瑶’，石之美者也。‘玓’至‘琊’，皆珠类也。‘琀’、‘鏨’二文，送死玉也。‘璗’，异类而同玉色者。‘靈’，谓能用玉之巫也。通乎《说文》之条理次第，斯可以治小学。”黄侃《论学杂著·说文略说》也谈到了这一点：“自‘璙’以下皆玉名，自‘璧’以下皆玉器，自‘瑳’（段本改‘瑳’为‘玼’）以下皆玉事，自‘瑀’以下皆附于玉者。殿之以‘靈’，用玉者。其中又或以声音为次，如示部‘禛’、‘祯’、‘祗’、‘禔’相近，‘祉’、‘福’、‘祐’、‘祺’相近，

‘祭’、‘祀’、‘祡’相近。又或以义同异为次，如‘祈’、‘祷’同训‘求’，则最相近。‘祸’训害，‘祟’训祸，训相联，则最相近。大氐次字之法，不外此三种。”不过，“祭”、“祀”、“祡”音不相近，黄氏举例不妥。

当然，《说文》相传至今，每部中所列字之次第，难免乱次者，但总的是有序可循的。段玉裁订正《说文》，据此。

1. 说解内容

《叙》云：“厥谊不昭，爰明以谕。”由《说文》说解内容来看，“谊”的意思是包括汉字的形、音、义的，即是每一字所说解的全部水容。段注：“‘谊’，兼字义、字形、字音而言。‘昭’，明也。‘谕’，告也。许君之书，主就形而为之说解。其篆文，则形也。其说解，则先释其义……次释其形……次说其音必先说义者，有义而后有形也。音后于形者，审形乃可知音，即形即音也。合三者以完一篆。”所以《说文》所说的义，一般是指字的本义。现在我们先讲“义”。

关于释义

《说文》解释字义的方法，大致是两种：一是义训，一是声训。

《说文》中的义训，有两种情况。一种是用一个同义词来解释，或者用包括同义在内的几个词来解释。前者如“元，始也”，后者如“始，女之初也”、“禋，絜祀也”。另一种是不用同义词来解释，而以其他词来解释（即所谓“义界”、“界说”）。如“禋……一曰精意以享为禋”、“稰，祭具也”（用来祭神的米）。

《说文》中的声训（音训），也分两小类：一是用同音或音近的字来解释，阐释命名的根源（语源）。同音的如“门，闻也”、“户，护也”，音近的如“天，颠也”（叠韵）、“旁，溥也”（双声）。另一种是将同音或音近的字组合在其他词内来解释。如“祡，燒柴樊燎以祭天神”（祡、柴同音）、“禛，以真受福也”（禛、真同音）。音近字组合在其他词内来解释的，如“神，天神，引出万物者也”（天、神、引叠韵）、“祇，地祇，提出万物者也”（地、祇、提叠韵）。

也有将义训、声训结合起来解释一个字的。如：“祠，春祭曰祠。品物少，多文词也……仲春之月，祠不用牺牲，用圭璧及皮币。”段注：“此引《月令》，证‘品物少多文辞也’。”《淮南·时则训》高诱注：“《礼记》曰：‘币帛圭皮，告于祖祢者也。’”《月令》篇孔疏也提到：“祠不用牺牲，用圭璧及皮币。”可见是“小祀”。“小祀”就是祈祷，故多文辞，这就是“祠”命名的根源。

关于注音

除了“某亦声”这种体例以外,《说文》采用汉人“读若”的注音办法。

“櫜”字下段玉裁谈到“读若”、“读为”问题。《段注》说:“凡言‘读若’者,皆拟其音也。凡传注言‘读为’者,皆易其字也。注经必兼兹二者,故有‘读为’,有‘读若’。读为亦言‘读曰’,‘读若’亦言‘读如’。字书但言其本字本音,故有‘读若’,无‘读为’也。”他在他的《周礼汉读考》一文中也指出这一点,说汉人“读若”为拟音,“读为”是改字,二者是不同的(《说文》无易字改字问题,故无“读为”)。

《说文》有时用“读与某同”。

黄侃《论学杂著·声韵略说·论反切未行以前之证音法》篇所谈到的《说文》“读若”情况有五种方式:①以一字注音。如玉部“皇……‘自’,读若‘鼻’”,玉部“瓔……读若‘柔’”。②以成语注音。如玉部“玤……读若《诗》曰‘瓜瓞菶菶’”,宀部“竅……读若《虞书》曰‘竅三苗’之‘竅’”(以本字音本字。段改‘竅’为‘窜’,似不妥,因还牵涉到成语问题。若注为‘读若竅’,当然不行)。③以俗语注音。如示部“櫜……读若‘春麦为櫜’之櫜”(段改“櫜”为“𥣬”,“𥣬”不见《说文》。张行孚《说文发疑·读若例》指出:“攴部‘𢾛,小舂也。’‘𢾛’乃‘春麦为櫜’之本字。许君引俗语作‘櫜’者,必当时方假‘櫜’为‘𢾛’,故许君引之,以明‘櫜’之本音,非明其本义也”)。④以方言注音。如九卷上髟部“鬐,髮皃……读若江南谓酢母为鬐”,段注:“此江南之方言也。汉之江南,谓豫章、长沙二郡。‘鬐’无异字者,方言固无正字。知此俗语,则‘髮皃’之字之音可得矣。”又如同卷上旡部“旤,屰恶,惊词也……读若楚人名多‘夥’”。⑤以义注音。如十二卷下女部“嫼,好也……读若蜀郡布名”,段注:“按,纟部‘縳’,蜀白细布也。其字‘彗’声,以合韵得音。”“嫼”“读若蜀郡布名”,即“读若‘縳’”的意思。

另外,“读若”也用来标异读(一字有二音者),如:“玖……读若‘芑’。或曰若人‘句脊’之‘句’。”

段氏在“櫜”字之下发“读若”之凡,说“凡言‘读若’者,皆拟其音也”,说明《说文》“读若”只起注音作用。但张行孚认为“读若”不仅起拟音作用,而且有说明古书通假的作用,张说可补段说之不足。实际上段氏注文中也有提到“读若”起古书通假作用的地方。如三卷下攴部“敷,闭也。从‘攴’,‘度’声。读若‘杜’”,

段注:"'杜门'字当作此,'杜'行而'敷'废矣。"又如四卷下𠬪部"𤔌……读与'隐'同",段注:"此与𨸏部'隐'音同义近。'隐'行而'𤔌'废矣。"卷十四下𨸏部"隐,蔽也",段注:"艸部曰:'蔽,茀小皃也。'小则下可见,故'隐'之训曰'蔽'。若《孟子》'隐几'字,则当为'𤔌'。𠬪部曰:'𤔌,有所据也。'"这里段注都说出了注音字"杜"与"隐"和被注音字"敷"与"𤔌"的通假关系。

2. 立说依据

《叙》文说:"博采通人,至于小大,信而有证。""其称《易》孟氏、《书》孔氏、《诗》毛氏、《礼》、《周官》、《春秋》左氏、《论语》、《孝经》,皆古文也。"可见《说文》立说,皆有依据。

关于《说文》引经(清人论《说文》引经的专书不少)

段氏在"祝"字条下对《说文》引经问题有简要说明:"……凡引经传,有证义者,有证形者,有证声者。"

引经以证形者,如士部"壻,夫也。从'士','胥'声。《诗》曰:'女也不爽,士贰其行。'士者,夫也。"(引《诗·魏风·氓》)又如示部"祝,祭主赞词者。从'示',从'儿'、'口';一曰从'兑'省。《易》曰:'兑为口为巫。'"段注:"引《易》者,《说卦》文。'兑为口为巫',故'祝'从'兑'省。"

引经以证义者,如艸部"蔽,艸皃。从'艸','敝'声。《周礼》曰:'毂獘不蔽'"。段注:"凡许君引经传,有证本义者,如'薮薮山川'是;有证假借者,如'毂獘不蔽',非关艸皃也。"

证本义者,如二卷上:"告,牛触人,角箸横木,所以告人也。从'口'从'牛'。《易》曰:'僮牛之告。'""敓,强取也。《周书》曰:'敓攘矫虔。'"(见《吕刑》)段注:"此是'争敓'正字,后人假'夺'为'敓','夺'行而'敓'废矣。""薮,艸旱尽也。从'艸''俶'声。《诗》曰:'薮薮山川。'"(《大雅》文。今《诗》作"涤涤",《毛传》:"涤涤,旱气也,山无木,川无水。")

证假借者,如"蔽,艸皃。从'艸','敝'声。《周礼》曰:'毂獘不蔽'"。(见《考工记·轮人》)段注:"康成云:'蔽,蔽暴,阴柔后必桡减,帱革(即"覆革")暴起。'按,此荀卿及汉人所谓'槁暴'也,'桡减'为槁木之'槁',与革之暴相因而致,木歉则革盈……后郑谓蔽为槁之假借。"(《周礼·考工记·轮人》:"凡斩毂之道,必矩(刻识也)其阴阳。阳也者,稹理而坚;阴也者,疏理而柔。是故以火养其阴而齐诸其阳，则毂虽敝不蔽”）又如“斁，解也……《诗》云：‘服之无斁。’斁，猒也。”段注：“见《释诂》、《毛传》。按，此三字释所引《诗》之‘斁’，以别于上文解训，此全书之一例也。”

此外，许书中还有兼引经典异文，一明本义，一明假借者。如木部“榜，判也……《易》曰：‘重门击榜’”。“欜，夜行所击者（段注本改作‘行夜所击木’）。从‘木’‘橐’声。《易》曰：‘重门击欜。’”段注“榜”字曰：“按，‘欜’下引《易》‘重门击欜’，‘欜’之本义也，引经言转注也（本义之谓）。此引《易》‘击榜’者，‘欜’之借字也，引经言假借也。《易》有异文，兼引之而六书明矣。”

引经以证音者，如玉部“玤，石之次玉者，以为系璧。读若《诗》曰‘瓜瓞菶菶’”。段注：“《大雅·生民》文。此引经说字音也。”

关于《说文》引诸家说（所谓“博采通人”）

引“通人”之说以证字形，如：“王，天下所归往也。董仲舒曰：‘古之造文者，三画而连其中谓之“王”。三者，天地人也；而参连之者，王也。’（见《春秋繁露》）孔子曰：‘一贯三为王。’”（所引孔子言，见纬书，多不足信）

引“通人”之说以证字义，如：“蹢，住足也。从‘足’，‘適’省声。或曰‘蹢躅’。贾侍中说：足垢也。”

引“通人”之说以证字音，如：“詟，失气言……傅毅读若‘慑’。”

许书中多有“博士说”、“旧云”、“一曰”、“一云”、“或说”、“或云”、“或以为”、“复说”等例，虽不举名姓，实则皆为通人诸家之说，皆有所据也。

3. 关于载疑

《叙》曰：“其于所不知，盖阙如也。”这也是《说文》体例之一。段注：“许书中多著‘阙’字，有形、音、义全阙者，有三者中阙其二阙其一者。”如：“旁，溥也。从二，阙，方声。”段注：“阙，谓从冂之说未闻也。李阳冰曰：冂，象旁达之形也。按，自序云：‘其于所不知，盖阙如也。’凡言‘阙’者，或谓形，或谓音，或谓义，分别读之。”

阙疑之例，可见许氏治学严谨不苟之精神。

孙雍长，男，1942年出生，湖南祁阳人。广州大学中文系教授、语言学研究所所长。中国语言学会理事，中国训诂学研究会副会长。

许慎——中国字典编纂第一人

董　琨

中国社会科学院语言研究所

中国是一个字典辞书的大国,不仅品种多,数量大,而且具有极为悠久的历史。这个历史,确切可考的肇端,应该说是许慎编纂的《说文解字》(以下简称《说文》)。

许慎无愧于中国字典辞书编纂第一人，他所编纂的《说文》，无论在搜集的材料、确立的体例、编写的质量方面，都达到很高的水准，成为后世无数学人的教科书和研究对象，以致形成“许学”，也称“说文学”，是中国将近两千年来的一种热门的学问。

从辞书学编纂的角度观察《说文》，可以看出几个特点：

一　明确的编纂意图

许慎编纂《说文》,起码具有两个目的,一是要用文字之学弘扬作为学术的“经艺”和作为政治的“王政”。《说文解字·叙》中有一段脍炙人口的话:“盖文字者，经艺之本，王政之始，前人所以垂后，后人所以识古。”对文字功能的这种强调和认知，成为中国数千年封建社会的主流价值观，而这是由许慎首先明确提出的。这也成为他编纂《说文》的主要动力。二是针砭时弊，即社会上、官场中胡解乱说文字的不正之风。当时一些学问肤浅、学风浮躁的“诸生”，“诡更正文，向壁虚造不可知之书，变乱常行，以耀于世。”《说文 · 叙》中还举了一些有关的谬论例子，如“马头人为长”、“人持十为斗”、“虫者屈中也”，甚至对法律用字也同样信口开河，胡说八道。对许慎而言，这样对经艺的传播和王政的推行是非常有害的，所以他发奋编纂《说文》，从文字的正确理解上行其正本清源之功。

二　严谨的编纂作风

许慎具有明确的学术渊源，他师承当时著名的古文经学家贾逵，成为古文经学派的巨擘，而为后来的古文经学大师马融、郑玄等所推敬。他获得同时代人们给予的一个雅称——“五经无双许叔重”，也代表世人对他的学问水准的评价。他编纂《说文》，虽然已做到“博采通人，至于大小，信而有证”，但是又抱着“于所不知，盖阙如也”（《说文叙》）的态度。

《说文》的说解，常见有“阙”字，就是这一严谨学风的体现。据统计，共有47处带“阙”字，过去学者一般都认为就是许慎“于所不知，盖阙如也”的所在。不过后来也有人如清代严可均提出：“凡言阙者，转写断烂，校者加‘阙’字记之，断非许语”（马叙伦《说文解字研究法·说文阙文》引，商务印书馆1929, 5）即认为是《说文》原文发生了文本断裂，校对或抄写的人无法接续，所以在断裂处加“阙”字以为标识，表示有缺失的字句。这种说法，虽然符合事理逻辑，也符合许多古代文献典籍流传生态的事实；但是《说文》自问世以来，一直受到学界和社会上的高度重视，晚于他不久而同朝代的学者郑玄、应劭，即已分别在他们的著述中引用了《说文》，其后历代学习、研究《说文》的人，更是绵绵不绝。在这种久盛不衰的氛围中，似乎很难想象《说文》的文本会发生如此严重的“转写断烂”的情况，因此我们无妨还是认为《说文》中的“阙”字，大抵还是许慎原文。

《说文》说解中也常见“一曰”的字样，表示不同的说法、见解，有的是针对字形字义本体的，如一些“兼义造字”的字（参见拙文《汉语的词义蕴涵和汉字的兼义造字》，载《中国语文》1994年第3期）；更多的则是“别存一说”，认为其他说法也有道理，不予废弃，表明许慎的审慎态度。

此外，《说文》中还有不少地方引用前辈时人的话，如“孔子曰”、“董仲舒曰”、“司马相如说”，等等，正是许慎自己所说：“今叙篆文，合以古籀。博采通人，至于小大，信而有证。”（《说文·叙》）说解有依据，不掠人之美，也正体现许慎遵循的严谨学风与学术规范。

三　明晰的系统论思想

在我们今天看来，《说文解字》可以说是一部关于汉字形字义的字典，但在许慎的著作初衷，却是一部“将以理群类，解谬误，晓学者，达神恉”，“万物咸睹，靡不兼载”（《说文·叙》）的有关社会与人生的百科全书。因此，对于收录而加以说解的字，他就有一个系统的考虑与安排，这就是：首先确立部首540个，从

“一”开始，以“亥”为结，体现中国古代“亥而生子，复从一起”的哲学理念。部首之间多有字形上的关联，同时反映了中国先民对宇宙万物的分类及其相互联系的模式；同一个部首内的字，也不是杂乱无章，而大抵以义类相从，反映人们对于同一类事物在认知上的逻辑联系。用许慎自己的话来说，就是：“其建首也，立一为端；方以类聚，物以群分；同牵条属，共理相贯；杂而不越，据形系联。引而申之，以究万原，毕终于亥，知化穷冥。”（《说文解字·后叙》）因此我们可以说《说文》体现了许慎所具有的明晰的系统论思想。

四 科学的释义方式

20世纪40年代，语言学大师王力先生在《理想的字典》（载《龙虫并雕斋文集》第一册，中华书局，1980, 1）一文中，高度评价《说文解字》，认为是“中国字典的良好基础”。他指出《说文》释义的合理方法有：

1. 天然定义，如：“千，十百也。”“两，二十四铢为一两。”“孙，子之子为孙。”

2. 属中求别，如：“农，耕人也。”“蚕，吐丝虫也。”

3. 由反知正，如：“假，非真也。”“拙，不巧也。”“暂，不久也。”

4. 描写，如：“犀，徼外牛，一角在鼻，一角在顶，似豕。”“漏，以铜受水，刻节，昼夜百节。”“缞，丧服衣，长六寸，博四寸，直心。”

5. 譬况，如：“黄，地之色也。”“黑，火所薰之色也。”

王力先生认为这五种方法“已经具备了理想字典的轮廓”，并且进一步指出：“现代世界上最好的字典，也离不了这五种方法。可见许慎对于中国的字典学，已经立下了很好的基础。”

由许慎首创《说文解字》的这些释义方式，到了近两千年后的现代，在作为现代汉语词汇规范的权威词典——《现代汉语词典》（简称《现汉》）中都有所体现，不妨略加比较，如：

天然定义——

《说文》：百，十十也。（白部）

《现汉》：百，数目，十个十。

属中求别——

《说文》：革，兽皮治去其毛曰革。（革部）

《现汉》：革，去了毛并且加过工的兽皮。

由反知正——

《说文》：旱，不雨也。（日部）

《现汉》：旱，没有降水或降水太少。

描写——

《说文》：狼，似犬，锐头，白颊，高前广后。（犬部）

《现汉》：狼，哺乳动物，形状和狗相似，面部长，耳朵直立，毛黄色或灰褐色，尾巴向下垂。……

譬况——

《说文》：黄，地之色也。（黄部）

《现汉》：黄，像丝瓜花或向日葵花的颜色。

这些应是属于汉语中的基本语词，就其释义方式与内容来看，现代的《现汉》与近两千年前的《说文》，竟有许多相似乃至相同，这不能不使我们感到惊异和由衷叹服。

因此我们说许慎是中国字典编纂第一人，不仅指他的开创之功，也包括他的高超学术水平。他编纂的《说文解字》对于中国字典辞书学的贡献是巨大的，不朽的。

董琨，男，1946年出生，福建福州人。中国社会科学院语言研究所研究员。主要从事汉语文字学、古代汉语、辞典编纂的教学和研究。

许学研究拓展献议
——许慎的经学研究与《许慎集》之编纂

程尔奇

北京社科院历史研究所

提　要　有关许慎的研究成果极为丰富，但仍有可拓展的空间。其一，许慎号称“五经无双”，但对其经学思想的研究，尚显不足。如能深入研讨其经学著述，对于认识许慎的学术思想，进而更好地研究东汉时期的学术文化，均有重要的意义。其二，学界亟须编纂一部全面、精审的《许慎集》，除《说文解字》外，将许氏遗文尽力搜求，辑佚考订，编成善本，以现其思想之全貌。

关键词　许慎　经学思想　《许慎集》

一　引言

许慎以《说文解字》一书奠定其字圣之地位。千余年来，学者对该书的研究成果甚夥，以汗牛充栋形容颇为允当。但许慎在其所处时代，便已被赞誉“五经无双”，稍晚的经学大师郑玄选择许慎的《五经异义》予以逐条驳议，说明其经学水准之高为当时学人所公认。但长期以来，学界几乎把绝大部分精力置于《说文解字》一书的研究上，其经学研究似略显寂寥。视域相对集中，显然无法尽窥许慎学术思想的全貌。这与许慎资料较为缺乏不无关系。然摸诸诸家著述，许慎存世著作尚多，虽不少属零星散篇，甚至片言只语，但在今天新的文献不断出土问世的情况下，悉心搜集研习许慎经学著作，无疑是拓宽许学的极佳路径。本文即对许慎经学研究及编纂《许慎集》之事略加讨论，以冀同道之共鸣焉。

二　许慎经学研究之现状

检讨许慎的经学，自清儒始。陈寿祺撰有《五经异义疏证》三卷，对许慎的这部重要著述予以疏通证明。皮锡瑞《驳五经异义疏证》，虽以郑玄为主，对许氏文字，亦有论列。民国以来，海内外学界的研究成果日渐刊布，许慎经学得到较多关注。不过，以目前所见之篇数论，与《说文》学相较，可谓小巫大巫。下面以时间为序，简单介绍这些成果。或挂一漏万，或未中肯綮，均请匡其不逮。

民国时期，有关许慎经学的论著笔者所见计三篇，分别是李源澄先生的《〈白虎通〉〈五经异义〉辩证》[1]一文,及张震泽先生的《许慎〈五经异义〉体例考》、《许慎〈五经异义〉成书年代考》两篇文章[2]。

李源澄先生《〈白虎通〉〈五经异义〉辩证》的撰作缘由，是"《白虎通义》、《五经异义》二书，为汉师礼说渊薮"，而《五经异义》之说颇有与经传不合之处，故采择既久，遂撰此文。李先生之文以所见经传及自己之理解对许慎之说加以评论，带有疏说的意味。李先生认为，"许慎之言，由不明制服之意，而以后来人君世袭之道视之"，故有强通之处，总体评价似不甚高。许慎《说文解字》乃千年不刊之典，学界尊之为字圣皆由此。但对于许氏其他著作，民国间实不乏批评者。除李源澄先生外,杨树达先生曾校读《淮南鸿烈间诂》后不无疑惑地说:"二千年来,学者群奉许君为训诂学大师,非无故也。以其说字之美如彼,宜其训释故书,下义审确，能令人犁然有当矣。然今读其《淮南鸿烈间诂》残存者八篇，其中虽多胜义，然其显然违失者固数数见也。……凡此云云，以之与《说文解字》校量，其美恶之相去，盖不可以道里计也。岂《间诂》为少年时书，而《说文》成于晚岁欤？抑说字与立训异术，一人固不得兼工欤？抑或《说文》前有所因，取精而用弘，《间诂》成于一手，故不能粹美欤？"[3]对于精于故训之人却在书中频有误失，杨先生感到不可理解，甚至自为许慎开脱。

张震泽先生究心许学甚早,40年代初即草创《许慎年谱》。其所撰《许慎〈五经异义〉体例考》一文，重点考察许书的篇次、体例即体裁。《许慎〈五经异义〉成书年代考》对《五经异义》的成书时间作专门考证。张先生推敲前修诸说，否定了《五经异义》作于建初四年（79）、元和章和之间（84—88）的说法，认为当撰于安帝永初四年（110）[4]。向来认为许慎撰《五经异义》于《说文》之前，张先生却力证《五经异义》稍后，言之凿凿，堪称一家之言。

中华人民共和国成立之后，许慎经学的研究在大陆尚不曾展开，台湾地区却有学者肆力搜讨,收获颇丰。刊于70年代的黄永武先生的《许慎之经学》一书，是此时期的代表作。该书是黄先生1970年毕业于台湾师范大学国文研究所时撰写的博士论文。两年后，由台湾中华书局出版，分上下两册，738页，分量十足。[5]此书“所考许慎之经学，以钩稽《五经异义》之残文近百条（内《易》2条、《书》12条、《诗》14条、《礼》19条、《春秋》50条）及《说文》引经一千零一条（内《易》78条、《书》159条、《诗》424条、《礼》139条、《春秋》201条）为原始资料，更以前人考论《异义》郑《驳》及《说文》引经诸书为主要材料，又上推孟喜、京房、刘歆、贾逵，下摭郑玄、韦昭、虞翻、王肃，以明其师承源流，复取殷人龟甲契文、汉人残碑断石、唐人零卷剩纸、与夫清儒及近人之单文偶记为旁证。全书依五经分次第，都五十万言，总计其纲要有八：一曰辑《异义》之佚文；二曰别许、郑之同异；三曰论诸家之得失；四曰辨五经之家法；五曰徵古礼之故实；六曰发引经之条例；七曰订说文之羡夺；八曰正前修之讹误”[6]。稍后，黄先生又将此书的内容提要发表在《木铎》杂志上，供学界参考[7]。

大陆地区对于许慎的经学研究，始自80年代。张启焕先生所撰《〈五经异义〉的内容及其影响》[8]，就许慎的此书进行了比较细致的探讨。该文分为三部分，首先对《五经异义》的体例进行了总结，认为凡有“异义”、“五经异义”及“许慎曰”者，均为原书。但作者又将郑玄之“驳”、陈寿祺之“疏证”予以论列，使这部分更像是概括陈寿祺《五经异义疏证》的撰作体例。文章第二部分介绍《五经异义》的主要内容。由于今天所看到的《五经异义》辑本内容缺失较多，有明确篇名条目的仅有“第五田税”、“第六天号”和“第八罍制”，余篇次皆不存。作者依照论述主题，把许慎原书的内容分为二十五类，眉目较为清晰。但这个分类，是就今天所能看到的残篇所作，而非原书篇次的复原。第三部分，作者谈了《五经异义》对经学等的影响，主要用自孔颖达至段玉裁诸家不断引用《五经异义》来印证“五经无双”之赞誉。除张先生此文外，以笔者寡闻，在新中国成立后的五十年间，大陆地区对许慎经学的研究，似乎再无他篇。

进入21世纪以来，上述情况开始好转，研究成果不断涌现。郜积意先生《汉代今、古学的分殊与一致——许慎〈五经异义〉初探》[9]一文是较早的一篇。近五六年来，相关论著明显增多。杨天宇先生《略论许慎在汉代今古文经学融合中的作用》一文，通过对《说文》、《五经异义》引文的爬梳，归纳出《五经异义》残篇中，哪些是肯定古文、哪些是肯定今文，进而指出“作为古文经学家的许慎，却并不固执其古文家说，而是以一种较为客观的、实事求是的态度，来看待今古文经说”，“可见许慎对传统的今古文经学皆已不满，而企图对之加以改造。……这种改造所遵循的途径，就是在有关《五经》之解说的一系列问题上，第一步先辨明今古文说的是非，第二步再融合今古文之所长并结合己意而创造出新的释经体系”。有鉴于此，杨先生认为："许慎的《五经异义》，应该就是他在今古文经学融合方面所做的第一步的工作，是为其第二步做准备的，颇类后世所谓史料长编之类，惜其未能具体着手第二步的工作。”[10]杨先生的假设可谓大胆，不论确否，此论对探索许慎著述背后的目的具有提示作用。

康国章、陈金丽、蒋泽枫三位年轻学者的研究也值得注意。康国章先生相继发表《古、今文经学之争与许慎的〈说文解字〉》[11]和《许慎对今文经学的批判与吸纳》[12]两文，讨论许慎如何在捍卫其古文经学立场的同时对今文经学有所采纳。陈金丽女士2007年完成硕士论文《论许慎的经学思想与经学成就》[13]，充分吸收前贤的相关研究成果，对《说文解字》、《五经异义》两部著作体现出的经学思想，作了较为细致的梳理。该论文首次对许慎的经学思想及成就予以总结，内容比较全面。蒋泽枫先生最近连续发表五篇论文[14]，论述许慎《五经异义》、《说文解字》两部著作的经学贡献、许慎的治经方法及其对待今文经学、谶纬之学的态度等问题。

总结既有论著可以看到，学界对许慎的经学已有了一定的成绩，在某些方面如成书年代、今古文经关系等问题的讨论上，甚至已经颇为深入。但毕竟《说文》巨著影响太大，“五经无双”根本难望其项背。故其中仍有可开拓、挖掘的研究空间。

第一，《说文》引经的研究。

许慎《说文》一书，向被视为字书。但自清代以来，学者开始注意到其在经学上的意义。吴玉搢撰《说文引经考》，对《说文》所引经籍做详细考辨。该书还指出了许慎在引经时的一些讹误，并给予疏解。吴氏的这部书给后来研治《说文》的学者一重要提示。其后，出现了张澍《说文引经考证》、柳荣宗《说文引经考异》、程际盛《说文引经考》、陈瑑《说文引经考证》、雷浚《说文引经例辨》、承培元《说文引经证例》、高翔麟《说文经典异字释》、郭庆藩《说文经字考辨证》、俞樾《湖楼笔谈说文经字》等十余种类似著作。这些学者的一个很重要的成绩，就是把许慎的经学从《五经异义》一书，扩展到了《说文解字》这部书上，从而增加了学者观察许慎经学的路径。但是，清代学者对于《说文》引经的研究，不脱考据习气，以经证字，以字说经，这固然提供给后人一种研讨《说文》经学的门径和方法，但综合比堪，将其放入整个东汉经学著作的序列中进行研究，似乎有待更多学者的努力。

第二，《五经异义》与《说文》之间的关系研究。

张震泽先生早在40年代就指出，《五经异义》与《说文解字》时有凿枘[15]，已经注意到了二者之间的异同，但充分展开的对这一问题进行研讨，则付阙如。显然，《说文解字》作为许慎的代表作，其地位不言而喻，但《五经异义》与《说文解字》的凿枘之处，究竟孰是孰非，迄无定论。如能将有关材料一一排列比勘，详加研讨，对于进一步认识《五经异义》，重新认识《说文解字》和许慎的学术思想，都有显而易见的帮助作用。

第三，许慎经学与时代的互动研究。

学术发展与所处的时代背景有不可分割的关系。两汉时期的经学与政治环境、经生群体的思想观念及社会生活等多方面更是联系紧密。如果把学术史的研究置于相对孤立的位置，就文本谈文本，就思想论思想，虽能深入其中，但毕竟缺失了全景的历史观照。许慎处在东汉中期以前，古文经学的地位正在确立，其本人对于在学术层面上提升古文经学的地位，起到过重要作用。此外，许慎从学于贾逵，力守古学立场，同时采纳今文经学，这又为东汉后期经学走向集今古文之大成，做了重要的铺垫。但许慎本人与同时代的经生之间有怎样的离合，其经学在东汉学术发展过程中产生影响的具体表现有哪些，以许慎为代表的经生与彼时政治之间有怎样的关联与制约。这些问题，尽管前贤已经有所触及，但若能在材料上有更多挖掘，进而形成更为精准而有启示性的论述，则东汉经学甚至两汉学术的思想脉络，可因之而更精彩。

三　编辑《许慎集》的建议及许慎著作目录

许学研究已有千年，许慎之重要性早已不言而喻。然而，与其地位不相称的是，至今学界尚无一部搜辑较为完备、校点较为精审的《许慎集》面世。职是之故，笔者特借拙文向学界建言，请集众人之力，编辑一部《许慎集》，以慰叔重一千九百年之灵。

许慎著作散佚人间，搜求着实不易。但我们可站在前修肩膀上，利用现有成果，先编出著作目录，广泛搜寻，同时校点整理已影印刊行的著作，最终辑出相对完善的本子。故此，先行编目是首要工作。就目前笔者孤陋所见，学界有以下先生对许慎著述情况进行过搜集与考证。

其一为张震泽先生。1944年，张先生发表《许慎之著述》[16]，列出许慎的著作有《说文解字》、《五经异义》十卷、《孝经孔氏古文说》一篇、《淮南鸿烈间诂》二十一卷、《史记注》若干卷、《六韬注》若干卷、《许子》十卷，并认为其于《论语》可能也有著述。

其二为顿嵩元先生。其2003年发表《许慎生平事迹考辨》[17]一文之第八节即为"许慎的著作"，称许氏撰有《说文解字》三十卷、《五经异义》二卷、《许慎淮南子注》一卷、《许叔重淮南子注》一卷、《淮南鸿注》一卷、《淮南鸿烈间诂》二卷、《五经通义》一卷、《说文》一卷、《汉书许义》一卷，共九种。

在两位先进的基础上，笔者参酌先贤述论，整理出一份许慎著作目录，并附版本情况，以供有道参考。

（一）《说文解字》

1.《徐铉校定本说文解字》

此书十五卷，为当世通行者。虽曾遭窜乱，但经过历代学者的考核研究，如今中华书局等单位所出之影印本或点校本基本可以反映原书概貌。

2.《说文》

一卷，见清任兆麟辑《述记》，版本甚多，可参看乾隆本、嘉庆本[18]。

（二）《五经异义》

此书似已全佚，今有王谟辑本和陈寿祺疏证本传世。但《五经异义》内容、篇次究竟怎样，诸家并不一致。王谟辑本，始于"天号"之文；陈寿祺辑本，以"第五，田税"始；皮锡瑞用郑玄驳所撰《驳五经异义疏证》本，以"《异义》：今《易》京说"始。近人李源澄、张启焕诸先生，从陈寿祺辑本次序。最近出版的《郑玄集》中收录的《驳五经异义》，则从皮锡瑞。今以王谟辑本、陈寿祺《五经异义疏证》本为基准。

王谟从《尚书疏》、《毛诗疏》、《周礼疏》、《仪礼疏》等书中，抄出153条，又补遗20条，分为二卷[19]。据笔者约略计算，计9000余字。陈寿祺《五经异义疏证》亦百余条。

（三）《淮南鸿烈注》

1.《许慎淮南子注》

一卷，孙冯翼辑，见《问经堂丛书·逸子书》，亦见《丛书集成初编》。

2.《许叔重淮南子注》

一卷，蒋曰豫辑，见《蒋侑石遗书·滂喜斋学录》。

3.《淮南鸿注》

一卷，黄奭辑，见《黄氏遗书考·子史钩沉》。

4.《淮南鸿烈间诂》

二卷，叶德辉辑，光绪二十一年长沙叶氏郎园观古堂所著书本，见《丛书集成续编》第87册，又见《续修四库全书》第1121册。

5.《文选》注引许慎《淮南子注》

蒋礼鸿辑录，见《温州师范学院学报》1992年第4期。

6.《淮南许注异同诂》四卷、《补遗》一卷、《续补遗》一卷

陶方琦撰，光绪刊本，藏国家图书馆。

7.《淮南许注异同诂三续》九卷卷首一卷

王仁俊撰，清抄本，藏国家图书馆。

（四）《汉书许义》

一卷，计29条。收入王仁俊辑《玉函山房辑佚书续编·史编正史类》，上海古籍出版社1989年版，第106—111页。

（五）《尔雅许义》

仅1条，收入王仁俊辑《玉函山房辑佚书续编·经编尔雅类》，第72页。

（六）《五经通义》

仅1条，收入王仁俊辑《玉函山房辑佚书续编·经编五经总类》，第74页。

（七）《春秋左传许氏注》

仅1条，收入王仁俊辑《玉函山房辑佚书续编·附录一十三经汉注四十种辑佚书》，第529页。

（八）《六韬注》

《太平御览》引2条，见顾櫰三《补后汉书艺文志·兵家类》。

（九）《孝经孔氏古文说》

一篇，似已全佚。

综上可见，许慎著作存世者名目不少，但数量确实不多。其较富者，有《说文解字》、《五经异义》、《淮南鸿烈注》三种，余多只言片语之类。清代辑佚学大盛，前人已经做了不少工作，然如能继续大海捞针，或许仍可寻得吉光片羽，以补许慎著作之阙文。若成斯编，不但足以嘉惠学林，对中国文化事业而言，亦可谓厥功甚巨。

许学研究已成国际显学，今日社会也发展至文化需求较为繁盛的时期。无论从学术研究的层面，还是社会文化需求的角度，汇集许慎文字，全面研讨许慎的思想，以更好地向世人展示许学及中州文化，实为身处“现代”社会学者的重要任务。许慎乃千余年来中国读书人所共尊之大师，始终无专集问世，未免令人遗憾。故不揣谫陋，作此小文，忖舛误阙谬之处，定满纸皆是，诚望方家不吝批评指正。

后记：笔者于“第二届许慎文化国际研讨会”上宣读此文时，蒙苏州大学文学院王继如教授、台湾大学文学院叶国良教授、上海社科院历史所虞万里研究员、河南大学文学院张生汉教授悉心指点，诲我良多，在此谨致谢忱！

注释

［1］李源澄：《〈白虎通〉〈五经异义〉辩证》，《学术世界》第一卷第7期（1935年12月）、第9期（1936年3月）、第11期（1936年5月）、第12期（1936年7月）。今经整理，收入林庆彰、蒋秋华主编《李源澄著作集》（二），台北：中央研究院中国文哲研究所2008年版，第891—936页。

［2］张震泽：《许慎〈五经异义〉体例考》，《中央日报》（南京）1947年11月17日第九版；《许慎〈五经异义〉成书年代考》，《中央日报》（南京）1948年2月2日第七版。

［3］杨树达：《淮南子证闻后序》，《淮南子证闻·盐铁论要释》，上海：上海古籍出版社2006年版，第5—6页。

［4］不过，张先生于80年代出版之《许慎年谱》提出，“《五经异义》应作于永初四五年间”，并将作《五经异义》一事置于永初五年（111），与前说稍异。详见张震泽：《许慎年谱》，沈阳：辽宁大学出版社1986年版，第95页。

［5］黄永武：《许慎之经学》（上下册），台北：台湾中华书局1972年版。

[6] 黄永武：《许慎之经学》，第 4 页。

[7] 黄永武：《〈许慎之经学〉提要》，《木铎》第 2 期，1973 年 11 月，第 69—74 页。

[8] 张启焕：《〈五经异义〉的内容及其影响》，收入董希谦、张启焕主编《许慎与〈说文解字〉研究》，开封：河南大学出版社 1988 年版，第 35—56 页。

[9] 郜积意：《汉代今、古学的分殊与一致——许慎〈五经异义〉初探》，《孔孟月刊》第 39 卷第 12 期，2001 年 8 月，第 13—25 页。

[10] 杨天宇：《略论许慎在汉代今古文经学融合中的作用》，《郑州大学学报（哲学社会科学版）》2007 年第 6 期。

[11] 康国章：《古、今文经学之争与许慎的〈说文解字〉》，《殷都学刊》2004 年第 3 期。

[12] 康国章：《许慎对今文经学的批判与吸纳》，《河南大学学报（社会科学版）》2006 年第 3 期。

[13] 陈金丽：《论许慎的经学思想与经学成就》，山东大学硕士学位论文，2007 年。

[14] 蒋泽枫、王英：《许慎〈五经异义〉的经学贡献》，《通化师范学院学报》2008 年第 7 期；蒋泽枫：《许慎博采通人、兼顾今古文经的治经方法对经学发展的贡献》，《通化师范学院学报》2008 年第 9 期；蒋泽枫：《许慎对今文经学中阴阳谶纬思想的吸纳》，《通化师范学院学报》2009 年第 1 期；蒋泽枫：《许慎〈说文解字〉对东汉经学的贡献》，《通化师范学院学报》2009 年第 6 期；蒋泽枫：《许慎〈说文解字〉对后世经学的贡献》，《通化师范学院学报》2009 年第 9 期。

[15] 详见张震泽《许慎〈五经异义〉体例考》，《中央日报》（南京）1947 年 11 月 17 日第九版。

[16] 张震泽：《许慎之著述》，《文史杂志》1944 年第四卷第 1—2 期合刊，第 24—27 页。

[17] 顿嵩元：《许慎生平事迹考辨》，《漯河职业技术学院学报（综合版）》2003 年第 3 期、2004 年第 2 期、2004 年第 3 期连载。

[18] 见顿嵩元《许慎生平事迹考辨》（三），《漯河职业技术学院学报（综合版）》2004 年第 3 期。

[19] 此处从张震泽先生说。见氏著《许慎〈五经异义〉体例考》，《中央日报》（南京）1947 年 11 月 17 日第九版。

程尔奇，男，1980 年出生，河南临颍人。历史学博士，任职于北京市社会科学院历史研究所。主要研究方向为晚清民国的思想与学术、北京文化史。

许慎《说文》的当代启示

宫大中　宫万瑜

提　要　论文从五个方面阐释许慎《说文》的当代启示。

一是着眼字体规范——《说文》母体字选择秦篆而不用汉隶，在于秦篆规范，从秦统一一直至东汉中期许慎编纂《说文》，仍在广泛使用、流通，时至东汉后期蔡邕书写的《熹平石经》隶书八分体，才使汉隶规范；二是兼收并蓄——《说文》以古文经学为主，包容诸家。海纳百川，无门户之偏见。甚至连今文经学的合理部分，也予以采纳；三是与时俱进——《说文》审时度势，遵循文字发展的客观规律。四是历史局限——许慎与《说文》无缘于陶文、甲骨文、金文和石鼓文几个重要历史阶段的形貌特点，无法追根溯源，所以对一些汉字的形成及其特定的文化内涵，许慎也不甚了了，解析也难免出现差错。当代古文学学家康殷先生在其力著《〈古篆文部首〉前言》一文中，对《说文》部首提出异议。其《古篆文部首》，也是在新时期对《说文》部首的修订与补充。

秦始皇用武力剪灭六国，天下一统。进而实施“车同轨”、“书同文”，将分散的各行其道的六国交通运输工具统一，又将各不相同的六国古籀文字统一，他以黄帝的“王道”，以最有权威的国家行为，使大秦帝国成为一个中央集权的大一统的封建王朝。人们的往来、贸易，语言文字的交流、传达，都大为便捷。尤其是秦相李斯将六国属于大篆体系的古籀文字，去粗取精，删繁就简，再加以美化，整合成继甲骨文之后最规范最美观也最实用的小篆，即秦篆。秦狱史程邈，又将民间隶书，加以规整划一，成为秦隶，是较秦篆更简便、先进的书体，但不够规范。

汉承秦制，两汉延续了秦的某些典章文物制度，但在文字上发展相当缓慢，远不及剧秦的力度。文字学家许慎在东汉中期章帝元和二年（85）始编纂《说文解字》，时至安帝建光元年（121）子许冲将成书上奏朝廷，历时三十六个春秋，反复增删修改，方才杀青。[1]时过近一千八百九十年，我们仍可以从《说文》中获得有益的当代启示。

一　着眼规范——《说文》母体字选择秦篆而不用汉隶

短暂的秦王朝，随着千古一帝秦始皇驾鹤归西，顷刻间在农民大起义的 波涛中土崩瓦解，由大一统的汉王朝取而代之。汉王朝经西汉的“文景之治”、汉武盛世到东汉的“光武中兴”，乃至全国最高学府——太学的创建，国家天文台——灵台的设立，在东汉国都洛阳城开阳门外形成以太学、灵台为依托的科学教育中心，它也是近、现代日本筑波、美国硅谷和我国北京中关村融高等教育与高科技为一体的产业园区模式的雏形或者说先驱。

尽管两汉，尤其是东汉的科教文化发展迅速，但在文字改革上却相对滞后。入汉，隶、篆并用。虽说汉隶确切地说是民间草隶，在民间已经广泛应用。洛阳出土东汉帝陵黄肠石刻铭、姚孝经砖志、刑徒砖至，书体皆为不规范的民间草隶；伏波将军马援之女贾仲武妻马姜墓志，窥其书致，结体舒展，方劲外拓，大有雄劲古拙的气势，仍属于民间汉隶的范畴，但较之黄肠石刻铭、刑徒砖志，工整得多了。至于东汉名碑，诸如乙瑛碑的方整、礼器碑的端庄、华山碑的气度、张迁碑的古朴、曹全碑的秀美、韩仁铭的清劲、尹宙碑的艳逸、甘陵相碑的雄健、李孟初碑的凝重、张景碑的多姿以及肥致碑与史晨碑的厚实……各成面貌，各显风姿，多个性、少共性。不少可视作楷隶。还有一些名碑，诸如发现于洛阳偃师的东汉司徒袁安碑，袁安之子、司空袁敞墓碑，仍用秦篆，结体宽博，笔画略瘦，行笔苍劲。不过，字形却不像一般秦篆那样滚圆，而是把它略为加方，增加稳重的效果。二碑书体和艺术风格，如出一人之手。

东汉和帝十二年（100 年）至安帝建光元年（121 年），古文字学家、经学家许慎，编纂《说文解字》，在选择作为依据的母体字时，许慎没有选用不规范的草隶和楷隶，而是断然选用美观、规范，且从秦统一，中经西汉，直到东汉中期流行的秦篆。许慎之所以着眼于选择富有科学性、实用性的秦篆，完全是为了便于使用、流通。由于秦篆规范、至今仍被认可、被接受。《说文解字》也彰显出其实用功能和艺术生命力。它是我国历史上划时代的具有里程碑意义的一部大字典，也是传统文化中弘扬儒家经学的必备宝典，还是收录、储存秦篆单字数量最多的档案库，对于全面系统地研究、探索秦篆书体形成及其书法艺术，有着无可替代的历史价值、科学价值、艺术价值和文物收藏价值。可见规范是传世流行的生命。

二　兼收并蓄——《说文》以古文经学为主，包容诸家

2010 年 4 月 15 日，在河南省人民会堂举办的第四届黄帝文化国际论坛闭幕会上，著名学者余秋雨先生压轴演讲——“黄帝还在看着我们”。什么叫文化？文化的核心是什么？余先生的定义是：变成习惯的精神价值和生活方式。他解释说，传统文化是祖先在精神价值和生活方式上给我们做的设计，我们在按祖先的设计往前走。我们自己也在以前设计的基础上，为自己、为后代设计，并努力使这个设计变成新的习惯。如果没有生活方式和精神价值，我们的文化就失去了灵魂。[2]

政治，一夜间改朝换代，政权易主，可以说是突变。但文化很难改变，尤其是先进文化，中外古今皆如此。罗马用武力征服了希腊，但在文化上又被希腊所征服，希腊化了；北魏鲜卑贵族用武力征服了中原，但在文化上又被中原汉文化所征服。孝文改制，从平城（山西大同）迁都洛阳，让鲜卑贵族改汉姓、穿汉服、讲汉语，死葬北邙，以洛阳人自居，彻底汉化了。在文字上，经隶楷之变，魏碑书体成为北魏乃至整个北朝的主导书体。一种文化的形成，在传承过程中有一个显著特点，是它的延续性、相对稳定性。许慎正是把握了文化的这一特点，他最终选择了秦篆——“前人所以垂后，后人所以识古……今叙篆文，合以古籀，博采通人，至于小大，信而有证，稽撰其说。”（《说文解字·叙》）这是许慎独具慧眼、具有前瞻性的高明之处。这也是许慎“给我们做的设计”。并在“以前设计的基础上，为自己、为后代设计，并努力使这个设计变成新的习惯”。《说文》从东汉后期一直沿用到清康熙年间。以标准楷书字为母体，兼与秦篆对照的《康熙字典》问世，《说文解字》独领风骚的历史局面才宣告结束。二者并用到 20 世纪 60 年代，才由台湾编纂的《中文大辞典》（40 卷本）所取代。我们在按前贤的“设计往前走”。回头看看，《说文》仍是字典类书籍中导引航向的坐标和灯塔，是首创字典类书籍中最古老的具有启蒙价值、实用价值和科学价值、书法艺术价值的里程碑。

再者，一种文化在传承过程中还有一个显著特点是呈现出多姿多态的多样性、文化内涵的丰富性。例如“魏”字的写法，在东汉至魏晋，是“鬼在山，禾女连”，到了北魏，变成了“鬼上山，禾女连”，同时还有一种写法是“鬼无山，禾女连”，即北魏以降，规范了的“魏”字。

《说文》以古文经学为主，包容诸家，无门户之偏见，甚至连今文经学的合理部分，也予以采纳。其兼收并蓄，海纳百川的包容性，体现出一代宗师的若谷胸怀。

三　与时俱进——《说文》审时度势，遵循文字发展的客观规律

我国的书法艺术是以汉字为载体的一种线条符号艺术，它博大精深，每一个方块汉字从发轫到定型，都蕴藏六书玄机，“皆苍颉之遗法也”。纵观我国书法的形态流变，从原始的符号刻划和丁公陶文，到殷墟甲骨卜辞的甲骨文，堪称汉字初步形成的第一个高峰。

甲骨文是一种成熟的文字，但从安阳殷墟窖藏看，主要是甲骨卜辞，还不是官府、民间的通用文字；再经过金文、石鼓文乃至古籀文等大篆书体的演绎，经秦相李斯的整理规范，成为规整隽美的小篆，即秦篆，又因笔画粗细一致且结构匀称，又称玉筋篆，成为秦至两汉的标准应用书体，堪称汉字篆化的第二个高峰。相传《泰山刻石》、《琅琊台刻石》等为李斯手笔。传世秦诏版则是秦篆之嚆矢。秦汉隶书虽早在民间兴起，但成为书体正统则是东汉后期大学者蔡邕书写洛阳太学《熹平石经》的隶书八分体，八分书尽管有其保守性一面，缺乏变化，却是规范化了的汉隶，亦谓之八分，堪称汉字隶化的第三个高峰。再经过隶楷之变，章草和魏碑书体的过渡，成为隋唐楷书，“初唐四家”、“颜筋柳骨”是为楷模。唐楷堪称汉字楷化的第四个高峰。

此间，在秦篆汉隶并用的西汉末年，在唐楷盛行的初盛唐之际，汉字使用先后出现了两股破坏规范的小小逆流。

西汉末年，王莽篡权建立新潮。他托古改制、倡行六体书：古文（蝌蚪文）、奇字、篆书（秦篆）、佐书（隶书）、缪篆、鸟虫书。使汉篆线条挺直，字形规正，形成所谓“新篆”。“新莽量”铭文是典型个案。此铭文章法布白规整，大部分字结构纵长，竖画疏散，纵长延伸至下部，上密下疏，颇有严整雄强之态势。其间夹杂个别结体扁方或正方的字，如“国”、“同”等皆然。至于新莽古泉金错刀，居摄二年（7）铸，币文篆书“一刀平五千”，环径 2.7 厘米、长 7 厘米，重 30 克。金错刀造型奇特，上方似方孔圆形铜钱，方孔上下“一刀”二字以黄金镶嵌；下部如刀匕，上铸“平五千”三字。金错刀铜质精良，经久呈水银青色。刀币“契

刀五百”、“一刀平五千”，与“新莽量”的扁方，正方字亦相类，且呈现装饰效果。

王莽托古改制，倡行六体书，是逆历史潮流的倒退现象。无独有偶。初唐睿宗时武则天改唐为周，自称圣神皇帝。她也搞了一次开历史倒车的文字改革，自造了二十几个武周新文字，使标准化的唐楷，又篆化、符篆化，难写难识。武则天下野病死后，唐中宗“匡复”，武周新字旋即淘汰，仅保留武则天用以为名的“曌”字。历史上出现复辟反复辟也是正常现象也是正常现象。任何事物的发展，都不是一帆风顺，一劳永逸的。

唐代雕版印刷术的产生，至北宋又发展成毕昇创制的活字印刷，在印刷书体上，基于刊刻方便和印刷后整齐美观的书面效果，标准楷书体——唐楷，又被略加“整容”，变成更加规范方正的仿宋印刷体，沿用至今。中华书局出版的标点本《二十四史》并《清史稿》，就是当代样板，大陆通称“繁体字”本；台湾出版的 40 卷本《中文大辞典》，也是仿宋印刷体，台湾称作“正体字”。这些出版物使用的仿宋体都是很规范很标准的。在世界华人圈内，便于查阅、交流。

从汉字演绎的形态流变看，秦篆、汉隶八分、唐楷与仿宋印刷体是不同历史阶段规范化的实用书体。许慎所处的东汉中期，只有秦篆是最规范的文字，它处在古籀文与汉隶八分之间，就实用性、普及性而言，当时秦篆是最佳选择。

四　历史局限——许慎与《说文》无缘于陶文、甲骨文、全文和石鼓文

任何一位先知、一位伟人或一位学者，都不可能预测出他未闻未见的前朝后世的某些事物，这是历史的局限、时代的局限、谁也难以逾越这个时空隧道。作为“字圣”的许慎也不例外。他所处的东汉中期，很难见到六国古篆文以前的更为古老的文字，当时传世和出土有铭文的青铜器很少，石鼓文晚至唐代才被发现，甲骨文、陶文的出土，更晚到近现代乃至当代。由于许慎无缘于汉字发轫及其形态流变中的陶文、甲骨文、金文和石鼓文几个重要历史阶段的形貌特点，无法追根溯源，所以对一些汉字的形成及其特定的文化内涵，许慎也不甚了了，在解析时也难免出现差错。北宋将作监监丞李诫，不仅写成《营造法式》书稿，还著有《古篆说文》，拾遗补阙。

随着新的考古发现与科学研究的深入，不少往日的权威论点、结论会引起质

疑或被推翻。康殷先生在《〈古篆文部首〉前言》一文中，对《说文》部首提出异议："众所周知，用部首来编字书是由汉朝许慎首创的，被后来历代宗许学者吹捧为圭臬，推崇为'天衣无缝'的'圣经'。然而许氏囿于当时古文资料的缺乏，辨识能力的幼稚、粗疏，和他的世界观上的局限，所以根本不可能编得完美无缺。恰恰相反，他的部首繁冗、紊乱、无条理，甚至有不少荒诞可笑之处。"康殷先生指出"反映在部首中的明显之例，如构成文字的主要形体的人形、人体，竟被分散到五十多处，又有很多人体的变形……他根本不能辨认，自然也未算在人形之例"，并且"《说文部首》里，也有不少并非构成'字'的'基文'，例如夂—夊之类，有些该部内并无字（或仅一二字），繁冗芜杂，反之又有权需设部而未设，使不少字无适当之部可以归属"[3]。康殷先生虽言辞苛刻，事实上他的力著《古篆文部首》，也是在新时期对《说文》部首的修订与补充。

注释

［1］顿嵩元：《许慎年表》（附年谱），漯河市三立印务有限公司 2005 年版。

［2］首席记者张体义、记者王倩、实习生于江丽：《余秋雨：黄帝还在看着我们》，《大河报》2010 年 4 月 16 日。

［3］康殷：《〈古篆文部首〉前言》，《中国书法》1999 年第 4 期。

官大中，男，1939 年出生，河南孟州人。郑州大学美术系教授。中国美术家协会会员、中国博物馆学会会员。主要从事龙门石窟艺术研究。

洨长字圣辉千代
——许慎文字哲学论纲

汪启明

西南交通大学中文系

提　要　许慎的文字哲学思想主要体现在：(1)对文字与社会存在关系的认识；(2)对文字起源、发展与人类社会进化的关系认识；(3)对文字的系统性认识；(4)从普遍联系的观点、发展的观点、对立统一的观点来观察文字现象。以《说文叙》为代表，许慎的文字学思想已经包括本体论、价值论、认识论、系统论等主要哲学范畴。

关键词　许慎　文字　哲学

一　引论

文字哲学是指对文字这种语言记录符号系统的哲学思考，是对文字产生、发展、消亡的根本规律进行探讨的理论体系。文字哲学的中心问题是：(1)文字和自然界、人类社会的关系；(2)文字符号的形式（如音、形）与意义的关系；(3)字的起源、发展和消亡的过程与规律。在中国语言哲学语域下，语言和世界的关系存在于时间与空间的交集中，表现为历时性与地域性结合。自然界、人类社会、语言、文字随着时空条件的转移而不断变化发展。这些客观存在及其变化发展，又总是通过文字来记录的。历时的语言呈现为文字符号，传统思想内核固化为文献典籍。文字、训诂是经典解释的基础，与施莱尔马赫、狄尔泰、E. 贝蒂和 E.D. 赫希、伽达默尔等人的传统阐释学异曲同工[1]，蕴含着主要的哲学范畴。

早期系统的文字哲学理论，得益于对汉代经学的反动。较古时期，十分看重文献的文本意义，《尔雅》就是代表。东汉许慎始重视文字体系形、音、义要素的贯通，其代表作就是《说文解字》。《说文》由于没有凡例，《叙》就显得更为重要。历代说文学家都非常重视《说文解字·叙》，认为治《说文》，应该是先《叙》，次部首，再正文。许慎通过他的《说文解字》尤其是《叙》，表达了他的对汉字产生、发展、功能及本质特点的一系列深刻认识，在历史上第一次系统地阐发了文字学理论，这是中国汉字学的滥觞。诚如王宁先生指出：

一千八百多年来，《说文解字》以一部书创出了一个“学”，人们称作“说文学”或“许学”。特别是清代以来，说文学的大家辈出，巨著不绝，生发出《说文》体例学、汉字构形学、汉字形义学、汉字字用学和汉字文化学等分支，为汉字基础理论的建设奠定了基础。[2]

应该说，王先生所说的这些“学”，在许慎《说文解字·叙》中都已规摹成形。下面以“叙”为主，兼及《说文》本身，剖析他的文字哲学思想。

二　许慎文字起源论

文字是记录语言的符号系统，任何一种文字都代表人类的有声语言。先有语言，后有文字，文字必须以语言为基础，这是唯物辩证法的语言文字观。清代学者陈澧曰：“盖天下事物之象，人目见之，则心有意，意欲达之，则口有声。意者，象乎事物而构之者也；声者，象乎意而宣之者也。声不能传于异地，留于异时，于是乎书之为文字。文字者，所以为意与声之迹也。”[3]这段话，深刻地阐述了文字的发生学原理。同样，汉字的产生亦旨在记录汉语，适应汉族人民记录语言的需要和交流的需要。

（一）汉字源起主体论

文字的产生是人类跨进文明的重要一步。中国古代先民是汉字创造的主体。许慎《说文叙》：

古者庖牺氏之王天下也，仰则观象于天，俯则观法于地，视鸟兽之文与地之宜，近取诸身，远取诸物，于是始作《易》八卦，以垂宪象。及神农氏结绳为治而统其事，庶业其繁，饰伪萌生。黄帝之史仓颉，见鸟兽蹄迒之迹，知分理可相别异也，初造书契。

这段话表明了许慎对汉字起源主体问题的基本认识。

1. 汉字产生以前（即仓颉“初造书契”以前），人们曾使用过两种方式来记录实物，帮助记忆：一是用八卦“以垂宪象”，一是“结绳为治而治其事”。换言之，汉字的产生有三个阶段，其代表人物分别是庖牺氏、神农氏、仓颉。

2. 八卦、结绳、书契三者都以客观世界存在的事物为依据。庖牺“观”、“视”以及“近取”,“远取”,神农氏的“结”、仓颉的“造”,这些一系列动词表明的行为,其目的都是为了记录自然界和人类社会的现象,基础都是自然界的事物。文字的产生完全是因为社会的需要。

3. 许慎并不认为八卦、结绳是文字,而仅陈述其文字产生以前的记事手段。文字的产生有一个过程,并非瞬息可就。这个过程,因“庶业其繁,饰伪萌生”,直到仓颉才“初造书契”,最终完成。结合下文的“初作书”“著于竹帛”诸语,“书契”之“书”,就是文字;“初造”之“初”,表明最早。

4. 文字的创造者非仓颉一人之功,除了对前人有所继承外,下文有“其后”之述,即仓颉以后的许多人。文字是社会成员全体创造的。

5. 文字创造的政治目的是为了“王”、“治”,即为政治服务。

八卦由巫发明,是古代用算筹布成爻来卜吉凶的方式。庖牺创八卦如同轩辕造车、嫘祖养蚕,是先民传说,当与文字的起源无关。后人以传说为信史,误以为八卦就是文字或认为文字产生于易卦的卦象,孔安国《周易·说卦传》、唐陆德明《经典释文》之《周易音义·说卦》引东汉荀爽《九家集解》、清张惠言《周易虞氏义》等均主此说。元陈桱《通鉴续编》卷一:“太昊伏牺氏作都于陈,教民佃渔畜牧以充庖厨,画八卦造书契。”注:“太昊德合上下,天应以鸟兽文章,地应以《河图》《洛书》,于是仰观象于天,俯观法于地,中观万物之情,始画八卦,卦有三爻因而重之为卦六十有四,以通神明之德,作书契以代结绳之政。书制有六:一曰象形,二曰假借,三曰指事,四曰会意,五曰转注,六曰谐声。使天下义理,必归文字,天下文字,必归六书。”有人甚至以八卦中的八个卦形为汉字初文,如乾为天,坤为地,坎为水,离为火等[4],更为凿见,前人已多有驳斥。又有学者认为八卦是既成文字诱导而成。如郭沫若说“八个卦形中有六项乃至七项,明白地可以知道是于既成文字加以某种改变或省略而成的”。[5]郭氏认为不是文字源于八卦,而是八卦借鉴了文字的发明,二者不能本末倒置。其实,这两种看法都有失偏颇。

许慎《说文叙》言及结绳说当缘于《周易·系辞下》:“上古结绳而治,后世圣人易之以书契。百官以治,万民以察。”孔疏引郑康成:“事大大结其绳,事小小结其绳。”《老子·八十章》:“小国寡民,使有什伯之器而不用,使民重死而不远徙。虽有舟车，无所乘之；虽有甲兵，无所陈之；使民复结绳而用之。"《庄子·胠箧篇》："昔者容成氏、大庭氏、伯皇氏、中央氏、栗陆氏、骊留氏、轩辕氏、赫胥氏、尊卢氏、祝融氏、伏牺氏、神农氏，当是时也，民结绳而用之。"唐李鼎祚《周易集解》卷十五引《九家易》："古者无文字，其有约誓之事，事大大其绳，事小小其绳，结之多少，随物众寡，各执以相考。"从东汉以来，有不少人主张"文字之作，肇始结绳"。刘师培甚至举出如一、二、三等字是结绳时代的字："三代之时，以结绳合体之字，用为实词；以结绳独体之字，用为虚词。举凡圈点横直之形，皆结绳时代独体字也。"[6]结绳之事，绝不可能发展为文字，因其只为帮助记忆的工具，不是代表语言的，结绳记事并非记言，不可读，而文字是记录语言的，两者有本质区别。

仓颉造字之说产生于战国时代。《世本》："仓颉作书"；"沮涌仓颉，黄帝之史官"。《荀子·解蔽篇》："故好书者众矣，而仓颉独传者，壹也。"《韩非子·五蠹》："仓颉之作书也，自环者谓之厶，背厶谓之公。公厶之相背，乃仓颉固已知之矣。"秦李斯《仓颉篇》："仓颉作书，以教后诣。"马骕《绎史》卷五引《外纪》："或云仓帝名颉，创文字，在伏羲以前。或云黄帝命仓颉为左史制字，使天下义理必归文字，天下文字必归六书。……《拾遗记》：轩辕始造书契，服冕垂衣，故有衮龙之颂。"许慎之说，本于前代文献。仓颉有无其人，是否黄帝之史，司马迁已经不能道其详，到许慎时代更已经成为遥远的记忆和传说。

《说文叙》表明了许慎对八卦、结绳与文字之间关系的认识。有人认为许慎提出了八卦和结绳是文字的起源。其实，他们是歪曲了许慎的本意。许慎之所以把八卦、结绳同文字的产生联系起来，是他依据当时传说，感到有可能创造文字时，人们借鉴了八卦、结绳记录世间万象的方式，并由此受到启示，从而创造文字。八卦、结绳绝非汉字，仓颉所造"书"，才是汉字，这当是许慎所述这段话的原意。其中"初造"一词，表明了许慎对文字创造者的基本看法。

这里赞成文字起源的多元论，即人民群众是文字创造者。鲁迅说："仓颉也不止一个，有的在刀柄上刻一点图，有的在门户上画一些画，心心相印，口耳相传，文字就多起来，史官一采集，就可以敷衍记事了。"[7]黄侃谓："文字之生，必以寖渐。约定俗成，众所公认，然后行之而无阂。窃意邃古之初，已有文字，时代绵邈，屡经变更。……黄帝代炎，始一方夏，史官制定文字，亦如周之有史流，秦之有李斯。然则‘仓颉作书’云者，宜同鲧作城郭之例；非必前之所无，忽然创造……荀子云：‘好书者众也，而仓颉独传者一也。’今本此说，以为文字远起于古初，而仓颉仍无嫌于作字，庶几和会乖违，得其实相者欤？”[8]至于仓颉是否有其人，或是否黄帝史官，前辈多有分析，众说纷纭。但是，有那么一个人，曾经整理过文字，他的名字或者叫仓颉或者叫别的什么。或是黄帝史官，或不是，则是一定的。文字的发生本不在一时一地，不妨设想，在造字时代，你写个一，我写个二。甲地出现六七十个字，乙地出现四五十个字。有重复的，也有不同的，部落之间在接触中互相交流。不同部落的符号互相观摩，互相学习，约定俗成，最后才形成了完整的文字体系。从考古文化来看，像陕西西安半坡、临潼姜寨、郃阳莘野等地的新石器时代仰韶文化遗址，甘肃半山、马厂、青海乐都柳湾等地的马家窑文化遗址；山东章丘城子崖、青岛赵村等地的龙山文化遗址；浙江良渚、江苏上海马桥、青浦崧泽等地的良渚文化遗址，均发现刻划在陶器上的形状相似的符号。尽管学界对这些符号的看法有所不同，但说明了文字不是某一个时期、某一个地域的产物，更不能是某一个人的创造。

（二）汉字源起客体论

文字创造的结果是形成约定俗成的符号系统，这是文字创造的客体。那么文字是怎样起源的呢？许慎在《说文解字·叙》中说“盖仓颉之初作书，盖依类象形，故谓之文”。象形，段玉裁、唐兰、陈梦家都认为是象实物、事物之形，“类”是指事物的类别。从“分理可相别异”的事物中，取出共同的形状特点，加以刻画。宋郑樵《六书略》：“书与画同出，画取形，书取象，画取多，书取少。凡象形者皆可画也，不可画则无其书矣……六书也者，皆象形之变也。”[9]孙诒让《名原》卷一：“盖书契权舆本于图象。其初制，必如今所传巴比伦、埃及、古石刻文，画成其物，全如作缋。此原始象形字也。”目前，考古学上发现最早时期的陶文，如西安半坡的人面鱼形纹，大汶口文化的陶符，均为图画。大汶口陶符如，较晚时期，如商周时代的的甲、金文字，亦以象形文字为主。如：象字，前三·三一·三 乙九〇六 師湯父鼎，止字，甲二七四四 乙一二〇六 古伯簋，家字，家戈父庚卣  京津二一五二  前七·三八·一 枚家卣 幾父壺  毛公鼎等，都是象形。它们都是人们最熟悉的，天天要接触的事物，当然应是最早产生的。段玉裁说：“文字起于象形，日月星辰华虫宗彝藻火粉米黼黻，皆象其物形，即皆古象形字。”[10]

唐兰先生在此基础上首倡“文字本于图画”，并举出“虎”和“象”的例子[11]，这样的看法得到学术界多数学者的认同。汉字造字从简单到复杂，从形象到抽象，从表征到特质，符合事物的发展规律。从认识过程来看，事物的形象是最先被人们活生生地感觉到的，而事物的特征，却要经过一个从感性认识到理性认识的过程，要进行比较、归纳、整理、提炼。当象形不足以表现纷繁的事物或事物无法以象形表现时，象征的符号——指事字便产生了。有些指事字许慎也称为象形，这是因为最早的文字创造方式，只有图画一种。图画有实物为基础，容易理解，而指事字可以作不同的理解，指牛指马，各从所需。指事有独体、合体之分，与象形有别。而“后人多不了然，段氏《说文注》，言指事者极少。王菉友《释例》、《句读》，凡属指事之字，悉以为会意。要知两意相合，方得谓之会意。若一字而增损点画，于增损中见意义者，胥指事也”[12]。会意、形声则合二体为一形，是更为晚起的汉字。还应该说明，周秦时代提出的六书，是后人所归纳，而非汉字创造者按照六书来造字。所以有不能归纳为六书者，有可以两栖者。有些汉字，有不同的形体，缘于不同的地域或不同的个人所造。文字产生，不是一开始就有复杂的形声字。形声字晚出，其声符、形符的基础也是表形字，这没有疑问。

综上所述，早期文字的萌芽——象形符号，经过专人整理，才成为系统的文字。从汉字构形学来看，象形应该是指事、会意、形声等各种造字法的基础。许慎关于文字发生学原理的思考，表现出他可贵的探索精神，启迪着后来的学者。

（三）汉字价值论

许慎在他的《说文叙》中，花了不少笔墨来讨论文字的功用，尤其是社会功用。如在一开头他就从正反两方面说道：“及神农氏结绳为治而统其事，庶业其繁，饰伪萌生”，这是没有文字的麻烦；及至“黄帝之史初造书契”就“百工以乂，万民以察”了。这正反两方面，是就有无文字的社会效果来说的。他又说：“言文者教明化于王者朝廷，君子所以施禄及下，居德则忌也。”说明有了文字就可以由朝廷宣明教化，官吏据此推行。上下人等均能明辨是非，行善避恶，因此赏罚严明，政治安定。他在批判了俗儒鄙夫妄解字义的错误以后，又进一步指出：

盖文字者，经艺之本，王政之始，前人所以垂后，后人所以识古，故曰：“本立而道生”，知天下之至啧，而不可乱也。

以确定不移的口气，充分肯定了文字在学术传播、文化积累、政治推行、历史进步、社会发展等方面必然起到的巨大作用。历史不能离开文字，通过文字来知古论今，鉴古知今，是对文字功能的全面概括，也是对文字社会属性的科学判断。文字的产生源于社会需要，又服务于社会需要，这表明许慎具有唯物主义文字学思想。

三　许慎文字发展论

辩证哲学认为，事物都是发展的，有产生、发展和消亡的三个阶段。语言文字也不例外。《说文》说解字义的基本方式是“以形说义”。这是大家公认的。但是，正确地使用这一方法，却不是一件容易的事。因为文字是不断发展的，“字有更革”（陈第），“有古形、有今形”（段玉裁），如果以今之形说古之义，则必误。许慎是具备汉字发展思想的，具体表现在以下几方面：

（一）古文与今文

汉代有古文经、今文经之分。今文经是用当时通行的隶书书写，如今文《尚书》就是由伏生传授、由他的学生用隶书记录而成的。古文经是用战国时期东方诸国(主要是齐、鲁、三晋等地)的文字书写成的，这种文字与汉代通行的文字迥然不同，叫作“古文”，用这种古文所写的经书被称为“古文经”。如汉景帝之子鲁恭王从孔子旧宅墙壁中发现的《尚书》、《春秋》、《礼记》、《孝经》、《论语》，北平侯张苍所献的《左传》，河间王刘德所征集到的《周官》、《尚书》、《礼记》、《孟子》，鲁三老所献的《古孝经》、鲁淹中出土的《礼古经》等。古文经和今文经不仅书写的文字字体、字式不同，而且内容也不完全相同。《说文》所录古文，章太炎先生《古文六例》有详说[13]。

汉代许多人并不承认文字的发展。他们“称秦之隶书为仓颉时书，云父子相传，何得改易”，许慎则看到“以迄五帝三王之世，改易殊体，封于太山者七十有二代，靡有同”的事实，批评了当时的俗儒鄙夫“不见通学，未尝睹字例之条”，否定了他们固守隶书，曲解形义，杜撰“马头人为长，人持十为斗，出者屈中也”的无知妄说。他开拓自己的研究领域，尽可能地搜集当时可以见到的古文字资料，一是小篆，二是壁中书所用古文，三是为数不多的钟鼎彝器铭文，四是春秋时代秦篆以外群书故籍所使用的俗字。如《说文·疋部》：“疋，足也……《弟子职》曰：‘问疋何止。’古文以为《诗·大疋》字，亦以为足字，或曰胥字。”可见，许慎说古文是以《管子》为依据，因为《弟子职》是《管子》中一篇。《说文》录有重文1163个，其中部分便是小篆产生以前的古文字。许慎通过比较研究力求“复见远流”，寻求字形、字义之间的联系。

《说文》一般在注释中直接指明古文，如：

禮，履也，所以事神致福也。从示从豊，豊亦声。礼，古文禮。

《说文》说解古文的其他方式如次：

1. 除注明是古文者外，凡引用经书也都是古文。如《玉部》：“玭，珠也……蠙《夏书》玭从虫宾 。”这个蠙就是玭字的古文。

2. 凡说“古文或以为某”的都是指古文此字作某。《屮部》：“屮，古文或以为艸字。”

3. 凡言“古文某如此”的，都只知为某字的古文，而不能释其形体。《羊部》：“羌……𦍩，古文羌如此。”

4. 凡言“或曰”的，是另一种说法。《贝部》：“賜……或曰此古货字。”表示古存异说，不能无疑。

5. 凡说“从古文之象”或言“从古文之形”的，均说明小篆和古文形体差不多。《革部》：“革，兽皮治去皮毛，革更之。象古文革之形。”这个革就是按古文“革”的形体简化了的。

通过对许慎《说文》中古文说解体例的分析，我们可以看到，许慎对古文予以相当重视，并进行了深入研究。他所保存的古文形体，可资后人研读甲、金文字，分析字义，探求小篆形体演变的来龙去脉。而录小篆又重视古文，也就证明了他具有历史发展眼光。

（二）籀书与篆书

籀书与篆书不仅是字体的不同，而且代表了汉字不同的发展阶段。许慎以为，篆文是从籀文发展而来的。他在说解中，时时引籀文以证篆文的字形、字义。其方式为：

1. 直称籀文。如《二部》：“旁，溥也 。……雱，籀文。”

2. 称作大篆。如《艸部》“蒜”下：“左文五十二，重二，大篆从茻。”

3. 籀文最可靠的，是《说文》重文中注明的那二百二十五字。如《示部》：“祺吉也，从示其声。禥，籀文从基。”

此外，石鼓文常被人们称作籀文。但是严格说来，石鼓文只有三个半字和《说文》籀文相同。即“囿、鼎、辭”和“树”字（后者多一笔）。因而，籀文当是比石鼓文更早的文字。《史籀篇》是最古的一部字书。许慎是见过此书的。他在《叙》中说“周宣王太史著大篆十五篇，与古文或异”，并说他作《说文》是“今叙篆文，合以古籀”。他追溯文字源流：“斯作《仓颉篇》，中车府令赵高作《爰历篇》，太史令胡毋敬作《博学篇》，皆取史籀大篆或颇省改，所谓小篆者也。”从这些论述中，我们可以了解：

1. 文字是发展的，后代文字是对前代文字继承、发展的结果。

2. 许慎在著《说文》时，充分注意到了古代文字的存在，并把“不与秦文合者”录在字条下。

3. 秦时小篆是在籀文等古文基础上制定的。而籀文亦非最古者，因“郡国亦往往于山川得鼎彝，其铭即前代之古文，皆自相似”，则金文更古，当时未见甲文，许氏之见卓然。

4. 文字从古籀发展到篆文，发展的方式有“省”和“改”两种。

清人段玉裁的《说文叙》注和王国维《史籀篇疏证》《今叙篆文合以古文籀说》曾考《说文》体例，谓凡古文、籀文与小篆相同的字出小篆，与小篆不同的字才出古籀。商承祚《说文之中古文考》言：“或篆文不统于部首，古文统于部首，则先古文而后篆、籀。或 篆、古不统于部首，籀文统于部首，则先籀文而后篆、古。”[14]因此可以说，《说文》中小篆包括了可能包括的古籀，而另出的，只是与小篆组织构造不同的古籀而已。许慎这样做，是对古代文字的继承，也是对古代文字发展情况的实录，同样表现了他的文字发展思想。

（三）正字与俗字

《说文叙》：“及宣王太史籀著大篆十五篇，与古文或异。”“其后诸侯力政，不统于王…… 言语异声，文字异形。秦始皇帝初兼天下，丞相李斯乃奏同之，罢其不与秦文合者。……皆取史籀大篆，或颇省政，所谓小篆者也。”“文字异形”，李斯“罢其不与秦文合者”，讲的是正字与俗字的关系。大篆和小篆的出现是两次大规模的汉字规范化工作。小篆与大篆相比，大篆与古文相比，都有省、改，这是一种变化。以后“官狱职务繁，初有隶书”“汉兴有草书”这又是一种变化。“自尔秦书有八体。”一直到汉初，“尉律，学童十七以上始试，讽籀书九千字，乃得为吏”。政府官员仍然要求会秦时八体，到新莽时“时有六书”。从这些论述中，我们可以清楚地看到，许慎充分注意到随着时代推移，字体亦发生了不同的变化，从“古文—大篆—小篆—隶书—草书—八体—六书”，无不反映出因为时代的推移，文字标准字体也不断变化的历史事实。《说文叙》又说“改易殊体”，“殊体”也是一种俗字。且一代有一代之正字：“封于泰山者七十有二代，靡有同焉。”

汉字字体在历史发展的长河中，绝不会一成不变。许慎由于具有历史发展的眼光，所以他在《说文解字·叙》中，能客观地把汉字字体的演变划分成为几个阶段。同时我们也要看到，不同的历史阶段，有不同的正字标准，相较于正字的其他文字，便成为俗字。就地域论，有时在某个诸侯国是正字，在其他的诸侯国则成为俗字；以时而论，此时为正字，彼时则或为俗字。

（四）笔意与笔势

许慎在文字发展源流过程中，还正确地认识到汉字发展的普遍规律是从笔意到笔势的转变。汉字在使用过程中，由于书写工具的演变，书写便利的需要、讹变及方块结构的限制，笔意变成了笔势。所谓笔意，即造字之初，笔画、结构都有意义，字义以字形为依据。许慎说：“（故）厥意可得而说也。”许冲上书云：“自《周礼》、《汉律》，皆当学六书，贯通其意。”这里的“意”，按陆宗达先生说，就是笔意。北齐颜之推言，许慎释字是以笔意解释字形的，“若不信其说，则冥冥之不知一点一划，有何意焉”。笔势是指由于文字形体变化，使最初的文字看不出来点画结构的意义。如秦汉以来，小篆、隶书相继产生，许多字体失去明确的表意特征，许慎所言那种“以趋约易”的文字，就是笔势文字了。这种笔势文字使文字进一步符号化，字形与字义联系疏远，带有很大的人为规定性，既不能专究“引笔画篆”，也不能以仅一点一画求之，否则“必至于妄说”（黄侃）。例如：

《说文·川部》：“[illegible]，水中可居曰州，[illegible]，古文州。”古文的“州”字，像河中有小块的陆地，保留了笔意特征，许慎引古文形体，有助于探索“州”的字义。

《说文·日部》：“[illegible]，实也，太阳之精不亏，从口一，象形。[illegible]，古文象形。”古文日还保留着日的笔意，而小篆已很难看出其象形特点，只剩笔势，隶变后[illegible]由圆变方成为“日”，离原来的形更远了。

另外，小篆中的一些形声字是从象形字发展而来的。从小篆形体，已很难了解字义，许慎通过推求其古文形体，寻求形、义的联系，如：

《说文·雨部》:“雹，雨仌也。从雨，包声。䨔，古文雹。”古文雹如此。“象其磊磊之形。”故雹是象形字（合体象形），古文“䨔”下边的“晶”是雹的象形符号，由古文笔意特征，可以加深对雹义的理解。许慎在《叙》中列举了当时以隶书说字形，如“马头人为长”等谬论，认为是“未尝睹字例之条”,“字例之条”就是文字的构造，实际上也就是笔意与笔势。可见，许慎用历史发展的观点对待汉字的形体，重视笔意到笔势的发展，对汉字形义的分析具有辩证的观点，在说解中，抓住字的本义，提纲挈领，也正是因为他懂得汉字的发展规律。

（五）独体与合体

许慎在《说文解字·叙》中说：“仓颉之初作书，盖依类象形，故谓之文，其后形声相益，即谓之字。文者物象之本，字者，言孳乳而寖多也。”许慎的话，从另一个方面体现了他对文字发展的认识。宋人郑樵《通志·六书略》进一步阐释了许慎的理论：“形不可象，则属诸事，事不可指，则属诸事，事不可指，则属诸意，意不可会则属诸声，声则无不谐矣。”

许慎着重从时间上来进行“文”和“字”的区分,它表明文字发展的两个阶段，即由文的表形阶段到字的表意阶段。他把初期由图画而来的象形文字叫作“文”,代表的是基础，是字原，是母体，而“字”则是在“文”的基础上衍生出来的。换言之，没有“文”的表形阶段，就没有“字”的表意阶段。但是长期以来，许多人以为许慎的原意是“独体为文，合体为字”，此说最早见于郑樵，他说：“象形指事，文也，会意，字也，文合而成字。”戴侗则说:“指事、象形二者谓之文，会意、转注、谐声谓之字。字者，孳也，言文之所孳也。”[15]段玉裁则谓：“独体曰文，合体曰字。”章太炎《文史序录》:“独体者仓颉之文，合体者后王之字。”黄侃曰：“由文入字，中间必过半字之一级。半字者，一曰合体，合体指事如叉，如 叉，合体象形，如朵，如果……以上所说，造字顺序，一曰文，二曰半字，三曰字。”[16]从以上所引来看，最接近许慎原意的莫过于黄侃先生。他明谓文、字是“造字次序”而并非结构上的“独体为文,合体为字”。陆宗达先生指出:“许慎所说的文和字，是说明汉字的历史发展，六书则是指汉字字形的构造法则，范畴既异,界说不能相混。[17]从实际情况来看亦见如此,前人分象形字有七类之多，大部分人承认有合体象形，合体指事。按梁东汉在《汉字结构及其流变》中的分析，会意字也有独体会意。所以，“合”与“独”，在许慎之前和之后，人们并未严格区别。《左传》所说的“文”，实为许慎所说的“字”，如《左传》“于文，皿虫为蛊”之“文”，实为许慎之字。[18]孔颖达说：“文者，物象之本；字者孳乳而生，是‘文’谓之‘字’也，制字之体。”[19]总之，从“文”到“字”，并非表明文字的结构，而体现的是许慎关于文字发展的阶段论，从另一个侧面反映他的文字发展观，即文字由简单到复杂的发展规律。

四 许慎的文字系统论

中国汉字是以“依类象形”为基础的象形文字，它同时包含了音、形、义三个要素，掌握形式要素字音、字形是了解字义的基础。章太炎说：“文字之学，宜该形、声、义三者……盖文字之赖以传者，全在于形。论其根本，实先有义，后有声，然后有形，缘吾人先有意想，后有语言，最后乃有笔画也。”[20]段玉裁《广雅疏证序》：“圣人之制字，有义而后有音，有音而后有形；学者之考字，因形而得其音，因音以得其义。治经莫重于得义，得义莫切于得音。”这种汉字的形、音、义系统论，许慎早就在理论和实践中有所论述，并在《说文解字》的释义贯穿始终。段玉裁评价道：“许君以为音生于义，义著于形。圣人之造字，有义以有音，有音以有形。学者之识字，必审形以知音，审音以知义。圣人造字，实自象形始。”[21]

汉字是意音文字，这是为许多学者所公认的。表意性是汉字的本质特征。它具体体现在形声字占汉字的绝对多数，而形是表意的，声音，亦有表意功能。每个汉字是形、音、义的统一体，都有它特定的字形，确定的读音，代表一定的意义。许慎在他的《说文解字》中，对每个汉字，都采取先用以形说义的方法来，解释字的本义。然后用六书法则来分析形体，最后用“读若”和形声声旁来说明字音，即从形、音、义三个方面进行分析。

从字形方面来说，许慎著《说文解字》，搜集了古文、小篆、或体等不同的文字形体。许慎通过这些形体来探求中国文字的本源，汉字隶变后，形体已发生了极大的变化，难以看出形体构造的本来面目。我们今天能比较清楚地了解一些中国文字形体的来龙去脉，主要应归功于《说文解字》。可以说，许慎是研究汉字形体结构的第一人，也是奠定文字学理论基础的第一人。从字义方面来说，文字必须先明本义，其次才能谈假借、引申之义，本义不明则假借、引申难明。而文字的本义和本形又是不可分的，不弄清字的本形，以笔势说字，势必形成“苛人止钱”的荒谬说法，而“说文之训，首列制字之本义”。[22]下面分述之。

（一）字形与字义

字形和字义属于不同的系统，但二者有密切的联系。字形承载了汉字最早的意义，王充说：“失道之意，还返其字，仓颉作书，与事相连。”[23]于省吾曾批评不重视文字形体的人是“本末倒置，必然导致主观，望文生义”，并说：“某些古文字的音和义或一时不可确知，然其字形则为确切不移的客观存在，因而字形是我们实事求是地进行研究的唯一基础。”[24]这话是完全有道理的。表意性是汉字的本质特征，而这种“意”又是通过其形体的一点一画和间架结构来表现的，许慎通过分析汉字的形体结构，把形体和意义结合起来研究。如：

《说文·宀部》:“向,北出牖也,从宀从口。”而“宀”是象屋之形,“口”是窗,“向”就是住房北面朝阳的窗户。《诗经·七月》有“塞向墐户”，那个“向”正是用的本义。

《说文·亼部》:“合，合口也，从亼从口。”而亼“三合也”，再和“口”组合，表示合口之意。

《说文·吕部》:“吕，脊骨也，象形。”

《说文·欠部》:“欠，张口气悟也，象气从人上出之形。”

这两例，单言象形，因为它的意义可以从形体直接看出来，另一例又对所象之形加以解释，因在人上图象，可以是气，也可以是别的什么，许慎于是便加以解释。段玉裁评论他“解字义必依据字形，就字形以说音义”，是十分中肯的。

（二）字义和字音

许慎在释义还是用了声训的方法来解释。

如采用双声的方法训释：

《示部》:“祸，害也。”古祸、害同属匣母，双声。

《示部》:“祈，求福也。”古祈、求同属群母，双声。

《士部》:“士，事也。”古士、事同属崇母，双声。

《辵部》:“迪，道也。”古迪、道同属定母，双声。

《辵部》:“通，达也。”古通属透母、达属定母，同类。

《辵部》:“逊，循也。”古逊属心母，循属邪母，相近。

《玉部》:“琱，治玉也。”古琱属端母，治属定母，相近。

《玉部》:“琢，治玉也。”古琢属端母，治属定母，相近。

采用叠韵方法解释的。如：

《口部》:“局，促也。”古局、促同属屋部。

《辵部》:“述，循也。”古述属屋部，循属文部，对转。

《辵部》:“造，就也。”造、就古音同属从母，就属觉部，造属幽部，对转。

《示部》:“祷，告事求福也。”告、求、祷同属幽部。

许慎采取这种音同、音近说解字义的方法，虽然有些是不自觉的，有时也难免出错，但他注意到了音义之间的联系，难能可贵。

（三）形音义相结合

汉字有符号、有读音、有意义，是形、音、义结合的一个系统。许慎是形、音、义一贯论的创始者。他在《说文》中，对每一个字总是“先训其义”,“次释其形”,“次释其音”,“合三者完一篆”[25],“一字必兼三者，三者必互相求，万字皆兼三者，万字必以三者交错互求”[26]。打通形、音、义三个系统，把它们联系起来进行研究，是许慎文字哲学思想的精华和核心，是《说文》一书成为传统语言文字学奠基之作的重要原因，离开形、音、义一贯论，就谈不上真正的文字哲学观点。许慎的文字形、音、义统一观，是我国文字学理论从萌芽状态发展到系统、科学研究的根本标志。

如《示部》:“春祭曰祠，品物少，多文辞也，从示，司声。”

许慎通过分析字形，说明“祠”的意符为示，指明该字的意义范畴；又标明字音为“司”声，而司声的标音，又同“品物少，多文词”的释义相对应，说明“祠”字声义的关系。

又如《水部》:“浓，露多也。从水，农声，诗曰：‘零露浓浓。’”

“农”在《说文》的说解中为“耕人也”，在“浓”的说解中，表面上看仅是一个表音符号，与浓的意义没有什么联系，可是当我们把从“农”声字的说解列出来后，就会发现“从农之声多有厚义”，从而把握住《说文》说中形、音、义的内在联系。类似的例子，段玉裁在《说文解字注》上举了不少，如：

凡贲声字，多训大（蕡字注）。

凡叚声字，皆有赤色（鰕字注）。

凡㐱声字，多为浓重（袗字注）。

凡金声、今声之字皆有禁止之义（衿字注）。

……

这些正是所谓的“隐括有条例”，段氏所做的是将许慎的“隐”变“显”，做了进一步的总结。

《说文》中，许慎还注意到形声字不仅形旁表义，而且声中有义的现象，独创“亦声”之说。如：

《言部》：“警，言之戒也，从言敬，敬亦声。”

《言部》：“诜，言致言也，从言从先，先亦声。”

许慎的“亦声”之说，为后来清儒的“声义同条”奠定了基础，清儒所做的工作，只是把许慎的实践进一步理论化罢了。

五　许慎的文字结构论

（一）六书的创立

我国传统文字学，采用“六书”的理论分析汉字的结构。“六书”理论从文字记载上来看始于刘歆，后代的班固、郑众、许慎三家，经前人考证，实同出于一源。汉以前虽然也有以六书理论分析汉字的，但只是对个别汉字的感性认识。如“视犬之字，如画狗也”，“自环为厶，背厶为公”，真正上升到一种理论，当为春秋战国时期。运用六书来分析汉字，最切合的是古文字，从中才能分析出象形一说。从许书本身来看，他也主要以小篆为分析对象。因而，六书必定产生在春秋战国时代，即篆文成为正体的时代。然而汉以前和班、郑，仅有六书之名，罗列而已。既无具体的义界，又无字例。而许慎破天荒地给六书下了简明扼要的定义，而且举出了字例，尽管后人对此尚有争议，然他是第一个用六书理论分析汉字的文字学家。钱大昕说：“所赖以考见六书之源流者，独有许叔重《说文解字》一书。”[27] 从许慎起，我国的文字学走上了成熟的、科学的道路。开创之功不可磨灭。

（二）部首分类制的创立

表明许慎汉字系统观的在《后叙》中还体现为“理群类”“分别部居”“方以类聚，物以群分，同牵条属，共理相贯”等表述。根据这些原理，在字形构形系统中，他发明了五百四十部，段玉裁论道：“凡字必有所属之首，五百四十字可以统摄天下古今之字，此前古未有之书，许君之所独创。若网在纲，如裘挈领，讨原以纳流，执要以说详。”[28]这些部，实际上是通过字形的形符所表示的意义来归纳，是据形系联的结果。

《说文》问世以前的字书据记载有十四种，主要是因袭“三仓”系统，以三言、四言、七言成文，皆不及字形字义，仅便于童子讽诵。《急就篇》虽也讲：“分别部居不杂厕。”但这是内容上的分部，对于文字分类来说，则是无规律可循，所谓“杂乱无章，与《说文》不可以道里计”，“分部相从，自慎为始也”[29]，许慎分九千三百五十三字为五百四十部，是汉字发展史上的一个重大创造。部首体制的优点在于它符合“义著于形”的汉字特点。汉字是形声字占多数，一大群字往往有一个共同的形符或声符。许慎发现了许多字形旁相同的规律，于是，他确立了五百四十个形体作为“分别部居”“据形系联”的标目——部首，各自率领一批包含它的合体字建类，形成一个有规律、有系统的文字体系，于形、义都合理，起到了“若网在纲，如裘挈领，讨原以纳流，执要以说详”的作用，而与《说文》同为小学要籍的《尔雅》《释名》，一在《说文》前，一在《说文》后，但由于没有根据汉字特点用字形统率汉字，翻检、使用都不如《说文》方便。如《说文》第八篇从人部开始，全篇三十六部，就都由人字连类而及。象人、匕（从到人；到人即倒人）、匕（从反人）、从、比（二人为从，反从为比）、北（从二人，相背）、尸（象人卧之形），全和人有关，便于记忆寻捡，这种方法是许慎自己创造的，前人并未用过。“其建首也，立一为耑，方以类聚，物以群分，同牵条属，共理相贯，杂而不越，据形系联，引而申之，以究万原，毕终于亥，知化穷冥。”[30]虽然有人谓：“部首分的太琐碎，编得不科学，其中只有少数部首，我们可以看出它们是据形系联，安排了先后；大部分都杂乱地羼在一起，没有什么规律，同部中的字，排列亦无次第。”[31]甚至南唐有名的文字家徐铉亦谓：“偏旁奥秘不可竟知，寻求一字，往往终卷。”[32]但是，清儒及近人研究成果都表明，《说文》除以形系联外，又采用了以义相属、以音系联的体例。汉字部首法的开创之功是不可磨灭的。

形、音、义一贯，六书，五百四十部，是许慎文字系统论的三大核心思想。

六 许慎的文字哲学成因论

许慎之所以有进步的文字哲学思想，其内因首先是好学深思，博闻强记。他少年时所学为今文经学，到洛阳以后，任太尉祭酒，又从贾逵学古文经："慎又学《孝经》孔氏古文说。"[33]"五经无双"说明他学问的渊博，安帝永初四年（公元114年），许慎奉诏与马融、刘珍等五十余人校书东观。时东观藏书一万三千二百六十九卷，许慎于此涉猎许多经籍文献，当受益匪浅。据统计《说文》注明引经者一千零八十四条，其中引《诗》四百二十二条，引《书》一百五十九条，引《三礼》一百三十九条，引《春秋三传》一百八十一条，引《论语》三十一条，引《孝经》三条，引《尔雅》二十八条，引《孟子》八条。十三种重要经部文献他就引十二种，不可谓不多。其次，许慎有客观的科学态度，尊重事实，不存偏见。在汉代门户森严的古、今文之争中，他虽为古文经学家，却在《说文》中多次引用今文经，且又"博采通人，至于小大，信而有征"，如引董仲舒、京房、欧阳乔、杜林、贾逵等儒家"通人"之说一十七家一百零三条。对于冥思苦索不能求解的问题"盖阙如也"。形成他文字哲学思想的外因，则是文字发展到汉代，于字书有《三仓》，于义书有《尔雅》，于方言有《方言》，文字哲学理论的条件大备，这些对于他语言文字哲学思想的形成，是极重要的基础。再加上秦以后大一统的汉字，至汉因释经多有曲解，有统一文字注释需要。时势造英雄，由于这种主客观条件的成熟，加上许慎个人的天分与勤奋，他当之无愧地成为中国文字哲学理论体系的开山祖师。苏轼说"学者之有《说文》，如医之有《本草》"，[34]朱骏声所谓"其功不在禹下"，[35]李富孙说《说文》是"千载字学之祖"，[36]孙星衍说："唐虞三代五经文字毁于暴秦，而存于《说文》。《说文》不作，几不知六艺；六艺不通，唐虞三代古文不可复识，五经不得其解。"[37]黄侃说《说文》是"一切字书之根柢"[38]，如果说孔子是儒学的圣人，这里我们要说，许慎作为中国文字、中国文字学的圣人，不为过誉。

参考文献

[1] 许慎：《说文解字注》，中华书局1963年版。

[2] 黄侃：《黄侃论学杂著》，上海古籍出版社1980年版。

［3］唐兰：《中国文字学》，上海古籍出版社 2005 年版。

［4］陆宗达：《说文解字通论》，北京出版社 1981 年版。

［5］赵振铎：《古代辞书史话》，四川人民出版社 1986 年版。

［6］经本植：《古汉语文字学知识》，四川教育出版社 1984 年版。

注释

［1］方汉文：《中国传统考据学与西方阐释学》，《安徽师范大学学报》2003 年第 4 期。

［2］王宁：《怎样读〈说文解字〉序》，河南人民出版社 1994 年版，第 2 页。

［3］陈澧：《东塾读书记》卷十一，上海扫叶山房石印本，1923 年。

［4］孙海波：《中国文字学·文字之发生及其演变》，开明堂东京支店，昭和十六年十二月，第 8 页。

［5］《郭沫若全集·历史编》第一卷，人民出版社 1982 年版，第 380 页。

［6］刘师培：《小学发微补》，《刘申叔先生遗书》，江苏古籍出版社影印宁武南氏校本，1997 年版，第 434 页。

［7］鲁迅：《且介亭杂文·门外文渼》，《鲁迅全集》第 6 卷，第 90 页。

［8］黄侃：《说文略说》，《黄侃论学杂著》，上海古籍出版社 1980 年版，第 2 页。

［9］郑樵：《通志》卷三十一。

［10］段玉裁：《说文解字注》，上海古籍出版社 1981 年版，第 763 页。

［11］唐兰：《古文字学导论·中国文字的起源》，齐鲁书社 1981 年版，第 73 页。又《中国文字学》，上海古籍出版社 2005 年版，第 50 页。

［12］章太炎：《小学略说》，《章太炎国学讲演录》，南京大学古典文学教研室，第 5 页。

［13］章太炎：《古文六例》，《章太炎全集》第 5 卷，上海人民出版社 1985 年版，第 76—78 页。

［14］商承祚：《说文之中古文考》，上海古籍出版社 1983 年版，第 2 页。

［15］戴侗：《六书故》，见桂馥《说文解字义证》卷 49，同治九年湖北崇文书局本，第 3 页。

［16］黄侃：《黄侃论学杂著·说文略说》，上海古籍出版社 1980 年版，第 3 页。

［17］陆宗达：《说文解字通论》，北京出版社 1981 年版，第 46 页。

［18］经本植：《古汉语文字学知识》，四川教育出版社 1984 年版，第 2 页。

［19］孔颖达：《春秋左传正义》宣公十五年疏，《十三经注疏》，中华书局 1980 年版，第 1888 页。

[20] 章太炎:《小学略说》,《章太炎先生国学讲演录》, 南京大学古典文学教研室, 第 4 页。

[21] 段玉裁 :《说文解字注》, 上海古籍出版社 1981 年版, 第 764 页。

[22] 王念孙 :《说文解字注・序》, 上海古籍出版社 1981 年版, 第 2 页。

[23] 王充 :《论衡・奇怪篇》,《诸子集成》第 7 册, 中华书局 1985 年版, 第 34 页。

[24] 于省吾 :《甲骨文字释林・序》, 中华书局 1979 年版, 第 3 页。

[25] 段玉裁 :《说文解字注》"元" 字下注, 上海古籍出版社 1981 年版, 第 1 页。

[26] 段玉裁 :《说文解字注》, 上海古籍出版社 1981 年版, 第 764 页。

[27] 钱大昕 :《潜研堂文集・说文解字跋》。

[28] 段玉裁 :《说文解字叙》注, 上海古籍出版社 1981 年版, 第 764 页。

[29] 徐锴 :《说文系传》卷二十九, 文渊阁四库全书本。

[30] 许冲 :《上说文表》,《说文解字》卷十五下, 中华书局 1963 年版, 第 319 页。

[31] 刘叶秋 :《中国字典史略》, 中华书局 1983 年版, 第 24 页。

[32] 徐锴 :《说文解字篆约谱》, 文渊阁四库全书本。

[33] 许冲 :《上说文表》,《说文解字》, 中华书局影印本, 1963 年, 第 320 页。

[34] 苏轼 :《东坡全集》卷九十三, 文渊阁四库全书本。

[35] 朱骏声 :《说文通训定声述》, 中华书局 1984 年版, 第 7 页。

[36] 李富孙 :《说文辨字正俗・自叙》, 同治九年刻校经庼藏本, 第 1 页。

[37] 孙星衍 :《重刊宋本说文序》,《说文解字》, 中华书局影印 1963 年版, 第 1 页。

[38] 黄侃 :《文字声韵训诂笔记》, 上海古籍出版社 1983 年版, 第 71 页。

汪启明，男，1955 年出生，四川三台人。西南交通大学教授。主要研究汉语言文字学和编辑出版学。

《说文》"櫝"字说解研究

梁光华

黔南民族师范学院中文系

提　要　本文以翔实的史料证明,《唐本》:"櫝,匱也。从木,賣声。一曰木櫝、木名;或曰:櫝,木枕。"此当为许慎《说文》之原说解。《中华大字典》和《汉语大字典》等字典辞书并引有讹脱的大、小徐本"櫝"篆说解为释义的根据,而不据引正确的《唐本》"櫝"篆说解,均宜据《唐本》改正。

关键词　櫝　《说文解字》说解　研究

世传东汉许慎《说文解字·木部》"櫝"字说解的版本有以下三种:

(一)清人莫友芝于同治元年发现、考鉴的《唐写本说文解字·木部》残卷(以下简称为《唐本》),是晚清以来海内外学术界公认的《说文解字》的最早写本。莫氏撰有著名的《唐写本说文解字·木部笺异》(以下简称为莫氏《笺异》)。[1]周祖谟教授的《唐本说文与说文旧音》一文附有《唐本》影印件。[2]《唐本》曰:"櫝,匱也。从木,賣声。一曰木櫝,木名;或曰:櫝,木枕。"

(二)宋初徐铉等校订的《说文解字·木部》(大徐本)曰:"櫝,匱也。从木,賣声。一曰木名;又曰大梡也。"

(三)南唐徐锴的《说文解字系传·木部》(小徐本)曰:"櫝,匱也,从木,賣声。一曰木名;又曰:櫝,木枕也。"

《说文·木部》"櫝"之本义训为"匱也",即櫝是指中空而能够容物的藏物器。《唐本》和大、小徐本对此的训解都是相同的,本文略而不论。对《唐本》和大、小徐本"櫝"篆之下存有歧义的"一曰""或曰""又曰"之别义说解,古今说文家、训诂家和现当代各种汉语字典辞书所作的诠释至今仍然没有统一的公认的意见。笔者在前修时贤所取得的研究成果的基础之上,不揣浅陋,忝为之新诠。

第一,《唐本》和二徐本"櫝"篆"一曰"说解中均有"木名"之训。清桂馥《说文解字义证》证曰："《玉篇》'櫝'与'樚'同。《酉阳杂俎》：'武陵郡北有樚木二株，马伏波所种，木多节。'"清段玉裁《说文解字注》在"一曰木名"之下注曰："未详。"清王筠《说文解字句读》在"一曰木名"之下注曰："'名'当作'也'。《玉篇》'櫝'与'樚'同。《酉阳杂俎》：'武陵郡北有樚木二株，马伏波所种，木多节。'"清莫氏《笺异》则直接注曰："'櫝'为'木名'，无可证。"笔者认为《唐本》和二徐本均有"一曰木名"之训，此当为《说文》之旧无疑。王筠"'名'当作'也'"之注则无必要。桂氏和王氏引《玉篇》和《酉阳杂俎》两例，已经证明"櫝"与"樚"同，樚木确实古已有之。今再作一补充：樚木为马钱科落叶灌木，其叶和花甚麻且有微毒。《正字通·木部》："樚木、生堑岸旁，小株高三、四尺，根状如枸杞，花似芫花，渔人采花及叶毒鱼。"以上引证诠释，

庶几可解《说文》"櫝"篆"一曰木名"之别义。

第二,《唐本》有"一曰木櫝"之别义说解，二徐本均无。对此，莫氏《笺异》注曰："增'木櫝'，字益不可晓。'櫝'之别义,《一切经音义》引《仓颉篇》'櫝栌，三辅举水具也。'《释名·释兵》：'松櫝，长三尺，其矜宜轻，以松作之也。櫝，速櫝也。前刺之言也。'意此'木櫝'必居'櫝栌'、'松櫝'之一。讹错不能定，记以俟考。"今细考《唐本》"櫝"篆之"木櫝"别义，与《仓颉篇》"三辅举水具"义的"櫝栌"和《释名》兵器义的"松櫝"全然无涉，莫氏之推测盖不能成立。

"櫝"篆本义为"匱"，即指中空而能够容物的藏物器。由此本义引申，"櫝"既可以引申指中空而能够容物的匣、函、箱、枕之类藏物器，又可以引申指中空而能够藏尸的棺木。此后者，许氏《说文·木部》即可为证："槥，棺櫝也。"段玉裁《说文解字注》对此注曰："櫝，匱也。棺之小者，故谓之棺櫝。"《唐本》"櫝"篆之下"一曰木櫝"之别义说解，即是此义。这是以许证许的可靠诠释。再看其他例证：《汉书·杨王孙传》曰："昔帝尧之葬也，窾木为匱。"唐颜师古注云："服虔曰：'窾，音款。窾，空也。空木为匱。'师古曰：匱，即櫝也。櫝，小棺也。"《新唐书·回鹘传》曰："死以木匱敛置山中，或系于树，送葬哭泣，与突厥同。"由服、颜二氏之注可知，《汉书》之"窾木为匱"和《新唐书》之"木匱"，即为敛尸、藏尸之木櫝。以下两例即是明证。《周书·李彦传》："彦临终遗戒其子等曰：'昔人以窾木为櫝，下不乱泉，上不泄臭，此实吾平生之志也。"清人方文《宋遗民咏·张毅父千载》所言更为明确："先期制木櫝，临难函公首。"以上书证及

古注证明许氏《说文》“一曰木櫝”之别义，确实是由其“匵”之本义引申而得的指中空而能够殓藏尸首的棺木。二徐本“櫝”篆说解均误脱此“一曰木櫝”之别义，今仰仗《唐本》完好存之。莫氏《笺异》谓《唐本》乃“千金一字，希世之珍”；周祖谟教授《唐本说文与说文旧音》谓“《唐本》诚大胜于二徐本。……不有《唐本》，终难定二徐之精粗美恶也”，此二评价是也。

又，《汉书·高帝纪》曰：“令士卒从军死者为槥，归其县，县给衣衾棺葬具。”颜师古注云：“服虔曰：‘槥，音衛。’应劭曰：‘小棺也，今谓之櫝。’”《玉篇·木部》释曰：“櫝，匵也。亦木名；又小棺也。”愚以为顾氏“又小棺也”之训，盖本应劭“小棺也，今谓之櫝”而作，而非本许氏《说文》“櫝”篆别义说解而释。《广韵·屋韵》：“櫝，函也，又曰小棺也。”《集韵·屋韵》：“櫝，木名，一曰小棺。”此二训当本《玉篇》。

第三，《唐本》：“櫝……或曰：櫝，木枕。”大徐本训作：“櫝……又曰大梡也。”小徐本训作：“櫝……又曰：櫝，木枕也。”古今说文家、训诂家和现当代汉语辞书字典对此歧义之说解，诠释不一。比较有代表性的意见是：(一)桂馥《说文义证》曰：“‘又大梡也’者，徐锴本作‘木枕’。本书：‘陈楚谓櫝为梯’。《国老谈苑》：汉文帝命太官每具两檐櫝，以一赐之，谓櫝食。”(二)段玉裁《说文解字注》曰：“‘木枕’，大徐作‘大梡’，字之误也。木枕谓以圜木为枕，《少仪》所谓‘頴’也。谓之頴者，圜转易醒，令人憬然，故郑注曰‘警枕’。”(三)王筠《说文释例》卷十七曰：“‘櫝’下云：‘又曰大梡也。’小徐作：‘又曰：櫝，木枕也。’皆误也。当依《玉篇》作‘小棺’。《广韵》、《韵会》亦皆有此义。‘大梡’乃初讹，读者以为不通，改为‘木枕’也。”(四)莫氏考鉴《唐本》，作《笺异》曰：“《玉篇》：‘櫝，匵也。亦木名；又小棺也。’当本《说文》。则‘木枕’、‘大梡’乃‘小棺’之讹。”(五)《中华大字典·木部》“櫝”字第一义项据引小徐本“又曰：櫝，木枕也”之训解，又引段玉裁“木枕”为“警枕”之注语；其第二义项又据引大徐本“大梡也”之训解，并加按语曰：“大徐本《说文》本作‘大梡也’。朱骏声曰：‘梡，举食之案也。’而段玉裁谓为木枕，字之误。今并著于此。”(六)今人周祖谟教授在其《唐本说文与说文旧音》一文中注曰：“案《玉篇》云：匵也，亦木名，又小棺也。盖古本如是。”(七)今人张舜徽教授在其《说文解字约注》“櫝”篆注语中同意清人王筠之说，并注曰：“舜徽按：《唐写本木部残卷》亦作‘木枕’，则传写致讹久矣。”[3]（八）《汉语大字典·木部》“櫝”字释语之第三义项曰：“盛饭菜的食盒。《说文·木部》：‘櫝，大梡也’。”其第四义项曰：“木枕。五代徐锴《说文系传》：‘櫝，木枕也。’”此之下引出段氏“警枕”之注语。（九）今人王锳教授指出：“‘木枕’与‘大梡’的情况稍有不同：从字形看，‘大梡’因形近而误的可能性较大；‘木枕’则不然。从意义孳乳看，‘木枕’与‘櫝’的外形有相似之处。”[4]今按：在以上诸说中，愚以为桂馥、王绮、莫友芝、周祖谟、张舜徽五先生之说皆非许氏《说文》原意；《中华大字典》并收大小徐本“大梡”和“木枕”之说而莫能定其是非，只能视为模棱两可之说，《汉语大字典》之说亦然。段玉裁先生没有见过《唐本》而能肯定小徐本“木枕”之训，指出“大徐本作‘大梡’，字之误也”，这是正确之注。但是段氏说：“木枕谓以圜木为枕，《少仪》所谓‘颎’也。谓之颖者，圜转易醒，令人憬然，故郑注曰‘警枕’。”愚以为段氏此注则盖非许氏《说文》“櫝，木枕”之原意。王锳先生之说最得《说文》“櫝，木枕”之原意。兹续证新诠如下：

（1）《唐本》和二徐本均是许氏《说文》的直接传本，《唐本》又是学术界公认的迄今为止海内外现存《说文》的最早残写本。《唐本》和小徐本均训作“櫝，木枕”，此当为许氏《说文》之旧。小徐本只需据《唐本》改“又”作“或”，删除句末之“也”字即可。大徐本之“大梡”，盖因与‘木枕’形近而误。

（2）从字义孳乳引申的角度看，“櫝”之本义为“匱”，即指中空而能容物的藏物器，由此本义引申，櫝可以引申指中空而同样能够容物的匣、函、箱、枕之藏物器。从外形上看，枕有长枕、方枕等形，其中空，均能容入棉絮、碎布、毛绒、糠壳等枕囊、枕心。王锳教授谓“‘木枕’与‘櫝’外形有相似之处”，是也。由于枕与櫝外形相似，中空而能藏物，所以古代还有既可以枕头，又可以藏物的“枕函”“枕匣”之物。例如：唐司空图《杨柳枝寿杯词》：“偶然楼上卷珠帘，往往长条拂枕函。”《宋史·李光传》：“（李光）尝置匕首枕匣中。”《儒林外史》第二十一回：“又寻到床上，寻着一个枕箱。”《二十年目睹之怪现状》第七十六回：“我在枕箱里取出护书来记一笔帐。”从制作枕之质料上看，枕有布枕、皮枕、木枕、篾枕、瓷枕、铜枕等。《汉语大词典》“枕”字释语之下绘有宋代定窑“瓷孩儿枕”图和江川李家山古墓出土的“铜枕”图即是其证。现代南方沿海热带地区的人睡觉，为求凉爽，不用布枕而用木枕、篾枕（即用木框制成枕之骨架，外面用篾席蒙裹订成篋枕），亦是其证。古代文献中亦有“木枕”之用例。《北齐书·郎基传》曰：“基性清慎，无所营求，曾语人云：‘任官之所，木枕亦无须作。’”《新唐书·阳城传》亦有言曰：“（阳城）常以木枕、布衾质钱。人重其贤，争售之。”以上引证评析充分证明，无论从“木枕”与“櫝”之外形相似上看，还是从其中空可以容物的意义上引申，“木枕”作为“櫝”字之别义，都是完全可以成立的，无须臆测“木枕”为《说文》“櫝”字说解中的误字。至于“櫝”字之另一别义——“小棺”，已有其“一曰木櫝”表示，无须强作解人，把“木枕”视为“小棺”之讹。

综上所述，《唐本》：“櫝，匱也。从木，賣声。一曰木櫝、木名；或曰：櫝，木枕。”此当为许氏《说文》之原说解。《中华大字典》和《汉语大字典》等字典辞书并引有讹脱的大、小徐本“櫝”字说解为释义根据，而不据引正确的《唐本》“櫝”字说解，均宜据《唐本》改正。

注释

［1］莫友芝于清同治元年在安庆发现、考鉴了《唐写本说文解字·木部》残卷，并撰作了《唐写本说文·木部笺异》。《唐本》和莫氏《笺异》的第一个刻本为清同治三年安庆刻本。此后民国十四年，贵阳文通书局在《黔南丛书》第三集中，按照安庆刻本重新刻印了《唐本》和莫氏《笺异》。笔者据贵州省图书馆所藏之安庆刻本，撰著出版了《唐写本说文解字木部笺异注评》一书（32万字，作家出版社2006年7月汇入《说文解字研究文献集成》出版发行）。

［2］《唐本说文与说文旧音》一文载入周祖谟教授自编的《问学集》下册，中华书局1966年版。

［3］张舜徽：《说文解字约注》，中州书画社1983年版。

［4］见王锳教授为梁光华书稿《唐写本说文解字木部笺异注评》所作的《审读意见》。

梁光华，男，1955年出生，广西玉林人。黔南民族师范学院党委书记、中文系教授，贵州省重点学科“中国古典文献学”领衔教授。

《说文》旁见说解研究

黎千驹
湖北师范学院语言学研究中心

提　要　《说文》中旁见说解的对象是文字构件，旁见说解实际上就是对文字构件所作的形义说解。文字构件是组成文字的元素，文字构件之形义明则文字之本义明。反之，如果文字构件之形义不明，则文字之本义亦难明，或者造字之理据难明。因此，系统地分析与归纳《说文》中旁见说解，可以进一步明了汉字的构形意图及造字的本义，从而使人们更准确地“以形索义”；还可以了解本字构件的不同意义并由此归纳出某个汉字所具有的词义系统。

关键词　说文 旁见说解 对象 特征 作用

《说文》于每个篆文字头之下皆有说解，即先释义后析形，次及声音。这是《说文》说解的体例。此种说解，我们称之为“文字说解”；《说文》在说解文字（即《说文》所列举的篆文字头）之时，又往往对组成该字的构件（即形符、声符）进行说解。此种说解，我们称之为“旁见说解”。例如：《说文》：“宰，辠人在屋下执事者。从宀，从辛。辛，辠也。”其中，“宰”是《说文》所列举的篆文字头，为“文字”；“辠人在屋下执事者。从宀，从辛。”这是对文字“宰”所作的形义说解，为“文字说解”；“宀”和“辛”是组成文字“宰”的构件，为“文字构件”；“辛，辠也。”这是对文字构件“辛”所作的意义说解，为“旁见说解”。对于《说文》“文字说解”的体例、作用及其得失，一千八百年来人们已做了大量深入细致的研究；而对于“旁见说解”，则未给予应有的重视，即使是被王念孙誉为“千七百年来无此作”的段玉裁《说文解字注》，对此亦极少论及，尚未发凡起例。今不揣浅陋，遍查《说文》中之旁见说解，然后归纳分析，明其体例，叙其作用（下面所举《说文》皆依据大徐本）。

一 《说文》中旁见说解的对象及其特征

《说文》中旁见说解的对象是文字构件，其中主要是以《说文》所列的篆文字头的文字构件为对象，有些是以重文（包括籀文、古文或体等）的文字构件为对象，也有的是以文字说解中的词为对象的。例如：

一组：

（1）章，乐竟为一章。从音从十。十，数之终也。

（2）興，起也。从舁从同。同，力也。

二组：

（3）巨，规巨也。从工象手持之。榘，巨或从木矢。矢者，其中正也。

（4）虹，螮蝀。状似虫。从虫，工声。籀文虹从申。申，电也。

三组：

（5）牛，大牲也。牛，件也。件，事理也。象角头三、封、尾之形。

（6）取，捕取也。从又从耳。《周礼》："获者取左耳。"《司马法》曰："载献聝。"聝者，耳也。

第一组中的旁见说解是分别以篆文字头"章""興"的文字构件"十""同"为对象而进行的说解；第二组中的旁见说解是分别以重文（或体）"榘"的文字构件"矢"和重文（籀文）"虹"的文字构件"申"为对象而进行的说解。第三组中的旁见说解是以文字说解中的词为对象而进行的说解。例（5）中的旁见说解是以文字说解中的训释词"件"为对象而进行的说解，然而王筠《说文句读》认为："牛，件也。件，事理也""二句支离，盖后增也。"例（6）中的旁见说解是以文字说解中所引经传中的词"聝"为对象而进行的说解。如果把这类以文字说解中的词为对象的说解包括进来，那么旁见说解就有广义与狭义之分：广义旁见说解的对象包括对文字构件的说解和对文字说解中的词的说解，而狭义旁见说解的对象只指对文字构件的说解。由于《说文》中对文字说解中的词所作的旁见说解极为罕见，因此我们把《说文》中旁见说解的对象限定在对文字构件的说解上。

旁见说解的对象即文字构件具有鲜明的特征：它一方面是充当文字的构件，另一方面也可作独立之字，当然也有些是不能独立成字的符号。其中可独立成字的构件叫作"成字构件"，不能独立成字的构件叫作"符号构件"。两者统称为"文字构件”。

作为成字构件和符号构件，它们都是形与义的结合体，唯有如此，它才能在表意体系的汉字中充当文字构件，并且与其他文字构件进行组合从而表示出这个文字形义之间的联系，人们才能根据这些文字构件所表示的形义来对这个文字进行“以形索义”。作为文字构件，它既可以保留其作为独立之字时的本义，也可以表示与本义相关的某些意义，或者表示与本义无关的某些意义。对此我们将在下文“《说文》中独立之字与其作为文字构件时在意义方面的关系”中详加阐释。

二 《说文》中旁见说解的作用

《说文》旁见说解的作用主要用于说解文字构件的形体或意义，或兼说文字构件的形义，或说解文字构件组合之意等四个方面。总之，《说文》中旁见说解的作用是为说解文字服务的，它主要是通过说解文字构件的形与义，从而帮助人们更好地理解文字的本义。

（一）说解文字构件的形体

《说文》中用来说解文字构件之形体的旁见说解，其目的一是为了说明文字构件所取象的事物，二是为了说明文字构件为省文，三是为了说明文字构件的字体，四是为了说明重文中之构件。前三者与正确分析文字的形体结构和说解文字的本义密切相关，后者与分析重文的形体结构密切相关。总之，其目的是要通过说解文字构件的形体，从而帮助人们正确地理解文字的构形意图进而理解本义。例如：

一组：

（1）雨，水从云下也。一象天，冂象云，水零其间也。

（2）舍，市居曰舍。从亼，中象屋也，口象筑也。

二组：

（3）祝，祭主赞词者。从示从人口。一曰从兑省。《易》曰：“兑为口为巫。”

（4）舂，捣粟也。从廾持杵临臼上。午，杵省也。

三组：

（5）厷，臂上也。从又，从古文厶。厶，古文厷，象形。肱，厷或从肉。

（6）貳，副益也。从贝，弍声。弍，古文二。

四组：

（7）帝，谛也。王天下之号也。从丄，朿声。帝，古文帝。古文诸丄字皆从一，篆文皆从二。二，古文上字。

（8）正，是也。从止，一以止。古文正从二。二，古上字。

第一组中的旁见说解是分别说明“雨”和“舍”的文字构件“一”、“冂”和“中”、“口”所取象的事物。第二组例（3）中的旁见说解是说明“祝”的文字构件“兄”为“兑”之省文，并且引用《易》所说“兑卦可以代表口、代表巫”来证明字形从“兑”省的理据。段玉裁注：“此字形之别说也。凡一曰，有言义者，有言形者，有言声者。”“凡引经传，有证义者，有证形者，有证声者。此引《易》证形也。”例（4）中的旁见说解是说明“舂”的文字构件“午”为“杵”之省文，而非地支“午”。第三组中的旁见说解是分别说明“厷”和“貳”的文字构件“厶”和“弍”为古文。第四组例（7）中的旁见说解“古文诸丄字皆从一，篆文皆从二。二，古文上字”是说明重文（古文）“帝”的构件“丄”写作“一”，而篆文的构件“丄”皆写作“二”。例（8）中的旁见说解是以重文（古文）“正”的文字构件“二”的形体为对象而进行的说解。

（二）说解文字构件的意义

《说文》中用来说解文字构件之意义的旁见说解，其目的是要通过说解文字构件的意义来阐释文字的意义，从而帮助人们正确地理解文字的本义。例如：

（1）等，齐简也。从竹从寺。寺，官曹之等平也。

（2）史，记事者也。从又持中。中，正也。

（3）室，实也。从宀从至。至，所止也。

以上数例中的旁见说解是分别说解“等”“史”“室”等字的文字构件“寺”“中”“至”的意义。理解了文字构件的意义，也就为正确地理解文字的意义打下了坚实的基础。

（三）兼说文字构件的形体与意义

这包括两个方面的内容：一是既说解某个文字构件的形体又说解其意义；二是说解某字的某个构件的形体和另一个构件的意义。例如：

（1）尞，柴祭天也。从火从昚。昚，古文慎字。祭天所以慎也。

（2）牢，闲也。养牛马圈也。从牛，冬省。取其四周匝也。

（3）屋，居也。从尸，尸，所主也。一曰尸象屋形。从至，至，所至止。

例（1）中的旁见说解“昚，古文慎字”是说解文字构件“昚”的形体，指出它是古文慎字；旁见说解“祭天所以慎也”是说解文字“寮”之所以从“昚”的理据，这也是说解文字构件“昚”的意义。例（2）中的旁见说解“取其四周匝也”，既是说解文字构件“冬”省形之后的形体，又是说解省文“冬”所蕴含的意义：取其形体所表示的四周包围的意思，而不是取其“冬天”之义。例（3）中的旁见说解“尸,所主也”和“至,所至止”是分别说解文字构件“尸”和“至”的意义；旁见说解“一曰尸象屋形”则是从字形方面说解“尸”所取象的另一事物。

（四）说解文字构件组合之意

当人们理解了某个合体字（主要是指会意字）构件的形与义时，并不意味着就一定能知道这个字的意义，或者不一定知道某几个（一般是两个）构件组合在一起时何以会使得某字具有某义，即不一定能够理解造字的理据。因此，《说文》中旁见说解的一个主要目的是要通过说解文字构件与构件之间的组合之意，从而帮助人们正确地理解古人造字的理据。例如：

（1）古，故也。从十口。识前言者也。

（2）戒，警也。从収持戈。以戒不虞。

（3）寍，安也。从宀，心在皿上。人之饭食器，所以安人。

例（1），“古，故也。从十口”。“古”为什么“从十口”呢？“十口”合在一起为什么会产生“故”的意义呢？这并不好懂。或者说，人们根据“十口”的意思不一定就能明白“古”具有“故”的意义。因此许慎加上旁见说解“识前言者也”,这就告诉人们“从十口”是表示众口所传,记载前代的言语和故事。故者,久也,此谓久远的年代。徐铉注曰:“十口所传,是前言也。”徐锴《说文解字系传》注曰“古者无文字，口相传也”，所以“古”具有“故”义。例（2），“戒，警也。从収持戈”。“戒”为什么“从収持戈”呢？“収戈”合在一起为什么会产生“警”的意义呢？这并不好懂。或者说,人们根据“从収持戈”的意思不一定就能明白“戒”具有“警”的意义。因此许慎加上旁见说解“以戒不虞”,这就告诉人们“从収持戈”是表示警戒不能预料之事,所以“戒”具有“警”义。例（3),“寍，安也。从宀，心在皿上”。“寍”为什么从“心在皿上”呢？“心皿”合在一起为什么会产生“安”

的意义呢？这并不好懂。或者说，人们根据“心在皿上”的意思不一定就能明白“寍”具有“安”的意义。因此许慎加上旁见说解“人之饭食器，所以安人”，这就告诉人们“心在皿上”是表示皿是人的饮食之器，是用来使人心安定的器物，宀里有饮食之器，则人心可安矣，所以“寍”具有“安”义。

三 《说文》中独立之字与其作为文字构件时在形体方面的关系

《说文》中的“文字构件”本身往往也是一个独立的字（也有些是不能独立成字的符号）。然而，作为独立之字时，它的形体所取象的事物与作为文字构件时所取象的事物是否相同？也就是说，《说文》中独立之字与其作为文字构件时，它们在形体方面具有怎样的关系？我们认为，《说文》中独立之字与其作为文字构件时在形体方面的关系主要体现在五个方面：一是独立之字的形体所取象的事物与作为文字构件时所取象的事物是相同的；二是独立之字的形体所取象的事物与作为文字构件时所取象的事物有具体与概括之别；三是独立之字的形体所取象的是两个不同的事物，它实际上是两个词而具有相同的文字形体，即“异词同字”；四是独立之字借所取象的事物来表示事物的属性，文字构件则集具体物象与抽象概念于一身，它既表示事物的属性又表示所取象的事物；五是独立之字的形体所取象的事物与作为文字构件时所取象的事物有“单一性”与“多象性”之别，即“一形数物”。下面分别进行阐释。

（一）独立之字的形体所取象的事物与作为文字构件时所取象的事物是相同的。例如：

一组：

（1）斤，斫木斧也。象形。（此依《说文解字·系传》）

（2）斧，斫也。从斤，父声。

（3）斫，击也。从斤，石声。

“斤”作为独立之字时，是象斧之形，其义是“斫木斧”；当它作为“斧”和“斫”的构件时，仍然是象斧之形，其义也是“斫木斧”。既然“斤”作为独立之字时其形体所取象的事物与作为文字构件时所取象的事物是相同的，因此《说文》没有给文字构件“斤”增加旁见说解。

二组：

（1）牛，大牲也。……象角头三、封、尾之形。

（2）半，物中分也。从八从牛，牛为物大，可以分也。

（3）件，分也。从人从牛。牛，大物，故可分。

“牛”作为独立之字时，是像牛的两角与头、像肩胛隆起的地方和尾巴之形（甲骨文和金文皆象牛头角之形），其义是“牛”，是大的牲畜；当它作为“半”和“件”的构件时，仍然是象牛之形，其义也是“牛”。由此可见，“牛”作为独立之字时其形体所取象的事物与作为文字构件时所取象的事物是相同的，只不过它作为上述文字构件时，是要突出强调牛的“大牲”特征，因此《说文》给文字构件“牛”分别增加了“牛为物大，可以分也”和“牛，大物，故可分”等旁见说解，从而揭示出“半”和“件”等字从“牛”的理据。

（二）独立之字的形体所取象的事物与作为文字构件时所取象的事物有具体与概括之别。即独立之字的形体所取象的事物是具体的物象，而文字构件的形体所取象的事物有时则可以是概括的物象。例如：

（1）皿，饭食之用器也。象形，与豆同意。

（2）醯，酸也。……从皿。皿，器也。

“皿”作为独立之字所取象的是“饭食之用器”，其所指是具体的事物；当皿作“醯”字的构件时，它所指的是概括的事物，即器皿，而不限于“饭食之用器”。这就表明：独立之字的形体所取象的事物是具体的物象，而文字构件的形体所取象的事物有时则可以是概括的物象。

（三）独立之字的形体所取象的是两个不同的事物，它实际上是两个词而具有相同的文字形体，即“异词同字”。例如：

（1）匕，相与比叙也。从反人。匕，亦所以用比取饭。一名柶。

（2）此，止也。从止从匕。匕，相比次也。

（3）皀，谷之馨香也。象嘉谷在裹中之形，匕，所以扱之。

“匕”是独立之字，并且也是部首字。它所取象的事物有两个：一是“从反人”，即与面向左的“人”字相反而面向右，表示“相与比叙”的意思。王筠《说文句读》：“比叙者，比较而次叙之也。……比叙则非一人，故曰‘相与’。”二是“亦所以用比取饭。一名柶”，即用来舀取饭食的勺匙，又叫“柶”。由此可见，“匕”

既可表示“相与比叙”，也可表示“所以用比取饭”。因此可以说“匕”是两个词而具有相同的文字形体，即“异词同字”。因此，当“匕”作为文字构件时，有时是表示“相与比叙”的意思，例如：“此”字“从止从匕。匕，相比次也”。有时则是表示“勺匙”的意思。例如，“皀”字从匕，其旁见说解是“匕，所以扱之”。这是说“匕是用来舀取的工具”，即“勺匙”。

（四）独立之字借所取象的事物来表示事物的属性，文字构件则集具体物象与抽象概念于一身，它既表示事物的属性又表示所取象的事物。例如：

（1）大，天大，地大，人亦大。故大象人形。

（2）夸，奢也。从大，于声。

（3）央，中央也。从大在门之内。大，人也。

王筠《说文释例》：“此谓天地之大，无由象之以作字，故象人之形以作大字，非谓大字即是人也。”这就是说，“大”本像成年人四肢张开的正面站立之形，但它并非表示“人”，而是用来表示事物的属性，即抽象的“大”，是形容词，与“小”相对。然而作文字构件时，“大”既可以表示与“小”相对这一意义，如例（2）；也可以保留其“象人形”的取象，表示“人”或“人体”之义，因此《说文》对“央”的字形结构分析是“从大在门之内”，由于此“大”与其作为独立之字时所表示的意义不同，于是《说文》又加上旁见说解“大，人也”。

（五）独立之字的形体所取象的事物与作为文字构件时所取象的事物有“单一性”与“多象性”之别。即独立之字的形体所取象的事物是特定的、单一的；而文字构件所取象的事物则往往具有“一形数物”的特性，它往往是用同一个形体表示不同的事物，因此该构件也就可以表示不同的意义。不过，当文字构件的形体所取象的是两个或两个以上不同的事物时，其中所取象的一个事物可以成为独立之字，而其余所取象的事物皆不能为独立之字。例如：

（1）屋，居也。从尸，尸，所主也。一曰尸象屋形。从至，至，所至止。

（2）屚，屋穿水下也。从雨在尸下。尸者，屋也。

“尸”作为独立之字时，《说文》的说解是“尸，陈也。象卧之形”。段玉裁在“屋”字下注曰：“凡尸皆得训主，屋从尸者，人为屋主也。”这就是《说文》在“屋”字的旁见说解中说“尸，所主也”的原因。至于旁见说解“一曰尸象屋形”，段玉裁注曰：“此从尸之又一说也。上象覆，旁象壁。”《说文》在解说“屚”字时，亦用了旁见说解:“尸者，屋也。”由此可见，在旁见说解中，“尸”分别表示“所主”和“象屋形”义，也就是说，“尸”作为文字构件时，其形体所取象的是两个不同的事物，但只有取象“所主”时可以成为独立之字，而取象“屋”时则不能成为独立之字。又例如：

（3）雨，水从云下也。一象天，冂象云，水霝其间也。

（4）旦，明也。从日见一上。一，地也。

（5）血，祭所荐牲血也。从皿，一象血形。

（6）夫，丈夫也。从大，一以象簪也。周制以八寸为尺，十尺为丈。人长八尺，故曰丈夫。

（7）甘，美也。从口含一。一，道也。

在旁见说解中,“一”分别表示“天”“地”“血”“簪”“味道”等。段玉裁《说文解字注》“氐”字注:“一之用甚多,故每分辨之。”“一之用甚多”即道出了“一形数物”的情况。正因为构件本身是“一形数物”，因此《说文》在不同的旁见说解中把同一构件说解成不同的意义。

四 《说文》中独立之字与其作为文字构件时在意义方面的关系

《说文》中的“文字构件”本身往往也是一个独立的字（也有些是不能独立成字的符号）。然而，作为独立之字时，它的意义与作为文字构件时所表示的意义是否相同？也就是说，《说文》中独立之字与其作为文字构件时，它们在意义方面具有怎样的关系？我们认为,《说文》中独立之字与其作为文字构件时在意义方面的关系主要体现在五个方面：一是文字构件的意义与其作为独立之字的意义相同，二是独立之字的意义与其作为文字构件的意义之间具有抽象与具体的关系，三是独立之字的意义与其作为文字构件的意义之间具有字义引申关系，四是独立之字的意义与其作为文字构件的意义之间具有词义引申关系，五是独立之字的意义与其作为文字构件的意义之间具有假借关系。下面分别进行阐释。

（一）文字构件的意义与其作为独立之字的意义相同。例如：

（1）疌，疾也。从止，从又。又，手也。屮声。

（2）灰，死火余尽也。从火，从又。又，手也。火既灭，可以执持。

（3）右，手口相助也。从又，从口。

（4）及，逮也。从又，从人。

（5）取，捕取也。从又，从耳。

“又”作为独立之字时，其本义是“手”，《说文》：“又，手也。象形。”作为“叏”字和“灰”字的构件时，它所表示的意义仍然是“手”。这两例中的文字构件“又”在作为独立之字时，其意义与旁见说解相同。为什么《说文》在解说“叏”字和“灰”字的构件“又”时用旁见说解呢？盖此二字不在“又”部之故；而在解说“又”部字如“右”“及”“取”时则不再对文字构件“又”加旁见说解。

（二）独立之字的意义与其作为文字构件的意义之间具有抽象与具体的关系。例如：

（1）舌，在口，所以言也，别味也。

（2）甜，美也。从甘从舌。舌，知甘者。

（3）兔，兽名。

（4）逸，失也。从辵兔。兔，谩訑善逃也。

作为独立之字，“舌”的功能有两个：说话与别味。“别味”是表示抽象的、一般的概念；作为文字“甜”的构件，“舌”表示辨别甜味。这是表示具体的、个别的概念。“逸”的本义是“逃跑”（失即佚字）。“逸”字从“兔”何以会有“逃跑”义呢？段玉裁注：“‘兔，谩訑善逃也’，说从兔之意。谩、訑，皆欺也。……兔善逃，故从兔辵。”王筠《说文句读》：“兔阳（佯）不动，乘间而逃，善售其欺也。”由此可见，“兔”作为独立之字，《说文》是用抽象的方式来解释的，而作为文字“逸”的构件时，《说文》的解释是“谩訑善逃也”，这是揭示“兔”的具体特征。

（三）独立之字的意义与其作为文字构件的意义之间具有字义引申关系。例如：

（1）寸，十分也。人手却一寸动脉，谓之寸口。从又一。

（2）守，守宫也。从门从寸。寺府之事者。从寸，寸，法度也。

（3）封，爵诸侯之土也。从之，从土，从寸，守其制度也。公侯，百里；伯，七十里；子男，五十里。

《说文》“守”字的旁见说解是“寸，法度也”。在旁见说解中，“寸”有“法度”义。然而“寸”作为独立之字时，其本义是表示长度单位。《说文》：“寸，十分也。

人手却一寸动脉，谓之寸口。从又一。”“法度”是其引申义。《说文》:“寺，廷也。有法度者也。从寸，之声。”段玉裁《说文解字注》曰 :“言法度字多从寸。”《说文》“封”字的旁见说解是 :“从寸，守其制度也。”段玉裁注 :“此说‘从寸’之意。凡法度曰寸。”

（四）独立之字的意义与其作为文字构件的意义之间具有词义引申关系。例如 :

（1）系，繫也。

（2）孫，子之子曰孫。从子从系。系，续也。

（3）竹，冬生草也。

（4）范，法也。从竹。竹，简书也，氾声。古法有竹刑。

“系”作为独立之字时,其本义是“繫”,即联属、连接;作为“孫”字的构件时，它所表示的是“系”的引申义“续”，即继承、继续。相联属、连接的事物则往往具有“继承、继续”之关系,因此“系”由本义“联属、连接”可以引申为“续”义。此为理性引申。例如,《后汉书 · 班固传》:“系唐统，接汉续。”李贤注 :“言光武能继唐尧之统业也。”

《说文》在旁见说解中，“竹”有“简书”义。然而“竹”作为独立之字时，其本义是竹子。由于古代是在竹片上写字，因此“竹”引申为“简书”之义。此为文化引申。例如,《墨子 · 尚贤下》:“古者圣王，既审尚贤，欲以为政，故书之竹帛。”

由（三）和（四）可知，独立之字的意义与其作为文字构件的意义之间或具有字义引申关系，或具有词义引申关系。字义引申与词义引申的根本区别在于 :词义引申的结果形成了一个新的义项，并且在文献语言中得到运用 ; 而字之引申义的结果并未形成一个新的义项，因为它在文献语言中未能得到运用，该“意义”只是在制造新字时得到运用。

（五）独立之字的意义与其作为文字构件的意义之间具有假借关系。或为本无其字的假借，或为本有其字的假借，即通假。例如 :

（1）匹，四丈也。

（2）甚，尤安乐也。从甘，从匹耦也。

（3）戌，灭也。九月，阳气微，万物毕成，阳下入地也。

（4）咸，皆也，悉也。从口从戌。戌，悉也。

“匹”作为独立之字时,其本义是“四丈”,然而当“匹”作为“甚”字的构件时,《说文》却解释为“从匹耦也”,即从“匹耦”之“匹”。段玉裁《说文解字注》改为:“甚，尤安乐也。从甘匹。匹,耦也。”按,考之文献,“匹”的确常作“匹偶”讲。例如,《广韵·质韵》:“匹，偶也。”《楚辞·九章·怀沙》:“怀质抱情，独无匹兮。”但是,“匹”的“四丈”义与“匹偶”义在意义上完全不同,并且毫无联系,此可谓“本无其字”的假借。

“戌”作为独立之字时,其本义是表示地支的第十一位,然而当“戌”作为“咸”字的构件时,《说文》却解释为：“戌，悉也。”考之文献，“戌”并无“悉”义，段玉裁注:“此从戌之故。戌为悉者,同音假借之理。”原来《说文》旁见说解“戌，悉也”，是说“戌”通“悉”，此可谓“本有其字”的假借。

综上所述,《说文》中旁见说解的对象是文字构件，旁见说解实际上就是对文字构件所作的形义说解。文字构件是组成文字的元素，文字构件之形义明则文字之本义明。上文对此已作了充分的阐释；反之，如果文字构件之形义不明，则文字之本义亦难明，或者造字之理据难明。因此，系统地分析与归纳《说文》中旁见说解，可以进一步明了汉字的构形意图及造字的本义，从而使人们更准确地“以形索义”；还可以了解本字构件的不同意义并由此归纳出某个汉字所具有的词义系统。

黎千驹，男，1957年出生，湖南长沙人。湖北师范学院文学院教授。湖北师范学院语言学研究中心主任。

许慎《说文》六书体系对汉字学理论的奠基意义

张玉梅
上海交通大学中文系

提　要　从严格的汉字学理论的定义考察，许慎《说文》六书理论体系对汉字学理论具有奠基意义。因为《说文》第一次给六书以明确定义，首次将六书理论贯彻全书进行字例分析；宋、元、明对《说文》六书理论进行了别样的发展；有清一代《说文》六书理论达于巅峰；六书理论亦为近代语源学、古文字学之奠基；《说文》六书理论亦有因未有详论或未及详备而产生的问题，譬如六书相兼问题，然亦可见其借鉴作用。总之，《说文》六书体系对汉字学理论的奠基意义不容置疑。

关键词　《说文》　六书体系　汉字学理论　奠基意义
[中图分类号] H122　　[文献标识码] A　　[文章编号]

一　何谓汉字学理论

考察许慎《说文解字》对汉字学理论的奠基意义，需要从两组最基本的概念说起。一组为：学科、语言学、文字学、汉字学，另一组为：系统、理论、汉字学理论。

"学科"概念。《古今汉语字典》："学科，指某一门类的系统知识。"[1]

"语言学"概念。《辞海》："语言学，是研究语言的科学，分理论语言学和具体语言学。前者研究人类语言的一般规律；后者研究具体语言存在发展的规律，如汉语语言学、英语语言学。""文字学"概念。《辞海》："文字学，是语言学的一个部门。以文字为研究对象，研究文字的起源、发展、性质、体系，文字的形、音、义的关系，正字法以及个别文字演变的情况。"[2] 由这一组的前三个基本概念可以总结出第四个概念的定义："汉字学"作为一门关于汉字的系统知识的学科是汉语语言学的一个部门，它以汉字为研究对象，研究汉字的起源、发展、性质、体系、汉字的形、音、义的关系，正字法以及个别汉字演变的情况。

“理论”概念。商务印书馆《现代汉语词典》：“理论，人们由实践概括出来的关于自然界和社会的知识的有系统的结论。”

“系统”概念。商务印书馆《现代汉语词典》：“系统，同类事物按一定的关系组成的整体。”

由第二组的这两个概念和第一组总结出的“汉字学”概念，可以得出“汉字学理论”的定义为：人们由实践概括出来的关于汉字学学科知识的有系统的结论，这种系统性的结论针对汉字的起源、发展、性质、体系、汉字的形音义的关系，正字法以及个别汉字演变等领域的研究。

本文拟集中讨论许慎《说文解字》六书理论体系对汉字学理论的奠基意义。

许慎《说文》第一次系统地提出了六书理论体系，从而对汉字学理论的构建和发展具有巨大的奠基意义。

二 《说文》构建六书理论体系

汉代之前已有六书的称名和说法，不过许慎是将其构建为六书理论体系的第一人。具体表现在《说文》明确提出六书概念，《说文》将六书字例分析基本贯彻全书，《说文·叙》第一次提出“字例之条”。

1.《周礼·地官·保氏》中最早出现了“六书”的名称：周官保氏养国子以道，“乃教之六艺。一曰五礼，二曰六乐，三曰五射，四曰五驭，五曰六书，六曰九数”。《汉书·艺文志》中记载了“六书”的具体名目：“谓象形、象事、象意、象声、转注、假借，造字之本也。”[3]而《周官》至晚是西汉末年人作品，《汉书·艺文志》是班固所作，其实本于刘氏《七略》，其实亦在西汉末年。

《说文·叙》援引了《周礼》的说法，继承了传统的六书提法，并明确提出了六书的概念：“周礼八岁入小学，保氏教国子，先以六书：一曰指事，指事者，视而可识，察而见意，上、下是也。二曰象形，象形者，画成其物，随体诘诎，日、月是也。三曰形声，形声者，以事为名，取譬相成，江、河是也。四曰会意，会意者，比类合谊，以见指撝，武、信是也。五曰转注，转注者，建类一首，同意相受，考、老是也。六曰假借，假借者，本无其字，依声托事，令、长是也。”

2.提出概念的同时，《说文》使用了一套程式化的术语，基本全面贯彻了对所收字例的六书分析。对前四书的解析术语:以“象形”、“象某形”、“象某某之形”、“从某，象某某”、“从某，象某某之形”这样的术语解析象形字;以“象形”、“象某某”、“象某某之形”、“从某,象某某之形”等解说指事字;以“从某,从某”、“从某某”、“从……某”、“从某……某”、“从某省，从某”、“从某，从某省”等解说会意字;以“从某，某声”、“从某从某，某亦声”、“从某某，某亦声”、“从某省，某声”、“从某，某省声”等解析形声字。虽然这些术语中指事和象形的用语有所重复，实际操作中会意和形声有时也不易分辨清楚，这显然是《说文》使用术语存在不严谨的缺陷，但《说文》这种以六书对汉字整体进行归类的工作，创新性是不言而喻的。

说《说文》“基本”全面贯彻了对所收字例的六书分析，是因为除了在《叙》中许慎有对六书整体的概念交代和代表字举例,对于六书的后二书转注和假借《说文》没有更多的阐释，也没有什么例字分析了。这显然是《说文》六书理论体系的一大遗憾和缺陷。也因此，转注和假借在后代的六书学研究中较之前四书更加的聚讼纷纭，难以定论。

3.《说文》第一次提出“字例之条”，即明确提出汉字构形的六书理论。

《说文》不仅提出了六书明确的概念，而且显然许慎对六书条例有着较为系统的、全面的、理论意义上的把握，并旨在向世人揭示这种规律。《说文·叙》:“俗儒鄙夫，玩其所习，蔽所希闻，不见通学，未尝睹字例之条，怪旧艺而善野言，以其所知为秘妙，究洞圣人之微恉。”这是在《说文》中第一次出现“字例之条”的说法。

“例”字最早见于《公羊传·僖公元年》:“臣子一例也。”[4]何休注:“以臣之继君，犹子之继父也。其服皆斩衰,故《传》称‘臣子一例’。”《汉语大词典》释义为“等、类”。则“字例之条”可以大致翻译为:关于字的等、类的体系和规律。这个“字例之条”实际上就是许慎对汉字学意义上的汉字的客观体系、客观规律的主观的思想提炼。《段注》认为《说文》的“字例之条”就是六书:“字例之条，谓指事、象形、形声、会意、转注、叚借六书也。”[5]关于《说文》的六书字例,《汉语大词典》将其解释为“造字的条例”[6]。今天学界已经普遍认为这种解释是不合适的,而倾向于将它解释为汉字的“构形的条例”。不过,无论是否将《说文》的“字例之条”解释为“六书”;也无论是将其解释为“造字条例”，还是解释为“构形条例”，不可否认的事实是：它是许慎在《说文》中所总结的汉字学意义上的体系和规律，属于许慎的汉字学理论。

关于《说文》的六书条例，有学者曰：“许慎的功绩，在于发展了汉字分析的理论——‘六书’，并且以这种理论统贯‘说文解字’的整个过程中。许慎的‘六书’虽然与班固、郑众同出一师，但只有他对‘六书’作了具体的界定，并用于‘说文解字’的实践。”[7] 这样评价许慎的六书功绩绝不为过，不过应该把“发展”改为“形成”，因为在《说文》之前只有六书的称名和记载，并未形成概念明确的、系统的六书“理论”，到了许慎这里，才第一次对“六书”的概念作了具体的界定，并基本贯穿于全书的字例实践，因而可以说，到许慎这里“六书理论”形成了。

三　宋、元、明对《说文》六书理论的别样发展

六书理论一经形成，影响深远而巨大。从历时的角度看，宋代郑樵《六书略》以六书来研究一切文字，并由此开创了六书学，以致元、明时期文字学研究的核心问题即为六书之学。宋、元、明三代涌现了戴侗《六书故》、杨桓《六书统》、周伯琦《六书正讹》、赵撝《六书本义》、魏校《六书精蕴》、吴元满《六书正义》、《六书总要》等学者的六书专著。这些著述虽不墨守《说文》，但也没有跳脱《说文》六书影响，从而开创了六书研究别一种思路。此以戴侗《六书故》[8] 为例：

戴侗六书次序不同于《说文》，为：指事；象形；转注；会意；形声；假借。并且认为象形、指事、会意、形声和转注五书造字，假借用字：“书始于指事、象形，变而为转注、会意、谐声、假借。谓之六书。文字之本原也。独立为文，判合为字。文立而字孳，天地万物之载孰有外于是者。”即戴氏认为六书为文字之本，其中六书中又以指事、象形为其他之本原。指事、象形为独立之文。会意、形声为合体之字。转注也是字，与会意、形声一个层面。有了这五种方法，“而书之制作备矣”。即戴氏将此五种归为造字之法。“五者犹不足以尽变，故假借以通之，而后文字之用备焉。”假借作为用字法，补足了前五书造字的不足。或许有清六书四体二用说也颇受戴氏此说影响吧。

关于转注，戴氏定义为：“何谓转注，因文而转注之。侧山为阜，反人为匕，反欠为旡，反子为𠫓，此类是也。”戴氏的转注指将象形字、指事字的字形作方向上的转动，或 90° 或 180° 等。对于转注字，历来说法不一，有音义变转、形

体变转、字际转注、文与字集合而成转注等观点。戴氏此为形体变转之说。《说文》于此未有详论，戴氏之说亦可为后人参照。

戴氏甚至明确批评许慎将“令、长”作为假借字例是错误的。认为许慎这样举例是“已不知假借之本义矣”。“所谓假借者，义无所因，特借其声，然后谓之假借。若韦本为韦背，借为韦革之韦。豆本为俎豆，借为豆麦之豆。令铎之令……凡虚而不可指象者多假借。人之辞气抑扬，最虚而无形与事可以指象，故假借者十八九……”按照戴氏的观点，借字与被借字之间没有词义上的联系，只是借声而已，只有字音上的联系。如韦字、豆字等。假借的发生往往是因为用字“虚”而不可指象时，如用于人的语气方面时，才有的。他还总结了10类用于句首、句末、句间，用于反问、疑问、嗟叹等方面的语气词的假借用法。戴氏认为，对于那些不能“因形以求义”的假借字要“因声以求义”——“至于假借，则不可以形求，不可以事指，不可以意会，不可意类傅，直借彼之声以为此之声而已。耳求诸其声则得，求诸其文则惑。不可不知也。”“夫文字之用，莫博于谐声，莫变于假借。因文以求义而不知因声以求义，吾未见其能尽文字之情也。”姑不论戴氏假借说之正谬，仅其“因声以求义”发论于宋元之际，已足见其价值矣。

戴氏对《说文》部首排序也作了颠覆性的批评：“许氏之为书也，不以众辨异，故其部居殽杂。不以宗统同，故其本末散乱。”“凡予之为书也，方以类聚，物以群分，以辨其众。又父以联子，子以联孙，以统其宗。宗统同，众辨异，故视繁若寡而驭万若一。天地万物之富不可胜穷也，以是书而求之，则若数二三焉。故曰：知治六书者，其知所以治天地万物矣。”于是戴氏《六书故》按照事物的义类分部为：全书33卷，除了“杂”、“疑”两卷外，其他31卷分为7类：数（1卷）、天文(2卷)、地理(4卷)、人(9卷)、动物(3卷)、植物(3卷)、工事(7卷)。在每一卷内，以文（或指事字、或象形字）为基础字，次列由其孳生的字（或转注字、或会意字、或谐声字），再分别次列这些字的衍生字，等等。正所谓“父以联子，子以联孙”，最终形成文字的家族体系。戴氏“文”计188个，“疑文”（戴氏有疑问之文）45个，“字”计245个。文、字合计478。

从以上相异之处看，似乎戴侗之六书理论与《说文》旨趣大不相同；戴氏主观上也显然力求与《说文》相对。不过，在我们客观肯定戴侗六书说的历史贡献时，也当然会客观地给予他科学的历史评价：戴氏一方面开辟了与《说文》六书理论不同的别样的研究思路，从而发展了六书学；另一方面戴氏也仍然是基于《说文》概念做出修正的，是立足于《说文》首倡六书理论而反思的，只不过他将《说文》放在了自己驳论的一面。这从他每个部次里字头下必析列其为指事、象形、会意、谐声、转注、假借等可知。

四　有清一代《说文》六书理论研究达于巅峰

清代达于鼎盛的"《说文》学"研究亦无不本之于六书理论，戴震著《六书论》并于《答江慎修先生论小学书》中提出"四体二用"之说，段玉裁《说文解字注》之随《说文》而注，王筠《说文释例》之提炼《说文》而述，朱骏声《说文通训定声》之董理《说文》声系，桂馥《说文解字义证》之进一步为《说文》补充、汇编资料，清代的小学研究达到新的历史高峰，也将《说文》以来的六书理论发展到了极致。

此以王筠为例：以解读《说文》条例为基本宗旨，王筠颇赋个人见解的六书体系贯穿《说文释例》一书[9]。在这个体系中，指事、象形、会意、形声均分正例、变例。正例、变例之中又分别罗列诸多条例，总其全貌，列为下表（此表暂不涉及转注、假借，因与论题关联不大），表中"体类"指体的类别。体，是王筠汉字学思想中造字与字形分析的基本单位，分为独体、合体两大类。独体形式的归类主要依据字形中"字"与"非字"之"形"的情况划分的：

独体 1–1 指纯粹的没有成字介于其间的 1 个字形。

独体 1–2 指 2 个非字之形组成的字形。

独体 2–1 指 1 个非字之形与 1 个成字组成的字形。

独体 2–2 指 2 个非字之形与 1 个成字组成的字形。

独体 2–3 指 1 个非字之形与 2 个成字组成的字形。

合体形式的归类主要依据字形中有几个独体字，属于共时合体，还是历时合体等情况来划分的：

合体 1–1：共时，2 个成字组成的字形。

合体 1–2：共时，3 个成字组成的字形。

合体 1–3：共时，2 个成字与 1 个非字之形组成的字形。

合体 2–1：历时，2 个成字组成的字形。

王筠四书正例、变例情况一览表1（指事）

序号	正例变例名称 / 字数	例字	体类	字形分析 / 定性
1	指事正例 /62	上下	独体 1–1	（纯事）形 / 独体字
2	以会意定指事 /41	畺示	独体 2–1	（事）形 +（辅）字 / 独体字
3	以会意为指事 /2	品欠	独体 2–1	（事）形 +（字）形 / 独体字
4	指事而兼形意与声 /2	牽	独体 2–3	（事）形 +（辅）字 +（辅）字 / 独体字
5	少增之以指事 /5	夨夭	独体 2–1	字 +/ 独体字
6	省体指事 /1	凵	独体 1–1	字 –/ 独体字
7	形不可象转而为指事 /10	刃本	独体 2–1	字 +（事）形 / 独体字
8	借象形以指事 /8	大勹	独体 1–1	（物）形 / 独体字
9	借形为指事而兼会意 /1	高	独体 2–2	（物）形 +（辅）字 +（物）形 / 独体字

王筠四书正例、变例情况一览表2（象形）

序号	正例变例名称 / 字数	例字	体类	字形分析 / 定性
10	象形正例 /185	日月	独体 1–1	（纯物）形 / 独体字
11	一字象两形 /6	回彡	独体 1–1	（纯物）形 / 独体字
12	减体象形 /6	虍屮	独体 1–1	（纯物）形 / 独体字
13	避他字而变形 /2	匚凵	独体 1–1	（纯物）形 / 独体字
14	有所兼而后能象形 /1	臼	独体 1–2	（辅物）形 +（物）形 / 独体字
15	以会意定象形 /57	**谷**果	独体 2–1	（物）形 +（辅）字 / 独体字
16	兼意而小异 /1	为	独体 2–1	（物）形 +（辅）字 / 独体字
17	会意定象形而别加一形 /5	眉巢	独体 2–2	（物）形 +（辅）字 +（辅物）形 / 独体字
18	象形而兼意与声 /6	齒龍	独体 2–3	（物）形 +（辅、意）字 +（辅、声）字 / 独体字
19	以意为形 /1	衣	独体 1–2	（似字之）形 +（似字之）形 / 独体字
20	全无形而反成形 /1	身 能	合体 1–1 合体 1–2	（辅）字 +（辅）字 （辅）字 +（辅）字 +（辅）字 / 合体字

王筠四书正例、变例情况一览表3（会意）

序号	正例变例名称 / 字数	例字	体类	字形分析 / 定性
21	会意正例一 /257	祟苪	合体 1–1	字 + 字 / 合体字
22	会意正例二 /345	冬吏	合体 1–1	字 + 字 / 合体字
23	会意正例三 /73	辩冏	合体 1–1	字 + 字 / 合体字
24–1 24–2	于会意外加一形 /3+8	父夫 腦葬	独体 2–1 合体 1–3	字 + 形 / 独体字 字 + 字 + 形 / 合体字
25–1 25–2	从其字而变其字之形 /17	冂 屯门	独体 1–1 合体 1–1	（变形）字 / 独体字 字 +（变形）字 / 合体字

续表

26	会意兼象形 /6	棘牢	合体 1–1	字 + 字 / 合体字
27	会意兼指事 /14	束困	合体 1–1	字 + 字 / 合体字
28	意在无字之处 /7	秝州	合体 1–1	字 + 字 / 合体字
29	所从之字不成意，转由所从与从之者以得意 /5	宰建	合体 1–1	字 + 字 / 合体字
30	就本字而少增之以会意 /7	耴曶	独体 2–1	字 +/ 独体字
31–1	省文会意 /31	非卂	独体 1–1	（省形）字 / 独体字
31–2		俎[illegible]	合体 1–1	字 +（省形）字 / 合体字
32–1	反文会意 /26	永𠄔	独体 1–1	（左右反向）字 / 独体字
32–2		[illegible]鬭	合体 1–1	（左右反向）字 + 字 / 合体字
33–1	到文会意 /10	𠫓七	独体 1–1	（上下反向）字 / 独体字
33–2		尾干	合体 1–1	字 +（上下反向）字 / 合体字
34	会意兼声 /250	禰禮	合体 1–1	（形旁）字 +（形旁兼声）字 / 合体字
35	于会意之外别加声者 /68	碧疑	合体 1–2	（形旁）字 +（形旁）字 +（声旁）字 / 合体字

王筠四书正例、变例情况一览表 4（形声）

序号	正例变例名称 / 字数	例字	体类	字形分析 / 定性
36	形声正例 /389	江河	合体 1–1	（只表意形旁）字 +（只标音声旁）字 / 合体字
37	形声兼象形会意 /1	[illegible]	合体 1–1	（形旁）字 +（声旁）字 / 合体字
38	亦声 /		合体 1–1	（形旁）字 +（声旁兼表意）字 / 合体字……
39	省声 /		合体 1–1	（形旁）字 +（声旁兼表意）字 / 合体字……
40	分别文 累增字	曐 娶 裘 肱	合体 2–1	历时 :（本）字 +（声旁）字 / 合体字 历时 :（本）字 +（形旁）字 / 合体字 历时 :（本）字 +（形旁）字 / 合体字 历时 :（本）字 +（形旁）字 / 合体字

从六书体系来说，王筠可谓《说文》传统六书理论的集大成者，这个由 40 个条例组成的系统使《说文》六书研究达到了顶峰，取得了传统小学意义上的最高成就。

五　六书理论亦为近代语源学、古文字学之基

章太炎、黄侃是近代语源学的创始人，把作为经学附庸的传统小学发展为独立的语言学学科。章、黄之现代语源学并非无根之木、无源之水，它和《说文》

六书理论仍然有着密不可分的关系。章太炎著《文始》、《小学答问》、《新方言》、《国故论衡·上》等四篇，系联了《说文》字族，从而首次实现了从理论到实践对语源的全面探索。在《文始》中，章氏从语言、文字的角度重新阐释《说文》六书的“转注”：“何谓建类一首？类谓声类……首者今所谓语基……考、老同在幽类，其义相互容受，其音小变。按形体，或枝别；审语言，本同株。虽制殊文，其实公族也。”章氏在这里讲出了同源词的几个条件：有共同的语根、词义相互容受、语音可以小变、字形可以有分化区别。

章氏还作了《说文》同源词的系联工作，《文始·叙例》：“于是刺取《说文》独体，命以‘初文’，其诸省变及合体象形、指事与声具而形残、若同体复重者，谓之‘准初文’，都五百十字，集为四百三十七条，讨其类物，比其声均，音义相雠谓之‘变易’，义自音衍谓之‘孳乳’。坒而次之得五六千名。……亦以见仓颉初哉规摹宏远，转注假借具于泰初。”[10] 章氏从《说文》中选出推源的“根”：一种为“初文”，是《说文》中的独体字；一种为“准初文”，是《说文》中省变的独体字、合体的象形字指事字和同体重复字。两种字共510个，类聚为437条，系联起五六千字，形成《说文》字族系统。所以有学者评价，章氏能取得这样的理论进步，和他以《说文》为语料库大有关系，因为《说文》就是一部字源之书，是一部从六书形体上探求汉字本源的著作，其中包含了很多源字或与源头有关联的词[11]。

古文字学的发端亦肇始于《说文》。《说文》“今叙篆文，合以古籀”的做法足见许慎对古文字的重视，《说文》行文中亦贯彻了许慎将古文字与小篆比较研究的思想。当然，古文字材料有限，所以许慎所做有限。有宋一代，金石学大兴，金石学家在考古的同时也做了释读古文字的工作，于古文字学贡献很大。宋、元之际的戴侗很重视古文字与《说文》的比对，从而对《说文》起到了补正的作用。有清一代，庄述祖、严可均、吴大澂、王筠等人复兴金石学，重视古文字，使古文字学得以延续发展。

20世纪末以至21世纪初的今日，古文字学随着甲骨文的发现、地下甲、金资料的涌出和丰富而大放异彩。这个阶段的古文字学依然以订补《说文》为己任，以《说文》为重要基础和参照。从发现甲骨文的“甲骨文之父”王懿荣，到《契文举例》、《名原》的作者孙诒让，著《殷虚书契考释》的罗振玉，被梁启超称为治甲文为“绝学”的王国维，乃至近现代文化巨匠和古文字学大家郭沫若等，这些被称为“订许”派的古文字学家，无一不是将《说文》作为研究基础、以《说文》作为首要参照来释读古文字的。当然，这种释读，乃至订误仍在《说文》六书理论系统之中。此谨列罗振玉《殷虚书契考释》“其”字一例明之：

“《说文解字》箕从𠀠，象形，下其丌也。古文作□、□、□三形。籀文作□、□二形。卜辞作□，作□（许书之□乃由□而讹），与许书古文合。此字象𠀠形而假为语词（卜辞中诸其字亦然）。其字初但作□，后增丌，于是改象形为会意。后又加竹作箕，则更繁复矣。许君录后起之箕字而附𠀠、□诸形于箕下者，以当时通用之字为主也。”[12] 对古文字进行考释时，罗振玉和其他订许派古文字学家大致都是这样的一个思路：援引《说文》某字之解形、释义、六书类别——并列《说文》古文、籀文字形——罗列出土甲金字形——得出结论：古文字或与《说文》合；或与《说文》异；或可见《说文》古文、籀文、小篆由甲金文字演变之迹；或臆测《说文》文字解析体例因由等。

六 《说文》六书理论之白璧微瑕

《说文》六书理论巨大深远的奠基意义可谓举世公认。这里也须简要交代一下白璧微瑕——因《说文》六书理论未有详论或未及详备而产生的问题，譬如六书相兼问题。

兼书作为一种现象始载于《说文》,《说文》中“亦声”、“省声”、“兼意”、“兼声”均已明示六书中有兼书现象。兼书现象后来发展为六书相兼说，并因六书皆可相兼、每一书似可无所不兼从而引起学者疑惑和诟病。持兼书说而终至大备者为清代王筠，此即以王筠兼书说为例。

本文第四部分已列出王筠四书整体面貌：四书正例、变例总计 40 条之多，其中除了正例不兼书以外，变例兼书情况为：指事兼书四种：1. 以会意定指事。2. 以会意为指事。这两种指事兼会意是因为字形中有一个或两个成字，需要结合成字才能领会其字之义，故而归于兼会意。3. 指事而兼形意与声。因为其字是动字，表事，故而为指事字。字形中不仅有两个成字，需要结合它们领会字义，同时一个成字还兼表其字之音，故而兼会意，也兼形声。4. 借形以指事而兼会意。虽然借了物形，但仍然表事，故而为指事字。字形中又有成字，需要结合成字之意才能领会其字之意，故而兼会意。

象形兼书五种：1. 以会意定象形。2. 兼意而小异。这两种象形兼会意是因为字形中有一个成字来辅助其物之形，不结合这个成字的字义不可能知道其物形为何，故而兼会意。3. 以会意定象形而别加一形，也是字形中有一个成字，不结合这个成字的字义不可能知道其物形为何，故而兼会意。4. 象形而兼意与声。字形中有两个成字，需要结合它们的字义才能领会物形之意，故而兼会意。同时，其中一个成字还兼表字音，故而兼形声。5. 全无形而反成形。这类兼书还有另一个名字叫作“就意声以为形”。因为字形是由两个或三个成字组成的，这两个或三个成字的形体的组合恰好是其物的象形，所以归于象形。成字组合而见意，故而兼会意。同时这其中一个成字还兼表字音，故而兼形声。

会意兼书五种：1. 于会意外加一形。其字由一个成字和一个物形组成，成字是主体，物形起辅助作用，故而是会意兼象形不是会意定象形。或者其字由两个成字和一个物形组成，两个成字的会意是主体，故而为会意兼象形。2. 会意兼象形存在于正例三和变例三中。正例中出现兼书实属王筠体例不严所致，此处姑且不论。这类兼书属于合体会意兼合体象形，王筠象形变例中已经将象形概念扩展到了合体。3. 会意兼指事。同样的道理，两个不关乎其音的偏旁组合为会意，同时又是表示动词、形容词等的字，故而兼指事。4. 会意兼声，存乎正例一、二、三和变例十一、十二中。正例中出现兼声，亦属王筠疏漏或体例不严密所致。当组成会意字的偏旁也与其字之音发生联系时，就兼形声了，这类会意字确实是存在的，而且数量也不少。5. 于会意之外别加声者。指会合两个成字成其字之意，再加一个字作为声旁，显然这是会意兼形声字。

形声兼书两种：1. 形声兼会意。指形声字的声旁不仅标示成字之音而且兼表成字字义或形声字的形旁不仅表成字之义而且兼标成字之音的情况。2. 形声兼象形会意。这类兼书在《释例》中只列1个**㯻**字：此字为形旁束、声旁圂合体之形声；束、圂字形组合为其字之象形；以束裹物（圂）为合体会意。故而为形声兼象形会意。

总体考察后发现，在王筠正例、变例概念内涵之下，虽然兼书形式多达16种，但各种兼书形式的存在基本上都是合理的、正常的。即便是引入出土古文字重新求证，也没有根本性地动摇王筠的兼书体系。[13]那么六书相兼究竟原因何在？如何解决这无所不兼的纷乱？

究其实质，兼书说源于六书概念界定的不严密、不科学，因为《说文》以至王筠《说文释例》以来的六书概念其实是从以下9个角度和5个层面提出的：（1）事、物的角度。（2）词性的角度。（3）词义的角度。（4）同义词、同音词的角度。（5）字义的角度。（6）字形的角度。（7）字音的角度。（8）合体字偏旁是否标音表意的角度。（9）独体、合体的角度。这9个角度分属于5个层面：第一，事物的层面，如（1）。事物是语言描写的对象，也是汉字取象制作的重要参照。第二，语言的层面，如（2）（3）（4）。其中，词性属于语法分析的概念，词义属于语素二要素之一，同音词、同义词属于词语之间音、义特点的同类归并。第三，汉字三要素的层面，如（5）（6）（7）。第四，对汉字成字进行偏旁分析的层面，如（8）。第五，汉字造字、汉字分析基本单位与方法的层面，如（9）。

在六书概念中存在着这样9个角度和5个层面，每个概念或及其一二或兼其三四。在一个六书体系之下，并没有贯彻某个一成不变的原则，也常常偏离分析的目的与初衷。——使用不同层面的概念，进行多个角度的分析，并且没有将它们全部贯彻六书分析的始终，这就是六书相兼产生的具体原因。可见从传统六书概念和理论出发，六书相兼是必然的，这种纷乱也是不可解决的。

但是，必须郑重强调的是，《说文》六书理论存在这样或那样的问题，不代表它不具有奠基意义了；恰恰相反，这种白璧微瑕正是从另一个方面为现代的、科学的语言学、汉字学理论奠定了基础：传统《说文》六书理论乃至《说文》学是历经两千多年学术史累积起来的宏厚的财富，这财富本身既包含科学的、积极的一面，也包含不太科学的、消极的一面。正所谓没有谬误也将没有真理，它消极的一面，诸如它的不完备、不严密，甚至理论体系中显示的混乱、谬误正是传统小学家们从多方位、多角度、多层面研究汉字和汉字系统的整体显现，正是这样一种正误混杂、歧路迭出的状况引发了我们最丰富最全面的思考，从而使我们具有了更为明亮的眼睛、更为宽广的视野去构建新时代的、科学的汉字学理论。

综而述之，《说文》六书理论不仅从它诞生之日起就为汉字学理论的研究奠定了基础，而且也在两千多年的传统汉字学理论发展史中一直发挥着不可替代的作用，甚至它也因不太科学、不太完备、消极的一面为汉字学理论的发展提供了借鉴性的参考价值；尤为重要的是，正因为以《说文》为代表的六书理论存在着这样或那样的问题，所以现代汉字学理论才需要并已经在开辟着更为科学的新的思路和领域，扎扎实实地做着这样一些工作：清理传统术语、建立新的术语体系；为《说文》学所属及相关学科定位；借助高科技手段穷尽式录入包括《说文》在内的传世文献，建立数据库，进行系统分析；借助高科技手段穷尽式分析、测查《说文》小篆汉字体系，出土甲、金、石刻等汉字体系等。

因此，我们有理由相信，秉承《说文》为代表的宏厚的小学传统，在当今这个伟大的时代，科学的汉字学理论正在，也必将取得令世界瞩目的、富有中华民族特色的巨大成就。

参考文献

[1] 许慎：《说文解字》，北京：中华书局 1963 年版。

[2] 班固：《汉书》，北京：中华书局 1962 年版。

[3] 郑樵：《通志·六书略》，杭州：浙江古籍出版社 2000 年版。

[4]《十三经注疏》，北京：中华书局 1980 年版。

[5] 戴侗：《六书故》，北京：国际文化出版公司 1997 年版。

[6] 王筠：《说文释例》，北京：中华书局 1987 年版。

[7] 段玉裁：《说文解字注》，上海：上海古籍出版社 1981 年版。

[8] 曾昭聪、黄永武：《形声多兼会意考》，台湾台北：文史哲出版社 1966 年版。

[9] 何添：《王筠说文六书相兼说研究》，长春：吉林文史出版社 2000 年版。

[10] 党怀兴：《宋元明六书学研究》，北京：中国社会科学出版社 2003 年版。

[11] 李圃：《古文字诂林》，上海：上海世纪出版集团、上海教育出版社 1999—2004 年版。

[12] 裘锡圭：《文字学概要》，北京：商务印书馆 1988 版。

[13] 王宁：《汉字构形学讲座》，上海：上海教育出版社 2002 年版。

[14] 黄德宽、陈秉新：《汉语文字学史》，合肥：安徽教育出版社 1990 年版。

[15] 许嘉璐：《未辍集》，北京：中国社会科学出版社 2000 年版。

[16] 张标：《20 世纪〈说文〉学流别考论》，北京：中华书局 2003 年版。

[17] 张玉梅：《王筠汉字学思想述论》，上海：上海交通大学出版社 2009 年版。

[18] 张玉梅：《王筠"形声兼会意"述论》，《古汉语研究》2010 年第 1 期。

注释

［1］商务印书馆辞书研究中心：《古今汉语字典》，商务印书馆 2003 年版，第 715 页。

［2］辞海编辑委员会：《辞海》（缩印本），上海辞书出版社 1990 年版，第 447、1733 页。

［3］（汉）班固：《汉书》，中华书局 1962 年版，第 1720 页。

［4］《十三经注疏·春秋公羊传注疏》，中华书局 1980 年版，第 2246 页。

［5］（清）段玉裁：《说文解字注》，上海古籍出版社 1981 年版，第 763 页。

［5］罗竹风：《汉语大词典》第二卷，汉语大词典出版社 1988 年版，第 41 页。

［7］黄德宽、陈秉新：《汉语文字学史》，安徽教育出版社 1990 年版，第 14、31、117 页。

［8］（元）戴侗：《六书故·序》，国际文化出版公司 1993 年版；以下文中戴侗文字学思想引自《六书故目》。

［9］张玉梅：《王筠汉字学思想述论》，上海交通大学出版社 2009 年版，第 25—27 页。

［10］转引自许嘉璐《未辍集·章太炎沈兼士二氏语源学研究之比较》，中国社会科学出版社 2000 年版，第 404 页。

［11］张标：《20 世纪〈说文〉学流别考论》，中华书局 2003 年版，第 17—28 页。

［12］李圃：《古文字诂林》，上海世纪出版集团、上海教育出版社 1999—2004 年版，第 707 页。

［13］详见张玉梅《王筠"形声兼会意"述论》，《古汉语研究》2010 年第 1 期；张玉梅：《王筠六书相兼及其古文字验证》，2010 年训诂学武夷山年会提交论文。

张玉梅，女，内蒙古包头人。上海交通大学中文系副教授。主要从事古汉语教学和研究。

许慎《说文解字》的“省声”与汉字的简化

苏宝荣

河北师范大学

许慎著《说文解字》(以下简称《说文》) 提出“省声”之说。但由于许氏讲“省声”失之宽泛，而且他所分析的相当一部分“省声”字，没有相应的或体(即异体字)作为佐证,因此,许氏“省声”之说,颇受后人非议。如清代《说文解字注》(以下简称《段注》)的作者段玉裁就说过:“许书言省声多有可疑者,取一偏旁,不载全字,指为某字之省,若‘家’之为‘豭’省,‘哭’之从‘狱’省,皆不可信。”(《段注》二篇上“哭”条注)今人论及《说文》，于“省声”更有持怀疑态度者，有人甚至从理论上根本否定它。如李家祥《〈说文解字〉省声类字疑误析辨》(《贵州文史丛刊》1991年第3期，中国人民大学书报资料中心复印报刊资料《语言文字学》1992年第4期)一文认为:“《说文》之省声类字系许氏的臆撰之说，不可信，不可从，应该否定之。”并从《说文》所指出的省声字(凡170字)中选出64个字，分成三类加以辨误:

一是许氏《说文》将一部分象形字误解为省声字(此类作者共列出11字)。如:

鼎，《说文》云:“鼎，象析木以炊，贞省声。”(李文此引文用《段注》本)

析辨:“鼎”不是省声字是象形字。“鼎”字于甲骨，是一个烹饪器的形状，上有两耳，中有腹，下有足，大小不一。鼎于我国古代，分方、圆两种:方者，四足两耳;圆者，两耳三足。鼎于甲骨文之形，就是古鼎器的实物形状描绘。

二是许氏《说文》将一部分会意字误解为省声字(此类作者共列出13字)。如:

烦，《说文》云:“烦，从页从火，一曰焚省声。”

析辨:“烦”是会意字,不是省声字。烦虽未见于甲骨文,但从其字形结构分析,当从火，从页。页者，首也;火者，表热或烧痛，意思是头痛脑热，犹如着了火。所以,烦是会意字。段玉裁于其《说文注》中否定了许氏之说,他于《说文》“烦，从页火”下明确注上“会意”二字。

三是许氏《说文》将一部分全形声字误解为省声字(此类作者共列出40

字）。如：

啓、棨、綮。《说文》云："啓、棨、綮"这三个字都是"啟省声"字。

析辨："啓、棨、綮"不是省声字，是全形声字。它们的声符都是"户攴"（即"啟"字去掉下面的"口"——笔者注）。"户攴"（"啟"字去掉下面的"口"）字不是从"啟"省而来，它于甲骨文中是一个独立的全形文字，且为通体，其结构从户从攴，即以手持管开门，故其本义为开门。……

该文对《说文》所收省声字搜罗齐全，考证详密，相当一部字的分析颇有道理。但以对60余字的分析（约占《说文》所收省声字的三分之一），从理论上根本否定《说文》省声字的存在，难免有以偏概全之嫌。

应当如何看待许慎《说文》的"省声"之说呢？

为了公允地评价许慎的观点，应当全面引述和理解前人的评说。我们认为，段玉裁对《说文》的批评是有道理的。许慎谈"省声"，确有缺少佐证、玄妙莫解之处，这是值得怀疑的。如上面所举《说文》九篇上："烦，热头痛也。从页，从火。一曰焚省声。""烦"字之"火"何以为"焚省声"，许氏未能举出原始字形，实在难以让人信服。但段氏对许氏的"省声"之说，从理论上是予以肯定的。如：

《说文》六篇上："梓，楸也。从木，宰省声。梓，或不省。"

《段注》："按：许知宰省声而非辛声者，于或字（即异体字——笔者注）知之也。或字，盖古文之遗与。"

可见，段玉裁不但没有全盘否定"省声"的理论，而且对许慎"宰省声"的说解，详加注释说明。对《说文》中其他有或体（即异体字）为证的"省声"之字，段氏也同样予以承认。如：

融，炊气上出也。从鬲，蟲省声。鬲蟲，籀文融不省。（《说文》三篇下）

袭，左衽袍。从衣，龖省声。襲（上边从"龖"），籀文襲不省。（《说文》八篇上）

段玉裁这种"信而有征"的研究方法是可取的。但由于文字发展的历史是极其复杂的，许慎和段玉裁本人所见到的古文字形体又是有限的（由于历史条件的限制，他们都没有能见到甲骨文），也就难免有主观武断之处。如就是前面段玉裁所批评的《说文》"'家'之为'豭'省"的说法，考之于甲骨文，也是有道理的。家，《说文·宀部》："居也。从宀，豭省声。"汉字"家"的形、义来源，是一个众说纷纭的问题。清代段玉裁在《说文解字注》中对许慎《说文》关于"家"

字的说解曾经提出疑义：“此字为一大疑案。豭省声读家，学者但见从豕而已；从豕之字多矣，安见其为豭省声耶？”“窃谓此篆本义乃豕之居也，引申假借以为人之居……豢豕之生子最多，故人居聚处借用其字。”自此，注家蜂起，新说迭出：一是古代社会家庭养猪说。“家从豕者，人家皆有畜豕也。”（清徐灏《说文解字注笺》）二是“家”本为“陈豕于屋下而祭”说。“古家字从宀从豕，凡士祭以羊豕，古者庶士庶人无庙，祭于寝，陈豕于屋下而祭也。”（吴大澄《说文古籀补》）或曰：“家，庙也。从宀从豕，庙中供牺牲也”（郑慧生《释“家”》，《河南大学学报》1985 年第 4 期）三是“家”字“从宀从豕”，“《集韵》：豕古作豕。亥下云：一人男一人女也。……亥为一男一女而生子，非家而何？”而验之古文字，许氏“家”“从宀，豭省声”的说解不误。“家”，甲骨文多作，“宀”下之形体与“豕”有别，于豕之腹下增一短画，表示为牡豕，正为“豭”之古字。其后书写趋简，渐与“豕”相混。甲骨文之与后世之“豭”为古今字（古字为象形字，今字为形声字），“家”字所从之“豕”，为甲骨文“豭”（象形字）之省，许慎《说文》用今字（形声字）表述之，自然可以讲为“豭省声”。“家”从宀，从古文“豭”，既从古文“豭”得声，又从古文“豭”得义，取“豭”在“宀”下之义，其本义为“繁殖”。文献证明，古代养豕有阉割之俗（《说文·豕部》：“豮，羠豕也。”），饲养“豭”（牡豕），则是专门供繁殖用的。由“繁殖”义派生出“家庭”和“家族、宗族”两个基本词义，并派生出“嫁”（《说文·女部》：“嫁，女适人也。”本指女嫁，也含“生育、繁殖”义；又引申为“嫁接”，其“繁殖”之义愈显）、“稼”（《说文·禾部》：“稼，禾之秀实为稼。”“秀实”即含“繁殖”之义）等同源字。

通过以上的分析，我们应当看到，《说文》具体所指出的某字为“省声”，事实上肯定是有失当之处的。但“省声”这一文字发展的现象，却是客观存在的，于“省声”的理论是毋庸置疑的。汉字在其发生、发展的历史中，出于准确地表达语言的需要，在不断地繁化；而出于书写简便的要求，又在不断地简化。这是贯穿于汉字发展历史中的一组矛盾运动。而“省声”正是汉字简化的一个重要途径。

另外，汉字形旁、声旁相配组字时，为了保持其方块汉字的总体结构，有时也需要省略其声符的部分形体。

借古可以鉴今，观今也可以知古。新中国成立以来，我们进行了较大规模的汉字简化工作。而其中有一部分汉字的简化，就是通过“省声”的方式来实现的。繁体字与简体字，多数是一对一的关系，表达的音、义相同，只是形体上简化，因而省略相应声符的部分笔画，就是一个切实可行的办法。如：

趕——赶

獨——独（燭——烛、觸——触）

擴——扩（礦——矿、曠——旷）

盤——盘

時——时

滬——沪

際——际

標——标

踴——踊

这种简化形声字声符笔画的现象，反映了汉字符号化发展的趋向。如果套用《说文》的术语来表达，也就是“某省声”。《说文》的“省声”之说，是由该书探讨文字声、义之源的著作体例决定的。我们今天说明这种文字简化现象，当然没有必要再沿用“省声”这样的术语。而且，汉字的符号化是汉字的发展趋势，今天我们学习和使用这些汉字，也没有必要像《说文》一书那样，再去用“省声”的途径说明其文字形体与该字读音的关系。

苏宝荣，男，1945年出生，北京人。曾任河北师范大学校长、校学术委员会主任。主要从事汉语词汇学、辞书学与说文学的教学和研究。

《說文》殳書研究

陸錫興

上海师范大学

兵殳之殳書考

殳書為秦八體之一。《說文・敘》:“自爾秦書有八體……七曰殳書。”許慎未下定義。南朝宋蕭子良《古今篆隸文體》:“殳書者伯氏之職，古者文既書笏，武亦書殳。”這只是指出了殳書使用的物件。宋徐鍇《說文係傳》:“鳥書、蟲篆、刻符、殳書之類，隨事立制，同於圖畫，非文字之常也。”又曰:“古盤蓋有銘，幾杖有誡，故殳有題，殳體八觚，隨其勢而書之也。”徐鍇進而認為由於使用的場合而產生了特殊的書體。段玉裁注:“言殳以包凡兵器題識，不必專謂殳。漢之剛卯，亦殳書之類。”段玉裁顯然把殳的含義泛化了，把兵器刻銘全部歸殳書，並將剛卯書也納入殳書的範圍。古人對殳書的探討衹是限於施用物件，沒有具體談到殳書形體的特點。這樣的探討顯然難讓人滿意，似乎無法弄清殳書的面貌。陳夢家顯得悲觀，推想殳書已經絕跡:“殳書是寫在竹木上的官號。竹木易腐，所以先秦殳書，已經看不到了。”(陳夢家《中國文字學》，中華書局2006年版，第189頁)1944年，陳大年的研究有所突破，從段玉裁的觀點推演，剛卯是仿自古兵器桃殳上刻的文字，分析了剛卯的特點，觸及了形體的本質問題[陳大年《剛卯、嚴卯考》，《說文月刊》5卷第1、2期合刊(单行本;1944年)9—1]。1948年唐蘭說:“近人都以兵器文字認為殳書，這是錯誤的。漢代的剛卯，明明指出是靈殳，我們可以看出它是殳書的遺制，這種文字是較方整的，隨著觚形而產生的，所以我認為秦代的若干觚形的權上較方整的書法，像栒邑權，就是殳書。”(《中國文字學》，上海古籍出版社2005年版，第128頁)唐蘭又把殳書泛化了，拿秦代方正的刻銘當作殳書，實際上否認了殳書的特點。

殳　考

殳書是殳之書，那麼殳是什麼呢？過去無從瞭解，現在不一樣了，隨著戰國秦漢遺存的發現，我們對殳有了一個清晰的認識。殳書是否是殳上的文字，是怎樣的文字，就清楚了。

周代把殳作為五兵之一，是實戰兵器，是由原始社會的棍棒發展而成。殳是長兵，一般上有首，下有鐏。

《說文·殳部》："殳，以杖殊人也。《周禮》：殳以積竹，八觚。長丈二尺，建於兵車，旅賁以先驅。"殳已經有實物發現，曾侯乙墓內出土了多種的殳。一種殳 7 件，殳杆為積竹木柲，八棱。外用絲線繞成寬帶狀，帶寬 0.3—0.5 釐米不等，每道帶由 11 至 13 道絲線纏成。殳杆表面絲線塗黑漆，再塗紅漆。按照殳頭的不同可分兩種。一種在殳頭箭部裝一個花箍，箍上浮雕龍紋（圖 1）。殳杆末端均有角質鐓，亦呈八棱形，無底。另一種箭部為刺球狀，再往下亦有一個刺球狀之箍（圖 2）。

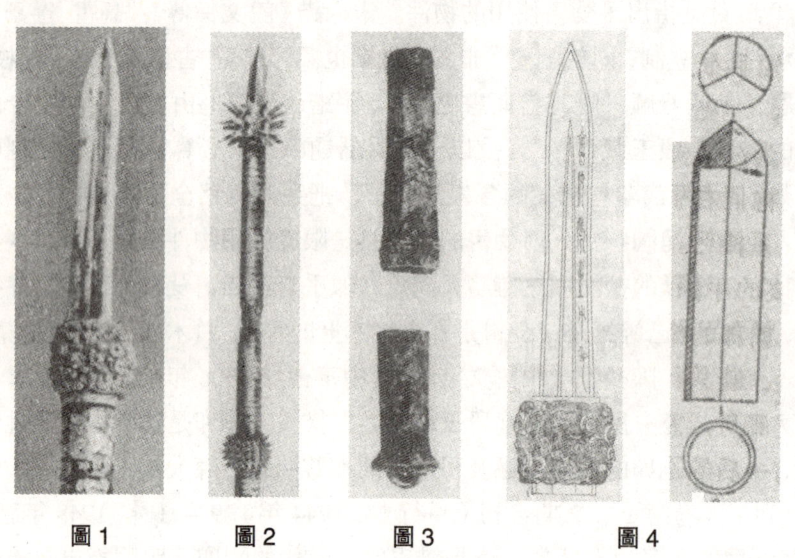

圖 1　　圖 2　　圖 3　　圖 4

在同墓遣策中一種稱為"杸"（圖 3），7 件。另一種稱為"晉杸"，9 件，與實物之數吻合。此類杸杆以為積竹木柲，外纏絲線，再塗紅漆。杆上部呈不規則八棱形，下部呈圓形，但有一杆上下均為圓形。杸頭無刃，為八棱，頂端往下漸收。鐓之形狀似與杆配合，除個別呈不規則八棱狀外，均為圓形，底下附一半圓環鈕。（第 292—295、505 頁注釋 31 圖版 96 到 97，中國社會科學院考古研究所《曾侯乙墓》，文物出版社 1989 年版）《說文·殳部》："杸，軍中士所持殳也。從木殳。司馬法曰，執羽從杸。"段玉裁注："軍中士所持殳也。"從"殳"之字多含打擊意義。如《說文·殳部》："毃，相擊中也。""㱿，從上擊下也。”“毆，捶擊物也。”“殿，擊聲也。”“殹，擊中聲也。”“段，椎物也。”“毃，擊頭也。”“毅，毅改，大剛卯也，以逐精鬼。從殳，亥聲。”

秦代也有殳，陝西臨潼秦陵3號坑出土30件，1號坑出土1件。為警衛武士，殳仗隊，出土銅殳，殳首成圓筒狀，頂端有三棱錐，長10.7釐米、外徑2.5－3釐米，壁厚0.15釐米，因為無鋒刃，只適合作儀仗之用（圖4）。（王學理《秦俑兵器芻論》，《考古與文物》1983年第4期）

戰國、秦發現的殳一般沒有題書，唯一發現銘文實例為曾侯乙墓的是帶花箍的銅殳，在其刃一側有錯金銘文“曾侯乙用殳”，與有些兵器銘文一樣，是具有裝飾性的鳥蟲書。鳥蟲書是特徵性很強的書體，它不可能與其他書體相混淆。秦書八體之一殳書，可是在秦代的殳也並沒有銘文，漢代有疑似殳的銅器，也同樣沒有銘文。不過戰國時期的銅兵器確實有銘刻，無論秦、楚、燕等，有一種比較草率的形體，但是此類草率的刻銘在殳卻沒有，因此兵器刻銘稱之為殳書顯然是張冠李戴。

剛卯之殳書考

《韓詩外傳》卷十：“齊桓公出遊，遇一丈夫，裒衣應步，帶著桃殳。桓公怪而問之曰：‘是何名？何經所在？何篇所居？何以斥逐？何以避餘？’丈夫曰：‘是名二桃。桃之為言亡也。夫日日慎桃，何患之有？故亡國之社，以戒諸侯。庶人之戒，在於桃殳。’桓公說其言，與之共載。來年正月，庶人皆佩。詩曰：‘殷鑒不遠。’”郝懿行曰：“裒，聚也。應步，蓋禹步也。方術家喜為此態，故桓公怪之。”按，“裒衣”或本作“褒衣”，寬大衣袍。郝懿行又曰：“漢世正月作剛卯，謂之毅改，以避鬼魅，其制蓋起於此。”郝懿行認為此桃殳就是剛卯，那麼所謂殳書就是剛卯書，此所謂殳書，不是兵器之殳，而是桃殳之銘文。古代對於桃木的崇拜始於何時，是否始於春秋，沒有實物的證明。不過在戰國時期的《莊子》、睡虎地秦簡的《日書甲》有桃枝、桃梗、桃人的記載，馬王堆一號、三號等西漢墓有桃人和桃梗出土，湖北鳳凰山漢墓等西漢墓葬也有桃人發現，居延、敦煌漢代烽燧遺址有為數不少的桃梗發現。漢代對桃木的迷信，說明桃殳有深厚的背景。

剛卯、桃卯在史籍中多有記載。

《漢書·王莽傳》中：“夫劉之為字，‘卯、金、刀’也。正月剛卯，金刀之利，皆不得行。博謀卿士，僉曰天人同應，昭然著明。其去剛卯莫以為佩，除刀錢勿以為利，承順天心，快百姓意。”服虔曰：“剛卯，以正月卯日作，佩之，長三寸，廣一寸，四方，或用玉、或用金，或用桃，著革帶佩之。今有玉在者，銘其一面曰‘正月剛卯’。”晉灼曰：“剛卯長一寸，廣五分，四方，當中央從穿作孔，以采絲葺其底，如冠纓頭蕤。刻其上面，作兩行書，文曰：‘正月剛卯既央，靈殳四方。赤青白黃，四色是當。帝令祝融，以教夔龍。疛疫剛癉，莫敢我當。’其一銘曰：‘疾日嚴卯，帝令夔化。順爾固伏，化茲靈殳。既正既直，既觚既方。庶疫剛癉，莫我敢當。’”顏師古曰：“今往往有土中得玉剛卯者，案大小及文，服説是也。莽以劉字上有卯，下有金，旁又有刀，故禁剛卯及金刀也。”剛卯之“卯”從劉氏之“劉”分解而來。《漢書·王莽傳》中：“受命之日，丁卯也。丁，火，漢氏之德也。卯，劉姓所以為字也。”

剛卯刻文是巫之祝辭，上帝命祝融以告夔龍，告夔龍以發揮其神威，使光如日月聲如雷。火正祝融，光融天下，則赤蝬剛癉等，莫可抵擋。“赤青白黃”一句歷來不解，因為中央四方，缺了北方之“黑”。《論衡·訂鬼》引《山海經》：“北方有鬼國。”北方水德，色黑，故赤青白黃，分別為南方、東方、西方、中央，獨缺北方，北方鬼所居也。馬王堆一號漢墓有絲麻衣桃人放置在錦飾內棺與朱地彩繪棺中間的縫隙中，東、西、南三處各置一個，獨缺北面，可以作為旁證。

桃木製成的剛卯稱為桃卯。《宋書·禮志一》：“《漢儀》，則仲夏之月設之，有桃卯。”漢代居延遺址發現的剛卯為木質，方形，中間穿線，可以穿線懸掛，大致的形狀與玉剛卯相同，上面的字跡細如芝麻。此木當為桃木，是桃卯的實例。

居延漢代遺址發現了三件桃卯。

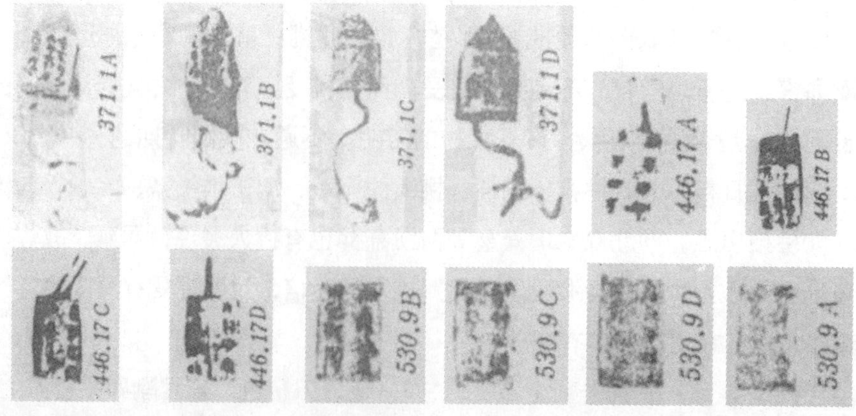

其一,《居延漢簡甲乙編》371. 1 A、371.1 B、371. 1 C、371.1 D:“若一心堅明，安上去外英，長示六□，□□剛卯。則□□□，□□□明。□書□亡，□□□章，□□□□。五鳳四年，□□□□，丞光□□。”(《居延漢簡甲乙編》，中華書局 1980 年。圖版 2 44) 桃卯高 1.5、寬 1 釐米。有明確的西漢宣帝五鳳四年（前 5 4 年）紀年。四方體，上端削尖，中心可以穿線，還有線殘留在上面。此桃卯與史載剛卯的文字不同。“若一心堅明，安上去外英”，“外英”卽“外殃”，“英”通作“殃”字，睡虎地秦簡《日書甲》:“歲在東方，以北大羊（祥），東旦亡，南遇英”，後“西禺英”“北禺英”“東禺英”，“英”皆讀作“殃”。殃，卽殃咎、咎殃。漢劉向《列女傳・晉伯宗妻》:“數諫伯宗，厚許畢羊，屬以州犂，以免咎殃。”此常見於漢代朱書陶瓶。漢初平四年（193 年）朱書陶瓶:“先人無驚無恐，安隱（穩）如故。今後曾（增）財益口，千秋萬歲，無有央（殃）咎。謹奉黃金千斤兩，用填（鎮）塚門。地下死籍削除，文他央（殃）咎，轉要道中人。和以五石之精，安塚莫（墓），利子孫，故以神瓶震（鎮）郭門。”（唐金裕《漢初平四年王氏朱書陶瓶》,《文物》1980 年第 1 期）陽嘉二年（133 年）曹氏朱書陶瓶:“天帝使者僅為曹伯魯之家移央去咎，遠之千里。”（禚振西:《陝西兩座戶縣的兩座漢墓》,《考古與文物》1980 年創刊號）“除凶去央辟兵莫當”厭勝錢（孫守道:《匈奴西岔溝文化古墓群的發現》《文物》1960 年第 8、9 期）。

寶雞市鏟車廠一號漢墓朱書陶瓶:“黃神北斗主為葬者睢方鎮解諸咎殃。葬犯墓神墓伯，不利生人者。今日移別，墓家無殃。”又:“黃神北斗主為葬者阿丘鎮解諸咎殃。葬犯墓神墓伯，□利不便。今日移別，殃害須除。”（寶雞市博物館《寶雞市鏟車廠漢墓》,《文物》1981 年第 3 期）總之，此桃卯內容與除殃有關。

其二,《居延漢簡甲乙編》446.17 A、446.17 B、446.17 C、446.17 D:“正月剛卯，靈殳四方。赤青白黃，四色賦當。帝命祝融，以教夔龍。庶役岡單，莫我敢當。”(《居延漢簡甲乙編》，中華書局，1980 年，圖版 2 5 6）

其三,《居延漢簡甲乙編》530.9、A 530.9 B、530.9 C、530.9 D:“正月剛卯既央，靈殳四方。赤青白黃，四色賦當。帝命祝融，以教夔龍。庶役岡單，莫我敢當。”(《居延漢簡甲乙編》，中華書局，1980 年，圖版 276）

“其三”剛卯與“若一心堅明”同出，長 1.5 釐米、寬 0.9 釐米。勞幹稱“若一心堅明”也是剛卯，認為“剛卯是可以不必拘守一定的格局，也可以另外做其他的文字”（勞榦《玉佩及剛卯》,《歷史語言研究所集刊》第 27 本,由那志良《中國古玉圖釋》轉引,南天書局有限公司 1990 年版,第 320 頁）。依照筆者的看法,“若一心堅明”之桃卯與“正月剛卯既央”是一組,兩件穿在一起佩戴。前者頂端尖頭，肯定在上方，另外一枚剛卯在下方，以線貫串，上端可以懸掛，下端有彩色流蘇一類的裝飾物，即所謂“以采絲茸其底，如冠纓頭蕤”。指出桃卯的法力和書有佩戴者的姓名，可能是巫師為個人專門製作之物。這種組合未見於玉剛卯，是傳統文獻失載的桃卯形制。居延漢代遺址出土的桃卯,因為圖版模糊,無法看清形體,無法確定是什麼字體。不過按照慣例，如果沒有特別的說明，一般就是隸書，因為字跡細小，難免要採用省體。現在能夠有條件作為研究材料的只有玉剛卯，不僅數量大，而且字跡清楚。

考古發掘得到的玉剛卯，見於公開報導的僅二處，一是漢墓，一是明墓。

亳縣鳳凰台一號漢墓出土玉剛卯兩件，長方體，高 2.2 釐米、寬 1 釐米，中有穿孔，可以穿線佩戴。每件四面，每面刻字兩行，行四字。唯有第一件第一行六字。第一件三十四字，第二件三十二字。第一件四面連讀：“正月剛卯既央，靈殳四方。赤青白黃，四色是當。帝命祝融，以教夔龍。庌蠖剛癉，莫敢我當。”第二件四面連讀：“疾日嚴卯，帝命夔化。慎璽固伏，化茲靈殳。既正既直，既觚既方。赤疫剛癉，莫敢我當。”（亳縣博物館《亳縣鳳凰台一號漢墓清理簡報》,《考古》1974 年第 3 期）

上海浦東陸深墓出土玉剛卯三件，一件長方體，高 2.2 釐米、寬 0.9 釐米，中有穿孔，刻銘四面連讀：“疾日嚴卯，帝命夔化。慎璽固伏，化茲靈殳。既正既直，既觚既方。赤疫剛癉，莫敢我當。”另兩件為小篆，一件四面體，高 2.1 釐米、寬 1.1 釐米見方。文字略異。“剛日嚴卯，帝命尊化。順璽固伏，伏茲靈殳。既正既直，既觚既方。赤使剛癉，莫敢我當。”另一件八棱體，長 2.2 釐米、寬 0.3 釐米。文曰：“剛日嚴卯，帝命尊化。順璽國伏，伏茲靈殳。既正既直，既觚既方。赤使剛癉，莫敢我當。”（上海博物館《上海浦東明陸氏墓記述》,《考古》1985 年第 6 期）

玉剛卯傳世品較多，歷來受到收藏家青睞，作為研究物件是近代的事。

最早著錄玉剛卯，並加釋文是《古玉圖考》一書。吳大澂《古玉圖考》“漢剛卯”

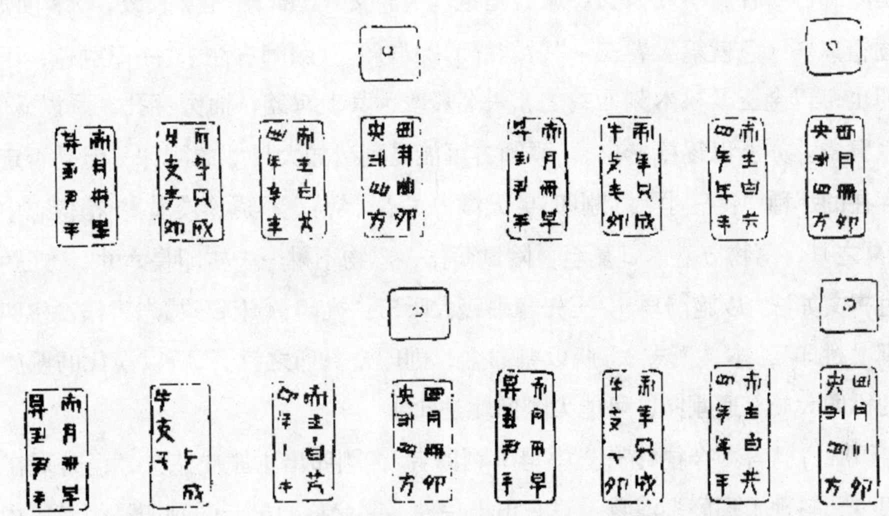

收入四枚玉剛卯，截面皆為正方，四面刻文。

吳大澂曰："右玉剛卯四制，作文字多相類，漢時市鬻之物，略似鏡文中減筆假借字。""文雖不精，可見刻玉刀法，其字字清朗可讀者，大抵皆後人偽刻也。"

《古玉圖考》上的玉剛卯，吳大澂肯定是漢代之物，認為字跡清楚明白的反而是偽刻。這與考古發現的實際情況不符，省筆的玉剛卯在明代墓葬中發現，而普通篆書倒是從漢代墓葬中出土。

剛卯的大小，有兩種說法，東漢服虔曰："剛卯，以正月卯日作，佩之，長三寸，廣一寸，四方。"折算下來，服虔的剛卯尺寸在高 7 釐米、寬 2.3 釐米。晉時晉灼曰："剛卯長一寸，廣五分，四方。"折算下來，晉灼的剛卯尺寸在高 2.3 釐米、寬 1.2 釐米。鳳凰台一號漢墓出土玉剛卯高 2.2 釐米、寬 1 釐米，大致合乎晉灼的尺寸。居延漢代遺址發現的西漢木剛卯分別是高 1.5 釐米、寬 1 或 0.9 釐米，考慮木質的乾燥收縮，原物接近與晉灼所記尺寸。事實證明晉灼說法正確。

但是顏師古卻說："大小及文，服說是也"。《說文·殳部》："毅，毅改，大剛卯也，以逐精鬼。"《急就篇》卷三："射魃辟邪除群凶。"顏師古注："一曰射魃，謂大剛卯也，以金玉及桃木刻而為之，一名毅改，其上有銘，而旁穿孔，系以綵絲，用系臂焉。亦所以逐精魅也。"顏師古可能見到這類大尺寸的剛卯，但是否定確實存在的那種"長三寸"的剛卯，吳大澂曰"不可解"。不過《後漢書·禮儀志中》："仲夏之月，萬物方盛。日夏至，陰氣萌作，恐物不楙……桃印長六寸，方三寸，五色書文如法，以施門戶。"王先謙引錢大昕曰："桃印，《宋書·禮志》作'桃卯'，注稱'桃印'，本《漢志》，所以輔卯金，則印當為卯之訛。"所以漢代的懸於門戶的桃卯大於普通剛卯，可能大剛卯就是此類。

顏師古已言"今往往有土中得玉剛卯者"，剛卯出土歷史悠久，但是現在出土很少，整理了那麼多漢墓，只有出土一件，明代墓葬出土的剛卯是否漢代實物是值得懷疑的。現在存世的剛卯較多，王正書所見就達三十一枚，除了三件出土之外，均為公家和私人的收藏品，這些物品來源不清，斷代不明。大部分為四方形，六件為八棱，一件為圓柱形。如何辨別是漢代原物，還是後代的仿製品？王正書根據砣子加工文字的辦法就排除了十四枚，認為漢代玉剛卯為刻畫而成，刀痕淺，筆畫有粗細、橫豎不直，複筆較多，有漏筆。認為剛卯書有篆體和隸書兩種，"被稱殳書的，應是小篆的減筆字"。"一般省去某部分"，如"慎"減筆為"忄"、"既"為"㫐"、"觚"為"角"、"直"為"百"、"祝"為"示"、"癉"為"甲"、"融"為"口"。"有少數位，由於過於省略而失去了原貌。""或一偏旁代筆，或省去某一部分，但不成規律。"（王正書：《漢代剛卯真偽考述》，《文物》1991年第11期）

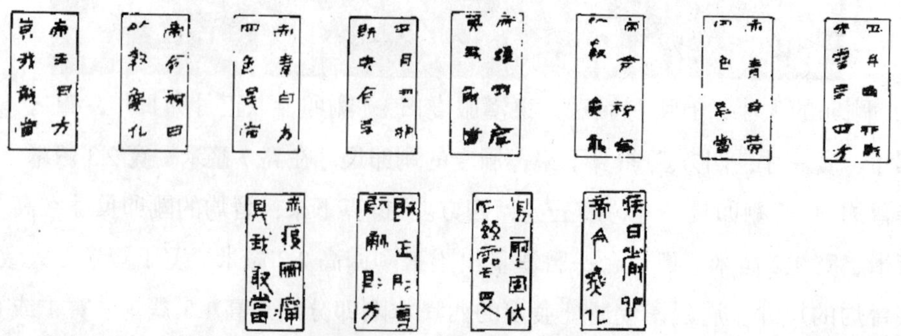

不過王正書用砣子作為真偽的標準是有危險的，砣子是古代玉器加工的重要

手段，玉剛卯的整體加工也少不了這種工藝。王正書認定出土的漢代剛卯中，尚無用砣子加工文字的實例。可是現在出土的漢代玉剛卯僅見一件，把僅見的一例作為唯一標準，似乎不妥。撇開八棱剛卯，《古玉圖考》中四方剛卯類型雖然是砣子刻字，卻不見得是贋品。漢代的剛卯需求量很大，程式化的字形恰恰是比較適合砣子加工的。《古玉圖考》剛卯的字形與出土物不同，筆畫簡省，字形變化大，大致有三種變化方式：

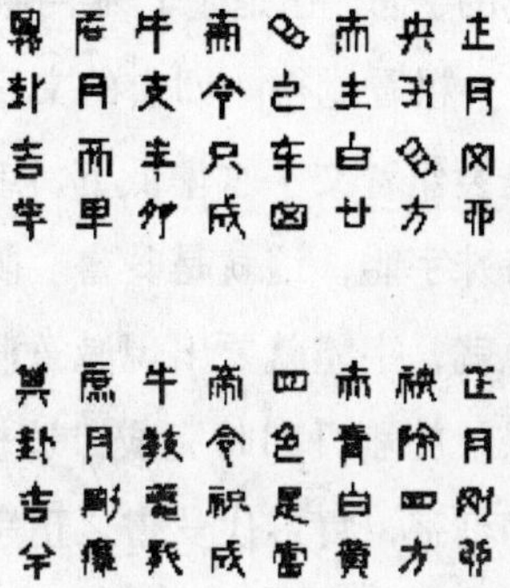

1. 省略。屬於省略部件的，如“青”省去下半部，作主;“黃”省去下半部，作共;“祝”省去左半，作只;“教”省去左半，作攴;“莫”省去上部分，作旱；“帝”省去部分筆劃，作帀；

2. 變形。“正”筆畫重組，作田、西、曲；“四”形體攲斜，作□；有相當一部分不知變化的原理，無法還原變形的途徑。如“敢”作丑、“我”作尹、“殳”作彐|等。

3. 省略加變形。我們從這個剛卯摹本倒可看出，彐|是“除”右下半再左轉90°，廿是取“黃”的頭，図是取“當”的下方一部分，冈、而都是“剛”的變體字，外是“龍”字的下半截。

4. 採用同音字。“融”用了同音字“戎”，作成。

此外許多字依然無法作形體分析。

王國華提供了一個八棱剛卯，根據其父王獻唐考釋作出了釋文，其釋文與以往的記載不同，他作解釋。如“牛”通假作“以”、“月”通假作“疫”等，不甚可信。

與吳大澂的剛卯書比較，相同之處不少，如“月”“卯”“央”“除”“四”“青”“白”“祝”“戎（融）”“教”等寫法一致，而“正”“赤”“當”“帝”“庶”等寫法不同。此類方形的剛卯書字形變化很大，主要是因為形體的簡省不循字學，如“黃”或截上部、或截下部，“龍”截取下半等，十分隨意。同時故意加以改變字形，如“四”自打斜，“正”字出頭或寫成“西”，一件剛卯之內，“剛”有兩種寫法。這並不是為了便於刻寫，明顯是為了障人眼目，故意製造奇譎的字形。其實無論刀刻字近於手寫的字體，還是砣子刻字機械方體，字形變化的結果有差異，原理都是一樣的。

粗看覺得剛卯書的文字怪異，完全不講文字結構。但是剛卯書中的字形不全是製作者文字水準低下，或者刻工馬虎造成的，其實這種字形包含著漢代的一種特殊字體，這就是殳書。陳大年論述剛卯字體是承襲段玉裁之說而來：由於倉促急就，字體就要出現減筆假借和外斜不正，剛卯刻辭既然模仿殳書，刻字時間又只限於剛日卯時完成，這樣迅速，肯定有減筆假借，甚至出現錯誤。並說："剛卯刻字，實古代殳書之正宗。殳書在漢後，失傳已二千餘年，賴有剛卯，始克見其面目之存在。"（陳大年:《剛卯嚴卯考》,《說文月刊》第3卷第12期，1944年。）

殳書作為一種書體，絕對不只用於剛卯，這種特殊形體並非孤立的現象，在其他場合也有反映。王國華說：殳書不可能只是限於刻在剛卯上，這種特有風格的似乎定形，意味著除災降福唯一的專用文字（王國華《漢剛卯殳書管見》,《書法》1982年第2期）。不過他只列舉自己收藏的北齊軍用陶壺文字，到底這種書體如何，我們不得而知。

日光鏡銘殳書考

《後漢書·輿服志下》：佩雙印，長寸二分，方六分。乘輿、諸侯王、公、列侯以白玉，中二千石以下至四百石皆以黑犀，二百石至私學弟子皆以象牙。此"佩雙印"是"佩雙卯"之誤。佩戴剛卯的身份不一，上至達貴，下至平民。

西漢流行日光鏡和昭明鏡，以及兩者結合而成的日光重圈銘文鏡。日光鏡的銘文簡單，第一句都是"見日之光"，日光既是日之精華，陽之最盛，所以能納福。日光鏡之首句"見日之光"，"見"當讀為"現"，"見日之光"就是在鏡子照耀日光的意思。所謂昭明為鏡光如日月光一樣純徹。兩者都以日光申明銅鏡的力量。日光由太陽而生，是萬物生命之源，是世界的核心之一。人間從日光而獲得生命和財富。戶縣縣醫院漢墓陶瓶朱書文："太陽之精，隨日為德。利以丹砂，百福得。"（禚振西《陝西兩座戶縣的兩座漢墓》,《考古與文物》1980年創刊號）昭明鏡銘文通常為："內清質以昭明，光之象乎日月，心忽揚而願忠，然壅塞乎不洩。"雖然直言鏡之昭明，實際還是說明日光的重要，與日光鏡內涵是相同的。

有人做過實驗，把一枚武帝后的日光鏡，銘文"見日之光，天下大明"。直徑7.4釐米，重50克，以及西漢中晚期的昭明鏡，銘文"內清質以昭明……"，直徑

11.5 釐米、重 280 克。當兩面銅鏡鏡面承受日光與燈光聚光時，對面牆上就映出鏡背相對的圖像，稱之為透光鏡。這是在鑄造過程中鏡背的花紋凹凸處凝固收縮，產生鑄造應力，同時在研磨時產生應壓力，此兩者疊加發生作用，鏡面具有與鏡背花紋相應的曲率，產生透光現象（陳佩芬《西漢透光鏡機器模擬試驗》，《文物》1976 年第 2 期）。此種銅鏡在歷史有過記載。隋王度《古鏡記》云：隋汾陰侯生臨終贈王度以古鏡，曰："持此則百邪遠人。"鏡背有麒麟、四神獸等，又置二十四字周繞輪郭。字體似隸，點畫無缺，"而非字書所有也"。"承日照之，則背上文畫墨入影內，纖毫無失。"這段記載有幾點值得重視，鏡背的文字皆字書所無，是字形特殊者。承日照之，紋、字皆在投影內。最值得我們注意的一點：持此鏡"百邪遠人"。

古人視納福與辟邪去殃咎為一事之兩面。

晉崔豹《古今注》：宣帝被收係郡邸獄，"系身毒國寶鏡一枚，大如八銖錢。舊傳此鏡見妖魅，得佩之者為天神所福，故宣帝從危獲濟。及及大位，每持此鏡，感咽移辰"。傳說宣帝佩鏡，因而避免妖魅傷害，得天賜福。古人迷信，恐懼鬼神，認為禍災疾病皆因百鬼而起，而鏡子能逼退鬼魅。《太平禦覽》卷 717 引《抱樸子》："萬物之老者，其精皆能假讬人形以炫人，於鏡中不能易其真形。是以入山道士以明鏡九寸懸於背，有老魅未敢近。"又《洞冥記》："望蟾閣上有青金鏡，廣四尺，元光中祇國獻此鏡，照見鬼魅，百鬼不能隱形。"後代的《潛確類書》（《淵鑒類函》卷 380 引）解釋了銅鏡防鬼去疾的道理："昔黃帝氏液金以作神物，於是為鑒凡十有五，採陰陽之精，以取乾坤五五之數，故能與日月合其明，與鬼神通其意，以防魑魅以整疾病。"銅鏡能辟邪驅鬼，古人的觀念由來已久，根深蒂固。漢鏡銘有云："見日之光，天下大明，服者君卿，鏡辟不祥，富於侯王，錢金滿堂。"鏡能辟邪，春秋時代佩鏡於身已成風俗。《左傳·莊公二十一年》："鄭伯之享王也，王以後之鞶鑒予之。”杜預注：“鞶，帶而以鏡為飾也，今西方羌胡猶然。古之遺服。”《左傳・定公六年》：“昭公之難，君將以文之舒鼎、成之昭兆、定之鞶鑒，苟可納之，擇用一焉。”“鞶鑒”是穿帶銅鏡的革帶。考古發現戰國至唐墓葬，墓主腰側的銅鏡上有帶鉤同出，都附有布帛的痕跡，當時以帶鉤用袋囊或者帶子固定銅鏡，佩於腰際。漢代日光鏡直徑在8釐米以下，圓鈕，正是適合佩帶的銅鏡。古人佩雙卯可以解殃咎，佩鏡的威力似乎更大。

剛卯書字體省略的特點，人們自然會聯想到同樣多省體的鏡銘。吳大澂指出：剛卯文字略似鏡文中減筆假借字。王正書進一步比較兩者異同，兩者均有減筆字，而某些剛卯書如“化茲”作“化是”，“靈殳”作“令殳”極似鏡銘中常見的同音假借字，認為剛卯的減筆字與鏡銘的減筆字有許多相似之處。但是鏡銘文字的複雜性決定了剛卯書無法與它作等量齊觀的籠統比較。

鏡銘文字的字形大凡是通行文字的反映，漢初假借在六書中起著重要的作用，發揮著完善文字功能的作用，因此當時文獻中假借字的比例是相當高的。鏡銘中的假借字常常與出土文獻一致，可以證明這一點。漢代的草書是日用字體，使用非常廣泛，在文字的演變中起著關鍵的作用，大部分隸書是篆書通過草書變化來的，鏡銘中自然而然地会出現草書。西漢承襲先秦，裝飾性很強的美術字在西漢中後期到東漢的鏡銘文字中也有反映，所謂懸針篆等，其形体於同期的碑刻、簡牘相同。因此假借字、草書、美術字並非鏡銘文字的特點。對鏡銘文字影響最大的是工藝問題，它包含了鏡工的文字書寫水準和鑄造因素帶來的字形特點。鏡銘的鑄造字形積習為常，可能是鑄鏡工藝的組成部分，但是決非故意為之。以上各種鏡銘文字的形式，皆客觀因素，而非主觀的追求、精心的安排。邱龍升在談到鏡銘裝飾性時說：“我認為漢代鏡銘的字體書寫也不是鑄工的隨意所為，特別是在銘文稱為銅鏡的主要裝飾時，文字更是刻意加工而成的。”（邱龍升《漢代鏡銘的篆隸體》，載向光忠主編《文字學論叢》第3輯，中國戲劇出版社，第195頁）不過筆者說的特意不僅是裝飾性，主要是神秘性，因為銅鏡具有特別的民俗意義。鏡銘字形真正属于創造的形体，這種鏡就是日光鏡和昭明鏡。這不是巧合，它們與剛卯掛在身上，同樣起著納福辟邪作用。

武帝之後日光鏡和昭明鏡一變篆體，出現了奇譎的文字形體，形體濃縮省減，並且重新組織，與原來字形拉開了距離，變成了一個新的形體。

日光鏡是在草體基礎上加以變化。字形變化的途徑是省略以後再加以變形。筆畫高度收縮，它主要由兩種形式組成，一是各種形狀的點，一是曲綫和短直綫，兩者形成了幾何形的形體，更加神秘，難以辨認。

廣西壯族自治區文物工作隊等：《廣西賀縣河東高寨西漢墓》，《文物資料叢刊》第4輯，文物出版社1981年版。	四川成都出土。孔祥星、劉一曼：《中國銅鏡圖典》，文物出版社1992年版，第228頁	固原博物館：《寧夏固原西漢墓》，《考古學報》2004年第4期	鄭州大學歷史學院考古系等：《河南鎮平县程莊墓地漢代墓葬發掘簡報》，《華夏考古》2009年第4期

銘文的空間擴大了，字與字之間常有一些符號，這些符號有等。字形夾在符號之間，似字非字，似畫非畫。“日光鏡”：見、日、之、光、天、下、大、明、長、不、相、忘。

昭明鏡与日光鏡既有相同的一面，也有不同的一面。相同點是以草書為基礎，字形高度變形。不同的是出現了圓體和方體，圓體是由圓轉組成形體，近乎草書。方體是方折、直線為主，形體成方形。

昭明鏡及日光昭明鏡

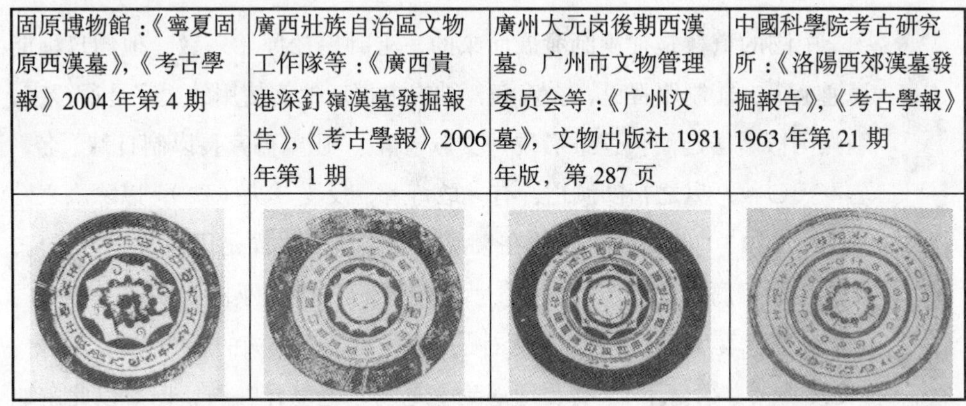

固原博物館：《寧夏固原西漢墓》，《考古學報》2004年第4期	廣西壯族自治區文物工作隊等：《廣西貴港深釘嶺漢墓發掘報告》，《考古學報》2006年第1期	廣州大元岗後期西漢墓。广州市文物管理委员会等：《广州汉墓》，文物出版社1981年版，第287页	中國科學院考古研究所：《洛陽西郊漢墓發掘報告》，《考古學報》1963年第21期

昭明鏡之圓體：內、清、質、以、昭、明、光、而、象、乎、月、心、忽、揚、願、忠

、然 不 泄 。

昭明鏡方體：内、清、質、以、昭、明、光、象、夫、日、月、忽、忠、不、泄。

字形變形的因素主要是兩個：省减和變形。

省减包括减少筆畫和部件兩個方面：

日光鏡，如：—、忘—、長—、见—、光—、昭—。

昭明鏡，如：清—、質—、昭—、明—光—、而—、乎—、月、心—、忽、揚—、願—、然—。

其中有省部件的如：忠—、泄—。

比較而言，日光鏡字形更加簡約，字形更加離奇。

所謂變形有幾種，一是直接採用其他字體，如象—，，前者是採用了古文，后者採用什么字體不得而知。一是採用草體，如泄—；一是採用隶書，如以—。还有一種是在草書基礎上重組，如天—漢簡草書—、大—漢簡草書—、不漢簡草書—。大多數的變形沒有多少規則可以尋求，似乎是任意為之，鏡铭在久經使用正篆之後，日光鏡、昭明鏡的鏡銘文字忽然一變，从構形特點和鏡的特殊功用都與剛卯書有內在聯系。

秘文殳書考

中國的道教是從巫師發展而來的，巫師屬於原始宗教，他們自稱能溝通上天，能制服百鬼，去疾病，納吉求福。他們使用的文字是通行字，別無兩樣。居延漢代遺址發現一支厭魅書："厭魅書家長以制日踈魅名魅名為天○牧，鬼之精卽滅亡，有一敢苛者，反受其央（殃），以除為之。"（E P T 49.3）此簡的年代約在東漢初期，整個木簡是用通常隸書書寫，足见当时厭勝書已經流行開了。大约在东汉中期，巫師发明了一种专门制服鬼魅的秘文，它可以传达天神的法力，而帶有秘文的厭勝文叫作符書。《後漢書·方術傳下》：費長房遇到一老翁，老翁作一符，曰"以此主地上鬼神"，又記載曲聖卿"善為丹書符劾。厭殺鬼神而使明之"。《後漢書·張魯傳》記張陵順帝時"造作符書，以惑百姓"，足見東漢中後期符書已經為社會所接受，成為一個重要的宗教工具了。漢代道教尚未出現，但是巫師的行為儀式對道教具有很大影響，後者是從前者演變發展而來的。所以，後代的道符與漢代的符書存在直接的淵源關係，在形式上兩者十分相似。但是東漢的符書有它自身的特點，其中最顯著的是秘文的寫法。

符，本来是帝王命令的憑證，它用通行文字書寫，可以明確地傳達給官員。漢代的巫師自稱是天帝使者，奉法而行，他們畫的符，鞭笞百鬼，驅怪責神，治療眾病。符主要由秘文組成，有時也有星圖等，而秘文是一种殳书。秘文是一种神秘文化，以前只有在道教的傳世文獻中才能见到，隨著科學考古的發掘，秘文實物不断出現。漢代秘文在陝西、河南的漢代墓葬中，已經發現相當數量，部分見諸公開報告。

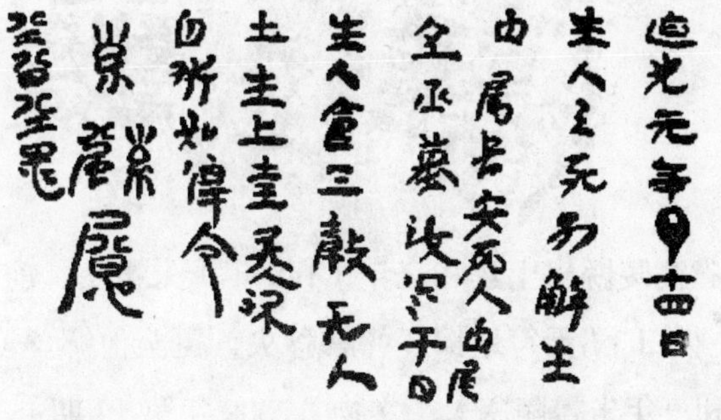

洛陽西花壇漢墓陶瓶朱書文後附秘文,此瓶有明確的紀年,延光元年（122 年）屬於東漢後期（中國社會科學院考古研究所洛陽考古隊 :《1984 至 1986 年洛陽市區漢晉墓發掘簡報》,《考古學集刊》第 7 輯，科學出版社 1991 年版，第 60 页）。

鹹陽渭城區窯店鎮聶家溝村北有人揀拾到東漢朱書陶瓶殘片，天心星座下有秘文。似是“日出”等（劉衛鵬、李朝陽 :《鹹陽窯店出土的東漢朱書陶瓶》,《文

物》2004 年第 2 期）。

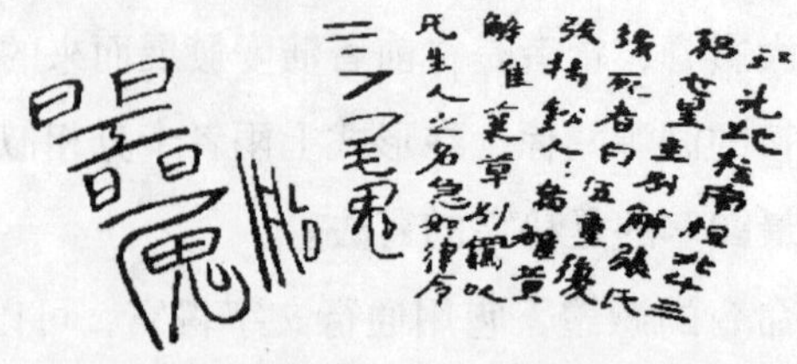

南李王村五號漢墓，東漢晚期墓葬，墓內朱書陶瓶後有符，有“日日出日日，屍鬼”等，可惜殘缺不全（負安志、馬志軍：《長安縣李王村漢墓發掘簡報》，《考古與文物》1990 年第 4 期）。

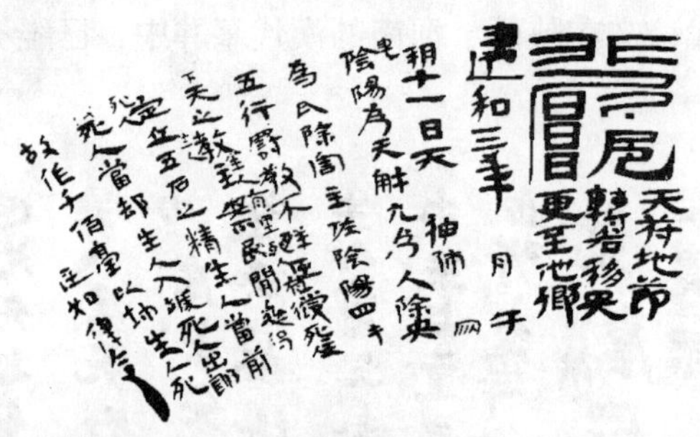

2005 年陝西省高陵縣出土建和三年（149 年）朱書文，前有符書，为“非尸日日日……厄”，後曰：“天符地節，轉咎移央，更至他鄉。”（劉衛鵬：《陝西高陵出土的東漢建和三年朱書陶瓶》，《文物》2009 年第 12 期）

洛陽西郊W W T 16 的漢代文化層中，出土陶瓶，腹周有朱書文及秘文，朱書文：“解注瓶，百解去。如律令。”此為以符驅病之實物（郭寶鈞、馬得志、張雲鵬、周永珍：《一九五四年春洛陽西郊發掘報告》，《考古學報》1956 年第 2 期）。

陝西戶縣曹氏墓陶瓶有朱書文和符，戶縣醫院漢墓也出土了陶瓶帶有朱書文和秘文（禚振西《陝西戶縣的兩座漢墓》,《考古與文物》1980年創刊號）。

西安西南高新技術開發區中華社區內發現十号東漢墓，其中十五號墓朱書瓶有“陽嘉四年”（135年）朱書文、22號墓有熹平六年（177年）朱書文，18號朱書文年代殘缺，後附秘文（西安市文物保護考古所 :《西岸中華社區東漢墓發掘簡報》,《文物》2002年第12期）。

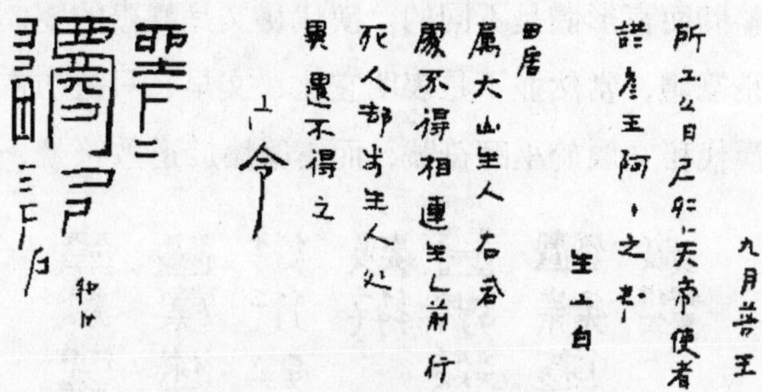

江蘇高郵邵家溝漢代遺址出土朱書木符，長28、寬3.8釐米，左上角有符，其餘部分為文字。“乙巳死者鬼名為天光，天帝神師已知汝名，疾去三千里，汝不卽去南山，□□令來食汝，急，如律令。”（江蘇省文物管理委員會 :《江蘇高郵邵家溝漢代遺址的清理》,《考古》1960年第10期）

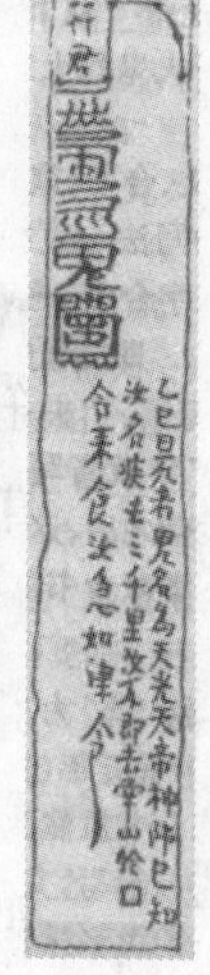

洛陽市三樂食品總廠住宅樓工地東漢晚期墓葬發現了两塊刻銘朱書磚，內容相同。正方形，整理者釋為 :“黃君法行孝女晨夫芍。”（洛陽市文物工作隊:《洛陽市東漢孝女黃晨、黃芍合葬墓》,《考古》1997年第7期）

洛陽西花壇漢墓陶瓶的年代是安帝延光元年（122年），戶縣曹氏陶瓶的紀年為順帝陽嘉二年（133年），高陵縣漢墓陶瓶為建和三年（149年），其他陶瓶沒有紀年，墓葬、遺址也沒有確切的年月。所以以西花壇的符為最早，所有發現朱書陶瓶的墓葬均在東漢後期，結合文獻記載，大致可以確定這類秘文在這個階段流行。

西北大學收藏的陶瓶也有朱書文和符，此符不是隸體秘文，不是複文，而是篆。單憑這點就可以說明後人作偽之物，根本不是漢代的符，我已經發表文章詳細闡述了我的觀點（陸錫興《“初平元年”朱書瓶的真偽問題》,《中國歷史文物》2004 年第 5 期）。

這些秘文有一個明顯特點，經常出現相同的字。這種結構的秘文《太平經》中稱之為複文。秘文以後的發展逐步向兩個方向變化，或者更加簡單，或者更加複雜。南北朝開始流行雲篆，可以組成篇章。雲篆保留了秘文的一些特點，如符號的重複，但是整體而言形體是不同的。漢代秘文是隸書的變體，筆畫、結構均是隸體；而雲篆是篆體，當然並不是表明它比秘文早，只是仿古而已。兩者的性質有很大不同，漢代秘文屬於巫師符號，而雲篆屬於道教符號，分野清楚。

《太平經》中“興上除害複文”以及“令尊者無憂複文”。

道符是汉代秘文的后续者，是汉代秘文发展而来的符号。道教的道符、雲篆、真文一直是口耳相傳，一直对外保密，秘而不宣。這裡面的一些隱秘外人無法得知，其實也沒有多少奥秘，流傳了一千多年，道教徒眾千萬，真有絕妙，早就宣洩於世了。

漢代朱書陶瓶歷代不斷出土，因為非金非銀，只是墓塚中土物，朱書文的內容非鬼卽神，見之以為不祥。因為沒有市場價值，盜墓者隨見隨毀，不可能進入博古家庫藏。收藏朱書文陶瓶 20 世紀初才開始，而朱書文陶瓶大部分沒有符書，秘文一直當作亂畫亂塗，沒人認真去研究，力圖破解秘文是近年來的事。破解秘文很不容易，它沒有歷史記載的依據，也沒有前人的經驗，是一項開創性的工作。因此破解只能連猜帶蒙，帶有試探的性質。如西花壇漢墓陶瓶秘文，有人就依照現成字的讀法，解為“䌰、䌰、八屍蟲。屍八曰□，八工。八曰，八工鬼。”（王育成：《洛陽延光元年朱書陶罐考釋》,《中原文物》1993 年第 1 期）把秘文當作通行文字，把裡面不獨立的符號當作尋常的字釋讀，這樣解釋出來的只是假想的東西,容易走入歧途。其實破解秘文是有門道入為主,有蛛絲馬跡透露了一點機關。

邵家溝漢代遺址出土朱書木符符字有⿱吅門，黃君法行磚符字有⿱吅⿰辰辰，共同點是上邊皆有吅，這個雙“口”，當然不能讀作“口口”，從文義推測是個“北”字。這個字確定了，下面的字就簡單了，⿱吅門下面是個門字，⿱吅⿰辰辰下面雙“辰”，不讀“辰辰”就讀一個“辰”字,北斗就是北辰。這兩個符字均有變形,“北”字變形作雙“口”，“辰”字本身没有變形，但是採用複文形式，使人迷茫。人為地變化字形，設置認讀障礙，這是符字的特點，也是剛卯書的特點，說到底是殳書的形體特徵。

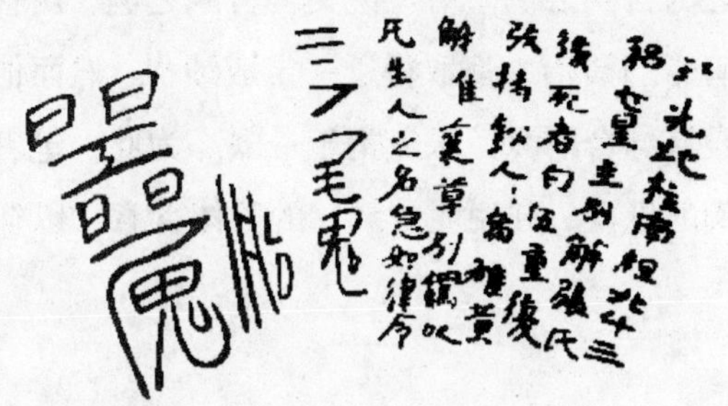

南李王村五號漢墓秘文，有“日日出日日”，下为“屍”“鬼”，代表两星宿。2005年陕西省高陵縣出土建和三年（149年）朱書文，前有符書，为“非尸日日日……厄”。

陕西戶縣醫院漢墓也出土了陶瓶秘文为“出日日，日日日月，屍、鬼”。即意日月出，压制尾宿鬼宿。

秘文中经常出現的字符是“压”字。

剛卯是辟殃祈福之物，辟邪與求福是一事之兩面。鏡銘和朱書文都是辟邪之物，它們都使用了殳書。

陆锡兴，男，1947年出生，上海人。上海师范大学教授、南昌大学特聘教授。中国文字学会理事。主要从事秦汉文字教学和研究。

《说文解字》言阙之例考

赵伯义

河北师范大学文学院

在《说文解字》（以下简称《说文》）中，许慎有时以“阙”字解释某些汉字，为行文方便，故称之为言阙之例。对《说文》言阙之例，历代学者在注疏中早已涉及，近代更有学者专门研治，都取得了一定成绩[1]。然而他们多从微观角度逐词解说言阙之例，没有综合研究，未免拘于一隅。为此，笔者在本文中将从宏观角度，校勘言阙之例的讹误，并说明“阙”的具体含意，以补疏漏。

一

许慎生于东汉中期，其《说文》问世至今已有一千八百余年，在长期传抄、翻刻过程中难免出现讹误。事实上，现在社会上流行的徐铉校订本（以下简称“大徐本”）与徐锴系传本（以下简称“小徐本”）就不完全相同，说明彼此互有正误。就言阙之例而论，大徐本与小徐本也有出入，说明其中也有讹误。

据笔者统计，二徐本共有五十三个言阙之例。二徐本俱言阙者居多，共有三十八例，依次为“旁”、“單”、“呰”、“邍”、“諡”、“爪”、“㞑”、“叚”、“𩠐”、“巿”、“𢊁”、“䖓”、“屮”、“从”、“𡱅”、“某”、“栞”、“桑”、“𣗥”、“𡇒”、“㫃”、“𣃔”、“网”、“朕”、“𡨜”、“卯”、“𠂎”、“卯”、“㚇”、“豩”、“林”、“𧖴”、“聆”、“𨍏”、“𢦏”、“晉”、“𣌭”、“𨒌”。大徐本独阙者为数不多，仅有六例，依次为“妟”、“質”、“䑛”、“𪇘”、“𩖊”、“祀”。小徐本独阙者为数略多几个，只有九例，依次为“𢎘”、“㯥”、“𥝌”、“屾”、“㚖”、“𠧟”、“弜”、“畕”、“所”。从这简赅的胪列中，就可窥见二徐本言阙之例的异同。

为正确解释言阙之例，就要精心校勘，剔除其讹误，力求恢复其原貌。许氏撰写《说文》，历时二十余载，呕心沥血，其体例严谨，前后一致，因此笔者在这里将侧重以《说文》通例去衡量言阙之例，判断其正误。当然也要适当取证于他书引证的材料，参照历代学者的研究成果。

据笔者考察，《说文》五十三个言阙之例中，有八个汉字的说解不阙，其“阙”字纯属讹误。其讹误情况复杂，今分组说明之。

《卷五·虘部》：“䖑，器也。从虘、宝，宝亦声。阙。”

《卷六·朿部》：“朿，木垂华实也。从木、丂，丂亦声。凡朿之属皆从朿。阙。”

以上两例中，“䖑”、“朿”的说解均不阙。“䖑”、“朿”为亦声字，许氏在释义之后，均以“从某、某，某亦声”分析其形体，以其声符代注音读，可见其说解的义训、形体、音读俱全，其说解的内容不阙。按之《说文》，还有一百八十九个亦声字，其说解的内容、方式与“䖑”、“朿”基本相同，今传二徐本均无“阙”字，因此“䖑”、“朿”也不得言阙。段玉裁在“䖑”字下注云：“此（指“阙”字）[2]疑衍，其义、其形、其音皆具，则无阙矣。”[3]至于“朿”字说解的“阙”字，唯见于小徐本，其余历代各家注本均无“阙”字。参之各家之说，“䖑”、“朿”二字说解的“阙”字当为衍文。

《卷六·木部》：“橤，众盛也。从木，蟲声。《逸周书》：‘疑沮事。’阙。”

《卷十·廌部》：“𪊑，解廌属。从廌，孝声。阙。”

《卷七·禾部》：“䅳，积䅳也。从禾，从又，句声。又者，从丑声。一曰木名。阙。”

以上三例中，“橤”、“𪊑”、“䅳”的说解也都不阙。“橤”、“𪊑”、“䅳”均为形声字，许氏在释义之后，以“从某，某声”或“从某、从某，某声”分析其形体，以声符代注音读，可知它们义训、形体、音读俱全。按之《说文》，形声字为数最多，其说解的内容、方式与“橤”、“𪊑”、“䅳”基本相同，今传二徐本均不言阙，因此这三个汉字的说解也不得言阙。不过，今传二徐本“橤”、“𪊑”、“䅳”之下的“阙”字来历不同，应区别对待。段玉裁据《玉篇》引文，考知《逸周书》“疑沮事”上脱“橤”字，并云：“橤疑沮事，犹云蓄疑败谋也。各本此下有阙字，浅人不解《周书》语，妄增也。”[4]依段氏之说，“橤”字说解的“阙”字为后人妄加。无独有偶，“䖑”字下之“阙”字也属妄增。王筠曰：“小徐说解无阙字，此（指大徐本）有者，盖校者以孛、孝二体难定，固加之也。”[5]至于“䅳”字的说解，唯小徐本有“阙”字，历代各家注本均无“阙”字，可知其“阙”当为衍文。

《卷三·言部》：“謚，行之迹也。从言、兮、皿。阙。”

《卷七·𣌭部》："𣌭，阙"。

《卷十四·亞部》："𣌾，阙。"

以上三例中，"諡"、"𣌭"、"𣌾"的说解也不阙。不过，其说解脱误严重，在校勘上更要花费气力。段玉裁在"諡"字下注云："各本作'从言、兮、皿。阙'，此后人妄改也。考玄应书引《说文》：'谥，行之迹也。从言，益声。'《五经文字》曰：'諡，《说文》也；谥，《字林》也。《字林》以谥为笑声，音呼盖反。'《广韵》曰：'諡，《说文》作谥。'《六书故》曰：'唐本《说文》无諡，但有谥，行之迹也。'据此四者，《说文》从言、益无疑矣。"[6]在这里，段氏考释精审，令人信服。从段氏之说，《说文》"諡"当作"谥"，其形体当分析为"从言，益声"。依《说文》形声字说解通例，在释义、析形之后均不言阙；而今传二徐本《说文》有"阙"字，则为后人据"从言、兮、皿"的错误说解而妄加，不足为训。"𣌭"字说解脱落很严重，今传二徐本唯有"阙"字。段玉裁注本作"𣌭，阙且。从三日，在㫃中"。段氏在其下注云："按此盖𣌭籀文也。《汗简》'朝'作'𣌭'，'翰'作'𩁹'，亦可证矣。'阙且'二字当作'籀文'二字。"[7]依《说文》行文次第，"𣌭"笔画繁复，又紧列在"𣌭"之后，无疑"𣌭"为"𣌭"之籀文。按之《说文》，重文说解通例，段注本近于《说文》原貌，"𣌭"字的说解当无"阙"字。今传二徐本有"阙"字，恐怕先把"籀文"误作"阙且"，接着又连同"从三日，在㫃中"一并脱落，其后校者又仿《说文》言阙之例妄加"阙"字。可见"𣌭"字说解误为言阙之例，传抄、校勘均有责任。"𣌾"字的说解脱落也很严重，今传二徐本也只有"阙"字。张舜徽云："此（指𣌾字）即春夏之夏字。从亞，从日，谓夏日可畏恶也。夏字本训为中国之人，徒以音同，借用为春夏字，借字行而本字废矣，"[8]从张氏之说，"𣌾"当训为夏天，其形体为分析为"从亞，从日"。按之《说文》，襾字之下云："读若𣌾。"徐铉注为呼讶切，其音与"𣌾"、"夏"相同。况且许氏即以"𣌾"为"襾"注音，"𣌾"就一定是常用汉字，其义训、形体、音读当为世人熟悉，不必言阙。不过，因今传二徐本《说文》"𣌾"字的说解脱落严重，后人不知其字，就妄加"阙"字。

除了上述八个误阙之例，《说文》还有三个疑阙之例，有待说明。

《卷十二·氏部》："𣃼，阙。"

《卷十四·酉部》："䤈，阙。"

又“䍃，阙。”

以上三例中，今传二徐本《说文》只云“阙”，而无其他任何说解，又没有后人著述引用的旁证材料，恐怕“䰛、“䤁”、“䍃”为后人窜入《说文》，而许氏原书无此三字。对《说文》有无“䰛”、“䤁”、“䍃”等三个汉字，某些学者已持怀疑态度。张舜徽在“䰛”字下注云：“此篆盖汉末行于世，而魏之《广雅》、《声类》并录存之。许书原本殆无其字，故《玉篇》‘䰛’字下但引《声类》，而不引《说文》也。今二徐本有此篆，疑魏晋以下人所补。”[9] 段玉裁在“䤁”字下注云：“依《玉篇》、《广韵》，上字下当云：‘䤁䍃’，味薄也。从西，漸声。下字下当云：‘䤁䍃也。从西，任声。’二篆叠韵，而今本但注阙字，疑许书本无此二篆。”[10]参证二家之说，许书原本有无“䰛”、“䤁”、“䍃”等三字，确实值得怀疑，但终嫌证据不足，不敢断言《说文》无此三字。这样，对其说解的“阙”字有无也只能持怀疑态度，姑称之为疑阙之例，以示区别。

据上文分析，今传二徐本《说文》有八个误阙之例，其说解的“阙”字或为衍文，或为后人妄加，均非许书原文，不得搀入《说文》言阙之例。至于三个疑阙之例，尚属悬案，也不得纳入《说文》言阙之例，谨防以假乱真。

二

除去八个误阙之例，三个疑阙之例，《说文》实有四十二个言阙之例。在这些言阙之例中，“阙”作为一种说解术语，其含义很复杂，具有空阙、存疑、避讳之意。“阙”本义为中间有通道的楼阁，引申则可训为空阙，因此许氏说解汉字言阙，多表示空缺之意。至于以“阙”表示存疑之意，为数不多；表示避讳之意，则更微乎其微。

在《说文》言阙之例中，有三十二例表示空缺之意。许氏受业于贾逵，能发扬朴学的优良传统，治学严谨。在《说文》中，许氏说解汉字要包括义训、形体、音读。但是对某些汉字有所不知，则将相应内容弃而不释，并出示“阙”字，以待后人补苴。例如，

《卷九·豕部》：“豩，二豕也。豳，从此。阙。”

《卷八·先部》：“兟，进也。从二先。赞从此。阙。”

《卷三·爪部》：“爫，亦丮也。从反爪。阙。”

《卷九·卯部》："卯，事之制也。从卩、卪。阙。"

《卷五·入部》："㒸，入山之深也。从山，从入。阙。"

以上五例中，许氏说解均阙音读。"豩"字训为"二豖"，其中已囊括义训与形体，可见许氏说解"豩"字形义兼备，唯阙音读。其余各例义训、形体俱在，其阙音读，自不待言。这些汉字很生僻，义训隐晦，在秦汉古籍中均无用例，因此许氏只能分析其形体，说明其义训，无法推知其音读，只好在说解之后言阙。段玉裁认为这些汉字的说解均阙音读，还是很有见地的。这些汉字形体特殊，其阙音读也依类相从。"豩"从二豖，迭体构形，许氏形义并释，"㒳"、"𣗥"、"𠬝"、"屾"、"㳄"、"䲜"、"所"、"𧆞"等字的说解与此同例。"兟"从二先，迭体构形，许氏形义分释，"弜"、"弜"、"畕"、"𩇯"等字的说解与此同例。"爪"从反爪，反体构形，许氏也形义分释，"𡰣"字的说解与此同例。"卯"从卩、卪，正反体对峙构形，许氏也形义分释，"𨜒"字的说解与此同例。"㒸"从山、从入，为异体构形，许氏也形义分释，"𨙨"字的说解与此同例。

《卷三·又部》："叚，借也。阙。"

《卷五·夊部》："㚇，行㚇㚇也。从夊。阙。读若僕。"

以上两例中，许氏说解均阙形体。"叚"为"假"之古文，其本义为借。"叚"固然不是常用汉字，但是在秦汉古籍中不乏用例，况且其今字"假"广泛应用于古今典籍，这样世人对"叚"字的音读绝不会生疏，其音读就不必标出。"叚"字的说解既有义训，音读又略而不出，可知其说解唯阙形体。按之《说文》，"旁"、"网"等字的说解与此同例。"㚇"字的说解已有义训与读若，而其形体唯见"从夊"，可知其说解也阙形体。按之《说文》，"节"字的说解与此同例。

《卷六·邑部》："𨚖，从反邑，𨜒字从此。阙。"

《卷四·自部》："𦤎，宀宀不见也。阙。"

《卷九·丸部》："㼱，阙。"

以上三例中，许氏说解所阙内容不一。在"𨚖"字说解中，唯见其形体分析。而其字生僻，于秦汉古籍又无用例，则知其说解阙义训与音读。按之《说文》，"戠"、"卪"二字的说解与此同例。在"𦤎"字说解中，唯见其义训。而其字生僻，其形体无法分析，于秦汉古籍又无用例，则知其说解阙形体与音读。在"㼱"字说解中，唯有一个"阙"字。《广韵》云："㼱，《说文》云：'其义阙。'"据段玉裁说，“其义”为衍文，则《广韵》所引《说文》与今传二徐本暗合，证明《说文》“尬”字的说解不误。“尬”字很生僻，于秦汉古籍又无用例，则知其义训、形体、音读全阙。按之《说文》，“聆”字与此同例[11]。

在《说文》言阙之例中，还有七例表示存疑之意。详考这些言阙之例，其说解的内容并不阙，只是许氏对其说解有所疑，于是就在相应的说解之后出示“阙”字，借以存疑。例如，

《卷六·木部》：“栞，槎识也。从木、㚘。阙。《夏书》曰：‘随山栞木。’读若刊。”

《卷六·贝部》：“質，以物相赘也。从贝，从所。阙。”

以上两例中，许氏说解疑其形体。“栞”字训为“槎识”，其形“从木、㚘”，其音“读若刊”，又有书证。在《说文》中，这也算得上说解完备之例，显然不阙。然而许氏却在析形之后言阙，说明他对“栞”的形体有疑惑。“栞”字从木，自不待言。至于“㚘”不能自成汉字，作为形体构件也只见于“栞”字中，许氏不知其音义，无法判断“㚘”在“栞”字中表音还是表义，于是只好以“从木、㚘”说之，再以“阙”字存疑。“質”字训为“以物相赘”，其形“从贝，从所”，于先秦古籍又不乏用例，其音读为世人所熟悉，可以略而不注，这样“質”字的说解中义训、形体、音读均不能算阙。然而许氏在析形之后也言阙，说明他对“質”字的形体也有疑惑。“質”字从贝，自不待言。至于“所”训为“二斤”，其音“语斤切”，其义训、音读均与“質”字不合，于是许氏只好以“从贝，从所”说之，再以“阙”字存疑。按之《说文》，“單”、“邍”、“圞”等字的说解与此同例。

《卷三·又部》：“叜，老也。从又，从灾。阙。”

《卷六·木部》：“某，酸果也。从木，从甘。阙。”

以上两例中，许氏说解疑其形义关系。在“叜”与“某”的说解中，其义训、形体俱在，其字又常见，于秦汉古籍广有用例，其音读为世人所熟悉，于是略而不出，显然其说解的内容均不阙。然而许氏觉得其义训与形体不合，就以“阙”字存疑。“某”字训为“酸果”，当为“梅”之古文，而其形却“从甘”，以相龃龉。其实，《说文》的“甘”字训为“美”，“酸果”味美，“某”字“从甘”合情合理。“甘”引申则为“甘甜”，许氏拘泥于其引申义，难免生疑。至于“某”后来借为无定代词，则与字形无涉。“叜”字训为“老”，其形却“从又，从灾”，许氏疑之是也。

清代学者庄有可曰："此𡩋（同搜）之本字，非从灾也。室暗，故从又持火以求之。"[12]按之甲骨文，庄氏之说可信，后人均从。据此，"㝔"当释为"求也。从又持火在宀中。"至于"㝔"字训为"老"，则为借义，与字形无涉。许氏以借义为本义，故疑其形体与义训不合。

在《说文》言阙之例中，还有两例空阙与存疑并见。例如，

《卷四·肉部》："𦘒，或曰兽名。象形。阙。"

《卷十·火部》："𤒅，火飞也。从火、𠂔，与䙴同义。阙。"

以上两例中，许氏说解兼有空阙、存疑之意。"𦘒"、"𤒅"都很生僻，于秦汉古籍又无用例，无疑其阙音读。其义训、形体俱在，然而其说解有破绽。"𦘒"字既然隶属肉部，当"从肉"，非全体象形，而许氏却以"象形"释之，其部居与说解岂不自相矛盾？许氏也自知这样处理不妥，于是又以"阙"字兼示存疑之意。"𤒅"字既然隶属火部，又训为"飞火"，则其字形"从火"，当无疑义。至于"𠂔"不能独立成字，作为形体构件也仅见于𤒅字中，其音义难知。这样，从𠂔之说无法索解，许氏就以"阙"字兼示存疑之意。

在《说文》言阙之例中，偶尔还包含避讳之意。避讳与空阙、存疑不同，许氏对汉字的义训、形体并非不知，但是碍于封建礼法，就避而不言，以"阙"字掩人耳目。在《说文》中，以"阙"字避讳之例，仅见于"朕"字的说解中。《卷八·舟部》："朕，我也。阙。"段玉裁注云："此说解既阙，而妄人补'我也'二字，未知许学之例也。朕在舟部，其解当曰：'舟缝也。从舟，灷声。'何以知其为舟缝也？《考工记·函人》：'视其朕，欲其直也。'"[13]自秦始皇开始，"朕"就用为皇帝自称，许氏当然不敢贸然以"我"释之，将皇帝与臣下的自称等同起来，据此则知"我也"为后人妄补，段氏之说不误。段氏将"朕"释为"舟缝也。从舟，灷声"，并举《考工记·函人》的用例为书证，其说令人信服，迄今学者无异议。许氏既将"朕"列在舟部，对其本义与形体不会全然不知；况且他又号称"五经无双"，怎么能连见于今本《周礼·冬官·考工记》的用例也不知道呢？许氏对"朕"字的义训与形体知而不言，恐怕是因为"舟缝"之训会亵渎皇帝的尊严，使自己招致不测之罪，只好取明哲保身的态度，以"阙"字塞责。按之《说文》，许氏避讳的方式不限于言阙。许氏对东汉皇帝的名讳"秀"、"莊"、"炟"、"肇"、"祜"等五字均避而不释，直接以讳代解。许氏对东汉皇帝的姓氏用字"劉"，也

避而不收。《尔雅·释诂》:“劉，杀也。”郭璞注:“《书》曰:‘咸劉厥敌。’”[14]“劉”训为杀，见于《尔雅》，又有《尚书》用例，确凿无疑，许氏不会不知。“劉”又为常用汉字,许氏也不会漏收。这种情况不能作别的解释,只能说明许氏为避“劉”字的义训弃而不释。可见，在《说文》中不乏避讳之例，以“阙”字避讳不过是其中一种方式而已，毋庸置疑。

据上文分析,《说文》言阙之例具有空阙、存疑、避讳之意,“阙”字的含意与“未详”、“未闻”不完全相同。郭璞《尔雅注》对全然不知的义训，则只言“未详”、“未闻”，不再解释。这些“未闻”、“未详”之例均表示空缺之意，其内容单一，远没有《说文》之“阙”复杂。现在某些训诂著作在论及训诂术语时,将“未详”、“未闻”与“阙”列为一类，当然无可非议。然而把二者等同视之，则有整齐划一之嫌。

注释

[1]晚清叶德辉有《说文解字阙义释例》，近人丁山有《说文阙义笺》。

[2]引文括号里的说明文字为笔者所加，下文同此。

[3]、[4]、[6]、[7]、[10]、[13]均引自《说文解字注》上海古籍出版社1981年版，分别见该书第209页、250页、101页、308页、751页、403页。

[5]王筠:《说文句读》，上海古籍书店1983年版，第1340页。

[8]、[9]、[12]均引自《说文解字约注》，河南人民出版社1983年版，分别见该书28卷22页、24卷47页、6卷27页。

[13]《玉篇》:“聆，其林、其廉二切。《国语》曰:‘回禄信於聆遂。’阙。”除了顾野王加注反切,《玉篇》说解与今传二徐本《说文》完全相合，可证明《说文》“聆”的说解确有“阙”字，不得阑入《说文》误阙之例。

[14]见《尔雅校笺》，江苏教育出版社1984年版，第9页。

赵伯义，男，1941年出生。河北师范大学文学院教授、硕士生导师。中国训诂学研究会理事。

说“舟”

张生汉

河南大学文学院 河南大学语言科学与语言规划研究所

《说文》:“舟，船也。古者共鼓货狄刳木为舟，剡木为楫，以济不通。象形。”许慎说解很明白,甲骨金文舟也象小船形,关于“舟”似乎也没有过多可说的地方。不过，若细论起来，有几点还是值得认真讨论的：“舟”和“船”的区别是什么；典籍中“舟”还有表示酒器的用例，如何理解；“舟”的语源是什么等。笔者愿就此略陈固陋，以求教于方家。

一 “舟”是独木舟

关于“舟”和“船”的区别,前人曾有多种说法。一是古今的不同。《诗经·谷风》:“方之舟之。”孔颖达疏：“舟者，古名也，今名船。”《说文》:“舟，船也。”段玉裁注：“古人言舟，汉人言船。毛以今语释古语，故云舟即今之船也。”二是区域的不同。《方言》卷九:“舟,自关而西谓之船,自关而东或谓之舟,或谓之航。”《说文》:“舟，船也。”桂馥义证引《通俗文》:“吴船曰艑，晋船曰船。”三是制作不同。《易·系辞》:“刳木为舟。”孔颖达疏：“舟，必用大木刳凿其中，故云刳木也。”段玉裁说：“空中木者，舟之始；并板者，航之始。……始见本空之木用为舟，其后因刳木以为舟。”四是大小不同。《太平御览》卷七百七十《舟部三》引周处《风土记》曰:“小曰舟,大曰船。”这是从不同的角度对“舟”与“船”、“航”等的不同之处所做的表述。概括言之，所谓的“舟”是汉以前的叫法；汉代函谷关以西称“船”，以东或称“舟”、或称“航”；“舟”是用一棵树将中间挖空而成的，不是用木板拼合制作的；相对而言，“舟”比较狭小。这些特点与古代文献记载和现代考古发现完全吻合。传世的先秦文献中,除了《公孙龙子》、《鬼谷子》、《孟子》、《孝经》、《仪礼》、《春秋穀梁传》里不涉及舟船的叙述因而无从比较外，其他典籍，包括《周易》、《尚书》、《诗经》、《左传》、《论语》、《老子》、《管子》、《孙子》、《晏子》、《逸周书》、《周礼》、《礼记》、《荀子》、《吕氏春秋》等，都只有“舟”而没有“船”字；《墨子》、《庄子》、《韩非子》和《楚辞》尽管有“舟”又有“船”，但是“舟”比“船”出现的次数要多得多，分别是33:6、23:4、7:3、9：2。这说明汉语中“船”这个词出现得比较晚，秦以前主要是用“舟”来表示水上载物渡人的交通工具的。事实告诉我们，人类最早制作的船是独木舟，世界各民族皆然。摩尔根指出：“燧石器和石器的出现早于陶器，发现这些石器的用途需要很长的时间，它们给人类带来了独木舟和木制器皿，最后在建筑房屋方面带来了木材和木板。”[1]恩格斯也说：“火和石斧，通常已使人能够制造独木舟。”[2]我国文献上关于舟的发明者记载颇多，《易·系辞》说“伏羲氏刳木为舟”，许慎云“古者共鼓货狄作舟”，另外还有“巧倕作舟”（《墨子·非儒篇》）、“虞姁作舟”（《吕氏春秋·勿耕篇》）、“番禺是始为舟”（《山海经·海内经》）、“伯益作舟”（束晰《发蒙记》）等说法，难以确指。不过，我们祖先在六七千年之前就会制作独木舟这一事实已被考古证明。浙江余姚河姆渡遗址就发现有一件舟形陶器和六支船桨，[3]说明河姆渡人已经在生产和生活中使用了舟楫。我国东南一带多水，独木舟最早在这一带被创制出来并广泛应用，是很有可能的。据有的学者研究，“当时吴、越的船是独木舟”，春秋晚期开始出现了木板船。其实不唯东南，地处中部的河南信阳也出土有殷商时期的独木舟，[4]“自关而西谓之船，自关而东或谓之舟，或谓之航”，是汉代方言的称法。从文献材料看，秦以前北方也称“舟”，不称“船”，秦以后的文献中“船”才开始多起来。“大凡出土早期的船都是独木舟。”由此我们不妨说，舟，原来就是指的独木舟。春秋之前的舟都是独木舟。用“舟”泛指一般的船，应该是比较晚的事情。

二 “舠”是舟的后起异体字

《诗经·河广》：“谁谓河广，曾不容刀。”郑笺云：“小船曰刀。”《释文》：“刀，字书作舠，说文作䑠。”正义云：“说文：‘䑠，小船也。’”段玉裁据以附“䑠”字于《说文解字注》舟部之末，注云：“各本无此字……合据补于末。其形从正义。”桂馥《说文义证》、朱骏声《说文通训定声》等与段氏略同。然而，遍检旧籍传注及各种传世字书，除此而外并无称引《说文》“䑠，小船也”之例。“䑠”字虽为《释名》、《广雅》等汉魏训诂之书收录，并释之曰“舟”，但说者多以为“䑠”即“舠”之异构。《释名·释船》：“三百斛曰䑠。䑠，貂也。貂，短也。江南所名。”

毕沅疏证："舠，俗字也。……《北堂书钞》、《初学记》、《御览》皆引作舠。"钱绎笺疏亦云："舠、刀并与舠同。"王念孙也说，刀、舠、舠"并字异而义同"。[3]《集韵·豪韵》都劳切："舠舠，小船也。或从周。"

舠字或作舠。《原本玉篇残卷·舟部》："舠，字书：'一曰船也。'"朱骏声《说文通训定声》"舠"下："今俗有舠字，小舟也。亦作舠。诗只作刀。"

又作船。《初学记》卷二十五引张揖《埤苍》："舠，吴船也。音雕。"《广韵·萧韵》都聊切："船，吴船。"《集韵·萧韵》丁聊切："船，舟名。或作舠。"是二字音义皆同。

又作䑽、艘。《广雅·释水》："䑽，舟也。"曹宪《博雅音》䑽音滔。《集韵·豪韵》他刀切："䑽、艘，或从舀。"䑽 *thəgw[5]、艘并与舠音近义同。

是舠、舠、舠、船、䑽、艘乃一词之不同写法，而皆不见于汉魏以前之典籍，当为后出之字，《诗经》中只以"刀"为之。

《经典释文》和《诗》正义云"说文作舠"，清人多有疑之者。洪亮吉《卷施阁文甲集·释舟》"小舟谓之刀"条云："今考《说文》无舠字，疑陆德明等误记《释名》、《玉篇》诸书为《说文》也。"若说洪氏只是怀疑的话，那么李桢的说法就显得更加有理性，他在《说文逸字辨证》"舠"下说："今篇、韵皆有舠字，训同。《黎本》《玉篇》舠、舠各字，舠，丁聊反，引《广雅》'舠，舟也'、埤仓'吴船也'，若《说文》有舠训小船，不当置不引。今本《玉篇》舠阙训义，《广韵》无舠，《韵谱》萧、豪部具无舠，其非许书中字可知。陆、孔虽同见有此字，必已是羼补本。"

《原本玉篇残卷》（黎本）舟部存二十七字，今本《说文》所录舟、俞、船、彤、舳、艫、舠（伍骨反，与舠的俗体舠各异）、艐、朕、般、舫、服（按：此从《原本玉篇残卷》顺序）凡十二文尽在其中。顾野王著《玉篇》，凡《说文》所录之字必列于每部之前半，《说文》未录之字则次于其后，亦间有厕于《说文》所录之列者，如舟部"舸"、"艕"皆非《说文》所有；然许书所录之字，除他部字之或体在本部者（如"艁，说文古文津字也，津、水度也，在水部"），绝少置于不录之列者。"舠"在"艁"下"艣"上，处未录字之中。再者，顾野王于许书所收录之字下，其说解多引《说文》释义，凡不引《说文》者，大都为经籍传注所释与许慎说解之意同，例如，言部"讶"下云："鱼嫁反。《周礼·掌讶》'掌邦国之积以待宾客'，郑玄曰：'讶，迎也。'《尔雅》亦云。"不称引《说文》（今本

《说文》作“相迎也”)。再如水部“涸”下云:“胡雒反。《国语》:‘天根见而水涸，水涸而成梁。’贾逵曰:‘涸，竭也。’《广雅》:‘涸，尽也。’”亦不称《说文》。唐慧琳《一切经音义》卷二四“消涸”下云:“贾逵注《国语》:‘涸,竭也。’《广雅》:‘尽也。’《说文》与《国语》义同。从水固声。”慧琳此处尽引顾野王《玉篇》，谓“《说文》与《国语》义同”者，实指许慎所释与《国语》注同也。此“舠”不在《说文》所录之列，其下又不称《说文》，可见非许书所旧有。李桢的看法是很有道理的。许慎著《说文》不立舠篆，或许是当时舠字还没有造出来(“舠”最早见于刘熙的《释名》)，或许他认为是俗字而不予收录。

其实，舟和舠亦为同一词的不同写法。《周礼·考工记总目》“作舟以行水”郑玄注:“故书舟作周。”先秦旧籍舟、周通用的例子不少。《诗经·大东》“舟人之子”，郑玄笺:“舟，当作周。”《诗经·公刘》“何以舟之”王先谦三家义集疏:“舟、周古通。”《左传·宣公十四年》:“楚子使申舟聘于齐”李富孙异文释:“吕览行论注作申周。”《管子·轻重甲篇》“立大舟之都”集校引丁士涵云:“舟当作周。”皆其例。舟 *tjəgw、周 *tjəgw 古音同，都是幽部字，舠从周得声，张揖《埤苍》音雕，上古亦与舟读音同；舠 *tagw、船 *drjagwh 古音在宵部，幽、宵旁转音近，王力说，“舠从周声，周声的字本读幽部，但‘舠’造字时已转入宵部”，与舠(刀)音同。从意义上看，舠、舠都训小船，舟也有小船之说，如《风土记》云“小曰舟，大曰船”。已有学者明确指出舠就是舟，如段玉裁说:“舠应为舟的后起分化字，再后来变为从刀，是为舠，属音转。”[5] 其实，应该说是周曾假借作舟，后人因于借字增益舟旁作“舠”；音转为刀，又增舟旁作“舠”。说舠就是舟，应该能够成立。

三 舟和俞、窬、梼、篙等是同源词

关于“舟”得名的缘由，古之学者早就有说。《释名·释船》:“船，又曰舟，言周流也。”段玉裁则说:“舟之言周旋也，船之言泝沿也。”“周流”与“周旋”意蕴相去甚远。“舟言周流也”、“舟之言周旋也”这样的推源,缺乏必要的证据——不管是来自文献方面的还是词义系统内部关系方面的,因而显得随意性很强。“周流”或者“周旋”是否就是“舟”命名的缘由，很难证实。

关于“舠”的语源,《广雅·释水》“舠，舟也”王念孙疏证云:“舠之言绍也，凡物之短者谓之炤。"《释诂》"炤，短也"下说："炤者，《玉篇》：'炤，犬尾短也。'字亦作刀，俗作刁。《晋书·张天锡传》'韩博，嘲刁彝云"短尾者为刁"'是也。《说文》：'裯，短衣也。'《玉篇》音丁了切，广韵又音貂。方言云：'无缘之斗谓之刁斗。'义并于炤同。《卫风·河广》篇'曾不容刀'郑笺云：'小船曰刀。'释名：'船三百斛曰舠。舠，貂也。貂，短也。江南所名，短而广，安不倾危者也。'亦声近而义同。"怀祖氏以炤、刁、裯都有短义，而刀（舠）、舠与之声近，因以证其义同且有语源关系，似乎也有道理。不过旧籍中刀（舠）、舠训小船，非短船之称，小、短义相类而不相同；再者，云刀（舠）形短，无理无据。王说未安。另有一说认为"舠（舠）"与"刀"同源。《古今韵会举要·豪韵》："舠，小船也。形如刀。"谓以其形似刀故曰舠。王力先生从此说："《说文》：'刀，兵也。'……《玉篇》：'舠，小船形似刀。'（按：今《玉篇》无"形似刀"三字，此系误引）……《说文》：'舠，小船也。'今本《说文》无'舠'字，段玉裁据《诗·卫风》释文及孔疏补正。……《尔雅》释鱼：'鮤鱴，刀。'注：'今之鮆鱼也，亦呼为魛鱼。'《说文》：'鮆，饮而不食，刀鱼也。'段注：'刀鱼，今人语尚如此，以其形象刀也。俗字作魛。'"谓刀、舠（舠）、魛同源。段玉裁更进一步说："刀鱼——'魛'之得名源于其扁薄狭长似刀。同理，舠得名于其形象刀亦通。小船与刀形似启发了人之想象力，将其称为舠。"

小船与刀确实有相似之处，王、段之说似乎很有道理。不过，我们扩大一下文献的调查范围，发现刀（舠）的语源和刀并没有关系。

《舟部》："俞，空中木为舟也。"段注曰："《淮南·泛论训》：'古者为窬木方版以为舟航。'高注：'窬，空也。方，并也。舟相连为航也。'按窬同俞。空中木者，舟之始；并板者，航之始。……始见本空之木用为舟，其后因刳木以为舟。"《易·系辞》"刳木为舟"，孔颖达疏："舟必用大木刳凿其中。""刳木为舟"这种事情叫"俞"。"俞"为动词，本指将大木中间挖空作舟，引而申之，凡以坚利之具把木挖凿使空都叫"俞"。字变作"窬"，《说文·穴部》："窬，穿木户也。一曰空中也。从穴，俞声。"徐锴《系传》"窬"下云："凿板以为户也。""凿板以为户"与"空中木为舟"事同。"一曰空中"，是词义的泛化。《论语·阳货》"其犹穿窬之盗也"清刘宝楠正义云："凡物取其空中者，皆得为窬。"是也。《广韵·侯韵》度侯切："窬，穿也。又羊朱切。"《集韵·侯韵》："窬，穿也。"再变为"腧"，《广雅·释诂》"腧，剜也”，王念孙疏证：“剾、俞，皆空中之义。”《广韵·侯韵》度侯切：“俞，刀剜物。”又变作“豆”、“剅”、“豞”。《广韵·侯韵》当侯切：“剅，小穿。”《集韵·侯韵》当侯切：“剅，小穿也。或作剅、豞。”穿，即雕镂使空之义。窬、俞皆以俞声为，而实为“俞”的后起分化字。剅与窬、俞音近义同，也是同一词的不同写法。可以肯定地说，早期的舟，都是用一株大树挖凿的独木舟。

“刳木为舟”称为“俞”，刳木所成之器曰“舟”。俞 *thrjəgwh，古音属幽部；舟 *tjəgw，也在幽部，音相近，义相关，这绝非巧合。上古汉语中含义相当的名词、动词声音相同或者相近的情况十分普遍。就像“干”既是名词（《尚书泰誓》“称尔干”），又是动词（《诗经·兔罝》“公侯干城”，《经典释文》：“旧音胡旦反，沈音幹。”）；“鼓”既是名词（《尚书·胤征》“瞽奏鼓”），也是动词（《左传》“齐人三鼓”）；“刀”是名词，也是动词，只不过有时候写作“刐”（《广雅·释诂》“刐，断也”），不胜枚举。“舟”和“俞”一个是名词、一个是动词，二者实出一源。文献中有不少例证能够支持这一推断。

廁，厕所中用于盛粪便的木槽。《玉篇·广部》：“廁，又徒楼切。木槽也。”《集韵·侯韵》徒侯切：“廁，行圊，受粪函也。”字又作牏。《汉书·万石君传》：“窃问侍者，取亲中群厕牏，身自澣洒，复与侍者。”颜师古注引苏林云：“牏音投。贾逵解周官云：‘牏，行清也。’”又引孟康云：“厕，行清；牏，中受粪函者也。东南人谓凿木空中如曹谓之牏。”“曹”同“槽”。木槽与舟，形制相类，早期木槽之类的器物也应是刳木而成。

梼，棺。《广雅·释器》“梼，棺也”，王念孙疏证：“梼之言盛受也。《玉篇》：‘䊭，音受，䊭，棺也。’䊭与梼同。”梼，曹宪音导。王氏谓“梼之言盛受”，无证据。但棺为槽状，似舟，却是事实。清曹树翘《滇南杂志》卷二十四云：“黑濮所居多在威远、普洱之间，其人多黑色……服丧用白布，即除之，其棺似木槽。”清田雯《黔书·苗俗》：“小平伐司苗在贵定县。男子披草衣，短裙；妇人长裙绾髻。祭鬼杀犬，死则瘗以木槽。”“木槽或似木槽的棺都是独木棺，其形状与船的原始形态——独木舟相似。”也就是所谓的船棺。考古证明，我国南方浙、闽、粤、桂、湘、黔、滇、赣、川、鄂等地先民有葬用船棺之俗，其可考年代最早在商周，至迟不晚于春秋时期。这些船棺有悬置于高崖河岸的，也有瘗于土中的，但其形制大多为用独木挖凿而成，用木板拼合式的极为少见。船棺应该就是“梼”。梼 *təgwx（受

*təgwh）与舟 *tjəgw，古音相近，形制相似，率皆刳木为之，其命名之由亦当相同。

匬，一种瓦器，可以为量。《说文·匚部》:“匬，瓯器也。”《玉篇·广部》:“匬，余主切，器受十六斗。”典籍或借庾、臾为之。《论语·雍也》“与之庾”苞咸注：“十六斗为庾也。”《文选·潘岳〈藉田赋〉》“我庾如坻”吕延济注：“庾，瓦器也。”《荀子·大略》:“流丸止于瓯臾，流言止于智者。”杨倞注：“瓯、臾，皆瓯器也。”

篙，喂牛用的筐。《方言》卷十三：“篙，篆也。赵岱之间谓之篙，淇卫之间谓之牛筐。篆，其通语也。”《玉篇·竹部》:“篙，牛筐也。”《集韵·豪韵》:“篙，飤牛器也。”《广雅·释器》“篙，篆也”，王念孙疏证：“篙之言韬也。自上覆物谓之韬，自下盛物亦谓之韬。方言注云：‘篙，音弓弢。’盖得其义矣。”韬（弢）为盛弓箭的器物，王念孙说“篙之言韬也”，有一定道理，但是篙之得名，应与㽌、鋊同。《说文·曲部》:“㽌，古器也。”《玉篇·金部》:“鋊，函也。”《龙龛手镜·杂部》:“㽌，古文，今作篙，牛篆也。”直以㽌为篙。鋊训“函”、也就是匣子，篙、鋊其状亦与舟相类。篙 *thəgw 也是幽部的字，与舟 *tjəgw、梼 *təgwx 音相近，其语源应相同。音转而为“篼”。《说文·竹部》:“篼，飤马器也。”（案此从《集韵》引，段注改作“食”）喂牛、飤马其实一也，其器都是槽形或者类似于槽形的东西。篼 *tug 古音属侯部，与篙音近而义通。

据此，我们认为“舟”的命名与“周流”或者“周旋”都没有关系，“舠（舠）”与“刀”、“魛”也不是同源词。舟和俞、廠、梼、篙等，读音相同或者相近，都与先民“空中木”为器有关，其器都是槽状或者类似于槽状的东西，它们是同源词。

四 舟船之“舟”与彝器之“舟”义相关联

典籍中“舟”还用来指与尊彝相配使用的礼器。《正字通·舟部》:“舟，古彝器有舟，设而陈之，为礼神之器，以酌以裸，皆挹诸器中而注之。舟与彝二器相须，犹尊之于壶、缾之于罍。”清梁诗正等《西清古鉴·舟·周雷纹舟》:“舟盖彝之副。”一说为尊彝等的托盘。《周礼·春官·司尊彝》:“裸，用鸡彝，鸟彝，皆有舟。”郑玄注引郑司农曰:“舟，尊下台，若今时承盘。”戴侗《六书故·工事三》:“古者彝以盛酒，其下有舟，舟之象形。”还有人认为舟是一种像洗而有耳的古器物。明陶宗仪《辍耕录》卷十七:“古器之名，则有锺、鼎、尊、罍、彝、舟……之属。”其形制当与“刳木为舟”的“舟”相似，都是槽形或类似于槽形的东西。清代礼器犹有舟。清吴廷华《仪礼章句·有司彻》云:“据聂氏崇义云，宋初俎有舟，礼图酒尊舟如盘，俎之舟亦然。愚尝从那拉监丞家见之，刳木为盘，深可五寸，加于俎上，大小如俎，仍存舟名，则肉湇、匕湇皆当以舟盛之。以经无明文，古制遂失传尔。”可见作为与彝器相配的舟至清时尚存，只是“以经无明文，古制遂失传”，致使知者不多，遂生异说。甲骨金文“受”所从之舟，当即此类，而非载物渡水之舟。吴大澂《说文古籀补》说盂鼎“受”字云:“两手持舟，舟、承尊之器。”是也。马叙伦说“受”所从之舟“像舟形者，非之舟车之舟，乃槃之初文。槃音并纽，受音禅纽，古读禅归定，此破裂浊音也”，槃、受古音殊异，甲骨金文舟、凡(槃)字形不同，马说不可信。李孝定谓“周礼司尊彝云‘皆有舟’，舟实凡(槃之古文)字，古文家误读耳”，实无证据支撑，而《周礼·司尊彝》云“皆有舟”之舟并非凡(槃)之误，不仅有古文字材料能够证明，而且从“舟”的同源词的考察方面也能够获得支持。舟船之“舟”与彝器之“舟”，不仅读音相同，其义亦相关。对于相类事物的命名，清人多有高论，《广雅·释诂》“绍，短也”，王念孙疏证:“盖凡物形之短者，其命名即相似，故屡变其物而不易其名也。”“屡变其物而不易其名”之说，当然也适用于“舟”之一族。

参考文献

[1] 段玉裁:《说文解字注》，上海:上海古籍出版社 1981 年版。

[2] 林华东:《吴越舟揖考》，《东南文化》1986 年第 1 期。

[3] 王念孙:《广雅疏证》，上海:上海古籍出版社 1983 年版。

[4] 王力:《同源字典》，北京:商务印书馆 1982 年版。

[5] 段玉裁:《“刀”“方”与古代渡船》，《现代语文》2007 年第 1 期。

[6] 陈明芳:《论船棺葬》，《东南文化》1991 年第 1 期。

[7] 陆敬严、刘大申:《中国悬棺综论》,《同济大学学报》(人文社会科学版)1990 年第 1 期。

[8] 陈明芳:《悬棺葬研究综述》，《民族研究》1989 年第 1 期。

[9] 马叙伦:《说文解字六书疏证》，上海:上海书店出版社 1984 年版。

[10] 李孝定:《金文诂林读后记》，台北:“中央研究院”史语所 1982 年版。

注释

［1］［美］摩尔根著：《古代社会》上册，杨东莼译，商务印书馆1977年版，第13页。

［2］［德］恩格斯：《家庭私有制和国家起源》，《马克思恩格斯选集》第四卷，人民出版社1972年版，第19页。

［3］河姆渡遗址考古队：《浙江河姆渡遗址第二期发掘的主要收获》，《文物》1980年第5期。

［4］何正权：《河南信阳发现3500年前独木舟》，《大河报》2010年8月7日。

［5］本文中关于上古音的拟音，悉从李方桂先生之上古音系。

张生汉，男，1951年出生，河南巩县人。河南大学汉语言文字学、古典文献学、训诂学教授，博士生导师。河南省语言学会会长。从事训诂学、汉语词汇史教学与研究。

“亡㞢”为“无尤”说申说

涂白奎
河南大学

殷墟卜辞的命辞中，有一常见词汇“亡㞢”，在甲骨文研究初期一直未能得其正解。1928年，丁山先生“遍征殷契，审其形义，疑即《易传》之‘无尤’”。[1]丁山先生的“无尤”说，较之于其前诸说显然更为合理，故为学界广泛接受，半个多世纪以来似乎尚无不同的意见。

不过，学术的进步总是要通过质疑辩难来推动的。即便是学界尊奉已久的成说或定说也有必要通过质疑和辩难进一步明其是非。前不久，陈剑先生发表《甲骨金文旧释“尤”之字及相关诸字新释》[2]一文，认为丁山先生将“亡㞢”释作“亡尤”实际上是不可信的。他在文中列举和讨论了《说文》及其他古文字材料中的尤字及从尤之字，进而结论说：“这些字形很明显都不从‘又’，而且其形体似乎是一个整体，很难拆分出一个独立成字的部分来。”同时，陈剑先生在梳理了大量的金文辞例后，进一步提出旧释所谓的“尤”字及从“尤”之字都与“敃”字的读音相近。

这个所谓的“尤”字何以会与“敃”字的读音相近，陈剑先生认为该字所从的“又”字的第一笔或说起笔之处，代表的是右手的“大拇指”，大拇指上所加的一小斜笔或小横笔系指示符号，表示大拇指之所在。因此，所谓的“尤”字就应该是“拇”字的表意初文。又由于“拇”字和“敏”、“闵”、“敃”、“愍”诸字音近或音同，因此可以考虑将甲金文旧释为“尤”及从“尤”的相关诸字都释读为“闵”、“愍”。还由于这个字跟“吝”字的读音也很接近，故卜辞中的所谓“亡尤”、“有尤”就可以读作《周易》、《归藏》等卜筮类文献的常见词汇“亡吝”、“有吝”了。

陈剑先生的新释很快为一些学者所接受。[3]近出的《新甲骨文编》也采纳了他的说法，将丁山先生释作“尤”字的甲骨文字收入“拇”字下，并且加注云“卜辞读为‘吝’”。[4]

不过，笔者在读过陈剑先生的文章之后，对相关材料进行仔细的推敲，感觉到陈剑先生的结论未必能够成立，且治丝益棼。因此，有必要作进一步的讨论。

首先，陈剑先生认为《说文》“尤”字及各类古文字材料中的可以认定的尤字及从尤之字，“字形很明显都不从‘又’，而且其形体似乎是一个整体，很难拆分出一个独立成字的部分来”。这个结论恐怕就存在问题。因为如果它们确实不从“又”，而且是一个整体不能拆分的话，它们显然就应该归属于象形字。那么，它们像什么呢？很难有答案。实际上，如果排除先入之见的话，我们可以看出陈剑先生所提供的这些字例没有一个是不从“又”的。只是这些字例年代都在战国时期，去商、西周已远，字形略有变化，指示字符又或出现形变、位置挪移。这些都是很正常的，我们不必因这些差异就否定它们和“”之间的因循关系。

被陈剑先生认为是“拇”字初文的这个字有没有可能仍应释作尤呢，笔者觉得可能性还是比较大的。我们先看《说文》的解释。《说文·乙部》：“尤，异也。从乙，又声”。我们再看甲骨文的“”字，从“又”应该是没有问题的，其与战国文字及《说文》的“尤”或从“尤”之字的区别在于，甲骨文的尤字在手指上从一短画，而《说文》“尤”字或作为字符的“尤”是在手的腕部从“乙”形符号。因此，陈剑先生才认为它们不是一个字。《说文》对“尤”字何以从乙并没有作出解释，但是在“乙”字条下释乙之义为“象春草木冤曲而出。阴气尚强，其出乙乙也”。段玉裁说“乙乙，难出之貌”。而丁山先生说甲文“尤”字，以为字“从又从一”，“象手欲上伸而碍于一”；则“欲上伸而碍”与“难出”之义恰可吻合。当然，许慎说乙像春草木冤曲而出未必可信。

我们注意到，在古文字中还有一些指示符号在文字演进的过程中发生形变，至战国秦汉时被写如“乙”形。如《说文·乚部》“孔”字，许慎云：“孔，通也。嘉美之也，从乚子。乚，请子之候鸟也。”“孔”字的初义是什么，我们现在还不清楚，可以不论。但是，我们应该注意的是这个字的字形演变。该字在周早期的《孔父丁鼎》作；晚期的《虢季子白盘》作；战国时期的《子孔戈》作；包山 122 简作；《古玺汇编》0627 作，2721 作。由以上几个字例可以看到，作为指示符号的曲笔，在周早期金文写于子字头部正中，至晚期则偏移于头部的一侧；到战国时期的戈铭和简文则被置于手部，而在玺印文字中就与子符脱离，成为右部的偏旁，并写如乙形了。

又秦篆乳字作乳(《云梦日甲》),《说文》解作“从孚乚。乚者,乚鸟。明堂月令,乚鸟至之日,祠于高禖以请子”。其说穿凿自不待言。而由甲骨文字作乳(《合集》22246)可知其为会意,如母哺子状。之后,字形简化,母亲的身体简为一曲线如乙形,而且手与身躯分离。

小篆形体与乙相同或相近的还有《说文·亅部》的“乚”字,其篆作乚。许慎云“钩识也”,段玉裁注:“钩识者,用钩表识其处也。褚先生补《滑稽传》:东方朔上书,凡用三千奏牍。人主从上方读之,止,则乙其处。”可知这个“乚”字是典型的指示符号,只是其篆若乙,因此后来字形也隶化同乙。

由上述字例可知,篆书“乙”形的来源是多元的;其位置也是变动不居的。“尤”字从甲骨文的“尤”到战国文字的尤(铸司寇鼎)、秦代文字的尤(五十二病方),其演变过程是指示符号由短画变成曲笔、位置由指端挪移到腕处,这种变化是文字在发展过程中规范化的结果。但是,这个字的主体字符“又”的形体和音读始终没有发生变化,所以甲骨文的“尤”是“尤”字应该没有什么问题。

另外,古文字形体中的“又”旁,在使用的过程中,因书写习惯等诸多因素的影响,甚至就被写成尤。我们看甲金文的“友”字,字一般从二“又”作友、友。也可在下方加羡符口或曰,写作友(《周甲21》)、友(《师遽方彝》)。这个从二又从口或曰的友,在《郭店简·六德篇》中却被写作友。其上所从的友写作友,即被写成了从二“尤”。我们再看金文的“敃”字。《克鼎》和《兮甲盘》写作敃、敃,右偏从尤;而《师望鼎》、《毛公鼎》作敃、敃,右偏从又。这些例证都充分说明尤和又在形、音甚至义训方面是有密切关系的。因此说古文字材料中的“尤”是一个整体不能拆分,是站不住脚的。

下面我们对尤字的形体再作进一步的分析。

陈剑先生之所以认为“尤”是“拇”字的表意初文,是因为他认为该字的第一笔或说起笔之处,代表的是右手的“大拇指”。其实,这个论据也是有问题的。

甲骨文又字象右手,一般被认为是为书写便利而简五指为三指。果真如此的话,则又字表现的是静态的右手平展状,起始之笔当然应该如陈剑先生所说。不过,事情似乎不是如此简单。因为“又”之写作又,实际上是和手的动态相联系的。如又、又、又诸字,皆像握物之状。而人手在握持物体时,拇指和其他四指呈对峙状态。如果要用线条描述这个状态，并且简五指为三指，则拇指必居中才能准确表现其情态。

人手在持物时，根据所持物体的不同，拇指与其余四指的相对位置也会发生变化。这在古文字形中是有所反映的。我们看商代青铜器铭中的叉字写作[古文字]、[古文字]。“叉”字本像执丸之状，其上两指曲而下、下指作曲而上之形，而五指中可曲而上且与它指呈对峙状者唯拇指，由此知此字以下曲笔为拇指。最能说明问题的还有甲骨文的[古文字]（《合集》19884）、[古文字]（《合集》21864）。与之同形的西周《柞伯簋》(《近出殷周金文集成》2·486）铭中的[古文字]字被陈剑先生读作“贤获”之“贤”，因有文献和楚简文字的印证，自是可信。只是，这个[古文字]字显然不是贤之本字，它何以会用作贤字，目前还难以给出合理的解释。陈剑先生说它是“搴与掔共同的表意初文”[5]，恐怕也不能令人信服。搴，不见于《说文》。《广雅》释“拔也”，又释“举也”，《集韵》释作“引取也”；掔，《说文》释“固也”。搴、掔二字字音虽近，可是在字义方面却有较大的区别，因此将[古文字]作为它们共同的表意初文显然是不合适的。

古文字中表示持物和取物字的早期形体，如父作[古文字]、[古文字]、[古文字]；尹作[古文字]；及作[古文字]；取作[古文字]；支作[古文字]；史作[古文字]等都明确地表现为对物体的持取和引取必须是多指合作的行为。而[古文字]、[古文字]字刻意地把著于手指上的物体刻画得比较圆，而且只著于一指，与上列诸字在表述造字初义方面有着明显的区别。

从字形上分析，该字原本的形义仍当取李学勤先生之说，释为夬，即钩弦之決。[6]此钩弦之決著于“又”之中画，可知甲金文夬字是以中画为大拇指的。把甲骨文[古文字]释作夬，还有间接的，但是应该是具有一定说服力的证据。甲骨文中有字写作[古文字]（《合集》4822）、[古文字]（《合集》18531），此字旧不识。分析其偏旁，适与《说文》缺字合。许慎说缺“从缶，決省声”，此字外廓正像缶形，而中从水、夬，正是泱字。至于在战国时期的楚简文字中夬字写作[古文字]，所从“又”字以起笔为拇，则是文字在长期的使用过程中，形体随时代、书写习惯演进变化的结果。我们并不能把它作为判定[古文字]字起笔为大拇指的依据。

退一步讲，即便陈剑先生以[古文字]为“拇”字的表意初文之说能够成立，那么“亡[古文字]”读作“无吝”的可能性又有多大呢？

检核《易》类文献，其用来表示不会发生衍失、祸害的用语主要有“无咎”、“无尤”、“无吝”。下面，我们对这三个词汇在相关文献中的的使用情况作一梳理。

在《易》经文的卦、爻辞中及传文的《象》辞中，“无咎”最为常见，偶见者有《震》卦六三的爻辞“亡眚”。有意思的是，这两个语词也见于近年的出土文献。如《周原甲骨文》一书所录，岐山凤雏建筑基址的 H11 和 H31 出土的甲骨残辞中“无咎”语凡七见；“亡眚”则一见于 H11：113 片。[7]

再检先秦文献，知“无咎”一词除作为占筮用辞外，亦为春秋时期习惯用语。《左传·成公十七年》记“秋七月壬寅，刖鲍牵而逐高无咎，无咎奔莒”；又，《左传·襄公二十七年》记“棠无咎，与东郭偃相崔氏”。[8]二贵族以“无咎”为名字，可知其为习语。《国语·卷三》记单子答鲁侯语云“故国将无咎，其君在会。步言视听，必皆无谪，则可以知德也。”其后又记单子对卫大夫彪傒问曰“周若无咎，哀叔必为戮”。[9]

出土于楚地的战国简书证明，战国时期的楚地，也习用“无咎”之语。如天星观、包山、望山、秦家嘴、新蔡诸简中的占筮辞，“无咎”、“毋有咎”、“无大咎”之语凡数十见。

如此，说“无咎”一词是两周时期在广泛的地区普遍使用的占筮习用语和生活熟语，是周人的语言，可无疑焉。

“无尤”一词只见于《易》的传文，皆在《象》辞中，凡六见。分别在《贲》之六四、《剥》之六五、《大畜》之九二、《蹇》之六二、《鼎》之九二和《旅》之六二。

可注意的是，在《传》文中，“无尤”与“无咎”似为同义语或近义语。

《蛊》九三：“象曰‘干父之蛊，终无咎’……”

《习》六四：“樽酒簋二，用缶纳约自牖，终无咎。”

此二句用“终无咎”；

《贲》六四：“象曰六四当位，疑也。匪寇，婚媾。终无尤也。”

《剥》六五：“象曰以宫人宠，终无尤也。”

此二句用“终无尤”。

两相对比，语义终无差异。所谓“终无咎”、“终无尤”者，皆言事情之最后结果无衍失、祸害也。既知“无咎”为周人占卜用语，而“无尤”一词又只用于说解经文的传文中，因此它们应该不是同一时期、同一地域或同一氏族的语言。

极有可能“无尤”是殷人语言的复活。

“无吝”一语则不见于《易》之经、传。检核几种《易》类文献，如《子夏易传》，该语只一见于《姤》卦的《象》辞之后。《象》辞为：“姤……上九，姤其角。吝，无咎。象曰：姤其角，上穷吝也。”此后有一段文字对该传文进行发挥：“已过体矣，何所遇乎？姤于角也，以是求遇，可惜者也。不至于争，无吝已矣。”

再如《横渠易说》，“无吝”也只一见于《復》卦“六三”传文之后。传文字为：“频復厉，无咎。象曰‘频復之厉，义无咎也。’”其下推衍文字则曰“所处非位，非频蹙自危，不能无吝”。

二书“无吝”一词各一见，而且所在位置也不相同，可知它非古《传》文，而是汉及后世经师解释《易传》的文字。

《易》经、传文中不用“无吝”而只用“吝”字，且其义非“咎”、“尤”之比。我们现在看《易》经本文中“吝”字的用法。

《噬嗑》六三：“噬腊肉，遇毒。小吝，无咎。”

《贲》六五：“贲于丘园，束帛戋戋。吝，终吉。”

《姤》上九：“姤其角。吝，无咎。”

以上三例的“小吝”、“吝”字，都是说事务进程中会遇到一点困顿或问题，但最终的结果仍是无害和吉利。可知“吝”与“咎”、“尤”字的意义是有很大区别的。

可为印证的是，出土的先秦文献亦只见“吝”或“有吝”，而不见“无吝”。

在甲骨文已见吝字，似为地名。如《合集》25216“……卜大【贞】……岁于……于吝”。而与占筮有关的“吝”字，近年发现的《上博简·易》，其抄写年代在战国时期；出土于湖北江陵王家台的《归藏易》，抄写年代在秦；《阜阳简·易》和《马王堆帛书·易》的抄写年代则在西汉时期，在这些抄本中只有“吝”、“有吝”、“往吝”、“终吝”字眼，而绝不见“无吝”一词。[10]凡此，都充分说明“无吝”一语出现和使用的年代较晚，从现有材料来看应在汉代或更晚。

根据以上的讨论，我们有以下几点认识：

甲骨文“又”字的起始之笔不必是拇指，因此以“⺈”为拇之表意初文不可信；

“无吝”为晚起用语，出现的时期不会早于汉。因而读甲骨文的“亡⺈”为“无吝”不能成立。

综上，知丁山先生读甲文“亡⺈”为“无尤”是可信的，无须改释。

注释

[1] 丁山：《殷契亡⺈说》，《中央研究院历史语言研究所集刊》第一本第一分本1928年8月版。

[2]《北京大学古文献研究集刊》第4辑，北京大学出版社2004年版。

[3] 洪飏：《古文字考释通假关系研究》，福建人民出版社2008年版，第43页。

[4] 刘钊、洪飏、张新俊：《新甲骨文编》，福建人民出版社2009年版，第651页。

[5] 陈剑：《柞伯簋铭补释》，《传统文化与现代化》1999年第1期。

[6] 李学勤：《柞伯簋铭考释》，《文物》1998年第11期。

[7] 曹玮：《周原甲骨文》，世界图书出版公司2002年版。

[8] 杨伯峻：《春秋左传注》，中华书局1981年版，第898页、1137页。

[9]《国语》，上海古籍出版社1978年版，第91页、147页。

[10] 濮茅左：《楚竹书周易研究——兼述先秦两汉出土与传世易学文献资料》，上海古籍出版社2006年11月版。

涂白奎 ，男，1954年出生，河南潢川人。河南大学历史文化学院博物馆系教授。研究方向为古文字学、古文献学。

将秦汉时期表义字序法推向顶峰的《说文》部首法

陈　燕

天津师范大学文学院

一　《说文》部首法的产生

《说文》创造的部首法完善了秦汉时期的表义字序法，在早期字序法中占有重要位置。

字书在传统小学中占有重要地位，只要编纂字书就不能回避字序问题，因此秦汉时期产生了多种排序方法。《说文》在“事类排序法”的基础上，建立了据义的部首法。汉代字书有些字句已经按照相同偏旁排列，如《仓颉篇》残简有“游敖周章，黚黶黯黮”。《急就篇》有“鍛鑄鉛錫鐙錠鐎”“笔篅篋筥箕箅箒”“肠胃腹肝肺心主”“股脚膝髌胫为柱”等。一般认为以上例句对《说文》综合汉字相同偏旁，建立部类和部首产生了积极的影响。

早期字序法排序原则是分别部居。有两种类型的“部”不可不辨：一是按照事物名称或类别分部，一般“篇”就是“部”，如《尔雅》19 篇，《释名》27 篇，《急就篇》分 3 部等；二是支撑 540 部首的部类。《说文》使这两个“部”发生了转化，由字义所属类别的“部”或“篇”，向部首统领的“部类”转移。前者排序所面对的字量有限，仅为汉字简单的分类，缺乏系统性；后者可以排序较多的汉字，符合汉字结构特点，较为科学而呈系统性。

秦汉时期的“事类排序法”分部较为粗疏，对于收字较少的辞书或启蒙教材来说是适用的。《说文》通过分析上万个汉字字形的结构指出其本义，完成这个亘古未有的创举，若仍然使用“事类排序法”排序汉字是根本行不通的，需要建立一个与之匹配的新的汉字排序系统。《说文》部首法遵照早期字序法分部的原则，消除《尔雅》《急就篇》式的粗疏，剖析汉字的偏旁，建立了部首系统。《说文》部首系统根据表义偏旁设立 540 部首，作为排序的标志。部首以意义统领同部汉字,《说文》部首法将秦汉时期字序法的表义性推向顶峰。

二 《说文》有关部首法的论述

《说文》有关部首法的论述见于"叙"中，我们认为有3处，分别是：1."其建首也，立一为耑。方以类聚，物以群分。同牵条属，共理相贯。杂而不越，据形系联。引而伸之,以究万原。毕终于亥,知化穷冥";2."分别部居,不相杂厕"。3."转注者，建类一首，同意相受，考，老是也"。第3条有争议，我们赞成前人将转注解释为部首说的观点。

第2条前面已有较多论述，在此重点谈其余两条。第1条是对第3条的说明，具体表述如下："其建首也，立一为耑""毕终于亥""方以类聚，物以群分"与"建类一首"对应，义为按类聚集汉字并建立540部首；"共理相贯"与"同意相受"对应，意为同部字贯通着（部首具有的）共同意义；"考，老是也"，是说"考"从部首"老"的意义，就属于这种情况，囿于文字表达格式仅举"考"字，不言老部其他8个属字；"杂而不越，据形系联"，是说540部首的排序原则；"引而伸之，以究万原，知化穷冥"，是说540部首是一个表义系统，用它可以推究《易》之理，知晓意蕴之极。

自古至今，以转注为部首说的学者层出不穷，如清代江声、姚文田、陈澧、许宗彦、曹仁虎、孔广居、张行孚等，近人刘昌龄、力钧、廖登廷、顾实等，现代陆宗达等[1]，他们将转注与部首的关系辨之甚明。但是我们不赞成某些学者将部首与造字之法相联系的说法。

通观《说文》有关六书的论述，我们注意到许慎不言六书是造字之本。在传世文献中我们看到两个需要分辨的事实：一是仅有许慎之前的班固说六书是"造字之本也"，但是没有进一步说明；二是整个汉代只有许慎完整地阐述并实践了六书理论。在《说文》正文14篇中，许慎明确地用前四书分析汉字结构，表明在他心目中前四书与后二书是不同的。遍读《说文》确信前四书与造字之法有关，而后二书，特别是转注与造字之法无关。因此许慎不言六书是造字之本，必有其深意。其实古人早就发现这个问题。唐代颜师古注《汉书》"六书"说："文字之义，总归六书，故曰立字之本也。"（第1722页）颜师古得许慎六书真谛，不用"造字之本"来概括六书，很有道理。我们以为"立字之本"应当包含了与汉字相关的问题，除了汉字构成或造字法所涉及的字形、字音、字义之外，还有字序，即汉字排序法。

自唐宋以来学者们对《说文》转注的争论从来没有停止，至今莫衷一是。现在看来将转注仅定位于造字之法是有问题的，而且可能永远解释不清。我们认为应当以《说文》原著为本，并结合秦汉时期汉字研究实情，探讨《说文》六书理论的原旨。如前所述，秦汉时期已经有了汉字字序方面的研究成果，许慎将自己创造的汉字部首法纳入六书系统中进行说明也在情理之中。

三 《说文》部首法本质是利用表义部首排序汉字

《说文》部首系统，沿袭并实现了分别部居不相杂厕的汉字排序原则。《说文》称部首为“首”，约到清代才将“部”与“首”合起来，有了“部首”之称。《说文》部首系统的组成是：部（部类）、首（部首）、属字以及540部首的排序法。彼此关系是：部类由部首和属字构成，属字是相对于部首而言的；部首是部类的统领而位于部类之首，540个部首就是540个部类的部首；540部首依据字形排序。

在《说文》部首系统中部首最为重要。在部类中，部首的形是共有偏旁的代表，部首的义是共有意义的代表。字形仅是字义不可或缺的载体，由此决定部首的主要作用是统领同部字的意义。部首以本身所具有的共有意义转相注释同部的属字，使部类成为一个意义共同体。这就是“转注”“建类一首，同意相受”之义。如部首“老”有“耋耄耆耇壽考孝”等9个属字，其字形皆有部首“老”。《说文》对这些属字皆有“从老”或“从老省”的说解，从字义上表示部首“老”的意义作为该部的共有意义已经转相注释给9个属字。《说文·叙》说“同牵条属，共理相贯”，前句指称同部首字，后句与“同意相受”相同。从词义训释上“同意”与“共理”同义。同，共也。古文献例证：《诗·豳风·七月》“同我妇子，馌彼南亩”，“女心伤悲，殆及公子同归”；《论语·宪问》“公叔文子之臣大夫僎与文子同升诸公”。“相贯”与“相受”同义，是贯注、授予的意思，指部首以共有意义贯注或施与同部字。因此《说文》以输出部首意义的方式统摄同部类汉字。

《说文》发明了汉字“省形”的说法。如高部的“亭”，字形解释为“从高省，丁声”；眉部的“省”，字形解释为“从眉省，从屮”；冓部的“再”，字形解释为“从冓省”；老部的“考”，字形解释为“从老省，丂声”；老部9个属字，有8个字“从老省”；履部的属字“屦”“屐”等5字都是形声字，皆“从履省”等。找不到许慎判断“省形”的根据。汉字变化情况复杂，省形说受到批评（裘锡圭，1988:165）。我们注意到许慎在指明汉字意义的“从 ×”之处特意补出了所省部分，对于部首系统非常必要。从部首法考虑必须要补出被省略部分，指明该字所从部首；否则这类字缺少归部依据，部首属字失去了与部首共有意义的联系，势必造成部首系统的残缺。由此证明在《说文》部首系统中部首具有非常重要的组织排序汉字的功能。

在《说文》正文十四篇中，每个部首都有“凡 × 之属皆从 ×”的语句，这是部首专用术语。部首的每个属字几乎都有“从 ×”或“从 × 省”的说解，它不仅是分析汉字结构的普通用语，而且承载着组织汉字的功能，在部首法中不可缺少。如部首“攴……凡攴之属皆从攴”，其属字:“啟……从攴，启声”，“敏……从攴，每声”，“故……从攴，古声”等。请注意:以上部首和属字说解涉及的“从 ×”所指相同，表示从部首的意义，省形的属字兼指偏旁，如“考、耆、耋、壽”等字；部首的意义体现在每个属字的训释之中，成为该部字的共有意义；而属字的共有意义正由部首输出。表面上在部首和属字下出现了重复的说解，实际上强调了部首意义的统摄作用。540个部首以意义统摄着各自的部类，每个汉字根据各自所属部首的意义存在部类之中。《说文》就是这样利用表义部首为汉字排序。

《说文》为加强了部首的表义性，一般不取单纯的声旁作部首[2]，如竺、归二部而不取竹部，锦归帛部而不取金部等。有一些字许慎分析为会意字，其实是会意兼形声字，其部首兼表示意和声，如号部“號”，豆部“梪”，交部“绞”，冃部“冒”，司部“词”等。另外，有少数象形字没有相同偏旁就根据意义归部，如烏部的属字“舄焉”，与部首烏的字形相近，其字义属飞禽类而归入烏部。这再次证明《说文》重视部首的表义性。

《说文》部首法的本质是利用表义部首排序汉字，证明许慎已经从整体上把握了汉字的表义状况，认识到小篆等古文字，除了少数表形以外（象形字也表义），其余都表示意义；但是表义程度不同，占汉字80%以上的形声字半表义，需要分解汉字之后，取出表义偏旁作部首。因此，汉字的表义性是建立表义部首法的重要基础。

四 《说文》部首法的历史地位与局限

《说文》建立了以表义部首为核心排序汉字的完整系统，是许慎的伟大创造。在这个系统中部类由部首所代表的共有意义维系，部首系统由540个意义共同体组成。部首法打破了秦汉时期“事物类别排序法”根据外在因素排序汉字的模式，从而完善了“分别部居”的表义字序法，使汉字字序法走向科学。

许慎以“方以类聚，物以群分”的类聚标准“建类”，所建部类与《尔雅》等辞书采用“事物类别排序法”的标准有所不同，而优于后者。《说文》部类以汉字共有偏旁为部首，作为类聚汉字的字形标志和共有意义的代表。偏旁在分解汉字的基础上获得，部首一般由偏旁充当，少数情况是合体字或笔画。因此，没有汉字分解就没有《说文》部首系统。这表明许慎已经能够从整体上把握汉字的形义关系，对古文字构成规律具有较为深刻的认识，在分析偏旁的基础上建立了较为科学的部首系统，克服了《尔雅》等辞书在排序等方面存在的缺点，表现出排序法的巨大进步。

《说文》部首法尚处于部首法的草创阶段，历史局限主要如下：

首先，部首设立不合理。部首是部首系统的核心，但是部首若无属字就失去了部首的功能。《说文》有从属之字的部首共504个，占部首总数的93%。类聚的字多少不等，其中少数部首只有1个或2个属字。有1个属字的如：幺部，“幼”；九部，“馗”；帛部，“锦”；京部，“就”；史部，“事”；重部，“量”；步部，“歲”；北部，“冀”；司部，“詞”等。有2个属字的如：王部，“闰、皇”；了部，“孑、孓”；是部，“韙、尟”；男部，“舅、甥”等。特别是被学界称作的“文一”部首，这类部首没有属字。如：凵、久、才、乇、克、录、耑、丏、冄、易、莧、能、燕、率、它、幵、三、四、五、六、七、甲、丙、丁、庚、壬、癸、寅、卯、未、戌、亥等36个部首。曾有学者说许慎立“文一部首”，等待后人填充新字，这是没有根据的推测。

其次，属字与部首意义关系不明。有一些字由于字形变化，意义丢失，《说文》释义玄妙难明。如部首“一”，《说文》从《易》理方面解释部首的含义，暂且不论是否合理，其类聚的属字很有问题。属字有元、天、丕、吏等字。根据《说文》释义，其属字“元、天、丕”具有“始、高、大”之义，似乎可以与“一”发生意义上的联系。而吏，被训作“治人者”，如果不是引徐锴解说：“吏之治人，心主于一，故从一”，则很难联想到与部首“一”的关系[3]等。

最后，540个部首之间“据形系联”的排序原则不能贯彻到底。根据段玉裁《说文解字注》（卷十五上）分析，约有50多个部首“不蒙上”，即不能据形系联，如竹、之、后、勹、鬼、長、冉等部首。

五　结语

《说文》部首法将秦汉时期的表义字序法推向顶峰。在部首法方面有较为深刻的理论阐述，单字的归部一般是根据汉字结构分解汉字，在此基础上得出表义偏旁，进而组成表义部类，建立部首。

秦汉时期汉字字序法有四种形式：《仓颉篇》排序法，《急就篇》排序法，《尔雅》排序法和《说文》部首法，凸显出表义性的特征。《说文》部首法优于其他排序法，其成就和局限皆代表这个时代。应当肯定《说文》部首法奠定了两千年来用部首排序汉字的基础，是汉字字序法历史的里程碑。

参考文献

[1] 许慎：《说文解字注》，中华书局1977年版。

[2] 段玉裁：《说文解字注》，上海古籍出版社1981年版。

[3] 班固：《汉书》，中华书局1983年版。

[4] 郝懿行：《尔雅义疏》，中国书店出版社1982年版。

[5] 钱绎撰集：《方言笺疏》，上海古籍出版社1984年版。

[6] 王先谦撰集：《释名疏证补》，上海古籍出版社1984年版。

[7] 裘锡圭：《文字学概要》，商务印书馆1988年版。

[8] 曹先擢、杨润陆：《古代辞书讲话》，上海教育出版社1990年版。

[9] 罗伟达：《汉字字序法研究》，《辞书研究》1995年第5期。

[10] 黄德宽、陈秉新：《汉语文字学史》增订本，安徽教育出版社2006年版。

注释

[1] 在此略引一二。清代陈澧在《书江艮庭徵君〈六书说〉后》中说：“建类一首之文，

与下其建首也，立一为耑，毕终于亥之文相应，必非偶然相涉……如江氏之说，则建一部之字，以一为首，元、天等字同有一意者，胥受一字之意。而从一推之五百四十部皆然。一首者，一部中自数字至数十百字，惟以一字为部首……如江氏之说，则转注诚造字之法而非训诂。”（见丁福保《说文解字诂林》，1930 年）陆宗达先生在《六书简论》中持有与上述基本相同的观点，他说：“‘建类一首’似指全书分五百四十部，每部建立一个部首而言。《说文解字·后叙》说：‘其建首也，立一为耑。方以类聚，物以群分。同牵条属，共理相贯。’这几句话，正是对‘建类一首’的具体说明。‘同意相受’则指这些字的训义互相关联。从许慎所举例字来看，‘考’在老部，这就是‘建类一首’。‘老’字的说解云‘考’，‘考’字下云‘老也’，这就是‘同意相受’。”（《陆宗达语言学论文集》，北京师范大学出版社 1996 年版。）

［2］只有“皀”，以声旁做部首。有时也取意兼声的偏旁做部首，如半部，“胖……从半从肉，半亦声”等。

［3］在甲骨文、金文中“元、天、丕、吏”的字形与“一”无关。秦简中“吏”与“一”仍无关。徐锴的解释也很牵强。

陈燕，女，1953 年出生，河北河间人。天津师范大学文学院教授，古代汉语教研室主任、对外汉语教研室主任。主要研究音韵学、汉字学。

商代金文可释字的初步考察

苗利娟　王蕴智

安阳师范学院　河南大学

一　前言

我们过去曾对商代文字可释字形进行过初步整理，当时主要是以甲骨文字形为主，偶增添了部分可以补缺的商代金文字头。商代金文是殷商文字的一种书写形式，近年我们进行《商代文字汇编》的工作时，也注重了对商代金文字形的基础整理。

我们以 2012 年底之前已公开发表的商代金文材料为限，共收集铭文 6200 余件，初步统计商代金文不重复单字共计有 1359 字，从中归纳可释单字 574 个。其中可与《说文》小篆相对应的有 563 字，另有合文 41 例（不含重复例及“亚某”、“册某”、“马某”、“北单”等特殊字例，仅取行文中的合文字例），总字量达 15513 字（不含重文、合文及字形模糊者，同一器物所见重复单字仅以一次计）。

在此基础上，我们对商代金文单字出现的频度也初步进行了常用字、次常用字和罕见字三级统计。常用字是指该字的使用频率在 10 次以上（含 10 次）。常用字再细分为一级常用字，即使用频率在 300 次及其以上者，又可称为高频字；二级常用字，即使用频率在 50 次（含 50 次）至 300 次之间者，可称为次高频字；三级常用字，即使用频率在 10 次（含 10 次）与 50 次之间者。次常用字是指该字的使用频率在 2 次（含 2 次）至 10 次之间者。罕见字是指该字的使用频率为 1 次，或称低频字。

通过我们的统计，商代金文常用字即 10 次及其以上的单字共计 203 字，20 次及其以上的单字共计 122 字，50 次及其以上的单字共计 42 字，100 次及其以上的单字共计 21 字，300 次以上的单字共计 8 字，500 次以上的单字共计 2 字。总体上说，商代金文的常用字高度集中，单是高频字与次高频字，就已经占到总字量的 54.72%，超过了商代金文语料的半数以上。

根据上文的统计结果，我们发现商代金文字频整体上呈两端分布的趋势。高频字有 10 个，而罕见字有 635 个。高频字数量虽少，但在实际使用中的覆盖率却相当高，罕见字却正相反，这个特点与甲骨文、西周金文相似。

我们统计的商代金文前十位高频用字依次为：父、亚、乙、丁、辛、子、己、癸、且（祖）、尊。其中“父”的出现频率最高，多达 1639 次。众所周知，商代铜器除实用器外，多为祭器，“父”相对的高频出现，说明商人更重视对二代血亲，特别是父的祭祀。“亚”的出现频率仅次于“父”，为 836 次。高频字中天干占了 5 个，即乙、丁、己、辛、癸，全为偶数。商金文常见字中，除去干支 15 字，专用称谓“父、亚、子、祖、帚（妇）、母、王、女、后、妣、兄、姑、姤、祀、月、尊、彝、鼎、贝、好、娩、媚、蝠、妥、[illegible]、[illegible]、册、史、宁、马、犕、臣”32 字，方位词“北”1 字，动词“作、赐、赏”3 字，介词“用、在、于”3 字，副词“唯”1 字，数词“十、二、五”3 字，量词“朋”1 字，形容词“宝、小”2 字，连词“又、以”2 字等外，其他大部分为名词，作族名或地名，占了五分之三强。由此我们认为，商代金文高频字中无虚词、动词、数词，全为名词，主要是天干和亲属称谓“父、子、祖”等用字。

值得注意的是，科学考古发掘出土的家族墓地或高级贵族墓地中多见一些专用的族徽字和贵族称谓、庙号用字。这方面如陕西泾阳高家堡的戈族墓地，山东滕州前掌大的史族墓地，山西灵石旌介村丙族墓地，河南郑州荥阳小胡村的舌族墓地，信阳罗山息族墓地，以及殷墟妇好墓、刘家庄 M1046 亚玔墓、郭家庄 M160 亚址墓、戚家庄 M269 爰墓、花园庄 M54 亚长墓、大司空 M303 马危墓等，这些大型墓葬中出土的铜器铭文单字字频均在 20 次以上，可见族徽文字、贵族称谓和庙号用字的出现多与墓主的身份地位及其家族的大小、持续时间长短有着直接关系。

二　商代金文可释字表

凡例

（1）本表字例选收相对比较典型、清晰的商金文拓片为底本，然后经过计算机技术反转处理为阳文，漫漶者做了适当修复，个别字例采用了摹本。限于表格，虽个别单字异形较多，兹不一一列举。

（2）本表字头按许慎《说文解字》部序依次排列，少数许书所无之字而见于他字书者，附于各部之末。依据构形关系，个别字例与许书的隶字位序不合，此则有所调整，如“朋”字本附于“鳳”下，兹将“朋”字改隶于“玉”部。

（3）个别新见单字，虽各家有释，但未发表铭拓或拓片漫漶不可辨者及《考古图》等古籍所录拓片变形失真者（如“甘”、“迯”等字），暂不在收录之列。

（4）本表字例著录号来源主要见于以下书目及英文代码：A——《安阳殷墟青铜器》，BL——《保利藏金》，BX——《保利藏金续》，D——《三代吉金文存》JC——《近出殷周金文集录》，JE——《近出殷周金文集录二编》，MYT——《玫茵堂藏中国铜器》，Q——《中国青铜器全集》，XS——《新收殷周青铜器铭文暨器影汇编》，Y——《殷周金文集成》，YX——《殷墟新出土青铜器》。

序号	隶定字	字形举例
1	一	Y11.6000 尊
2	元	 Y10.5278 卣
3	天	 Y06.2914 簋 　Y10.4769 卣 　Y13.7323 爵
4	上	Y10.5412 卣
5	帝	 Y10.5413 卣 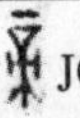　JC2.307 鼎 　XS1566 鼎
6	旁	 Y04.2009 鼎
7	示	 Y10.4797 卣 　Y12.6484 觶 　Y12.6800 觚
8	祀	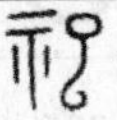 Y10.5375 卣　XS1566 鼎
9	祝	 JC2.253 鼎 　JC3.849 爵
10	三	Y15.9301 觥
11	王	 Y05.2708 鼎 　Y05.2694 鼎 　Y15.9249 斝
12	皇	 Y03.433 鬲 　Y17.10670 戈 　Y10.5100 卣

续表

序号	隶定字	字形举例
13	玉	Y07.3940 簋　Y12.6836 觚　Y12.6923 觚
14	朋	Y05.2579 鼎　Y05.2694 鼎
15	士	Y14.8757 爵　Y03.1715 鼎
16	中	Y02.369 铙　Y11.6213 觯　Y12.6933 觚
17	串	Y04.1693 鼎　Y06.3203 簋　Y10.4992 卣　Y10.5069 卣
18	屮	Y18.11780 斧　JC4.1063 戈
19	每	Y13.8134 爵　XJ13.29 甗
20	若	Y04.2400 鼎　Y12.7309 觚　Y14.8545 爵
21	莀	Y05.2710 鼎
22	莫	Y12.7264 觚
23	小	Y04.1874 鼎　Y07.3990 簋
24	八	Y10.5380 卣　JC3.752 觚
25	曾	前掌大 M127:1 觚　前掌大 M127:2 爵
26	公	Y10.5074 卣
27	釆	Y10.5205 卣　Y10.5075 卣
28	牛	Y03.1102 鼎　Y06.2973 簋
29	犅	JE2.546 卣
30	告	Y03.1368 鼎　Y03.1482 鼎　Y12.7006 觚
31	口	Y03.1133 鼎　Y11.5452 尊

续表

序号	隶定字	字形举例
32	吾	XS1564 鼎
33	君	Y10.5394 卣
34	召	Y10.5413 卣　Y16.9894 彝
35	唯	Y10.5417 卣
36	咸	Y04.2311 鼎　Y11.5613 尊
37	周	Y13.8155 爵　Y13.8156 爵
38	唐	Y12.6367 觶
39	咼	JC3.757 觚
40	各	Y05.2709 鼎　Y14.9105 角
41	凵	Y06.3123 鼎　Y15.9232 斝
42	瞿	Y12.6552 觚　Y11.6271 觶
43	單	Y11.6364 觶　Y16.10047 盘　Y13.8178 爵
44	趞	Y06.3309 簋　Y15.9326 盉　Y10.5014 卣
45	止	Y15.9769 罍　Y06.3234 簋
46	址	JC3.561 卣　JC3.609 尊　JC3.924 斝
47	歸	Y10.5396 卣
48	登	Y12.6443 觶　Y15.9771 罍　Y13.7478 爵
49	步	Y13.7473 爵　Y13.7474 爵　Y11.5716 尊
50	歲	Y04.2140 鼎

续表

序号	隶定字	字形举例
51	正	Y10.5412 卣
52	徝	Y10.4870 卣
53	征	Y05.2709 鼎 Y11.5990 尊
54	進	Y12.6679 觚
55	迨	Y05.2694 鼎
56	逆	Y13.7339 爵
57	遘	Y08.4144 簋 Y10.5413 卣
58	返	Y05.2694 鼎 XS1566 鼎
59	邐	Y05.2709 鼎 Y07.3975 簋
60	述	Y15.9823 罍
61	达	Y12.6485 觶
62	逐	Y14.8977 爵
63	達	Y15.9823 罍
64	遽	Y10.4959 卣
65	微	Y12.7264 觚
66	得	Y12.6634 觚 JC2.240 鼎 Y12.7086 觚
67	律	Y16.9894 彝
68	御	JC3.621 尊 Y15.9404 盉
69	彶	Y15.9133 斝 A 彩 8 觚 Y11.6038 觶

续表

序号	隶定字	字形举例
70	建	Y12.6921 觚　Y14.8896 爵
71	祉	Y14.9099 角　Y18.11766 斧
72	行	Y10.5093 卣
73	齒	Y12.7053 觚　Y17.10769 戈
74	㕡	Y11.6036 觶盖　Y11.6037 觚
75	疋	Y04.1900 鼎　Y04.2118 鼎　JC2.218 鼎
76	品	Y05.2710 鼎
77	龠	W02.12 卣
78	冊	Y14.8874 角　Y17.10876 戈　Y10.5045 卣
79	嗣	Y05.2708 鼎
80	舌	Y03.1220 鼎　H15 鼎　Y10.4767 卣
81	干	Y14.8785 爵　Y15.9227 斝
82	屰	Y13.7796 爵　Y15.9771 罍
83	商	Y03.866 甗　Y03.867 甗　Y15.9491 壶
84	丩	Y15.9565 壶　Y14.9098 爵　Y03.1291 鼎
85	古	Y07.3861 簋　Y10.5215 卣　Y13.7703 爵
86	十	Y07.3940 簋　Y07.4144 簋
87	廿	Y14.9105 角　XS1566 鼎
88	竟	Y03.1000 鼎　Y12.6550 觚　Y15.9276 觥

续表

序号	隶定字	字形举例
89	章	Y07.3940 簋
90	對	XS1150 爵
91	収（拱）	Y03.1091 鼎
92	弄	Y10.5102 卣　JC2.413 簋
93	龏	Y03.1306 鼎　Y04.2433 鼎　Y06.3078 簋
94	具	Y10.5380 卣
95	灷（送）	Y13.7452 爵　Y04.2020 鼎　Y12.7222 觚
96	癶	Y12.6978 觚　Y18.11872 弓形器（癶亞）
97	共	Y06.3419 簋　Y10.5199 卣
98	舁	Y04.1697 鼎
99	興	Y15.9465 壶　Y15.9466 壶　Y14.8951 爵
100	鬲	Y13.8283 鬲　Y12.6916 觚
101	融	JC2.375 簋　JC3.549 卣　XS1661 尊
102	鬳	Y17.10873 戈　Y18.11753 钺
103	丮	Y12.6995 觚　12.6573 觚　Y12.7182 觚
104	埶	Y10.4977 卣　XS1660 觚　Y11.6282 觯
105	玐	Y11.5967 尊　Y12.7312 觚　Y13.7434 爵
106	又	Y16.9831 彝　Y11.5449 尊　Y17.10947 戈
107	叉	Y03.1090 鼎　Y03.1478 鼎　Y16.10505 器

续表

序号	隶定字	字形举例
108	厷(肱)	Y10.5055 卣　Y03.1409 鼎
109	父	Y11.5531 尊　Y14.8497 爵　Y03.1275 鼎
110	曼	A 单 92 鼎　Y03.1101 鼎　Y12.6936 觚
111	尹	Y06.3106 簋　Y12.7236 觚　Y05.2709 鼎
112	叡	Y06.3112 簋　Y10.4877 卣　Y10.4879 卣
113	嫠	Y10.5396 卣
114	及	JC3.762 爵
115	秉	Y06.3121 簋　Y11.6357 觶　Y17.10870 戈
116	反	Y05.2694 鼎
117	艮	Y04.2009 鼎
118	取	Y10.4994 卣
119	友	Y12.7303 觚　Y11.5451 尊
120	𠂇(左)	Y02.403 铙　Y02.1097 鼎
121	史	Y03.1080 鼎　Y06.2959 簋　Y10.4941 卣
122	𦘠	Y08.4144 簋　Y14.9008 角　JC3.994 彝
123	聿	Y10.5099 卣　Y17.10763 戈
124	畫	Y06.3074 簋　Y06.3073 簋　Y12.6901 觚
125	臤	Y10.4792 卣　Y06.3213 簋　Y12.6596 觚　Y15.9298 觥
126	臣	Y05.2653 鼎　Y17.10667 戈

续表

序号	隶定字	字形举例
127	亚	Y06.3417 簋 Y14.8808 爵 Y11.6364 觯
128	殸	Y06.2971 簋 Y15.9161 斝 LY308 觚
129	専	Y02.363 铙 Y03.1100 鼎 Y06.2918 簋
130	启	Y06.3041 簋 Y11.5965 尊 Y18.11742 钺
131	敄	Y04.2432 鼎 Y12.6474 觯 Y07.3941 簋
132	攸	Y13.7390 爵
133	牧	Y11.6158 觯 Y13.8016 爵
134	卜	JC2.197 鼎 Y12.7036 觚
135	用	Y07.3861 簋 Y07.3990 簋 Y10.5417 卣
136	甫	Y10.5395 卣
137	庸	Y16.9894 彝 XS1553 鼋
138	葡	Y14.9102 角 Y03.1215 鼎 A 单 63 觚 Y10.5047 卣 Y16.10012 盘
139	爻	Y03.1212 鼎 Y10.5379 卣 Y15.9322 盉
140	爾	Y12.7178 觚
141	爽	Y08.4144 簋 Y10.5412 卣
142	目	Y13.7493 爵
143	習	Y15.9823 罍 MYT61 尊
144	相	Y10.5147 卣
145	眣（瞬）	Y13.7637 爵 Y18.11868 弓形器

续表

序号	隶定字	字形举例
146	明(瞿)	Y04.1816 鼎 Y10.4880 卣 XS1115 觚
147	眉	Y03.1309 鼎 BL16 鼎 Y03.487 鬲
148	省	Y05.2694 鼎 - Y10.5394 卣
149	自	Y10.5395 卣 XS1566 鼎
150	者	Y14.9090 爵 Y15.9295 觥 Y15.9818 罍
151	智	Y04.2362 鼎
152	百	Y11.6000 尊
153	隹	JC2.276 鼎 Y14.9105 角 Y14.9050 爵
154	隻	Y03.1122 鼎 Y10.4788 卣 XS1553 鼋
155	離	Y15.9238 斝 Y03.1089 鼎 Y13.8281 爵
156	雝(雍)	JE3.833 盉
157	奞	Y11.6354 觯 Y13.8283 爵
158	雚	Y11.6150 觯 Y16.9890 彝盖
159	蔑	Y10.5417 卣
160	羊	Y03.1463 鼎 JC2.291 鼎 Y12.6835 觚
161	美	Y03.1361 鼎
162	羌	Y03.866 甗 Y012.7306 觚 Y03.1464 鼎
163	雠	Y14.8698 爵 Y13.7810 爵
164	集	Y12.6450 觯 JC3.700 觚

续表

序号	隶定字	字形举例
165	鳥	Y03.476 鬲 Y12.6870 觚 JC4.1064 戈 03.1121 鼎 Y12.6673 觚 Y13.7570 爵
166	鳳	JC3.671 觶
167	鳴	Y11.6034 觶
168	冓	Y12.7191 觚
169	幺	Y14.8719 爵 JC2.411 簋
170	叀	Y10.4785 卣 Y13.8232 爵
171	疐	Y11.6164 觶 Y14.9088 爵 Y11.5567 尊
172	𢽷（敖）	Y03.445 鬲 Y03.1028 鼎 Y10.5092 卣 Y03.1463 鼎
173	爰	Y10.4738 卣 JC2.181 鼎
174	𤔔	Y12.6984 觚
175	受	Y06.3031 簋 Y11.5949 尊 Y11.5714 尊
176	𣎆	Y12.6906 觚
177	彡	Y11.5990 尊 XS1566 鼎
178	刀	Y04.2136 鼎 Y04.1882 鼎 Y17.10683 戈 Y10.4985 卣
179	制	Y16.9839 彝 Y17.10846 戈
180	刃	Y17.10881 戈 Y04.1350 鼎
181	耒	Y14.8805 爵 Y04.1760 鼎
182	耤	Y14.8543 爵 Y14.8689 爵

续表

序号	隶定字	字形举例
183	角	 Y04.1864 鼎 　Y16.9860 彝
184	竹	 Y10.5006 卣 　Y15.9793 罍 　Y16.9878 彝
185	箟	 Y14.8351 爵 　Y07.3904 簋
186	箕	 Y10.4817 卣 　Y15.9127 斝
187	其	 Y10.5414 卣 　JC3.925 斝 　Y10.5294 卣
188	典	 Y10.5010 卣 　Y12.6393 觶
189	奠	 XS1649 卣
190	工	 Y12.6993 觚 　Y13.8203 爵 　Y14.9022 爵
191	巫	 JC2.227 鼎 　Y10.5010 卣
192	曆	 Y04.2245 鼎 　Y10.5417 卣
193	曰	 Y10.5396 卣 　Y10.5417 卣　XS1553 鼋
194	乃	 Y04.2431 鼎　Y15.9823 罍
195	廼	 Y04.2033 鼎
196	寧	 Y04.1851 鼎
197	兮	 Y12.6921 觚 　Y17.10725 戈 　Y17.10726 钺
198	羲	 Y16.9852 彝
199	乎	 Y10.5016 卣
200	于	 Y04.1905 鼎 　Y05.2694 鼎 　Y10.5417 卣
201	壴	 Y03.1175 鼎

续表

序号	隶定字	字形举例
202	彭	Y03.856 甗 －Y06.3343 簋
203	鼓	Y11.6044 觶 Y16.10031 盘
204	豆	Y10.5395 卣 Y16.10051 盘
205	豊	Y05.2711 鼎
206	虎	Y12.7223 觚 Y17.10860 戈
207	虤	JC4.1091 戈
208	皿	JC3.863 爵 Y13.7605 爵
209	盂	JC2.307 鼎 Y16.10302 盂
210	齍	Y05.2694 鼎
211	盥	Y06.3100 簋 Y11.6286 觶
212	主	Y13.8047 爵 Y04.1716 鼎
213	丹	JC3.552 卣
214	静	MYT65 彝
215	井	Y05.2709 鼎 Y11.6163 觶
216	既	Y10.5412 卣
217	爵	Y10.4988 卣盖 Y14.8840 爵
218	養	Y03.1372 鼎 Y11.6344 觶 Y15.9807 罍
219	合	Y18.11880 胄
220	倉	Y03.1142 鼎

续表

序号	隶定字	字形举例
221	入	XS1566 鼎
222	内	Y13.8207 爵
223	缶	Y05.2653 鼎　Y06.3601 簋
224	矢	Y03.1453 鼎　Y04.1825 鼎　Y13.7632 爵
225	射	Y03.1379 鼎　Y14.8904 爵　Y16.10286 鉴
226	矦(侯)	Y06.3127 簋　Y15.9439 盉　Y16.9943 瓿
227	高	Y10.5396 卣　Y15.9807 罍
228	亳	Y12.7253 觚　Y17.10876 戈
229	冂	Y12.6940 觚　Y13.8234 爵
230	亯	Y03.1292 鼎　Y03.1297 鼎
231	京	Y06.3193 簋　Y16.9890 彝盖
232	就	Y03.1313 鼎　Y03.1314 鼎　Y07.3975 簋
233	亯	Y06.2986 簋　Y05.2653 鼎
234	亳	Y03.1289 鼎　Y16.10511 器
235	覃	Y10.5053 卣　Y04.8577 爵
236	厚	Y06.3665 簋
237	畐	Y14.8628 爵
238	來	Y10.5395 卣　Y11.5990 尊
239	夒	Y03.1415 鼎　Y12.6481 觯　Y11.5990 尊

续表

序号	隶定字	字形举例
240	韋	Q2.43 鼎　Y14.8939 爵　H16 爵
241	夅	Y10.5412 卣
242	木	Y04.1997 鼎　Y10.4864 卣　Y14.8477 爵
243	杞	Y10.5097 卣
244	𤇾(榮)	JC3.669 觶
245	枚	Y06.3202 簋　Y17.7742 爵　Y18.11871 弓形器
246	苿	Y04.2026 鼎　Y12.7156 觚
247	罍	Y15.9823 罍
248	樂	Y12.6920 觚　XS681 甗
249	桒	Y03.1412 鼎
250	休	Y13.7386 爵
251	東	Y10.4796 卣　Y05.2711 鼎
252	𣗥	Y14.8956 爵
253	林	Y10.5013 卣
254	無	Y04.2432 鼎　Y03.944 甗　JC3.757 觚
255	才	Y07.3861 簋　Y14.9102 角
256	師	Y08.4144 簋
257	出	Y06.3238 簋　Y13.8295 爵
258	南	Y12.7014 觚　BX69 罍

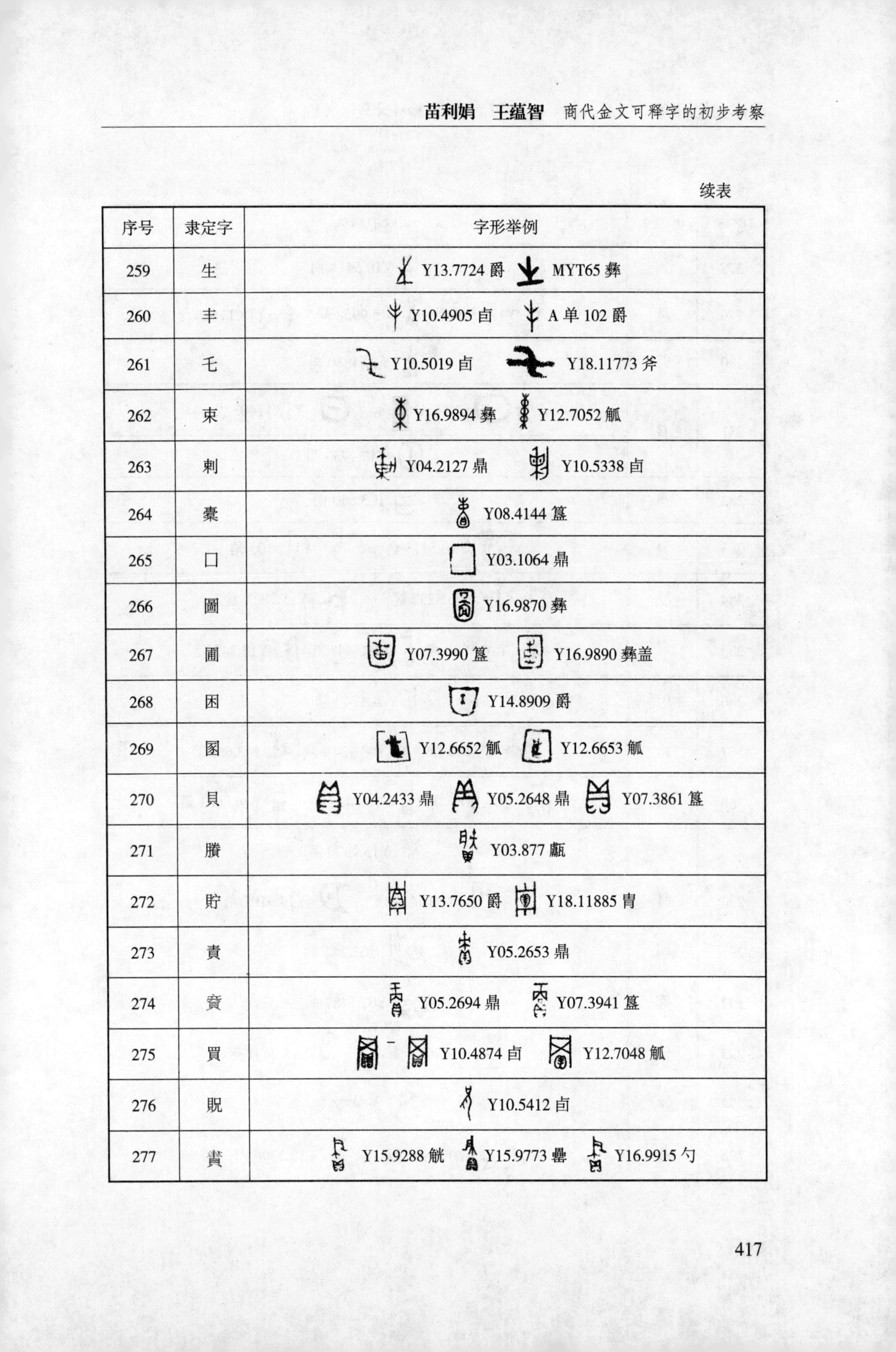

续表

序号	隶定字	字形举例
259	生	Y13.7724 爵　MYT65 彝
260	丰	Y10.4905 卣　A 单 102 爵
261	乇	Y10.5019 卣　Y18.11773 斧
262	束	Y16.9894 彝　Y12.7052 觚
263	剌	Y04.2127 鼎　Y10.5338 卣
264	橐	Y08.4144 簋
265	囗	Y03.1064 鼎
266	圖	Y16.9870 彝
267	圃	Y07.3990 簋　Y16.9890 彝盖
268	困	Y14.8909 爵
269	圂	Y12.6652 觚　Y12.6653 觚
270	貝	Y04.2433 鼎　Y05.2648 鼎　Y07.3861 簋
271	賸	Y03.877 甗
272	貯	Y13.7650 爵　Y18.11885 胄
273	責	Y05.2653 鼎
274	賓	Y05.2694 鼎　Y07.3941 簋
275	買	– Y10.4874 卣　Y12.7048 觚
276	貺	Y10.5412 卣
277	賁	Y15.9288 觥　Y15.9773 罍　Y16.9915 勺

续表

序号	隶定字	字形举例
278	暙	 Y10.5414 卣
279	邑	 Y13.7589 爵  Y15.9958 斝  Y18.11486 矛
280	邦	 Y10.4880 卣
281	日	 Y10.5362 卣  Y17.11403 戈
		 Y13.7753 爵
282	昌	 JC3.550 卣
283	昱	 Y10.5413 卣  Y14.9105 角
284	㫃	 Y06.3232 簋  Y15.9823 罍
285	斿	 Y10.4852 卣  Y11.5448 尊  Y13.7422 爵
286	斿（游）	 Y04.1740 鼎
287	旋	 Y04.2400 鼎  Y03.1340 鼎  JC3.653 觶
288	旅	 Y03.1371 鼎  Y13.7426 爵  Y14.8683 爵
289	曑	 Y15.9370 盉
290	月	 Y10.5414 卣  Y14.9105 角
291	明	 JC2.241 鼎
292	囧	 Y03.1487 鼎
293	盟	 Y04.2018 鼎  Y15.9491 壶
294	夕	 A 单 24 觚
295	多	 Y07.3975 簋  Y10.5396 卣

续表

序号	隶定字	字形举例
296	毌	 Y06.3121 簋 　Y10.5008 卣
297	甬	 Y05.2694 鼎
298	齊	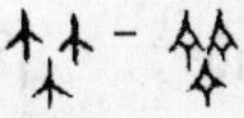 Y10.5202 卣 　Y12.6423 觶
299	朿	 Y03.1247 鼎 　Y04.2125 鼎 　Y10.4944 卣
300	鼎	 Y12.7019 觚 　Y04.2018 鼎
301	鬲	 Y05.2578 鼎
302	克	 Y13.7378 爵 　Y13.7379 爵
303	彔	 Y10.5395 卣
304	禾	 Y03.1472 鼎 　Y04.2034 鼎 　Y13.8108 爵
305	秝	 Y12.7028 觚
306	年	Y05.2653 鼎
307	秦	 Y03.468 鬲
308	秝	 JC3.992 彝
309	皀	 Y12.7122 觚
310	宀	 Y11.5501 尊
311	家	 Y10.5082 卣 　Y13.8235 爵 　Y05.2653 鼎
312	宅	 Y04.1737 鼎 　J06.4970 彝
313	室	 Y05.2708 鼎 　Y11.6000 尊
314	向	 Y12.7306 觚　Y14.9010 爵

续表

序号	隶定字	字形举例
315	安	Y10.4881 卣
316	賨	Y05.2648 鼎 Y10.5362 卣 Y10.5395 卣
317	宰	Y14.9105 角 Y10.5395 卣
318	守	Y06.3082 簋 Y11.6146 觶
319	宜	Y05.2694 鼎 Y10.5413 卣 Y03.944 甗
320	帚（寢）	Y13.8296 爵 JC3.855 爵 Y10.5379 卣
321	宁	Y04.2431 鼎 Y12.6873 觚
322	害	Y12.7178 觚
323	宋	JE2.685 觚
324	宗	Y04.2431 鼎 Y14.8803 爵
325	宫	Y11.5971 尊
326	帚	Y10.5083 卣 Y06.3625 簋 Y11.6148 觶
327	黹	Y04.2431 鼎
328	人	Y10.5417 卣
329	保	Y03.1002 鼎 Y12.6909 觚
330	企	Y13.8060 爵
331	伯	Y06.3625 簋 Y11.6000 尊
332	仲	Y15.9298 觥
333	伊	Y03.412 铙 JC2.369 簋

续表

序号	隶定字	字形举例
334	倗	Y06.3151 簋 Y14.8362 角 Y15.9478 壶
335	何	Y06.3065 簋 XS1514 觚
336	付	Y03.1016 鼎
337	偁	Y06.3601 簋
338	媵	JC3.697 觚
339	伐	Y03.1011 鼎 Y12.6718 觚 Y08.4138 簋
340	弔	Y03.1468 鼎 Y10.4981 卣 BL37 觚
341	免	Y12.7012 觚 Y15.9190 斝 Y13.8154 爵
342	矣	Y03.1428 鼎 Y14.9099 角 Y13.7780 爵
343	化	Y03.1014 鼎
344	匕	Y04.1515 鼎 Y06.3395 簋 Y12.6464 觶
345	从	Y13.7403 爵 Y14.9105 角
346	從	Y10.4853 卣 Y12.6435 觶
347	北	Y14.8962 爵 Y16.10047 盘 Y05.2710 鼎
348	丘	Y07.3941 簋
349	㐺	Y04.1981 鼎 Y04.1982 鼎
350	朢	Y10.5417 卣 Y10.5206 卣 Y15.9565 壶
351	重	Y11.6325 觶 Y11.6249 觶 Y17.10643 戈
352	監	Y11.6207 觶

续表

序号	隶定字	字形举例
353	孝	 Y10.5377 卣
354	尸	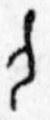 Y10.5280 卣 　Y15.9576 壶
355	犀	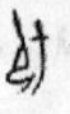 Y12.7312 觚 　Y14.9029 爵
356	舟	 Y10.5073 卣 　Y12.6474 觯
357	艅(俞)	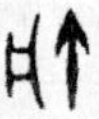 Y05.2245 鼎 　Y04.2363 鼎 　Y16.10035 盘
358	朕	 Y12.6879 觚
359	般	 Y05.2711 鼎 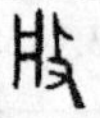　Y03.944 甗 　XS1553 鼋
360	方	 Y05.2709 鼎 　Y05.2694 鼎 　Y11.5990 尊
361	皃	 Y10.5351 卣
362	允	 Y06.3110 簋
363	兄	  Y10.5338 卣 　Y11.6353 觯　Y06.3665 簋
364	兓	 Y03.1319 鼎 　Y10.4850 卣 　Y17.10680 戈
365	皃	 Y15.9111 斝
366	先	 Y10.5417 卣 　Y03.1030 鼎 　Y18.11866 弓形器
367	見	 Y11.5694 尊 　Y15.9792 罍
368	次	 Y15.9234 斝
369	㱃	 Y10.4839 卣 　JC2.169 鼎 　Y12.6566 觚
370	狪	 Y13.8075 爵 　Y10.5339 卣 　Y12.6429 觯
371	面	 Y14.8548 爵

续表

序号	隶定字	字形举例
372	丏	Y06.3457 簋 Y10.5073 卣 Y11.6170 觶
373	首	JE3.967 鼋
374	𩱦	Y10.5098 卣 Y12.6930 觚 Y03.1033 鼎
375	㐱	Y12.6557 觚 Y12.6558 觚 Y13.7343 爵
376	文	Y10.5362 卣 Y14.8507 爵
377	后	Y04.1706 鼎 Y04.1906 鼎
378	卩	Y13.7359 爵
379	令	Y10.5417 卣 Y10.5412 卣 Y03.815 甗
380	卯	Y10.5412 卣 Y10.5413 卣 Y10.5414 卣
381	印	JC3.856 爵 Y11.6039 觶
382	卯去（京切）	Y12.7077 觚
383	卿	Y05.2709 鼎 Y10.5395 簋
384	旬	Y11.6083 觶
385	山	Y04.2026 鼎 Y11.5642 尊
386	廙	Y10.5396 卣
387	危	Y10.4867 卣 M303：120 卣 M303：115 鼎
388	長	XS125 斝
389	豕	Y03.1401 鼎 Y13.8213 爵 Y04.1855 鼎
390	彘	Y12.6654 觚 Y13.7530 爵 Y08.4144 簋

续表

序号	隶定字	字形举例
391	貘	Y04.1844 鼎 Y10.5086 卣 Y10.5414 卣
392	易	Y07.3861 簋 - Y10.5379 卣
393	象	Y04.1512 鼎 Y13.7509 爵
394	馬	Y17.10857 戈 大司空 M303：114 鼎
395	廌	Y12.7228 觚 Y13.7523 爵
396	瀌	（ ）XS1553 鼋
397	鹿	Y03.1110 鼎 Y12.6666 觚
398	麇	Y14.8813 爵
399	㲋	JC4.1069 戈 D11.5.3 尊
400	犬	Y05.2708 鼎 Y04.1565 鼎
401	夒	Y03.1117 鼎 Y03.1118 鼎
402	臭	Y10.4849 卣
403	獻	Y03.877 甗（残） Y12.7213 觚
404	狽	Y10.5278 卣 JC4.1247 钺
405	獄	- Y10.5067 卣
406	火	JC4.1062 戈 Y18.11754 钺
407	熽	Y14.8782 爵 Y13.7814 爵 Y13.7563 爵
408	光	Y10.5417 卣 Y10.5395 卣 Y14.8600 爵
409	燮(爕)	Y10.4743 卣

续表

序号	隶定字	字形举例
410	大	Y03.1472 鼎　Y05.2708 鼎
411	夸	Y03.791 甗　Y17.10662 戈
412	亦	Y17.10635 戈　Y04.1636 鼎　Y17.10847 戈
413	夨	Y12.6559 觚　Y15.9565 壶　Y14.8918 爵
414	夭	XJ11.21 觚　Y14.8781 爵　Y12.6553 觚
415	交	Y03.1481 鼎　Y18.11423 矛
416	夅	JC3.990 彝　Y10.5084 卣盖　Y13.8152 爵
417	亢	Y12.7184 觚　Y13.7336 爵　Y17.10777 戈
418	桒	JE3.833 盉
419	奏	XS1553 鼋
420	奚	Y06.3093 簋　Y10.4812 卣　Y10.4734 卣
421	夫	Y11.5967 尊　Y14.8813 爵
422	立	Y11.6297 觶　Y10.5064 卣　Y10.5065 卣
423	竝	Y13.7401 爵　Y16.9830 彝
424	心	Y14.8554 爵　Y15.9488 壶
425	息	Y03.1225 鼎　Y04.1598 鼎　Y17.10723 戈
426	念	Y03.968 匕　JC3.694 觚
427	湡	Y05.2653 鼎
428	瀼	Y15.9821 罍　J06.4829 尊

续表

序号	隶定字	字形举例
429	涉	 Y12.7040 觚
430	沃	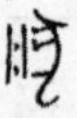 Y15.9421 盉 　Y15.9422 盉
431	川	 Y04.1694 鼎
432	州	 Y17.10727 戈
433	永	 Y12.6937 觚 　Y16.9879 彝
434	仌	Y10.4875 卣
435	冬	 Y03.1451 鼎 　Y17.10881 戈
436	雨	 Y04.1717 鼎 　Y12.6913 觚 　Y12.9254 觥
437	霝	 Y03.1229 鼎 　Y16.10493 器
438	雩	 Y03.1475 鼎 　Y13.7746 爵 　Y12.6783 觚
439	云	  Y12.6463 觯　XS137 鼎
440	魚	 Y06.3063 簋 　Y10.4997 卣 　Y10.4915 卣
441	漁	 Y11.5542 尊 　Y15.9174 斝
442	龍	 Y15.9485 壶 　Y16.10486 器 　Y13.7532 爵
443	非	Y15.9120 斝
444	不	 Y13.8110 爵
445	至	 XS1928 觚
446	西	 Y05.2694 鼎 　Y06.3417 簋
447	戶	 Y08.4144 簋 　Y12.6838 觚

续表

序号	隶定字	字形举例
448	門	Y06.3136 簋　JC3.669 觯
449	闌	- Y05.2708 鼎 - XS1566 鼎
450	闅	Y03.922 甗 Y10.5349 卣 Y15.9820 罍盖
451	耳	- Y10.4867 卣　Y17.10672 戈
452	耶（聽）	Y03.1223 鼎　Y07.3975 簋
453	聝	Y03.1210 鼎 Y12.6715 觚 Y12.6712 觚
454	聑	Y03.1462 鼎 Y14.8984 角 Y04.1657 鼎
455	臣	Y12.6746 觚
456	扶	Y10.5167 卣
457	揚	- Y10.5211 卣　Y10.5394 卣
458	𡚬（虒）	Y06.3114 簋 Y11.6023 觯 Y17.10647 戈
459	脊	Y04.1716 鼎 Y14.8790 爵 Y12.6897 觚
460	女	Y03.856 甗 Y10.5375 卣
461	妻	Y04.1910 鼎
462	婦	Y04.1713 鼎 Y10.5349 卣 Y11.6144 觯
463	妊	Y03.877 甗　Y13.8137 爵
464	嫡	Y02.399 铙
465	母	Y06.3457 簋　Y10.5417 卣　Y11.6134 觯
466	姑	Y03.922 甗　Y10.5349 卣　Y04.2137 鼎

续表

序号	隶定字	字形举例
467	始	Y04.2425 鼎　Y14.9098 爵
468	媚	Y12.6898 觚　Y13.8081 爵　Y13.8079 爵
469	好	Y03.762 甗　Y15.9782 罍
470	奷	Y03.1498 鼎
471	妏	Y12.7288 觚
472	姦	Y11.6148 觶　Y15.9783 罍
473	姤	Y04.2434 鼎　Y14.9090 爵　Y15.9818 罍
474	妥	Y03.1031 鼎　Y03.1068 鼎　Y06.3075 簋
475	民	Y17.10668 戈　Y14.8815 爵
476	弗	Y15.9823 罍
477	乑	Y04.2058 鼎
478	戈	Y03.766 甗　Y06.3018 簋　Y10.4954 卣
479	戎	Y03.1287 鼎　Y16.10510 器
480	戍	Y05.2708 鼎　Y05.2694 鼎
481	武	K01.05 盉　XS1566 鼎
482	戋	Y12.7237 觚　Y14.8465 爵
483	戉	Y03.846 甗　Y10.5101 卣
484	我	Y10.5396 卣　Y11.6205 觶　Y17.10735 戈
485	義	JC3.843 爵

续表

序号	隶定字	字形举例
486	亡	XS1553 鼋
487	乍	Y10.5175 卣　Y06.3457 簋　Y15.9422 盉
488	匿	Y13.7377 爵　Y15.9114 斝
489	匽	Y15.9439 盉
490	匚	Y04.2431 鼎
491	曲	Y14.8501 爵
492	甾	Y13.8036 爵　Y10.5007 卣
493	弓	Y10.4968 卣　Y14.8843 爵　Y11.6140 觯
494	引	Y15.9288 觥
495	弜	Y12.6393 觯　Y14.8416 爵　Y06.3338 簋
496	系	Y10.5379 卣　Y14.8809 爵　Y17.10686 戈
497	孫	Y04.2431 鼎　Y15.9823 罍
498	糸	Y04.2136 鼎　Y13.8105 爵　Y14.8497 爵
499	彝	Y11.5893 尊　Y10.5148 卣　Y15.9249 斝
500	紟	Y12.6942 觚　Y13.7369 爵
501	率	XS1553 鼋
502	虫	Y13.8000 爵　JC3.650 觯
503	蝠	Y15.9172 斝　Y13.8094 爵
504	蚩	Y06.3393 簋　Y17.10879 戈

续表

序号	隶定字	字形举例
505	龜	Y03.1468 鼎 Y04.1569 鼎 Y12.7218 觚
506	黽	Y04.1584 鼎 Y10.4979 卣 Y12.7073 觚
507	二	Y10.5412 卣 Y10.5417 卣
508	亟	Y04.1737 鼎
509	凡	Y10.5353 卣
510	土	Y14.8708 爵
511	封	Y10.4825 卣 Y12.6819 觚 Y12.7070 觚
512	垂	Y03.804 甗 Y12.6450 觯 Y11.6147 觯
513	堇	Y05.2579 鼎 Y10.5417 卣
514	田	Y11.6191 觯 Y15.9190 斝
515	黄	Y11.6000 尊
516	力	Y12.7233 觚
517	劦	Y10.5006 卣 Y12.7269 觚 Y08.4144 簋
518	叶	Y12.6645 觚 JC1.110 铙 Y15.9821 罍
519	勺	Y03.1193 鼎
520	幵	Y17.10851 戈
521	且	Y03.473 鬲 Y11.5596 尊 Y14.8843 爵
522	斤	JC3.614 尊
523	新	Y05.2711 鼎

续表

序号	隶定字	字形举例
524	𠬪	Y16.10495 器
525	矛	Y12.6926 觚
526	車	Y12.7201 觚　Y14.8322 爵　Y11.5590 尊
527	輦	Y10.5266 卣　Y11.5893 尊
528	𠂤	Y06.3713 簋　Y12.7309 觚
529	師	Y05.2648 鼎　Y10.5395 卣　Y05.2709 鼎
530	陸	Y03.1359 鼎　Y10.5052 卣　Y10.5081 卣
531	降	Y10.5396 卣
532	四	Y10.5413 卣
533	宁	Y03.1166 鼎　JC3.870 爵
534	亞	Y03.1393 鼎　Y13.8632 爵　Y14.9102 角
535	五	XS1418 壶　Y11.5990 尊　Y03.797 甗
536	六	Y10.5414 卣　JC2.339 鼎
537	七	JC2.339 鼎
538	九	Y06.3035 簋　Y05.2708 鼎
539	禼（禽）	Y13.7649 爵
540	萬	Y11.6257 觯　Y12.6680 觚
541	禹	Y10.5201 卣　Y04.2111 鼎　Y15.9806 罍
542	獸	Y06.3212 簋　Y10.5395 卣

续表

序号	隶定字	字形举例
543	甲	Y04.1521 鼎 Y04.1999 鼎
544	乙	Y04.1523 鼎 Y17.11403 戈 Y17.11392 戈
545	丙	Y05.2708 鼎 Y11.5971 尊 Y03.1160 鼎
546	丁	Y03.798 甗 Y11.5600 尊 Y10.5265 卣
547	戊	Y10.4893 卣 Y16.9878 彝
548	己	Y15.9493 壶 Y04.2431 鼎 Y04.1613 鼎
549	曩	Y10.5295 卣 Y15.9298 觥
550	庚	Y04.1623 鼎 Y10.4967 卣 Y11.6183 觶
551	康	Y04.1906 鼎 Y16.10537 器
552	辛	Y10.4987 卣 Y10.5086 卣
553	壬	Y04.1665 鼎 Y14.8911 爵
554	癸	Y12.9779 罍 Y04.1681 鼎
555	子	JE1.311 鼎 Y06.3072 簋 Y04.1909 鼎 Y04.2311 鼎
556	字	Y11.6270 觶 Y12.6530 觚
557	季	Y04.2335 鼎 Y10.5238 卣 Y04.1862 鼎
558	孟	Y12.7099 觚
559	孳	Y15.9379 盉 Y12.6414 觶
560	毓	Y10.5396 卣 Y11.5965 尊

续表

序号	隶定字	字形举例
561	丑	YX161 尊
562	羞	Y03.1072 鼎　Y18.11731 钺　Y13.8018 爵
563	寅	Y05.2594 鼎　Y10.5394 卣　Y12.6598 觚　Y15.9474 壶
564	卯	Y05.2694 鼎　Y13.8221 爵　JC2.291 鼎
565	辰	Y08.4144 簋　Y10.5101 卣
566	巳	Y07.3990 簋　Y07.3975 簋　Y10.5417 卣
567	目(以)	Y10.5417 卣　Y15.9295 觥　Y14.8449 爵
568	午	Y05.2708 鼎　Y10.5413 卣
569	未	Y04.1905 鼎　Y07.3904 簋　Y17.10762 戈
570	申	JC2.339 鼎　Y14.9105 角　Y14.9102 角
571	酉	Y10.4987 卣　Y13.7590 爵　Y12.6989 觚
572	配	Y06.3229 簋　Y16.9903 勺
573	尊	Y04.2311 鼎　Y05.2648 鼎　Y10.5351 卣
574	亥	Y05.2709 鼎　Y10.5396 卣　Y05.2648 鼎

本文为教育部重点人文社科基地重大项目“河南出土甲骨文、金文研究大系”（项目号 10JJDZONGHE016）和国家社科基金项目“殷墟村南系列甲骨卜辞的整理与研究”（项目号 10CZS009）的阶段性研究成果。

苗利娟，女，1983 年出生，河南济源人。历史学博士，安阳师范学院历史与社会发展学院讲师。主要从事古文字与殷商文化教研工作。

主编：王蕴智　吴玉培

许慎文化研究（二）

第二届许慎文化国际研讨会论文集

下

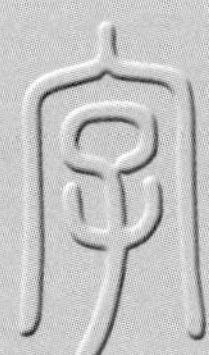

中国社会科学出版社

目　录

下　卷

下　　卷

《说文》"祼"字与先秦祼礼

曹建敦

河南大学历史文化学院

《说文解字》是东汉经学家许慎所著的一部经典字书，此书"天地鬼神，山川草木，鸟兽昆虫，杂物奇怪，王制礼仪，世间人事，莫不毕载"。[1] 陈寅恪先生曾说："依照今日训诂学之标准，凡解释一字即是一部文化史。"[2]《说文》的价值不单限于"六艺群书，皆训其意"，还在于其字义体系所体现出的礼仪制度，祼礼即其中之一。《说文·示部》云："祼，灌祭也，从示，果声。"段玉裁注云："《大宗伯》、《玉人》字作'果'，或作'淉'。"[3] 祼祭是周代一种重要的祭祀礼仪，如《诗·大雅·文王》描述周初祼礼盛况云："殷士肤敏，祼将于京。厥作祼将，常服黼冔。"后世儒家对祼礼亦是推崇备至，认为此礼为宗庙祭祀之关键环节，是最能体现祭祀者内心之德的礼仪。《论语·八佾》："子曰：禘，自既灌而往者，吾不欲观之矣。"《周易·观卦》卦辞云："观盥而不荐，有孚颙若。"李鼎祚《周易集解》引马融曰："盥者，进爵灌地以降神也。此是祭祀盛时，及神降荐牲，其礼简略，不足观也。"又如，《礼记·祭统》认为："夫祭有三重焉：献之属莫重于祼。"以上所引，足见祼礼为宗庙盛典。由于《说文》为一字书，其对祼礼的仪节等多语焉不详，对祼祭的解释不可能周详备至，故兹不揣浅陋，拟结合考古材料，对先秦时期的祼礼作一勾勒，以求教于方家。

一　甲金文与殷周祼礼

甲骨文"祼"字作、、等形，学者隶定为祼字。[4] 从文字构形以及卜辞辞例分析，此字释为祼字，应无问题。下面对卜辞记载的祼略作分析，请参以下卜辞：

（1）癸丑卜：祼鬯中母，弜㞢友。（《合集》22258）

（2）甲子卜：祼咸，鬯祖甲。（《花东》318）

（3）贞：祼〈于父乙〉新毅㞢羊。（《合集》2219 正）

（4）壬辰卜：祼𢀛方大甲。（《合集》8425＞《合集》20622）

（5）祼𢀛方大丁。（《合集》20623）

（6）壬午卜：其祼龜〈于上甲〉，卯牛。（《屯南》867）

（7）于妣己祼子𡚤。（《合集》3187）

（8）于丁祼鬯。（《合集》24132）

（9）壬申卜：祼于母戊，告子齿[疾]。（《花东》395＋花东 548[5]）

（10）鬯卯于二祼，惠牛。（《合集》27206）

（11）自父乙祼，若。/ 自祖乙祼，若。（《合集》32571）

（12）甲子卜：二鬯祼祖甲□岁鬯三。/ 甲子[卜]：二鬯祼祖甲。/ 甲子卜：祼咸鬯祖甲。/ 甲子卜：二鬯祼祖甲。（《花东》318）

（13）丁巳卜，㱿贞：告□于祖，勿侑岁祼。（《合集》10613 正）

从上揭卜辞中，可知殷商时期的祼礼可以是单独的一礼典，如卜辞云祼于中母、妣甲、母戊、父乙、祖乙等，为单独向先祖先妣的祼祭，并不与其他祀典结合举行。又毓祖丁卣铭文云："辛亥，王在廙，降令曰：归祼于我多高。咎山赐厘，用作毓祖丁尊。"（《集成》5396）此器为殷器，铭文将祼祭单独列出，云祼祭于多位高祖神灵，可证祼是一种独立的礼典。

祼可作为单独的一礼典，亦可征之于西周金文所载，如守宫盘："王在周，周师光守宫，使祼。"（《集成》16.10168）史兽鼎铭文云："尹商史兽祼，易豖鼎一，爵一。"（《集成》5.2778）内史亳同铭曰："成王易（赐）内史亳豊（醴）、祼，弗敢虒，乍祼同。"[6] 由金文文辞分析，祼可以被赐予臣属。如上引史兽鼎、内史亳同铭文等。此祼可以作两种理解：一、所赐予者乃是用于祼礼之鬯酒，或祼玉之类用于祼礼的器物；二、所赐予之祼乃是赏赐臣属祼祭的资格，赋予祼礼资格的同时，赐予臣属鬯酒等物。由此可见，周代之祼礼，属于高级贵族的一种祭祀特权，非一般人所能使用。一方面，这或可说明后代文献所谓"赐鬯""圭瓒"然后方可行祼礼之说，当渊源有自，非空穴来风之说；[7] 另一方面，更可表明周代祼礼亦可为一独立的祀典。

殷商时期，祼亦作为礼典中的一节目，多与侑、岁、宾等祭法结合，如：

丙申卜，贞：王宾大丁彡□，亡尤？

贞：王宾祼，亡尤？　（《合集》35514）

癸丑卜，贞：王宾羌□彡……

贞：王宾羌甲祼，亡尤？ （《合集》35708）

癸未卜：祉（延）祼父甲至父乙彭一牛。（《合集》20530）

甲戌卜，宙鼎（贞）：钔（御）王𠙵于子𡆥，祼册□。[8]

上揭卜辞中，祼礼与宾、彭、御等祭典相互结合。又：祼礼与牺牲并提，说明祼礼与奉献牺牲的礼仪共同构成祭祀先祖的礼仪。

而东周及秦汉文献所言之祼礼，是宗庙祭祀大典中的降神之礼，为祀典中一重要节目。作为宗庙祭典的节目，此点在西周金文中亦得到印证，如穆王时期的鲜簋铭文云：“隹（唯）王卅又四祀，唯五月既望戊午，王才（在）镐京，啻（禘）于（昭）王，鲜蔑历，祼。王商祼玉三品、贝廿朋。”（《集成》10166）铭文记载了周王举行禘祭，而祼在其中应是属于禘礼中的一个节目。西周早期器作册夨令方尊、方彝铭文云：“明公赐亢师鬯、金、小牛，曰：‘用祷。’”祷为殷商、西周前期一种特定的祀典。铭文记载明公赏赐之鬯酒、小牛等，皆为用于祷祭之物。又《不旨（从木从旨）方鼎》铭文云：“王在上侯居，祷、祼。”（《集成》5.2735）结合令方彝铭文，可以认为此处祼礼亦为祷祭礼中的一个节目。但是由于金文记载简略，西周金文的祼礼是否为降神之仪，难以详考。

殷商时期的祼礼，其使用的频繁程度远较周代为多，其性质与功能亦并非单一。卜辞中提到祼礼用新鬯作为祭品，辞云：

癸丑卜：惠二牢于祖甲。/癸丑卜：惠一牢又牝于祖甲。/癸丑卜：子祼新鬯于祖甲。（《花东》459）

此祼礼的性质盖与周代“尝祭”类似，是以新酿的鬯酒奉献于祖先神灵。商周时期，将新酿制的酒醴或新收获的谷物等首先奉献于神灵，以供品尝，称为“荐新”或“尝”，此礼渊源有自，[9]甲骨刻辞载有献新黍、新鬯祭先祖者：

□□□，大贞：见新黍。翌……（《合集》24432）

乙亥卜：烝鬯三祖丁，牢，王受佑？（《合集》22925）

其烝新鬯二必一卣于…… （《合集》30973）

……烝鬯至于南庚，王受有佑？ （《屯南》1088）

见读如献。卜辞是谓献新黍于神灵，与《逸周书·尝麦》“乃尝麦于太祖”相类，[10]皆属于奉新谷物尝祭先祖。上引花东卜辞记载以新鬯祭祀祖甲，盖出于荐新目的，请先祖品尝新酿之鬯酒。

殷商祼礼所祭对象主要为先祖神灵，然殷商祼祭之对象，不限于男性先祖，对于女性先祖亦施以祼礼，此乃与周代祼礼不同之一端。又稽诸殷商甲骨刻辞，殷商祼礼施用对象，自然神以及上帝神灵并不包含其中。

相较而言，西周金文之祼礼，亦可祭祀上天至尊之神。如德方鼎铭文曰："延武王祼自蒿。"李学勤先生将"蒿"读为"郊"，[11]可从，铭文是指郊祀之祼。而何尊铭则直接指出祼天："复禀武王豊祼自天。"（《集成》11.6014）又天亡簋铭文云："乙亥，王又大豊，王同三方，王祀于天室。"（《集成》8.4261）铭文是说武王在天室山祭祀上天，[12]此"大豊"盖即《何尊》之"武王豊"，所指的祭祀盖包括有祼祭。上引金文表明，周初祼礼可以使用于上天之神，这与传统的"天神不祼"之说有所不合。按《周礼·天官·小宰》："凡祭祀，祼将之事。"郑玄注："唯人道宗庙有祼，天地大神，至尊不祼，莫称焉。"后世学者多赞从郑说，少见异词。但《礼记·表记》云"天子亲耕粢盛秬鬯，以事上帝"，《周礼·春官·大宗伯》有"凡祀大神，享大鬼，祭大示，莅玉鬯"，大神应包括天帝等神，表明祭祀上帝时使用有鬯酒。宋人陈祥道主张"祀天有鬯者，陈之而已，非必祼也"，以佑郑玄之说。然馨香之鬯酒，仅奉献于宗庙以供人神歆享，而于天神之祭祀则无之，周人祭祀尚臭，遗天神而仅适用于宗庙，于礼意似有不合。周人祼礼亦祭祀上天，已有金文可证，然则郑玄"天地大神，至尊不祼"说显与金文记载不合。个中之因盖有二：第一，可能是两周礼典发展演变的结果；第二，两周时期，祼礼祭祀的对象即包括上天之神，《礼记·表记》与《周礼·春官·大宗伯》所言之鬯，非如陈祥道所言之仅仅是陈列而已，而是亦祼于上帝。我们倾向于后者。《左传·昭公十七年》记载春秋时期禳灾亦可以行祼礼："郑裨灶言于子产曰：'宋、卫、陈、郑将同日火。若我用瓘斝玉瓒，郑必不火。'"杜预注："瓘，珪也。斝，玉爵也。瓒，勺也。"禳火祼祭对象，非仅局限于祖先神灵，[13]可证祼祭非仅施于宗庙。[14]孙诒让《周礼正义》据《考工记》云："是外山川亦有灌。"此说可从。综上所论，我们认为，两周祼礼乃宗庙之重礼；然亦可施用上帝、山川等其他神灵。

二　典籍中的祭祀祼礼仪节考辨

先秦祼礼之重要，已为人所熟知，然灌祭之法，前人异说纷纭，辜较而言，有如下三种说法。

一说认为，祼是以圭瓒等器灌鬯于地而降神，此说本诸《礼记·郊特牲》。《礼记·郊特牲》云：“周人尚臭，灌用鬯臭，鬱合鬯，臭阴达于渊泉。灌以圭璋，用玉气也。既灌然后迎牲，致阴气也。”《白虎通·考黜》则明云“阴入于渊泉，所以灌地降神也”。[15]先儒持此说者，如马融云：“盥者，进爵灌地以降神也。”[16]《论语·八佾》：“禘，自既灌而往者，吾不欲观之矣。”何晏《集解》引孔安国说：“灌者，酌郁鬯灌于太祖，以降神也。”祼礼降神之法是否直接灌于地上，或有异议。皇侃云：“先儒旧论灌法不同，一云于太祖室里龛前，东向，束白茅置地上而持鬯酒灌白茅上，使酒味渗入渊泉以求神也。”此说认为祭神时，将束茅置于地，鬯酒自茅上浇下，其滓留于茅中，酒液则渗透而下，象神饮之。与祼礼仪式相关者，古有“缩酒”之说。[17]《左传·僖公四年》：“尔贡包茅不入，王祭不共，无以缩酒，寡人是征。”杜预注：“束茅而灌之以酒为缩酒。”孔疏：“《周礼·甸师》：‘祭祀，共萧茅。’郑兴云：‘萧字或为莤，莤读为缩。束茅立之祭前，沃酒其上，酒渗下去，若神饮之，故谓之缩。缩，渗也。故齐桓公责楚不贡包茅，王祭不共，无以缩酒。’”《说文》解释“莤”字云：“礼祭，束茅加于祼圭，而灌鬯酒，是为莤，象神歆之也。”许慎亦主张祼用束茅。

另一说谓酌鬯献尸为祼，此说本诸《礼记·祭统》“君执圭瓒祼尸，大夫持璋瓒亚祼”的记载。《周礼·天官·小宰》：“凡祭祀赞王祼将之事。”郑注：“祼送，送祼，谓赞王酌郁鬯以献尸谓之祼。祼之言灌也。明不为饮，主以祭祀。唯人道宗庙有祼，天地大神至尊不祼，莫称焉。凡郁鬯，受，祭之，啐之，奠之。”《周礼·春官·大宗伯》：“以肆、献、祼享先王。”郑注：“祼之言灌，灌以鬱鬯，谓始献尸求神时也。”贾公彦疏：“凡宗庙之祭，迎尸入户，坐于主北。先灌，谓王以圭瓒酌鬱鬯以献尸，尸得之，沥地祭讫，啐之，奠之，不饮。尸为神象灌地，所以求神，故云始献尸求神时也。”王国维先生亦云：“祼之义，自当取祼尸之说，而不当取祼地之说。”[18]祼尸具体礼法，据上引郑注、贾疏，可知郑、贾二人主张是“酌奠”，尸受鬯酒后，祭酒于地，品尝一下，然后将酒奠置于地。与此说略有差异的是，有学者或主张尸祭酒即灌。如皇侃认为：“酌郁鬯酒献尸，尸以祭，灌于地，以求神也。”《书·洛诰》：“王入太室祼。”孔疏云：“祼者，灌也。王以圭瓒酌郁鬯之酒以献尸，尸受祭而灌于地，因奠不饮谓之祼。”杜佑《通典》卷四九则认为“王乃以圭瓒酌斝彝郁鬯以授尸，尸受之，灌地祭之以降神”。

其三，也有学者主张宗庙祭祀中祼地降神与祼尸二礼并行不悖，但二仪存在差异。如王鸣盛《尚书后案》认为有祼地降神之祼以及献尸之祼。[19]江声《尚书集注音疏》分疏更为明确，氏云：

祼有二节，《郊特牲》所言是祼地降神之祼，即所谓“灌用鬯臭，郁和鬯，臭阴达于渊泉”，所谓“先求诸阴”也。马融注《易·观卦》所云“进爵灌地以降神”是也。此经（笔者按：即《洛诰》）之祼非是之谓，乃祼尸尔。《礼记·祭统》所云“君执圭瓒祼尸”是也。[20]

黄以周《礼书通故》认为，朝践之前迎尸之前“王入室自祼也”，出而后酌郁鬯献尸，此时尸直祭之，啐之，奠之。[21]黄氏进而解释祼尸之所以称为祼的原因曰：“而初献尸亦谓之祼者，以其亦酌郁鬯故也。”此外，今人杨宽先生亦认为祼、献为二事，祼在献前。[22]下面对以上诸说进行分析。

首先，周人祭祖有祼地降神之礼。《书·洛诰》云：“予以秬鬯二卣，曰：明禋，拜手稽首休享。予不敢宿，则禋于文王、武王。……王宾杀禋，咸格，王入太室祼。”经文记成王在洛邑举行盛大的祭祀典礼，作册祝告之后，王宾杀牲[23]，禋祀降神。这些仪式结束后，王入太室举行祼礼。此处并未言及王后与大宗，可见灌礼乃是王亲自为之。至于孔颖达以及王鸣盛、江声等皆以之为祼尸之事，是因无法解释杀、禋之后才祼。但周初礼制，属于草创，甚而多沿袭殷礼，礼制虽时而渐有变化，此等仪节，自不可与后来“既祼而迎牲”视之。

甲骨文“祼”字或作如下之形：

（《花东》178），此字从又从束，从祼，为一会意之字。字像人持酒器灌酒形。从又，从束，表示一束茅缩酒。此字可以视作祼的会意，表明祼与束茅关系密切。

又“莤”字，甲骨文作以下诸形：

合 377，合 15818，合 15819，怀 120

此字正像以束茅滤酒之形，即文献之“缩酒”。因此许慎对“莤”字的解释，比较符合古文字的字形。西周早期青铜器亢鼎记载公赏赐臣属有“茅屏、鬯觛”，李学勤先生认为，茅屏既可以作为灌祭时缩酒之用，鬯酒用为灌祭。[24]则茅用于祼祭，有古文字以及金文依据。故我们认为，祼礼用束茅之说比较可靠。

其次，祼尸应属另一仪节，与以郁鬯祼地降神无涉。第一，灌而降神之礼，乃索神于虚无，冀以鬯臭感格之。若献郁鬯于尸为降神之灌，尸乃神象，如何神自索取？是以陈祥道云：“尸，神象也，神受而自灌，非礼意。”[25]第二，若王与后“初祼、亚祼”之仪为以郁鬯献尸，尸“祭之、啐之、奠之”，这与降神之旨扞格，诚如清人应㧑谦所云：“啐之是飨味，奠之则非达于渊泉。”[26]至于“祭之”，贾公彦认为“尸受灌地降神，名为祭之”，秦蕙田谓“祭之便是灌地降神达于渊泉矣”，二说皆非。“祭之”应类似于“祭食”之仪，以少许酒献神，同于《仪礼·乡饮酒礼》以及祭礼中的“祭酒”之仪。此“祭之”显非灌鬯降神之意。因此，如果认为尸仅“啐之”、“奠之”、“祭之”，则与“鬯臭”“致阴气”矛盾。故祼尸非降神之礼。第三，祼尸属献尸，与宾客、飨礼之祼相类，若尸降神，且又受献，岂非混淆。况且《礼记·祭统》明言“献之属，莫重于祼”，其意强调祼重在“献”。王国维云“夫祼之事，以献尸为重，而不以尸之祭酒为重”，[27]此言为是。既然祼礼以郁鬯献尸为重，祼尸之事何必再与降神之礼纠葛？因此，祼尸非为降神之礼。祼尸所以名祼者，黄以周云：“而初献尸亦谓之祼者，以其亦酌郁鬯故也。”[28]此说可从。

综上论述，两周宗庙之祼，一为降神之祼，以郁鬯浇洒于束茅之上，鬯酒沥下于地，芬芳通达于上下，以感格神灵；一为祼尸之礼，以鬯酒献尸，尸受之，祭酒，品尝下即奠，此为祭祀献尸之礼，故《礼记》有“献之属，莫重于祼”之说。

三　宾客之礼中的祼

殷商时期，祼鬯之礼亦施行于宾客礼中。卜辞云：“癸巳卜：子祼，惠白璧肇丁。”（《花东》37）丁为人名，学界看法不一，但基本一致的看法是，此丁乃一生人，地位至尊。[29]上例卜辞中的子祼，盖指子招待商王举行饮食礼仪，子为商王武丁祼鬯，此礼同于周代之祼献，然后以白璧作为奉送之物品以劝侑。[30]这说明，周代飨礼之祼亦可追溯至殷商。

周代，祼有祭祀之祼，有宾客礼之祼[31]。在祼的仪节上，二者有同有异，祭祀之祼已如上述，下面对宾客之祼试作考析。

（一）礼宾之祼

周代在行礼结束后，主人以酒浆等饮宾，以表达主人待宾敬诚之心，称为礼宾，若以醴酒待宾则曰“醴”，不用醴酒则谓之“傧”。诸侯朝见天子，或诸侯互相朝见，待朝享礼结束后，天子或主国国君以郁鬯礼宾，此亦谓之祼，即属于礼宾之祼。诸侯朝天子，天子以郁鬯祼宾，如《周礼·天官·小宰》记载：“凡宾客赞祼。”郑玄注：“唯祼助宗伯。”贾疏云：“宾客赞祼者，谓诸侯来朝，朝享既毕，王礼之有赞灌酢之事也。”《礼记 · 郊特牲》亦有云：“诸侯为宾，灌用郁鬯，灌用臭也。”孔疏：“灌犹献也。谓诸侯来朝，在庙中行三享竟，然后天子以郁鬯酒灌之也。”又西周铜器鄂侯驭方鼎云：“王南征，伐角、僪，唯还自征，在坏。鄂侯驭方内（纳）壶于王，乃祼之，驭方友（侑）王，王休偃，乃射。”[32]此祼应非祭祀之仪，而是属于宾客之礼中的祼。铭文指周王南征回返，在坏地临时驻扎，鄂侯朝周王，王嘉奖鄂侯而礼之以鬯酒。此祼，指王礼鄂侯以鬯酒。侑乃酬酢之意，盖王命之，驭方则酬酢王。[33]诸侯相朝之祼，如《礼记 · 礼器》载：“诸侯相朝，灌用鬱鬯，无笾豆之荐。”孔疏：“朝享礼毕，未飨食之前，主君酌郁鬯之酒以献宾，示相接以芬芳之德，不在肴味也。”据文献记载，朝礼礼宾有祼者限于天子、诸侯而已，卿大夫以下并无祼，而是以醴礼宾而已。

宾客礼中的祼法，贾公彦主张“鬯酒非如三酒可饮之物”（《周礼·春官·鬯人》疏），后世学者多从之，认为宾礼以及飨礼中的祼，乃是以郁鬯灌于地，让宾客嗅到香气。[34]此说于理不合，难以信从，原因如下：其一，《考工记》郑注：“爵行曰祼。”贾疏：“至于生人饮酒亦曰祼，故《投壶礼》云奉觞赐灌，是生人饮酒爵行亦曰祼也。”《礼记·投壶礼》云：“当饮者皆跪奉觞曰赐灌。”注：“灌犹饮也。”可证灌有饮义。[35]其二，《国语 · 周语》：“王乃淳濯飨醴。及期，郁人荐鬯，牺人荐醴，王祼鬯飨醴乃行。”韦昭注：“灌鬯饮醴，皆所以自香絜。”既然是自香洁，则祼鬯非祼于地，而是自啜郁鬯。上引《周礼·小宰》郑注云：“凡郁鬯，受，祭之，啐之，奠之。”孙诒让《周礼正义》亦云：“祼之言灌，谓啐之也。”[36]当是。据上所述，祼礼饮酒并不卒爵，而是啐之以歆鬯酒之芬芳嗅味。

（二）飨礼之祼

大飨礼是否有祼，无经文可征。秦蕙田《五礼通考》云：“飨礼之祼，经无明文。以礼宾之节推之，上公九献，则王一献，后亚献皆祼。侯伯七献，子男五献，则惟王祼而已。王祼用圭瓒，惟上公及诸侯之赐圭瓒者耳。其余皆以璋瓒祼也。《记》云：献之属莫重于祼。大飨者，宾客之大礼，其十二献、九献、七献，与事神同，亦必有祼明矣。《周礼》所载宾客之祼事，注疏皆以礼宾当之，而不及大飨，似尚未备。"至于饮献之数，是否即包含有祼。古今学者说法并不一致。孙诒让《周礼正义》云："凡祼亦通谓之献，故《祭统》以祼为献之属，《内宰》亦云祼献是也。此王礼宾，再祼一祼，祼后别无献酒，飨宾则祼献两有。凡九献者，再祼后有七献；七献者，一祼后有六献；五献者，一祼后有四献，是献者该祼而言之。"[37]孙诒让认为，礼宾之祼，有祼祚而无献。飨礼祼属于献，九献之初祼、亚祼即九献之初献、亚献；七献、五献之初献即初祼。此外，孙希旦与孙诒让之说相同。此说可从，《礼记》"献之属，莫重于祼"，可证祼属于献。

飨礼有大牢，有酒，有凭几，由于务在行礼致肃敬，"享以训共俭"（《左传·成公十二年》），故"设机而不倚，爵盈而不饮"，飨礼酒食也非供大快朵颐，而是以求备物象德，《左传·僖公三十年》："冬，王使周公阅来聘，飨有昌歜、白黑、形盐。辞曰：'国君，文足昭也，武可畏也，则有备物之飨，以象其德；荐五味，羞嘉谷，盐虎形，以献其功。'"可见大飨礼之鬯酒，非为饮而设。故飨礼之祼献，主人祼宾，宾祭酒之后，即"啐之，奠之"，与祭祀祼尸之仪同。

综上所述，待宾之祼礼，其仪式虽不可详考，然其祼法大致可概括如下：其一，礼宾之祼，乃主人酌鬯酒以礼宾客；其二，飨礼祼献宾，宾乃"祭之，啐之，奠之"。

四　祼礼用器考

祼礼用器，可以分为盛鬯酒之器与行祼礼之器。下面分类考察祼器。

（一）盛鬯酒器

郁鬯经过澄滤之后，"实彝"盛于彝器中。《周礼·春官·司尊彝》有所谓"六尊"之说，以下加以考察。

1. 牺尊，简称"牺"。古今学者对牺尊的解释不一。[38]孔颖达云："王肃云：'太和中，鲁郡于地中得齐大夫子尾送女器，有牺尊，以牺牛为尊。然则象尊，尊为象形也。'"（《礼记·礼器》疏）案：《说文》："牺，宗庙之牲也。"《左传·昭公二十二年》："自惮其牺也。"宗庙祭祀用牲有六牲之说，牛、羊、豕、犬等皆可为牺牲，故牺尊盖包括今所谓青铜制作的牛尊、羊尊、猪尊等。[39]此类尊均背上开口，以便于注酒、挹取，有盖。

2. 象尊，简称"象"，即今之考古出土之象尊，如美国弗利尔美术馆所藏象尊以及宝鸡茹家庄 M1 出土之象尊，应即《周礼》之象尊，为重要的宗庙彝器。象尊背上或颈部开口，以便于注酒或挹酒。

考古出土之牺尊、象尊，形象生动逼真，制作精美华丽，诚为宗庙之重器。《礼记·明堂位》载："季夏六月，以禘礼祀周公于大庙，牲用白牡，尊用牺象。"禘为宗庙大祭，此时用牺尊与象尊，足见这类尊之地位。《左传·定公十年》："且牺象不出门，嘉乐不野合。"杜预注："牺象，酒器，牺尊，象尊也。"牺尊、象尊平时置于宗庙中，不可擅出庙门。

3. 著尊，《礼记·明堂位》："著，殷尊也。牺、象，周尊也。"郑玄注："著地无足。"著尊，为着地无足之尊或有圈足之尊，此足应即器物之三足或四足。著尊盖包括考古学称之为"尊"的器物，此类器侈口，腹部粗而鼓胀，高圈足，形体较宽。许多尊器形宏伟，肩腹部装饰有兽面纹或其他纹饰，精丽繁缛，属于宗庙重器。

4. 壶尊，即壶类器，器形或方或圆，有盖，或有耳，或有提梁。张辛先生认为包括今所谓壶、卣、有盖扁圆觯等，应是。[40]《孟𢦚父壶》："孟𢦚父作郁壶。"《鄂侯驭方鼎》铭文云："鄂侯驭方纳壶于王，乃裸之。"由上两器铭文，可知鬯酒亦可盛于壶中。另西周青铜器《叔趯父卣》云："余兄为女兹小郁彝。""郁"，李学勤、唐云明先生认为本义应是芳草"郁金"，古代用以调和鬯酒称"郁鬯"，此铭文中"郁"是"郁鬯"之省称。"彝"为酒器通称，在此指叔趯父卣。"小郁彝"也是指叔趯父作的这些盛"郁鬯"的酒器。[41]至于目前定名为"卣"的器物是否即甲骨文、金文以及文献记载的卣，尚需继续研究。

5. 大尊，或曰瓦大、泰。《周礼·春官·司尊彝》郑玄注："大尊，太古之瓦尊。"也即陶制之尊。《礼记·明堂位》："泰，有虞氏之尊也。"郑注："泰用瓦。"《仪礼·燕礼》："公尊瓦大。"郑玄注："瓦大，有虞氏之尊也；《礼器》曰：'君尊瓦甒。'"胡培翚《仪礼正义》："有虞氏上陶，故用瓦大。引《礼器》者，证瓦大即瓦甒也。"殷周时期，盛酒陶器有缶，其形体较大，多素面无饰。《礼记·礼器》云："五献之尊，门外缶，门内壶，君尊瓦甒：此以小为贵也。"在祭祀等礼仪中，由于缶形体大，[42]陈于庙门外。大尊盖即今考古学上之陶缶。《说文》云："缶，瓦器，所以盛酒浆，秦人鼓之以节歌。"缶类似瓦罐，形状很像一个小缸或钵，大腹敛口，有盖，也有方形的。缶亦青铜制作，器身铭文称为"缶"的，有春秋时期的“栾书缶”和安徽寿县、湖北宜城出土的“蔡侯缶”等器。

6. 山尊，或曰山罍，《周礼·春官·司尊彝》郑玄注：“山尊，山罍也。《明堂位》曰：‘泰，有虞氏之尊也。山罍，夏后氏之尊。’”山尊形制，聂崇义《三礼图》引郭璞云：“山罍形似壶大者，受一斛。”古籍常以尊、罍并称，山尊盖即今之罍。考古出土的罍亦属尊类，为盛酒醴器，体形较大。

《周礼·春官·司尊彝》记载有“六彝”，以下做一考察。

1. 鸡彝，《礼记·明堂位》：“灌尊，夏后氏以鸡夷，殷以斝，周以黄目。”郑玄注：“夷读为彝。”邹衡先生认为鸡夷（彝）就是二里头文化的封口盉，也就是龙山文化中常见的陶鬶。他说：“如果我们看看山东龙山文化中常见的红陶鬶，不用解释，就会想到这件陶器活像一只伸颈昂首、伫立将鸣的红色雄鸡。其实不独鬶如此，夏文化中常见的封口盉又何尝不像一只黑色或灰色的雄鸡！原来它们可能都是由共同的祖型——大汶口文化的鸡彝发展来的。”邹先生进一步论证道，因此器产生在东方并特别流行于东夷地区，故有“夷”名。而金文中“彝”字的字形，像将鸡翅膀用绳索捆缚，左边落下血滴，表示宰后用双手捧送供神之状。古代有用杀鸡来盟誓的，用鸡祭祀更是东方的风俗。“正因为红色雄鸡是用于祭祀的牺牲品，而红色陶鬶是用于祭祀的‘彝器’。”[43]此可备一说。

2. 鸟彝，盖今考古学上之青铜鸟尊。依据郑注，鸟是指凤凰。晋侯墓地M114出土一件凤鸟尊，尊作伫立回首的凤鸟形，头微昂，圆睛凝视，高冠直立。禽体丰满，两翼上卷，鸟背依形设盖，盖钮为小鸟形。双腿粗壮，爪尖略蜷。凤尾下设一象首，惜象鼻残缺，依据象首曲线分析，象鼻似该内卷上扬，与双腿形成稳定的三点支撑，凤鸟颈、腹、背饰羽片纹，两翼与双腿饰云纹，翼、盖间饰立羽纹，以雷纹衬地，尾饰华丽的羽翎纹。鸟尊的盖内和腹底铸有铭文“晋侯乍向太室宝尊彝”，可证其确为宗庙礼器。

3. 斝彝，即今考古学上所谓的斝。礼书中提到的斝，乃灌礼时所用的一种盛鬯酒器。《礼记·明堂位》云：“灌尊，夏后氏以鸡夷，殷以斝，周以黄目。”《周礼·春官·司尊彝》：“春祠夏禴，祼用鸡彝、鸟彝。秋尝冬烝，祼用斝彝、黄彝。”《左传·昭公十七年》也说：“若我用瓘斝玉瓒。”

斝字，甲骨文作双柱平底斝之象形，有三足，双柱，无流、尾：

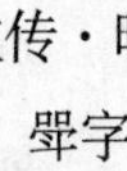

[甲骨字形]合 18579 宾三 [甲骨字形]合 18580 宾三 [甲骨字形]合 21504 妇女类 [甲骨字形]《花东》

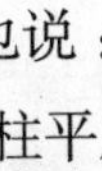

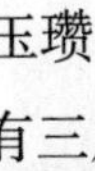

目前考古学定名的斝，其形状像爵，但较大，有三足、两柱、一鋬，圆口，无流及尾。斝的形制较多，器身有圆形、方形两种，有的有盖，有的无盖；口沿上有一柱或二柱，柱有蘑菇形、鸟形等不同形式；腹有直筒状、鼓腹状及下腹作分裆袋状几种；底有平底、圆底；足有三足、四足、锥空足、锥状实足、柱形足等。古文字之斝的构形与出土之斝形状相合，故目前定名为斝的器物即古文字记载之斝。

王国维《说斝》引用罗振玉之说，认为甲骨文有斝字，因其字形与古文“散”字相近，而经籍中便将酒器的“斝”讹为“散”。《礼记・礼器》所说的“尊者献以爵，卑者献以散”中的散即是斝。[44]但礼书所言之“散”为饮酒器，而出土之斝很难作为饮酒器，故王说尚需继续研究。

4. 黄彝，张辛先生认为或即今所谓觥或觵，俗曰“黄目”。[45]目前考古学上定名为“觥”的青铜器，为椭圆形或方形器身，圈足或四足，带盖，盖做成有角的兽头或长鼻上卷的象头状。有的全器做成动物状，头、背为盖，身为腹，四腿做足。然“觥”与兽形尊不同，觥盖做成兽首连接兽背脊的形状，“觥”的流部为兽形的颈部，可用作倾酒。容庚先生认为有的“觥”附斗，是盛酒器，而不是饮酒器，应是对的。

但《诗・豳风・七月》云：“称彼兕觥，万寿无疆。”毛传：“角爵也。”兕觥可举，似为饮酒器。《说文・角部》：“觵，兕牛角，可以饮者也。”许慎亦认为觥也可以作为饮酒器。朱凤瀚先生力辨兕觥乃角形饮酒器。[46]综合看来，兕觥是用野生水牛的角制作的一种饮酒器，[47]但不排除青铜制作的牛角形饮酒器亦可称为兕觥。考古出土有青铜角形器，1959年山西省石楼桃花庄出土一件龙纹铜兕觥，此器前端龙首，盖面饰有逶迤的龙体，与前端的龙头相衔接，浑然一体。口部两排锯齿形牙的间隙可注酒。器身两侧饰夔龙纹和鼍纹，头部均向后方。又《诗・周南・卷耳》云：“我姑酌彼兕觥。”据此，觥似为盛酒器，而非饮酒器。[48]今日定名为“觥”的器物是否即文献记载的“觥”，黄彝是否即考古学所谓的觥，有待继续研究。

5. 虎彝，今考古出土之虎形尊；1923年新郑李家楼出土有一虎形尊，器作兽形，张口圆目，额上有棱脊，眉上腿部饰鳞纹，虎背开口，盖有链与虎尾相连，造型稚拙可爱。

6. 蜼彝，郑玄注：“蜼，禺属，卬鼻而长尾。”贾公彦疏：“虎彝、蜼彝相配，皆为兽。”但目前并未发现类似猴形之器。蜼，一说认为是鹰隼之类，这类青铜器目前也有发现，如安阳小屯 M5 出土之鸮鸮尊即是。一说认为是虺蛇，高亨先生认为“蜼彝者，器形作虺形者（即四脚蛇）也”。张辛先生从高说，认为即今所谓镳类器。[49] 似高、张之说较优。

需要说明的是，祼礼盛鬯酒之器较多，或壶，或卣，或斝，《周礼》之“六彝”，不过是选取商周时期六种宗庙彝器以为“六彝”，其目的可能与《周礼》作者的“五行”“取象”等思想观念有关。又，商周时期的器物，存在一器多用现象，故在探讨商周祼礼盛鬯器时，不可拘泥于《周礼》之“六尊”、“六彝”的分类及其对尊彝功能的论述。

（二）酌酒器：勺、斗

勺、斗为两种相似的器物，古训多互训。《说文》木部：“枓，勺也。”祼礼中，以勺、斗等酌鬯将鬯酒注之于瓒中。据《周礼》，挹取鬯酒者多以斗。《周礼·春官·鬯人》：“大丧之大渳，设斗，共其衅鬯。”《诗·小雅·大东》“维北有斗，不可以挹酒浆”，可知，“挹酒浆”用的是斗、枓（或勺）。

《礼记·明堂位》云：“灌尊……其勺，夏后氏以龙勺，殷以疏勺，周以蒲勺。”这段话说明祼礼的酌酒是以这三种勺为之。根据郑玄注“龙，龙头也。疏，通刻其头。蒲，合蒲如凫头也”，龙勺乃刻为龙头形，此种形制的勺考古发现未见。疏勺，盖柄部雕镂纹饰的勺子，这种勺子，殷周墓葬中发现多例。蒲勺，刻为野鸭头形，考古出土之勺未见此形制的勺。孙诒让据《考工记·梓人》，认为蒲勺系以木为之。

勺与斗的差别，学界认识不一。据商周甲金文勺、斗的字形，学者多认为，勺，其柄乃与杯体的口部连接；斗，柄部与杯体部分的腰际连接。[50] 实际上，在东周文献中，这两种器的功能多混淆。

（三）行祼之器

两周金文以及文献典籍中，多见“瓒”、“玉瓒”、“圭瓒”等词，且与鬯酒连用。[51] 两周金文资料中，多见周王或高等级贵族赏赐其臣属以瓒或鬯酒的记载，如：

（1）鲜簋：“（王）禘于昭王，鲜蔑历，祼，王赏祼玉三品、贝廿朋。”（《集成》10166）

（2）荣簋："唯正月甲申，荣各。王休易厥臣父荣瓒、王祼贝百朋。"（《集成》4121）

（3）庚嬴鼎："王格琱宫，卒事……易瓒，赏贝十朋。"（《集成》2748）

（4）敔簋："武公入右敔，告擒馘百、讯四十。王蔑敔历，使尹氏授敔圭瓒、贝五十朋。"（《集成》8.4323）

（5）多友鼎："（武公）赐汝圭瓒一。"[52]

（6）毛公鼎："（王）赐汝秬鬯一卣、祼圭瓒宝。"（《集成》5.2841）

（7）师询簋："（王）赐汝秬鬯一卣、圭瓒。"（《集成》8.4342）

（8）卯簋盖："（荣伯）赐汝瓒璋四瑴、宗彝一将宝。"（《集成》4327）

（9）容仲方鼎："子加荣中祼章一、牲大牢。"[53]

"玉瓒"、"圭瓒"、"璋瓒"所指为何物，这是经学研究中的一个难题。《诗·大雅·旱麓》郑玄笺谓："圭瓒之状，以圭为柄，黄金为勺，青金为外，朱中央矣。"后儒多从其说。按《考工记·玉人》："黄金勺，青金外，朱中，鼻寸，衡四寸。"郑注云："鼻，勺流也，凡流皆为龙口也。衡，谓勺径也。三璋之勺，形如圭瓒。"鼻为勺流，亦即瓒吐水之流口，形为龙头，其口以吐鬯酒。又《诗·大雅·棫朴》："济济辟王，左右奉璋。"郑笺云："璋，璋瓒也。"孔颖达谓："圭瓒者，酌郁鬯之杓，杓下有盘，瓒即盘之名也。是以圭为杓之柄，故谓之圭瓒。"据上引注疏，圭瓒、璋瓒俱为玉瓒，圭、璋指玉之类型，圭瓒以圭为杓柄，璋瓒以璋为杓柄，总名称之玉瓒。但目前出土文物，尚未见有如汉儒所述形制之圭瓒、璋瓒。又西周铜器《乙卯尊》有"黄瓒"一词，云："王赏子黄瓒一、贝百朋。"李学勤、连劭名、王慎行等先生皆认为尊铭，因瓒是黄金勺，故称"黄瓒"，并可印证《旱麓》"瑟彼玉瓒，黄流在中"之文，金文所云，与郑说圭瓒之状可互相参证，以补典籍之遗阙。[54]但是瓒的形制究竟如何，仍然是未解之谜。

瓒，故书并未见以之酌酒的明确记载，孙诒让认为："实则瓒虽为勺制，而祼祭则以当爵；其挹之，仍用蒲勺，不用瓒。"[55]据此推测，瓒乃"勺形爵"，祼礼时用之行灌。

1976年陕西扶风云塘铜器窖藏出土两件勺状铜器，两器连铭，发掘者释为："伯公父作金爵，用献，用酌，用享，用孝于朕皇考，用祈眉寿，子孙永宝用耇。"[56]贾连敏先生释"爵"为"瓒"，故名之为"瓒"；李家浩先生从之，并进一步申论其说[57]。"献"和"酌"正是文献所载瓒的功能，此铭可证瓒为饮酒器与酌酒器，并施用于祭祀礼仪中。这件青铜瓒的发现，为我们了解典籍记载的瓒的形制提供了重要的参考资料。据学者介绍，北京大学震旦艺术博物馆收藏有两件形制与伯公父瓒类似的玉瓒，这两器属战国时期。[58]这种形制的瓒，与传统注疏所说的瓒有所差别。无论是上述青铜瓒或是玉瓒，其基本形制是短柄、圈足、瓒首作酒盅状，扶风五郡西村窖藏出土的瓒，尚有鋬。[59]这种器形的设计，可以将瓒奠置于地，同时也可以手持柄部或鋬以饮酒。故此类器兼具酌酒、灌酒与饮酒等几种功能于一体；但从瓒有鋬有柄考虑，酌酒似不太方便，故酌酒应非其主要功能。同这种器形相类似，部分瓒的首部为杯形，江西新干大洋洲也出土有青铜瓒，主体为杯形，腹足交接处斜出圭状的尖首柄，饰云纹，其间二对凸目。1961年，陕西长安张家坡一西周窖穴内出土斗形器四件，其中二件为半圆形，敛口，外壁瓦垄纹，下有低圈足，一侧铸生扁平状不甚长之柄。另一式体如觚，侈口。柄铸于近底部，另加短柱连接。藏于法国巴黎基美博物馆的旧称为"亚舟斗"的青铜器，器形与伯公父瓒相同，也应为瓒。[60]这类器形，学界也有称为"斗"者，但从器形以及有鋬来看，这类器的功能也可作为饮酒器，故其与"斗"有所差别。除铜瓒外，战国墓葬还出土有陶瓒，楚墓中则常见漆瓒、木瓒，基本形制是有柄，瓒首为杯形或酒盅形，部分瓒首装饰有鸟首。

此外，有学者将长曲柄并类似圭形的斗亦认为是瓒。[61]这类长柄斗的柄部往往装饰有精美的纹饰。这类斗应为酌酒器，盖即《明堂位》所云之"疏勺"，其功能与出土的短柄瓒不同。

但"圭瓒"、"璋瓒"，文献记载凿凿有据，金文也有"祼玉"之说，其形制如何，究无实物证据。考古出土的斗、勺，有柄部中空有銎者，推测多接以木柄以便酌酒，但不排除后接玉柄的可能性。[62]故汉唐经学家的解释，仍不可轻易否定。

除瓒可行祼礼外，爵亦可行灌礼。青铜爵的形状一般为前有流，后有尖锐状尾，中为杯，下有三足，流与杯口之际有双柱。对爵功能的认识，应不能忽略许慎的解释。《说文》云："爵，礼器也，角雀之形，中有鬯酒。又持之也。所以饮器象雀者，取其鸣节节足足也。"这表明爵可以盛鬯酒，即可用于祼礼。这一点，铜器鲁侯爵铭文云："鲁侯乍爵，用尊（茜）鬯，临盟。"亦说明鬯酒与爵的关系，即爵可以盛鬯酒，从而印证了《说文》之说。爵作为酒器，其功能盖可有多种用途。根据爵有流有鋬的特征，爵在祼礼中的用法，是可以用之灌酒，亦可为饮器用于祼献。[63]

此外，青铜同（旧定名为觚）亦可行灌。[64]作为祼礼之器的同，见于《尚书》。《尚书·顾命》曰："太保受同，降，盥以异同，秉璋以酢。"考古出土的同，有喇叭形大侈口，腹内收，圈足外张，常与爵成套出土，或与斝相结合使用。同，考古学界旧称作"觚"。《内史亳同》铭文自铭"祼同"，可见以前称为"觚"的器物应更名为"同"，其功能之一是用于祼礼。又《尚书·顾命》云："乃受同、瑁，王三宿，三祭，三咤。上宗曰：'飨！'太保受同。降，盥以异同，秉璋以酢。授宗人同，拜，王答拜。太保受同，祭，哜，宅，授宗人同，拜，王答拜。太保降，收。"据此，在礼典中，同的功用一则可以盛酒以祭地，一则可以作为饮酒之用，不过仅是尝尝而已，并不卒爵。同的口沿多外侈，若作为饮酒器，其稍微倾斜，则酒容易倾洒，故同非一般意义上的饮酒器。[65]《内史亳同》铭文表明，同为祼器，其用法应是以之灌酒。而《尚书》云用同祭酒，其仪节与祼酒略同，皆是以酒罐地（或束茅上）。由上而论，则同之功能亦可行灌，此说应可成立。

五　结论

经以上讨论，得出结论如下：

1．殷商祼礼可以为一独立的祀典，主要用于对先祖与先妣的祭祀；西周早期，作为一种单独的祀典，周人亦施用于先祖祭祀。古代经学家"天地大神，至尊不祼"之说，稽诸西周金文，周人亦以祼礼祭祀上天，且为一重要的祀典，传统注疏说与金文记载明显不合。

2．两周宗庙之祼，一为降神之祼，以郁鬯浇酒于束茅之上，鬯酒沥下于地，芬芳通达于上，以感格神灵；一为祼尸之礼，以鬯酒献尸，尸受之，祭酒，品尝下即奠，此为祭祀献尸之礼，故《礼记》云"献之属，莫重于祼"。待宾之祼礼，其仪式虽不可详考，然其祼法大致可以概括如下：其一，礼宾之祼，乃主人酌鬯酒以礼宾客；其二，飨礼祼献宾，宾乃"祭之，啐之，奠之"。

3．先秦祼礼所用祼器，目前可考有六彝、瓒、爵、同等，《周礼》之六尊，在实际行礼中，部分器类亦可用于祼礼。

注释

[1] 参许冲《上说文解字表》，载《说文解字》卷十五下，中华书局1963年版，第320页。

[2] 沈兼士：《沈兼士学术论文集》，中华书局1986年版，第200页。

[3] 段玉裁：《说文解字注》，上海古籍出版社1988年版，第6页。

[4] 参贾连敏《古文字中的"祼"和"瓒"及相关问题》（《华夏考古》1998年第3期），收入《甲骨文献集成》14册，四川大学出版社2001年版，第312—316页。

[5] 方稚松缀合，参看黄天树主编《甲骨拼合集》第44则，学苑出版社，待刊。

[6] 参王占奎《读金随札——内史亳同》，吴镇烽《内史亳丰同的初步研究》，均刊于《考古与文物》2010年第2期，第30—39页。

[7]《礼记·王制》："赐圭瓒然后为鬯，未赐圭瓒，则资鬯于天子。"《逸礼·王度记》："天子以鬯，诸侯以熏，大夫以兰、芝，士以萧，庶人以艾。"以上记载虽出自较晚文献，但应有所本。西周金文中，屡言王为恩宠下属"赐鬯""赐祼"臣下，对被赐者来说，为宗族之荣事。可见鬯在宗庙祭祀中，非一般贵族所常使用。又据《仪礼》记载，卿大夫、士祭祖，因其地位较低，径以馈食始，无朝践、祼鬯之礼。

[8] 朱彦民：《〈明义士家藏中国文物展〉中两片甲骨考释》，《文史哲》2001年第4期，第80—85页。

[9] 周礼，未荐不敢食新，尝祭作为献新之祭，是严格遵守的礼仪。《礼记·少仪》云："未尝不食新。"郑注："尝谓荐新物于宗庙。"《史记·龟册列传》褚少孙补，所记夏桀、商纣王罪行，其中谓"逆乱四时，先百鬼尝"。《礼记·月令》记载季冬之月，"命渔师始渔，天子亲往，乃尝鱼，先荐寝庙"。《史记·封禅书》云："故雍四畤，春以为岁祷，因泮冻，秋涸冻，冬塞祠，五月尝驹，及四仲之月月祠，陈宝节来一祠"，"鸿、岐、吴、岳，皆有尝禾。陈宝节来祠。其河加有尝醪"。尝指献驹、献禾、献醪等，具有荐新性质。献禾，《集解》引孟康曰："以新谷祭。"驹为幼马，荐于神灵亦称尝。

[10] 另参《国语·鲁语》、《管子·轻重己》篇。

[11] 李学勤：《释郊》，载《缀古集》，上海古籍出版社1998年版，第189—194页。

[12]《天亡簋》云："乙亥，王又大豊，王同三方，王祀于天室。"此"同"旧释为"凡"，学者解释不一，多难以通读。李学勤先生从前人吴式芬、孙诒让的说法，释为"同"字，铭文是指四方诸侯朝王，王会同三方（于省吾先生认为三乃四漏刻，参《祼于天亡簋铭文的几点补正》，《考古》1960年第8期，第85页）。参李学勤《"天亡簋"试释及有关推测》（《中国

史研究》2009 年第 4 期，第 8 页）。李说有理，可从。四方诸侯乃助祭者。《周礼·春官·大宗伯》："凡王之会同。"同有会和之意，亦为朝聘之名，"殷见曰同"，参《故训汇纂》第 321 页。林沄认为"天室"指的是嵩山。参《天亡簋"王祀于天室"新解》，载《林沄学术文集》，中国大百科全书出版社 1998 年版，第 166—173 页。此从林说。

［13］《左传》所记的禳灾祭祀对象，神灵范围较广，有先祖、社稷、玄冥等。

［14］《考工记·玉人》郑玄注："天子巡守，有事山川，则用灌焉。"

［15］陈立：《白虎通疏证》卷 7，中华书局 1994 年版，第 309 页。

［16］李鼎祚：《周易集解》引马融说。参看《周易集解》卷 5，《景印文渊阁四库全书》7 册，台北：商务印书馆 1983 年版。

［17］一说，缩酒是指以茅澄滤酒糟。《礼记·郊特牲》云："缩酌用茅。"郑玄注："泲之以茅，缩去滓也。"

［18］王国维：《再与林浩卿博士论〈洛诰〉书》，《观堂集林》卷 1，第 48—49 页。

［19］王鸣盛：《尚书后案》卷 19，《清经解》3 册，凤凰出版社 2005 年版，第 3407 页。

［20］江声：《尚书集注音疏》卷 7，《清经解》3 册，第 3086 页。

［21］黄以周：《礼书通故》卷 17，第 443—444 页。黄说认为初献之祼取自以郁鬯为名，恐非。《礼记·表记》云"郁鬯以事上帝"，黄认为此"享酒，非祼酒也"。亦恐非。

［22］杨宽：《"乡饮酒礼"与"飨礼"新探》，《古史新探》，中华书局 1965 年版，第 280—309 页。

［23］宾之用法，《小盂鼎》："咸，宾即位。"宾指邦宾。《洛诰》之"宾"，当指助祭者。王宾杀牲，古代君王祭祀亲自杀牲，卿大夫（宾）助之，见《礼记·郊特牲》。

［24］李学勤：《亢鼎赐品试说》，《中国古代文明研究》，华东师范大学出版社 2005 年版，第 87—90 页。

［25］陈祥道：《礼书》卷 85，《影印文渊阁四库全书》本。

［26］秦蕙田：《五礼通考》卷 87 引，《影印文渊阁四库全书》本。

［27］王国维：《再与林浩卿博士论〈洛诰〉书》，《观堂集林》卷 1，第 48 页。

［28］黄以周：《礼书通故》卷 17，《肆献祼馈食礼通故》（二），第 443 页。

［29］学界多认为即商王武丁。参陈剑《说花园庄东地甲骨卜辞的"丁"——附：释"速"》，《故宫博物院院刊》2004 年第 4 期。此外，李学勤、裘锡圭等先生亦有专论。

［30］此礼类似于周代饮食礼之"侑币"、"酬币"。

[31] 参《周礼·天官·小宰》、《周礼·春官·大宗伯》、《小宗伯》、《肆师》、《郁人》、《典瑞》等。

[32]《集成》5.2810。

[33] 侑亦有助之意，但若理解为驭方佐助王饮食，似不妥。《左传·庄公十八年》:“虢公、晋侯朝王，王飨醴，命之宥，皆赐玉五珏，马三匹。非礼也。王命诸侯，名位不同，礼亦异数，不以礼假人。”《左传·僖公二十五年》:“晋侯朝王，王享醴，命之宥。”此“宥”如王念孙、王国维所云，指周王命虢公、晋侯酬酢。参杨伯峻《春秋左传注》，第207页。金文之“侑”通“宥”，盖指酬酢之事。

[34] 杨宽:《乡饮酒礼与飨礼新探》，《古史新探》，第297—298页；杨伯峻:《春秋左传注》，中华书局1981年版，第970—971页。

[35] 诸侯加冠亦行祼礼。《左传·襄公九年》:“君冠，必以祼享之礼行之。”杜预注:“祼谓灌鬯酒也。享，祭先君也。”王国维先生认为:“诸侯冠礼之祼享，正当士冠礼之醴或醮。”醴，指三加冠之后，宾以醴酒饮冠者；醮，“酌而无酬酢曰醮”。诸侯冠礼之“祼享”乃宾酌鬯酒以礼加冠者，而非杜预注所言之祭祀先君。按照《仪礼·士冠礼》宾醴加冠者，加冠者品尝下醴酒即奠之，不卒爵。凌廷勘《礼经释例》云:“凡醴皆用觯，不卒爵。”参该书卷五，彭林点校，中央文哲研究所2002年版，第247—248页。

[36] 孙诒让:《周礼正义》卷37，王文锦、陈玉霞点校，中华书局1987年版，第1507页。

[37] 孙诒让:《周礼正义》卷71，第2968—2969页。

[38] 参孙诒让《周礼正义》卷38，第1513—1541页。

[39] 周代尚有木制牺尊，《庄子·天地》云:“百年之木，破为牺尊，青黄而文之。”

[40] 张辛:《器与尊彝名义说》，载《黄盛璋先生八十华诞纪念文集》，中国教育文化出版社2005年版，第205—224页。

[41] 李学勤、唐云明:《元氏铜器与西周的邢国》，《考古》1979年第1期，第56—59页。河北省文物管理处:《河北元氏县西张村的西周遗址和墓葬》，《考古》1979年第1期，第24—25页。

[42] 实际出土之缶，也有小于壶者。

[43] 邹衡:《夏商周考古学论文集》，文物出版社1980年版，第147—157页。

[44] 王国维:《说斝》，《观堂集林》卷3，第145—146页。

[45] 张辛:《器与尊彝名义说》，《黄盛璋先生八十华诞纪念文集》，中国教育文化出版社

2005 年版，第 205—224 页。

[46] 朱凤瀚：《中国青铜器综论》，上海古籍出版社 2009 年版，第 191—194 页。

[47] 兕是一种野生水牛，参雷焕章《兕试释》，《中国文字》新八期，台北：艺文印书馆 1983 年 10 月版，第 84—110 页。

[48] 学者对此也多有解释，如屈万里先生《兕觥问题重探》一文，认为“应训盛酒饮人，以彼兕觥”，参屈万里《兕觥问题重探》，台北：《“中央研究院”院历史语言研究所集刊》四十三本四分册，1971 年 12 月，收入《金文文献集成》37 册，线装书局 2005 年版，第 451—452 页。但感觉于文意还是难安，此存疑以待贤者。

[49] 张辛：《器与尊彝名义说》，第 205—224 页。

[50] 朱凤瀚：《中国青铜器综论》，第 269 页。

[51] 参《诗·大雅·旱麓》、《左传·昭公十七年》、《周礼·春官·典瑞》、《考工记·玉人》、《礼记·明堂位》、《礼记·祭统》等记载。

[52] 田醒农、雒忠如：《多友鼎的发现及其铭文试释》，《人文杂志》1981 年第 4 期，第 115—118 页。

[53] 李学勤：《试论新发现的亳反方鼎和容仲方鼎》，《文物》2005 年第 9 期，第 62—65 页。

[54] 李学勤：《沣西发现的乙卯尊及其意义》，《文物》1986 年第 7 期，第 62—64 页；连劭名：《汝丁尊铭文补释》，《文物》1986 年第 7 期，第 64—66 页；王慎行：《瓒之形制与称名考》，《考古与文物》1986 年第 3 期，第 74—78 页。

[55] 孙诒让：《周礼正义》卷 80，第 3339 页。

[56] 陕西周原考古队：《陕西扶风县云塘、庄白二号西周铜器窖藏》，《文物》1978 年第 11 期，第 6 页。

[57] 李家浩：《包山二六六号简所记木器研究》，北京大学中国传统文化研究中心编《国学研究》第二卷，北京大学出版社 1994 年版，第 525—554 页。

[58] 孙庆伟：《周代祼礼的新证据——记震旦艺术博物馆新藏的两件战国玉瓒》，《中原文物》2005 年第 1 期，第 69—75 页。

[59] 参朱凤瀚《中国青铜器综论》，第 273 页图三。

[60] 郭宝钧：《商周铜器群综合研究》，文物出版社 1981 年版，第 60 页。

[61] 万红丽：《“瓒”的定名、形制及相关问题》，《东南文化》2004 年第 2 期，第 76—82 页；孙庆伟：《周代祼礼的新证据——记震旦艺术博物馆新藏的两件战国玉瓒》，《中原文物》2005

年第 1 期，第 69—75 页。

[62] 考古出土的玉柄形器，日人林巳奈夫认为是瓒的把柄，文献中称为“大圭”，因属贵重之器，给有资格参加仪式者佩戴。另李学勤先生曾论及柄形器与祼玉的关系，其暗含柄形器即瑋之意，参《说祼玉》，《重写学术史》，河北教育出版社 2002 年版，第 53—60 页。按：先秦时期，祼礼非一般贵族所能举行，而柄形器在有些墓葬中动辄出土较多，故以柄形器与祼玉联系，林氏、李先生的说法也颇启人疑窦。

[63] 青铜爵的功能，盖有一演变的过程。二里头文化的青铜爵，有的器流比较长，作为饮酒器，很不方便，故它的功能和祭祀灌酒有关；商周时期，爵的功能一器多用，或可用于酌献。

[64] 陶同这种器广见于殷商墓葬，而庶民很难拥有鬯酒行祼礼，故陶同的功能并非仅仅作为祼器，盖亦有他用，待考。

[65] 如上文所论，祼献尸，尸对鬯酒是“哜之”，并不卒爵。故青铜爵、同等礼器可用于祼献。这一点可以有助于我们了解一些青铜酒器的功用。

曹建敦，男，1975 年出生，河南夏邑人。河南大学历史文化学院副教授，主要研究方向为中国古代礼学、思想史等。

《说文解字》“豩”和從其得聲之字的音義及相關問題研究

史杰鹏

北京师范大学古籍与传统文化研究院

《說文·豖部》有個“豩”字，許慎的解釋是：“二豕也。豳從此，闕。”其音義皆闕失不聞，段玉裁注云：“許書豳、燹皆用豩為聲也，然則其讀尚約略可識矣。古音當在十三部。”段玉裁的十三部，相當於王力古音系統的真文部。段玉裁又說：“二豕乃兼頑鈍之物，故古有讀若頑者。大徐伯貧切，又呼關切。”按段玉裁所說“二豕乃兼頑鈍之物，故古有讀若頑者”一句，顯然是沒有根據的猜想。不過前面他倒說得對，既然“豩”可以當“豳”、“燹”的聲符，則的確可以推斷它的讀音。“豳”是《說文》中“邠”字的或體，訓釋為：“美陽亭，即豳也。民俗以夜市有豳山，從山，從豩，闕。”“邠”的的上古音在幫母文部，作為它的或體的“豳”自然也在幫母文部。“燹”字在《說文·火部》的訓釋為：“火也，從火豩聲。”反切為“穌典切”，這說明“燹”上古音在心母文部。“豳”和“燹”都是文部字，但聲母卻有唇齒之別，相差很遠。大徐本“豩”的“伯貧”“呼關”二切大概就是因此得來的，“伯貧切”和“豳”音對應，“呼關切”上古音應當在曉母元部，雖然不能和“穌典切”嚴密對應，但讀音也並不遠。心母字和喉音聲母字有時有相諧現象，比如“宣”、“瑄”為心母字，而同從“亘”得聲的“暄”、“萱”、“暄”卻為曉母字；又比如《尚書·舜典》：“五品不遜。”《史記·殷本紀》作“五品不訓”。“訓”為曉母字，而“遜”為心母字。韻部方面，文、元兩部則一向被古音學家認為相當接近，比如“俊、駿、浚”為文部字，而同從“夋”得聲的“酸”卻是元部字。這樣看來，“豩”的兩個反切，韻部是相近的，這點段玉裁已經指出，但聲母方面還有麻煩，“伯貧切”的聲母是唇音，“呼關切”的聲母是喉音，也可以和齒音心母相通，而以它為聲符的“豳”“燹”兩個形聲字分別借用了它的唇、齒讀音，形成了自己的讀音。這似乎可以得出結論，“豩”是一個有着兩種不相關讀音的字。在古代這种情況似乎也很常見，比如甲骨文“月”和“夕”有時同形，讀音卻沒有關係；"士"和"王"皆為斧頭的形狀，但卻是兩個字[1]；"栗"既可以表示"範"[2]，又可以表示"圍"，所以，"豩"似乎也是這種情況。

值得注意的是，我們在古文字中從來沒有發現過"豩"和從它得聲的"豳"、"燹"等字，倒是有一個"𤔲"字，在金文中多次出現，學者早已指出，"豳"和"燹"其實是一字分化，而"𤔲"就是"燹"字[3]。但因為在字形和讀音兩方面都沒有充足的證據，所以一直沒有得到學術界公認。比如在2002年，保利博物馆购进一件𤔲公盨（𤔲字的原文作"[illegible]"），李學勤先生就曾經撰文，不認為"𤔲公"之"𤔲"是"豳"字，他釋之為"肆"，讀為"遂國"之"遂"，這一說法得到了不少學者的贊同。裘錫圭先生則抱著審慎的態度，認為把"𤔲"釋為"豳"，"可能是對的"[4]。由於論辨雙方都難以提出確鑿的證據來證明，所以有關"𤔲"字的確切釋讀，秉持不同結論的雙方暫時不能決出勝負[5]。直到2005年9月，上海的兩家拍賣行在舉辦"海外回流青銅器觀摩研討會"的時候，展出青銅器伯簋，才可以說是基本解決了這個問題。

在㺇簋中，有"[illegible]（芬）夆（芳）[illegible]（馨）香，則登于上下"一句，吳鎮烽先生將"[illegible]"釋為"豳"，將"豳夆"讀為"芬芳"[6]，使上下文意通讀無礙。裘錫圭先生表示肯定，并對這一讀法進行了詳細論證[7]。不過還得承認，將"豳夆"讀為"芬芳"，與其說是從字形和讀音兩方面徹底解決了"𤔲"字的讀音問題，毋寧說是因為"𤔲"出現在有意義的句子中，讓學者可以從詞義上將它卡死，而在它本身的形義方面，其實并沒有推進。所以面對㺇簋銘文，李學勤先生依舊堅持了自己早先讀為"遂"的觀點，他在分析了郭忠恕、楊樹達等前人的說法之後說：

由《說文》"燹"從"豩"聲，推斷"豩"屬心母文部（即穌典切），是有道理的，但這和幫母文部的"豳"聲紐相遠，所以郭忠恕沒有將之合而為一。至於《集韻》把"豩"字同"豳"并列，《說文通訓定聲》講"豳"從"豩"聲，都沒有充分根據。無論如何，他們沒有像郭忠恕那樣，把"豩"、"𧰨"兩字等同起來。

"𧰨"通"肆"，是心母物部字，通"遂"，是邪母物部字，所以楊樹達先生說與"燹"或其所從的"豩"雙聲對轉，然而這并不能說明"𧰨"就是"豩"，因為在古文字中"[illegible]"不像《說文》那樣在部首排列上與"豕"相關，更不是"[illegible]""豕"一字。況且，即使承認"𧰨""豩"可通，也很難和"豳"聯繫起來。[8]

李先生還認為，伯㺇簋的出現更足以證明他的看法是對的，簋銘的"[illegible]（芬）

夆（芳）䜭（馨）香，則登于上下”，其中的“䜭”可以讀為“肆”，訓為陳列，“講的是祭祀百神，列鼎馨香蓬出，上登於天，合於《禮記・郊特牲》所說的‘周人尚臭’之義”。

雖然我們不贊同李先生的意見，但不能否認，他指出心母文部的“豩”，和幫母文部的“豳”聲紐相遠，以及“𧇾”和“豖”在早期的古文字里字形不同，從不混用，這兩點意見都是值得重視的。不解決這兩個問題，只怕很難讓人相信“豩”就是“𧇾”，“豳”可以從“豩”聲，也就不可能相信“䜭”可以讀為“芬”。

裘錫圭先生提到，在保利藝術博物館所藏的燹公盨發表後，龍宇純先生曾給他寫信，说《說文·鬥部》的“鬮”字从“燹”聲，可與从“分”聲之字通，所以，“燹”可以读为“芬”。這點是沒有問題的。其實還有其他證據，傳抄古文“鬮”的異體作“鬮”[9]，直接以“分”對“燹”，可謂佳證。衹是這依舊沒有解決“豩”聲字為什麼既可以讀為“燹”，又可以讀為“豳”的問題。如果說它是一形兩音，則沒有任何證據，那麼究竟應該怎麼解釋呢？

我們知道，徐鉉給“鬮”所加的反切卻是“撫文切”，顯然和“先典切”、“呼還切”的讀音都不同，卻和“豩”的另一讀音“伯貧切”相同。這說明，“燹”確實是從“豩”得聲的，“豩”的兩個反切看來應該是從一個讀音分化出來的。那麼，“伯貧切”和“穌典切”的讀音到底是不是接近的呢？它們雖然在聲母上有很大差距，一個是齒音，一個是唇音，“呼還切”則是喉音，按照傳統的通假原則，是無法相通的。但其實類似情況在古書中并不鮮見，下面我們就來舉例解釋。

“勿”字本來是明母唇音字，但以它為聲符的“忽”卻是曉母字，這是唇喉相通的情況。“戉”是匣母字，从它得聲的“歲”卻是心母字，而“歲”聲字不但可以讀為喉音，還可以和唇音字通假，《左傳·莊公十年》的“曹劌”，《史記·齊太公世家》作“曹沫”，“劌”是見母字，沫是明母字。“釁”、“亹”是曉母文部字，而和它們同聲符的“虋”卻是明母字。《說文》中說，“玧”讀為“璊”，“玧”從“允”聲，從“允”得聲的字很多屬於心母字，比如“峻”、“浚”，而“璊”則是明母元部字。尤其值得重視的是，《尚書》有一篇《費誓》，“費”的異文很多，一作“肹”，一作“鮮”，一作“獮”，一作“棐”，[10]其中“費”是滂母字，“肹”是曉母字，“鮮”是心母字，“獮”也是心母字，“棐”是幫母字。“費”和它的異文之間的讀音，與“豩”和“燹”、“豳”、“鬮”的情況一樣，都是曉母、幫母和心母之間互相通假。

這些情況都可以充分證明,"豩"的"伯貧切"和"穌典切"有著共同的讀音來源。既然"豩"可以當"豯"的反切,又可以當"[illegible]"的反切,那麼它的聲母自然可以出入唇齒喉之間,唇音字和齒音字、喉音字並無絕對的界限,"豳"的兩個反切"伯貧切""呼關切"應該是來源於一個讀音,後來才分化為兩個讀音的。

再說字形問題。很多學者認為,從"[illegible]"演變為"豕"缺乏證據,其實這個證據也是能找到的。在小篆以前的古文字中,"[illegible]"和"豕"雖然字形相差很大,不但前者上有"彑"形,後者沒有,下部的構形也完全不同。但在出土的秦漢文字中,兩者卻有混同的趨嚮,下面是馬王堆帛書中的"豕"字:

[illegible] 遣冊三 [illegible] 牌三 [illegible] 遣冊一 025

不難看出,這個"豕"字的上部,和"[illegible]"字的上部非常相似,至於下部,由於在秦漢文字中,可以確切認為是從"[illegible]"的字還沒有找到,我們只能拿在早期文字中和"[illegible]"下部比較相似的"豸"來進行比較,在金文中,從"豸"的"貉"作以下諸形:

[illegible] 穌貉豆 [illegible] 貉子卣 [illegible] 伯貉尊

很顯然,"貉"所從的"豸"下部,與"[illegible]"或者"[illegible]"所從"[illegible]"的下部是基本相同的,但是在馬王堆帛書中,從"豸"的字其下部也變得與"豕"、"彖"同形,試看馬王堆簡帛中的"貍"字:

[illegible] 方 249 [illegible] 方 100

由此我們可以推斷出,許慎《說文解字》中記載的從"豩"和從"豩"的字,實際上并不存在。它的演化軌跡是:由於"豕"經常寫得與"彖"同形,而"[illegible]"在秦漢時代可能已經訛變成了"彖"形,所以許慎誤以為"[illegible]"所從的不是"[illegible]",而是"豩"。

在討論[illegible]公盨的時候,李學勤已經指出"[illegible]"、"豩"在古文字中從不混用,不是一個字,張永山先生卻舉出洪適《隸釋》里載錄的《金鄉長侯成碑》中的"其先出自豳岐"中"[illegible]"字的寫法來證明"[illegible]"和"豩"是一個字[11]。現在看來,張所舉這個例子也并不能當做充分的證據,因為從早期古文字字形來看,"[illegible]"和"豕"肯定不是一個字,確實不能混用,但由於在秦漢文字中"豕"寫得像"彖",所以《金鄉長侯成碑》中的"[illegible]"所從的貌似"[illegible]"的字,當時人很可能仍舊是當成“豩”來寫的，這樣的話，自然不能拿來當成“㣇”和“豕”是一個字的證據[12]。

總之，我們認為“豩”并不是“𢑚”訛變造成的，而是因為“豕”“㣇”在秦漢文字中有混同傾嚮的結果。《說文》中另有一個“𧰨”字（中間多一橫畫），許慎訓釋為“豕也，從彑，從豕”，就是“豕”的這種寫法衍生出來的一個字，實際上這個字并不存在，這點清代學者已經指出，陳劍先生也做過詳細分析闡釋[13]，可以信從。這個字也就是我們上面提到馬王堆帛書中“豕”的寫法衍生出來的。

還有一個問題，既然實際上“燹”和“豳”是一個字，他們是從“𢑚”的，正確寫法應該是“[illegible]”,那麼“𢑚”和現在寫成“燹”和“豳”的讀音是否相關呢?這裏我們試著做出一個解釋。

在《說文》中，許慎指出，單個的“㣇”讀為“弟”，“𢑚”則讀為“肆”，“弟”和“肆”古音很近，這點毋庸置疑，這兩個反切看上去都和“豳”的“伯貧切”、“燹”的“穌典切”有一定的差距。但《說文》中的“𨽸”字可以給我們一點啓發。《說文》對“𨽸”的訓釋云：“習也，從帇㣇聲。”其實這是個雙聲字，因為它有一個異體是“肄”，“肄”的左旁不可能當作聲符，很顯然只有“聿”才能當成聲符。“帇”是“聿”的变体，在《說文》中分為兩字，實際上也是不確切的[14]。但“聿”有唇音的讀法，從“聿”得聲的“筆”是幫母物部字，《禮記·緇衣》:“王言如索，其出如綍。”郭店简《緇衣》“綍”作“[illegible]”[15]，“綍”也是幫母物部字。上面我們說了“豳”是幫母文部字，物文陽入對轉，讀音非常接近，這說明作為雙聲字的“𨽸”，它所從的“㣇”的確是可以當成“[illegible]”之聲符的。而且作為雙聲字的“𨽸”所從的“聿”還可以和“還”通假[16]，而“還”在《廣韻》有讀音“戶關切”，和“豩”的另一個反切“呼關切”，韻完全相通，聲母則只有清濁之別，這可以很有力地證明，“𢑚”確實可以讀為“伯貧切”和“呼關切”，“𢑚”就是《說文》中所謂的“豩”。

以上是我們對《說文》中“豩”及從“豩”之字形音方面的分析，通過對這個問題的討論，我們進而想到可以解決一些出土文獻中的問題。

在馬王堆出土的帛書《老子》甲本卷後古佚書《五行》篇有這麼一句話：“也者，勉勉也，孫（遜）孫（遜）也。”[17] 我們知道，帛书《五行》篇的經部，和郭店楚簡《五行》相同，後面一部分則是解釋經文的，稱為“解”。上面引述的文字，實際上採用的是音訓解經的辦法，這在古書上是極為常見的。也就是說，“勉勉”和“孫（遜）孫（遜）”都是解釋“[illegible]”的，“勉”和“[illegible]”採用音訓還好理解，它們都是唇音元部字，但“孫（遜）”是心母文部字，不但聲母有唇齒之別，韻部也不完全相同，按理說不能聲訓，但聯想到上面我們說的“𧰼”有聲母分別為幫母和心母的兩個反切，韻部也同樣有文、元之別，就一點也不奇怪了。這說明一直到漢代前期，一個字的讀音同時出入唇齒之間的情況并不鮮見。另外還讓我們想到郭店簡《緇衣》第 24 號簡的一個問題，在這支簡中有這麼一句話：

長民者……教之以正（政），齊之以刑，則民有娩（免）心。

其中的“娩（免）”，上博簡作“免”，但傳世本則為“遯”，《郭店楚墓竹簡》的整理小組說“待攷”[18]，上博簡的注釋者陳佩芬先生只含糊地說“遯”和“免”義近[19]。其實“遯”和“免”不但義近，很可能音也相近。“遁”是“遯”的異體字，而從“盾”得聲的字，能和“允”聲字相通。《漢書・敘傳》：“數遣中盾請問近臣。”顏注：“盾讀曰允。”[20]既然“允”聲字可以讀為“璊”，那麼“遁”也應該可以讀為“璊”。而以“璊”為聲符的字，可以和“免”相通。《呂氏春秋・重己》：“胃充則中大輓。”高誘注：“輓讀曰懣。”包山楚簡卜筮簡表示“心免”，就是讀為“心懣”的。

同樣，“屯”和“煩”也有間接通假的例子。《呂氏春秋・安死》：“禹葬於會稽，不變人徒。”《周禮・夏官・職方氏》賈疏引“變”作“煩”。《說文》：“帪讀若《易》屯卦之屯”。所以，簡本《緇衣》的“刑不屯”很可能就是今本《緇衣》首章的“刑不煩”。

至於為什麼古代一個字能有兩個發音部分懸殊的讀音，這有兩個可能。第一，方言的原因。《釋名・釋詁》：“天，豫司兗冀以舌腹言之，天，顯也，在上高顯也；青徐以舌頭言之，天，坦也，坦然高而遠也。”同樣一個“天”字，在一個方言區聲母是喉音，在另一個方言區卻發舌音。和“𧰼”有唇齒兩個讀音的情況類似。第二，複輔音的原因。現在越來越多的學者相信上古可能有大量的複輔音存在，“𧰼”的情況也可能是如此。本文暫時祇從文獻的層面梳理這種現象，至於語音的演變方面，真相到底是什麼，還有待進一步研究。

注释

［1］林沄：《士、王二字同形分化說》，《盡心集》，中國社會科學出版社 1996 年版；《王、士同源及相關問題》，《林沄学术文集》。

［2］裘錫圭：《說“白太師武”》，《古文字論集》，中華書局 1992 年版，第 357 頁。

［3］参看周法高主編《金文詁林》第十二冊，香港中文大學 1975 年版，第 5976 頁潘祖蔭引周孟伯說、第 5980 頁柯昌濟說。

4 裘錫圭：《豩公盨銘文攷釋》，《中國歷史文物》2002 年第 6 期，又收入其著《中國出土古文獻十講》，復旦大學出版社 2004 年版，第 46—77 頁。

［5］各家的具體討論可參看周保宏《近出西周金文集釋》，天津古籍出版社 2005 年版，第 288—304 頁。

［6］吳鎮烽：《器銘文考釋》，《考古與文物》2006 年第 6 期，第 59 頁。

［7］裘錫圭：《簋銘補釋》，復旦大學簡帛网，2009 年 4 月 25 日。

［8］李學勤：《楚簡〈弟子問〉與䋣字》，《出土文獻研究》（第八輯），上海古籍出版社 2007 年版，第 3 頁。

［9］徐在國編：《傳抄古文編》，線裝書局 2006 年版，282 頁。

［10］参看孫星衍《尚書今古文註疏》，中華書局 1998 年版，第 510 頁。段玉裁：《說文解字注》認為“菲”當為“棐”之誤，理由是“棐”在古音十五部，不當用一部之“北”諧聲也。按段說只怕未免過於絕對，古文字中之、脂相通情況也很不少。

［11］参看周保宏《近出西周金文集釋》，天津古籍出版社 2005 年版，第 303—304 頁。

［12］秦漢文獻“豖”“象”兩形常常相亂，《禮記·郊特牲》：“大圭不琢，美其質也。”鄭注：“琢當為篆，字之誤也。”《說苑·談叢》：“蠹蝝仆柱梁，蚊虻走牛羊。”《淮南子·人間訓》“蝝”作“啄”。“豖”與“豕”相近，而常和“象”相亂，正與“豕”誤為“[illegible]”的情況相似。

［13］陳劍：《金文“象”字考釋》，見其著《甲骨金文考釋論集》，線裝書局 2007 年版，第 243—272 頁。

［14］史杰鵬《由郭店〈老子〉的幾條簡文談幽、物相通現象暨相關問題》（待刊於 2010 年武漢大學簡帛研究中心《簡帛》第五輯）一文談到過這個問題。

［15］荆门市博物馆：《郭店楚墓竹簡》圖版十九頁第三十號簡，釋文一三〇頁，文物出版社 1998 年版。

［16］同註 14。

[17]《馬王堆漢墓帛書·五行》,引自魏啟鵬《簡帛文獻〈五行〉箋證》93頁,圖版276頁,中華書局2005年版。

[18]《郭店楚墓竹簡》134頁注釋〔六六〕。

[19]馬成源主編:《上海博物館藏戰國楚竹書(一)》,上海古籍出版社2001年版,第189頁。

[20]漢代的官名"太子中盾",唐代稱為"太子中允",所以顏師古這麼注音。

[21]參看何九盈《上古音》上古聲母系統部分,商務印書館1991年版。

史杰鹏,男,1971年出生,江西南昌人。北京师范大学古籍与传统文化研究院副教授。主要从事古文字学、训诂学以及先秦两汉文献学研究。

《説文》與《儀禮》今古文之關係辨疑

顧　濤
清華大學歷史系

引言　略述許慎經學之研究大勢

許慎得受“五經無雙”之高譽，自其生前至身後至今已近兩千年，無人敢有質疑。惜乎許氏經學之專著《五經異義》未免於亡佚，今雖有清儒之輯本，然徑據此秩終難複現許氏經學之全豹。殊不知許氏研經之英華已融入其傾心撰結之《説文解字》一書中，故馬宗霍（1897—1976）稱《説文》“尤爲許君經學之所寓”，[1]誠爲卓識。

清儒有鑒於此，系統展開對《説文》與五經文字關係之研究，乾嘉以後漸具規模。據張其昀（1946—）輯考，“清代‘説文學’的一個重要内容，是將《説文》與群經互勘而作辨異同、明通正之研究”，其中有一類是對《説文》引經異文之研究，如吳玉搢《説文解字引經考》等，“歷數則不下四十家”。[2]民國以來承其勢而趨於精，馬宗霍之同名著作堪稱集大成[3]。然此類著述之所疏釋均尚囿於《説文》“引經”之有明確標記者，實際上衹是條理了許慎經學之一隅。清人錢大昕（1728—1804）有鑒於此，將異文對讀法推廣到《説文》收字，其著《説文答問》攷釋《説文》採錄經典古本文字作爲字頭，而與今傳本之相異者，由此可知“經師之本互有異同，叔重取其合乎古文者”以成《説文》，今據此恰可考見“許氏所以爲命世通儒”之一端[4]。然錢著僅發凡起例，所舉條目頗爲有限，如《儀禮》類衹舉出5個字以爲例，後由承培元、楊廷瑞等延其續，然均未能形成規模[5]。

深識“異文”於經籍研究之内在價值者，當數清人戴震（1724—1777），戴氏“嘗搜攷異文以爲訂經之助”，並“令其族子時甫”及高足段玉裁“從事於此”，惜戴氏“稾未就”[6]；段玉裁（1735—1815）秉承戴業，廣稽群經之異文、漢讀並逐一作出詳盡疏通，先後撰成《詩經小學》三十卷[7]、《古文尚書撰異》三十二卷、《春秋左氏古經》十二卷、《周禮漢讀考》六卷、《儀禮漢讀考》一卷[8]等。段氏一生心血在群經古義，最終得以於古稀之年將其匯入《說文解字注》三十卷中。《說文》段注一方面是段玉裁經學成就之精粹所在，另一方面也將許慎之經學成就予以充分的揭櫫；因此，劉盼遂（1896—1966）稱“許祭酒著《說文》以明經，（段）先生本經義以注《說文》，故能湊入單微，允稱合作”[9]。今人欲知“五經無雙許叔重”之蘊涵，捨段注恐無以窺其門閫。

20世紀60年代以來，臺灣學者黃永武（1936— ）秉承段注，進一步利用《說文》展開對許氏經學各項成就的全面探討，1970年撰成《許慎之經學》，以爲其博士學位論文。據黃先生自敘，全書之綱領凡八：輯《異義》之佚文，別許鄭之同異，論諸家之得失，辨五經之家法，徵古禮之故實，發引經之條例，訂《說文》之羨奪，正前脩之謌誤；由此條分縷析，分經揭示並論析許慎在易學、書學、詩學、禮學、春秋學五方面共169條創見、特徵和承受脈絡。[10] 黃著開用現代學術體系董理、梳釋許慎經學之端，然其根本學理實並未能超出段注之畛域。

然而，許慎之經學尚有大量問題至今沒有徹底解決或未能達成共識，長期以來對《說文》和段注的學術定位基本上局限在文字學和詞彙學之領域，對許、段作爲經學家的認識遠遠不足，由此造成研究的巨大壁壘。筆者擬將《說文》拉回到經學史的航線上，重新起航，提煉歸納許慎於經學之創獲，此行的第一步當然要直面段注。而經對段注所內蘊之分析邏輯重作條理後，不意竟發現自己與段氏在諸多基本問題上的認識完全不同。本文所舉《說文》與《儀禮》今古文之關係即屬其中之一項，故不揣冒昧整理成文，要賴以質正於今世方家。

一 《說文》引“禮”不可專指爲《儀禮》

對許慎引據五經之歸屬，因《說文解字敘》已有明文交代，故各家均採以爲說。敘文所及主要是末尾一段：

其偁《易》孟氏、《書》孔氏、《詩》毛氏、禮. 周. 官. 、《春秋》左氏、《論語》、《孝經》，皆古文也。

清代以來的《說文》注家卻並非均作如是觀。試看桂馥（1736—1805）《義證》所云：

禮，謂出孔壁之禮，即今《儀禮》。周官，今《周禮》。[11]

段玉裁注同樣持此說，而其所釋更爲詳悉：

高堂生傳《士禮》十七篇，而《禮古經》五十六卷出壁中，有大戴、小戴、慶氏之學，許不言誰氏者，許禮學無所主也。古謂之《禮》，唐以後謂之《儀禮》，不言《記》者，言禮以該記也。《周官經》六篇，王莽時劉歆置博士，古謂之《周官經》，許、鄭亦謂之《周禮》，不言誰氏者，許《周禮》學無所主也。（765 上）[12]

據桂、段之說，《說文·敘》之“禮”並非統括三禮，而是專指今本《儀禮》，“周官”指今本《周禮》，如此當句讀作“《禮》、《周官》”，與《易》、《書》、《詩》、《春秋》四經相並列。之後王筠（1784—1854）《說文句讀》正從此說。[13] 桂、段、王三家注流傳甚廣，故後世從之者頗眾。[14]

然而《說文·敘》此段言許氏五經之所從，格式較整飭，均以“某經某氏”出言，惟“禮周官”三字夾雜其中，文氣有變，若斷句作“《禮》、《周官》”顯然與敘文前後所稱五經之例大不相類。對此段注並非未察，故其釋曰許《禮》、《周禮》“不言誰氏者”，“學無所主也”；然此釋終覺牽強，故不免落人詬病。後之學者在逐字檢覈《說文》引經之後，往往捨弃段說，試看馬宗霍之統計結果：

全書偁“周禮”者凡九十五字，偁“禮”者止二十八字，有八字所引亦見《周官》（瓚、璋、葅、叏、栖、席、鉉、茜），一字見《禮記》（莤），兩字則說《周官》之事（蠲、樂），兩字則偁《禮》兼偁《周官》（皋、堋），其專屬《儀禮》者僅七字（觶、奠、晢、鋻、麗、婚、醮），且無一字在鄭注所云古文之內（《燕禮》注云“古文觚皆爲觶”，此蓋指觶古作觗，與觚相亂而言，非以觶爲古文也）。餘則或出《詩》毛傳，或出《禮說》，或出《禮緯》，或則不知所出，而亦以“禮”偁之。是“禮”字所施者泛，不以《禮經》爲畫也。

在此基礎上，馬氏明確提出新說：

愚案《說文》雖三禮竝引，然實以《周官》爲大宗。……然則許敘“禮周官”云者，疑與《易》孟氏、《書》孔氏、《詩》毛氏、《春秋》左氏句例相同，蓋謂禮之《周官》爲古文也。[15]

馬氏指出《說文》“以《周官》爲大宗”，也就是認爲《說文·敘》此句當以“禮”統括三禮，“周官”指其中之一家即《周禮》，如此處理就敘文前後文例上看亦顯得較爲合適。之後，更有學者斷然駁斥段說，如黃永武指出：《說文》“雖三禮竝引，仍以《周禮》爲主，蓋多本古文家說也"，"段氏誤分'禮'與《周官》爲二，謂許云'禮'卽《儀禮》及《禮記》，《周官》則別爲一類，失之遠矣"。[16] 此說影響也很大，陸宗達（1905—1988）、洪誠（1910—1980）、姚孝遂（1926—1996）等學者卽均持此說［17］。

今人於兩說均將信將疑，或此或彼難分軒輊，故有必要詳作董理，以見兩者立異之根本所在。

今覆按大徐本《說文》引"禮"，馬氏所指出的28處外，若計入觚、豐兩字下引作"鄉飲酒"者，得30處，若再加段注校改之"盬"字所引（見例[6]），共計31處。其中，段注明確指出此"禮"所指爲《儀禮》者，共計僅16（15+1）處，大致佔二分之一，此比例應該說並不很高。關鍵是段注在其中"縉"（見例[2]）、"椢"（見例[3]）、"奠"（見例[4]）、"刷"（見例[5]）、"堋"（見例[13]）、"鉉"（見例[14]）等字下明確揭櫫出《說文》引經凡例，卽所謂"凡單言'禮'者，皆謂《禮經》，今之《儀禮》也"，而所注"晢"字下更聯及其對《說文敘》之解說，由此使段氏這一主張形成籠括全書之勢。

例[1] 晢

《說文·日部》："晢，昭晢，明也。禮曰：晢明行事。"段注："禮，謂十七篇也。許《序例》云'其偁禮、周官'，禮謂《儀禮》，周官謂《周禮》也。《士冠禮》'宰告曰：質明行事'鄭云：'質，正也。'許所據作'晢明'，以戴記《禮器》、《昏義》兩言'質明'推之，戴記多从今文，則知質明今文，晢明古文也。鄭不疊古文者，畧也。"（303上）段引《士冠禮》文以爲"禮，謂十七篇也"之明證，由此與《說文敘》之段注對讀，無疑使讀者強化了《說文》全書引"禮"一概專指《儀禮》之印象。

然而必須看到，對於《說文》另外15處引"禮"，段注實際上並沒有一準此所謂凡例，而是隨文指實，各有其說。其中5例段氏明確指認爲出自《周禮》，如玉部"瓚"、"璋"下段注分別指出爲《攷工記·玉人》（11上）、《秋官·小行人》注（12下），巾部"席"字下引"禮：天子、諸侯席有黼繡純飾"段注："謂《周官》經。此約《周禮·司几筵》之文。"（361上）酉部"莤"字下所訓"禮：祭束茅加於裸圭，而灌鬯酒，是爲莤，象神歆之也"段注引《周禮·甸師》"祭祀共蕭茅"鄭眾注文，曰："許說本鄭大夫也。"（750下）而殳部"殳"字下引"禮"

段注本則改爲“周禮”,注曰:“‘周’字今補。下文所說皆出於《周禮》也。”（118 下）又其中 6 例段氏明確指認爲出自《禮記》，如酉部“酋”字下“禮有大酋，掌酒官也”段注:“禮,謂《明堂月令》。”（752 上）玉部“珕”、“珧”、“璗”下引“禮”，段注直接校補爲“《禮記》曰”，注云：“‘記曰’字依《韻會》所引補。”（18 上、19 下）有些則校而不改，如艸部“蒩”字下引“禮曰：封諸侯目土，蒩目白茅”段注:“此當云‘《禮記》曰’，脱‘記’字。《記》者，百三十一篇文也。”（42 下）壴部“鼜”字下引“禮：昏鼓四通爲大鼓，夜半三通爲戒晨，旦五通爲發明”段注:“此當云《禮記》。軍禮《司馬法》百五十五篇,《藝文志》以入禮家。”（205 下）又其中 2 例段氏則明確指認爲出自《禮緯》,如木部“欒”字下引“禮:天子樹松，諸侯柏，大夫欒，士楊”段注:“禮，謂《禮緯·含文嘉》也。”（245 下）土部“墀”字下引“禮：天子赤墀”段注：“葢出《禮緯·含文嘉》之文。”（687 上）另外 2 例更爲奇特,完全不見於今傳禮學類典籍,一在方部“斻”字下引“禮:天子造舟，諸矦維舟，大夫方舟，士特舟”，段注曰:“《大雅》詩傳及《釋水》同。”（404 下）一在广部“庠”字下所訓“禮官養老，夏曰校，殷曰庠，周曰序”，段注曰:“《孟子·滕文公》篇曰：夏曰校，殷曰序，周曰庠。《史記·儒林傳》同。《漢書·儒林傳》則云：夏曰校，殷曰庠，周曰序。許同《漢書》。”（443 上）

段注明確指認《說文》引“禮”爲《儀禮》者不過 16（15+1）例，與上述 15 例在數量上可謂旗鼓相當，段立凡例實已不攻自破；然而此 16 例亦並不經得住一一攷信，如以下 6 例便仍存疑問。

例 [2] 縉

《說文·糸部》:“縉，帛赤色也。《春秋傳》曰縉雲氏，禮有縉緣。”段注：“凡許云禮者，謂《禮經》也，今之所謂《儀禮》也。十七篇無縉緣，俟攷。緣，以絹切。《玉藻》曰:‘童子之節也，緇布衣，錦緣，錦紳并紐，錦束髮，皆朱錦也。’朱錦爲緣，豈卽縉緣與？”（650 上下）段氏雖將“禮”字指爲《儀禮》，然並未能在今傳十七篇中找到出處,故又疑爲《禮記·玉藻》之“錦緣”,但又未如“蒩”、“鼜”等字下直接校改爲《禮記》，而用“俟攷”標出，可見其尚在猶豫之中。馬宗霍提出或可依戴侗《六書故》說確認爲《喪服傳》之“縓緣”，[18] 戴說未爲段氏所採，可見段氏雖有意倡立此凡例，然絕不苟同牽強可疑之論據。

類此者尚可舉上列“墀”字引“禮”,段氏注曰“葢出《禮緯·含文嘉》之文”,

但於玉部“玏”字下卻又連帶指出“土部‘《禮記》曰:天子赤墀’,今本亦删‘記曰’字”(18上),又疑其出自《禮記》,可見段注之前後失照。不過從另一個角度推測,段氏恐原欲以同類方式將《説文》引“禮”不見於今傳本《儀禮》者進行統一校改,然隨着考察的逐步深入,便意識到問題的複雜性,故而放棄如此絕對的做法,而僅隨文各指其所出,不再強求一律。再回到“緇”字下所及“禮有緇緣”一語,涉及《説文》義訓的一類措辭術語“禮有”,此在“柶”、“奠”、“刷”等字下同樣有使用。如:

例[3] 柶

《説文·木部》:“柶,禮有柶。柶,匕也。”段注:“凡言‘禮’者,謂《禮經》十七篇也。《禮經》多言柶,《士冠禮》注曰:‘柶狀如匕,以角爲之者欲滑也。’”(260下)段注舉《士冠禮》爲例作爲出自《儀禮》之證。然而除《儀禮》之外,《周禮》、《禮記》同樣有“柶”的用例,如《天官·玉府》和《喪大記》的“角柶”,故馬宗霍謂:“柶者,三禮皆有之,見於《儀禮》者尤多,或以楔齒,或以扱醴,其制則别,率以角爲之,故多角柶連文。”[19]若然,將“柶”下此“禮”質指爲《儀禮》便未必盡善。又如:

例[4] 奠

《説文·丌部》:“奠,置祭也。禮有奠祭者。”段注:“各本下有‘者’字,《韵會》無。《説文》‘禮有刷巾’,‘禮有柶’,‘禮有緇緣’,句法皆同,無‘者’是也。禮,謂《禮經》也,《士喪禮》、《既夕禮》祭皆謂之奠,葬乃以虞易奠。”(200下)段注據《説文》辭例删“者”字,又以《士喪禮》、《既夕禮》爲例質指“禮有”爲《儀禮》。然黄永武同樣舉出《周禮·地官·牛人》“喪事共其奠牛”鄭注“喪所薦饋曰奠”,《禮記·郊特牲》“既奠”鄭注“奠,謂薦孰時也,奠或爲薦”二例,證明“許稱未必指《儀禮》而言”,[20]黄説甚是。由此細細推衍,《説文》引“禮”均有類似的特點,段氏質指爲《儀禮》雖不無道理,然終究不甚周延。問題的關鍵於“刷”字下之“禮有”進一步凸顯出來。

例[5] 刷(㕞)—帨—挩←説

《説文·刀部》:“刷,刮也。禮布刷巾。”段注本改爲“禮有刷巾”,注曰:“有,鉉譌‘布’,黄氏公紹所據鍇本不誤,而宋張次立依鉉改爲布。今《繫傳》本乃張次立所更定,往往改之同鉉,而佳處時存《韵會》也。”段説確然。段又注:“禮,謂《禮經》十七篇也，《鄉飲酒禮》、《鄉射禮》、《燕禮》、《大射儀》、《公食大夫禮》、《有司徹》皆言帨手。注：'帨，拭也。''帨手者於帨，帨，佩巾。'據賈氏《鄉飲》、《公食》二疏，知經注皆作帨，絕無捝字也。帨之爲巾見於《士昏禮》及《内則》。《内則》'盥卒授巾'注云：'巾以帨手。'鄭卽用《禮經》帨手字也。此云刷巾，刷，當作㕞，蓋漢時《禮經》捝手有作刷手者。假刷爲㕞，說禮家所定字不同也。刷巾又見服氏《左傳》注。《左傳》'藻率鞞鞛'服云：'藻爲畫藻，率爲刷巾，禮有刷巾。'服語正與許同。……而許、服所見《禮經》皆作刷手，鄭《禮經》今文作帨手，古文作說手。"（181 上）據段注，帨、捝、說、㕞（刷）等音近義通，均可用作拭手之動詞，今本《儀禮》作"捝手"、《禮記》作"帨手"，段注據賈疏統一爲"帨手"。《說文》此處所指卽爲此義，故此"禮有"可兼指《儀禮》與《禮記》言。然而，《說文》稱"刷巾"，其所據必爲"刷手"，服虔之注適可證漢代確有此用例，此類與鄭注古文作"說手"相類似，段氏揭示爲"說禮家所定字不同也"，可謂洞悉兩漢禮學傳承之卓見。

將考察《說文》引"禮"性質的眼光，從單純的文本對照轉移到漢代禮學的傳承脈絡上，是思想方法上的重大進展。段注經由對"刷"字與今傳三禮文本用字的差異初識此意，此於其他數處注文中亦略可得見。如《說文》"盬"字與三禮"醓"字之關係：

例 [6] 盬—醓

《說文·血部》："盬，血醢也。《禮記》有盬醢，以牛乾脯、粱、䊩、鹽、酒也。"段注本改作"《禮》有盬醢"，曰："各本'禮'下有'記'，誤，今依《韵會》本。《禮經》、《周禮》皆云醓醢，非出於《記》也。許書言《禮》有柶，《禮》有刷巾，《禮》有奠祭，《禮》有緍緣，皆謂《禮經》。"對盬、醓之關係，段注又曰："《禮經》醓卽盬之變。醓醢用牛乾脯粱䊩鹽酒，閉之甀中，令其汁汪郎然，是曰肉汁滓，是曰'肬醢'宜矣。而許時《禮經》作'盬醢'，則假借血醢之字也。"（214 上）段氏謂指肉汁者當以肉部訓爲"肉汁滓也"的"肬"爲正字，作盬、作醓均爲流傳用字之不同。今傳本《儀禮》、《周禮》作醓，《說文》則依其學承不同"假借血醢之字"作盬。此與"刷—帨"之關係相同，均可見漢代說禮家用字差異之實況，段注所云完全可從；其改"禮記"爲"禮"恐亦是，然其實不必限定於《儀禮》文本。又如"豊"字下引"鄉飲酒"：

例 [7] 豐—豐侯

《說文·豆部》:“豐，豆之豐滿也。一曰：鄉飲酒有豐侯者。”段注:“此别一義。鄉，當作《禮》，與觚下、觶下之誤同。《禮》飲酒有豐矦，謂《鄉射》、《燕》、《大射》、《公食大夫》之豐也。鄭言其形云似豆卑而大，說者以爲若井鹿盧，言其用於《鄉射》，云所以承爵也，於《大射》，云以承尊也，《公食大夫》之豐亦當是承爵，《燕禮》之豐亦當是承尊，皆各就其篇之文釋之。《禮》但云豐，許云豐矦者，蓋漢時說禮家之語。”（208 上下）《儀禮》作“豐”，《說文》作“豐侯”，均爲承酒器之具，兩者之不同亦“漢時說禮家”各有所承所致。許氏既稱“豐侯”，當未必即據《儀禮》文本訓義，僅據學承載録鄉飲酒之禮有用此器具者而已，段注強行校改“鄉”字爲“禮”，意在鎖定《儀禮》，則不免失之於膠柱。

由此 6 例可知，段氏所謂“凡單言‘禮’者，皆謂《禮經》，今之《儀禮》也”之說，最多衹能涵蓋 10/ 31，僅佔三分之一強，當然是無法成立的。段氏在注文若干處有意倡立此凡例，恐深受其向所主持之“《禮》十七篇標題漢無‘儀’字說”［21］的影響。段注《說文》前後持續時間甚長，各卷各字陸續成書，且隨有增刪改易，完稟後恐亦未能對全書再作統籌，故前後觀點容有錯出處不在少數。對此，筆者擬作通盤之考察，今故從略。

那麼，既然《說文》引“禮”不可專指爲《儀禮》，是否將其擴大爲“三禮並引”即可？其實如此概括亦不準確。由例 [5]、例 [6]、例 [7] 之分析，實可推論其他《說文》引“禮”之一般條例。許慎蓋援引其所認同的禮學家之說以入《說文》，並非單純地依據“三禮”文本。由此勢必造成《說文》與今傳鄭注本“三禮”有同有異，其異者可見許、鄭之異，其同者自亦可見許、鄭之同。同樣，許慎所採禮說雖有不見於今傳“三禮”文本者，但絕不排除在漢代確有其說，《禮緯》及其他相關文獻對其說有所載録，即可爲明證，有些說法文獻失載或今已失傳，亦在情理之中。既然如此，《說文》引“禮”自非有限的十七篇《儀禮》文本所能畫地爲牢，即使將其擴大爲全部“三禮”文本，同樣還是欠妥的。馬宗霍謂《說文》引“禮”爲泛稱，大率得之，實際上恐仍當以段注所謂“漢時說禮家之語”最爲妥切，衹是段氏囿於先入爲主的成見，未能充分闡述其說。黃永武本諸段說，視野大開，將許慎之禮學回襯入東漢經學授受背景上進行攷察，從而指出：

> 許君所引《禮經》及禮說，其訓義當本諸賈逵，賈逵與鄭興、鄭眾父子，咸

受業於杜子春，故《說文》所釋，多與此四家麐合。[22]

由杜子春→賈逵→許慎之學承脈絡，應該說將問題的討論大大推進了一步。但是，其他問題接踵而至。

二　《說文》於《儀禮》“或從今文，或從古文”說之檢討

問題更爲糾結的是，許慎確實又有據《儀禮》立說之處，對此各家並無異辭，關鍵是其所據究竟是古文還是今文？與鄭玄注《儀禮》所標識的今古文有什麽關係？馬宗霍指出許氏引《儀禮》“無一字在鄭注所云古文之內”，黄永武則又明確指出“許君於禮，多主古文”[23]，如此或歸古文，或入今文，其他各家亦復多如是。

對此，段注《說文》深有所感，其已作出明確交代並進行過細緻的論證，後之學者（包括馬、黄）尚無有以超邁。段注考察的切入口是將《說文》所收字頭、字義與《儀禮》鄭注明確標識的“古文”、“今文”相對照，經過系統排比歸納出結論。而基於逐字注釋《說文》之體例，段氏同樣是將其對許慎禮學淵源之研究結論隨文概括於相關辭目下，以成水到渠成之勢，然非經悉心鉤稽則難睹其大端。今將段注所涉及的《說文》所從《儀禮》今古文之 7 處凡例（下文加着重號處）依次條列如下，並略作述論以爲辨析。

例 [8] 赴→訃

《聘》“赴者未至”,《既》“赴曰君之臣某死”鄭並注:“今文赴作訃。”/《說文·走部》收“赴”字，未收“訃”字。

赴，本義奔赴，引申爲告喪，“後來把‘赴’的‘走’旁改爲‘言’旁，分化出了專用的‘訃’字”[24]。《說文》“赴,趨也”段注:“按古文訃告字衹作赴者，取急疾之意。今文从言，急疾意轉隱矣。故言部不收訃字者，从古文不从今文也。凡許於《禮經》从今文則不收古文字，如口部有名，金部無銘是也；从古文則不收今文字，如赴是也。”（63 下）

例 [9] 𨤍←耆

《喪》“載魚左首進𨤍”,《虞》“載猶進柢魚進𨤍”鄭並注:“古文𨤍爲耆。”/《說文·老部》收“耆”字，未收“𨤍”字。

耆，本義爲老，引申指脊部，後作鬐。《説文》“耆，老也”段注：“許書髟部無鬐字，依古文禮，故不錄今文禮之字也。徐鉉沾附，未識此意。許於《禮經》古文、今文之字依一則廢一。”（398下）又龍部：“龓，龍耆脊上龓龓也。”此處義訓亦用“耆”字，故段又注：“許髟部無鬐，此出耆者，許於此字從禮古文，不從禮今文也。耆者，老也；老則脊隆，故凡脊曰耆；或作鬐，因馬鬣爲此字也。龍魚之脊上出者，如馬鬣然。”（582下）

例[10] 厭→揖

《飲》“賓厭介入門左，介厭衆賓入”，“賓厭介升，介厭衆賓升”，《鄉射》“賓厭衆賓”鄭並注：“今文厭皆爲（作）揖。”/《説文·手部》“揖”字下所收字義可對應於《儀禮》之“厭”。

厭、揖音近義通，均有拱手義，揖爲朝外，厭爲向胸。《説文·手部》：“揖，攘也。一曰：手箸匈曰揖。”段注：“推手曰揖，引手曰厭。推者，推之遠胸。引者，引之箸胸。……許君於《禮》或從古文，或從今文。此手箸胸曰揖，蓋於此從今文，不從古文。”（594下—595上）

例[11] 臡→麋

《食》“昌本南麋臡，以西菁菹鹿臡”鄭注：“今文臡皆作麋。”段注曰“麋系腝之誤”。/《説文·肉部》收“腝”字，“臡”爲其或體。

指帶骨的肉醬，字或从耎聲作腝，或从難聲作臡，鄭注今文作麋乃腝字之誤。《説文》：“腝，有骨醢也。臡，腝或从難。”段注：“《儀禮》、《爾雅》音義曰：臡，《字林》作腝。《五經文字》曰：臡見《禮經》。《周禮》、《説文》、《字林》皆作腝，據此則《説文》本無臡字甚明，後人益之也。許於《禮經》或從今文，或從古文。此從今文腝，鄭則從古文臡也。”（175上）

例[12] 鬄→剔

《喪》“其實特豚，四鬄去蹄”鄭注：“今文鬄爲剔。”/《説文·髟部》收“鬎”字，刀部末收“剔”字，段注謂係徐鉉所增。

鬄，爲鬎字形訛，鬎由削髮引申爲支解牲體，亦作剔。《説文·髟部》：“鬎，鬀髮也。”段注：“漢時有剔字許不錄者，《禮》古文作鬎，今文作剔，許於此字從古文，故不取今文也。凡許於《禮經》依古文則遺今文，依今文則遺古文，猶鄭依古文則存今文於注，依今文則存古文於注也。”（428下）

例 [13] 窆→封

《既》“皆不哭乃窆”鄭注：“今文窆爲封。”/《說文·土部》“堋”字下引《禮》作“封”，穴部“窆”字下引《周禮》爲證。

窆、封、堋（塴）音近義通，均可指棺柩下葬。王力《同源字典》亦詳證三者同源[25]。《說文》：“堋，喪葬下土也。《春秋傳》曰：朝而堋。《禮》謂之封。《周官》謂之窆。《虞書》曰：堋淫于家。”段注：“禮，謂《禮經》，所謂《儀禮》十七篇也。……按許於《禮經》有從今文者，有從古文者。此云‘《禮》謂之封’，則從今文也。《小戴記》一書於《禮經》多從今文，故此字皆作封、無作窆者。《檀弓》‘縣棺而封’鄭云：‘封，當爲窆。’鄭以封於義不親切，故欲依《禮》古文及《周官》易其字也。”（692 下）

例 [14] 扃→鉉

《冠》《昏》《食》《虞》《司》“設扃鼏”；《喪》“右人左執匕抽扃”；《虞》“左人抽扃鼏匕”鄭並注：“今文扃爲（作）鉉。”/《說文·金部》“鉉”字下引《禮》作“鼏”，鼎部則收“鼏”字，又戶部收“扃”字，非此義。

鼏，扛鼎之横木，亦作鉉，今本“三禮”均作扃，扃字由閉門之門栓，假借指舉鼎之横木。《說文·鼎部》：“鼏，以木横貫鼎耳舉之。从鼎冂聲。《周禮》：‘廟门容大鼏七箇。’即《易》‘玉鉉大吉’也。”段注将此條分作鼏、鼏二字，訓“以木横貫鼎耳舉之”者當爲鼏，與訓爲鼎蓋之鼏爲二字，段云：“扃者，叚借字。鼏者，正字。鉉者，音近義同字也。以木横丗鼎耳是曰鼏；两手舉其木之耑是曰扛鼎，鼏横於鼎蓋之上。故《禮經》必先言抽扃，乃後取鼏，猶扃爲户外閉之關也，故或以扃代之也。”（319 下）又《金部》：“鉉，举鼎也。从金玄聲。《易》謂之鉉，《禮》謂之鼏。”段注本“舉鼎”前補“所以”二字，注曰：“許引《易》、《禮》以博異名，猶土部堋下云‘《禮》謂之封，《周官》謂之窆’也。凡單言‘禮’者，皆謂《禮經》，今之《儀禮》也。據鄭則《禮》今文爲鉉矣，許何以鉉專系《易》也。許於《禮經》之字，古文是者則從古文，今文是者則從今文。此從古文作鼏，故曰‘《禮》謂之鼏’也。如《士喪禮》今文銘皆爲名，從今文，故不錄銘字；《聘禮》、《士喪禮》今文赴作訃，從古文，故言部不錄訃字；《士虞》、《少牢》、《特牲》古文酳皆作酌，許从古文，故酉部不錄酳字；《既夕禮》今文窆爲封，從今文，則以窆專系《周官》也。”（705 上）

上列 7 例中，經與鄭注今古文相對照可知，例 [8] 中《說文》所收字頭與《儀禮》經文字形一致，不從鄭注“今文”，例 [9] 從鄭注“古文”，與經文字形不一致，故而段注得出所謂“依一則廢一”的結論。也就是說《說文》字頭之設立有如下常例：認定鄭注“古（今）文某作某”前後兩字爲同一指稱對象，故僅收其一以爲其所著普遍性字典之字頭。而例 [10] 則由字義比照所得，拱手有朝外和向胸兩種姿態，前者爲揖，後者爲厭，《儀禮》經文兩者使用有分別，由鄭注則可知向胸拱手今文亦作揖，由此將與《說文》所收“一曰”之義對照可知許氏之所從。接着，再進一步考察其所從與鄭注“古文”、“今文”之比率，段注認爲其間並無嚴格意義上的一致性，即“從今文則不收古文字”，“從古文則不收今文字”，也就是所謂“或從今文，或從古文”（例 [10][11]），“有從今文者，有從古文者”（例 [13]）云云。段氏此說是經過將兩份文獻全盤系統對比後所得，而於此 7 字之注文下概括提煉，發凡起例。

經由此凡例，段注並據以處理一些特例，而時有創見。如例 [11] 段氏據《說文》改今傳本鄭注傳抄誤字，《說文》從“腝”、《儀禮》經文作“臡”實乃一字，聲旁同音而異作，鄭玄載錄異文“腝”字於注，十分合乎情理，若今文作“麋”則不知何所依，故胡承珙（1776—1832）從段說，且申之曰：“此注當本是‘今文臡皆作腝’，若‘今文臡皆作麋’則於義不通，鄭當定爲字誤，不應僅存而不論。然疏標注目已云‘醓醢至作麋’，則賈時所見已同今文，其誤久矣。”[26] 段、胡之說甚可信，陸德明《釋文》於《公食大夫禮》篇正載：“麋臡：醢有骨者也。《字林》作腝。”可見或本作“腝”在後世確有流傳，今傳本作“麋”爲傳抄之誤的可能性極大。例 [12] 段氏在判定兩份文獻“鬄”、“鬀”、“剔”三字所指相同的前提下，不僅據《說文》“鬄”校改今傳本《儀禮》經文及鄭注字形“鬀”，而且依《說文》“於《禮經》依古文則遺今文”之例，得出大徐本《說文·刀部》之“剔”非許氏原有，乃“大徐所增十九文之一也”（182 下）的結論，故段注本刪刀部“剔”字頭。此正爲段注校改大徐本《說文》的重要理據之一。

例 [13]、例 [14] 爲《說文》標示引《禮》者，段注均判定所引爲《儀禮》，且概括出凡例“凡單言‘禮’者，皆謂《禮經》，今之《儀禮》也”（此說不妥，上文已論）。然就其與鄭注今古文之關係而言，前者所引“封”同鄭注“今文”，後者所引“鼏”則不同於鄭注“今文”，故段注稱《說文》“有從今文者，有從古文者”。再進一步攷察，例 [13] 與“封”對應之今傳本《儀禮》經文字形“窆”，《說文》同樣收入，然引《周官》爲證，而另收《左傳》之“堋（塴）”爲字頭，可見許氏認爲“封”字當訓“爵諸侯之土也”，《儀禮》此處非其本義，故僅於“堋”下引錄以“博異名”。而正因許氏此舉，故段注斷言其所據《儀禮》必從今文作“封”，否則完全不必在“堋”下徒增此字形。[27] 例 [14] 則又不同，《說文》雖收鄭注今文“鉉”爲字頭，然後面有引“《禮》謂之鼏”，此與鼎部之“鼏”同，兩者的關係段注確定爲“鼏者，正字；鉉者，音近義同字也”。由此一方面可推斷許氏所據《儀禮》當爲“鼏”，不從鄭注“今文”；另一方面，可推斷今傳本經文作“扃”，乃爲後人所改而許慎未曾見，對其更改之緣由段注更推測道：“古文以鼏密連文，今文以鉉密連文。鄭上字從古文，下字從今文，遂鼏鼏連文，轉寫恐其易混，則上字易爲扃耳。”（319 下）由此可見段氏對《儀禮》文本之熟稔程度。

據此可概括段注的研究方法與主要觀點，段氏考察的對象已不再拘囿於《說文》引《禮》，而是擴展到《說文》相關字頭之設立，以及字義之設定，攷察的參照系是《儀禮》鄭注今古文異文，通過兩個系統的大量文例比較，得出《說文》於《儀禮》“或從今文，或從古文”的結論，並據此說對《說文》及《儀禮》經注產生的矛盾之處進行校正。段說思路清晰，推論細密，非略剌數例率意成說或未經細檢剿取成說者可以相埒。

然而段氏所立《說文》於《儀禮》“或從今文，或從古文”之說究竟還是難以成立的，僅就上舉 6 例所隱含的邏輯矛盾即可見其說並非無懈可擊。例 [8] 至例 [12] 是經《說文》所設字頭之有無（或字義之同異）與《儀禮》鄭注今古文相比較，據《說文》字頭與鄭注今古文前後異文形體之是否一致以見其所從；例 [13] 至 [14] 則實際上暗破此例，既然《說文》有明引《儀禮》之文，自可直接爲據，但是如果《說文》字頭與引《禮》之形體不一致，而適各對應於鄭注“今（古）文某爲某”前後兩字形，那麼問題就不那麼簡單了。如例 [13]《說文》“堋”字下引《禮》作“封”，與鄭注“今文窆爲封”之今文相對應，而“窆”字《說文》同樣採以爲字頭，若依段注，此例《說文》從今文，那麼例 [8] 至例 [12] 所使用的論證方法就無法周延。例 [14] 類此，《說文》“鉉”字下引《禮》作“鼏”，段注認爲當分別對應於鄭注“今文扃（鼏）爲鉉”之前後兩字形，可見《說文》設立字頭所據與引用時所據之《儀禮》者似乎並非同出一源。

三 由《儀禮》鄭注今古文不足以參驗《說文》之所據

段玉裁欲以解決《說文》所據《儀禮》的今古文問題，其研究之思路已充分擴展到《說文》全書的字頭設立與義訓用辭；但是，段注卻同樣暴露出來了不少矛盾之處。由此觸使筆者將關注的視角轉向其所選定的參照系是否可靠，即選定《儀禮》鄭注今古文與《說文》進行比照，這樣做是否本身即存在問題。帶着這一疑惑，筆者將段注援引鄭注今古文以析讀《說文》之相關辭條反復尋繹，今剌取以下數條略作檢示，以充分顯露問題之焦點所在。

例 [15] 墮—挼（綏、妥、肵、挳）

《虞》"墮祭"鄭注:"今文墮爲綏。《特牲》、《少牢》或爲羞，失古正矣。齊、魯之間謂祭爲墮。"《虞》"綏祭"鄭注："綏，當爲墮。"《特》"挼祭"鄭注："今文改挼皆爲綏，古文此皆爲挼祭也。"《特》"挼祭"鄭注："今文或皆改妥作挼。"《少》"綏祭"鄭注:"綏，或作挼，挼，讀爲墮。古文墮爲肵。"《少》"綏祭"鄭注:"綏，亦當作挼，古文爲肵。"《司》"綏祭"鄭注:"綏，皆當作挼，挼，讀爲'藏其墮'之墮，古文爲挳。"/《說文·肉部》收作"隋"。

指尸未食前之祭禮，祭者不嚌、不嘗，將所祭之物藏於豆間，其本字當作隋祭。隋，後加土旁作墮，亦可从同音諧聲偏旁妥作挼、綏，作妥爲省旁簡寫，作肵與从妥者亦爲音近變換，作挳乃挼字形近而誤。[28]《儀禮》經文墮、挼、綏三作，甚至在同一篇內用辭尚不一致，鄭注又疊出異文數端；《說文》作"隋"正得其本義，然此形卻不見於《儀禮》經注。由此可見，許、鄭各有所據，將鄭注本《儀禮》作爲參照系以檢驗《說文》不就顯得無的放矢了。然段氏爲牽合許、鄭，注云"今《儀禮》注隋皆作墮，誤"，若按段氏，當改鄭注之墮爲隋，如此再據《士虞禮》鄭注之"綏，當爲墮"，推導出"是鄭以隋爲正字，與許同也"（172 下）的結論。然殊不知《少牢》、《有司》篇鄭注又謂"當作挼"，終難於《說文》硬合。

例 [16] 賸—騰

《燕》"主人盥洗升，賸觚于賓"鄭注："賸，送也，讀或爲揚，揚，舉也。今文賸皆作騰。"《大射》"主人盥洗升，賸觚于賓"鄭注："古文賸皆作騰。"《說文·人部》收作"倂"。

賸、倂之義均爲送，黄生《字詁》釋其本義曰："古者諸侯嫁女本國及他國，皆以大夫送之，謂之侯。侯蓋送女之名，非謂所送之女爲媵也。”段氏本此說而注：“侯，今之媵字。……送爲媵之本義，以姪娣送女乃其一耑耳。……今義則一耑行而全者廢矣。”（377 上）作騰，則爲音近通假（韻均蒸部，喻定爲聲）；作揚，則又與作騰音近義通，均爲喻母，義爲舉起。此例略同例 [15],《說文》所收之“侯”不見於《儀禮》經注，實際上已不足以對照許、鄭之所從。而且，就鄭注而言還有問題，其注騰字一曰“今文皆作”，一曰“古文皆作”，對此段氏認爲當一律作“今文”，胡承珙從段說，故校改《大射》曰：“此注‘古文’疑當作‘今文’，傳寫誤耳。鄭注《檀弓》云‘《禮》揚作媵’，《禮》即《禮經》，謂《禮經》古文皆作媵，若《禮記》則今文其作揚，與《禮經》今文作騰者義合，故知此作騰者必今文也。”[29] 由此便將《說文》之“侯”與《儀禮》經文之“媵”歸爲一類，以與鄭注“今文皆作騰”相對立，硬足成許、鄭均依古文之結論；然《公食大夫禮》經文卻作“眾人騰羞者盡階不升堂”，鄭注又曰：“騰，當作媵。”

由此可見，《儀禮》經文並不是一個純粹而封閉的古文或今文系統，其本身即是一個今古文錯雜並用之本，而鄭注對經文亦並未進行過校改更易，其不過是將個人之所見所聞及主觀意見納入注文中表出之；因此，《儀禮》經文不足以顯示古文或今文系統，鄭注所標識之今古文異文更具有相當的複雜性。段、胡可對媵、騰通過校改其一而使前後統一，但是《儀禮》十七篇有類似情況者不在少數[30]，是否當一一進行校改？而且，如果考慮到鄭注今古文前後兩字形在《儀禮》經文中前後錯出的情況，如墮、挼、綏和媵、騰等，數量更是不可勝計，鄭玄在選定經本之後尚且不強作更改以求劃一，今人又如何可擅作解人？因此，段氏將《儀禮》經注作爲參照系必然會出現諸多無法調解的矛盾，段注爲此率意牽合，自破其例亦便在預想之中了，試再看下例：

例 [17] 蓂（籑、饌）←餕

《特》“蓂者舉奠許諾”,《司》“乃蓂如儐”鄭並注：“古文籑作餕。”/《說文·竹部》收“籑”，或體作“饌”。

蓂，當作籑，指剩余的食物，或作饌，亦作餕。蓂字群書未見，蓋竹头、艸头形近而訛混，故胡承珙校曰：“今本籑，《禮經》各本字皆作蓂，尤誤。”[31]《說文·竹部》：“籑，具食也。从食算聲。饌，籑或从巽。”《禮記·曲禮上》“餕餘不祭”鄭注：“餕，食人之餘也。”故《說文新附·食部》據以補入：“餕，食之餘也。”據此籑、饌爲具食，而餕爲食餘，兩者義似有别，然《論語·爲政》“有酒食先生饌”《釋文》：“鄭作餕，音俊。食餘曰餕。”故《廣韻·去線》錄：“籑：《說文》曰：‘具食也。’饌：上同。”沈文倬釋曰：“饌爲籑之或體字。祭祀後嗣子與長兄弟食神食之賸餘，以示受神餘惠，其事亦飲食，故古文陳食、具食與飲食不分而籑、饌通作。”[32]可見籑、饌、餕三者其實是一詞而異形。《儀禮》經文三者互作，鄭注衹在一處出注“古文籑作餕”，它處皆隨文而釋，不作理會，故本已無法用於參驗《說文》。而段氏則强行比對，故其結論不免矛盾重重。如一則云“許書則無餕，有籑、饌字，是則許於《禮經》从今文不从古文也”，一則又云“疑《儀禮》注當云‘今文籑作餕’”；另一方面又對許、鄭訓義之有出入終難釋懷，故提出校改《説文》之意見：“饌當獨出，訓‘具食也’，籑、餕當同出，訓‘食餘也’，乃與《禮經》合。”（219下—220上）此類做法正是段注過於大膽之處，後人多所譏刺。

以上三例共同説明將《儀禮》經注作爲參照系，其本身的不純粹性造成比照失去了準確度。同時，再反過來看《説文》收字的體例，問題還有更爲複雜的一面。如：

例[18] 摭←摕

《司》“乃摭于魚腊俎”鄭注：“古文摭爲摕。”/《説文·手部》既收“摕”，又於“拾”下收或體“摭”。

摕義爲撮取，摭義爲拾取。《有司》此句鄭注：“魚摭四枚，腊摭五枚。”可見當以撮取義爲長。經文曷以作摭，歷來多以音近可通釋之，然終覺牽强，武威漢簡出土後，方知兩字實爲形近而訛。《有司》62簡正有此句，作，曾經削改，陳夢家隸定作摕，右下方所从之巾與摭字所从之灬形近，史杰鵬又證席、帶古文字形近③，簡文正處於摭、摕兩形之中間狀態。[33]沈文倬則進一步推測：“簡字經削改，字形雖與摕相似，實是摕之誤寫。蓋原依今文作‘摭’，後改用古文作‘摕’，故左旁（按：當作右旁）上似廿，下似巾也。”[34]既明此理，反觀《説文·手部》：“摕，撮取也。”又：“拓，拾也。摭，拓或从庶。”既然《説文》同時收入兩形，又如何確定許慎於《有司》此句究竟何所依從？段注雖已指出“凡言撮者皆謂少取，《禮經》依古文爲是”（600上），然終未曾對許慎之所從下斷語。

例[19] 墍←役

《既》“墍用塊”鄭注：“古文墍爲役。”/《説文·土部》收作“坄”。

役，通坄，土竈，垼乃坄之加旁後起俗字。《士喪禮》"爲垼于西牆下"鄭注："垼，塊竈。"賈疏："《既夕》記云，'垼用塊'，是以塊爲竈，名爲垼，用之以煮沐浴者之潘水。"[35]《說文·土部》："坄，陶竈窗也。从土役省聲。"徐鍇《繫傳》曰："今俗作垼。"[36]《玉篇·土部》載"坄，本亦作垼"，可見在土竈義上，《說文》之坄、《儀禮》經文之垼構成一組古今字。服役之役字與之義殊，係同音通假，既然《說文》已明確坄爲"役省聲"，因此很難判定《說文》之坄當與經注哪一個字相對應。

其實，如果兩者的字形如果屬於古今字的關係，對照判定今古文均存在着一定的疑惑。如上述例 [8]、例 [9]，從表面上看《說文》從赴，與《禮儀》經文合，便不收錄訃，或者從耆，與鄭注古文合，便不收錄鬐，正所謂"依一則廢一"；但是諸如鬐不過是耆的後起字形而已，胡承珙即指出："《漢書·揚雄傳》'究鋋瘢耆'孟康、服虔皆以耆爲馬脊鬣。《文選·七發》'薄耆之炙'亦止作耆，後乃加髟作鬐。"[37]胡說甚是，《說文》旨在收本字，不收後起新字，完全合乎情理，例 [15] 隋、墮亦然，此類根本不足以判定許慎之所據爲古文還是今文。

古今字之外，如果異文形體是異體字、近義詞，甚至通假字的關係，實際上也無法據以參驗《說文》之所據。試再看如下 4 例：

例 [20] 冕→絻

《覲》"侯氏裨冕"鄭注："今文冕皆作絻。"/《說文·冃部》收"冕"，亦收入或體作"絻"。

冕、絻爲同一詞，均指大夫以上所戴禮帽，从冃，像帽形；从糸，正如段注所云"謂冕延用三十升布也"。《說文·冃部》："冕，大夫以上冠也。絻，冕或从糸作。"兩字形同列爲一字之正、或體。段注對照鄭注今文，認爲"許或之者，許意從古文也"（354 上），但很可能正是因爲許慎所見本《儀禮》已分別有作冕、絻者，其不分軒輊故兩形均予以收錄。

例 [21] 末→旆

《喪》"書銘于末"[38]鄭注："今文末爲旆。"/《說文·木部》收"末"，㫃部收"旆"。

旆、末爲近義詞。《爾雅·釋天》："繼旐曰旆。"郭注："旆，帛續旐末爲燕尾者。"《說文·㫃部》："旆，繼旐之旗也。沛然而垂。"段注："引申爲凡垂之偁。……亦有與末通用者。"（309 下）胡承珙承之曰："旆本旐末之垂者，引申爲凡垂之稱。……又引申之凡垂末者亦謂之旆，此銘旌之末如旗旐之末，故今文得假旆爲末。”[39]此處作旆，解爲燕尾垂旒，與作末者義近可通，兩字音遠隔，不必如胡氏之泛言通假。若然，《儀禮》經注所用分别是兩個詞，《説文》自當悉予收錄，故更不足以爲參驗。

例 [22] 綪←精

《喪》“西領南上，不綪”鄭注：“綪，讀爲紾。古文綪皆爲精。”/《説文·糸部》收“紾”。

綪、精，通紾，屈曲。此句鄭注：“綪，讀爲紾，紾，屈也。襲事少，上陳而下不屈。江沔之間謂縈收繩索爲紾。古文綪皆爲精。”紾，縈收繩索，引申爲屈曲，作綪、作精均爲通假，正如徐養原所謂“綪、紾、精、旌四字同聲，惟紾爲正字，餘皆假借”[40]。《説文·糸部》：“紾，紆未縈繩。”段注：“未縈繩，謂未重疊繞之如環者。紆者，詘也，少少詘曲之而已，將縈繩先詘曲之。引申爲凡紆曲之偁。……凡器物曲陳之皆曰紾。”（657 下）段注甚當，此字正合《士喪禮》文，可見爲其本字，故鄭注亦破此通假作紾。然《儀禮》之今古文各本作綪、作精，均用通假字，或未有作本字紾者，綪、精兩字《説文》自均收錄，然絕看不出許慎於《儀禮》之所據。

例 [23] 搔→蚤

《虞》“沐浴櫛搔翦”鄭注：“搔，當爲爪。今文或爲蚤揃。”/《説文·又部》收“叉”與此義合。

搔、蚤，指手足甲，通爪，古作叉。《士喪禮》經文作“蚤揃”，鄭注：“蚤，讀爲爪，斷爪揃鬢也。”胡承珙釋曰：“蓋手足甲謂之爪，斷手足甲亦謂之爪。”[41]《士虞禮》經文著意於剪義，故復加手旁。然《説文》未收爪，又部所收爲爪之古字作叉，蚰部蝨字下所訓“叉，古爪字”，可見其立字頭之標準。段注“叉，手足甲也”曰：“叉、爪古今字。古作叉，今用爪。《禮經》假借作蚤，《士喪禮》‘蚤揃如他日’……皆卽叉字也。鄭注皆云：‘蚤，讀爲爪。’讀爲者，易其字也。不易爲叉而易爲爪，於此可見漢人固以爪爲手足甲之字矣。”（115 上）段説誠是，鄭玄時代已通行作“爪”，叉字已趨於消亡。搔、蚤兩字同樣均收入《説文》，然無法據以判斷許慎於《儀禮》之所據。

由以上 9 例已足以表明段氏在考察許慎禮學之淵源時，採用《儀禮》鄭注今古文異文作爲參照系是不妥當的。就時代先後上講，許慎（約 58—約 147）較鄭玄（127—200）早半個多世紀，故鄭氏所見本未必爲許氏所見，而許氏所據本亦未必定入鄭氏耳目。更就其師承而言，雖黃永武力證由杜子春→賈逵→許慎之師承脈絡，但鄭玄之禮學，先師從張恭祖，後又曾師從馬融，張、馬二氏之師承則歷來難以考定，而從《周禮》鄭注所徵引杜子春、二鄭來看，鄭玄對此三家之說均互有從違，而孫詒讓《正義》徧輯賈逵、馬融佚詁，以與鄭注作比，結論同樣是互有從違[42]。而且武威漢簡本《儀禮》出土後，可見今古文錯雜並用在西漢已然，通貫兩漢之世大致均然，並非鄭玄始爲媾合，由此可見鄭注今文、古文亦恐非僅指文本而言，對其性質或當重新考量，這一基礎不穩，便遽以參驗許慎之所據，無疑會造成治絲益棼之勢。

餘論

沈文倬曾經說過："許叔重經學無雙，蓋別有所受耳。"[43]其意蓋指許慎之禮學與鄭玄之學承支脈有別，不可強行牽聯，此由上文更可堅信其說。但是，惟其如此，則於經學史之研究更具價值，因爲許氏無疑代表了東漢經學發展之另一脈，可據以充分展現漢代"說禮家所定字不同"之歷史真相。

上列 23 例雖旨在質疑段玉裁之研究方法和部分結論，但細心的讀者恐怕已看出據《說文》正可對漢代《儀禮》的傳鈔特徵作出若干推定。比如例 [12] 正可見許慎所據本《儀禮》作"鬄"無疑，鄭注今文"剔"即由其省文而來，兩者實爲一字異體，今傳本經文作"鬀"恐非漢世原貌。如此悉心推延《說文》，可得出許慎所據本《儀禮》的諸多用字特徵，此類必在漢世爲說禮家所曾採用，例 [5] 之"刷"、例 [6] 之"盬"、例 [11] 之"腝"、例 [14] 之"鼏"、例 [15] 之"隋"、例 [19] 之"垼"、例 [22] 之"絺"等均是。茲再舉 1 例：

例 [24] 酳—酌

《虞》"主人洗廢爵，酌酒酳尸"，《少》"北面酌酒乃酳尸"鄭並注："古文酳作酌。"又《特》"主人洗角升，酌酳尸"鄭注："今文酳皆爲酌。"/《說文·酉部》收作"酌"。

酳，以酒漱口，亦作酌，形訛作酌。《昏》"贊洗爵，酌酳主人"鄭注："酳，漱也。酳之言演也，安也。漱，所以絜口，且演安其所食。"此得其義。《說文·酉部》："酌，少少歙也。从酉勻聲。"段注："《禮》、《禮記》皆作酳，許書作酌，《玉篇》

云‘酌醑同字’是也。攷《士虞禮》……三酌字必皆酌之字誤。其一云‘今文’者，則古文之誤。許於此字用古文《禮》，故从酌。《禮記》多用今文《禮》，故《記》作醑。醑，从胤省聲。”（749 上）今本作酌，章紐藥部字，與醑、酌爲喻紐真部者音義皆隔，段氏形訛之說甚是。錢大昕所見略同：“《少牢》、《士虞》注並云‘古文醑作酌’，酌當爲酌。《說文》‘酌，少少飲也’，音與醑同。許君從古文，以酌爲醑。學者多聞酌少聞酌，故注文譌爲酌。”《廣雅・釋言》：“酌，漱也。”此酌亦當爲酌字之誤。王念孫未識，故《疏證》云“未詳”[44]。此例可見許慎所據本《儀禮》作“酌”，確爲漢世之真貌，鄭注本爲字誤無疑，其價值之高不言而喻。至於鄭注或言“古文”或言“今文”，是否必如段注所改，略同上例 [16]，則可再商。

《說文》可逆推漢世《儀禮》文字形體之真跡，已略如上述；其可據以推導許慎之經學授受之線索，其例亦復不少。如上例 [13] 在指棺柩下葬義上，許慎雖傾向於本字爲堋（塴），但從其義訓可知，其所據本《儀禮》當爲“封”，且有師承以支撐。茲亦再舉 1 例：

例 [25] 禫←導

《虞》“中月而禫”鄭注：“古文禫或爲導。”/《說文》義訓三見“三年導服”，示部末之“禫”段注認爲當刪。

導，通禫，喪祭名，指除服之祭。《士虞禮》此句鄭注：“禫，祭名也，與大祥間一月。自喪至此，凡二十七月，禫之言澹澹然平安意也。”鄭說與《釋名》説合，《釋喪制》曰：“間月而禫，亦祭名，孝子之意澹然，哀思益衰也。”[45]可見禫爲祭名本字，作導乃音近通假。然據《說文》谷部“丙”字、木部“棪”字、穴部“窔”字下之義訓均有“讀若三年導服之導”句這一重要信息，可推知許慎所據本必同於鄭注古文或字，而作“禫”字之本當未爲許慎所見，或雖見而因有師承之支撐而不予採納。由此段氏進一步推斷大徐本《說文・示部》末尾“祘”字之後又收錄“禫”字，訓爲“除服祭也”，必非原貌，“祘字重示，當居部末，如頭、聶、驫、猋皆居部末是也；祘字下出禫字，疑是後人增益。鄭君从禫，許君从導，各有所受之也”（9 上），段氏卓見，堪稱慧眼。

注释

[1] 見馬宗霍《說文解字引經攷》自序，科學出版社 1958 年版，臺灣學生書局 1971 年 4

月影印本，第 1 頁。

［2］見張其昀《“說文學”源流考略》第九章“關於《說文解字》引經典文字的研究”，貴州人民出版社 1998 年 1 月版，第 275 頁。

［3］馬宗霍《說文解字引經攷》自序作於 1955 年 8 月，據其所云：“曩從餘杭章先生游，猶聞音訓，尸教南雝，頗用講說。倭難戰起，避地息肩於資沅之間，行篋惟有經小學書，諸生相從問字，竊師休寧戴氏以字攷經、以經攷字之意，剌取《說文》引經之文，爲之疏析……中更轉徙，作輟靡恒程之積年，稿凡數易，及今寫布，猶多未安。……歲次乙未捌月旣望，馬宗霍書於岳麓山齋。”可知馬著在 30 年代卽已起筆，先後綿延近二十年始完稟。

［4］見薛傳均《說文答問疏證》卷五，《叢書集成初編》本。

［5］承培元著《廣潛研堂說文答問疏證》對錢著略作增補，如《儀禮》類新增字頭 6 例，《續修四庫全書》影印本。楊廷瑞《說文經斠》則據經文用字與《說文》進行了較細緻的對比，然僅列出字形差異，未能予以疏證，《續修四庫全書》影印本。

［6］見段玉裁《答顧千里書》，收入《經韻樓集》卷十一，《續修四庫全書》影印清嘉慶十九年刻本，第 159 頁。

［7］《詩經小學》三十卷曾經臧庸刪纂成四卷本，後由嚴傑輯入《清經解》，至今廣爲流傳；三十卷本久不爲人知，劉盼遂《段玉裁先生年譜》竟謂“今不可復見矣”；然上海圖書館尚藏有三十卷本之抱經堂藏版，參見虞萬里《段玉裁〈詩經小學〉研究》，收入《榆枋齋學術論集》，江蘇古籍出版社 2001 年 8 月版。

［8］段氏於八十高齡（嘉慶十九年）完成《儀禮漢讀考》之《士冠禮》部分一卷，後由陳光煦續成十七卷，陳著有宣統元年（1909）石印本。

［9］見劉盼遂《段玉裁先生年譜》，收入《劉盼遂文集》，北京師範大學出版社 2002 年月版，第 433 頁。

［10］見黄永武《許慎之經學》（上、下），（臺灣）商務印書館 1972 年版。

［11］見桂馥《說文解字義證》，中華書局 1987 年影印本。

［12］見段玉裁《說文解字注》，上海古籍出版社 1981 年 10 月影印本。下引段注悉據此本，僅隨文夾注頁碼。

［13］見王筠《說文解字句讀》，中華書局 1988 年 7 月影印本。

［14］略檢如今各家語言學史著解讀《說文·敘》此句大多依段說作如此標點，參見何九盈《中國古代語言學史》，河南人民出版社 1985 年初版，廣東教育出版社 1995 年再版，2000 年 6 月

新版，第 65 頁；李建國《漢語訓詁學史》，安徽教育出版社 1986 年初版，上海辭書出版社 2002 年 8 月修訂版，第 62 頁；濮之珍《中國語言學史》，上海古籍出版社 1987 年版，第 132 頁；胡奇光《中國小學史》，上海人民出版社 1987 年版，第 80 頁；李開師《漢語語言研究史》，江蘇教育出版社 1993 年版，第 26 頁；趙振鐸《中國語言學史》，河北教育出版社 2000 年版，第 82 頁。

[15] 見馬宗霍《説文解字引經攷》，第 649—650 頁。

[16] 見黄永武《許慎之經學》(下)，第 426、429 頁。

[17] 參見陸宗達《説文解字通論》，北京出版社 1981 年 10 月版，第 24 頁；洪誠《中國歷代語言文字學文選》(1982)，收入《洪誠文集》，江蘇古籍出版社 2000 年 9 月版，第 101 頁；姚孝遂《經學、小學與許慎》(1996)，收爲董蓮池《説文解字攷正》序，作家出版社 2005 年 1 月版。

[18] 見馬宗霍《説文解字引經攷》，第 776—777 頁。

[19] 見馬宗霍《説文解字引經攷》，第 770 頁。

[20] 見黄永武《許慎之經學》(下)，第 473 頁。

[21] 見段玉裁《〈禮〉十七篇標題漢無"儀"字説》，收入《經韻樓集》卷二。

[22] 見黄永武《許慎之經學》(下)，第 428 頁。

[23] 見黄永武《許慎之經學》(下)，第 369 頁。

[24] 見裘錫圭《文字學概要》，商務印書館 1988 年 8 月版，第 231 頁。

[25] 參見王力《同源字典》侵部幫母，中華書局 1982 年 10 月版，第 620—621 頁。

[26] 見胡承珙《儀禮古今文疏義》，《清經解續編》本，第 1135 頁下。

[27] 然黄永武則認爲："許君此處引禮作封，似許引今文，今取與先鄭注相參照，知即此舉列諸家之文，亦本諸先鄭，爲古《周禮》家舊訓也。"見《許慎之經學》(下)，第 450 頁。黄説恐難信從。

[28] 對此組異文群之詳細分析可參見顧濤《鄭玄注〈禮〉未嘗更改經字證》，《漢學研究》第 25 卷第 2 期 (2007 年 12 月)。

[29] 見胡承珙《儀禮古今文疏義》，《清經解續編》本，第 1130 頁上中。

[30] 如《少》鄭注"今文切皆爲刌"，《特》鄭注又曰："今文刌爲切。"詳參顧濤《鄭玄注〈禮〉未嘗更改經字證》表四"《儀禮》經注今古文異文互見例表"。

[31] 見胡承珙《儀禮古今文疏義》，《清經解續編》本，第 1149 頁中。

[32] 見沈文倬《〈禮〉漢簡異文釋》，收入《宗周禮樂文明考論》，杭州大學出版社 1999 年 12 月版，第 191 條。

[33] 見史杰鵬《〈儀禮〉今古文差異釋例》，《古籍整理研究學刊》1999 年第 3 期。

[34] 詳參拙文《武威漢簡〈儀禮〉諸家校釋斠補》第 37 條，《傳統中國研究集刊》第 7 輯，上海人民出版社 2010 年 3 月版。然此處已略事修正。

[35] 見沈文倬《〈禮〉漢簡異文釋》，第 328 條。

[36] 見《儀禮注疏》，《十三經注疏》本，中華書局 1980 年 9 月影印本，第 1130 頁中。

[37] 見徐鍇《說文解字繫傳》，中華書局 1987 年 10 月影印本，第 262 頁上。

[38] 見胡承珙《儀禮古今文疏義》，《清經解續編》本，第 1142 頁下。

[39] "末"或作"未"，係由末字二横長短互訛所致，阮校已改正："毛本末作未，徐本、《集解》末作未，《通解》'未爲'二字未刻，餘與徐本同。案未乃末字之誤。"見《儀禮注疏》，《十三經注疏》本，第 1132 頁下。

[40] 見胡承珙《儀禮古今文疏義》，《清經解續編》本，第 1139 頁下。

[41] 見徐養原《儀禮今古文異同疏證》，《清經解續編》本，第 1244 頁下。

[42] 見胡承珙《儀禮古今文疏義》，《清經解續編》本，第 1148 頁上。

[43] 參見沈文倬《孫詒讓周禮學管窺》（1963）"三、蒐輯賈馬佚詁以辨明後鄭從違"，收入《菿闇文存》，商務印書館 2006 年 6 月版。

[44] 見沈文倬《菿闇述禮》"十八、釋醮"，收入《菿闇文存》，第 646 頁。

[45] 見王念孫《廣雅疏證》，江蘇古籍出版社 1984 年 4 月影印本，第 161 頁下。

[46] 見王先謙《釋名疏證補》，上海古籍出版社 1984 年 3 月影印本，第 428 頁。禫、祥之祭可詳參錢玄、錢興奇《三禮辭典》，江蘇古籍出版社 1998 年 3 月版，第 1120 頁。

顧濤，男，1978 年出生，江苏南京人。清华大学人文社会科学学院历史系讲师。主要从事中国经学史、礼制史的教学和研究。

《敦煌汉简》中《说文》未收之秦汉字

张显成
西南大学

提　要　通过对《敦煌汉简》文字的逐一整理，共得 47 个《说文》未收之秦汉字，占该批简文总单字数的 4.1%，这一比例是很高的，说明《说文》未收之秦汉字现象在简帛文献中是很突出的。本文依《说文》原书顺序，对这些《说文》未收之秦汉字进行一一排比阐释。这些《说文》未收之秦汉字，或属见于汉代辞书者、或属见于六朝辞书者、或属见于宋元辞书者、或属见于明代辞书者，或属见于传世的先秦两汉文献者、或属见于传世的六朝唐宋文献者；有的是连绵词的不同书写形体；有的原来长期未能找到文献用例；有的是后世未能通行的"死字"，但也有些却是当时就已广泛流行且后世也一直继续通行的字。总之，对简帛中《说文》未收之秦汉字进行研究具有重要意义。

关键词　《敦煌汉简》《说文》　秦汉字

一

秦汉字到底有多少，在秦汉出土文献未发现以前，要弄清其数量是不具备条件的，因为要根据已流传两千来年的传世秦汉文献来确定秦汉字的数量，显然是不现实的。现在，秦汉当时人手书的简帛文献的大量问世，为我们研究这一问题提供了十分有利的条件，使我们可以借之进行秦汉字数量的探讨研究。本文拟以《敦煌汉简》为研究材料，对其中的《说文》未收之秦汉字进行整理研究。[1]

《敦煌汉简》是 20 世纪初至 80 年代在甘肃省西部疏勒河流域汉代关塞烽燧遗址中陆续出土的汉代屯戍档案，因以汉代敦煌郡范围发现的时间最早、数量最多，故辑集命之为《敦煌汉简》，是书共收简牍 2484 枚，共约 45000 字，其内容涉及汉代关塞屯戍生活的方方面面，如政治、军事、经济、历史、法律、语言、文学、文献、文字、文书档案、哲学、科技、中医药等诸多方面，故其研究价值也涉及包括《说文》学在内的诸多学科，而引起学界的广泛注意。

二

下面，我们按《说文》部首顺序，将《敦煌汉简》中《说文》未收之字酌归《说文》各部而逐一列出。每一部名后用括号注出该部《说文》未收字数目，每一字后注明该字在简文中出现的次数。字头字用繁体，以反映简文原貌；文例中的字头字用～表示，文例后出示该文例中字头字的原形。

艸部：（4个）

著：4见。172："橐絮～自足止。"原字形如下：

蕫：20见。1455B："蕫蕫～。"原字形如下：

薑：5见。2011："～桂蜀椒各一分。"原字形如下：

蔄：1见。558："木皮十～。"原字形如下：

口部：（2个）

叩：142见。176："～头。"原字形如下：

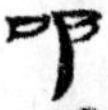

囑：2见。174："～使君。"原字形如下：

足部：（1个）

踈：2见。2356A："镜敛～比各有工塑。"原字形如下：

十部：（1个）

卌：51见。1058："～一石六斗九升大。"原字形如下：

言部：（2个）

詑：2见。974B："～檄检下。"原字形如下：

謕：1见。2163："右～虏隧。"原字形如下：

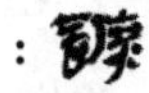

肉部：（1个）

腦：1见。667："肝～塗地。"原字形如下（属省笔俗写）：

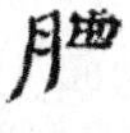

刀部：（1个）

剩：1见。1050："阴～功。"原字形如下：

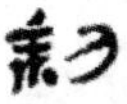

竹部：（2个）

第：80见。1185："两角～百卌三。"原字形如下：

簿：29 见。187："十二月己巳兵～。"原字形如下：

食部：（1 个）

飮：8 见。177："～食。"原字形如下：

缶部：（1 个）

罋：1 见。2356C："璧碧珠玑玫瑰～。"原字形如下（其构件"缶"属省写形式）：

木部：（3 个）

楪：1 见。2096A："一～。"原字形如下：

椴：1 见。238B："长棹～。"原字形如下：

檍：1 见。2390："陈～自问。"原字形如下：

禾部：（3 个）

稍：1 见。1676："贼燔～随城。"原字形如下：

稚：8 见。803B："留～。"原字形如下（属"稚"的草书形式）：

穈：1 见。1749："车一两～。"原字形如下：

米部：（1 个）

麴：2 见。828："～五斗。"原字形如下：

巾部：（1 个）

希：5 见。784："～蓬工。"原字形如下：

人部：（3 个）

他：1 见。2066："尉史官橐～一匹。"原字形如下：

佐：15 见。557："～梁買胡人櫳板。"原字形如下：

倈：1 见。2254："天门～小路彭池。"原字形如下：

頁部：（1 个）

頋：1 见。639A："程～。"原字形如下：

鬼部：（1 个）

魏：6 见。639A："～婴。"原字形如下：

广部：（1个）

廱：1见。639A：“榮～。”原字形如下：

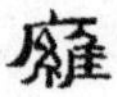

火部：（2个）

烝：1见。2317A：“镇定空～。”原字形如下：

炬：6见。98：“～恭奴。”原字形如下：

耳部：（1个）

耶：6见。2356C：“从容射骑辟～。”原字形如下：

手部：（4个）

拘：1见。226：“～校敦德泉谷寻。”原字形如下：

抾：2见。1906：“两～。”原字形如下：

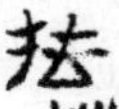

搷：1见。200：“明～抚。”原字形如下：

捞：1见。1166：“～捨耳。”原字形如下（右上方构件已属省写形式）：

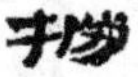

弓部：（1个）

彌：3见。486：“小昆～卑爰疐。”原字形如下（属草书形式）：

糸部：（2个）

紱：1见。981：“持校尉印～三十。”原字形如下：

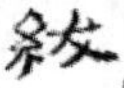

糸部累：4见。811：“其五人～西门外。”原字形如下：

田部：（1个）

由：10见。333：“威严卒薛～。”原字形如下：

土部：（1个）

堆：8见。2147A：“平望青～。”原字形如下：

力部：（2个）

勑：4见。136：“願～。”原字形如下：

辧：1见。2057：“方循行不～。”

金部：（3个）

鉤：2见。2231：“弦铁～一。”原字形如下：

鉒：1 见。852A："三金～。"原字形如下：

鍶：1 见。687："伤毋～。"原字形如下：

三

以上我们整理出《敦煌汉简》中《说文》未收之秦汉字共 48 个。通过对这些《说文》未收之秦汉字的整理，从中可以总结出一些规律或提出一些问题来讨论，下面分为几个方面简论。

（一）如上所述，《敦煌汉简》共有 2484 枚，共约 45000 字，其中《说文》未收之字 47 个。通过整理，《敦煌汉简》清晰可识文字之单字共 1171 字，故可知《说文》未收字约占总单字数的 4.1%，即这批简文 100 个字中《说文》未收字就有 4.1 个，这一比例是不小的。秦汉时期的汉字到底有多少，过去以为《说文》所收的 10516 字（"九千三百五十三文，重一千一百六十三"），[2] 就基本囊括了当时的全部汉字，所剩也只是寥寥无几。在出土秦汉文献未问世以前，要弄清秦汉字的数量是不具备条件的。现在，秦汉当时人手书的简帛文献大量问世，为我们研究这一问题提供了十分有利的条件。通过对《敦煌汉简》中《说文》未收字的清理，说明《说文》未收字应该有不少，应该引起我们的重视，同时也说明对简帛文字《说文》未收字进行全面整理统计研究具有很大的重要性和必要性。当然，至于《说文》未收字何以有这么多，其原因是多方面的。[3]

（二）这些《说文》未收之秦汉字，较之于古代辞书可以分为以下几类：

或属见于《尔雅》、《方言》等早期辞书者，这类字较少，如上述"艸部"的"董"，"木部"的"椴"、"檂"，"巾部"的"希"，"弓部"的"彌"见于《尔雅》，"麦部"的"麴"，"鬼部"的"魏"，"手部"的"揁""撈"见于《方言》。

或属见于《广雅》、《玉篇》等六朝辞书者，这类情况较多，如上述"艸部"的"著"，"言部"的"譕"，"竹部"的"第"，"禾部"的"稀""稚"，"人部"的"佐"见于《广雅》，"口部"的"叩""囑"，"足部"的"踈"，"十部"的"卌"，"肉部"的"腦"，"食部"的"飲"，"木部"的"楪"，"火部"的"炁""炬"，"手部"的"抾"，"金部"的"鉒""鍶"见于《玉篇》。[4]

或属见于《广韵》、《集韵》、《龙龛手鉴》等宋、辽、金、元辞书者，这类情况也较多，特别是见于《广韵》者最多，如上述"艸部"的"薑"，"言部"的"詫"，

“刀部”的“剩”，“竹部”的“簿”，“缶部”的“罋”，“頁部”的“頎”，“耳部”的“耶”，“糸部”的“累”，“土部”的“堆”，“力部”的“勅”“辦”见于《广韵》，“禾部”的“穈”、“人部”的“他”见于《集韵》，“人部”的“俫”，“金部”的“鈎”见于《龙龛手鉴》。

或属见于明代辞书者，这类情况仅一例，即“手部”的“抅”，见于《正字通》。

（三）这些《说文》未收之秦汉字，较之于除古代辞书以外的传世古代文献，可以分为以下两类：

或属见于传世的先秦两汉文献者，这类字较多，多见于《易经》、《老子》、《庄子》、《左传》、《论语》、《周礼》、《诗经》、《楚辞》、《礼记》、《史记》等文献。

或属见于传世的六朝唐宋文献者，这类字不多，如“刀部”的“剩”最早见于《魏书》、“米部”的“麴”最早见于《晋书》、“口部”的“囑”最见于《世说新语》、“力部”的“勅”最早见于李白诗、“木部”的“椴”最早见于陆游诗。

（四）这些《说文》未收之秦汉字，有的是连绵词的不同书写形体，如上述“人部”的“他”，所举文例“尉史官槖他一匹”之“槖他”，即“骆驼”。

（五）这些《说文》未收之秦汉字，有的原来长期未能找到文献用例，只是在古代辞书中见到有其记载，而现在在汉简中就正有其用例，自然说明古辞书并非向壁虚造，如：

謕（言部），此字在古辞书中首见于《广雅》，但过去长期未见文献用例，而现在简文中实早有用例，如上举 2163：“右～虏隧。”

稨（禾部），此字在古辞书中也首见于《广雅》，过去也长期未见文献用例，而现在简文中实早有用例，如上举 1676：“贼燔～随城。”

（六）这些《说文》未收之秦汉字，有不少是后世未能通行的“死字”，即这些字只在当时或其后一小段时间通行使用过，后世则失去其社会性而不再被社会流通使用。如“手部”的“搷”（音 tián，义为击打），现只能见到早期文献用例，除上述简文外，如《楚辞·招魂》：“竽瑟狂会，搷鸣鼓些。”后世就很难再见到此字的用例了。

（七）这些《说文》未收之秦汉字，有些是当时使用频率较低的字，甚至生僻字，但有些却是当时就已广泛流行且后世也一直继续通行的字。例如：

簿（竹部）：

本义指“册籍”、“记载用的本子”。简文正是用为此义，如上所举187：“十二月己巳兵簿。”兵簿，即记录兵士的名籍。此义从古至今都广泛使用，如：《汉书·张释之传》：“〔释之〕从行，上登虎圈，问上林尉禽兽簿，十余问，尉左右视，尽不能对。”颜师古注：“簿，谓簿书也。”《商君书·兵守》：“治簿檄，三军之多，分以客之候车之数。”《资治通鉴·梁武帝大同三年》：“丞相欢欲收兵更战，使张华原以簿历点兵。”胡三省注：“簿者，军之名籍。”章炳麟《国故论衡·文学总略》：“书籍名簿，亦名为专。”鲁迅《呐喊·狂人日记》：“照我自己想，虽然不是恶人，自从踹了古家的簿子，可就难说了。”

并且，在本义的基础上，还引申出了以下几个意义：

一是引申出“登录”、“记入册籍”义，如：《魏书·太祖纪》：“簿其珍宝畜产，名马三十余万匹，牛羊四百余万头。”《南齐书·周山图传》：“盗发桓温冢，大获宝物。客窃取以遗山图，山图不受，簿以还官。”《新唐书·唐俭传》：“尽簿怀恩赀产赐俭。”宋李清照《〈金石录〉后序》：“收书既成，归来堂起书库大橱，簿甲乙，置书册。”

二是引申出“文书”义，如：唐刘禹锡《因论·讯甿》：“今尔曹之来也，欣欣然似恐后者，其闻有劳徕之簿欤，蠲复之条欤，振赡之格欤？”

三是引早出“指记录审问材料或罪人供词的文状”义，如：《史记·李将军列传》：“大将军使长史急责广之幕府对簿。”

四是引申出“手板”、“朝笏”义，如：《三国志·蜀志·秦宓传》：“宓以簿击颊。”裴松之注：“簿，手版也。”唐韩愈《答张彻》诗：“点缀簿上字，趋跄阁前铃。”方世举注：“簿，手版也。县令诣刺史，当手版致敬，点缀其字，盖备应对之词，所谓笏记也。”

五是引申出“主簿一类官名”义，因其负责文书簿籍，故名之，此官历朝皆有，如汉代的“主簿”，唐代的“司簿”、“典簿”、“掌簿”，亦简称“簿”。

以上充分说明，“簿”从古至今都是个常用字，说明“簿”实属许氏失收之常用秦汉字。

魏（鬼部）：

《廣韻》音魚貴切，今音 wèi。此字作姓是古今都很常用的，如上所举639A：“魏婴。”再如传世文献例：《广韵·末韵》：“魏，姓。”《新唐书·宰相世系表二中》：“魏氏出自姬姓。”

因为是姓氏字，故古也以之为国名，如西周时分封的诸侯国“魏国”，属姬姓，在今山西省芮城县西北。再如战国七雄之一的“魏国”，其开国君主为魏文侯（名斯）。

因为可指国名地名，故《诗经》以之指采自魏地之诗为《魏风》。《左传·襄公二十九年》：“〔吴公子札〕请观于周乐……为之歌《魏》。”杜预注：“《诗》第九《魏》。”

以上充分说明，“魏”从古至今都是个常用字，说明“魏”实属许氏失收之常用秦汉字。

通过以上我们对《敦煌汉简》中《说文》未收之秦汉字的初步整理研究，说明整理简帛中《说文》未收之字具有重大意义，因为如上所述，简帛文字中有不少《说文》未收之秦汉字。我们应该高度重视出土简帛在这方面的研究，全面整理和深入研究各批秦汉简帛中的《说文》未收之秦汉字。这项工作是颇仔细极艰难的，需要在全面勘核原整理者释文的基础上，将所需整理研究的简帛编制成逐字索引，然后根据索引编制成文字编，由此才能清理出该批简帛中的《说文》未收之字。将整个秦汉简帛中的《说文》未收之字清理出来后，则整个秦汉字的数量就会真实地反映出来。当然，要完成这一巨大的工程，绝不是可“短平快”一蹴而就的事，非下苦功夫和花大力气不可；我们目前正在进行此项工作，希望数年后能得以完成。

其实，在进行秦汉简帛《说文》未收之字整理研究之时，也就可同时进行简帛高频字常用字、次常用字、非常用字、生僻字，以及通假字、俗别字、异体字、讹误字等文字现象研究，如是，则整个秦汉字方方面面的实际面貌就会真实地反映出来。总之，简帛文字研究，在《说文》学研究方面乃至整个汉字史研究方面，在单个汉字发展史研究方面乃至整个汉字字库的构建方面，无疑都具有极其重要的研究价值，我们应该高度重视出土简帛的文字研究，以利于汉字史的研究。当然，文字研究与语言研究是密不可分的，在进行简帛文字研究的同时，也必须一并进行简帛语言研究，如是，方不仅有利于汉字史的建设，也有利于汉语史的建设。

注释

[1] 本文是继张显成《马王堆汉墓简帛中〈说文〉未收之秦汉字》(第二届中国文字学国际学术研讨会 [荆门，2004.06] 论文，后收入《说文学研究》第二辑，向光忠主编，崇文书局 2006 年版)、《银雀山汉简中〈说文〉未收之秦汉字》(第三届中国文字学国际学术研讨会论文 [开封，2006.08]，后收入《说文学研究》第三辑，江西教育出版社 2008 年版)、《〈张家山汉简〉六种中〈说文〉未收之秦汉字》(《康熙字典》暨词典学国际学术研讨会论文 [同西阳城，2009.07]) 后的续作。对简帛中《说文》未收字进行整理研究，无论是对于《说文》的研究还是汉字史的研究，无论是对秦汉字库的建设还是对于全汉字库的建设，都具有十分重要的意义。这一观点，张显成曾在以上三篇文章中阐述过，故有关本文的选题意义则不再赘述。

另，本文所据《敦煌汉简》的版本为中华书局 1991 年八开精装本。

[2] 段玉裁于"九千三百五十三文，重一千一百六十三"下注曰："今依大徐本所载字数核之，正文九千四百卅一，增多者七十八文；重文千二百七十九，增多者一十六文。"再，这里所说的《说文》，当然是指今天所见到的传本（本文所论以大徐本为准）。至于今所见《说文》是否为许慎所著原貌，在未见到有关新材料以前，自然不敢妄加断定。

[3] 于此，张显成《马王堆汉墓简帛中〈说文〉未收之秦汉字》(《说文学研究》第二辑，崇文书局 2006 年版）已有所论及，请参见。

[4] 今本《玉篇》属后人改动者，已非顾氏原貌，但后人所改多在删注文增字头方面，故我们以之作为《说文》未收之秦汉字的参照，还是有一定意义的。

张显成，男，1953 年出生，四川双流人。西南大学教授、博士生导师。主要从事简帛文献、中医文献等语言文字方面的研究。

《说文》篆文有汉代小学家篡改和虚造的字形

李家浩

提　要　《说文》所收篆文字形，有一些跟先秦秦汉文字不合。造成这种情况的原因之一，是许慎在编写《说文》的时候，他所收的篆文字形就已被汉代小学家篡改过，甚至是根据隶书虚造的。过去，林义光、王献唐、裘锡圭先生等人都曾经指出过这一点。本文通过将《说文》的"𤕤"、"徙"、"叒"、"𩙪"、"刑"、"邢"等字跟先秦秦汉文字进行比较研究，证明《说文》篆文确实有汉代小学家篡改和虚造的字形。因此，我们在使用《说文》从事古文字、古代汉语等研究的时候，应该充分注意这一点，以免造成不必要的错误。

东汉许慎编写的《说文解字》（以下简称《说文》），是中国语言学史上第一部说明字义、解析字形、辨识音读的字典，对于研究古文字和古代汉语等有着重要参考价值。据《说文·叙》说，《说文》收字九千三百五十三字，重文一千一百六十三字。我想凡是看过《说文》的人，大概都会有这样一个印象：《说文》所收的篆文字形，[1]有一些跟先秦秦汉文字不合。造成这种情况的原因，主要有两个方面：一是《说文》在传抄、翻刻和整理的过程中，无意造成篆文字形的讹误或有意对篆文字形的篡改；一是许慎在编写《说文》时，他所收的篆文字形就已被篡改，甚至是根据隶书虚造的。本文要谈的属于后一种情况。

据我所知，比较早指出《说文》所收篆文中，有一些是经过汉代小学家篡改的字形和虚造的字形，有林义光、王献唐。林义光说：

古篆放失之馀，是非无正，乃有以汉隶为旧文者……因隶制篆，其缪显然。凡此之类，皆不合文字嬗降之途，与六书剌谬，虽在前哲，不能曲为之讳也。[2]

林氏所举的字例有"㑀"、"琴"、"麃"、"畝"、"㠯"等。

王献唐说：

凡《说文》所录，与古体、时体，及隶楷诸体，皆不合，以说解证之，又不出于后代传写致误者，泰半为小学家一家之体……（文字）传写年久，笔画部位，或不免变更。变更则造字形义，无由明见。汉人以意测之，测之不合，则少加窜易，以就其意。师弟相传，自成一家之体，并成一家之义。经两汉数度结集，入东汉后，许君采辑甄别，录为《说文》。故《说文》者，两汉小学师说之集成。其中固多古体本义，而小学家一家之体，一家之义，亦并萃于是。[3]

王氏所举的字例有“平”、“于”等。

此外，裘锡圭先生也注意到这个问题，他在《文字学概要》中说：

《说文》成书于东汉中期，当时人所写的小篆的字形，有些已有讹误。此外，包括许慎在内的文字学者，对小篆的字形结构免不了有些错误的理解，这种错误理解有时也导致对篆形的篡改。[4]

裘先生所举的字例有“戎”、“早”、“卓”、“走”、“欠”、“非”等。

尽管他们所举的字例不一定都对，但是他们的意见无疑是正确的，应该引起我们的重视。

关于汉代小学家曾对篆文字形作过篡改和虚造篆文字形的问题，其实在《说文》本身就有零星的反映。例如《说文·叙》在叙述西汉文字研究情况时说：

及亡新居摄，使大司空甄丰等校文书之部，自以为应制作，颇改定古文。

这是说王莽时，命大司空甄丰等人校定文字，对古文字形有所改定。《说文》所说的“古文”包括“古文奇字”。《说文》“無”字下收有奇字“无”。按：奇字“无”是由战国文字“夫”的异体分化出来的，据秦汉古隶“无”的写法，中间一画都出头，作“旡”字形。[5]《说文》奇字“无”不出头，当是甄丰等人改订的结果。

许慎的儿子许冲在安帝建光元年上《说文》表中，说他父亲的老师贾逵曾作过“修理旧文”的工作：

先帝诏侍中骑都尉贾逵，修理旧文，殊艺异术，王教一端，苟有可以加于国者，靡不悉集。

饶宗颐先生据《说文·叙》：“《书》曰‘予欲观古人之象’，言必遵修旧文而不穿凿”，说“旧文”即指前代小篆，所谓的“修理旧文”可能是指把秦代流传到汉代用隶书书写的《三仓》，“恢复为李斯原有的小篆书体……许慎之撰此书，许冲上表说他：‘博问通人，考之于逵，作《说文解字》，六艺群书之诂，皆训其意。’可见他如何取资三仓，及依贾逵由隶体恢复旧文小篆之成果。”[6]按饶氏的说法很有道理。不过需要指出的是，虽然汉代通行的《三仓》是用隶书书写的，但是在皇家图书应该保存有用篆文书写的《三仓》抄本，像《史籀篇》一样，文字可能有残缺。还需要指出的是，贾逵“修理”的“旧文”不限于《三仓》，还可能包括“孔壁中书”等。有前代篆文字形可依的字，就据前代篆文来“修理”；没有前代篆文字形可依的字，就据前代有关篆文的字形拼凑出字来“修理”。这有点像现在人书写古文字书法作品，有古文字字形可依的字，就按照古文字字形来书写；没有古文字字形可依的字，就按照有关古文字字形拼凑出字来书写。在这些“修理”的篆文中，不可避免地会有篡改和虚造的字形。

为了进一步说明《说文》所收篆文确实有汉代小学家篡改的字形，甚至根据隶书虚造的字形，我在这里再举几个字例。

（1）[illegible]

（鳳），神鸟也……从鳥，凡声。（朋），古文鳳，象形。鳳飞，群鸟从以万数，故以为朋党字。（鹏），亦古文鳳。（卷四上鸟部）

“[illegible]”是古文“鳳”的隶定写法，也就是“朋”。《说文》所收“倗”、“棚”、“[illegible]”、“[illegible]”、“[illegible]”、“[illegible]”、“堋”、“[illegible]”、“[illegible]”、“鄘”、“绷”等字，其所从“朋”旁的篆文写法也与此“[illegible]”字相同。按古文字中有两个“朋”字，作如下 a、b 两类：

a 《甲骨文编》第 280 页

《金文编》第 439 页彦鼎、卫鼎

b 《甲骨文编》第 341 页

《金文编》第 561 页叔.尊、第 560 页朋尊

为了行文方便，我们把 a 类的“朋”称为“朋 a”，b 类的“朋”称为“朋 b”。“朋 a”是朋贝之“朋”，像两串贝之形，在金文中多用作“贝”的量词。“朋 b”从“勹”，在金文中多用作朋友字，所以古文字学家多认为是朋友之“朋”。“勹”是“匍”、“匐”等字所从的偏旁，像人匍匐之形，所以有学者认为是“匐”字的象形初文，[7]也有学者认为是“俯”字或“伏”字的象形初文。[8]上古音“匐”、“伏”、“俯”的声母都是帮系，义亦相近，当是同源词。上古音“朋”的声母也属帮系，它的韵部属蒸部，与“匐”、“伏”的韵部属职部为阳入对转。所以于省吾先生认为“朋 b”应该隶定作从“朋”、“勹”声之字，“是由于象形字附加音

符而变为形声字";同时还认为此字与"倗"是一个字,"倗"所从"人"旁即"勹"之讹。[9]按于氏说"朋 b"从"勹"声是非常正确的,但是把"朋 b"隶定作从"朋"从"勹",并说它与"倗"是一个字,却有问题。按秦汉文字"朋"作如下诸形:

《吉林大学藏古玺印选》第 46 页 265 号[10]

《睡虎地秦墓竹简》图版第 108 页《日书》甲种 65 背

《秦汉魏晋篆隶字形表》第 247 页熹平石经

这些"朋"字都是由"朋 a"演变而成的,外面的笔画是"勹"的讹变,里面的笔画是"朋 a"的讹变,现在楷书的"朋"就是由隶书的"朋"进一步讹演变而成的。[11]后世"朋 a"逐渐被从"勹"声的"朋 b"所代替而废弃不用,所以没有保存下来。银雀山汉墓竹简《六韬》"崩"字有两种写法:

《银雀山汉墓竹简〔壹〕》图版第 72 页 747 号

第一种写法从"朋 a",第二种写法从"朋 b"。银雀山汉墓竹简的年代在西汉武帝初年。如果上揭第一个"崩"字所从"朋"不是省去"勹"的简体,那么可以说至迟在西汉武帝初年"朋 a"作为偏旁还存在。

"朋"字的字形结构已经清楚,现在可以讨论"倗"字。"倗"字见于下录战国文字:

倗友攸摄《郭店楚墓竹简·缁衣》54 号

黄倗《包山楚简》173 号

倗酉信鉩《古玺汇编》3720 号

从"人"从"土"从"朋 a",当是"倗"字的异体。郭店竹简"倗"用为朋友之"朋"。包山楚简"倗"用为人名。玺印文字"倗"用为姓氏。《广韵》下平登韵步崩切朋小韵:"倗,辅也。又姓。《汉书·王尊传》云'南山群盗倗宗等'。"《说文·人部》说:

倗,辅也。从人,朋声。读若陪位之陪。[12]

吴小如说:

今按:许说"倗"字"读若陪位之陪",明"倗"即"陪"之本字。盖许以某字读若某,不独取其音,抑且取其义。王筠《说文释例》及清人治小学者言之详矣。考《汉书·文帝纪》:"皆秉德以陪朕。"集注引文颖曰:"陪,辅也。"与倗同训。知《说文》固以"倗"为陪辅之本字也。[13]

据吴氏所说,“倗”与“朋”不仅字形有别,而且字义也有别,不能混为一谈。

《说文》说“朋”是古文“鳳”，同时还说“鵬”也是古文“鳳”。《庄子·逍遥游》:“北溟有鱼，其名为鲲……化而为鸟，其名为鹏。”陆德明《释文》:“鵬，即古鳳字。”可见古代确实以“鵬”为“鳳”。[14]“鵬”从“朋”声，所以古代又借“朋”为“鳳”。敦煌卷子《秦将赋》:“龙竞斗，朋复征。”“朋”与“龙”对言，当假借为“鳳”。[15]《说文》所说“古文”，主要出自“孔壁中书”。“孔壁中书”是战国时期鲁国文字。[16]上海博物馆藏战国竹书《三德》17号“朋”类似上揭朋尊的“朋”之形。[17]推测“孔壁中书”的“朋”也与朋尊的“朋”形近。大概汉代的小学家对这样写法的“朋”的字形结构及其所表示的意思都不清楚，见“朋”有用为“鳳”之例，其字形又有点像“鳳”，于是就把它加以篡改，使它成为像鳳的“首及羽翼”之形；[18]并且误认为“朋”用为朋党，是“鳳”的引申义。

（2）徙

（徙），移也。从辵，止声。（征），徙或从彳。（屎），古文徙。（卷二下辵部）

《说文》所收“䙴”、“蓰”二字,其所从“徙”旁的篆文写法也与此“徙”字相同。按秦汉篆隶文字“徙”都写作“徙”，从“辵”从“少”，并不从写作从“辵”从“止”。例如：

《睡虎地秦简文字编》第20页

《汉印文字征》卷二第15页

《银雀山汉简文字编》第58页

《秦汉魏晋篆隶字形表》第110页石门颂

直到魏晋隋唐时期的“徙”,也都写作“徙”。例如晋王献之《洛神赋十三行》、《寇治墓志》，隋《张志相妻潘善利墓志》，唐《安定胡公墓志》等。[19]“徙”、“沙”古音相近。《战国策·燕策一》“燕、赵之弃齐也，犹释敝躧”，姚宏本注:“一云‘脱屣也’。”马王堆汉墓帛书《战国纵横家书》第二十章与“犹释敝躧”相当的文字作“说沙也”。[20]“说沙”，当从姚宏本注读为“脱屣”。按“屣”从“徙”得声。根据古文字，“少”在古代有“沙”音。众所周知，“少”、“小”古本一字，在甲骨文里都写作三点或四点，像沙粒之形；沙粒很小，所以少小字既可以表示语言里大小之“小”这个词，又可以表示语言里沙粒之“沙”这个词。楚墓竹简文字迁徙之“徙”作从“辵”从“[illegible]”，地名“长沙”之“沙”作“[illegible]”。[21]《说文》“徙”字古文“[illegible]”，即“[illegible]”之讹变。简文迁徙之“徙”即从“[illegible]”声，而“[illegible]”从“少”声。此不仅说明“少”有“沙”音，而且还说明“沙”、“徙”古音相近。古文字“徙”显然是从“少（沙）”得声。为了便于说明，不妨仿照《说文》，把“徙”分析为从“辵”、“沙”省声。[22]中古音“徙”、“止”二字都是开口三等上声止摄。上古音“止”属章母之部，“徙”属心母歌部。在形声字中，章、心二母字有互谐的情况。例如：“隹”、“祟”属心母，从“隹”、“祟”得声的“睢”、“欻”属章母；“占”、“帚”属章母，从“占”、“帚”得声的“枯”、“埽”属心母。在汉代韵文中，歌、之二部字偶尔有合韵的情况。例如：扬雄《甘泉赋》以歌部的“纚”与脂部的“绥”、“开”、“棍”和之部的“旗”押韵；[23]《古诗为焦仲卿妻作》以之部的“时”、“之”与歌部的“离”、“奇”押韵。[24]由此看来，“徙”、“止”二字在两汉之际的读音比较相近。“少”、“止”二字字形也比较相近。《周易·需》九二爻辞“需于沙”之“沙”，陆德明《释文》说“郑作沚”。汉代小学家显然已不知道“徙”字所从的声旁是“少”，读如“沙”，故把它篡改为跟“少”形近而又跟“徙”音近的“止”。于此可见，我们现在所写的“徙”，就是采用被汉代小学家篡改过的字形，而正确的字形“𨑨”，反而被唐代以来的《干禄字书》、《龙龛手镜》等定为不符合规范的俗字。

以“徙”字本作“𨑨”例之，“徙”字异体“征”所从的“止”，也应该本作“少”，《说文》篆文作“止”，也应该是汉代小学家篡改的结果。

（3）叒、𠦄

[illegible]（叒），日初出东方汤谷，所登榑桑，叒木也。象形。凡叒之属皆从叒。[illegible]（𠦄），籀文。（卷六下叒部）

《说文》所说“叒木”，传世古文献多作“若木”。“若”字见于《说文》卷一下艸部：

[illegible]（若），择菜也。从艸、右。右，手也。一曰杜若，香艸。

根据下录古文字，其实“叒”、“𠦄”与“若”是同一个字的不同写法，《说文》将它们分为两个字，非是：[25]

[illegible]《新甲骨文编》第30页

《金文编》第 413 页盂鼎

《金文编》第 413 页扬簋

《国学研究》第六卷第 540 页图一 .1 秦骃玉版甲第 5 行

《国学研究》第六卷第 540 页图一 .3 秦骃玉版乙第 4 行

《睡虎地秦简文字编》第 7 页

甲骨文“若”字像跪着的人用两手将头发理顺之形，所以“若”有“顺”的意思。[26] 金文“若”有两种写法，第一种写法是由甲骨文“若”发展演变而成，已看不出像跪着的人用两手将头发理顺之形；第二种写法即在第一种写法的基础上加注“口”旁而成，或说是“诺”字的初文。秦骃玉版甲铭文“若”继承了金文第二种写法。秦骃玉版乙铭文“若”发生了讹变，将左边上举的手与身体的笔画相连变成“又”，右边上举的手和中间上部的头发与身体笔画分离变成“艸”。睡虎地秦简“若”和《说文》篆文“若”，即由秦骃玉版乙铭文“若”之类的写法演变而成。

《说文》所说“榑桑”，文献或作“扶桑”、“扶木”。“若木”、“扶桑”是古代神话传说中太阳栖息的神树，见《山海经》、《楚辞》和《淮南子》等。[27] 关于“若木”、“扶桑”之间的关系，有两种说法：一种说是不同的两种神树，一种说是同一种神树。从《说文》说解看，许慎是主张后一种说法的。按：扶桑的“桑”，秦汉篆文作：

《古陶文字征》第 129 页

《汉印文字征》卷六第 12 页

《说文》卷六下叒部

大概汉代的小学家已经不知道像上揭金文“若”字的字形所表示的意思，见神话传说中的“若木”又名“扶桑”，又见“若”字的上半部分与“桑”字的上半部分相似，于是就把像盂鼎写法的“若”篡改作“桑”字所从的“叒”，像扬簋写法的“若”篡改作“𠬒”，几乎不成字了。

在此顺便指出的是，《说文》篆文“卩”，都作籀文“𠬒”所从“卪”，这也是被汉代小学家篡改过的字形。

（4）䵘

䵘（䵘），食饪也。从丮，𦎫声。《易》曰：“孰饪。”（卷三下丮部）

“𩏂”即《说文》篆文“孰”的隶定写法。“孰”、“𦎫”二字古音有别，所以段玉裁、王筠、苗夔等人认为“孰”是会意字，“从丮，𦎫声”之“声”为衍文。[28]裘锡圭先生进一步指出说，“从出土文字资料看，‘孰’字原来根本就不从‘𦎫’”。据先秦秦汉文字，“孰”写作从“亯”或“享”。“我们现在所用的‘孰’字的字形，是从先秦秦汉文字一脉相承地沿袭下来的。”[29]按裘先生的说法，是十分正确的。先秦秦汉文字“孰”，作如下诸形：

《新甲骨文编》第156页

《金文编》第178页

《睡虎地秦简文字编》第41页

《秦汉魏晋篆隶字形表》192页熹平石经

第一、二字都从“亯”，第三、四字都从“享”。“享”即“亯”字的隶变。“𦎫”作为偏旁，跟“亯”字一样，也隶变作“享”，如“敦”、“谆”、“惇”、“鹑”、“淳”、“醇”等字所从。[30]《说文》篆文“孰”，把其所从“享（亯）”旁写作“𦎫”显然是汉代小学家对隶书“孰”的篆文写法不甚清楚，他们就按照“敦”等字所从“享（𦎫）”旁的篆文写法，以恢复“孰”字的篆文字形，因此造成我们看到的《说文》篆文“孰”从“𦎫”的错误字形。

（5）㓝、刑；郱、邢

（刑），刭也。从刀，幵声。（卷四下刀部）

（㓝），罚罪也。从井从刀。《易》曰：“井，法也。”井亦声。（卷五下井部）

（邢），周公子所封地，近河内怀。从邑，幵声。（卷六下邑部）

（郱），郑地郱亭。从邑，井声。（卷六下邑部）

“刑”与“㓝”、“邢”与“郱”这两对字，都音户经切。按照《说文》所说，从“井”声的“㓝”当刑法讲，从“幵”声的“刑”是当抹脖子讲。从“井”声的“郱”是郑地的一个地名，从“幵”声的“邢”是周公儿子所封的地名。许多学者指出，周公儿子所封地的“邢”，在今河北省邢台，《说文》的说法是有问题的。[31]在今文字中，“㓝”、“郱”二字写作“刑”、“邢”；在现在大陆汉字中，“刑”、“邢”二字也都写作“刑”、“邢”。

根据有关文字资料，"邢"与"邢"、"刑"与"刑"分别是同一个字，罗振玉、林义光、张书岩、唐兰等人曾经论及。[32]周公之子所封地的"邢"，西周铜器铭文作"井"，如井侯簋：

惟三月，王令荣眔内史曰：蓍（匄）井侯服。赐臣三品：州人、重人、庸人……用册王令，作周公彝。[33]

"井侯"还见于臣谏簋、麦尊等。[34]《左传·僖公二十四年》富辰曰："凡、蒋、邢、茅、胙、祭，周公之胤也。"井侯簋铭文末尾说"作周公彝"，可见"井侯"当是周公之子，"井侯"之"井"即《说文》所说周公子所封地的"邢"。[35]战国文字"邢"作"坓"或从"邑"作"郱"，它们当分别是"井"、"郉"的异体。例如下面两件铜戈铭文：[36]

十七年，坓（井）令吴蔓，上库工师宋□，治屖执剂。[37]

二年，（郉）令孟柬庆，库工师参，治□。[38]

不见古文字有作"邢"的。训为"到"的"刑"也不见于古文字。刑法之"刑"，西周时期的兮甲盘作"井"，散氏盘作"㓝"，战国秦汉文字也作"㓝"。[39]在东汉隶书里，刑字有"㓝"、"刑"两种写法，周公子所封地的"邢"作"郉"：

刘宽碑："弗用㓝，如弭其奸。"

鲁峻碑："除残酷之刑。"

熹平石经《春秋·僖公十八年》："冬，郉人、狄〔人伐卫〕。"

"除残酷之刑"之"刑"与"弗用㓝"之"㓝"用法相同。"郉人"之"郉"，就是周公之子所封地的"邢"。值得注意的是，形象之"形"，《说文》作"开"，从"开"声，而东汉隶书也有"形"、"形"两种写法。很显然，"刑"、"邢"、"形"等字所从"开"是"井"的简体，即没有把两竖写出头。汉代篆文"开"也作"开"，如汉印文字和铜器铭文"研"、"汧"等字所从。[40]汉代的小学家对"刑"、"邢"、"形"等的字形不理解，误认为它们所从声旁"开"是"开"，于是就根据这样的隶书字形虚造出"刑"、"邢"、"形"等篆文字形，实际上这些字形在通行的篆文中是不存在的。

《说文》所收"荆"、"鈃"二字跟"刑"等字一样，它们所从的"开"旁也是汉代小学家篡改的，原来的字形也从“井”，汉印文字“荆”所从“刑”和“鈃”所从“幵”，原文分别作“荆”、“井”，[41]可以证明这些。

在《说文》篆文中，还有许多汉代小学家篡改的字形和虚造的字形，为了节省篇幅，在这里只举这几个例子，如果以后有机会，再继续讨论。根据这几个例子的性质，可以分为如下几类：

1. 汉代小学家对某些篆文表意字的字形结构所表示的意思不甚清楚，就按照他们的猜测，将其字形加以篡改，以便符合他们猜测的意思。例如（1）的“爾”、（3）的“叒”、“𠦜”。

2. 汉代小学家对某些篆文形声字所从的声旁不甚清楚，就按照他们的猜测，将其字形加以篡改，以便符合他们猜测的意思。例如（2）的“徙”。

3. 汉代小学家对某些隶书的篆文写法不甚清楚，他们就根据其他有关篆文字形，以恢复其篆文写法而造成的字形错误。例如（4）的“覊”。

4. 汉代小学家在恢复隶书的篆文写法的时候，把某些隶书的异体字也恢复了篆文写法，凭空虚造出实际上并不存在的篆文字形。例如（5）的“刑”、“邢”。

于此可见，《说文》所收的篆文，确实有汉代小学家篡改和虚造的字形。汉代小学家多是古文经学家。[42]汉代今文经学家曾经说过，古文经学家所尊奉的经典“孔壁中书”，是古文经学家“诡更正文，向壁虚造”的。[43]现在看来，今文经家对古文经家的批评，不是空穴来风，因为他们确实篡改过和虚造过古文字，故有此说。

关于《说文》篆文有汉代小学家篡改和虚造的字形的问题，就讨论到这里。我谈这个问题的目的，是希望大家在使用《说文》的时候，应该注意它里面所收的篆文，有一些是经过汉代小学家篡改过的字形，甚至还有根据讹变的隶书虚造的字形，不要根据这类篆文分析它们的字形结构，探讨它们的音义。字义的问题，上文有所涉及，这里只就字音的问题，略说几句。

形声字对于我们研究上古音是很重要的资料之一。一般来说，在上古音里，形声字同声必同部。如果我们根据的形声字的声旁有问题，那么由此得出的结论必然也有问题。例如上面所说的“徙”，《说文》篆文从“止”声，所以王念孙、朱骏声按照“止”的韵部把“徙”归到之部。也有人根据“徙”字其他情况把它归到支部或歌部。[44]按照上文（2）所说，“徙”应该作“𢓊”，从“沙”省声。

上古音“沙”属歌部。可见把“徙”归到歌部是正确的，王念孙、朱骏声把“徙”归到之部，就是上了《说文》里被篡改过的字形的当。上古音“井”、“刑”、“邢”、“形”等字属耕部，“开”属元部。按照上文（4）所说，我们不能根据《说文》篡改或虚造的“鈃”、“刑”、“邢”等篆文字形从“开”声，来研究耕、元二部的语音关系。

最后强调一下，我们说《说文》篆文中有汉代小学家篡改的字形和虚造的字形，丝毫没有贬低《说文》价值的意思。《说文》这部书太伟大了，不论是对于研究古文字的人来说，还是对于研究古代汉语的人来说，都要重视它，否则的话就会犯错误。但是，《说文》确实存在一些问题，本文所说的有汉代小学家篡改的字形和虚造的字形，只是其中之一。我们在使用《说文》从事古文字、古代汉语等研究的时候，应该充分注意这一点，以免造成不必要的错误。

注释

[1] 本文所说的“篆文”，包括《说文》的古文、籀文、大篆、小篆等古文字。

[2] 林义光：《文源·六书通义》，福建林氏自写影印本 1920 年版，第 6 页。

[3] 王献唐：《那罗延室稽古文字》，齐鲁书社 1985 年版，第 197 页。

[4] 裘锡圭：《文字学概要》，商务印书馆 1988 年版，第 62—63 页。

[5] 张守中：《睡虎地秦简文字编》，文物出版社 1994 年版，第 90 页；陈松长等：《马王堆简帛文字编》，文物出版社 2001 年版，第 514 页；骈宇骞：《银雀山汉简文字编》，文物出版社 2001 年版，第 404—406 页。

[6] 饶宗颐：《梁庾元威论〈说文解字〉》，《庆祝王元化教授八十岁论文集》，华东师范大学出版社 2001 年版，第 102 页。

[7]马叙伦：《说文解字研究法》，中国书店出版社 1988 年版，第 11 页；《说文解字六书疏证》，上海书店出版社 1985 年版，卷十七出版社，第 61—62 页。

[8] 高亨：《文字形义学概论》，齐鲁书社 1981 年版，第 176 页。裘锡圭：《甲骨文字考释（八篇）》，《古文字研究》第四辑，中华书局 1980 年版，第 160—161 页。《古文字论集》，中华书局 1992 年版，第 45 页。于省吾：《甲骨文字释林》，中华书局 1979 年版，第 374—375 页。

[9] 于省吾：《甲骨文字释林》，第 376—377 页。

[10] 类似这种写法的“朋”字还见于罗福颐《汉印文字征补遗》（文物出版社 1982 年版）卷二第 6 页。此二书皆误释为“册”。罗福颐《汉印文字征》（文物出版社 1978 年版）卷八第

4页、卷九第8页还收有从“朋”的“傰”、“崩”二字，原书误释为“伦”、“崙”。

[11]参看黄文杰《说“朋”》,《古文字研究》第22辑,中华书局2000年版,第278—282页。

[12]大徐本无“之陪”二字，此从小徐本。

[13]吴小如:《读书丛札》，北京大学出版社1987年版，第412页。

[14]参看钱大昕《十驾斋养新录》卷五，上海书店出版社1983年版，第109—110页。

[15]参看伏俊琏《敦煌文学文献丛稿》，中华书局2004年版，第276页。

[16]参看杨泽生《孔壁竹书的文字国别问题》,《战国竹书研究》，中山大学出版社2009年版，第179—185页。

[17]马承源主编《上海博物馆藏战国楚竹书（五）》，上海古籍出版社2005年版，第143、300页。原书释文误释为“倗”。

[18]段玉裁语。见段氏《说文解字注》，上海古籍出版社1981年版，第148页。

[19]参看秦公《碑别字新编》，文物出版社1985年版，第157—158页。

[20]马王堆汉墓帛书整理小组:《战国纵横家书》，文物出版社1976年版，第86页。

[21]滕壬生:《楚系简帛文字编》(增订本)，湖北教育出版社2008年版，第156—157、782页。

[22]参看俞伟超《中国古代公社组织的考察》，文物出版社1988年版，第12—13页引李家浩说。

[23]扬雄《甘泉赋》:“蠖略蕤绥，漓虖幓纚。帅尔阴闭，霅然阳开。腾清霄而轶浮景兮，夫何旟旐郅偈之旖柅柅也！流星旄以电烛兮，咸翠盖而鸾旗。”

[24]《古诗为焦仲卿妻作》:“兰芝初还时，府吏见丁宁，结誓不别离。今日违情义，恐此事非奇。自可断来信，徐徐更谓之。”

[25]本节文字，曾参考于省吾主编《甲骨文字诂林》第一册第367—370页(中华书局1996年版)和周法高主编《金文诂林》第八册第3893—3900页(香港中文大学出版社1975年版)有关诸家说法。

[26]参看宗福邦等主编《故训汇纂》，商务印书馆2003年版，第1915—1916页。

[27]《山海经·海外东经》:“汤谷上有扶桑，十日所浴，在黑齿北。居水中，有大木，九日居下枝，一日居上枝。”《大荒东经》:“大荒之中，有山名曰孽摇頵羝，上有扶木，柱三百里，其叶如芥。有谷曰温源谷。汤谷上有扶木，一日方至，一日方出，皆载于乌。”《大荒北经》:“大荒之中，有衡石山、九阴山、洞野之山，上有赤树，青叶，赤华，名曰若木。”《海内经》:“南

海之外，黑水、青水之间，有木名曰若木。"《楚辞·离骚》："饮余马于咸池兮，总余辔乎扶桑。折若木以拂日兮，聊逍遥以相羊。"《淮南子·地形》："若木在建木西，末有十日，其华照下地。"

[28]丁福保：《说文解字诂林》第四册，第1217—1218页[（总第3408—3409页）引段玉裁《说文解字注》、王筠《说文句读》、苗夔《说文声订》]，中华书局1988年版。

[29]裘锡圭：《释殷墟卜辞中与建筑有关的两个词——"门塾"与"自"》，《出土文献研究续集》，文物出版社1989年版，第1页；《古文字论集》，第190页。

[30]在汉字中，除"䦆"作为偏旁隶变作"享"外，还有"亯"作为偏旁也隶变作"享"。参看曾宪通《"亯"汉相关诸字考辨》，《古文字研究》第22辑，中华书局2000年版，第270—274页；《古文字与出土文献丛考》，中山大学出版社2005年版，第85—90页。

[31]参看李学勤、唐云明《元氏青铜器与西周的邢国》，《考古》1979年第1期，第59页；《新出青铜器研究》，文物出版社1990年版，第65页。

[32]罗振玉：《〈玺印文字征〉序》，《雪堂类稿》乙册，辽宁教育出版社2003年版，第268页；林义光：《文源》卷十一《转注兼形声》，第11页。张书岩：《试谈"刑"字的发展》，《文史》第25辑，中华书局1985年版，第349—352页。唐兰：《西周青铜器铭文分代史征》，中华书局1986年版，第161页注释4。

[33]中国社会科学院考古研究所：《殷周公文集成》（修订增补本）第三册，4241号，中华书局2007年版。

[34]中国社会科学院考古研究所：《殷周公文集成》（修订增补本）第三册，4237号；第五册，6015号。

[35]参看郭沫若《两周金文辞大系图录考释》下册，上海书店出版社1999年版，第39页；陈梦家：《西周铜器断代》上册，中华书局2004年版，第81—84页；唐兰：《西周青铜器铭文分代史征》，中华书局1986年版，第159—163页。

[36]参看李学勤《北京拣选青铜器的几件珍品》，《文物》1982年第9期，第45—46页；《新出青铜器研究》，第289—290页。李家浩：《战国开阳布考》，《古文字研究》第二十五辑，中华书局2004年版，第392页。

[37]中国社会科学院考古研究所：《殷周公文集成》（修订增补本）第七册，11366号。

[38]刘雨、卢岩：《近出殷周金文集录》第四册，1191号，中华书局2002年版。

[39] 容庚:《金文编》,中华书局 1985 年版,第 351 页;汤馀惠主编《战国文字编》,福建人民出版社 2001 年版,第 325 页;汉语大字典字形组:《秦汉魏晋篆隶字形表》,四川辞书出版社 1986 年版,第 330 页。

[40] 汉语大字典字形组:《秦汉魏晋篆隶字形表》,第 667、778 页。

[41] 罗福颐:《汉印文字征》,卷一第 14 页,卷十四第 4 页。

[42] 参看王国维《两汉古文学家多小学家说》,《观堂集林》第二册,总第 330—336 页,中华书局 1961 年版,卷七第 13—16 页。

[43]《说文·叙》。

[44] 参看陈复华、何九盈《古韵通晓》,中国社会科学出版社 1987 年版,第 343 页。

李家浩,男,1945 年出生,湖北沙市人。北京大学教授。主要从事古文字学的教学和研究。

《说文解字》释义元语言研究的思路

乔俊杰

河南工业大学

引　言

语言学的元语言研究，是语义学、词汇学、词典学、句法学的国际性前沿课题。作为与“对象语言”相对的“工具语言”，元语言是人类认知经验中的深层单元。迄今为止，在世界上，关于上古时期的元语言研究也从未有人涉足（也无法涉足，因为没有像《说文解字》这样系统的上古语言释义专书）。

《说文解字》是我国第一部分析字形、考究古音、总汇古义的文字学专著，对字义的解释保存了上古甚至原始含义，是探寻古代词汇、词源义的桥梁和钥匙，是研究汉语语义和汉人认知特征的本原性基础。

该课题就是在汉语元语言系统研究理论和方法的指导下，提取词元、进行分词并采取合适的义场予以语义分类、设计合理的方案予以验证优化，进而研制《说文》释义基元词表，建构《说文解字》释义元语言系统，以探索汉人的元认知特征；观照汉民族的文化镜象。

本课题前人从未研究过，所要解决的问题都是前人没有思考过的问题。研究难度甚大，思路、方法的思路和方法尤为重要。

《说文》释义基元的研究方法、技术路线

《说文解字》的传本大多是宋刻本（毛晋刻本）。现在最通行的是宋·徐铉的《说文解字》（通称大徐本）和清·段玉裁的《说文解字注》。本研究依据的是“大徐本”（中华书局 2005 年影印本）。

《说文》释义基元的研究方法，主要采取宏观理论和微观刻画、人工内省和机器辅助、定性分析与定量分析、归纳分析与演绎分析、比对分析和优选分析相结合的方法。

本课题的技术路线大致如下：

一、建立《说文》语料库及其检索系统（可检索释义词）

（一）建立《说文》语料库所需软件

1. 安装大容量繁体字库；经过多方搜寻，最终选定了“国际标准超大字符集字体支持包：Unifonts 5.4”。

另外，安装 Microsoft Taiwan Corp 新细明体 PmingLiu，辅助。

2. 安装大字库输入法：

首先，安装海峰五笔，以便输入快捷。该输入法，全面支持64位系统，收录了 UNICODE 超大字集词汇，基本满足了输入需要。

字不好拆分笔画，又安装了紫光华宇拼音输入法 V6，该输入法是一个面向汉字输入的工具，提供了不完整拼音方式和模糊拼音方式输入汉字和词的功能，输入方便。

（二）建立《说文》语料库的原则

据《说文·叙》，《说文》共有注文133440字。古代汉语单音节为主，复音词为数寥寥，《说文》释义元语言研究的基础是建立《说文》语料库。

建立《说文》释义元语言语料库文件文本，仅指许慎《说文解字》正文，电子文本依大徐本《说文解字》，只录《说文解字》“正文”部分，即只录《说文解字》“正文字头及其释文文本”部分，剔除与该课题研究无关的内容：

1. 删除徐弦增加的标目字、反切字、注释文及405个新附字，如：

示部　祉　福也。从示止声。　敕里切。

按：“示部”即为“标目字”，“敕里切”乃是“反切字”。

艹部　莊　上讳。臣铉等曰：此汉明帝名也。从艹，从壮。未详。侧羊切。

按：“臣铉等”指宋雍熙三年承诏重加刊定《说文》的受命大臣徐铉、葛湍、王惟恭、句中正等人，“曰”后即其解释。

牛部　犍　犗牛也。从牛，建声。亦郡名。居言切。

牛部　犝　无角牛也。从牛，童声。古通用僮。徒红切。

文二新附

按：“文二新附”是说上文“犍”，“犝”二字是徐弦等新加，于《说文》没有收录者，这主要有两类：凡字为说文注义序列所载（释义元语言）而诸部不见者；又有经典相承、时俗要用而说文不载者。

2. 不录徐锴、李阳冰等人的注释，如：

禾部　秀　上讳。汉光武帝名也。徐锴曰："禾实也，有实之象，下垂也。"息救切。

木部　床　安身之坐者。从木，丬声。徐锴曰："《左传》：薳子冯诈病，掘地下冰而床焉。至于恭坐，则席也。故从木。丬则丬之省，象人衺身有所倚箸。至于墙、壮、戕、状之属，并当从床省声。李阳冰言：木右为片，左为丬，音墙。且《说文》无丬字，其书亦异，故知其妄。"仕庄切。

按：徐锴、李阳冰皆后世说文学者，他们所附言应该删除。

3. 不录许慎释文中1163"重文"（古文、篆文、籀文等异文）及其相应的例释、标点，如：

㗊部　嚚　语声也。从㗊，臣声。语巾切。古文嚚。

聿部　肄　习也。从聿，㣇声。羊至切。籀文□。篆文□。

是部　是　直也。从日正。凡是之属皆从是。承旨切。籀文是从古文正。

按：文中"古文"、"籀文"、"篆文"以后所附皆谓"重文"。

4. 不录《说文·序》。

5. 输录《说文解字》正文文本，同时，把明显易辨的复音词另外提取出来，分别建表：

表一：人名、地名、文献名专有名词复音词集（可分建"说文解字人名、职官"、"说文解字地名、地理"、"说文解字文献名"、"说文解字方言"词集）。

表二：联绵词词集。

表三：叠音词、拟声词词集。

表四：训诂术语词集。

表五：说文复音词。

二、说文释义元语言复音词的判定标准

我们首先借助贺胜老师的分词工具"CIPP_JS 分词 & 检索"对说文释义元语言电子文本进行分词，然后予以校对。校对中复音词断定的标准如下：

1. 联绵词肯定是复音词，如"彷徨"，系统自动分为两个词"彷"，"徨"，我们予以归并；“璆／琳”同理。

2．复音术语、专名一概是复音词，如“虞／书”“汉／律”“司／命”“牺／牲”“读／若”“春秋／传”“省／声”“雝／州”。

值得注意的是：“宋弘云／淮／水中／出／玭珠／玭／珠之／有／声”，“宋弘”是双音节人名，系统误为3音节；“淮／水中”应为“淮水／中”，“淮水”是专名，“水中”是现代说法，古代当为2词。“玭珠”“玭／珠”机器或分或合，视情况当合，不过校对较烦。“之属”、“之／属”视情况当分。

3．训诂术语：解释部首的“凡”、“之”、“属”、“皆”，解释意义“从”，解释读音“声”，皆单音节词。“读”“与”“同”不是“读与 同”。“曰”“云”同样做单音节处理。

4．前缀“所”并后成复音词。助词“者”、“也”、“之”、“其”、“而”单音词。

5．普通名词与专名构成复音词，像“雝州”、“淮水”。

在语言科技中心贺胜老师的支持下，借助贺老师编的中文自动分词 & 全文检索 @ 统计工具 (GBK 版) 软件，把说文复音词的 · txt 文本加挂系统中，扩充系统词典。

《说文》复音词构成：

人名，如董仲舒、杜林、贾侍中、孔子、宋弘、王子蹻、尹彤、祖甲、王育、伯翳；

官称，如掮马官、盐官、工官、靈巫、司命、博士、司农、六卿、太宰嚭、太史卜、炎帝；

天文，如玄枵、天体、白虎宿星、房星、大阴、春分、冬至、仲秋、太白、蝃蝀；

地理，如颍川县、邵陵里、汝南、朝鲜、襄邑、会稽山、发鸠山、宕渠、郭瀣、上谷、涔阳渚、酒泉、荥阳、中国、九州岛之薮、宫掖；

动物，如騊駼、猪豭、蝘蜓、猰貐、駃騠、解廌、羵羊、虦猫、貁猨、五技鼠、蝯蜼、牺豭、乌鲗、鲯鱼、伯劳、犛牛、牦牛；

植物，如苋菜、蘧麦、大菊、蘘荷、芦菔、茱萸、枇杷、枸杞、黄华木、棠棣、梧桐木、枌榆、瑚榑、穆程、艹莓、女萝、桑葚；

器物、服饰，如小卮、瓯瓿、磬石、帱帐、屏风、系璧、规榘、兜鍪、方舟、鱼罟、舟舆、平头輆、橡饰、襌被、瓴甓、礼巾、襜褕、袒服、画袍、鬖布、马绊、葱衡、枲织、金币、桎梏、朱市；

文献，如周礼、禹贡、秘书、春秋国语、司马法、尔雅、方言、论语、楚辞、礼记、孝经、史篇、逸国语、明堂月令、汉律、淮南传、少仪、星经、汉令；

训诂术语：古文、象形、指事、重言、篆文、籀文、俗语、谓之、名为、或从、亦声、缺省、通用、读与、或以为、愿词、亟词、曳词、众词、诠词、同义、方言、惊声、语已词、或曰、古者、总名、出气词、上讳、状如、或读若、复说；

拟声词，如锽锽、所所、訮訮、铃铃、喤喤、訾訾、謷謷、嚣嚣、牄牄、犬獿獿咳吠也犬犷犷不可附也、音声啞啞然、哓哓；

叠音词，如奉奉、墫墫、小头蕵蕵、份份、枖枖、毛冄冄、犬犷犷、駣駣、朮朮然、伾伾俟俟、甤甤、怲怲、绵绵瓜瓞、虩虩、仡仡、嫴嫴、觜觜、陵陵、炔炔、娭娭、斐斐、攕攕、戋戋；

联绵词，如窈窕、玫瑰、玲瓏、胲膜、玓瓅、玫瑰、琅玕、饕餮、枎疏、橁施、楬桀、晧旰、旌旗、披靡、杳窱、窀穸、奇侅、仿佛、仳倠、褴褛、屖遅、嵯峨、崝嵘、焦峣、駊騀、駗驙、驒騱、駃騠、騊駼、委随、翱翔、蹢躅、参差；

其他，如弦乐、律数、法度、㚅卦、缩朒、疻痏、朑瘢、热病、劳病、黄病、脉瘍、小儿瘛瘲病、痛瘌、文章、经典、周旋相似、负何、便利、儃何、譬谕、麸俪、傀互、佚民、丛生、竹刑、车笭、経色、有玱。

三、对文本进行预处理，提取释义性语料

首先，删除字头；其次，把“释义性语料文本”建成 .txt 文本；最后，对释义性语料进行分词。

四、对释义性语料分词文本进行统计词频，得出释义用词词频统计表（从高向低）

五、对释义性语料分词文本进行统计词频，切出释义用词高频词表（2500）

六、基于释义用词高频词表（2500）进行同义合并，得到释义基元原始表

七、依据释义基元原始表进行《说文解字》内部验证，得到释义基元验证表

八、依据释义基元原始表进行外部外部验证，得到释义基元验证表

选取《说文》时代的辞书和其他经典笺注进行释义对比和验证。

其他经典笺注，主要是说文时代的《左传》郑玄笺和《毛诗传》，比对《说文》释义基元在笺传中使用的频率，以证释义基元表的符合度、可信度。

具体操作要求：分别选取《左传》郑玄笺和《毛诗传》中连续释文（避免人为干预）各200条（时间所限只能抽取比对），文字总数各在3000字以内（定量适中），建立小型释义文本和基元词表（按频度排列）。

九、释义基元的语义分类

第一步划分：训诂术语，如释义训诂术语，体现在以下几方面：

表形，形训（单训、互训）：象形、象×形、表意“从×、从×省”、篆文、籀文、古文；重文：小篆“或作×”、古文重文（古文作×，古文奇字作×）、籀文重文：籀文作×。

示义，义训：方言、指事、通用、古者、凡……之属皆从……、从……、或以为、或从、曰（辨同义词）、所以、者也。

表音，音训术语：×声、×省声、×亦声（其中反切为徐弦所加，非《说文》所有，新附字同此）、读若、读与……同。

统训（综合字词的形音义、语法、修辞二个以上方面）：上讳、阙、未详、总言。

专名，如人名、地名、职官、文献名。

其他释义词，如形容词、动词、动物、植物、天文数学医学农业科技术语。

第二步，对其他释义词进行语义再分类，如名物词分类：动物、植物、天文数学医学农业科技术语。

第三步，汰除同义和近义。

《说文》的同义词，主要有六类：（一）最典型的是互训字；（二）《说文》释义本身所表明的同义词；（三）方言词一般也是同义词；（四）古今词；（五）声训字中也有一些是同义词；（六）《说文段注》中注明的“浑言/析言”词、“义同/义近”词，“音义同/音义近”词，一般也是同义词。

《说文》释义元语言中的同义词，主要有两类：（一）《说文》释义本身所表明的同义词；（二）方言词一般也是同义词。汰除原则：低频；不表音。如：

《说文》释义元语言中，“惧”出现11次（可考虑保留，高频），恐7、恐惧1、畏15次。恐惧，作为同义复合的复音词，不典型；“惧”比“恐”出现频率是高点，11次，但较“畏”少，而且三字均不表音，汰除，不影响训释，所以，保留高频、表音的“畏”。

《明堂月令》出现10次，其中1次为《月令》改过来的。

《说文》是许慎一人劳动的成果，遣词风格统一，不像后世词典是集体智慧的结晶，风格不统一，同义词多。

第四步，得出释义用词优选清单，如：

象形	152	0.0016224409
食	161	0.0017185065
犬	163	0.0017398544
火	165	0.0017612023
名	166	0.0017718763
竹	171	0.0018252460
春秋	198	0.0021134428
传	199	0.0021241167
鱼	201	0.0021454646
其	201	0.0021454646

说明：

第一，建立义场框架的原则：

按字族关系系联建立对比词群，构成一个同义义场；

按语义搭配关系，找出义场中每个基元词的区别特征（共同和相异），李葆嘉先生以为，依据常见语义关联，词语之间的搭配关系可以划分为四大类：

1．动作 – 对象：动作词语具有 [+ 使处置]，对象词语具有 [+ 可处化]；

2．主体 – 陈述：主体词语具有 [+ 可陈述]，陈述词语具有 [+ 陈述性]；

3．动作 – 补充：动作词语具有 [+ 可补充]，补充词语具有 [+ 补充状]；

4．限定 – 主体：主体词语具有 [+ 可限定]，限定词语具有 [+ 限定性]。

对语义场内的释义基元进行义位分析，用二元偶分法予以描写。

第二，建立义场框架的步骤：

依据所要辨析基元的语素，列出包含这一语素的词群——依据已有语言知识初步分类，将这些词语归纳为不同义类——依据相关词书释义，深入考察这一语素古汉本义与说文时代用义，梳理本义和引申义（包括比喻义、假借义、感染义、讹变义）的演变线索，将义类以及相应词语按序排列——依据常见搭配对象，对义类中所包含的同形语素和异形语素归纳义征——依据能够满足需比对词语间的区别为准，调整义征的提取量——在同形语素和异形语素各自辨析的基础上，再归纳包含语素的基元词之义征。

第三，研制释义元语言基元表（2000词）。

十、《说文》释义基元与现汉释义基元（安华林）的举例比较，揭示释义元语言的演变规律。

《说文》释义元语言的预期研究成果和价值：

《说文》释义元语言的预期目标即最终研究成果：

1.《说文解字》释义词频检索系统（软件）；

2.《说文解字》释义元语言基元词表（软件）；

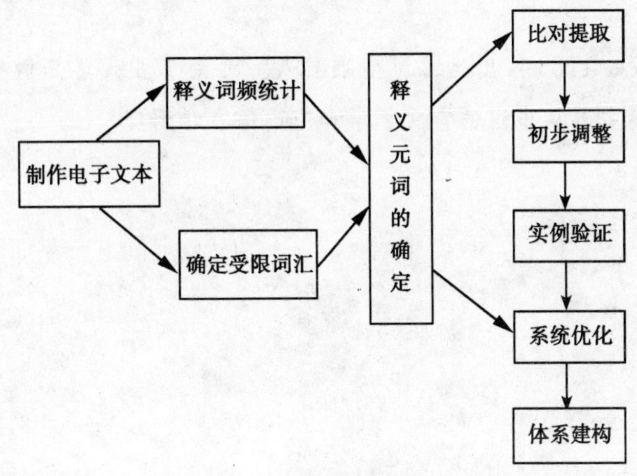

说文释义元语言研究的技术路线图

3.《〈说文解字〉释义元语言研究》（专著）。

探讨《说文解字》释义元语言基元系统，就特定历史时期（上古汉语）的释义元语言研究以丰富一般的元语言研究理论，具有一定的学术创新价值。同时，该课题能够为辞书释义、词汇语义系统描写和语言信息处理提供应用研究基础，为认知科学研究以及中国思想史研究提供深层依据，又具有一定的应用价值。

参考文献

[1] 李葆嘉：《汉语元语言系统研究的理论建构及其应用价值》，《南京师范大学学报》2002年第4期。

[2]李葆嘉:《汉语的词语搭配和义征的提取辨析》,《兰州大学学报》2003年第11卷第6期。

[3]李葆嘉:《语义语法理论和元语言系统研究》,《深圳大学学报》2003年第3卷第2期。

[4]李葆嘉:《论言语的语层性、语域性和语体性》,《语文研究》2003年第1期。

[5]安华林:《现代汉语释义元语言研究》,中国社会科学出版社2005年版。

[6]班吉庆:《建国50年来的〈说文解字〉研究》,《扬州大学学报》2000年第9卷第5期。

[7]白兆麟:《转注说源流述评》,《安徽大学学报》1982年第1期。

[8]长召其、张志毅:《语文辞书的语义学原则》,《中国辞书论集》,商务印书馆1999年版。

[9]卢植:《认知与语言——认知语言学引论》,上海外语教育出版社2006年版,第05页。

[10]陆宗达、王宁:《训诂方法论》,中国社会科学出版社1983年版。

乔俊杰，女，1965年出生，河南睢县人。河南工业大学副教授，文化与传播研究所所长。主要从事汉语言文字学和应用语言学研究。

“六书”与上古时期的汉字教育

张世超

东北师范大学

一

中国传统文字学理论中有“六书”，对“六书”阐述得最详细的是许慎的《说文·叙》：

周礼八岁入小学，保氏教国子先以六书：一曰指事，指事者，视而可识，察而见意，上、下是也；二曰象形，象形者，画成其物，随体诘诎，日、月是也；三曰形声，形声者，以事为名，取譬相成，江、河是也；四曰会意，会意者，比类合谊，以见指㧑，武、信是也；五曰转注，转注者，建类一首，同意相受，考、老是也；六曰假借，假借者，本无其字，依声托事，令、长是也。

比《说文·叙》更早的记载见于先秦时期成书的《周礼·地官·保氏》：

保氏掌谏王恶，而养国子以道，乃教之六艺：一曰五礼，二曰六乐，三曰五射，四曰五驭，五曰六书，六曰九数。

《周礼》中仅提到“六书”二字而已，连六书的具体名目都未说及。汉人中说到“六书”的还有二家。班固《汉书·艺文志》曰：

古者八岁入小学，故周官保氏掌养国子，教之六书，谓象形、象事、象意、象声、转注、假借，造字之本也。

郑玄《周礼注》引郑司农曰：

六书：象形、会意、转注、处事、假借、谐声也。

这里有两件事需要辩明：其一，将汉代三家的说法比较一下即可知道，他们所讲的内容是相同的，只是个别的名称有所不同，例如“象事”和“处事”就是“指事”，“象意”就是“会意”，“象声”和“谐声”就是“形声”。说明汉人关于“六书”的说法是来自各自的师承，在先秦时期应该有一个古老的底本，《周礼》一书只是偶尔地语焉不详罢了。有人认为“六书”出自汉人是不确切的。汉人传下的“六书”名称有所不同。说明古人在传授“六书”时更注重它的内容，而不是它的形式（名称）——“六书”是一种实用性的文字学理论。其二，班固在说到“六书”时曰:“造字之本也。”古来的文字学家们也大都把“六书”视为“造字之法”，或者是“分析汉字结构的理论”。我们要指出的是，“六书”本来是应识字教学的需要而产生的。

二

汉字隶变以后，进入了符号的音节表意文字体系。在这种文字体系里，字与字的区别完全在于笔画的多少、长短及相互搭配位置，一点的多少、一横画的长短都足以把一个字区别为另一个字，典型之例可以举出“王”与“玉”，“主”、“土”与“士”，“未”与“末”来说明问题。因此，面对这一文字体系的人学习汉字时，首先要记住那些由点、横、竖、撇、捺等笔画构成的基本字符，记住字符与字符间的细微差别，然后再去记那些由基本字符拼合而成的更复杂的字。

而隶变以前的古文字，属于另一个文字体系，孙常叙先生称之为“形象的音节表意文字体系”。[1] 在这一体系里，字与字的区别不在于笔画的多少、长短、搭配位置，而是其构形所表现的形象。我们从《甲骨文编》“车”字中选出几个字形，从《金文编》“马”字中选出几个字形，以见这种文字的特点：

甲骨文“车”字

金文“马”字

无论是甲骨文的“车”字还是金文的“马”字，其异体构形的笔画数目、形状及搭配位置差别都如此之大，按后代的文字观念很难承认是同一个字，但当年的人们却是把它们视为同一个字的，因为它们分别反映了“车”和“马”共同的形象特征。

面对这样的文字，人们要想学会认读和书写，首先当然要知道哪些字是描绘事物的外部形象或特征，哪些字是会合两个或三个象形符号而表达一种意义……《周礼》上说保氏教育“国子”的内容之一是“六书”，实际上指的是识字教学。对于先秦时期的识字教学来说，“六书”是如此的重要，因而《周礼》讲到识字教学时只说是“教之”“六书”。“六书”在先秦时期是为识字教学服务的，而在普遍使用隶书的汉代，许慎在《说文解字》中阐发、运用“六书”则是为了引导人们读古文经和推导字的本义——“六书”的社会意义已经由识字教学转变为历史文字学研究了。可以说，如果抛开读经和研究汉字的历史，就汉代的识字教学而言，《说文》所阐发的“六书”及其对文字的分析，还不及“马头人为长”、“人持十为斗”等说教实用。[2]

三

《周礼》中所列的贵族教育科目有“六艺”，但几千年来，在一般人的意识中始终是将识字作为受教育与否、有文化与否的基本标志的，因为识字是学习一切文化知识的前提，是启蒙的标志，可见识字教学在传统教育中的重要地位。可是在古代文献中，有关识字教学的方法和过程的记载却殊为鲜见，大概是因为识字教学是初级教育阶段的内容，没有高深的大道理蕴涵于其中，不受人们重视的缘故。

据典籍记载，夏代已有学校。《孟子·滕文公上》:“设为庠序学校以教之。庠者，养也；校者，教也；序者，射也。夏曰校，殷曰序，周曰庠。”《礼记·王制》:“夏后氏养国老于东序，养庶老于西序。”据汉代郑玄之注，“东序”即“大学”，“西序”即“小学”。夏代的文字情况至今尚不清楚，是否存在学校教育还有待新的材料证明。

商代则除了有典籍上的记载外，还有大量的甲骨文材料可以证明。研究甲骨文的人在这方面颇有发现。20世纪70年代初，郭沫若先生在一篇文章中揭示了这样一项发现：

最有趣味的是，我又曾经发现了一片练字骨（《殷契萃编》第一四六八片），内容是自甲子至癸酉的十个干支，反复刻了好几行，刻在骨版的正反两面。其中有一行特别规整，字既秀丽，文亦贯行；其他则歪歪斜斜，不能成字，且不贯行。从这里可以看出，规整的一行是老师刻的，歪斜的几行是徒弟的学刻。但在歪斜者中又偶有数字贯行而且规整，这则表明老师在一旁捉刀。这种情形完全和后来初学者的描红一样。[3]

郭老的这一观点在几十年前就曾发表过，他在《粹》1468片考释中写道：

中第四行，字细而精美整齐，盖先生刻之以为范本。其余歪斜剌劣者，盖学刻者所为。此与今世儿童习字之法无殊，足征三千年前之教育状况，甚有意味。

其目光之敏锐，令人钦佩。说“足征三千年前之教育状况”，亦很有道理，但其负面的影响却是使学界一些人误解了郭老的意思，将契刻的教学与识字书写的教学活动混为一谈。例如张政烺先生即认为像这样的一类习刻材料“都是学书者所作”。[4]有学者认为说，这就是“当时学习文字课业的情形”。[5]更进一步，则有人认为商代的文字都是刻在甲骨片上的，商代的书籍就是甲骨片。其实，商代的甲骨契刻活动仅仅是当年文字活动中的一小部分，契刻是在书写基础上的一种特殊技能。商王朝所选定的新的刻手，必定是早已接受过识字、书写教育的人。[6]不过，通过这些甲骨习刻文字材料所反映出的师徒传授时的细致严谨态度，可以想象出当年识字、书写教学的情形，倒是它的意义所在。

甲骨卜辞中未见有关识字教学的记载，但有一片卜骨上可见到有“大学”的字样，看来周代的小学、大学二级教育制度，商代似已存在。[7]其实，只要注意到出土甲骨文字之发达形态、其庞大的数量以及使用文字者的熟练程度，就可以知道，当年掌握文字的人们要经过系统的识字、书写的学习和训练是没有疑问的。如前所述，面对形象的音节表意文字的识字教学活动要以“六书”之类的理论作为基础。

对于传统的“六书”，古文字学家并不满意，因为它不能用来分析解释包括甲骨文在内的一切古文字。于是学者们批判了“六书”,并且有种种新的建构。“六书”中（包括许慎对它们的解释）确实掺杂有后代的文字观念，但如果我们承认“六书”是应识字教学的需要而产生的，并且商代已经产生了识字教学活动的话，就可以推论，“六书”中的一些主要条例如“象形”、“指事”、“形声”等在商代就已经出现了。

四

西周时期的官学是包括小学启蒙教育的，这一点除了典籍记载外，还有大盂鼎“余唯即朕小学”和师嫠簋“在昔先王小学”可以证明。春秋以降，私学兴起，打破了西周“学在官府”的局面。教育开始下移。孔子说：“自行束修以上，吾未尝无诲焉。”(《论语·述而》）投到孔子门下的人来自社会各个阶层，他当然都要首先对他们进行启蒙教育。但是，整部《论语》中没有只字提到孔子如何教学生识字。《说文》中所提到的“孔子曰：一贯三为王。”和“孔子曰：推十合一为士。”（均见于《说文》卷一上）恐怕都是汉人所伪造，因为这对字形的分析与春秋时代及其以前的文字不合，像孔子这样熟悉商周古文献的人绝不会说出这样的话。《论语》中不讲识字教学，原因大概是识字教学被孔子等人认为是低层次的琐屑小事。孔子瞧不起做工、务农、经商之人，他培养学生的目标是能实现儒家理想的修身、齐家、治国、平天下的“君子”。但在众多的学生中，总难免有一些人学会了读书写字后又回到生产劳动中去了。“子谓子夏曰：‘女（汝）为君子儒，无为小人儒。’”(《论语·雍也》）从这段话里透露出来的一些消息是，孔子在世时就已有些人受过启蒙教育后便回到生产中做“小人”去了。至战国时期，这种情况越来越多。《吕氏春秋·当染篇》说：“(孔子与墨子）皆死久矣，从属弥众，弟子弥丰，充满天下。”如此多的学生，当然不能都去做脱离生产劳动的“君子”了。由于私学和平民教育的发展，改变了西周时期那种贵族式精英教育的格局，越来越多的从事各种劳动的平民具有了读写汉字的能力，识字的人群空前扩大。在这方面，考古学上的一个证明便是出土的战国时期的文字往往写得潦草、简率。这是未脱离生产劳动的人写字的特点。

五

秦汉时期，识字已成为学童初级教育的主要内容。仅从当时所编写的识字教材即可看出人们对识字教学的重视。秦代有三部字书：李斯所编《仓颉篇》、赵高所编《爰历篇》和胡毋敬所编《博学篇》。汉代又有司马相如编的《凡将篇》、扬雄编的《训纂篇》、贾鲂编的《滂喜篇》、史游编的《急就篇》。这些字书自然也有规范文字的作用，但其最主要的功能还在于作启蒙的识字课本。承战国时期文化发展的余绪，秦汉时期平民中接受教育的人更多，20世纪初叶在西北地区发现的汉代木简中，就有《仓颉篇》的字句，是当年屯戍的士兵书写和诵读的遗物，可见当年的风气。而秦王朝的“焚书坑儒”以及“以法为教”、“以吏为师”的政策，严重地打击了春秋战国以来的高层次教育，识字成为当时受教育者的一个主要目标。多数人去学习文化的目的不再是经世纬国，纵横捭阖，而是供日常应用或应朝廷需求做一个官吏。《说文·叙》：“学僮十七以上始试，讽籀书九千字乃得为吏。又以八体试之，郡移太史并课，最者以为尚书史。”说的是比较普通的情况。

《仓颉篇》以下的这些识字课本，性质大体相同。从完整地流传下来的《急就篇》可以看出，它们都是将日常用字编成歌诀的形式，让学字的人记诵、默写，以达到识字的目的。这种识字教学方法应用了几千年，一直延续到清末民初私塾里读的《三字经》、《百家姓》、《千字文》。

《仓颉篇》已经散佚，除典籍上偶尔可见的零词残句外，在《流沙坠简》、《居延汉简》里也都见有其残文。1977年安徽省阜阳县双古堆一号汉墓出土《仓颉篇》残简，存有完整字近550个，是迄今所见存字最多的《仓颉篇》。[8]与其后编成的《急就篇》相比，前者以四言句为主，而后者则以七言句为主。

在《仓颉篇》之前，还有一部《史籀篇》，也已经散佚。据王国维先生考证，《史籀篇》是春秋战国期间流行在关西地区的识字课本，也是四言句的歌诀形式[9]他的意见是很有道理的。

六

在有专用的识字课本之前，人们是用什么方法进行识字教学的呢？

首先，通过背诵、默写一部分篇章来集中学习文字的方法应该再向上推溯，换句话说，在有专用的识字课本之前，人们也是通过这样的方法识字的。其次，我们认为，从种种迹象看来，在早期（至少是西周到春秋时期）的识字教育中，是通过背诵《诗》让学生掌握汉字、达到启蒙的目的的，理由如下：

1. 最早的识字课本如《史籀篇》、《仓颉篇》都是四言歌诀体，明显是从《诗》延续下来的语言形式。

2. 古代文献中的记载表明，凡是受过教育的人，都能背诵《诗》，即使没有能力者，也能整篇地背诵。《论语 · 子路》：“子曰：诵诗三百，授之以政，不达。使于四方，不能专对。”说的就是这种情况。1980 年 3 月陕西长安县新旺村出土的史惠鼎铭文中有“日就月将”的字句，说明西周时受过教育的人也是诵读《诗》的。[10]

3. 春秋时期的贵族们在外交的场合常常“赋诗”，所谓“赋诗”通常是借《诗》中的词句表达自己的意思，以表现含蓄、委婉的风格，这是当年贵族修养的一个组成部分。但“赋诗却往往断章取义，随心所欲，即景生情，没有定准”，这正与后代的文人生吞活剥、断章取义地使用儿时背诵的《百家姓》、《三字经》、《周易》等书一样。

4. 孔子多次强调“学诗”，他说学诗可以“多识于鸟兽草木之名”（《论语·阳货》）恐怕也与识字有关。

背《诗》、默写既可以学字，又可以诵《诗》，固然是一举两得，但缺点是《诗》中重复出现的字太多，一些常用的，应当掌握的字又未必在《诗》中出现。一种专为识字记诵而编写的教科书便应运而生了。

注释

[1] 孙常叙：《孙常叙古文字学论集》，东北师范大学出版社 1998 年版，第 472 页。

[2] 参张世超《认知文字学的回顾与前瞻》，《中国文字研究》第八辑。

[3] 郭沫若：《古代文字之辩证的发展》，《考古》1972 年第 3 期，后收入文集《奴隶制时代》，人民出版社 1973 年版。

[4] 张政烺：《试释周初青铜器铭文中的易卦》，《考古学报》1980 年第 4 期，后收入《张政烺文史论集》，中华书局 2004 年版。

[5] 孙培青主编：《中国教育史》，华东师范大学出版社 2005 年版，第 16 页。

[6] 参张世超《殷墟甲骨字迹研究》，东北师范大学出版社 2002 年版，第 27—28 页。

[7] 见《屯南》第 60 片，参王贵民《从殷墟甲骨文论古代学校教育》，《人文杂志》1982 年第 2 期。

[8] 文物局文献研究室、安徽省阜阳地区博物馆阜阳汉简整理组：《阜阳汉简〈仓颉篇〉》，《文物》1983 年第 2 期。

[9] 王国维：《史籀篇疏证》,《王国维遗书》第六册，上海古籍出版社 1983 年版。

[10] 参李学勤《史惠鼎与史学渊源》,《文博》1985 年第 6 期。

[11] 朱自清:《诗言志辨》,《朱自清全集》第六卷，江苏教育出版社 1996 年版，第 148 页。

张世超，男，1950 年出生。东北师范大学文学院教授、博士生导师。中国文字学会理事、吉林省语言学会理事。主要从事汉语史、古文字学及中国古代史研究。

"独立之训诂"
——浅议《说文解字》与训诂学研究

李春晓

福建师范大学 文学院

提 要 《说文解字》是中国语言学史上第一部分析字形、解说字义、辨识声读的文字训诂专书，它专门解释文字之原，没有《说文》就不通文字之本，不知一点一画有何意义。《说文》"以文字而兼声音训诂"，属于"独立之训诂"，形、音、义"三管齐下"的研究理念启示后世学者以治学门径。它是汉代训诂学集大成之作，与《尔雅》"相为表里"，可为治《尔雅》之资粮。

关键词 《说文解字》 独立之训诂 形音义

《说文解字》在中国文字学史和训诂学史均具有开创性的学术地位。它是中国语言学史上第一部分析字形、解说字义、辨识声读的文字训诂专书，《说文·叙》提到要搜集古文，"厥意可得而说"；许冲《上说文解字书》强调"自《周礼》、《汉律》，皆当学六书，贯通其意"，而且评价《说文》"六艺群书之诂，皆训其意"。北齐颜之推《颜氏家训·书证篇》称《说文》"隐括有条例，剖析穷根源……若不信其说，则冥冥不知一点一画有何意焉"。《说文》专门解释文字之原，没有《说文》就不通文字之本，不知一点一画有何意义。清代的经学家、金石学家孙星衍在《重刊宋本〈说文〉序》说过："唐虞三代五经文字""存于《说文》"，"《说文》不作"，则"唐虞三代古文不可复识，五经不得其解"。探讨意义是许慎研究文字的出发点与落脚点。陆宗达先生曾总结如下[1]：

从记载经典的语言文字出发，实事求是地探求古人的原意，还它一个本来面貌，而不是以今人之意去妄断古人，使经典失去它原来的真相。

作为训诂专书，《说文》与训诂学研究是何种关系？今结合前贤诸说，试作总结和探析。

一 不明《说文》，不足以通古文

黄侃先生说过：

小学为文字、声韵、训诂之总名。训诂学为小学之终结。文字、声韵为训诂之资粮，训诂学为文字、声韵之蕲向。……

小学者所以研究形、音、义三者之变也，向使三者终古斟若画一，则小学之事盖亦简且易矣。惟自古文章用字，正假相兼，用字与造字不能相应，亦即文字与文词不能相应。是故文字有本字、假借字之分；义训有本义、引申义、假借义之别；声音与义训同符，亦有音同、音近、音转之异，形、音、义既皆有变迁，于是求本字、本音、本义之说起。夫文字以代语言，文字既有古今之分，欲译昔言以为今语，是必有赖于训诂学也。[2]

黄侃先生非常重视《说文》的研究，把治《说文》看作是治小学的门径，训诂学的渊薮，"形声训诂之学莫备于《说文》。不明《说文》，不足以通古文"[3]。他认为，"《说文》一书，于小学实主中之主也"。[4]他曾对陆宗达先生说过，《说文》是文字训诂的基础，攻"小学"，由《说文》起步最为便捷。要"集中精力，学通，学透。然后再读古代文献的注疏和其它文字训诂专书，便可触类旁通，一隅而三"[5]。陆宗达先生对训诂学的研究，就是以《说文解字》为中心，他认为《说文》就是文献语言学奠基之作。王宁先生说过："以《说文》为中心进行文字、训诂研究，是传统语言文字学入门与深化的正确途径。"[6]

《说文》是小学之终结，治经离不开《说文》。我们可以通过学习《说文》，释读古文、籀文和小篆，以此为桥梁进一步释读甲骨文和金文等古文字，在文字学研究方面功不可没，同时《说文》写作意图在于通过分析字形探讨字义，以今语释古语，以雅言释方言，这正是训诂学的重要任务，在训诂学研究和研读古文方面有着不朽的价值。郭在贻先生在《训诂学》中就说过[7]：

因为《说文》于每字下说解其字义，而这些说解又多与古训相符，这便为后人研读先秦两汉的经籍文献提供了极有利的条件。正如清人臧琳所说："要知《说文》之书非许叔重自撰，乃记集三代以来遗文，故其诠解亦俱自古相传旧义。"（《经义杂记》"说文言性善"条）清人严可均誉之为"六艺之渊海，古学之总绳"，也足以说明《说文》一书在训诂学和文献学上的价值。

《说文》是训诂学研究的“根柢之书”，自汉以来，通儒贤俊通经术，述字例往往以此书为宗，凡在古文研究有所成就者均对《说文》下过一番苦功夫。“不明《说文》，不足以通古文。”显然，“明《说文》”是“通古文”的重要基础。

二 “独立之训诂”

黄侃先生将词义分为若干条，如本有之训诂与后起之训诂，独立之训诂与隶属之训诂等，他讲道：

《说文》之训诂，乃独立之训诂。《尔雅》乃隶属之训诂。独立训诂，虽与文章所用训诂不相应可也。如许君曾注《淮南子》……文义字义多与《说文》不相应，可知许君对独立训诂与隶属训诂有别也。如“若”，《尔雅》训善也、顺也。《说文》则训择菜也。从艸右。右，手也。一曰杜若，香艸。可知《说文》所解，不与《六经》相应，而《说文》必如是解，不说择，无以说右字；不说菜，无以说艸字。又杜若、香艸虽不足以解明从右之故，而可以说明从艸之义，此则为独立之训诂也。《尔雅》则不然，《尔雅》于义界与义源往往不分。如初、胎二字皆训始，初与始乃义训，声与义不相应。而胎与始则实为一字……其声音因有密切之关系也。[8]

黄先生把脱离具体的语言环境，孤立地从形、音、义三方面对字词解释叫作“独立之训诂”，把对某种特定环境中结合上下文而随文对字词加以解释叫作“隶属之训诂”，“于义界与义源往往不分”。“独立之训诂”多训其本义，取字词中的概括意义，概括性是“独立之训诂”的一个显著特点；“隶属之训诂”则是本义或引申义，只取字词义中的一部分意义。“独立之训诂”与“隶属之训诂”是从词义的研究方式来分的：《说文》的词义自有系统，通过推求最原始或最核心的本义，进一步考辨不同的引申义，解释多义词的词义系统属于独立研究的结果；而许慎注《淮南子》则是附属于古代典籍而随文释义的专门工作，这些训诂资料则未曾独立出来，“隶属”于古代文献的注释。

比如《说文·艸部》：“蓏，在木曰果，在艸曰蓏。”段玉裁注：

各本作“在地曰蓏”，今正。考《齐民要术》引《说文》：“在木曰果，在艸曰蓏。”[9]

以别于许慎注《淮南》云：“在树曰果，在地曰蓏。”[10]然则贾氏所据未误，后人用许《淮南注》、臣瓒《汉书注》改之。惟在艸曰蓏，故蓏字从艸。凡为传注者主说大义，造字书者主说字形，此所以注《淮南》，作《说文》出一手而互异也。

同出许慎之手，《淮南子》的注解作“在地曰蓏””，《说文》的解释为“在艸曰蓏”，两个说法不尽相同，前者主说大义，是“隶属之训诂”，后者则主说字形，是“独立之训诂”。

再以“眲”为例，《说文·眲部》：“眲，左右视也”。段玉裁注：

凡《诗·齐风》、《唐风》，《礼记·檀弓》、《曾子问》、《礼记》、《玉藻》或言瞿，或言瞿瞿。盖皆眲之假借，瞿行而眲废矣。“瞿”下曰：“鹰隼之视也。”若《毛传》于《齐》曰：“瞿瞿，无守之貌”，于《唐》曰：“瞿瞿，然顾礼义也。”各依文立义。而为惊遽之状则一。[11]

这里段玉裁指出《诗经·齐风·东方未明》：“折柳樊圃，狂夫瞿瞿。”毛传：“瞿瞿，无守之貌。”《诗经·唐风·蟋蟀》：“好乐无荒，良士瞿瞿。”毛传：“瞿瞿，然顾礼义也。”这些均是“各依文立义”，前者因为全诗意在“刺无节”，承上一句“折柳樊圃”说无益于禁，所以释作“无守之貌”；后者则以“瞿瞿”形容良士，故以“礼义”为之作注。但是它们都共同表示“惊遽之状”，所以《说文》根据“眲”字的形体把它解释为“左右视也”，这是本义，具有概括性的特点，这样的训释就是“独立之训诂”。“瞿”因从隹，所以释作“鹰隼之视也”，其实也是“左右视也”的意思。

三 形音义“三管齐下”

王念孙在《说文解字注·序》中就已指出：“《说文》之为书，以文字而兼声音训诂者也。”[12]这就说明《说文》不但是文字学经典著作，而且是研究词汇和语音的重要著作。《说文》对字义的训释方式，大多为后来训诂学所沿用。其训释本义十分精当，历来广为训诂家们所倚重。形、音、义结合起来“三管齐下”的研究理念启示后世学者以治学门径。段玉裁注《说文》开篇即说道：“以字形为书，俾学者因形以考音与义，实始于许，功莫大焉。”[13]他注《说文》时对许慎的研究方法给予很高的评价：“许以形为主，因形以说音说义。其所说义与他书绝不同者，他书多假借，则字多非本义。许慎就字说其本义，知何者为本义，乃知何者为假借，则本义乃假借之权衡也。”[14]

(一)“《说文》之训诂必与形帖切”

江沅《说文解字注·后叙》说道:“许书之要，在明文字之本义而已。”《说文》对每一个字的解释通常是就造字原形分析字的本义。黄侃先生曾在“《说文》之训诂必与形相帖切”一节阐述如下：

《说文》之作,至为谨慎。《叙》称:“博考通人,至于小大。”是其所说皆有来历。今观每字说解,俱极谨严。如示,云:“天垂象,见吉凶,所以示人也。从二。三垂,日月星也。观乎天文,以察时变,示,神事也。”示,合体指事字,为托物以寄事,故言天垂象,见吉凶,所以示人也。如不说天,则从上无根据,不说垂象,则三垂川无所系,言示神事,为在下凡从示之字安根。……凡说解中从字必与其形相应,字不虚设。[15]

黄先生以“示”为例论证《说文》之训诂与形相统一,“示”之本义即是上天通过显示天象,来表现出吉凶征候,以便给人们看。“示”之一点一画均有意义,二即古文之“上”字,“川”指日、月、星,“二”、“川”结合表达本义,可见“示”之训诂与字形紧密配合一起。

“《说文》之训诂必与形相帖切”,因为《说文》中“凡说解中从字必与其形相应”,训诂与形相贴切确实是《说文》在训诂学上的一大特色。从字的形、音、义三者的联系上探求本义，其中文字形体又是枢纽，故段玉裁曾解释说:“许君之书，主就形而为之说解，其篆文则形也。其说解则先释其义，若‘元’下云:‘始也’,‘丕’下云:‘大也’是也。次释其形，若‘元’下云:‘从一从兀’,‘丕’下云:‘从一从不’是也。次说其音，若兀为声，不为声，及凡读若读某皆是也。必先说义者，有义而后有形也。音后于形者，审形乃可知音，即形即音也，合三者以完一篆。一字必兼三者，三者必互相求。万字皆兼三者，万字必以三者彼此交错互求。说其义而转注、假借明者，就一字为注，合数字则转注。异字同义为转注，异义同字则为假借。故就本形以说义而本义定。本义既定，而他义之为借形可知也，故曰说其义而转注假借明也。”[16]

陆宗达先生指出“训义的内容必须与形体分析完全相符合”,“形体不能与字义相互证应的是假借”、“能阐明形体结构的字义是本义”[17]。“字形仅是他的出发点,字义才是他的落脚点。”[18]《说文》以形为主,分析本字和本义,证之于经典,“经与字未有不相合者，经与字不相谋者，则转注、假借为之枢也”[19]。所以许慎从以形求义，发展到以字考经，以经考字，开创了以形索义的一条训诂途径。兹以“叔”字为例：

《说文·又部》：“叔，拾也。从又尗声，汝南名收芋为叔。”释词“拾”表示一种动作行为，与被释词“叔”的字形从“又”（即“手”）相合，另许慎还引汝南方言为证，我们再以典籍用例证之，《诗经·豳风·七月》：“九月叔苴，采荼薪樗。”这里的“叔苴”表示“拾取麻子”，用的就是本义。《尔雅·释亲》：“父之兄弟后生为叔父，父之弟妻为叔母。又夫之弟为叔。”这里的“叔”指年幼，就是假借用法，一直沿用至今。因此段玉裁注《说文》曰：“仲父之弟曰叔父。叔，少也。于其双声叠韵假借之，假借既久，而叔之本义鲜知之者，惟见于毛诗而已。从又于此知拾为本义也。……村，叔或从寸。又、寸皆手也，故多互用。”[20]

从上述例子可以看出，本义明，则引申义和假借义明，词义系统的源流关系便可以一清二楚。“本义是引申义的出发点，抓住本义，引申义也就有条不紊。本义总是代表比较原始的意义，因此，与先秦古籍就对得上口径。”[21]

《说文》之训诂必与形相贴切，“不但在实践上总汇形训，而且提出了以六书说为核心的系统的形训理论，形训论基础由此建立”。“《说文》的形训理论是第一笔训诂学理论遗产，具有丰富的潜在内容。”[22]训诂学总结以形索义的训诂方法，总是以《说文》作为理论依据。

（二）《说文》“以声为义”，“可以窥上古之语言”

龚自珍《最录段先生定本许氏说文叙》段玉裁之意说道：

以声为义也。段先生曰：古今先有声音而后有文字，是故九千字之中，从某为声者，必同是某义，如从非声者定是赤义，从番声者定是白义，从于声者定是大义，从酉声者定是臭义，从力声者定是文理之义，从劦声者定是和义，全书八九十端，此可以窥上古之语言。[23]

词义的本源与字形并没有必然的联系，而同声音反而有一定的关系，“以声为义”的认识在训诂学史上也是一大进步。《说文》从声音推求词义之源，这样的训诂方法值得我们研究。我们可以从《说文》的形声字窥探语源，比如《说文·月部》：“月，阙也。”此以“阙”释“月”属于音近义通的声训，从月得声之词也多有“残缺”之义。例如《说文·足部》：“䟽，断足也。从足，月声。”《说文·耳部》：“刖，墒耳也。从耳，月声。”《说文·刀部》：“刖，绝也。从刀月声。”《说文·手部》:"抈，折也。从手，月声。"《说文》还明确阐述汉字得声得义之由来，比如《说文·示部》:"祳，社肉，盛以蜃，故谓之祳。"《说文·马部》:"騢，马赤白杂毛，谓色似鰕鱼也。"

不过，我们应该注意，"我们在认识《说文》用谐声表述同源关系的格式时，应当一个词一个词地考察、归纳，而不能简单、轻率地滥用演绎，误以为'凡从某声者必有某义'。看待这个问题同样要有辩证的观点:一方面，'《说文》字从何声，即从其义者，实居多数'；另一方面，也存在着'声同而义各殊'的现象"。[24]

黄侃先生以"声音相训者"，为"真正之训诂"。他强调声训的重要。他说道:

义训……特不说两字之制造及其发音有何关系者也……只以其观念相同可以相训，而非完全之训估也。完全之训诂，必义与声皆相应。……

文字根于言语，言语发乎音声，则声音者，文字之钤键，文字之贯串，故求文字之系统，既不离乎声韵，而求文字之根源，又岂能离乎声韵哉？求其统系者，求其演进之迹也；求其根源者，溯其元始之本也。……

欲推其本义，不外求之形、求之声也。因流以探其源，因子以定其母，皆音韵之功也。[25]

从这里可以看出黄先生关于声训的两点重要思想。一是主张训诂的最终境界应该是对形、音、义三方面给予全面注意，忽略其一，就是"不完全之训诂"。这是他的形、音、义统一观在训诂学上的集中体现。声训才是"完全之训诂"，"真正之训诂"，意在突出声韵的枢纽作用:"欲推其本义，不外求之形、求之声也。因流以探其源，因子以定其母，皆音韵之功也。"陆宗达先生曾指出"'因声求义'作为训诂的一个方法，比之'以形索义'更为重要，往往成为探求和贯通语义的根本途径"，"语义的发展变化从本质上是依托于声音而不依托于字形。因此，离开了声音这个因素，是不可能通过形、音、义的统一来正确解释古代语言"[26]。

《说文》根据"部首"将文字的形体分为五百四十部，用"六书"的法则来解释字形,用以形说义的方法来解释字的本义,用"读若"和形声声旁来说明字音。这样，许慎实际上归纳出把字的形、音、义统一起来进行研究的原则，总结出训诂学的重要方法。《说文》所提供的有关形、音、义的多方面的资料，为训诂提供了宝贵的依据。许慎较为明确的文字观点和同时显露出的一部分语言观点，又为训诂理论的发展打下了基础。所以，"说《说文解字》也是一部训诂专书，是有一定道理的”[27]。

《说文》从形、音、义“三管齐下”来解释每一个字，立意精深，对后代的字书和训诂专书影响极其深远。“就语言的总体来说，形、音、义三者是联系在一起的，要研究语言，就不能偏于一隅，要把事物的各方面联系起来观察分析（古今，形音义），所谓‘观其会通’‘好学深思’‘心知其意’就是要联系起来观察分析。”[28]

四　汉代训诂学集大成之作

据《后汉书·儒林列传》(第六十九)[29]中所载，我们可以知道许慎因通晓经典文献而享有盛名，他“博学经籍”、“撰为《五经异义》”，“五经无双许叔重”，编著《说文》正是建立在丰厚深湛的文献基础之上，所以说许慎“以经考字，以字考经”，书中“六艺群书之诂，皆训其意”。《说文》是在传注训诂的基础上形成的，是释义、探源和析形等训诂手段独立发展的结果，属于“独立之训诂”。许冲在《上说文解字书》中曾说：“慎博问通人，考之于逵，作《说文解字》。六艺群书之诂皆训其意。而天地、鬼神、山川、草木、鸟兽、昆虫、杂物、奇怪、王制、礼仪、世间人事莫不毕载。”为了对词义作出准确的解释，《说文》中引六艺群书四十余种，博问通人引诸家说解三十九种。因此，许慎成为“当时公认的古文派训诂大师”[30]。

《说文》“成书于训诂学兴盛的汉代，所以初步形成了较系统的训诂理论与条例，进入了训诂学较比自觉的时期”[31]，《说文》是这一时期训诂学的重大收获，是汉代训诂学集大成之作。“我们之所以能够经由研究《说文》的途径去把握先秦文献词义及其系统，从根本上说是因为《说文》是许慎对先秦文献词义的精审总结，是先秦文献词义的集大成。”[32]

按宋永培先生介绍，先秦时期的语言词汇以单音词为主。《说文》中也是单音词占绝大多数。根据考证与统计，《说文》9353文之中有单音词8834个。先秦经典文献中的单音词，就每本书来统计（不重复)，《论语》有1513个，《周易》1596个，《周礼》1682个，《孟子》1960个，《尚书》1965个，《诗经》2939个。《春秋左传》虽为鸿篇巨制，也只收4066个，尚不及《说文》的一半。被誉为“训诂渊海”的《尔雅》，不过3332个，仅为《说文》三分之一多。可见，就词汇量而言,《说文》大大超过任何一部先秦经典文献,《说文》包容了先秦文献足够的词汇量。《说文》精审地总结了先秦文献词义，并且包容了先秦经典文献足够的词汇量，因此我们说,《说文》"确实是先秦文献词义的集大成"[33]。

《尔雅》是我国第一部有系统的训诂专著,是先秦至西汉时期训诂资料的总汇。王力先生评价如下："拿《尔雅》和《说文》相比较，我们就觉得前者只是字典的雏形，而后者已经具备了理想字典的轮廓。"[34]

《说文》是第一部系统的字典，它保存了大量的古字字形和古义古训，并且首创五百四十部首，比《尔雅》更加方便检索，它的解释也比《尔雅》详细，尤其是以形说义，主要分析汉字字形及其本义，而《尔雅》所解释的词义，有本义、引申义,也有假借义,《说文》吸收了《尔雅》的释义。比如《说文·马部》:"馺，马行相及也。从马从及。读若《尔雅》'小山馺，大山峘。'"《说文·犬部》："狻，狻麑，如虦猫，食虎豹者。从犬夋声。见《尔雅》。""猲，短喙犬也。从犬曷声。《诗》曰：'载猃猲獢。'《尔雅》曰：'短喙犬谓之猲獢。'"《说文·水部》:"渚，水。在常山中丘逢山,东入湡。从水者声。《尔雅》曰：'小洲曰渚。'"《说文》与《尔雅》是一种"相为表里"的关系，清儒汪家禧《说文尔雅相为表里论》[35]曾阐述道：

自《说文》以偏旁形声为别,可以济《尔雅》之穷。秦兴小篆,体更《史籀》,更趋简易;徒隶书行，其文非《尔雅》所能正也。又俗儒厌繁乐省，一切用隶，六经正文，谬误而出。许君就小篆合以《史籀》，又经以体纬以声，然后会意、指事、象形、谐声之学明。后世《玉篇》、《字林》皆推衍其绪，而《说文》遂为字书祖。若是,《说文》可仓《尔雅》欤？曰：六书之旨，转注明而后重辞累言贯于一，假借明而后彼此异义者不胶于辞。二固《说文》未详，而观其会通在《尔雅》。盖同意相受，虽具《说文》，然分部散见，于建类一首之义乖。至假借义因声转，由于前世字少,《说文》九千三百余文，字寖备矣。故《尔雅》通用者,《说文》已各列于部。又《说文》解经类依师说，而汉经儒笺释圣籍，均资《尔雅》。是《尔雅》,《说文》之本也。且《尔雅》去古未远，以音表义，诂训名物，或取双声，或因声转；至于辨章六艺，囊括九流。较《说文》之取汉律证方言者,体更正大,故《尔雅》进于经,《说文》列小学。然《说文》区分子母，各归部分，后纵有舛误，大纲终不可乱。去圣数千载，得识三代之文，不可谓非功也。《尔雅》自樊孙传述已有共同，递因隶变，草木虫鱼，偏旁妄置，向非《说文》，《尔雅》之俗何以核欤？又汉自十四家博士并立，重以古文，其间短长得失，各有意者，《说文》能综贯之，文同训异、训同文异，备著于篇，其识固非专己守残者比，虽谓与《尔雅》同功可也。惟《说文》义主辨字，故同物而文隔部，异物而文相接，资于考核，限于成诵，盖著书之体限之。统论之，《尔雅》专明义，《说文》兼言文，是《说文》胜；《说文》因《尔雅》而增益之，又《尔雅》胜。后世字书皆仿《说文》，《尔雅》自张揖后无能继者，盖通贯六书，发挥经籍，聚类同条，杂而不越，非圣贤不能作，夫《尔雅》定于周公，而成于七十子者也。

《说文》"以偏旁形声为别"，可补《尔雅》不足。许慎将小篆与《史籀》结合，以字体为经，声韵为纬，阐明会意、指事、象形、谐声之义，成为"字书祖"。然而"《尔雅》是《说文》之本"，汉代经儒笺释圣贤经籍凭借《尔雅》，《说文》解经大致依据师说。《尔雅》离古未远，"以音表义，诂训名物，或取双声，或因声转"，并能"辩章六艺，囊括九流"，比《说文》的"取汉律证方言"，显得"体更正大"。因此《尔雅》属于经学，而《说文》则列于小学类。故汪氏总结道，《尔雅》专门讲明字义，《说文》兼考求字形，"是《说文》胜"；《说文》凭借《尔雅》而增益一些内容，"又《尔雅》胜"。这就是《说文》与《尔雅》的关系。

黄侃先生对《说文》和《尔雅》曾有如下看法[36]：

《尔雅》解释群经之义，无此则不能明一切训诂；《说文》解释文字之原，无此而不能得一切文字之由来。盖无《说文》，则不能通文字之本，而《尔雅》失其依归；无《尔雅》，则不能尽文字之变，而《说文》不能致用。

黄侃《尔雅略说》主张据《说文》来读《尔雅》，以为可作"治《尔雅》之资粮"[37]：

用字不能无假借者，势也；解字必求得本根者，理也。使无《说文》以为检正群籍之本根，则必如颜之推所云："冥冥不知一点一画有何意义矣。"《尔雅》之文，以解群籍则绰绰然有余裕；试一询得义之由来，必有扞格而不通者……是故字书之作，肃然独立，而群籍皆就正焉。辞书之作，苟无字书为之枢纽，则荡荡乎如系风捕影，不得归宿。欲治《尔雅》者，安不可以《说文》为先入之主哉？

《尔雅》虽为第一部成系统的训诂专著，但是《说文》是汉代训诂的集大成之作，在中国语言学史上有着深远的影响。王力先生说过："《说文解字》是中国古代语言学的宝藏，直到今天还没有降低它的价值。在体例上，我们今天的词典自然比它更完善了，而在古代词义的保存上，它是卓越千古的。”[38]

结 语

《说文》是中国最早的一部按照字形偏旁分部编排的字典，是探索汉字形音义三者之源与三者之变的字（词）典。凡是《说文》所收的字、所作的说解，《汉语大字典》都收录进来，并且进一步解释。这说明《说文》于训诂之功大矣，它贮存了系统的文献词义，牢牢地抓住了本义。“其以形声之书兼备训诂，辟字学训诂之广路，诚字学训诂之祖也。”[39]以《说文》为中心进行训诂研究，就是抓住了训诂学研究的根本。但是研究训诂不可墨守《说文》,《说文》的字不都是本字，它的训解不都是本义，到《说文》去寻找一词一语的本字是滞碍而难通的。我们不能静止地看待《说文》所收“古文”,因为这些字形也反映不同时期的文字面貌，它们的解释也并不都是本字和本义，本字和本义的探讨往往还得从甲骨文、金文中去寻找佐证，分析综合，去伪存真，才是科学的态度。

张其昀先生说过:“治文字学,必须以《说文解字》为津梁。如果抛开《说文》,也就无所谓文字学；如果不讲《说文》，也就无所谓文字学史。这应该成为文字学者们最基本的一个观念。”[40]凡治训诂学,除了征引《尔雅》还会征引《说文》,而且训诂著作以《说文》为宗,“引《说文》为证已成为训诂权威性的必要条件”,“到了清代，引证与研究合流,《说文》的作用核变，产生了更巨大的能量，成为清代训诂学鼎盛的主要驱动力之一”[41]。所以《说文》是中国文字学的开山之作，也是训诂学的开创性著作。这里我们也想套用张先生的话说，治训诂学，也离不开《说文》，如果不讲《说文》，也就无所谓训诂学史。

作为训诂专书的《说文》，“它使训诂的材料在一定的法则下系统化，利于在这些材料的相互联系和比较中归纳体例和理论，因而为训诂学发展成为一门独立的科学打下了基础”[42]。许嘉璐先生说过：“许慎是全面总结和继承先秦以降训诂经验,并进行主观释义的第一人,承前启后,足以代表其先驱与后来者。”[43]《说文》所体现的训诂思想与方法影响着后世训诂学的发展,因此全面系统地总结《说文》的训诂得失是训诂学研究的重要内容。

注释

［1］陆宗达：《〈说文解字〉及其在文献阅读中的应用》，《陆宗达语言学论文集》，北京师范大学出版社1996年版，第274页。

［2］《黄侃国学讲义录·训诂学笔记下》，中华书局2006年版，第231—233页。

［3］章瑶：《蕲春黄先生论学别记》，参许嘉璐《未辍集——许嘉璐古代汉语论文选》，中国社会科学出版社2000年版，第422页。

［4］《黄侃国学讲义录·文字学笔记》，第231—233页。

［5］陆宗达：《基础与专攻——从黄侃师学习〈说文解字〉的体会》，《陆宗达语言学论文集》，北京师范大学出版社1996年版，第617页。

［6］王宁：《〈训诂简论〉再版前言》，北京出版社2000年版，第9—11页。

［7］郭在贻：《训诂学》（修订本），中华书局2005年版，第124—125页。

［8］《黄侃国学讲义录·训诂学笔记下》，第239—240页。

［9］段玉裁：《说文解字注》，上海古籍出版社1981年版，第22页。

［10］赵振铎：《训诂学纲要》，陕西人民出版社1987年版，第29页提到《淮南子·地形篇》："百果所生。"许慎注："在木曰果，在地曰蓏也。"并注解如下："《地形篇》为高诱注。据清人陶方琦《淮南许注异同诂》考订。这一条是许慎注羼入高注的。"

［11］段玉裁：《说文解字注》，第135—136页。

［12］段玉裁：《说文解字注》（王序），第1页。

［13］段玉裁：《说文解字注》（"一"字下注），第1页。

［14］段玉裁：《说文解字注》（"庶有达者理而董之"下注），第784页。

［15］《黄侃国学讲义录·训诂学笔记下》，第242—243页。

［16］段玉裁：《说文解字注》（"爰明以喻"下注），第764页。

［17］陆宗达：《介绍许慎与〈说文解字〉》，载《陆宗达语言学论文集》，第132页。

［18］陆宗达：《〈说文解字〉与训诂学》，载《陆宗达语言学论文集》，第334页。

［19］段玉裁：《说文解字注》（陈焕跋引段玉裁语），第789页。

［20］段玉裁：《说文解字注》（"叔"字下注），第116页。

［21］王力：《中国语言学史》，复旦大学出版社2009年版，第30页。

［22］叶斌：《形训论》，延边大学出版社2003年版，第232页。

［23］《龚自珍全集》，上海人民出版社1975年版，第259页。

[24] 宋永培：《〈说文解字〉与文献词义学》，第44—45页。

[25]《黄侃国学讲义录·训诂学笔记下》，第240、243—244页。

[26] 陆宗达：《因声求义论》，《陆宗达语言学论文集》，第255页。

[27] 陆宗达：《训诂简论》，第8—9页。

[28]《周祖谟文字音韵训诂讲义》，天津古籍出版社2004年版，第39页。

[29]《后汉书》，中华书局1965年版，第2588页。

[30] 陆宗达：《训诂简论》，第8页。

[31] 周双利：《说文解字概论》，（香港）新世纪出版社1992年版，第251页。

[32] 宋永培：《〈说文解字〉与文献词义学》，第7页。

[33] 宋永培：《〈说文解字〉与文献词义学》，第9—10页。

[34] 王力：《理想的字典》，载《龙虫并雕斋文集》（第一册），中华书局1980年版，第350页。

[35] 引自《经义丰钞》卷十二，此据马重奇先生书稿《尔雅漫谈》的电子文本，谨致谢忱。

[36] 黄焯：《尔雅音训序》，上海古籍出版社1983年版。

[37] 黄侃：《黄侃论学杂著·尔雅略说》，上海古籍出版社1980年版，第396—397页。

[38] 王力：《中国语言学史》，第33—34页。

[39] 引自许嘉璐、李建国为印制“北京师范大学图书馆藏马叙伦手批《说文解字》”（全1函4册）所作的“序”。承李建国先生提供电子文本，谨致谢忱。

[40] 张其昀：《汉字学基础》，中国社会科学出版社2005年版，第42—43页。

[41] 叶斌：《形训论》，第177页。

[42] 陆宗达：《训诂简论》，第7页。

[43] 许嘉璐：《〈说文解字〉释义方式研究》，《词义和词典编纂的学问》，上海辞书出版社1985年版。亦可参《未辍集——许嘉璐古代汉语论文选》，中国社会科学出版社2000年版。

李春晓，女，1976年出生，福建永春人。福建师范大学文学院副教授、硕士生导师。中国训诂学会理事、中国文字学会会员。

《说文解字·风部》对风的认识

王星光

郑州大学历史学院

摘　要　《说文解字·风部》共载风偏旁的字 16 个（包括新附字 3 个），其中蕴含了对风这一自然现象的认识，是自甲骨文以来对风认知的总结，在一定程度上反映了到汉代为止人们在气候、地理学等方面的发展水平。风是空气流动的现象，并能促使干冷和暖湿空气发生交换，是天气发生变化的重要因素之一。许慎等对风的解释无论在古文字学还是在科学史上均具有重要影响和意义。

关键词　许慎　《说文解字·风部》　科学认识　气象

许慎是我国东汉时期著名的文字学家，《说文解字》作为我国历史上第一部字典，既是一种查阅字词的工具书，同时也反映了当时社会的人文、学术和科学技术的知识水平，可谓内容极为丰富的百科全书。《说文解字》也为研究汉代及汉代以前的科学技术发展史提供了重要的资料。

风是一种极为常见的自然现象。《说文解字·风部》共载风偏旁的字 16 个（包括新附字 3 个），在一定程度上反映了当时人们对风这一自然现象及其相关影响的认知水平，值得加以分析和研究。

一　《说文解字·风部》对风偏旁字的记述和解释

《说文解字·风部》对风的记述可大致分为四类：

第一类是对风的总体定义和概括。

風，八風也。東方曰明庶風，東南曰清明風，南方曰景風，西南曰涼風，西方曰閶闔風，西北曰不周風，北方曰廣莫風，東北曰融風。風動蟲生。故蟲八日而化。從蟲凡聲。凡風之屬皆從風。[1]

第二类是对风速大小加以区别的字。

颩，小風也。从風朮聲。

䬍，疾風也。从風从忽，忽亦聲。

䫻，大風也。从風胃聲。

䬁，大風也。从風日聲。

𩗬，風雨暴疾也。从風利聲。讀若栗。

颲，烈風也。从風列聲。讀若列。

颭，風吹浪動也。从風占声，双冉切。[新附字]

第三类是有关风的方位的字。

“風，八風也。”如上引。

䬉，北風謂之䬉。从風，涼省聲。

飂，高风也，从風翏聲。

第四类是描述风形态及性状等与风相关的字。

飇，扶搖風也。从風猋聲。

飄，回風也。从風票聲。

颯，翔風也。从風立聲。

颺，風所飛揚也。从風昜聲。

颸，涼風也。从風思聲。息兹切。[新附字]

颼，颼飂也。从风叜声。所鸠切。[新附字]

二　对《说文解字·风部》风偏旁字的分析

风的含义

风是由于气压分布不均匀而产生的跟地面大致平行的空气流动现象。甲骨文中即有风字，写作(合13360)，(合13344)，(合13339)。概因风意较抽象，难以形象，故多假借，风和凤在甲文中是互通的，还未看到反映风的本义的认识。《庄子·齐物论》已认识到风是一种“气”体：“大块噫气，其名为风。”[2]《淮南子·天文训》:“天之偏气，怒者为风。”[3]《文选·宋玉〈风赋〉》:“夫风者，天地之气。”[4]以上所论，涉及了对风的产生和概念的认识，这些表述都不同形式上提到了风为“气”，虽不能说这里的“气”和空气之“气”完全对应，但理应包含有相关认识。

在《说文》中，直接将风释义为“八风也”，似乎是没有提到“气”的流动，实际上意识到“八风”，即“八面来风”，风从四面八方而来，处在不断变化之中，应不言而喻地含有风的流动之意。并且《说文》将“风之属皆从风”。而对风部的飀释为“疾風也”，飀释为“風所飛揚也”，颰为“風吹浪動也”。很明显已认识到风的流动性含义。而到了东汉末年，又一位文字学家刘熙在《释名》中释风道：“风，氾也，其气博氾而动物也。”“风，放也，气放散也。”[5]这正是对《说文》释义的一大发展。

风向与季风

风向是风的重要元素之一。在甲骨文中就有殷人祭四方风的记载，并有四方风的专门名称。称东风曰劦，南风曰岓，西风曰彝，北风曰殴。[6]《吕氏春秋·有始览》始载八风，谓：“东北曰炎风，东方曰滔风，东南曰熏风，南方曰巨风，西南曰凄风，西方曰飂风，西北曰厉风，北方曰寒风。”[7]《淮南子·天文训》则分别将八风称为：东北曰条风、东方曰明庶风、东南曰清明风、南方曰景风、西南曰凉风、西方曰阊阖风、西北曰不周风、北方曰广莫风。[8]并将八风与季节及从事的农耕等活动联系起来。《说文》所载八风为：“东方曰明庶风，东南曰清明风，南方曰景风，西南曰凉风，西方曰阊阖风，西北曰不周风，北方曰广莫风，东北曰融风。”除了“东北曰融风”外,《说文》与《淮南子》所记八风基本相同，这实际上是对商代以来，尤其是秦汉以来对风的方向特性认识的总结。风向是风吹来的方向，仍是反映天气状况的重要指标，虽今已用16方位表示，但一般用8个方位表示，即北、东北、东、东南、南、西南、西、西北，这与战国末期《吕氏春秋》所记述的8个方位完全相同,由此可见,我国先民在气象学上的先进水平。

实际上,在汉代以前我国已发明“俔”（后也称“綄”）这种测量风向的仪器。《淮南子·齐俗训》道：“俔之见风也，无须臾之间定矣。”[9]说明这种风向器还相当灵敏。它很可能是由风杆上系了布帛或长条旗的最简单“示风器”演变过来的。到了东汉，著名科学家张衡发明了相风铜乌，是一种铜做的形状像乌鸦那样的风向器，它装在汉代观测天文气象的灵台上，是专职观测天象的国家天文台所设置的气象仪器，也是世界上最早出现和使用的测风仪，比欧洲到12世纪才在建筑物顶上安装测定风向的候风鸡早一千余年。[10]《说文》等典籍对风向的准确记录是和先进的测量仪器的运用分不开的。

与此同时，从《吕氏春秋》到《淮南子》，再到《说文》，在描述风向的同时，还将风向和季节相联系，反映了人们对季风的认识。所谓季风是指大范围盛行的风向随季节而显著变化的风。《说文》所提到的来自东南的“清明风”，就是夏季出现的东南季风。这是因为我国东邻太平洋，在夏季大陆气温高于海洋，低层气压相应较低，而海洋气压相对较高，风便由海洋吹向大陆，容易形成温热的东南风或“清明风”。在冬季，因大陆气温低于海洋，气压相应较高，风便由大陆吹向海洋，形成了干冷的西北季风，《淮南子》和《说文》称之为“不周风”。不周为山名，在昆仑山西北。《史记·律书》：“不周风居西北，主杀生。”[11] 可知不周风为冬季来自西北的寒风。这都说明《说文》等文献中所记载的季风是有其科学道理的。

风力大小

风速是指空气在单位时间内流动的水平距离，也是表示风力大小的重要概念。在商代甲骨文中有小风、大风、大风兄（大狂风）、骤风、大骤风（大暴风）等记载。《说文》中对风的描述有：

颰，《说文》：“小風也。”应是指风力较小的风。

颭，《说文》新附：“風吹浪動也。”这是对起风时，风吹动水面涌起波浪的描述，颭的本义应是风致小浪的状况。在对风的观察中，观其导致较大区域中水面的变化是一极好的观察对象和方法，在现代气象学上，在对风的分类中，就专门把风对水面尤其是海面的影响作为一个重要内容。如 1 级风的水面状况为微浪，2—3 风的水面状况为小浪，5 级风的水面状况为中浪，6 级风为大浪，8 级风为狂浪，如此等等。《说文》对颭字的解释，将风的活动与河、湖及海平面等水域的浪涌状况联系起来，为气象描述或预报提供了很好的方向。

飂和颲，《说文》都被释为“大风”，可能是不同地域或场景的不同称谓，已不得详知。

颸，《说文》：“疾風也。”现在风力等级表中仍在使用疾风的概念，为风力达 7 级的风，其特征为全树摇动，迎风步行感觉不便，海面形成巨浪。

颲，《说文》：“烈風也。”现在风力等级表中也在使用烈风的概念，为风力达 9 级的风，其特征为陆地上强风揭开屋顶瓦片，毁坏烟囱，全树摇动，迎风步行感觉不便，海面形成狂涛。

颮，《说文》：“風雨暴疾也。”即是暴风。现在风力等级表中暴风是指陆地上少见的11级特大风，会将树木拔起、一般建筑物遭到严重破坏，海面形成异常狂涛。

当然，《说文》风部的飈、颲、颵等释义不一定和现在的疾风、烈风及暴风完全吻合，但也不可否认其中存在的不同程度上的影响。

此外，《说文》风部中表达风形态的字有飆（由下而上的扶搖風）、飄（回風）[12]、颺（風所飛揚），描述风声的字有飒，《说文》新附之颾（同飕）也是对风声的描述，而《说文》新附之飉则是表述“涼風”之意。这都说明古人观测风现象的认真细致。兹不赘述。

结　语

气候变化是目前人类普遍关注的重要问题，而风作为一种气候现象和气象学中的重要内容也备受学术界和普通民众的关注。许慎作为一位博学多识的大学问家，在《说文解字·风部》中对风的含义、风向、季风、风力强弱等问题作了精练的解释，总结了前人对风的研究成果，反映了当时人们对风的认识水平，其中具有值得珍视的科学价值。当然，在具体利用《说文》时，要注意许慎原文和北宋代徐铉所加“新附字”的区别。徐铉在整理许慎《说文解字》时，对经典相承及时俗要用之字而《说文》不载者，皆补录于每部之末，别题为“新附”字。这些新附字可能是汉代就有之字而许慎未收的，也有可能是徐铉新增加的许慎时代未见而在北宋才使用的字。但它们都是在《说文》基础上的[13]发展。总之，挖掘和研究《说文解字》中蕴涵的丰富的科技知识，不但对促进“许学”的研究有重要作用，而且对推动中国科学技术史乃至中华文明史的研究均具有重要意义。

参考文献

[1] 宏富：《风》，科学普及出版社1957年版。

[2] 林之光：《中国气候》，气象出版社1987年版。

[3] 中国科学院大气物理研究所：《天气学知识》，科学出版社1978年版。

[4] 谢世俊：《中国古代气象史》，重庆出版社1992年版。

[5] 叶笃正、张丕远、周家斌：《需要精心呵护的气候》，清华大学出版社2004年版。

注释

[1] 许慎:《说文解字》，中华书局 1963 年版，第 284—285 页。以下引《说文解字》均出自该书。

[2] 王夫之:《庄子解》，中华书局 1964 年版，第 11 页。

[3] 何宁:《淮南子集释》，中华书局 1998 年版，第 170 页。

[4] 萧统:《文选》，中华书局 1977 年版，第 190 页

[5] 王先谦:《释名疏正补》，上海古籍出版社 1984 年版，第 26—27 页

[6] 胡厚宣:《释殷代求年于四方和四方风的祭祀》，《复旦学报》1956 年第 1 期。

[7] 郑慧生:《商代卜辞四方神名、风名与后世春夏秋冬四时之关系》，《史学月刊》1984 年第 6 期。

[8]《诸子集成·吕氏春秋》，中华书局 2006 年版，第 125—126 页。

[9] 何宁:《淮南子集释》，中华书局 1998 年版，第 195—197 页。

[10] 刘文典:《淮南鸿烈集解》(上册)，中华书局 1989 年版，第 367 页。

[11] 卢嘉锡总主编，唐锡仁、杨文衡分卷主编:《中国科学技术史·地学卷》，科学出版社 2000 年版，第 209—210 页。

[12] 司马迁:《史记》卷二十五律书第三，中华书局 1959 年版，第 1243 页。

[13] 段玉裁:《说文解字注》，上海古籍出版社 1988 版，第 677—678 页。

王星光，男，河南获嘉人。郑州大学历史学院教授、博士生导师。主要从事中国科技史和先秦史的研究。

《说文解字》省形省声例证

林志强
福建师范大学

一

汉字形体的二维结构，使得汉字部件只能在左右或上下方向放置；古文字的外观，基本上属于方块形状，现代汉字则完全是方块汉字了，这种外观形式，不允许汉字部件向上下或左右方向无限制地延伸，限制了某些部件的放置空间；另外，汉字的书写既有速度的要求，还有审美的要求，也使得汉字的结构必须紧凑、简洁、平衡。这些因素综合起来，就使得人们在安排汉字部件时，会根据需要有所省略。所以省形省声[1]是汉字构形的需要，也是先民创造汉字的智慧表现，古文字材料中不乏其例，现代汉字也有继承和发展。因此说，省形省声的理论，确实揭示了一部分汉字结构的特点，符合汉字构形的实际情况。

汉字结构上的省形省声问题，汉代的学者就有清楚的认识，如京房说“贞”是“鼎省声”，杜林认为“耿”是“聖省”或“聖省声”，卫宏认为“齡”是“粉省”或“粉省声”[2]，就是例子。到了许慎，更是在其所著的《说文解字》中大量使用省形省声来说明汉字的结构问题[3]。而对省形省声问题的研究，整理《说文》的二徐，就已经开始了端绪，清代《说文》学兴盛，对省形省声的研究就更加深入了。综观学界的看法，对省形省声问题，赞同者有之，质疑者亦有之，涉及具体字例，更是各有说法，不能一致。其所以纷乱如此者，殆因标准有别，角度不同。时有古今，地有南北，字有更革，音有转移，论其一点，不及其余，必然众说纷纭，莫衷一是。笔者以为，省形省声问题，若要确凿可信，当有与省形省声之字对应之不省字形作为对照（即“省体”可与“全形”对照比勘[4]），如能兼顾古今顺序及文字系统，则更为完善。准此原则，本文拟对《说文》系统的省形省声之字作一番初步的整理分类，并利用有关材料，对《说文》本身不能对照的若干字例作简要疏证，最后谈谈对《说文》省形省声问题的看法。

二

《说文解字》中的省形省声之字，《说文》本身可以证明者已有不少。《说文》所载古字类型，有篆文及其异体，有籀文，有古文，互相之间，其有繁简之别者，往往即有全形省体之异。其全形与省体，可以从不同角度进行分类，为方便计，本文仅从所用术语进行类聚，可分为“省”、“或省”、“不省”和“其他”四类，现分列如下：

（一）《说文》言“省”类，正篆为全形，列省体与之对应

1．瑁：珇

《说文》：“瑁，诸侯执圭朝天子，天子执玉以冒之，似犁冠。《周礼》曰：天子执瑁四寸。从玉、冒，冒亦声。珇，古文省。”

2．薇：䓘

《说文》：“薇，菜也，似藿。从艸、微声。䓘，籀文薇省。”

3．蓬：莑

《说文》：“蓬，蒿也。从艸、逢声。莑，籀文蓬省。”

4．薅：蔙

《说文》：“薅，拔去田艸也。从蓐、好省声。蔙，籀文薅省。”

5．斄：厥

《说文》：“斄，彊曲毛，可以箸起衣。从犛省、来声。厥，古文斄省。”

6．歸：埽

《说文》：“歸，女嫁也。从止、从婦省，𠂤声。埽，籀文省。”

7．得：㝵

《说文》：“得（得），行有所得也。从彳、㝵声。㝵，古文省彳。”

8．詩：訨

《说文》：“詩，志也。从言、寺声。訨，古文詩省。”

9．信：㐰

《说文》：“信，诚也。从人、从言，会意。㐰，古文从言省。”

10．誕：這

《说文》：“誕，词诞也。从言、延聲。這，籀文誕省正。”

11．爨：爂

《说文》:“爨,齐谓之炊爨。臼象持甑,冂为灶口,廾推林内火。凡爨之属皆从爨。爂，籀文爨省。”

12．畫：畵

《说文》:“畫,界也。象田四界,聿所以画之。凡画之属皆从画。畵,古文畫省。”

13．斆：學

《说文》：“斆，觉悟也。从教、从冖。冖，尚矇也。臼声。學，篆文斆省。”

14．兆：兆

《说文》：“兆，灼龟坼也。从卜、兆，象形。兆，古文兆省。[5]”

15．薇：筬

《说文》：“薇，竹也。从竹、微声。筬，籀文从微省。”

16．箕：囟

《说文》：“箕，簸也。从竹、囟，象形。下其丌也。凡箕之属皆从箕。囟，古文箕省。”

17．虡：虞

《说文》:“虡，钟鼓之柎也，饰为猛兽。从虍、異，象其下足。虞，篆文虡省。”

18．覃：覃

《说文》：“覃（覃），长味也。从㫗、鹹省声。《诗》曰：实覃实吁。覃，篆文覃省。”

19．䢽：巷

《说文》:“䢽,里中道。从𨛜、从共,皆在邑中所共也。巷（巷）,篆文从𨛜省。”

20．稷：稅

《说文》：“稷，齋也，五谷之长。从禾、畟聲。稅，古文稷省。”

21．稯：稅

《说文》：“稯，布之八十缕为稯。从禾、嵏聲。稅，籀文稯省。”

22．寶：寚

《说文》：“寶，珍也。从宀、从王（玉）、从貝，缶聲。寚，古文寶省貝。”

23．寑：㝲

《说文》：“寑，卧也。从宀、侵声。㝲，籀文寑省。”

24. 癃：瘁

《说文》："癃，罷病也。从疒、隆声。瘁，籀文癃省。"

25. 朢：𦣠

《说文》："朢，月满，与日相望以朝君也。从月、从臣、从壬。壬，朝廷也。𦣠，古文朢省。"

26. 裘：求

《说文》："裘，皮衣也。从衣、求声。一曰：象形，与衰同意。凡裘之属皆从裘。求，古文省衣。"

27. 畏：㽞

《说文》："畏（畏），恶也。从甶、虎省。鬼头而虎爪，可畏也。㽞，古文省。"

28. 灋：法

《说文》："灋，刑也。平之如水，从水，廌，所以触不直者去之，从去。法，今文省。"

29. 鼨：鼦

《说文》："鼨，豹文鼠也。从鼠、冬声。鼦，籀文省。"

30. 恕：忞

《说文》："恕，仁也。从心、如声。忞，古文省。"

31. 意：意

《说文》："意，满也。从心、啻声。一曰：十万曰意。意，籀文省。"

32. 滌：牀

《说文》："滌（漿），酢滌也。从水、將省声。牀，古文滌省。"

33. 灥：原

《说文》："灥，水泉本也。从灥，出厂下。原（原），篆文灥省。"[6]

34. 霚：雺

《说文》："霚，地气发，天不应。从雨、敄声。雺，籀文省。"

35. 雲：云

《说文》："雲，山川气也。从雨、云，象雲回转形。凡雲之属皆从雲。云，古文省雨。"

36. 妣：比

《说文》："妣，殁母也。从女、比声。比，籀文妣省。"

37. 蠭：蚤

《说文》："蠭，飞虫螫人者。从䖵、逢声。蚤（蜂），古文省。"

39. 封：坒

《说文》："封，爵诸侯之土也。从㞢、从土、从寸，守其制度也。公侯百里，伯七十里，子男五十里。坒，古文封省。"

40. 壞：㽕

《说文》："壞，败也。从土、褱声。㽕，古文壞省。"

41. 陳：阵

《说文》："陳，宛丘，舜后妫满之所封。从𨸏、从木，申声。阵，古文陳省木。"[7]

42. 𤐫：𤇖

《说文》："𤐫，塞上亭守湊火者。从𨸏、从火，遂声。𤇖，篆文省。"

（二）《说文》言"或省"之例，正篆亦为全形，举省体与之对应

1. 禱：禂

《说文》："禱，告事求福也。从示、壽声。禂，禱或省。"

2. 蘜：蓻

《说文》："蘜，日精也，以秋华。从艸、𥷚省声。蓻，蘜或省。"

3. 菑：𠙹

《说文》："菑，不耕田也。从艸、𠙹。《易》曰：不菑畬。𠙹，菑或省艸。"

4. 蒸：蒸

《说文》："蒸，折麻中榦也。从艸、烝聲。蒸，蒸或省火。"

5. 嚻：買

《说文》："嚻，声也。气出头上。从㗊、从頁。頁，首也。買，嚻或省。"

6. 讇：諂

《说文》："讇，谀也。从言、閻声。諂，讇或省。"

7. 訩：詾

《说文》："訩，说也。从言、匈声。詾，或省。"

8．鬻：鬵

《说文》："鬻，五味盉羹也。从𩰲、从羔。《詩》曰：亦有和鬻。鬵，鬻或省。"

9．羍：羊

《说文》："羍，小羊也。从羊、大声。读若达。羊，羍或省。"

10．雧：集

《说文》："雧，群鸟在木上也。从雥、从木。集，雧或省。"

11．笏：肑

《说文》："笏，手足指节鸣也。从筋省、勺声。肑，笏或省竹。"

12．籗：篧

《说文》："籗，罩鱼者也。从竹、靃声。篧，籗或省。"

13．笠：互

《说文》："笠，可以收绳也。从竹，象形。中象人手所推握也。互，笠或省。"

14．郢：邛

《说文》："郢，故楚都，在南郡江陵北十里。从邑、呈声。邛，郢或省。"

15．曐：星

《说文》："曐，万物之精，上为列星。从晶、生声。星，曐或省。"

16．曑：曑

《说文》："曑，曑商，星也。从晶、㐱声。曑（参），曑或省。"

17．晨：晨

《说文》："晨，房星为民田时者。从晶、辰声。晨，晨或省。"

18．秫：朮

《说文》："秫，稷之黏者。从禾、朮，象形。朮（术），秫或省禾。"

19．穅：康

《说文》："穅，谷皮也。从禾、从米，庚声。㝩（康），穅或省。"

20．瘚：欮

《说文》："瘚，屰气也。从疒、从屰、从欠。欮，瘚或省疒。"

21．髳：髳

《说文》："髳，发至眉也。从髟、敄声。《诗》曰：紞彼两髳。髳，髳或省。"

22. 復：复

《说文》："復，重也。从勹、復声。复，復或省彳。"

23. 陵：峻

《说文》："陵，高也。从山、陵声。峻，陵或省。"

24. 爨：焦

《说文》："爨，火所伤也。从火、雥声。焦（焦），爨或省。"

25. 籀：笍

《说文》："籀，穷理罪人也。从卒、从人、言，竹声。笍，籀或省言。"

26. 懋：悉

《说文》："懋，勉也。从心、楙声。《虞书》曰：时惟懋哉。悉，懋或省。"

27. 惰：惰

《说文》："惰，不敬也。从心、从嫷省。《春秋传》曰：执玉惰。惰，惰或省阝。"

28. 淵：㴊

《说文》："淵，回水也。从水、象形，左右岸也，中象水皃。㴊，淵或省氵。"

29. 黔：侌

《说文》："黔，雲覆日也。从雲今声。侌，黔或省。"

30. 繛：綽

《说文》："繛，緩也。从素、卓声。綽，繛或省。"

31. 緩：缓

《说文》："緩，繛也。从素、爰声。缓，緩或省。"

32. 蜙：蚣

《说文》："蜙，蜙蝑，以股鸣者。从虫、松聲。蚣，蜙或省。"

33. 畴：𠃬

《说文》："畴（疇），耕治之田也。从田，象耕屈之形。𠃬（𠃬），畴或省。"

34. 鐵：鉄

《说文》："鐵，黑金也。从金、戴聲。鉄，鐵或省。"

35. 鋥：罡

《说文》："鋥，酒器也。从金、罡，象器形。罡，鋥或省金。"

（三）《说文》言“不省”之例，正篆为省体，列全形之字与之对应

1. 邁：邁

《说文》：“邁，远行也。从辵、蠆省聲。邁，邁或不省。”

2. 送：送

《说文》：“送，遣也。从辵、倂省。送，籀文不省。”

3. 訇：訇

《说文》：“訇，骇言声。从言、勻省声。汉中西城有訇乡。又读若玄。訇，籀文不省。”

4. 讋：讋

《说文》：“讋，失气言。一曰：不止也。从言、龖省声。傅毅读若慴。讋，籀文讋不省。”

5. 讄：讄

《说文》：“讄，祷也，累功德以求福。《论语》云：讄曰：祷尔于上下神祇。从言、纍省声。讄，或不省。”

6. 融：融

《说文》：“融，炊气上出也。从鬲、虫省声。融，籀文融不省。”

7. 巂：巂

《说文》：“巂，今巂似鸲鹆而黄。从隹、冏省声。巂，籀文不省。”

8. 卤：卤

《说文》：“卤，惊声也。从乃、卤省声[8]。籀文卤不省。”

9. 鼖：鞼

《说文》：“鼖，大鼓谓之鼖。鼖八尺而两面，以鼓军事。从鼓、賁省声。鞼，鼖或从革、賁不省。”

10. 梓：梓

《说文》：“梓，楸也。从木、宰省声。梓，或不省。

11. 秋：穐

《说文》：“秋，禾谷孰也。从禾、龝省声。穐，籀文不省。”

12. 竈：竈

《说文》：“竈，炊竈也。从穴、鼀省聲。竈，或不省。”

13. 保：保

《说文》："保，养也。从人、从采省。保（保），古文保不省。"

14. 襲：襲

《说文》："襲，左衽袍。从衣、龖省声。襲，籀文襲不省。"

15. 歎：歎

《说文》："歎，吟也。从欠、鷬省声。歎，籀文歎不省。"

16. 苟：𦍌

《说文》："苟，自急敕也。从羊省、从包省、从口。口，犹慎言也。从羊，羊与义、善、美同意。凡苟之属皆从苟。𦍌，古文羊不省。"

17. 厲：厲

《说文》："厲，旱石也。从厂、蠆省声。厲，或不省。"

18. 羸：驘

《说文》："羸，驴父马母。从马、羸省声。驘，或不省。"[9]

19. 麇：麏

《说文》："麇，麞也。从鹿、囷省声。麏，籀文不省。"

20. 㷉：䵬

《说文》："㷉，以火干肉。从火、稫声（臣铉等案：《说文》无稫字，当从䵬省，疑传写之误）。䵬，籀文不省。"

21. 淖：潮

《说文》："淖（潮），水朝宗于海。从水、朝省。（臣铉等曰：隶书不省。）"

22. 澩：澩

《说文》："澩，夏有水冬无水曰澩。从水、學省声。读若学。澩，澩或不省。"

23. 巠：巠

《说文》："巠，水脉也。从川在一下。一，地也。壬省声。一曰：水冥巠也。巠，古文巠不省。"

（四）“其他”类是指《说文》省形省声的字例中，虽无“省”、“或省”、“不省”等术语标明，但亦属全形省体之可对应者，如

1．叡：睿

《说文》：“叡，深明也。通也。从𣦼、从目、从谷省。睿，古文叡。”

按，“睿”即“叡”之省。

2．宐：[illegible]：𡧯

《说文》：“宐（宜），所安也。从宀之下、一之上，多省声。[illegible]，古文宜。𡧯，亦古文宜。”

按，“宐（宜）”即“[illegible]”、“𡧯”之省。

3．堂：坣

《说文》：“堂，殿也。从土、尚声。坣，古文堂。”

按，“坣”即“堂”之省。

三

以上所列《说文》103条全形省体之字，单纯从结构上看，基本上都是对应的，省形省声确实都是偏旁的简省。但如果从字际关系看，涉及具体的例子，需要讨论的问题还比较多，比如“云”和“雲”、“其”和“箕”，作为古今字来看，就不是结构省略的问题了；从文字源流的角度看，是先有“云”后才有“雲”，先有“其”后才有“箕”，把“云”和“其”作为“雲”和“箕”的省体，也把本末倒置了。当然，如果“云”和“雲”、“其”和“箕”仅就它们的本义来说，字形有繁简之别，全形省体相对应，也是无可厚非的。因此，上列四类《说文》本身可以证明之全形省体对应之字，基本上是可以成立的，从文字材料来看，除了《说文》本身可以证明之外，还有不少可以从古文字材料中得到证实，如“法”字原作“灋”，金文作灋、小篆作灋，一脉相承，此字战国时期或省作法，小篆作法，后世承之，如帛书作法、汉简作法，《说文》言“法”为“今文省”，虽不甚准确，但一繁一简，源远流长，确是不争的事实。

《说文》中存在省形省声之字，共约630例，除上列103例外，其他都是不能直接获得全形字进行对照的文字，它们有无省略，或是何字之省，引起比较大的争议，其中省声的问题又特别突出。段玉裁在《说文解字注》中说：“《说文》言省声，多有可疑者。取一偏旁，不载全字，指为某字之省，若家之为豭省、哭之从狱省，皆不可信。"[10]于省吾曰："《说文》有从𤇾之字而无𤇾字。从𤇾之字凡二十三见。或曰瑩省声，或曰熒省声，或曰榮省声，或曰營省声，均不可据。"[11]由于文字材料的限制，《说文》省形省声的解释或有主观臆说之处，这是不可避免的。现在要解决"取一偏旁，不载全字"的历史局限，只有依靠新发现的材料，才能获得新的认识。随着古文字材料的不断发现和深入研究，《说文》省形省声问题大致可分为两种情况：一是得到纠正，如"龍"为"童省声"、"皮"为"爲省声"、"监"为"䀂省声"、"奔"为"贲省声"等说法，《说文》只据小篆字形立说，与这些字的演变源流情况不符，应该得到纠正；二是得到证实，即随着古文字材料的发现，获得了新的证据，《说文》省形省声之说，可以得到证实。去年笔者因奉业师曾宪通先生之命，参与编写国家"十一五"规划教材《汉字源流》[12]，其中涉及省形省声字例若干，可以证明《说文》的说法是正确的。下面从书中抽选 10 例，略加改写，罗列如次：

1. 秦

《说文》："秦，伯益之后所封国，地宜禾。从禾、舂省。一曰：秦，禾名。䅶，籀文秦从秝。"按，根据《说文》所列籀文，可以证明小篆省"秝"为"禾"，但还不能说明小篆从"舂"省。现据《首阳吉金》所载的秦公鼎和秦公簋[13]，铭文的"秦"字皆作，字本从舂从秝，知《说文》以为"秦"字从舂省是可信的。

2. 耊

《说文》："耊，年八十曰耊。从老省，从至。"按：《甲骨文合集》17938 作[14]，从老，不省。现作"耋"，亦不省。

3. 孝

《说文》："孝，善事父母者。从老省，从子。子承老也。"按：金文或作[15]，上为"老"，下为"子"，整字象小孩搀扶老人之形，即《说文》"子承老"之意。

4. 具

《说文》："具，共置也。从廾从貝省。古以貝为货。"按："具"字甲骨文作或[16]，金文函皇父簋作，皆从双手捧鼎之形，本义是备办好饭菜。㝬钟作，双手所捧之鼎形已与貝形混同。古文字从鼎之字，其鼎形与货貝之貝形近易混，“鼎”省写为“貝”是常见的现象，如“則”、“員”二字原皆从鼎，后变从貝。曾伯簠作[17]，“貝”符下的两笔已与“廾”符的两笔相连，鼎形已完全写作“貝”了。此字可视作是—的中间桥梁。小篆作，则“貝”又省写为“目”。《说文》所谓“从貝省”者，乃指小篆之“目”并非眼睛，而是“貝”形的省写。其实，从古文字演变源流来看，“具”字在演变过程中实际经历了两次省变，既有“鼎”之变“貝”，又有“貝”之变“目”。

5．慶

《说文》：“慶，行贺人也。从心，从夊，吉礼以鹿皮为贽，故从鹿省。”按：慶字古或从“文”作，如伯其父簠作，秦公簋作，或从“心”作，如陈公子中慶簠作[18]，后世则以从“心”作者行而从“文”作者废。从“文”作的古“慶”字，鹿形头角四肢俱全，是比较完整的，故《说文》认为“慶”字从鹿省是可信的。

6．隶

《说文》：“隶，及也。从又，从尾省。又持尾者，从后及之也。”按：此“隶”字非“隸”字之简体，而是“逮”的古字。“隶”字《古玺汇编》2411作[19]，小篆作，二者结构相同，组合略有变化。“尾”字甲骨文作，小篆作，其省体即。“隶”字从又持尾以会逮及之意，形义清楚，故《说文》以为“隶”从尾省是可信的。

7．家

《说文》：“家，居也。从宀、豭省聲。”《说文》以家为省声字，是一个备受争议的例子。段玉裁注：“按此字为一大疑案。豭省声读家，学者但见从豕而已。从豕之字多矣，安见其为豭省耶？何以不云叚声，而纡回至此耶？”考《甲骨文合集》3522正“家”字作，《合集》13586、13593，《合集补编》1265、《花东》236、490等皆如此作[20]，从宀，（音xiā）声。按象牡豕（腹下有生殖器之形），甲骨文作（《合集》900正），小篆作，《说文》“读若瑕”，乃豭（牡豕）之初文。古文字旁或省生殖器作豕形，为小篆所承袭，并为《说文》之所本。许慎以“豭省声”说之，犹存古谊，当是可信的[21]。

8．漢

《说文》：“漢，漾也，东为沧浪水。从水，難省声。”段玉裁以为“難省声”是“浅人所改”。但根据古文字材料，早期的“漢”字确是从難得声的。现在所能看到的最早的“漢”字，是战国时期的鄂君启节。节铭云：“自鄂往，逾湖，上灘……逾灘，就郢。”其中之“灘”，同“漢”，指漢水，字作“[illegible]”，上下结构，正是从水難声，可见许说不误，当非“浅人所改”[22]。

9. 產

《说文》：“產，生也。从生，彦省声。”《古玺汇编》3661“產”作[illegible]，从彦不省；另外，“顔”字马王堆《老子》甲本和扶风出土汉印都作从“產”从“頁”，也说明“彦”、“產”关系密切。因此，“產”从“彦”省声也是有根据的。

10. 夜

《说文》：“夜，舍也。天下休舍也。从夕，亦省声。”古文字材料中，也有不省的“夜”字，如夜君鼎作[illegible][23]，从“亦”，不省；郭店·老甲8“夜”字作[illegible][24]，从亦从夕，只不过写成了上下结构，包山简113、206也是如此[25]，说明“夜”从“亦”声是完全有根据的。其实，从古文字的构形来说，像师酉簋“夜”作[illegible][26]，包山简200“夜”作[illegible][27]，睡虎地秦简“夜”作[illegible][28]，都可把“夕”字的末笔看成“亦”和“夕”共有的部件，其从“亦”声也是很显然的。

新的发现带来新的学问，新的材料带来新的认识，《说文》所列省形省声之字，将随着古文字材料的更多发现，会得到进一步的证明，或证其是，或证其非，因此，我们对于《说文》所载的省形省声之字，要本着实事求是的态度，历史地、辩证地认真加以对待。

参考文献

[1] 曾宪通、林志强：《汉字源流》（稿本）。

[2] 陈世辉：《略论〈说文解字〉中的“省声”》，《古文字研究》第一辑，中华书局1979年版。

[3] 容庚编著，张振林、马国权摹补：《金文编》，中华书局1985年版。

[4] 冯玉涛：《〈说文解字〉“省形”分析》，《宁夏大学学报》2005年第2期。

[5] 冯玉涛：《〈说文解字〉省声字分析》，《宁夏大学学报》2006年第3期。

[6] 黄德宽主编：《古文字谱系疏证》，商务印书馆2007年版。

[7] 刘钊、洪扬、张新俊：《新甲骨文编》，福建人民出版社2009年版。

注释

[1]“省形”包括会意字意符和形声字形符的省略，“省声”则专指形声字声符的省略。

[2]分别见《说文解字·卜部》“贞”字、《说文解字·耳部》“耿”字、《说文解字·黹部》“黺”字。“耿”字大徐本作“聖省”，小徐本作“聖省声”；“黺”字大徐本作“粉省”，小徐本作“粉省声”。

[3]由于《说文解字》在流传的过程中产生了一些讹误，又由于统计口径和个人判断的不同，关于《说文解字》中的省形省声的数量，互相之间有较大的差异。本文综合大小徐本进行统计，包括校订者的意见在内，《说文》中省形省声的文字约630例。

[4]本文所谓“全形”，即指不省之完整字形，所谓“省体”，即指省形或省声之字。之所以不用“省形”与“全形”对举，是为了避免与“省形省声”之“省形”混淆。

[5]大徐本作“古文兆省”，此从小徐本。

[6]大徐本作“篆文从泉”，此从小徐本。

[7]大徐本作“古文陈”，此从小徐本。

[8]大徐本作“从乃省，西声”。徐铉按：“西非声，未详。”此从小徐本。

[9]大徐本作“从马，㐬声。驘，或从赢”。此从小徐本。

[10]《说文解字注》“哭”字条下。《说文解字注》，上海书店出版社1992年版，第63页。

[11]于省吾：《双剑誃古文杂释·释焚》，转引自《古文字诂林》第五册，上海教育出版社2002年版，第804页。

[12]曾宪通、林志强：《汉字源流》，中山大学出版社（待出）。

[13]首阳斋、上海博物馆、香港中文大学文物馆：《首阳吉金》，上海古籍出版社2008年版，第45—49页。

[14]参见刘钊、洪扬、张新俊《新甲骨文编》，福建人民出版社2009年版，第483页。

[15]见容庚编著，张振林、马国权摹补《金文编》，中华书局1985年版，第600页。

[16]参见刘钊、洪扬、张新俊《新甲骨文编》，福建人民出版社2009年版，第140页。

[17]以上金文字形参看容庚编著，张振林、马国权摹补《金文编》，中华书局1985年版，第162页。

[18]以上金文字形参看容庚编著，张振林、马国权摹补《金文编》，中华书局1985年版，第716页。

[19]罗福颐主编：《古玺汇编》，文物出版社1981年版，第245页。

[20]参见刘钊、洪飏、张新俊《新甲骨文编》，福建人民出版社2009年版，第424页。

[21]参见黄德宽主编《古文字谱系疏证》，商务印书馆2007年版，第1357—1359页。

[22]参见陈炜湛《“汉”字漫议》，《汉字古今谈·续编》，语文出版社1993年版。

[23]容庚编著，张振林、马国权摹补：《金文编》，中华书局1985年版，第483页。

[24]张守中、张小沧、郝建文撰集:《郭店楚简文字编》，文物出版社2000年版，第105页。

[25]张守中撰集：《郭店楚简文字编》，文物出版社1996年版，第117页。

[26]容庚编著，张振林、马国权摹补：《金文编》，中华书局1985年版，第483页。

[27]张守中撰集：《包山楚简文字编》，文物出版社1996年版，第117页。

[28]张守中撰集：《睡虎地秦简文字编》，文物出版社1994年版，第106页。

林志强，男，1964年出生，福建古田人。福建师范大学文学院教授、博士生导师。中国文字学会理事、福建省辞书学会副会长。主要从事古代汉语和汉语文字学的教学和研究。

现行规范中的异体字与《说文解字》

张书岩

教育部语言文字应用研究所

提　要　从《说文解字》重文到《规范汉字表》（征求意见稿）的异体字，汉字的正异关系有继承，又有发展。笔者站在现代规范的平面上，以《说文》为参照，考察了《规范汉字表》（征求意见稿）附列的异体字在《说文》中的对应情况以及后来在正异关系上所发生的种种变化，对异体字的整理与规范提出了建议。

一

《说文解字》一书收入重文1163个，《规范汉字表》（征求意见稿）附列异体字1006个，异体字（重文）现象从古至今始终存在。但是从每个异体字（重文）个体来看，却发生着许多变化。例如，《说文》的重文，在《规范汉字表》（征求意见稿）中可能成为规范字，而《说文》的正字，在《规范汉字表》（征求意见稿）中可能成为异体；又如，今天的一组正字和异体字，在《说文》中可能是两个根本不相干的字。这些变化，反映了汉字形、音、义的变化，也反映出汉字发展的某些规律。

笔者拟站在现代规范的平面上，以《说文》为参照，考察《规范汉字表》（征求意见稿）附列的1006个异体字在《说文》中的情况以及后来所发生的变化。因时间关系，目前只考察了550个，本文的讨论即以这550个异体字为基础展开。

二

这550个异体字组中，有420组与《说文》有关。有的是正字和异体字都见于《说文》，有的是只有正字或只有异体字见于《说文》。具体来说，大致有如下几种情况：

第一，今异体字在《说文》中为今正字的重文（正异体关系与今相同）。这类字不多，在420组异体字组中仅有10组（以下注释除有说明者外，均为《说文》

原文）：

雕（鵰）diāo 雕，鷻也。从隹，周声。鵰，籀文雕从鳥。

睹（覩）dǔ 睹，见也。从目，者声。覩，古文从見。

歌（謌）gē 歌，咏也。从欠，哥声。謌，謌或从言。

迹（蹟）jì 迹，步处也。从辵，亦声。蹟，或从足、責。

阱（穽）jǐng阱，陷也。从阜，从井，井亦声。穽，阱或从穴。

橹（樐）lǔ 橹，大盾也。从木，鲁声。樐，或从鹵。

梅（楳）méi 梅，枏也。可食。从木，每声。楳，或从某。

*俯（俯俛）fǔ 俯《说文》未收。俯，低头也。从頁，逃省。……扬雄曰：人面俯。俛，俯或从人、免（《玉篇》：俯谓下首也）。

*粳（秔稉）jīng粳《说文》未收。秔，稻属。从禾，亢声。稉，秔或从更声（粳，同“秔”，见《玉篇》）。

*俯、粳二组今正字“俯”“粳”不见于《说文》，两组中的异体字“頫”与“俛”、“秔”与“稉”在《说文》中为正字与重文的关系。

第二，今正字见于《说文》，异体字《说文》中未见（多为后起字），古代也是今正字的重文（正异体关系与今相同）。这类字似乎和第一类没有什么区别，但实际上由于两字产生于不同的时代，因此也带有本身的一些特征。

这类字大致有这样几种情况：

1. 有明确的造字意图，音义与正字完全相同（相当于《说文》中的重文）。如：

柏（栢）bǎi 柏，鞠也。从木，白声。栢，同“柏”。见《类篇》。

秕（粃）bǐ 秕，不成粟也。从禾，比声。粃，同“秕”。见《玉篇》。

敕（勅）chì 敕，诫也。臿地曰敕。从攴，束声。勅，同“敕”。见金文、《广韵》。

窗（牕）chuāng囱，在墙曰牖，在屋曰囱。象形。窗，或从穴。牕，同“囱（窗）”。见《洪武正韵》。

春（旾）chūn 萅，推也。从艹，从日，艹，春时生也；屯声。旾，同“春”。见三体石经古文、《集韵》。

鹚（鶿）cí 鹚，鸬鹚也。从鸟，兹声。鶿，同“鹚”。见唐诗、《广韵》。

耕（畊）gēng耕，犁也。从耒，井声。一曰古者井田。畊，同“耕”。

见《玉篇》。

瑰（瓌）guī瑰，玫瑰。从玉，鬼声。一曰圜好。瓌，同“瑰”。见汉印、《集韵》。

椁（槨）guō 椁，葬有木亭也。从木，亭声。槨，同“椁”。见《广韵》。

祸（旤）huò 祸，害也，神不福也。从示，呙声。旤，同“祸”。见《玉篇》。

笺（牋）jiān 笺，表识书也。从竹，戋声。牋，同“笺”。见汉印、《玉篇》。

阶（堦）jiē阶，陛也。从阜，皆声。堦，同“阶”。见《玉篇》。

径（逕）jìng 径，步道也。从彳，巠声。逕，同“径”，见《玉篇》。

坎（埳）kǎn 坎，陷也。从土，欠声。埳，同“坎”，见《玉篇》。

裹（裡）lǐ 裹，衣内也。从衣，里声。裡，同“裹”，见《正字通》。

橹（艣）lǔ 橹，大盾也。从木，鲁声。艣，同“橹”，见《玉篇》。

蟆（蟇）má蟆，虾蟆也。从虫，莫声。蟇，同“蟆”，见《广韵》。

2. 后起俗字，理据不明确，有些甚至是讹字。音义也与正字完全相同。如：

霸（覇）bà 霸，月始生，霸然也。承大月二日，承小月三日。从月，䨣聲。覇，《字汇·襾部》：“覇，本从雨，俗从襾。”

备（俻）bèi 备，慎也。从人，葡声。俻，同“备”。见《玉篇》。

博（愽）bó 博，大，通也。从十，从尃。尃，布也。愽，俗“博”字。见《正字通》。

策（筞）cè 策，马棰也。从竹，朿声。筞，俗“策”字。见《龙龛手鉴》。

塍（堘）chéng 塍，稻中畦也。从土，朕声。堘，同“塍”。见《齐民要术》。

船（舡）chuán 船，舟也。从舟，铅省声。舡，同“船”。见《广韵》。

篡（簒）cuàn 篡，屰而夺取曰篡。从厶，算声。簒，讹字，未见字书。

兜（兠）dōu 兜，兜鍪，首铠也。从兜，从皃省。皃象人头也。兠，俗“兜”字。见《中华大字典》。

恩（㤙）ēn 恩，惠也。从心，因声。㤙，同“恩”。见《宋元以来俗字谱》。

戛（戞）gā 戛，戟也。从戈，从百。读若棘。戞，俗“戛”字。见《玉篇》。

乾（亁）gān 干，上出也。从乙，乙，物之达也；倝声。亁，俗“乾”字。见《集韵》。

怪（恠）guài 怪，异也。从心，圣声。恠，俗“怪”字。见《玉篇》。

叫（呌）jiào 叫，嘑也。从口，丩声。呌，俗“叫”字。见《龙龛手鉴》。

緊（緊）jǐn 緊，缠丝急也。从臤，从丝省。緊，俗“緊”字。见《正字通》。

寇（冦）kòu 寇，暴也。从攴，从完。冦，同“寇”。见《正字通》。

阔（濶）kuò 阔，疏也。从门，活声。濶，俗“阔”字。见《玉篇》。

赖（頼）lài 赖，赢也。从贝，剌声。頼，俗“赖”字。见《淮南子》、明《俗书刊误》。

廉（亷）lián 廉，仄也。从广，兼声。亷，同“廉”。见《龙龛手鉴》。

略（畧）luè 略，经略土地也。从田，各声。畧，同“略”。未见出处。

3. 异体字为后起分化字，为记录正字的引申义、本义、假借义或某一专用义而造。这类字的音义只是与正字的部分音义相同，即其音义被包含在正字音义之中。如：

背（揹）背 bèi，脊也。从肉，北声。bēi，用脊背负荷（引申义）。又作揹，未见字书。

奔（逩）bēn 奔，走也。从夭，贲省声。与走同意，俱从夭。bèn，直往（引申义）。又作逩。见《正字通》。

布（佈）bù 佈，枲织也。从巾，父声。引申为宣告、敷陈、陈列、分布、施散。佈，表示上述引申义。见《广韵》。

采（採）cǎi 采，捋取也。从木，从爪。採，采摘（“采”本义）。见《玉篇》。

尝（嚐）cháng 尝，口味之也。从旨，尚声。嚐，以口辨味（“尝”本义）。见唐诗。

豆（荳）dòu 豆，古食肉器也。从口，象形。后假借为豆类。荳，俗“豆”字（指豆类，“豆”的假借义）。见《正字通》。

赣（灨）gàn 赣，赐也。从贝，竷省声。借指赣水。灨，同“赣”（水名，“赣”的假借义）。见《集韵》。

雇（僱）gù 雇，九雇。农桑候鸟，扈民不淫者也。从隹，户声。假借为雇佣。僱，俗“雇”字（表示“雇”的假借义）。见《中华大字典》。

果（菓）guǒ 果，木实也。从木，象果形在木之上。菓，同“果”（植物结的果实，本义）。见《广韵》。

毁（譭）huǐ 毁，缺（器破）也。从土，毇省声。譭，同“毁”（毁谤，使名誉毁坏，引申义）。见《集韵》。

麻（蔴）má 麻，与林同。人所治，在屋下。从广，从林。蔴，麻类植物通称（“麻”本义）。见清《福惠全书》。

第三，今异体字在《说文》中为正字，今正字为《说文》重文（正异体关系与今相反）。这类字为数也不多，在前420组中仅有10组：

悖（誖）bèi 誖，乱也。从言，孛声。悖，誖或从心。

斃（獘）bì 獘，顿仆也。从犬，敝声。《春秋传》曰：“与犬，犬獘。”斃，獘或从死。

酬（醻）chóu 醻，主人进客也。从酉，寿声。醻或从州。

法（灋）fǎ 灋，刑也。平之如水，从水；廌，所以触不直者。法，今文省。

秆（稈）gǎn 稈，禾茎也。从禾，旱声。秆，稈或从干。

躬（躳）gōng 躳，身也。从身，从吕。躬，躳或从弓。

鷄（雞）jī 雞，知时畜也。从隹，奚声。鷄，籀文雞从鸟。

剑（劒）jiàn 劒，人所带兵也。从刃，佥声。剑，籀文剑从刀。

愧（媿）kuì 媿，惭也。从女，鬼声。愧，媿或从耻省。

昵（暱）nì 暱，日近也。从日，匿声。昵，暱或从尼。

第四，今异体字在《说文》中为正字，后成为后起正字的异体（正异体关系与今相反）。如：

鞍（鞌）ān 鞌，马鞁具也。从革，从安。《玉篇·革部》：“鞌，亦作鞍。”

褓（緥）bǎo 緥，小儿衣也。从纟，保声。褓，小儿衣。见《玉篇》。

杯（桮）bēi 桮，𩑋（gòng）也。从木，否声。杯，见马王堆汉墓竹简。

绷（繃）bēng 繃，束也。从纟，崩声。《集韵》：“繃或作绷。”

遍（徧）biàn 徧，帀也。从彳，扁声。遍，俗“徧”字。见《广韵》。

鳖（鼈）biē 鼈，甲虫也。从黽，敝声。鳖，俗“鼈”字。见《玉篇》。

惭（慙）cán 慙，媿也。从心，斩声。惭，同“慙”。见《玉篇》。

澄（澂）chéng 澂，清也。从水，徵省声。澄，同“澂”。见《玉篇》。

翅（翄）chì 翄，翼也。从羽，支声。翅，同“翄”。见《玉篇》。

锄（鉏）chú 鉏，立薅所用也（锄头）。从金，且声。锄，锄头。见《释名》。

床（牀）chuáng 牀，安身之坐者。从木，爿声。床，俗“牀”字。见《玉篇》。

捣（擣）dǎo 擣，手推也。一曰筑也。从手，寿声。捣，俗“擣”字。见《正字通》。

蝶（蜨）dié 蜨，蛱蜨也。从虫，疌声。蝶，胡蝶。见《玉篇》。

讹（譌）é 譌，讹言也。从言，爲声。《诗》曰："民之讹譌言。"讹，见《尔雅》。"民之譌言。"今本作"讹言"。

蜂（蠭）fēng蠭，飞虫螫人者。从䖵，逢声。蜂，同“蠭”。见《玉篇》。

峰（峯）fēng峯，山端也。从山，夆声。峰，同“峯”。见李白《蜀道难》、《集韵》。

概（槩）gài 槩，木气斗斛。从木，既声。概，同“槩”。见《礼记》《集韵》。

哗（譁）huá 譁，讙也。从言，华声。哗，同“譁”。见《集韵》。

獾（貛）huān 貛，野豕也。从豸，雚声。獾，同“貛”。见《集韵》。

蛔（蛕）huí 蛕，腹中长虫也。从虫，有声。蛔，同“蛕”。见《集韵》。

辉（煇）huī 煇，光也。从火，军声。辉，同“煇”。见《广韵》。相反。

秸（稭）jiē 稭，禾稾去其皮，祭天以为席。从禾，皆声。秸，同“稭”。见《广韵》。

懒（嬾）lǎn 嬾，懈也，怠也。一曰卧也。从女，赖声。懒，俗“嬾”字。见《玉篇》。

螂（蜋）láng蜋，堂蜋也。从虫，良声。一名蚚父。螂，同“蜋”。见《玉篇》。

狸（貍）lí 貍，伏兽，似貙。从豸，里声。狸，同“貍”。见《方言》。

菱（蔆）ling蔆，芰也。从艹，淩声。楚谓之芰，秦谓之薢茩。菱，同“蔆”，见《广韵》。

骡（驘）luó 驘，驴父马母。从马，㐮声。骡，同“驘”。见《一切经音义》。

虻（蝱）méng蝱，啮人飞虫。从䖵，亡声。虻，同“蝱”。见《类篇》。

绵（緜）mián 緜，聯微也。从系，从帛。绵，同“緜”。见《玉篇》。

麵（麪）miàn 麪，麦末也。从麦，丏声。麵，同“麪”。见《广韵》。

有些后起的正字属于俗字，多数理据不明确，有些甚至是讹字。如：

秘（祕）bì，mì祕，神也。从示，必声。秘，俗“祕”字。见《广韵》。

禀（稟）bǐng稟，赐谷也。从亩，从禾。禀，俗“稟”字。见《字汇》。

耻（恥）chǐ 恥，辱也。从心，耳声。耻，同“恥”。见《龙龛手鉴》。

厨（廚）chú 廚，庖屋也。从广，尌聲。厨，同“廚”。见《定声》。

凑（湊）còu 湊，水上人所会也。从水，奏声。凑，俗“湊”字。见《中华大字典》。

幹（榦）gàn 榦，筑墙耑木也。从木，倝声。幹为俗字，后通行。

减（減）jiǎn 減，损也。从水，咸声。减，俗“減”字。见《玉篇》。

杰（傑）jié 傑，傲也。从人，桀声。杰，同“傑”。见《龙龛手鉴》。

晋（晉）jìn 晉，进也。日出万物进。从日从臸。晋，俗“晉”字。见《正字通》。

决（決）jué 決，行流也。从水，从夬。庐江有決水，出于大别山。决，俗“決”字。见《玉篇》。

第五，今为异体关系的一组字在《说文》中分别代表不同的语素（或仅正字见于《说文》；或仅异体见于《说文》）。这类字后来成为异体关系，大致有这样几种情况：

1. 义近成为异体。

暗（晻）àn 暗，日无光也。从日，音声。晻，不明也。从日，奄声。（《集韵》《类篇》皆以暗、晻为一字异体。）

醻（詶）chóu《说文》：醻，主人进客也。从酉，寿声。酬，醻或从州。詶，诪（用言语或诗文应答）也。从言，州声。

啖（啗）dàn 啖，噍啖也。从口，炎声。一曰噉。啗，食也。从口，臽声。

遁（遯）dùn 遁，迁也。一曰逃也。从辵，盾声。遯，逃也。从辵，从豚。（后逃跑义多作“遁”。）

泛（汎）fàn 泛，浮也。从水，乏声。汎，浮皃。从水，凡声。

鲠（骾）gěng 鲠，鱼骨也。从鱼，更声。骾，食骨留咽中也。从骨，更声。（鲠引申义与骾同。）

歡（懽）huān 歡，喜乐也。从欠，雚声。欢，喜款（shì）也。从心，雚声。

窥（闚）kuī 窥，小视（从门中偷看）也。从穴，规声。闚，闪（从门中偷看）也。从门，规声。

婪（惏）lán 婪，贪也。从女，林声。……惏，河内之北谓贪曰惏。从心，林声。（段注：惏与婪音义同。）

煉（鍊）liàn 煉，铄冶金也。从火，柬声。鍊，冶（段注改为治）金也。从金，柬声。

麟（麐）lín 麟，大牝（《系传》作牡）鹿也。从鹿，粦声。麐，牝麒也。从鹿，吝声。（原有雌雄之别。后同。）

奔（犇）bēn 奔，走也。从夭，贲省声。与走同意，俱从夭。犇，牛惊。见《玉篇》，《史记》等用同奔。

僵（殭）jiāng僵，偾（仆倒）也。从人，畺声。殭，死。后通“僵”，僵硬。

糍（餈）cí 糍，糍粑（所指与“餈”相近）。餈，稻饼也。从食，次声。见《梦溪笔谈》。

2．一字借作另一字，而其本义消失或很少使用。这类字往往给人原本就是异体关系的感觉。如：

驳（駮）bó 驳，马色不纯。从马，爻声。駮，兽，如马，倨牙，食虎豹。从马，交声。（“駮”本义不用，假借作“驳”。）

唇（脣）chún 唇，惊也。从口，辰声。脣 zhēn，口端也。从肉，辰声。（“唇”本义不用，假借作“脣”，指嘴唇，见《六书故》。）

粗（麤）cū 粗，疏也。从米，且声。麤，行超远也。从三鹿。（“麤”本义不用，假借作“粗”。）

附（坿）fù 附，附娄，小土山也。从阜，付声。《春秋传》曰：“附娄无松柏。”坿，益也。从土，付声（“附”本义不用，假借作“坿”，表示增益的意义）。

核（覈）hé 核，蛮夷以木皮为箧，状如奁尊。从木，亥声。覈，实也。考事，襾笮邀遮，其辞得实曰覈。从襾，敫声（“核”本义不用，假借作“覈”，表示核实，古籍常用）。

歡（驩）huān 歡，喜乐也。从欠，雚声。驩，马名。从马，雚声。（“驩”本义不用，假借作“歡”，见《左传》等）。

奸（姦）jiān 奸，犯也。从女，从干，干亦声。姦，私也。从三女（“奸”本义不用，假借作“姦”，见《左传》等）。

巨（鉅）jù 巨，规巨也。从工，象手持之。鉅，大刚也。从金，巨声（“鉅”本义不用，假借作“巨”，见《玉篇》及古籍）。

馈（餽）kuì馈，饷也。从食，贵声。馈，吴人谓祭曰馈。从食从鬼，鬼亦声（“餽”本义不用，假借作“馈”）。

霓（蜺）ní 霓，屈虹，青赤，或白色，阴气也。从雨，儿声。蜺，寒蜩也。从虫，儿声。蜺同“霓”（“蜺”本义不用，假借作“霓”，见《尔雅》）。

痹（痺）bì 痹，湿病也。从疒，畀声。痺 bēi，雌鹑。见《尔雅》。又同痹。见《集韵》、《正字通》（“痺”本义不用）。

捶（搥）chuí 捶，以杖击也。从手，垂声。搥，duī 掷也。见《广雅》。chuí 捶打。见《字汇》（“搥”本义不用）。

粗（觕）cū 粗，疏也。从米，且声。觕，牛角直貌。见《广韵》（“觕”本义不用，假借作“粗”）。

痱（疿）fèi 痱，风病也。从疒，非声。后假借指痱子。见《广韵》。疿，痱子。见《玉篇》（“痱”本义不用）。

莼（蓴）chún 莼，莼菜，见唐诗。蓴 tuán，蒲丛也。从艹，专声。又指莼菜，见《广韵》（“蓴”本义不用）。

村（邨）cūn 村，墅（村庄）。见《广韵》。邨，地名。从邑，屯声。后通作“村”（“邨”本义不用，假借作“村”，见《集韵》）。

净（淨）净 chēng，冷。见《广韵》。俗通“淨”（jìng）。淨 chéng，鲁北城门池也。从水，争声。又 jìng，清洁，见《广韵》（“净”、“淨”本义均不用，假借义通）。

3. 一字借作另一字，而其本义仍在使用。这类字一般形成不完全对等的关系。如：

敕（勑）chì 敕，诫也。臿地曰敕。从攴，朿声。勑，劳也。从力，来声（“勑”假借作“敕”，见《广韵》。“勑”的本义“慰劳、勤劳”仍使用）。

绸（紬）chóu 绸，缪也。从纟，周声。紬，大丝缯也。从纟，由声（紬，绸缎本字。“绸”假借作“紬”，绸缎；本义绸缪仍使用）。

雕（琱）diāo 雕，鷻也。从隹，周声。琱，治玉也。一曰石似玉。从玉，周声（“雕”假借作“琱”。“雕”的本义“鸟名”仍使用）。

慨（嘅）kǎi 慨，忼慨，壮士不得志也。从心，既声。嘅，叹也。从口，既声（叹息义经典多借“慨”。“慨”的本义“慷慨”仍使用）。

考（攷）kǎo 考，老也。从老省，丂声。攷，敏也。从攴，丂声（“考”假借作“攷”，表示“敲打、考察”的意义。“考”的本义“老”仍使用）。

淋（痳）lín 淋，以水渫也。从水，林声。一曰淋淋，山下水皃。痳，lìn，疝病。

从疒，林声（“淋”假借作“痳”，表示淋病的意义。“淋水”的本义仍使用）。

吃（喫）chī 吃，言蹇难也。从口，气声。喫，啖也，见《玉篇》。吃，近代与“喫”通。见《红楼梦》（“吃”假借作“喫”，表示啖的意义。“口吃”的本义仍使用）。

4. 两字意义演变比较复杂，仅在某一个或某几个意义上通用。

阁（閤）gé 阁，所以止扉也。从门，各声。閤，门旁户也。从门，合声。在楼阁、组阁等意义上通用。

缄（椷）jiān 缄，（段注加“所以”）束箧也。从纟，咸声。椷，箧也。从木，咸声。两字本义不同，在书信的意义上相通。

侥（徼）jiǎo 侥，南方有焦侥。人长三尺，短之极。从人，尧声。徼，循也。从彳，敫声。仅在侥幸的意义上通用。

扣（釦）kòu 扣，牵马也。从手，口声。釦，金饰器口。从金，从口，口亦声。仅在钮扣义上相通。

擬（儗）nǐ 擬，度也。从手，疑声。儗，僭也。一曰相疑。从人，从疑。儗在模仿等意义上与“擬”通。见《新唐书》等。

最后有一种情况，很难说是正字后起，还是异体字后起，因为它们的古文字形体原本就是一个字，只不过在演变为隶书、楷书的过程中，由于采用了不同的隶定方式，而变成了两个字罢了。如：

翱（翺）áo 翱，翱翔也。从羽，皋声。

冰（氷）bīng 冰，水坚也。从仌，从水。

册（冊）cè 冊，符命也。诸侯进受于王也。象其札一长一短，中有二编之形。

插（揷）chā 插，刺肉（段注：内）也。从手从臿。

乘（乗椉）chéng 乘（椉），覆也。从入、桀。桀，黠也。军法曰乘。

醇（醕）chún 醇，不浇酒也。从酉，享声。

淳（湻）chún 淳 zhūn，渌也。从水，享声。

葱（蔥）cōng 葱，菜也。从艹，悤声。

岛（島）dǎo 島，海中往往有山可依止，曰島。从山，鸟声。

惇（惸）dūn 惇，厚也。从心，享声。

朵（朶）duǒ 朵，树木垂朵朵也。从木，象形。此与采同意。

法（浤）fǎ 灋，刑也。平之如水，从水；廌，所以触不直者。法，今文省。

丐（匄匃）gài 匃，气也。逯安说：亡人为匄。

钩（鉤）gōu 鉤，曲也。从金，从句，句亦声。

括（揢）kuò 括，絜也。从手，昏声。

函（圅）hán 函，舌也。象形。舌体马马。从马，马亦声。

盍（盇）hé 盇，覆也。从血、大。臣铉等曰：大，象盖覆之形。

脚（腳）jiǎo 脚，胫也。从肉，却声。

捷（揵）jié 捷，猎也。军获得也。从手，疌声。

届（屆）jiè 届，行不便也。一曰极也。从尸，凷声。

舉（擧）jǔ 擧，对举也。从手，与声。

三

由上述考察情况可以看出如下几点：

1. 由于汉字有不同的造字方法，在记录同一汉语的语素时，在不同时间、不同地点，会造出不同形体的汉字，因此异体字的出现是不可避免的。

2. 形声方式是汉字造字时使用最多的方式。由于同一音节可由多个形体记录，同一义类或义素也可由多个形体记录，因此，不同声旁或不同形旁构成的异体字为数最多（据初步统计，约占 80%）。

3. 互为异体的两个字可能持久并存，但不会持久地没有主次之分。在自然选择的情况下，一般来说，成为正字的汉字或形体趋简，或声旁、形旁较异体更能起到表音、表义的作用。（二）部分中的一、三类和二 · 1 类集中体现了这一点。

4. 分化字的产生是汉字功能细化的要求。细化合理，则分化成功。例如《一异表》原有“撅（噘）”、“嗔（瞋）”两组异体字，将“噘”分化出来表示噘嘴，将“瞋”分化出来表示瞪眼，是非常合理的；而细化冗余，则分化字作为异体字停止使用，如“揹、嚐、荳、譭”曾由“背、嘗、豆、毀”中分化出来，今作为“背、嘗、豆、毀”的异体字不再使用。这些现象可供制定规范时参考。

5. 某些时期，在某种思潮、倾向居于主流的情况下，在趋简和讲理据等原则上，可能会突出某一方面，而对另一方面有所忽视。比如制定《一异表》时，求简较多，合并较多，而忽视了理据，造成了规范中的某些不合理成分。如《一异表》中的这些字组：

厕（廁） 痴（癡） 蹰（躕） 橱（櫥） 厨（廚） 床（牀） 凑（湊） 叠（疊）
减（減） 杰（傑） 晋（晉） 净（淨） 厩（廄） 决（決） 况（況） 泪（淚）
凉（涼） 脉（脈） 猫（貓） 栖（棲） 弃（棄） 潜（潛） 厮（廝） 厦（廈）
厢（廂） 绣（繡） 异（異） 咏（詠） 灾（災） 伫（佇） 猪（豬）

以上各组中的正字在历史上都是俗字或使用较少的异体字，只因笔画较少（甚至只少一画）而被定为正字，是有悖于汉字使用规律的；如将它们处理为简繁关系，则较为恰当。

张书岩，女，教育部语言文字应用研究所研究员，曾任汉字与汉语拼音研究室主任，中国文字学会常务理事。主要研究领域为汉字学、姓名学。

《一切经音义》引《说文》考论

徐时仪

上海师范大学

许慎的《说文》撰于东汉永元八年至十二年（公元96—100）间。建光元年（121）许慎嘱其子许冲将书上献给汉安帝后，学者传抄，流传中或有讹误。唐代宗大历年间（766—779）李阳冰以己意窜改，唐末遂有改本流传。[1]南唐徐锴撰《说文系传》（世称小徐本），有《祛妄》一篇，专驳李阳冰。锴兄徐铉说："唐大历中，李阳冰篆迹殊绝，独冠古今。于是刊定《说文》，修正笔法，学者师慕，篆籀德兴。然颇排斥许氏，自为臆说。夫以师心之见，破先儒之祖述，岂圣人之意乎？"[2]宋初他奉诏校订《说文》，就李阳冰改本和当时所见各本重加整理而成今天的通行本（世称大徐本），[3]阳冰改本遂废，然许书原貌已无法完全恢复，往往今本《说文》所无，唐宋典籍中所引《说文》则有之。

《一切经音义》是唐代解释佛经中难读难解字词的音义类训诂学著作，有玄应《一切经音义》和慧琳《一切经音义》之别。玄应所撰《一切经音义》是现存最早的佛经音义，又名《众经音义》，[4]简称《玄应音义》，共二十五卷。慧琳所撰《一切经音义》则是佛经音义的集大成之作，简称《慧琳音义》，共一百卷。这两部《一切经音义》引用了大量汉唐文献解释佛经词语，保存了汉唐文献和不少今已失传古籍的原貌，在整理古籍方面具有重要的学术价值。[5]

据我们统计，玄应引用《说文》约有二千二百条，慧琳引用《说文》约一万四千多条，其中不少引文与今本有异，可供考证今本中的逸字和注解中的夺字、衍文及逸句。[6]如《说文》："蔦，寄生也。"段注据《韵会》、《毛诗音义》改为"寄生艸也"。沈涛《说文古本考》："《诗·頍弁》释文引云'寄生草也'，《尔雅·释木》释文又引《字林》'寄生也'，然则古本《说文》有'艸'字，《字林》无'艸'字，今本乃二徐据《字林》妄删。"考慧琳释《广弘明集》第三十卷"萝茑彷"之"茑"引《说文》："茑，寄生草也。"（卷九十九）慧琳所引为段注所改提供了依据。又如《说文》："噫，饱食息也。"考玄应释《十诵律》第四十卷"噫噫"

之“噫”引《说文》:“饱出[7]息也。”（卷十五）慧琳释《陀罗尼杂集》第四卷“噫哕”之“噫”引《说文》:“噫，饱也。出息也。”（卷四十三）《根本毗奈耶杂事律》第二十一卷“噫气”（卷六十二）和《四分律》第四十六卷“噫自”（卷五十九）之“噫”引《说文》:“噫，饱出息也。”（卷六十二和卷五十九）又释《三法度论》下卷“噫气”之“噫”引《说文》：“噫，出息也。”（卷七十三）又考《文选》所录司马长卿《长门赋》“心凭噫而不舒兮”，李善注“噫”引《字林》:“饱出息也。”《玉篇》释“噫”也作“饱出息也”。据玄应和慧琳所引，可知今本《说文》“食”似当作“出”。再如《说文》:“循，行顺也。”段注:“各本作行顺也，浅人妄增耳。”考玄应释《罪业报应教化地狱经》“循大”（卷十三）和慧琳释《大唐三藏圣教序》“循躬”（卷一）、《大般若波罗蜜多经》第一百八十一卷“循环”（卷二）、《大般若波罗蜜多经》第五百六卷“循环”（卷六）、《大宝积经序》“循机”（卷十一）、《出曜经》第七卷“巡行”、《大宝积经》第三十八卷“循环”（卷十三）、《瑜伽师地论》第二卷“循其”（卷四十八）引《说文》皆为：“循，行也。”玄应和慧琳凡八引皆无“顺”，可证《说文》早期传本当如段玉裁所说作“循，行也。”

《一切经音义》所引还可解决《说文》研究中的一些疑义和纠正一些沿袭已久的误解。如《说文》:“牙，壮齿也，象上下相错之形。”段注云：“壮，各本讹作牡。今本篇、韵皆讹，惟石刻九经字样不误。”考慧琳释《一字顶轮王经》第一卷中“牙颔”之“牙”云:“上雅加反。《说文》云:壮齿也，象上下相错之形。”(卷三十五)可证段玉裁所说为是。又如《说文》:“碧，石之青美者，从王石，白声。”考慧琳释《大般若经》第三百三十一卷中“红碧”之“碧”云：“下兵戟反。《说文》云：石之美者，从王从石，白声也。《广雅》：青白色也。”(卷三)又释该经第四百一十八卷中“碧绿”之“碧”云:“兵戟反。《广雅》云:青白色也。《说文》云:石之美者也，故从玉从石，白声也。”(卷五)慧琳两引《说文》均无“青”字，疑后人因碧有青色，遂衍入。又如《说文》:“短，有所长短，以矢为正，从矢豆声。”段注：“按此上当补‘不长也’三字乃合。”“按《考工记》曰：豆中悬，谓悬绳正豆之柄也。然则豆声当作从豆。从豆之意与从矢同也。”考慧琳《佛说法灭尽经》中“短促”之“短”云：“上端卵反。《说文》:不长也，从矢从豆。”(卷四十五)又释《开元释教录》第一卷中“长短”之“短”云：“下端算反。《说文》不长也，从矢从豆。”(卷八十)慧琳两引《说文》均同，可证今本有误，应从段说为是。又如《说文》:“尨，犬之多毛者。”考慧琳释《根本说一切有部毗奈耶摄颂》第二卷中“尨毛”之“尨”引《说文》云:“犬之毛也，又云杂色不纯为尨也。从犬，彡声。”(卷六十三)又释《优波离问佛经》中“纯尨”之“尨”引《说文》云:“犬多毛杂色不纯者曰尨。”(卷六十四)今本可能逸“杂色不纯”句。又如《说文》:“筑，以竹曲，五弦之乐也。”段注:“‘以竹曲’不可通。”考《慧琳音义》“丝筑”条下引《说文》云:“以竹击之成曲，五弦之乐。”今本脱漏“击之成”三字。(卷六十二)

《一切经音义》所引《说文》中有一些今传本所无的字也可能是根据当时所见的别本，其时也许已有在原本基础上有所增补的传本《说文》。如《说文》有“西(棲)”无“栖”,大徐本释“西”曰:“西,鸟在巢上。象形。日在西方而鸟棲，故因以为东西之西。”《慧琳音义》释“栖”引《说文》则曰:“《说文》从木，西声。”(卷四十七)又如《说文》有“葚”无“椹”,大徐本释“葚”曰:“葚，桑食也。从艸，甚声。”《慧琳音义》释“椹”引《说文》则曰:“《说文》从木，甚声。”(卷八十四)和“《说文》从木,从甚声。”(卷八十四)再如《说文》释“譺”为:“譺，騃也，从言疑声。”《慧琳音义》释“譺”引《说文》则曰:“《说文》云:误也。从言疑声也。”(卷四十五)慧琳所引《说文》或为随手引用，或引自其时在原本基础上有所增补的传本。

《一切经音义》所引《说文》的释文与唐写本《说文木部残卷》一为引语，一为残卷，二者在一定程度上形成互补，反映了唐时《说文》的原貌，在整理校勘今传本《说文》中足以与两种唐写《说文》残本互为参证，具有不可多得的学术价值。如:

枹

枹，繫鼓柄也。从木，包声。(木部残卷)[8]

枹，击鼓柄也。从木，包声。(《慧琳音义》卷三十一、卷八十四、卷九十五)

枹，击鼓椎也。从木，包声。(《慧琳音义》卷二十九)

枹，击鼓槌也。从木，包声。(《慧琳音义》卷九十四)

枹，击鼓杖柄也。从木，包声。(《慧琳音义》卷一百)

击鼓杖也。从木，包声。(大徐本)

徐按：检莫友芝《说文木部残卷笺异》曰："《文选》王元长《曲水诗序》注引作'鼓柄'。《一切经音义》三、四、十八凡三引作'击鼓柄'。"考慧琳六引《说文》，其三同木部残卷为"击鼓柄也"，另三引中"柄"或为"槌"，或为"椎"，或为"杖柄"，虽有随意改字之嫌，然大徐本中"柄"亦作"杖"，似可证其引《说文》当另有别本之所据。

栅

栅，编竖木也。从木，删省声。（木部残卷）

栅，编竖木也。（《玄应音义》卷十八）

栅，编竖木者也。（《玄应音义》卷十九）

栅，编竖木为墙也。从木，册声。（《慧琳音义》卷六十二）

栅，编竖木。（《慧琳音义》卷七十三）

栅，编竖木也。从木，册声。（《慧琳音义》卷七十四）

栅，从木，册声也。（《慧琳音义》卷九十）

栅，编树木也。从木，从册，册亦声。（大徐本）

徐按：检玄应释《毗尼律》第五卷"烛树"云："时注反。树犹立也。或作竖，殊庾反。《说文》：'竖，立也。'两通。"（卷十六）丁福保《正续一切经音义提要》云《广韵》："栅，竖木立栅。"莫友芝《说文木部残卷笺异》按："作'竖'是。《玉篇》《晋书音义》引《字林》作'竖'。《广韵》引作'坚编木'，形近到（致）误也。"据木部残卷和《一切经音义》所引《说文》可证大徐本释文"编树木也"中"树"应为"竖"。

桎

桎，足械也，所以质地。从木，至声。（木部残卷）

桎，足械也，在以桎地也。（《慧琳音义》卷十三）

桎，足械也，所以桎地也。（《慧琳音义》卷八十四）

桎，从木，至亦声。（《慧琳音义》卷八十、卷九十三）

桎，足械也。从木，至声。（大徐本）

梏

梏，手械所以告天。从木，告声。（木部残卷）

梏，手械也，所以告天也。（《慧琳音义》卷十三）

梏，手械也，所以梏天也。（《慧琳音义》卷八十四）

梏，从木，告声。(《慧琳音义》卷八十、卷九十三)

梏，手械也。从木，告声。(大徐本)

徐按：据《说文木部残卷》和《慧琳音义》所引《说文》中“所以质地”和“所以告天”可补今传大徐本之缺。[9]

《一切经音义》中还保存了一些今传本《说文》所无的逸字。如：

杌

杌，断也。(《慧琳音义》卷二十四)

杌，从木，兀。(《慧琳音义》卷三十)

杌，木无头也。从木，兀声也。(《慧琳音义》卷五十)

杌，从木，兀声。(《慧琳音义》卷六十二)

徐按：丁福保《正续一切经音义提要》认为“杌”是今本《说文》之逸字。据许慎原叙称，全书收字九千三百五十三文，重文一千一百六十三，解说的字数是十三万三千四百四十一字。今传大徐本所收字数增多，解说的字数则减少。由此可知，《说文》在流传过程中或多或少有所增减。

《一切经音义》所引《说文》有而今传本无的木部字尚有“棒、柁、杒、棑、桦、楞、椿”等，其中有一些可能是后起字。如：

棒

《说文》：“棒，大杖也。”(《玄应音义》卷十六)

《说文》：“击也。从木也。”(《慧琳音义》卷十四)

徐按：据晋人崔豹《古今注·舆服》载：“汉朝执金吾。金吾亦棒也。”“棒”为“棓”的俗字，《说文》有“棓”无“棒”。考《集韵·讲韵》载：“棓，《说文》：‘棁也。’亦从奉。”“棒”为后起字，似为玄应和慧琳仅凭记忆而误认为《说文》原有此字，抑或确引自其时在原本《说文》基础上有所增补的传本。

有一些则可能是《说文》的佚字。如：

桦

《说文》云：“桦，木也。从木，华声。”(《慧琳音义》卷七十二)

徐按：今传本无，可据《慧琳音义》补。

椿

《说文》：“从木，春声。”(《慧琳音义》卷八十四)

徐按：今传本无，考《庄子·逍遥游》载："上古有大椿者，以八千岁为春，八千岁为秋。"可知许慎撰《说文》时已有"椿"字，许慎《说文》或原有此字而今传本脱逸，可据《慧琳音义》所引补。

由《一切经音义》所引《说文》与唐写本《说文》木部残卷的比勘，可知玄应和慧琳引用的《说文》或多或少反映了唐时传抄的《说文》原貌。[10]下再就其所引"髕、湊、萃、腹、哽、惋、灰、嚛、悦、汲、蒋、潦、蔦、诮、澍、惕、诬、网、咼、呷、熙、译、焰、愠、沼、镇、藷、蔗、呰、訾、恣"三十一个字与今传本略作比勘探讨，冀有俾于《说文》的整理和研究。

髕

《说文》：臏，膝骨也。(《玄应音义》卷三两臏、卷五髕也，《慧琳音义》卷二十三转录慧苑《大方广佛花严经音义》臏割）

《说文》：膝骨也。(《玄应音义》卷四髕腨，《慧琳音义》卷九两臏、卷十六两臏）

《说文》：膝骨曰髕。(《玄应音义》卷七拍臏、卷十二拍臏）

按：髕，又作臏。大徐本："髕，膝端也。从骨，宾声。"沈涛《说文古本考》指出："《一切经音义》卷三、卷四、卷五、卷七、卷十二皆引作'膝骨也'。《华严经》七十三音义所引亦同，是古本不作厀端。以本部髀骨、髀骨、胫骨诸解例之则作厀骨为是。今本乃涉下文髺字解骨耑而误耳。"考《篆隶万象名义》载："髕，扶忍反。膝骨。"《篆隶万象名义》所释可为沈涛所说之佐证，盖"髕"为"膝骨"义，"髺"为"骨耑"义，徐铉所见传本已误以"髕"为"膝耑"。

湊

《说文》：聚也，水上人所会也。从水奏声也。(《慧琳音义》卷三十至湊）

《说文》：水上所会也。从水奏声也。(《慧琳音义》卷三十九湊会）

《说文》：湊，聚也。形声字。(《慧琳音义》卷九十辐湊）

按：大徐本："湊，水上人所会也。从水，奏声。"段玉裁注："引申为凡聚集之偁。"慧琳所释"聚也"为引申义，可能慧琳所见传本增有此义，也可能是慧琳意引。湊，后俗写作"凑"。

萃

《说文》：萃，聚也。从草卒声。(《慧琳音义》卷九十七总萃）

按：大徐本："萃，艸皃。从艸，卒声，读若瘁。"段注："《易彖传》曰：'萃，聚也。'此引伸之意。"慧琳所释为引申义，可能慧琳所据《说文》已有增改。

腹

《说文》：肚也。从肉复声也。(《慧琳音义》卷十三兔腹)

《说文》：腹，肚也。(《慧琳音义》卷六十一腹肋)

按：大徐本："腹，厚也。从肉复声。"段注："《释诂》、《毛传》皆云：'腹，厚也'，则是引伸之意，谓凡厚者皆可偁腹。"检《说文》未收"肚"，"肚"为后出字，《玉篇》："肚，腹肚。"慧琳所据《说文》可能已有增改，也可能是慧琳认为《说文》所释为引申义而据其本义改。

哽

《说文》：哽，谓食肉亭骨在喉内也。(《慧琳音义》卷二十三转录慧苑《大方广佛花严经音义》哽噎)

按：大徐本："哽，语为舌所介也。"慧琳转录慧苑所见传本与今传本不同。

恑

《说文》：恑，变诈也。(《玄应音义》卷三诡谲)

按：大徐本："恑，变也。从心，危声。"段注："今此义多用诡，非也。诡训责。"大徐本："诡，责也。从言，危声。"段注："今人为诡诈字。"诡为恑之假借字。检《慧琳音义》卷八释《大般若波罗蜜多经》第五百六十七卷诡言之诡："居委反。《字书》：诡，诈也。《广雅》：诡随，恶也。《说文》：诡，责也。或从心作恑，怪异也。"沈涛《说文古本考》云："案《一切经音义》卷三引'恑，变诈也'，是古本多一'诈'字。然《文选·海赋》、杨德祖《答临淄侯笺》、沈休文《宋书·谢灵运传论》、陆士衡《辨亡论》注皆引作'诡，变也'，是古本亦有无此字者。"[11]玄应所见传本似与今传本不同。

灰

《说文》云：死火也。从火又声也。(《慧琳音义》卷八灰烬)

按：大徐本："灰，死火余婁也。从火从又。又，手也。火既灭，可以执持。"沈涛《说文古本考》云："案《九经字样》、《广韵》十五灰皆引'灰，死火也'，无'余婁'二字。盖古本如是。'死火为灰'见《释名·释天》，刘氏正本许君说。'死灰'谓火之既灭，不得再有余婁。本部'婁'，'火之余木也'，与'灰'不同。《玉篇》亦云：'灰，死火也。'"检徐锴《说文解字系传》："灰，死火。"据慧琳所引，大徐本所据传本似衍“余夷”二字。

嚛

《说文》：食辛也。（《玄应音义》卷十二䶩骨）[12]

按：大徐本：“嚛，食辛嚛也。从口乐声。”沈涛《说文古本考》云：“案《一切经音义》卷十二引‘食辛’下无‘嚛’字，盖古本如是。火部引《周书》‘味辛而不熮’，《吕氏春秋·本味篇》作‘味辛而不烈’，与熮、烈同义。食辛罕有不嚛者，言食辛不必更言嚛矣。”章炳麟《新方言·释器》：“今人谓味过厚烈为嚛。”据玄应所引，大徐本似衍“嚛”字。

怳

《说文》：怳，狂貌也。（《玄应音义》卷八怳忽）[13]

《说文》：狂皃也。从心兄声。（《慧琳音义》卷三十八怳忽）

《说文》：怳，失音皃也。从心兄声。（《慧琳音义》卷九十七怳焉）

《说文》：狂皃。（《慧琳音义》卷一百怳然）

按：大徐本：“怳，狂之皃。从心况省声。”段玉裁改为：“怳，狂之皃。从心兄声。”注云：“各本作况省声，乃不知古音者所改，今正。”据玄应和慧琳所引，大徐本所据传本似误衍“之”字，且改“兄声”为“况省声”。[14]慧琳释《广弘明集》第四卷怳焉之怳引《说文》“失音皃也”似为“失意皃也”之误，此当为慧琳据《说文》之意而改。

汲

《说文》：汲，引水也。（《玄应音义》卷十四汲水）[15]

《说文》：汲亦引水也。从水及声也。（《慧琳音义》卷十七汲引、卷二十八汲水）

《说文》：汲，引水也。从水及声。（《慧琳音义》卷三十四汲灌、卷四十一汲引）

按：大徐本：“汲，引水於井也。从水从及，及亦声。”段玉裁改为：“引水也。从及水，及亦声。”注云：“各本有‘於井’二字，今依玄应引及《玉篇》订。”沈涛《说文古本考》云：“案《一切经音义》卷十五、《文选·江赋》注皆引‘汲，引水也’，是古本无‘於井’二字。凡引水皆谓之汲，故古人有‘岩栖谷汲’之语，不必皆在井也。”据玄应一引和慧琳四引《说文》，大徐本似误衍“於井”二字。

蒋

《说文》：蒋，苽也。（《慧琳音义》卷九十九菀蒋）

按：大徐本："蒋，苽蒋也。从艸将声。"段玉裁改为："蒋，苽也。从艸将声。"注云："各本作'苽蒋也'，此'蒋，苽也'之误倒耳。今依《御览》正。"[16]沈涛《说文古本考》云："《艺文类聚》八十二艸部、《御览》九百九十九《百卉部》皆引'蒋，菰也'，盖古本无蒋字，菰当作苽。下文苽，雕苽。一名蒋。可见蒋当训苽。后人习见苽蒋连举，妄增一蒋字，误。《文选·南都赋》注亦引作'菰蒋'，当是后人据今本改。"据慧琳所引亦可证大徐本误衍"蒋"字。

潦

《说文》：雨水也。(《玄应音义》卷一泥潦）[17]

《说文》：雨水也。从水尞声。(《慧琳音义》卷十九潦溢）

按：大徐本："潦，雨水大皃，从水尞声。"段玉裁改为："雨水也。"注云："各本作雨水大皃，今依《诗·采蘋》正义、《文选》陆机《赠顾彦先诗》注、《众经音义》卷一订。《曲礼》释文亦曰：雨水谓之潦。雨水，谓雨下之水也。"据玄应和慧琳所引，唐代传本《说文》似作"潦，雨水也。"[18]

茑

《说文》："茑，寄生草也。从草鸟声。"(《慧琳音义》卷九十九萝茑彷）

按：大徐本："茑，寄生也。从艸鸟声。"段注："艸字各本脱，依《毛诗音义》及《韵会》补。"沈涛《说文古本考》："《诗·頍弁》释文引云'寄生草也'，《尔雅·释木》释文又引《字林》'寄生也'，然则古本《说文》有'艸'字，《字林》无'艸'字，今本乃二徐据《字林》妄删。"据慧琳所引，唐传本似有"艸"字。

诮

《说文》：娆也。(《慧琳音义》卷四嘲诮、卷六十一讥诮）

《说文》云：娆也。(《慧琳音义》卷五轻诮、卷六轻诮、卷七轻诮）

《说文》：娆也。从言肖声。(《慧琳音义》卷十八轻诮、卷四十嗤诮）

《说文》：诮，娆也。从言肖声。(《慧琳音义》卷六十八诮言）

按：诮又作谯。大徐本："谯，娆譊也。从言焦声，读若嚼。诮，古文谯从肖。《周书》曰：亦未敢诮公。"段注："娆，扰戏弄也。譊，恚呼也。"考《玄应音义》卷二十二释《瑜伽师地论》第四十卷蚩诮之诮云："诮谓娆弄讥责也，呵也。"玄应所释"娆弄讥责"和"呵"义即"戏弄"和"恚呼"义，亦即"娆譊也"。慧琳八引《说文》皆无"譊"字，似其所见传本无"譊"字，徐铉所据本则增有"譊"

字。[19]

澍

《说文》：上古时雨所以澍生万物者。（《玄应音义》卷一澍法）

《说文》：上古时雨所以澍生万物者也。（《玄应音义》卷六等澍）

《说文》云：时雨所以澍生万物也。从水从尌省声。（《慧琳音义》卷七宜澍）

《说文》云：时雨澍生万物。从水尌声也。（《慧琳音义》卷八降澍、卷十一流澍）

《说文》：时雨所以澍生万物者也。从水尌声。（《慧琳音义》卷十九欲澍、卷四十五雨澍）

《说文》云：时雨所以澍生万物者也。从水尌，尌亦声。（《慧琳音义》卷三十二流澍）

《说文》云：澍，时雨所以澍生万物无地也。从水从尌声。（《慧琳音义》卷三十四澍陋雨）

《说文》云：时雨所澍生万物也。从水尌声。（《慧琳音义》卷四十一洪澍）

按：大徐本："澍，时雨澍生万物，从水尌声。"段玉裁改为："时雨也，所㠯澍生万物者也。从水尌声。"注云："依《魏都赋》注、《后汉·明帝纪》注补五字。"慧琳九引《说文》，二引同大徐本，七引"澍生万物"前有"所以"二字，四引为"所以澍生萬物者"，玄应二引《说文》为"上古时雨所以澍生万物者"，似其时已有不同传本，大徐本亦有所据。[20]

惕

《说文》：惕，惊也。（《玄应音义》卷五怵惕）

《说文》：惊也。从心易声也。（《慧琳音义》卷三十八惊惕）

按：大徐本："惕，敬也。"据玄应和慧琳所引，作惊为长，大徐本可能误刻，敬为惊（驚）之误。[21]

诬

《说文》云：加言曰诬。（《玄应音义》卷十加诬、卷二十三诬罔）

《说文》：加言也。（《玄应音义》卷十一诬谤、卷十五诬说、卷十七诬笑、卷二十一诬罔[22]、《慧琳音义》卷七十八诬攅）

《说文》云：诬，加言也。（《慧琳音义》卷八十一诬訾）

《说文》：加言也。从言巫声也。（《慧琳音义》卷八十九祆诬）

按：大徐本："诬，加也。从言，巫声。"段注："玄应五引皆作加言。加言者，架言也。古无架字，以加为之。《淮南·时则训》：鹊加巢。加巢者，架巢也。《毛诗》笺曰：鹊之作巢，冬至加之。刘昌宗加音架。李善引《吕氏春秋》注曰：结，交也。构，架也。云加言者，谓凭空构架听者所当审慎也。按力部曰：加，语相增加也。从力口。然则加与诬同义互训，可不增言字。加与诬皆兼毁誉言之，毁誉不以实皆曰诬也。"《玄应音义》六引和《慧琳音义》三引《说文》皆为"加言"，玄应和慧琳所见传本似与今传本不同。[23]

网

《说文》：庖牺所结绳以畋以渔。从冂下，象网文也。冂音冥狄反。经作罔，古之字也。(《慧琳音义》卷七十六《阿育王传》第一卷掣网)

按：大徐本："庖牺所结绳以渔。从冂下，象网交文。"段注依《广韵》、《太平御览》补"以田"二字。沈涛《说文古本考》云："《御览》八百三十四《资产部》引'以渔'上有'以田'二字，下有'也'字。《广韵》三十六养同。盖古本如是，许君本用《易》系传语，网不尽为渔者之用，捕鸟之罻，网兔之罝，皆因猎之物，今本乃浅人所删。"据慧琳所引，亦可证今传本脱"以田"二字。

咼

《说文》：口戾也。(《玄应音义》卷六咼斜)

《说文》：正体作咼，口戾也。从口从冎声。(《慧琳音义》卷十五喎戾)

《说文》：咼，口戾也。从口冎声。(《慧琳音义》卷二十四咼斜)

《说文》云：咼，口戾也。从口冎声。(《慧琳音义》卷六十二咼衺、卷六十六咼张)

按：大徐本："咼，口戾不正也。从口冎声。"据玄应和慧琳所引，今传本误衍"不正"二字。[24]

呷

《说文》：呷，吸也。(《玄应音义》卷十七呼呷)[25]

《说文》：呷，吸。(《玄应音义》卷二十呼呷)[26]

按：大徐本："呷，吸呷也。从口甲声。"据玄应二引《说文》，大徐本似衍"呷"字。[27]

熙

《说文》：熙怡，和悦也。(《玄应音义》卷三熙怡、[28]《慧琳音义》卷七十一熙怡)

按：大徐本："熙，燥也。从火配声。"段注："燥者，熙之本义。又训兴、训光者，引申之义也。"考《慧琳音义》卷二十二转录慧苑释《大方广佛花严经》第四十八卷熙怡微笑之熙引《说文》："熙，悦也。怡，和也。"沈涛《说文古本考》云："案《华严经音义》下引：熙，悦也。盖古本有'一曰悦也'四字。""又案《一切经音义》卷三、卷二十五皆引'熙怡和说'，乃传写有误，当作'熙说怡和'。'怡'之训'和'见心部，'熙'之训'说'，与慧苑所引同，盖见古本有此一解矣。"玄应、慧苑和慧琳所见唐传本《说文》似有"悦也"义。

译

《说文》：译四夷之言者也。从言睪声。（《慧琳音义》卷八十三译粹）

《说文》：译，传四夷之言也。从言睪声。（《慧琳音义》卷八十五鞮译）

按：大徐本："译，传译四夷之言者。从言睪声。"段玉裁改为："传四夷之语者。"注云："依李善、徐坚订。《方言》：译，传也。《王制》曰：东方曰寄，南方曰象，西方曰狄鞮，北方曰译。"沈涛《说文古本考》云："《文选·司马长卿喻蜀檄》注引：译，传也，传四夷之语也。盖古本如是。《后汉书·和帝纪》注引：译，传四夷之语也。《文选·东京赋》注引：译，传四夷之语者。是古本'传'下总无'译'字。许君以'传'释'译'，不得更言'译'也者。"据慧琳所引，其时有的传本似因传、译义近误改"传"为"译"，又因而衍"译"字。

焰

《说文》："爓，火爓爓也。"（《玄应音义》卷九燂腊）

《说文》：火爓也。从火，阎声。（《慧琳音义》卷三十三如爓、卷五十三火爓）

《说文》云：爓，火光也。从火，阎声也。（《慧琳音义》卷三十九光爓）

按：大徐本："爓，火门也。"段注："门乃爓之坏字耳。"沈涛《说文古本考》："案《文选·蜀都赋》注引作：爓，火焰也。又《六书故》引唐本《说文》曰：火爓爓也。《一切经音义》卷九引亦同，盖古本如此，《选》注传写夺一'爓'字，'火门'盖'火爓'之坏字。《玉篇》亦云：火焰也。"据玄应和慧琳所引，大徐本"门"应为"爓"字。

愠

《说文》：愠，怒也。（《玄应音义》卷五愠心、卷七愠恨、卷十九愠恚）[29]

《说文》：愠，怨也。（《玄应音义》卷十释《十住毗婆沙论》第一卷愠恨）[30]

《说文》：怒也。（《慧琳音义》卷四十六愠心、卷五十七无愠）

按:大徐本:"愠,怒也。"段玉裁改"怒"为"怨",注云:"怨,各本作'怒'。《大雅·緜》传曰:愠,恚也。正义云:《说文》:愠,怨也。恚,怒也。有怨者必怒之,故以愠为恚,然则唐初本作怨甚明。"沈涛《说文古本考》云:"案《一切经音义》卷十、《诗·緜》正义皆引作'怨也',盖古本如是。"据玄应一引作"怨",三引作"怒",慧琳二引作"怒","怒"似因与"怨"形近义又有关联,故唐时有的传本写作"怨"。

沼

《说文》:沼,池也。(《玄应音义》卷一池沼)[31]

《说文》:沼,小池也。(《玄应音义》卷二十二池沼、卷二十三溪沼)[32]

《说文》:沼,池也。小池也。(《玄应音义》卷二十五池沼)[33]

《说文》云:沼即池之异名也。(《慧琳音义》卷十八池沼)

按:大徐本:"沼,池水。从水召声。"段玉裁改为:"沼,池也。从水召声。"注云:"《召南》传曰'沼,池也',张揖《广雅》同。按《众经音义》两引作'小池也'。"据玄应引《说文》"沼,池也",又据《慧琳音义》卷二十一转录慧苑释《大方广佛花严经》第十四卷池沼之沼引《说文》曰:"沼,池也。"检徐锴《说文解字系传》亦为:"沼,池也。从水召声。"可知大徐本似衍"水"字。玄应所引"小池"似是其以己意解释"沼"与"池"之异同,指出"沼"是"小池"。慧琳所释"沼即池之异名也",亦为慧琳以己意解释"沼"与"池"之异同。[34]

镇

《说文》:镇,压也。(《玄应音义》卷十一来镇、卷十二镇煞、卷十七所镇、卷二十四龙镇)[35]

按:大徐本:"镇,博压也。从金真声。"段注云:"博当作簙,局戏也。压当作厌,笮也,谓局戏以此镇压,如今之赌钱者之有椿也,未知许意然否。引申之为重也,安也,压也。"钮树玉《说文校录》云:"《玉篇》注'安也,重也,压也',《广韵》'压也',则'博'字乃后人加。据此,'博压也'当为'压也'义。"[36]沈涛《说文古本考》云:"'博压'义不可晓,或解为'博局'之'压',亦于书传无见。"据玄应四引《说文》可知大徐本衍"博"字。

藷

《说文》亦云:甘蔗也。从草诸声。(《慧琳音义》卷六十三藷薅)

《说文》：藷，蔗也。(《慧琳音义》卷八十一藷根）

蔗

《说文》：藷也。从草，从遮省声也。(《慧琳音义》卷六甘蔗）

《说文》：蔗，藷也。从艸庶声。(《慧琳音义》卷二十四苷蔗）

按：大徐本："藷，藷蔗也。从艸诸声。蔗，藷蔗也。从艸庶声。"沈涛《说文古本考》云："《齐民要术》十、《艺文类聚》八十七《果部》、《御览》九百七十四《果部》引皆不重'藷'字，盖古本如此。言蔗可以该藷，言藷不可以该蔗，故下文曰：蔗，藷蔗也。此注不应重藷字。"考《玄应音义》卷六释《妙法莲华经》第三卷甘蔗云："诸书或作竿蔗，或作藷柘，或作甘柘，同一种也。"又卷八释《正恭敬经》干蔗："经文又作竿柘，同。诸夜反。《通俗文》：荆州竿蔗。或言甘柘，一物也。"又卷十四释《四分律》第十二卷竿蔗："今蜀人谓之竿蔗。甘蔗，通语耳。"又卷十一释《增一阿含经》第二十八卷干柘："或作甘蔗，或作竿蔗，此既西国语，随作无定体也。"玄应指出，甘蔗、竿蔗、藷柘、甘柘、竿柘、干柘皆为一物，"此既西国语，随作无定体"，通语为"甘蔗"。考《说文》："蔗，藷蔗也。"又据《齐民要术·五谷果蓏菜茹非中国物产者·甘蔗》载："或为竿蔗，或干蔗，或邯睹，或甘蔗，或都蔗，所在不同。"[37]据慧琳所引《说文》，藷蔗即甘蔗，可互训，大徐本则就其双音节而释。

呰

《说文》：呰，呵也。(《玄应音义》卷二毁呰、卷六毁呰、卷十四毁呰、卷二十三毁呰、卷二十四毁呰）

《说文》：呰，诃也。(《玄应音义》卷二十二诃呰）

《说文》：呰，呵也。从口此声也。(《慧琳音义》卷五呰毁）

《说文》：呵也。(《慧琳音义》卷十六毁呰）

《说文》：呵也。从口此声。(《慧琳音义》卷五十三呰懱）

按：大徐本："呰，苛也。从口此声。"段注："苛亦当作诃。"丁福保《说文诂林》："盖古本作诃，呵即诃之别体，今二徐本作苛。虽诃、苛假借字，然作诃者，于义为是。"沈涛《说文古本考》云："案《一切经音义》卷六、卷廿二，《华严经音义》上引'苛'皆作'诃'，《一切经音义》卷二、卷十四、卷廿三、卷廿四又引作'呵'，盖古本作'诃'，'呵'即'诃'之别体。"玄应六引和慧琳三引皆同，又《慧琳音义》卷二十一转录慧苑释《大方广佛花严经》第十五卷毁呰、卷二十五转录删补云公释《大般涅槃经音义》卷上毁呰、卷二十七转录大乘基释《妙法莲花经》第三卷毁呰亦同，大徐本似误。

訾

《说文》：思称意也。（《玄应音义》卷五訾量、卷二十不訾）[38]

《说文》：訾，量也，思也。（《玄应音义》卷七訾计）

《说文》：訾，思也。（《玄应音义》卷十二不訾）、[39]卷十八訾哉）

《说文》：思称意曰訾。訾，思也。（《玄应音义》卷十三不訾）

《说文》：思不称意也。（《慧琳音义》卷八十难訾）

按：大徐本："訾，不思称意也。从言此声。《诗》曰：翕翕訿訿。"段玉裁改为："訾訾，不思称意也。从言此声。《诗》曰：翕翕訿訿。"注云："《释训》云：翕翕訿訿，莫供职也。毛传云：潝潝然患其上，訿訿然不思称其上。不思称其上者，谓不思报称其上之恩也。《大雅》传云：訿訿，窳不供事也。二传辞异义同。意者，意内言外之意。按《礼记·少仪》注：訾，思也。凡二见，此别一义。"沈涛《说文古本考》云："盖古本无'不'字，《国语·齐语》、《列子·说符》注皆云：'訾，量也。'《礼记·少仪》注云：'訾，思也。'正与许合。'思也'上当有'一曰'二字。又案《诗·小闵》传曰：'訿訿然思不称其上。'今本盖据此而改。然曰'不思称意'则语不词矣。"据玄应和慧琳所引，其时所见传本有"思称意也"与"思不称意也"之别，而"訾，量也，思也"义则为段注所说的"别一义"。

恣

《说文》云：恣，纵心也。从心次声也。（《慧琳音义》卷四十一恣其、卷四十二恣心）

按：大徐本："恣，纵也。从心次声。"据慧琳所引，其所见传本似与大徐本不同。

《玄应音义》早于李阳冰《说文》改本刊行前问世，其所引《说文》当为唐时流传的原本《说文》。《慧琳音义》撰于建中末年至元和二年 (783—807)，其时李阳冰《说文》改本刊行不久，然尚未能完全取代许慎原本，慧琳当能见到原本《说文》和改本。李阳冰的改本《说文》今已不存，唯徐锴《说文系传·祛妄篇》和元人戴侗《六书故》中引录有数十条。如刃，徐锴《祛妄篇》引李阳冰改本云："刀面曰刃，示其处所也，会意字。"考今本《说文》为："刃，刀坚也。象刀有刃之形。凡刃之属皆从刀。”慧琳释《大般若经》第五百八十四卷中“刃，坚也。象刀有刃之形也”(卷八)。慧琳所引《说文》与今大徐本《说文》相近。又如“龙”，徐锴引李阳冰云：“右旁反半弱，象天骄飞腾形。”今本《说文》为：“鳞虫之长，能幽能明，能细能巨，能短能长。春分而登天，秋分而潜渊。从肉飞之形，童省声。”凡“龙”之属皆从“龙”。慧琳释《大云轮请雨经》中“蛟龙”一词中的“龙”引《说文》云：“鳞虫之长，能幽能明，能巨能细，能短能长。春分而登天，秋分而潜渊，若飞之形，从肉从童省声也。”(卷三十八)慧琳所引《说文》亦与今大徐本相近。由此可以推论慧琳作音义时，李阳冰改本虽已行世，但尚未盛行，原本尚可见到。

考《一切经音义》引用《说文》有时题为“许慎云”，如慧琳释“螟蛉”引“许慎云：‘细腰蜂也’”(卷四十一)。但未提到李阳冰。今传本《说文》往往引李阳冰所改之说，如“床”下云徐锴曰：“李阳冰言木右为片，左为丬，音墙。”[40]《慧琳音义》引用《说文》则无李阳冰按语，可能慧琳撰音义时，李阳冰改本尚流传不广，因而大致可以认为佛经音义所引《说文》皆非李阳冰改本，而为当时流传之原本。

《一切经音义》中释不同佛经中同一词语时所引《说文》也往往不尽相同，其中有一些可能是所用传写本的不同。如慧琳释《大般若经》第一百二十七卷中“捶打”的“打”字云：“《说文》阙也。”(卷三)而在释该经第五百六十六卷中“挝打”的“打”字时又引“《说文》：从手丁声也。”(卷八)他在释《大方广三戒经》卷中“挝打”的“打”字时也引《说文》云：“击也，棓也，从手丁声。”(卷十六)在详定窥基所释《妙法莲花经》中“捶打”的“打”字时引《说文》云：“以杖击也。”(卷二十七)又在释《续高僧传》第十二卷中“打刹”的“打”字时引《说文》云：“打，撞也。”(卷九十三)慧琳释“打”字数引《说文》，而引文都不尽相同，尽管有可能是他记忆所及而随手引用，但也很可能他在编纂《慧琳音义》时先后使用了不同版本的《说文》。据宋初徐铉《进说文表》称其奉诏校订《说文》，曾“集书正副本及群臣家藏者备加详考”，可证慧琳其时亦尚存有《说文》的不同版本，可能引用了不止一种版本的《说文》。如《慧琳音义》卷十一、卷十五、卷五十三引《说文》：“栏，槛也。”今传本《说文》无“栏”字，或其时已有在原本《说文》基础上有所增补的传本。

许慎的《说文解字》是我国语言文字学的一部经典著作，学者奉为圭臬，然原本已无从见到，《一切经音义》所引《说文》虽仅是片言只语，且有一定程度的随意改易或增减，但断玑碎璧亦无不古泽斑斓，或多或少反映了唐时传抄的《说文》原貌，其在古籍整理上的价值，远在一般的宋元精椠之上，对探讨《说文》原貌以及按其原貌整理出较为完善的《说文》整理本方面仍自有其不可忽视的学术价值。

注释

[1] 徐铉《进说文表》说："唐大历中，李阳冰篆迹殊绝，独冠古今。于是刊定《说文》，修正笔法，学者师慕，篆籀德兴。然颇排斥许氏，自为臆说。夫以师心之见，破先儒之祖述，岂圣人之意乎？"其弟徐锴《说文系传》（下简称小徐本）有《祛妄》一篇，专驳李阳冰。阳冰书不传，散见于二徐书中者，尚存数十条。黄侃《说文略说》录有其最奇者。载《黄侃论学杂著》，中华书局1964年版，第43—44页。

[2] 见徐铉《进说文表》。

[3] 本书所据大徐本为中华书局1963年影印本。下不赘注。

[4] 据《大唐内典录》卷五著录，《新唐书·艺文志》著录亦同。《开元释教录》改名为《一切经音义》，其卷八《总录》载："《一切经音义》二十五卷，见《内典录》。"又卷二十《小乘入藏录》载："《一切经音义》二十五卷；或三十卷，七百六十八纸。"

[5] 参徐时仪《玄应和慧琳一切经音义研究》，上海人民出版社2009年版。

[6]参见丁福保《正续一切经音义提要》，上海古籍出版社1986年影印本《正续一切经音义》。

[7]"出"，丽藏本无，此据碛砂藏本。

[8]莫友芝：《笺异》："槃，擊之讹。""槃"与"擊"似为形近而误。

[9] 沈涛：《说文古本考》："《周礼·掌囚》释文引：梏，手械也，所以告天；桎，足械也，所以质地。《御览》六百四十四《刑法部》引同，是古本有'所以告天，所以质地'八字，此盖申明从告、从至之意，所谓声亦兼义也，二徐不知而妄删之误矣。"

[10] 田潜：《一切经音义引说文笺》、丁福保《正续一切经音义提要》、王少樵《玄应书引说文校异》和《慧琳书引说文校异》笺注《说文》引据《一切经音义》颇多。

[11] 沈涛：《说文古本考》，上海医学书局，1926年影滂喜斋本。下同。

[12]《慧琳音义》卷二十八转录同。

[13]《慧琳音义》卷二十八转录为："怳，狂皃也。"

[14] 沈涛：《说文古本考》："案《一切经音义》卷八引'怳，狂皃也'，盖古本如是，今本衍'之'字夺'也'字。"

[15]《慧琳音义》卷五十九转录同。

[16] 又大徐本："苽，雕苽。一名蒋，从艸瓜声。"段玉裁改为："苽，雕胡。一名蒋，从艸瓜声。"注云："各本胡字作苽，今依《御览》正。"

[17]《慧琳音义》卷二十转录同。

[18]《慧琳音义》卷二十二转录慧苑释《大方广佛花严经》第三十七卷泥潦之潦引《说文》曰："潦，天雨也。"沈涛《说文古本考》云："案《诗·采蘋》正义、《一切经音义》卷一、《文选·长笛赋》注、陆士衡《赠顾彦先诗》注、曹颜远《思友诗》注皆引'潦，雨水也'，《南都赋》注、司马绍统《赠顾荣诗》注引'潦，雨水'，是古本无'大皃'二字。《华严经》三十七音义'潦，天雨也'，疑古本或作'天雨水也'，慧苑所引夺一'水'字。"

[19] 沈涛：《说文古本考》云："案《史记·朝鲜传》索隐引'譙，让也'，盖古本如是，娆譊二字从无连文者。《方言》训譙为让，正许君所引，今本之误显然。"

[20]《慧琳音义》卷二十七转录大乘基所释《妙法莲花经》第三卷等澍之澍引《说文》："上古时雨所以生澍万物也。"沈涛《说文古本考》云："诸引虽小有异同而皆有'所以'二字，今本夺此二字。盖二徐妄删。"

[21] 沈涛：《说文古本考》云："《文选·射雉赋》注、《一切经音义》卷五皆引作'惊也'，盖古本如是。""古无训'惕'为'敬'者，'敬'乃'惊（驚）'字之坏。"

[22]《慧琳音义》卷五十一、卷五十二、卷五十八、卷七十四转录同。

[23] 戴侗：《六书故》："诬，武夫切，以无为有，以有为无，虚加之也。唐本《说文》曰'加诸也'。"沈涛《说文古本考》云："案《一切经音义》卷十一、卷十五、卷十七、卷二十一凡四引皆作'加言也'，卷十引'加言曰诬'，是古本有'言'字，今夺。"又云："案戴侗《六书故》引唐本《说文》'诬，加诸也'，则元应所引'言'字乃'诸'字之误。"

[24]《慧琳音义》卷二十七转录大乘基所释《妙法莲花经》第四卷咼斜之咼引《说文》亦为："口戾也。"

[25]《慧琳音义》卷七十三转录同。

[26]《慧琳音义》卷七十四转录同。

[27] 沈涛：《说文古本考》云："《文选·吴都赋》注，《一切经音义》卷十七、二十皆引'呷，吸也'，是古本注中无'呷'字。"

[28]《慧琳音义》卷九转录同。

[29]《慧琳音义》卷四十四、卷二十八、卷五十六转录同。

[30]《慧琳音义》卷四十九转录同。

[31]《慧琳音义》卷二十转录同。

[32]《慧琳音义》卷四十八、卷四十七转录同。

[33]《慧琳音义》卷七十一转录同。碛砂藏本为:"沼,池,小池也。"

[34]沈涛《说文古本考》云:"《一切经音义》卷二十五引'沼,池,小池也',上'池'字当是衍文。卷二十三引'沼,小池也',盖古本如是,今本'小池'二字误倒,浅人又改'小'为'水',并夺'也'字耳。音义他卷及《华严经》卷十四音义引'沼,池也',是古本亦有无'小'字者,《毛诗·采蘩》、《正月》、《灵台》三传皆云'沼,池也'。"

[35]《慧琳音义》卷五十二、卷七十四、卷七十转录同。

[36]丁福保:《说文解字诂林》,中华书局1988年版,第13557页。

[37]司马相如《子虚赋》作"诸柘",张衡《南都赋》作"藷蔗",应璩诗作"诸蔗",曹丕《典论》作"干蔗",曹植诗作"都蔗",《神异经》作"甘𦝫"等。

[38]卷二十《佛医经》不訾条据碛砂藏本,《慧琳音义》卷七十五转录同,丽藏本无此条。

[39]此引文据碛砂藏本,《慧琳音义》卷七十五转录同,丽藏本无此引文。

[40]《说文解字》,中华书局1963年影印本121页下栏。

徐时仪,男,1953年出生。上海师范大学人文与传播学院教授、博士生导师,古籍研究所副所长,中国训诂学研究会常务理事。主要从事中国古典文献学和汉语史研究。

《说文解字注》与《广雅疏证》联绵词训释的异同

张　璟

北京师范大学文学院

提　要　段玉裁与王念孙是清代著名的训诂学家。段、王二人关于联绵词的理论在其主要著作《说文解字注》和《广雅疏证》中有充分的展现。本文主要以《广雅疏证》中所记录的联绵词为参照对象，对《说文解字注》和《广雅疏证》中都收录而段、王二人训释相异的联绵词进行分析，探讨段玉裁联绵词理论中“声音通训诂”的独特价值。

关键词　联绵词训释　《说文解字注》《广雅疏证》

段玉裁、王念孙是清代训诂大家。段、王二人关于训诂学的研究是清代语言学研究的重要组成部分。《说文解字注》（以下简称《段注》）和《广雅疏证》（以下简称《疏证》）是体现段、王二人语言学研究的重要著作。

学界一般认为王念孙是清代“以声音通训诂”的领军人物。王念孙用因声求义的方法“就古音求古义，引申触类，不限形体”，在《疏证》关于联绵词（王氏称“连语”）的训释中有充分的体现。王念孙在其著作《读书杂志·卷十六》“连语”条下中提出“凡连语之字，皆上下同义，不可分训。”这是王氏训释联绵词的重要原则。王氏正是运用这一原则对《广雅》一书中所涉及的联绵词进行阐释的。他指出：“大氐双声叠韵之字，其义即存乎声，求诸其声则得，求诸其文则惑矣。”“夫双声之字，本因声以见义，不求诸声而求诸字，固宜其说之多凿也。”这些都是对“因声求义”这一训诂原则的具体运用。“《疏证》在探究联绵词的成因、考察联绵词的特点方面成绩突出，在纠正了一大批前人误释的同时，全面提出关于联绵词的理论，是全书精华之所在。”[1] 王氏对于联绵词“义存乎声”，应当“因声求义”、“不可分训”的理论至今仍为学术界所推崇。

段玉裁关于“联绵字”的理论蕴含在《段注》一书当中。《段注》总结许慎训释联绵词的通例，并对其中不符合通例的训释做了校正删补的工作。段氏在对联绵词进行释义时提出“实合二字为一字”，“不容分裂”、“其义既举于上字，则下字例不复举”、“凡物以两字为名者，不可因一字与他物同，谓为一物”等观点都是段氏坚持联绵词“不可分释”原则的体现。段玉裁在对记录联绵词的不同形体进行解释时坚持从语音角度出发，摆脱形体的束缚，并用“音转”、“语音之转”等理论来探究联绵词的来源、揭示联绵词不同形体的产生原因、指出衍音联绵词的构成等。这说明段玉裁对于联绵词的分析同样运用了“以声音通训诂”的训诂原则。

本文主要以《疏证》中所记录的联绵词为参照对象，对《段注》和《疏证》中都收录而段、王二人训释相异的联绵词进行分析，探讨段玉裁联绵词理论中“声音通训诂”的独特价值。

《段注》训释联绵词的通例为“甲，甲乙，丙也。乙，甲乙也（甲、乙分别代表联绵词的上、下字）”。本论文认为《段注》中凡在训释语中出现“凡联绵字不可分释”，“实合二字为一字”，“不容分裂”，“其义既举于上字，则下字例不复举”，“凡物以两字为名者，不可因一字与他物同，谓为一物”，“单呼、累呼”，“双声、叠韵、双声叠韵”等术语时，该训释词判断为本论文所研究的联绵词。同时，段氏在用术语“X字句”，“单用、分用”，“浑言、析言”“倒言”所训释的双音节词语中有一部分为联绵词，如“茱萸、鸿鹄”。另外，段氏在指出文字字形流变和语音变化时用术语“俗体”、“语音之转”、“通转”等训释的某些双音节词语亦为联绵词，如崎岖、徘徊。

《疏证》中凡王氏在训释中出现“某某叠韵、双声，不得分训”、“双声”、“叠韵”、“双声之转”、“叠韵之转”、“某某转之为某某”、“单言之为某”、“合言之则曰某某”、“急言之”、“合声”、“大抵双声叠韵之字，其义即存乎声，求诸其声则得，求诸其文则惑矣”“夫双声之字，本因声以见义，不求诸声而求诸字，固宜其说之多凿也”“同类者皆得通称”等术语时，该训释词判定为本论文所研究的联绵词。同时，王氏用术语“同”（某与某同、某某并与某同）“通”（通、通作、通用）、“作”（作、一作、亦作、又作、或作）、“并字异而义同”、“倒言”、“转”、“语之转”、“一声之转”所训释的一部分双音节词语亦为联绵词，如憔悴、怂恿、崔嵬。

本文对于《段注》与《疏证》中联绵词的判定标准依据上面的分析，凡组成联绵词的两个字在形、音、义方面符合以上训释通例则判定为本文所研究的联绵词。段、王二人训释相异的联绵词大致可以分为以下四种类型：

第一，《段注》与《疏证》都对某一联绵词作出了训释，而《段注》记录了该联绵词的不同形体。如：

嵯峨

“嵯峨”是段、王二人都训释了的联绵词。王氏在《疏证》“巋巆、岑崟、巑岏、嶕峣、阢、嵬、嵯峩、顤顟、嵻巢、陗、㧓、卲、亢、乔、厉、尊、极、竞、弸、尙、崒，高也”条下指出“崔嵬”转之为“嵯峩”。又引《说文》：“嵯，山皃。”“峨，嵯峨也。”并指出：合言之则曰嵯峩。“㕒㕗”与“嵯峨”并字异而义同。可见王氏认为“㕒㕗”与“嵯峨”是记录同一联绵词的不同形体。段氏在《说文解字》（以下简称《说文》）“嵯”字下指出：“𡾊峨”二字各本无。这是段氏依全书通例对《说文》进行校勘。这说明段氏认为“嵯峨”为联绵词。同时在《说文》“巀”字下注明：“语转为嵳。”在“嶭”字下注明：“语转为峩。”同时指出：巀嶭嵳峩，语音之转。巀嶭本谓山陵皃，因以为山名也。《广雅》对联绵词“巀嶭”无记录，《疏证》在对联绵词“嵯峨”进行训释时也未涉及此联绵词。

崔嵬（巍）

“崔嵬”是段、王二人都训释了的联绵词。《疏证》训释“嵬”字时，引《周南·卷耳》篇云：“陟彼崔嵬。”并指出“崔嵬”为“巋巆”之转也。崔嵬、崒危、㕒㕗声相近。可见王氏在训释中用通过声转的方式指出“崔嵬”的不同形体。《段注》在“陮”字下指出“陮隗，犹崔巍，亦犹㟪㠑。”《说文》在“㟪”字下训释：“㟪㠑，山皃也。”段玉裁在“㟪㠑”指出叠韵字也。可见段氏认为“㟪㠑、陮隗”是记录了联绵词“崔巍”的不同形体。《广雅》无“㟪㠑、陮隗”，而王氏对于联绵词“崔巍”分析中也没有涉及《段注》中所提到不同形体。

在记录联绵词的不同形体方面，王氏主要分析处于同一词条内，记录联绵词不同形体的联绵字的音转关系。而段氏则运用音转理论，通过古音将处于《说文》不同部首的联绵词系联在一起。这表明段玉裁将《说文》看做是一个整体，其中对于联绵词的训释是这个整体中成系统的一部分。

第二，《段注》将某个词训释为联绵词，而这个词只是在《疏证》征引文献和其他词条的解释中曾予列出，对于该词是否为联绵词王氏未做判定。这种情况又可分为三个小类：

1. 该联绵词出现于所引文献题目中。如：

鸳鸯

“鸳鸯”一词在《说文》中是以联绵词通例的形式进行训释的，即“鸳，鸳鸯也。鸯，鸳鸯也。”段玉裁在“鸳，鸳鸯也”后注明：“二字双声。”表明段玉裁遵照许意将“鸳鸯”看做联绵词进行训释。在《疏证》中，“鸳鸯”一词出现于王氏训释“戢”字时所引用的文献《诗经·小雅·鸳鸯》的文献题目中。因这一类联绵词《广雅》未收录，王氏是否将“鸳鸯”判定为联绵词，在《疏证》中并不明确。联绵词“鹦鵡”亦是如此。

2. 该联绵词出现于所引文献具体内容中。如：

茎藸

王念孙对于联绵词“茎藸”只在《疏证·释艸》“会及，五味也。尔雅：菋，茎藸”中提到，王氏并未对联绵词“茎藸”做进一步的分析。

段氏在对《说文》“茎”字做训释时，指出:《尔雅·释艸》有“味[2]，茎藸”，《尔雅·释木》有“味[3]，茎著”，实一物也。关于《尔雅》两次出现此联绵词的原因，郭璞认为：“《释艸》已有此名，疑误重出。”段氏则解释为：“春初生苗，引赤蔓于高木，长六七尺，故又入释木。”茎藸这种植物在春初刚生长时是幼苗，属于草类，当其逐渐生长到“引赤蔓于高木，长六七尺”时，则属于木类。表明茎藸、茎著同属一物，是植物生长不同阶段的不同称谓。由此可见，段、郭二人对联绵词异物同名的特点认识不同。对比郭璞注《尔雅》，我们可以清晰地了解段玉裁在对联绵词不同形体进行分析时，坚持联绵词异物同名这一原则。

同时，段氏还利用联绵词训释“单呼”与“累呼”的原则校补《说文》，还原许慎著《说文》的原貌。“单呼”与“累呼”是段玉裁联绵词训释的术语。段氏指出：联绵词之所以有“单呼”与“累呼”的区别在于“语言”之不同。段氏所说的“语言”在我们今天看来是指语音。段玉裁在对“藸”字进行训释时，指出“铉本移此字于茎篆下，以茎、藸二字当类列，而不知许意单呼藸者，别是一物也”。可见，段氏从古音上判断认为“茎藸”与“藸”非同一种植物。茎藸是由于语音变化而产生的联绵词。段氏正是运用联绵词“单呼”、“累呼”区别释义的理论，指导其对《说文》体例的校勘工作，这是段玉裁联绵词理论训诂工作中的重要贡献。

再如：

篵箄

首先，段氏对联绵词“篵箄”的解释中用“单呼”与“累呼”来区别联绵词与单字，即“累呼曰篵箄，单呼曰箄”。王氏在训释“箄”字所引用的文献中出现过联绵词“篵箄”，但未对其做详细分析，只是单独解释“箄”字。

其次，段氏与王氏对于“箄”字的训释出现差异。王氏与段氏都引用了“《方言》箄、篓、籅、筥，籚也”。王氏引用是为了指出“籚，其通语也”证明其相同的义素，这符合《疏证》全书条例。并进一步分析“籚小者，南楚谓之篓，自关而西，秦晋之间谓之箄”，指出“籚”与“箄”的区别在于方言之不同，但没有做进一步的分析。而段氏则依据《说文》通例分析“篵”字的本义。“篵”是盛物之器，而非可以取麤去细之器也。并进一步指出取麤去细之器，其字作簏，不作篵。段氏引用文献“《广韵》支韵云：篵，下物竹器。纸韵曰：篵，箩也。皆韵曰：簁，簁箩”来证明“篵”与“簏”是古今字的关系。通过分析，段氏得出结论：按许意篵箄与籚各物。可见，段氏在训释联绵词时，非常注重构成联绵词二字的本字、本义，并据此分析联绵词的准确含义。

3. 该联绵词出现于《疏证》解释非本词条的训释语中。如：

儳互

“儳互”出现于《说文》正篆“儳”字下。《说文》曰：儳互，不齐也。段玉裁对“儳互”做了进一步的训释，指出“儳互，今人作搀和字当用此”。说明联绵词“儳互”在语言文字的流变过程中，记录联绵词的字形已经发生了变化。段玉裁接着引文献“《国语·周語》：戎翟冒没轻儳；《曲礼》：长者不及，毋儳言；《左传》：声盛致志，鼓儳可也”来说明“儳”字有“进退上下无列也”、“杂言”、“师次不整”等不同的语义，段氏指出“皆不齐之意”。表明这些在不同语境中的语义都来源于“儳”字本义“不齐”。

《广雅》：儳，疾也。“儳”字在《段注》中注音为“士咸切”。而《疏证》中“儳”字的读音依《玉篇》注为“仕咸、仕鉴”二切。王氏并未对读音之不同进行深入的探究分析。段、王二人都引用了“《国语·周语》：戎翟冒没轻儳”这一文献，段氏明确指出在此处“轻儳”意为：进退上下无列也，是“儳”字本义“不齐”的引申。王念孙是对《广雅》进行疏证的，其举此例应是对《广雅》本词条语义的进一步举证，可知王氏认为“轻儳”之“儳”为“疾”义。这一训释与段氏有明显差异，原因是在这一词条下王氏未对“儳”字的语音进行判别，这说明王氏在疏证《广雅》时未对其征引的文献中文字的字音、字义详加判断。

同时，在《疏证》“徜徉、戏荡也”条下，王氏在对《文选·高唐赋》的不同版本差异之处进行校勘时，指出其中一本“词理甚为纰缪，且赋文两句一韵，多一句则儳互不齐，盖妄人改之也”。王氏训释中出现“儳互不齐”四字，表明王氏对于联绵词“儳互”是注意到的，但在对“儳”字进行训释时，却没有涉及这一联绵词。

第三,《段注》将《说文》中某个词训释为联绵词,此词在《疏证》训释引用《说文》时曾予列出，但王氏并未明确说明其为联绵词。如：

臾曳

《段注》:“臾，束缚捽抴为臾曳。”段氏注明：“曳字各本无，补”。对“臾曳”作出解释“束缚而牵引之谓之臾曳”。同时在“曳”字下注明：“臾曳已见上文,故但云臾曳也。此许之通例也。臾曳双声,犹牵引也”。可见段氏认为“臾曳”为联绵词。

《疏证》“軥、輗、牵、挽、攀、援、摰、扽、拕、拫、攎、扔、扱、据、搞、摕、捈、揄、擢、控、抓、弯，引也。神、翕、曳”条下指出：今本脱“神、翕、曳”三字。王氏对“曳”字进行训释时引《说文》:“束缚捽抴为臾。”又云:“曳，臾曳也。”可见，王氏与段氏对于联绵词“臾曳”的训释有所不同。首先，王氏对“臾曳”一词的解释仅是在《广雅》此条补出“曳”字的基础上征引《说文》而来进行的;而《段注》则明确指出“臾曳”双声,并按照全书通例对《说文》“臾”字说解作出校勘,即补出“曳”字。其次，段玉裁在“曳”字下注释:“引之则长，故衣长曰曳地”。在“臾”字下注释：“《周礼》臾弓，往体多，来体寡。往多，殆即牵引之意与。凡云须臾者，殆方语如是，不关本义。”说明臾、曳字可以单独表义使用。王氏无这方面的论述。再次，段氏指出:“臾曳者，臾之本义。臾曳双声，犹牵引也”。表明“臾曳”是联绵词。在王念孙的训释中只是指出“曳、抴、厂”并字异而义同，并未对联绵词“臾曳”做进一步分析。

䴴令

段玉裁注《说文》时,“X 字句”是其独特的训释体例。其中“三字句 87 处、二字句 2 处、四字句 10 处”[4]，其中有很大一部分是对联绵词所做的重要训释。对于联绵词“鼷令”，王念孙在注释时只是引用了《说文》“鼷，鼷令鼠也”，并未做具体的训释，因此我们无法判定王氏认其为联绵词。而段玉裁指出“鼷、令叠韵字”，并指出“鼷令鼠也”为四字句，我们可以明确得知段氏认为“鼷令”是联绵词。

四、《段注》与《疏证》都对某一联绵词进行了训释，但所作训释相异。如：

謯娽

对于联绵词“謯娽”，王氏引用《说文》并且指出“娽与逯通”，但并未对构成联绵词不同形体的“娽”与“逯”做进一步的分析；而段玉裁依照许慎著《说文》体例，指出“许书有娽无逯”，因此“謯娽当是古语”，段玉裁进一步指出：“许当是三字句。”按照全书通例对联绵词“謯娽”进行了校补。因此我们可以看出段氏认为古今字、假借字是联绵词出现不同形体的原因之一。段、王二人对于记录同一联绵词的不同形体都有所涉及，而段氏在解释联绵词不同形体的成因上往往用力较多。

媟嬻

首先，段玉裁对于联绵词“媟嬻”的训释中指出“媟”与“嬻”为转注互训，同时用“单言”、“累言”指出构成联绵词“媟嬻”的“媟”、“嬻”可以单用，单独表义。王念孙在《广雅》“媟，嬻也”条下，对联绵词“媟嬻”所作的训释为“经传通用亵渎”，对于构成联绵词的两个字“媟”、“嬻”单独表义的特点没有做出训释。

其次，《疏证》对于“媟嬻”与“亵渎”的假借关系并未作出解释，而段氏则对“媟与亵、嬻与渎”的字际关系作了详细的分析。《段注》在“媟”字下指出：今人以亵衣字为之，亵行而媟废矣。同时在“亵”字下指出：亵假借为媟。表明“媟”为正字，经典中“亵”为借字；对于“嬻”与“渎”的字际关系段氏在“嬻”字下指出：今人以溝渎字为之，渎行而嬻废矣。同时在“遺”字下指出：媟遺，女部作媟嬻，黑部作黩。今经典作渎。并在“黩”字下指出：许慎所依据《易》作黩，今《易》作渎。崔憬曰：渎，古黩字也。渎亵，许女部作嬻媟。依郑义则黩为假借字，嬻为正字也。古字多假借通用。表明段氏认为“嬻”为正字，“黩、渎”为借字。

再次，段氏在“嬻”字下训释：黑部有黩，握持垢也。义亦与嬻别。表明段氏不只注意到嬻与黩的假借关系，还注意分析相互借用的两个字的字义的区别。段氏对于媟与亵、嬻与渎字际关系的分析翔实具体。而《疏证》在对联绵词“媟嬻”进行训释时只是指出“经传通用亵渎”，并未做详细的区别分析。

舒凫

在关于联绵词“舒凫”的训释中，虽然段、王二人都指出“野鸭为凫，家鸭为鹜”，对“凫”与“鹜”的区别做了判定，但王氏对何谓“舒凫”未做出明确的解释。段氏则进一步分析指出：“按野曰雁、凫，而畜于家者曰舒雁、舒凫，是为鹅、鹜。”“舒者，谓其行舒迟不畏人也。”指出联绵词“舒凫”两个字中“舒”字的含义即蓄于家之禽类、鸟类的称呼，不同于野外的禽类或鸟类。即所谓的“别野名尔”，王氏对“舒”字没有进行这样的训释。

同时，段氏用“统言”与“析言”指出许慎“鹜”字下训释“舒凫”之不精确，即没有对家鸭与野鸭进行严格区分；同时引文献“《春秋繁露》：张汤问祠宗庙。或以鹜当凫，可用否。仲舒曰：鹜非凫，凫非鹜也”来进一步解释“舒凫”与“凫”之区别，即“鹜当凫，名实不相应，以承大庙不可。此舒凫与凫之判”。

段氏进一步分析认为：《诗经》“弋凫与雁”，以及其他经典中言“鸿雁凫鹥”者，皆谓野鸟，非舒凫、舒雁也。可见段氏对于联绵词的训释环环相扣：

第一步，释义：一般从文字来源的角度对标记联绵词的两个字进行释义；

第二步，证明：引文献发凡举证，证明其训释的正确性；

第三步，运用：对于文献中出现该联绵词的例证进行分析，从实际运用的角度指出其训释的价值。

这个过程表明段氏在注《说文》时对于联绵词的训释是自成系统的，并且这一系统是完整而翔实的。

综上所述，段玉裁在考证记录联绵词的不同形体的方面注重将《说文》看做一个整体，通过古音系联位于《说文》不同部首的联绵词；在联绵词不同形体的成因方面，指出古今字、假借字是构成联绵词不同形体的原因之一，并且注重分析构成联绵词不同形体的文字字义的不同；在训释构成联绵词二字字义方面，注重以《说文》全文条例说解文字本义，纠正前人误释，对联绵词词义给予正确的训释；在联绵词整体释义方面，段氏的训释从“释义”到“证明”再到“运用”科学严谨，体现了理论与实践相统一的原则。

段玉裁从许慎训释联绵词的多种方式中归纳总结出“全书通例”，并按照《说文》联绵词训释通例对《说文》进行校勘，使许慎的联绵词训释特点得到彰显，使其更具有系统性，同时在此基础上形成段玉裁的“联绵字”理论。段氏“联绵字”理论，蕴含清代重要的训诂特色“以声音通训诂”，与王念孙的“连语”理论相比，在联绵词训释中同样运用“就古音求古义，引申触类，不限形体”的训诂原则，是“以声音通训诂”的重要实践者。段氏注《说文》尤其在联绵词理论方面给后世学者提供了宝贵的经验。

参考文献

[1] 段玉裁：《说文解字注》，上海古籍出版社 2007 年版。

[2] 许慎：《说文解字》，中华书局 2008 年版。

[3] 王念孙：《广雅疏证》，中华书局 2004 年版。

[4] 方一新：《试论〈广雅疏证〉关于联绵词的解说部分的成就》，《杭州大学学报》1986 年第 9 期。

[5] 赵峥：《从〈说文解字注〉看段玉裁的连绵词观》，《湖北大学学报》2003 年第 9 期。

[6] 郭珑：《段玉裁对〈说文解字〉连绵词训释所作校补考》，《兰州大学学报》2005 年第 9 期。

注释

[1] 见方一新《试论〈广雅疏证〉关于联绵词的解说部分的成就》，《杭州大学学报》1986 年第 3 期。

[2] 按：查《尔雅注疏》此处为“蒢”。

[3] 按：查《尔雅注疏》此处为“蒢”。

[4] 宋铁全：《〈说文解字注〉三字句研究》，《江汉大学学报》2009 年第 3 期。

张璟，女，北京师范大学古代汉语硕士研究生。

论训诂别类为训之认知价值
——以《说文解字》为例

张其昀

扬州大学

一

章太炎将语言缘起（实即词的形成）归于二途："以音为表"与"以德为表"。他在谈到"以德为表"时称："以印度胜论之说仪之，实、德、业三，各不相离。……一实之名，必与其德［相］若，与其业相丽。"[1] 章氏这是借用古印度哲学胜论派（梵 Vaiśeṣika）之说，以"实"、"德"、"业"三者来指称概念类别。"实"、"德"、"业"大致分别相当于通常所说的"实体"、"品性"、"行为"这三个义类。章氏于三者谓之"各不相离"，谓之相"若"（指"适应"），谓之相"丽"（指"依附"），明确指出它们是互相关联、互相依存的。

"实体"、"品性"、"行为"只是义类概念之主体，义类概念本不止此三个。"实体"和"行为"往往可以发出一定的声音和呈现一定的状貌，"实体"往往要占据一定的空间位置，"声音"、"状貌"和"位置"就是另三个义类概念——它们可分别称为"声"、"状"和"位"。能够纳入上述互相关联、互相依存的关系之中的，不仅是"实"、"德"、"业"，而且有"声"、"状"、"位"等。

古人所作的一些训诂——包括声训，明确地表现了"实"、"德"、"业"以及"声"、"状"、"位"等之间互相关联、互相依存的关系。这些训诂，是在不同义类之间进行的，我们称之为"别类为训"（所以为训者或为词，或为词组。词组与词一样，其意义总可以归入一定的义类）。

别类为训源远流长。《尔雅》即有所收录。比如，"胎：始也"（《释诂》），郭璞注："胚胎未成，亦物之始也。"是为以业训实。"珍：献也"（《释诂》），郭注："珍物宜献。"是为以业训德。"检：同也"（《释言》），郭注："模范；同，等。"是为以德训实。"祁祁、迟迟：徐也"（《释训》），郭注："皆安徐。"是为以德训状。"挃挃：获也”（《释训》），郭注：“刈禾声。”是为以业训声。《说文解字》（以下简称《说文》）中的别类为训，涉及面广于《尔雅》，个例也较为丰富。兹即以《说文》为例，展开讨论。

《说文》中的别类为训，主要有以业训实，以德训实，以声训业，以位训实，等等。据笔者统计，以业训实最多，有60余条；以德训实次之，有20条；以声训业又次之，有15条；以位训实最少，有9条。

以业训实，如：

茑：寄生也。（艸部） 舌：塞口也。（口部） 靷：引轴也。（革部）

鞭：驱也。（革部） 伶：弄也。（人部） 山：宣也。（山部）

碓：舂也。（石部） 户：护也。（户部） 耳：主听也。（耳部）

琴：禁也。（琴部） 辫：交也。（糸部） 蠶：任丝也。（蚰部）

斤：斫木也。（斤部） 轴：持轮也。（车部） 酒：就也。（酉部）

以德训实，如：

君：尊也。（口部） 室：实也。（宀部） 窠：空也。（宀部）

兄：长也。（兄部） 卿：章也。（卯部） 狱：确也。（狱部）

水：准也。（水部） 龟：旧也。（龟部） 锥：锐也。（金部）

以声训业，如：

呱：小儿嗁声。《诗》曰：“后稷呱矣。”（口部。按：引文出《大雅·生民》）

啸：吹声也。（口部）

呶：欢声也。《诗》曰：“载号载呶。”（口部。按：引文出《小雅·宾之初筵》）

嗾：使犬声。《春秋传》曰：“公嗾夫獒。”（口部。按：引文出《左传·宣公二年》）

哮：豕惊声也。（口部） 哭：哀声也。（吅部）

䶫：齧坚声。（齿部。按：“齧”本作“齿”，依段注正。段注指其“䶫”字与上“齮”等九字“皆谓齧也”） 咢：语声也。（㗊部）

哥：声也。古文以为謌字。（可部。按：“謌” 今作“歌”）

以位训实，如：

靳：当膺也。（革部） 肓：心上鬲下也。（肉部）

胠：亦（按：“亦”为“腋”本字）下也。（肉部）

庭：宫中也。（广部） 轼：车前也。（车部） 軝：大车后也。（车部）

此外，《说文》中还可零星发现其他性质的别类为训。

以状训业，如：

墫：舞也。《诗》曰："墫墫舞我。"（士部。按：《尔雅·释训》："墫墫，喜也。"引文出《小雅·伐木》，今本"墫"作"蹲"）

以业训状，如：

俨：昂头也。（人部。按：《诗·陈风·泽陂》："有美一人，硕大且俨"，毛传："俨，矜庄貌"）

以实训状，如：

廣：殿之大屋也。（广部）

以德训业，如：

思：睿也。（思部。按："睿"本作"容"，依段注正）

以实训业，如：

测：深所至也。（水部）

以实训德，如：

锐：芒也。（金部）

以词组为训词，是为了训释地更加明确。比如，上举"哥：声也"，若援"啸：吹声也"等之例，就是"哥：唱声也"。这样，就能把"哥"与"啸"等的意义区别清楚地显现出来了。但是，作为训词的词组"唱声"与词"声"均属"声音"之义类。

二

别类为训，在语言起源研究上具有重大认知价值。这可从两个方面来讨论：其一是关于语言起源期词类问题之认知；其二是关于语言起源期拟声造词问题之认知。

不同的义类概念在现代语言学上对应于不同的词类。"实"、"德"、"业"便分别对应于名词、形容词、动词。"实"、"德"、"业"之外，"声"属象声词；"状"与"德"性质近似，对应于形容词；"位"与"实"性质近似，对应于名词。词类的概念是后来随着现代语言学的萌发才产生的。在语言起源期，在人们的意识中，只有义类而没有词类；只有义类之间的互相关联、互相依存，而没有词类之间的此疆彼界、畛域分明。这种情况之表现，从语言学角度去认识，就是不同词类在意义上之互相融贯、互相说明（注意：说语言起源期无词类，但现在我们论语言起源而称词类，而指某词属某类，是逆推性的以今论古的说法，这里并没有逻辑矛盾问题）。黄侃曾说："故名词者，乃由动词、形容词中择一要义以为之名，而动词、形容词者，亦即名词之根源也。"[2]若撇开这里牵涉到的名、动、形三类词产生先后的问题（这问题比较复杂，学者颇有些见仁见智的不同观点，无论中外），我们可以从中读出这三类词相互之间的密切关系。

在意义上互相融贯、互相说明的属不同词性的词，可用相同相近的声音来表示。这些词可能以同样的字形来表示，也可能以不同的字形来表示。黄侃又说："古者，名词与动词、静词（昀案：即形容词）相因，所从言之异耳。段君注《说文》，每加'所以'字，乃别名词于静、动词，其实可不必也（详下）。即如跨、胯二音，其初固同，其后乃分为二。自跨之物言之，则曰胯；自跨之事言之，则曰跨。《公羊传》曰'入其门，无人门焉'，上门举其物，下门举其事，而二义无二文：此可证跨、胯之本同矣。"[3]黄氏这里所说的"物"即是"实"，"事"即是"业"。作为名词的自其"实"言之的"胯"与作为动词的自其"业"言之的"跨"，便是以声音相同的不同字形来表示的；而作为名词的举其"实"的"门"（门户）与作为动词的举其"业"的"门"（守门），则是以声音相同的同样字形来表示的。此外，作为名词的"腋"与作为动词的"掖"，恰如"胯"之与"跨"，一是自其"实"言之，一是自其"业"言之，以声音相同的不同字形表示之。而作为动词的举其"业"的"包"、"抱"与作为名词的举其"实"的"袍"，则是以声音相近的不同字形来表示互相融贯、互相说明的不同意义的。至于为人们所熟知的所谓变调别义现象，比如，举其"实"的"衣"（衣服）与举其"业"的"衣"（穿衣，由平声变读去声），举其"状"的"远"（遥远）与举其"业"的"远"（远去，由上声变读去声），等等，都属以声音相近的同样字形来表示词性不同而互相融贯、互相说明的不同意义的。但这种变调手段是后来才有的，古初皆与"门"例一样，义虽有别而音无二读。通常所谓声训，其所揭示的就是声音相同相近的、词性或同或异的词之间互相融贯、互相说明的意义关系。声训之别类为训所揭示的就是声音相同相近、而词性不同的词之间互相融贯、互相说明的意义关系。

在意义上互相融贯、互相说明的属不同词性的词，如果是以同样的字形来表示，那就是“词无定类”了。我们知道，20世纪50年代前期，我国语言学界曾颇有声势地进行过关于是“词无定类”还是“词有定类”的讨论（此前，30年代末至40年代初就曾有过一次讨论，但其影响不太大）。虽说最终“词有定类”说占了上风，但并未彻底解决问题。我们以为，这个问题必须放到历时性的视阈中来考察。以两端而论，简言之，在现代汉语中，是词有定类；而在语言起源期，是词无定类。事实上，比方说，任何人也拿不出充分的理由来证明古初“鼓”究竟本应属于名词（钟鼓），还是属于动词（击鼓）；“远”究竟本应属于形容词（遥远），还是动词（远去）；“尊”究竟本应属于名词（酒尊，字后作“樽”、“罇”），还是动词（尊崇）或形容词（尊贵）。我们只能说，“鼓”或为名词，或为动词；“远”或为形容词，或为动词；“尊”或为名词，或为动词，或为形容词。借用成说，就是在当初的讨论中常被正反两方引用和提及的两句话：“夫字无定类，是惟作文者有以驱遣之耳”（“字”即谓词）[4]；“凡词，依句辨品，离句无品。”（“品”即谓类，词类）[5]这两句话放到语言起源期，当是颠扑不破的真理（当然，如果说有什么离句亦可辨品的例外的话，那也许就是一些专有名词了，它们只能归于“实”。如果它们入句后非归于“实”，那就是临时“活用”了）。由语言起源期的词无定类到现代的词有定类，这是语言发展的结果。这种由粗放而精细，由囫囵而明晰式的发展，完全符合事物由初级到高级的一般化发展规律。

段玉裁注《说文》，往往将以业训实改成同类为训。比如，他将上引“靷”之训词“引轴也”改为“所以引轴者也”，注曰：“‘所以’、‘者’字，依杨倞注荀卿补。凡许书‘所以’字，浅人往往删之”；将“斤”之训词“斫木也”改为“斫木斧也”，注曰：“此依小徐本。”我们以为，于“靷”字条，所谓“浅人删之”之说似未可从——前举黄侃之说已指出段氏加“所以”实为“不必”；于“斤”字条，原训词也成立［倘依段氏前例，则必说“所以斫木（者）也”］——这里究竟是大徐本还是小徐本存许氏之旧，是须另行详察的。段玉裁于“测：深所至也”字条注曰：“深所至谓之测，度其深所至亦谓之测，犹不浅曰深，度深亦曰深也。今则引伸（申）之义行而本义隐矣。”由此例可见，段氏是明于不同义类互相融贯、互相说明之理的（权不论其对于二义何为本义、何为引申义的认定是否妥当）。但是，据其对于前引“靷”、“斤”二条的改动，特别是在“靷”字条中所作的“浅人往往删之”的断言来看，他又昧于此理。这正所谓智者亦不免偶失其智。事实上，《说文》中一些平行条目往往或以别类为训，或以同类为训，不拘一格。试比照其《金部》数例：

铉：举鼎也。　鏞：煎胶器也。　镌：穿木镌也。　鑿：穿木也。

“铉”别类为训，比照“鏞”，可训为“举鼎器也”；“鑿”别类为训，比照“镌”，可训为“穿木鑿也”（段氏将“镌”之训词改为“破木镌也”，注曰：“谓破木之器曰镌也”；将“鑿”之训词改为“所以穿木也”，注曰：“穿木之器曰鑿”）。

现代语言学上有所谓兼类词的概念，兼类词就是指兼具不同义类之义的词，实质是词无定类的一种表现形式。因此，我们也可以逆推为说：在汉语起源期，大量的词都是兼类词。现代汉语中的兼类词，本为古初兼类词之孑遗，我们正可据之以窥语言起源期词无定类现象之一斑。

别类为训，意味着所训者必兼两个义类。比如，以业训实的“茑：寄生也”，意味着“茑”兼行为义类的“寄生”与实体义类的“寄生草”；以业训实的“鞭：驱也”，意味着“鞭”兼行为义类的“鞭驱”与实体义类的“鞭子”；以德训实的“室：实也”，意味着“室”兼品性义类的“充实”与实体义类的“充实之处”；以声训业的“呱：小儿啼声”意味着“呱”兼声音义类的“小儿啼声”与行为义类的“小儿啼哭”；以位训实的“靳：当膺也”意味着“靳”兼位置义类的“当膺处”与实体义类的“当膺处之马具”。这些训诂，实质表示被训词词类归属之无定。

总之，别类为训反映了语言起源期词无定类的语言事实。

三

最早的词是由模拟声音形成的，无论是在哪种语言中。《圣经·旧约全书·创世记》第二章即指出：对于一切牲畜、野地各种走兽、空中各种飞鸟，人是根据其叫声来给它们命名的。[6]这是说，这些动物名词产生于其鸣叫声的模拟。我国最晚撰成于战国时期的古籍《山海经》中关于动物的记载有很多，比如，有鸟曰鵸，“其鸣自号”（卷一《南山经》）。有兽曰孟极，“其鸣自呼”；有鸟曰精卫，“其鸣自詨”（卷三《北山经》）。有鱼曰鮯鮯，“其鸣自叫”（卷四《东山经》）。有鸟曰青耕，“其鸣自叫”（卷五《中山经》）。“其鸣自号”等语，实质就是表示人是根据其鸣叫声来给它们命名的。动物皆属“实”，其命名即章太炎所谓“以音为表”。

由模拟动物鸣叫声以为动物命名推而广之，凡能发出声音之物，都可模拟其声音以为之命名，都可“以音为表”。18世纪，法国启蒙思想家孔狄亚克于《人类知识起源论》中便作出了此类表述：“那些最早的动物的名称大多是模拟其叫声而来的，这一点同样适用于给予风的、江河以及发出某种声响（Ie bruit）的一切事物的名称。”[7]其意思是说，除了动物由模拟其叫声而得名之外，“风”由模拟风声而得名，“江、河”由模拟其流水之声而得名，他物皆由拟声而得名。我国近代学者刘师培对拟声造词作了相当全面的论列。比如，他指出：“食字之音，象啜羹之声；吐字之音，象吐哺之声”；“奚字之音，象意有所否之声”；“毋为禁止词，毋即禁止时所发之音”；“字音象物音。例如，火字之音为呼果切，即象风火相搏之声；水字之音为式轨切，即象急湍相激之声”；“物音不克自宣，斯以击物之音相拟。如钟从童声，柝从斥声，板从反声，是也。”[8]这里，可拟之而造词之声，除了其物自然发出（自宣）者之外，还有被动（被击）发出者；由拟声而造者，除了名词之外，还涉及动词、副词等其他词类。

我国最早具有拟声造词观念的学者，是战国早期的子思（孔子之孙）。子思有语曰：“事自名也，声自呼也。”汉末人徐幹论君子修德当求己而不求诸人，即引此语（见《中论》卷上）。徐氏意谓，君子立其德名之关键在于自身，恰如万事万物得名之因于自身。子思所谓“声自呼”显然是说的动物“其鸣自号”之类，而“事自名”则是说的行为命名——亦即动词得名——之根源在于其行为所发出的声音。动词亦由拟声而造，用章太炎之语，即是“业”之“以音为表”。“声自呼”类命名渊源久远，“事自名”类命名同样起自远古。人所共知，殷商时代大行其事的占卜，远在新石器时代即已发明；那个动词“卜”，乃模拟卜事时灼龟爆裂之声而命名（其字形也即像龟甲裂纹之形）。对拟声而造动词的认知，毋庸说，难于对拟声而造名词的认知。

《说文》中对于拟声造词的揭示，在名词之外，也涉及动词。

《尔雅·释鸟》指出“鳦”即燕，“一名玄鸟，齐人呼鳦”。《说文》的说解则作：

乙：玄鸟也。齐鲁谓之乙，取其鸣自呼。鳦，乙或从鸟。（乙部）

“燕”、“鳦”音近。许氏这里进一步以“其鸣自呼”交代了其得名之缘由。

创造包括动物名称在内的表物之词即名词之手段，主要是模拟其物发出之声音。此外，也可模拟人因有感于其物而发出之声音。《说文》在这方面作出了我国，也是世界最早的理论性表述：

芋：大叶实根骇人，故谓之芋也。（艸部）徐锴曰："芋，犹言吁；吁，惊辞，故曰骇人。"

这里，徐锴的解释非常准确：其物何以名"芋"？乃源于"吁"。"吁"表示惊骇之声，用作感叹词（即所谓"惊辞"）。何以惊骇？乃因其为物大叶实根（实际是球茎），非同于一般植物。清王念孙谓："则芋之为名，即是惊异其大小。"[9]大意是也。《说文》的训释实质意谓是由感叹词派生出名词。感叹词从本质上说，也是象声词，只不过其所模拟的是人的感叹之声。

上述《说文》以声训业的"呱"等15例，揭示了由模拟行为发出之声音而造表示行为的动词这一语言起源重要规律。不过，书中仅有15例，这也暴露了作者认识上的局限性。分析如次。

《说文》中动词之说解分为两类。

第一类即为那15例，明确地以"（某）声"为训。其训释意味着这些动词是由模拟声音而形成的。比方说，表示小儿啼哭的动词"呱"是由模拟小儿啼哭声而形成的；表示歌唱的动词"哥"（歌）是由模拟歌声而形成的。象声词是由模拟声音所直接形成的，但对声音的模拟却并不一定形成象声词。模拟小儿啼哭声的"呱"形成象声词，模拟歌声的"哥"则并未形成象声词。表示小儿啼哭的"呱"应认为是由象声词"呱"派生出来的。象声词"呱"乃派生之源，是诚如弗罗姆金（Fromkin）和罗德曼（Rodman）在其《语言学导论》中所说的"模拟其所指物声音的象声词就是语言的基础，或至少是基本词汇的核心"[10]，语言学上称之为"根词"。模拟歌声的"哥"虽未形成象声词，但同样是派生之源，语言学上称之为"语根"（"根词"也是"语根"，不过是成词的"语根"罢了）。

第二类径以行为为训。依作者之意，这些词原本就是动词，属"行为"义类。第一类在书中所收动词中只占很小的比例，占绝大多数的是第二类。以《口部》为例，共收有121个动词，第一类仅16个，约占13.2%；第二类达105个，约占86.8%。其实，第二类动词也基本上是由模拟声音形成的，只是许氏见未及此。比方说，书中训为"外息也"的"呼"、训为"内息也"的"吸"，"呼"本象呼气之声，"吸"本象吸气之声；训为"言蹇难也"的"吃"本象口吃之声；训为"诃（呵）也"的"叱"本象呵斥之声；训为"闵（悯）也"的"哀"本象哀悯之声；训为"鸟食也"的"啄"本象鸟啄食之声。我们不应苛求古人。尽管《说文》对大多数动词未能探本溯源地指出其缘于拟声，但仅就其对这15个词的认知而论，亦堪称难能可贵。查许氏之前，以“（某）声也”训动词的，唯西汉末犍为舍人和三国魏孙炎注《尔雅》各有一例，见引于唐人孔颖达《毛诗正义》。《大雅·板》：“天之方懠”，毛传：“懠，怒也”，正义曰：“懠，怒，《释言》文。舍人曰：‘懠，怒声也’”；同上：“民之方殿屎”，毛传：“殿屎，呻吟也”，《正义》曰：“《释训》文。孙炎曰：‘人愁苦呻吟之声也。’”一两例不成法，15例则初具规模。所以，此类认知，可以说是许氏首开先河。主要受许氏启迪，拟声造词对于动词的解释效应才不断扩大。宋人胡仔《苕溪渔隐丛话前集》卷十九引《刘公嘉话》记：唐代贾岛作诗，有句曰：“鸟宿池边树，僧敲月下门。”始欲着“推”字，又欲作“敲”字，练之未定。韩愈为之斟酌，谓：“作‘敲’字佳矣。”（其他宋人著述，如曾慥《类说》卷二十七等，亦载其事。）韩愈意谓诗句所描写的是静境，着一响字，乃愈显其静；“推”哑而“敲”响，因取“敲”字。有人从音韵角度以开合之异、元音响度之异去解释二字的响哑之异。这固然无错，然而依拙见，这毕竟是得其末而遗其本。考其根源，“推”当本象推物之声，故哑；“敲”当本象敲物之声，故响。

章太炎谓：“语言者，不冯（凭）虚起。”[11]造词所依凭者，就是拟声，无论是哪一类词（或直接依凭于拟声，或间接依凭于拟声）。人类是通过听觉来感知声音的。所以，问题诚如德国哲学家和语言学家赫尔德所言：“人从自然这位教师那里接受语言，完全是经由听觉，没有听觉他就不可能发明语言。”[12]当然，《说文》对于拟声造词的认知并非面面俱到和非常深刻的，若在其基础上加以扩展和延伸，就可获得比较全面和深刻的认知。比如，上举《说文》对于“芋”的训释，首次将拟声而造名词推向动物名称之外，后人在这个方向上续有发现，前举刘师培堪称一个代表。若以源于远古文明初启时期的五行之词来说，除“水”、“火”皆是由模拟其“自宣之音”而造词之外，自身不会发出声音的“金”、“木”、“土”如何造词？其造词依据只能归于模拟“击物之音”，即叩击此三物而分别发出的清脆的“金”声、朴厚的“木”声、粗钝的“土”声。至于“气”字，其为物，既不能自身发声，也不能击之使发声，其造词依据毫无疑义地是模拟气体被压缩而泄漏的声音。“脂”字，任继昉先生指出：“极有可能是因为烧炼时的‘吱吱’响声而得名。”[13]其推测应是无疑的。是二词之造词依据亦在于拟声，然而所于模拟者，又非“击物之音”之所能范围。

《说文》对于“芋”的训释，实质意谓是由感叹其为物之大的感叹词“吁”派生出表示其大物的名词；若据之扩展，可知由感叹其为物之大的感叹词又可派生出表示状貌之大的形容词。字形亦写作“芋”，也可写作“訏”：

君子攸芋。(《诗经·小雅·斯干》) 毛传：“芋，大也。”

实覃实訏，厥声载路。(同上《大雅·生民》) 毛传：“覃，长；訏，大。”

《尔雅》收有“訏”之“大”义，扬雄《方言》则并收“訏”、“芋”之“大”义。形容词亦由拟声而造，用章太炎之语，即是“德”之“以音为表”。赫尔德说：“发声的感叹词就是语言中最早的词。”[14]“吁”当属于汉语最早的词之一。

芈：羊鸣也。(羊部)

训释意谓“芈”为羊鸣声之模拟。“芈”、“美”音近，我们可推知“美”即模拟羊鸣“芈芈”之声而造。古初以羊为美善吉祥之象征物，故模拟其鸣声以表示其所象征之品性（“美”、“善”二字皆以“羊”构形，良有以也）。再如：

咳：小儿笑也。孩，古文咳从子。(口部)

“咳”，异体作“孩”，本象小儿笑声，是象声词，表示小儿笑，如《老子》二十章：“我独泊兮其未兆，如婴儿之未孩。”由表示小儿笑声延伸之，则可用作表示发出其笑声之小儿。是《说文》之训释虽仅示人以拟“小儿笑声”而造表示“小儿笑”之动词——意谓由象声词派生出动词，但我们可据之延伸，知亦可由拟“小儿笑声”造出表示“小儿”之名词——意谓由象声词派生出名词。今语“欢哈”、“笑哈哈”之“哈”，是“孩”在动词义上的后起字。《说文》中以业训实的“鞭：驱也”，若以拟声造词观念细按之，可知“鞭”殆本象鞭驱发出之声（“鞭”之另一义“鞭炮”之得名，显然源自模拟燃放时的爆响声）。

拟声在语言起源期是造词之本。虽然作为语言起源学说之一的“拟声说”不仅一直没有取得语言学界普遍的认可，而且处于被归于谬误的境地，但笔者笃信之。《说文》之别类为训，特别是以声训业，可以为“拟声说”提供有力的支撑。

四

刘熙《释名》稍晚于《说文》,其释义主要运用声训,别类为训者比比皆是（有的同于《说文》），然而大多属实、业间的互训。比如，“晨：伸也”（《释天》），“岵：怙也”（《释山》），“澜：连也”（《释水》），“立：林也”（《释姿容》），“友：有也”

（《释言语》），“饼：并也”（《释饮食》），“律：累也”（《释典艺》），“矢：指也”（《释兵》），等等，皆是。别类为训在后世训诂中比较全面的运用，三国魏张揖《广雅》是个典型。清王念孙作《广雅疏证》以别类贯通相证，更把这种特殊的训诂手段阐释得淋漓尽致。王念孙《广雅疏证》中以别类相证的，涉及三十七个条目。[15]兹选摘数例，以为全文之结束。

茹：食也。（卷二下《释诂》63）

疏证：食菜谓之茹，故所食之菜亦谓之茹。《庄子·人间世》篇云“不茹荤”，《汉书·董仲舒传》云“食于舍而茹葵”，是食菜谓之茹也；《汉书·食货志》：“茹有畦”，枚乘《七发》云“秋黄之苏，白露之茹”，是所食之菜亦谓之茹也。

此例为业、实别类贯通相证。

浏浏：风也。（卷六上《释训》179）

疏证：《初学记》引《通俗文》云“凉风曰浏”，《楚辞·九叹》“秋风浏以萧萧”，王逸注云：“浏，风疾貌也。一云浏浏。”

此例为实、状别类贯通相证。

踧踖：畏敬也。（卷六上《释训》193）

疏证：《论语·乡党篇》“踧踖如也”，马融注云：“踧踖，恭敬之貌。”踧踖，恭敬之貌。《孟子·公孙丑篇》“曾西蹵然”，赵岐注云：“蹵然，犹蹵踖也。”（“踧”与“蹵”同）

此例为业、状别类贯通相证。

陆离：参差也。（卷六上《释训》194）

疏证：《楚辞·离骚》云：“纷总总其离合兮，斑陆离其上下”，《淮南子·本经训》云“五采争胜，流漫陆离”，皆参差之貌也。貌参差谓之陆离，声参差亦谓之陆离。

是为状、声别类贯通相证。

鏦：矛也。（卷八上《释器》266）

疏证：《淮南子·兵略训》“脩铩短鏦”，《华严经》卷十五《音义》引许慎注云“鏦，小矛也”，《广雅·释言篇》云“鏦，撞也。”

是为业、实别类贯通相证。

注释

[1] 章太炎：《语言缘起说》，载《国故论衡》，上海古籍出版社2006年版，第22页。

[2] 黄侃：《黄侃国学讲义录·训诂学笔记上》，中华书局2006年版，第245页。

[3] 黄侃：《黄侃论学杂著·声韵通例·（附载）与人论治小学书》，中华书局1964年版，第165页。

[4] 马建忠：《马氏文通》，商务印书馆1983年版，第112页。

[5] 黎锦熙：《新著国语文法》，商务印书馆1924年初版；1954年第19版改为："凡词，依靠结构，显示品类。"今同。见2001年版，第32页之【注10】。

[6] 参见中国基督教协会等译本，金陵刻印社，未标年月，第2页下栏。

[7] 洪洁求、洪丕柱译，商务印书馆1991年版，第143页。

[8] 刘师培：《原字音》，载《刘申叔遗书·左庵集》，江苏古籍出版社1997年版，分别见第1240页下栏左片—1241页上栏右片、第1241页上栏左片—下栏右片。

[9] 王念孙：《广雅疏证2释草》，中华书局1983年版，第323页。

[10] 转引自朱文俊：《人类语言学论题研究》，北京语言文化大学出版社2000年版，第43页。

[11] 章太炎：《语言缘起说》，载《国故论衡》，上海古籍出版社2006年版，第22页。

[12] 赫尔德，姚小平译：《语言的起源》，商务印书馆1998年版，第50页。

[13] 任继昉：《汉语语源学》，重庆出版社1992年版，第51页。

[14] 同（2），第41页。

[15] 参见拙著《〈广雅疏证〉导读》，社会科学文献出版社2009年版，第327—338页。

张其昀，男，1946年出生，江苏扬州人。扬州大学文学院教授。中国语言学会会员、中国训诂学研究会会员。主要从事汉语文字学、古代汉语、语法学的教学和研究。

《说文解字读》有而《说文解字注》无之词条初探

吴贝贝

北京师范大学文学院

提　要　《说文解字读》是《说文解字注》的初稿，(以下简称《读》、《注》)同是段玉裁“说文学”体系的一部分。我们认为，《读》对于研究《说文》、研究《注》，以及系统科学地评判段玉裁学术思想等方面具有不可替代的重要价值。本文整理了《读》收录作注而《注》未收的词条23例，并对其进行了归类，试图推测这种现象出现的原因，希望对《读》这样一部重要的著作的研究有所裨益。

关键词　段玉裁　《说文解字读》　《说文解字注》

《说文解字注》(以下简称《注》)是段玉裁小学成就的集中体现，《说文解字读》(以下简称《读》)是《说文解字注》的初稿，由于流传保存等众多原因，现仅存七册（一至六、八)。《读》与《注》在注释体例、词义说解、所得结论等方面多有不同。历来，对于《注》的研究很多，而对于《读》的研究却很少。我们认为，《读》对于研究《说文》、研究《注》，以及系统科学地评判段玉裁学术思想等方面具有不可替代的重要价值。本文对《读》收录作注而《注》未收的一些词条进行了考察并试图推测其出现的原因，希望对《读》这样一部重要的著作的研究有所裨益。

我们以上海古籍出版社1988年影印经韵楼本《说文解字注》及北京师范大学出版社1995年出版的《说文解字读》两书为研究文本，通过对《读》与《注》对应篇章比较统计得知，《读》共注解了177部、1529字，而《注》共注了267部、4477字。《读》并不是比照《说文》一一作注的，而是段氏选取自己读有所感之处作注，所注条目只是《说文》的一部分。但存在这样一类词条，其在《读》中是被段氏收录并作注的，在《注》中却没有被段氏收纳进去，考察对比两书，计有“璸、瑳、芾、苗、蔨、蓳、犕、嚜、跬、皴、釁、鸢、臀、剕、劇、篋、篚、叵、楔、棹、麰、郫、歈”23字[1]。细解这些字，大致可以分为以下几类：

一 《注》认其为讹字而不收者

（一）犓：大也，从牛角会意

今《说文》无此字并解说八字，而《公羊·隐元年》释文引《说文》：大也。又《说文·糸部》緢字注云：犓类也。是《说文》本有此字也。今人云犓即麤字，然《公羊·隐元年》何注曰：用心尚麤犓。文二年何注曰：其麤犓所以副孝子之心。又曰：用意尚麤犓。《汉书·艺文志》曰：庶得麤犓。皆叠用二字。又庄十年《公羊传》曰：犓者曰侵，精者曰伐。何注：犓，麤也。是其非一字一证也。陆德明音才古反，又七奴反。

《读》中有“犓”字并解说，《注》中经考订认为其是“觕”的讹字。“麤犓”即今之“粗糙”，属双声为训。《注》：“觕，角长皃。”而后人转写讹其形作“犓”。

（二）劇：甚也，从刀豦声

玉裁按：今《说文》无劇字，而劳字注云：劇也。瘢字注云：劇声也。考《文选》王仲宣咏史诗、陆玑《苦寒行》注引《说文》：劇，甚也。今据以补之，但未知从刀之义耳。

“劇”训“甚也”。在《读》中，段氏称据《说文》“劳”字、“瘢”字注及《文选》补此篆。《说文》“劳”字下注：“勮各本从刀，作劇。今订从力……恐是许书本作勮，用力甚也，后因以为凡甚之词，又讹其字从刀耳。”到了《注》，段玉裁认为“劇”字是“勮”字的讹字，故而不收。可见，《注》在校勘引证时更加慎重，对《读》的看法有所取舍。

（三）簉：簉褋也。从竹造声

玉裁按：今本无簉字并注七字。考李善注江淹拟颜特进诗引《说文》曰簉褋字如此，又注马融《长笛赋》引《说文》曰簉倅字如此，是唐初《说文》有此字，后转写脱去也。左氏昭十一年：僖子使助薳氏之簉。杜注：簉，副倅也。《释文》曰：本又作造，说文簉从艸，《广韵》簉字注曰：簉倅，一曰齐也。

“簉”训“簉褋也”。段据李善《文选》注所引认为唐初《说文》有此字，后转写脱去，是以不传。《注》无“簉”而有“莲”。“莲”训艸皃，段在《注》中却得出了与《读》不同的结论：《左传》、《文选》从竹之簉，皆从艸之莲之讹。很明显，段氏在作《注》时已经认识到“簉”为“莲”的讹字，故未收录，这和

“劇”的情况相同。

二 《注》以之为重文异体而不收者

（一）瑳：玉色鲜白也，从玉差声

《诗》君子偕老三章：瑳兮瑳兮。毛无传。《释文》曰：瑳，七我反。《说文》云：玉色鲜白。《初学记》亦引《说文》：瑳，玉色鲜白也。玉裁按：《史记索隐》曰：《扬子法言》及《汉书古今人表》皆作景瑳，唯《史记》作差，是字省耳。

“瑳”是《说文》本有而《注》不予收录的字。《注》只有“玼”字及训释，不收“瑳”，原因是段认为“瑳”为“玼”之异体，是不识者将其划为二字，所以删去不收。《注》中“祡”字注下也有：“禬之为祡，犹玼瑳姕傞皆同字。”

（二）芇：蔽芇也，从艸市声

今各本蔽字注：蔽蔽，小艸也，无芇字及注，传写脱误也。玉裁按：蔽蔽文理不可通。毛诗传曰：蔽芇，小皃。《尔雅·释言》曰：芇，小也。今据以补正。芇或假茀为之。如茀禄尔康。毛传曰：茀，小也。是也。毛诗又多假芇为韍。

“芇”字训为“蔽芇也”，紧随“蔽”字之后，大徐本及《注》无。在《读》中段氏认为“蔽”字以“蔽蔽”为训不合文理，又据毛传及《尔雅·释言》均有“蔽芇”一词认为此处同是传写脱误，遂增补“芇”篆。“芇”字《注》未收录作注，“蔽”字下注曰：芇茀同字，《说文》有茀无芇。《毛传》茀亦训“小也”。另，“芇”字在“杜、黜、市”三字注文中也有引用。是段氏到了作《注》时对于字际关系有了新的认识，用历时的眼光来思考和分析，得出了新的结论。

（三）苗：蓨也，从艸由声

蓨各本作蓨，此以今《尔雅》改《说文》也，今订正。许时《尔雅》盖只作蓨。《尔雅·释艸》：苗蓨。郭云未详。近翟晴江颢云：即《诗》我行其野之蓫也。《本艸》作蓄。《管子·地员篇》：黑植其艸苹蓨。玉裁按：毛诗陆玑疏曰：蓫，牛蘈，扬州人谓之羊蹄，似芦服而茎赤，可瀹为茹，滑而美也。多啖令人下气，幽州人谓之蓫。考《尔雅》藬牛蘈与苗蓨划分二条，似不当牵合为一。《本艸》之蓄，《广雅》之堇，盖即《小雅》之蓫。而非《尔雅》之苗也。艸木鸟兽多识为难，未敢肊说矣。今说文徒历切，又池六切。

“苗”大徐本训“蓨也”，《读》正为“蓨也”。《注》在“蒜”后“左文

五十三 重二大篆从茻”注文中提及“莾下重出茻字，又出莆字，茸下出萑字，皆与铉本不同。盖改窜者多,莫能肊説”。将茻字视为莾字的重文,故未列为词条。

（四）嚃

《礼记》上《曲礼》曰:毋嚃羹。郑注:亦嫌欲疾也。嚃（今本作为）,不嚼菜。正义曰:羹有菜者用梜，故不得歠，当梜嚼也。玉裁按:《说文·木部》楷字下曰：读若嚃。然则口部当有此篆并解说。

“嚃”字属《读》卷二上口部,文中并没有对其意义进行解释,只是根据郑注《曲礼》及《说文》楷字下有“读若嚃”语，而断定口部当有此篆并解说。《注》则仅于“楷”字、“餂”字注下引用此篆。段氏不载此字的原因，即“嚃，口部无，即舌部餂之异文也”、“嚃即餂也”。

（五）剕：辟疑赦

今文《尚书》作膑,古文《尚书》作剕,《史记·周本纪》引甫刑,膑辟疑赦。《汉书·刑法志》引甫刑，膑罚之属五百，皆可证。《白虎通》亦用今文《尚书》者也。《五刑篇》：五刑之属三千，大辟之属二百，宫辟之属三百，膑辟之属五百，劓墨辟之属各千，宋刻小字本作膑，不误，今各本改作剕字，则与上文膑者法金之刻本不相应，是以读书必多见古本也。《尚书大传》者，今文《尚书》也。虞夏传唐虞象剕。墨者，劓者，膑者，犯大辟者，周传甫刑，其刑膑，其刑宫，其刑劓，其刑墨，其刑死。

“剕”属《读》卷四刀部，段氏在此并没有依照一般注释体例对其进行解释，而是重点探讨了“剕”的字形问题。“剕”字今文《尚书》作“膑”,古文《尚书》作“剕”，段认为作“膑”不误，今各本改作“剕”字，则与上文“膑者法金宋之刻本不相应”，认为“剕”字应从今文《尚书》作“膑”。《注》无“剕”字词条及注，不过在第二卷足部中，“剕”作为“跳”的异体而出现：“跳，跀也。字亦作剕。”据“跀”字注，跀刑是砍断人的双脚，膑刑即挖去人的膝盖骨，膑刑比跀刑更为严酷。有“跳”则“剕”删去不收。

（六）櫫：楬櫫也，从木豬声

今各本脱此字，依楬字解说及《周礼·职金》郑注补。櫫，著也，郑云楬书以著其物是也，音见楬字下。

“櫫”训“楬櫫也”，段氏依前“楬”字解说及《周礼·职金》郑注而认为此处脱落未注而补正此篆。《注》有"楬"无"櫫"，引《职金》注曰：楬，书其数量以著其物也。今时之书有所表识，谓之楬櫫。"楬櫫"即我们常见的做标志用的小木桩。"楬櫫"是汉朝的词语，许慎在训释语中用汉代通行的"櫫"字，并不意味着一定单列"櫫"篆加以解释。段氏作《读》距离汉已经年代久远，"櫫"已不是常用字，显得晦涩难懂，故单独列为一条加以训释。但段氏为什么在《注》中又将此字略去不收呢？在《注》中"楬"字下我们可以得到答案，段氏引《汉书·酷吏传》曰："瘗寺门桓东，楬著其姓名。著櫫同字可证也。"是以段氏后来经过考证，认为"著、櫫"二字同字异体，所以《注》中不再列"櫫"条并注解。

三 《注》判其为俗字而不收者

（一）梬：梬枣也。似柿而小，名曰楆

楆：梬枣也。从木耎声。

今各本脱而小名曰楆五字。玉裁按：《南都赋》李善注引《说文》：梬枣似楆。《子虚赋》李善注引《说文》：梬枣似柿而小，名曰楆。以《子虚赋》注证南都注，知南都注脱误也。《广韵》曰：梬枣似柿而小。今《文选》子虚注误作似株而小。今北京有一种小枣如指头大，似小柿以与柿相接则结美柿，疑是梬也。

"梬：梬枣也，似柿而小，名曰楆"。"楆：梬枣也，从木耎声"。"楆"字训释出现在"梬"字之后，训"梬枣也"，从木耎声，段氏在解释"梬"字时又将"楆"字单列为词目进行了解释，在《注》中并没有此条目。只是在"梬"字下注曰：許无楆篆，盖俗字不列也。遵从许慎以"楆"为俗字而未单列词条。段氏在"楆"字注解中又提到"按耎从大而声，《内则》作栭，又作楆"。当是认为"栭、楆"同字异体，"楆"为俗字，故许慎不收，《注》亦只有"栭"篆而无"楆"。

（二）棹：楫也，从木卓声。櫂：棹或作櫂

今本无此字。玉裁按：楫字曰舟楫也，是《说文》有棹字也。《史记》：濯船黄头郎借濯字为之。或曰《说文》无棹字，楫字注当作舟棹也。掉摇也，从手。

"棹"字属《读》的木部，而《注》却只有与之意义相关的"楫"字及注。原因在于段氏在作《注》时已考证得出"棹又櫂之俗"，对于俗字《注》一般是遵从许慎不予收录的，可以看出段氏在从《读》到《注》的过程中并没有停留于固有的结论，而是注重"以经考字，以字证经"，这种严密审慎的态度是非常值得我们学习的。

四 《注》认为是后起字而不收者

（一）璳：璳也。从玉賣声

各本无璳篆文并解说，今订补壑。壑字下既云壑璳，则脱落甚明。此即旧本璠璵二篆脱璵之类也。《广雅》玉内列珠璳，此亦合二字成文者。《广韵》壑字注引《说文》云:璳，玉也。删去壑字，使文理不通，今本《说文》每多此病矣。《玉篇》壑璳二字亦分隔两处。又引《史记》琨山出璳玉。今本《史记》无此语。

“璳”字训“壑璳也”,《说文》和《注》并无此字及说解，只有“壑”字。而《读》增训“璳”的原因，则是认为“壑璳”是一个“合二字成文”的联绵词，壑字下既云壑璳，那么璳字显然是应训而脱落，段氏还举出旧本璠璵二篆脱璵的例子以及《广雅》内列的“珠璳”一词来证明自己的观点，并发出“今本《说文》每多此病，使文理不通”的感慨。而《注》中“壑”字注解，段氏却作出了不同的解释：“按说解有‘璳’而无篆文‘璳’者，盖古只用‘賣’，后人加偏旁。许君书或本说解内作‘賣’,或说解内不妨从俗,而篆文则不录也。”段玉裁认为《说文》不录“璳”是因为许慎原书里作“賣”而无“璳”，“璳”篆是从俗加玉旁而成的后起字。

（二）跬：《司马法》曰：一举足曰跬，跬三尺；两举足曰步，步六尺。从足圭声。今《说文》无此字。从杨用修《丹铅录》引《说文》补。此候再考

趌：半步也。今字作跬。《司马法》曰：一举足曰跬，跬三尺。两举足曰步，步六尺。从走圭声。读若跬同。丘弭切。十六部。读若跬同。当作读若圭三字，浅人所改也。伍被传作窥，同部假借。祭义作顷，异部假借。支与清转移次近也。荀卿子作蹞。

在《读》中段据《丹铅录》补充了“跬”篆，但在文末又云“此候再考”，对于已得的结论持保留的审慎态度，“跬”字见于《注》“趌”字注下，曰：“今字作跬”，未单列词条，是此时经进一步考证，段得出“趌”与“跬”为古今字的结论，故不取前说。

五 《注》以其为新附字而不收者

（一）皴

今各本无此字，徐鼎臣入之新增。考黑部黲字注曰：黑皴也。是《说文》故有此字而今佚也。

“皴”字《说文》列入新附字而《注》不收。仅于“黲”字下注曰“皮部无皴字，见于此。”

（二）叵：不可也，从反可

玉裁按：今本《说文》无此字，徐铉本收入新附，考许氏序云：虽叵复见，远流其详。可得略说也。是《说文》本有此字也。

“叵”在大徐本里归入新附字，段氏在考订《说文》时根据许慎的自序有“叵”字而断定《说文》本有此字，而《注》则未收，只是在为可部“哥”作注时提及徐铉新附字中收有此字。历代小学家多认为新附字系从《说文》所收字发展而来，都可以在《说文》中找到其本字或正字，因此，对新附字多以否定态度，《注》不收“叵”也是这种认识的反映。

六 《注》遵大徐本而不收者

（一）黉：学，从学省，黄声

各本无此字并解说七字。而《后汉书·儒林传》曰：更修璜字。章怀注曰：《说文》黉，学也，璜与黉同。盖半璧曰璜，诸侯泮宫，东西南三面有水，形如半璧，故曰璜，后人因之制黉字，蔚宗作璜字者，从古义也，今本《后汉书》作更修黉字，注作黉与横同，误也。

“黉”为古代对学校的称呼，在《注》中只见于“璜”字注文下：“辟廱似璧，泮宫似璜，此黉字之所由制欤？”大徐本未收录，段遵徐而于《注》亦删去不收。

（二）郹：地名也，从邑興声

锴本邺下鄗上有此字，铉本无。考广韵十六蒸郹字下引《说文》地名也，虎陵切。然则铉本脱也。

“郹”属《读》卷六邑部，“地名也，从邑興声”。段氏注释称此字于小徐本在邺、鄦二字之间，又据广韵十六蒸鄦字引《说文》作“地名也”，判定大徐本脱落此字，但《注》并没有承接这一看法，可见，段氏在排列校订《说文》时还是以大徐本为底本，大徐所没有收录的，段氏多持保留意见。

七　为推断或表述更为谨慎而不收者：

（一）藘：藘蕠，艸也。似芹，从艸，罽声

各本无藘蕠二字并解说，而豕部㯫字下云：读若藘蕠艸之蕠。《尔雅·释艸》曰：藘蕠，窃衣。郭景纯曰：似芹可食，子大如麦，两两相合著人衣。《玉篇》艸部藘字、《广韵》去声十三祭藘字皆曰：藘蕠似芹，今据补。《尔雅·释文》曰：藘居例反，郭巨例反。

（二）蕠：藘蕠也。从艸，挐声

《尔雅·释文》：蕠，女居反。《广韵》女余切。《玉篇》汝豬切。

“藘、蕠”同属《读》卷一艸部，《说文》及《注》未收。今《读》豕部㯫字注：“藘蕠，当作罽挐，盖本无末二字，后人增之而误耳。”《尔雅·释艸》曰：藘蕠，窃衣。孙炎注曰：江淮间食之，其花著人衣，故名窃衣。即今之“鬼麦”，是一种类似苍耳的野生植物。段氏据《玉篇》、《广韵》以补正。“罽”训渔网，属《注》第七卷网部，“挐”训“牵引”，属《注》第十二卷手部，“以手牵网覆盖”某种程度上正和“附着、粘附”的意义相合，正因如此，“藘蕠”、“罽挐”常互用。《注》不予收录作注，大概是由初始的《读》到最后的《注》，段氏对于校勘的态度也更加严密，对于许慎不收的字段氏一般也就删去不注，只对许书原有的条目进行解释。

（三）鸢：鷂也。从鸟弋声

玉裁按：《诗》曰：鸢飞戾天。又曰：匪鷻匪鸢。郑笺曰：鸢鸱之类，鸟之贫恶者也，今俗呼鷂，正是此物。弋声字当音弋。夏小正：十二月鸣弋。传曰：弋也者，禽也。先言鸣而后言弋者何也？鸣而后知其弋也，弋即鸢之省。玉裁于戊戌在巫山署，依山鷂甚多，每欸忍啄鸡雀食之，于腊月及正月初鸣声不绝，以后则虽飞翔而阒然无声，是十二月鸣弋非虚也。弋鷂语之转，故鷂字古说文音弋笑反，音转又为与专切，《集韵》有鳶字，逸职切，鸟名。鳶与鸢同，乃分鸢为

与专切，鴮为逸职切，非也。各本《说文》无鸢字并解说，盖转写脱去，今人乃以五各切之鳶当之，两失之矣，今补正。

“鸢”属《读》卷四鸟部，训为“鹞也”，《诗经》、《夏小正》有所记载。段氏认为今各本《说文》无“鸢”字并解说的原因是后人转写脱去，所以要从新收录入《读》中，并且批评否定了今人以“鳶”作“鸢”的做法。《注》无此字并注。《注》“鳶”字解说，段氏认为“鳶”即“鹗”字，陆德明、毛诗本皆作“鸢”，后人不应以“鸢”字之音改“鳶”字之音，至此，段玉裁还是主张“鸢”、“鳶”不应相混的，只是，把“鸢”字隐括入“鳶”字下加以解释而已。

（四）膋：膏肥皃也，从肉学省声

依《玉篇》、《广韵》补。告部嚳字学省声，故知此亦同也。

“膋”字属《读》卷四肉部，是根据《玉篇》、《广韵》补正的。其中，对“膋”声音的解释是段氏根据告部“嚳”而类推得出的。

（五）篗：李善《文选》卷四十注曰：杜摯笳赋序云：笳者，李伯阳入西戎所作也

传玄笳赋序云：吹叶为声也。《说文》作篗。玉裁按：今《说文》无篗字。《众经音义》曰：今乐器中有篗，卷葭叶吹之因以为名。笳或作葭，古遐切。盖当云《说文》作葭耳。

“篗”字《读》有而《注》无。其义大致同“笳”，指一种“吹叶为声”的乐器，《说文》作篗字。

（六）歋：歋歈，手相笑也，从欠虒声

歈：歋歈也，从欠俞声。

《后汉书·王霸传》注引《说文》如是，又云歋音弋支反，歈音踰，或音由。玉裁按：手相笑者犹《史记》之目笑之，谓举手笑人也。《后汉书》：市人皆大笑，举手邪揄之作，邪揄他书或作擨皆误，今本《说文》伪误不可读，又脱歈字并解说，今补正。

“歈”字于《读》属卷八欠部，列于“歋”后，训“歋歈也”。歋歈：手相笑也，段氏释为举手笑人。“歋歈”属联绵词，即我们今天所讲的“揶揄”，轻笑嘲弄的意思，段氏在《读》中分列“歋”、“歈”二字后对其一并进行了解释，并认为今本《说文》脱漏此字并解说。《注》“歋”字注则认为许本无“揄”字，所以自然也没有从欠窬声之“瘉”,“窬”者,“窬”之或体,“愈”即”瘉”字,无“歈”字及解说，没有采纳自己之前在《读》中的结论。

以上我们对《读》收录作注而《注》未收的词条作了初步的分析,段氏在《读》里将这23字收录并作注，一部分原因是认为它们作为“合二字成文”的联绵词的组成部分，在后人传写中脱落而应加以补正，如“璸、芾、蔄、蕐、歈”。段氏的这种“合二字成文”的思想是对联绵词的科学认识，以此思想对《说文》进行校补，校正了今本的不少讹误。同时，段氏又不被自己总结的这个通例束缚，而是从语言事实和考据出发，根据各类联绵词的实际情况决定校订与否。另外，《读》有而《注》未收的还有一部分是后来考证为讹字或某字的异文，对于俗字、后起字、新附字,《注》的说解条目一般也不予收录，体现了《注》在《读》的基础上对字际关系的认识有了新的发展进步。再有，段氏校注《说文》虽然大小徐本并无偏废，但还是以大徐本为主，对于大徐本没有收录的，段氏一般也持审慎态度，如“鄎”。此外，还有一些条目是《注》追求表述的更加严密或因推断尚未成熟而略去未收的，如“蔄、蕐、鸢、臖、篗、歈”。段玉裁这种实事求是的态度，为后人的语言研究树立了榜样。

参考文献

[1] 许慎 :《说文解字》, 中华书局2008年版。

[2] 段玉裁，朱小健、张和生点校 :《说文解字读》, 北京师范大学出版社1995年版。

[3] 段玉裁 :《说文解字注》, 上海古籍出版社2007年版。

[4] 朱小健、张和生 :《〈说文解字读〉考》,《北京师范大学学报》1985年第5期。

[5] 朱小健、张和生 :《〈说文解字读〉述例》,《北京师范大学学报》1990年增刊。

吴贝贝，女，北京师范大学古代汉语硕士研究生。

《漢書》舊注引《說文》考

王繼如

蘇州大學

一

《漢書》舊注所指，是唐代顏師古所引諸家及顏師古本人，宋代宋祁所引諸家及宋祁本人。

舊注引《說文》凡六十七處，其中稱《說文》或《說文解字》者三十八處（另有兩處提及《說文》而未有引文），稱許慎者二十九處（另有稱引許慎而非出《說文》者四處），涉及《說文》文字七十五個，另有一“轓”字為今本《說文》所不載。

計：

應劭：1字

晉灼：11字

臣瓚：3字

顏師古：27字

——以上顏師古注所見者，凡42字。

蕭該：13字

張佖：7字

劉敞：2字

劉攽：1字

宋祁：11字

——以上《漢書》南宋慶元本可見者，凡34字。

此七十五字，舊注所引與今本《說文》之異同，具見文後列表。

二

以下按《說文》諸字前後次序排列七十五字，“轓”字亦附其中，文中據其次序編排在本文中之序號。

序號之下，首列《漢書》本文及舊注，《漢書》本文下出中華書局點校本1983年版冊數及頁碼，以“/”分開。次列《說文》，其下出該字在《說文》中之編號，編號據王宏源《說文解字現代版》（社會科學文獻出版社2005年版），凡八位數，前二位為卷數，其下三位為該部在該卷之位數，末三位為該字在該部之位數。最後為作者之按語。偶有一條而涉及二字、三字者，則該條所出序號有二至三者。

由於舊注所以稱引《說文》者，往往因《漢書》之義難解。故若需明瞭《說文》字義，《漢書》之文亦須理解。為此，所引《漢書》舊注及《說文》均不作刪節，以便揣摩研究。

01 卷一百上《敘傳上》：“徒樂枕經籍書，紆體衡門上無所蒂，下無所根。”（11/4226）

師古曰：“紆，屈也。衡門，橫一木於門上。”〇蕭該《音義》曰：“籍，才亦反。韋昭《音義》作蒩字，慈固反。《說文》曰：蒩，茅藉也。從草、租。若如韋昭音，則《漢書》本作蒩字。

《說文》：“蒩，茅藉也。从艸、租聲。《禮》曰：封諸侯以土，蒩以白茅。[子余切]”（01012343）

按：《漢書》文“枕經籍書”者，“枕”“籍”皆為動詞，籍用同藉。韋昭之解，用字雖異而文義無別。然韋昭慈固反之音，與今本子余反之音有別。慈，從紐；子，精紐。固，遇攝合口一等去聲暮韻；余，遇攝合口三等平聲魚韻。其反切結果差別甚大。唯此音蕭該為引於《說文》下。蕭該所引，“租”下疑脫聲字。

02、49 卷八十四《翟方進傳》：“子夏既過方進，揣知其指，不敢發言。”（10/3418）

師古曰：“揣謂探求之。音初委反。”〇蕭該曰：“揣，案《集解》音曰揣音喘。《說文》曰：‘喘，疾息也。尺兖反。’《說文》：‘揣，量也。初委反，又丁果反。’《方言》曰：‘揣，試也。’郭璞曰：‘揣度試之也。’該謂今讀揣音初委反。”

《說文》：“揣，量也。从手、耑聲。度高曰揣。一曰：捶之。[小徐本作“度高下曰揣。一曰：捶之也。從手、耑聲。”][徐鍇曰：此字與耑聲不相近，如喘、遄之類，皆當从瑞省][初委切]”（12011096）“喘，疾息也。从口、耑聲。[昌沇切]”（02008046）

按：蕭該謂“《集解》音曰揣音喘”實無據。而謂“喘”音“尺兖[字同兑]反”

亦不合音理，疑“兖”為“兗”之誤。如此，“尺兗反”之音方與今本“昌沇切”之音一致。而言“揣”之音，則增“又丁果反”，頗可注意。兩字説義與今本同。

03 卷一百上《敘傳上》：“豈余身之足殉兮，愇世業之可懷。”（11/4213）

師古曰：“殉，營也。愇字與韙同。韙，是也。懷，思也。愇音于匪反。”〇蕭該《音義》曰：“《字林》曰：殉，殺生送死也。《說文》：愇，籀文韙。韙，是也。劉氏及《廣雅》並云愇恨也。”

《說文》：“韙，是也。从是、韋聲。《春秋傳》曰：犯五不韙。愇，籀文韙从心。[于鬼切]”（02018002）

按：蕭該引同今本。

04 卷十六《高惠高后文功臣表》：“出入數年而不省察，恐議者不思大義，設言虛亡，則厚德掩息，遴柬布章，非所以視化勸後也。”（2/529）

晉灼曰：“許慎云：‘遴，難行也。’柬，古簡字也。簡，少也。言今難行封，則得繼絕者少，若然，此必布聞彰於天下也。”師古曰：“遴讀與吝同。”

《說文》：“遴，行難也。从辵、粦聲。《易》曰：以往遴。僯，或从人。[良刃切]”（02019069）

“吝，恨惜也。从口、文聲。《易》曰：以往吝。[臣鉉等曰：今俗别作悋，非是。]

吝，古文吝从彣。[良刃切]”（02008153）

按：晉灼引與今本意同而文稍異。而“吝”之難行義實讀為“遴”，顏注未的。

05 卷一下《高帝紀下》：“大臣内畔，諸將外反，亡可蹻足待也。”（1/80）

文穎曰：“蹻猶翹也。”如淳曰：“蹻音如今作樂蹻行之蹻。”晉灼曰：“許慎云：‘蹻，舉足小高也。音僑。’”師古曰：“晉説是也。”

《說文》：“蹻，舉足行高也。从足、喬聲。《詩》曰：小子蹻蹻。[居勺切]”（02026018）

按：“舉足小高”之“小”，謂稍稍提起一足，喻事之易耳，似較今本“舉足行高”為長。

06 卷四十六《萬石君傳》：“僮僕訢訢如也，唯謹。”（7/2194）

晉灼曰：“許慎云：古欣字也。”師古曰：“晉説非也。此訢讀與誾誾同，謹敬之貌也。音牛巾反。”

《說文》：“訢，喜也。从言、斤聲。[許斤切]”（03012072）“欣，笑喜也。[小徐本無“也”] 从欠、斤聲。[許斤切]”(08034014)“誾,和悦而諍也。从言、門聲。[語巾切]”(03012033)

按:今本《說文》“訢”、“欣”同訓喜,未言“訢”為“欣”之古字,與晉灼引異。而顏注讀“訢”為“誾”，甚當。

07 卷一百上《敘傳上》:“既誶爾以吉象兮，又申之以烱戒。”(11/4215)

師古曰:“誶，告也。烱，明也。誶音碎。烱音公迥反。○宋祁曰:“蕭該《音義》曰 :《說文》曰 ; 誶，讓也。息悴反。”

《說文》:“誶,讓也。从言、卒聲。《国語》曰:誶申胥。[雖遂切]”(03012220)

按:蕭該引《說文》釋義同今本。讓,責也。反切上字,息、雖同為心紐。下字,悴、遂，同在止攝合口三等去聲至韻。是反切用字不同而結果同。

08 卷三十《藝文志》:“五音奇胲用兵二十三卷。”(6/1769)

如淳曰 :“音該。”師古曰 :“許愼云 :‘胲，軍中約也。’”

《說文》:“胲,足大指毛也。从肉、亥聲。[古哀切]”(04038050)“該,軍中約也。[小徐本無“也”] 从言、亥聲。讀若心中滿該。[小徐本“讀若心中滿該”在“从言”之前][古哀切]”(03012245)

按 :“胲”之本義無當於此。此處當讀為“該”。然“軍中約”之義，僅出此書名中，未見語詞之用例。

09 卷一上《高帝紀上》:“祠黄帝，祭蚩尤於沛廷，而釁鼓旗。”(1/10)

應劭曰 :“釁，祭也殺牲以血塗鼓釁呼為釁。”臣瓚曰 :“《禮記》及《大戴禮》有釁廟之禮，皆無祭事。”師古曰 :‘許愼云 :‘釁，血祭也。’然卽凡殺牲以血祭者皆為釁，安在其無祭事乎？又古人新成鍾鼎亦必釁之，豈取釁呼 [呼讀為罅，與下文呼音火亞反應，此前人已言之] 為義？應氏之説亦未允也。呼音火亞反。”

《說文》:“釁,血祭也。象祭竈也。从爨省、从酉,酉,所以祭也。从分,分亦聲。[小徐本“酉”上無“从”][臣鉉等曰 : 分，布也][虚振切](03025003)

按:“釁鼓旗”之義，說者眾多，莫衷一是。然此處顏注引《說文》與今本同。

10 卷八十九《循吏傳·黄霸》:“時京兆尹張敞舍鶡雀飛集丞相府,霸以為神雀,議欲以聞。”(11/3632)

蘇林曰 :“今虎賁所著鶡也。”師古曰 :“蘇說非也。此鶡音芬，字本作鳻，此通用耳。鳻雀大而色青，出羌中，非武賁所著也。武賁鶡色黑，出上黨。以其鬭死不止，故用其尾飾武臣首云。今時俗人所謂鶡鷄者也，音曷。非此鳻雀也。"○宋祁曰："注文鷃音介，字本作鳸，今本誤作芬竝鳻字。予見徐鍇本改芬為介，鳻為鳸。案許慎《說文》：鳸音古拜反，鳥似鶡而色青，出羌中。與師古所引合。徐改為允鳻，是鳥聚貌，非鳥名。"

《說文》："鳸，鳥似鶡而青，出羌中。从鳥、介聲。[古拜切]"（04022103）

按：分介二字易混，古書多見。此文宋祁說甚是，所引同今本。

11 卷一下《高祖本纪下》："今天下事畢，其赦天下殊死以下。"（1/51）

如淳曰："死罪之明白也。《左傳》曰：'斬其木而弗殊'。"韋昭曰："殊死，斬刑也。"師古曰："殊，絶也，異也，言其身首離絶而異處也。"○劉攽曰："予按《說文》'漢蠻夷長有罪當殊之'，然則殊自死刑之名也。"

《說文》："殊，死也。从歺、朱聲。《漢令》曰：蠻夷長有罪當殊之。[市朱切]"（04034007）

按：劉攽所引，"漢"字下逸"令"字。

12 卷六《武帝紀》："夏四月，立皇子髆為昌邑王。"（1/205）

孟康曰："髆音博。"晉灼曰："許愼以為肩髆字。"

《說文》："髆，肩甲也。从骨、尃聲。[補各切]"（04037004）

按：晉灼說義同今本。

13 卷七十三《韋賢傳》："故鄒魯諺曰：'遺子黃金滿籯，不如一經。'"（10/3107）

如淳曰："籯，竹器，受三四斗。今陳留俗有此器。"蔡謨曰："滿籯者，言其多耳，非器名也。若論陳留之俗，則吾陳人也，不聞有此器。"師古曰："許慎《說文解字》云'籯，笭也'，揚雄《方言》云'陳楚宋魏之閒謂筲為籯'，然則筐籠之屬是也。今書本籯字或作盈，又是盈滿之義，蓋两通也。"○宋祁曰："籯，浙本不從竹，詳蔡注。不從竹為是。注文'吾陳'字下疑有'留'字。箾字疑作筲。"

《說文》："籯，笭也。从竹、贏聲。[以成切]"（05001072）

按：此文之解，或以"籯"為竹器，或以字當是"贏"，取盈滿義。然就文章而言，泛言滿盈而無容受之物，似亦難通，是解為竹器長也。顏注所引同今本。

14 卷九《元帝紀》："水衡禁囿、宜春下苑、少府佽飛外池、嚴籞池田，假與貧民。"（1/281）

蘇林曰："嚴飾池上之屋及其地也。"晉灼曰："嚴籞，射苑也。許慎曰：'嚴，弋射者所蔽也。’池田，苑中田也。”師古曰：“晋說是。”

《說文》：“嚴，教命急也。〔小徐本無“也”〕从吅、厰聲。𠪚，古文。[小徐本作“古文嚴。”][語杴切]”（02010003）“籢，雉射所蔽者也。从竹、嚴聲。[語杴切]”（05001140）

按：晉灼所引《說文》，非“嚴”字，乃“籢”字，是讀“嚴”為“籢”也。文與今本稍異而意同。

15 卷十三《異姓諸侯王表》：“墮城銷刃，箝語燒書。”（2/364）

應劭曰：“禁民聚語，畏其謗已。箝，緘也。箝與鉗同。”晉灼曰：“許愼云：‘箝，籋也。’”師古曰：“晉說是也。謂箝籋其口，不聽妄言也，即所謂禁耦語者也。箝音其占反。籋音躡。”

《說文》“箝，籋也。从竹、拑聲。[巨淹切]”（05001098）

按：晉灼注引同今本。而今文淵閣庫本三處“籋”字均誤作“簫”。

16 卷八十七上《揚雄傳上》：“武帝廣開上林，南至宜春、鼎胡、御宿、昆吾。”（11/3541）

晉灼曰：“鼎胡，宮也，《黄圖》以為在藍田。昆吾，地名也，有亭。”師古曰：“宜春近下杜，御宿在樊川西也。”〇宋祁曰：“御，蕭該《音義》曰：案《說文》曰：籞，禁苑也。牛呂反。注文樊圃西，姚本圃作川。”

《說文》：“篽，禁苑也。从竹、御聲。《春秋傳》曰：澤之自篽。魰，篽或从又、魚聲。[魚舉切]”（05001141）

按：宋祁引蕭該說同今本，反切用字不同，而上字魚、牛同為疑紐，下字舉、呂同在遇攝合口三等上聲語韻，故反切結果一致。

17 卷二十七上《五行志第七上》：“具綆缶，備水器。”（5/1324）

師古曰：“罃甕之屬也。許氏《説文解字》曰：‘罃，備火。今之長頸缾也。”

《說文》：“罃，備火長頸缾也。从缶、熒省聲。[烏莖切]”（05043010）

按：顏注所引《說文》較今本為長，可從。

18 卷六十九《趙充國傳》：“部曲相保，為壍壘木樵，校聯不絕。”（9/2989）

如淳曰：“播校相連也。”師古曰：“此校謂用木自相貫穿以為固者，亦猶《周易》‘荷校滅耳’也。《周禮》‘校人掌王馬之政’，‘六廐成校’，蓋用關械闌養馬也。《說文解字》云：‘校，木囚也。’亦謂以木相貫，遮闌禽獸也。今云校聯不絕，言營壘相次。"

《說文》:"校，木囚也。[唐寫本木部殘卷"囚"作"田"]从木、交聲。[古孝切]"(06001378)

按:顏注引同今本。唐寫本"田"蓋"囚"之誤。顏氏所見本不誤。

19卷八十四《翟方進傳》:"中郎將李棽為厭難將軍。"(10/3438)

師古曰:"棽音所林反。"〇宋祁曰:"服虔棽音禁。如淳音琴。《說文》丑心反。晉灼音參，參音森。"

《說文》:"棽，木枝條棽儷皃。从林、今聲。[丑林切]"(06003005)丑林切

按:宋祁引《說文》音，用字雖有"心""林"之異，然韻母音韻位置無别。

20卷六《武帝紀》:"今大將軍仍復克獲,斬首虜萬九千級,受爵賞而欲移賣者,無所流貤，其議為令。"有司奏請置武功賞官，以寵戰士。(1/173)

應劭曰:"貤音移。言軍吏士斬首虜，爵級多，無所移與。今為置武功賞官，爵多者分與父兄子弟及賣與他人也。"師古曰:"此說非也。許慎《說文解字》云:'貤，物之重次第也。'此詔言欲移賣爵者，無有差次，不得流行，故為置官級也。貤音弋賜反。今俗猶謂凡物一重為一貤也。"〇宋祁曰貤音難易之易

《說文》:"貤，重次弟物也。从貝、也聲。[以豉切]"(06023027)

按:此處以"流貤"連文，似應劭之解得之。顏注以《說文》本義為解，用於此處甚為勉強。然可與今傳本《說文》比勘，義同而行文有異。

21卷一下《高帝紀下》:"始大人常以臣亡賴,不能治産業,不如仲力。"(1/66)

應劭曰:"賴者，恃也。"晉灼曰;"許慎云;'賴，利也。'無利入於家也。或曰江淮之間謂小兒多詐狡獪為亡賴。"師古曰:"晉説是也。獪音工外反。"

《說文》:"賴，贏也。从貝、剌聲。[洛帶切]"(06023029)

按:晉灼引《說文》與今本義同而字異。所謂"贏"者，贏利也。

22卷九十九上《王莽傳上》:"其以黄郵聚户三百五十益封莽。"(12/4042)

服虔曰:"黄郵，在南陽棘陽縣。"〇宋祁曰:"郵,《說文》曰:'郵，境上行書舍也。'《倉頡篇》曰:'郵，過書之官也。'《廣雅》曰:'驛也。'益封莽，别本、越本無莽字。"

《說文》:"郵，境上行書舍。从邑、垂。垂，邊也。[羽求切]"(06024011)

按:宋祁引《說文》同今本，謂句末增"也"字耳。古人引書原不嚴格，不

可認定原本卽有“也”字。而引《倉頡篇》“過書之官”之“官”字，乃“館”之古文。

23 卷五十二《田蚡傳》：“前堂羅鐘鼓，立曲旃。”（8/2380）

如淳曰：“旃，旗之名也，通帛曰旃。曲旃，僭也。”蘇林曰：“禮，大夫建旃。曲，柄上曲也。”師古曰：“蘇説是也。許慎云：‘旃，旗曲柄也，所以旃表士衆也。’”

《說文》：“旃，旗曲柄也，所以旃表士眾。从㫃、丹聲。《周禮》曰：通帛爲旃。[諸延切]旜，旃或从亶。[小徐本無“旃”]”（07004010）

按：顔注引同今本。“旃表”一語，辭書未收。“旃”由旗幟引申而有表彰義。揚雄《法言·问明》：“舉兹以旃，不亦賓乎？”劉師培《部釋》：“蓋旃爲軍中之標識，引申之卽爲旌表之義。”[五代]馬縞《中华古今注·旌旃》：“旌者，旌也，旌表賢人之德。旃者，善也，以彰善人之德。”是“旃表”為同義並列複詞。

24 卷五十七上《司馬相如傳上》：“追怪物，出宇宙。”（8/2566）

張揖曰：“怪物，奇禽也。天地四方曰宇，古往今來曰宙。”師古曰：“張說‘宙’非也。許氏《說文解字》云：‘宙，舟輿所極覆也。”

《說文》：“宙，舟輿所極覆也。[小徐本無“也”]从宀、由聲。[直又切]”（07039071）

按：顔注引同今大徐本。

25 卷四十八《賈誼傳》“怵迫之徒，或趨西東；大人不曲，意變齊同。愚士繫俗，僒若囚拘；至人遺物，獨與道俱。”（8/2228）

李奇曰：“僒音塊。”蘇林曰：“皆人肩傴僒僪。音欺全反。”師古曰：“蘇音是。”〇臣佖曰：“按《說文》窘音渠隕反，迫也。《文選》李善注：‘窘，囚拘之貌。’五臣注：‘窘，困也。愚者繫縛俗累，困如囚人。拘束其字，並不從人。唯孫強新加字《玉篇》及《開元文字》有作僒字，並音窘。疑蘇林音誤，今宜定從《說文》音渠隕反。”

《說文》：“窘，迫也。从穴、君聲。[渠隕切]”（07042037）

按：張佖所引，全同今本。

26、27 卷八十三《薛宣傳》：“傳曰：‘遇人不以義而見疻者，與痏人之罪鈞，惡不直也。’”（10/3395）

應劭曰：“以杖手毆擊人，剝其皮膚腫起青黑而無創瘢者，律謂疻痏。遇人不以義為不直，雖見毆，與毆人罪同也。”師古曰：“疻音侈。痏音鮪。”〇蕭該音義曰：“案晉灼曰：疻音侈，侈，裂也。韋昭曰：疻謂毀傷也。疻音胥地反。《說文》曰‘疻，毆傷也。手支反，又思詣反。’痏，《說文》曰‘痏，病也。’該案：《三倉》云：痏，瘡也。音如鮪魚之鮪。”

《說文》：“疻，毆傷也。从疒、只聲。[諸氏切]”（07044066）“痏，疻痏也。从疒、有聲。[榮美切]”（07044067）

按：此文殆謂以不義待人而遭毆傷，此不義人之罪與毆傷人同。則是“疻”“痏”義同也。段玉裁《說文解字注》謂應劭之解，當作“以杖手毆擊人，剝其皮膚腫起青黑而無創瘢者，律謂疻，其有創瘢者謂痏。”揆之《漢書》本文，以“疻”“痏”對等，似未可為定論。蕭該引《說文》，“疻”同今本，而“痏”與今本大異。然今本之說“痏，疻痏也”合於《漢書》之義，殆蕭該說未可從。

28 卷三十七《季布欒布田叔傳贊》：“夫婢妾賤人，感槩而自殺，非能勇也，其畫無俚之至耳。”（7/1984）

張晏曰：“言其計畫道理無所至，故自殺耳。”蘇林曰：“俚，賴也。言其計畫無所成賴。”晋灼曰：“揚雄《方言》曰：‘俚，聊也。’許慎曰：‘賴也。’此為其計畫無所聊賴，至於自殺耳。”師古曰：“晋說是也。”

《說文》：“俚，聊也。从人、里聲。[良止切]”（08001057）“聊，耳鳴也。从耳、丣聲。[洛蕭切]”（12009009）

按：今本《說文》，“聊”字說其本義，而“俚，聊也”則用其依賴之義，不可以“聊”之本義解之。晉灼所見本，直以“賴也”釋“俚”，可參校。

29 卷八十七上《揚雄傳上》：“家産不過十金，乏無儋石之儲，晏如也。”（11/3514）

師古曰：“儋石，解在《蒯通傳》。[以下文字據文淵閣庫本，中華書局本無]韋昭曰：儋音若擔戴也。《說文》曰：丁甘反。”〇宋祁曰：“乏字上疑有至字。”

《說文》：“儋，何也。从人、詹聲。[都甘切]”（08001077）

按：顏注引《說文》注音上字雖用字不同，而聲紐無別。

30 卷八《宣帝紀》：“及應募佽飛射士。”（1/260）

服虔曰：“周時度江，越人在船下負船，將覆之。佽飛入水殺之。漢因以材力名官。”如淳曰：“《呂氏春秋》荆有兹非，得寶劒於干將。渡江中流，兩蛟繞舟。兹非拔寶劍赴江刺兩蛟，殺之。荆王聞之，任以執圭。後世以為勇力之官。兹、佽音相近。”臣瓚曰：“本秦左弋官也，武帝改曰佽飛官，有一令九丞，在上林苑中結矰繳以弋鳧鴈，歲萬頭，以供祀宗廟。許慎曰：‘佽，便利也。’便利矰繳以弋鳧鴈，故曰佽飛。《詩》曰：‘抉拾既佽’者也。”師古曰：“取古勇力人以名官，熊渠之類是也。亦因取其便利輕疾若飛，故號佽飛。弋鳧鴈事，自使佽飛為之，非取飛鳥為名。瓚説失之。佽音次。”

《説文》:“佽，便利也。从人，次聲。《詩》曰：決拾既佽。一曰：遞也。[七四切]”（08001101）

按：臣瓚引同今本，所引《詩》曰亦同，惟中間插入本人之解說，此古人引書之不嚴密處。

31 卷一上《高祖本纪上》“田榮歸，沛公、項羽追北，至城陽，攻屠其城。”（1/14）

服虔曰:“師敗曰北。”韋昭曰:“古背字也，背去而走也。”師古曰:“北陰幽之處，故謂退敗奔走者為北。《老子》曰:‘萬物向陽而負陰。’許愼《説文解字》云:‘北，乖也。’《史記·樂書》曰：‘紂為朝歌北鄙之音。……朝歌者，不時，北者敗也，鄙者陋也。’是知北即訓乖，訓敗，無勞借音。韋昭之徒並為妄矣。”

《説文》:“北，乖也。从二人相背。[博墨切]”（08006001）

按：師古引同今本。就文字之義而言，韋昭說亦未為非，惟此處引申為敗義。

32 卷六《武帝紀》:“遭天地況施，著見景象，屑然如有聞。”（1/191）

臣瓚曰:“聞呼萬歲者三是也。”○宋祁曰:“姚本云:屑，先結反，與屑同。《説文》云：‘動作切切也。一曰敬也，又潔也。’”

《説文》:“屑，動作切切也。[小徐本無“也”]从尸、㣎聲。[私列切]。”（08019005）

按：宋祁引《說文》,“切切”下有“也”字，同大徐本。其下又有“一曰敬也，又潔也”，似亦為《說文》之文，今本闕之。

33 卷七十二《王貢兩龔鮑傳》:“昔武王伐紂，遷九鼎於雒邑。伯夷叔齊薄之，餓死于首陽，不食其祿。”（10/3055）

師古曰：“馬融云首陽山在河東蒲阪華山之北，河曲之中。高誘則云在雒陽東北。阮籍《詠懷詩》亦以為然。今此二山並有夷齊祠耳。而曹大家注《幽通賦》云隴西首陽縣是也。今隴西亦有首陽山。許愼又云首陽山在遼西。諸說不同，致有疑惑。而伯夷歌云‘登彼西山’則當隴西者近為是也。”

《説文》:“崵，崵山，在遼西。从山、昜聲。一曰：嵎鐵崵谷也。[與章切]”（09027015）“渭，水，出隴西首陽渭首亭南谷，東入河。从水、胃聲。杜林說。《夏

書》以爲出鳥鼠山。雝州浸也。[小徐本無“也”][云貴切]”(11001024)

按:今本《說文》謂在遼西者為“崵山”,非首陽山。而提及“首陽”者見於“渭”字下,謂渭水“出隴西首陽渭首亭南谷”,是許慎以首陽在隴西也。顏注誤。

34、35 卷一下《高祖本纪下》:“春,令郎中有罪耐以上請之。”(1/63)

應劭曰:“輕罪,不至于髡,完其耏鬢,故曰耏。古耐字從彡。髮膚之意也。杜林以為法度之字皆從寸,後改如是。言耐罪已上皆當先請也。耐音若能。”如淳曰:“耐猶任也,任其事也。”師古曰:“依應氏之説,耏當音而。如氏之解,則音乃代反,其義亦兩通。耏謂頰旁毛也。彡,毛髮貌也,音所廉反,又先廉反。而《功臣侯表》宣曲侯通耏為鬼薪,則應氏之説斯為長矣○宋祁曰:“師古曰依應氏之説,又云彡毛髮貌。余以顏氏之説似不審應意,反誤引《說文》,不了其義,更有兩通之語。且今《說文》耏無而音,止於乃代一音耳。案古者能字皆作耐字,亦取堪任其事之意。後世以三足之能為能,故今人書能無有作耐字者。應云耐音若能之能,能耐自然聲近矣,本不為而音也。顏云耐謂頰旁毛,據《說文》自訓而字為頰毛耳,象毛之形。至耐字,直釋云罪不至髡。則顏謬意而誤《說文》明矣。

《說文》:“而,頰毛也。象毛之形。如之切。”(09038001)“耏,罪不至髡也。从而、从彡。[小徐本作“從彡、從而”]耐,或从寸。諸法度字从寸。[奴代切]”(09038002)

按:宋祁駁顏注,所用《說文》同今本。顏注之說,則未明言據《說文》,未知所據。

36 卷九十九中《王莽傳中》:“皇帝謙讓,以攝居之,未當天意,故其秋七月,天重以三能文馬。”(12/5113)

服虔曰:“三台星也。”晉灼曰:“許愼説‘文馬縞身,金精,周成王時犬戎獻之。”師古曰:“能音台。”

《說文》:“駇,[小徐本篆文作“䮝”]馬赤鬣縞身,目若黃金,名曰䮝,吉皇之乘,周文王時犬戎獻之。从馬、从文,文亦聲。[小徐本“文”上無“从”]《春秋傳》曰:䮝馬百駟。畫馬也。西伯獻紂,以全其身。[無分切]”(10001043)

按:據《說文》,則文馬有專字作“駇”或“䮝”。晉灼謂“金精”者,《說文》謂“目若黃金”,是“精”讀為“晴”。晉灼謂“周成王時犬戎獻之”,未是,今本《說文》作“周文王”,以下文有“西伯獻紂,以全其身”之語,則作“周文王”者是。

37 卷九十四上《匈奴傳上》:“其後百有餘歲，周西伯昌伐畎夷。”（11/3744）

師古曰：“西伯昌卽文王也。畎音工犬反。畎夷卽畎戎也，又曰昆夷。昆字或作混，又作緄，二字並音工本反。昆、緄、畎聲相近耳，亦曰犬戎也。《山海經》云:‘黃帝生苗龍，苗龍生融吾，融吾生弄明，弄明生白犬，白犬有二，牝牡，是為犬戎。’許氏《說文解字》曰：‘赤狄，本犬種也，故字從犬。’”

《說文》:“狄，赤狄，本犬種。狄之爲言，淫辟也。从犬、亦省聲。[徒歷切]”（10008070）

按：此種種族歧視之語，古人有之。《說文》亦未能免。顏注所引同今本。

38 卷八十五《谷永傳》:“燎之方陽，寧或滅之？赫赫宗周，褒姒威之。”（11/3459）

師古曰：“《小雅·正月》之詩。威亦滅也，言火燎方熾，寧有能滅之者乎？而宗周之盛，乃為褒姒所滅，怨其甚也。威音呼悅反。”○宋祁曰：“《說文》曰：‘威，滅也。從火、戌聲。火死乃戌，陽氣至戌而盡。音許滅反。’姚本能作寧［當謂正文引《詩》作“能或滅之”］。注文盛作熾。”

《說文》:“威，滅也。从火、戌。火死於戌，陽气至戌而盡。《詩》曰：赫赫宗周，褒姒威之。［小徐本“似”作“姒”］［許劣切］“（10013105）

按：宋祁引《說文》，字有小異，當以今本為佳。至於反切，其下字劣在山攝合口三等入聲薛韻，滅在山攝開口三等入聲薛韻，則反切的結果有開合之異。而顏注反切下字之悅，亦在山攝合口三等入聲薛韻。而反切上字之呼與許，均為曉紐。是顏注反切音值同於今本，而宋祁則改合口為開口也。

39 卷五十七上《司馬相如傳上》:“左蒼梧，右西極，丹水更其南，紫淵徑其北。終始霸産，出入涇渭，酆鎬潦潏，紆餘委蛇，經營其內。”（8/2548）

應劭曰:“潦，流也。潏，涌出聲也。”張揖曰:“灃水出鄠南山灃谷，北入渭。鎬在昆明池北。潦，行潦也。又有潏水，出南山。”晉灼曰：“下言八川，計從丹水以下至潏，除潦為行潦，凡九川。從霸産以下，為數凡七川。潏，音決。潏，水涌出聲也。除潦潏不為水，餘適八，下言經營其內，於數則計其外者矣。”師古曰：“應、晉二説皆非也。張言潦為行潦，又失之。潦音牢，亦水名也，出鄠縣西南山潦谷，而北流入於渭。上言左蒼梧，右西極，丹水更其南，紫泉徑其北，皆謂苑外耳。丹水、紫泉非八川數也。霸、産、涇、渭、豐、鎬、潦、潏，是為八川，言經營其内，信則然矣。《地理志》鄠縣有潏水，北過上林苑入渭，而今之鄠縣則無此水。許慎云：'潏水在京兆杜陵'，此卽今所謂沈水，從皇子陂西北流經昆明池入渭者也。蓋為字或作水旁穴，與沈字相似，俗人因名沈水乎？将鄠縣潏水今則改名，人不識也？但八川之義，實在於斯耳。"

《說文》："潏，涌出也。一曰：水中坻，人所爲爲潏。一曰：潏，水名，在京兆杜陵。从水、矞聲。[小徐本無"名"，"從水、矞聲"在"涌出也"之後。][古穴切]"（11001189）

按：顔注辨析八川之名，似可從。所引《說文》，同今小徐本。

40 卷二十八上《地理志上》："正南曰荆州，其山曰衡，藪曰雲夢，川曰江漢，寖曰潁、湛。"（6/1539）

師古曰："潁水出陽城陽乾山，宜屬豫州。許慎又云：'湛水，豫州浸。'並未詳也。湛音直林反，又音直減反。"

《說文》："湛，沒也。从水、甚聲。一曰：湛水，豫章浸。[小徐本"豫章"作"豫州"]㴜，古文。[小徐本作"古文湛"][宅減切]"（11001310）

按：顔注引《說文》同小徐本，而大徐本作"湛水，豫章浸"。如在豫章，則屬荆州也。而《左传·襄公十六年》杜注云："襄城昆陽縣北有湛水，東入汝。"《水經注》卷六《湛水》云："湛水出河内軹縣西北山，……南入于河。"則在豫州。然此二書所言者小水也，而《地理志》所言者巨寖也。古名後無存，不宜以小水名"湛水"者當之。《地理志》此文，承《周禮·職方氏》，自有其據。

41、42 卷六十五《東方朔傳》："一日卒有不勝洒掃之職，先狗馬填溝壑，竊有所恨，不勝大願。"（9/2854）

師古曰："卒讀曰猝。洒音信，又音山豉反。"〇臣佖按："許慎《說文》'洒'字解云：'音先禮反。古又為灑埽字。'其'灑'字解云：'汛也，汛音信。'今校定此註，合云：'洒音先禮反，古文為灑埽字。灑，汛也。所蟹反。汛音信。'蓋傳寫脱誤少一十七字，多'又音山豉反'五字。

《說文》："洒，滌也。从水、西聲。古文爲灑埽字。[先禮切]"（11001415）"灑，汛也。从水、麗聲。[山豉切]"（11001440）"汛，灑也。从水、卂聲。[息晉切]"（11001441）

按：張佖所引《說文》，與今傳本比勘，惟"灑"字所注反切有異。張佖所見本作“所蟹反”，而今本作“山豉反”。則顏注“山豉反”之音非衍，乃注“灑”字也。

43、44、45 卷七十五《李尋傳》：“今汝、潁畎澮皆川水漂涌［中華書局本誤作踊］，與雨水並為民害。”（10/3189）

師古曰：“畎澮，小流也。許愼說廣尺深尺曰畎，廣二尋深二仞謂之澮，川者水貫穿而通流也。畎音工犬反。澮音工外反。”

《說文》：“く，水小流也。《周禮》：匠人爲溝洫，相廣五寸，二相爲耦。一耦之伐，廣尺深尺謂之く，倍く謂之遂，倍遂曰溝，倍溝曰洫，倍洫曰巜。［小徐本二“相”字皆作“耜”，二“尺”皆作“赤”，“謂之遂”作“曰遂”］凡く之屬皆从く。甽，古文く从田、从川。［小徐本“川”上無“从”，下有“甽，田之川也”五字］畎，篆文く从田、犬聲。六畎爲一畞。［小徐本“爲”上有“而”］［姑泫切］”（11004001）“巜，水流澮澮也。方百里爲巜，廣二尋，深二仞。凡巜之屬皆从巜。［古外切］”（11005001）“川，貫穿通流水也。《虞書》曰：濬く巜距川。言深く巜之水，會爲川也。凡川之屬皆从川。［昌緣切］”（11006001）

按：顏注所引三字意同今本。

46 卷八《宣帝紀》：“今小吏皆勤事而奉禄薄，欲其毋侵漁百姓，難矣。”（1/263）

如淳曰：“漁，奪也，謂奪其利便也。”晋灼曰：“許慎云捕魚之字也。”師古曰：“漁者，若言漁獵也。晋說是也。”

《說文》：“瀺，捕魚也。从鱻，从水。［小徐本作“從水、鱻。”］［語居切］漁，篆文瀺从魚。”（11016002）

按：晉灼說與今本義同。

47 卷四十七《文三王傳》：“有漢使者來，李太后欲自言，王使謁者中郎胡等遮止，閉門。李太后與争門，措指。太后啼謼，不得見漢使者。”（8/2214）

晉灼曰：“許慎云：‘措，置。’字借以爲笮耳。”師古曰：“音壯客反。謂爲門扉所笮。”

《說文》：“措，置也。从手、昔聲。［倉故切］”（12011068）“笮，迫也。在瓦之下棼之上。从竹、乍聲。［阻厄切］”（05001042）

按：舊注讀“措”為“笮”，甚是。《說文》“矠”、“譜”字均注云“讀若笮”，可為例證。此處晉灼引同今本。

48 卷一百下《敘傳下》:“灌夫矜勇,武安驕盈,凶德相挻,旤敗用成。”(12/4253)

師古曰:“挻謂柔挻也。音式延反。” ○蕭該《音義》曰:“韋昭曰:相挻,極也。《淮南子》曰:陶人之尅挻植。許慎曰:挻,抑也。《太玄經》曰:與陰陽挻其化。宋忠曰:挻,和。《方言》曰:挻,取也。《聲類》曰:挻,一曰柔也。《老子》曰:挻植以為器。”

《説文》:“挻,長也。从手、延,延亦聲。[小徐本作“從手、延聲”][式連切]”(12011074)

按:蕭該引許慎曰“挻,抑也”,而今本作“長也”,相距甚遠,不知為何。

49 已見 02

50 卷八十九《循吏傳・黃霸》:“吏出,不敢舍郵亭,食於道旁,烏攫其肉。”(11/3630)

師古曰:“攫,搏持之也。攫音厥縛反[中華書局本作音钁]○宋祁曰:“攫,《説文》曰:‘捽也。音九縛反。’”

《説文》:“攫,扟也。从手、矍聲。[居縛切]”(12011156)

按:此抄胥誤認“扟”之右旁為“卒”之草體“卆”,遂認“扟”為“捽”字,誤。“扟”字亦見《説文》,云:“扟,從上挹取也。从手,卂聲。讀若莘。[所臻切]”此字説者難得書證,而佛典有之,[東晉]天竺三藏佛陀跋陀羅共法顯譯《摩訶僧祇律》卷十七《明單提九十二事法之六》就有四例,如“鉢中指所觸飯,當扟棄。”“若有淨人,當使淨人授已得食。若無淨人者,有烏鳥食處,當淨扟却,得自取食。”以“扟”釋“攫”,則是以攫亦有自上取之之義。至於反切上字九、居均為見紐,音同。

51 卷八十七上《揚雄傳上》:“弃由、聃之所珍兮,蹠彭咸之所遺!”(11/3521)

師古曰:“由,許由也。聃,老聃也。二人守道,不為時俗所汙,然保己全身,無殘辱之醜。彭咸,殷之介士也,不得其志,投江而死。此又非屈原不慕由、聃高蹤,而遵彭咸遺蹟。蹠,蹈也,音之亦反。” ○蕭該《音義》曰:“該按:雄往往摭《離騷》文而反之,蹠應作手旁庶,《説文》‘摭,拾也。’”

《説文》:“拓,拾也。陳宋語。[小徐本“語”下有“也”]从手、石聲。摭,拓或从庶。[之石切]”(12011158)

按:蕭該引同今本。而顏注反切下字“亦”與《説文》反切下字“石”皆為梗攝開口三等入聲昔韻，反切結果無別。

52 卷一百上《敘傳上》：“當此之時，搦朽摩鈍，鉛刀皆能壹斷。”（12/4227）

師古曰：“搦，按也。音女角反。斷音丁喚反。”○蕭該《音義》曰：“搦，韋昭曰：搦，女擢反。《說文》曰：搦，按也。《史記》曰：搦髓腦，湔浣腸胃。”

《說文》：“搦，按也。从手、弱聲。[尼革切]”（12011180）

按：蕭該引《說文》同今本。而韋昭音女擢反，擢，在宕攝合口一等入聲鐸韻。《說文》尼革切，革在梗攝開口二等入聲麥韻。《廣韻》女角切，角在江攝開口二等入聲覺韻。是此三反切，聲紐雖同為娘紐，而韻甚有差別。不知何故。余故鄉潮汕今仍有此語，音如女角反。

53 卷二十七中之下《五行志第七中之下》：“秦始皇帝卽位尚幼，委政太后，太后淫於吕不韋及嫪毐。”（5/1422）

師古曰：”嫪或音居虯反。嫪，姓也。毐，名也。許慎說以為‘嫪毐，士之無行者’。嫪音郎到反。毐音烏改反。與今《史記》、《漢書》本文不同。且摎樂之姓，又非嫪也。故當依本字以讀。”

《說文》：“毐，人無行也。从士、从毋。[小徐本作“從毋、士。”]賈侍中說：秦始皇母與嫪毐淫，坐誅，故世罵淫曰嫪毐。[小徐本無「世」。]讀若娭。[遏在切]”（12014002）又，“嫪，婟也。从女、翏聲。[郎到切]”“婟，嫪也。从女、固聲。[胡誤切]”

按：嫪毐之名，殆取貪於淫欲之義，當是後人命之。顏注“士之無行者”似可正今本“人無行也”，以出“士”字，故“从士”方有着落。从“毋”者，《說文》云“从女有奸之者”，是淫事也。其“止之也”之義，則其引申矣，非其本義也。“士”而耽于“毋”，淫也。“毐”義在是。小徐本未得其造字之妙。“嫪”者，《說文》與“婟”互為轉注字，為貪戀義。故“嫪毐”之名，為貪於淫欲也。

54 卷八十七下《揚雄傳下》：“夫蕭規曹隨，留侯畫策，陳平出奇，功若泰山，嚮若阺隤。”（11/3573）

師古曰：“阺音氐。巴蜀人名山旁堆欲墮落曰阺。應劭以為天水隴氐，失之矣。氐音丁禮反。”○宋祁曰：“蘇林阺音邐迤之迤，弋爾反。何承天亦云巴蜀謂山岸傍欲墮者為阺，阺崩，聲聞數百里。又龔畤曰；按《說文》‘巴蜀名岸脅之傍著欲落墒者曰氐。氐崩，聞數百里’，引揚雄賦‘嚮若氐隤’，注云承紙切。然則阺當作氐。”

《說文》:“氐，至也。[小徐本下有“本也”]从氐，下箸一。一，地也。凡氐之屬皆从氐。[丁礼切]”(12021001)“氏，巴蜀山名。[小徐本“山名”作“名山”]岸脅之旁箸欲落㒩者曰氏，氏崩聞數百里，象形，乀聲。[小徐本“之”下有“堆”]凡氏之屬皆从氏。揚雄《賦》:響若氏隤。[承旨切]”(12019001)

按：宋祁引何承天及龔疇說，均云“巴蜀謂……”“巴蜀名……”，是所見本與小徐本“巴蜀名山岸脅之堆旁箸欲落㒩者曰氏”作一句讀之者相近，而未見“堆”字，更為佳耳。然就字形言之，則作“氏”為是。宋祁引音承紙切，而今本音承旨切，雖紙、旨同在止攝開口三上聲，但有紙韻與旨韻之別。而顏注則字取“氐”而音丁禮反，亦所不解。

55 卷四十《周勃傳》:“勃以織薄曲為生。”(7/2050)

蘇林曰:“薄一名曲。《月令》曰‘具曲植’。”師古曰:“許慎云:‘葦薄為曲也。’”

《說文》:“曲，象器曲受物之形。[小徐本“形”下有“也”]或說:曲，蠶薄也。凡曲之屬皆从曲。[小徐本“凡曲之屬皆从曲”在“或說”云云之前]𠚊，古文曲。[丘玉切]”(12030001)

按：顏注所引與今本《說文》，意同而文大異。

56 卷五十七下《司馬相如傳下》:“心煩於慮而身親其勞，躬傶骿胝無胈，膚不生毛，故休烈顯乎無窮，聲稱浹乎于茲。”(8/2585)

張揖曰:“躬，體也。傶，湊理也。”孟康曰:“胈，毳。膚，皮也。言禹勤，骿胝無有毳毛也。”師古曰:“骿音步千反，胝音竹尸反。胈音步曷反。”〇臣佖曰:檢字書無傶字，又戚字說文曰‘戉(文淵閣庫本誤作戊)也’。按李善注文選云:‘孟康曰:湊，湊理也。’疑《漢書》傳寫相承誤以湊字作傶字耳。合為湊。”宋祁曰:“傶，南本、浙本並作戚。《集韻》傶與戚同收，注云:《博雅》近也。此文難得句，不知師古如何讀之。必以‘躬傶骿胝無胈’為一句，‘膚不生毛’為一句，則長短不均。”

《說文》:“戚，戉也。从戉、尗聲。[倉歷切]”(12022002)

按：此文有不可解處。然張佖引說文同今本。

57 卷八十七上《揚雄傳上》:“青雲為紛，紅蜺為繯，屬之虖昆侖之虛。”(11/3543)

師古曰:“紛，旄也。繯，系也。屬，綴也。昆侖，西極之山也。繯音下犬反。

屬音之欲反。虛讀曰墟。○蕭該《音義》曰："紛，張晏曰：紛，燕尾也。韋昭曰：紛，旗旒也。音邠。繯，該案：《說文》、《字林》、《三蒼》並于善反。云'繯，絡也。'陳武音環。《通俗文》曰：所以懸繩，楚曰繯。繯胡犬反。"

《說文》："繯，落也。从糸、睘聲。[胡畎切]"（13001059）

按：今本《說文》"落"字，當據蕭該引校作"絡"。反切用字，蕭該用"于善反"，今本為"胡畎切"。于，云紐；胡，匣紐。畎，山攝合口四等上聲銑韻；善，山攝開口三等上聲獮韻。是反切結果音不同。

58 卷五《景帝紀》："錦繡纂組害女紅者也。"（1/151）

應劭曰："纂，今五采屬綷是也。組者，今綬紛絛是也。"臣瓚曰："許慎云；'纂，赤組也。'"師古曰："瓚説是也。綷，會也。會五綵者，今謂之錯綵，非纂也。紅讀曰功。綷音子內反。絛音它牢反。"

《說文》："纂，似組而赤。从糸、算聲。[作管切]"（13001136）

按：臣瓚所引《說文》較今本明晰。

59 卷五十三《景十三王傳》："繇王閩侯亦遺建荃、葛、珠璣、犀甲、翠羽、蝯熊奇獸。"（8/2417）

蘇林曰："荃音詮，細布屬也。"服虔曰："荃音蓀，細葛也。"臣瓚曰："荃，香草也。"師古曰："服、瓚二說皆非也。許慎云：荃，細布也。字本作絟，音千全反，又音千劣反。蓋今南方筩布之屬皆為荃也。葛卽今之葛布也。以荃及葛遺建也。"

《說文》："荃，芥脃也。从艸、全聲。[此緣切]"（01012353）"絟，細布也。从糸、全聲。[此緣切]"（13001228）

按：顏注之意，謂"荃"讀為"絟"。說其義同今本。

60、61 卷三十六《楚元王傳》："王戊稍淫暴，二十年，為薄太后服私姦，削東海、薛郡，乃與吳通謀。二人[申公、白生]諫，不聽，胥靡之，衣之赭衣，使杵臼碓[中華書局本作雅，疑誤]於市。"（7/1924）

應劭曰："《詩》云：'若此無罪，淪胥以鋪。'胥靡，刑名也。"晋灼曰："胥，相也。靡，隨也。古者相隨坐輕刑之名。"師古曰："聯繫使相隨而服役之，故謂之胥靡，猶今之役囚徒以鎖聯綴耳。晋說近之，而云隨坐輕刑，非也。"○劉敞曰："胥靡，《說文》作'縃縻'，謂拘縛之也。"

《說文》無"縃"，然有"纇"，"纇，絆前兩足也。从糸、須聲。《漢令》：蠻

夷卒有纇。[相主切]”（13001198）“縻，牛轡也。从糸、麻聲。𦃊，縻或从多。[靡爲切]”（13001201）

按：劉敞之説，撮其意而已。然今本《説文》無“縃”，是劉敞以“纇”為“縃”，抑或古本有“縃”，不可知也。

62 卷八十七下《揚雄傳下》：“闢之以休咎，絣之以象類。”（11/3575）

晉灼曰：“絣，雜也。”師古曰：“絣，併也，音并。〇宋祁曰：“開越本作闢。絣，《説文》方并反。《字林》布莖反。縷布也。”

《説文》：“絣，氐人殊縷布也。从糸、并聲。[北萌切]”（13001244）

按：絣之義，段玉裁注云：“殊縷布者，蓋殊其縷色而相間織之。絣之言駢也。”引申遂為并合義，晉灼説“雜也”，雜亦并合之義。宋祁引音方并反，今本音北萌切。方，非紐；北，幫紐。是注此音時尚未有輕唇之分也。萌，梗攝開口二等平聲庚韻；并，梗攝開口三等平聲清韻。有大距離。而《集韻》絣有卑盈切一音，盈亦在梗攝開口三等平聲清韻，而卑亦在幫紐，是宋祁引方并切音同此。如并取去聲勁韻之讀，則其音亦不在《集韻》中矣。《集韻》其字有必幸切一音，幫紐梗攝開口二等上聲梗韻，仍與方并反不合。

63 卷三十三《田儋傳》：“齊王曰：‘蝮蠚手則斬手，蠚足則斬足。’”（7/1848）

應劭曰：“蝮一名虺。蠚，螫也。螫人手足則割去其肉，不然則死。”師古曰：“《爾雅》及《説文》皆以為蝮卽虺也，博三寸，首大如擘。而郭璞云各自一種蛇。其蝮蛇，細頸大頭焦尾，色如綬文，文間有毛，似豬鬣，鼻上有針，大者長七八尺，一名反鼻，非虺之類也。以今俗名證之，郭説得矣。虺若土色，所在有之，俗呼土虺。其蝮唯出南方。蝮音芳六反。蠚音火各反。螫音式亦反。虺音許偉反。擘者，人手大指也，音步歷反。”

《説文》：“蝮，[小徐本篆文作“蝮”] 虫也。从虫、复聲。[芳目切]”（13005002）

按：顏注辨蝮與虺之異，而所引《説文》則同之。今本《説文》“蝮，虫也”，而顏氏所見本作“蝮，虺也”，則今本“虫”當讀作“虺”。

64 卷六《武帝紀》：“自尋陽浮江，親射蛟江中，獲之。”（1/196）

師古曰：“許愼云：‘蛟，龍屬也。’郭璞説其狀云似蛇而四脚，細頸，頸有白嬰。大者數圍，卵生，子如一二斛瓮。能吞人也。”

《説文》：“蛟，龍之屬也。池魚滿三千六百，蛟來爲之長，能率魚飛。置笱水中，

卽蛟去。从虫、交聲。[古肴切]”（13005111）

按:顏注所引與今本同,文有小異耳。古人引書原不嚴格,不必據以改今本也。

65 卷八十七上《揚雄傳上》:“於是乘輿廼登夫鳳皇兮翳華芝，駟蒼螭兮六素虯。”（11/3524）

師古曰:“四、六，駕數也，言或四或六也。螭似龍，一名地螻。虯卽龍之無角者。”〇宋祁曰:“韋昭曰:螭似虎而鱗。鄭氏曰:螭,虎類也,龍形。李奇曰:螭,雌龍也。《字林》曰:螭,若龍而黄,北方之地螻。淳化本作一名螻。刋誤據今《說文》添虯字。監本作地螻。金請刋誤據今《說文》作一名地螻。當有地字。”

《說文》:“螭，若龍而黄，北方謂之地螻。从虫、离聲。或云:無角曰螭。[丑知切]”（13005112）

“虯，龍子有角者。从虫、丩聲。[渠幽切]”（13005113）

按:“螭”、“虯”為傳說中之神獸,故諸家所說有不同。然宋祁引《說文》強調“地螻”二字不作一“螻”字，與今本同。

66 卷十《成帝紀》:“君道得，則草木昆蟲咸得其所；人君不德，謫見天地，災異婁發，以告不治”（1/307）

師古曰:“昆,衆也。昆蟲,言衆蟲也。又許慎《說文》云‘二虫為䖵。讀與昆同。謂虫之總名。’[中華書局點校本此處標點有誤，未從。]兩義並通。而鄭康成以昆蟲為明蟲，失之矣。虫音許尾反。”

《說文》:“昆，同也。从日、从比。[小徐本作“從日、比聲。”][徐鍇曰:日日比之，是同也][古渾切]（07001066）

“䖵,蟲之總名也。从二虫。凡䖵之屬皆从䖵。讀若昆。[古蒐切]”（13006001）

按:說昆為眾，不見今本《說文》。說“䖵”之義，與今本《說文》同，而行文有意。

67 卷一百上《敘傳上》:“游說之徒，風颺電激，並起而救之。”（12/4227）

師古曰:“颺讀與揚同。”〇蕭該《音義》曰:“風颺,該案:韋昭《音義》作風颮,云:颮，風之聚隗[當據《文選》李善注引作“猥”]者也。音庖。今《漢書》並作風颮而電激也。《說文》曰:飊，或作颮。颮音甫堯反。

《說文》:“飊，扶摇風也。从風、猋聲。颮，飊或从包。[甫遙切]”（13008004）

按:蕭該引《說文》與今本意同。反切下字堯，在效攝開口四等平聲蕭韻;遙，在效攝開口三等平聲宵韻。反切結果有三、四等之別。

68 卷四十《張良傳》："良嘗閒從容步游下邳圯上"（7/2024）

服虔曰："圯音頤。楚人謂橋曰圯。"應劭曰："汜水之上也。"文穎曰："沂水上橋也。"師古曰："下邳之水，非汜水也，又非沂水。服説是矣。"〇臣佖曰："按，從水，乃《詩》云'江有汜'及今有汜水縣字，音詳里反。據許慎《説文》云'東楚謂橋為圯'，在土部。本從土，傳寫蓋誤從汜，合從土，作頤音，與下文'直墮其履汜下'並作'圯'字校定。"劉攽曰："予謂若本實作圯，則應劭無緣解作汜上。疑汜亦自為頤音而釋為橋也，譬如贍辭作澹辭矣。然則汜字從水亦未為誤，而校定亦未宜從土也。"宋祁曰："舊本汜從水，張佖改作土，謂從水者是江有汜之汜，音詳里反。余謂佖説非也。近胡旦作《圯橋贊》，字從水。旦，碩儒也。予嘗問之。旦曰：汜音頤，何所疑憚？《説文》從圯，蓋本字。原後人從水，未容無義。佖改從土，奈應注為汜水之汜又何？以辨應之誤耶？用此尤見張佖之率爾也。"

《說文》："圯，東楚謂橋爲圯。[小徐本無"爲圯"二字]从土、巳聲。[與之切][小徐本此字次於"壇"字之後]"（13014129）

按：宋人張佖、劉攽、宋祁辯論橋義之字作"圯"抑或作"汜"，宋祁引胡旦之說，可謂通達，是作"圯"者，本字也，作"汜"者，或亦有所取義，以橋臨水上故從水也，偶與"汜水"字重合耳，而其音為頤，其義為橋，自不同耳。漢語中原有同字而異詞者，不必怪也。而張佖所引《說文》與今本大徐本同，亦當表出。

69 卷二十四下《食貨志下》："鑄作錢布皆用銅，殽以連錫。"（4/1179）

孟康曰："連，錫之别名也。"李奇曰："鉛錫璞名曰連。"應劭曰："連似銅。"師古曰："孟、李二説皆非也。許慎云：'鏈，銅屬也。'然則以連及錫雜銅而為錢也。此下又云能采金銀銅連錫，益知連非錫矣。"

《說文》："鏈，銅屬。[小徐本"屬"下有"也"]从金、連聲。[力延切]"（14001009）

按：顏注讀"連"為"鏈"，引《說文》同今之小徐本。

70 卷二十四下《食貨志下》："今半兩錢法重四銖，而姦或盜摩錢質而取鋊，錢益輕薄而物貴，則遠方用幣煩費不省。"（4/1163）

如淳曰："錢一面有文，一面幕，幕為質。民盜摩漫面而取其鋊，以更鑄作錢也。"臣瓚曰："許慎云：'鋊，銅屑也。'摩錢漫面以取其屑更以鑄錢。《西京黄圖叙》曰'民摩錢取屑’是也。”師古曰：“鋊音浴。瓚說是也。”〇宋祁曰：“鋊俞玉反。”

《說文》:“鋊，可以句鼎耳及鑪炭。[小徐本“炭”下有“也”]从金、谷聲。一曰:銅屑。讀若浴。[小徐本“讀若浴”在“一曰”之前][余足切]”(14001056)

按：臣瓚注與今本《說文》一曰同。

71、72卷八十七下《揚雄傳下》:“兗鋋瘢耆、金鏃淫夷者數十萬人。”(11/3561)

如淳曰:“兗,括也。”孟康曰:“瘢耆,馬脊創瘢處也。”蘇林曰:“以耆字為著字，著音憤之著，鏃著其頭也。”師古曰：“鋋，鐵矜小矛也。淫夷，過傷也。據如、孟氏之說，則箭括及鋋所中，皆有創瘢於耆，而被金鏃過傷者復衆也。如蘇氏以耆字為著字，依其所釋，則括及鋋所傷皆有瘢，又著金鏃於頭上而過傷者亦多矣。用字既別，分句不同。據今書本多作耆字，宜從孟說。鋋音蟬，又音延。著音竹略。反矜音巨巾反。〇臣佖曰：“按字書無究字，今俗以為兖州字本作沇，此究鋋合作鈗鋋。許慎《說文》鈗字注曰：‘侍臣所執兵，從金、允聲。《周書》曰一人冕執鈗。讀若允。’與鋋字相次。又案今文《尚書》云‘一人冕執鋭’，孔安國傳云:‘鋭,矛屬也。’疑孔安國之時舊是鈗字,後傳寫作鋭耳。《說文》‘鋭,芒也’，亦與矛不類矣。《漢書》相承疑誤書為究字，如淳注釋乃云‘究，括也’，顔師古又依孟康所說為箭括，卽愈無所據，且箭括非刃，豈與‘鋋，小矛’同可以傷夷人乎？此究字故合作鈗。”宋祁曰:“南本亦云‘憤之著’，予以意求之，當云‘耆音著幘之著’，此最為允。憤作幘，添一著字。”

《說文》:“鈗，侍臣所執兵也。[小徐本“侍”上有“從”]从金、允聲。《周書》曰:一人冕執鈗。讀若允。[小徐本無“一人”、“讀若允”等五字][余準切]”(14001143)“鋭,芒也。从金、兑聲。剠,籒文鋭从厂、剡。[小徐本無“厂”][以芮切]”(14001109)

按:此段文字,甚不可解。所解不同,句讀亦不同。然張佖說“兗”當為“鈗”，誠是。所引同今大徐本。而位置亦正在“鋋”字後。作“鋭”則不類矣。張佖所引“鋭”之說解，亦同今本。

73、74卷五《景帝紀》:“令長吏二千石車朱兩轓，千石至六百石朱左轓。”(1/149)

應劭曰:“車耳反出，所以為之藩屏，翳塵泥也。二千石雙朱，其次乃偏其左。輒以簟為之，或用革。”如淳曰：“轓音反。小車两屏也。”師古曰：“據許慎、李登説，轓，車之蔽也。《左氏傳》云‘以藩載欒盈’，卽是有郭蔽之車也。言車耳反出，非矣。轓音甫元反。軬音方遠反。”

《說文》無“轓”。“軬，車耳反出也。从車、反，反亦聲。[小徐本作「從車、反聲。」][府遠切]”（14009021）

按：顏注以為轓、軬義異，應劭則以為轓通軬。今《說文》無轓字，說解文字中亦無“車之蔽”，是顏注可補今《說文》，而應注可與今《說文》印證。

75 卷一下《高祖本纪下》：“贊曰：《春秋》晉史蔡墨有言，陶唐氏既衰，其後有劉累。”（1/81）

荀悦曰：“唐者，帝堯有天下號，陶，發聲也。”韋昭曰：“陶唐皆國名，猶湯稱殷商矣。”臣瓚曰：“堯初居於唐，後居陶，故曰陶唐也。”師古曰：“三家之説皆非也。許慎《說文解字》云：‘陶，丘再成也。在濟陰。《夏書》曰：東至陶丘。陶丘有堯城，堯嘗居之，後居於唐，故堯號陶唐氏。’斯得之矣

《說文》：“陶，再成丘也，在濟陰。从𨸏、匋聲。《夏書》曰：東至于陶丘。陶丘有堯城，堯嘗所居，故堯號陶唐氏。[小徐本“氏”下有“也”][徒刀切]”（14011071）

按：今本《說文》“堯嘗所居”文法有礙，不如顏注引“堯嘗居之”。而此句之後，顏注有“後居於唐”一句，遂使其下“故堯號陶唐氏”之語有據，殆不可少。要之，此處顏注可訂補今本《說文》者多矣。

76 卷五十七上《司馬相如傳上》：“於是蛟龍赤螭。”（8/2548）

文穎曰：“龍子為螭。”張揖曰：“赤螭，雌龍也。”如淳曰：“螭，山神也，獸形。”師古曰：“許慎云：‘离，山神也。’字則單作离形。若龍子，乃從虫[此處中華書局本有誤字]。此作螭，别是一物，既非山神，又非雌龍、龍子，三家之説皆失之。虫音許尾反。”〇劉奉世曰：“尋師古之説，既不以三家為然，則是螭字本不從虫也，故云别是一物矣。後人誤並注改皆從虫，非也。”

《說文》：“离，山神獸也。从禽頭、从厹、从屮。[小徐本作“從禽頭、從内，屮聲。”]歐陽喬說：离，猛獸也。[臣鉉等曰：義無所取，疑象形。][吕支切]”（14022003）“螭，若龍而黃，北方謂之地螻。从虫、离聲。或云：無角曰螭。[丑知切]”（13005112）

按：“赤螭”之義，不必遠求，用《說文》無角之龍解之卽得。然顏注引《說

文》“离，山神也”則似有脫字。今本謂“山神獸也”，其上字為“禽，走獸總名”，其下字為“萬，蟲也”。“离”與同類，則“獸”字不可無明矣。

以上七十六字，《漢書》舊注與今傳本《說文》之異同均逐條作比較。舊注可訂正今本者有之，而舊注本身亦有譌誤。舊注之誤，或由本身，或由鈔寫，今已無從辨別矣。

三

《漢書》舊注引許慎說而不出於《說文》者四處，此處亦作若干說明。

四處中，有二處文皆為“堪，天道也；輿，地道也”：

1 卷三十《藝文志》：“堪輿金匱十四卷”（6/1768）

師古曰：“許慎云：‘堪，天道；輿，地道也。”

2 卷八十七上《揚雄傳上》：“屬堪輿以壁壘兮，梢夔魖而抶獝狂。”（11/3523）

張晏曰：“堪輿，天地總名也。”孟康曰：“堪輿，神名，造圖宅書者。木石之怪曰夔，夔神如龍，有角，人面。魖，耗鬼也。獝狂。亦惡鬼也。今皆梢而去之。”師古曰：“堪輿，張說是也。屬，委也，以壁壘委之。梢，擊也。抶，笞也。梢音山交反。魖音虛。屬音之欲反。抶音丑乙反。獝音揆聿反。”〇宋祁曰：“韋昭曰：魖音昌慮反，一作熙慮反。蕭該《音義》曰：獝狂，無頭鬼也，見《字林》。李善曰：許慎云：堪，天道也；輿，地道也。”

《說文》：“堪，地突也。从土、甚聲。[口含切]”（13014034）“輿，車輿也。从車、舁聲。[小徐本此字次於“輯”字之後][以諸切]”（14009014）

按：顏注、宋祁引許慎“堪，天道也[顏注無“也”字]；輿，地道也”不見於《說文》，其出處在《文選》卷七揚雄《甘泉賦》李善注，《甘泉賦》云：“屬堪輿以壁壘兮，捎夔魖而抶獝狂。”注：“張晏曰：‘堪輿，天地總名也。’孟康曰：‘木石之怪曰夔，如龍，有角人面。魖，耗鬼也。獝狂，赤惡鬼也。令皆捎而去之。’善曰：杜預《左氏傳》注曰：‘屬，託也。’《淮南子》曰：‘堪輿行雄以知雌。’許慎曰：‘堪，天道也；輿，地道也。’《說文》曰：‘抶，擊也。丑乙切。’”是“堪，天道；輿，地道也”乃許慎注《淮南子》“堪輿行雄以知雌”之言。今本《淮南子》不見此文并許注，惟《天文篇》云：“太陰所居辰為厭日，厭日不可以舉百事。堪輿徐行，雄以音知雌，故為奇辰。數從甲子始，子母相求，所合之處為合。十日十二辰，周六十日，凡八合。合於歲前則死亡，合於歲後則無殃。”意近之。[宋]李廷忠撰《橘山四六》卷二[明]孫雲翼注、[清]仇兆鰲《杜詩詳註》卷二十四以为此語出自《說文》者誤。

其他二處如下：

3卷四十《張良傳》：“發鉅橋之粟，散鹿臺之財。”（7/2030）

服虔曰：“鉅橋，倉名也。”師古曰：“許慎云：鉅鹿之大橋有漕粟也。”

按：此處顔注引不當出《說文》。《史記》卷三《殷本紀》：“厚賦稅以實鹿臺之錢而盈鉅橋之粟。”《集解》引服虔曰：“鉅橋，倉名。許慎曰：鉅鹿水之大橋有漕粟也。”似是服虔已引之。

4卷五十七上《司馬相如傳上》：“邪與肅慎為鄰，右以湯谷為界。”（8/2545）

師古曰：“湯谷，日所出也。許慎云熱如湯也。”〇劉奉世曰：“右當為左。”

《說文》：“湯，熱水也。从水、昜聲。[土郎切]”（11001377）“崵，崵山，在遼西。从山，昜聲。一曰：嵎鐵崵谷也。[與章切]”（09027015）

按：《說文》“湯”下未出“湯谷”，字或作“崵”，而“崵”下崵谷亦未見“熱如湯”之語。《史記》卷一百十七《司馬相如列傳》正義云：“《海外經》云：‘湯谷，在黑齒北，上有扶桑木，水中十日所浴。’張揖云：‘日所出也。’許慎云：‘熱如湯。’”似是為《山海經》所作之注。今《山海經·海外東經》郭璞注：“谷中水熱也”，與許慎說似有承繼關係。

四

《漢書》舊注引《說文》所涉及之七十六字與今本《說文》之異同一覽表

說文編號	文字	漢書卷數	注說人	同異	本文序號
01012343	萴	卷一百上	蕭該	蕭該有脫字	01
02008046	喘	卷八十四	蕭該	蕭該反切字誤	02
02018002	趧、惿	卷一百上	蕭該	同	03
02019069	遴	卷十六	晉灼	義同而文小異	04
02026018	蹻	卷一下	晉灼	優於今本	05
03012072	訢	卷四十六	晉灼	晉灼所引未見今本	06

续表

說文編號	文字	漢書卷數	注說人	同異	本文序號
03012220	誶	卷一百上	蕭該	同。反切用字雖異而音同	07
03012245	該	卷三十	顔師古	同	08
03025003	釁	卷一上	顔師古	同	09
04022103	鴅	卷八十九	宋祁	同	10
04034007	殊	卷一下	劉攽	劉有脱文	11
04037004	髆	卷六	晉灼	義同	12
05001072	籯	卷七十三	顔師古	同	13
05001140	籢	卷九	晉灼	義同而文小異	14
05001098	箈	卷十三	晉灼	同	15
05001141	篽	卷八十七上	蕭該	同。反切用字異而音同	16
05043010	罄	卷二十七上	顔師古	可校正今本《說文》	17
06001378	校	卷六十九	顔師古	同。可證唐寫本之誤	18
06003005	棽	卷八十四	宋祁	反切字異而音同	19
06023027	貤	卷六	顔師古	義同而文有異	20
06023029	贏	卷一下	晉灼	義同而字有異	21
06024011	郵	卷九十九上	宋祁	同	22
07004010	旃	卷五十二	顔師古	同	23
07039071	宙	卷五十七上	顔師古	同大徐本	24
07042037	窘	卷四十八	張佖	同	25
07044066	痻	卷八十三	蕭該	同	26
07044067	痏	卷八十三	蕭該	異。蕭該引不可從	27
08001057	俚	卷三十七	晉灼	可正今本《說文》之讀	28
08001077	儋	卷八十七上	顔師古	反切用字雖異而音同	29
08001101	佽	卷八	臣瓚	同	30
08006001	北	卷一上	顔師古	同	31
08019005	屑	卷六	宋祁	可補今本《說文》	32
09027015	崵	卷七十二	顔師古	顔注誤當首陽	33

续表

說文編號	文字	漢書卷數	注說人	同異	本文序號
09038001	而	卷一下	宋祁	同	34
09038002	耏	卷一下	宋祁	同	35
10001043	駁	卷九十九中	晉灼	晉灼引有誤	36
10008070	狄	卷九十四上	顏師古	同	37
10013105	威	卷八十五	宋祁	以今本為佳	38
11001189	潏	卷五十七上	顏師古	同小徐本	39
11001310	湛	卷二十八上	顏師古	同小徐本	40
11001415	洒	卷六十五	張佖	同	41
11001440	灑	卷六十五	張佖	反切不同	42
11004001	甽	卷七十五	顏師古	意同今本	43
11005001	澮	卷七十五	顏師古	意同今本	44
11006001	川	卷七十五	顏師古	意同今本	45
11016002	漁	卷八	晉灼	同	46
12011068	措	卷四十七	晉灼	同	47
12011074	挻	卷一百下	蕭該	異	48
12011096	揣	卷八十四	蕭該	增一反切	49
12011156	攫	卷八十九	宋祁	宋引有誤字	50
12011158	摭	卷八十七上	蕭該	同	51
12011180	搦	卷一百上	蕭該	同	52
12014002	毐	卷二十七中之下	顏師古	可正今本	53
12019001	氏	卷八十七下	宋祁	與小徐本近而反切有異	54
12030001	曲	卷四十	顏師古	意同而文大異	55
12022002	戚	卷五十七下	張佖	同	56
13001059	繯	卷八十七上	蕭該	說義可校正今本，反切有所不同	57
13001136	纂	卷五	臣瓚	較今本明晰	58
13001228	絟	卷五十三	顏師古	同	59
13001198	纇	卷三十六	劉敞	疑劉以為與“縃”同字。劉撮其意	60

续表

說文編號	文字	漢書卷數	注說人	同異	本文序號
13001201	縻	卷三十六	劉敞	劉撮其意	61
13001244	絣	卷八十七下	宋祁	反切與今本異	62
13005002	蝮	卷三十三	顏師古	可正今本之讀	63
13005111	蛟	卷六	顏師古	同	64
13005112	螭	卷八十七上	宋祁	同	65
13006001	蚰	卷十	顏師古	義同而文有異	66
13008004	飈	卷一百上	蕭該	反切有異	67
13014129	圯	卷四十	張佖	同大徐本	68
14001009	鏈	卷二十四下	顏師古	同	69
14001056	鋊	卷二十四下	臣瓚	同	70
14001109	鋭	卷八十七下	張佖	同	71
14001143	銃	卷八十七下	張佖	同大徐本	72
14009021	軓	卷五	應劭	同	73
今《說文》無	轓	卷五	顏師古	釋為車之蔽也	74
14011071	陶	卷一下	顏師古	可訂補今本《說文》	75
14022003	离	卷五十七上	顏師古	顏注引有脱字	76

参考文獻

［1］《漢書》

南宋慶元劉元起家塾刻本（中華再造善本）；

南宋蔡琪家塾刻本（中華再造善本）；

武英殿乾隆四年刊本；

文淵閣庫本；

王先謙《補注》本；

中華書局點校本 1983 年版。

[2]《說文解字》精校電子本，施謝捷先生所做，特此感謝！

[3]《說文解字》大徐本，中華書局 1963 年影印本。

[4]《說文解字繫傳》，中華書局 1987 年影印本。

[5]《說文解字注》，段玉裁注，上海古籍出版社 1986 年影印本。

[6]《說文解字現代版》，王宏源編碼，社會科學文獻出版社 2005 年版。

王繼如，男，1943 年出生。蘇州大學文學院特聘教授、臺灣東吴大學客座教授。主要從事訓詁學、文獻學、敦煌學的教學和研究。

《说文》与《尔雅》的分类旨趣与学术异同论略

王世伟
上海社会科学院信息研究所

东汉许慎的《说文解字》与成书于战国和西汉间古代学者集体创作的《尔雅》是两部古代语言文字学的开山之作，两书之间有诸多的关联；从学术史的角度研究两书之间的关联，对于我们进一步深入了解这两部古代“小学”的经典之作，对于今天在学习或整理古文献中进一步认识“小学”的钤键作用，具有重要的意义。

一 《说文》与《尔雅》的分类沿革及其旨趣

（一）《说文》与《尔雅》在古典目录著录之始及小学类目的设立

《说文》成书于东汉，故在刘向、刘歆父子的《别录》和《七略》中以及之后的《汉书·艺文志》中尚未著录，但《汉书·艺文志》六艺略中已创设有“小学”家，著录有《史籀》十五篇至杜林《苍颉故》一篇等，“凡小学十家，四十五篇。”所谓“古者八岁入小学，故《周官》保氏掌养国子，教之六书，谓象形、象事、象意、象声、转注、假借，造字之本也。”[1]而《尔雅》则“兴于中古，隆于汉氏”[2]，故《汉书·艺文志》中已有《尔雅》著录，但列于六艺略“孝经”家。明清学者都穆、叶德辉和陈玉澍均曾作过研究，其中陈玉澍在《尔雅释例序》中所述最详，他认为：“《汉书·艺文志》六艺居首，以《易》、《书》、《诗》、《礼》、《乐》、《春秋》、《论语》、《孝经》为次，而《尔雅》三卷二十篇，与《五经杂议》十八篇，并列于《孝经》十一家五十九篇之中，不与《史籀》、《苍颉》、《凡将》、《急就》列于小学十家四十五篇之内，其次于《五经杂议》后者，《尔雅》所释非一经，与《杂议》同也。其列于《孝经》者，孔子曰，弟子入则孝，出则弟，行有余则以学文，文即乐正所教之《诗》、《书》、《礼》、《乐》，而《尔雅》为《诗》、《书》、《礼》、《乐》之钤键，与《孝经》皆入学之初所宜诵肄。《尔雅》之列于《孝经》也，犹之《弟子职》之列于《孝经》也。”[3]

(二)《说文》与《尔雅》类目著录的演变

汉代以降，历代目录均承《汉书·艺文志》于经部设置“小学”类目。魏郑默编制《中经》，始创四部分类之法，西晋荀勖纂辑《中经新簿》，分甲、乙、丙、丁四部，于甲部纪六艺及小学，则《说文》、《尔雅》当入甲部。[4]南朝宋、齐间的王俭编撰了《七志》，“一曰经典志，纪六艺、小学、史记、杂传”(《隋书·经籍志序》)；梁阮孝绪编撰《七录》，一曰经典录，纪六艺，而经典录中又细分有“小学”类目，则《说文》、《尔雅》之书当入经典志和经典录。延及隋唐，魏征（或谓李延寿、敬播所撰）编撰《隋书·经籍志》[5]，于四部经籍部设“小学类”，收录了《三苍》至《三字石经春秋》共一百八部、四百四十七卷，包括《说文》在内的众多字书、石碑与韵书。《说文》明确列入了古籍书目中的“小学”。《隋书·经籍志》中，《尔雅》却与以往不同地列入了“论语”类。《隋书·经籍志》经部“论语”类序谓：“《尔雅》诸书，解古今之意，并五经总义，附于此篇。”有些文献涉猎面较广，无类可归，遂附于某类目的方法，在古今书目中，并非个别的例子。但从此也可以看出《尔雅》与经学的关系。唐陆德明《经典释文》中曾将《尔雅》列于《老子》、《庄子》之后，陆氏认为：“《尔雅》，周公，复为后人所益，既释于经，又非次，故殿末焉。众家皆以《尔雅》居经典之后，在诸子之前，今微为异。”[6]实际上，在晋郭璞注《尔雅》时，在其序中已论述了《尔雅》与经学的关系：“夫《尔雅》者，所以通诂训之指归，敍诗人之兴咏，总绝代之离词，辨同实而殊号者也。诚九流之津涉，六艺之钤键，学览者之潭奥，摛翰者之华苑也。若乃可以博物不惑，多识鸟兽草木之名者，莫近于《尔雅》。”

(三)《说文》与《尔雅》类目归属的确立及小学类目的趋向成熟

如果说，到《隋书·经籍志》为止，《说文》、《尔雅》还时而分列于不同类目的话，那么，从《旧唐书·经籍志》开始，两书已较为固定地结合在“小学”类目之中了。《旧唐书·经籍志序》谓：“甲部为经，其类十二：……十二曰小学，以纪字体声韵。”在小学类后小序中又谓：“右小学一百五部，《尔雅》、《广雅》十八家，偏旁音韵八十六家，凡七百九十七卷。”这样，《尔雅》在经历了孝经、论语等类目的著录之后，终于同《说文》在“小学”的类目下走到了一起。宋代晁公武的《郡斋读书志》在其经类“小学”中的《尔雅》三卷的提要文字中对这一段学术历史及“小学”的类目设置、《说文》与《尔雅》同中有异的相互关系的旨趣作了阐释：“文字之学凡有三：其一体制，谓点画有纵横曲直之殊；其二训诂，谓称谓有古今雅俗之异；其三音韵，谓呼吸有清浊高下之不同。论体制之书，《说文》之类是也；论训诂之书，《尔雅》、《方言》之类是也；论音韵之书，沈约《四声谱》及西域反切之学是也。三者虽各名一家，其实皆小学之类。而《艺文志》独以《尔雅》附孝经类，《经籍志》又以附论语类，皆非是。今依《四库书目》，置于小学之首。”[7]从晁氏的提要文字中，我们也可以知道，在唐玄宗时的官修目录《开元四库书目》中，已将《尔雅》置于小学之首，而欧阳修等修《新唐书·艺文志》，也依据了《开元四库书目》。[8]宋陈振孙所撰《直斋书录解题》与晁氏《郡斋读书志》为宋代私家目录著作之双璧，其经部小学类与晁氏相比，同中微有异，陈氏小学类序谓："自刘歆以小学入六艺略，后世因之，以为文字训诂有关于经艺故也。至《唐志》所载《书品》、《书断》之类，亦厕其中，则庞矣。盖其所论书法之工拙，正与射御同科，今并削之，而列于杂艺类，不入经录。”[9]明代与以前各代相比，小学不太重视，虽然明高儒《百川书志》和清张廷玉所撰《明史·艺文志》在经类中尚列有小学类，但小学文献已显薄弱，而明杨士奇所编《文渊阁书目》中则缺略了小学类目。[10]

（四）《说文》与《尔雅》在古典目录中的总结与发展

下逮清代，经学及与之相关的小学文献受到重视，《说文》、《尔雅》的目录类属逐渐明晰。清初藏书家钱曾所作《读书敏求记》，其卷一分为七类，即经、礼乐、字学、韵书、书、数、小学。其中《说文》归为“字学”类，《尔雅》归为“小学”类，《集韵》等则归为“韵书”类。[11]钱曾另编有《虞山钱遵王藏书目录汇编》，其经部分别有尔雅、字书、韵书、碑刻、书、小学等类，《尔雅》归为“尔雅”类，《说文》归为“字书”类。[12]说明当时对于《说文》与《尔雅》的目录归属尚未固定。乾隆朝编《四库全书总目》，于四库分类进行了集大成式的总结，小学类也不例外。《四库全书总目》经部小学类序谓：“右小学所教，不过六书之风。故《汉志》以《弟子职》附孝经，而《史籀》等十家四十五篇列为小学。《隋志》增以金石刻文，《唐志》增以书法书品，已非初旨。自朱子作小学以配大学，赵希弁《读书附志》遂以《弟子职》之类并入小学，又以《蒙求》之类相参并列，而小学益多岐矣。考订源流，唯《汉志》根据经义，要为近古。今以论幼仪者别入儒家，以论笔法者别入杂艺，以蒙求之属隶故事，以便记诵者别入类书，唯以《尔雅》以下编为训诂，《说文》以下编为字书，《广韵》以下编为韵书。庶体例谨严，不失古义。其有兼举两家者，则各以所重为主（如李焘《说文五音韵谱》实字书，袁子让《字学元元》实论等韵之类），悉条其得失，具于本篇。”[13]故《四库全书总目》小学类细分为《尔雅》居首的训诂之属、《说文》居首的字书之属、《广韵》居首的韵书之属，继《郡斋读书志》之后，《说文》、《尔雅》与《广韵》在小学之中遂成鼎足之势。而小学类后附有《六艺纲目》二卷，《四库全书总目》提要云：“案，六艺皆古之小学，而自《汉志》以后，小学一类唯收声音训诂之文。此书转无类可归。今附录于小学之末，存古义也。”

自清代《四库全书总目》对《说文》、《尔雅》在书目中的类属作了较为全面的总结之后，清末和民国时期，对两书在书目中的归属仍有一些细微的变化。如张之洞的《书目答问》，其卷一为经部总目，细分为正经正注第一、列朝经注经说经本考证第二、小学弟三。其中《尔雅》文献分别归类于以上三类，体现出《尔雅》作为十三经之一的经学地位以及在小学类中作为训诂之属的双重性质；而《说文》则归于小学类中的“说文之属”。在此之后，民国年间孙殿起的《贩书偶记》也承继了这样的分类旨趣，其在经部卷三中专设有“尔雅类”，在卷四“小学类”中再细分为“说文、篆录字书各体、音韵、训诂”等属，其中训诂之属中有《小尔雅》、《广雅》、《方言》、《释名》等雅学研究文献。清末章珏（1865—1937）等编《清史稿·艺文志》，于小学类细分训诂之属、字书之属、韵书之属和清文之属，其中清文之属成为此目的特色。[14]民国初年编辑的《天津图书馆书目》在卷六经部七的小学类中，又细分为六小类，即说文、各体书、训诂、官韵、古韵、均韵。民国七年所编之《江苏省立国家图书馆图书总目》于小学类分属最细，其小学类共分为训诂（尔雅、群雅、方言、字诂、译文）、字书（说文、古契文、字典、字体、杂说、训蒙）、韵书（集韵、图说、字母拼音）等类，既承续了古代小学的学术传统，又融入了译文、古契文和字母拼音等近现代小学元素。[15]1959年至1962年，由上海图书馆编的《中国丛书综录》是迄今为止小学类分类最细的一部书目，其经部小学类分为四类；一为说文之属（传说、专著）；二为字书之属（通论、古文、字典、字体、蒙学）；三为音韵之属（韵书、古今音说、等韵、简字拼音）；四为训诂之属（群雅、字诂、方言、译文），同时也确定了小学文献中形书（说文、字书）、音书（音韵）和义书（训诂）的序次排列。[16]

综上所述，自《汉书·艺文志》创设“小学”类目，至宋晁公武细分为体制、训诂、音韵之属，而《四库全书总目》辨章学术，考镜源流，在小学类下细分为以《尔雅》居首的训诂之属、以《说文》居首的字书之属、以《广韵》居首的韵书之属，这样，形成了以《说文》、《尔雅》等为代表的小学文献的较为完整的学术文献形态。诚如《书目答问》小学第三下所注:“此小学谓六书之学,依《汉书·艺文志》及《四库目录》。”此后虽有所变化，但大体框架终不出此范围。

二 《说文》与《尔雅》在学术上的相互关系与异同

（一）字书之属的许学与训诂之属的雅学

《说文》与《尔雅》分属于字书之属的形书和训诂之属的义书,两者有所不同。

《说文》问世之后，历代研究者不乏其人，至清代遂逐渐形成了“许学”。清光绪年间有两种以“许学”名书的文献刊印。一是清翟云升所撰《许学三书》十四卷,包括《说文形声后案》四卷、《说文辨异》八卷、《肄许外篇》二卷等。[17]清光绪张炳翔曾辑刊有《许学丛书》。《丛书集成初编》中即收有《许学丛书》,其提要云:“许学盛于清代。惠栋而后，专精者数十家。自元和江氏、金坛段氏、曲阜桂氏诸大家外，其余各家著述，散在人间。道咸间，海宁许槤尝欲汇刊行世，遭乱未果；槤亦旋卒。炳翔年辈稍后，思成其志。先刻零星小种，约以四种五种为一集。光绪癸未甲申间，刻成三集。”[18]原计划将汇集至十集、二十集，但仅至三集，收书亦仅十四种而已，可以了解古代汇书刻书之艰辛。民国年间黎经诰编有《许学考》二十六卷[19]，为清人《小学考》之增补之作，曾数易其稿。与丁福宝之《说文解字诂林》可互为补充。近人丁福宝（1874—1952）曾编有《说文解字诂林》，成为许学的大型资料性工具书。全书正编采集有关著作 182 种，汇为 1036 卷，总字数达一千几百万字，装订成 12 函 66 册；书成后的《说文解字诂林补遗》收书 46 种，汇为 173 卷，装订成 16 册。丁氏将所收历代许学资料，分为十一大类：大徐本及校勘之属、小徐本及校勘字句之属、段注及考订段注之属、桂氏义证及辩订之属、杂诂别述之属、引经经古语之属、释某字释某句之属、金石龟甲文字之属、逸字外编之属等。近人胡朴安曾赞扬《说文解字诂林》有四善:“予读其书有四善焉。一、检一字而各学说悉在也。二、购一书而众本均备也。三、无删改，仍为和㖞原面目也。四、原本影印，决无错误也。”[20]

《尔雅》问世之后，在历史上渐渐形成了“雅学”，并逐渐形成了汇刊雅学著作和汇编雅学研究文献的风气。如明张萱有《汇雅》,收录了《尔雅》、《小尔雅》、《方言》、《广雅》,配以注疏并加注释。明毕效钦和明朗奎金先后辑刊有《五雅》和《五雅全书》，内容与张萱《汇雅》不同，前者收录了《尔雅》、《广雅》、《埤雅》、《尔雅翼》、《释名》，后者收录了《尔雅》、《博雅》、《释名》、《埤雅》、《小尔雅》。明代常熟人韦澳曾编有《雅学考》二十卷,但内容已不可考。[21]清胡云玉则编有《雅学考》,辑录从古至宋有关《尔雅》之书籍文献,并加按语,无论存佚与否均加收录。其中有今人周祖谟所作《续雅学考拟目》。[22]湖北大学古籍所朱祖延教授主编、湖北教育出版社 1999 年出版的《尔雅诂林》更是一部雅学的集大成之作，此书于 1984 年酝酿编纂,1991 年先编写了《尔雅书目提要》(又名《尔雅叙录》)144 篇,由湖北教育出版社出版。《尔雅诂林》汇集了上百种古今注本和专著，被认为是对二千多年来雅学研究成果的总结。

《说文》、《尔雅》亦异中有同，两者均属小学文献。清朱彝尊曾撰《经义考》三百卷，分三十类目，虽有“尔雅”类，但于小学尚付阙如。清人翁方纲撰《经义考补正》时欲广小学一门,终未如愿。清谢启昆于乾隆、嘉庆年间撰有《小学考》五十卷，分为敕撰之书、训诂之书、文字之书、声韵之书以及音义之书等，其中《尔雅》分属训诂之书,《说文》分属文字之书。[23]诚如日本学者长泽规矩所云：谢氏“因朱彝尊之《经义考》仅录《尔雅》而不涉及其他小学书，得胡虔、陈鳣之助，更编为此考”。[24]

《说文》、《尔雅》为经学之钤键。如张之洞《书目答问》小学类后注云：“此类各书，为读一切经、史、子、集之钤键。”《书目答问》书后曾附有《国朝著述诸家姓名略》，其序云：“由小学入经学者，其经学可信。”足见小学文献在经学中的地位。

(二)《说文》、《尔雅》互为研究之资粮

《说文》以《尔雅》为研究之资。清代许学兴盛,最著者有段玉裁《说文解字注》、朱骏声《说文通讯定声》等。段玉裁的《说文解字注》虽为形书，但以训诂为其注释要旨，清代学者王念孙在《说文解字注序》中认为：“《说文》之为书，以文字而兼声音训诂者也。……训诂声音明而小学明，小学明而经学明。”对于研究《说文》只讲文字的点画笔势而不注意训诂声音者，王念孙感叹段玉裁的特殊贡

献:“盖千七百年来无此作矣。若夫辨点画之正俗、察篆隶之緐省，沾沾自谓得之，而于转注、假借之通例，茫乎未之有闻，是知有文字而不知有声音训诂也。其视若膺之学，浅深相去为何如邪。”清代学者戴震也有同样的观点，他在给段玉裁《六书音韵表》所作跋文中指出：“许叔重之论假借曰，本无其字，依声托事。夫六经字多假借，音声失而假借之意何以得。训诂音声，相为表里。训诂明，六经乃可明。后儒语言文字示知，而轻凭臆解以诬圣乱经，吾惧焉。”在段玉裁的注释文字中，随处可见“见《尔雅－释诂》”等文字，段玉裁认为“《尔雅》、《方言》，所以发明转注假借”，这成为其研究《说文》的重要方法。[25]同样，转注假借也成为朱骏声《说文通讯定声》的重要研究方法，他曾论述了《尔雅》转注假借之训诂之法：“《尔雅－释诂》，有多至四十字共一义者，即转注之法。故一字具数用者曰假借，数字共一用者曰转注。”[26]段玉裁将《说文》的形训与《尔雅》的义训以及韵书的音训等紧密地结合了起来。他在《说文解字注》开首就提到:“凡文字有义有形有声。《尔雅》以下，义书也；《声类》以下，音书也；《说文》，形书也。凡篆一字，先训共义，若始也、颠也是。次释其形，若从某、某声是。次释其音，若某声及读若某是。合三者以完一篆，故曰形书也。”[27]

清人程际盛曾撰有《说文引经考》(无卷数，嘉庆乙丑刊)，在总计引经的二千五百九十三条中，其中引自《尔雅》的有一千零四条，占有四成以上。[28]

同样，雅学也以《说文》为研究之资。清代雅学大兴，其中最著者为邵晋涵的《尔雅正义》与郝懿行的《尔雅义疏》。两书均以《说文》为研究的重要文献。

邵氏《尔雅正义》的注释文字多以《说文》形训解字开首，如释诂第一篇名下释曰:“《说文解字》云:诂,训故方也。古,故也。从十口,识前言者也。”在《释诂》首条“初哉首基”下释曰：“初者，《说文》云，初，裁衣之始也。此言造字之本意也。……哉,《说文》作才,云草木之如也。古文哉俱作才。……首者,《方言》云，人之始生谓之乎。《释名》云，首，始也。……基者,《说文》云，墙始筑也。”仅此一例,即可了解《说文》在《尔雅正义》研究中重要地位一些信息。[29]

郝氏《尔雅义疏》同样以《说文》为研究之据。郝氏通过《说文》的研究，或论文字通假，如《释诂》“愷乐也”条下：“愷者，《说文》两见。豈部云，愷，康也。心部云，愷，乐也。通作凱。”或证本字假借，如《释诂》“典常也”条下：“常，《说文》以为裳本字，经典借为久长字，盖寻常俱度长之名，因训为长。故

《方言》云，凡物长谓之寻，是寻亦训长，常与长音义同。”或明古今字，如《释诂》“辜辠也”条下：“辠，古罪字。《说文》云，辠，犯法也。”或说明隶变，如《释诂》“黄发寿也”条下：“《说文》云，寿，久也。隶变作壽。故释文云，寿，本又作壽。”或举转训例，如《释诂》“诚信也”条下：“《说文》云，信，诚也；诚，信也，转相训也。”或训字兼二义，如《释诂》“爰曰也”条下：“爰者，《说文》云引也。按，引谓引气出声，又为词之引起，兼兹二义，故又训曰也。”或明《说文》所本，如《释言》“怙恃也”条下：“故《说文》依《尔雅》云：怙，恃也。”“庶几尚也”条下：“故《说文》云：尚，庶几也。本《尔雅》为训也。”[30]

今人黄侃于《说文》与《尔雅》的相互关系认识最为深切，其在《尔雅略说－论治尔雅之资粮》中讲道：“《尔雅》之作，大抵依附成文为之剖判。成文用字，大抵正借杂糅，初无恒律。此由于太古用字，已有依声托事之条，不独用以行文，抑且用以造字。……用字不能无假借者，势也；解字必求得本根者，理也。使无《说文》以为检正群籍之本根，则必如颜之推所云‘冥冥不知一点一画有何意义矣’。《尔雅》之文，以解群籍，则绰绰然有余裕；试一询得义之由来，必有扞格而不通者。……是故字书之作，肃然独立，而群籍皆就正焉。辞书之作，苟无字书为之枢纽，则荡荡乎如系风捕影，不得归宿。欲治《尔雅》者，安可不以《说文》为先入之主哉？”[31]

清人刁戴高（？—1756）在《尔雅注疏》序中谓：“义门先生有云，童子五六岁时勿予他书，读便须授以《尔雅》。一则句读易于成诵；一则自幼熟此，后日读经史可省读注，此者诚训蒙之良法，与毓养读书种子之根柢也。”[32]《说文》与《尔雅》不仅是经学之梯航，也是中国古典文献和古代传统文化之钤键。因此，这两部小学的经典之作，不仅专业学者要学习研究，同样也要让广大公众学习了解，以承续和发扬中国古代优秀文化的文脉。

参考文献

[1]《汉书·艺文志》六艺略小学家。

[2]（晋）郭璞：《尔雅序》。

[3]陈玉澍：《尔雅释例序》，南京高等师范学校排印本。

[4]来新夏：《古典目录学》第三章，中华书局 1991 年版。

[5] 来新夏：《古典目录学》第四章，中华书局 1991 年第 1 版。

[6]（唐）陆德明：《经典释文序录》，《经典释文》，中华书局 1983 年版。

[7]（宋）晁公武撰，孙猛校证：《郡斋读书志校证》卷第四，上海古籍出版社 1990 年版。

[8] 余嘉锡：《目录学发微》九《目录学源流考》下，中华书局 1963 年版。

[9]（宋）陈振孙：《直斋书录解题》卷三，上海古籍出版社 1987 年版。

[10][日] 长泽规矩也，梅宪华、郭宝林译：《中国版本目录学书籍解题》官藏类，书目文献出版社 1990 年版。

[11]（清）钱曾撰，丁瑜点校：《读书敏求记》，书目文献出版社 1984 年版。

[12]（清）钱曾撰，瞿凤起编：《虞山钱遵王藏书目录汇编》经部，世纪出版集团上海古籍出版社 2005 年版。

[13]（清）永瑢等撰：《四库全书总目》卷四十经部小学类序，中华书局 1965 年版。

[14] 章珏等：《清史稿艺文志及补编》（附索引），中华书局 1982 年版。

[15][日] 长泽规矩也，梅宪华、郭宝林译：《中国版本目录学书籍解题》图书馆学校类，书目文献出版社 1990 年版。

[16] 上海图书馆编：《中国丛书综录》（二）子目，上海古籍出版社 1982 年版。

[17] 周叔弢：《自庄严堪善本书目》经部小学类，天津古籍出版社 1985 年版。

[18]《丛书集成初编目录》专科丛书小学类，中华书局 1983 年版

[19] 黎经诰：《许学考》，民国间铅印本，16 册。

[20] 王世伟：《说文解字诂林述略》，《辞书研究》1992 年第 5 期；《说文解字诂林》，正编上海医学书局 1928 年影印本（1931 年重印），补编上海医学书局 1932 年影印本。

[21] 窦秀艳：《中国雅学史》第四章，齐鲁书社 2004 年版。

[22]（清）胡云玉：《雅学考》，民国二十五年（1936）国立北京大学铅印本。

[23] 来新夏主编：《清代目录提要》个人著者朱彝尊、谢启昆条，齐鲁书社 1997 年版。

[24][日] 长泽规矩也，梅宪华、郭宝林译：《中国版本目录学书籍解题》专科目类，书目文献出版社 1990 年版。

[25]（清）段玉裁：《说文解字注》，上海古籍出版社 1981 年版。

[26]（清）朱骏声：《说文通讯定声》卷首说明“转注”条，中华书局 1984 年版。

[27]（清）段玉裁：《说文解字注》一篇上“一”篆、“元”篆下注释，上海古籍出版社 1981 年版。

[28] 孙殿起：《贩书偶记》卷四小学类说文之属，上海古籍出版社 1982 年版。

[29]（清）邵晋涵：《尔雅正义》，乾隆戊申（1788）夏余姚邵氏家塾面水层轩藏板新镌本。

[30]（清）郝懿行：《尔雅义疏》，上海古籍出版社 1983 年 6 月第 1 版（据上海图书馆藏同治四年郝氏家刻本影印）。

[31] 黄侃：《黄侃论学杂著－尔雅略说》，上海古籍出版社 1980 年版。

[32]（清）刁戴高：《尔雅注疏》十一卷，校本，乾隆十年三乐斋刻本，现藏上海图书馆。

王世伟，男，1954 年出生，浙江镇海人。上海社会科学院信息研究所所长、教授，中国图书馆学会学术委员会副主任。主要从事中国古典文献学、图书馆管理研究。

《尔雅》对《说文》的影响

李冬英

山东大学文学与新闻传播学院

《说文》成书于东汉，其书从汉字以形示义的特点出发，分析字形，探求汉字本义。其中包括说形、释义，似乎兼有文字学、训诂学两种性质，但是细品其书以字为单位，还当属于文字学著作。然而在古代汉语中，字、词合一，多数词为单音节词，因此，可从训诂学角度，据形而探求其本义。这样，从解说词义的角度，《尔雅》与《说文》彼此贯通。为此，许氏在解说每个汉字本义时，既立足于字形分析，又兼顾《尔雅》义训。这就是说，许慎作《说文》，不仅从《尔雅》按义类编排词语的体例得到启发，创造了以形系联的编排体例；而且主动学习《尔雅》的解说方式，多以判断句释义。更为可贵的是，《说文》还从《尔雅》摘引古籍语句解说词语的释条中得到启示，对某些汉字生疏的义训径直引出书证。茶越品味道越浓厚，反复比较《尔雅》与《说文》的异同，就会觉得彼此何其相似乃尔。

《说文》为东汉许慎撰，在我国语言学史上占有重要地位，为语言文字学的奠基之作。它从《尔雅》中汲取了营养，主要表现在编排体例、释义方式、义训内容等三个方面，依次说明于下。

首先，在编排体例上，《说文》将汉字分为五百四十部，据形系联。这亦是分类编排的一种形式。虽然它不同于《尔雅》将普通语词与专科名词分而治之，但是许慎受到《尔雅》的启发，只是“并不囿于《尔雅》的形式，而是继承《尔雅》编制者的治学精神。”

《尔雅》普通语词将同义词汇集在一个释条中，用一个释词进行解释。而汉字为表意体系的文字，意义相同、相近，往往具有相同的意符。这在《尔雅》普通语词的释条中也有所体现，对《说文》分部有启迪作用。例如：

《释诂》:“赉、贡、锡、畀、予、贶，赐也。”在此释条中，释词赐使用赐予、给予之义，被释词赉、贡、贶均采取赐予之义。赐、赉、贡、贶均从贝，而贝常用于财物之义，于是它们均表示赐予人财物。被释词赉、贡、贶与释词赐均从贝，其意符相同，《说文》将它们归入贝部。再如：

《释诂》："禋、祀、祠、蒸、尝、禴，祭也。"在此释条中，释词祭使用祭祀之义，被释词也采取相应义项。祭祀的对象为神灵，故祭祀之义与神相关。被释词"禋、祀、祠、禴"与释词"祭"均从示，而示与祭祀相关，于是它们均表示祭祀之义。鉴于它们拥有共同的意符，《说文》就把它们归入示部。又如：

《释诂》："战、慄、震、惊、戁、竦、恐、慴，惧也。"在此释条中，释词惧使用恐惧之义，被释词也采取相应义项。恐惧为人类常见的一种心理现象，故"惧"从心。释条释词"惧"与被释词"慄、戁、恐、慴"都与心理有关，均从心，它们拥有相同的意符，其义类相同，于是《说文》就将它们归入心部。

以上三例，《尔雅·释诂》释条集中解说同义词，其释词与多数被释词分别拥有共同的意符。在先秦时期，编撰《尔雅》尚没有认识到意符能显示汉字的义类，更没有想到将意符相同的汉字编排在一起，只是为集中解释同义词而将同意符汉字收在一个释条，纯属于偶合。但是《尔雅》将这些词聚集在同一释条中训释，它们意义相同，于是形体上拥有相同部件的特征就凸显出来，从而提示汉字为表意体系文字，为许慎阐述"六书"理论积累了材料与经验。《尔雅》同一释条释词与被释词意符相同，在《释言》之篇体现得更为明显。例如：

《释言》："恀、怙，恃也。"在此释条中，释词恃使用依靠、依赖之义，被释词恀、怙采取相应义项。依赖为一种心理，故依赖与"心"相关。因此，释词恃与被释词恀、怙均从心，它们拥有共同的意符"心"。再如：

《释言》："粻，糧也。"在此释条中，释词糧使用粮食之义，被释词粻采取相应义项。谷类作物为常见的粮食，所以粮食之义与"米"相关。因此，释词糧与被释词粻均从米，它们拥有共同的意符"米"。又如：

《释言》："讻，讼也。"在此释条中，释词讼使用争论、争辩之义，被释词讻采取相应义项。与人争辩要通过言语，故争辩之义与言语相关。因此，释条释词讼与被释词讻均从言，它们拥有共同的意符"言"。

以上三例，《尔雅·释言》的释条释词与被释词分别具有相同的意符，它们的意义又分别相同，这就为许慎通过分析汉字的形体来探求意义提供了线索。

其次，在释义方式上，《说文》基本上沿袭《尔雅》"某，某也"的判断句形式。

例如：

《说文·上部》:“下，底也。指事。”

《说文·言部》:“谁，何也。从言，隹声。”

《说文·禾部》:“稠，多也。从禾，周声。”

《说文·人部》:“佳，善也。从人，圭声。”

《说文·水部》:“泙，谷也。从水，平声。”

《说文·女部》:“娱，乐也。从女，吴声。”

以上六例,《说文》均采取“某,某也”的判断句对词语进行训释,其形式与《尔雅》普通语词释条相同。当然,长江后浪推前浪,《说文》在释义方式上并不囿于“某，某也”的形式，也不单纯以词释词，有时使用短语或句子来训释。但是,《说文》仍然从《尔雅》中汲取了营养与力量。再如：

《说文·一部》:“吏，治人者也。从一，从史，史亦事。”

《说文·示部》:“禧，禮吉也。从示，喜声。”

《说文·示部》:“祖，始廟也。从示，且声。”

《说文·艸部》:“芳，香艸也。从艸，方声。”

《说文·柬部》:“柬，分别简之也。从束，从八,八分别也。”

《说文·土部》:“壤，柔土也。从土，襄声。”

以上六例,《说文》使用短语进行词义训释,还是没有脱离判断句“某,某也”的形式。又如：

《说文·贝部》:“購，以财有所求也。从贝，冓声。”

《说文·日部》:“昃，日在西方时，侧也。从日，仄声。《易》曰:‘日昃之离。’”

《说文·日部》:“昕，旦明日将出也。从日，斤声。”

《说文·日部》:“普，日无色也。从日，从並。”

《说文·齐部》:“齐，禾麦吐穗上平也。象形。”

《说文·面部》:“醮，面焦枯小也。从面，焦声。”

以上六例,《说文》均以完整的句子对词义进行训释,仍然属于判断句的形式。可见,《说文》释义方式从《尔雅》发展而来。

《说文》从汉字形体入手，训释词义，分析字形，还注重征引古籍用例书证，使词义得以在具体语境中展现。例如：

《说文·玄部》:"玆，黑也。从二玄。《春秋传》曰：'何故使吾水玆。'"

《说文·禾部》:"颖，禾末也。从禾，顷声。《诗》曰：'禾颖穟穟。'"

《说文·石部》:"磒，落也。从石，员声。《春秋传》曰：'磒石于宋，五。'"

《说文·水部》:"沚，小渚曰沚。从水，止声。《诗》曰：'于沼于沚。'"

《说文·心部》:"忡，忧也。从心，中声。《诗》曰：'忧心忡忡。'"

《说文·力部》:"劼，慎也。从力，吉声。《周书》曰：'汝劼毖殷献臣。'"

以上六例中,《说文》对词义进行训释后，还分别征引《春秋传》、《诗经》、《尚书》用例，以落实词语的含义。这样，不仅有利于人们把握词义，也有利于对所引古籍语句的理解。

《尔雅》解说普通语词，曾征引《诗经》语句，解释其中疑难词语。这种情况主要集中于《释训》之篇。例如：

《释训》:"'既微且尰'，骭瘍为微，腫足为尰。"

又"'履帝武敏'，武，迹也；敏，拇也。"

又"'张仲孝友'，善父母为孝，善兄弟为友。"

以上三例中,《尔雅》释条均先出示《诗经》语句，然后对句中的疑难词语进行训释。《说文》则先出示词义，再举出词语所在句子，彼此一脉相承，有异曲同工之妙。

最后，在义训内容上,《说文》对《尔雅》普通语词的义训多有继承。《说文》比《尔雅》晚出，不乏直接采用《尔雅》义训的情况。例如：

《说文·一部》:"丕，大也。从一，不声。"

《说文·示部》:"祺，吉也。从示，其声。"

《说文·辵部》:"運，徙也。从辵，軍声。"

《说文·心部》:"應，當也。从心，雁声。"

《说文·食部》:"饎，酒食也。从食，喜声。"

《说文·心部》:"惇，厚也。从心，享声。"

以上六例中,《说文》义训均与《尔雅》义训完全相同,《尔雅》相应义训分别见于解说普通语词的篇目。《释诂》:"丕，大也";"應，当也";"運，徙也";"惇，厚也";《释言》:"祺，吉也";《释训》:"饎，酒食也。"

《说文》旨在通过分析汉字形体来探求其本义，然而，由于历史条件的局限，许慎没有看到直接反映汉字本义的甲骨文形体，在探求本义，分析字形的过程中，难免因袭《尔雅》义训，抉择有误。例如：

《说文·一部》："元，始也。从一，从兀。"依其说，元的本义为开始。然而，参照"元"字甲骨文形体，其本义当为人头，《说文》并未解释出"元"的本义。《尔雅》首条"初、哉、首、基、肇、祖、元、胎、俶、落、权舆，始也。"此释条包含解例"元，始也。"[1]许慎因袭《尔雅》义训将"元"释为"始"。《尔雅》将"元，始也"的义训并没有错，因为《尔雅》解说词语，不局限于本义，而是根据解读古籍的需要，将本义、引义、借义兼收并蓄。《尔雅·释诂》："元、良，首也。"此释条包含解例"元，首也"，释词首使用人头之义，被释词"元"也采取相应义项。按之甲骨、金文的形体，首当为元的本义，始则为其引义。这就是说，《尔雅》在两个释条中，分别为元的本义与引义，将两种不同的义项兼收并蓄，以解读相应古籍，使读者各取所需。而《说文》专释词语本义，本当采取"首"的义项，却误用引义"始"的义项，其抉择失当。

《说文》继承《尔雅》义训，并在此基础上有所发展，解释词义更具体、深入，更能反映事物的特征。例如：

《说文·水部》："濬，深通川也。"

《尔雅·释言》："濬、幽，深也。"

上述《尔雅》释条包含解例"濬，深也"。从《尔雅》与《说文》义训的比较中可以看出，《说文》对"濬"的解例更为具体。我们也很容易明白"濬"为疏通河川之义。尽管《尔雅》以"深"释"濬"，点出了濬的核心意义为"掘之使深"，但不易被人理解。再如：

《说文·二部》："亟，敏疾也。"

《尔雅·释诂》："肃、齐、遄、速、亟、屡、数、迅，疾也。"

上述《尔雅》释条包含解例"亟，疾也"，其义训当为疾速。而释词"疾"为多义词，还有疾病、憎恶等义。《说文》以"敏疾"释"亟"，而"敏疾"为同义连用，充分显示其共同义项，则"亟"的"快速"、"敏捷"的意义更为凸显。

《说文》继承《尔雅》义训的形式灵活，有时颠倒《尔雅》释词与被释词的位置，与《尔雅》相应解例形成互训，有时则用《尔雅》释条中的另外一个被释词相释。例如：

《说文·辵部》:“返，還也”。又“還，復也。”

《尔雅·释言》:“還、復，返也。”

《尔雅》将“還”、“復”均释为“返”,取返回之义。《说文》以“還”释“返”,又以“復”释“還”,使“返”、“還”、“復”三者形成递相为训的局面。《说文》打破了《尔雅》释条释词与被释词位置的局限，灵活采用其义训。再如：

《说文·心部》:“急，褊也。”

《尔雅·释言》:“褊，急也。”

在此例中,《尔雅》以“急”释“褊”,其义训当为急躁。《说文》则以“褊”释“急”,亦取急躁之义。《说文》颠倒《尔雅》释条释词与被释词之间的位置,继承《尔雅》义训，有反弹琵琶之妙。又如：

《说文·八部》:“尚，曾也，庶幾也。”

《尔雅·释言》:“庶幾，尚也。”

在此例中,《尔雅》释条以“尚”释“庶幾”，其义训当为副词，表示希望语气。《说文》则以“庶幾”释“尚”，亦为表示希望语气的副词。《说文》将“尚”释为“曾”,意犹未尽,又以“庶幾”释之,显然,《说文》继承了《尔雅》的义训。

《尔雅·释训》多解释叠音词，叠音词常用来形容事物的状态，可译为“……的样子。”例如,《尔雅·释训》:“晏晏、温温，柔也。”晏晏、温温均用以形容温柔的样子。然而，单音节词“晏”、“温”也含有温柔之义。《说文》汲取《尔雅》义训，还表现在依据《尔雅》训释叠音词的释条，用以解释单音节词。例如：

《说文·心部》:“怟，爱也。”

《尔雅·释训》:“怟怟，爱也。”

《说文·心部》:“慔，勉也。”

《尔雅·释训》:“慔慔，勉也。”

上述《尔雅》释条分别表示“怟怟”为美好的样子,“慔慔”为努力的样子。《说文》将“怟”释为“爱”,“慔”释为“勉”，从《尔雅》义训发展而来。

综上所述,《说文》将汉字按部首收释，继承并发展了《尔雅》按义类编排词语的体例;同时,《说文》在释义方式与义训内容方面，均对《尔雅》有所继承，并有着长足的进步。

参考文献

[1] 殷孟伦：《从〈尔雅〉看古汉语词汇研究》，子云乡人类稿，齐鲁书社1984年版。

[2] 周祖谟：《尔雅校笺》，江苏教育出版社1984年版。

[3] 许慎撰，徐铉校定：《说文解字》，中华书局1963年版。

注释

[1] 解例为《尔雅》最小的释义单位，包括释词与一个相应的被释词，隶属于释条之下。

李冬英，女，山东大学文学与新闻传播学院研究生。

釋殷墟甲骨文中的“湮”及相關之字

張新俊

河南大学

2008 年出版的《北京大學珍藏甲骨文字》[1] 0128 號是一版貞問王出獵時天氣情況的卜骨，該卜骨曾著錄於《甲骨續存上》2360、《甲骨文合集》38179。惜卜辭上下端均已殘，餘下的文辭可以釋讀如下：

（1a）弗 A[今][2] 夕又（有）大雨。

（1b）壬寅卜，貞：今夕祉（延）雨。

(1c) 不祉（延）雨。

(1d) 戊午卜，貞：王其田，今日不遘 [大] 風[3]。

A 字在學術界一直存在著不同的釋讀意見，因此有進一步研究的必要。爲了

討論的方便，我們先把該字的原篆錄寫如下：

從彩版圖片上看，A 字下邊還有“止”形筆畫殘留。《殷墟甲骨文摹釋總集》、《北京大學珍藏甲骨文字》、《新甲骨文编》等著作均漏摹下邊的“止”形[4]，不夠準確。可以跟如下甲骨文相比較：

合 28228

合 30180

合 31160

屯 715

屯 3004

從嚴格意義上說，上揭甲骨文字應隸定作“湮”。另外，殷墟甲骨文還有不从“止”的 A1 字：

合 8354

合 8355

合 8356

合 24415

A1 可以隸定作“滋”。學術界一般都傾向於把 A、A1 看作是一字之異體[5]，

我們認為這種看法其實是有問題的。過去有不少的學者對此進行過研究，迄無定論。就文字隸定而言，除了"溼"、"滋"之外，《殷墟甲骨刻辭類纂》隸定作"瀡、濜"，《古文字譜系疏證》、《甲骨文校釋總集》、《甲骨文字形表》等從之[6]。就文字釋讀來說，孫海波、李孝定等學者曾把它們釋作"滋"[7]，《甲骨文合集釋文》釋作"斷"，現在看來這些釋讀都是不可信的。值得注意的是，王襄先生在1920年出版的《簠室殷契類纂正編》中[8]，據金文史懋壺中的"溼"字的寫法把它們釋作"溼"，此說得到了後世諸多學者的肯定[9]。又因為後世"溼"廢而"濕"行[10]，所以也有不少著作，如島邦男氏在《殷虛卜辭綜類》中釋作"濕、隰"[11]，最近出版的《殷墟甲骨文摹釋全編》則徑釋作"濕"[12]。季旭昇先生謂A可能讀如"襲"，A1應讀如"溼"[13]。我們認為，從A、A1二字在卜辭中的用法考慮，它們還有進一步討論的必要。

王襄先生釋"溼"的觀點的確有一定道理，但是嚴格來說，史懋壺中"溼"的字與甲骨文並不完全相同。不妨先把古文字中的"溼"字援引如下，可以作一個比較：

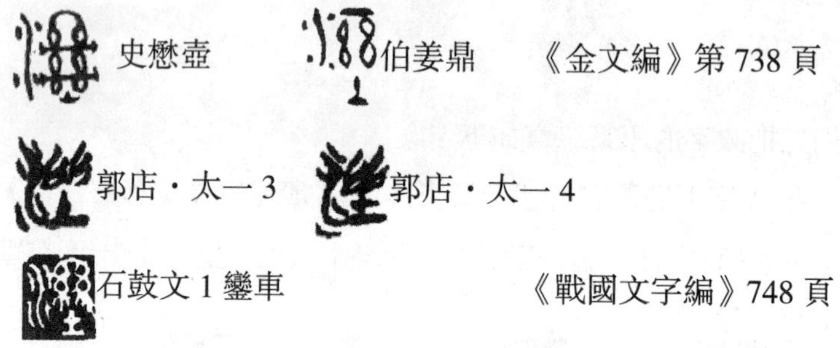

相比而言，A字从"止"而非"土"。A1又少了"溼"下所从的"土"形。可見不管是A還是A1，在形體上與"溼"並不密合。

與A1形體最為接近的字，見於西周晚期的散氏盤銘文：

《集成》10176

如果說它與A1有所不同的話，在於纏繞在絲束上的筆畫，一作"三"形，一作"己"形。從前面所引A字的最後一種寫法（即屯南3004）來看，二者並沒有本質區別。所以我們認為它與A1是同一個字大概是沒有問題的，也可以隸

定作“㴇”。散氏盤相關銘文説：

我既付㴇田、牆田。

清代學者吳大澄認為盤銘中“㴇田”即“溼田”，也就是文獻中的“隰田”，此説正確可從。裘錫圭先生後來對此有申論，可以參看[14]。葉玉森、商承祚兩位學者都曾把散氏盤中的“㴇”字與甲骨文中的 A、A1 聯繫起來，釋作“溼”[15]，是有一定的道理。不過，嚴格來説，金文中的“㴇”只是在形體上與甲骨文中的 A1 相對應，而與 A 有別。從相關卜辭文例來看，A 與 A1 二字在用法上是有區別的。在此把有關的卜辭臚列如下，以資比較：

（2）……亡灾在 A1。　　　　　　　　《合集》8354

（3）……在 A1。　　　　　　　　　　《合集》8355

（4）戊……貞翌巳……王步于 A1。　　《合集》8356

（5）……戠在 A1。　　　　　　　　　《合集》24415

（6a）叀 A【田】㽙祉（延）受年。

（6b）其又大雨。　　　　　　　　　　《合集》28228

（7）……貞：A 兹……雨。　　　　　　《合集》30180

（8）……王其……A……雨。　　　　　《合集》31160

（9a）叀 A 田㽙祉（延）受年。大吉。

（9b）叀上田㽙祉（延）受年。　　　　《屯南》715

（10a）乙未卜，今日乙其屯用林于 A 田，又【正】。

（10b）弜屯，其[illegible]新[illegible]，又正。吉。

（10c）叀新[illegible]屯用上田，又正。吉。

（10d）叀……　　　　　　　　　　　　《屯南》3004

上揭例（2）—（5）中的“A1”均用作地名，懷疑可讀作“隰”，相當於傳世文獻中的“隰城”。先秦时期的“隰城”有兩處：一處在今河南省武陟县，《左傳·隱公十一年》“王取鄔、劉、蒍、邘之田於鄭，而與鄭人蘇忿生之田——溫、原、絺、樊、隰郕、欑茅、向、盟、州、陘、隤、懷。”“隰郕”即“隰城”[16]，杜預注謂在“懷縣西南”。以上晉國地名中絕大多數都在今河南省西北部的濟源、溫縣、沁陽、武陟、獲嘉一帶[17]。另一處在今山西省柳林縣城西。《水經注·河水》卷三：“河水又南得離石水口。水出離石北山，南流逕經離石縣故城西。……

其水又又南出西轉，逕隰城縣故城南。……其水西流注於河。”顧祖禹《讀史方與紀要》卷四十二“隰城故城”：

府西七十里。漢縣，屬西河郡。晉屬西河國。或云三國魏省隰城入茲氏。晉改茲氏曰隰城。後魏主燾延和三年如美稷，遂至隰城，大破山胡白龍於西河是也。東魏僑置靈州於隰城縣界。後周廢[18]。

清《永寧州志》卷五（古跡、坊表、邱墓附）：

隰成故城，在州治西，漢縣隸西河郡，《水經注》“離石水南流，經離石縣故城，又南出西轉，經隰成縣故城，漢武帝元朔三年，封代共王子忠為侯國。據《水經注》所記，在離石之西甚明。《方與紀要》“隰成故城在汾州府西七十里，晉始改成為城。”《紀要》目為隰城者，殆晉徙治之縣以為漢縣，失之。今州西六十八里穆村有一舊城遺址，於《水經注》之隰成縣地望適合[19]。

今河南省武陟縣北郭乡城子村有東周古隰城遺址，考古學家懷疑此地很有可能是商代中晚期的銅器作坊遺址[20]。我們認為武陟縣的“隰城”比較符合殷墟卜辭中A1的地望。從上揭例（1）—（4）中的“亡灾在A1”、“戠在A1”、“王步于A1”來看，A1很可能在商王畿之內，這一帶也曾為商代後期重要的田獵地之一[21]。而山西省柳林縣距離商都相對較遠，所以我們更傾向於卜辭中的A1地位於今河南武陟一帶的觀點。

例（6）—（10）中的A則有兩種用法。其一為固定搭配“A田”，如（6a）、（9a）、（10a）三例。尤其是（9）、（10）中“A田”與“上田”對貞，可證把“A”讀作“隰”是正確的。由此可以知道，金文中的A1在用法上則與甲骨文中的“A”是一致的。其二是上揭（1a）（7）、（8）三例，A字的用法我們暫且留到後面再做討論。不過，可以肯定的是，卜辭中的A均非用作地名。過去有不少學者在視A、A1為一字的前提下，又籠統地認為它們在卜辭中均用作地名的，顯然是不夠準確的[22]。

通過以上的討論，現在我們可以得出這樣一個結論：在目前所能見到的甲骨卜辭中，A可以讀作“隰田”的“隰”，而A1則只用作地名。不過A1這種形體，在西周金文中也可以讀作“隰田”的“隰”，可以說A與A1是既有聯繫又有區別。

在討論過A字的第二種用法之前，我們首先需要從六書的角度做一個簡單的說明。過去有不少的學者都把A與A1看作會意字，例如，商承祚先生的《殷虛文字類編》卷十一解釋“溼”字說：

此省土，从止，象足履溼，與从土之誼同。散氏盤作[illegible]，亦省土[23]。

此說為《甲骨文字典》、《甲骨金文字典》所襲[24]。《古文字譜系疏證》說：

甲骨文从水，从[illegible]，从止，取人止（趾）至于接水之地以會意。金文易止為土，會地之幽溼，卽溼字古字。[25]

這個說法雖然有所變通，但顯然也是受到商先生前說的影響。與上說不同，朱德熙、裘錫圭、李家浩先生在考釋望山二號楚墓第48號竹簡“[illegible]”字時，說：

“坖”卽“溼”字所从的偏旁。按照《說文》的說法，“溼”从“水”从“土”从“㬎”省聲，疑“溼”本从“坖”，“坖”本从“丝”聲[26]。

後來李家浩先生又進一步指出，金文中的、、等字都是以“丝”為聲符的[27]，此說正確可從。我們認為甲骨文中的A與A1也應該是形聲字，二者都是以“丝”為聲符的。

另外需要說明的是，過去的學者或認為甲、金文中的A1乃“溼”字“从土省”，這個說法大概也是有問題的。從古文字中的“溼”、“隰”、“𢕌”字來看[28]，它們都是以“坖”為聲符的。此外，古文字中也存在不少以“坖（或“㴱”）為聲的字，如：

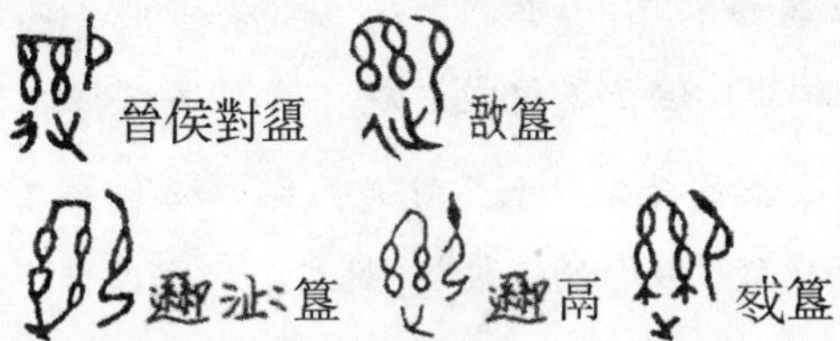
晉侯對盨　敔簋
[illegible]簋　[illegible]鬲　[illegible]簋

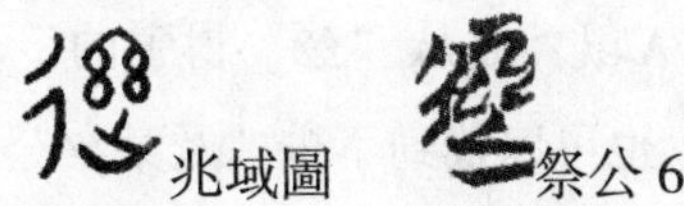
兆域圖　祭公6

經過馬承源、裘錫圭、黃德寬、陳美蘭等多位學者的研究，現在我們知道上揭晉侯對盨銘文文中的[illegible]，可以讀作“原隰”之“隰”，敔簋中的[illegible]可疑讀作“追襲”之“襲”[29]。河北省平山縣中山國墓地出土的兆域圖上的“㴱”字，《金文編》等隸定作“[illegible]”[30]，過去或者認為是“聯”之初文，讀作“連”[31]，現在看來顯然是不正確的。李家浩先生隸定作“㴱”，讀作“及”，可謂文從字順。清華簡《祭公》簡6說“[illegible]（茲）由（迪）[illegible][illegible]（效）于文武之曼悳（德）”，整理者讀“㴱”為“襲”，訓為“繼”[32]，與“㴱”對應的字，在今本《逸周書·祭公解》作“追”[33]，“追”、“襲”義近，金文中或追襲連用，可見《祭公》簡整理者的意見是可信的。

由上揭从“巠”（或“巡”）諸字可以說明，至少在戰國晚期的文字中，“坙”、“巠”分別是兩個獨立的聲符，而它們又都是以“茲”為聲符的。過去所謂从止與从土之誼相通、“金文易止為土，會地之幽溼”之類說法的說法也是不可信的。“巠”與“坙”應該有兩個不同的來源，後者與甲骨文中的A關係會更密切一些。秦始皇統一六國之後，在文字方面推行“書同文”政策，“罷其不與秦文字合者”，“坙”逐漸被从“土”的“巠”形所取代。不管是“巠”還是“坙”，都應該是以“茲”為聲符的。也就是說前者是在後者的基礎上孳乳而成，並非是“巠”省去“土”形。

接下來我們討論一下上揭例（1a）、（7）、（8）中A字的用法。《甲骨文合集釋文》曾經把（1a）斷作：

弗灉，口月又（有）大雨。

這種斷句大概是把A理解為動詞了。我們認為（1a）中的A應該讀作“及”。李家浩先生曾經上古音“溼”、“及”的關係：

古代“溼”、“及”二字音近。從韻部來說，“溼”、“及”都屬緝部。從聲母來說，雖然“溼”屬書母，“及”屬群母，但是《說文》說“溼”字所從之聲旁是“㬎”之省，“㬎”屬疑母，與群母都是喉音。上面說過，從“茲”聲之字可以讀為“襲”。篆文“襲”字所從聲旁與從“及”的“鞁”，《說文》都說讀作“沓”。所以兆域圖銘文的“遻”可以讀為“及”[34]。

我們認為李先生的這個觀點是非常正確的。A既然是从“茲”得聲的字，當然也可以讀作“及”。並且在已有的甲骨卜辭中，也可以找到不少“及某夕”、“及某月”、“及某旬”、“及某干支”的例子。例如：

（11a）貞：及今四月雨。

（11b）弗其及今四月雨。　　　　　　　　　《合集》9608正

（12）口口[卜]，賓貞：及今二月……　　　　《合集》11558

（13）貞：弗其及今二月雨。　　　　　　　　《合集》12510

(14) 口口卜，賓貞：及今三月雨。王固曰：其雨，隹……《合集》12530正

（15）貞：弗其及今二月雨。　　　　　　　　《合集》12531

（16a）及今十月雨。

（16b）貞：弗其及今十月雨。　　《合集》12627

(17) 貞：及十三月雨。　　《合集》12642

（18a）戊子卜，㱿貞：帝及今四月令雨。

（18b）貞：帝弗其及今四月令雨。

（18c）王固曰：丁雨，不叀辛。旬丁酉允雨。　　《合集》14138

（19a）弗及今三月㞢（有）史（事）。

(19b) 乙亥卜，㞢（有）事。

(19c) 乙亥卜，生四月㞢（有）事。　　《合集》20348

（20a）辛亥卜，自：自今五日雨。

（20b）辛亥卜，自：不雨。

（20c）于四月其雨。

（20d）弗及[35]三月其雨。

【[合集 20920 下 + 乙補 7084 倒]+ 合集 20946+ 合集 20906】+【乙補 68+ 乙補 14】[36]

（21）乙酉卜，大貞：及茲二月又（有）大雨。　　《合集》24868

（22a）戊辰卜，及今夕雨。

（22b）弗及今夕雨。　　《合集》33273

（23a）戊辰卜，及今夕雨。

（23b）弗及今夕雨。　　《屯南》1062

（24a）及茲月又大雨。

（24b）弗及茲月又大雨。　　《屯南》4334

（25a）及茲月出[illegible]，受年。

（25b）于生月出[illegible]，受年。　　《屯南》345

（26）貞：及今二月有來自東。　　《英國》641

（27）癸卜：不及[37]旬日雨？一　　《花東》183

（28a）其及五旬□。

（28b）三旬。

（28c）弗及五旬。　　《花東》266

（29a）一旬。

（29b）☑二旬。

（29c）其及五旬。

（29d）弗及五旬。　　　　《花東》277

（30a）乙丑卜：皀☑宗，丁及乙亥不出獸（狩）

（30b）乙丑卜：丁弗及乙亥其出。子固曰：庚、辛出。　《花東》366

（31a）癸巳卜：自今三旬又（有）至南。弗及三旬，二旬又三日至。

（31b）亡其至南。

（31c）出自三旬迺至。　　　　　《花東》290

（32）丁卯卜，彳貞：彶（及）五月乎婦來歸。　　《合集》21653

張玉金先生在《甲骨文虛詞詞典》中，曾經舉出過上揭（12）、（18）、（21）、（23）、（25）、（26）六例，認為由介詞“及”字“引介時間語詞，表示動作行為或者變化情況趕在某一時間里進行或發生，可譯為‘趕在’”[38]。我們把A讀作“及”，在例（1a）中可謂文從字順。上例中的（22）、（23）“及今夕 / 弗及今夕”正好是其比。例（7）殘作“口口貞：A茲……”，《合集釋文》釋作“斷”，非是。現在通過與例（24）的“及茲月又大雨 / 弗及茲月又大雨”相比較，可以知道此處的A也應該讀作“及”。例（8）的“……王其……A……雨”殘缺得很厲害，不過如果與（1）相比較，基本上可以確定它也是一條與王田獵占卜天氣情況有關的卜辭，A也應該讀作“及”。

通過前面的討論我們知道，在甲骨文中“丝”可以作為獨立的聲符存在。但是學術界在對甲骨文中的“丝”認識上，目前還存在有比較大的分歧。為討論方便，在此先把相關的字形援引如下：

合2940　合14959　合17166正　合19737　英國126

此字羅振玉釋作“𢇍”，葉玉森在《殷契鉤沉》中釋作“𢇛”，認為“從𢆶，象二絲系，一或三象斷絕形”，此說為李孝定先生《甲骨文字集釋》所從[39]。徐中舒先生主編《甲骨文字典》釋作“絕”[40]，但對此字構形的分析，基本上是沿襲了葉玉森的觀點。島邦男氏《殷虛卜辭綜類》以及李宗焜先生《殷墟甲骨文字表》也都從釋“絕”之說[41]。古文字中確定無疑的“絕”字，目前僅見於戰國文字[42]。“𢆶”在形體上說並非从“刀”,與《說文》訓為“斷絲”的“絕”、“斷”都沒有關係。季旭昇先生認為此字“從聯絲攤在架上，也許就是潮淫之淫的最初文。”[43]姚孝遂先生對以往釋“𢇍”、“絕”的觀點，有所辯證，可以參看。姚先生改釋作“䜌、繼”[44]，雖然也不可信，但是他在《甲骨文字詁林》案語中認為此字“象連絲之形”、“有編織之義”，則正確可從。我們在上文提到的A與A1，有兩種形體頗值得注意：

屯3004　散氏盤

甲骨文中的“己”形符號在古文字中有“綁縛”、“連絲”的含義。在此以甲骨文中的“弗”與“臬”字為例[45]：

弗　合5440　合33044　合29084　花東290
臬　合18073　合補495　合補10335　花東38

所以,“𢆶”形的初文應該也是把“絲束（甲骨文中一般都用兩束絲表示，偶爾有用三署絲者）”綁縛在一起，跟“斷”、“絕”都沒有關係。

下面討論“𢆶”字的用法。

（33a）丁亥卜，内貞：子商亡□在𡆥。

（33b）丁亥卜，内貞：子商㞢□在𡆥。　　《合集》2940

（34）貞：㞢□……　　《合集》14960反

（35）……㞢□……　　《合集》14961

（36a）壬申卜，爭貞：……一人……□

（36b）□□卜，爭貞：……𡆥多……　　《合集》17166正

（37）貞：□……　　《合集》19737

（38a）□□卜，亙貞：子商子□，不【𡆥】。

（38b）……□，其𡆥。　　《英國》126

例（33）中的“𡆥”為地名,《類纂》“在𡆥”條收錄有不少辭例[46]，可以參看。（33a）與（33b）為對貞卜辭，是在丁亥這一天貞問子商在𡆥地是否有“𢆶”。“亡𢆶/㞢□”，在語法位置上或者此類上與卜辭中常見“亡害/又害”、

“亡乍囚/㞢乍囚”等比較接近。如下面的卜辭：

（39a）癸酉卜：又害在囚。　　　　　　《合集》32778

（39b）丁未貞：又害在囚。　　　　　　《英國》2466

（40a）辛卯卜，内貞：王亡乍囚。

（40b）辛卯卜，爭貞：王㞢乍囚。　　　《合集》536

（41a）貞：我亡乍囚。

（41b）貞：我㞢乍囚。　　　　　　　　《合集》16470 正

宋華強先生指出，卜辭中的“亡𠓛在體”與“亡害在體”辭例相同，“𠓛”表示的詞義當與“害”相類。宋先生懷疑“𠓛”疑當讀為表“憂”義的“溼”[47]。我們非常贊同這個觀點。《廣雅·釋詁》卷一：“溼，憂也。”王念孫《廣雅疏證》説：

瞀、濟、惄、溼者，《方言》：“濟、瞀、惄、溼，憂也。宋、衛曰瞀，陳、楚或曰溼，或曰濟，自關而西秦晉之間或曰惄，或曰溼。自關而西秦晉之間，凡志不得，欲而不獲，高而有墜，得而中亡謂之溼，或謂之惄。”郭璞注曰：“瞀者，憂而不動也，溼者，失意潛沮之名。”……《荀子·不苟篇》：“小人通則驕而偏，窮則棄而儑”，楊倞注云：“儑當爲濕，引《方言》‘濕，憂也。’”濕與溼通[48]。

（38a）與（38b）是貞問子商子“”，是否會“𡿧”。陳劍先生認為“𡿧”當讀為“殙”，是一種突然的、非正常的死亡[49]。根據“司禮儀其字規則”，（38b）中的“其𡿧”顯然是占卜者不希望發生的情況。我們懷疑此例中的“”可以讀作“急”，屬於一種比較緊急的病癥。《素問·通評虛實論》：

問曰：乳子中風病熱者，喘鳴肩息者，何如？答曰：喘鳴肩息者，脈實大也，緩則生，急則死。

本條卜辭中的“子商子”，也有可能是子商之子患上了小兒哮喘之類的急癥，危在旦夕，故而卜問吉凶。

甲骨文中還有如下之字：

合 4493　合 8032

此字或釋作“編”[50]，饒宗頤先生隸定作“𣂺”，釋作“繼”[51]。皆非是。姚孝遂先生指出此字此字从“凡”不从“舟”，無疑是正確的。《合集》8032 此

字與从"舟"的字共見，可證姚先生的說法是正確的。但《類纂》、《甲骨文字詁林》等書把此字隸定作"𣪘"[52]，也不夠準確，因為此字並不从"䜌"。我們認為此字當分析作从"凡"从"茲"，嚴格來說可以隸定作"𠙗"。從甲骨卜辭文例來看，它應該是一種殺牲的方法。如下例：

（42）口口卜，賓貞：翌丁丑其𠙗，㞢羌十人。　　　《合集》336

（43a）甲寅卜，翌乙卯𠙗十牛羌　　十人。用。

（43b）乙卯卜，貞：𠙗十牛羌十人。用。八月　　　《合集》339

（44）癸巳卜，貞：𠙗。　　　《合集》1682

（45）辛亥卜，口貞：𢀛尋口雀牛𠙗，㞢十口。　　　《合集》4139

（46）貞：于庚辰𠙗。八月。　　　《合集》4493

（47）癸酉：𠙗于磬十牛，。　　　《合集》8032

（48）庚辰𠙗……　　　《合集》16182

徐中舒先生主編的《甲骨文字典》認為从"䜌"、从凡，凡為聲符，懷疑即《說文》"判"字初文，作為用牲法，與甲骨文𦎫字用法略同[53]。從文字構形來看，此字也可以看成是从"凡"、"茲"聲的字，至於在卜辭中讀作何字，我們目前還沒有很好的意見。上揭（42）—（48）卜辭中的"𠙗"，僅能判斷出是一種殺牲方法，未必是一種祭祀方式。

本文最後附帶談談甲骨文中一個可能與A有關的字。

《甲骨文編》附錄上第849頁4787號字頭下收錄如下的字：

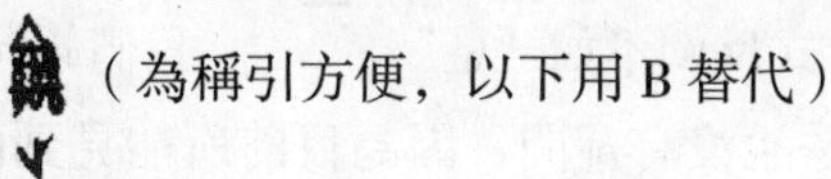（為稱引方便，以下用B替代）

《甲骨文編》將該字與A、A1收錄在一起，顯然是當作同一個字處理的。B字源自《摭續》181，亦即《甲骨文合集》36963。但此兩書所錄圖版均不夠清晰。《殷墟甲骨刻辭摹釋總集》摹作：

此形體分別為《殷墟甲骨刻辭摹釋全集》、《殷墟甲骨文字表》等書所襲[54]。《新甲骨文編》則把圖片處理作：

顯然也是受到《殷墟甲骨刻辭摹釋總集》的影響。B字在最近出版的《上海博物館藏甲骨文字》一書中，收錄有比較清晰的圖版[55]：

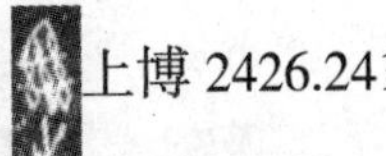
上博 2426.241

據此，可以證明《殷墟甲骨刻辭摹釋總集》的摹寫是不準確的，B 字上部並非从“爪”，而是像絲束連接之形。《新甲骨文編》則漏掉了絲束中間的“己”形筆畫。相對而言，《甲骨文編》的摹本則比較可信。

就文字隸定而言，《殷墟甲骨刻辭摹釋總集》隸作“[illegible]”，《甲骨文字形表》從之。《上海博物館藏甲骨文字》隸定作“[illegible]”，《新甲骨文編》則隸定作“[illegible]”[56]。究竟哪一種隸定方法更準確一點呢？前文已經討論過，B 字“止”上部所从的部份非“[illegible]”，所以，首先可以肯定“[illegible]”這種隸定方式是錯誤的。“[illegible]”、“[illegible]”這兩種隸定方法，顯然是把 B 字“止”上部所从的部份，與甲骨文中的“攣”字聯繫起來了[57]。請看如下的字：

合 13307 合 27997 合 16235 合 16240

合 21600= 乙 1313 合 21695= 乙 830 合 36964

如果除去上面的“爪”形，則與 B 字“止”上的部份相同。正因為 B 不从“爪”，所以我們認為把 B 隸定作“[illegible]”也不夠準確[58]。同理，B 不从“爪”也不从“言”，甲骨文中“攣”字多見，更沒有見到把“爪”下部份寫成形，即在絲束加上“二”形纏繞者，所以，“[illegible]”這種隸定方式反倒不如“[illegible]”了[59]。我們傾向於把 B 形隸定作“[illegible]”。不過這種隸定也不是說沒有疑問，因為目前所能見到的从“玆”的甲骨文字，還沒有見到一例寫成者，即把絲寫成三束的例子[60]。

《合集》36963 說：

（49）口口卜，在亞【貞】：……逃于……B……【往】來亡災。

該版應為田獵卜辭，可信辭例殘缺，B 字用法不明。不過在殷墟卜辭中，“逃于（或从）某”這樣的卜辭非常常見，可以參看《類纂》第 866—872 頁。茲舉出與（49）辭例相近的三例：

（50）丁卯王卜，在朱貞：其逃从胏西，往來亡災？　　《合集》36743

（51a）辛巳卜，在䣄貞：王步于口，【亡】災？

（51b）癸巳卜，才𢦔貞：王巡于射，往來亡災？口口十冬。　《合集》36775

（52a）丁［巳］卜，在融貞……步于口,【往來】亡災？

（52b）口口王卜，在口【貞】：其巡【从】亳西，往來亡災？　《補編》11115

“巡于”之後的字一般都是地名。如果 B 字也是一個地名的話，我們懷疑它也可以讀作“隰”。

2426.241

本文为教育部重点人文社科基地重大项目“河南出土甲骨文、金文研究大系”10JJDZONGHE016 子课题的阶段性研究成果。

注释

［1］李鍾淑、葛英會：《北京大學珍藏甲骨文字》，上海古籍出版社 2008 年版。

［2］《甲骨文合集釋文》補作“茲”，非是。胡厚宣主編：《甲骨文合集釋文》，中國社會科學出版社 1999 年版。

［3］本版卜辭中的“風”字，或者摹寫作“”、“”等，不識。白于藍先生認為是“風”字，可信。參看白于藍《殷墟甲骨刻辭摹釋總集校訂》，福建人民出版社 2004 年版，第 293 頁。

［4］劉釗、洪颺、張新俊編纂：《新甲骨文編》，福建人民出版社 2009 年版，第 604 頁。

［5］中國科學院考古研究所編輯：《甲骨文編》，中華書局 1965 年版，第 849 頁 4787 號。李宗焜：《殷墟甲骨文字表》，北京大學博士學位論文（指導教師：裘錫圭教授），1995 年，第 294 頁。［日］島邦男：《殷虛卜辭綜類》，汲古書院 1967 年版，第 472 頁。沈建華、曹錦炎編著：《甲骨文字形表》，上海辭書出版社 2008 年版，第 144 頁 3600 號。［日］松丸道雄、高島謙一編纂：《甲骨文字字釋綜覽》，東京大學出版會 1994 年版，第 507 頁。

［6］姚孝遂、肖丁主編：《殷墟甲骨刻辭類纂》，中華書局 1989 年版，第 1230 頁。曹錦炎、沈建華編著：《甲骨文校釋總集》第十二冊，上海辭書出版社 2006 年版，第 4263 頁。又《甲骨文字形表》，上海辭書出版社 2008 年版，第 144 頁 3600 號。黃德寬主編：《古文字譜系疏證》，商務印書館 2007 年版，第 3325 頁。

［7］于省吾主編 :《甲骨文字詁林》，中華書局 1989 年版，第 3207 頁。

［8］唐石父、王巨儒整理:《王襄著作選集（上）》，天津古籍出版社 2006 年版，第 117 頁。

［9］于省吾主編 :《甲骨文字詁林》，第 3207—3208 頁。徐中舒主編 :《甲骨文字典》，四川辭書出版社 1989 年版，第 1205 頁。方述鑫、林小安、常正光、彭裕商編著:《甲骨金文字典》，巴蜀書社 1990 年版，第 844 頁。《古文字譜系疏證》，第 3325 頁。《新甲骨文編》，第 604 頁。

［10］《說文》:“溼，幽溼也。”段玉裁《說文解字注》謂“今字作濕。”参看段玉裁《說文解字注》，上海古籍出版社 1981 年版，第 559 —560 頁。

［11］島邦男 :《殷虛卜辭綜類》，第 472 頁。

［12］陳年福 :《殷墟甲骨文摹釋全編》，綫裝書局 2010 年版，第 3454 頁。

［13］季旭昇 :《說文新證（下）》，藝文印書館 2004 年版，第 143 頁。

［14］裘錫圭:《甲骨文中所見的商代農業》,《古文字論集》，中華書局 1992 年版，第 177 頁。

［15］于省吾主編 :《甲骨文字詁林》，第 3207 頁。

［16］王引之 :《經義述聞》，江蘇古籍出版社 2000 年版，第 400—401 頁。

［17］馬保春 :《晉國歷史地理研究》，文物出版社 2007 年版，第 163—168 頁。

［18］顧祖禹 :《讀史方輿紀要》，中華書局 2005 年版，第 1940 頁。

［19］姚啓瑞等編 :《永寧州志》，光緒七年刻本。

［20］邢心田、韓長松、馬正元 :《建國以來焦作地區的考古發掘與研究》，焦作市文物工作隊 :《焦作文博考古與研究》，中州古籍出版社 2008 年版，第 7 頁。

［21］陳夢家 :《殷虛卜辭綜述》，中華書局 1988 年版，第 260—262 頁，李學勤 :《商代地理簡論》，科學出版社 1959 年版，第 1—36 頁，鄭傑祥 :《商代地理概論》，中州古籍出版社 1994 年版，第 57—75 頁。

［22］于省吾主編:《甲骨文詁林》,中華書局 1996 年版,第 3207—3208 頁。李宗焜先生《殷墟甲骨文字表》3497 號標出“地名”，也許是受此說的影響。

［23］徐中舒主編 :《甲骨文字典》，四川辭書出版社 1989 年版，第 1205 頁。

［24］方述鑫、林小安、常正光、彭裕商編著 :《甲骨金文字典》，巴蜀書社 1990 年版，第 844 頁。

［25］黃德寬主編 :《古文字譜系疏證》第 3325 頁。

［26］湖北省考古文物研究所、北京大學中文系:《望山楚簡》,中華書局 1995 年版,第 132 頁。

［27］李家浩 :《釋上博戰國竹簡〈緇衣〉中的“茲臣”合文——兼釋兆域圖“逊”和[illegible]羌

鐘"富"等字》，中山大學古文字研究所編《康樂集》，中山大學出版社 2006 年版，第 21—26 頁。

[28]"陘"字見於上博簡《孔子詩論》簡 26，作 [illegible]，"徑"字見於上博簡《容成氏》簡 18，作 。

[29] 李家浩：《釋上博戰國竹簡〈緇衣〉中的"茲臣"合文——兼釋兆域圖"逊"和[illegible]羌鐘"富"等字》，中山大學古文字研究所編《康樂集》，第 21—26 頁。從形體上考慮，我們認為[illegible]、[illegible]、[illegible]等字很有可能就是《說文》解釋為"進足有所擷取也"的"𨀛"的本字。

[30] 容庚：《金文編》，中華書局 1985 年版，第 107 頁。

[31] 朱德熙、裘錫圭：《平山中山王墓銅器銘文的初步研究》，《朱德熙文集》第五卷，商務印書館 1999 年版，第 107 頁。

[32] 清華大學出土文獻研究與保護中心編，李學勤主編：《清華大學藏戰國竹簡（壹）》，中西書局 2011 年版，第 176 頁。

[33] 承單育辰先生告知，筆者深表感謝。

[34] 李家浩：《釋上博戰國竹簡〈緇衣〉中的"茲臣"合文》，中山大學古文字研究所編《康樂集》，第 21—26 頁。

[35] 姚萱：《殷墟花園莊東地甲骨卜辭的初步研究》，綫裝書局 2006 年版，第 119 頁。

[36] 蔣玉斌：《〈甲骨文合集〉綴合拾遺（第六十八—七十三組）》，先秦史研究室網站，2010 年 9 月 17 日。http://www.xianqin.org/blog/archives/2072.html。

[37] 以下所引例（27）—（31）中"及"字的釋讀，可參看姚萱《殷墟花園莊東地甲骨卜辭的初步研究》，第 115—119 頁。

[38] 張玉金：《甲骨文虛詞詞典》，中華書局 1994 年版，第 116—118 頁。

[39] 李孝定：《甲骨文字集釋》，《中央研究院歷史語言研究所專刊》1965 年版，第 3869 頁。

[40] 徐中舒主編：《甲骨文字典》，第 1409—1410 頁。

[41] 李宗焜：《殷墟甲骨文字表》第 294 頁 3469 號。島邦男：《殷虛卜辭綜類》第 472 頁。

[42] 湯餘惠主編：《戰國文字編》，福建人民出版社 2005 年版，第 839—840 頁。《新甲骨文編》第 713 頁收錄有从"糸"从"刀"的"絕"字，但是從甲骨文例本身則無法證明。

[43] 季旭昇：《說文新證（下）》，藝文印書館 2004 年版，第 143 頁。

[44] 姚孝遂、肖丁主編：《殷墟甲骨刻辭類纂》1229 頁。《甲骨文字詁林》第 3201 頁。此外《甲骨文字形表》第 144 頁 3597 號把此字釋作"[illegible]"；《新甲骨文編》第 714—715 頁把此字釋作"繼"。

[45] 單育辰：《甲骨文字考釋兩則》，未刊稿。

［46］姚孝遂、肖丁主編：《殷墟甲骨刻辭類纂》第 826 頁。

［47］宋華強：《釋甲骨文中的“戾”和“體”》，北京大學中國語言學研究中心《語言學論叢》編委會編：《語言學論叢》第四十三輯，商務印書館 2011 年版，第 338—351 頁。

［48］王念孫：《廣雅疏證》，江蘇古籍出版社 2000 年版，第 19—20 頁。

［49］陳劍：《殷墟卜辭的分期分類對甲骨文字考釋的重要性》，載《甲骨金文考釋論集》，綫裝書局 2007 年版，第 427—436 頁。

［50］松丸道雄、高島謙一編：《甲骨文字字釋綜覽》，東京大學出版會 1994 年版，第 519 頁。

［51］饒宗頤：《殷商貞卜人物通考》，香港中文大學出版社 1979 年版，第 280—281 頁。

［52］《甲骨文字詁林》第 3206 頁。其他的著作如《甲骨文字形表》第 144 頁 3601 號、《新甲骨文編》第 714 頁也都隸定作“[illegible]”。

［53］徐中舒主編：《甲骨文字典》第 1419 頁。

［54］參看《殷墟甲骨刻辭摹釋總集》第 842 頁，《殷墟甲骨文摹釋全集》第 3335 頁，《殷墟甲骨文字表》第 85 頁 0891 號，《甲骨文字形表》第 144 頁 3600 號。

［55］上海博物館編：《上海博物館藏甲骨文字》，上海辭書出版社 2009 年版，第 68—69 頁。

［56］參看《殷墟甲骨刻辭摹釋總集》第 842 頁；《甲骨文字形表》第 144 頁；《上海博物館藏甲骨文字》第 69 頁；《甲骨文字形表》第 144 頁 3600 號；《新甲骨文編》第 83 頁。

［57］《新甲骨文編》第 653—654 頁。此字或釋作“系”。

［58］《新甲骨文編》第 654 頁“孿”字下收錄如下二形：

合 24982  合補 4552 從形體上看，它們都是从“爪”的。

［59］《新甲骨文編》第 654 頁“孿”字下最後一字處理作，出自《合集》21818。《合集》21818=《乙編》1598。《乙編》1598 拓片比較清晰，原字其實寫作，《新甲骨文編》對文字圖片的處理不夠準確。另外，此字在形體上與“孿”形有別，能否釋作“孿”，我們認為有待今後進一步研究。

［60］古文字中的“糸”形在用作表意偏旁的時候，从二束或者三束往往無别。例如，商代金文中的“系”字，可寫作，也可寫作。參看容庚編著《金文編》，中華書局 1985 年版，第 851 頁。

张新俊，男，1974 年出生，河南南阳人。河南大学文学院副教授。主要从事古文字学、古文献学方面的教学和研究。

以北宋国初四大字书为例谈字书类文献引《说文》资料的整理[1]

陈英杰

首都师范大学文学院

提　要　本文是对我在资料整理和指导学生过程中所产生的一些想法和体会所作的初步梳理和总结，希望对字书类文献引《说文》资料的整理研究能够提供一些借鉴和帮助。文章分为四个部分。第一部分主要谈了整理《说文》的两个设想：一是对中国古代注疏、类书、字书等各类文献以及属于汉字文化圈的域外文献（如日本、韩国等）中所引用的《说文》资料作穷尽整理、分析，以探索《说文》文本系统的历时演变；一是在吸收历代"说文学"和古文字学研究成果基础上，对今本《说文》的形音义进行全面考订。第二部分主要谈了我们在整理资料中涉及的种种问题，主要有两个方面：一个是各字书引《说文》的方式；一个是各字书对《说文》正篆和重文的字形处理，这些问题梳理清楚，资料的搜集和信息分析才能做到全面、准确。第三部分主要是对我指导的四部论文进行评介，指出问题所在，并据现有分析数据而作出初步的推论。第四部分是简单的结语，指出引《说文》资料的整理有两个基本要求：一是全面，一是准确。所谓全面，一是指资料的穷尽性，一是指分析资料时获得的信息要全面。所谓准确，主要指析出资料的完整性。还指出，古人引书缺乏严谨的体例和规范，对待古人引书，不能以我们现在的标准来要求，在整理引《说文》资料时，要注重与《说文》的"意合"，不能过分强调"字合"。

本文所说北宋国初[2]四大字书[3]是《大广益会玉篇》、《类篇》、《大宋重修广韵》和《集韵》。我们之所以选择此四部字书作为研究对象，一是因为这几部字书引用《说文》数量大，对于考察《说文》文本全貌具有重要价值；二是因为这几部字书编订于大徐本前后[4]，对于确定大徐本在《说文》版本系统中的地位具有重要作用。

我在指导学生过程中，曾抽出各字书中的一两卷进行试整理，总结学生整理时应注意的问题和应该发掘的问题。学生与我同步工作，他们提交试整理稿后，我再就他们的试整理稿提出进一步的指导意见。本文以《集韵》、《广韵》为主，对我在资料整理和指导学生过程中所产生的一些想法和体会进行了初步的梳理和总结，希望对字书类文献引《说文》资料的整理研究能够提供一些借鉴和帮助。由于知识及视野有限，本文在观点论述、文献参考等方面容有错误和遗漏，祈请方家教正。

一

我个人一直认为，对于《说文》文本的研究，有两项工作应该做：一是对中国古代注疏、类书、字书等各类文献以及属于汉字文化圈的域外文献（如日本、韩国等）中所引用的《说文》资料进行穷尽式的搜集、整理、分析，在此基础上研究《说文》在历代传抄、刊印中发生了哪些文本变化；二是在全面吸收历代“说文学”和古文字学研究成果的基础上，对《说文》每个字目的形、音、义以及重文进行全面的校订和疏证。这两项工作规模都很大，在今天靠个人的力量很难完成。

第二项工作所利用的出土文献，主要是19世纪末至今的出土资料及相关研究成果，秦汉简帛文献尤其值得注意。这方面的成果比较零散，涉及文字和语词考释的论文，一般都会涉及《说文》某字的某一方面，把其中有价值的意见搜集起来并不是一件容易的事。集中利用古文字资料对《说文》进行校正的著作如季旭昇《说文新证》（上下册，台湾艺文印书馆2001年、2004年版）、董莲池《说文解字考证》（作家出版社2005年版）等。利用古文字资料考订《说文》的单篇论文比较多，如裘锡圭、曾宪通、黄锡全、董琨[5]、黄天树[6]、王贵元[7]、刘钊[7]、张显成[9]、刘乐贤、李守奎[10]等先生均曾发表过有关成果[11]。非专门研讨《说文》而涉及《说文》某一方面的论文或没有涉及《说文》但对《说文》字目有校订价值的论文就更多，难以统计。古文字学者一般对字形注意较多，我个人主张在字形考证上应讲求有效考证，因为有些甲骨、金文中的字形，我们无法判断它们和《说文》的某些字结构的相同、相似或相因袭是否可以等同划一[12]，对于这类形、音、义不能完整落实的字形资料应谨慎利用。

搜集历代注疏、类书、字书等各类文献中所引《说文》资料，可以部分恢复《说文》在各个历史时期的文本流传状况。按照时期划分，我们可以大致整理出魏晋南北朝本《说文》、唐本《说文》和宋本《说文》；按照专书划分，我们可以整理出《文选注》本《说文》、《一切经音义》本《说文》、《玉篇》本《说文》、《广韵》本《说文》、《类篇》本《说文》等。大徐本编定以后便具有了压倒性的优势地位，所以，对于第一项工作，北宋以后的字书可以不列入考察范围，它们对《说文》文本的校订价值不大。但大徐本编定前后出现的字书，我们应特别注意。这些字书对于考订《说文》文本以及大徐本在《说文》版本系统中的地位具有重要作用。在这种思路指导下，从2004年开始，我指导暨南大学、首都师范大学的几位本科生对《文选》李善注、《初学记》、《玉篇》、《类篇》、《广韵》、《集韵》六部书的引《说文》资料进行了整理。[13]

对于第一项工作，必须纳入《说文》历代文本系统的考察视野中，只有这样，专书中的《说文》资料才具有版本学上的价值。《说文》历代文本系统的考察以历代引《说文》的专书整理为基础。

二

（一）各字书引《说文》的复杂情况

1. 从外在用语标志看，四部字书中的引《说文》资料大致可以分为四种情况：一种是明引《说文》，即明确说明引自《说文》的。一种是暗引《说文》，即释义引用了《说文》，但没有明确说明的，如《集韵》："鬃，马鬣也"、"眮，吴楚谓瞋目、顾视曰眮"[14]，与《说文》内容全同，但没有说明是引自《说文》的[15]。一种是既有明引又有暗引，如《广韵》："窔，竈突。《说文》：深也"，《说文》："窔，深也。一曰竈突"，对《说文》原释义的主次位置有所调整，造成一明引一暗引的状况。还有一种介于明引和暗引之间，容易被忽略，如《广韵》"觿，环有舌也"，"鱊，上同（即觿），出《说文》"（《说文》："鱊，环之有舌者。鐍，鱊或从金矞"），这种资料依据异体字注文中的字源说明跟正体字系连，可以恢复出引《说文》字目。同类例子又如（均见《广韵》）：

"雪：凝雨也"，"䨮：上同（雪），出《说文》"（《说文》："䨮：凝雨，说物者"）。

“掷，投也，播也，振也”，“擿，上同（掷），出《说文》”（《说文》：“擿，搔也。一曰投也”）。

“寋，实也”，“𡫸，上同（寋），见《说文》”（《说文》：“𡫸（寋）：实也”）等。

2. 有些条目中在所引《说文》资料下紧接着出现不见于今本《说文》的内容，这些内容是不是《说文》原有的，要通过版本系统的梳理进行考证。

《集韵·东韵》：“僮，《说文》未冠也。《诗传》：僮僮，竦敬也。”

今本《说文》仅云“未冠也”。《诗传》指《毛诗传》。“潨”下云：“《说文》：小水入大水曰潨。《诗传》：水会也。”也是引《毛诗传》。《说文》作“潨，小水入大水曰潨，《诗》曰：‘凫鹥在潨。’”“《诗传》：僮僮，竦敬也”一句符合《说文》引书或证形或证音或证义或出列另一义的体例。《说文》引《诗》有四百多处，但绝大部分是引用经文，引《诗》传文字仅见三例：“鼒”字引“《鲁诗》：鼒，小鼎”，“魃”字引“《韩诗传》曰：郑交甫逢二女，魃服”，“䣯”字引“《诗》曰：不醉而怒谓之䣯”，“不醉而怒谓之䣯”乃是引《毛诗传》，但未明言。

《集韵》：“䵄，《说文》：煑麦也。郑众谓熬麦曰䵄。”《说文》：“䵄，煑麦也。”

郑众又称郑司农，《说文》“韐”下引司农曰：“裳，纁色。”不知“郑众谓熬麦曰䵄”一句是否《说文》原文所有。

这些书中的“一曰”也存在这类情况，如：

《集韵》：“栊，《说文》：槛也。一曰所以养兽。”今本《说文》：“栊，槛也。”

《集韵》：“洚，《說文》：水不遵道。一曰大水。一曰下也。”今本《说文》作“洚，水不遵道。一曰下也。”“一曰大水”加于《说文》主义项和一曰义项之间，值得考究。

同例如《说文》：“铍：大针也。一曰剑如刀装者。”《集韵》作“铍，《说文》：大针也。《方言》锬谓之铍。一曰剑如㓟装者。”《类篇》中很多引《说文》资料下的“一曰”也存在这种情况，需要考辨。[16]有的“一曰”则提供了重要异文，如《集韵》“鏓，《说文》：鎗鏓也。一曰大鑿。一曰平木划。”《说文》：“鏓，鎗鏓也。一曰大凿，平木者。”

3. 在引用《说文》时，往往是直接引述和间接引述相参差。[17]

《集韵》：“詷，《说文》：共也，一曰譀也。引《周书》曰‘在夏后之詷’。”《说文》：“詷：共也，一曰譀也。《周书》曰：‘在夏后之詷’。”

《集韵》:"芃:《说文》艸盛也。引《诗》'芃芃黍苗'。"[18]《说文》:"芃:艸盛也。《诗》曰:'芃芃黍苗。'"

《集韵》:"饛,《说文》:盛器满皃,引《诗》有饛簋飧。"《说文》:"饛,盛器满皃。《诗》曰:'有饛簋飧。'"

《广韵》:"功,功绩也。《说文》曰:以劳定国曰功"(《说文》:"功:以劳定国也")。"霢,《说文》云:'见雨而止息曰霢'",与此同例。

《广韵》:"邕,《说文》曰'四方有水,自邕成池者'是也。"《说文》:"邕,四方有水,自邕城池者。"

《广韵》:"蠡,《说文》曰:螫人飞虫也。"《说文》:"蠡:飞虫螫人者。"

《类篇》存在大量的这种引用文例[19]。

《广韵》:"殷,《说文》从月殳,作樂之盛稱殷。"《说文》:"殷,作樂之盛稱殷。从月从殳。"转述《说文》,改变表述方式。《说文》"蓏,在木曰果,在地曰蓏",《广韵》转述为"《说文》曰:木上曰果,地上曰蓏"。

《说文》:"虞,驺虞也。白虎黑文,尾长于身。仁兽,食自死之肉。从虍吴声。《诗》曰:"于嗟乎,驺虞。"《广韵》作"虞:度也。《说文》曰:驺虞,仁兽,白虎黑文,尾长于身,不食生物。"转述中又有节略。

在转述中,《广韵》对《说文》释义也有订补,《说文》:"假,非真也,从人叚聲。一曰至也,《虞書》曰:'假于上下。'"《广韵》:"假,且也,借也,非真也。《说文》又作假,至也。""《说文》又作假,至也"一句其实是对《说文》"一曰至也"的探源。

《类篇》:"栗䕻𣡌栗,力质切,《说文》:木也,其实下垂,故从卤,古作䕻、𣡌,徐巡说:'木至西方战栗'。"《说文》:"栗,木也,从木,其实下垂,故从卤。𣐿,古文栗从西从二卤。徐巡說:木至西方战栗。"《类篇》"古作䕻、𣡌"其实是根据《说文》"𣐿,古文栗从西从二卤"和卤之籀文𠧪而来,是一种新型的引述方式。

4. 有的是节引,往往略去"一曰"或《说文》对文字释义补充说明的信息。

《说文》:"风,八风也。东方曰明庶风,东南曰清明风,南方曰景风,西南曰凉风,西方曰阊阖风,西北曰不周风,北方曰广莫风,东北曰融风。风动虫生。故虫八日而化。"《集韵》引作"风,《说文》:八风也,风动虫生,故虫八日而化。"

《说文》:“枫，木也，厚叶弱枝，善摇。一名欇。”《集韵》引作“枫,《说文》:‘厚叶弱枝，善摇。一名桑。’”“欙”、“尊”字与此类同。

《说文》:“嵩，中岳，嵩高山也。从山从高，亦从松。韦昭《国语》注云：‘古通用崇字。’”《集韵》:“嵩崇,《说文》: 中岳嵩高山。又姓。古作崇。”所谓“古作崇”，当是概述“韦昭《国语》注云：‘古通用崇字’”之言。

《说文》:“蟲:有足谓之蟲,无足谓之豸。”《集韵》节引“《说文》:有足谓之蟲”。

《说文》“斯，析也。《诗》曰：‘斧以斯之。’”《集韵》未引书证。

《广韵》:“鯛，鱼名,《说文》曰：皮有文，出乐浪。”《说文》:“鯛，鱼名，皮有文,出乐浪东暆。神爵四年,初捕收输考工。周成王时,扬州献鯛。”它如“虚”等。

《说文》:“撝，裂也。一曰手指也。”《广韵》引文略去“一曰”，它如“奇”、“誒”等。

《说文》:“奭，盛也，从大从皕，皕亦声。此燕召公名，读若郝,《史篇》名醜”,《类篇》引作：“奭奭奭，诗亦切,《说文》: 盛也，此燕召公名”。

《类篇》“仌，分也，从重八，引《孝经說》曰:‘故上下有别’”，当是脱漏“说文”二字。

5.《广韵》有的条目不引《说文》释义，而引《说文》说明字形[20]，如“薋，蒺蔾。《诗》作茨。《说文》又作薺。”“于，曰也，於也。《说文》本作亏，凡從于者作亏同。”“奔，奔走也。《说文》作犇。”“原，广平曰原……《说文》本作邍，原即与驫同。”“源，水原曰源……《说文》本作驫，篆文省作原，后人加水。”有的是字形、释义兼引，如“眉,《说文》作睂，目上毛也。”“香,《说文》作香，芳也。”“佊,《说文》作伭,很也。”“克,能也,胜也。《说文》作亨,肩也。”与《集韵》体例不同。

《广韵》引《说文》释义，或以之为第一义项，或以之为另一义，有的则是先对《说文》释义进行提炼、概括，再引《说文》，如“賨，戎税。《说文》曰：南蛮赋也”[21]。有的则是先对《说文》原释义加以浅显易懂的解释[22]，再引《说文》，如“顲，面黄醜。《说文》曰：面顑顲也”[23]、“苆，乱草，《说文》曰：乱稾也”（今本《说文》作“苆，乱艸”）[24]。

《广韵》:“獜：獜獜，犬健也。出《说文》。”今本《说文》:“獜，健也。”段玉裁认为今本夺“犬”字。引用《说文》的方式比较特殊，先暗引《说文》释义，再说明字源于《说文》。同类例子又如“玎，玎玲，玉聲。又齐太公子伋谥玎公。出《说文》也”（《说文》:“玎，玉声也。从玉丁声。齐太公子伋谥曰玎公”）、“絉，绣文如聚米，出《说文》”（《说文》:“絉，绣文如聚细米也”），《广韵》:“粊，恶米，又鲁东郊地名。《说文》作棐”（《说文》:“棐，恶米也”）、“夏，行故道也。《说文》作夏”（《说文》:“夏，行故道也”）等亦同。

6. 各字书多引《说文》释义，一般不引《说文》的字形分析，偶有例外，但多限于象形字、会意字，如：

《集韵》:“卮，《说文》:‘器也，一名觛。所以节饮食。象人，卩在其下也。’”

《集韵》:“为[illegible]，干妫切。《说文》:‘母猴也。其为禽好爪。爪，母猴象也。下腹为母猴形。王育曰：爪，象形也。[illegible]，古文为象两母猴相对形。’”

《集韵》:“臣，《说文》:‘牵也。事君也。象屈服之形。’”

《广韵》:“丰：丰茸美好。《说文》本作丯，‘草盛丯也。从生，上下达也。’”

《广韵》“夷，夷犹等也，灭也，易也。《说文》:‘平也，从大弓。’”

《广韵》:“豦，兽名。《说文》曰：‘鬭相丮不解也。从豕虍，豕虍之鬭不相捨。司马相如说：豦，封豕属。一曰虎两足举。’”

《广韵》:“愚，愚惷。《说文》曰：‘戇也。从心禺。禺，母猴屬，兽之愚者。’”

《广韵》:“韭，《说文》曰：‘菜名也。一種而久者，故謂之韭。象形，在一之上。一，地也。’”

《广韵》:“不，弗也。《说文》作不，‘鸟飞上翔不下来也。从一，一，天也。象形。’”

《广韵》:“向，对也。窻也。《说文》曰：‘北出牖也。从宀口。’”

《广韵》:“姓：姓氏。《说文》云：‘姓，人所生也。古之神圣母，感天而生子，故称天子。从女生声。’”（《说文》云：“从女从生，生亦声。”）

7. 有些字目引《说文》资料有传抄刊印过程中发生的文字讹误。

《集韵》:“蝓，《说文》:虫，在生马皮者。”“生”为“牛”之误。《集韵·模韵》:“騟，兽名。《说文》:黄牛虎文。”《说文》:“騟，騊騟”，兽名之说显然是《说文》之騟。《逸周书·王会》:“禺氏騊騟。”孔晁注：“騊騟，马之属也。”《尔雅·释畜》:“騊騟，马。”郭璞注引《山海经》:“北海内有兽，状如马，名騊騟，色青。”《说文》:“駼，黄牛虎文”，“黄牛虎文”可能是《集韵》本身误植。

8.《说文》是讲本义的，字书有时依据文献用义对《说文》原释义进行改造。《说文》："黚，坚黑也。"《集韵》引作"《说文》：坚固也"，《说文》解释的是形本义，但文献用义此字只有"坚固"义。

9. 有的条目为大徐本所无。

《集韵》"颀，《说文》：头佳皃"，见于徐锴《说文系传》。《集韵》中的徐锴意见有的是转引大徐本的，有的是直接引用，如"尼，《说文》：从后近之。徐锴曰：妮也。"《集韵·阮韵》："舨，《说文》：舟也"，今本《说文》无，《类篇》此字亦未引《说文》。有的可能是沿袭前代字书，如《集韵》："郥，《说文》地名"，字见于徐锴《系传》，但不见于大徐本，《广韵》云："郥，《说文》曰：地名也"。"磾"不见于今本《说文》，《广韵》："磾，《说文》云：'染缯黑石，出琅邪山。'"《集韵》则云："磾，黑石，可染缯，出琅邪。"未云出自《说文》。《广韵》："聅：《说文》云：'耳不相聽。'《方言》云：'聋之甚者，秦晋之间谓之聅。'"聅不见于今本《说文》，但有"睽"，训"目不相聽也"，疑聅乃睽之俗误字，为牵合其形，训为"耳不相听"。《广韵》："蛤：《说文》云：'黑贝。'亦珠蛤。"不见今本《说文》，《尔雅·释鱼》"玄貝、贻贝"陆德明释文："贻，《字林》作蛤，云：黑貝也。"《广韵》："卌，《说文》云：'数名。'今直以为四十字。"不见于今本《说文》，《玉篇》云："卌，四十也。"

有的看似不见于《说文》，其实只是由于字形不同，如《集韵》之"罕"即《说文》之"罕（罕）"字异体，"羑"是《说文》"義"字或体。

有的条目今本《说文》有脱漏，《集韵》："騭，《说文》：馬行徐而疾，引《詩》駟牡騭騭。"今本《说文》无引《诗》文字。

（二）资料整理中，要注意考察《说文》正篆和重文在各字书中的处理情况，注意异体字关系的历时变迁，尽量联连有关异体字，恢复所引《说文》字目。立论要以小篆字形为准，不能以大徐本小篆的楷定字头为字形依据[25]。

1. 据田硕同学统计，宋本《玉篇》涉及《说文》重文的有 179 条（大部分在《玉篇》中仍为重文，只有 25 例在《玉篇》中变成了正字），单列字目，使用"说文作 ×"、"说文与 × 同"、"同上"、"说文古 × 字"等术语。《玉篇残卷》涉及《说文》重文的有 124 条（有 71 例仍为重文），以"说文古文某"、"说文籀文某"、"说文亦某"、"说文某"、"说文奇字 ×"、"说文俗 ×"等术语细致标明。但《玉篇》"说文 ×"，如"琇，《說文》琇"，《说文》无琇，《玉篇》意思是说，《说文》中表示琇的词作琇。同类例子如"塝，《说文》坼"等。

《类篇》对《说文》中的正篆和重文，或根据其形符，重新划分部类，这种情况有时导致异体字的无法系连。如"禚"字在《说文》中是"醮"字异体，《类篇》酉部收醮，未指明异体之禚（云："醮，冠娶禮，祭。从酉焦聲。子肖切"），而禚收入示部（云："禚，兹消切，祭也。又子肖切，《说文》：冠娶禮，祭"），但并没有任何文字说明沟通二字关系。《类篇》文部收有"辬"，云："辬，驳文也。从文辡声。布還切。"释义与《说文》同，但没有标明引《说文》。玨部收"斑"，云："斑，逋还切，《说文》：驳文也。"据《玉篇》："辬，《说文》曰：'驳文也。'亦作斑。"可知，"斑"是"辬"的异体字。这部分情况复杂，并不是简单的归部不同。其中有把《说文》正字与异体分别归部的，如醮；也有《说文》正字、异体归在一起，而其他不见于《说文》的同字异体按照实际字形另行归部，如琎。

《说文》"勇"有两个异体：甬、恿，在《集韵》中，"恫痌恿"列为一条，即把"痌恿"看作"恫"的异体，云："《说文》痛也，一曰呻吟。或作痌恿。"整理《集韵》的张凡同学对此书处理正体和异体关系的体例[26]没有正确把握，本应把此条对应于《说文》之"恫"，而误归于《说文》之"勇"。"恫"字，《集韵》是以《说文》字形为正体。

2. 有的字目中的正体字是隶变后的字形或俗字，如"怱悤，《说文》：多遽悤悤也。古作悤。俗作忩，非是。"《说文》作"悤"。又如"聰聦，《说文》：察也。一說耳病，晋殷仲堪父患耳聰。古作聦。"《说文》作"聦"。"悤"字上部写得草率就成了"怱"，相当于草书楷化，这是在字体发展过程中发上的笔形变化[27]。《说文》的"悤"及从悤之字在《宋刻集韵》中均以"怱"写法为正体。又如"脾"（《说文》）之与"髀"。这说明《集韵》正字观念的变化，承认当时通行写法，并不全以《说文》篆形为据。

有的异体则是《说文》正篆或籀文、古文的隶定体，如稅（稷之籀文）、眢（邕之籀文）、峀（邦之古文）、荠（支之古文）、硯（正体为睍）。

有的正字并不符合《说文》正篆，而是根据《说文》的字形说明进行复原的，如"耆"《说文》云"从老省，旨声"，《集韵》正字作"耆"。有的《说文》重文成为正体，如《广韵》："創，《说文》曰伤也"，《说文》正篆作刅，或体作創。

又如《说文》“砅”异体作“濿”，《广韵》以“濿”为正体。

3.《说文》中有的异体字在后世字书中已经分化，如《广韵》：“樻，格木。《说文》同上。”“《说文》同上”意思是说在《说文》中此字同“匱”，匱，《广韵》训“小杯名”，《说文》：“匱，小桮也。樻，匱或从木”。

有的字在《说文》中不构成异体关系，但到了后世变成了异体。《玉篇》：“附，《说文》以附益为坿，从土。此附作步口切，附娄，小土山也。”《玉篇》“附”有益义，所以注明这个意义在《说文》中作“坿”，而“附”在《说文》中用为附娄（小土山）义。又如《类篇》：“釪钮，敕九切，《说文》：‘械也’，或从丑。钮，又女九切，《说文》：‘印鼻也’。文二，音一。”两引《说文》，其中“械也”之义《说文》作“杽”，“印鼻”义《说文》作“钮”，《类篇》中“釪、钮”异体。

三

据张凡统计，在《集韵》引《说文》的九千多个字条中，与《说文》不同者有 2278 条，她细分为四种情况，我对字目调查后加以订正重加归纳：

1）《集韵》引《说文》内容与大徐本用字不同，这种不同是由于使用异写字、异体字、假借字、通用字、同源字等原因造成的，《广韵》中也存在这些情况[28]；

2）《集韵》或《说文》文本有错讹，如《说文》：“匈，聲也”，《集韵》引作“匈，《说文》：膺也”[29]；《说文》：“魅：耗神也。”《集韵》：“魅，《说文》：‘秏鬼也。’”[30]；

3）《集韵》对《说文》释义用字用同义词进行更换[31]，如《说文》：“犟，牛很不从引也，一曰大皃。”《集韵》作：“犟，《说文》：‘牛很不从牵也。一曰大皃。’”[32]

4）《集韵》对《说文》释义有所补充、完善，如《说文》：“鰫，魚也。”《集韵》：“鰫，《说文》：‘魚也’，似鲢而黑。”《说文》：“楈，木也。”《集韵》：“楈，《说文》：‘木也’，似栟榈支可以索。一曰犂也。”《说文》：“蒢，黄蒢，职也。”《集韵》：“蒢，艸名。《说文》：‘黄蒢，职也’，叶似酸浆，华小而白，中心黄，江东以作菹食。”《说文》：“罿，罬也。”《集韵》：“罿，《说文》‘罬也’，用以捕鸟。”《类篇》也存在此类情况。[33]

还有不少条目只是在引用《说文》时省去了“者”、“也”等虚词[34]，以及引述上的直接引述与间接引述的差别。第一类情况中有不少是《集韵》释义使用了假借字、分化字、类化字、异体字等，而造成与《说文》用字的不同，但并没有产生与《说文》释义有差异的异文。这类资料应该说，对《说文》文本内容的校勘价值不大。如《说文》“胠，亦下也”，《集韵》：“胠，《说文》：腋下也”。《说文》：“勉，彊也，”《集韵》：“勉，《说文》：强也”。上述各类情况都应该给出详细的统计数据，对区别较大的异文应作疏证。不过总体上，《集韵》所引《说文》与大徐本能够形成有价值的异文资料应该不会很多，所谓“与《说文》不同者有两千二百七十八条”应该重新统计。但这不影响《集韵》本《说文》的文献价值。

据任文博同学统计，《广韵》注文中共引用《说文》2040 条（其中包括不同韵部或不同小韵中重复的条目）[35]，其中 1784 条与大徐本《说文》释义相同（含节引和由于使用异写字、异体字、假借字、通用字、同源字等而造成用字差异的情况），可以为《说文》文本校勘提供有价值异文的 193 条，任文博又加以细分：细微差异者 90 条，较大差异者 68 条，释义不相关者 28 条，不见于大徐本者 7 条[36]。引文未涉及释义、只涉及字音或字形的 63 条。四部论文中，此文的资料整理方法是最科学的，但对《广韵》所引《说文》条目的分类尚欠细致，术语、论述也有欠明晰之处，而且例证太少，一般每类只有两三条，有的仅有一条例证。由于时间原因，本文尚有一个缺憾，就是没有考察唐写本王仁昫《刊谬补缺切韵》等唐五代韵书写卷中所引的《说文》资料。

《类篇》引《说文》资料，孔仲温先生《类篇研究》统计为 7620 条，王丽同学统计为 8247 条（包括暗引《说文》），超出孔氏 627 条，其中与《说文》有差异者约有 400 条。但这个数字还得再补充，其中所谓有差异者包括了衍、夺无关大义的“者”、“也”虚词的情况，王丽同学认为，如果将以上这类情况排除在外，那么《类篇》与《说文》原文不同的条目则只占总条目的 1% 左右。《类篇》引《说文》与大徐本对照，王丽归纳了七种情况，其中二者对某些字的归部不同、《类篇》在引用《说文》中的某些释文时加入或删减了部分内容[37]、改变词序[38]、同义换用[39]、《类篇》或《说文》有误五点都可以站住脚（但举例多有误），但所谓改变词义性质（如《类篇》：“萏，《说文》：‘恶艸也。’”而《说文》本作“恶艸皃”）[40]则不能成立，至于所谓“内容完全不同”，就其所举的“哺”、“踤”等利字看，当是由于文字讹误造成的，本可以与《说文》有关字目、释义系连。

此文资料整理存在诸多问题[41]，完整性、准确性都有待进一步加强。

据田硕统计，宋本《玉篇》引《说文》资料1513条[42]，所谓与《说文》有差异者149条，错误较多，需要重新统计。所谓《说文》所无之字，亦多有问题，如“能”乃“態”之或体、“颐”为“臣”之篆文写法、“矇”即《说文》之“矘”[43]等。《玉篇残卷》引《说文》1202条，但资料方面与宋本《玉篇》存在同样的问题，象“謅，《说文》：‘往来言也。一曰视也。一曰小儿未能正言也。”“詾，《说文》：或謅字也。”[44]这两条应归为一条。此文还有一个缺陷是，宋本《玉篇》和《玉篇残卷》的资料没有整合论述。虽说数据有种种缺陷，但也可以提供某个角度的重要参考。宋本《玉篇》很明显大量删去了原本《玉篇》中的《说文》释义，或者是引用了《说文》释义而没有标明。

由上文分析来看，虽说四位同学做了很努力的工作，但仍有太多的遗憾。不过她们的工作毕竟为进一步的研究打下了一个初步的基础，提出的问题也为进一步的研究带来很多启示，为字书类文献引《说文》资料的整理提供了宝贵的经验和教训。

从字书参编者看，宋本《玉篇》和《广韵》可以作为一组整合研究对象，而《集韵》和《类篇》作为一组。从《集韵》和《类篇》引今本《说文》新附字、大徐注语及从大徐本中转引徐锴的意见看[45]，此二书依据的《说文》就是流传到今天的大徐本。但《大广益会玉篇》与《大宋重修广韵》用的是什么版本的《说文》[46]，由于相关信息不全，尚不能作出切实的结论，但从初步印象看，好像用的是大徐本之外的版本。另一方面，从有关统计数据看，大徐本虽存在一些不足，但在很大程度上保持着《说文》原貌，这也奠定了大徐本在《说文》版本系统中的权威地位。为了进一步凿实有关推测，有必要整合北宋国初四大字书以及其他唐末宋初的引《说文》资料，作《北宋初期〈说文〉传本考》（也可以说是《唐本〈说文〉考》）的研究。

四

引《说文》资料的整理有两个基本要求：一是全面，一是准确。所谓全面，一是指资料的穷尽性，一是指分析资料时获得的信息要全面。所谓准确，主要指析出资料的完整性。

从上文分析可以看出,四大字书引《说文》的情况极其复杂,有明引,有暗引,有的既有明引又有暗引,有的则需要对异体字辗转系连才能恢复所引《说文》条目;有节引,有直接引述,有间接引述,或引《说文》释义,或引《说明》字形;或对《说文》释义进行提炼、概括,再引《说文》;或对《说文》原释义加以浅显易懂的解释再引《说文》;或用当时通用语词替换《说文》用字(同义替换);或依据文献用义更换《说文》的形本义;或删掉无关大义的虚词[47];由于字形的演变、分化以及汉字记词功能的转变,使得部分字形和引《说文》释义不匹配;再加上传抄讹误、脱漏等种种复杂的情况,都有可能造成资料搜集的不全面。

从上文分析也可以看出,古人引书缺乏严谨的体例和规范,对待古人引书,不能以我们现在的标准来要求。所以,在整理引《说文》资料时,要注重与《说文》的"意合",不能过分强调"字合",如《玉篇残卷》:"謠,《说文》:'独歌也'",无论字形还是释义在《说文》中都检索不到,但此字无疑对应于《说文》"䍃,徒歌"。

对《说文》释义在字书中是作第一义项还是其他义项[48],应分别作出数据统计[49],这可以看出《说文》在某部书中或某个时代中的学术地位。比如《集韵》非常尊奉《说文》,《广韵》则不是这样。

要做到资料整理的全面、准确,还要有一个基本能力:既要明《说文》体例,也要明所整理字书的体例,并尽量吸收已有成果。不明相关字书体例,在资料的搜集上和有关信息分析上就很难做到全面,不全面,何谈准确?不明《说文》体例,在分析异文时就难定是非。如《说文》:"天,颠也,至高无上。从一、大。"(《玉篇》引作"天,《说文》曰:'天,颠也。'")"至高无上"是对字形的说明,其大无匹之义,不是"天"又有至高无上义而《说文》没有标明"一曰"。同类例子又如《说文》:"帝,谛也,王天下之号也。从丄朿声",《说文》意思是说,帝本义是谛,用为王号,意思是作为人帝要审谛,《汉语大字典》是分为二义的,可能不妥。[50]

附　录

张凡:《集韵》引《说文解字》考异(1万字),2010年5月

第一章　成书及研究情况

第二章　《集韵》引《说文》的体例

1.《集韵》遵循首见法

2.《集韵》引《说文》的主要目的在于释义

3.《集韵》总的释义风格是简明扼要

4. 名物类属放前面

5. 姓氏记录的特点

6. 训释结构清晰

7. 关于“阙”

第三章　字头处理情况

1.《说文》篆文隶定字作字头

2. 字形变化的字头

第四章　用字与释义的不同之处

1. 使用假借字、分化字、类化字、异体字等

2. 错讹问题

3.《集韵》编者做出的改进

4. 训释内容上的改变

第五章　结语

任文博 :《广韵》引《说文》资料研究（1 万字），2010 年 5 月

第一章　《广韵》的成书情况及其引用《说文》状况和研究价值

第二章　《广韵》引《说文》的体例

1. 标注《说文》字形

2. 标注《说文》之义音读

3. 引用《说文》释义

第三章　《广韵》引《说文》用字与“大徐本”之比较

1. 被释字与训释字皆同

2. 被释字相同而训释字不同

3. 被释字不同而训释字相同

4. 被释字与训释字皆不同

第四章　《广韵》引《说文》释义与“大徐本”之比较

1.《广韵》引《说文》释义的分类：1）直接以《说文》作为第一义项；2）用《说文》提供另外一种意义；3）以《说文》为书证。

2.《广韵》引《说文》释义与“大徐本”之比较：1）释义之间有联系；2）释义之间无联系（又分释义内容不相关和“大徐本”未收录两种情况）。

第五章 简要结论

1.《广韵》引《说文》的特点

1）用字上既“从正”又“随俗”

2）引文往往具有随意性

2.《广韵》引《说文》资料对《说文》校勘的意义

王丽：《类篇》引《说文》考（1.1 万字），2010 年 5 月

第一章 导言（介绍《类篇》成书、引《说文》情况及研究价值）

第二章 《类篇》引用《说文》的体例

第三章 《类篇》字头使用情况[51]

1.《类篇》字头使用情况

2.《类篇》中的俗字

3. 异体字处理情况

第四章 《类篇》引《说文》内容分类考查

1. 归部不同

2. 增减部分内容

3. 改变词序

4. 同义换用

5. 改变部分词义性

6. 内容完全不同

7. 明显讹误

第五章 结语

田硕：《大广益会玉篇》及《原本玉篇残卷》引《说文解字》考（1.7 万字）

第一章 前言

第二章 《玉篇》引说文体例整理分析

1. 引用《说文》以释义

2. 指出《说文》中该义项读音

3. 异体字情况（英杰按：仅 101 字）

第三章 《玉篇残卷》引说文体例整理分析

1. 引用《说文》以解释被释字音义

2. 异体字情况（英杰按：129 字）

第四章 《玉篇》引用《说文》异体字研究

第五章 《玉篇残卷》引用《说文》异体字研究

第六章 《玉篇》及《玉篇残卷》引用《说文》重文字头研究（417 字）

第七章 《玉篇》与《说文》不同内容疏证

1. 被释字释义节引

2. 被释字字义增添

3. 被释字字头不同

4. 被释字字义解释不同

5. 被释字在《说文》中不存在

第八章 《玉篇残卷》与《说文》不同内容疏证

1. 被释字释义节引

2. 被释字字义增添

3. 被释字字头不同

4. 被释字字义解释不同

5. 被释字在《说文》中不存在

6.《玉篇残卷》资料残缺

第九章　结语

附　记

一、写作中，陈双新、杨清臣先生曾给予资料上的帮助，承蒙陈双新先生审阅初稿并提出修改意见，在此一并致以谢忱！

2010 年 8 月 31 日记

二、本文写作主旨，在于为全面、准确地整理字书类文献所引用的《说文》资料做一些方法上的探讨，希望能对此类工作提供一些借鉴和帮助。本文于第二届许慎文化国际研讨会（河南漯河·2010.10.26 — 28）上进行宣读，王继如、赵伯义、虞万里等先生提出了很多宝贵意见，他们以前辈学者的学识和胸襟，对后辈给予了诸多鼓励，也予以谆谆告诫之至意，在此向他们表示深深的感谢！对于暗引《说文》的情况应该如何正确把握，还应该进一步考虑。不过，这类情况是客观存在的，如《类篇》“一”字下云：“一，惟初太始，道立于一，造分天地，化成万物。凡一之类皆从一。古文作弌。”完全袭自《说文》，但没有标明。我们在文中曾提出对四大字书整合研究的想法，虞万里先生指出，每一部字书的文本状况都非常复杂，应先对每部字书的文本作一个彻底的清理。虞先生的话非常正确，这个问题我在写作此文时已经有所注意，但未予以足够的重视。赵伯义先生告诫我，这项工作不要让学生参与，不要弄一堆不可靠的资料而疑误来者，要自己一点点地、扎实认真地去做。赵先生当是针对时下的浮躁学风而言，因此得到了多位先生的回应。赵先生的话很有道理，学界也有前车之鉴，但我个人认为，这个问题不能一概而论。我们都是从学生时代成长起来的，只要有严谨科学的工作方法、负责任的学术态度，学生的成果未必不可以信用。

三、在本次会议上，赵振铎先生提交了《读〈说文〉一得——〈集韵〉引〈说文〉研究》一文（此文引《说文》有很多错字），与拙文部分意见有重合之处，敬请读者参看。赵文有五个部分，与拙文意见重合之处集中于第三、四、五部分，第二部分提到了相当于我们所说的暗引《说文》的情况。由于论述角度与研究重点的不同，赵文在第二部分提到的一字分见不同韵的情况，我们主张在研究《说文》文本系统的角度上应作为异文合并整理。

2010年10月31日补记

注释

［1］本文写作参考了本科生任文博、张凡、田硕和王丽毕业论文的附录（四大字书引《说文》资料辑录），文中看法一部分是我自己在处理材料时产生的意见，一部分是在修改学生论文中提出的指导意见，引自学生的意见一律在文中标明。

［2］“国初”一词乃借自鲁国尧先生的一篇演讲题目。2003年12月8日鲁先生到中山大学讲学，我当时是在读博士生，先生讲的题目是：《从〈广韵〉、〈集韵〉的编撰看“国初”的学术问题》，而先生所用“国初”一词是借自杜甫诗。先生云，“国初”的学术总是不怎么样，唐朝（公元618—712年为初唐）到唐玄宗先天元年（712）进入盛唐（开元、天宝年间），宋代学术在仁宗时进入一个新时期（开国在960年，仁宗天圣元年为1023年），清代学术高峰在

乾嘉时期（开国在1644年，乾隆元年是1736年），唐朝经过94年、宋朝经过73年、清朝经过92年，学术才进入繁荣期。先生当时还幽默地说，我们现在正处于“国初”时期，学术创新期、繁荣期还没有到来（以上文字乃据记忆和当时笔记整理）。

［3］王力先生云，韵书也是字典之一种，不过是按音编排的字典罢了。参《汉语史稿》8页，中华书局1980年6月版。

［4］大徐本于宋太宗雍熙三年（986）雕版行世。

顾野王原本《玉篇》编撰于梁武帝大同九年(543)，后代经过了几次大的修改。首先是在梁代，据《梁书·萧子最传》所附的《萧恺传》云：“先是时太学博士顾野王奉令撰《玉篇》，太宗（即简文帝）嫌其书详略未当，以恺博学，于文字尤善，使更与学士删改。”到了唐高宗上元元年（674），曾经孙强增字减注。宋真宗大中祥符六年（1013）又由陈彭年等重修，现在流行的就是这个本子，名《大广益会玉篇》，屡经改动，早非顾氏原书。

《广韵》经过两次编写：真宗景德四年（1007）曾加刊定，但皇帝不满意，真宗大中祥符元年（1008）由陈彭年、丘雍等重修，至大中祥符四年（1011）成书颁行（鲁国尧先生依据方孝岳等先生意见，认为1007年刊定本名《校订切韵》，1008年重修本改称《大宋重修广韵》）。

宋仁宗景祐四年（1037）宋祁等认为陈彭年等重修的《广韵》，多用旧文，繁略失当，建议重修，于是仁宗命宋祁、丁度等重撰，仁宗宝元二年（1040）修订完毕，但实际上是由司马光于宋英宗治平四年（1067）最后续编完成。鲁国尧先生说《广韵》是编是述，《集韵》是作，有自己的体例。

《类篇》从1039年开始编纂，宋仁宗宝元二年十一月，翰林学士丁度等奏：“今修《集韵》，添字既多，与顾野王《玉篇》不相参协，欲乞委修韵官，将新韵添入，别为《类篇》，与《集韵》相辅施行。”书由王洙、胡宿、掌禹锡、张次立、范镇等人相继修纂，宋英宗治平三年（1066）二月，范镇出知陈州，龙图阁直学士司马光接替此项工作，时已成书，缮写未毕，只不过由司马光整理，至四年（1067）十二月献给皇上。这也可以说明，为什么《集韵》和《类篇》引《说文》往往一致。

上述各书编撰情况参考了刘叶秋《中国字典史略》（中华书局2003年10月版）等文献。

［5］参班吉庆《建国50年来的〈说文解字〉研究》，《扬州大学学报》2000年第5期。

［6］黄天树:《〈说文解字〉部首和甲骨文》,《语言》第四卷，首都师范大学出版社2003年版；《语言》第五卷，首都师范大学出版社2005年版。

［7］王贵元：《〈说文解字〉新证》，《古汉语研究》1999年第3期。

[8] 刘钊 :《谈考古资料在〈说文〉研究中的重要性》,《中国古文字研究》第一辑，吉林大学出版社 1999 年版 ; 收入《古文字考释丛稿》，岳麓书社 2005 年 7 月版 , 第 384—414 页。

[9] 张显成 :《〈说文〉收字释义文献用例补缺》,《古汉语研究》2002 年第 3 期。

[10] 刘乐贤 :《〈说文〉“法”字古文补释》，李守奎 :《〈说文〉古文与楚文字互证三则》，均载《古文字研究》第 24 辑，中华书局 2002 年版。

[11] 另参《〈说文解字〉论文索引》，2009 年 4 月 6 日，http://hi.baidu.com/ %B4%E7%B2%DD%CF%A6%D0%C4/blog/item/70f95412fd5f532bdd54013a.html。

[12] 陈梦家对此有过讨论，参《殷墟卜辞综述》，中华书局 2004 年版，第 59、70 页。

[13] 针对本科生的实际能力，具体到北宋国初四大字书，主要考察三个方面的问题 : 一、各字书引用《说文》的体例 ; 二、考察《说文》字头和重文在各字书中的处理状况 ; 三、对有价值的异文进行考证。不管结论如何，一定要整理出一份完整、准确的原始资料。但限于本科生的知识水平，仅在资料整理方面就颇费周折。上述几部书的资料整理,《初学记》、《广韵》、《集韵》做得比较扎实，但由于他们对所整理字书的内容体例还不能全面、正确地把握，对我的一些指导意见一时也尚无法完全理解，整理工作没有达到预定的要求，一些隐性的事实还未能揭示出来。但他们是非常认真的，也是非常辛苦的，整理北宋国初四大字书的四位同学的原始资料整理稿都有数百页，每一条资料都与大徐本仔细参勘，付出了大量的劳动。

[14] 此条可能属于版本问题，后经张凡同学查考，“眮”在潭州宋刻本中标明引《说文》，而在中华书局 1989 年出版的《宋刻集韵》中未注明。整理《类篇》的王丽同学按照我的要求对暗引《说文》的资料进行了排查，但由于工作量太大，资料还是不完整，但已经远远超出前人的统计数据。

[15]《类篇》“下”、“帝”、“示”字下完全引用《说文》的意见，均未标明。

[16]《集韵》:“蒙，《说文》: 童蒙也，一曰不明。”《说文》:“蒙，童蒙也。一曰不明也。”也就是说,《集韵》“一曰”采纳了《说文》的体例，这造成了我们对其所引《说文》内容进行区分的难度。

[17]《说文》:“衝，通道也。《春秋传》曰 :‘及衝，以戈击之。’”《集韵》:“衝衝，《说文》:‘通道也。《春秋传》: 及衝以戈击之。’” 基本上是直接引述。

[18] 芃在另一小韵重出时，省去引《诗》文字。这种一字重出而释义或详或略的情况，又如《集韵》:“蜙，《说文》: 蜙蝑也”，重出时云 :“蜙，蜙蝑，蟲名”;《集韵》“錍，斧屬，《说文》: 鈭錍也”，重出时云 :“錍，《说文》: 鈭錍也”。《集韵》“髀”两次出现均云“《说文》: 别也”。

《广韵》“峕，山高皃。《说文》作峕，本音孽”，第二次出现时云：“峕，山高皃。《说文》作峕，危高也”，“尉”字同例。

［19］如“璿璚𤩽叡璇瓗，旬宣切，《说文》：‘美玉也’，引《春秋传》‘璇弁玉缨’。”

［20］参见任文博同学论文。

［21］任文博同学举此例认为是《广韵》以《说文》作为其释义的书证，不妥。

［22］“瞥，暂见，亦作覕。《说文》曰：‘过目也，又目翳也’”、“鬲，《尔雅》曰：‘鼎款足者谓之鬲’。《说文》作鬲，‘鼎属，实五觳，斗二升曰觳。象腹交文，三足’”亦属此类情况。

［23］《说文》：“顑，饭不饱，面黄起行也”，“顲，面顑顲皃。”“顑”，《切韵·敢韵》训“饭不饱”，《广韵·勘韵》训“面虚黄色”，就是“顑”之异体。《广韵》“顲，面黄醜”是综合了顑、顲的意义而对《说文》原释义作出的通俗性解释。

［24］《玉篇》：“䓕，牛马草，乱稾也。”今本《说文》作“乱艸”恐非原貌。

［25］王丽同学在整理《类篇》时，直接以大徐本小篆的楷定字作参照，认为“䀏”是后来产生的异体字，大非，“舅”小篆写作䀏。

［26］《集韵》、《类篇》是把一组异体字放在一起的，《广韵》是另出，标注“说文同上”。

［27］《广韵》亦是如此，如《说文》之“寙”写作“窳”。

［28］如《说文》：“葰，薑属，以香口”，《广韵》作“葰，《说文》曰：‘薑属，可以香口。’”《说文》“刍，刈艸也”，《广韵》作“刍，《说文》云：‘刈草也。’”

［29］《广韵》也有这种情况，如《说文》：“谌，燕、代、东齐谓信谌”，《广韵》作：“谌，《说文》曰：燕代东齐谓信曰谌。”今本《说文》夺“曰”字。《广韵》：“㥯，爱也。《说文》：‘抚也。’”《说文》作“㥯，㥯抚也”，段玉裁注：“㥯乃复字未删者。”今本《说文》“栩，柔也，其皁，一曰様”，《广韵》引作“栩，《说文》云：杼也，其实皁，一曰様”。由《说文》“柔，栩也。从木予聲。读若杼”、“様，栩实”来看，《广韵》所引符合《说文》原貌，今本有讹误。《广韵》：“𠄌，《说文》曰：‘钩识也。从反亅，象形’”，《广韵》不分析字形，此处“象形”二字应属《说文》，根据《说文》“亅，钩逆者谓之亅，象形”的说解，今本《说文》𠄌下当夺“象形“二字。

［30］《广韵》亦释“耗鬼”，但未引《说文》，据有关字书和文献用例，当以“耗鬼”为是。

［31］其中可能有避讳因素，如《说文》“胄，胤也”，《广韵》：“胄，胄子，国子也。《说文》曰：‘裔也’”。另外可能还有通俗化的考虑，如《说文》“鞫，穷理罪人也”，《广韵》“鞫，《说文》曰：‘穷治皋人也’”。

［32］《广韵》也有这种情况，如“狐，狐狢。《说文》曰：‘妖兽也。鬼所乘。有三德：

其色中和，小前豐后，死则首丘。'"《说文》云："狐，祅兽也。鬼所乘之。有三德：其色中和，小前大后，死则丘首。"《说文》："眝，长眙也。一曰张目也。"《广韵》："眝：《说文》曰：长眙也。一曰张眼也。" 王丽同学指出《类篇》"弁，《说文》：'冕也，周曰覍，商曰哻，夏曰收，从皃象形'"之"商"，《说文》本作"殷"，也是同类现象。

［33］《广韵》："蛩，蛩蛩，巨虚兽也。《说文》云：一曰秦谓蝉蜕曰蛩。"《说文》："蛩：蛩蛩，兽也。一曰秦谓蝉蜕曰蛩。"《山海经·海外北经》："〔北海〕有素兽焉，状如马，名曰蛩蛩。"郭璞注："即蛩蛩鉅虚也。"《文选·司马相如〈子虚赋〉》："蹵蛩蛩，辚距虚。" 郭璞注引张揖曰："蛩蛩，青兽，状如马。距虚，似蠃而小。"《吕氏春秋·不广》："北方有兽，名曰蹷，鼠前而兔后，趋则跲，走则颠，常为蛩蛩距虚取甘草以与之。蹷有患害也，蛩蛩距虚必负而走。"《淮南子·道应》引作"蛩蛩駏驉"。刘向《说苑·复恩》："孔子曰：北方有兽，其名曰蟨，前足鼠，后足兔。是兽也，甚矣其爱蛩蛩巨虚也，食得甘草，必齧以遗蛩蛩巨虚。蛩蛩巨虚见人将来，必负蟨以走。蟨非性之爱蛩蛩巨虚也，为其假足之故也，二兽者亦非性之爱蟨也，为其得甘草而遗之故也。"《广韵》根据文献用义对《说文》释义作了增补完善，因此"知识产权"归为己有，另引《说文》"一曰"。但如《广韵》："《说文》曰：衙衙，行皃"（《说文》："衙，行皃"）、"埊，《说文》云：'璓，玉也。'"（《说文》："埊，埊璓，玉也"）、"吟，《說文》云：呻吟也"（《说文》："吟，呻也"）之类可能关涉《说文》体例问题。

［34］这在各字书中是普遍现象。王丽同学指出：有些条目中，《类篇》在引《说文》原文后加"也""者"等字，或者《说文》中本有"也""者"等字，而《类篇》中未收。如，《类篇》："瑂，《说文》：'石之似玉。'"《说文》本作"石之似玉者"；《类篇》："諰，《说文》：'思之意也。'"《说文》本作"思之意"。

［35］应排除重复条目，像"尉"出现了四次，两次作为异体字的字形证据，两次引用《说文》释义，引述有详有略，但于文本校勘价值不大。睪，出现两次，第一次引作"睪，引缯皃。《说文》曰：'司视也。从目从㚔。令吏将目捕辠人也。'"第二次引作"睪，伺视也，《说文》云：令吏将目捕罪人"（《说文》作"睪，目视也。从横目，从幸。令吏将目捕罪人也"），两次的引述目的和引述方式都不相同，对《说文》文本校勘有一定价值，但统计时应归为一条。

［36］此数据有误。在作者初稿中有10条：硨、�、蛤、圚、郰、檃、濅、乞、各、卌，在二稿中删除了乞和檃，在答辩稿中又删掉了各、圚，最后只有六条未见于《说文》，但此六条中"濅"辨认有误，《说文》"寖，水，出魏郡武安，东北入呼沱水"，段玉裁注："隶作浸。"这是由于不熟悉《说文》、不懂得古文字可以有多种隶定方式造成的，因此导致检索的失败。"圚，

閫争。《说文》作閫，鬪也"，閫即鬩的俗讹字。"櫽，《说文》，括也"，櫽即《说文》之"檃"（檃，栝也。从木，隱省聲），《广韵》字形可能是根据《说文》字形说明复原的，如同《集韵》之"朁"，任文博与训"棼也"之"櫘"系连，非是。《广韵》："乞，求也。《说文》本作气，音氣。"《说文》无"乞"，这里引《说文》意在说明乞求之乞古作气。不见于大徐本《说文》的其实只有5条。

[37] 关于此点，请参上文据《集韵》、《广韵》所总结的节引《说文》、增补《说文》等体例的论述。

[38] 如《类篇》："甫，《说文》：'男子美称也，从父用。'"《说文》本作"男子美称也，从用父"。此种情况有的可以忽略不计，有的可能是由于版本不同造成的，如《类篇》："皺，《說文》：'細皮起也'"，今本《说文》作"皮细起也"，《集韵》引文与《类篇》同。

[39] 关于此点，参上文《集韵》部分的有关论述。

[40]《龙龛手镜》即作"恶艸也"。至于《类篇》："鰅，《说文》：'魚名'"（《说文》云"魚也"）则是改变了义界方式，而非王丽所说的"在《说文》原文基础上改换或添加了用来表示词性的字"。

[41] 如只是抽出引《说文》部分，无法观察出《说文》义项在《类篇》义项系统中的地位；没有即时与大徐本对照，导致引《说文》资料的析出不完整。

[42] 此数据不准确，其中包括了无关释义仅沟通异体的情况，还有一种情况：首出某字并引《说文》，其后出异体，标明同上，与《说文》字形或释义无关，如"娬，同上（嫵）"，作者一并计入，甚为不妥。

[43]《玉篇》："矈，《说文》曰：'目旁也。'"今本《说文》："矈，目旁薄緻宀宀也。"《类篇》引作"矈，《说文》：'目旁薄致矈矈也。'"《集韵》："矈，《說文》：'目旁薄緻矈矈也。'一曰密也。"

[44] 今本《说文》："詾，往来言也。一曰小儿未能正言也。一曰祝也。从言匋声。詏，詾或从包。"

[45]《集韵》引《说文》新附字如："犝，《说文》：无角牛也"，"嫠，《说文》：无夫也"。《类篇》："晋，即刃切，《说文》：'进也，日出万物进。从日、臸，《易》：'明出地上，晋。'又国名，亦姓。徐铉曰：'臸，到也。'"大徐本："晋，进也。日出万物进。从日从臸。《易》曰：'明出地上，晋。'臣铉等案：'臸，到也，会意。'"又："及，《说文》：'逮也。'徐锴曰：'及前人也。'古作 [illegible]，秦刻石作 [illegible]。"

[46] 也有可能沿袭原本《玉篇》、《切韵》中的原引《说文》资料。

[47] 除了上文提到的"者"、"也"外，还有"之"字，如《说文》："斀，去阴之刑也。"《广

韵》"：歞，《说文》云：'去阴刑。'"

[48] 任文博论文涉及了此点，可惜只是简单的举例，没有具体的统计数据和深入的分析。

[49] 像"蘢，艸名，《說文》：天蘥"、"蒙，艸名，《說文》：王女也"、"桐，木名，《说文》：荣也"等条目中《说文》释义形式上处于第二义项，但其实与第一义项是二而一的，要注意区分。

[50] 但《说文》"墑，保也，高土也"，段玉裁认为本来是"一曰高土"，应该是对的。

[51] 原定考察《说文》正篆和重文的处理情况，此文和田硕的论文都有些离题。

陈英杰，男，1975年出生，河北清河人。首都师范大学文学院教授。中国文字学会会员。主要从事古文字学的教学和研究。

李圭景的《说文》研究

黄卓明

郑州大学国际教育学院

提　要　韩国朝鲜时代学者李圭景，对《说文》的研究，主要集中在《说文辨证说》一文，文中他大量引用中国明、清两代诸位学者对《说文》研究的论述，并对他们《说文》研究的方方面面进行了总结和辨证，同时还介绍了赵宧光《说文长笺》传入韩国的情况。从这篇学术论文，我们可以了解李圭景的《说文》研究，也可以管窥到朝鲜时代《说文》研究的概貌。

关键词　李圭景《说文》研究

李圭景（1788—1856），字伯揆，号五洲、啸云居士，本贯全州。是朝鲜后期著名实学家、诗人李德懋的孙子。他的学问渊源来自于博学多才、通达诸子百家的祖父。其父亲光葵也是长期在奎章阁工作的实学者。在这样的家风熏陶下，李圭景一生隐居不仕，勤于著述，终于成为朝鲜后期研究成果丰硕的实学大家。

他一生著有《五洲衍文长笺散稿》、《五洲书种博物巧辨》、《白云笔》等。其中《五洲衍文长笺散稿》共计六十册，考述了中国与朝鲜的各类古今名物，包括天文、地理、历史、文物、诗文、书画、宗教、风俗、冶金、兵事、草木、鱼鸟，等等，内容包罗万象，堪称“百科全书”。尤其是他每一项都以“辨证”来考察事物的真伪，这样的“辨证说”多达1400多篇。因此，《五洲衍文长笺散稿》在韩国被称为考证学一类书的鼻祖。

李圭景关于汉字研究的辨证文章也颇多，据1982年姜信沆的统计，就有23篇之多[1]，其中，有一篇专门研究《说文》的文章《说文辨证说》，收在《五洲衍文长笺散稿》中的经史篇/经传类的字书部分。

一　李圭景对《说文》研究的十项辨证

李圭景在《说文辨证说》这篇论文中，从十个方面对《说文》研究进行了全面考察和辨证。他引用明末清初著名学者顾炎武的《日知录》、方以智的《通雅》、周亮工的《因树屋书影》，明代陈大科的《说文异同》、赵宧光的《说文长笺》，以及清代王士祯的《汉简·跋》、方中履的《古今释疑》等，对《说文》研究的种种进行了深入的总结、分析、挖掘和辨证。同时还介绍了赵宧光《说文长笺》传入韩国的情况，通过对这篇学术论文的分析，我们可以了解李圭景对《说文》的认识和理解，也可以从一个侧面了解韩国朝鲜时代对《说文》的研究程度和研究水平。

1. 辨证了《说文》的功过得失

文章开头他就引用顾炎武《日知录》卷之二十一“说文”部分，顾宁人曰：“自隶书以来，其能发明六书之指，使三代之文尚存于今日，而得以识古人制作之本者，许叔重《说文》之功为大。”但顾炎武在肯定许慎的《说文》之后，又以“后之学者，莫不奉之为规矩，而愚以为亦有不尽然者”，并列举了《说文》训释上的种种不妥之处，指出《说文》并非完美到无懈可击。李圭景以一句：顾氏所述之例，“皆《说文》解人之纰缪也”得出的结论简洁而精当。

2. 辨证了《说文》的作者和内容

“许慎（字叔重，召陵人，除洨长），和帝时，采史籒、李斯、扬雄之书，博访通人，考之贾逵，作《说文解字》，十四篇，五百四十部，九千三百五十三文，重一千一百六十三，解说凡十三万三千四百四十一字，始一终亥，究万原，其子许冲，建光元年九月己亥朔二十日戊午上，徐锴曰，建光元年，汉安帝之十五年，岁在辛酉，叔重《自序》、许冲《上书》，俱载其详。”

3. 辨证今见《说文》已非许慎《说文》

李圭景对《说文》的流传做了大致描写，指出先由唐代李阳冰于代宗大历年间刊定，后又由徐铉于宋太宗雍熙年间奉旨校订增补，指出今天看到的《说文》已不是许慎的原本《说文》。借陈大科《说文异同》中的论述：“《说文》，汉和帝时许慎纂，慎子许冲，上之安帝，唐李阳冰刊正，宋初徐铉增正。”得出他的结论：“是书订于大历，增补于雍熙，安得独言许氏？”并指出：撰写《直斋书录解题》的南宋陈直斋（陈振孙，1181—1262）所谓：《部叙》二篇，《通论》三篇，《祛妄》、《类聚》、《错综》、《疑义》、《系述》各一篇，是徐铉所作。[2]

4. 辨证了今见《说文》乃徐本《说文》

他长篇引用方中履的《古今释疑》卷十六《说文》部分，厘清了《说文》原本的流变经过、存在错误的现状和缘由，又引用赵宧光《说文长笺》中相关论述:《说文》今无全书，所存者徐本也。指出“骑省《五音韵谱》[3]取叔重原本，窜易部居，点改音切，别作此书，但便于讨寻，义夺诸家，流通于世，世竟以为许氏《说文》，误矣。然则徐本出而许本亡矣，叔重则始一终亥，鼎臣则始东终甲。则今本乃徐氏之作也。”

5. 辨证了《说文》版本的流变

李圭景借周亮工《因树屋书影》中对《说文》版本的论述：毛子晋家有宋板许氏《说文》，与今世所传大异。许叔重旧本，乃以字画分部者。始于子，终于亥[4]，全书系十五卷。今乃从沈韵编次，而又以部分类入者，乃宋李焘更定徐骑省本也。汤圣弘有元刻许慎原本，惜毁于火。总结出：“叔重《说文解字》以下，唐、蜀、李、徐合一十三家。一曰《汗简说文》，二曰《演说文》【并失其撰人氏名】，三曰吴淑《说文五义》，四曰李阳氷《说文刊定》，五曰李腾《说文字原》一卷，六曰徐锴《说文系传》三十八卷，七曰徐铉《说文谱》十二卷，八曰《说文刊定》十五卷，九曰僧昙域《补说文》三十卷，十曰《说文音隐》四卷，十一曰唐本《说文》，十二曰蜀本《说文》，十三曰郎稀鲁《说文补义》，又有明赵宧光《说文长笺》四十卷，[5]清蒋廷锡《说文字原表》一卷，吴照《说文偏旁考》二卷，此皆参考者也。”[6]

李圭景将《说文》以后的版本共归结为 16 家，前 13 家他参考了赵宧光《说文长笺·说文叙例笺引》部分，但他抄写的篇目和作者有不全、不准确或错误之处，在此一一纠正如下：

一曰《汗简说文》，应为《汗简》。它和《说文》的关系，仅在于宋人郭忠恕所著《汗简》“其分部从《说文》之旧”而已，此书（《汗简》）成为宋以来谈古文字形之“根柢”（《四库提要》语）。

二曰《演说文》，为梁代庾俨默所著，已亡佚。

四曰李阳冰《说文刊定》和八曰《说文刊定》十五卷，中国文字学史上并没有《说文刊定》一书，这两曰应该指的都是李阳冰的刊定《说文》。

七曰徐铉《说文谱》十二卷。应为徐锴《说文解字韵谱》十卷。

十三曰郎稀鲁《说文补义》，应为元时的包希鲁《说文解字补义》。

清蒋廷锡《说文字原表》一卷，应为蒋和《说文字原表》一卷。虽然蒋廷锡和蒋和都是清朝的文人学者和著名书画家，都是江苏人，但一为常熟人，一为金坛人。撰写《说文字原表》的是蒋和而不是蒋廷锡。

6. 辨证了赵宧光所云《汗简》无人撰写之说

李圭景引用清代王士祯《香祖笔记》卷十："郭忠恕著《佩鑴》、《汗简》二书，并载《宋史・艺文志》，而《汗简》不传于世，今秀水朱氏有钞本六卷，吴门新刻，逼古可宝也。首有李建中题云《汗简》，无阙著撰名氏，因请见东海徐骑省铉，云郭忠恕制。……是书所援据，自《古文尚书》以下，凡七十一家。"因此指出：赵凡夫云《汗简》无撰人云者，何也？

7. 辨证了赵宧光《说文长笺》因袭错误的缘由

他引用顾炎武的《日知录》卷二十一"说文长笺"中，对赵宧光《说文长笺》的批评："将自古相传之《五经》肆意刊改。好行小慧。以求异于先儒。……恐他日习非胜是。为后学之害不浅矣。"李圭景指出赵宧光《说文长笺》，"制《长笺》而题以《说文》。何也？取其自叙《长笺》，则自知非许氏原本，而强名《说文》，故曰但骑省《韵谱》，虽非叔重本旨，而顾便于讨阅，故《长笺》如其次属草。"也是希冀如"徐氏之作"一般，借《说文》之名，以便"义夺诸家"而"流通于世。"

8. 辨证了赵宧光《说文长笺》传入韩国的状况

文中"《长笺》之来我东者，凡四套四十卷。[7]江都行宫及洪启禧、金相国致仁、沈蕉斋念祖家俱藏之。然□部以下，自食部至甲部，二十五部并缺，四处收藏皆同。是或中国版本见落若此也，并记之，以待后考世之笃论《说文》者。"体现出李圭景对疑惑之处如实记录、实事求是的考证精神。

9. 辨证了《说文》所引经传为当时异本

"愚不佞以《说文》中所引经传，乃当时异本。故叔重但取自家所读而记载，未及他本者也。"说明由于许叔重在《说文》中所记的，都是自己当时看到和读到的，而没有涉及更多更广的范围。

10. 辨证了"叔重《说文》引经之有异"的事实和缘由

首先，援引《汉书・蔡邕传》中蔡邕"奏求正定《六经》文字"的记载，得出"《六经》文字，人各异焉。故邕有此请正定者也。则叔重所引之经传，乌得无异？此其一证也。”其次，引万斯同《石经考·卷上·儒林传》,《石经考·卷上·李巡传》,得出:“有《五经》文字私记,各有异同,可知,是亦一证也。”再次,用黄思伯《东观余论》、万斯同《汉魏石经残碑》证实:“汉石经与今文不同者，亦一证也。”“则与今经文字多异矣，叔重引经异字，何足疑哉？”最后，再以顾炎武《日知录》卷之四“文字不同”的论断:“五经中文字不同多矣，有一经之中而自不同者……况于钟鼎之文乎？况于诸儒之所记乎？《记》曰书同文。亦言其大略耳。”[8]李圭景依据以上四条证据，完成了“愚以是证叔重《说文》引经之有异也。”

二　李圭景《说文》研究的价值和不足

（一）李圭景《说文》研究的价值

1. 集中体现李圭景《说文》研究水平的《说文辨证说》是韩国关于中国汉字学研究史上，流传至今的第一篇，也是唯一一篇全面探讨和总结《说文》问题的学术文献。

李圭景之前，虽有李瀷、李忠翊、南正和等学者对《说文》进行了研究，可惜南正和的《说文新义》早已亡佚了。而李瀷的《说文》、李忠翊的《说文新义序》都极为短小，或只是简单介绍了对《说文》研究的一些认识和思考。

2. 为我们了解朝鲜时代《说文》研究的程度和水平，提供了一份珍贵的文献资料。

李圭景在《说文辨证说》中全面讨论和辨证了《说文》的作者、内容,以及《说文》中谬误产生的原因，存在的现状，版本的多样性以及流传、流变的情况，还对《说文》研究文献的流传、名称由来等，也作了一定探讨。

3. 李圭景的实证精神和渊博学识，影响了一代又一代如丁若镛、金正喜等韩国后世学者。

从《说文辨证说》一文，我们可以看到李圭景作为一位韩国学者，他以自己目力所及，勤于涉猎，在《说文》研究方面表现出来的勤奋和执著。

4. 李圭景所完成的六千多字的《说文》研究，在朝鲜时代尤显珍贵。

调查发现，整个朝鲜时代竟然找不到《说文》重刊的任何文献记录，因此可见当时《说文》研究的学术环境和研究基础十分薄弱。[9]李圭景身处其时其间，在《说文》研究上必然要受到一定限制。但也正因为如此,更显出《说文辨证说》

这一研究文献之难能可贵。

（二）李圭景《说文》研究的不足

李圭景来自于祖父教诲并一贯推崇的“抄书”主张，在《说文》研究方面同样得到了充分体现。他尊崇古人“述而不作”的理念，抄录前人的学说大大多于个人的见解。

当时研究文献多为手工抄写，脱漏笔误，在所难免。反映在李圭景的《说文》研究文献上，就出现了一些漏抄、抄错现象。比如，开篇对顾炎武《日知录》卷二十一“说文”的抄写，就缺了“原注”等八段文字。当然，这是否是作者有意为之，或者是由于作者所见版本不同所致，还有待于进一步的深入研究。

参考文献

[1][韩]河永三:《韩国历代中国语学文论资料集成》,釜山:庆星大学校出版部 2003 年版。

[2][韩] 姜信沆 :《国语学史》, Seoul: 보성문화사（普成文化社）1986 年版。

[3]许慎撰，段玉裁注 :《说文解字注》, 上海古籍出版社 1981 年版。

[4][韩] 姜信沆 :《李圭景의言语·文字研究》, 大东文化研究（第 16 辑）. 서울 : 成均馆大学校出版部 1982 年版。

[5][韩]《朝鲜王朝实录》, 网络电子版。

[6][韩]《高丽史》, 网络电子版。

[7]王宁 :《〈说文〉到了重放异彩的时代》,《开展许学研究 弘扬许慎文化——首届许慎文化国际研讨会部分专家学者谈许学 》, 2005-11-26。

[8]黄德宽、陈秉新 :《汉语文字学史》, 安徽教育出版社 2006 年版。

[9]张其昀 :《“说文学” 源流考略》, 贵州人民出版社 1998 年版。

[10]屈琰 :《〈说文长笺〉研究》, 硕士学位论文, 2008 年 4 月。

[11]黄卓明 :《韩国朝鲜时代的〈说文〉研究》,《励耘学刊·语言卷》第 1 辑, 学苑出版社 2010 年版。

[12]张标、陈春风 :《〈说文〉学的回顾与前瞻》,《徐州师范大学学报》2003 年第 4 期。

[13]赵俪生 :《顾炎武〈日知录〉研究——为纪念顾炎武诞生 350 年而作》,《兰州大学学报》1964 年第 1 期。

[14]冯玉涛 :《〈说文解字〉的流传与版本》,《图书馆理论与实践》2004 年第 4 期。

[15] 李德春主编：《中韩语言文字关系史研究》，《延边教育》2006 年 9 月。

注释

[1] 姜信沆：《李圭景 . 言语 · 文字研究》，《大东文化研究》第 16 辑，1982 年版。

[2] 此处徐铉当为徐锴之误，应为南唐校书郎广陵徐锴楚金撰《说文解字系传》四十卷，其中《通释》三十篇，《部叙》二篇，《通论》三篇，《祛妄》、《类聚》、《错综》、《疑义》、《系述》各一篇。

[3] 此处骑省《五音韵谱》当为骑省校正《说文解字》。错误原因在于参考了赵宧光《说文长笺 · 说文叙例笺引》中"独徐氏《五音韵谱》便于检寻，遂夺诸家，流传于世，世竟目作许氏《说文》，误矣。即始一终亥本，亦徐氏书也"的论述。

[4] 此处周亮工"始于子，终于亥"应为"始于一，终于亥"之误。李圭景没有纠正，沿袭其错抄录之。

[5] 关于赵宧光《说文长笺》的卷数，后面有专门讨论。此处所述仅为作者所见而已。

[6] 此段应参考了赵宧光《说文长笺·说文叙例笺引》："《说文解字》叔重而下，有唐、蜀、李、徐，合一十三家：一曰汉简说文，二曰演说文，并失其名氏，三曰吴淑说文五义，四曰李阳冰说文刊定，五曰李腾说文字原，六曰徐楷说文系传，七曰徐铉说文韵谱，八曰说文刊定，九曰僧昙域补说文，十曰说文音隐，十一曰唐本说文，十二曰蜀本说文，十三曰包希鲁说文补义。"

[7]《四库全书总目提要》云："《说文长笺》一百卷，安徽巡抚采进本，明赵宧光撰。此书与《六书长笺》合刻，本一本也。"而胡朴安在《中国文字学史》后注释中提及《说文长笺》明志七卷，《六书长笺》明志七卷。今则《说文长笺》、《六书长笺》合刻。公元 1633 年赵宧光之子赵均刻印过《说文长笺》100 卷，首 2 卷，又《六书长笺》7 卷。今人张其昀在《"说文学"源流考略》中也对《说文长笺》的卷数做了详细论述。

[8] 此段文字中"况于诸儒之所记乎？"于顾炎武《日知录》卷之四"文字不同"中未见，疑为李圭景自己所加入的个人见解。

[9] 见黄卓明《韩国朝鲜时代的〈说文〉研究》，《励耘学刊》2010 年第 1 辑，第 288 页。

黄卓明，女，郑州大学国际教育学院对外汉语教学中心主任，副教授，硕士生导师。从事对外汉语教学与研究。

《章太炎〈说文解字〉授课笔记》的传承与创新
——以"孔"、"好"互通为例

叶　斌

杭州师范大学人文学院

提　要　章太炎是汉语言文字学承前启后的学者，新近出版的《章太炎〈说文解字〉授课笔记》很鲜明地体现了章氏学术的传承与创新。例如，"好"字，与"孔"通，《尔雅》以下皆发之，而章氏谓"孔"亦与"好"通，则发前人所未发。章氏此说，涉及以下问题：1."孔"字嘉美义的来源。《说文》所云"孔"的嘉美义源于所从之"乚"，"乚，请子之候鸟也；乚至而得子，嘉美之也"。其实当如章氏所言，嘉美是通假义。2. 程度副词"好"、"甚"、"很"等的来源。有论者谓，"好"作程度副词，由"美好"义虚化而来；又有云"很"作程度副词，是语法化的结果。其实都是假借在起作用，"孔"、"好"、"甚"、"很"都是一音一词的记录而已。3. 辞书编纂。如《汉语大词典》、《汉语大字典》等辞书，"孔"字释义，"嘉美"一项可以考虑标明乃"好"字的通假。

关键词　章太炎　说文　笔记　传承　创新

许叔重《说文解字》[1]之为书，清儒有谓之天下第一种书者，云遍读天下书而未读《说文》，犹未读书也。是言信非谀辞。就其浅矣，可以窥门径；就其深矣，可以见博厚。章太炎氏100余年前于日本，即以是书示一干弟子以学问之门径，而同时又显出自己的博厚来，录而为书，曰《章太炎〈说文解字〉授课笔记》[2]。

《章记》，是章氏和他的弟子朱希祖、钱玄同、周树人留下的语言文字学的宝贵学术遗产。章氏讲《说文》，甚至比文学创作还要自由，天马行空，充满了想象力，不能不为之惊叹。左右逢源如高邮王氏，但是高邮似无太炎的奇思妙想；讨今搜古如金坛若膺，但是段令似无太炎的驰骋无羁；破旧立新如德清俞氏，但是曲园似无太炎的灵动核实。章氏仿佛在与许叔重对话，但是逾越了文字的障碍，充满时代气息，所以，这部《章记》实在可以叫作“说语解言”。王宁先生评论章太炎的说文学有四大特点：历史的、民族的、语言的、理论的[3]。今读《章记》，深以为然，而窃谓还可以增加一点：充满了创造性的。兹不揣浅陋，以《章记》孔、好相通之论为例，出札记一则，求教于贤修。

一 《章记》的传承与创新

古以语言文字之学为小学，2000多年来一脉相承，故蕴积十分深厚，至清儒如段玉裁、王念孙者，洵为高山景行。章太炎是汉语言文字学承前启后的桥梁学者，而启后必先承前。《章记》讲《说文》，每每折中前人学说之短长，优裕自若，而于段、王之义，尤有所取。譬如《说文·乚部》：“孔，通也。从乚，从子。乚，请子之候鸟也；乚至而得子，嘉美之也。故古人名嘉，字子孔。”[4]《章记》云：

孔，通也。《汉书》“孔道”，通衢也。《尔雅》“好倍肉”、“肉倍好”，好即孔之假字。孔，甚也。今云好怪，即甚怪，古云孔怪也。《诗》“亦孔之丑”，犹今云好难看[5]也。孔、好声近，好、孔双声。[6]

章说语简，试为之疏，则可见其传承：

“孔道”者，见《汉书·西域传第六十六上》：“出阳关，自近者始，曰婼羌。婼羌国王号去胡来王。去阳关千八百里，去长安六千三百里，辟在西南，不当孔道。”颜师古注：“孔道者，穿山险而为道，犹今言穴径耳。”王念孙曰：“师古之说甚迂。孔道犹言大道，谓其国僻在西南，不当大道也。老子道经‘孔德之容’，河上公注曰：‘孔，大也。’《太玄·羡次五》曰：‘孔道夷如，蹊路微如。’孔字亦作空。《张骞传》‘楼兰姑师小国当空道’是也。《说文》曰‘孔通也’，故大道亦谓之通道。今俗语犹云通衢大道矣。”[7]今按，颜说不确，章氏不取而遵王说。

“好倍肉”者，《尔雅·释器》：“倍肉好谓之璧，好倍肉谓之瑗，肉好若一谓之环。”郭璞注：“肉，边；好，孔。”

“好即孔之假字”者，郭璞注虽训其义，而于其理则不遑揭橥，章氏乃取黄、段二氏之说。黄扶孟《字诂》曰：“璧孔曰好。《考工记》：‘璧羡度尺，好三寸以为度。’按：《诗》‘岂无饮酒，不如叔也，洵美且好’，好音吼，乃谐孔音。则知古孔好二字音相近,故通借之。”段玉裁于《说文》“孔”字下注云:“此字未见三代用韵之文，但以肉好即边孔求之，疑孔古音在三部，故吼、犼、芤以为声。”

“孔，甚也”者，于义为常训，然而何以有此训，历来学者语焉不详。《章记》于“甚”字下云:“甚与孔声谊相通，甚亦读堪，与孔声近。”[8]然则章氏以“甚”为“孔”之假借，道“孔”训“甚”之所以然。

“《诗》‘亦孔之丑’”者，见《小雅·节南山·十月之交》:“十月之交，朔月辛卯。日有食之，亦孔之丑。”毛传 :“丑，恶也。”郑笺 :“周之十月，夏之八月也。八月朔日，日月交会而日食，阴侵阳，臣侵君之象。日辰之义，日为君，辰为臣。辛，金也。卯,木也。又以卯侵辛,故甚恶也。”毛、郑皆训“丑”为“恶”,“恶”者，凶也，不吉也。[9]

章氏讲《说文》，以段氏注为底本，这是自然的事。往者治《说文》，未有过段氏者,故传承《说文》之学,必取是书。但是我们发现,《章记》于段注大不相同。也就是说，章氏在跟弟子们讲《说文》时，段注让他们自己看，他主要讲不同于段氏的内容。这就是章氏的创新了。有段注在,要创新谈何容易?但是我们看《章记》,实实在在是做到了的。据我们粗略统计,章氏《笔记》于段氏不取者约十之七。比如,《章记》征引故书凡770条许,而与段注同者不足150条,其余多举段氏所无。例如,《说文》:“髻,骨擿之可会发者。《诗》曰 :‘髻弁如星。’”段氏论之甚详，举证《诗》《礼》并注多条[10]，而《章记》云 :

反髻作鬠,《庄子》作“会撮指天”。

《庄子》之例为段注所未及。又例如《说文·心部》字的假借，章氏《章记》与段注异同有三种情况 :1. 段氏未说假借而章氏谓之假借者，凡9字 ; 2. 段氏谓之假借而为章氏所不取并另作他说者，凡14字 ; 3. 章氏取段氏说而间有发挥者，凡18字。

这里举一个很能够代表《章记》创新性的具体例子。《说文·女部》:“好,美也。从女、子。”《章记》:

好，媄[11]也。引申为好恶，假借为孔。”[12]

也就是说,章氏认为“好”是“孔”的通假字,而“孔”又是“好”的通假字,“孔”、“好”互通。古书多通假，但是除“为”、“以”之类虚词，互通的现象是不多的。

章氏此说，实在出人意表，涉及以下问题：1.“孔”字嘉美义的来源；2.程度副词“很”、“好”、“甚”等的来源；3.辞书“好”字的字头分列。下文分别作讨论。

二 “孔”字嘉美义的来源

《说文》谓“孔”有嘉美义，并分析“嘉美”得义之由来，且举古人名、字为证。段注为之申说，云：“通为吉，塞为凶，故凡言孔者，皆所以嘉美之。毛传曰：孔，甚也。是其义。甚者，尤安乐也。或曰：《诗》言亦孔之丑，岂嘉美之乎。曰：此即今甚字通于美恶之意也”；又云：“《月令》：‘仲春，玄鸟至，至之日以大牢祠于高禖，天子亲往。’注云：‘高辛氏之世，玄鸟遗卵，娀简吞之而生契。后王以为媒官嘉祥，而立其祠焉”；又云：“此又以古人名字相应说孔训嘉美之证。见于《左传》者，楚成嘉字子孔，郑公子嘉字子孔，《春秋经》宋孔父，《左传》云孔父嘉。何休云经称字。按孔父，字孔，故后以为氏。”

“孔”有嘉美义，是没有疑问的，此不烦举例，但是《说文》对得义由来的分析，是大有问题的，而段氏迁就许说，迂甚且凌乱。所以后来的学者，对“孔”字颇有讨论，此举有代表性的说法数家：

朱骏声《说文通训定声》：“通也者，空字之义，古多借孔为空。孔从乙从孚省，越鸟孔雀也。”

柯昌济《孔鼎·韡华阁集古录跋尾》：“孔字子戴发形，髦秀之状，故古训为嘉也。”

林义光《文源》卷二：“以乙至得子为嘉美，说已迂曲，且非孔字本义。孔，通也，古作孑曾伯䨣簠，本义当为乳穴，引申为凡穴之称。乙乳形，子就之，以明乳有孔也。”

郭沫若《金文余释之余·释孔》：“孔字之见于金文者，与许说有异。……按，此乃指事字，与本末同例，乃指示小儿头角上有孔也，故孔之本义当为囟。囟者象形文，孔则指事字，引申之，则凡空皆曰孔。有空则可通，故有通义。通达宏大每相因，故有大义。通达宏大则含善意，故有善义。此古人所以名嘉字子孔也。”

李孝定《金文诂林读后记》卷十二：“孔有善、甚、大之义，皆由通达一义所引申。”

今按，郭沫若氏说本义为是，今浙江宁波、台州方言犹名婴儿初生数月时的囟门为“气孔”，可以为证。然而孔之“嘉美”义，上述诸说皆未中肯而游移。当如《章记》所论，孔有嘉美义，实乃“好”字之假借。

三 程度副词“很”、“好”的来源

“很”在现代汉语里是一个程度副词[13]，但是它的历史相当模糊。依据《说文》，它的本义是“很，不听从也”，从这个本义是不能引申出程度副词的意义的。于是有人讨论程度副词“很”的来源。

王静认为：“从理论上推测‘很’的语法化过程，应该从‘很’的句法位置考虑。杨荣祥（2001）关于副词的形成条件认为，句法位置是副词形成的决定性条件。一个实词如果经常处于谓语前，又不是句中主语，只是对别的谓词性成分起修饰作用，它的实在意义就会虚化，从而具有与该词充当谓语或别的句法成分时所表意义不同的一种词汇意义，这种意义在语言中经常使用，就会独立成一个义项，并且这个义项只能出现在状语的位置，于是虚化为一个副词。由此理论来看‘很／狠’的句法位置，应从‘很／狠＋形容词’并列作谓语考察。起初，‘很／狠’同其他同义或近义的形容词连用作谓语，其地位是相等的，如‘很戾’（凶暴、乖戾）、‘很傲’（很戾倨傲）。随着语言的发展，这两者的地位逐渐出现了不平衡现象。语义上‘很／狠＋形容词’以形容词为中心，‘很／狠’有了修饰色彩；语法上偏重于形容词作谓语、‘很／狠’作状语。”又根据可能有蒙古语《老乞大》的推测，认为：“现代汉语中程度副词‘很’应是从‘蒙语老乞大’中的‘哏’而来，最起码是受蒙古语影响而成的。”[14]

郑宏也作了类似的论述：“副词‘很’的产生，即‘很’由实变虚的过程，应该从很的句法位置考虑。一个词、一个词组，或某种语言成分，如果经常处于句法结构中的谓语的前面，它就极有可能发展成为一个副词。”又说：“副词‘哏’在元代的使用为元到明清时期形容词‘很’向副词的转变提供了文献上的依据，这样使‘很’从古汉语的‘凶狠、暴戾’义发展为现代汉语的程度副词有据可寻。从元代开始副词‘很’初露端倪，明代副词‘很’开始发展，清代副词‘很’已发展成熟。”[15]

他们的看法是有问题的：语言变化多端，并非只有语法化一途，而且语法化也不是置词义于不顾的；至于可能受蒙古语影响的推测，则与文章认为的语法化没有逻辑关系。今按，“很”作为程度副词，只是个记音字，历史上记录这个词的字还有“狠”、“哏”、“佷”，还有“孔”、“好”。它们的本字盖为“甚”。《说文·甘部》：“甚，尤安乐也。从甘，从匹。匹，[16]耦也。”《章记》云：

甚与孔声谊相通，甚亦读堪，与孔声近，皆训尤安乐也。[17]（201页）

程度副词之义当由“尤安乐”的“尤”孳乳。结合《章记》和语言史，这个程度副词的书面形式可以大致作出描绘：本字为“甚”，用于古，亦用于今之书面语；上古因于通假，亦用“孔”；唐代始有“好”[18]，亦由通假，至今犹行用；近代始有“很”、“狠”、“哏”、“佷”等，也是由于通假，现代只行用“很”。

从这个例子可以看到，《说文》六书理论的假借说，不仅仅关乎文字，也关乎语言，从这一点看，戴震“四体二用”说比班固“造字之本”说更加先进，陈梦家、裘锡圭改造六书说而保留假借也是很有眼光的，传统的理论、方法仍旧具有很强的生命力。在这个意义上，我们说《章记》是一部“说语解言”的著作，是清儒“因声求义”的更上层楼。

四　余论

查《现代汉语词典》（第五版），副词“好”只是作为“好”字一个义项处理的，如果吸收《章记》，则可以考虑另立字头“好^2”。因为“美好”的“好”与程度副词“好”完全是两个词，按《现代汉语词典》凡例，当另立字头。如果说《现代汉语词典》一般只管“现代”这个时间平面而不管历时的，那么《汉语大词典》、《汉语大字典》这样的历时辞书，就要考虑。如《汉语大字典》修订时就应该考虑，在“孔”字释义“程度副词”一项标明“通甚”、“嘉美”一项标明“通好”，在“好”字释义“程度副词”一项标明“通甚”。

段玉裁氏注《说文》与章太炎氏讲《说文》，大抵相隔100年，而章氏讲《说文》至《章记》问世又整整相隔100年，也就是说，200年的《说文》学史中断了100年[19]。现在《章记》出版了，其成果不单在辞书编纂方面，应该还可以在不少领域吸收利用。

注释

[1] 以下简称《说文》。

[2] 朱希祖、钱玄同、周树人 1908 年于日本记，王宁主持整理，中华书局 2008 年 12 月出版，以下简称《章记》。

[3] 详见《笔记》前言。

[4] 段氏于“通”下补“嘉美之也”，云：各本无此四字，由浅人谓与下复而删之，今依《韵会》补。“也”当作“词”。词者，意内而言外也。

[5] 原文难看之间有“见”字，疑衍。

[6] 此条朱希祖、钱玄同各有二次记录，这里以一次记录为主，参考其他三次记录酌补。详见《笔记》第 481 页。

[7]《读书杂志·汉书杂志》。

[8]《章记》第 201 页。

[9] 按，《章记》“难看”云云，盖章氏记忆之误。

[10] 段于此注曰：髺、会叠韵。《墉风》：“象之揥也。”毛曰：“揥所以擿发。”擿本又作摘。髺所以会发，与揥所以摘发训释正同。髺与揥一物而少异。《释名》曰：“揥，摘也。所以擿发也。导所以导擽鬓发，使入巾帻之里也。或曰擽鬓以事名之也。”然则揥一名摘，《墉风》所云也。导，一名擽鬓，汉魏已后多云玉导、簪导。今人之抿篸，《诗》、《礼》之髺也。《周礼弁师》：“会五采玉琪。”注曰：“故书会作髺。”先郑云：“读如马会之会，谓以五采束发也。”《士丧礼》：“桧用组，乃笄。”桧读与髺同，书之异耳。说曰：以组束发，乃箸笄，谓之桧。沛国人谓反紒为髺。按先郑说云尔者，盖由会发之器谓之，因之束发谓之髺，与《仪礼》之桧同。今《士丧礼》字作髻，注云：“古文髻皆为括。”骨擿犹象揥也。必云骨者，为其字从骨。

[11]“媄”。二徐本皆作“美”，段氏改，章氏依段改。

[12]《章记》第 516 页。

[13] 据《现代汉语词典》(第五版)和《现代汉语八百词》(增订本)。

[14]《“很”的语法化过程》，《淮阴师范学院学报》(哲学社会科学版) 2003 年 4 月。

[15]《副词“很”的形成考》，《韶关学院学报》(社会科学版) 2008 年 11 月。

[16] 大徐本只作“从匹耦”，疑脱一“匹”字，此补上。

[17]《章记》第 201 页。

[18] 据我们所见，最早的用例两见于唐代房玄龄等的《晋书》，(1)《贺循传附杨方传》：

“闻处旧党之中，好有谦冲之行，此亦立身之一隅。”（2）《姚兴载记附尹纬载记》：苌因曰：“卿好不自知，每比萧何，真何如也？”武振玉《程度副词“好”的产生与发展》（《吉林大学社会科学学报》2004年第2期）一文说，“程度副词‘好’来源于‘美好’义的形容词，产生的时间在晚唐五代，”但是房玄龄是贞观时期人；另外，“好”作程度副词也是由于通假，而不是从“美好”义引申。

[19] 当然，1908年以来，研究《说文》的人很多，但是以成就而言，无过章氏者，故云。

叶斌，男，1955年出生。杭州师范大学人文学院教授，硕士生导师。从事训诂学、文字学教研工作。

《章太炎〈说文解字〉授课笔记》之正俗字观

赵思达
北京师范大学文学院

提　要　本文以《章太炎〈説文解字〉授課筆記》中的正俗字为考察对象,对其正俗字的关系和所指进行了比较细致的分类,明确了《笔记》中正俗字的性质、特点以及与正字有关的其他字的字际关系。调研发现,章氏的正俗字包括古今字、正误字、通用字与方言字、本字与借字等多个类别,章氏判断正字俗字的主要标准为形、义是否统一,造字理据是否充分。

关键词　《笔记》正字　俗字　当作　俗作　古今字　本借字　形误字

中华书局2008年出版的《章太炎〈说文解字〉授课笔记》(以下简称《笔记》)记录了太炎先生研究《说文》的具体成果,体现了他在小学上的创新理念,为进一步研究章氏学术思想的核心——《说文》学提供了重要的依据。笔者在研读《笔记》的过程中发现:章氏对文字的“正”与“俗”颇为考究,有关正俗字的例证和解析篇篇可见。但就目前来看,对《笔记》的研究还处于初始阶段,对其正俗字的性质关系和判断标准更鲜有探讨。针对这种情况,本文着手对《笔记》中涉及正俗字的条目作较为全面的统计分析,以求观察其性质和类型,对研究章氏正俗字观有所裨益。

一　《笔记》对正字俗字的标记

《笔记》中正俗字的标记有以下几类:

1. 具有明显的标记,以“某某之正字”、“俗作某”来标记:

讕(一一五 第三篇上)

錢一:抵賴之正字,讕,(十四),賴(十五)

周一:抵讕(俗作賴)。

敹(一四三 第三篇下)

錢一：擇也。此料理之本字。

周二：擇也。料理之料之正字。

佷（三四二 第八篇上）

錢一：狂也。倡狂亦作昌狂。猖，俗字；昌，假字；其實正作佷狂。

錢二：佷狂，正字。

2. 用特定的记号，如“=”表示“当作”，后面即正字；用⊙附在正字右侧，用△附在俗字右侧。如：

詗（一一四 第三篇上）

钱一：侦△探 == 詗⊙探。

姓（二九一 第七篇上）

钱一：晴△雨 == 姓⊙雨。姓（正字），精（借字），晴（俗字）。

摜（四九六 第十二篇下）

錢一：習摜⊙。與遦音義皆同。古只作貫。俗作慣△，非。

3. 用“当作”（“当从”）引出正字，如：

亯（三 部首）

錢一：今俗書之享、亨、烹三字，皆《說文》所無，其正字皆當作亯。

敹（一四三 第三篇下）

朱一：择也（料）。今料理之料当从敹。

脫（一八〇第四篇下）

朱一：消肉。解脫當從捝，脫去當從奪。

幖（三二六 第七篇下）

朱一：標識当作幖，立標當作標。

鰕（四七七 第十一篇下）

朱一：蝦子当作鰕。蝦，蝦蟆也，

4. 以“某，假借字”、“某之借”与“当作”“正作”“正当用”等配套使用，指明正字或本字：

翔（一五七 第四篇上）

朱一：棺羽飾，訓扇者當為翣。

錢一：回飛也。翔實系詳之借，《漢書》正作詳實。

翣（一五八 第四篇上）

朱三：後人扇子亦借翣為之，似其形也。然扇子之正字當作翣。扇，門扉也。

5. 以“俗字”、“俗作”指明俗字：

删（一八五　第四篇下）

朱一：剁。

钱一：俗作剁（寒歌对转之故）。

佗（三三三 第八篇上）

朱一：負何（荷）也，俗作馱、駝，引申為凡有所加之義。

蝯（五五六 第十三篇上）

钱一：俗作猿。

6. 还有的则隐含在授课笔记的字里行间，需要根据上下文意仔细辨明：

胥（一八〇 第四篇下）

朱一：古無齒音，轉為佁 yi3，之蒸對轉也。

錢一：騃也，騃即呆之正字。

上例从胥——佁（“痴呆”的意思）——騃——呆，几经辗转方知晓“胥”与“呆”的关系。

由上可见，《笔记》对正字的标记较多，较明显，容易直接观察；而对俗字的标记或提示较少；另外，“当作”这个术语既用于正字，亦用于本字，需仔细查考，才能获知此处所指究竟是正俗字的关系，还是本字与借字的关系以及其中的借字是否章氏心中的“俗字”。一般情况下，如果章氏不提“假”或“借”的问题，也不说是“或体”的问题，本文都将与“当作”相对的视为俗字。

二　《笔记》中正字与俗字的关系

《笔记》论及的正字俗字，其间关系较为复杂。从性质上看，有的属于古今字，有的则是正误字，有的属于我们今天的通用字与方言字；从意义上看，正字与俗字多有意义上的联系；从字形上观察，有的为加减偏旁之别，有的为更换偏旁之变，也有的字形大相径庭。

首先，从性质上看，正俗字间存在以下关系：

第一类：正字与俗字为古今字的关系，其中有的章氏明确讲出，有的是我们今天所公认的：《笔记》共计 252 例。

前一剪（七六 第二篇上）

朱一：前，古剪字也。

錢一：歬，前後之正字。前即翦刀之翦。翦乃假字，剪乃俗字。正當作前。

殀—尖(三五九 第八篇下)

朱一：今尖字。

錢一：俗作尖。

臭—嗅（四〇九第十篇上）

錢二：今俗作嗅（含香臭），香臭當作殠。

然 -- 燃（四一二 第十篇上）

錢二：今俗作燃。

昏 -- 婚（五一二 第十二篇下）

朱二：婚禮之婚當作昏。

錢二：婦家也。婚嫁 = 昏⊙嫁

內—納（五三九 第十三篇上）

錢一：納人之納 = 內⊙

第二类：正字与俗字实则正误字的关系：《笔记》共 27 例。

此类俗字多为后人在传授正字过程中造成的形误字。在《笔记》中有时用“某之形误”标明。如：

荼（五二 第一篇下）

朱一：茶，俗字，當作荼。

朱二：古無茶字，只有荼字。古無麻部，故音荼，後轉入麻部，乃讀茶。

草（五三 第一篇下）

朱一：……今皁草相亂，古人稱造次或曰草次，草創或曰造創，惟皁俗字可作草，蓋草作皁已古耳。

朱二：皁者，俗字。

錢一：皁系俗字，可作皁。

Ba:（七一 第二篇上）

朱一：沇［作］兖，不但俗字，實錯字。

朱二:《漢書》兗州作沇，今作兗者，乃古文 ba 之形誤。

bei（九六 第二篇下）

朱一：狼狽當作狼　。狽乃無此字，後人所造。

朱二：狼（跋）其胡，後作狼狽，誤也。前踏其發，後踏其尾，進退不便也。作狼狽相倚者不通。

錢一:《詩》“狼跋其胡”後人誤書作狼狽，已非；更早為狼、狽二獸，有狼狽為奸等語，可謂不通極矣。

霚（四七四 第十一篇下）

钱一：俗作霧△。

縉（五四四 第十三篇上）

朱一：縉紳當作搢紳，搢，插也。

朱二：縉雲，紅雲也。搢紳，或誤作縉紳。

錢一：縉紳應作搢⊙。搢，臿也，言物可插於紳也。今作縉，甚荒謬。

第三类：正字与俗字乃今通用字与方言字的关系，此等例证不多。章氏一般都会分别说明何为通言，何为方言：宭（别言），羣（通言）。《笔记》中明确通言为正字，方言为或体的仅一例：燬：（四一一 第十篇上）朱一：火、燬、焜實一字（古音同。漢人火音已與今同）。火，正字，其二字，或體。

《释文》：齐人谓火曰燬。《玉篇》燬，同焜。

笔者以为，此例中章氏虽曰“燬焜”为或体，但在心中仍然将其视为俗体。因为在其他异体字的字条下，章氏均未指出何为正字。可见，章氏的俗字，当包括一些方言或民间所用之俚俗字。

其次，从意义上看。

正字与俗字多有意义上的联系，《笔记》全书共 120 例。

丵（一 部首）

錢一：族類之族當作丵。《說文》雲：“丵，眾生草也。”引申為丵類之義。又一簇（集合之義）之簇，俗字也，正字當作丵。

丵一簇，由“草生”義引申為集合義。

摶（五〇五 第十二篇）

朱一：以手圜之，引申為團（當作摶）圓。

朱二：團，非，俗字。

録（五七九 第十四篇）

錢一：記錄 == 錄⊙。錄，刻木錄錄也，引申為記錄。古用鐵筆書於方冊，方即木板，故雲刻錄。

最后，从字形上看。从字形上观察正俗字的区别，发现章氏的正字俗字在很多情况下是依义符来定夺的：

1. 增加义符：

殙:（一七二 第四篇下）朱一：人殙昧当作此。昏乃黄昏。钱一：殙昧、殙迷、热殙，昏乃黄昏也。

媄（五一六 第十二篇下）錢一：美貌 = 媄貌，媄惡。

緟（五四六 第十三篇上）朱一：重疊當作緟。錢一：緟⊙疊。

2. 減少义符：

喿（九七 第二篇下）：朱一：噪乃俗字。錢一：俗作噪。周二：羣鳥鳴也。今俗作噪。

州（四七〇 第十一篇下）：朱一：今加水作洲者，俗字。九州者，因当时洪水環流，故以水中可居名之也。

嫥（五一九 第十二篇下）錢一：專頭俗作磚頭。

或（五二八 第十二篇下）：朱二：國之本字，國乃俗體。或既從口（wei), 國又加口，是不通。

3. 改换义符：《笔记》共 102 例。

徹—撤（一四一 第三篇下）錢一：徹，通也。……俗作撤。

慅—骚（四三七 第十篇下）朱一：骚动即慅动。

掼—慣（四九六 第十二篇下）錢一：習摜⊙。與遦音義皆同。古只作貫。俗作慣△，非。

另外，也有的正俗字是完全不同的字形，如：

晶—精（六 部首）

颂貌—容貌（三〇九第七篇下）

儦—跑（三三一 第八篇上）

掐（四九二 第十二篇）朱一：剜，俗字。钱一：俗作剜。

三 《笔记》对“正字”“俗字”的判断标准

《笔记》判定正字俗字的标准可以概括为以下几类：

第一，哪个字的字形与其本义最接近，哪个是正字。表现在字形上，又有几种情况：

1. 以表意性强的字为正字，这些字与俗字字形完全不同。

蚰（二五 部首字）

朱一：蚰［昆］，昆蟲之昆应作蚰。

匚（五三二 第十二篇下）

方依其本义当为二船并行，借作方圆之方，章氏在此要还“方圆”之方的原貌“匚”。

2. 以有明确义符来彰明其本义的为正字。如：

才（四 部首字）

钱一：《说文》云：“才，草木之初也。”引申为凡始之称。至才能之才，则当用材字。

亞：（二八部首字）

錢一：心之美惡＝惡，貌之美惡＝亞（古無麻部字）。

邌：（八四 第二篇下）

钱一：徐也，黎明正作邌明。

章（一一七 第三篇上）

朱一：乐竟。引申为文章。章明当作彰。

僞（三四一 第八篇上）

朱一：人為為僞，裝作亦為僞。

錢一：此作為之正字。

3. 以其义符最具“以事为名”功效的形声字为正字。如：

啁（六七 第二篇上）

錢一：此即調戲正字，俗作嘲，不正之言也。

第一，章氏认为，“言”是从“口”出的，故“口”部最能体现“调戏”之源出。

嗵：（七五 第二篇上）

钱一：此足踵之本字。

周二：足踵之正字

距（九六 第二篇下）

朱一：雞距（脚爪）。距止字當作岠。

盖章氏觉得脚爪与表示脚趾的“止”部应该比“足”部更近。

谝（一一〇 第三篇上）

钱一：即俗之骗字。

削（一八四 第四篇下）

朱一：今作鞘。鞘，俗字。

錢一：刀鞘 == 削⊙（鞘乃俗字）。

盌（二一一 第五篇上）

朱一：碗，俗字。

錢一：俗作碗。

陜（五九八 第十四篇下）

朱一：陜隘今作狹，謬。《漢書》作陿。

錢一：俗作狹，《漢書》作陿。

第二，以最合造字理据的字为正字。这一类正字大多从字的义符上加以考虑：

㡀（一一 部首字）

朱一：即今破敝，利敝字，幣帛當從敝，因幣二巾。

錢一：敗衣也。破敝之敝當作㡀，利獘之獘亦當作㡀。幣帛之幣當作敝。幣系俗字。敝既從巾，複加一巾，從二巾，不合。

莫（五四 第二篇上）

朱一：今作暮，最無理。既從茻中日，又加日字，豈有此理?

錢一：今俗作暮，最為無理。莫中既從日，而複加日字於下，緟複無理，不合六書。

踄（九五 第二篇下）

朱一：此即步字之俗體，可刪。步已從止，又加足，不通。

錢一：……步已從止，又加足旁，重複無理，當系後出俗字。

鬻（一二八 第三篇下）

朱一：俗作粥，云“雙弓米”者，不通。

錢一：即粥之正體。

感（四三七 第十篇下）

錢一：撼從二心，乃俗字，古只作感。凡人有所恨亦是動於心。

垔（五六九 第十三篇下）

钱一：俗作堙△，从二土，不合六书。

野（五七一 第十三篇）

朱一：古讀野如敘，凡從予者如杼、芧，皆有予聲，後俗字有墅；實即野字，野既從土，又加土，不通。

錢一：郊外也，引申為郊外之屋，後別有墅字，其實正即野字。從予聲字如杼、芧，皆讀樹，則野自亦可讀樹；且野已從土，下再加土，重複不合六書。

第三，当本字与借字比较时，章氏将正字与借字相对，即正字不仅相对俗字，且相对借字。《笔记》大多以“当作、正当用”等来表述：

倝（六 部首）

朱一：倝［瀚］。《汉赋》“采色浩旰（鲜明）”，旰本用倝。

钱一：《说文》云：“倝，日始出，光倝倝也。”《汉赋》“采色浩旰”。

旰为假借字，正当用倝。

儵（九五 第二篇下）

朱一：倏然、儵然借當作儵。

錢一：疾也。儵然之倏（借字）當作儵，或作儵者，亦假借字也。

麇（四〇四 第十篇上）

钱一：《左传》“麇之以入”乃稛（俗作綑）之借。

否（四八二 第十二篇上）

钱一：不，古音否。故否即不之正字也，古皆借不。

彉（五三七 第十二篇下）

朱一：擴充當作彉。擴，《說文》無。

朱二：擴張、擴充借彍之借。

擴，俗字也。

第四，基本上以较早产生的字，特别是《说文》中有的字为正字；《说文》无、

后起的为俗字 :《笔记》共 51 例。

茮 :（四二 第一篇下）

朱一 : 即椒（後人所造）字。

錢一 : 即椒之正字，椒系俗字，《說文》所無。

芃 :（四三 第一篇下）

朱一 : 古梵字，梵乃俗字。

錢一 : 今俗之梵字，《說文》所無，正當作芃。

躧（九七 第二篇下）

錢一 : 無後跟之鞋，經典相承作屣字。

眇（一五三 第四篇上）

朱一 :《说文》无妙字，即眇。

钱一 : 古无妙字。精妙 = 眇⊙。

燿（四一四 第十篇上）

朱一 : 曜，《說文》無，即燿字。

錢一 : 照也。古無耀、曜，正當作燿。

第五，与讹字相对的正体字为正字 :《笔记》共 23 例。

蔽 :（三六 第一篇下）

朱二 : 今变作蒯 kuǎi。

周一 : 菅蔽之蔽如此，俗蒯字为蔽之形误。

（三七六 第九篇上）

朱一 : 当云从口后声。俗作吼字。

钱二 : 从口后声，今形变作吼。

蠢 :（五六〇第十三篇下）

朱二 : 人愚稱惷，誤作惷，後又誤作蠢。

錢一 : 蟲動也。春本有動義。愚惷，今作蠢者，誤也。

勮（五七六 第十三篇下）

朱一 : 煩劇、病劇當從勮，從力，從刀者誤。因勮有甚義，故引申之也。

錢二 : 引申為勞，再引申為利害，今形誤作劇。

对异体字，章氏善从字义为着眼点，联系字音，有意识地用“或作”、“实为一字”等术语将字际间的异体关系加以阐释，对那些声符和义符都一样，只是位置不同的异体字主张合并。如对“婉”和“嫛”曰：“宜并为一字。（五一七，第十二篇下）但除了极个别字条外，他并未指明几个字中何为正字、何为俗字。如：

藒、气：（三二 第一篇下）

朱一：藒：气实一字，声音相同。

钱二：二字音义皆同，《说文》虽分为二字，实是一字。

趯（七四 第二篇上）

朱一：与躍实一字。

钱一：趯、躍同义，盖一字。

以是观之，章氏中对正俗字的判断主要本着形义结合的原则，以字形能否显示汉字的表意性为要，确定孰正孰俗。同时，章氏还将若干字形置于六书的规矩中衡量其造字理据，确定其正俗，注意在一组组形义相近的字族中分辨正俗，该分则分，当合则合。章氏既注重字的音义关系又不乏用系联的方法探求正俗字的字义源流，既注重正字又不完全排斥俗字，既崇古又不泥古。在其日后的《文始》中，更以“初文、准初文”为根，按“孳乳”和“变异”两大规律将音义相关的字词系联成字族，使看起来纷乱杂芜的汉字“皆可绳穿条贯”。

四 《笔记》对正俗字处理的得与失

章氏善用全局的眼光审视字际间的各种关系，本字借字、古字今字、正字俗字、异体讹字经章氏从音、义、形三维角度进行分析后，其间关系一清二楚。“正字”的辨明与确定，厘清了先前的许多混乱，对汉字字形的统一和规范做出了重大的贡献，也因之将汉字形义学向前推进了一步。

但研读中我们也发现，许是疏忽，抑或是其他原因，章氏有时对自己判断正俗字的原则亦未能贯彻始终。比如，同样是改换义符，《笔记》重形义统一的原则就未一以贯之：在选择“足”旁还是“走”旁时，有时“足旁”的为正字，有时“走”旁的为正字,有时又不加区分［趮（七三 第二篇下）朱一:今作躁。周二:趮躁义同］。对“口”旁还是“言”旁的选择亦然。

在讲究造字理据上，大部分都能使人心悦诚服，但下例就有些莫名其妙：

笮(一九五 第五篇上)

朱二：今狭窄字当作笮。

恇（四三八 第十篇下）

朱一：心慌当作恇。

另外，在个别字条下，章氏过分强调该字在各个词语中字形与其意义的统一，所以最终必将导致一个字分化为几个字，如味之美味当作“美”，人貌之美恶当作“媄”，荒年当作“荒”（三〇〇第七篇上），然否及一切语词之然皆当作“嘫”，代谢之谢当作“灺”，“慢”（七四 第二篇上）即“慢走”之正字，等等，这不仅增加了汉字的数量，也在一定程度上繁化了汉字的笔画，对汉字的学习和掌握是不利的。

最后，我们还看到，作为一个旧时的大知识分子，章氏仍然未能超越时代的藩篱，如，“高興之興當作‘嬹’”、“專一當作嫥一”、“愉亦为偷，偷盗字當作婾為是”、“今地痞棍字当作嚭”、“獸畜當作嘼，畜君當作‘女畜’”、“配偶當作妃偶”，等等。将以男性为规范的传统伦理观带进汉字的意义系统，在许慎时代有之，到了近代中国，仍不能幸免矣。章氏的这种思想局限，无疑也影响到了他的正字观。

本文对《笔记》中正俗字初步调研统计的结果以表格的形式附后。

参考文献

［1］章太炎：《章太炎〈说文解字〉授课笔记》，中华书局 2008 年版。

［2］万献初：《章太炎在汉字理论上的贡献》，《长江学术》2006 年第 4 期。

［3］侯尤峰：《〈说文解字〉徐铉所注“俗字”浅析》，《古汉语研究》1995 年第 2 期。

［4］姚永铭：《俗字研究的几个问题》，《古汉语研究》2003 年第 3 期。

［5］黄宇鸿：《论〈说文〉俗字研究及其意义》，《河南师范大学学报》（哲学社会科学版）2002 年第 6 期。

赵思达，女，北京师范大学文学院研究生。

《说文解字》的释义特点对现代汉语辞书释义的启发

王 敏

教育部语言文字应用研究所

一 缘起

笔者近些年参与了几部辞书的编纂工作，规模大小不一，内容侧重有别，整体上以现代汉语辞书为主，有的也涉及字源考据的内容。在编写过程中，笔者对于字头义项、词条义项的解释方法产生了一些想法，经常感到在部分字义、词义的阐释中是可以并且也应该体现其意义引申发展的脉络的，如此，可提供给查阅者比较有关联性的汉语意义知识。

由此，笔者开始重读《说文》。《说文》是我国古代辞书的经典，其释义注重寻求本义，其编排注重体现意义系统性。《说文》的内容不仅仅是一部工具书那么简单，对于后人来说，《说文》是考察古代文献词义的工具，是理解汉语源流的关键节点，也可作为了解上古先民的生产生活和精神世界的桥梁。

现代汉语辞书编纂的阐释对象、服务对象当然不同于《说文》，也有自己的规律和方法。现代汉语辞书主要是作为工具书来使用，更为注重客观反映世界，注重提供语文学习的基础知识。不可想象在一本现代汉语辞书——特别是语文类辞书中充满哲学意味的解释语言，或一味追求语言本体的规律表述。

即便如此，倘若在字义和词义的义项分立、义项排列、阐释语言等方面加以注意，适当参考《说文》及相关著作对于汉字本义的阐发，引入汉语词义语义发展研究的成果，将语言发展的历时纹理和共时网络隐含其中，对于使用者来说，则在查检中非但能够获得有关的客观世界知识，也是更好地理解汉语言意义体系的一条途径。

二 《说文》释义特点略述

关于《说文》的释义特点，前人研究已经较为详备。笔者在阅读学习有关文献的过程中略加梳理，作一简要概括。这些内容中，既有训释方法的分类，也有阐释内容的探讨，未及详分层次；另一方面，这正可以从多个角度和层面体现对《说文》字义训释的研究成就。

（一）注重本义的因形求义与因声寻义

“古代语文辞书编纂的目的在于揭示词义，其释义的方法主要是形训、声训和义训。其中形训和声训都以汉字的形体作为释义的依据。”[1]汉字的本义追溯，通常可以根据字形展开分析。以形体为释义的依据，多是指构字的本义。或是由构形部件之间的关系透露构字的本义，可对应传统六书中所说以象形、指事、会意等方法所构之字；或是阐明构形部件各自的含义与所构之字意义的关联，其中最重要的线索就是声与义的联系，即传统六书中的形声、转注、假借字。

《说文》对字本义的阐释，多数可信。因形求义在许慎的时代尚属可行。其时汉字形体脱离古文字阶段尚不久远[2]，汉字造型在趋于符号化的过程中，还可以体现出较多的造字意图。另一方面，形声造字法作为汉字批量生产中最具能产性的方法，采用形符、声符拼合的方法，形符标示其类属，声符指示其读音，又不仅只是标音，而是可以遵循语言发展规律，因声系联，寻其内在含义。总之，形声造字毕竟还是与汉字表意造字的本质不可分割。许慎在释义中以因声寻义的方式，体现了声与意的紧密关联，为理解形声系统中的汉字构字本义提供了有效途径。

（二）更为精确的训释方法——义界

“义界是用定义、描写、对举、嵌入等方法来表述词义的内容，从而把词与邻近词的意义区别开来，以标示词义特点的一种训释方法，义界是以句训词。”[3]如食部“饥，谷不熟为饥”，言部“谋，虑难曰谋”，人部“位，列中庭之左右谓之位”，马部“骏，马之良材者”，草部“苗，草生于田者”等。王宁先生将此方法归纳为“主训词＋义值差”。“主训词是选定的与被训释词比较的其他词语，或选定的与它比较的词语所包含的范围；义值差则确定被训释词与训释词语不同的特征。”[4]这种训释方法于同中求异，亦即通过对训释对象的内涵和外延的界定，可作出更为精确的定义。

《说文》中运用义界法释义，多见于名物类。这类词语，从知识体系构成来看，最具有以类聚合的可能。即使非名物类的词语，以义界法加以阐释，也易于形成富有联系性的概念群。因此可以说，《说文》运用义界法释义，体现了词语系统中的内在关联，值得深入研究和学习。

（三）以类归部为代表的系统性

许慎“根据当时对汉字形、音、义关系的认识，按其字形的结构特点，第一次对 9353 个小篆字进行了全面系统的归纳。他从字形和字义的结合出发，将含有一个共同部件的字据形系联、依类归纳为一部，计得 540 部，这 540 个共同部件就是所谓的‘部首’。‘凡 x 之属皆从 x’，一部中的每一个字不仅都具有这共同的部件，而且都与这个共同部件即部首在意义上有着类的联系。其实，部首就是意义更为概括、使用更为规范的类符，是类符发展的最高形式。”[5]“这种字形上的类化、强化了汉字的表意性和系统性。”[6]

以部首统字，建立了汉字字书的基本分类方法，沿用至今。部首分类蕴含和揭示了汉字系统认知——或者说汉语言的意义系统认知的方法，具有极高的价值。关于归部的讨论，特别是到了现代汉字阶段，常常有据形还是据义的争论，事实上，据义归部仍是主流，这是由汉字本身的特点决定的。汉字通过形声造字在表音化的方向上快速发展，另一方面，恰恰是形声造字的方法，抽象和强化了部首的类意义，使得汉字直到现代阶段，仍具备强烈的表意性，同时也更明确了汉字字形的系统性。

（四）时代文化和思想的有意识体现

“辞书的本质是社会性的。辞书中反映的客观世界已不是纯粹的客观世界，而是充盈着主体意识的世界。辞书释义本质上不是一种与人的主体相分离的客观形式系统，而是一套价值系统和意义系统，反映了一定时期的思想、科学、文化和语言的发展状况。古代语文辞书‘是把词，并根据这些词把当时的文化知识和世界观的（宗教的）观念系统化起来’[7]。”[8]当文化知识、宗教哲学观念等不是作为某些词语的含义，而是作为指导性观念，进入字词释义，并试图系统化，对后人而言，在接受过程中不免产生疑问。首先是辞书释义的客观性打了折扣，其次是当时的文化知识、思想观念等与现今的知识体系不可避免地存在冲突。关于这一点，笔者以为，以现代知识体系和思想意识去评价《说文》这样的古代辞书,显然是不合适的。我们既需要体会古人所处的时代和文化环境，认可古典文化的杂糅性高于分析性的特点，而且，也应认识到《说文》“的形音义综合体系记录了上古时代的汉民族对于互相联系的环境、事物、史实、情感、观念、变化等的系统认识”，[9]并且认识到唯《说文》蕴含有这样丰富的内容，后人在研读中才有可能据以了解上古先民的生活、行为、思想、价值观等，展开多方位的文化说解。[10]如此，方能全面把握《说文》作为形、音、义三种工具书之外的文化价值。

三　现代辞书释义如何借鉴《说文》

现代辞书编纂有自己的规律和侧重，阐释的对象和服务的对象也与《说文》有异，字词释义固然不可能完全照搬《说文》，编排方式也须符合当下使用者的习惯。但如前所述，《说文》既包含了汉语言发展早期形、音、义方面的丰富信息，也颇有系统性地体现着汉民族的观念意识，因此，对于现代汉语辞书编纂者而言,《说文》不但是汉语辞书之祖,在某些时候可以借鉴其释义方法和编纂原则，也是理解部分与传统文化关系密切的词汇，作出准确释义的参照;进而言之,《说文》还是学习和把握汉字、汉语词汇发展，力图“按照词义本身的规律、遵循形、音、义统一的原则、前后贯穿左右联系地全面了解词义”[11]的必由之路。由于《说文》本身释义简略，若参照《说文》研究的很多成果，如段玉裁注，会更有助于理解《说文》的意义和文化体系，并应用在辞书释义中。

《说文》在释义、编排方面追求系统性，这种主动意识笔者认为是值得肯定和借鉴的。下面仅试从释义和义项排列的角度,举《现代汉语词典》的几个释例，阐明现代汉语的字词解释若能在释义、编排等方面，吸收已有的研究成果，遵循语言发展规律，适度体现汉语言发展的内在系统性，于读者不无益处。

通览《现汉》的义项分立和阐释，有些字已经比较明晰地体现出对释义系统性的追求。如：

霸：（1）古代诸侯联盟的首领：春秋五～。（2）强横无理、依仗权势压迫人民的人:恶～。（3）指霸权主义:反帝反～。（4）霸占:军阀割据，各～一方。（5）（Bà）名姓。

《说文》中“霸”字释为“月始生，魄然也”，是“魄”的本字。承担《现汉》第一义项的“霸”，是“伯”的假借字。在现代汉语语境中，自然不必去解释这个字的构字本义。《现汉》以“霸”的假借本义为起点，义项一至四，体现了从古至今、由中及外、从名而动这样一个意义关联脉络，使用者查检后对“霸”字的意义可以获得一个整体、全面的认识。

拜：(1)行礼表示敬意：回～|叩～|对着遗像～了三拜。(2)见面行礼表示祝贺：～年|～寿。(3)拜访：新搬来的那对夫妇～街坊来了。(4)用一定的礼节授予某种名位或官职：～将|～相。(5)结成某种关系：～师|～把子。(6)敬辞，用于人事往来：～托|～领（收下赠品）|～读。(7)(Bài)名姓。

《说文》中“拜”形为“㩅”的古字，大徐本训为“首至地也。”段注考证九拜之礼各自的方式，认为应释为“首至手也”，“拜手者，头至手，故其字从手”。据《说文》，“拜”字本义为“行礼”，《现汉》作“行礼表示敬意”，增加“表示敬意”的阐释，指出了“拜”的字义引申系列的相关性所在。在几个义项的顺序设计上，一至三有较为紧密的引申关系，强调人际关系之间的礼节；义项四和五，强调建立、明确某种关系，可视为另一分支。

假如在义项五的释义中，仿照义项四，指明“结成某种关系”需要“按照某种仪式”，则更能突出义项四、五的共同特征。另外，义项六属于由实而虚的引申，其义更接近义项一、二、三的系列，列于最后，似不如列为第四义项来的明晰。

贡：(1)古代臣民或属国把物品献给朝廷：～奉|～米。(2)贡品。(3)封建时代称选拔（人才），荐给朝廷：～生|～院。(4)姓氏。

义项一至三，体现了互相关联的意义关系。特别是义项三中“荐给朝廷”，与义项一“献给朝廷”呼应，使这种意义的发展关联体现得尤为明确。

《说文》:“贡 献功也,从贝工声。”段注解释了“贡”和“功”之间的声训关系，引《国语》“烝而献功”、《周礼》:“赋贡以驭其用”及其注“贡，功也，九职之功所税也”，说明二字在使用中相通。另外，段玉裁着重补充说明了“功”、“贡”到底是什么东西。他引了《国语》韦昭注“冬祭曰烝，烝而献五谷布帛之属也”，并再加阐明,“大宰以九贡致邦国之用,凡其所贡皆民所有事也”,“故职方氏曰:‘制其贡，各以其所有’”。说明所献之“贡”，有如下特点，一是“邦国之用”，即可用之物，二是各地特产或各行业特有之物。

《现汉》的第一个义项，意义、词性与《说文》的释义基本吻合。若吸收段玉裁的注解，明确所献之物“可用”、“特有”两个特点，释义会更准确。假设再进一步，挖掘“贡品”应是特选出来供朝廷使用，因而需要“品质优良”这一特点，则与第三义项“选拔人才”呼应更密，一方面更能显示“贡”字引申、发展中的系统性，另一方面也突出了引申关系中的相关性节点。

律:(1) 法律;规则:定～|规～|纪～。(2) 我国古代审定乐音高低的标准，把乐音分为六律和六吕，合称十二律。(3) 旧诗的一种体裁:五～|七～|排～。参看〖律诗〗。(4)〈书〉约束：～己|～人|自～。(4)(Lǜ) 名姓。

《说文》:“律,均布也。从彳聿声。”段注指明“均律双声”的声训关系,认为“律者，所以范天下之不一而归于一，故曰均布也。”甲骨文一期有字从彳从聿（像右手执笔）。章太炎认为“从聿者,笔也。……引申为法律。”《易》:“师出以律。”《尔雅释诂》:“律，法也。”《现汉》以“法律；规则”为第一义项，可以说符合古文字造字与文献使用的本义。以下诸义，遵循由古而今的脉络列出，系统性也较为清晰。第三义项所参见的［律诗］词条的释义，强调了“格律较严”的特点，与本义呼应。第四义项释为“约束”，假如增加数字，释为“按规则去要求”，是否比“约束”更能体现与本义的引申关系？也比“约束”(《现汉》:“约束：限制使不越出范围。”）更为准确呢?

以上对诸字释义的简单分析,仅是笔者的一点浅陋体会,意图在于探求《说文》释义及其有关的研究对于现代汉语辞书编纂的意义，以及从单个字的义项分析说明系统性的释义对于使用者掌握汉字意义体系不无好处。至于《说文》整体上的系统性对于现代汉语辞书的借鉴价值，需要更精深的研究去论述，非笔者与本文所能及。另外也需清醒地认识到，“因为新词、新义的产生直到它在使用中为全民族固定下来的过程是错综复杂的，在资料缺乏、口语消亡的情况下，词义发展历史的探求十分困难，有些几乎是不可能的。”[12] 在义项设置、释义、排序等方面体现字音引申的系统，只能是在部分字、部分义项上可能实现，为了追求系统性而强为之说的做法，违背语言文字的客观发展规律，是绝对不可取的。正因如此，为保证在现代汉语辞书中体现汉字、汉语意义系统的科学性，以《说文解字》为基础的形、音、义考释显得尤为重要，需要细致谨慎的梳理和认可。

参考文献

［1］《说文解字》，中华书局1963年版，1990年印。

［2］段玉裁：《说文解字注》，上海古籍出版社1988年版，1993年印。

［3］朱骏声：《说文通训定声》，1984年版。

［4］王宁：《训诂学原理》，中国国际广播出版社1996年版。

［5］邹晓丽：《基础汉字形意释源——说文部首今读本义》，中华书局2007年版。

［5］《章太炎说文解字授课笔记》，中华书局2010年版。

［6］陆宗达、王宁：《古汉语词义研究——关于古代书面汉语词义引申的规律》，《辞书研究》1981年第2期，第31—42页。

［7］陆宗达、王宁：《文献语义学与辞书编纂——古代文献词义的探求》，《辞书研究》1982年第2期，第18—28页。

［8］徐时仪：《古代语文辞书释义特征探微》，《上海师范大学学报》1997年第1期，第101—105页。

［9］龚嘉镇：《部首"彡"的类意义》，《辞书研究》1992年第1期，第75—83页。

［10］宋永培：《〈说文〉对上古汉语字词的系统整理》，《齐鲁学刊》2003年第5期，第59—62页。

［11］张风岭：《〈说文解字〉义界释义方法研究》，《汉字文化》2008年第5期，第35—37页。

［12］陈双新：《试论〈说文〉的历时与共时研究》，《河北科技大学学报》2006年第9期，第46—51页。

王敏，女，教育部语言文字应用研究所副研究员、汉字与汉语拼音研究室主任，中国社会科学院研究生院副教授。

《说文解字》成书始末及献书时间考辨
——纪念许慎遣子许冲上《说文解字》1890周年

陈满仓

2011年10月16日（农历九月二十），是东汉汝南郡召陵县万岁里许慎遣子许冲到京城洛阳，献《说文解字》于朝廷1890年纪念日。

据考，许慎始著《说文解字》应在其校书东观时，具体时间虽无载。然许慎进京为太尉南阁祭酒，依汉制当在他三十岁举孝廉之后，抑或是当年。依许慎约生于明帝永平元年（公元58年），其三十岁，年当在和帝永元初年，即公元88年。进京后，“初，慎以五经传说，臧否不同，于是撰为《五经异义》”，“时人为之语曰：‘五经无双许叔重’”，“又作《说文解字》十四篇”。由此可知许慎开始创作的应该是《五经异义》。《五经异义》具体成书始末亦无详考。而《说文解字》的创作应该在创作《五经异义》之后。据有关专家考证，许慎作《说文解字》应约在公元90年后。当时一些“俗儒鄙夫，玩其所习，蔽所稀闻，不见通学”，“怪旧艺而善野言，以其所知为秘妙，究洞圣人之微旨”，“称秦之隶书为仓颉时书，云：父子相传，何得改易！乃猥曰：马头人为长，人持十为斗，虫者曲中也”等，“迷误不谕”。许慎对这种现象深恶痛绝，“恐巧说邪辞使学者疑”，于是“博问通人，考之于逵，作《说文解字》”，对汉字的形、音、义予以“探啧索隐”，“以究万原”，从而达到“理群类，解谬误，晓学者，达神恉”的意旨。

汉和帝永元十二年正月初一（公元100年）许慎作《说文解字·叙》，说明书已作毕。《叙》曰：“粤在永元，困顿之年，孟陬之月，朔日甲申。”永元：是汉和帝刘肇的年号。困顿：年份在甲子的“子”上叫困顿。永元十二年，年份在庚子，这一年公历为100年。孟陬：孟，四季月份开头的一月叫孟月；陬，正月为陬。朔日甲申：朔日，每月初一为朔日；甲申，六十甲子之一，在此用以记日。由此可知，《说文解字》从始创到草成，用了约十年时间。

有的学者以为，许慎是在作《叙》这一年，才开始写《说文解字》的，到公元121年完成，并遣子献书，共用了二十一二年创作时间。但不少学者认为，许慎写《叙》的这一年，《说文解字》已草成，到公元121年这21年时间为修改完善时间。由此推算许慎创作《说文解字》用了近30年的时间。据有关史料考证，后者的说法是比较可靠的。

许冲在《上〈说文解字〉表》中依次明确称“臣父，故太尉南阁祭酒慎，本从逵受古学”，“考之于逵，作《说文解字》”，“凡十五卷，十三万三千四百四十一字”，“慎前以诏书校书东观，教小黄门孟生、李喜等，以文字未定，未奏上。今慎已病，遣臣赍诣阙。”

贾逵是许慎的老师，是东汉时期古文经学派的代表人物，他于和帝永元十三年（公元101年）去世，即许慎作《说文解字·叙》的第二年去世。许慎举孝廉进京，为太尉南阁祭，从贾逵受古学，考之于逵，作《说文解字》，不应是一朝一夕的事。若是贾逵去世的前一年才写《说文解字》，如何“考之于逵”。

清代著名许学研究大家段玉裁在《说文解字注》中释曰：“古人著书，不自为是，时有增删改窜，故未死以前，不自为成。”所以书成后，“以文字未定，未奏上”，到老年在家中生病，才遣子带着书稿到京城奏于朝廷。

应该特别提到的是，凡写作书稿，大都是在完成书稿以后才作《叙》的。况且在《说文解字·叙》里，对汉字的产生、演变脉络清楚；写书原因、创作目的明确；对汉字的分类、解释条理分明；全书的卷数、字数标列详尽，且编排检字部首于其中。“此十四篇”，即指除《叙》和检字部首以外的正文部分。“五百四十部，九千三百五十三文，重一千一百六十三，解说凡十三万三千四百四十一字。”这里对正文的卷数，说解对象字数，解说字数具体翔实。这一切恐怕不是在没有作完《说文解字》的情况下所能够表现出来的。

由上可知，《说文解字·叙》应写于书稿完成之后，即公元100年。书稿完成后的第二年，许慎的恩师贾逵去世。汉安帝元初六年（公元119年），许慎辟洨长不就返乡，又二年遣子许冲上书。在这21年中应是对书稿“增删改窜”全面完善的阶段。

关于许冲上书的时间，其《上〈说文解字〉表》记载的很清楚，即“建光元年，九月己亥朔，二十日戊午上”。建光元年，是汉安帝在位的第十五年，即辛酉年，公历为121年。己亥、戊午，表示月、日次序。应是公元121年农历九月二十日无疑。又，汉安帝诏：“十月十九日，中黄门饶喜，以诏书赐召陵公乘冲布四十匹，即日受诏朱雀掖门，敕勿谢”。说明朝廷对许冲所上《说文解字》、《孝经孔氏古文说》已审阅毕，并予以肯定，对许冲献书进行了表彰。

从九月二十上书，到十月十九颁诏表彰，经历了将近一个月的审阅，看来朝廷对《说文解字》是认真的，同时以后也应该是进行了认真的收藏和保护，以至于流传近2000年，历代研究不衰，今天犹盛，称为“许学”或“说文学”，并形成一种专门文化现象，叫“许慎文化”。

还应该值得探讨的是：许慎遣子许冲进京献书，专家学者普遍认为许慎此时应居于家中，即万岁里。也就是说，许冲应在家中受父命携书稿到京城洛阳，献书朝廷。万岁里（今漯河市召陵区姬石乡许庄村）距京都洛阳有260余公里路程，即便许冲为公乘，可乘公家之车，恐怕由万岁里到洛阳也需要大约六七天的时间。许冲九月二十上书，那么离家的时间至少要在此八九天以前。离家为何日呢？根据许慎做事认真、处世谨慎的态度，和当时的社会习俗以及要把他毕生的心血献给朝廷，公之于世，这样的大事，他不会不考虑选一个恰当的日子让儿子起程的。他的《说文解字·叙》落款为农历的正月初一，恐怕也是有所考虑的。那么离家这个日子从献书时间前推，再除去路途时间，应该是农历九月九日。

九月九日是重阳节。据史料考证，重阳节始于远古，形成于春秋战国，普及于两汉，鼎盛于唐以后。《易经》把六定为阴数，把九定为阳数。阴数代表黑暗，阳数代表光明。九九日月并阳，古人认为是个值得庆贺的吉利日子，九九与久久同音，九在数字中又是最大数，有生命长久、健康长寿之意，故相聚宴飨为贺，俗以为节。九月九又是收获储藏季节，民间也有庆丰收祭天帝的活动，选择这个日子上书应是顺理成章的事。况且与上书时间也是比较吻合的。

综上所述，许慎《说文解字》应始作于公元90年后，草成于公元100年农历正月初一，又经21年修订，公元121年农历九月九日，病中命儿子许冲乘车带书稿进京。许冲进京后于九月二十日上书朝廷，献上书稿。朝廷得书稿后，又派人经过近一个月审阅，于十月十九日下诏表彰，《说文解字》从此得以面世，并流传至今。

许慎故里举行纪念许慎遣子许冲上《说文解字》1890周年活动，以上短文权作小礼致贺！

注：文中引文引自《后汉书·许慎传》；许慎《说文解字·叙》；许冲《上〈说文解字〉表》；段玉裁《说文解字注》等。暂不分别标注。

陈满仓，1948年出生，河南郾城人。郾城县许慎纪念馆首任馆长、名誉馆长。主要从事许慎文化方面的研究和宣传。

历组无名组残辞校读廿则

刘风华

郑州大学

提　要　历组、无名组卜辞中有一些残辞，诸家著录尚无妥当的考释，笔者尝试补释。其中有些对于通读辞例、考察卜辞文字有一定帮助。

历组、无名组卜辞主要收于《甲骨文合集》[1]、《甲骨文合集补编》、《小屯南地甲骨》、《英国所藏甲骨集》、《怀特氏等收藏甲骨文集》等大型著录，前贤已有不少考释及校勘，如对《屯南》进行考释或校勘的即有《屯南》上册第二分册[2]，姚孝遂、赵诚先生的《小屯南地甲骨考释》[3]，姚孝遂先生主编的《殷墟甲骨刻辞摹释总集》[4]中《屯南》部分，朱歧祥先生的《小屯南地甲骨释文正补》[5]，温明荣先生的《〈小屯南地甲骨〉释文订补》[6]，白于蓝先生《殷墟甲骨刻辞摹释总集校订》[7]中的《屯南》部分，周忠兵先生的《〈小屯南地甲骨·释文〉校订》[8]，近来又有曹锦炎、沈建华先生《甲骨文校释总集》[9]中《屯南》部分等。笔者在研读历组无名组卜辞的过程中，见有一些残辞，诸家著录似尚无妥当的考释，笔者谨尝试补释，勉为续貂，请师友不吝教正。

行文中残字用[ ]标注，拟补者用〔 〕表示，释文中缺少一字用□表示，称为“缺字符号”，缺少三字以上或者不明缺字数量用☐表示，称为“缺文符号”，古体字首次出现时用（ ）标出今字。

第一则:《辑佚》658版为骨面之残，上有两列卜辞，右侧辞“其”下有一字，照片较清晰，为“[illegible]”，拓片、摹本皆无此字踪影。

笔者认为《辑佚》658与《合集》34537为成套卜骨，二者的释文比较如下：

《辑佚》658.（1）辛巳贞:日又（有）戠,其先☐?（2）☐酢其[illegible]☐大乙六牛?

《合集》34537.（1）辛巳贞:☐?（二）（2）☐上甲，甲子酢其[illegible]卯☐?（二）

从该版照片及同文卜辞均有该字来看,《辑佚》摹本补释“[illegible]”字应无疑问。

第二则:《屯南》53版仅有一辞，竖行，三释同为“☐日戊，王其田贇、宂，叀又麋？吉”,《考释》为“…日戊王其田贇叀又[illegible]吉”。

诸释主要问题有二：第一，无名组“王其田某地”类的卜辞俯拾皆是，未见一例并列两个田猎地名，上释作“賫”、“𠆢”的字作[illegible]形，所指可能即《合集》29325、29327—29329版的“賫（[illegible]）”，系后者的异构或误刻。二者的区别在于所从的𠆢字，前者置于字形底部，后者在中部左侧。此字《类纂》收为2878号[10]，《甲骨文字形表》收为3262号[11]，均未收本版所见字形。

从奴、从𠆢之字，即《说文解字》中的“叡”，“沟也，从奴，从谷，读若郝。呼各切。”叡或从土，即“壑”字。“賫”字《说文解字》谓：“奴探坚意也。从奴，从贝。贝，坚宝也。读若概。古代切。”字又见于[illegible]匜和师旂鼎，两铭皆与狱讼判词有关，又兼读音相近，故唐兰先生认为该字即汉代法律上的专有名词“劾”[12]。郭沫若先生从铭文辞意出发，提出该字“读为梗概之概”，“铸器以纪其梗概也”[13]。

第二，四释辞末均无缺文符号，不确，此类卜问无名组常见，多作“叀又（有）某猎物射”形式，如《屯南》1103版的“叀又雉毕（擒）”、《屯南》4525版的“王其田麥，叀又狐毕”、《合集》28317版的“叀又狐射，毕”、《合集》28394版的“叀又兕毕”等。此版可释为：☐日戊，王其田[illegible]，叀又麋☐？吉。

再者，此版“吉”字漫漶，《摹释》摹写为[illegible]形，不确。这种字形仅见于用右肩胛骨的无二类，此版用左肩胛骨，字形稚拙，属于无一类，无作[illegible]形的可能。

第三则：《屯南》147版小而残，除了第一辞清晰可辨之外，该辞上方另有“[illegible]”和“[illegible]（祸）”二字，后一字残，二者间距较小。三释皆将其析为两辞，其第二辞仅一字“[illegible]”；第三辞《摹释》、《校释总集》为一“[illegible]”字，《屯释》则未释出残字“[illegible]”。《考释》共两辞，其认为第一辞为习刻，不确；第二辞仅有第一字“[illegible]”，“[illegible]”脱漏，可补。

“[illegible]”、“[illegible]”在第一辞上方，二者间距较小，有可能并非单独一辞，而是同属一辞。历一类卜辞中“今夕亡𡆥”、“王亡𡆥”、“旬亡𡆥”，辞末附记占卜地点的现象稍多，如《合集》33130、33133、33135＋16801，《屯南》56、756等，“[illegible]”有可能即属此类。本版可释为：（1）壬午卜：癸未？（2）☐[𡆥]☐？☐[illegible]。

《说文解字》所收“誖（悖）”字籀文从二或相倒，作[illegible]形，契文“[illegible]”字从二戥（捍）字相倒，作[illegible]形，籀文、契文形近，属同一字。前者或旁所从的口有可能由后者袐部的口形演化而来。

第四则：《屯南》303版属无名组一类，共两辞，第一辞竖行，仅余“翌日辛王其田湄日亡”诸字，第二辞前段残失，仅余末字“雨”，位于第一辞右上。《屯释》第一辞释为“翌日辛王其田湄日亡□”，辞尾用缺字符号而非缺文符号。《校释总集》释为“…翌日辛，王其田，湄日亡〔𢦏〕”，均有不妥。

从此版行款来看，其有可能是左肩胛骨骨条下端第一、二辞。无名组骨面卜辞也有竖行者，不甚多见，内容多完整，与之并列者亦多竖行，它们通常均是一组卜辞的领辞，其附属卜辞位于骨条，内容省刻较多。骨条下端的第一、二辞常为成对卜问，或正反对贞或选择贞。无论正反对贞还是选择贞，二者通常有内容重复或类似的部分，正反对贞的可举《合集》28543 版的“丁巳卜：翌日戊王其田，不冓大□”和“其冓大雨”，选择贞的可举《合集》27504 版的“其又匕（妣）己且（祖）乙奭，叀（惠）今日己亥𫤊”和“于来日己𫤊”。本版第一辞后段“湄日亡”自身语意不完整，又兼缺少与第二辞共同的“雨”等内容，参考无名组常见的文例，如“王其田，湄日亡𢦏，不雨”（《合集》28494）、“⧄王其田，湄日亡𢦏，不冓雨”（《合集》28512）、“⧄王叀田□，湄日亡𢦏，不冓大雨”（《合集》28645）等，可知其至少缺失两字。《屯释》第一辞末的缺字符号（缺一字）当改为缺文符号（缺多字），《校释总集》辞末虽有拟补，也需增加缺文符号。

本版可释为：（1）⧄翌日辛，王其田，湄日亡〔𢦏〕⧄？（2）⧄雨？

第五则：《屯南》358 版小而残，上有两列共四字，皆长大方正，居左一列第二、三字为“贞”、“王”，值得注意的是，“王”字有上横。此版可归历二 C 类。第二列仅一残字，作形，上下两端笔画残失，中部为封闭构件，内含两横。三释为“□丑貞：王⧄”，《考释》为“…贞王…”，脱第一字“丑”。第二列的残字诸家均漏释。

此版“王”字有上横，历二类中这样的字形仅见于历二 C 这个亚类。这个亚类中卜田猎者较多，卜问从哪个方向出猎的卜辞也有一些，如《屯南》1125 版的“……其田于东”，《合集》33903 +《补编》10620 版有“于北……”，据此，我们认为第二列的残字可释为“东”。本版可释为：（1）□丑貞：王⧄？（2）⧄［东］？

第六则：《屯南》1811 版极小，上有三残字、、，三释同为“⧄钔弜冓⧄”，《考释》为摹本，三字释为“令”、“弜”、“冓”。左侧第一字左边仅余下半，为竖笔贯穿两实心圆点，右侧是跪跽人形，二者合为常见字“钔”，《考释》释“令”不确。参考《合集》32671 版的“乙未貞：大钔，其冓翌日𫤊”和“□未貞：⧄

钔，弜□翌日”二辞，知“弜”字前当断读。本版可释为：☐［钔］，［弜茾］☐?

“钔”即“禦”，为禳灾之祭。《说文解字》谓“禦，祀也。从示、御声”，“御，使马也。从彳、从卸”，后一说似不确。“卸”字左下的止旁与“御”字左侧的彳，本为一体，即辵旁，许氏误将彳旁独立，而将止旁与“钔”合为一字。徐铉早已指出该字从“午”，但他说“午，马也，故从午”是不正确的。

第七则：《屯南》2584版右侧中部有两辞，刻写分三列，左侧辞的第二列、右侧辞的第一列掺杂一处，上下连刻，这一列有“帚”字，四释均将其断归左边一辞，三释为“癸酉卜：叩雨”、“甲戌卜：于丁丑☐其帚酌☐”，《考释》为“癸酉卜：……雨”、“甲戌卜：于丁丑其帚酌…”，皆有不妥。

与“帚”字有关的卜辞不多，见有：

《合集》13005.□申卜：帚雨?（《合集释文》“□申卜，㠯雨”，《摹释》为“……申卜帚雨”）

《合集》34283.戊子卜：帚㐅雨?（《合集释文》为“戊子卜，方㐅雨”，《摹释》为“戊子卜婦丂雨”）

《合集》33964.□酉帚……雨?（《合集释文》为“□酉帚……雨”，《摹释》为“……酉婦……雨”）

从此三版可知，“帚”字常与“雨”字连用。据此可知《屯南》2584版同字可能当归右侧有“雨”字的一辞，该辞可释为“癸酉卜：其帚雨”。

此字有三种释法：“㠯”、“帚（婦）”或“帚”，第三种更可存真。

本版相关两辞可改释为：（1）癸酉卜：其帚雨?（2）甲戌卜：于丁丑酌☐?

第八则：《屯南》2601版为左肩胛骨，骨条从下数第二辞末尾骨版残断，四释同为“丁酉卜：王𠦪”，辞末均无缺文符号，不确。蔡哲茂先生指此版与《屯南》3580为成套卜骨[14]，我们增加《屯南》422版，三者书风一致，皆属历一类，行款亦相类。后者仅一辞“丁酉卜：王𠦪其步”，《屯南》2601版同辞末骨版残断，所失的可能即“其步”二字。四释辞末当增补二缺字符号，改释为：丁酉卜：王𠦪〔其步〕?

第九则：《屯南》2849为小残版，仅右侧骨边竖行三个模糊不清的字，第一字泐痕较重，难以辨识，第二字作[illegible]，第三字仅余字形上部，作[illegible]。四释皆未释。

此版似与《合集》30178版内容相关，后者拓片清晰，释文为“□申卜：其去雨于𢦏童利”，残版第二、第三字可能即“𢦏”、“童”，两版字写法一致。

《合集》30681版有“其又于𢦏，叀舊𫴋用卅”，这样的辞例又如《合集》26994版的“辛丑卜:王其又𢦏伐大乙,叀舊𫴋用十人五”、《合集》27234版的“□□卜：其祏且甲，叀舊𫴋牢又一牛”、《合集》30358版的“□□卜：其祝父甲升，叀舊𫴋……”、《合集》30414版的“岳燎，叀舊𫴋用三牢，王受又”等，据此推论，“𢦏”可能也是被祭祀对象。本版可补释为：▨于𢦏［童］▨?

第十则:《屯南》2918版仅一辞共10字，分两列，左行，多数字较清晰，《屯释》、《校释总集》为“□子貞:秝目亡/隹/戠不若”,《摹释》为“……子贞㽙无……隹……戠不若”,《考释》为“……子貞秝目亡……隹戠不若”。三释的差异在于：一、“隹”和“戠”之间是否缺字及所缺字数。二、“秝”、“目”是否构成一字。此外，“隹”前的字被残泐所掩，不易辨识，四释均脱漏之。

第一个差异，此骨版顶端残断，前辞缺少干日字，其左侧平行处可能也缺失一字。《考释》当于“戠”前补缺字符号,《屯释》中的缺文符号当改为缺字符号。

第二个差异,“秝”、“目”间距较小,《屯释》、《校释总集》、《考释》均析为两字，《摹释》合为一字。鉴于《类纂》、《甲骨文字形表》均无此字头,似释为两字为宜。

第三个,“隹”前之字为[illegible]形,三释脱漏,《朱补》为“冎”,似与字形不合。“冎”字下方闭合，如[illegible]（《屯南》2280）。从字形看其似与《合集》30283版[illegible]为同字。此字《甲骨文字形表》收为2340号,《类纂》收为2133号，后者辞例仅《合集》30283版一例（774页），可补《屯南》2918版。

第十一则：《屯南》3661＋3716版有三辞，从左向右为“□□卜：又（侑）四方……”、“□申贞：[illegible]其奠……”、“……𠦪于……”三辞。唯右侧第一列最下方一字即第三辞末残字难以考辨，其仅余字形左上角，作[illegible]形，为一右向、纵刻的“又”，诸家均未释。

历二类的“𠦪”字可与“雨”、“禾”、“生”、“[illegible]”、“步”连用，求祭对象分自然神、先公、先祖和先妣、先臣五类，如河、岳、夒、上甲、大乙、父丁、妣庚、妣丙、伊尹等。其中，伊尹又可称为“伊尹[illegible]示”、“伊[illegible]示”，有时“[illegible]示”可单用，如《合集》34127版有“于[illegible]示又（侑）”,《辑佚》626＋627＋630版有“其𠦪[illegible]尞（燎）雨”。“[illegible]”字写法可与第三辞末的残字契合。

本版与下文诸版内容亦关联，请参下面释文（仅录密切相关者）：

1.《屯南》3661 + 3716. □□卜：又四方☑？☑□申贞：𠂤其奠☑？ /☑𡍮于𩰫☑？

2.《合集》32854. □□貞：王令𠂤今秋☑舟，𦣞乃奠？

3.《屯南》866. 辛巳貞：[王] □𠂤比□𣪊☑？☑□巳貞：𠂤以𦘕于𦋹乃 [奠] ？（一）/ □□貞：☑ [令] 比□舟，𦣞乃奠？

4.《合集》32555. 叀☑舟𦣞 / ☑弜比𣪊舟？（一）

5.《辑佚》626 + 627 + 630. 丙辰贞：王其令𦣞叟，于𢓊东洮奠？（三）☑才（在）𢼸东洮奠叟？（三）/ 其𡍮𩰫，尞（燎），雨？

第 3、第 4 版中“𣪊”字又见《合集》32834、32835 版，二者为成套卜骨，《合集释文》均释为“析”，不确。《摹释》认为前一版为习刻而未释，后一版中摹而未释，其实，前一版并非习刻，而是黄天树先生归为“历草类”[15]的一种卜辞。该字用法及内容同宾组《合集》4025、6073 版的“𣪊”，均有令某人奠“𣪊舟”之义。

“𣪊（𣪊）”又见《补编》10486 版，作[illegible]、[illegible]。该版另有“庚寅卜：令犬征田亯”、“弜犬征亯”二辞（后者省刻较多内容），结合上文 5 版，推测“𣪊舟”可能与农耕有关。

于省吾先生曾针对《邺三下》三九 · 三（按：即《合集》32834 局部）提出：“析字三见，均作𣪊，析字应训为解”，“析舟”训“解缆以行舟”[16]。详审三字[illegible]、[illegible]、[illegible]，其右侧主体部分均系两笔写就，与“斤”有别。且该版与《合集》32835 版为套卜，后者同字作[illegible]，左侧非木，右侧从殳不从斤，可知该字并不好释为“析”。由此似可推知于先生关于“析舟”的考释可能是有问题的。

第十二则：《屯南》4520 版仅见“酉”、“旬”两字，上下连刻，“旬”字在右骨边，其左、下方未见其他内容。《考释》为“酌旬”，三释为：“/ 酉旬 /”，似皆不妥。

《屯南》2680、4354 等版有“癸某：旬”这样的“简化”卜旬辞，辞中无“贞”、“亡𡆥”，此版亦无，推知它们可能是同一种类别的卜旬辞。此版可改释为：□ [酉]：旬？

第十三则：《补编》8755 为龟版后右甲，上有一辞“甲午卜：𢀛又伐父乙未”，《补编释文》有附注“此片疑伪刻”，此说待商。

此版与《合集》964 相重，《合集释文》、《校释总集》无“伪刻”之说，杨郁彦先生认为其属师历间 B 类[17]。

《屯南》751为左肩胛骨之残，历一类，刻辞很清晰，骨条最下方一辞为“壬午卜：㐬又伐父乙”，辞末有清浅的线条，不知是否为残字，待考。其与《补编》8755区别有三：第一，前辞干支分别是甲午、壬午，二者首尾相隔13日。第二，《屯南》辞末无“未”字，《补编》有，该字与前面的“父乙”连读为“父乙乙未”，这种“不加任何记号直接将重文省去”[18]的文例师历类多见，并“仅见于上述各类卜辞（本文按：即历一类、历二类、妇女类、午组卜辞、师历类），应该是武丁某个时期流行的一种书写习惯”[19]。第三，《补编》版㐬和《屯南》版㐬系同字异构[20]。《合集》32226亦为师历类，有“己酉卜：子又伐父乙”一辞，内容类同。

我们认为此版非伪刻，而是师历类和历一类同卜一事的又一例证。

第十四则：《补编》10445版（《合集》32516＋33611）为骨面之残，左侧有辞“□未贞：乙酉又彳岁于且乙十牢”。右侧骨边有数字，《补编释文》、《校释总集》为“五十人叀羊”。骨版未见“五十”，可能是“王”字之误释。“人”字紧邻右骨边，可能是某字之残余。

此版似与《合集》32790、32558为成套卜骨，它们行款类似，有同的内容。《合集》32790版左侧骨边有3辞：（1）叀□羊？（2）▨又岁于伊▨王▨？（3）▨祝用？以此为参考，《补编》10445版右侧两辞似可改释为：（1）叀十羊？（2）▨[伊]▨王▨？

第十五则：《合集》31991版残而小，上有两辞。《合集释文》为：（1）己卯卜，贞叀𠙵父……（2）□□〔卜〕，贞……令……众……《摹释》第二辞同，第一辞为“己卯卜贞叀㕣父…”，《校释总集》为“己卯卜，贞叀□父…”，均有不妥。

此版似与《屯南》2260＋2804为成套卜骨，后者较大而清晰，相关两辞为：（1）己卯卜，貞：叀大史？（2）□卯卜，貞：小史？

前者第一辞、后者第二辞内容大同小异，诸家释为“𠙵父”、“㕣父”、“□父”者即后者辞中的“小史”合文，二字间距较小，后一字“史”被泐痕掩盖，中竖笔断开，致误释。“记事者曰史，象手执中（工具形，非中字）或中状。”[21]至于后者较前者省刻虚词“叀”，这种现象在同文卜辞中并不罕见。《合集》31991版可释为：（1）己卯卜，貞：叀小史？（2）□□□，貞：▨令▨众▨？

第十六则：《合集》33046版残，上有三辞，第一辞为“方其出”，第二辞为“庚辰卜：又▨”，第三辞为“庚辰卜：▨”。第二辞《合集释文》释为“庚辰卜……”，《摹释》、《校释总集》为“庚辰卜又…其…”，皆不妥。

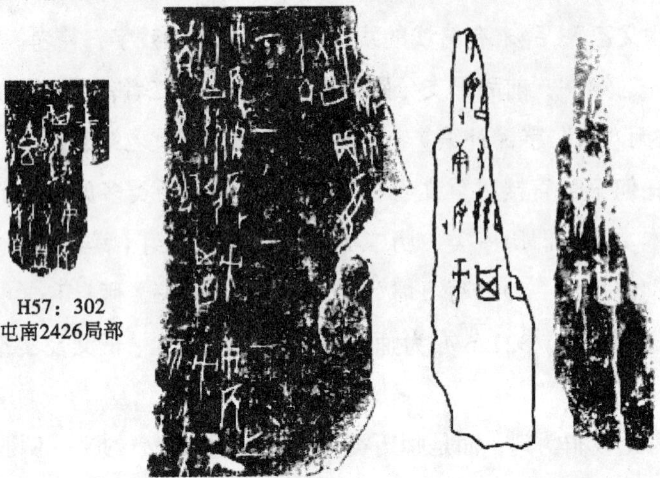

H57：302
屯南2426局部

合集33241局部

合集33046摹本及拓片

蔡哲茂先生已指出《屯南》2426、《合集》33241为成套卜骨[22]，我们增加《合集》33046版，第二版涵盖了第一版和第三版的内容。后二者皆有“方其出”一辞，第三版第二辞命辞中“又”下方有▯字，可能即第二版“庚辰卜：▯其人东卿（嚮）”之“▯（▯）”字，此二辞卜同事。“▯”字《合集释文》释为“𦀚”、《摹释》释为“允”，似均与字形不合。《合集》33241版第三版第三辞有前辞“庚辰卜”，命辞仅一残字▯，似为“▯”字下部，后者见第二版“庚辰卜：又▯人其南”一辞，此二辞亦卜同事。

本版似可释为：（1）方其出？（2）庚辰卜：又［▯］▨？（3）庚辰卜：□［▯］▨？

此三版中，前二版的“贞”及“▯”字方耳，“庚”字作平肩形，“辰”字末笔为较短的弧形，“其”字呈扁平形，“又”字由两个较为圆转的弧笔写就，二者在字形中部靠下位置相交。这些字属于历一类中时代稍晚的B类。第三版“庚”字为斜肩形，“辰”字末笔呈S形，上端勾曲，下部纵向拖长，“又”字由一长一短两个折笔构成，下笔延伸较长。这一版属于历二类中时代较早的A类。请参附图。历一B和历二A类常见同卜及同版者。

第十七则：《合集》33096版有“亥”、“立”、“中”三字，“立”字上方另有两个残字，仅余其左半，第一字为三个上下叠加的斜直笔，第二字作▯形，中部竖笔和左侧折笔下端皆贯穿实心珠状笔画。此辞三释均释为“……亥……立中”，似有可补。

本版似与《合集》32227为成套卜骨，后者版大且清晰，有“辛亥贞：生夕乙亥酌嵒立中”，“酌嵒”写法同上文两残字。据后者，本版可释为：☐亥[酌嵒]立中？

第十八则：《合集》33342版有三辞，第一辞仅有一残字，可能是“受”。第二辞右行，很清晰，为“己亥卜：又羍禾”。第三辞三字，皆残失上部，第一字残且漫漶，形，后二字据第二辞可知为“羍禾”。此辞《合集释文》、《校释总集》为“□□卜：[又]羍禾”，《摹释》为“…羍禾”，皆有未妥。

第三辞的“玄机”就在第一字，我们认为此字应释为“亡”。从字形来说，其不过是常见的“亡”字残失了左侧半封闭性外框的上部。从行款来说，从第三辞后两字连读可推知，此辞系单字单行横刻，其上方无其他内容。从文例来说，第二、第三辞“又羍禾”、“亡羍禾”正反对贞，合乎常式而怡然理顺。本版可改释如下：（1）☐[受]☐？（2）己亥卜：又羍禾？（3）[亡羍禾]？

“羍”字《说文解字》释为“车轴端键也，两穿相背”，与字形不合。甲文中，该字为会意字，“象人的足趾为虫虺所咬啮，也与伤害之义相合，应该就是伤害之‘害’的本字。后世习惯于假借字‘害’表示伤害之义”[23]，原字废弃不用。裘锡圭先生之说是可信的。

第十九则：《合集》34119版似为骨面之残，上有两列卜辞，右侧为“□丑卜：其𡕒□☐”，最下方一字残，仅余上方的日旁。《合集释文》为“□丑卜：其復日……”，《摹释》、《校释总集》为“…丑卜其𡕒日…”，末字皆释为“日”，不确。

此版似与《合集》34601版内容相关，后者有“丁卯卜：戊辰𡕒旦？兹用”、“弜𡕒，其祉”二辞，据此前者从日的残字似可释为“旦”，该辞释为：□丑卜：其𡕒旦☐？

“𡕒”为退之本字，“本从倒止，从㿝（𣪘本字）声。金文累加彳旁，所从㿝形略有讹变。后世习从辵作退。古退字抑或从内声。”[24]此字《说文解字》失收。

第二十则：《合集》35318版残，上有六字，《合集释文》为：“……□令步……生𡆥（祸）”《校释总集》为“……令步……叀𡆥”（“令”字属笔误），《摹释》为“……今步……叀𡆥”，皆不确。

此版“冎”上方的残字作形，三释分别释为“生”或“叀”，非也，其为“至”

字下部。“至冎”、“今夕亡至冎”为常见卜辞。此版下方“步”字左侧有两个不大明显的残短横笔，似为“于”字之残，“于某日步”或“于某地步”亦属常见。同版卜问“王步”和“今夕亡至冎”或“今夕亡冎”者在历组并不稀少。由此可知，上述两家将诸字合为一辞不妥。此版可改释为：（1）[于]□□步？（2）☐今〔夕亡〕[至]冎？

本文为教育部重点人文社科基地重大项目“河南出土甲骨文、金文研究大系”（项目号 10JJDZONGHE016）和国家社科基金项目“殷墟村南系列甲骨卜辞的整理与研究”（项目号 10CZS009）的阶段性研究成果。

注释

[1] 本文的简称对照如下：《合集》、《补编》、《屯南》、《英国》、《怀特》、《辑佚》、《邺三下》、《合集释文》、《屯释》、《摹释》、《考释》、《类纂》、《朱补》、《校释总集》分别指《甲骨文合集》、《甲骨文合集补编》、《小屯南地甲骨》、《英国所藏甲骨集》、《怀特氏等收藏甲骨文集》、《殷墟甲骨辑佚》、《邺中片羽三集（下）》、《甲骨文合集释文》、《小屯南地甲骨释文》、《殷墟甲骨刻辞摹释总集》、《小屯南地甲骨考释》、《殷墟甲骨刻辞类纂》、《小屯南地甲骨释文正补》、《甲骨文校释总集》等。用“四释”并称《屯释》、《摹释》、《考释》、《校释总集》，用“三释”并称《屯释》、《摹释》、《校释总集》。卜辞组类简称参李学勤、彭裕商《殷墟甲骨分期研究》、黄天树《殷墟王卜辞的分类与断代》，历一类、历二类、历草类、无一类等分别指历组一类、历组二类、历草体类、无名组一类等。

[2] 中国社会科学院考古研究所《小屯南地甲骨》，拓片部分为上册第一、第二分册，中华书局 1980 年版；释文部分为下册第一分册，中华书局 1983 年版。

[3] 姚孝遂、赵诚：《小屯南地甲骨考释》，中华书局 1985 年版。

[4] 姚孝遂主编：《殷墟甲骨刻辞摹释总集》，中华书局 1996 年版。

[5] 朱歧祥：《小屯南地甲骨释文正补》，见《甲骨学论丛》，台湾学生书局 1992 年版。

[6] 温明荣：《〈小屯南地甲骨〉释文订补》，见《考古学集刊》第 12 集，中国大百科全书出版社 1999 年版，又见《甲骨文献集成》第 19 册，四川大学出版社 2001 年版。

[7] 白于蓝：《殷墟甲骨刻辞摹释总集校订》，福建人民出版社 2004 年版。

[8] 周忠兵：《〈小屯南地甲骨·释文〉校订》，东北师范大学硕士学位论文，2004 年。

[9] 曹锦炎、沈建华：《甲骨文校释总集》，上海辞书出版社 2008 年版。

[10] 姚孝遂主编：《殷墟甲骨刻辞类纂》，中华书局 1989 年版。

[11] 沈建华、曹锦炎：《甲骨文字形表》，上海辞书出版社 2008 年版，第 132 页。

[12] 唐兰：《陕西岐山县董家村新出西周重要铜器铭辞的释文和注释》，《文物》1976 年第 5 期。

[13] 郭沫若：《两周金文辞大系图录考释》，科学出版社 1957 年版，第 26 页。

[14] 蔡哲茂：《甲骨缀合集》，台湾乐学书局 1999 年版，第 207 页。

[15] 黄天树：《殷墟王卜辞的分类与断代》，科学出版社 2007 年版，第 199 页。

[16] 于省吾：《释“析舟”》，《甲骨文字释林》，中华书局 1979 年版，第 284 页。

[17] 杨郁彦：《甲骨文合集分组分类总表》，台湾艺文印书馆 2005 年版，第 13 页。

[18] 裘锡圭：《甲骨文字考释（八篇）》之《甲骨文中重文和合文重复偏旁的省略》，《古文字研究》第四辑，中华书局 1980 年版。

[19] 黄天树：《殷墟王卜辞的分类与断代》，科学出版社 2008 年版，第 209 页。

[20] 刘钊：《古文字构形学》，福建人民出版社 2006 年版，第 29 页。

[21] 王蕴智：《商代文字结体例说》，《字学论集》，河南美术出版社 2004 年版，第 153 页。

[22] 蔡哲茂：《甲骨缀合集》，台湾乐学书局 1999 年版，第 191 页。

[23] 裘锡圭：《释 》，《古文字学论集》，中华书局 1992 年版，第 13—14 页。

[24] 王蕴智：《商代文字结体例说》，《字学论集》，河南美术出版社 2004 年版，第 130 页。

刘凤华，女，1971 年出生，河南汤阴人。历史学博士，郑州大学文学院副教授。主要从事古文字学的教学和研究。

字圣故里绽奇葩　四海鸿儒话《说文》
——2005年首届许慎文化国际研讨会纪要

齐航福　张　晗

河南省社科院　漯河市许慎文化园

2005年，首届许慎文化国际研讨会在漯河成功召开。这次会议承继了文字学宗师许慎的传统，同时也拉开了对许慎文化进行深入研究的序幕。

一　首届许慎文化国际研讨会的各项准备工作

（一）理论创新及关于许慎文化资源开发的科学规划

《说文》在中国文字学史上地位崇高，清代的儒学家们曾将《说文》比附于六经，将许慎的地位等同于孔子。历代文人学士和中原乡民都对这位字学先哲怀有十分崇高的敬意，并进行过不同形式的纪念活动。然而，长期以来许慎和《说文》也多是专业学者的研究主题，对于许慎所开创的汉字学及汉字文化事业以及许慎文化资源的保护和开发都有待境界上的提高。2004年秋，漯河市寻求文化兴市的新思路，拟召开新一届以纪念许慎为主题的大型学术研讨会。此时正在提议为汉字安家，为安阳中国文字博物馆的建设进行积极论证的王蕴智教授，同时也接受了漯河市人民政府的聘请，担任漯河市许慎文化资源开发特聘顾问。2005年初，王蕴智教授在筹备纪念许慎活动中，向主管领导提交了《关于开发许慎文化资源的规划构想》，该文成为漯河市开发许慎文化资源并举办首届许慎文化国际研讨会的指导性文件。在该文中，他首次对“许慎文化”这一新的概念进行了阐述，指出“许慎文化”作为一个概念，其内涵应包括许慎精神和《说文》学两个方面。这个界说还可以广义一点来理解，即“许慎文化当是指华夏同胞热爱汉字、学习研治汉字的传统人文精神以及由许慎所发凡、创立的汉字学学术事业”[1]。王先生的这一思路实际上要更高境界地来开展纪念许慎的活动，是要泛许慎化，旨在让许慎和《说文》学走出书斋，成为弘扬汉字文化与中华民族精神的潜在动力，让全社会都认识许慎、了解《说文》，积极培育中原家乡人民像许慎那样热爱家乡、热爱汉字文化的精神。王蕴智教授在该文中还特别指出：

对许慎文化资源的开发，一是要在地方政府的领导和支持下，组织多种形式的普及宣传活动，让全市和广大中原人民了解许慎和《说文》，了解中原家乡汉字文化的地域优势，充分认识开发许慎文化资源的重要意义，积极培育适合许慎文化资源开发的大环境。二是应充分认识到汉字文化的博大精深和汉字本身的价值，认识到古今汉字演化的复杂性和汉字学本身的专业性。故这方面一开始尤需注重选拔培养有关专业人才和管理人才，并向学术界聘请许慎与汉字文化、园林建筑规划诸方面的专家做顾问，组织一支高素质的管理班子和专业团队。三是经过反复论证，切实制订出总体开发议项和科学的近、远期规划，保证开发项目实施的质量和今后工作的规范有序，尽可能使许慎文化资源开发有条不紊、循序渐进，周密规划、不赶风潮，力戒浮躁虚套，少走弯路。相信通过对许慎文化资源的全面开发，必将大大提升漯河城市乃至中原家乡的文化品位，树立起河南文化大省的良好形象。[2]

王蕴智教授还提出了具体的规划目标和设想：希望将许慎的家乡漯河建成全国乃至国际性的许慎学术研究中心、许慎文献资料中心和许慎圣地旅游中心。创建“字圣苑”和“汉字馆”，定期举办“汉字文化节”。首届许慎文化国际研讨会，便是以学术研讨促进文化兴市，并由此拉开了许慎文化研究、保护和资源开发的序幕。

（二）漯河市在科学规划指导下的各项工作

“许慎文化”这一概念的提出和阐释，进一步激发漯河市人民开发许慎文化的热情。在 2005 年 6 月的市政协会上，就有代表建议在入市口设立许慎雕塑，让许慎文化进学校、进课堂。并将《挖掘许慎文化资源，打造漯河文化品牌》作为政协会上的重要发言。

围绕“三个中心”的建设，漯河市以许学和汉字文化开发为前提，基础设施建设规划逐步展开。为了迎接首届许慎文化国际研讨会，漯河市在舆论宣传和硬件建设上都下了大工夫。如他们重修许南阁祠、完成许慎塑像、整修许慎陵园，并修建通往许慎陵园的许慎路等，这些硬件设施的建设让与会的学者和记者们赞不绝口。漯河在宣传方面所作工作更是值得称道，他们从新闻宣传、社会宣传、对外宣传三个方面，全方位、大剂量地对研讨会的工作进行了宣传报道。新闻宣传方面，各新闻媒体统一开办“以实际行动迎接首届许慎文化国际研讨会召开”专栏；社会宣传方面，在会议期间举办了“许慎文化故里行”文艺晚会，入市口宣传牌以及宣传标语使人感受到了漯河人民建议文化产业的热情和魄力；对外宣传方面，开通中国漯河网·许慎文化专题网页，出版发行了“文宗字祖——许慎”邮票珍藏册等。付印《说文解字》珍藏本，并赠送与会专家。

为弘扬许慎文化，打造漯河城市文化品牌，漯河市也进行了许多有益的探索。以许慎文化品牌整合漯河传统文化资源，以弘扬许慎文化为载体来丰富群众性文化活动。以许慎文化品牌构建漯河旅游战略，以许慎文化塑造漯河城市精神，使漯河人拥有“敢为天下先、包容一切”的胸怀，培养漯河人“谦恭礼让、善于学习”的性情，塑造漯河市有别于其他城市的独特精神和气质。目前建成的许慎文化网，可以说是漯河在推进许慎文化资源开发，扩大宣传影响方面的又一适合现代社会需求的重要举措。

二　首届许慎文化国际研讨会的召开和主要内容

（一）会议的盛况

2005 年 11 月 21 日，漯河市体育馆外大红的条幅和喜庆的充气拱门、盛开的金菊将漯河渲染出一片节日的气氛。体育馆内来自中国、美国、加拿大、乌克兰和中国香港、台湾等多个国家和地区的近 200 位著名专家学者、许氏宗亲代表以及省内外各大媒体齐聚一堂，由中国文字学会、中国训诂学研究会、河南省人民政府主办，河南省文字学会、中共漯河市委、漯河市人民政府承办的首届许慎文化国际研讨会开幕了。全国人大常委会副委员长许嘉璐，省委书记、省人大常委会主任徐光春，省人大常委会副主任袁祖亮，副省长王菊梅，省政协副主席陈义初等也出席了开幕式。

开幕式上，全国人大常委会副委员长、全国训诂学会前会长许嘉璐先生发表了激情洋溢的演说。许先生的演说围绕许慎与许慎故里漯河进行，他指出许慎的《说文》是世界上第一部编纂科学、流传至今的字典，依据它可以对中国的文字察流知变。我们的文化之所以如此延绵悠长，在人民群众中牢固生根，我们广袤的国土虽方言各异，但却能始终以中华大一统为主线，这些都与许慎在规范汉字，探明字理方面作出的杰出贡献分不开。亲临首届许慎纪念活动的许嘉璐还说道：

中国经济社会的迅猛发展，使包括汉语、汉字在内的中国文化，开始昂首阔步地走向世界。因此国家正在制订规划，实施汉语国际推广的战略。这对弘扬许慎文化提供了一个千载难逢的机遇。建议漯河市要抓住机遇，大力宣传许慎文化，定期举办许慎文化国际研讨会，使之成为一个有地方特色、文化氛围浓郁的文化活动，把漯河市建成许慎研究的资料中心和研究中心。并建议漯河市政府将许慎文化研讨会一届届地办下去，并定期举办许慎文化节，以支持学术研究、弘扬许慎精神。

在开幕式结束后，与会代表和各位领导还一起来到许慎陵园，大家怀着崇敬的心情拜谒许慎墓，并为新落成的许慎铜像揭幕。

首届许慎文化国际研讨会是由许慎与《说文》研究学术研讨会、许慎文化资源开发项目与推介会、许氏宗亲座谈会、“许慎杯”全国著名书法家作品展、许慎文化旅游及经贸洽谈会等几个部分组成。作为许慎文化国际研讨会主体的“首届许慎与《说文解字》研究学术研讨会”分两段举行。第一阶段是 21 日下午的大会主题发言，教育部语信司副司长王铁琨主持了会议。北京师范大学王宁教授、四川大学赵振铎教授、韩国网络大学中国学系许璧教授、南开大学向光忠教授、郑州大学齐冲天教授、中国训诂学研究会会长李建国教授分别作了有关《说文》和许慎研究的报告。会后大家就有关问题进行了讨论，并现场观看了许慎文化景区开发规划思路演示。第二阶段是 22 日上午的分组讨论，与会专家学者围绕许慎、《说文》、汉字学、古文字学等内容进行了交流和探讨。在会议的闭幕式上，河南省文字学会副会长宫大中教授向与会国内外嘉宾发出了《关于进一步弘扬许慎精神、促进许慎文化资源开发的倡议》，并当场向漯河市捐赠了“许学”研究的四部学术专著。会后漯河市还组织与会学者参观了双汇集团、许南阁祠、小商桥遗址和南街村集团。

（二）研讨会内容简述

在首届许慎文化国际研讨会上，与会学者共提交了论文 80 余篇[3]，并在会议上围绕许慎及其所著《说文》、汉字地位与价值、许慎文化资源开发建设等问题进行了热烈的讨论与交流。综合这次会议的论文和讨论，主要有如下几个方面的内容。

1. 对许慎、《说文》、汉字地位和价值的总结和评价

会上学者们对许慎及其所著《说文》一书的价值进行了高度的评价。这方面

的论文主要有王宁教授《〈说文解字〉在20世纪的命运及其应有的地位》、李建国教授《〈说文解字〉与汉字规范》、向光忠教授《关于“说文学”的现代化研究》、苏培成教授《〈说文解字〉和现代汉字研究》、卢博文教授《中国文字与中国统一大业》、宋均芬教授《许慎为世界级的历史文化名人》、吴永坤教授《许慎文字功能及其在当今的意义》、黄亚平教授《许慎对中国文字学学科研究体系的创造性贡献》、张其昀教授《〈说文解字〉在传统小学中的地位》、许敬生教授《简论〈说文解字〉在中医研究中的价值》、杨宝忠教授《〈说文〉在大型字书疑难字考释方面的价值》、叶茂根副编审《不要轻忽汉字这个文化珍宝》、胡谭光教授《〈说文解字〉与中华文化》、杨汝舟教授《许慎〈说文解字〉的精义与影响》等。对于许慎，宋均芬教授认为他是一位世界级的历史文化名人，吴永坤教授评价说：“是继秦始皇之后，为规范汉字，以个人之力，写下了1900余年奉为圭臬的巨著”。对于汉字地位以及《说文》，王宁教授说：“20—21世纪之交，是汉字真正改变了被废除命运的时代，是全世界把目光投向东方古国中国因而也将喜爱、崇敬和学习的渴望投向汉语与汉字的时代，在这个时代，《说文解字》逐渐被理解，重新放出了异彩，《说文解字》小篆也就在这个时期进入国际编码而走向世界。”

中国台湾学者陆炳文先生发表《由汉字、汉语走向世界从而看中华民族的伟大复兴》的演说，中国香港中文大学胡谭光教授发言认为许学是中华文化的精髓，对于凝聚民族精神有着非常重要的作用。两位先生的演说或发言将汉字文化和许慎提到民族精神的层面，这在与会学者中产生了极大的共鸣。学者们由此体会到汉字文化以及许慎文化开发的巨大感染力，纷纷对许学的进一步发扬光大谈了各自的意见。

2. 许慎和《说文》本体研究方面的宏观和微观考察

在宏观学术研究方面，周宝宏教授撰有《联合精英，全面深入地整理研究〈说文解字〉》一文，他首先指出了从20世纪至今“说文学”研究领域的一些遗憾，并分析了造成这种局面的多种原因。文章最后，周先生还详细地提出了有关全面深入整理研究《说文解字》的一些课题，供《说文》学界、古文字学界以参考。陈双新教授《试论〈说文解字〉的历时研究与共时研究》也从总体上对《说文》的研究情况进行了总结。董希谦教授《“许学”研究的历史现状与任务》回顾了“许学”研究的历史，总结了现状，并展望了研究的前景，指出做些有益于民族文化发展的事情，乃发展的必然，广在人民的心愿。冯蒸教授的《论“说文学”的体系》提出了“说文学”体系的概念和一个初步的体系系统。

在具体研究方面，有把《说文》与其他字书作对比研究的，如赵振铎教授《〈说文〉和〈集韵〉》文。赵先生指出《集韵》在利用《说文》材料方面，比《广韵》更进一步，它把引用《说文》列入《韵例》，这是以前辞书所没有的。《集韵》在解释字义时，如果《说文》中有解释，它就一定要引用《说文》。赵文最后指出今天研究《集韵》对《说文》的取舍，探索它对许书的继承和发展，可以为今后编纂新辞书找到借鉴。门艺博士把《说文》与《玉篇》作了对比研究，她在《〈说文〉、〈玉篇〉歺部字意义分析与比较》一文中指出从《说文》到《玉篇》的“歺”部字，不仅文字数量增加，而且词义也有变化。有就《说文》某一部进行研究的，如陈燕教授《〈说文解字〉“文一部首”设立与消亡》一文，“文一部首”’是《说文》540部的组成部分，是《说文》注明“文一”字样而无属字的部首之简称，陈教授认为“这种特殊的部首现象，体现出《说文》的立部精神”。有就《说文》的材料进行音韵学方面的探讨的，如马伟成博士撰有《〈说文解字〉部首亦声字之探析》文，据马博士的统计，《说文》中出现的亦声字共有217个（含新附字）。有就《说文》进行词汇学、训诂学研究的，如齐冲天教授撰有《许慎对单音节词的分析与研究》一文，《说文》中9353个字都是单音节词，齐教授经过研究后指出：“《说文》通过九千多单音节词的音义分析，贡献出了一个只有很少量错误的谐声系统，它推动了古音学的发展”。有对《说文》的字形进行考察的，如徐在国教授《试说〈说文〉古文“蓝”字》、崔枢华教授《今本〈说文〉正篆字数考》等。有就《说文》及其时代进行的社会学的考察，如陆锡兴《许慎时代的汉字民俗》、钱奕华教授《从〈说文〉贝部考见中国古代经济》等。

3. 对汉字学理论、六书、《说文》系字书的研究及古文字研究

这次会议提交的论文有很多是对汉字的基本理论如对文字的源流的探讨、六书理论的考察等。例如白兆麟教授《论传统“六书”之本原意义》、魏清源教授《许慎转注论》、周国瑞教授《形声字“省声”结构、穿插结构和讹变结构中声符的辨识》等。其中，白兆麟教授文先是对汉字的性质以及《说文》与六书之间的关系进行了说明，继而又对传统六书以及“四体二用”之说进行了评析。

更多的论文是利用出土古文字材料来补正《说文》以及进行比较研究。如赵

平安教授《秦代文物资料上篆文与〈说文〉小篆的比较研究》、王贵元教授《〈说文〉古文校录》、黄文杰副教授《以秦汉篆隶校正〈说文〉小篆析形之误》、赵立伟女士《魏三体石经小篆与〈说文〉小篆比较研究》等。其中，王贵元教授通过把《说文》古文与楚简文字作对比，共发现120余个字形相同，他认为《说文》古文本来是战国经书和钟鼎文字的实录，字形应无错讹，但历经传抄转刻，便难尽保真。此外，对于《说文》系的字书和“说文学”的专著，学者们也有涉及。如樊俊利女士《郑珍〈说文逸字〉的研究》和班吉庆教授《〈说文〉段注古今字理论的历史贡献》等。

《说文》是研究古文字的津梁与管钥，古文字研究也同样促进了《说文》的深入研究。因此这次会议上，有很多考古界的同人向大会介绍了新出土的古文字资料。如安阳甲骨文学会的党相魁先生介绍了小屯西地、花园庄、小屯南地的零星出土材料，以及安阳民间所藏的一些甲骨和新见字形。古文字研究方面提交的论文对与会学者也都有很大的启发性，如蔡运章研究员《从贾湖刻划符号到殷墟甲骨文字——兼论中国文字起源的巫术色彩》、郑杰祥研究员《二里岗甲骨卜辞的发现及其意义》、刘信芳教授《古文字歧读释例》、郑慧生教授《释“我”》、涂白奎教授《说西周金文中的“狐”字》、王长丰博士《束、亚束族器的初步整理》、刘风华博士《文字源流解说三则》等，这些论文均引起了与会学者极大的兴趣和讨论。

4. 许慎文化开发的探讨和其他

就许慎文化的开发方面，王蕴智教授《关于开发许慎资源的规划构想》、舒怀教授《关于扩充利用许慎纪念馆的建议》、蔡万进研究员《河南文字学成就的文物旅游资源价值与开发利用》吸引了不少学者的注意，他们分别提出了自己的想法和意见。与会学者们对漯河重打“许慎文化牌”、弘扬许慎精神的一系列举措表示了赞赏。其他如姓氏研究、许氏的起源与迁徙、许慎对许姓研究的贡献等也有专文论述。

首届许慎文化国际研讨会虽然只有两天的会议议程，但与会学者却达成了一个共识，即今后要加大力度，进一步加强对许慎文化名人的宣传和许慎文化资源的开发。“许慎文化资源的开发，说到底即是对许慎精神以及汉字文化价值的开发，这方面尤以光大许慎精神为前提。因为只有大张旗鼓地宣传许慎事迹，提倡光大许慎精神，我们才会营造起中原家乡所特有的汉字文化氛围，广大家乡父老才会像许慎那样热爱我们的汉字、热爱一直由几千年古今汉字所维系着的我们的精神文化家园。只有光大了许慎精神，才会令更多有识之士像许慎那样致力于弘扬汉字文化事业，并在如今这么好的历史条件下，把我们的汉字当成一种人类文化瑰宝来加以呵护、加以开发。”就许慎文化资源的开发前景，王蕴智先生说：“许慎文化资源的开发和目前已获国家批准的安阳中国文字博物馆建设项目，有望在中原大地上以京广铁路大动脉为轴心，南面漯河与北面安阳彼此呈呼应之势，二者相辅相成，形成独特的文字走廊，共同营造一种别具特色的中原文化景观。”[4]

目前，漯河市政府筹备并承办的第二届许慎文化国际研讨会，拟定于2010年10月26日至28日召开。本会将再次邀请海内外知名文字学专家聚会漯河，并于10月27日举行“许慎文化园”开园仪式。通过中原人民和广大学人的携手努力，我们相信，在不久的将来，字圣故里能够建设成为许慎文化学术交流中心和汉字文化遗产开发的重镇，期待字圣家乡将来能够开发成为汉字文化之乡。

注释

[1] 文章后来以河南省文字学会倡议的形式收入王蕴智、吴艾萍、郭树恒主编《许慎文化研究——首届许慎文化国际研讨会论文集》，中国文艺出版社有限公司2006年版。

[2] 王蕴智：《关于开发许慎资源的规划构想》，收入《许慎文化研究——首届许慎文化国际研讨会论文集》。

[3] 经过有关专家筛选编辑，会后有55篇论文收入《许慎文化研究——首届许慎文化国际研讨会论文集》。

[4] 许慎文化资源的开发和安阳中国文字博物馆建设项目，是由王蕴智教授提议的，两者同属文化建设项。参看杨志有：《许慎的家乡应该成为“三个中心”——访河南省文字学会会长王蕴智》，《漯河内陆特区报》2005年7月11日B3版；王蕴智：《关于开发许慎文化资源的规划构想》，收入《许慎文化研究——首届许慎文化国际研讨会论文集》。

注：此文撰于第一届会议之后，本届会议前。

齐航福，男，1975年出生，河南虞城人。河南省社会科学院研究员。从事古文字学方面的研究。

张晗，女，1979年出生，河南许昌人。漯河市许慎文化园许慎文化研究室主任。主要从事许慎文化研究和宣传普及工作。

甲骨卜辞中所见祭祀用语辨析

李立新

河南省社会科学院

提　要　“国之大事，唯祀与戎”，祭祀是商王朝的一项重要事务，也是甲骨卜辞中记录的一项最主要的内容，反映祭祀内容的辞例在卜辞中占了很大的比重，由此在甲骨学中形成了众多祭祀用语。本文试对祭名，祭法，祭仪，周祭、选祭与散祭，内祭与外祭，特祭与殷祭，顺祀与逆祀这些祭祀用语予以辨析。

一　祭名

“祭名”一词最早出现于《尔雅·释天》中：“春祭曰祠；夏祭曰礿；秋祭曰尝；冬祭曰烝。祭天曰燔柴；祭地曰瘗薶；祭山曰庋县；祭川曰浮沉；祭星曰布；祭风曰磔。是禷是祃，师祭也；既伯既祷，马祭也。禘，大祭也；绎，又祭也，周曰绎，商曰肜，夏曰复胙。祭名。”

由上述《尔雅》对各种祭祀的定义可知，所谓祭名，就是祭祀的名称，是对不同形式祭祀活动某一方面特性的概括描述。祠、礿、尝、烝，是以不同的祭祀时间为名的；燔柴、瘗薶、庋县、浮沉、布、磔是以不同的祭祀对象为名的；禷、祃、伯、祷、禘、绎是以不同的祭祀方式为名的。

在阮元编著的《十三经注疏》中，“祭名”一词共出现61次，说明在清代阮元以前的历代学者中，“祭名”一词是被广泛运用的。将“祭名”一词首先引入甲骨学研究的是罗振玉，他在《殷墟书契考释·礼制第七》中，从甲骨文中剔发出一些祭祀动词，列为“祭名”一项，加以考释。[1]这是对甲骨文中所见祭名进行研究的发轫，此后，甲骨学者多从其说。叶玉森《揅契枝谭》亦设“祭名”一类，称“殷人尚鬼，祭名孔凡”[2]。朱芳圃《甲骨学商史编·制度》中，也专列“祭名”一类。[3]1936年，陈梦家第一次对卜辞祭名做了一次系统研究，在《古文字中之商周祭祀》一文中，说“卜辞祭名甚夥，其字可释者十之五六，字不识而义可晓者十之二三，字义皆不悉者十之一二。”他胪列甲骨文祭名37个，分7类予以论述。由于有关祭祀的卜辞在甲骨卜辞中所占的比例很大，“祭名”一词成为甲骨学商史研究中难以回避的术语，至今仍被广泛地使用。

也有学者对“祭名”一词提出异议，刘源就在他的博士学位论文《殷周祭祖礼研究》中，用相当长的篇幅论证“祭名”不能作为判断祭祀种类的标准。他认为“祭名”的内涵比较模糊，易与用牲法、祭法、祭仪等术语相混淆；认为祭祀动机的祭名不宜直接用作各种祭祀的名称，仪式内容的祭名不能用作区分祭祀种类的标准，祭名说难以解释多个祭祀动词相连或前后出现于一辞及同版中的情况。所以，他以“祭祀动词”来取代“祭名”一词，并将其进一步分为“说明祭祀目的的动词”和“说明仪式内容的动词”。[4] 刘源的研究揭示了以往祭名研究中存在的问题，对我们很有启发。他之所以认为祭名不能作为判断祭祀种类的标准，其主要原因是各家对作为祭名的甲骨文字或不能理解或看法分歧。在迄今发现的总共约4500个甲骨文单字中大家公认已识的不到1000字的情况下，这种不解和分歧是正常的，这也正是我们需要进一步研究的原因。概念是用以说明问题的，其实祭名就是祭祀的名称，是对各种祭祀活动的概括描述，作为概括不同祭祀行为的概念，其内涵是简单而明晰的，我们不能因为学者对祭名甲骨文字释解的分歧，而认为“祭名”一词本身的内涵模糊。更换术语只能引起混乱，无助于问题的解决。由于祭名无处不在，刘文虽然反复申述不以祭名作为判断祭祀种类的标准，但文中多处仍用祭名一词，只是加上了引号。刘文所使用的“祭祀动词”一词，源出于周国正《卜辞两种祭祀动词的语法特征及有关句子的语法分析》[5]。沈培《殷墟甲骨卜辞语序研究》、张玉金《甲骨文语法学》、陈年福《甲骨文动词词汇研究》均采用周国正“祭祀动词”这一术语。[6] 对于分析卜辞语法，“祭祀动词”这一术语无疑是适用而便当的。而对于讨论商代祭祀和殷商史诸问题，“祭名”一词更易说明问题。其实，“祭祀动词”比“祭名”更为含混宽泛，它应该包括祭名、用牲法、祭法、祭仪等有关祭祀的行为动作，而“祭名”就是祭祀的名称。

有些学者也把祭名称为“祀典”。其实称“祭名”为“祀典”是不恰当的，祀典是晚殷周祭制度中预先排定某一日举行某种祭祀于某一祖先，这种预先排定的册子，就是“祀典”。如《合集》35406片骨版刻辞，便是帝乙时期的祀典抄本：

甲戌翌上甲，乙亥翌报乙，丙子翌报丙，（丁丑翌）报丁，壬午翌示壬，癸未翌示癸，（乙酉翌大乙，丁亥）翌大丁，甲午翌（大甲，丙申翌外丙，庚子）翌大庚。

这是翌祭上甲到大庚诸先祖的祀典。可见“祀典”包括：一、时日；二、祭名；三、先祖。与祭名不同。

二 祭法

“祭法”一词最早出现于《礼记》一书，为《礼记》第二十三篇之篇名：“祭法：有虞氏禘黄帝而郊喾，祖颛顼而宗尧。夏后氏亦禘黄帝而郊鲧，祖颛顼而宗禹。殷人禘喾而郊冥，祖契而宗汤。周人禘喾而郊稷，祖文王而宗武王。燔柴于泰坛，祭天也。瘗埋于泰折，祭地也。用騂、犊。埋少牢于泰昭，祭时也。相近于坎、坛，祭寒暑也。王宫，祭日也。夜明，祭月也。幽宗，祭星也。雩宗，祭水旱也。四坎、坛，祭四方也。”

通过这段文字可以看出，《礼记》所谓的“祭法”是指不同时代祭祀所遵从的不同法度，主要指对不同的祭祀对象采取的不同的祭祀。祭名是指各种祭祀活动行为方式的概括描述，而祭法正是对这种行为方式的种种规定，包括祭祀的对象、所用祭品、用牲法、祭祀地点、时间等因素，可以说，祭法正是祭名的内涵。

学者在使用“祭法”一词时有时和“祭名”混而不别，如陈梦家在论及对日之祭时，罗列多条卜辞后云：“所祭者是日、出日、入日、各日、出入日，各日即落日。祭之法曰宾、御、又、衩、岁，等等，也都是祭先祖的祭法。”[7]张新俊则把他的硕士论文定名为《殷墟卜辞祭名祭法考》，而其所论及的内容就是卜辞祭名。[8]

三 祭仪

祭仪即祭祀的仪式，是指从祭祀开始一直到祭祀结束的主要步骤及仪式。祭名指整个祭祀的行为过程，而祭仪则是指祭祀行为过程的每一个步骤仪式，可以说祭名的外延大于祭仪，但因为都是对祭祀行为的描述，其内涵有交叉之处。

首先将“祭仪”引入甲骨学研究的是岛邦男先生，他在《殷墟卜辞研究》一书中广泛使用“祭仪”一词，他所称的祭名仅有寥寥数种，有：祭、壴、𠭯、彡、翌、口、御等，学者们所认为的祭名他大多归为隶附于他所列祭名的祭仪。综合岛邦男所列的祭名和祭仪，共得240余种之多，胪列稍嫌芜杂。如第327页“其他的祭仪”一节，他将宗、庭、南室、血室、司室、竞室、大室、中室、门等处所名词，㞢、青等祭品，以、弜等副词，黎、它、元等形容词列入其中。岛邦男使用的“祭仪”一词内涵颇为宽泛，与“祭祀用语”含义等同，其实书中“祭仪”和“祭祀用语”往往混用，如书中第四章第一节“五祀的祭仪”，在讨论了五种祭祀附属的58种祭仪后，于第309页说：“就以上五祀祭祀用语58例加以考察后……”，前文的“祭仪”和后文的“祭祀用语”所指内容完全相同。然而岛邦男所列的祭仪，其主要部分仍是祭名。常玉芝先生就把岛邦男所列的祭名和祭仪当作祭名，她说：“据陈梦家30年代的统计，卜辞中的祭名约有37种，而到50年代，日本学者岛邦男统计，则已有近二百种之多了。”[9]而宋镇豪先生则直接用“祭仪”一词来指代“祭名”：“据不完全统计，（甲骨文）有关祭仪不下140种以上”，“与五种祀礼相伴的祭仪，尚有酒、告、祼、岁、伐龠、奏、御、卯、濩、𢍏、侑、工典，等等。”[10]。

四 周祭、选祭与散祭

所谓周祭，是指商王及王室贵族依次使用翌、祭、壹、𧊒、彡五种祀典，对殷王上甲以降的先王和直系先妣举行的周而复始的轮番祭祀。其中翌祀和彡祀是单独举行的，祭、壹、𧊒三祀则是相叠举行的，五种祀典以三祀组的形式进行祭祀，整个祭祀以翌—祭、壹、𧊒—彡的顺序周而复始地举行，一个祭祀周期为三十六旬或三十七旬，与一个太阳年的时间大致相当，因此，商代的“祀”义即为“年”。殷卜辞中，出组和黄组的周祭祀典最为完善，出组卜辞的时代基本属于祖庚、祖甲时期，黄组卜辞的时代基本属于帝乙、帝辛时期。

所谓选祭，就是在一次合祭中选择若干先祖，多是直系或五世以内的先祖（包括旁系）予以祭祀。如：

（1）壬辰卜，祷自祖乙至父丁。（《合集》32031/4）

（2）己亥卜，又自大乙至于中丁示牛。（《合集》14872/1）

（3）翌乙酉，㞢伐于五示：上甲、成、大丁、祖乙。（《合集》248正/1）

所谓散祭，就是对先王、先妣中的某一位进行祭祀。如：

（4）癸未卜，㞢岁牛于下乙。（《合集》22088/1）

（5）庚子卜，行曰贞：翌辛丑其又勺岁于祖辛。(《合集》23002/2）

（6）贞：御于妣庚。(《合集》6016 正 /1）

“周祭”盛行于祖甲、帝乙、帝辛时期，而“选祭”和“散祭”则贯穿于从武丁到帝辛的整个商代晚期。

五　内祭与外祭 特祭与殷祭

内祭和外祭也称内祀和外祀。文献上的内祀与外祀有两种含义：其一是按举行祭祀的地方来分的，在城内举行的祭祀叫“内祀”，在四郊举行的祭祀叫“外祀”。如《周礼·祀典》“掌外祀之兆守”郑注：“外祀，谓所祀于四郊者。”《礼记·曲礼上》和《祭统》称外祀内祀为“外事”“内事”。外祀包括郊祭天地、日月、四方五帝、山川等，内祀包括宗庙、社稷之祭祀。《礼记·祭统》云：“外祭则郊、社是也，内祭则大尝、禘也。”其二是按祭祀的对象来分的，对天神地祇等自然神的祭祀为外祭祀，对先公、先王、先妣等祖先神的祭祀为内祭。如《周礼·内饔》“凡宗庙之祭祀，掌割亨之事”，《外饔》“掌外祭祀之割亨”。“外祭祀”与“宗庙之祭祀”相对，贾公彦说外祭祀“谓天地、四望、山川、社稷、五祀”。而相对的“宗庙之祭祀”的“内祭”就是对祖先神的祭祀。王国维在其名作《殷礼征文》中首先把“外祭”和“内祭”这对术语运用于卜辞研究中，采用的是文献中的第二种意思。他说：“卜辞所纪祭事大都内祭也，其可确知为外祭者，有祭社二事……”[11]岛邦男在《殷墟卜辞研究》中，也采用内祭和外祭对商代的祭祀进行分类：“殷王室的祭祀，大致可区分为对先王、先妣的内祭和对自然神、高祖神及先臣神的外祭。”[12]

王国维在《殷礼征文》中又把内祭分为“特祭”和“殷祭”：“殷先公先王皆以名之日特祭，虽先妣亦然……然哉殷无合祭之制欤？曰：有！”“故当其特祭也，则先公自王亥以降，先王自大乙以降，虽一二十世之远祖无不举也。当其合祀也，则仅及自父以上五世，而五世之中，非其所自出者犹不与焉。于此可见殷人内祭之特制也。”[13]从文中可以看出，王国维所称的“特祭”，是指对某一位先公、先王或先妣的单独的祭祀，他所称的“殷祭”，就是“合祭”，合若干位先公、先王或先妣而祭之。这里的“特祭”相当于上文所述的“散祭”，“殷祭”相当于前文所述的“选祭”。“特祭”，常玉芝先生又称之为“单祭”，[14]宋镇豪先生又称之为“独祭”。[15]常玉芝先生也使用“特祭”一词，但她所称“特祭”是指商人对今世直系祖先举行的多种特殊祭祀，[16]与王国维所称“特祭”概念不同。

六　顺祀与逆祀

顺祀和逆祀皆属于合祭。所谓“顺祀”,又称“从祀”,指先王依其世系的次序，先后受祭。《春秋·定公八年》:“冬……从祀先公。”杜注：从，顺也。甲骨卜辞中所见的祭祀大部分为顺祀，尤其是周祭卜辞，更是严格按照先王世系和即位的顺序依次致祭的。《春秋·文公二年》所说“子虽齐圣，不先父食”，当为古人所以多行顺祀的原因，甲骨文中所见的顺祀，正是这种原则在商代的体现。

与顺祀相反，不按先王顺序先近祖次远祖而举行的祭祀称为逆祀。《春秋》文公二年有“跻僖公”之语,《左传》解释道：“跻僖公，逆祀也。”甲骨文中的逆祀为裘锡圭所首揭[17]，他发现，商代虽以顺祀为常，但有些祭祀如岁祭、祈年之祭等也允许逆祀。

（1）乙丑卜，贞：王宾武乙岁，延至于上甲，卯，亡尤。(《合集》35440/5)

（2）乙丑卜，大贞：于五示告：丁、祖乙、祖丁、羌甲、祖辛。(《合集》22911/2)

（3）自上甲求年。庚寅卜，逆自毓求年。(《屯南》37/3)

商周对逆祀的看法有所不同,周人对逆祀的看法正如《左传·文公二年》所言：“君子以为失礼。礼无不顺。祀，国之大事也，而逆之，可谓礼乎？”而商代似乎并不以逆祀为失礼。

注释

［1］罗振玉：《殷虚书契考释》，王国维手书石印本一册，1915年2月。

［2］叶玉森：《揅契枝谭》,《学衡》第31期，1924年7月。又与《说契》合订本，北京富晋书社影印1929年版。

［3］朱芳圃：《甲骨学商史编》，中华书局1935年2月版。

［4］刘源:《商周祭祖礼研究》，南开大学历史系博士学位论文，2000年4月，第8—13页。《商代后期祭祖仪式的类型》,《历史研究》2002年第6期。

［5］周国正：《卜辞两种祭祀动词的语法特征及有关句子的语法分析》，载《古文字学论

集初编》，国际中国古文字学研究讨论会论文集编辑委员会暨香港中文大学中国文化研究所吴多泰中国语文研究中心，1983 年 9 月 5 日。

［6］沈培：《殷墟甲骨卜辞语序研究》，台北文津出版社 1992 年 11 月版。张玉金：《甲骨文语法学》，学林出版社 2001 年 9 月版。陈年福：《甲骨文动词词汇研究》，巴蜀书社 2001 年 9 月版。

［7］陈梦家：《殷墟卜辞综述》，考古学专刊甲种第二号，科学出版社 1956 年版，第 573—574 页。而在第 353 页，则把这些所谓的“祭法”标为“祭名”。

［8］张新俊：《殷墟卜辞祭名祭法考》，郑州大学硕士学位论文，1999 年 5 月。

［9］王宇信、杨升南主编：《甲骨学一百年》，社会科学文献出版社 1999 年版，第 592 页。

［10］宋镇豪：《中国风俗通史·夏商卷》，上海文艺出版社 2001 年版，第 674、678 页。

［11］王国维：《殷礼征文》，收入《王忠悫公遗书初集》，1927 年 12 月。

［12］岛邦男：《殷墟卜辞研究》，日本弘前大学出版社 1958 年 7 月版。温天河、李寿林中译本，台湾鼎文书局出版社 1975 年 12 月版，第 52 页。

［13］王国维：《殷礼征文》，收入《王忠悫公遗书初集》，1927 年 12 月。

［14］王宇信、杨升南主编：《甲骨学一百年》，社会科学文献出版社 1999 年版，第 601 页。

［15］宋镇豪：《中国风俗通史·夏商卷》，上海文艺出版社 2001 年版，第 674 页。

［16］王宇信、杨升南主编：《甲骨学一百年》，社会科学文献出版社 1999 年版，第 602 页。

［17］裘锡圭：《甲骨卜辞中所见的逆祀》，载《出土文献研究》，文物出版社 1985 年版。另参宋镇豪《中国风俗通史·夏商卷》，上海文艺出版社 2001 年版，第 674—677 页。

李立新，男，1967 年出生。河南省社会科学院历史与考古研究所副所长、副研究员，河南省河洛文化研究中心副主任。研究方向为甲骨学与殷商史。

恭王时期重要纪年铭文历朔研究[1]

叶正渤

徐州师范大学文学院

提　要　恭王时期重要纪年铭文是指王年、月份、月相词语和干支四项俱全的铜器铭文。本文对这些纪年铭文作了考释、考证，基本弄清这些铭文所记载的历史事件和人物，初步厘清它们所反映的历朔，为古文字学、西周青铜器铭文的历史断代、西周年代学和历法学研究提供重要的参考资料。

关键词　恭王　纪年铭文　考释　历朔研究

研究西周诸王纪年铜器铭文的历朔，我们创立了以标准器纪年铭文的历朔为基点，由此推算其他纪年铭文历朔的研究方法。所谓标准器纪年铭文，是指铭文中既有王名，同时又有王年、月份、月相词语和干支记载的铭文。由于这些铜器铭文所属的王世明确，又有具体的时间记载，因此，推算出这些铭文的历朔可以作为西周真实可靠的历朔基点。将这些纪年铭文中推算出来的历朔再与比较科学可靠的张培瑜《中国先秦史历表》和董作宾《西周年历谱》相对照，就得到相关纪年铭文所记历朔的绝对年代与月份。运用这种方法研究所得出的数据，应该说基本上是可靠可信的。笔者所承担的国家哲学社会科学2010年度项目《金文历朔研究》将始终贯彻以上的研究方法进行研究，以确保结论的科学性和可靠性。

西周恭王，文献或作共王。《史记·周本纪》："穆王立五十五年，崩，子共王繄扈立。"青铜器铭文作龚王。恭王在位年数，史无明载，传世文献有十年、十二年、二十年和二十五年等不同说法，且恭王生平事迹文献所记亦很少。但是，属于恭王时期的铜器铭文却不少。恭王时期的标准器纪年铭文有五祀卫鼎铭文、师䶮鼎铭文和十五年趞曹鼎铭文。这三件铭文所记的历朔可以作为恭王时期可靠

1　本文是国家哲学社会科学规划办2010年度规划项目《金文历朔研究》阶段成果之一，项目批准号：10BYY051。

历朔的基点来看待。结合其他要素考察，有以下几件纪年铜器铭文属于恭王时期的器物。为便于研究，对铭文也作简要的考释。

一　三年卫盉铭文（《文物》1976.5）

1975年，陕西省岐山县董家村西周1号窖藏出土。据发掘简报介绍，1号窖藏共出土37件青铜器，保存完好，有鼎13，簋14，壶2，鬲2，盘1，盉1，匜1，鍪1，豆2件。这批铜器不是一个王世之物，从穆王之世到宣王末幽王初。其中重要的有廿七年卫簋、三年卫盉、五祀卫鼎、公臣鼎、此鼎、此簋、儹匜等。

三年卫盉鼓腹，束颈，口微外侈，连档，柱足，管状流，长舌兽首鋬，盖钮作半环状，盖与器有链条相接。器颈与盖沿均饰以垂冠回首分尾夔纹，盖上增饰一道阳弦纹，腹部饰双线V形纹，流饰三角雷文。盖内铸铭文12行118字，重文12，合文2，共132字。现藏岐山县博物馆。[1] 裘卫4器，除本器外，其余3件分别是廿七年卫簋、五祀卫鼎和九年卫鼎。廿七年卫簋属于穆王世器物，其余3件皆是恭王时器。

廿七年卫簋笔者以为是穆王时器。铭文“惟廿又七年三月既生霸戊戌”（35），既生霸是初九，则穆王二十七年三月庚寅（27）朔。笔者推算穆王二十七年是公元前977年，据铭文该年三月应是庚寅（27）朔，张培瑜《中国先秦史历表》、董作宾《西周年历谱》公元前977年皆是辛卯（28）朔，早一日相合。参阅拙著《穆王时期重要纪年铭文历朔研究（二）》。

参考释文

隹（惟）三年三月既生霸壬寅，王爯（称）旗于丰。[1] 矩白（伯）庶人取堇章（瑾璋）于裘卫，才（裁）八十朋，氒（厥）贮（租、赋），其舍（舍）田十田。[2] 矩或（又）取赤虎（琥）两、麀桒（韨）两、桒（贲）韐一，才（裁）二十朋，其舍（舍）田三田。[3] 裘卫乃彘（矢）告于白＝（伯）邑＝父＝、焚＝（荣）白＝（伯）、定＝白＝（伯）、琼＝（谅）白＝（伯）、单＝白＝（伯），[4] 乃令（命）参（三）有嗣＝（司）土（徒）敚（微）邑、嗣（司）马单旟、嗣（司）工（空）邑人服眔受（授）田，燹、趞、卫小子𫄨逆者（诸），其卿（飨）。[5] 卫用乍（作）朕文考惠孟宝般（盘），卫其万年永宝用。[6]

注释

[1] 爯，偁字的初文，《说文》"并举也"；偁，《说文》"扬也"；所以，偁旗，就是举旗，当是古代天子朝会诸侯的一种礼仪。

[2] 矩伯庶人，矩伯是名，庶人是职官、身份名。堇章，即觐璋，觐是朝见的意思。《左传·僖公二十八年》："受策以出，出入三觐。"文献改用类别字瑾。瑾璋，古代诸侯朝见天子时所用的玉制信物。裘卫，人名。才，读作裁，有裁决量断的意思，唐兰说此处意为作价。[2] 贮，或读作租，或读作赋，本句读作租。舍，读作舍，有给予、割让等义。田，前一田是名词土田，后一田用作量词，是田的单位，一田约合汉代百亩。

[3] 或，义同又、再。虎，读作琥；赤琥，红色的玉器。唐兰曰："麀字下似从乙，未详，当是鹿属。㯱音贲，音臂，与帔（音僻）音近。《释名·释衣服》：'帔，披也，披之肩背，有及下也。'那么，麀㯱是鹿皮的披肩。"㯱（贲）韐，唐兰说，"韐，《说文》又作韐，是市（绂）的一种，'制如榼，缺四角'，当是椭圆形。㯱韐是杂色皮的蔽膝（围裙）。"

[4] 乃，同乃，连词。彘，读作矢，《尔雅·释诂》"矢，陈也"，即叙述、陈述。于，介词，向、对。以下几个皆是人名，且有重文号，有的要连上读，有的还要连下读。

[5] 三有司，即司徒、司空、司马的总称，皆为职官名。从铭文的内容来看，他们都受命于伯邑父、荣伯等，当是具体办事人员。旟，字从方、𠂉、舆，即旗字，此处是人名，担任司马之职。燹（xiǎn）、趞、卫小子𥝩，也都是人名。逆，迎也。者，读作诸。其，语气词。乡，读作飨，宴飨。

[6] 文考惠孟，应是裘卫的亡父之名。文，谥号；考，亡父曰考。惠，是加在人名之前的修饰语，与文相当，是溢美之词。般，读作盘。铭文自称盘，实际是盉。何琳仪《说"盘"》曰："盘、盉的密切关系，在铜器铭文中也有反映。不仅盉可称'盘盉'，而且盘也可称'盘盉'，甚至盉径称'盘'。"[3]

王世与历朔

学界或以为是共王时器，或以为是懿王时器，或以为是夷王时器。笔者以为是共王时器。铭文"惟三年三月既生霸壬寅"（39），既生霸是初九，则三月是甲午（31）朔。笔者推得恭王元年是公元前948年，则共王三年是公元前946年，据铭文推算该年三月应是甲午（31）朔。张表、董谱公元前946年三月是辛酉（58）朔，错月则为辛卯（28）朔，仍迟3日。本器铭文应与廿七年卫簋、五祀卫鼎和九年卫鼎铭文联系起来阅读理解。参见下文。

二　五祀卫鼎铭文（《文物》1976.5）

1975年，陕西省岐山县董家村西周1号窖藏出土。五祀卫鼎立耳，柱足，平沿外折，下腹向外倾垂，口沿下饰以细雷文填底的窃曲纹。鼎腹内壁铸铭文19行207字，其中重文5，合文1。现藏岐山县文化馆。

参考释文

隹（惟）正月初吉庚戌，卫㠯（以）邦君厉告于井（邢）白₌（伯）邑父、定白（伯）、琼₌（谅）白（伯）俗父曰：“厉曰：‘余执龏（恭）王恤（恤）工（功）于卲（昭）大室东逆（朔）燮（营）二川’。[1] 曰：‘余舍（舍）女（汝）田五田’。”正乃讯厉曰：“女（汝）贮（租）田不（否）？”[2] 厉乃许曰：“余寀（审）贮（租）田五田。”井（邢）白₌（伯）邑父、定白（伯）、琼（谅）白₌（伯）俗父乃顜（构）。[3] 事（使）厉誓。[4] 乃令参（三）有嗣₌（司）土（徒）邑人趞、嗣（司）马頦人邦、嗣（司）工（空）隆矩、内史友寺刍，帅（率）履裘卫厉田亖（四）田。[5] 乃舍（舍）寓（宇）于氒（厥）邑：氒逆（朔）疆眔（逮）厉田，氒（厥）东疆眔（逮）散田，氒（厥）南疆眔（逮）散田眔（逮）政父田，氒西疆眔（逮）厉田。[6] 邦君厉眔（逮）付裘卫田：厉吊（叔）子夙（夙）、厉有嗣（司）䌛（緟）季、庆癸、燹禳、荆人敢、井（邢）人隅（阳）屖。卫小子逆，其卿（飨），偞。[7] 卫用乍（作）朕文考宝鼎，卫其万年永宝用。隹（惟）王五祀。[8]

注释

[1] 隹（惟）正月初吉庚戌，初吉是初一朔，则正月是庚戌（47）朔。卫，即裘卫。邦君厉，邦君，当是王畿里面的小国国君，厉是邦君之名。余，邦君厉自称。执，执掌、办理。恤工，即恤功，与恤劳同义。《尚书·吕刑》：“乃命三后，恤功于民。”《诗谱序》：“以为勤民恤功，昭事上帝，则受颂声。”是为民忧思操劳的意思。卲，即昭王之昭；昭大室，位于康宫中的祭奠昭王的大室。逆，读作朔，《尔雅·释训》：“朔，北方也。”《尚书·尧典》：“申命和叔，宅朔方，曰幽都，平在朔易。”孔安国传：“北称朔，亦称方。言一方则三方见矣。北称幽，则南称

明从可知也。都，谓所聚也。易，谓岁改易于北方。”东朔，即东北。见下文逆、东、南、西四疆，可见朔指北方。𤇾，读作营，治也。《诗·小雅·黍苗》：“肃肃谢功，召伯营之。”召，读shào，即邵伯。营，郑玄笺：“治也。”经营、治理。二川，指周附近的渭水与泾水。或说营，读作禜（yóng），祭山川，恐非是。见前引唐兰的译文。

[2]正，执政之公卿大夫，友正，当指上述诸伯。讯，问也。贮，读作租。不，读作否，甲骨卜辞中已有此用法。

[3]乃，同乃。审，读作舍，施予。许，应允，承诺。顜，《集韵》：“明也”。讲明，《史记·曹相国世家》：“萧何为法，顜若画一。”或曰顜，读作构，成也，亦通。

[4]事，读作使。王国维《释史》说，金文由史分化出吏、事、使三个字。

[5]有𤔲，即文献里的有司。周代三有司，指司徒、司空、司马。趞、邦、𨻰矩、寺刍，皆人名；𩑋，是地名。帅，同率。履，勘察田界。

[6]寓，宇字的籀文写法，屋宇。逆疆，朔疆，也即北疆。罘，读作逮或及，指疆界达到、交接、交界。

[7]夙，人名。𦅫（緟）季，也是人名。𤉡（xiǎn），人名。阳𢉖，也是人名。逆，迎也。其，代指厉叔子夙等人。卿，读作飨，宴飨。倂，读yìng，送也。

[8]王，即共王，或作恭王，青铜器铭文作龚王。祀，年。《尔雅·释天》：“夏曰岁，商曰祀，周曰年，唐虞曰载。”隹（惟）王五祀，置于文末，说明西周恭王时期有的铭文还沿用商代的纪年格式和用语。

王世与历朔

学界或以为是共王时器，或以为是懿王时器，或以为是夷王时器。笔者以为是共王时器。铭文“余执龚（恭）王恤（恤）工（功）于邵（昭）大室，东逆（朔）𤇾（营）二川”，笔者在《金文标准器铭文综合研究》一书中指出“‘唯王五祀’之王必为恭王无疑。且‘恭王’之名亦为生称，是恭王时期的标准器之一。”[4]铭文“惟正月初吉庚戌…… 惟王五祀”，初吉是初一朔，则恭王五年正月是庚戌（47）朔。

从卫盉铭文的三年三月甲午（31）朔至五祀卫鼎铭文的正月初吉庚戌（47）正好是22个月，根据日差法则为：59×11÷60=10……49，余数49干支是壬子，这是四年十二月晦日所逢的干支。至五年正月朔日干支则为49+1=50，是癸丑，与庚戌（47）相比也早三日，说明这两件器物日辰是相衔接的。也就是说，这两件器物是同一个王世的。笔者推恭王五年是公元前944年，张表、董谱公元前944年正月皆是庚辰（17）朔，二月是庚戌（47）朔，错月相合。

附：七年趞曹鼎铭文（《断代》106.699）

参考释文

隹（惟）七年十月既生霸,王才（在）周般宫。旦,王各（格）大室。井（邢）白（伯）入，右趞曹立中廷，北乡（向）。易（赐）趞曹载市（韨）、冋黄（珩）、䜌（銮）。趞曹拜稽首，敢对扬天子休。用作宝鼎，用卿（飨）倗（朋）[illegible]（友）。

王世与历朔

十五年趞曹鼎是恭王时期的标准器（见下文），则七年趞曹鼎也应该是恭王时器物。本篇铭文“惟七年十月既生霸”之后无干支纪日，铭文接着叙说“王才（在）周般宫。旦，王各（格）大室。井（邢）白（伯）入，右趞曹立中廷，北乡（向）”，说明月相词语是定点的。也就是说，是太阴月中固定而又明确的一日，是当时人们皆知的，否则事后就无法知道所记既生霸是哪一天。

笔者推恭王七年是公元前942年，该年十月张表、董谱皆是甲子（1）朔，铭文“隹（惟）七年十月既生霸”，既生霸是初九，则恭王七年十月既生霸应该是壬申（9）。

三　师訇鼎铭文（《文物》1975.8）

1974年12月5日，陕西省扶风县黄堆公社云塘大队强家村出土。共出土铜器七件：大鼎1，特钟1，簋2，簋盖2，镂空豆1。铭文较长的有师訇鼎、师臾钟和即簋。

师訇鼎敛口，平沿，腹稍鼓，两耳直立。鼎足似马蹄形，颈部饰两道带状雷纹，两雷纹之间有一突脊，中为阴弦纹，雷纹下有一阳弦纹。鼎内腹铸铭文19行197字，其中重文1，合文6。现藏陕西省博物馆。[5]

参考释文

唯王八祀正月，辰在丁卯，王曰：“师訇，女（汝）克尽乃身，臣朕皇考穆王，用乃孔德琭屯（纯），乃用心弘正乃辟安德。[1] 叀（惟）余小子肇（肇）

盄（淑）先王德，易（锡）女（汝）玄衮、粗（䵢）屯（纯）、赤市（韨）朱黄（衡）、䜌旂，大（太）师金雁（膺）、攸（鋚）勒，[2] 用井（型）乃圣且（祖）考，隣明紷（命）辟前王，事余一人。”[3] 𢦚拜稽首，休白（伯）太师肩（胤）嗣𢦚臣皇辟，天子亦弗諲（忘）公上父㝬德。[4] 𢦚蔑历白（伯）太师，不自乍（作）小子夙夕尃（敷）由（迪）先祖烈德，用臣皇辟。[5] 白（伯）亦克𣄰（迩）由（迪）先祖蛊孙子嗣皇辟懿德，用保王身。[6] 𢦚敢厘王，卑（俾）天子万年𠦪𩏂（华韡），白（伯）太师武，臣保天子，用氒（厥）烈祖令德。[7] 𢦚敢对王休，用妥（绥）作公上父尊于朕考䖍（虢）季锡父𣪘宗［彝］。[8]

注释

[1] 唯王八祀正月，辰在丁卯，王即位八年正月丁卯这一天。首字唯，从口隹声，与一般铭文写作隹，读作惟不同。师，职官名。𢦚，读 zǎi，人名，担任师之职。尽，竭也，尽心。乃，你的，代词。臣，臣事，用如动词。朕，周天子的自称。皇，大也；皇考，亡父，即穆王，恭王之父。孔，《说文》：“通也，嘉美之也。”孔德，犹言美德，大德。㺯，珍字的异体，美也；屯，读作纯，纯正；㺯纯，指美好的品德。弘，弘扬；正，端正，规正。辟，君。安，《说文》：“静也。”安德，安和之德。

[2] 叀，读作惟。余，周天子自称；小子，一般指晚辈或年轻人。肁，读作肇，始也。盄，读作淑，《孟子·离娄下》：“予未得为孔子徒也，予私淑诸人也。”淑，借为叔，《说文》：“叔，取也。”玄，黑色；衮，古代天子和三公穿的绣有黑色花纹的衣服。《说文》：“天子享先王，卷龙绣于下幅，一龙蟠阿上乡（向）。”粗，读作䵢，《说文》：“会（绘）五色鲜皃。从黹，虘声。《诗》曰：‘以裳䵢䵢’。”即楚楚。市，读作韨，蔽前。据研究，古代人穿的下裳没有裤裆，用六幅布在腰间位置连缀起来，就像裙子一样。正前方的布缝有时会张开，于是在缝上再加上一幅遮挡下身，这一幅就叫市，或韨，又叫韠，即后世皇帝龙袍正前方起装饰性作用的那一块。黄，读作衡。䜌，读作銮，銮铃，车饰之一种。旂，旂旗。雁，读作膺，金膺，青铜制的马肚带装饰。攸，读作鋚 tiáo，鋚勒，马笼头和马嚼子。

[3] 井，读作型，效法。隣明，亲近明理。紷，读作命。辟，官，用作动词，官于。前王，前代之君王。事，服事、臣事，用作动词。

[4] 休，称扬。肩，从尸，从肉，当表示从人身上分出来的肉，疑是胤字的

初文；连下一字读作胤嗣，指后代。《后汉书·刘瑜传》："今中官邪孽，比肩裂土，皆竞立胤嗣，继体传爵。"本篇铭文两个"嗣"字皆倒书。简报作者读作使，恐非是。臣，臣事。皇辟，大君。𧨎，细审铭文，此字左从犬，右似从畐，简报作者隶作左从言，右从臣、心，读作忘。㝬，读作胡，《广雅·释诂》："胡，大也。"《诗·大雅·生民》："其香始升，上帝居歆，胡臭亶时。"马瑞辰《通释》："胡臭，谓芳臭之大。亶时，犹云诚善也。"胡德，犹言大德。

[5] 尃，读作敷，普遍、全面。由，读作迪，蹈也，遵循；敷迪，犹言全面继承。《尚书·皋陶谟》："允迪厥德，德谟明弼辅。"孔传："迪，蹈。厥，其也。其，古人也。言人君当信蹈行古人之德，谟广聪明以辅谐其政。"本篇铭文意义与之略同。敷迪，或曰读作服习。

[6] 克，能。豩，细审铭文，此字左从木、示，右从彖，即豩字，或读作迩，近也；由，也读作迪，迩迪，小心谨慎地遵循。蛊，蛊惑、引诱，此处有诱导、引导之意。此处的嗣，是继承的意思。懿德，美德。

[7] 厘，引导。卑，读作俾，使也。"万年"二字下或读作华韡，有光明盛大意，指天子的美德。武，迹也、继也。《诗·大雅·下武》："下武维周，世有哲王。"毛传："武，继也。"郑笺："后人能继先祖者，维有周家最大。"令，善也；令德，犹言美德。《诗·小雅·宾之初筵》："饮酒孔嘉，维其令仪。"郑笺："令，善也。"或释介，介德，大德。

[8] 妥，读作绥，安也，安其福。䧀，读作虢，虢季，即同窖出土的师臾钟铭"烈祖虢季宄公幽叔"之虢季。䵼，当读如秩，序也。《尚书·舜典》："咨伯，汝作秩宗。"孔传："秩，序；宗，尊也。主郊庙之官。"铭文指宗庙彝器。《尚书·益稷》："予欲观古人之象，日、月、星辰、山、龙、华虫，作会、宗彝。"孔传："会，五采也，以五采成此画焉。宗庙彝樽，亦以山龙华虫为饰。"

王世与历朔

本篇铭文只记"唯王八祀正月，辰在丁卯"，无月相词语，但是，铭文"王曰：师𩛥！汝克尽乃身，臣朕皇考穆王"，笔者在《金文标准器铭文综合研究》一书中认为，本铭"王曰"之王，应是穆王之子恭王。故此器为恭王时期的标准器之一。笔者推得恭王八祀是公元前 941 年。张表、董谱公元前 941 年正月皆是癸巳（30）朔，该月无丁卯（4）。错月是癸亥（60）朔，则丁卯是初五，非月相日，故不用月相词语纪时，符合西周铭文的纪时原则。张闻玉曰“辰在”表示该月朔日，即该年正月是丁卯朔，恐非是。笔者认为，“辰”表示日辰的意思。[6]

发掘简报说，铭文中记载周天子赏赐给师𩛥的品物，穿戴的有衮衣、绂纯、赤韨，车具有銮旌和马具金膺、攸勒等，这些是西周中期才出现的，和西周早期的赐品有着显著的不同，说明发生了明显变化。另外，本铭后半截的套语，与一般的铭文亦不同，比较难读。人物的关系也比较复杂，同样不好理解。

四　九年卫鼎铭文（《文物》1976.5）

1975 年，陕西省岐山县董家村西周 1 号窖藏与廿七年卫簋、五年卫鼎、三年卫盉同时出土。器形、纹饰与五祀卫鼎全同。鼎腹内壁铸铭文 19 行 191 字，重文 1，合文 3。现藏岐山县文化馆。

参考释文

隹（惟）九年正月既死霸庚辰，王才（在）周驹宫，各（格）庙。[1] 眉敖者肤为吏（使），见（觐）于王＝大黹（致）。[2] 矩取眚（省）车：較、𣝘（幩）𠭰、虎冟（幎）、𢁉𩏂（帏）、画𩌏、𠬝（鞭）、师𩍐、帛辔乘、金麃（镳）鋞（鋞）。[3] 舍（舍）矩姜帛三两，乃舍（舍）裘卫林𦕈里。[4] 𠭯！氒（厥）隹（惟）𩔂（颜）林。[5] 我舍（舍）𩔂（颜）陈大马两，舍（舍）𩔂（颜）姒𧇍各，舍（舍）𩔂（颜）有𤔲（司）寿商𧷢（貂）裘、盠冟（幎）。[6] 矩乃眔（及）𨒪𠬵令寿商眔（及）啻（意）曰：“𩒨（构）。”湄（履），付裘卫林𦕈里，则乃成夆（封）四夆（封），𩔂（颜）小子具（俱）叀（惟）夆（封），寿商𩫏，舍（舍）盠冐𢆶（梯）羝皮二、𠓗（选）皮二、𦪇（业）舄𩌦（箭）皮二，朏帛，金一反（钣），氒吴喜（牦）皮二，舍（舍）𨒪𧇭（豦）冟（幎），𩍿𣝘（幩）𩎟𠭰（鞃），东臣羔裘，𩔂（颜）下（猳）皮二眔（及）受。[7] 卫小子[illegible]逆者（诸），其𠈇（倂），卫臣虢朏。[8] 卫用乍（作）朕文考宝鼎，卫其万年永宝用。

注释

[1] 隹（惟）九年正月既死霸庚辰（17），既死霸是二十三日，则九年正月是戊午（55）朔。周驹宫，位于周的驹宫。

[2] 眉敖，方国名，亦见于乖伯簋。铭文曰：“唯王九年九月甲寅，王命益公征眉敖，益公至，告（诰）。二月，眉敖至，见，献賮（赋）。”者肤卓，眉敖的

使者名。吏，读作使，派也。大誁，唐兰曰："誁，应读为致，誁、致音相近。《仪礼·聘礼》记诸侯的使者聘问时，主人方面由卿去致馆，安排住所，准备筵席，并送粮食柴薪等。大致是举行隆重的致馆礼。"

[3] 矩取眚（省）车，唐兰曰："矩当是被命为致馆的卿，所以要向裘卫取车。《尔雅·释诂》：'省，善也。'石鼓文说：'省车载行。'省车应是好车。"以下是车上的饰物。

[4] 舍，施予、给予。矩姜，当是矩的夫人姜氏。乃，乃也。㬜，或释作晋的异体；林㬜里，是矩所赐之物，当是木材所制。

[5] 䖒，发语词。隹，在此处含有强调的语气。䶐，字书所无，不识，应是人名。

[6] "我舍"以下是人名或物名，许多字为字书所无，都不识。

[7] 顜，读作构，成也。湄，或隶作履，勘查。以下是矩赐给诸人的物品，可参考唐兰的注解。

[8] 𡩜，从宀从夒，或释作宽，卫小子名。逆，迎接；䞘，送（礼物）。虘，从冎从虎，字书所无，是卫臣名，或释作虣，读bào。朏，读fěi，本义是月出，初三，此处是人名。

王世与历朔

学界或以为是共王时器，或以为是懿王时器，或以为是夷王时器。笔者认为是恭王时器。铭文"惟九年正月既死霸庚辰"，既死霸是二十三日，则恭王九年正月是戊午（55）朔。笔者推得恭王九年是公元前940年。张表该年正月是丁巳（54）朔，迟一日相合；董谱是丁亥（24）朔，二月是丁巳（54）朔，错月又迟一日相合。

五　说盘铭文（《吉金志存》三. 31）

本器载于[清]李光庭《吉金志存》卷三第31页。铭文共52字，合文1，重文2。

参考释文

惟十有（又）二（一）年正月初吉乙巳，𧊒（甥）叔𦎫自作其盘。[1] 𦎫若曰："不（丕）显皇考允吊（叔），穆秉元明德御，于乆（厥）用𩰫二匹𩖬（旳、乂）。"[2] 用𣄰（祈）眉寿，万年子子孙孙其永宝。[3]

注释

[1] 惟十有（又）二（一）年正月初吉乙巳，有，读作又。这种写法在西周铜器铭文里很少见。“乙巳”二字的写法也与其他铭文显著不同。存疑。二、铭文拓片一上有半截短横，疑是一横画，究竟是十又一年，抑或是十又二年，还是十又三年？存疑。正月之“正”，上有一短横，这种写法见于春秋战国时期铭文，西周铭文则未之见。[illegible]，从生从男，字书所无，疑是甥字。叔，从字形来看，似弟字，但根据铭文，仍似读作叔。[illegible]，该字两见，写法略异，是某叔的人名，字不识。

[2] 若，这样。丕，大也；丕显，大显。皇，大也，也是溢美之词；考，亡父为考。允叔，即皇考之名。穆，敬也。秉，持也。元明德御，也是赞美之辞，当是英明有德才之意。于，如果连上读，则之后似乎缺少句子成分，语意未完。[illegible]，隶作厥，或氒，同其。[illegible]，字不识，在用字之后，应是名词。二匹，是合书。[illegible]，疑是[illegible]字，一般读作乂，治也。

[3] [illegible]，在铭文中一般读作祈求之祈。眉寿，长寿。

王世与历朔

笔者怀疑该器属于恭王时。铭文“惟十又二年正月初吉乙巳”，初吉是初一朔，则共王十二年正月是乙巳（42）朔。笔者推得恭王十二年是公元前937年，张表、董谱该年正月是己巳（6）朔，相差太大，不合。但在那些持月相词语四分说者看来，这6日之差就是相合的了。其实，这是不符合金文和传世文献事实的。月相词语只能是定点的，各表示太阴月中固定而又明确的一日。详见拙著《金文月相纪时法研究》一书。

铭文“惟十有二年正月初吉乙巳”，笔者疑是十一年正月初吉乙巳之误释，则共王十一年正月乙巳（42）朔，张表、董谱恭王十一年即公元前938年正月皆是乙巳（42）朔，与铭文所记正相合。本篇铭文多稀奇古怪字，语句亦不太通顺，某些语句意义也不明了，甚觉可疑，暂考释如上。由于其他金文文献皆未著录，惟刘启益以为该器属于夷王世。[7] 特附载于文末，以飨读者。

六　十五年趞曹鼎铭文（《断代》113.706）

传世有七年趞曹鼎和十五年趞曹鼎二件器。十五年趞曹鼎腹内壁铸铭文57字，“敢对曹”3字郭沫若说是衍文。二器曾经清末吴大澂收藏，现均藏上海博物馆。

参考释文

隹（惟）十又五年五月既生霸壬午，龏（恭）王在周新宫，王射于射卢（庐）。[1]史趞曹易（锡）弓矢虎卢九（厹）、胄、毌（干）、殳。[2]趞曹敢对，曹拜稽首，敢对扬天子休，用作宝鼎，用乡（飨）倗春（朋友）。[3]

考释

[1]隹（惟）十又五年五月既生霸壬午（19），既生霸是初九，则十五年五月是甲戌(11)朔。龏王，即文献里的恭王，或作共王，穆王之子。这个王号是生称。周，西周故地。新宫，当指新建的供奉穆王神主的宫室。卢，读作庐；射庐，宫中天子习射的建筑物，类似大棚，有顶无壁。师汤父鼎铭文：“王在周新宫，在射庐。”说明新宫建成为时不久，不过十数年。

[2]史，职官名，西周铭文中习见。趞曹，人名，担任史之职。九，读作厹，或厹，古代兵器，三锋矛。胄，甲胄。毌，读作干，盾也。《山海经》记载有刑天舞干戚的故事，干是盾牌，戚是斧头。殳，八角楞形有长柄的一种兵器。《说文》：“殳以积竹，八觚，长丈二尺，建于兵车，旅贲以先驱。”

[3]郭沫若说，“敢对曹”三字为衍文。其实也读得通，并不嫌重复累赘。乡，读作飨，宴飨。倗春，朋友。

王世与历朔

铭文“龏（恭）王在新宫，王射于射庐”，则恭王为生称无疑，此器必为恭王时器物。所以，笔者在《金文标准器铭文综合研究》一书中将其列为恭王世的标准器之一。[8]

铭文“隹（惟）十又五年五月既生霸壬午”（19），既生霸是初九，则十五年五月是甲戌（11）朔。笔者推得恭王十五年是公元前934年，张表、董谱该年五月是庚辰（17）朔，早7日，不合。既生霸壬午，铭文字迹不太清楚，吴其昌以为是壬寅（39）。

吴其昌曰：“厉王十五年（前864年）五月小，壬辰朔；既生霸十一日得壬寅。

与历谱合。”又按：“孝王十五年，五月小，壬辰朔；与厉王十五年偶同。但此器文字为厉王体，非孝王体也。”[9] 吴其昌把十五年趞曹鼎铭文既生霸看作是壬寅（39），又将其列为厉王十五年器。张表、董谱公元前864年五月皆是甲午（31）朔，比壬辰（29）朔迟二日。铭文明言“龏（恭）王在新宫，王射于射庐”，可见恭王是生称，则此器必为恭王时器物。

史籍文献于西周共和以前有王世而无王年，所以，确定厉王以前诸王的在位年数是件很困难的事。厉王在位年数，根据《史记》的记载，厉王三十七年奔彘，以后是共和行政。所谓共和元年是公元前841年，则厉王于公元前878年即位并改元。其实厉王奔彘以后，共和虽然行政，但并没有改元，更没有单独纪年，仍使用厉王纪年。这一点业已被2003年出土的四十二年、四十三年逨鼎铭文所证实。这就是说，厉王实际在位是37年，但厉王纪年是51年。[10] 那么，十五年趞曹鼎铭文五月甲戌（11）朔，究竟是公元前那一年呢？

人们普遍认为，西周中期穆王以后的恭王、懿王、孝王和夷王在位的时间都不太长，四个王在位的时间加起来大约有七八十年。厉王元年是公元前878年，在厉王元年之前的七八十年时间里，根据张表和董谱，符合十五年趞曹鼎铭文五月甲戌（11）朔的，张表是公元前933年，董谱是公元前902年和公元前933年。公元前902年距厉王元年的公元前878年只有24年左右的时间，这之间经历恭王、懿王、孝王和夷王四王，似乎时间太短。那么，只有公元前933年距厉王元年有55年左右的时间，似乎接近事实。而公元前933年是笔者所推恭王十六年，但铭文是“惟王十又五年五月既生霸壬午”，前后有一年之差。会不会是铸器时趞曹把十六年记成十五年了呢？这似乎不太可能。铭文中干支因看错而误记倒是有的，如晋侯稣编钟铭文把二月既望“癸巳”（30）误记成癸卯（40），四十二年逨鼎铭文把既生霸乙丑（2）误记成乙卯（52），年份记错却很少见。

另外，郭沫若《两周金文辞大系图录考释》以为望簋铭文中也有“新宫”一词，“年月日辰与趞曹鼎第二器无牾”，遂将望簋也安排在恭王之世。陈梦家又从字体、文例和赏赐方面证成其说。[11]

望簋铭文：“隹（惟）十又三年六月初吉戊戌”，十五年趞曹鼎铭文“隹（惟）十又五年五月既生霸壬午”（19），既生霸是初九，则恭王十五年五月是甲戌（11）朔。那么，从十三年六月初吉戊戌朔到十五年四月晦日正好是23个月整，则十五年五月朔日所逢的干支理论上应该是：

（59×11+30）÷60=11……19，59 表示一个大月加上一个小月天数之和，60 表示干支数，余数 19 表示四月晦日所逢的干支序，再加上 1 表示五月朔日所逢的干支序，20 是癸未。就是说，从十三年六月初吉戊戌（35）朔，根据日差法计算到十五年五月应该是癸未（20）朔。但是根据十五年趞曹鼎铭文所记五月既生霸壬午（19）推算五月应该是甲戌（11）朔，与癸未（20）相差 9 日，表明望簋和十五年趞曹鼎铭文所记年月日辰并不相衔接。如果十五年趞曹鼎所记是五月初吉壬午，那么铭文与理论上的历朔只有一日之差，完全吻合。未知孰是？以上意见尚祈方家指正。

注释

［1］岐山县文化馆：庞怀靖，陕西省文管会：镇烽、忠如、志儒，《陕西省岐山县董家村西周铜器窖穴发掘简报》，《文物》1976 年第 5 期。

［2］唐兰：《陕西省岐山县董家村新出西周重要铜器铭辞的译文和注释》，《文物》1976 年第 5 期。

［3］何琳仪：《说“盘”》，《中国历史文物》2004 年第 5 期，第 30—32 页。

［4］叶正渤：《金文标准器铭文综合研究》，线装书局 2010 年版，第 164 页。

［5］吴镇烽、雒忠如：《陕西省扶风县强家村出土的西周铜器》，《文物》1975 年第 8 期。

［6］叶正渤：《金文月相纪时法研究》，学苑出版社 2005 年版，第 46 页。张闻玉之说参阅该书所引。

［7］刘启益：《西周纪年》，广东教育出版社 2002 年版，第 356 页。

［8］叶正渤：《金文标准器铭文综合研究》，线装书局 2010 年版，第 174 页。

［9］吴其昌：《金文历朔疏证》，《燕京学报》1929 年第 6 期。

［10］叶正渤：《从历法的角度看逑鼎诸器及晋侯稣钟的时代》，《史学月刊》2007 年第 12 期。

［11］郭沫若：《两周金文辞大系图录考释》，《郭沫若全集·考古编》第八卷，科学出版社 2002 年版，第 80 页；陈梦家：《西周铜器断代》，中华书局 2004 年版，第 155—157 页。

叶正渤，男，1948 年出生，江苏响水人。徐州师范大学文学院教授。主要从事汉语言文字学、古典文献等教研工作。

释邺·邺市·邺传舍

焦智勤
安阳市博物馆

邺之始筑，见于《管子·小匡》[1]，但该书不载其地望，在先秦文献中唯古本《竹书纪年》始载邺之方位[2]。近年来，有学者对邺之初筑的地望提出怀疑，认为初筑之邺不在今邺城遗址处[3]。笔者对此颇为关注，在多次考察邺城遗址时采集了大量的春秋战国至南北朝时期的文字资料，尤为重要的是“业”字印陶戳记,“业市”印陶戳记，战国魏国“ 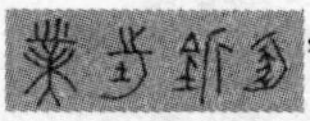 ”衡器法码,“亭”字瓦当和“邺传舍”瓦当，可印证邺之初筑及其沿革，现分述如下：

一 邺

笔者曾在邺城遗址中采集到带有“  ”字印陶戳记，二方、模印在残陶量上。戳记为长方形制，（图一）经研究，“  ”字释业读为邺字，（按：笔者曾有专文对业字进行探讨）。“  ”字具有春秋文字的风格，其字体演变基本上维持了与西周文字的一致性。《说文》:“业，大板也。”《尔雅·释器》“大版谓之业”，郭璞“筑墙版”，是其引申义。在春秋经传中，业字作书册，功业、事业、职业和贡献之职解，用作动词，有世代承其事之义。在西周金文中，业字往往有保护、保卫之义[4]，但在西周金文和春秋经传中，业字均不用作地名字。齐桓公筑邺城，是为了防止狄族人对中原诸国的侵扰而取信于诸侯，以业字命名新筑之邺城，有保护、保卫和世代承其事之意。一般说来，古文字中的地名用字，多为借音字，与该音相同的也就可以通借，业字就是这种情况，始此，业字已经作为地名用字。

《说文》:“邺，魏郡县，汉魏郡治邺。”邺字的出现，可能在秦始皇废除不与秦篆相合的六国文字，以秦小篆统一全国文字之际，以业字加“邑”旁写作邺字，邺字就成了邺城的专用字了。先秦古籍中凡谈及邺城故事者,其邺字均为汉儒所改。故东汉时许慎著《说文》,收录业字和邺字,分别在不同部而各有所解了。带“业”字戳记的陶量，应是邺城市府所用之量器。业字戳记当为邺城官署制陶作坊使用的戳记。由业字陶文可证，邺城初筑之处就在今邺城遗址范围中。邺之初筑是作为一座军事堡垒，抵御狄族人沿太行山南下侵扰中原。后来晋国曾取邺城[5]，魏文侯初封于邺城[6]，经西门豹、史起先后的治理，使邺富河内[7]，春秋末期至战国时期，邺城发展成为河内地区北部的一个重要城邑。

二 邺市

“ 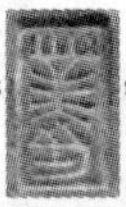 ”陶文五方，二字竖向排列，模印在陶量的底部内侧，其中一片底部外侧另有一戳记，因残损较甚不能辨读（图二），比较陶量残片底部，可知陶量可分大小两种。另外，还发现了两枚“ 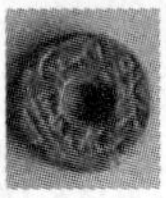 ”铜砝码，（图三）上面铸有“ 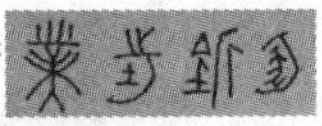 ”四个铭文，其中第一和第二字中的“ 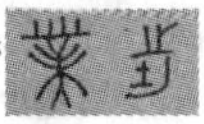 ”篆法同于上述“ 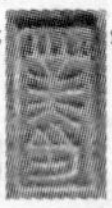 ”字戳记，释业读邺。“  ”字，释为市字，该陶文释为“业市”读为邺市。“ 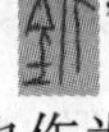 ”释为斤字，“  ”即冢字，读为重字。斤重，是魏国的重量单位，釿，也作为魏国的钱币记重单位。考古发掘出土的带有某市、某亭的戳记较多，如1972年山东济南天桥区出土的战国时齐国的“  ”字陶量，“  ”字释为市字[8]，河南陕县后川西汉初年墓出土的陶罐上印有“陕市”、“陕亭”等[9]，洛阳汉河南县城遗址出土的陶片上有“河市”、“河亭”[10] 山东银雀山西汉4号墓

出土的漆器上有“筥 市”、“市”[11]，湖北云梦县睡虎地14号秦墓出土的陶器上有“安陆市亭”[12]，秦都咸阳遗址出土的陶器上有“咸阳市”、“咸阳市久”、“平市”、“北亭”[13]，秦始皇陵园附近出土的“栎市”、“亭”等[14]陶文戳记，经学者研究，认为是封建政府的市井官署所用或经营的手工业作坊的戳记[15]，由此可见，在邺城遗址中采集的带有“邺市”戳记的陶量应是邺城市府所用或所造的量器，“ ”铜砝码，也是邺城市府所用的衡器，用于邺城市井的商品贸易，起着纠察平准的作用。另外还发现“”戳记的陶量残片（图四），戳记中量字篆作“ ”，同梁二十七年鼎，梁二十七年上官鼎[16]中的量字篆作“ ”相似，“ ”牛为陶工的姓名，“ 口 量牛”陶量是牛姓陶工所制造的陶量，经官方市府称定，准于在邺市上使用。这种私营制陶作坊的陶制品多见“陶息”、“陶相”、“陶鲁”、“陶朏”、“陶绍”等戳记（图五），其中息、相、鲁、朏 、绍等都应是制作陶器的陶工，戳记是一种凭信标志，以维护这些私营制陶业的市场信誉。邺城战国时期的陶文，具有明显的地方特色，和大梁鼎铭文相一致。

“市”是随着春秋战国时期商业和手工业的发展，城邑建设功能的完备而出现的。封建政府为加强对贸易活动的控制和牟取市税收入，不但在名都大邑设市，而且在一般的县邑小城也设市。市不仅是商品贸易和宣布政令的重要处所，亦是行刑的地方[17]。市，后来又叫“市朝”“市曹”“市廛”等[18]，邺市等陶文反映出了邺城的发展状况，也反映了邺城官署市府机构不但管理市井，还兼营手工业。

此外，在邺城遗址中还采集到“ ”字瓦当，直径14.00厘米，边轮宽1.00厘米。（图六）瓦当中央为一“亭”字，四边饰云纹。据文献记载，亭为秦汉时代最基层的地方治安组织，对百姓的统治一般是通过亭一级的地方行政组织执行。

亭的职能有三：一是接待往来官吏，供旅客止宿的地方；二是为政府输运、采购粮物及传递文件等；三是管理治安，追捕盗贼[19]。汉长安城有一百二十亭，洛阳有三十六亭[20]，郾城的亭已不可考，魏晋以后亭的组织机构有了新变化，称之谓官[illegible][21]。亭字瓦当的风格已不具秦汉瓦当的风格，透露出魏晋时期的气息，这种瓦当是否是亭级机构建筑上构件已无法可考。又据文献记载，从战国到两汉时期市府所在地设置“市楼”，开市时楼上升起一旗，下市时降旗，也称为旗亭。旗亭一名起源于楼上立旗以当市的制度[22]，魏晋时期郾城曾设置旗亭，左思《魏都赋》：“廓三市而开廛，籍平达而九达，……距日中而毕会，抗旗亭之嶤薛 。”在古代陶文中亭字一般是旗亭的简称，因此，亭字瓦当可能是魏晋时期郾城旗亭上的建筑构件。

三 郾传舍

瓦当，直径 14.5 厘米，边轮 1 厘米，当面以两条竖线栏界三部分，中间竖向篆书“郾传舍”三字，两栏界线外侧饰两组由栏界线上引出相悖的卷云纹。这种构图的瓦当见于汉代瓦当，但“郾传舍”三字的气息已是三国时期的篆书风格，应是三国时期郾城驿站房舍建筑上的瓦当。（图七）

“传”(zhuàn),古代设于驿站的房舍,也指驿站上所备的车马[22]。传(zhuàn)舍，是古代供来往行人居住的旅舍[23]。起源于西周时期的馆舍制度，战国时的馆舍，一般称为传舍。《史记·蔺相如列传》：“舍相如广成传舍。”《史记·孟尝君列传》：“冯驩闻孟尝君好客，蹑蹻而见之……孟尝君置传舍十日。”《汉书·郦食其传》：“沛公至高阳传舍。”颜师古注：“传舍者，人所止息、前人已去，后人复来，转相传也。”《后汉书·王柔传》：“识孝忠刍牧之中，知范特祖邮置之役。”李贤注引《风俗通》:“汉改邮为置，置者，度其远近之间设置也。可知置、邮、传、驿四字义同。”邮和置的不同，是在传书的方法，邮有邮人，由发书人派遣专使，驿只供传书者以交通工具，驿有时可派作他用。置传和置邮的地方是在一起的，专门的名字叫置。《汉书·文帝纪》："置者，置传驿之所，因名置。"但是，有一点是共同的，邮和置都是供传递送公文的人或来往官员暂住，换马的处所。元代以后称为驿站[24]。

我国的驿传制度可以追溯到春秋战国时期。秦汉时期，已在全国各地遍列邮置，对当时的政令通达和集权的巩固，起到了很大的作用。邺传舍瓦当，应为三国时期邺城置传建筑上的构件，它反映了三国时期邺城置传制度。

综上所述，邺、邺市、""、亭、邺传舍等陶文和铜器铭文出土于邺城遗址中，邺从初筑，作为一座军事堡垒，是防止狄族人沿太行山南下侵扰中原诸国,后发展成战国时期魏国河内地区东北部的重要城邑。"市"的出现，标志着邺城建设功能的完备。邺传舍则反映了汉魏时期邺城置传情况。由此可证，古本《竹书纪年》所记邺城之地望不误。根据唐以后志书所记汉魏郡城之地望来推测邺之所在，把邺之初筑的城址推到今天洹水北岸殷墟范围内是错误的。殷墟考古发掘已有九十余年，虽然在此范围出土过春秋战国时期的墓葬，但为数很少，更没有相关的古文字资料相印证。相反，在今邺城遗址中发现了春秋战国时期至魏、晋、南北朝时期的陶文和铜器铭文资料，特别是带有邺字的陶文和铜器铭文，它弥补了文献记载的不足，证明了邺之初筑至邺城被焚毁，其沿革是连续的。

注释

[1]《管子·小匡》载："（齐桓公）筑五鹿、邺、中牟，盖与社丘，以卫诸夏之地。"

[2]《史记·殷本纪·正义》引《竹书纪年》："盘庚自奄迁于北蒙，曰殷墟，南去邺四十里。"

[3] 张之：《安阳考释》，新华出版社 1997 年版。

[4]杨树达:《积微居金文说》,科学出版社 1959 年版;郭沫若:《商周青铜器研究》一书中《晋邦·韵读》、《秦公·韵读》两篇。科学出版社 1961 年版;高鸿晋:《中国字例二编》，见周法高《金文诂林》第六册，香港中文大学出版社 1961 年版。

[5]《吕氏春秋·不苟》："晋文用赵衰谋胜邺，取之。"《韩非子·难二》也有同样的记载。见《百子全书》，浙江人民出版社。

[6]《水经注·浊漳水》。

［7］《史记·魏世家》:“引漳水溉邺，以富魏之河内。”中华书局。

［8］裘锡圭:《战国文字中的“市”》,《考古学报》1980年第3期。

［9］黄河水库考古工作队:《1957年陕县发掘报告》,《考古通讯》1958年第11期。

［10］《洛阳中州路》，科学出版社1959年版。

［11］蒋英炬:《临沂银雀山西汉漆器铭文考释》,《考古》1975年第6期。

［12］湖北孝感地区第二期亦工亦农文物考古训练班:《湖北云梦睡虎地秦墓发掘简报》,《文物》1976年第9期。

［13］陈直:《关中秦汉陶录》；秦都咸阳考古队:《咸阳市黄家坡战国墓发掘简报》,《考古与文物》1982年第9期。

［14］袁仲一:《秦代陶文》，三秦出版社1987年版。

［15］裘锡圭:《战国文字中的“市”》,《考古学报》1980年第3期。

［16］容庚等:《金文编》，中华书局1985年版。

［17］《礼记·王制篇》:“刑人于市，与众弃之”。

［18］《盐铁论·本议》:“市朝以一其求,致士民,聚万货,农商工师,各得所欲,交易而返。”《北史·常山王遵传》:“迁吏部尚书，纳货用官，皆有定价……天下号曰市曹。”谢灵运:“山居良有，异于市廛。”

［19］《史记》卷一百四,《正义》引应劭注;《汉书·百官公卿表》:“大率十里一亭，亭有亭长，……县大率方百里，其民稠减，稀则旷，乡亭亦如之，皆秦制也。”《后汉书·百官志》:“亭有亭长，以禁盗贼。本注曰，亭长，主求捕盗贼，承望都尉。”

［20］《后汉书》注引《汉官仪》:“长安域方六十里,以经纬各十五里,十二城门,积九百七十三顷,百二十亭长。”《御览》一九四引《汉官典职》:“洛阳二十四街，街一亭，十二城门，门一亭。”

［21］《晋书·潘岳传》:“十里一官樆。”

［22］《史记》卷十三《三代世表》《集解》:“立旗于（市楼），故名（旗亭）焉。”又:《中国古代度量衡图集》，文物出版社1980年版，第138页。

［23］《左传·成公五年》:“晋侯以传召伯宗。”

［24］驿站之名见于元代文献，或称站赤，或称急递铺（邮）,《元典章》卷三有驿站条。

焦智勤，男，1947年出生，河南滑县人。安阳市博物馆副研究馆员。中国书协会员，河南省书协理事。

附　图

（图一）　（图二）

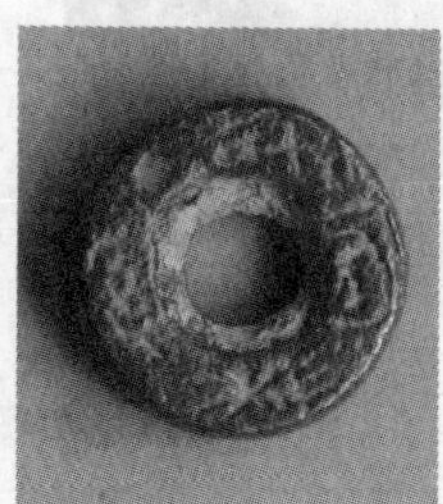

（图三）

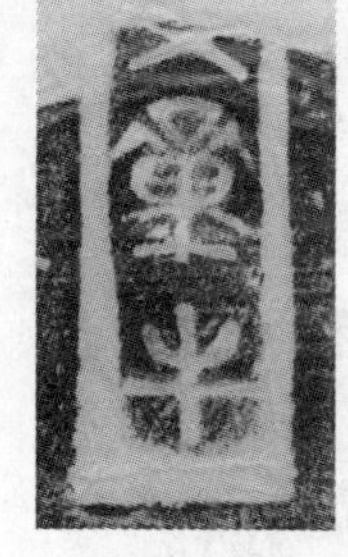

（图四）　（图五）

（图六）　（图七）

（图八）

汉字结构理论述评及新探

曾小鹏

西南科技大学

提　要　本文分述评和新探两部分。对许慎"六书"以来较有影响的汉字结构理论作了简要梳理和评析，尤其对于裘锡圭先生的"记号"字和李圃先生的"字素"理论提出商榷意见。认为当前的汉字结构理论研究体系庞杂，应该借鉴词汇学的"造词、构词"理论，建立新的统一的逻辑框架——"造字－构字框架"。

关键词　六书　汉字结构　造字和构字

学界对围绕着许慎"六书"而产生的众多"某书说"评述很多，20世纪80年代以来，以王宁、李圃为代表的新的汉字结构理论也得到了突飞猛进的发展，综观各家学说，都还不能压倒许慎的"六书"理论。本文纵横比较了各家理论，尤其从逻辑上仔细剖析了他们的学术思想，认为当前的汉字结构理论研究体系庞杂，而且不是建构在一个层面上，将来的汉字结构研究，可以借鉴词汇学的"造词、构词"理论，建立起新的统一的逻辑框架——"造字－构字框架"。

第一部分是述评，第二部分"造字－构字框架"的构想是本文的重点，全文显得比较冗长，但主要想法来源于前面的评述之中，如果缺了这些必要的交代，后者会显得过于突兀。我们的观点还相当不成熟，希望得到方家的指正。

第一部分　汉字结构理论述评

（一）"六书"及其后世学者的改良

1. "六书"和"四体二用"

中国古代的知识分子很早就关注汉字的结构问题，力图从结构上对汉字进行解释。如《左传·宣公十二年》，楚子曰："夫文，止戈为武。"十五年宗伯曰："故文，反正为乏。"《韩非子·五蠹篇》云："仓颉之作书也，自环者谓之私，背私者谓之公。"《周礼·地官·保氏》云："保氏养国子以道，乃教之六艺：一曰五礼，二曰六艺，三曰五射，四曰五驭，五曰六书，六曰九数。”这里的“六书”是哪六书？具体内容是什么？书中都没有解释。汉代学者刘歆最先做了解释，他的观点记载在班固的《汉书·艺文志》中：“古者八岁入小学，故周官保氏掌养国子，教之六书，谓象形、象事、象意、象声、转注、假借，造字之本也。”“六书”之名说明汉字形体结构的基本理论已经初步确立。东汉许慎在《说文解字·叙》中首次对六书进行了阐述：“仓颉之初作书，盖依类象形，故谓之文；其后形声相宜，即谓之字。……周礼：八岁入小学，保氏教国子，先以六书：一曰指事。指事者，视而可识，察而见意，上下是也。二曰象形，象形者，画成其物，随体诘诎，日月是也。三曰形声。形声者，以事为名，取譬相成，江河是也。四曰会意。会意者，比类合谊，以见指扮，武信是也。五曰转注。转注者，建类一首，同意相受，考老是也。六曰假借。假借者，本无其字，依声讬事，令长是也。”许慎利用他的“六书”理论逐一分析了九千多个汉字，分540部首，揭示了汉字形体结构的系统，建立起汉字的形义体系。

许氏对“六书”的说解非常简约，每书寥寥八字定义，仅举两例，除了形声字外，具体说解中也没有说明，由是概念模糊不清，造成“六书相兼”的局面。最为明显的是“转注”和“假借”二书上，一千多年来聚讼纷纭，迄无定谳。明清时期，学者们开始从六书本身去寻找解决的办法，明代杨慎首先提出要区别看待六书的观点[1]，清代戴震、段玉裁继承杨的思想并提出“四体二用”说：“戴先生曰：‘指事、象形、形声、会意四者，字之体也；转注、假借二者，字之用也。’”“盖有指事、象形，而后又会意、形声。有是四者为体，而后有转注、假借为用。戴先生曰：‘六者之次第出于自然。’”[2]认为前四书与后二书分属不同的平面，逐渐得到多数学者的认同。针对持续两百年的“六书”与“四体二用”的论争，苏宝荣指出二者没有本质的区别，“我们不妨称所谓‘六书’造字说为反映语言与文字关系的包含不同层面的广义造字说，称‘四书’造字说为专门说明汉字形体结构的狭义造字说，而戴、段提出的‘四体二用’说，不失为‘快刀斩乱麻’的做法。”[3]

2.“三书”说

针对传统“六书”说的不足，尤其不能说明小篆以前的甲、金文字的构形规则，现代学者陆续又提出了新的理论。首先是唐兰的“三书”说[4]，包括象形文字、象意文字和形声文字。象形文字须具备三个条件：一定是独体字；一定是名字（名词）；一定是本名之外不含别的意义。象意文字包括旧时所谓“合体象形字”、“会意字”和大部分的“指事字”。“象形、象意、形声，叫做三书，足以范围一切中国文字。不归于形，必归于意，不归于意，必归于声。形、声、意是文字的三方面，我们用三书来分类，就不容许再有混淆不清的地方。”

唐氏的“三书”把假借排除在造字法外，却错误地以文字的形、音、义这三要素，比附其提出的三书“象形、象意和形声”，混淆了“象形字”和“字形”的区别。而且自己也把握不准“象形”和“象意”的分类尺度。

陈梦家在批评了唐兰“三书”说后，提出了新的“三书”说[5]，裘锡圭[6]持相同的观点，把陈氏的“象形”改为“表意”，即“表意、假借和形声”。陈、裘认为假借是“汉字不但在构造上有自己的特性，而且数量很大，作用很重要。在建立关于汉字构造的理论的时候，必须把假借字看作一种基本类型，不然就不能真正反映出汉字的本质。”强调“从文字构造上看，通假字和本无其字的假借字性质是相同的。”

此外，张世禄、林沄、刘又辛也提出了各自的“三书”说，本质上与陈、裘的无异。

裘氏站在“一般人”的角度看待现代汉字，把因字形演变或俗体而使部分字理为“一般人”所不明了，因而将这些字归在“记号字”或“半记号字”。一些学者[7]也提出商榷意见，认为这一概念的提出，将产生对同一个字，不同的人会将它归在不同的造字法的情况。

裘锡圭的“新三书”是按照“只管这些字的本来构造，不管它们的现状”的原则归纳出来的造字法，也就是说，尽管某字的字形发生变化（而看不出字形的意义），但仍然按它本来的古文字字形来归类。那么其判为记号字的“日、自、月”等字就仍然可以归入三书中，事实也是如此，这些字在后面说解举例时都归在“表意字下的象物字”。但裘氏同时也承认其“三书不能概括全部汉字”，所以在三书之外单独辟出一部分作为“不能纳入三书的文字”，包括记号字、半记号字、变体表音字、合音字、两声字等几类，其中“记号字”就含“由于形体演变等原因而形成的记号字”，和在早期古文字阶段就以记号造字造的“五、六、七、八”等字（裘 1988：P13、P107）。如此一来，就使我们疑窦丛生了，这“日、月”等字到底是纳入还是不纳入三书中呢？不得而知。

笔者认为，裘氏的记号、半记号的概念本身存有许多逻辑问题[8]，干扰了其三书体系的严密性，学界也存有不同观点。

3.“新六书”、“新四书”

裘锡圭的“三书”系统对文字学产生很大的影响，但其所持的“假借”造字说受到学者们普遍的质疑。詹鄞鑫[9]认为，“分析汉字结构，就是分析孤立的汉字的造字结构，并不需要针对汉字在文献中的不同用法而作出不同的处理。……如果不考虑每个汉字的历史，就没有必要把假借作为一种结构类型来处理。”在裘氏“表意”和“形声”两书的基础上，又加上裘氏认为不能纳入其三书范围的“变体表音字”、“半记号字”和“记号字”，调整而成“新六书”，即象形、指示、象事、会意、形声、变体。

张玉金[10]总结了许慎六书的三项缺欠，并以此标准对各派学说作了评价。界定了造字的行为，从而逻辑鲜明地指出“造字法”、“用字法”的不同，造字的结构成分——字符，依功能有形符、义符和音符、记号四类，提出了自己的“新四书”造字说，即表义法、表音法、音义法和记号法。用字法有音借、义借和形借三种。“字的结构类型”和“造字法”也不同，结构类型有意符字、音符字、意音字、意音记字、半记号字、记号字。

应该说，围绕“六书”所进行的长达千年的讨论，主要还是集中在三个问题上，一是造字和用字；二是表意各类别的界限；三是所分类型是否能涵盖所有的汉字。

在总结归纳汉字结构理论的过程中，条目宽泛简要，就会抹杀汉字丰富多样的结构类型;条分缕析得过细,又犯了层次烦琐的理论大忌。所以,“兜了一圈之后，又回到‘六书’的名称”。迄今，不管是哪种学说，都没有产生压倒许说的影响。

（二）汉字结构理论的新思想及评价

在围绕“六书”的讨论中，尽管没有哪一说能够冲出许说的影响，但并不能全然地下一个“无谓的争论”的结论，文字学家们在这个过程中，迸发出了不少智慧的火花，尤其在西方语言学理论的影响下，将文字放在语言系统中，从文字和语言的关系角度重新审视汉字的结构和性质。下面介绍两种新的汉字结构理论。[11]

1.李圃“字素”理论

“字素”是基于汉字和汉语语素之间的关系而提出的。“字素是汉字的形与音、义相统一的最小的结构要素”，根据能否独立成字分为基本字素和准字素，字缀是没有读音和意义，只有简单形体追加在字素上起区别音义的功能的造字单位。“造字过程包括取象造字的发生阶段和借成字向语素回归的表示阶段，造（引者按：疑是“成”字之误）字为中间环节。”（李圃，2000）前一阶段是造字阶段，形成不同的造字法，如独素造字、合素造字、加素造字、更素造字、移位造字、省变造字、缀加造字和借形造字等8类；后一阶段形成多种表示法，如象形、指事、会意、形声等。字素分处于静态和动态两个系统而有不同的聚合，静态系统指进入造字过程之前的字素系统，包括前述的基本字素和准字素；动态系统是指字素进入构字过程的系统，包括稳性字素和活性字素，稳性字素是指由静态字素直接表示语素音或义的（即处于字的“上位”）的单个字素，而活性字素是直接表示语素音或义的（也是处于字的“上位”），由稳性字素（基本字素和准字素）构成的字素结合体。组成活性字素的原基本字素和准字素。由于没有直接与字所记录的语素的音和义发生关系，所以“失去了字素的地位而处于（字的）下位层面”，叫作“活性字素的内部结构成分”。

“字素”理论可贵之处在于，借用普通语言学的结构理论，系统地描绘了汉字系统的层级关系以及字素间的组合和聚合关系。并以“两阶段—中间环节”的模式，首次从逻辑上给予造字法以全新的命名，避免了造字和表词的纠葛，我们认为，用字法从根本上来说，就是属于表词方法。

但是，李氏的理论也有根本性的“硬伤”：

（1）字素的地位飘忽不定，字缀地位尴尬。

也许是出于要和语言学的“语素”相比附，给字素定义时，强调必须形、音、义一体。依此理论，字素参与构字过程中，当处在上位，还是字素，可是处于下位时，就“失去了字素的地位”，变成了“活性字素的内部结构成分”。比如现代汉字中，“日”是来源于取象造字的象形字，也是一个基本字素（静态系统）；“盟”字是从皿明声的形声字，“明”是组成“盟”字的“活性字素”，其中的“日”和“月”由于不直接和“盟”的语素的音义发生关系，就“失去了字素的地位”，成为“活性字素的内部结构成分”，我们不禁想问：

A.“盟”字中的构件“日”和“日”字的构件“日”是不是同一个构件？

B.“盟”字中的构件“日”到底是不是字素？

A 问题的答案大概不会有争议，回答是肯定的，即这两个“日”是相同的构件。

B 问题的回答无外乎有两种：一种回答是否定的，“盟”字中的构件“日”失去了字素的地位，变成了“活性字素的内部结构成分”；另一种回答只能是带条件的部分肯定，即承认“盟”字中的构件“日”是字素，但在这里失去了字素的地位，变成了“活性字素的内部结构成分”。

否定的回答必然导致带出另一个难以回答的问题：“盟”字中的构件“日”和“日”字的构件“日”何以同体而不同位？部分肯定的回答则又陷入了自我矛盾。

我们认为，处于造字下位层次的结构成分尽管不直接表示语素的音和义，仍然应该是字素，因为它仍然是形、音、义的结合体，只不过其音、义不直接体现而已。更何况，类似“娶”字中同样处于下位的构字成分“又”，很难说从意义上与“娶”的语素义没有一点关系。“字素”理论中有“类位交变，类随位变”的表述，也认为一个字素在参与构造不同的字形时，会有义类的变化，既然承认字素的“义”是个不定值，就不必拘泥于字素仅限于字的结构的上位，可以把“活性字素”看作“字素结合体”，是体积更大的造字单位，和单个的字素同属一个层级。

李圃把“字素”又称“字位”，我们认为“字位”似乎更为合适，理由如下：拿文字和语言类比一下，字相当[12]于语素一级，语素是最小的音、义结合体，是构词的单位，英语中的语素有三类：词根（act）、词缀（in–、–or）、词尾（–ed、–ing），语素不能在语法范围内再切分，语音上可以切成更小的音位（不是音素），表音文字的语素有的是多音节，有的是单音节，但均可切分出代表一个个音位的字母来。汉语从语音上也可得出几十个音位来。汉字是语素－意音体系的文字，一个汉字就读一个音节，字形上切分成的结构单位当然也应该以“位”来命名更合适，如“想”字由“木、目、心”三个字位组成。一种语言的音位有变体，如普通话 /a/ 音位有 /a、A、ε、α 、ɒ/ 五个变体，汉字的字位按构字的位置也有变体，如字位“心”有变体“忄、心”，字位“火”有变体“火、灬”，等等。音位是能区别意义的最小语言单位，字位也是主要起区别意义为主要功能，只不过汉字是表意文字，有些字位直接以字形表示意义，如“浅、钱”以形符区别字形，实质上是区别了字所代表的语素意义。音位只有进入音节的组合关系中才具有这种区别作用，可看成是动态的语音单位，字位的区别作用当然也是在构字过程中才可显现，所以，字位是文字的动态系统里能区别字义的最小的造字单位。那么，从音质角度切分出来的最小的语音单位——音素，就可以理解为静态的，上举 /a/ 音位的变体在静态中就是五个音素；“忄、心、火、灬”也因字形的不同是四个字素，**字素是文字的静态系统里从字形角度切分出来的最小的造字单位**。

基于以上概念的重新定位，原“字素”理论中的“字缀”由于具有可以区别字的音义的功能，当然也是字位。甲骨文中被李圃判作字缀的（李圃，1991，P26）其实不少就是表具体意义的象形符号，而不是记号，如（力），字象耒形，耒是翻土用的农具，字下一短竖表示手持或脚踏以助力的地方，整字是个独体象形。李氏错误地将字下一短竖看成字缀，指示犁铧所在的记号。再如、（亦）字腋下一点或两点，唐兰释为汗液之形，非指示符号；（父）是男子手持石斧之形，金文父癸鼎具象更显。此外，还有“雨、祭”等多字，李圃都视作缀加字素，短竖和短点当成毫无音义的字缀，其实都有具体所指，或是独体象形，或是合体象形和会意的形符。甲骨文已是发展成熟的象形文字，字形的简省和抽象，使得许多字形丧失了“构意”，当然我们不排除甲骨文中有纯指示符号，但毕竟不是多数，鉴于许多字缀还难以和字位截然区别开，所以，将字缀划归字位，不失为一种合适的方式。而且这也是适合整体框架的，语言中的语素本就含有词缀这一类，词缀是附着在词根上，和词根平级的语素，表音文字的词缀从语音上同样也是切分出音位，象形文字的字缀一般是用点、线或简单的图形表示，起改变字形进而区别字的音义的作用，当然它应该是和字位平级的一级造字单位。

（2）“两阶段一中间环节”模式割裂了造字与表词的内在关系。

对这一模式是这样描述的（李圃，2000）：

> 汉字的造字过程经历两个阶段一个中间环节：第一阶段是以语素（音义的结合体）为出发点去取象造字，即汉字的发生阶段；第二阶段是以语素（音义的结合体）为归着点凭借成字向语素回归。前一阶段是造字阶段，由于取象造字方式方法的不同，形成多种造字方法；后一阶段是表示阶段，由于表示语素的方式的差异，形成多种表示法。在这两个阶段中间有一个中间环节，这就是成字。整个过程可以用起、承、转、合四个环节加以概括，即以语素为出发点的造字取象（起），所取之象的成字本身造意（承），取象造意不等于所要表示的语素音义，因而必须从取象造意向升华了的表词造意转化（转），最终达到表词之造意同所要表示的语素（音义）的契合（合）。

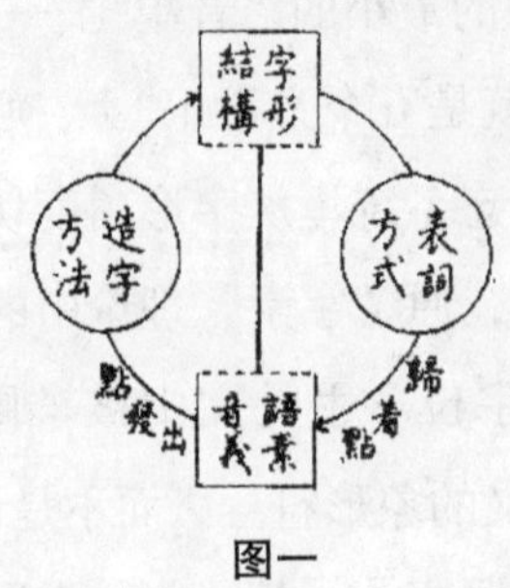

图一

在总结了独素造字、合素造字、加素造字、更素造字、移位造字、省变造字、缀加造字和借形造字等 8 类造字法之后，又归纳出象形、指事、会意、形声等几种表词法。造字法和表词法的关系如上图（李圃 2000：P121）。

很明显，作者认为由字形结构向语素意义回归的表词阶段，是循着另一条路线进行的，和造字阶段是完全不同的路径。对此观点我们不敢苟同，打个比方，有款智力游戏叫孔明锁，它是将两个形状奇妙的铁环套在了一起，拆卸它们的唯一方式，是想办法找到当初将它们套在一起的角度，顺着原路逆行回去才行。同样，造字者想为某个语素造出一个字形时，会用一个或多个字素，或者把某个字素修改一下等方法来造一个新字，但在这个造字的过程中，他选择哪些字素，如何修改，怎么摆放它们的位置，抑或是去重新造一个新的字素，都是有目的和针对性的行为，作为这一造字行为的结果——成字，它的结构成分担负何种功能，结构成分之间如何分工协作并按造字者的意愿完成了表词的作用，这一朝向着原点的回归，也只有循着来路逆行回去才可完成。试模仿一个造字和表词的过程，造字者想为表“去”义、音 /uaŋ^{214}/［13］的语素造一个字，于是他从既有的材料（字素）中选取了 止 和 王 这两件，采取上下结构的方式组成一个新字 㞷（往），表面上看，这个字固然是用“合素造字”法造出的，而造字者的内心又何尝不是始终把持着一个“意音”的观念呢？造字者选那个材料，这个材料做何用途是胸有成竹的，他以 止 作义符，以发音跟 /uaŋ^{214}/ 相似或同音的 王 上下叠置而成。

所以，造字法和表词方式运行的是同一段路程，区别在于行进的方向，如果以语素音义为原点，成字为终点，前者是顺行，后者则逆向而归。我们甚至可以说，造字和表词是同时进行的，当一个字造完之时，也是该字表达了词的时候，造字法是表面形式，表词方式才是内在诉求。面对一个不认识的字形，只有仔细推敲造字者的意图，顺着造字的来路逆行而上，才有可能求得该字的本义。造字、表词和释字三者虽然作用有别，其旨一也。

2. “汉字构形学”

“构形学”这一名称，最早是刘钊在 1990 年以“古文字构形学”的概念提出来的，“本意是用其内容涵盖关于古文字构成原则和演变规律的一切研究。”[14]

（1）王宁基于以下认识，提出了“汉字构形学”[15]：

汉字作为一种信息载体，一种被社会创建又被社会共同使用的符号，在构形上必然是以系统的形式存在的。在共时历史层面上的汉字总体，应当有自己的构形元素，这些元素应当有自己的组合层次与组合模式，因而，汉字的个体字符既不是孤立的，也不是散乱的，而是互相关联的、内部呈有序性的符号系统。……只有在弄清个体字符形体变化的基础上，考察出汉字构形系统的总体演变规律，并且对这种演变的内在的和外在的原因作出符合历史的解释，才能称为汉字史。

其基本方法属于共时的描写汉字学，认为汉字是由构件组合而成，最小的构件叫形素。根据构件在构形中体现构意的类别，或叫结构功能，可以将构件分为 4 类：表形、表义、示音和标示；根据汉字的合成情况及构件在组构中的四种功能，总结出以下 11 种构形模式：全功能零合成、标形合成、标义合成、会形合成、形义合成、会义合成、无音综合合成、标音合成、形音合成、义音合成、有音综合合成。

此表（王宁,2002:P66）是以“结构—功能”分析法确立的构形模式与前“四书”的对应关系。从中可以看出，勉强用前“四书”分析各类汉字难以避免削足适履的弊病。

我们认为,王宁先生提出的汉字构形理论是对汉字“六书”理论的升华与提高，是汉字本体研究在 20 世纪的重大进展。这一理论以字形为中心，探讨汉字发展的内在规律，它坚持了系统论的观点，提出了描写汉字这个符号系统的具体操作模式与量化标准，使汉字研究与现代科学的研究方法有机地融合在一起，具有重大理论价值[16]。

（2）王贵元在王宁的构形理论基础上，进一步梳理了汉字构形系统[17]，提出了“形位”的概年，形位相当于王宁的形素，是共时构形系统中最小的构件，分成字与非字两类；将构形分为层次和组合这一纵一横两维，见下图二、图三：

<table>
<tr><td>全功能构件 +0</td><td>零合成字</td><td>独体字</td><td>象形</td></tr>
<tr><td>表形构件 + 标示构件</td><td>标形合成字</td><td rowspan="3">准独体字</td><td rowspan="2">指事</td></tr>
<tr><td>表义构件 + 标示构件</td><td>标义合成字</td></tr>
<tr><td>示音构件 + 标示构件</td><td>标音合成字</td><td rowspan="4">形声</td></tr>
<tr><td>表形构件 + 示音构件</td><td>形音合成字</td><td rowspan="7">合体字</td></tr>
<tr><td>表义构件 + 示音构件</td><td>义音合成字</td></tr>
<tr><td>示音构件 + 各类构件</td><td>有音综合合成字</td></tr>
<tr><td>表形构件 + 表形构件</td><td>会形合成字</td><td rowspan="4">会意</td></tr>
<tr><td>表形构件 + 表义构件</td><td>形义合成字</td></tr>
<tr><td>表义构件 + 表义构件</td><td>会义合成字</td></tr>
<tr><td>各类构件（无表音）</td><td>无音综合合成字</td></tr>
</table>

图二

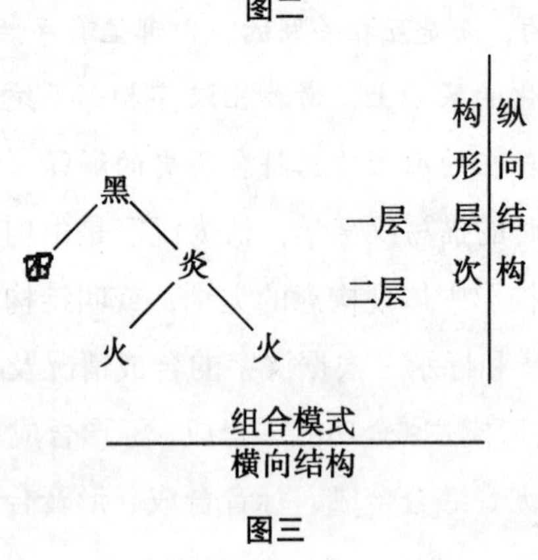

图三

横向、纵向结构又有形体（表层）和功能(深层)两个方面。从横向结构（组合模式）的表层（形体）看，有四种形体组合方式：并列、围包、交合、叠合；从横向结构（组合模式）的深层（功能）看，作者认为构件的功能有表形、表义、表音和纯表符，那么，得出的构形模式（即造字法）有会形、音义、会义、形义、符义、形音义和符音 6 类。

第二部分　汉字结构理论的逻辑框架

（一）造字和表词问题

第一部分用两节内容回顾了汉字结构理论的发展，从他们的研究方法来看，可以大致看作两个大的阵营，前者是基于传统“六书”的，虽然进行了很大的改造，但都没有形成压倒性的影响，可统称为“六书派”；后者可以称作“字（形）素派”，主张从共时文字系统中切分出最小的字（形）素，从形式与功能两个角度描写文字结构的特征。

我们看到，新的学说总是要吸取前人的成果为己所用，因此，我们能从不同的学说中窥见一些共同的学术渊源。两派内部不同学说的差别也不算小，如“新三书”的“表意”一说，就包括了“六书”中的“象形、指事、会意”三书；即便是同属“构形学”，王宁所归纳的构形模式要比王贵元得出的多出近一倍。前贤都是在不同的学术思想的基础上建构起自己的汉字结构理论，在这个过程中，每个学者在逻辑上把握的尺度不一，如果没有一个普遍客观的平台作为标准，批评某家学说有某某不足，于建立科学的汉字理论并没有十足的意义。

张玉金、夏中华以“三项缺欠”为标准对多家学说作了评价，其总结六书说存在的缺欠有：

第一，把造字法与用字法混为一谈；

第二，同一种造字方法，被分成象形、指事、会意三类，三者的界限是模糊不清的；

第三，有些字的造字方法难以在六书中找到。就是说，六书不能涵盖所有的汉字。

张氏认为新六书说克服了第一条，部分克服了第三条缺欠，但没有克服第二条，并批评詹氏缺乏一个基本的理论视点，逻辑层次不清，其六书不是在一个层次划分出来的。（张、夏，2001：P156）

认为清代的四书说分清了造字和用字，是一个了不起的突破，但留有第二、三条缺欠。（张、夏，2001：P159）

认为唐兰的三书说克服了第一条，但仍有第三条缺欠，并以“雨、上、下”等字为例，说明象形和象意本就是一类造字法，不易区分，不应该分开，即又犯了第二条缺欠。

认为陈、裘的新三书克服了第二条，即把象形、指事、会意三者看成是同一种造字法，是汉字造字法研究上一项了不起的成就，但没有克服第一和第二条缺欠。

张氏没有评价“字(形)素派”的学说,如果我们以这三条来看“字素”理论,如独素造字、合素造字、加素造字、更素造字、移位造字、省变造字、缀加造字和借形造字等8类，将会无法评价其中的造字法，因为二者表述的内容其实不在一个层次。因此，我们有必要首先把造字法及相关概念的逻辑关系厘清，才能把各家学说纳入一个统一的评价体系之中。

造字和表词

“造字”最早见于《汉书·艺文志》，长期以来大家认为“六书”是汉字的“造字之本”，明清时期把“转注、假借”两项摘下划归“用字之法”，近现代学者仍有很多把“假借”作为造字的重要类型[18]。张玉金给造字规定了四项条件：其一，这是一种“造”的活动；其二，这种活动是有意识、有目的的，即要为词配备文字；其三，汉字是用特定的方法创造出来的；其四，活动的结果使汉字体系增加了新的字形。所以“假借”被排除在造字法之列。（张、夏，2001:P154）

逻辑上来说，造字是一个动态的过程，第一步，是要有造字的意图，即为语素的音和义创造一个可视的书写形式；第二步，是用特定的方法创造，或在原有造字材料（字符）的基础上拼接省改，或重新造一个字形等方式；第三步，就是这一过程的结果——成字。

由第三步退回第一步，就是一个动态的表词过程，即成字向语素音义的回归，有什么样的造字法，就有相对应的表词方式。

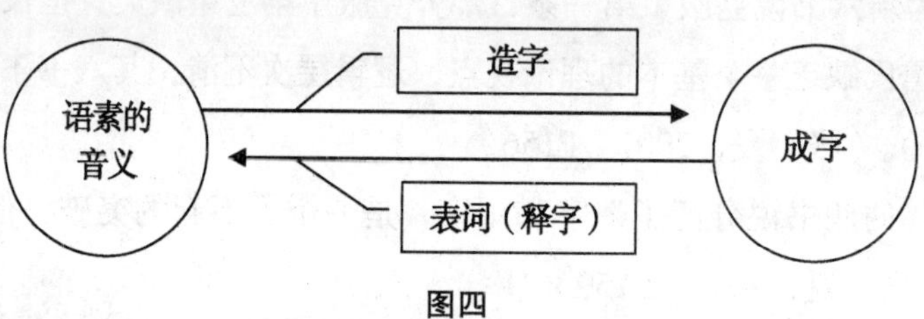

图四

关键是中间这第二步，在造字过程中，造字者选取哪些材料，以及如何运用，处处受着语素音义的制约，可以看出，造字是“据义造形”的过程，造字法就是将语素音义物化为形的手段；在表词过程中，属于造字阶段的“将语素音义物化为形的手段”，此刻表现为成字的“构意”，是“据形表义”的内在线索。

行为既有外在的形式，更重要的是其功能的属性（又称内容）。（逐）字的造字法从形式方面来看，可以归为李圃的“合素造字”，功能方面则是以两个意符和呈上下排列，从趾在兽后会追逐之意，可称“会意造字”。（逐）

字作为成字具有形式和内容两方面，（逐）字的表词法从形式方面来看，是两个字符的上下叠合，这其实就是汉字的结构模式[19]，功能上则是“会意表词”（该字两字符彼此的位置也表意，可增加一项“方位表词”）。我们看到，造字和表词是“语素的音义”与“成字”这两点间沿着同一轨迹行进着的不同方向的两种运动，造字和表词各有形式和功能两种属性，而功能属性其实是重叠的，只不过因为运行方向的不同（实则造字和表词的目的不同），而换了不同的中心词而已，在造字称为“会意造字”，于表词则为“会意表词”，原因就是“造字理据”决定造字方法，“构意”体现表词的方式。而“造字理据”就是“构意”，这也就是我们认为“造字完成之时，也是表词结束之时”的原因。张、夏同样认为，研究造字法时要考虑两点：一是创造出什么“形”，二是“形”怎么跟语素发生关系，要以后者为纲，前者为纬。所以，可以用造字法涵盖所谓写词法。这是我们赞同的。但张、夏依此认为“（在分析汉字结构时）不必多出一个层次（表词）来。事实上，形声写词法和形声造字法、会意写词法和会意造字法是怎么区别的？这是不容易说清楚的。”对于这点我们不敢苟同，首先，表词是造字的逆动，二者的目的不同，造字和表词可以分得清；其次，有必要将二者分清，汉字在传承中，因多种原因字形发生改变，后人对字的结构产生新的解释，比如射字金文作，象一手持弓，是个合体会意字，小篆作，弓形变成“身”，箭形变成了义化构件“矢”，会以身体射箭的意思。又作，把表示手的“又”变成了“寸”，在小篆里，凡是具有法度意义的行为，字从“又”的都变“寸”，射箭与礼仪规范有关，所以“又”变“寸”。从这类王宁称作“理据重构”的现象来看，表词方式的转变造成了字形的重构，从而改变了造字的方式。更不用说在李圃的字素理论那里，造字和表词是两套完全不同的逻辑表述形式了。

鉴于我们认为的造字和表词的紧密关系，容易产生“有什么样的表词方式，就有什么造字法”的误会，这里需要特别强调的是，尽管造字、表词在功能方面的统一性，但还要看到仍有主次之分，造字法统属表词法，即有什么样的造字方式，就有什么样的表词方式，但一定的表词方式，却不一定导致那样的造字方式。举例来说，借花草的“花”表花钱的“花”，假借字是借一个同音或音近的字形来代表本无其字的语素，从被借字（成字）到语素的表词方式是“借音表义”，整个字形被看成一个音符，而不顾及它的借字是个形声的造字法。事实是，假借就不是造字法，只是表词法，而且我们认为，整个六书就是教孩童认字的方法，即解释从字形（成字）到字义（语素的音义）的表词方式，继而达到认字的“释字之法”。

“四体二用”将六书看成造字与用字的体系，是汉字理论的巨大进步，成为一直以来广为尊崇的观点，由此也让人慨叹许慎等古人在创建学术理论体系上所表现出来的逻辑上不严密的通病。对此问题曾有过不同意见，戚桂宴[20]认为将六书看成造字之法是后人的误会，“六书”是以不同方式表示字义的六种不同类型的字形，根本就不是什么造字方法。如果把六书当作造字方法去解释，再怎样解释也还是解释不清楚的。许慎只承认造字的两种方法，即汉字是用“依类象形”和“形声相益”两种方法造出来的，可是造出来的字形却有象形、指事、会意、形声、转注、假借六种不同的表示字义的方式。由于表词和造字在功能上的统一关系，如果不从两种行为的目的上去把握，象形、指事、会意、形声等是表词之法，说它们是造字之法也行得通，汉代以六书教孩童，绝不会也不需要教授造字法这样抽象的理论，说它是教孩子们认字，通过分析字形，解释造字理据，从而达到认字的目的要更为符合实际些，所以，我们认为六书就是六种表词方式，同时也是六种释字的方法。“只有兼从‘释字之法’而不是单从‘造字之法’的角度，也就是汉字形义学的角度，才能准确理解‘六书’。”（王宁，2002：P15）许慎隐约感到转注、假借二书与前面四书的不同，以“用字”统属其二，以今天的观点来看，“用字”也即表词，戴、段也由于时代所限，继承了“造字和用字”理论，没能区分造字与表词的异同，进而在表词的视野下将六书看作一个整体，这实在有点可惜。六书就是古人以同一个标准归纳出来的严密理论体系，许慎继而以此理论写成了《说文解字》，目的也不是为了研究造字法，其目的有二，一是为解经服务，抵制当时解经“人用己私，是非无正，巧说邪辞，使天下学者疑”的混乱局面，以达到“理群类，解谬误，晓学者，达神旨”的目的；二是要“同牵条属，共理相贯，杂而不越，据形系联，引而申之，以究万原”，通过对文字的说解归类，探索文字的本源，当然要涉及造字法方面的内容，只不过以那个时候所见的有限的古文字材料和理论水平，许慎的诸多错误是完全可以原谅的。

（二）汉字结构理论的动态与静态研究

李孝定说：“中国文字学的研究，有静态和动态两面，静态研究的主要对象，便是文字的结构。”[21]如果将对一个个成字的结构、层次进行分析就应当视为相对静态的研究范畴的话，造字可看作一个动态过程，造字法的研究则为动态的研究。“动”不光体现在一个字从无到有的产生过程，而且，造字者使字符发挥各自的功能，通过一个字符（独体字）或者多个字符相互协作，将语素的音义物化为可视的字形，更让我们感受到奇妙多变的“动”感。汉字的字符在造字过程中是要发挥一定的（造字）功能的，文字学家一般认为其可分四类：形符、义符、音符和记号。“静”是对成字的结构分析，包括汉字的结构单位、结构的层级、结构模式等。

语言和文字本是两套不同的体系，然而语言研究中的有些方法确实可以为文字研究提供有益的借鉴。汉语词汇研究在20世纪80年代由“构词”发展到“造词”，进而到两者并重的框架，值得文字学界的关注。

在早期的研究中，“造词”与“构词”只是各家用词上的不同，将造词和词的结构是混合在一起的。孙常叙较早提出“造词方法”和“造词结构”的不同[22]，葛本仪进一步阐述了这一思想，并形成了两套不同的研究框架，形成新的词汇研究体系[23]。“所谓造词，就是指创造新词，它是解决一个词从无到有的问题。”（葛，1985：P46）“所谓构词，是指词的内部结构问题，它的研究对象是已经存在的词。”（同上：P65）“（两者）表示着既有联系又有区别的含义不同的概念。尽管‘造’和‘构’具有同义关系，但是‘造词’的意义重在‘制造’，‘构词’的意义重在‘结构’”（同上：P46）她反对把结构问题纳入造词问题，提出了崭新的造词法框架，试图与构词法划清界限。

A. 造词法可归纳如下：

a) 音义任意结合法。如：人、手、崔嵬等。

b) 摹声法。如：猫、当当、咖啡等。

c) 音变法。如：盖（动词）~盖（名词 /gair/）、好（好坏）~好（爱好）。

d) 说明法。通过对事物加以说明从而产生新词。可因说明的方向属性而等而不同。如：方桌、菊花、静悄悄、几乎等。

e) 比拟法。如：龙头、木耳、牛皮纸等。

f) 引申法。如：开关、手足、矛盾等。

g) 双音法。如：妈妈、斤斤、孤独、老鼠等。

f) 简缩法。如：土改、民警、人代会等

B. 构词法可归纳如下：

a) 语音形式方面：单音节 / 多音节；重叠 / 非重叠。

b) 词素（语素）的多少方面：单纯词 / 合成词。

c) 词素的性质及组合方式方面：派生词、复合词（联合、偏正、补充、动宾、主谓）。

造词和构词、造词法和构词法既然都不相同，就有可能从更多方面对词进行分析和研究，探讨词的产生原因和途径，了解词的存在形式及其内部结构规律。造词法相同的词，构词法不同，相反，构词法相同，造词法又有区别。让我们透过几个例词的分析，看看造词和构词对一个词的不同分析内容。

“白马”和“木马”的分析是个典型，白马是马，何以木马又不是马呢？两者从结构上来看都是偏正式的复合词、双音词，关键在于不同的造词法，前者是用的说明法，而后者是比拟法。“万年青”一词的第一层是说明法，第二层“万年”又有比喻的性质，所以造词法是运用了说明和比拟相结合，构词法上它是三个语素、偏正式的复合词。

词汇研究中，“造词”、“构词”被视作动态与静态的范畴，动静之间并没有截然的界限，“造词时的思维规律的可理解性，就赋予了构词规律的可分析性，人们造词时的思维活动和结果，与构词中反映出来的情况是一致的。所以，造词和构词具有共同的逻辑基础，造词法和构词法具有共同的逻辑规律。”（葛，1985：P75）我们认为，“造字”和“构字”（字形结构）之间的关系颇为类似词汇研究中的“造词”和“构词”，“造字”和“构字”应该成为汉字结构理论研究中动与静的两个研究范畴，建立各自的研究框架[24]。

（三）构建科学的汉字结构理论的框架

汉字结构理论的研究到目前为止，取得的成就蔚然可观，但是存在的缺憾也十分突出。首先，还没有形成一个统一的研究框架。以前的古文字学家把造字和表词是混为一谈的，后来逐渐形成了动态和静态的观念，但这是一个十分抽象的概括，况且这种动与静并不是绝对的，如张玉金给汉字静态的结构从功能上分出了五类，比如“把”字，说它“左右结构”是静态尚可，但说它是“意音字”仍然是静态就难接受了，这明明是在解析“把”字的表词方式，即字形如何表达语素的方式。正如本文前述，造字法统属表词方式，二者是方向正好相反的运功，成字的结构功能只有在表词的过程中才有效用，离开了表词，字符之间只有物理方位上的关系，失去了字符的表词功能。

其次，概念术语不尽统一，给学术交流造成一定的障碍。如以“造字法”之名，“六书”实际谈的是汉字的结构功能。分析字符的位置关系，比如左右结构等，李圃以“结构类型”命名，张玉金则称之为“结构模式”，张氏的“结构类型”另有所指。其实，“类型”和“模式”从意义上并无区别。

这里，我们结合前人的学说，将汉字结构理论分为造字与构字两大块，每块之下再统辖具体的研究内容。

A. 造字法

a) 纯形式法。以李圃的造字法为代表，以字素为视觉基础，描述由字素到成字的过程，不考虑字素的功能，如独素、合素、加素、更素、移位，等等。

b) 功能法。造字成分在造字过程里的功能。如：表义、表音、音义、标示和记号。

c) 形式－功能法。以张玉金、夏中华的“新四书”为代表，是兼有以上两种内容的表示法。

B. 构字法

a) 结构单位。即对汉字切分到最小的构字元件——字符。

b) 结构层级方面。表层或多层。

c) 字符的数量方面。独体或合体。

d) 结构模式。指分析汉字字符之间的方位关系。以张玉金的 17 种结构模式为代表，如上下、左走结构等。

e) 结构功能。分析字符在整个结构中的构意功能。直接说明成字的表词方式。传统六书实际就是分析成字的结构及其表词的功能，继而达到释字的目的，因而王宁称“六书”为“结构－功能分析法”。

我们可以称之为“造字－构字”框架。这一新的模式可以包含汉字结构研究的所有方面。把前人的各种学说放在“造字－构字”框架这个统一的平台上，就能使我们认清他们研究的着眼点的不同，从而更好地理解他们的学说。

1. 造字法的描述宜以“形式－功能法”。

造字是动态行为，构字是对造字行为的结果的静态分析。所以两者有着密切的联系，比如造字法中的功能法归纳的是字符造字中的功能，这与构字法里总结的结构功能实际是同一个价值，前者指向如何造出能够表达语素的字形，后者指向字形如何表达语素（即表词），所以，黄德宽总结的两种功能实际是一样的[25]，他的四种“构形方式”（即造字法）直接对应其四种“结构类型”。所以，我们不主张仅仅从功能上谈造字法，造字是思维见之于具体字形演变的行为，就像我们看木匠打家具，外行看到的是木匠拿起锯子等工具将一堆木料做成各种长短不一、形状各异的材料，而在内行的眼中，每一步都是有目的的，每一块材料需要跟其他材料拼接，才可以组装成设计的家具。别人如果不明白每一步的作用，只是模仿甚至复制木匠的动作，也做不成跟木匠师傅一样好的家具；同样，明晰了各零件的道理，却不加以具体的操作，也不能让人学会独立打造出一件家具来。所以，黄德宽总结的造字法，实际是汉字的结构功能，不是真正意义的造字法，只有兼从形式和功能的形式－功能法，才能说明汉字的造字法。我们把李圃的造字法称之为“纯形式法”，尽管其理论体系分造字和表词两大范畴，但是在造字的说解中，纯形式的字素分析的每一步都投射出了功能的影子，比如在分析“合素造字法”中，必须分作“合素会意、合素形声”两步才得以进行下去。

李圃“纯形式法”的路子难以坚持下去，实际走的是形式－功能的路，那么裘锡圭的新三书、詹鄞鑫的六书和张、夏的新四书表，表面看是从功能方面描述造字法，可每一书之下又各自分出若干的类别，有的类别之下再分若干种情况，实际也回到了形式－功能的路上。

2. 构字和造字角度上的“功能”很难以不同的术语描述。

张、夏用“意符字、音符字”等六种字概括了汉字的“结构类型”，这实际是构字角度的“结构功能”，与其造字法角度的四种功能仍然是同一套术语体系，并没能真正区分开。葛本仪的构词法中以一套句法术语概括了语素之间静态的功能关系，而在造词法中则以另一套术语描述造词的思维的动态行为。在文字结构中不涉及语法范围，构字法中的“结构功能”只能选择一套术语来描述成字的字符之间的静态关系，而这实际是表词功能的问题，如前所述，与造字法的功能只有运行指向的不同，王宁的“构形学”从共时汉字系统中总结出 11 种构形模式，没有关注历时的“更素、加素、变素”等构形（造字）问题，如甲骨文“坠”的异体字[illegible]和[illegible]，在李圃的字素理论看来，两字单独来看都是“合素字”，两字中的一个是“更素造字法”的结果；而依王宁的理论，两字都是“会形合成字”。所以，如果将王宁的“构形模式”看作“造字法”，也是从“构字”角度对汉字结构字符间的功能的静态的描述，属于表词方向上的功能，很明显，李圃的“造字法”是从造字方向上归纳的“造字法”。陈、裘氏将“假借”立为其“新三书”之一，我们前面分析过，假借是表词的方式，所以，“新三书”的总体思想是从“构字”角度出发的，其中又夹杂着“造字”的成分。

3. 在字符功能上的分歧，源于字符的切分标准和对功能的界定。

裘锡圭把字符的功能分为意符（包含形符和义符）、音符和记号，张、夏认同这种分类。而王宁和李圃的字符中包含区别音义的字缀，所以，跟裘氏不同，多出了“标示构件”一类。而在裘氏体系中，没有字缀这一层构件，所以就把含有标示构件的字分别放到了表意字下的指示字和假借字中去了。王贵元和王宁虽基本是一个体系，但由于王贵元没有划分出“标示构件”，所以其六种构形模式比起王宁来，减少了五种之多。

另外，对形符和义符的界定在学术界也不尽相同。

裘锡圭将各种文字的字符归纳成三大类，即意符、音符和记号，意符内部又再分出作为象形符号使用的“形符”，如表具体形象的人、日、木和表抽象形的一、二、三、亖、□（方）、○（圆）、凹、凸等；和依靠本身的字义来表意的“义符”，如“歪”字中的“不、正”两个义符。（裘，1988：P11）因为所述较简略，又在谈汉字结构变化一节（裘，1988：P33）补充道：“形符是依靠本身的形象来起表意作用的，它们往往不能独立成字。……义符一般都有现成的文字充当……在象形程度较高的早期古文字里，表意字绝大部分是由形符造的，形符是意符的主流。……春秋战国以后新造的表意字，逐渐让位给了义符字。”裘同时也承认，“形符和义符的界限并非总是很明确的”，如前面的形符人字在34页中又看成了义符，此页的义符手（金文“手”字）在后面说解表意字时，划归在象物字之下，显然又判作形符了。鉴于自己也不能很好地区分形符和义符，于是，在说解表意字下的会意字时，由于“有些由两个以上意符构成的字，它们所用的意符究竟应该算形符还是义符，是两可的，”尽管“按理说，把由形符构成的字跟由义符构成的字放在同一类里是不合适的，”但也“只好采用现在的分类办法”了。裘氏实际是选择了避开这个问题。

张玉金基本继承裘氏的观点（张、夏:P161），认为“形符是音符和义符的基础，它都是通过描绘具体实物形或抽象事物形而创造出来的，都是以形表义的，”并形象地把形符与语素的结合比喻成“初婚”，公式是形→义，而义符是用已有的字作字符造字，以该字的字义与所要记录的语素的义相联系，公式是形→义→义。同时也承认会义和会形有时候不好分，也不必强分。

王宁的表形构件是“用与物象相似的形体来体现构意的”，如甲骨文“（天）”字中表示人又突出头部的构件，（祝）字中表示人张口向上的构件，小篆（果）字中表示水果的构件等，而表义构件是“以它在独用是所记录的词的词义来体现构意”，如“打”字中的构件“扌”表示一种用手去施行的行为，“说”字中的“讠”表示一种言语行为。王宁进一步介绍了表形和表义的区别，“表义构件给构意提供的作用是概括的语义，而表形构件给构意提供的是与事物相关的具体形象。”由于“有些表形构件是成字构件，本身已具有和物象相关的意义，这时，区分表形和表义要从结构特点来考虑。凡是表形构件构成的合体字，它们在整个字的结构中的位置和置向都是与物象一致的，”如（浴）字，皿和人的相对位置直接体现构意，它们都是表形构件。“祝”字的甲骨文、中的“示”旁是神主的形象，放在祝祷者的前方或上方，应是表形构件，此字小篆字形中的“示”已经失去了象物性，只提供祝祷和祭祀有关的意义信息，受“福、祀”等形声字的影响，固定地放在字的左边，因此成为表义构件。而同样是小篆的行素“田”，在（疆）和（界）两字里，前者是作为表形，后者是表义（王宁，2002：P49—52）。王宁基本已经分清了形符和义符，同一字符在同期文字系统中即作形符又可作义符，比如上例的字符“田”有时又是以音符的身份参与造字。王宁也批评了裘氏的“记号字”，只承认“无法解释、失去构意作用的非字构件”是记号字，如“執”中的“幸”、简化字“鸡、汉”中的“又”等失去构意，又没有独立成字而义化。认为裘氏得记号字中，一些实际是象形构件遗存（比如“果、番、胃”中的“田”），一些是可解释的非字构件（比如“射”字在小篆里从“身”，裘氏看作记号，王宁认为属理据重构，是会意字），而且那些失去象形的独体字（比如日、月、自等字），仅仅是义化，而不是记号化。裘氏早就预料会有人会对其“记号字”提出疑问，因而阐述了记号字和表意字的不同，这段话理解起来颇费脑力，为便于讨论，详细摘录于下（注：着重号是我们为便于说明后加的）：

有人把“日”这一类字形由象形到不象形的变化，看作由表形到表意的变化，认为“⊙”是表形符号，“日”是表意符号。这是不妥当的。所以会产生这种看法，大概是由于没有把字符的作用跟文字的作用区分开来。“日”这一类字使用的字符变为记号这个事实，并没有改变这些字作为语言里相应的词的符号的性质。字形变得不象形之后，这些字仍然保持着原来的字音和字义。这一点并不能反过来证明它们的字符没有变成记号。如果因为“日”字还有意义，就把它的字符看作表意符号，把它看作表意字，那么，根据“日”字还有读音这一点，岂不是也可以把它的字符看作表音符号，把它看作表音字了吗？这显然是不合理的。

由于记号字仍然代表着它们原来所代表的词，它们在用作合体字的偏旁，或假借来表示其他词的时候，仍然能起意符或音符的作用。例如“日”字虽然已经变成记号字，“晴”字所从的“日”却并不是记号，而是以“日”字的身份来充当意符的（只取“日”字之义而不取其音）；“驲”字（音日，古代驿站用的马车）所从的“日”和假借来记录外国地名日内瓦的“日”，也不是记号，而是以“日”字的身份来充当音符的（只取“日”字之音而不取其义）。总之，尽管它们自身使用的字符已经成了没有表意表音作用的记号，“日”这类字在充当字符的时候仍然能起表意或表音的作用。

所以，汉字字形的演变虽然使绝大部分独体字——它们也是构成合体字的主要材料——变为记号字，却并没有使合体字由意符、音符构成的局面发生根本变化。汉字绝大部分是合体字。合体字的性质没有发生根本的变化，也就是汉字的性质没有发生根本的变化。所以，我们既要充分认识到记号字跟表意字的不同，又不能过分夸大记号字的出现对汉字的整个体系所发生的影响。（裘，1988：P13、14）

裘氏这段话是有逻辑错误的。但要指出其错误却不是一两句话能说明白的，让我们一步步来解释这个问题。

（1）“记号”一词在裘氏的体系中，是以“功能性字符”这个角色出现的，“各种文字的字符，大体上可以归纳成三大类，即意符、音符和记号。跟文字所代表的词在意义上有联系的字符是意符，在语音上有联系的是音符，在语音和意义上都没有联系的是记号。拼音文字只使用音符，汉字则三类符号都使用。”按照意符、音符这种“功能+符”的模式，记号的更准确的名称应该叫“非音非意符”，用“记号”一词是为了说明，那个见之于眼睛的书写符号在参与构造单字时既不代表读音，也不代表意义，唯一的作用就是构形，或称区别字形，如“鸣”是个会意字，而“鸡”字中的“又”是汉字简化中用来替代繁体字“雞”的音符“奚”，而繁体字里的意符“隹”换成另一个同义的意符“鸟”，“又”的作用仅仅是区别跟“鸣、鸟”等形近字的作用了，如果愿意，当初也可以用“㐅”来替换音符“奚”的，选择哪一个是大家约定的，其作用就是为了改变字形，在这里纯粹是个“非音非意符”的记号。王贵元称这类字符（构件）的作用“仅是字形的填充”（王贵元 1999）。这才应该是“记号”的真正意思。请注意，“鸡”字中的“又”和副词“又”不是一回事，前者只是在汉字简化中起替换繁体字符的作用，只替代其形，而不替代其意和音，类似的还有“对（對）、树（樹）”等字，而副词“又”是甲骨文𠂇（右手）的假借字，副词“又”字是个音符构成的表音字。因此，记号应该是类似“鸡、对”等字的字符“又”，和成字的语素没有任何关系。

（2）但是，裘氏在使用中并没有贯彻这一点，或者他开始就没有明确这一点，造成了后续“记号”的泛滥。就拿他举的例子来说吧，他说：古汉字的“⊙”经过演变成楷书“日”字后，已经一点看不出太阳的样子，“日”字符已经从意符变成记号，“日”字已经从表意字变成了记号字。这里裘氏犯了扩大概念的外延的错误。字符与语素的音义有没有联系和看不出有联系是两回事，如果把“看不出有联系”当作“没有联系”来对待，就是扩大了“记号”这一概念的范畴。

“日”字尽管字形变得不象形，可仍然代表着语素“日”的音和义，也就是说字符“日”不仅有意而且有音，而且字形由甲骨文⊙到小篆日，再演变成楷体“日”，字形的变化一脉相承，完全不是任意约定的字形，怎么能看作记号呢？字符“日”只不过不直接让人联系到太阳这一物象，需要放到历时的汉字演变中来看，才能比较清晰地与太阳这一物象的语素建立联系，绝不是跟语素的音义没有联系。应该说，即便是甲骨文⊙也不能让人一定想到太阳这一物象，也可以是圆盘或者别的圆形物象，从图画到象形文字本身就是一个抽象的过程，字形与所描绘的物象之间有一个相似度的问题，本来就难以确定一个具体的数值来界定从哪里开始像，又从哪里开始变得不像了。所以，从形似度看，“⊙”和“日”并无本质区别。

裘氏继续扩大记号的范畴，将“一般人”因文化水平限制而不能对字形的构意溯源的字也归在记号里，包括“很多表意字、形声字和假借字，也就变成了记号字或半记号字。”记号的外延变得可以因人而异，可大可小，。

（3）裘氏强调要区分“字符的作用和文字的作用”，我们认为字符的作用就是造（构）字，而且字符在造字过程中可以各种不同的功能（表形、表义、表音和非音非意的纯区别功能），而字的作用就是代表语素的音义。裘氏的深层逻辑认为，字符的这四项功能中，真正属于字符本身的只有表形和记号（非音非意）这两项，表义和表音是字符独立成字之后那个字所代表的“语素的义和音”。我们深表赞同。裘举例说，独体字“日”是记号，即觉得这个字符“日”的作用是“非音非意符”，然而“晴”字中的“日”是以“字的身份来充当意符（准确地说是‘义符’——作者加）。”这一事实当然“不能反过来证明它们的字符没有变成记号”，同样也不能证明它们的字符一定变成了记号啊！其实裘氏自己也未能始终坚守住“日”字是记号字的论点，在之后的表意字举例中，“日、自、月”等记号字摇身一变，都成了“象物字”了，可见，记号这一观念，在裘氏的体系中，存在概念外延不定，严重干扰了其三书的体系，是个纠结不清的问题。

王宁把记号严格界定为“只指无法解释、失去构意作用的非字构件”，将裘氏称为记号的失去象形性的独体字看成“仅仅是义化，而不是记号化”（王宁，2002：P56），这就避免了裘氏面临的矛盾。

王贵元的理论虽然从王宁的体系中来，但有两项大的不同：

（1）在构件的切分层次上不同。没有标示符。其“表符”相当于“记号构件”。由于少了一层构件，所以，王贵元的构形模式少了王宁的标音合成字、标义合成字。

（2）王贵元持更激进的“义化”观点，认为：具有表形功能的构件（即形符——作者后加）都是非字构件，其在字形发展过程中始终没有进化为独用形体，因而它不能单独表义。所以其构形模式又再少了零合成字、无音综合合成字等两类。

我们并不赞同王贵元的这两项改变，从造字上，他的构形模式不能说明“千、百、少”的形成，更不能接受其“[古文字]（羊）、[古文字]（网）、[古文字]（水）、[古文字]（象）”等字不是形符的观点，事实上，这些字也不能纳入他的6种构形模式中的任何一类之中去。

我们构建“造字－构字”汉字结构理论框架的目的，是为了在一个逻辑清晰而又统一的平台上去研究汉字的造字和构字两个大问题，以造字和构字统辖汉字结构的相关范畴，避免因逻辑界限的混乱而造成理论体系上的杂糅。

参考文献

［1］唐兰：《中国文字学》，上海古籍出版社 2005 年版。

［2］王宁：《汉字构形学讲座》，上海教育出版社 2002 年版。

［3］裘锡圭：《文字学概要》，商务印书馆 1988 年版。

［4］苏宝荣，李智：《历史地辩证地认识、评价和运用“六书说”》，《河北师范大学学报》2005 年第 6 期。

［5］詹鄞鑫：《汉字说略》，辽宁教育出版社 1991 年版。

［6］王贵元：《汉字构形系统及其发展》，《中国人民大学学报》1999 年第 1 期。

［7］张玉金，夏中华：《汉字学概论》，广西教育出版社 2001 年版。

［8］郑振峰：《“六书”理论在当代的发展——兼评王宁先生的汉字构形理论》，《湖北师范学院学报》2002 年第 3 期。

注释

［1］张斌、许威汉主编：《中国古代语言学资料汇纂·文字学分册》，福建人民出版社 1993 年版，第 346 页。

［2］段玉裁：《说文解字注》，上海古籍出版社 1981 年影印本，第 755、756 页。

［3］苏宝荣、李智：《历史地、辩证地认识、评价和运用“六书说”》，《河北师范大学学报》2005 年第 6 期。

［4］唐兰：《中国文字学》，上海古籍出版社 2005 年版，第 60 页。

［5］陈梦家：《殷墟卜辞综述》，中华书局 1988 年版，第 73—83 页。

［6］裘锡圭：《文字学概要》，商务印书馆 1988 年版，第 104—150 页。

［7］张其昀：《新造字法学说评议》，《徐州师范大学学报》2006 年第 1 期。

［8］我们在本文第二部分的第三小节会详细分析裘先生在该问题上的疏漏。

［9］詹鄞鑫：《汉字说略》，辽宁教育出版社 1991 年版。

［10］张玉金、夏中华：《汉字学概论》，广西教育出版社 2001 年版。

［11］李圃：《甲骨文文字学》，学林出版社 1991 年版。《字素理论及其在汉字分析中的应用》，《学术研究》2000 年第 4 期。

［12］字并不等于语素，语素是最小的语法单位，字不是一级语法单位，甚至不是语言单位，字是记录语言的书写符号。

［13］这里当然是假设，上古的读音肯定不同。

［14］刘钊：《古文字构形学》，福建人民出版社2006年版，第2页。

［15］王宁：《汉字构形学讲座》，上海教育出版社2002年版。

［16］郑振峰：《"六书"理论在当代的发展——兼评王宁先生的汉字构形理论》，《湖北师范学院学报》2002年第3期。

［17］王贵元：《汉字构形系统及其发展》，《中国人民大学学报》1999年第1期。

［18］裘锡圭也勉强同意假借不是造字之法，但认为"因此就不把假借字看作汉字的一种基本类型，却是不妥当的。"（裘，1988：P106）并以花草的"花"与花钱的"花"为例，说明二字其实有构形的不同，是不造字的造字。

［19］结构模式这一概念在学者们的表述中并不统一，李圃称"结构类型"，张玉金称"结构模式"。

［20］戚桂宴：《什么是六书》，《山西大学学报》1982年第4期。

［21］李孝定：《从中国文字的结构和演变过程泛论汉字的整理》，《汉字的起源与演变论丛》，台北联经出版事业公司1986年版。

［22］孙常叙：《汉语词汇》，吉林人民出版社1956年版，第77页。

［23］葛本仪：《汉语词汇研究》，山东教育出版社1985年版。

［24］倪渝根在《论汉字的造字法和构字法》一文（《古汉语研究》1990年第3期）中较早提出"造字"、"构字"的概念，但其"构字"的范畴和我们的有较大区别。而且我们也完全不认同其把"假借、转注"看成造字法的观点。

［25］黄德宽：《汉字构形方式的动态分析》，《安徽大学学报》2003年第4期。

［26］如变体字、偏旁连读成语的会意字、重复同一偏旁而成的会意字等。

［27］字缀是李圃字素理论中的名称。前文已述，我们并不认同字缀是字素以外的字符，而是字素的一种。王宁称作标示构件。

［28］尽管裘氏从来没有用过"功能"这一词语。功能性字符，即按字符在造（构）字中所起的功能作用而将字符分出的类别。

［29］按照王宁的构形模式，"鸣"是会义合成字，而甲骨文字形[illegible]是形义合成字，这里不加细别，笼统称为会意字。

曾小鹏，男，1970年出生，湖南湘潭人。西南大学汉语言文献研究所博士生。主要从事文字学、比较文字学、少数民族文字研究。

董作宾对中国文字学的贡献

郭胜强

安阳师范学院甲骨学与殷商文化研究中心

提　要　河南先民不仅创造了文字，在以后历史发展的进程中，也不断对文字进行收集整理、梳理研究，涌现了一大批文字学家，对中国文字的发展做出了贡献。如古代的秦朝丞相李斯，东汉经学家、文字学家、字圣许慎，近代的孙海波、董作宾等。董作宾（1895—1963），中国近代著名学者，殷墟科学发掘的开创人，一代甲骨学大师，在中国文字史上有着十分重要的地位。因董作宾在1949年以后去了台湾，大陆方面在很长一段时间里对其研究、介绍和宣传不多，故需要对这位前辈乡贤有所了解。董作宾对中国古文字学的贡献主要在对殷墟甲骨文的保护、研究和宣传方面。

河南地处黄河中下游流域，土地肥美、气候温和，很早就有人类生殖繁衍在中原大地，是我国古代文明的重要诞生地之一。在漫长的历史发展长河中，我们的祖先不仅创造了丰富多彩的物质文明，也创造了辉煌灿烂的精神文明，古文字就是其中重要的一项。正如河南大学教授、河南大学黄河文明研究中心中国古文字研究室主任、河南中国古文字学会会长王蕴智博士所指出的："河南位于华夏腹地，素有中原之称。这里曾经是我们华夏民族的摇篮，我国历史早期夏商周文明发展的高峰即汇合在这里，与其相伴生的还有源远流长的 汉字文化长河。尤其是近百年来，河南一向是我国古文字资料的主要出土地……上至8000年前的舞阳贾湖的甲骨、陶石契刻符号，下及商周时期的甲骨文、金文、陶文、玉石文、盟书、简册、古玺文、古币文，还有传世汉魏石经文字、汲冢竹书以及大量的历代碑石文字资料珍品。"[1]

河南先民不仅创造了文字，在以后历史发展的进程中，也不断地对文字进行收集整理、梳理研究，涌现了一大批文字学家，对中国文字的发展做出了贡献。如古代的秦朝丞相李斯（河南上蔡人），统一天下文字作《仓颉》字书；东汉经学家、文字学家、字圣许慎留下了千古不朽的《说文解字》；近代的第一部甲骨文字典的编撰者孙海波（河南潢川人），一代甲骨学大师董作宾，等等。今天在座的王会长及各位先生，也都从不同的角度和视野对中国古文字进行研究并取得成绩，只要各位持之以恒、坚持不懈，一定能对中国文字学做出贡献。

董作宾

董作宾（1895—1963），河南南阳人，号彦堂，别署平庐。中央研究院院士，研究院历史语言研究所研究员、所长。中国近代著名学者，殷墟科学发掘的开创人，一代甲骨学大师。"堂堂堂堂,郭董罗王。"与罗振玉、王国维、郭沫若并列为甲骨"四堂"，在中国文字史上产生了深远影响，有着十分重要的地位。因董作宾在1949年以后去了台湾，大陆方面在很长一段时间里对其研究、介绍和宣传不多，故在这里对这位河南前辈乡贤做一简单介绍。

董作宾出生于一个小个体手工业者家中，少年时代勤奋好学，初入塾读经史，打下了坚实深厚的国学基础，后人学堂学习。因家庭困难曾一度辍学，助其父做手工业兼营书店。1915年考入南阳县立师范讲习所，毕业后留校任教，不久游学开始。1922年董作宾到北京，开始在北京大学国文系听课。北京大学研究所国学门成立后，正式成为研究生，师从国学大师王国维学习甲骨文。毕业后先后在福建协和大学、河南大学、广州中山大学任教。

1928年，以傅斯年为所长的中央研究院历史语言研究所成立，董作宾被聘为通讯员，派往安阳对殷墟进行调查，从此与中国古文字结下了不解之缘。董作宾对中国古文字学的贡献主要在对殷墟甲骨文的保护、研究和宣传方面。

第一　对甲骨文的保护

甲骨文是殷商时代的占卜记录，是我国已发现的古代文字中时代最早、体系较为完整的文字，处在我国文字"成长期"的重要阶段。由于是契刻在龟甲兽骨上的文字，又称为"殷墟文字"、"殷契文字"。

在19世纪末以前，安阳小屯多有出土，人们认为这种东西是"龙骨"，纷纷拿到中药铺出售。"龙骨"价格很便宜，几文钱就能买上一斤。药铺买到甲骨后，除一部分留作配药自用外，大部分再运到北京、天津等地出售。这样，无比珍贵的殷墟甲骨文被当作药材“龙骨”，不知被毁坏了多少。

1899 年，王懿荣发现了甲骨文，原来几文钱一斤的“龙骨”，一下子成为一个字就价值几两纹银的“珍宝”，村民都纷纷挖掘出售甲骨，古董商人也都争相收售贩卖，学者们和一些文人雅士也都搜购、收藏、研究甲骨文，并以此为时尚，这就使甲骨文遭到新的破坏。私挖滥掘根本不讲究科学的方法，在挖掘过程中许多完整的龟甲被损坏，更多很有学术价值的小片甲骨都被随便丢掉。同时，也严重破坏了地下文化堆积的层次关系，扰乱了甲骨与其他共出文物之间的联系，许多很有价值的陶器、石器、骨蚌器和人骨等都被破坏抛弃。

1928 年 3 月，中央研究院筹建历史语言研究所，傅斯年出任所长。傅斯年主张历史、语言的研究要运用新材料，发现新问题，采取新方法。他认为近代历史学只是史料学，应当用自然科学提供的一切方法、手段来整理现存的所有史料；唯有发现和扩充史料，直接研究史料的工作才具有学术意义。历史语言研究所成立后所开展的第一项工作，就是对殷墟的科学发掘。

当时，由于甲骨文发现以来近 30 年大量地出土，以至不少人都认为安阳殷墟小屯地下甲骨已经不多了，罗振玉就认为“小屯地下宝藏一空矣”。古董商为牟取暴利，更是大造甲骨已告罄的舆论。殷墟到底还有没有甲骨，也就是殷墟还有没有发掘价值，在对殷墟正式进行发掘前，傅斯年特聘董作宾为编辑员兼通讯员，到安阳进行先期调查，董作宾不虚此行，到达安阳以后通过走访当地文化界人士，向古董商人打探了解，又到殷墟小屯实地考察，很快达到预期目的完成调查任务，得出了“甲骨挖掘之确犹未尽”的结论，提出了自己进行殷墟发掘的意见和计划，并呼吁：“甲骨既尚有留遗，而近年之出土者又源源不绝。长此以往，关系吾国古代文化至巨之瑰宝，将为无知之土人私掘盗卖以尽，迟之一日，即有一日之损失，是则由国家学术机关以科学方法发掘之，实为刻不容缓之图。”[2]

以此为契机，中央研究院历史语言研究所开始了从 1928—1937 年，历时十年之久大规模的安阳殷墟科学发掘。董作宾开创殷墟发掘功不可没，正如史语所考古组主任李济在其总结安阳殷墟科学发掘的考古学名著《安阳》一书中所指出：“读了董作宾第一次初访安阳报告后，傅所长毫不犹豫，马上采取措施，开始在小屯进行初步发掘……董第一次安阳之行后的报告不仅结束了旧的古物爱好者“圈椅研究的博古家时代”，更重要的是为有组织地发掘这著名废墟铺平了道路。”[3]

十五次殷墟发掘，共获有字甲骨 24922 片，使甲骨文得到有效的保护。董作宾不仅主持了第一次殷墟科学发掘，在以后的发掘中或主持参加，或视察监察，先后多达 11 次。当年参加殷墟发掘的中研院院士石璋如总结出董在殷墟发掘中的四个第一：主持第一次发掘；第一次到洹北大规模发掘，奠定了西北岗殷陵发掘的基础；第一次租用民房作团址，保证了发掘顺利进行；第一次任古物保管委员会监察委员，促成了古物监察制度的建立。他指出：“董作宾先生是殷墟发掘的开山，是殷墟发掘的台柱。前七次发掘每次必與，后八次的发掘，也常往参加。他向前走一步，殷墟发掘则向前迈进一步，并且扩大一次。”[4]

1929年春，河南安阳殷墟第二次发掘（小屯）开工情形。坐者：李济（左一）、裴文中（左二）；立者：董作宾（右二）、董光忠（右一，代表美国弗利尔艺术陈列馆）；左方立者为冯玉祥派来的庞炳勋部的护兵；坐者另四人可能是护兵队的“长官”。

董作宾对甲骨文的保护还表现在 1937 年抗日战争爆发以后，他和史语所的同人精心护卫着甲骨文和殷墟出土的其他珍贵文物，在祖国的西南大后方辗转迁徙，经长沙、桂林、昆明，最后定居四川南溪县李庄，使它们免遭重大损失。

在极为艰难困苦的环境中，坚持对甲骨文整理研究，历尽艰辛将科学发掘出土甲骨文刊布出版，成《殷墟文字甲编》和《殷墟文字乙编》。

1955 年春，董作宾和“中研院”院长朱家骅、著名画家溥儒应邀访问韩国、日本。在东京东洋文库和京都大学人文科学研究院演讲时，董作宾毫不掩饰地谈到日寇侵华中断了殷墟发掘计划，造成无法弥补的损失。在谈到甲骨文时说：“七七事变”爆发了，我们大量的甲骨文和其他文物随着“中研院”运往后方，途经南昌、重庆而至昆明，由于沿途上下的搬运及汽车的颠动，龟片多已破碎不堪，在四川时，我们的时间多花在把这些碎龟片凑起来的工作上。表示了极大的义愤。

第二　甲骨文的研究

董作宾长期工作在殷墟科学发掘的第一线，掌握了大量的第一手田野考古资料特别是甲骨文，因而在那个时代他都能始终站在甲骨学研究领域的前沿，高屋建瓴、统筹全局，把握着甲骨学发展的总体趋势，取得巨大成就。

著名学者李济曾指出："许多杰出学者对甲骨文进行了研究，但只有四个成绩卓著的阶段，每一个阶段都有一个做出贡献的著名专家，由他率领学者们在前进的征途上向前迈步。实际上这些专家的著作都是综合性的。这四部里程碑的著作是：（1）王国维的《殷卜辞中所见先公先王考》；（2）董作宾的《甲骨文断代研究例》；（3）郭沫若的《卜辞通纂》；（4）董作宾的《殷历谱》。四部巨著中董是其中两部的作者。他的贡献与其他的著作的主要区别是，他掌握的新考古资料为他的研究奠定了新的基础。"[5]

（一）甲骨文分期断代的研究

甲骨文的分期断代是甲骨学研究的一个重要问题，是人们准确利用甲骨文资料的前提和保证。早期的甲骨学家首先进行了甲骨文"大时代"的断定，雪堂罗振玉认定是"夏殷之龟"，观堂王国维进一步明确甲骨文是"殷代后期从盘庚迁殷至纣辛灭国八世十二王这一段时间的遗物"。但是，八世十二王 270 多年的甲骨文仍是"混沌一团"，每片甲骨文究竟是属于哪代哪世的商王，甚至是某一位商王前期后期的东西，这仍然是需要继续探索的问题。

董作宾在殷墟发掘中处处留心，注意观察研究发掘出土甲骨文的新情况，于 1931 年完成《大龟四版考释》（《安阳发掘报告》第三期），指出了负责主持占卜的"贞人"，以贞人进行分期断代。在此基础上 1933 年完成了甲骨学史上划时代的里程碑著作《甲骨文断代研究例》，提出了分期断代的十项标准：

一、世系，　　二、称谓，

三、贞人，　　四、坑位，

五、方国，　　六、人物，

七、事类，　　八、文法，

九、字形，　　十、书体。

依据十项标准，将甲骨文划分为五个时期：

第一期：盘庚、小辛、小乙、武丁；

第二期：祖庚、祖甲；

第三期：廪辛、康丁；

第四期：武乙、文丁；

第五期：帝乙、帝辛。

与董作宾同时进行甲骨文分期断代研究的，是正在编著甲骨学史上另一部“里程碑的著作”《卜辞通纂》的郭沫若看到董作宾的《甲骨文断代研究例》后给予很高的评价：“本书录就，已先后付印，承董氏彦堂以所作《甲骨文断代研究例》三校稿本相示，已反复诵读数遍；既感其高谊，复惊佩其卓识，如是之系统之综合研究，实自甲骨文出土以来所未有。文分十项，如前序中所言，其全体几为创见之充满；而使余尤私自庆幸者，在所见多相暗合，亦有余期其然而苦无实证者，已由董氏由坑位、贞人等证实之，余读此文之快味，固有在寻常欣赏以上也。”[6] 后来，郭沫若在《十批判书》中又进一步指出：“继王国维之后，在这一方面贡献最多的要算董作宾……由于董氏的研究，我们可以知道每一卜辞或每一片甲骨属于哪一王朝的绝对年代了。这样，更增加了卜辞的史料价值。”[7]

著名文字学家唐兰（1901—1978）曾这样评价甲骨学史上罗振玉、王国维、董作宾、郭沫若四个人的成就，四人号中都有一个“堂”字，故曰：

雪堂导夫先路，观堂继以考古，

彦堂区其时代，鼎堂发其辞例。

这就是著名的“甲骨四堂”，第三句即时指董作宾的甲骨文分期断代研究。

中国社会科学院历史研究所王宇信研究员在《甲骨学通论》中所指出的：“可以毫不夸大地说，这篇甲骨学史上的名作，振聋发聩，钩深致远，是几代甲骨学者的基本入门教科书。所谓甲骨文分期断代研究，就是董作宾断代学说的继承和发展。”[8]

（二）甲骨学自身规律和基本问题的研究

中国古代的占卜神秘莫测，不少历史文献如《易·系辞》、《礼记·表记》、《史记·龟策列传》都有记载。但是这些文献的记载，往往是秦汉时代的占卜方法，是否符合夏、商、周三代的实际难以令人确信。甲骨文的发现，揭开了三代占卜之谜，使人们目睹了3000多年前的占卜实物，可以直接观察商代人们占卜的内容与方法。1929年，殷墟第一、二次科学发掘结束后，董作宾根据两次发掘所得1500多片甲骨实物，开始对商代占卜方法进行较为系统的研究，完成了《商代龟卜之推测》。他根据对甲骨实物的认真观察，结合历史文献资料的记载，并亲自动手做实验，提出了商代龟卜的十项程序。他又将一个完整的龟腹甲划分为九部分：

（一）中甲　　（二）首右甲

（三）首左甲　　（四）前右甲

（五）前左甲　　（六）后右甲

（七）后左甲　　（八）尾右甲

（九）尾左甲[9]

再将零星分散残破的甲骨文碎片以此定位，经过对大量同部位甲骨文片的整理区分、排比分析、比较定位，确定了甲骨文的文例、字例和书契方法。

1936 年，董作宾又发表《骨文例》，对用兽骨一般是牛的肩胛骨进行占卜的程序、钻凿形态、刻辞文例进行了研究。通过对科学发掘所得大量卜骨的观察研究，并采用现代牛肩胛骨做实验，论定了卜骨的文例。这样，通过数年的观察与研究，董作宾终于用“定位研究法”把甲骨文在龟甲兽骨的行文惯例全部揭示出来，成为甲骨学的基本知识。王宇信指出：“依甲骨所在部位推断其文例的方法，即所谓‘定位法’是董作宾氏的天才发现，对我们读通卜辞是很有意义的。”[10]

辨伪、校重、缀合，是甲骨文整理的三项基础工作，也被视为甲骨学的三项基本功。如果不会辨别甲骨上所刻文字的真伪，就会以假当真产生不应有的错误结论。如果不会校对拓本、摹本和照片上重复出现同是一片内容的甲骨文，则在研究有关问题时，容易资料庞芜和重复，科学性不强。拼兑缀合甲骨碎片，也是不可少的硬功，缀合后使刻辞内容更加完整，使研究更加准确和全面。许多老一代甲骨学家在甲骨文的辨伪、校重、缀合方面都做了大量工作，付出许多辛勤劳动，取得不少成果，其中成就最突出的仍然是有着殷墟科学发掘实践的董作宾。

1928 年，董作宾首次赴安阳调查甲骨文出土情况时，也特别注意了解甲骨文伪造的情况，曾见到过安阳的甲骨文造假者蓝葆光。在当年 10 月殷墟第一次发掘时，专门抽时间找到了蓝，又详细了解造假的情况。也许是“真人面前不说假话”，蓝如实谈到了有关情况，董作宾后来也作了详细的记载以警示后人。[11]

（三）利用甲骨文资料对中国古史年代学的研究

以断定夏、商、周三代纪年为中心的中国古代年代学是中国历史上一个至关重要的问题，三代年表的确立，不仅能为科学研究我国 5000 年文明史创造有利条件，也将是对世界历史研究的突出贡献。自西汉以来，历代学者曾对三代纪年作过艰苦的探索，其中，即有古代杰出的学者司马迁、刘歆、皇甫谧等人，又有近现代著名的学者王国维、吴其昌、丁山、董作宾等人，更有当代优秀的学者李学勤、李伯谦、张培瑜、田昌五、何幼琦、安金槐等人。

在当代以前的众多的探索者中，董作宾是一个佼佼者，这不仅是因他花费的时间长，从20世纪30年代开始，一直到60年代他逝世前先后近30年。同时其研究成果也最为丰富，先后发表有关学术论著近30篇，其中最重要最具代表性的是甲骨学上的又一里程碑著作《殷历谱》。

董作宾从殷代的历法入手开始进行研究，1931年发表《卜辞中所见之殷历》，1934年发表《殷历中几个重要问题》，而后“试作殷商时代史料之总清理”，于1936年发表《殷商疑年》。20世纪30年代，董作宾在完成《甲骨文断代研究例》之后，开始把主要精力放在攻克“殷周疑案”难题上，着手编著鸿篇巨制《殷历谱》。他一方面坚持参加殷墟发掘和其他工作，一方面收集资料进行构思。抗战爆发，史语所辗转流离更激发了他的民族意识，坚定了他攻克疑案难题的信心，无论在哪里在怎样困苦恶劣的环境里，都从未放弃。

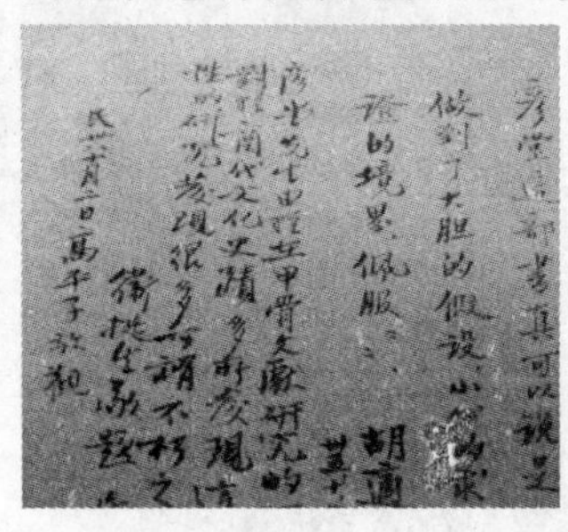

1943年秋，《殷历谱》初稿基本完成，但限于条件在李庄无法铅印，同时大量引用甲骨卜辞也不便于铅印，于是就准备手写石印。董作宾又用了1年零8个月的时间，于1945年4月完成，以中央研究院历史语言研究所专刊出版，石印200部，每部都有编号。

作者参阅了《左传》、《史记》、《通鉴外纪》、《太平御览》、《皇极经世》、《通志》、《帝王世纪》、《大衍历议》等大量文献资料，研究了大量甲骨文和天文学资料，提出了自己的见解：殷商总年为629年，盘庚迁殷后之年为273年，并确定了盘庚以后各王在位的时间。

盘庚到帝辛八代十二王总计287年。盘庚是在继位后15年即公元前1383年迁殷的，除去在原都的14年，迁殷后总年仍是273年。武王伐讨之年为公元前1111年。周代总年为867年，共和以前为281年。

《殷历谱》的出版有着重要意义，引起各界强烈反响，国内外学界名流胡适、陈寅恪、马衡、徐仲舒、唐兰、徐旭生、竺可桢、邓广铭、杨树达、卫挺生、孔德成、章鸿钊、李约瑟、德效骞(1892—1969，英国汉学家，牛津大学教授)等，纷纷致书董作宾予以赞赏和祝贺。

在艰苦的八年抗战中，《殷历谱》为中国学术界争得了荣誉，显示出我国的学术实力，也引起了最高当局的重视，蒋介石亲自签发了嘉奖令：

中央研究院朱院长勋鉴：三十四年七月四日呈悉，董作宾君所著《殷历谱》一书，发凡起例，考证精实，使代远年湮之古史之年历，爬疏有绪，脉络贯通，有俾学术文化诚非浅显，良深嘉勉。希由院转致嘉勉为盼。

中正 午养侍秘（12）

第三　为甲骨学深入发展指出方向

殷墟科学发掘以后，地层关系清楚，且有伴出遗物的甲骨文字资料，远比私人滥挖盗掘所得的甲骨文更具有重要的学术价值，这就给甲骨学研究提出许多新的问题。自此以后，甲骨学研究突破了传统金石学只重文字而不注意与文字同出的遗物、遗迹的藩篱，取得了很大发展。

1930年，董作宾在认真总结前人30多年甲骨学研究成果基础上，根据他科学发掘甲骨文的实践体会，撰写了《甲骨文研究的扩大》，提出了一系列重要问题，为以后的甲骨学研究指出了方向。

董作宾说："我草拟了一个甲骨文研究的范围愿与治'契学'的同志一一讨论之"，见下表所列：（13）

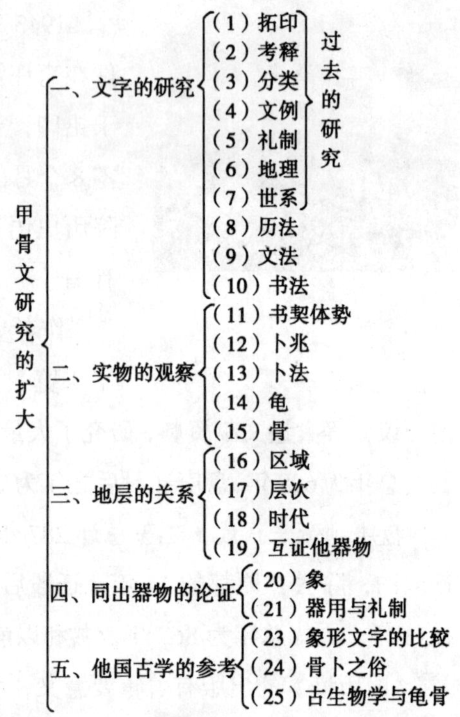

1949年董作宾到台湾地区以后，为今后甲骨学之研究方向，列出了四点：

甲骨资料之结集。

缀合复原之重要。

索引工具之编制。

分类分派之研究。（14）

董作宾以科学的实践和睿智深邃的目

光，提出的研究方向，经努力不少已经实现，但也有不少特别是晚年所提出的问题，他本人来不及也没有条件（如甲骨资料的全部集中）全部解决，应当说这是董作宾所遗憾的。但是，经过后世中外几代学者们的努力，不少问题还是得到了解决，并有所补充和发展。

第四　对甲骨文的宣传

由于甲骨文远古深奥，许多人对它知之甚少，不少人对它望而却步，宣传普及工作十分重要。早在主持殷墟科学发掘期间，每次考古发掘之后，董作宾总要把出土的甲骨文等物品在安阳和当时的省会开封向公众展示、宣讲，引导民众了解殷墟、了解甲骨文。董作宾还经常到学校向学生作有关殷墟考古和甲骨文研究的专题报告，激发学生对甲骨文的兴趣。我国著名的甲骨学专家石璋如和尹达先生，就是早年在河南大学读书期间，听了董作宾的专题报告后，被甲骨文所深深吸引，才投身到殷墟考古和甲骨文研究中来的。

董作宾所举办的宣传殷墟甲骨文的展览重要的有四次，第一次 1931 年 2 月，在南京成贤街国家自然历史博物馆举办“安阳殷墟及城子崖出土古物展览会”。这是中国近代考古学诞生以来，第一次举办的考古出土文物展，盛况空前，参观的观众络绎不绝。董作宾还在南京中央大学发表了《甲骨文之厄运与幸运》公开演讲，引起社会各界的广泛关注，产生了极大影响。

第二次是 1941 年 6 月在四川南溪李庄，鉴于中央研究院历史语言研究所初迁李庄，又逢中央研究院建院十三周年纪念，随即举办了甲骨文和殷墟文物展。闭塞的川南山区文化生活极度的单调贫乏，展览的内容几辈子都闻所未闻，倍感新鲜，对人们有很大的吸引力，人们奔走相告，扶老携幼举家而来。展览成为当时川南甚至四川地区文化生活中的一件大事，李庄也成为当时新闻媒体的焦点，《中央日报》、《新华日报》等报刊都作了报道。

1942 年冬，当时的教育部在重庆主办全国美术展览，董作宾精心挑选，送去了断代分明的甲骨文五十版，均附有通俗易懂的说明，有董个人纂写的殷墟书契精华、殷墟文字十五种等。由于甲骨文是首次在大西南亮相，很是惹人注意，打破了抗战以来文化艺术上万马齐喑的局面。

1953 年春，董作宾在菲律宾参加第二届亚洲运动会艺术展览会，举办“中国书画展览会”，将甲骨文和中国书画推向世界。展览会盛况空前，参观者络绎不绝，不仅宣扬了中国传统文化，也促成了亚运会同时举办艺术展览会惯例的形成。

书写甲骨文是宣传普及甲骨文的一种很好形式，董作宾十分爱好甲骨文的书法创作。殷墟甲骨文的发现不仅极大地丰富了我国古文字学研究的内容，为中国古史的研究提供了崭新的真实可靠资料，同时也使我国绚丽多彩的书法园地里诞生了一枝独秀的奇葩——甲骨文书法。不少甲骨学家也都喜爱书法艺术，特别在甲骨文书法上有着很深的造诣，有不少甲骨文书法佳作流传于世。如老一代著名学者罗振玉、王襄、丁佛言、叶玉森、郭沫若、董作宾、商承祚、唐兰、容庚、于省五、严一萍等和当代学者王宇信、葛英会、马如森、张桂光、王蕴智、朱彦民等人。

董作宾长期参加殷墟科学发掘并从事科学发掘所得甲骨文的整理工作，是接触甲骨文实物和摹写甲骨文最多的人，因此董作宾能领会其神韵，书法形象真切，最能得甲骨文的形似与神似。他把作品拿来送人，有求必应，不求也送，主动赠给朋友和学生。董作宾自己曾说：“我因为研究甲骨学已三十余年，起初最喜欢用玻璃纸摹写借来的拓本，摹写日久，写出来能够得其形似，因此，朋友们要我写字，我也乐得借他人的纸，做自己的练习。”（15）其三子董敏曾回忆：“父亲在世时对求墨宝的，一向是有求必应，像管区派出所的警员，有一位常常一抱就是二三十卷纸来求字，父亲照样写给了他。”（16）

董作宾为挚友傅斯年写的四言一句，四十句共 160 字甲骨文字挽吊祭词：天

生我公，于齐之西。世仰日星，人望云虹。民十有六，缔交伊初。司教大学，复启新图。考史洹上，廿有三年。同甘共苦，南越北燕。惟公弘通，贯于中外。涵育万有，无乎不在。笔方司马，德比史鱼。才高八斗，学尽五车。古今上下，洋溢纵横。立德立言，即知即行。春风昔雨，化及南天。祭酒二载，得士三千。万方绝笔，见公苦心。百年权立，犹尽鸿深。老成云亡，天丧斯文。幽明异途，忧心如焚。公学有传，公亦无求。身后之名，万岁千秋。

国民党元老著名书法家于右任先生曾明确指出："彦堂（董作宾号）这样写，是为甲骨文作宣传的。"美国耶鲁大学教授王方宇说过："董先生写甲骨文送人，一方面是界翰墨缘，一方面也有宣扬甲骨文之意。因为他在所写的甲骨文的旁边注有释文，给想学的人一个方便。"[17]

董作宾的甲骨文书法作品不仅形象逼真，保留了卜辞的神韵，同时严谨秀丽、气势雄伟，深受人们的喜爱，成为争相收藏的书法珍品。

台湾地区作家李敖喜爱文物书法，其父李鼎彝与台北故宫博物院副院长庄尚严是北大的同学，就常找庄先生请教学问谈论书画，两人结成忘年交。李敖十分仰慕董作宾的甲骨文书法，就托庄先生向董先生求字，董为李写了一幅："风片片，雨丝丝，一日相望十二时，奚事春来人不至，花前又见燕归迟。"李敖十分高兴，视若珍宝收藏起来。40 年后，董作宾的儿子董玉京成了医生和甲骨文书法家，与李敖友善交往颇多，被李戏称为"御医"。李提出"父子书法比赛"，让董玉京将前词又书写一遍。李敖说："两代同书，集于一身，这种两代缘，也是人间佳话了。"

李敖一直珍藏着这两幅书法作品，从不轻易示人。1997 年，李敖在台北中山纪念堂举办援助"慰安妇"义卖，此前因资助东吴大学校长、蒋经国之子章孝慈治病义卖时已将大部分金石书画出手，家中藏品已不多，强烈的爱国主义和责任感同情心使他忍痛割爱，将两幅字脱手，被人高价买走了。

注释

[1] 王蕴智：《字学论集·关于创建河南文字博物馆的初步构想》。

[2] 董作宾：《民国十七年十月试掘安阳小屯报告书》，载《安阳发掘报告》，1929 年第 1 册，

又载《董作宾先生全集·甲编》第3册。

[3] 李济：《安阳》，上海世纪出版集团、上海人民出版社2007年版，第43—44页。

[4] 石璋如：《董作宾先生与殷墟发掘》，台北《大陆杂志》第二十九卷第十、十一合期，1964年版。

[5] 李济：《安阳》，中国社会科学出版社1990年版，第96页。

[6] 郭沫若：《卜辞通纂·后记》，《郭沫若全集·考古编》，科学出版社1982年版。

[7] 郭沫若：《古代研究的自我批判》，《十批判书》，科学出版社1956年版。

[8] 王宇信:《甲骨学通论·甲骨文的分期断代》，社会科学文献出版社1999年版，第162页。

[9] 董作宾：《商代卜龟之推测》，载《安阳发掘报告》第1册，1929年12月，又载《董作宾先生全集甲编》第3册，艺文印书馆1977年版。

[10] 王宇信：《甲骨学通论》，中国社会科学出版社1989年版，第133页。

[11] 董作宾：《甲骨学六十年》，艺文印书馆1965年版，又收入《董作宾先生全集乙编》第5册，艺文印书馆1977年版。

[12] 董作宾：《殷历谱》，《中央研究院历史语言研究所专刊》，1945年4月版，又载《董作宾先生全集乙编》第1、2册，艺文印书馆1977年版。

[13] 董作宾：《甲骨文研究的扩大》，载《安阳发掘报告》1930年第2册，又载《董作宾先生全集乙编》第5册，艺文印书馆1977年版。

[14] 董作宾：《甲骨学六十年》，艺文印书馆1965年版，又收入《董作宾先生全集乙编》第5册，艺文印书馆1977年版。

[15] 董作宾:《甲骨文书法》，载董作宾、董敏、董灵:《万像——甲骨文诗画集》，1996年版，第24页。

[16] 董敏：《“渊远流长”艺展》，载董作宾、董敏、董灵：《万像——甲骨文诗画集》，1996年版，第137页。

[17] 王方宇：《记董作宾先生》，载《董作宾先生逝世十四周年纪念集》，艺文印书馆1978年版。

郭胜强，男，1945年出生，河南安阳人。曾任安阳师范学院副教授、中国古代史教研室主任、甲骨学与殷商文化研究中心办主任。

许慎的经义取舍
——残存《五经异义》不从古文说27条考

史应勇
江南大学人文学院

提　要　东汉时期的许慎，本来的社会角色不是一个文字学家，而是一个经学家。作为一个经学家，清代以来的学者一般都将许慎定义为一个古文经学家，对此，本文不以为然。本文择出残存许慎《五经异义》中不从古文家说的28条内容，逐一进行分析，试图说明，东汉以来，经学界的今文说、古文说一直在交流融合，它们之间的区隔，远不像清代经学家们理解与表达的那样泾渭分明，今文派、古文派的派分本来并不重要，重要的是经学讨论中涉及的、对当时社会非常重要的、具有普遍指导意义的社会问题，即经学讨论中涉及的关乎世道、人心、社会秩序的一些基本问题，即《白虎通》中所记述的爵、号、谥、五祀、社稷、礼乐、封公侯、京师、五行、三军、诛伐、谏诤、乡射、致仕、辟雍、灾变、耕桑、封禅、巡狩、考黜、王者不臣、蓍龟、圣人、八风、商贾、瑞贽、三正、三教、三纲六纪、情性、寿命、宗族、姓名、天地、日月、四时、衣裳、五刑、五经、嫁娶、绋冕、丧服、崩薨，等等。而在经学诠释方法方面，郑玄的一些融通各家的诠释方法，早在许慎时代已开其先河，郑玄只是一位继承者，而不是一位开创者。

生活在东汉前期的许慎（67—148）[1]，本来主要的社会角色不是一个文字学家，而是一个经学家。经学在传统中国社会里，是关乎世道、人心、社会秩序的意识形态之学，不是今天意义上的文献学。许慎所作著名的《说文解字》一书，本为解经而作，不完全等同于今天意义上的汉字字典。这在《说文解字·叙》中说得很清楚：

五经之妙，皆为汉制……先帝诏侍中、骑都尉贾逵修理旧文，殊艺异术，王教一耑，苟有可以加于国者，靡不悉集。《易》曰：穷神知化，德之盛也。《书》曰：

人之有能有为，使羞其行，而国其昌。臣父、故太尉南阁祭酒慎，本从逵受古学。盖圣人不空作，皆有依据，今五经之道，昭炳光明，而文字者，其本所由生……慎博问通人，考之于逵，作《说文解字》，六艺群书之诂，皆训其意……凡十五卷，十三万三千四百四十一字……今慎已病，遣臣齎诣阙。慎又学《孝经》孔氏古文。《说文》"古《孝经》"者，孝昭帝时鲁国三老所献，建武时，给事中议郎卫宏所校，皆口传，官无其说。谨撰具一篇并上。……建光元年九月己亥朔二十日戊午上(徐铉曰：建光元年，汉安帝之十五年岁在辛酉)。[2]

大约完成于《说文解字》之后的《五经异义》[3]，是许慎的另一部重要的、在经学历史上影响深远的著作，后来受到了东汉晚期的"经神"郑玄的逐条批评，成《驳五经异义》，隋、唐《经籍志》所著录已均是许、郑文字之合编本，十卷。但这个本子在宋以后散失掉了，成为经学史上一大憾事。清代辑佚学兴起后，有多位学者曾对许、郑之《异义》与《驳异义》进行辑佚，如秀水王复本、阳湖庄葆琛本、嘉定钱大昭本、曲阜孔广林本、鄞县袁钧本等。据侯官陈寿祺之考校，其中"孔本条理差优，而强立区类，欲还十卷之旧，非所敢从也"。陈寿祺于"嘉庆戊辰（1808）夏"，"养疴京邸"时，在孔本的基础上，"取而参订之……复刺取诸经义疏、诸史志传、《说文》、《通典》及近儒著述与许、郑相发者，以资稽核，间附蒙案，疏通证明，厘为上中下卷"，这就是陈寿祺的《五经异义疏证》。

陈寿祺认为，许慎《五经异义》是针对"安帝薄于艺文，博士倚席不讲，经术之风微矣"的令人担忧的学术形势而作，出发点是"忧大业之陵迟，捄末师之踳陋也"，所以重在"援古今百家"，"举五经先师遗说"，优点亦在此，而不像经过班固删集的《白虎通义》，淹没了"众家姓名，殊为疎失"[4]，太简略了。

笔者以为，许慎作《五经异义》的出发点，恐怕主要还是勘订经义之是非，而非重在网罗遗说，如以网罗遗说为主旨，恐怕许慎还能网罗到更多经说，《五经异义》的篇幅还会更大。后来郑玄有针对性地逐条驳《五经异义》的取向，也旁证了这一点。他们共同的关注点当是经义之是非，而不主要在网罗遗说。《后汉书·许慎传》曰"慎以五经传说，臧否不同，于是撰为《五经异义》"，也可证这部书不主要是为网罗遗说而作。陈寿祺大概因自己强烈的救残辑佚的学术史关怀，影响了对于学术史本来面目的认识。

善化皮锡瑞在陈寿祺《疏证》的基础上重作《驳五经异义疏证》，底本却不用陈寿祺依孔广林本所作的新辑本，而是用鄞县袁钧之《驳五经异义》辑校本。

现就皮锡瑞所据之袁钧辑校本看，所辑共 116 条，除 15 条“异义阙”，现存许慎《五经异义》文字共 101 条。在这 101 条中，又有 26 条没有许慎按语，只残存所引个别经说。这样，对于我们认识许慎经义取舍有价值的就只有 75 条。在这 75 条中，许慎倾向于古《尚书》说、古《周礼》说、《毛诗》说、《左氏》说者共计 48 条，其中倾向于《左氏》说者尤多。所谓古《尚书》、古《周礼》、《毛诗》、《左氏》，都是古文经学的代表，许慎明确表示倾向于这四家古文经学意见的共 48 条，占到 75 条的大多数，这就是清代以来人们大多都把许慎当作古文经学家的主要原因。

但在剩余 27 条中，有 12 条许案明确从今文家说，而不从古文家说，分别是：从今礼戴说、欧阳《尚书》说 1 条，驳《毛诗》说而证今《韩诗》说有理 1 条，从《公羊》家说 7 条，不从《左》而从《公》《谷》家说 1 条，驳《周礼》说而证今《礼》戴说、而以《孟易》、《韩诗》说为是 1 条，从今《论》说而不从《左氏》说 1 条；其余 15 条许案虽也有取舍，却大多不涉及今古文二派之谁是谁非，而是具体问题具体分析，或兼采融通而加以辨证之，或存疑。

其实，根据残存《五经异义》条目作数量统计，在逻辑上不能作为我们判定许慎经学取向的依据，因为散失掉的部分有多少条，各自取向如何，我们并不知道，因此，根据残存《五经异义》中许案多从古文经说的情况而判定许慎为古文经学家取向的结论，是有疑的。而随着汉代经学历史实相的逐步清晰，笔者越来越发现，汉代虽曾有过经今文学与经古文学师法、家法的不同，但其间的门户分隔，远不像清代以来的经学史家表达得那样森严，更不像晚清以来廖平等人说得那样泾渭分明，水火不容。在经义讨论中“通”的导向从王莽时代就开始了，东汉以来一直延续。经学的繁荣使得经有数家，家有数说，异说纷呈，而作为意识形态主要依据的经学，必然有一个在众说中是正取舍的问题，从石渠阁会议到白虎观会议，其出发点均在此。在这种导向下的众多经学家也自然会加入到这种经义是正与取舍的讨论中，从刘歆、贾逵到许慎，其出发点也均在此。在这种是正与取舍中，今文经说与古文经说的不同自然会涉及，但这在当时不是问题的关键，关键在于那些经学中涉及的关乎世道、人心、社会秩序的一些基本问题，到底该作怎样的解释，因此《白虎通》这部官方主导的御前经学研讨会纪要，不是以经学师法、家法门派为纲目，而是以具体问题为纲目，这些具体问题就是现存《白虎通》中所记述的爵、号、谥、五祀、社稷、礼乐、封公侯、京师、五行、三军、诛伐、谏诤、乡射、致仕、辟雍、灾变、耕桑、封禅、巡狩、考黜、王者不臣、蓍龟、圣人、八风、商贾、瑞贽、三正、三教、三纲六纪、情性、寿命、宗族、姓名、天地、日月、四时、衣裳、五刑、五经、嫁娶、绋冕、丧服、崩薨等。[5] 许慎《五经异义》，根据袁钧辑校本看，其体例也是按这些具体问题分门别类，条分缕析，可惜我们今天已不能完整地看到它的具体体例蓝本了，只能看到10个残存的标题，分别是“天号”、“九族”、“罍制”、“爵制”、“田税”、“朝名”、“灶神”、“明堂制”、“稷神”、“天子驾数”。[6] 显然，许慎《五经异义》的体例与《白虎通》是一样的，它们共同关心的问题是关于这些社会基本问题，到底哪家的经学诠释更可取，更有价值，它们并不太关心经今、古文学二派是如何派分的，以及各自谁占上风。

在这种围绕社会基本问题的经学讨论中，开始经学家们还在着力取其一说而决定其是非，后来随着王朝政治秩序的日益无望，随着对经学研究的不断深入，经学家们则不再着意取其一说而决定其是非，似乎这些经义的是与非已与现存社会秩序无关了，而不同经说各有各的道理，难抉谁是谁非，不如从学理上融通各家经说，调停平衡异说而兼收之，最终出现了郑玄这样的经学总结式的人物。[7] 当然，这并不影响郑玄等人还会围绕这些基本问题在经学诠释中进行取舍，只是随着经学诠释学的发展，他们越来越难是此而非彼，越来越发现不同经说各有各的道理，因此出现了融通各家经说、调停平衡异说而兼收之的学术解释。从残存的《五经异义》内容看出，早在郑玄之前，许慎已经开始了这种融通各家经说、调停平衡异说而兼收之的学术解释。

根据这样的经学史实相，笔者想要强调以下几点：（1）所谓许慎是古文家，这个问题当重新认识。此问题留待另文讨论。（2）东汉以来的一系列经义讨论并不主要着眼于今文家说、古文家说的派分以及哪一派占上风，所关注的是与当时社会建设密切相关的一些基本问题，而这些问题正是当时经学研究的基本问题，许慎也如此。清代以来的经学家夸大了汉代今、古文之争的程度。（3）至少从许慎开始，融通各家经说，调停平衡异说而兼收之的经学诠释活动已经开始，郑玄只是总其大成而已。

以下笔者选取残存《五经异义》中不从古文家说的 28 条内容，一一分析之，以见许慎作《五经异义》之出发点到底为何。陈寿祺、皮锡瑞之《疏证》文字对于理解《异义》内容必不可少，但无疑太过冗长，故只节引其要。

1. 九族：异义：今《礼》戴、《尚书》欧阳说：九族乃异姓有亲属者，父族四：五属之内为一族，父女昆弟适人者与其子为一族，己女昆弟适人者与其子为一族，己之女子子适人者与其子为一族；母族三：母之父姓为一族，母之母姓为一族，母女昆弟适人者与其子为一族；妻族二：妻之父姓为一族，妻之母姓为一族。古《尚书》说：九族者，上从高祖，下至玄孙，凡九，皆为同姓（尧年[8]案曰：……《尧典》疏引夏侯、欧阳等以为九族者，父族四，母族三，妻族二，皆据异姓有服。当是引者删约《异义》尔）。**谨案：礼：缌麻三月以上，恩之所及。礼为妻父母有服，明在九族中。九族不得但施于同姓。驳曰：妇人归宗。女子虽适人，字犹系姓，明不得与父兄为异族。其子则然。《昏礼》"请期"辞曰："唯是三族之不虞。"欲及今三族，未有不亿度之事而迎妇也。如此所云，三族不当有异姓。异姓其服皆缌麻。《礼·杂记下》：缌麻之服不禁。嫁女取妇，是为异姓，不在族中明矣。《周礼》小宗伯掌三族之别。《丧服小记》说族之义曰：亲亲以三为五，以五为九。以此言之，知高祖至玄孙，昭然察矣。**

《疏证》曰：《左氏》桓公六年传《集解》曰：九族，谓外祖父、外祖母、从母子及妻父、妻母、姑之子、姊妹之子、女子之子并己之同族，皆外亲有服而异族者也。《正义》曰：汉世儒者说"九族"有二，引《异义》云云曰，是郑从古《尚书》说，以九族为高祖至玄孙也。……引"三族"以难"九族"，为不相值矣。……何不言"九族之不虞"也？以此知"九族"皆外亲有服而异族者也。……顾炎武曰：克明俊德，以亲九族。《孔传》以为自高祖至玄孙之亲。盖本之《丧服小记》以三为五，以五为九之说，而百世不可易者也。……而《昏礼》及《仲尼燕居》"三族"之文，康成并释为父、子、孙。杜元凯乃谓外祖父、外祖母、从母子及妻父、妻母、姑之子、姊妹之子、女子之子，非己之同族，皆外亲有服而异族者。……俞樾《九族考》曰：古文家说以高祖至玄孙为九族。自己之高祖至己之玄孙凡九世，则非九族，乃九世也。桓六年《左传》孔颖达《正义》驳之甚详。……然则"九族"之说，当以今文家为正。郑康成杂引《昏礼》"请期"之辞及《周礼·小宗伯职》、《礼记·丧服小记》篇之文以驳之，然彼皆言"三族"，不言"九族"，孔颖达讥之曰：

“三族、九族，族名虽同而三、九数异，引三族以难九族，为不相值矣。”斯言是矣。愚请举康成之说而一一驳之。康成引《昏礼》“请期”之辞曰……岂得执此以驳今文家说乎？康成又引《小宗伯》掌三族之别，《丧服小记》说服之义曰：亲亲以三为五，以五为九。愚案：……服之与族，盖有别矣。……以是言之，服有尽而族无穷，即同姓之中无服之族固已多矣，岂得援服制以定族制乎？郑驳今文家说，义皆无当，故愚于“九族”之说，不从古而从今。锡瑞案：许君专治古文，《五经异义》多从古文说。郑君兼治今文，《驳五经异义》多从今文说，而此言“九族”，则许从今文兼异姓，郑从古文皆同姓。是知许、郑二君皆通学，未尝坚持古今门户也。顾从古文驳孔疏，俞从孔疏驳古文，并驳郑义甚晰……孙星衍曰：《诗·葛藟序》云：周道衰，弃其九族。《传》云：九族者，据已上至高祖，下至玄孙。《汉书·高帝纪》：七年置宗正官以序九族。是汉初俱以九族为同姓。夏侯、欧阳说为异姓者，盖因尧德光被自家及外族。郑不然者，以经文下云……[9]

笔者按：《尚书·尧典》有曰：“克明俊德，以亲九族。”其文表达的是圣王尧的圣明。其中“九族”到底指哪个范围的亲属，很关键，因为汉以后儒家经典成为国家意识形态的主要依据，成为指导人们行为和社会建设的圣经，其中的具体概念到底该如何诠释，直接关系到如何建构当下的社会以及如何安排人们的生活。“九族”这一经典概念的诠释，在以血缘关系为主要人际纽带的中国传统社会，显得尤其重要。对于这个问题，许慎在对比了今《礼》戴、今《尚书》欧阳（据考今《尚书》夏侯说亦如之）与古《尚书》说三家经说后，明确认为今文家的意见可取。郑玄却认为还是《古文尚书》家的意见可从。后来杜预取今文家的意见，伪孔传取古文家意见，孔颖达《正义》又取今文家意见，顾炎武又取古文家意见，陈寿祺、俞樾又都认为今文说可取。二千年来，这问题莫衷一是。到皮锡瑞似开始不再对此是非做选择，似开始有了一点客观的学术分析的味道，但他的分析还是有让人陷入迷雾的感觉，先说许君“专治古文”，接着又说许与郑玄“皆通学”，引孙星衍与《汉书·高帝纪》之说，又似在为郑玄之说找理据。

2. 异义：《公羊》说：后夫人之家专权擅世，秉持国政，蚕食百姓，则虫飞反坠（尧年案曰：……自此条以下皆《异义》从《公羊》说也，故入《春秋公羊》类）。（驳阙）

《疏证》曰：陈寿祺案：《汉书·五行志》中之上《传》曰：……时则有介虫之孽。介虫孽者，谓小虫有甲飞扬之类，阳气所生也。于《春秋》为虫，今谓之蝗，皆其类也。中之下……刘向以为介虫之孽，属言不从。……寿祺谓班固言刘向说诸螽，略皆从董仲舒说，是《公羊》、《穀梁》义同……《穀梁疏》曰:《公羊》与《考异邮》皆云：螽死而坠于地。故何休云：螽，犹众也，死而坠者，象宋群臣相残害也云云……郑玄云:《穀梁》意亦以宋德薄，后将有祸，故虫飞在上，坠地而死……是郑意……不从刘向也……然则何氏盖取《春秋》说而广之。锡瑞案:陈说甚详。《公羊》说后夫人专权，即指三世内娶……[10]

笔者按:此条未有许慎“谨案”语，亦未见郑驳语，只见许引《公羊》说一条。但据袁尧年按语，依例当为许慎从《公羊》家说，未见理据，姑从之。在男权为核心的传统中国，一旦有女性干政，总会引出诸多麻烦。自董仲舒以后，诠释这些社会问题的经学，普遍地带上了一种妖妄与神秘的色彩，《公羊》学尤其如此。陈寿祺《疏证》遍引《公羊》疏家解虫灾之语，兹不备引。皮锡瑞只解三世内娶之事，亦不备引。

3. 异义 :《公羊》说云：鼷鼠初食牛角，咎在有司；又食，咎在人君。取已有灾而不改更者，义通于此。(驳阙)

《疏证》曰:《公羊》成七年经曰：鼷鼠食郊牛角，改卜牛，鼷鼠又食其角，乃免牛。《解诂》曰:鼷鼠者，鼠中之微者，角生上，指逆之象。《易京房传》曰:祭天不慎，鼷鼠食郊牛角，书“又食”者，重录，鲁不觉寤，重有灾也。不重言牛，独重言鼠者，言角，牛可知，食牛者，未必故鼠，故重言鼠。《公羊义疏》曰:……昔周公制礼乐，成周道，故成王命鲁郊祀天地以尊周公，至成公时，三家始颛政，鲁将从此衰，天愍周公之德，痛其将有败亡之祇，故于郊祭而见戒。云鼠小虫，性盗窃，鼷又其小者也；牛大畜，祭天尊物也；角，兵象，在上，君威也；小小鼷鼠，食至尊之牛角，象季氏乃陪臣盗窃之人，将执国命，以伤君威，而害周公之祀也。改卜牛，鼷鼠又食其角，天重语之也。成公怠慢昏乱，遂君臣更执于晋，至于襄公，晋为溴梁之会，天下大夫皆夺君政，其后三家逐昭公，卒死于外，几绝周公之祀。董仲舒以为鼷鼠食郊牛，皆养牲不谨也。京房《易传》曰:祭天不慎，厥妖鼷鼠齧郊牛角。……孔广林曰：经云改卜，且云又食，则所改卜之牛，非已有灾可知。咎人君者，咎其不敬，以数召灾耳。《公羊》说非也。锡瑞案：经云改卜，云又食，说《公羊》者必无不知《公羊》说，当以“又食，咎在人君”断句。下云“取已有灾而不改更者，义通于此”，当别为一义，谓此乃改更，又食，咎在人君不敬，若并不改更者，义与此通。盖推广言之，故曰“义通于此”也。孔驳《公羊》说非是。[11]

笔者按：据袁尧年按语，此条例同上条。“取已有灾而不改更者。义通于此”一句似为许慎语，非所引《公羊》说。清人之说或可商。汉代的《公羊》灾异说，今人会觉得很滑稽，其具体内容留存下来的并不完备，但《汉书·五行传》、董氏《春秋繁露》等文献均可见其一斑，而残存许慎《五经异义》自亦是难得的佐证。此条《公羊》家说言：一种老鼠在人祭祀之后将重要的贡品牛的角吃掉了。这在《公羊》家看来是一种严重的灾异现象。此条言“初食……咎在有司”，“又食，咎在人君”。据陈寿祺《疏证》所引，《春秋公羊》经文记载，鲁成公七年曾因此而“免牛”。《公羊义疏》详细解释了这到底表征着怎样的人事非常，不备引。陈寿祺所引孔广林语，当作“非已有灾可知”，“已”不当读作“己”，似更能明孔意。

4. 异义：《春秋公羊》说：礼郊及日，皆不卜，当以正月上丁也。鲁与天子并事，变礼，今成王命鲁使卜从，乃郊不从，即已下天子也。鲁以上辛郊，不敢与天子同也。驳曰：《明堂位》云：孟春正月，乘大路祀帝于郊。又云：鲁用孟春建子之月。则与天子不同明矣。鲁数失礼，牲数有灾，不吉，则改卜后月（《礼记·曲礼》疏。尧年案曰：……盖郑谓鲁之郊天，唯用周正建子之月，不与天子郊天同月。以三王之郊，一用夏正也。牲数有灾，不吉，改卜后月，故或用周之二月三月，正以破《异义》上辛与上丁不同之说也）。

《疏证》曰：陈寿祺案：《春秋》、《礼记》皆以郊用上辛，惟《尚书·召诰》：三月丁巳，用牲于郊。《公羊》说谓郊以正月上丁，盖据此。周三月，夏正月也。又案《礼记·曲礼上》：卜筮不过三。郑注：求吉不过三，鲁四卜郊，《春秋》讥之。……三传之说，参差不同。若《左氏》之说，鲁郊，常祀，不须卜可郊与否，但卜牲与日，唯周之三月为之，不可在四月，虽一卜，亦为非礼。故僖三十一年《左传》云：礼不卜常祀。是常祀不卜也。……若《公羊》之义所云卜者，皆为卜日。故僖三十一年《公羊传》云：三卜，礼也；四卜，非礼也。又成十七年《公羊传》云：郊用正月上辛。何休云：鲁郊转卜三正，三王之郊，一用夏正。又定十五年《传》：三卜之运也。何休云：运，转也，已卜春三正不吉，后转卜夏三月、周五月得一吉，故五月郊。如休之意，鲁郊转卜三正，假令春正月卜不吉，又卜殷正，殷正不吉，则用夏正郊天，若此三正之内有凶不从，则得卜夏三月。但满三吉日，则得为郊。此《公羊》及何休之意也。《穀梁》之说:《春秋》卜者,皆卜日也。哀元年《穀梁传》云:郊自正月至三月,郊之时也,我以十二月下辛卜正月上辛,如不从,则以正月下辛卜二月上辛,如不从,则以二月下辛卜三月上辛,如不从,则不郊。如是《穀梁》三正之月卜吉则为,四月、五月则不可,与《公羊》之说同,与何休之意异。休以四月、五月卜满三吉则可郊也。若郑玄意,礼不当卜常祀,与《左氏》同。故郑《箴膏肓》云:当卜祀日月尔,不当卜可祀与否。郑又云:以鲁之郊天惟用周正建子之月,牲数有灾,不吉,改卜后月,故或用周之二月、三月,故有启蛰而郊,四月则不可。故《驳异义》引《明堂位》云云。如郑之言,则与《公羊》、《穀梁传》卜三正不同也。……《正义》述三传卜郊之义如此。然《公羊传》定十五年何氏《解诂》云:得二吉,故五月郊。《曲礼正义》引作"得一吉",与徐《疏》本不同。疑《正义》所见本是。又《公羊》僖三十一年《传》曰:求吉之道三。何氏云三卜吉凶,必有相倚者可以决疑,故求吉必三卜。又云三卜吉,则用之,不吉则免牲。是则三卜之中得一吉即可用。……《公羊》言三卜礼,四卜非礼,下亦言卜郊非礼也,与《左氏》说同,则三卜独谓鲁礼然耳。……此郑《箴膏肓》、《驳异义》所本。又案:《礼记·郊特牲》曰:郊之用辛也,周之始郊日以至。郑注言……此说非也。……三王之郊一用夏正,鲁以无冬至祭天于圜丘之事,是以建子之月郊天,示先有事也。周衰礼废,儒者见周礼尽在鲁,因推鲁礼以言周事。……马昭申郑云:《易纬》云:三王之郊,一用夏正。则周天子不用至日郊也……何得以诸侯之郊说天子圜丘?……据此诸文,故以郊丘为别,冬至之郊,特为鲁礼。……寿祺谓……鲁之郊礼,诸说不同……崔氏、皇氏用王肃之说,以鲁冬至郊天,至建寅之月又郊以祈谷,皆考之不审。郑康成之说,鲁唯一郊,不与天子郊天同月,转卜三正,最为得之。……此马昭及孔颖达申郑之说,美矣……锡瑞案:《续汉志》注引《白虎通》曰:祭日用丁与辛何?先甲三日辛也,后甲三日丁也,皆可以接事昊天之日,故《春秋传》:郊以正月上辛日。《尚书》曰:丁巳用牲于郊,牛二。《艺文类聚》引《五经通义》曰:祭日以丁与辛何?丁者,反覆丁宁也。辛者,自克辛也。二说但言丁与辛皆可用,未尝明言周、鲁之异。……郑《驳异义》似以鲁用孟春,本与天子不同,非但丁、辛之异,其改卜后月者,因不吉乃改卜也。[12]

笔者按:此条许慎只引《公羊》一家之说,无"谨案"语,但有郑氏之驳语,袁尧年亦依例归入许氏从《公羊》说。本条所论祭礼非常复杂，故陈寿祺繁复疏证之。许慎所引《公羊》说以为正常情况下，郊当以正月上丁，鲁之郊为变礼，故有所不同，其不同一为“卜从”，二为“上辛郊”。而郑驳之曰：鲁郊用周正，天子郊则一用夏正，根本不同，其异不只是“卜从”与丁、辛之异。郑于“卜从”之事，实际是一种基于鲁郊用周正的补充说明，非驳也。

5. 异义:《公羊》说:国灭君死,正也。故《礼运》云:君死社稷,无去国之义。《左传》说：昔太王居豳，狄人攻之，乃踰梁山，邑于岐山，故知有去国之义也。谨案：《易》曰：係遯，有疾厉，畜臣妾吉。知诸侯无去国之义也（《正义》曰：郑不驳之，明从许君《公羊》义也）。

《疏证》曰：陈寿祺案：……锡瑞案：《曲礼正义》引《异义》云云曰，然则《公羊》之说，正礼；《左氏》之说，权法；义皆通也。……则诸侯为人侵伐，当以死守之，而公刘、太王皆避难迁徙者，礼之所言，为国正法，公刘、太王则权时之宜。……《公羊传》曰：权者，反经合义……虽于礼为非，而其实则是。此乃贤者达节，不可以常礼格之。……陈立曰：按《春秋》时国灭君逃，不可以公刘、太王律，公刘、太王居岐居邠，虽云播迁，宗社仍存，是亡犹不亡也，《春秋》国既灭亡，宗社即斩，走为寓公，全生忍辱，故示之以正曰：国灭君死也。舍此无他义也，亦无所为权也。……锡瑞谓陈氏自是正论，《诗》孔疏已发其端……[13]

笔者按：此条例不同于上三条，有今、古文说之对比，亦有“谨案”语。对比之后，许明从《公羊》说。此条关注的是传统中国社会又一重要价值取舍问题：一国之主能否弃国而他走？要不要为了社稷而誓死不离自己的国土？甚至以身殉国？许引《公羊》说以为君“无去国之义”，所引《左氏》说则以为“有去国之义”。许慎取《公羊》说。郑玄亦从《公羊》说。皮锡瑞本对郑学情有独钟，但在这一问题上却与郑玄有所不同，采取了调停《公羊》、《左氏》说的做法。

6. 异义：妻甲，夫乙殴母，甲见乙殴母而杀乙。《公羊》说：甲为姑讨夫，犹武王为天诛纣（尧年案曰：此与下条于《公羊》文无征，故录于卷末）。驳曰：乙虽不孝，但殴之耳，杀之太甚。凡在官者，未得杀之，杀之者士官也。

《疏证》曰：《檀弓》……《正义》曰：郑此云子孙无问尊卑，皆得杀之，则似父之弑祖，子得杀父。然子之于父，天性也，父虽不孝于祖，子不可不孝于父……若妻，则得杀其弑父之夫。引《异义》云云曰：如郑此言，殴母，妻不得杀之；

若其杀母，妻得杀之。《公羊》……《解诂》曰：但当推逐去之，亦不可加诛。诛不加上之义。陈立引《异义》云云曰：据《公羊》义，妻得杀不孝之夫，而子不得诛弑父之母者，夫妻……敌体，故得讨不义，子为母生，至亲也，至亲与至尊并，故但推远之而已。[14]

笔者按：此条亦未有"谨案"语，许只引《公羊》一家之说，但依例亦归入许从《公羊》说。此条现传统中国社会的一大特色，即依情理断人之行为之是非。现代社会依西方人的文化，要以一种外在客观的规则来断人之行为之是非，但在中国至今实施得不理想。此条所论行为之是非，颇为两难。许慎从所引《公羊》说。郑玄则认为，妻杀夫，无论如何有点过分。据孔颖达《正义》的推论，郑玄之义为："殴母，妻不得杀之；若其杀母，妻得杀之。"这就是应有的分寸。陈立则似坚持《公羊》家说。此条后未见皮锡瑞按语。

7. 异义：《公羊》说云：质家立世子弟，文家立世子子，而《春秋》从质，故得立其弟。（驳阙）

《疏证》曰：《公羊》成十五年传《解诂》曰：弟无后兄之义，为乱昭穆之序，失父子之亲。《疏》引《异义》云云曰：以此言之，婴齐为兄后，正合诸《春秋》之义，何得谓之乱昭穆之序者？正以"质家立世子弟"者。谓立之为君而已，岂谓作世子之子乎？……陈立《公羊义疏》曰：旧疏引《异义》云云，自谓天子诸侯之制，非谓大夫士亦得立其弟为后也……《梁孝王世家》袁盎等曰：周道太子死，立適孙；殷道太子死，立其弟。……盖继世诸侯当立子，无子立弟，无弟立庶兄，当指质家言之《春秋》之义也……郑君……其《驳异义》盖亦从《公羊》说。[15]

笔者按：此条亦只见引《公羊》一家之说，亦未有"谨案"语，依例亦为许从《公羊》之说。所论为立储问题，也是传统中国社会重要的、具有普遍意义的问题，历来"立子"与"立弟"难有定则。许所引《公羊》说以文、质互变的循环论解之，以为"质家立世子弟，文家立世子子，而《春秋》从质，故得立其弟"，似为"立弟"之制寻找理论根据。何休《解诂》则似不同意"立弟"。徐彦《疏》则又驳何休说，以许所引《公羊》说为是。陈立亦同徐彦说。此条亦未见皮锡瑞案语。

以上 2—7 条，所论涉及"虫飞反坠"之灾异现象的解说、祭品中牛角被鼠食之灾异现象的解说、周天子之郊祭与鲁国之郊祭制度之差异问题、国君到底有无“国灭君死”的道义、妻到底能不能因丈夫“殴母”而杀夫、立子抑或立弟为储的问题等六个问题，在这六个问题上，许慎从《公羊》家说。

8. 异义 :《公羊》以为，鸜鹆，夷狄之鸟，穴居，今来至鲁之中国巢居，此权臣欲自下居上之象。《穀梁》亦以为夷狄之鸟来中国，义与《公羊》同。《左氏》以为“鸜鹆”来巢，书所无也。谨案 : 从二传。驳曰 : 按《春秋》言“来”者甚多，非皆从夷狄来也，从鲁疆外而至则言“来”。“鸜鹆”本济西穴处，今乃踰济而东，又巢，为昭公将去二国。

《疏证》曰 :《公羊传》曰 : 非中国之禽也，宜穴又巢也。《解诂》曰 : 非中国之禽而来居此国，国将危亡之象。鸛鹆，犹权欲，且穴又巢，此权臣欲国，自下居上之征也，其后卒为季氏所逐。《疏》引《异义》云云曰 : 以此言之，则知非中国之禽者，谓是夷狄之鸟。而《冬官》云 : 鸜鹆，不踰济。郑氏云无妨于中国有之者，何氏所不取也……《考工记》注 : 鸜鹆，鸟也。《春秋》昭二十五年 : 有鸜鹆来巢，书所无也。郑司农云:不踰济,无妨于中国有之。则郑驳与先郑同……《御览》引《稽命征》云 : 鸜鹆，非中国之禽也……又引《稽命征》云 : 孔子谓子夏曰 : 鸜鹆至，非中国之禽。……按 :《公》、《谷》二传皆无“夷狄之鸟”语，惟《五经异义》引以为《公羊》、《穀梁》说……旧《疏》引《异义》公羊说“鸛鹆，夷狄之鸟”云云，非也……何氏并无以鸛鹆为夷狄之鸟说……《集解》曰 : 鸜鹆，不渡济，非中国之禽，故曰“来”……郑据《考工记》，故云尔。陈寿祺案 : 陆氏《左传音义》: 鸜，其俱反，嵇康音权，本又作鸲。《公羊传》作鸛，音权 ; 鹆，音欲。《穀梁音义》: 鸜，本又作鸛，音灌。《左氏》作鸜，《公羊》作鸛。《公羊音义》: 鸛，音权。……《考工记》: 鸜鹆，不踰济。郑注 : 鸜鹆，鸟也。《春秋》昭二十五年 : 有鸜鹆来巢。《传》曰 : 书所无也。《周礼音义》作鸛……今考何氏明言鸛鹆，犹权欲，则鸛，读如权。故诸家《公羊》本并从之……贾疏《考工记》云 : 此经、注皆作鸜，字与《左氏》同……锡瑞案 : 作鸛者，今文也 ; 作鸜者，古文也。三传文字不同，说解亦异，不必强合为一。如《左氏》说鸜鹆，即《考工记》所云鸜鹆不踰济，今谓之八哥，所在有之，特在古时不踰济，不当踰济而东，故曰“书所无也”。如《公羊》、《穀梁》说鸛鹆，并非鸜鹆，乃夷狄之鸟，不当来中国，今中国亦不闻有此鸟……说《公羊》、《穀梁》者皆不引《考工记》。《解诂》一书未尝引《周礼》一字，可见汉儒专门家法之严。郑君是通学，非专门，其驳《异义》

盖从《左氏》踰济而东云云，虽不明引《考工》，实即《考工》不踰济之说，与《公羊》、《穀梁》说夷狄之鸟迥乎不同。……三传各自为义，不必强《公羊》以合《左氏》，亦不必强何以合郑……鸜鹆、鸛鹆，判然两物，不当混合为一……不必依陆德明《音义》谓各本皆当作鸛。[16]

笔者按：此条所论为经中所见一种异鸟"来巢"之事，《公羊》、《穀梁》二家解说相同，许从之，《左氏》之解说许则不从。郑氏融通今古文说，用《左氏》"鸜鹆"之文，以《周礼》之说解之，又附以灾异之说，所谓杂糅今古之典型也，故其驳并不与许所从之二传说针锋相对。皮锡瑞以《左氏》与二传所言根本不是一物，颇具新意，其实也是一种融通异说的解经方法。

9. 天子驾数：异义：《易》孟、京，《春秋公羊》说：天子驾六。引《易经》云：时乘六龙以驭天也。知天子驾六。《毛诗》说：天子至大夫同驾四，士驾二。《诗》云"四騵彭彭"，武王所乘；"龙旂承祀，六辔耳耳"，鲁僖所乘；"四牡騑騑，周道倭迟"，大夫所乘。谨案：《礼·王度记》曰：天子驾六，诸侯与卿同驾四，大夫驾三，士驾二，庶人驾一。说与《易》、《春秋》同。驳曰：《周礼·校人》掌王马之政，凡颁良马而养乘之。乘马，一师四圉，四马为乘。此一圉者，养一马而一师监之也。《尚书·顾命》：诸侯入应门，皆布乘黄朱。言献四黄马朱鬣也。既实周天子驾六，《校人》则何不以马与圉以六为数？《顾命》诸侯何以不献六马？《易经》时乘六龙者，谓阴阳六爻上下耳，岂故为礼制？《王度记》云今天子驾六者，自是汉法，与古异。大夫驾三者，于经典无以言之（尧年案曰：……汉世天子驾六，非常法也……是大夫以上驾驷之文也……今帝者驾六，此自汉制，与古异耳）。

《疏证》曰：《公羊》隐公元年传《解诂》曰：礼大夫以上至天子皆乘四马，所以通四方也。《疏》云：问曰：……答曰：彼"谨案"亦是从《公羊》说，即引《王度记》云天子驾六龙，诸侯与卿驾四，大夫驾三以合之。郑驳云……然则彼《公羊》说者自是章句家意，不与何氏合……陈立曰：……《说苑·修文》云：天子乘马六匹，诸侯四匹，大夫三匹，元士二匹，下士一匹。《说苑》多杂采诸家为说，何氏所不取。臧琳《经义杂记》曰：……许慎以为天子驾六，诸侯及卿驾四，大夫驾三，士驾二，庶人驾一。……郑玄以为天子四马……今帝者驾六，此自汉制，与古异耳。……《白虎通》曰：天子之马六者，示有事于天地四方也。……李善曰：《春秋命厤序》曰：皇伯驾六龙。……然则六马之文，经史子集皆有之，故《五经异义》据《易》京氏、《礼·王度记》、《春秋公羊》说以为天子驾六。郑康成以此诸文为皆起于秦汉以来，非三代常制，不足以取证经典，而《尚书·顾命》、《毛诗》、《周礼》天子诸侯皆驾四马，故不从今文家及许氏说。琳考之……则周已有六马之制矣。郑君驳之者，石鼓文郑所不见……锡瑞案：臧氏引证极详。此外……皆臧氏所未引者……然汉驾六亦必沿用古义……汉法驾驾六，安车驾四，疑古制亦有驾六、驾四两法，今古文说各据其一言之，则二说皆可通。郑君专据古《周礼》说以驾六为汉制，似犹未核。《异义》一书多许从古文、郑从今文，亦有许从今文，郑从古文者，如此条其一也。[17]

笔者按：此条论天子驾数，自是礼制之大节。据《异义》所引，主要有二种说法，一为驾六，一为驾四。许从驾六之说。郑玄则来以为然。值得注意的是，许所引《公羊》说与陈寿祺所引《公羊》何休之说正好相反。看来，以前清人按照今、古文来分疏经义的做法值得商榷，难于尽信。陈寿祺回护何休之说，也是门户之见使然。臧琳从许而不从郑。皮锡瑞则弥缝二说。据新近洛阳的考古发掘，驾六之说似更有据。

10. 异义：《公羊》说：存二王之后，所以通天三统之义。引《礼·郊特牲》云：天子存二代之后，犹尊贤也。尊贤不过二代。古《春秋左氏》说：周家封夏、殷二王之后以为上公，封黄帝、尧、舜之后谓之三恪。谨案：治《鲁诗》丞相韦玄成、治《易》施雠等说引《外传》曰：三王之乐可得观乎？知王者所封三代而已。不与《左氏》说同（……尧年案曰：据“谨案”文，许或从《公羊》，或从《左氏》，未有定论，故入三传总义类）。驳曰：言所存二王之后者，命使郊天，以天子礼祭其始祖。受命之王，自行其正朔服色，此之谓通天三统。三恪，尊于诸侯，卑于二王之后。恪者，敬也。敬其先圣而封其后，与诸侯无殊异，何得比夏殷之后？（《礼记·郊特牲》疏……）

《疏证》曰：《正义》引《异义》云曰：如郑此言，《公羊》自据二王之后，《左氏》兼论三恪……陆元辅曰：窃案三恪、二王后有两说，一云二王之前更立三代之后为三恪，此据《乐记》武王克商未及下车封黄帝、尧、舜之后，及下车封夏、殷之后也；一云二王之前但存一代，通二王为三恪……若更立一代通备三恪者则非……《通典》唐天宝议曰：二王、三恪，经无正文……偶契三二之数，非历代通法，……是知无五代也。况历代至今，皆以三代为三恪焉。愚案：《通典》所取与《集说》不同……姑两存之。锡瑞案：……杜解《左氏》云：周得天下，封夏、殷二王后，又封舜后谓之恪，并二王后为一国，其礼转降，示敬而已，故曰三恪。《正义》曰：《乐记》云：武王克商，未及下车而封黄帝之后于蓟，封帝尧之后于祝，封帝舜之后于陈；下车而封夏后氏之后于杞，投殷之后于宋。《郊特牲》云：天子尊二代之后犹尊贤也，尊贤不过二代。郑玄以此谓杞、宋为二代之后，蓟、祝、陈为三恪。……崔灵恩申郑义甚墒，当以崔说为正……《白虎通·三正篇》曰：王者所以存二王之后何也？所以尊先王、通天下之三统也，明天下非一家之有，敬谨谦让之至也，故封之百里，使得服其正色，用其礼乐，永事其先祖。《公羊》隐三年传《解诂》曰：王者存二王之后，使统其正朔，服其服色，行其礼乐，所以尊先圣，通三统，师法之义，恭让之礼，于是可得而观之。《汉书·刘向传》曰：王者必通三统，明天命所受者博，非独一姓也。子政习《穀梁》说，亦与《公羊》同。[18]

笔者按：此条论“存二王之后”问题并及“通三统”，此为传统中国社会一大政治课题。许慎倾向于今文家说，所引证据亦为今文家说，一为《鲁诗》韦玄成说，一为《易》施雠说。学界多言许慎为古文家，此却多见许慎屡引今文说以证己意，何也？笔者将另文作论。郑玄认为许所引《左氏》说并非无据，认为封二王后与封黄帝、尧、舜之后并不矛盾，只是它们的礼制有所等差而已。

11. 异义：今《礼》戴《记》云：男子，阳也，成于阴，故二十而冠。古《尚书》说云：武王崩时成王年十三，后一年管、蔡作乱，周公东辟之，王与大夫尽弁以开金縢之书，时成王年十四。言弁，明知已冠矣。《春秋左氏传》说：岁星为年纪，十二而一周于天，天道备，故人君年十二可以冠。自夏、殷天子皆十二而冠。谨案：武王崩，成王年十三。若十四已冠，是丧冠也。不从古《尚书》说。（驳阙）

《疏证》曰：万世美曰：……国君十五而生子。冠而生子，礼也。可以冠矣。盖冠而后服备，服备而后容礼正，颜色齐，辞令严；容礼正、颜色齐、辞令严而后礼义立。君者，民之表也……十二而冠，不亦宜乎？……卫宣在位仅十九年，其娶齐女而生子也，当在既立二三年之后，而朔尚有兄，则其嗣位之初仅十五六以下耳。陈寿祺案：《通典》五十六《嘉礼》注谯周《五经然否论》云：《古文尚书》说：武王崩，成王年十三。推武王以庚辰岁崩，周公以壬午岁出居东，癸未岁反。《礼·公冠记》：周公冠，成王命史作祝辞辞告也。是除丧冠也。周公未反，成王冠弁，开金縢之书，时十六矣。是成王十五，周公冠之而后出也。许慎《异义》云“武王崩后，管、蔡作乱，周公出居东，是岁大风，王与大夫冠弁，开金縢之书，成王年十四，是丧冠也”者，恐失矣。按礼传：天子之年，近则十二，远则十五，必冠矣。……是大夫有十九以下而冠者也，其士则二十而冠。……锡瑞案：《公羊疏》云：若以襄九年《左传》言，鲁襄公年十二而冠也……则知天子、诸侯幼即位者，皆十二而冠矣。……陈立《义疏》曰：年二十者，冠之正，年未二十则礼之变。天子、诸侯之元子犹士焉，亦二十而冠。而鲁襄……不拘此限，则以先君早世，世子年幼为君，故即早冠。如周成王，抑或有异焉。锡瑞谓成王即位之年，今文说无明文，古文说据许君与谯周，皆以为年十三，王肃以为文王崩之年，成王已三岁，武王八十而后有成王，武王崩，成王年已十三。郑君以为武王崩时，成王年十岁，服丧三年，居东三年，成王年十五迎周公反而居摄，居摄四年封康叔，作《康诰》，是成王年十八矣，故《书传》云：“天子太子十八称孟侯。”郑解“孟侯”用今文说，又加服丧、居东之年，故与古文说不尽同，与今文说亦有异。伏生《大传》以为摄政四年建侯卫，成王年十八称孟侯，则武王崩时，成王年十四。与古文说“成王年十三”参差仅一年耳。《大传》又有“武王死，成王幼，在襁褓”之文。《史记·鲁世家》云：“少在强葆。”《蒙恬传》亦云：“未离襁褓。”如其说，则与古文说相去正远。然古人多形容已甚之辞，未必可据以为实。《大传》云：周公摄政七年致政成王。《史记》亦云：成王七年，周公反政。又云：成王长，能听政，于是周公乃还政于成王。今文说无周公避居之文，七年当从武王崩后数起，若武王崩，成王果犹襁褓，再加七年，不过十岁，周公何必遽归政？何得云“成王长，能听政”乎？且与“年十八称孟侯”之文显然相背。然则襁褓非实可知。卢辨注《大戴礼记》曰：武王崩，成王十有三也，而云在襁褓之中，言其小。卢说是也。此条郑驳无明文，许君不从古《尚书》说……今无塙证，惟成王即位之年约略可考耳。[19]

笔者按：此条论贵族在什么年龄进行成人加冠礼。这也是传统社会极具普遍指导意义的重要政治礼制问题。今《礼》戴《记》云“二十而冠”，《左氏》说“十二而冠”，所引古《尚书》则并不明晰，似与《左氏》说相近，而许慎所谓“不从古《尚书》说”，或以其说太早，盖以今《礼》戴说为更合理。陈寿祺以为“十二而冠”说有理，“二十而冠”为士礼，大夫以上则冠礼偏早，实际已是在融通异说。

皮锡瑞亦以为天子、诸侯均当“十二而冠”。陈立则以为“二十而冠”是礼之正，“十二而冠”则为变礼，则又是一种融通异说之法。

12. 异义：今《论》说：郑国之为俗，有溱洧之水，男女聚会，讴歌相感，故云郑声淫（**《礼记·乐记疏》。尧年案曰：又见《初学记·乐部杂乐类》，无**“**今《论》说**”三字……）。**先王之乐，所以节百事，故有五节，迟速本末，中声以降，五降之后，不容弹矣。烦手淫声谓之郑声者，言烦手踯躅之声，使淫过矣。谨案：郑《诗》二十一篇，说妇人者十九矣，故郑声淫也。**（驳阙）

《疏证》曰：刘宝楠《论语正义》曰：案《白虎通·礼乐篇》：乐尚雅何？雅者，古正也，所以远郑声也。孔子曰：郑声淫何？郑国土地民人山居谷汲，男女错杂为郑声以相悦怿。又《汉书·礼乐志》云：桑间濮上，郑、卫、宋、赵之声并出，内则致疾损寿，外则乱政伤民，庶民以为利，列国以相闻。皆以“郑声”为郑国之声，与《鲁论》说同。其烦手淫声谓之郑声，乃《左传》别一义，服虔《解谊》据之，不与《鲁论》同也。又《鲁论》举《溱洧》一诗以为郑俗多淫之证，非谓郑《诗》皆是如此。许错会此旨，举郑《诗》而悉被以淫名，自后遂以郑诗混入郑声，而谓夫子不当取淫诗……则皆许君之一言误之矣。……班、许、刘三家并宗《鲁》说……《左氏》不以“郑声”为郑、卫之“郑”，故说为踯躅之声。昭元年《传》曰：烦手淫声，慆堙心耳。乃忘平和谓之郑声是也。《公羊疏》引古文家服虔云“郑重之音”。郑重，即踯躅，《乐记》所谓“及優、侏儒、獶杂子女”。注：獶，獼猴也，言舞者如獼猴戏也。是也。班氏自用《鲁》说，以郑为郑、卫之郑，本与《左氏》不同，自不得杂引古文《春秋》以乱今文经师家法也……是郑声自指国名，不必如《左氏》之迂解也。陈寿祺案：《公羊》庄十七年传何休《解诂》引……徐《疏》曰：案《乐记》：郑音好滥淫志，宋音燕女溺志，卫音趋数烦志，齐音敖辟乔志。此四者皆淫于色而害于德，是以祭祀弗用也。……锡瑞案：……是许本刘说，盖从今文，故与服氏解《左传》异。何君今文说不必与服氏同也。郑驳今不可考，《论语注》亦不传……[20]

笔者按：此条论所谓“郑声淫”到底该如何理解。许所引二种不同诠释，据考，或原本没有“今说”“古说”之标注，此更证明今、古文之派分，不是当时经学家特别关注的问题。经清人陈寿祺之详考，后人才知，一为今《论》中之《鲁论》说，别一说则为《左氏》说。所引“先王之乐……不容弹矣”一句即见于今本《左传》昭元年。《左氏》一说，许慎、陈寿祺之诠释均不够明晰。今杨伯峻《春秋左传注》释曰："晋侯求医于秦，秦伯使医和视之，曰：'疾不可为也，是谓近女室，疾如蛊（王念孙谓室为生字之误，当如此读：是谓近女，生疾如蛊。……）。非鬼非食，惑以丧志（言病非由于鬼神，非由于饮食，而是迷惑于女色，以丧失心志）。良臣将死，天命不佑。'公曰：'女不可近乎？'对曰：'节之。先王之乐，所以节百事也，故有五节（杜注：五声之节），迟速本末以相及，中声以降（宫、商、角、徵、羽五声，有迟有速，有本有末，调和而得中和之声，然后降于无声）。五降之后，不容弹矣（五声皆降，不可再弹。……）。于是有烦手淫声，慆堙心耳（中和之声既息，再奏，则变为繁复之手法，靡靡之音。凡过度曰淫。慆音滔，又音陶，淫也。……堙音因，塞也，没也。使耳塞。盖谓久听嘈杂之音使耳没而难禁），乃忘平和，君子弗听也（平和之声即上文中声，过此，君子不听）。物亦如之。至于烦，乃舍也已，无以生疾……'"[21]陈寿祺引《乐记》之文亦明此义。《乐记》原文为："今夫新乐，进俯退俯，姦声以滥，溺而不止，及優、侏儒、獶杂子女，不知父子，乐终不可以语，不可以道古……"杨天宇注："優，即俳優……'獶杂子女'，郑注曰：'獶，猕猴也。言舞者如猕猴戏也，乱男女之尊卑。'子女，在此指男子和妇女。"[22]此条许明从今说而不从古说。陈寿祺、皮锡瑞之说则明显有今文、古文之门户之见。

以上12条许慎较为明显地取今文家说。

13. 异义：《礼》戴说：《王制》云：五十不从力政，六十不与服戎。《易》孟氏、《韩诗》说：年二十行役，三十受兵，六十还兵。古《周礼》说：国中自七尺以及六十，野自六尺以及六十有五，皆征之。谨案：五经说皆不同，是无明文所据。汉承百王而制二十三而役，五十六而免。六十五已老，而周复征之，非用民意。驳曰：《周礼》是周公之制，《王制》是孔子之后大贤所记先王之事。《周礼》所谓"皆征之"者，使为胥徒，给公家之事，如今之正卫耳。六十而不与服戎，胥徒事暇，坐息之间，多其五岁，又何太违之云？徒给公家之事，云"非用民意"耶？《王制》所云"力政"，挽引筑作之事，所谓"服戎"，谓从军为士卒也，二者皆劳于胥徒，故早舍之。

《疏证》曰：《正义》引《异义》云云曰：如郑此言，力政田役为重，故云五十免之，故此"五十不从力政"……戎事差轻，"六十不与服戎"及孟氏说"六十还兵”是也，胥徒又轻，故野外六十五犹征之；若四郊之内，以其多役，其胥徒之事，六十则免。初受役之时，始年二十也，其野王城之外，力役又少，胥徒之事，十五则征之，至六十五。其力政之事，皆二十受之，兵革之事则三十受之，故《易》孟氏、《诗》韩氏皆云二十行役、三十受兵也……陈立《疏证》引《异义》云云曰：是许以《周礼》为非，郑以五经之说皆可通也……案五经说皆云三十受兵，且《礼》戴说男子三十而娶，始有继嗣之端，故未至三十不受兵者，所以重绝人世也。三十有子，六十则子又三十，应受兵，故六十还兵者，不忍……陈寿祺案：先郑注《周礼》云：征之者，给公上事也。许君引……此许君所据及郑君引“今之正卫”之制是也。《孟易》、《韩诗》说“二十行役”，与《周礼》“国中七尺”合……则《周礼》注不以“征”为胥徒，与《驳异义》自异也……锡瑞案：郑注《周礼》以“征”为口赋，《驳义》不用口赋之说，或郑君亦疑其非古乎？郑云《周礼》是周公之制，《王制》是孔子之后大贤所记先王之事者，郑注《王制》于其不合《周礼》者，皆以殷法解之，此云先王之事，即殷法也。《周礼》为古文大宗，《王制》为今文大宗，古文家信《周礼》而疑《王制》，今文家信《王制》而疑《周礼》，郑君兼通今古文，能旁推交通，皆不背其说。以《王制》为先王之事……非臆说也。郑答临硕云：孟子当赧王之际，《王制》之作，复在其后。此云孔子之后大贤所记，二说相合。《王制》非汉儒作，当以郑说为定论。卢植云：汉孝文皇帝令博士诸生作此《王制》之书。陈寿祺、丁晏已驳之。[23]

笔者按：《异义》中如此条之类，尤能证明许所关心并不在其说到底是今文说抑或古文说，而是所涉及的具体社会问题到底该如何解说。此条所论为力役之年龄问题，许具引《礼》戴说、《易》孟氏说、《韩诗》说及古《周礼》说共四家，然明言“五经说皆不同，是无明文所据”。汉代是将儒家经典当作治人治世法典的时代，因此，当一些社会建设的关节性问题经学家们未能作出合理解说时，人们就会心存疑虑。力役的年龄问题是农业社会必然要遇到的问题，而关于这个问题，几家经说，各自不同，让许慎有不知所从之惑。汉家之制与哪家经说都不完全相同，但许慎认为汉家之制当是斟酌损益而为之，故有其合理性，而根据汉家之制，古《周礼》说六十五岁仍“征之”，未免有点不近人情。郑玄是一位《周礼》维护者[24]，因此当看到许慎这样批评古《周礼》说，立即起而驳正之，认为“徒给公家之事”与“劳于胥徒”是有所不同的，“劳于胥徒”可以“早舍之”，“徒给公家之事”则可以年龄稍大几岁，古《周礼》说没什么错误。郑玄的意思实际是承认了许慎所论有道理，只是用具体问题具体分析的办法调和了矛盾，陈寿祺《疏证》具言之。皮锡瑞之说反倒明显显示了所谓今文、古文的门户之见。

14. 爵制：异义：今《韩诗》说：一升曰爵，爵，尽也，足也；二升曰觚，觚，寡也，饮当寡少；三升曰觯，觯，适也，饮当自适也；四升曰角，角，触也，不能自适，触罪过也；五升曰散，散，讪也，饮不能自节，为人所谤讪也。总名曰爵，其实曰觞。觞者，饷也。觥亦五升，所以罚不敬。觥，廓也，所以著明之貌。君子有过，廓然明著。非所以饷，不得名觞。古《周礼》说：爵一升，觚二升，献以爵而酬以觚，一献而三酬，则一豆矣。食一豆肉，饮一豆酒，中人之食。《毛诗》说：觥大七升（尧年案：……《左传》疏引《韩诗》说：觵五升，所以罚不敬也。觵，廓也，著明之貌。君子有过，廓然明著。《毛诗》传说：觵大七升……）。**谨案：《周礼》云：一献三酬当一豆。若觚二升，不满一豆。又觥，罚不过一，一饮而七升为过多，当谓五升**（尧年案：……许君案语引《周礼》以破《韩诗》《毛诗》说之非……）。**驳曰：《周礼》：献以爵而酬以觚。觚，寡也。觯字角傍支，汝颍之间师读所作，今《礼》角旁单，古书或作角旁氏，角旁氏则与觚字相近。学者多闻觚，寡闻觗，写此书乱之而作觚耳。南郡太守马季长说：一献三酬则一豆，豆当为斗，与一爵三觯相应**（尧年案：……《礼器》疏引：觚，寡也……据此则“豆当为斗”上脱“觚当为觯”四字）。

《疏证》曰：陈寿祺案：《说文》第四角部：“觯，乡饮酒角也。《礼》曰：一人洗举觯。觯受四升。从角，单声。……觗，《礼经》觯。”许君于“觯”下引《礼》者，《仪礼》今文也。又谓“觗”字出《礼经》者，《仪礼》古文也。郑言古书角旁氏，今《礼》角旁单，则“觗”为古文、“觯”为今文信矣。觯，单声，而读之义切者，犹磾读若低也。……又案《说文》云：觯受四升。“觚”解云：乡饮酒之爵也。一曰：觞受三升者谓之觚。是与《韩诗》说异也。《异义》引古《周礼》说：觚二升。二当为三。《礼器正义》所载乃传写之误。《周礼·梓人》明云：爵一升，觚三升。贾疏引……则贾所见《异义》觚三升之三字已譌为二矣。许君谨案曰：《周礼》一献三酬当一豆，若觚二升，不满一豆。此许从《周礼》说以辨《韩诗》说之非也。郑君注《周礼·梓人》则云：觚、豆，字声之误，觚当为觯，豆当为斗。盖以豆实四升，一献三酬，适当一斗，不得为豆也。注《礼器》“贵者献以爵，贱者献以散，尊者举觯，卑者举角”云：凡觞，一升曰爵，二升曰觚，三升曰觯，四升曰角，五升曰散。此郑从《韩诗》说也。《梓人疏》曰：《礼器制度》云：觚大二升，觯大三升。故郑从二升觚，三升觯。《驳异义》以一爵三觯为一斗。是郑谓《周礼》与《韩诗》说同。锡瑞案：陈氏分别许、郑两说今古文两说皆精塙，许以《周礼》说驳《韩诗》说，是谓今古说异；郑从马季长订正《周礼》误字，与《韩诗》说不异，是谓今古说同。《诗正义》引《礼图》云：觥大七升。同《毛诗》说。[25]

笔者按：中国传统礼制社会的一大特色是器物用度也要严格遵守等级制度，而且每一种礼器的使用大都有相应的象征意义。此条所论，主要是关于酒器的使用。细绎此条我们明显看出，许慎之着眼点并不在古文家说、今文家说之门派是非。许慎先较为具体地引征了今《韩诗》说、古《周礼》说、《毛诗》说关于酒器的一些具体礼制解说[26]，在对勘各家经说之后发现，今《韩诗》说与古《周礼》说有点矛盾，《毛诗》说“觥大七升”，好像也有点不合情理。许慎“谨案”前半句的具体意思是说，如果“觚二升”，则“一献三酬”不满一豆，那么古《周礼》说之“一献三酬当一豆”就有问题（一豆到底几升许慎未及），因为今《韩诗》说与古《周礼》说都说“觚二升”。许慎并没有说他支持《周礼·梓人》“觚三升”之说。陈寿祺认为许慎“从《周礼》说以辨《韩诗》说之非”，是有意彰显夸大许慎的古文取向，其实许慎的今文、古文取向并不明显。袁尧年案语曰“许君案语引《周礼》以破《韩诗》《毛诗》说之非”，也是将许慎的古文家取向说得有点过了，不合实情。皮锡瑞说“许以《周礼》说驳《韩诗》说”，也是犯了同样的毛病。许慎并不在意自己是该站在今文家立场上，还是古文家立场上，他关注的是，如何对比各家经说，从而选出自己认为最合理、可取的一种解说。此条如果说许慎有“破”《毛诗》说之意，倒还说得过去，若言其“破”《韩诗》之说，则难以成立。郑玄通过“改字以解经”，弥合了今《韩诗》说与古《周礼》说的矛盾，这是郑玄重要的一个学术取向，即融通异说。[27]陈寿祺又似想补郑说之未备，依郑“改字以解经”之路径，进一步进行了考订，但仍显证据不足。

15. 第六罍制：异义：《韩诗》说：金罍，大夫器也。天子以玉，诸侯、大夫皆以金，士以梓。《毛诗》说：金罍，酒器也，诸臣之所酢人君，以黄金饰尊，大一硕，金饰龟目，盖刻为云雷之象。谨案：《韩诗》说“天子以玉”，经无明文。

谓之罍者，取象云雷，博施如人君，下及诸臣（驳阙。尧年案曰：……郑无驳可知也。仍曰“驳阙”者，盖依原叙例耳）。

《疏证》曰：陈寿祺案：礼有祭社之罍，有宗庙献尸之罍，有宗庙酢臣之罍，有享燕之罍。……郑注：大罍，瓦器也。阮氏《图》云：瓦为之，容五斗，赤云气，画山文……平底有盖。见聂崇义《三礼图》……此祭社之罍也。……此宗庙献尸之罍也……此宗庙酢臣之罍也。《毛诗·卷耳》：我姑酌彼金罍。《传》云：人君黄金罍。此享燕之罍也。张镒引阮氏《图》误指瓦罍为诸臣所酢，聂氏驳之是矣。……则郑于《异义》无驳可知。《仪礼·士冠礼》疏引《汉礼器制度》：洗之所用，士用铁，大夫用铜，诸侯用白银，天子用黄金。又引《汉礼器制度》：水器尊卑皆用金罍。及其大小异。郑注《士冠礼》据之为说。然则以此相仿，知大夫酒器得用金罍。《韩诗》说亦通。其大小之异，《毛诗》说罍“大一硕”……《尔雅·释器》……郭注：罍形似壶，大者受一斛。邢《疏》引孙炎云：尊彝为上，罍为下，卣居中。聂氏《三礼图》云：六彝为上，受三斗六；尊为中，受五斗六；罍为下，受一斛。是其差也。胡承珙曰：许君虽云“天子以玉，经无明文”，其云“诸侯、大夫皆以金”，与《毛诗》说人君黄金罍自合。……《释文》引《韩诗》说：天子以玉饰，诸侯大夫皆以黄金饰。是韩亦为木质而加饰矣。《异义》不从《韩诗》说天子以玉者，《毛诗》说人君，统天子诸侯，言天子亦饰黄金，不闻饰玉也。锡瑞案：袁氏与陈氏按语皆明胡、陈二说，亦可备考。[28]

笔者按：上条已言，在以礼制为等级社会运行的主要文化制度依据的时代，器物使用的等级化，是一种重要的社会文化表征。但儒家心目中理想的礼制时代——周朝的礼制运行具体情况，在汉代，学者们已难于说得清楚。关于金罍这种礼器，从许慎的征引中看出，经学家们的诠释已非常模糊，今文《韩诗》说“金罍，大夫器也，天子以玉，诸侯、大夫皆以金，士以梓”，似专从材质上解释用度之等级规则，而古文《毛诗》说则似未有这方面的解释，只是在解释“金罍”在形制上到底是什么样的酒器，“诸臣之所酢人君”一句，似涉用度之等级规则，但又语焉不详。面对这样的学术成果，许慎难于取舍，因此他没有做具体取舍，只是觉得《韩诗》说中的“天子以玉”之说，没有经文的证据，是经学诠释家的一种说法而已，最后他又补一句关于罍器取名之文化依据的自我理解。郑玄对此也难于取舍，因此他对于许慎这一条按语，并无驳义。从这一条亦可看出，今文家说、古文家说对于许慎来说，根本不是立场问题，而是谁的经学解说更为合理可取的问题。清代以来的经学家常有把今文、古文视为立场问题的嫌疑。陈寿祺考证了半天，也没有说清关于罍器的礼制规则到底如何。面对这笔糊涂账，皮锡瑞也只好“和稀泥”。

16. 明堂制：异义：今《礼》戴说：《盛德记》曰：明堂自古有之，凡有九室，室有四户八牖，三十六户七十二牖，以茅盖屋，上圆下方，所以朝诸侯，其外有水，名曰辟廱。《明堂月令》、《书》说云：明堂高三丈，东西九仞，南北七筵，上圆下方，四堂十二室，室四户八牖，宫方三百步，在近郊，近郊三十里。讲学大夫淳于登说：明堂在国之阳，丙巳之地，三里之外，七里之内，而祀之就阳位，上圆下方，八窗四闼，布政之宫，故称明堂。明堂，盛貌。周公祀文王于明堂，以配上帝。上帝，五精之帝，太微之庭中有五帝座星。古《周礼》、《孝经》说：明堂，文王之庙，夏后氏世室，殷人重屋，周人明堂，东西九筵，筵九尺，南北七筵，堂崇一筵，五室，凡室二筵，盖之以茅，周公所以祀文王于明堂，以昭事上帝。谨案：今礼、古礼，各以其义说，无明文以知之。驳曰：《礼》戴所云虽出《盛德记》，及其下显与本章异，九室三十六户七十二牖，似秦相吕不韦作《春秋》时说者所益，非古制也。“四堂十二室”，字误，本书云“九堂十二室”。淳于登之言，取义于《孝经援神契》，《援神契》说宗祀文王于明堂以配上帝，曰明堂者，上圆下方，八窗四闼，布政之宫，在国之阳。帝者，谛也，象上可承五精之神，实在太微，于辰为巳。是以登云然。今汉立明堂于丙巳，由此为也。水木用事，交于东北；木火用事，交于东南；火土用事，交于中央；金土用事，交于西南；金水用事，交于西北。周人明堂五室，帝一室，合于数（尧年案曰：……又《魏书·袁翻传》引郑玄云：“周人明堂五室，是帝各有一室也，合于五行之数，《周礼》依数以为之室，施行于今，虽有不同，时说昺然。本制著存，而言无明文，欲复何责？”又《贾思伯传》引同，唯“时说昺然”作“时说然耳”，无“本制”以下十三字。审其文义，是《驳异义》文也。坿志之以备参考）。

《疏证》曰：《白虎通·辟雝篇》曰：明堂上圆下方，八窗四闼，布政之宫，在国之阳。陈立曰：案此《礼》戴说也。引《异义》谨案云云……是其户牖之制则取《礼》戴说，言其所在则取《韩诗》说也。《隋书·宇文恺传》引《礼图》云：建武三十年作明堂，上圆下方，上圆法天，下方法地，十二室法日辰，九室法九州。《礼图》作于光武时，其必亲见汉世九室之制，故张衡《东京赋》云：複庙重屋，八闼九房。其时《考工》未行，未遵戴《礼》为典制，当时儒生并依而用焉。然则戴《礼》明堂之制，中央太室居中，东曰青阳，南曰明堂，西曰总章，北曰玄堂。青阳右角即明堂之左角，居东北，合言之列为九室，析言之则为十二室也。若郑氏则用古《周礼》说。引郑《驳异义》云云曰，是则郑氏用古说，班氏、蔡氏等用今说，但蔡氏以庙学、明堂皆在一处，此以明堂在国之阳，与《玉藻》听朔于南门之外合。又引《王制》大学在郊，以证辟雝之所在，则与郑同而蔡异也。锡瑞案：陈说分别今古文近是，惟谓郑用古说则不尽然。郑明引《援神契》为说，《孝经》纬是今说，非古说也。《白虎通》云“明堂上圆下方，八窗四闼，布政之宫，在国之阳”四语，与《初学记》引《援神契》正同，则不得专执戴《礼》为今说而别郑引《援神契》为古说矣。盖汉时今古文家说明堂者，互有异同，非必判然不合。郑引《援神契》云“八窗四闼”，与《盛德记》似同实异。《盛德记》曰：凡九室，一室而有四户八牖，三十六户七十二牖。郑驳之云：九室三十六户七十二牖，似吕不韦所益，非古制也。郑从《考工记》五室之文，不用《盛德记》九室之制，则一室虽有八窗四闼，合计之不得有三十六户七十二牖矣。明堂祀五精帝，又为藏五帝之文处，当以五室之说为长。《异义》古《周礼》、《孝经》说：明堂，文王之庙。夏后氏世室，殷人重屋，周人明堂，东西九筵，筵九尺，南北七筵，堂崇一筵，五室，凡室二筵。“夏后氏世室”以下皆《考工记》文。是古《周礼》说“明堂文王之庙”，不见于《考工记》，当出古《孝经》说。许君尝受鲁国三老古文《孝经》，其说仅见于此。五室之说，郑所遵用。“明堂文王之庙”，则与郑义不合。《郑志》赵商问曰：说者谓天子庙制如明堂，是为明堂即文庙耶？答曰：明堂主祭上帝，以文王配耳，犹如郊天以后稷配也。据此则郑君不以明堂为文王庙矣。大戴说其宫方三百步，以明堂周垣言之……陈氏《疏证》引书繁杂，罕所发明，兹择其足发郑义者录之。《三礼图》曰：明堂者，周制五室，东为木室，南火，西金，北水，土在其中。……徐虔《明堂议》曰：明堂在国之阳，国门外，一堂五室，四门八阶。《魏书·袁翻传》：翻议曰：……是知明堂五室，三代同焉。……及《淮南》、《吕氏》与《月令》同文，……推其体例，则无九室之证。既而世衰礼坏，法度淆弛，正义残隐，妄说斐然。明堂九室，著自戴《礼》，探绪求源，罔知所出，而汉氏因之，自欲为一代之法，故郑玄云：……（见上袁尧年引《魏书·袁翻传》郑玄语——笔者注）“本制著存”，是周五室也；“于今不同”，是汉异周也。汉为九室，略可知矣。……甚知汉世徒欲削减周典，捐弃旧章，改物创制，故不复拘于载籍。且郑玄之诂训三礼及释《五经异义》，并尽思穷神，故得之远矣。览其明堂图义，皆有悟人意，察察著明，确乎难夺，谅足以扶微阐幽，不坠周公之旧法也。……按戴德撰《记》，世所不行，凡九室十二堂，其于规制，恐难得厥衷，且《孝经援神契》、《五经要义》、旧礼图皆作五室……寻郑此论，非为无当。案《月令》亦无九室之文，原其制置，不乖五室，其青阳右个即明堂左个，明堂右个即总章左个，总章右个即玄堂左个，玄堂右个即青阳左个，如此则室犹是五……案袁翻、贾思伯皆宗郑者也，若李谧、封轨则驳郑者也。焦循《群经宫室图》辨李谧之说以申郑曰：……由是言之，五室为一室四堂无疑也……凡此见于经文者，明白可见……是尤四堂一室为五室之明证矣。……焦氏《明堂图》六篇极详，兹择其足发郑义者录之，余不具载。近人申郑义者黄以周《明堂通释》说最直捷……郑君以九室为秦制，非古制，《月令》所言，不乖五室……《盛德篇》上记秦制，下记汉制，二者不同，故郑谓其下显与本章异也。蔡邕《明堂论》误据秦汉制以为周礼。近惠定宇申其说，不可信也。郑君谨守《匠人》五室之制以斥《盛德记》，此千古不刊之论！[29]

笔者按：明堂之制是汉代经学家、政治家非常感兴趣、一直讨论非常热烈之事，它甚至在传统中国社会一直有相当的政治与文化意义，而这种礼制的神圣性首先来自于古来圣王的教诲与传统，遗憾的是，由于礼文残缺，此事儒家经典文献语焉不详，这却为经学家们的诠解带来了巨大空间。据许慎所引，各家解说中有一点是共同的，即“盖之以茅”，而争议主要在“九室”与“五室”。对此，许慎有点不知所从，所以只好存疑。《白虎通》作为经学御前会议的一次结论性文件，在这个问题上取《礼》戴说，到许慎时则有不知所从之惑，看来《白虎通》的影响力不可高估。郑玄则坚信“五室”之说而不信“九室”之说，且由于他信奉太微五帝说，故又以此为佐证以申“五室”说。那么郑玄是取古说而否认今说吗？显然不是。郑玄也不是有针对性地驳正许说，而是不同意许的存疑之说，认为这事是明确的，不可疑的。我们发现，郑玄相信的“五室”说虽来自古文家，可他相信的“上圆下方，八窗四闼”之说则来自今文家说，其纬书之说又难论其属今文抑或古文。以往的经学考证已经说明，东汉以后的经学家无论今文家还是古文家都在以纬解经，因此，郑玄之解明显是今古文杂糅之说。陈立、陈寿祺说郑用古说，实不然也，皮锡瑞已正之。清代经学家们往往比较在意今古文两家之派分，这偏离了汉代经学形势的实相。至于皮锡瑞接下来又用大篇幅补证郑玄之说，在笔者看来已不重要，聊作学术参证即可。明堂之制，若没有地下考古实证出土，恐怕永远只能是意义不大的“纸上谈兵”。

17. 异义：《公羊》说：天王丧，赴者至，诸侯哭，虽有父母之丧，越绋而行事，葬毕乃还。《左氏》说：王丧，赴者至，诸侯既哭，问故，遂服斩衰，使上卿吊，上卿会葬。经书叔孙得臣如京师葬襄王，以为得礼[30]（尧年案曰：据下“谨案”文，知许从《左氏》说也……）。**谨案：《易》下邳傅甘容说**（尧年案曰：监本、毛本“甘”譌“其”，据惠氏栋校宋本改。卢文弨云：“傅其”当作“侍其”，覆姓也。宋本作“甘”，误。未审孰是）、**《左氏》之说：诸侯，藩卫之臣，不得弃其封守，诸侯千里之内奔丧，千里之外不奔，四方不可空虚，故遣大夫也。若同姓，千里之外犹奔丧，亲亲也。容说为近礼。驳曰：天子于诸侯无服，诸侯为天子斩衰三年，尊卑有差。案鲁夫人成风薨，王使荣叔归含且赗，召伯来会葬，《传》曰：礼也。襄王崩，叔孙得臣如周葬襄王，则《传》无言焉。天子于鲁既含且赗，又会葬，为得礼，则是鲁于天子一大夫会，为不得礼可知。昭三十年晋侯去疾卒，秋葬晋顷公，《传》曰：郑游吉吊且送葬，魏献子使士景伯诘之**（尧年案曰：此三十二年字……），**郑游吉云：灵王之丧，我先君简公在楚，我先大夫印段实往，敝邑之少卿也，王吏不讨，恤所无也。晋人不能诘。岂非《左氏》诸侯奔天子之丧及会葬之明文？说《左氏》者云：诸侯不得弃其所守奔丧，自违其《传》。同姓虽千里外奔丧，又与礼乖。**

《疏证》曰：陈寿祺案：《穀梁传》曰：周人有丧，鲁人亦有丧，周人吊，鲁人不吊。周人曰：固吾臣也，使人可也。鲁人曰：吾君也，亲之者也，使大夫则不可。故周人吊，鲁人不吊。《通典》八十《礼》四十引《五经异义》曰：凡奔丧者，近者先闻先还，远者后闻后还，诸侯未葬，嗣子闻天子崩，不奔丧。王者制礼，缘人心而为之节文，孝子之思，不忍去棺柩，故不使奔也。东晋殷融议云：周、鲁有丧而鲁人不吊，孔子所答曾子，当谓国中卿大夫耳。《白虎通》曰：王者崩，诸侯悉奔丧何？臣子悲哀恸怛，莫不欲观君父之柩，尽悲哀者也。又为天子守蕃，不可顿空也，改分为三部：有始死先奔者，有得中未尽其哀者，有得会丧奉送君者。七月之间，诸侯有在京师亲供臣子之事者，有号泣悲哀奔走道路者，有居其国哭痛思慕、竭尽所供以助丧事者。是四海之内咸悲、臣下若丧考妣之义也。葬有会者，亲疏远近尽至，亲亲之义也。童子诸侯不朝而来奔丧者何？明臣子于其君父非有老少也。又曰：诸侯有亲丧，闻天子崩奔丧者何？屈己亲亲犹尊尊之义也。《春秋传》曰：天子记崩不记葬者，必其时葬也；诸侯记葬，不必有时。诸侯为有天子丧尚奔，不得必以时葬也。《白虎通》据《公羊》说言诸侯奔大丧之礼，莫详于此。……九年二月叔孙得臣如京师，辛丑，葬襄王。《公羊传》：王者不书葬，此何以书？不及时书，过时书，我有往者则书。何休曰：谓使大夫往也。恶文公不自往，故书葬以起大夫会之。此皆《公羊》义也。《左氏》隐三年《传》："天子七月而葬，同轨毕至；诸侯五月，同盟至。"[31] 此《传》言诸侯奔大丧之明文也。昭公三十年《传》：游吉曰：灵王之丧，我先君简公在楚，我先大夫印段实往。《正义》引郑玄以为简公若在，君当自行。是则《左氏》与《公羊》义同。故《驳异义》讥说《左氏》者云：诸侯不奔丧，为自违其《传》。考《古文尚书·顾命》：成王之丧，太保率西方诸侯入应门左，毕公率东方诸侯入应门右。《礼记·檀弓》曰：惟天子之丧有别姓而哭。郑注：使诸侯同姓、异姓、庶姓相从而为位，别于朝觐来时。则经有诸侯奔丧之明文。《春秋》，诸侯失礼之事，岂可以训？而杜预注《左氏》乃谓"同轨毕至"以下言赴吊各以远近为差，因为葬节。其《释例》又曰：万国之数至众，封疆之守至重，故天子之丧，诸侯不得越境而奔……此天子崩，诸侯遣卿吊葬之经传也。预此言与所议既葬除丧之说，皆戾经蔑礼之尤者矣。徐乾学《读礼通考》曰：当天子丧而行郊礼，当天子丧而受与国之朝聘，当天子丧而修礼于他国，《春秋》皆特书以誌贬，诸儒论之甚严，此诸侯为天子奔丧制服之旧制也。杜氏独云诸侯可以修服于其国，必不然矣。锡瑞案：杜预言诸侯不奔大丧，以饰其短丧之邪说，谬不待言。然考《异义》许、郑所云，则汉时为《左氏》说者已谓诸侯不奔大丧，不自杜预始矣。《左氏》晚出，本无师说，创通于刘歆，《集解》于杜预，二人皆不忠不孝之尤者，故多戾经蔑礼之言，名为《左氏》之说，并非《左氏》之意。许为古文所压动，引《左氏》，不辨是非，郑君择善而从，其议优于许矣！[32]

笔者按：天子驾崩，地方诸侯要不要放下手中一切事而去奔丧，这不仅在周朝是重要的礼制问题，在帝制中国历朝恐怕都是一个重要问题。对于《公羊》、《左氏》两家不同的说法，许慎选择了一种折中调和的意见，即异姓诸侯，则“诸侯千里之内奔丧，千里之外不奔”；同姓诸侯，则“千里之外犹奔丧”。看来这种兼采折中调和并非始自郑玄，从许慎即已开始。许慎的按语看起来引的是《易》说与《左氏》说，实际是一种折中调和说。袁尧年断许氏从《左氏》说，未免有失详考。郑玄亦然，看起来取《公羊》家说，实际仍在折中，只是他采取另外一种折中方法，认为许氏所引《左氏》之说根本就是一种误解，不符《左氏》之本义，正确的《左氏》之义当与《公羊》说是一致的。其实早在许慎之前，《白虎通》已有折中调和的倾向，因为诸侯为天子奔丧的政治意义固然重要，可突然之间丢下一国之治不管而离国，恐怕也是一个大问题，所以《白虎通》最终有了“又为天子守蕃，不可顿空也，改分为三部：有始死先奔者，有得中未尽其哀者，有得会丧奉送君者。七月之间，诸侯有在京师亲供臣子之事者，有号泣悲哀奔走道路者，有居其国哭痛思慕、竭尽所供以助丧事者”的说法。陈寿祺的《疏证》进一步说明，到底是今文说还是古文说，在当时并不重要，重要的是究竟如何诠解这些极具现实意义的经义以为现实服务。许慎的折中是想说明，要不要“奔丧”，要具体问题具体分析，郑玄的折中则是要坚持“奔丧”之说。陈寿祺引各家之说，重申郑氏诸侯奔丧之说，只能说明他与所引徐乾学等人一样，都仍然停留在经学的价值取舍阶段，还没有跳出经学为现实政治服务的窠臼，当然也就不能对经学历史作客观的学术分析，皮锡瑞亦如之。

18. 异义：古《春秋左氏》说：古者先王日祭于祖考，月荐于曾高，时享及二祧，岁祷于坛，终禘及郊宗石室。终者，谓孝子三年丧终，则禘于太庙，以致新死者也。谨案：叔孙通宗庙有日祭之礼，知古而然也。三岁一祫，此周礼也；五岁一禘，疑先王之礼也。驳曰：三年一祫，五年一禘，百王通义，以为礼。议云殷之五年殷祭亦名祭也（尧年案曰：……今郑驳之文不可考矣）。

《疏证》曰：……又案《汉书·韦玄成传》：刘歆以为礼去事有杀，故《春秋外传》曰：日祭，月祀，时享，岁贡，终王。祖祢则日祭，曾高则月祀，二祧则时享，坛墠则岁贡，大禘则终王，德盛而游广，亲亲之杀也。歆引《春秋外传》者，《国语·周语》文。许氏《异义》称古《春秋左氏》说，本于刘歆，据《国语》为说也。韦昭注《周语》云：日祭祭于祖考，谓上食也，近汉亦然；月祀于曾高；时享于二祧；岁贡于坛墠。此注皆与《左氏》说同，惟解“终王”不言大禘疏矣。

《通典》载晋徐禅引《春秋左氏传》曰：岁祫及坛墠，终禘及郊宗石室，《左氏传》无此文。《通典》载袁凖、虞喜所引与此同，并作《左氏》说。然则“说”字譌为“传”耳，或以为《左氏传》佚文，则误。《异义》言叔孙通宗庙有日祭之礼。韦昭亦云：日祭谓上食，近汉亦然。今考《汉书·韦玄成传》：日祭于寝，月祭于庙，时祭于便殿，寝日四上食，庙岁二十五祠，便殿岁四祠。此谓在陵寝庙之礼。然晋灼注引《汉仪》：宗庙一岁十二祠。又每月一太牢，如闰加一祠，与此十二为二十五祠。则是陵庙本仿宗庙之礼行之。此可考见叔孙通所制《汉仪》之旧。……《通典》载贾逵、刘歆曰：禘、祫，一祭二名，礼无差降是也。然皆以禘为三年一祭。《礼记·王制正义》引《左氏》说：禘为三年大祭，在太祖之庙。《周礼·鬯人疏》引贾、服以为三年终禘，遭烝尝则行祭礼是也。《礼纬》说则云：三年一祫，五年一禘。《礼记·王制正义》、《毛诗·閟宫正义》及《后汉书·张纯传》所引是也。许君从《礼纬》说，以“三岁一祫”为周礼，则不得以“五岁一禘”非周礼。《说文》第一上《示篇》：“禘，禘祭也，从示帝声。周礼曰：五岁一禘。”“祫，大合祭先祖亲疏远近也，从示合声。周礼曰：三岁一祫。”叔重援用礼说，目为周礼，其所撰《异义》文虽残阙不详，要不得与《说文》乖违明矣。……又案禘祫之义，先儒聚讼，……此以“岁祫终禘”为一说也。《通典·礼九》引贾逵、刘歆曰：禘祫，一祭二名，礼无差降。《王制正义》云：《左氏》说及杜元凯皆以禘为三年一大祭，在太祖之庙。《传》无祫文，然则祫即禘也，取其序昭穆谓之禘，取其合集群祖谓之祫。《通典》引王肃曰：“《曾子问》：唯祫于太祖，而群主皆从。而不言禘。臣以为禘祫，殷祭，群主皆合举，祫则禘可知也。”《论语》孔子曰：禘自既灌而往者，吾不欲观之矣。所以特言禘者，以禘大祭，故欲观其成礼也。……刘歆、贾逵、郑众、马融等皆以为然。此以禘祫为一。禘是三年之祭，又一说也。……此以禘、祫分二祭而皆及迁庙又一说也。《后汉书·张纯传》：建武二十六年纯奏：礼三年一祫，五年一禘……。……禘祭以夏四月。夏者，阳气在上，阴气在下，故正尊卑之义也。祫祭以冬十月。冬者，五谷成熟，物备礼成，故合聚饮食也。此以禘、祫分三年、五年而祫则止及毁庙，禘则总陈昭穆又一说也。《通典》此王肃议云：汉光武时言祭礼，以禘者，毁庙之主皆合于太庙；祫者，惟未毁之主合而已矣。此以禘及毁庙、祫惟存庙又一说也。……故杨氏《穀梁疏》云：禘既三年，祫则五年。此又一说也。《穀梁》杨氏《疏》云：或以为禘、祫同三年，但禘在夏，祫在秋，直时异耳。此又一说也。众说不同，今以郑说为折衷。寿祺谨案：……则禘、祫不得为一祭二名，亦不得有禘而无祫矣。……则“岁祫终禘”，非周礼矣。《礼纬》、《春秋》说皆云三年一祫，五年一禘，张纯、何休、许氏《说文》、孙炎、《尔雅》注并从之。……则不得以禘为三年之祭矣……则禘不及亲庙矣……《春秋》惟大祫称“大事”，禘称“有事”……《诗》言禘惟颂文武……则祫大禘小，祫兼毁庙、未毁庙……丧毕之禘出刘歆等《左氏》说……锡瑞案：许君所据者，古《春秋左氏》说也；郑君所据以驳许者，今《春秋公羊》说也。《閟宫疏》引郑《禘祫志》曰：儒家之说禘祫，通俗不同，或云岁祫终禘，或云三年一祫，五年再禘。郑《驳异义》云：三年一祫，五年一禘，百王通义。……据此是郑兼引古今文说而从《公羊》说为正，不从《左氏》说也。详见所著《鲁礼禘祫志疏证》……足见《左氏》之傅会不经，故郑作《禘祫义》从《公羊》三年祫、五年禘之说为正，而不从《左氏》岁祫终禘之说也。[33]

笔者按：本条所论为汉以来争论相当热烈之禘祫之礼，在当时也是国家不能忽视的大事。许慎本文并不明晰。据陈寿祺《疏证》，许本刘歆之说，而刘歆以“禘祫，一祭二名，礼无差降”，则许慎“三岁一祫，此周礼也；五岁一禘，疑先王之礼也”之说可解矣，王肃亦同此说，郑玄则不同，以禘、祫为等次不同之两祭，祫大而禘小。值得注意的是，陈寿祺《疏证》引后人所考，有说《左氏》者“岁祫及坛墠，终禘及郊宗石室”之文，明言非《左氏传》文，而是说《左氏》者之论，然后汉以来，说《左氏》者何止一二，似不能将徐禅、袁準、虞喜所引当作许慎所引。从许慎所引及及其案语文气看，显然是一种存疑之解。“谨案”中提到的“三岁一祫，此周礼也；五岁一禘，疑先王之礼也”，是许慎自己的推论，并非所引《左氏》之说。皮锡瑞言许慎此条从《左氏》说，并不确切，实不敢苟同。然从许慎“三岁一祫，此周礼也；五岁一禘，疑先王之礼也”一语，似可见许慎确以禘、祫为一祭二名，只是难言其详。郑玄则因笃信《礼纬》之说，特别明确提出所谓“三年一祫，五年一禘，百王通义”之说。看来刘歆、贾逵之“禘、祫一祭二名”说一度影响很大，许慎熟知，但又觉得有点疑问，于是有推测之辞。所谓许慎《说文》引“周礼”之说与此条有所不同，更说明许慎对此问题的认识不清晰，有疑问，《五经异义》作于《说文》之后，此或可证在许慎作《说文》时，以《礼纬》之说为据，到作《五经异义》时，则对“五岁之禘”是否为周礼有所保留。陈寿祺以郑说为折中，今天看来，其是非没有什么意义，皮锡瑞之取舍亦然。此条许慎关注的同样不是今文说、古文说之派分是非，而是具体问题之是非。

19. 异义：《公羊》说：臣子先死，君父犹名之。孔子云“鲤也死”，是已死而称名。《左氏》说：既没称字而不名。桓二年，宋督弑其君与夷及其大夫孔父。先君死，故称其字。《穀梁》同《左氏》说。谨案：同《左氏》、《穀梁》说。《论语》称“鲤也死”时实未死，假言死耳（尧年案曰：自此条以下或从《左氏》、《谷梁》说，或从《左氏》、《公羊》说，或杂引《左氏》、《公羊》、《谷梁》说，未有定论，故入《春秋》三传总义类）。**驳曰：《论语》云：鲤也死，有棺而无椁。是实死未葬以前也。设言死，凡人于恩犹不然，况贤圣乎？**（尧年案曰：《疏》云：郑康成亦同《左氏》、《穀梁》之义……）

《疏证》曰：《公羊解诂》曰：……礼：臣死，君字之……《公羊义疏》曰：按如此注，则《公羊》家亦无臣子先死，君犹名之。未知《异义》所据。当时传习《公羊》者，不仅邵公一人，或别有《公羊》异说与？又按《左氏》与何氏同，与今杜氏异，必《左传》先师郑众、贾逵等所传之精义，故亦以孔父为字也。《谷梁传》曰：……曰：子既死，父不忍称其名。……锡瑞案：据《解诂》则三传义同，皆谓孔父是字，惟《异义》所引《公羊》说以为孔父是名，与《解诂》不合，然亦无贬孔父之文，而杜预乃以孔父称名……大乖《春秋》之旨，又与《异义》所引《左氏》说不符，不可用也。许君从《左氏》、《穀梁》说不误，必引《论语》为证，则迂远不近理，故郑以实死未葬驳之。[34]

笔者按：在礼制时代，君臣之间的“名分”非常重要，死后称呼什么也很重要。此条论臣子先君而死，如何称之？称其“名”抑或称其“字”？许所引《公羊》说以为可以称名，证据是孔子有曰“鲤也死”，是已死而称名之证。而《谷梁》与《左氏》说则以为已死只能称其“字”。许慎以为《穀梁》、《左氏》说可取。而郑玄之驳也并未直接以《公羊》家说为是，而是从另外的角度对《公羊》说所举例证“鲤也死”做了一点补充说明，因此后人言“郑康成亦同《左氏》、《穀梁》之义”。值得注意的是，许慎所引《公羊》说与何休《解诂》之说相反。而陈寿祺、皮锡瑞大批杜预《左氏》之说，则未免门户之见。由此条可知，晚清廖平所作《今古学考》，虽在学术上不无贡献，他从细微处让我们知道今文经说有哪些，古文经说有哪些，让我们不至于只以文本划分今古，可他最终将两派意见说得泾渭分明，水火不容，实在有违汉代经学历史的实相。从这条的具体内容看，《公羊》学属今文经学，《左氏》学属古文经学，两家经说不同，自是情理中事，可《穀梁》学也属于今文经学，它却与《左氏》说一致，于是许慎在对比两派意见后，取《左氏》与《穀梁》说而不取《公羊》说，而且，许慎所引《公羊》说又与何休这位《公羊》学家的意见截然相反，显然，今学、古学到底谁是谁非，当时本来不是问题，人们关注的是经学中涉及的具体社会问题。今学、古学在各自文本的诠释过程中，学术上是有不断交流的，这种交流至少从王莽时代就开始了，因此彼此意见出现一致并不奇怪，而同样一经之解说，出现完全不同的意见也是正常的。由于这种原因，学术史上曾有人热烈地讨论过《穀梁》到底是今文经还是古文经。因发现《穀梁》学中有些意见与古文家一致，所以有人坚持说《穀梁》属古文经。其实，这是本末倒置。见其某处解说与古文家一致，就定其为古文经，那么，若见其另外一些解说与今文家一致，又该定其为今文经？这个事实又进一步提醒我们，许慎所举某经之说，是关于某经的一家诠释，而关于某经之解说，当时不止一家之说，它们相互间又会有不同，许慎所引今学某某之说，不一定表明当时关于今学某某之说全都一样。这让我们从另一方面懂得了汉代经学本身的复杂性。

20. 异义：妾母之子为君，得尊其母为夫人不?《春秋公羊》说：妾子立为君，母得称夫人。故上堂称妾屈于嫡，下堂称夫人尊行国家。父母者，子之天也，子不得爵命父母，则士庶起为人君，母亦不得称夫人。至于妾子为君爵其母者，以妾本接事尊者，有所因也。《穀梁》说：鲁僖公立妾母成风为夫人，入宗庙。是子而爵母也。以妾为妻，非礼也。古《春秋左氏》说：成风得立为夫人，母以子贵，礼也。谨案：《尚书》：舜为天子，瞽瞍为士。明起于匹庶者，子不得爵父母也。至于鲁僖公本妾子，尊母成风为小君，经无讥文。《公羊》、《左氏》义是也。驳曰：《礼·丧服》：父为长子三年，以将传重故也，众子则为之朞。明无二適也。女君卒，贵妾继室，摄其事也，不得复立为夫人。鲁僖公妾母为夫人者，乃缘庄公夫人哀姜有杀子般，闵公之罪，应贬故也。近汉吕后杀戚夫人及庶子赵王不仁，废不得配食，文帝更尊其母薄后，非其比耶！妾子立者，得尊其母，礼未之有也。

《疏证》曰：陈寿祺案：……何休曰：僖公本聘楚女为嫡，齐女为媵，齐先致其女，胁僖公使用为嫡。《穀梁》以为言“夫人”而不以氏姓，非“夫人”也，一则以宗庙临之而后贬焉，一则以外之弗“夫人”而见正焉，立妾之辞也，非正也。……何休曰：礼妾子立，则母得为夫人，夫人成风是也。惟《穀梁》谓……秦人来归僖公成风之襚者，秦人弗“夫人”之也。其义严矣。《左氏》《公羊》言母以子贵，于礼无征也。又案鲁以妾母为夫人者，《左氏》成风外有桓之母仲子，宣之母敬嬴，昭之母齐归，皆称夫人，惟隐之母声子以不备礼称君氏；哀之母定姒，《传》不言为嫡为娣……据此则姒氏亦妾母明矣。此《左氏》之义也。……郑《驳异义》……大旨从《穀梁》，但其言吕后“废不得配食，文帝更尊其母薄后”，犹未核考……《后汉书·光武纪》：建武中元元年，使司空告祠高庙曰：吕太后贼害三赵，专王吕氏……吕太后不宜配食高庙，同祧至尊薄太后母德慈仁，孝文皇帝贤明临国，子孙赖福，延祚至今，其上薄太后尊号曰高皇后，配食地祇，迁吕太后庙主于园，四时上祭。亦见《续汉书·祭祀志》。然则王莽以前配食高帝者，犹吕后耳，光武始废之，非自文帝也。……刘逢禄《公羊解诂》笺曰：……汉世妃匹不正，建储立后皆以爱憎坠其礼防……《公羊》经师欲其说之行，则于《传》文“子以母贵”下增“母以子贵”。夫子既可以贵其母，何必云“子以母贵”乎？且是子尊得加于父母也。舜不王瞍，禹不王鲧，正也。商追元王，周追太王，皆以义起，非古也……《公羊》经师曲学阿世，而犹存正谊以示其说之不得已，故其羼入之《传》灼然，……成风庙食，不可也……黜吕立薄，昉于东汉，非孝文也……而今董生书犹以文质异法解之，其为俗儒窜改无疑矣。陈立《公羊义疏》曰：今案刘说非是……是则妾子为母，虽不得尊其母如適然，必仍妾旧称，使为子者不得伸其私恩，……则《异义》所载《公羊》说“上堂称妾屈于適，下堂称夫人尊行国家”，亦未尝不仁至义尽也，故《繁露·三代改制》云：主天法质而王，妾以子贵；主地法文而王，妾不以子称贵。《春秋》改文从质，所以母以子贵，必《公羊》经师所传。刘氏反谓其俗师窜改，……是自乱其家法矣。朱大韶曰：“谨案”从《公羊》《左氏》说，许君义折衷至当。所谓適庶者，本父而言，庶子为君，適母在，但得别之为所生母而已，安得云以妾为妻，庶子不得尊其母为夫人？是武王不得追王大王、王季、文王。其义非也……龚自珍《春秋决事比》曰：……董子曰：主地法夏而王，母不以子贵；主天法商而王，母以子贵；主天法质而王，母以子贵；主地法文而王，母不以子贵。周，文家也。《穀梁》氏不受《春秋》改制大义，故习于周而为之说。《春秋》质家也，《公羊》氏受《春秋》改制大义，故习于《春秋》而为之说。汉亦质家也，尊薄太后庙食，礼也。……郑氏不通《春秋》，不得据周法难汉质家法。锡瑞按：《穀梁》之说虽正，而《公羊春秋》之义变文从质，母以子贵，不必同于《穀梁》。《异义》引《公羊》说与《繁露》合，是先师旧说不误。刘氏必欲强改《公羊》以合《穀梁》，谓《繁露》为俗师窜改，殊嫌专辄。郑君从《穀梁》说，又不欲背《公羊》，引汉事证《春秋》，亦属调停之见。……[35]

笔者按：此条所论为传统礼制社会又一重要问题——嫡庶问题：妾的儿子做了国君，能否尊其母为"夫人"？此"夫人"并非今人意义上之"夫人"，只是妻子的代名词，而是代表着一种特殊的地位与身份。许所引《公羊》、《左氏》说以为可以，妾子为君尊其妾母为"夫人"合礼，《穀梁》家说则以为不可以。许慎虽言"《公羊》、《左氏》义是也"，其实绎其本文，是只就妾子为君，能否称其母为"夫人"而论，而对于子能否爵父母的问题，则认为不可以，所以才举《尚书》所谓"舜为天子，瞽瞍为士"之证，并曰"明起于匹庶者，子不得爵父母也"。郑玄则直接说妾子不可以尊其母为"夫人"，而"鲁僖公妾母为夫人者"，是因为有特殊情况，当具体情况具体分析。此为郑氏调停融通异说之典型。[36]此条值得注意的内容是，今文经学的代表《公羊》之说竟与古文经学的代表《左氏》之说一致，而《穀梁》之说则不同。许慎取舍《公羊》、《左氏》之说，而不从《谷梁》之说。此为今文家耶？抑或古文家耶？郑玄既不从《公羊》说，也不从《左氏》说，是今文家还是古文家？此尤证许慎不能简单以古文家视之。皮锡瑞言郑氏说有调停之意，良有以也。

21. 异义：诸侯夫人丧。《公羊》说：卿吊，君自会葬。襄三十年叔弓如宋葬宋共姬，讥公不自行也。《左氏》说：诸侯夫人丧，士吊，士会葬；文襄霸，士吊，大夫会葬。叔弓如宋葬宋共姬，上卿行，过厚，非礼。谨案：《公羊》说同盟诸侯薨，君会葬；其夫人薨，君又会葬。是其不遑国政而常在路。《公羊》《左氏》说俱不别同姓异姓，《公羊》言当会同姓也。《左氏》云不当会，据异姓也。驳曰：按礼，君与夫人尊同，故《聘礼》：卿聘君，因聘夫人。凶时会吊，主于相哀愍，略于相尊敬，故使可降一等，士吊，大夫会葬，礼之正也。《周礼》：诸侯之邦交，岁相问也，殷相聘也，世相朝也。无异姓同姓亲疏之数。云"夫人丧，士会葬"，说者致之，非《传》辞。

《疏证》曰：《王制正义》引郑驳云云曰：郑氏意引《周礼》无同姓、异姓之别者，破许慎云同姓则会、异姓则不会。郑又云"'夫人丧，士会葬'，说者致之，非《传》

辞”，破《异义》《左氏》说“夫人丧，士弔，士会葬”之文也。按《左氏》昭三年《传》云：君薨，大夫弔；夫人，士弔。无“士会葬”之文，故云“说者致之”，言“士会葬”实非本《传》之辞也。则郑氏以为古者君薨，士弔，大夫会葬；文襄之霸，君薨，大夫弔，卿会葬；其夫人之丧，则古及文襄之时皆士弔，大夫会葬。故郑云士弔，大夫会葬，礼之正。锡瑞案：郑用《左氏》义已详孔疏。《公羊》说，《传》无明文，仅见文六年《疏》。文六年：“冬十月，公子遂如晋。葬晋襄公。”《解诂》曰：书“遂”者，刺公生时数如晋葬，不自行，非礼也。礼：诸侯薨，使大夫吊，自会葬。据《公羊》义，夫人与君尊同，似皆当君自会葬，故《异义》引宋共姬事以为诸侯夫人丧，当卿吊，君自会葬之证。然……《异义》引《公羊》不详耳。若诸侯薨，君会葬，夫人薨，君又会葬，则不遑国政，诚如许所讥矣。[37]

笔者按：传统中国的丧礼制度是维系社会政治秩序的重要规范。诸侯夫人过世，其他诸侯该派什么人去吊问？该派什么人去参加葬礼？许所引《公羊》说以为“卿吊，君自会葬”，《左氏》说以为“士吊，士会葬；文襄霸，士吊，大夫会葬”，似《公羊》家之礼重，《左氏》家之礼轻。许慎在对比两家不同经说后，同样没有评判今、古文两家各自之是非，而认为不可一概而论，认为如果所有诸侯之间都像《公羊》之说，则各国国君“不遑国政而常在路”，于情理有所不通，根据这样的实际情况，他提出了同姓、异姓不同礼的解说，这种解说到底有何根据？许慎未及。看来“缘情以制礼”，汉代学者尽人皆知。这里，许慎将之用于融通不同经说，同姓如《公羊》说，异姓如《左氏》说，于是二说皆可通。郑玄则既不用许所引《公羊》说，也不从《左氏》，而是另立新说，将《左氏》说中本来属“文襄霸”之变礼，当作“礼之正”，而且也不同意许慎同姓、异姓不同礼之说。许慎在融通异说了，郑玄偏又不同意这种融通。汉代的经学历史实在还有必要进一步探讨。

22. 异义：《公羊》说：雨不克葬，谓天子、诸侯也，卿大夫臣贱，不能以雨止。《穀梁》说：葬既有日，不为雨止。《左氏》说：卜葬先远日，辟不怀，言不汲汲葬其亲。雨不可行，事废，礼不行。庶人不为雨止。谨案：《论语》云：“死葬之以礼”。以雨而葬，是不行礼。《穀梁》说非也。从《公羊》、《左氏》之说（《正义》曰：郑氏无驳，与许同）。

《疏证》曰：陈寿祺案：《春秋》宣八年：冬十月己丑葬我小君顷熊，雨不克葬，庚寅日中而克葬。定公十五年丁巳葬我君定公，雨不克葬，戊午日下昃乃克葬。《左氏传》曰：雨不克葬，礼也。……《穀梁传》曰：葬既有日，不为雨止，礼也。雨不克葬，丧不以制也。《公羊传》：……此三传异同之说。……《礼记》十二《王制》曰：庶人縣封，葬不为雨止。与《公羊》《左氏》说合。郑注《王制》云：虽雨犹葬，以其礼仪少。此郑从《左氏》说"礼不行庶人"之义也。而郑《释废疾》又云：虽庶人葬，为雨止。与《公羊》、《左氏》说异。《王制正义》解之曰：在庙未发之时，庶人及卿大夫亦得为雨止，若其已发在路及葬，则不为雨止，其人君在庙及在路及葬，皆为雨止是也。锡瑞案：《穀梁》之说似不近情理。郑《释废疾》有此一条，则何劭公当有难《穀梁》云云，惜乎不传。……《疏》曰：……明天子诸侯不触雨而行可知也。……孔广森曰：广森以为《穀梁》之说谓既发引至于堩，不可因雨而乖有进无退之义……若其在庙，祖遣柩犹未行，雨霑服失容，自当却改期日，故《王制》曰：庶人縣封，葬不为雨止。明士以上皆为雨止也。钟文烝曰：此孔氏因徐注、杨疏而加详，又略本《王制正义》之说以通合《左传》、《王制》之文也。引《异义》云云曰：许因《论语》云"死葬之以礼"，以为以雨而葬是不行礼，何休注亦同。孔广森欲通之于《穀梁》，乃取徐邈说，指已发在路，不别人君、人臣。又据《王制》文，谓士以上皆为雨止，则庶人虽未发，亦不止。皆不合先儒所论……则知《王制》为记述之疏谬，而《左氏》《公羊》皆未可用，许慎、何休、郑君、孔颖达及《穀梁》旧解皆失之也……徐注、杨疏、孔广森亦皆失之也。……毛奇龄曰：《穀梁》谓丧不以制，故遇雨即止，而徐邈引《士丧礼》……之文以为事有设备，何用雨阻？……故唐杨氏《疏》有云：安得执绋五百人皆触雨而行？……陈立曰：……杨氏、毛氏辨之是矣，然如孔氏《通义》说谓发引至于堩，天子诸侯亦不为雨止，草率将事，恐非圣人制礼之意，其与庶人有何殊异？夫未启以前虽庶人亦为雨止，不得责其僭礼也。案二说辨徐氏强说、孔氏牵引之失甚晰而必欲廻护《穀梁》，亦与《异义》引《穀梁》说不合。[38]

笔者按：此条所论乃丧礼中之又一重要内容。下雨了，正在进行的葬礼要不要继续进行？所引《公羊》说以为天子诸侯之事遇雨要暂停，卿大夫以下则要冒雨把葬礼进行完毕。所引《穀梁》说认为所有人都不因雨而止葬。《左氏》则认为所有的贵族葬礼都要因雨而暂停，只有庶人才"不为雨止"。许慎基本同意《公羊》、《左氏》之说，而对二家的细微区别未加辨正。郑玄无驳，不一定如《正义》

所言与许同，而可能因为他在这个具体问题上仍有不知所从之惑，故未敢驳正。陈寿祺《疏证》所引郑氏前后矛盾之说或可证之。由此条我们亦可看到，今文家《公羊》与古文家《左氏》竟说法大体相同，《穀梁》说则大不相同。今文说、古文说哪里有泾渭分明之见？

23. 异义：大鸿胪眭生说：诸侯踰年即位，乃奔天子丧。诸侯之义，未踰年，君死，不成以人君礼，言王者未加其礼，故诸侯亦不得供其礼于王者相报也。谨案：礼不得以私废公，卑废尊，如礼得奔丧，今以私丧废奔天子之丧，非也。又人臣之义，不得校计天子未加礼于我，亦执之不加礼也。眭生之说非也。驳曰：按《孝经》：资于事父以事君。言能为人子，乃能为人臣也。《服问》：嗣子不为天子服。此则嫌欲速，不一于父也。《丧服四制》曰：门内之治恩揜义，门外之治义断恩。此言在父则为父，在君则为君也。《春秋》庄三十二年，子般卒，时父未葬也。子者系于父称也。言卒不言薨，未成君也。未成君犹系于父，则当从门内之治恩揜义。礼者，在于所处，此何以私废公？何以卑废尊？（尧年案曰：《穀梁》十一年《疏》引许慎、郑玄皆以为天子丧葬，诸侯亲奔。疑即此条约义也）。

《疏证》曰：……陈立《义疏》引《白虎通·丧服》云：诸侯有亲丧，闻天子崩奔丧者何？屈己亲亲，犹尊尊之义也。《春秋传》曰：……诸侯为有天子丧当奔，不得必其时葬也。又引《异义》云云曰，然则《白虎通》、许叔重并主《公羊》说。《通典》引《五经通义》云：凡奔丧，近者先闻先还，远者后闻后还，诸侯未葬，嗣子闻天子崩，不奔丧。王者制礼，缘人心为之节文，孝子之心，不忍去棺柩，故不使奔也。刘向习《穀梁》，以嗣子在丧不奔丧。盖眭生说所本也。故定公元年《谷梁传》曰：周人有丧，鲁人有丧，周人弔，鲁人不弔。周人曰：固吾臣也，使人可也。鲁人曰：吾君也亲亲者也，使大夫则不可也。故周人弔，鲁人不弔。明既不可使大夫，又不能亲奔，故无弔礼也。而《公羊》以为嗣子在丧有奔丧之礼者，以己之亲亦天子之臣，盖亦不以父命辞王父命之意……又《白虎通疏证》曰：案《服问》云：世子不为天子服，谓君在之世子也，父没即称子某，自不得援为世子不服之证。《曾子问》云：……又云：父母之丧既引及塗，闻君薨如之何？孔子曰：遂既封改服而往。彼所记虽诸侯、大夫之礼，然君父之义，臣子之情，上下一也。大夫于诸侯薨既不敢以私废公，而谓诸侯于天子得晏然俟踰年后乎？……然则嗣君于父母之丧既引及塗而闻天子崩者，自宜遂事而后改服括发而往，则凡未引在殡后者，皆得奔丧明矣。锡瑞案：《公》、《谷》二传不同，许从《公羊》，郑从《穀梁》，当以《公羊》说为正。陈卓人引《曾子问》大夫于诸侯之礼以证诸侯于天子，此例甚精……[39]

笔者按：此条论诸侯奔丧之礼，据考许慎从《公羊》说，但许慎只字未提今文、古文的问题，只是对眭生之说表示不同意，后人考眭生说与《穀梁》说同，盖眭生说源自《穀梁》说。由此同样可见许慎所论问题之关键不在今文、古文，而在到底该不该奔丧。郑玄觉得许慎过分强调下对上的"奔丧"之义，忽视了"门内之治恩揜义"之义，因此进行了这方面的辩驳，盖以眭生之说不无道理。陈立、皮锡瑞则均倾向许慎之说，即所谓"不以私废公"。

24. 异义：《公羊》说：诸侯比年一小聘，三年一大聘，五年一朝天子。《左氏》说：十二年之间八聘、四朝、再会、一盟（尧年案曰：此以下四条杂引《公羊》、《左氏》说皆于经文无明征，故辑录于后）。**谨案：《公羊》说虞夏制，《左氏》说周礼。传曰：三代不同物。明古今异说。驳曰：《公羊》说比年一小聘，三年一大聘，五年一朝，以为文襄之制。录《王制》者，记文襄之制耳。非虞夏及殷法也。《周礼·大行人》：诸侯各以服数来朝。其诸侯岁聘、间朝之属，说无所出，晋文公强盛诸侯耳，非所谓三代异物也。**

《疏证》曰：……陈立《义疏》曰：按《礼记·王制》云：诸侯之于天子也，比年一小聘，三年一大聘，五年一朝。郑注云：小聘使大夫，大聘使卿，朝则君自行。又《聘义》云：……。注：比年小聘，所谓岁相问也；三年大聘，所谓殷相聘也。郑以《聘义》为诸侯邦交之礼。其实天子与诸侯同也。引《异义》云云曰：按昭公三年《左传》云：郑子太叔曰：文襄之霸也，令诸侯三岁而聘，五岁而朝。郑据彼《传》，故以《公羊》说为文襄之制。其注《王制》亦云：此大聘与朝，晋文霸时所制；虞夏之制，诸侯岁朝；周之制，侯、甸、男、采、卫、要服六者各以其服数来朝。……又《公羊》家断不用《左氏》说也，且昭十三年《左传》又云：岁聘以志业，间朝以讲礼，再朝而会以示威，再会而盟以显昭明。则又与昭三年不合。故郑氏以为不知何代之礼也。……又文十五年《左传》云：诸侯五年再相朝，以修王命，古之制也。说者以为诸侯自相朝法。故《礼记疏》引《郑志》郑答孙皓问云：古者据时而道前代之言。唐虞之礼，五载一巡狩；夏殷之时，天子盖六年一巡狩，诸侯间而朝天子，其不朝者朝罢朝，五年再朝；似如此制。礼典不可得而详。如郑此言，亦不能定为何代制。即所云夏殷之礼，亦无明据，且与虞夏之制诸侯岁朝之说乖也。……其《周礼》所说又与各经互异。……其《左氏》《周礼》皆何所不取。盖《左氏》多杂伯主之制，时强陵弱，众暴寡……《周官》又多出于刘歆等所增窜，故与今文家为难，均未可据为典要也。《左传》昭十三年传《正义》曰：……古书亡灭，不可备知。……锡瑞案：陈卓人申《公羊》之可信，义据通深；孔《疏》申《左》，似亦明知其不可信，特疏家例不驳传，故依违其辞耳。《公羊》说比年一小聘，三年一大聘，五年一朝，《王制》、《尚书大传》、《孝经》说同是。今文家皆以为古制。即如《左氏》说以为文襄之制，亦文襄沿用古法耳。郑据古《周礼》、《左氏》说以驳今文，未免门户之见，而谓《左氏》说岁聘、间朝说无所出，又谓不知何氏之礼，则所见甚精。《左氏》一书所云礼多当时通行之礼，所云古制亦即春秋时前数十百年之制，非夏殷，亦非周礼也。文襄创霸，定诸侯朝聘之数，亦必讬于古法，加以损益，故其法或与古合，或与古不合，……孔《疏》……乃引伪古文《周官》以佐其说，则欲申《传》不得，不勉强求合也。……锡瑞谓……《异义》所引必贾、服旧说……[40]

笔者按：聘者，访问、问候也。一个大国的社会政治秩序到底该如何维持，通过什么样的制度来维持，是一个重要的政治学课题，也是一个重要的社会学课题。西周建立起来的“郁郁乎文哉”文化，是中国历史上最早、最成系统的文化，它为后来的帝制中国树立了典范，因此历朝历代都愿意在社会的各方面从它那里寻找借鉴。可惜的是，西周文化的具体内容，很早就语焉不详了，于是这为后来的经学留下了很大的解读空间，众多经学家竭力通过经典文献的解读，试图发现西周在社会各个方面对当下有借鉴意义的制度内容。本条讨论周代诸侯国之间及与天子之间通过怎样一种制度性、礼节性的访问来维持一种应有的政治秩序。许所引《公羊》说与《左氏》说明显不同，许慎没有评判其是非，而是以“三代不同物”来解释这两种不同经说，这样，两种说法就都有了存在了理由。笔者曾论及，以异世不同来解释不同经说，是郑玄平衡群经异说的一种重要方法。看来，这种解经方法早在许慎时代就开始使用了，郑玄只是发扬光大而已。本条郑玄之驳议，其实也承认异世不同之法的正确性，只是对具体时代的解释有不同而已。郑玄更愿意以《周礼》之说作参证。[41]至于陈寿祺《疏证》引陈立之说曰“《公羊》家断不用《左氏》说”，恐怕未必，我们从《五经异义》中已见数条《公羊》与《左氏》相同之说。皮锡瑞讥郑玄有门户之见，其实陈寿祺、皮锡瑞均有呵护今文家言之倾向，均有门户之见。

25. 异义:《礼》**戴说:鸾在衡,和在轼**。《诗》**毛氏说:在轼曰和,在镳曰鸾**（尧年案曰 :《疏》云 : 鸾、和所在，经无正文。经解注引《韩诗内传》曰 : 鸾在衡，和在轼。又《大戴礼·保傅篇》文与《韩诗》说同……）。**谨案:经无明文，且殷、周或异**（《正义》曰 : 郑亦不驳）。

《疏证》曰 : 陈寿祺案 : ……衡者，辕前横木……衡长六尺六寸……衡下有两轭以叉马颈……以此知鸾必在镳。《正义》此辨甚明……若和之所设，诸家皆云在轼，惟《韩诗》云在轼前，轼前则近衡矣……《正义》谓鸾既在镳，则和当在衡，此兼用韩、毛之说也。镳者……郭注:马勒旁铁。《说文》:镳，马衔也。……陈立《疏》……郑氏……皆用今文说，以鸾在衡……[42]

笔者按 : 鸾、和者，今谓之“铃铛”也。鸾，今作“銮”。清朱骏声《说文通训定声·乾部》:“銮，经传以鸾为之。”轼，车厢前面供立乘者凭扶的横木。此条论及置于车子不同部位的铃铛的名称，虽似小事，但在以礼制统辖一切社会事务的时代，这也是贵族生活中无法回避的问题。许所引今古两条，于“和”之诠释无异，“鸾”则有异。对此，许既有存疑的倾向，又有以异世不同来融通异说的倾向。同样，这里经学家关注的是车制中鸾、和之制到底如何的问题，因为车制在传统社会中也必须符合礼制之等级，问题并不在于今文、古文哪个门派更可取。显然，许慎并没有今文、古文之门户之见。陈立之《疏》倒见明显的门户之见。

26. 异义 :《公羊》说 : 天子三，诸侯二。天子有灵台以观天文，有时台以观四时施化，有囿台观鸟兽鱼鼈；诸侯当有时台、囿台。诸侯卑，不得观天文，无灵台。皆在国之东南二十五里。东南，少阳用事，万物著见。用二十五里者，吉行五十里，朝行暮反也。《韩诗》说:辟廱者,天子之学,圆如璧,壅之以水。示圆，言取辟有德。不言辟水言辟廱者，取其廱和也。所以教天下，春射秋饗，尊事三老五更,在南方七里之内,立明堂于中,五经之文所藏处,盖以茅草,取其絜清也。《左氏》说 : 天子灵台在太庙之中，壅之以灵沼，谓之辟廱；诸侯有灵台亦在庙中，皆以望嘉祥也。《毛诗》说 : 灵台不足以监视。灵者，精也，神之精明称灵，故称台曰灵台，称囿曰灵囿，称沼曰灵沼。谨案:《公羊传》、《左氏》说皆无明文，

说各有以，无以正之。驳曰：《礼记·王制》：天子命之教，然后为学，小学在公宫南之左，大学在郊，天子曰辟廱，诸侯曰泮宫。天子将出征，受命于祖，受成于学。出征执有罪，反释奠于学，以讯馘告。然则大学即辟廱也。《诗·颂·泮水》云：既作泮宫，淮夷攸服；矫矫虎臣，在泮献馘；淑问如皋陶，在泮献囚。此复与辟廱同义之证也。《大雅·灵台》一篇之诗，有灵台，有灵囿，有灵沼，有辟廱。其如是也，则辟廱及三灵皆同处在郊矣。囿也，沼也，同言灵，于台下为囿为沼，可知小学在公宫之左，大学在西郊。王者相变之宜，众家之说，各不昭晢，虽然，于郊差近之耳，在庙则远矣。《王制》与《诗》，其言察察，亦足以明之矣。

《疏证》曰：陈寿祺案：郑说辟廱与蔡邕《明堂月令论》不同。郑注《王制》小学在公宫南之左，大学在郊，云此小学、大学，殷之制。……《驳异义》云：大学即辟廱，辟廱、三灵同处在郊。此专以殷制言之……《王制正义》引熊氏云：文王时犹从殷礼，故辟廱、大学在郊。……熊氏云：武王伐纣之后犹用殷制。……郑注《王制》与《驳异义》说相贯通。……锡瑞案：陈《疏》郑义谓《王制》注与《驳异义》说相贯通，并非两歧，其于郑义尚未瞭然。郑君解经先后不符者甚多，学者当分别异同，从其是者而辨其不是者，不必勉强回护。郑解辟雍、大学当以《驳异义》说为正，大学在郊，即辟雍与三灵同处在郊，不在庙，引《王制》与《诗》为断极塙……郑《驳异义》……盖以三灵、辟雍在郊为三代通制，与《王制》注不同，《王制》注盖……故以为四代相变……熊氏文、武犹用殷制云云，已属强说……陈氏谓此专以殷制言之……不知郑《驳异义》并无“殷制”二字，何必强引《王制》注以解《驳义》，从其误者而并强改其不误者以同误乎？古者国中地狭，大学、辟雍人众，三灵有囿、沼，占地甚广，断非国中所能容。郑云在郊，不易之论，惟……郑以辟雍、太学、三灵同在一处而明堂别在一处，其说微误。汉立辟雍、明堂不同处，《后汉纪》注引《汉官仪》曰：辟雍去明堂三百步。郑君习于时王之制以为古制亦然，其实太学即是明堂，中学在明堂之中，……惟太庙在国不同处，明堂宗祀文王亦可云文王之庙，而不得竟以为太庙……阮文达《明堂论》曰：……。文达此论按之经传皆合，可谓极精极通，惟分明堂、辟雍为二，犹沿郑君旧说。然则《异义》所引《公羊》、《韩诗》今文说乃中古之制，《左氏》古文说乃上古之制，皆有据。……[43]

笔者按：本条讨论古代中国王朝一直在争论的明堂、太学、辟雍等相关颇具神秘意义和政治意义的几项设施到底如何安放及其具体位置的问题。本条开篇由所引《公羊》说将灵台、时台、囿台的等级制加以强调，随后所引则不涉礼制等级问题，重点讨论此三台与古之太学、太庙、明堂之间的关系及其具体位置，各家经说不同。许慎表示各家经说难以评判其是非，只好存疑。郑玄则确信太学即辟雍，与三灵（灵台、灵沼、灵囿）同处在郊，但与太庙不相涉，说明郑氏信《毛诗》家三灵之说，亦信《韩诗》家“辟廱者，天子之学”之说，但不信《左氏》家“灵台在太庙之中”之说。皮锡瑞论陈寿祺解郑说有强为回护之嫌，良有以也，但皮氏以郑氏《驳异义》之说为正，以他说为误，亦无确证。皮氏以太学与明堂亦为一，也无确证，又与阮元之说有别。根据传世文献论此事，恐怕永远不得有确证。

27. 异义：或曰：卿大夫士有主否？答曰：案《公羊》说：卿大夫非有土之君，不得祫享昭穆，故无主；大夫束帛依神，士结茅为菆。《春秋左氏传》曰：卫孔悝反祏于西圃。祏，石主也。言大夫以石为主（尧年案曰：……据下谨案文是许于《公羊》、《左氏》未有定论，故入《春秋》三传总义类）。**谨案：大夫以石为主，礼无明文。大夫士无昭穆，不得有主，今山阳民俗祠有石主。驳曰：《少牢馈食》：大夫祭礼也，束帛依神；《特牲馈食》：士祭礼也，结茅为菆。大夫无主。孔悝之反祏，所出公之主尔**（尧年案曰：……考许、郑皆以为大夫士庙无主，此曷为驳之？盖以许君据《左氏传》未有定说故也）。

《疏证》曰：陈寿祺案：许、郑皆以大夫士庙无主，以《少牢》、《特牲》二礼有尸不言主、《士虞礼》有重不言主故也。郑《祭法》注亦云惟天子诸侯有主……《郑志》张逸问：许氏《异义》驳卫孔悝之反祏有主者何谓也？答云：礼大夫无主而孔独有者，或时末代之君赐之使祀其所出之君也。诸侯不祀天而鲁郊，诸侯不祖天子而郑祖厉王，皆时君之赐也。……然则孔悝祀所出君之说无据明矣。……此《逸礼》言大夫士有主之明文也。许、郑何以遗之？……则郑亦以士有主矣……无主则何祝何拜？……皆大夫有主之文……无以知其形制……何至于主惟侯王而已？……今按经传，未见大夫士无主之义，有者为长……锡瑞案：陈氏此说，惑于后世，俗见未能深知古礼。古者祭必立尸，天子诸侯祫祭，不只一尸，故立主以分别昭穆，大夫士不祫享，故不立主。许引古义甚明。……许又据《左氏传》孔悝反祏，疑为有主，故郑以出公之主驳之……则大夫士无主甚晰，可证为有主者惟《左氏》疑似之文耳……则何君必不持大夫士有主之说……陈氏强摘其文以就己说……然则《逸礼》乃两汉晋人所未见而至北魏始见，殆难信也……郑注《礼》明言大夫士无主，断无歧出有主之说……是大夫士无主明矣……大夫士无主，当从《公羊》、《仪礼》之明文，不当从古所不见之《逸礼》……兹据陈说一一驳之，学者可无惑已。秦蕙田《五礼通考》不信大夫士无主之说，以为谬戾不然。案《通考》一书，沈溺俗说，多违古义，盖无讥焉。[44]

笔者按：此条讨论卿大夫、士这两个阶层该不该有“主”。主者，神主也，即俗所云供奉的死者的牌位。所引《公羊》家说以为不该有，而据《左传》的一条记载，又似有。许慎对此显然有疑惑，觉得根据礼说，卿大夫士似无“主”，但《左传》中有那么一条似有主的记载，当时民间“民俗祠”中亦有石主。郑玄之驳实际是在消除许慎的疑惑，确信卿大夫士无“主”，至于《左传》的那条记载，“或时末代之君赐之使祀其所出之君也”。对此条许义、郑驳文意之解读，袁尧年按语、陈寿祺按语已有明示，但陈寿祺不信此说，考卿大夫士当有“主”，对此，皮锡瑞颇不以为然，认为陈寿祺根本没搞清楚古礼中的“主”到底是什么，并对与陈寿祺观点相同的秦蕙田《五礼通考》之说也一同进行了讥评。而皮说郑氏“郑注《礼》明言大夫士无主，断无歧出有主之说”，则不尽然，郑氏解经，歧出之说多矣！可见此条皮氏仍有回护郑玄之嫌。

注释

[1]此许慎生卒年用张震泽说。见张震泽编著《许慎年谱》，辽宁大学出版社 1986 年版。（下引同）

[2]《说文解字·叙》，见《说文解字》第十五下，中华书局 1963 年版，1989 年北京第 10 次印刷，第 319 页。

[3] 详见张震泽《许慎年谱》。

[4] 陈寿祺：《五经异义疏证序》，见皮锡瑞《驳五经异义疏证》卷前，甲戌（1934）河间李氏重刊本，收入《续修四库全书》经部群经总义类（171）。（下引同）

[5] 详参（清）陈立撰《白虎通疏证》目录，新编诸子集成本，中华书局 1994 年版。

[6] 详参皮锡瑞《驳五经异义疏证》。

[7] 关于郑玄如何从学理上融通各家经说，调停平衡异说而兼收之，见拙作《“整百家之不齐”——析郑康成如何平衡群经异说》，刊中国人民大学国学院主办《国学学刊》2009 年第

2 期。(下引同)

[8]“尧年”指袁钧四世孙袁尧年。

[9] 皮锡瑞 :《驳五经异义疏证》卷二。

[10] 皮锡瑞 :《驳五经异义疏证》卷七。

[11] 皮锡瑞 :《驳五经异义疏证》卷七。

[12] 皮锡瑞 :《驳五经异义疏证》卷七。

[13] 皮锡瑞 :《驳五经异义疏证》卷七。

[14] 皮锡瑞 :《驳五经异义疏证》卷七。

[15] 皮锡瑞 :《驳五经异义疏证》卷七。

[16] 皮锡瑞 :《驳五经异义疏证》卷八。

[17] 皮锡瑞 :《驳五经异义疏证》卷十。

[18] 皮锡瑞 :《驳五经异义疏证》卷八。

[19] 皮锡瑞 :《驳五经异义疏证》卷十。

[20] 皮锡瑞 :《驳五经异义疏证》卷九。

[21] 杨伯峻 :《春秋左传注》, 中华书局 1981 年版, 第 1217—1218 页。

[22] 杨天宇:《礼记译注》,中华古籍译注丛书,上海古籍出版社 1997 年版,第 657—658 页。

[23] 皮锡瑞 :《驳五经异义疏证》卷十。

[24] 参拙作《郑玄礼学的“非学术”意义》,《江南大学学报》(哲学社会科学版) 2002 年第 2 期。

[25] 皮锡瑞 :《驳五经异义疏证》卷三。

[26] 结合下文“罍制”条我们发现, 今《韩诗》说关于酒器的礼制解说较为详细, 它说则较为简略。

[27] 详参拙作《“整百家之不齐”——析郑康成如何平衡群经异说》。

[28] 皮锡瑞 :《驳五经异义疏证》卷三。

[29] 皮锡瑞 :《驳五经异义疏证》卷五。

[30] 此所谓“经书”一句, 见今本《左传》文九年经传, 但无“得礼”之说。

[31] 此句见于今本《左传》隐公元年文, 不在隐公三年。恐陈寿祺有误。

[32] 皮锡瑞 :《驳五经异义疏证》卷六。

[33] 皮锡瑞 :《驳五经异义疏证》卷六。

[34] 皮锡瑞:《驳五经异义疏证》卷八。

[35] 皮锡瑞:《驳五经异义疏证》卷八。

[36] 详参拙著《"整百家之不齐"——析郑康成如何平衡群经异说》。

[37] 皮锡瑞:《驳五经异义疏证》卷八。

[38] 皮锡瑞:《驳五经异义疏证》卷八。

[39] 皮锡瑞:《驳五经异义疏证》卷八。

[40] 皮锡瑞:《驳五经异义疏证》卷八。

[41] 参拙作《"整百家之不齐"——析郑康成如何平衡群经异说》。

[42] 皮锡瑞:《驳五经异义疏证》卷十。

[43] 皮锡瑞:《驳五经异义疏证》卷八。

[44] 皮锡瑞:《驳五经异义疏证》卷八。

史应勇，1965年出生。江南大学人文学院副教授。从事中国古典文学与中国学术思想史的教学和研究。

浅说汉字构形的文化信息

暴希明

安阳师范学院文学院

我国是四大文明古国之一，具有悠久的历史和灿烂的文化，这种悠久历史和灿烂文化主要是靠汉字来记载和传播的。从产生在殷商时代的甲骨文算起，汉字已为中华民族服务了3400多年。它书写了中华民族的历史，载负了光辉灿烂的中华文化，中国古代文明史上的许多文化现象，不仅可以从用汉字书写的文化典籍中得到反映，也可以从汉字本身中得到验证。所以有人说，"汉字不仅是记录汉语的符号系统，也是一套文化密码系统。汉字以编码的形式储存了大量的文化元素（cultural element），在这个意义上说，汉字是中国传统文化的缩微信息库，一个汉字就是一幅文化信息缩微图。要全面理解中国传统文化的内涵，要破译中国传统文化的密码，离不开对汉字的探索研究。"[1]。

汉字何以能够储存文化信息而成为中国传统文化的缩微信息库呢？这是由汉字自身的特性所决定的。大家知道，人类的文字有两大体系：即表音体系和表意体系。表音体系的文字目的是要摹写词的语音形式，字形同语音的联系比较直接而同语义或者说概念保持着距离。它的唯一功能就是有效地记录语言，用帕默尔的话说就是"这些视觉符号只在它们指示语音符号时才有意义。"[2]例如，欧洲文字，"起初的字母总是相当合理地反映着语言"。[3]而表意体系的文字目的是要摹写词的意义，"这种体系只用一个与词的声音无关的符号来表示一个词，由于字符与整个词关联，因此字符就间接地与它所表达的概念关联。"[4]汉字就属于典型的表意体系的文字，它"具有与欧洲文字完全不同的价值——其表达功能不在是否有效地记录语言，而在是否有效地传达概念。欧洲文字因其'拼音'而与概念保持着距离，汉字因其'表意'而与概念直接联系。……它不是通过口语词去表示概念，而是由视觉符号直接表示概念。"[4]詹绪佐、朱良志说："人类在社会化的劳动过程中，创造了大量的符号，这些符号可分为推理和象征两种，自然语言是最重要的推理符号，而绘画、雕塑等则属于象征符号。作为自然语言的符号，汉字和其他文字一样，都是一种推理符号，即是说，它是记录语言表达概念的符号系统，是语言书面化的体现者和传播文化的载体。然而汉字的独特性在于，它具有双重符号意义，既是一种作为传播工具的推理符号，又是一种表达意念的象征符号，而其本质上则是一种象征符号。”[5]因而，它可以不怎么依赖语音，而由字形直接达到意义，实际上是一种程式化了的、简化了的图画系统。于是造字的先民们在造字的时候,“近取诸身,远取诸物”[6],将他们的心理状态、价值观念、生活方式、思维特点、道德标准、风俗习惯、审美情趣等各个方面的特殊的文化因素，都体现在了汉字的构形系统之中。这样，从文化学的角度看，每一个汉字便似乎都是一个活化石，活泼泼地袒呈着中国人的文化心理，昭示着历史演进的轨迹。因此，我们分析汉字的构形系统，用文化语言学的方法对它进行观照、玩味，便可以从中窥见它所载负的文化信息，从而从静态的形体走入古人动态的文化意识圈中去。

分析汉字的形体结构，前人有所谓“六书”之说。

在传统的“六书”说中，象形字“画成其物，随体诘屈”[6]，是一种直观描绘外物形态的方法。先民们在对对象长期的观察和思考中，抓住对象的本质特征，追摹描绘，图影画形。这其中既凝结着先民的智慧，也透析出文化信息。如“人”，有男有女，有老有少，有胖有瘦，有高有矮，作为文字，面对芸芸众生，怎样去抓住“人”的本质特征，追摹描绘，图影画形，让人一看字形就知道它表示的是“人”这个概念呢？甲骨文“人”字写作“人”,描绘的是一个谦恭侧立的人的骨架。古人认为人区别于一般动物的根本特征，不仅在于会说话、会制造和使用工具，而且还在于讲仁义，谦恭有礼。《孟子·尽心下》云：“仁也者，人也。”朱熹《孟子集注》：“仁者，人之所以为人之理也。”《释名·释形体》：“人，仁也，仁生物也。故《易》曰，‘立人之道，曰仁与义’。”《礼记·曲礼上》云：“道德仁义，非礼不成；教训正俗，非礼不备，分争辩讼，非礼不决；君臣上下，父子兄弟，非礼不定；宦学事师，非礼不亲；班朝治军，涖官行法，非礼威严不行；祷祠祭祀，供给鬼神，非礼不诚不庄。是以君子恭敬撙节，退让以明礼。鹦鹉能言，不离飞鸟；猩猩能言，不离禽兽；今人而无礼，虽能言，不亦禽兽之心乎……是故圣人作，为礼以教人，使人以有礼知自别于禽兽。”《尚书·大禹谟》:“满招损，谦受益。”因而，甲骨文“人”字在字形上以谦恭侧立的人像作为“人”的代码，而在字音上让它与仁义的仁同音。观乎甲骨文“人”字的构形，我们就不难理解，汉语中为什么自谦词那么丰富，称呼自己为奴、仆、臣、妾、牛马走、鄙人、不才、不肖、不敏、小人、在下、愚、窃，等等，就连不可一世的帝王，也称自己是孤、寡人（寡德之人）、不谷（不善）。它体现了汉民族高值低估、屈己尊人的性格特征和强调集体主义、反对个人奋斗的价值观念，要求为人要低调，不能张扬。这在强调个人自我价值的西方，是不可想象的。又如“女”，甲骨文作[illegible]，徐中舒主编《甲骨文字典》解释说：女字“象屈膝交手之人形。妇女活动多在室内，屈膝交手为其于室内居处之常见姿态，故取以为女性之特征，以别于力田之为男性特征也。”李孝定《甲骨文字集释》也说：“夫男女之别，于文字之形体上殊难表示，故就男女工作上之差异以为区别。女盖象跽而两手有所操作之形，女红之事多在室内，男则以力田会意，男耕女织各有专司，故制字于以见意也。”甲骨文“女”字的构形，正体现了中国古代男耕女织、男主外、女主内的文化传统。而侧身跪坐、双臂交叉胸前的姿势，又显示了其柔弱、温顺、矜持的性格特征。男以刚强为贵，女以柔弱为美。“女”字的甲骨文构形，恰是古代女子性格和地位的一个绝妙镜象。所以，班昭《女诫·敬慎》云：“阴阳殊性，男女异行，阳以刚为德，阴以柔为用。男以强为贵，女以弱为美。鄙谚曰：‘生男如狼，犹恐其尪（wāng：虚弱、懦弱），生女如鼠，犹恐其虎。’”再如“尾”，这是一个衬体象形字，甲骨文作[illegible]，描摹一个人长了一条毛茸茸的大尾巴。古人造字，多取象于身边所习见，但是，除了极其偶然的返祖现象，人是不会长尾巴的，即使原始人也是如此。因此可以肯定，在甲骨文“尾”字的形象中，人臀后那条毛绒绒的东西不会是人体的一部分，而只是一种服饰。然而，古人为何要以人着尾饰的形象去造“尾”字呢？这其中就凝结着先民的智慧。试想，如果仅仅描画一条孤零零的尾巴，很容易被看成一段绳索或麦穗之类与尾巴形象相似的东西，而如果画上一头长尾巴的野兽，则野兽都有尾巴，又很难突出“尾”这一概念。于是，我们聪明的祖先便出此妙计：以一身着尾饰的人的形象充此字形。人本无尾，身着尾饰，自然也就突出了“尾”。同时“尾”字的构形也透析出了文化信息，反映了上古曾有尾饰的习俗。可以想象，先民造“尾”字时，尾饰定是一种为人们所熟知习见的服饰样式，否则，“尾”字的造字灵感便无由萌生，而“尾”字的人着尾饰的构形也很难被世人所接受。这一点，也可以从古书记载和出土文物上得到印证。《说文解字·尾部》:“古人或饰系尾,西南夷亦然。”《后汉书·西南夷列传》亦载,哀牢夷有“刻画其身,象龙纹,衣著尾”的风尚。而1973年在青海大通县孙家寨出土的陶盆上,绘有五人一组的原始舞蹈图案,舞者头上有斜着下垂的发辫,身后都拖了一条小尾巴。它是古代巫术礼仪活动的产物,是一种动物崇拜遗俗的体现。

指事字“视而可识,察而见意”[6],是把感性认识(视)和理性认识(察)结合起来表示抽象概念的造字法,是汉字摆脱具象迈向抽象的关键一步。它或是通过抽象符号来表示意义。如一、二、三、四,甲骨文分别写作:一、二、三、亖,徐中舒《甲骨文字典》说:“甲骨文一、二、三、四皆以积画成数,盖取象于横置之算筹。”是远古算筹记数的形象描摹。或是在象形母体中加上一个指事符号以显示新的概念,如“寸”字,小篆作寸,《说文·寸部》:“寸,十分也。人手却一寸动脉谓之寸口。”在“又”(古文字常表示手)下加一指事符号,指出“寸口”这个部位。“寸口”即中医诊脉之处,那里正是距离手腕一寸长的部位。以这一具体部位来表示难以确切描绘的长度单位“十分”,自然是造字者的合理创造,而从这种创造中,又不难看出祖国传统医学的悠久历史及其对先民思想观念的深刻影响。指事字的另一种构形方式,是通过象形字的变化来表示意义,即所谓变体指事。如“尸”(此“尸”不是尸体的尸,尸体的尸,古代写作“死”,如“葬”字就是众草覆盖尸体之形,后写作“屍”,汉字简化时,才简化作“尸”),小篆作“尸”,这是一个人的变体字(依高亨说),反映了古代尸祭的历史现象。古代祭祀时,代鬼神受祭,象征鬼神的人叫作“尸”,他以坐的姿态充当受祭对象,即所谓“殷坐尸”。据说周公祭天时,曾用太公为尸,祭泰山时,曾用召公为尸。《诗经·楚茨》:“工祝致告,神具醉止,皇尸载起,鼓钟送尸”,描绘的正是古代尸祭的场面。《白虎通·宗庙》:“祭所以有尸者何?鬼神听之无声,视之无形,升自阼阶,仰视榱桷,俯视几筵,其器存,其人亡,虚无寂寞,思慕哀伤,故座尸而食之,毁损其馔,欣然若亲之饱,尸醉若神之醉矣”。由于“尸”曾是神的象征,有资格坐在庙堂中,占着庙堂的位置,接受献食,大吃大喝,所以,“尸位素餐”后来就用来讽刺那些虽然占有一定的职位,但不办实事,无功受禄白吃白喝的人。战国时期,尸祭的习俗消失了,“尸礼废而像事兴”,以人代神变成了以物代神,即像事兴起,用一块木牌做神主牌来充当灵位,象征死去的祖先。

会意字“比类合谊，以见指撝”[7]，它是通过两种或多种象形符号组合成的符号集群来表示一个新的概念，而这符号的选择与形体间的关系构成必然体现一定的文化心理与观念，透析出相关的文化信息。如“信”字，《说文》曰：“信，诚也，从人言。”人言即为信，它说明在这个字造字的时候，人说话应该算数已是一种最基本的道德规范。《春秋穀梁传·僖公二十二年》：“人之所以为人者，言也。人而不能言，何以为人？言之所以为言者，信也。言而不信，何以为言？”可以这么说，在中国的传统文化观念中，说话算数算得上是最为重要的道德标准和价值尺度之一，“言而有信”，被视为君子的特征；“出尔反尔”，则属小人的专利。“一诺千金”、“言必信，行必果”、“一言既出，驷马难追”等语词，都是这种观念的产物。《左传·宣公二年》载，晋灵公不行君道，正卿赵盾反复进谏，晋灵公厌恶之极，派武士鉏麑去行刺赵盾。鉏麑来到赵盾家后，看到赵盾忠心为国，不忍下手，“叹而言曰：‘不忘恭敬，民之主也。贼民之主，不忠。弃君之命，不信。有一于此，不如死也。’触槐而死。”为了坚守“人言为信”的原则，不惜付出生命的代价，可见在当时的人看来，丢命事小，失信事大。所以，《论语》中载孔子的话说：“自古皆有死，民无信不立。”又如“用”字，甲骨文作，徐中舒主编《甲骨文字典》：“《说文》：‘用，可施行也。从卜从中。’甲骨文用字从卜从，为骨版，从卜者，示骨版上已有卜兆。卜兆可据以定可施行与否，故以有卜兆之骨版，表施行使用之义。”从“用”的形义联系中，我们可以发现这样的文化信息，殷商时期人们敬事鬼神，迷信占卜，事无巨细，均求卜于鬼神，依鬼神的“指令”行事。观乎此，我们也就不难理解，为什么到目前为止，殷墟所发现的甲骨文多是殷商王朝占卜的记录了。又如“妇”，繁体字作“婦”，象女子手持一帚，表明其洒扫庭除、操持家务的身份。《说文》：“婦者，服也，从女持帚洒扫也。”《白虎通义·嫁娶》：“妇者，服也，服于家事，事人者也。”女子持帚洒扫即为“妇”，它体现了古代“男主外，女主内”的传统，而“服也”的声训，则反映了古代妇女地位的低下，反映了所谓“三从四德”的为妇之道。《孟子·滕文公下》：“女子之嫁也，母命之，往送之门，戒之曰：‘往之女（汝）家，必敬必戒，无违夫子，以顺为正者，妾妇之道也。”《仪礼·丧服传》：“妇人有三从之义，无专用之道。故未嫁从父，既嫁从夫，夫死从子。”《史记·高祖本纪》记载吕公欲将女儿吕雉许配给刘邦时也说：“臣有息女，愿为季箕帚妾。”即是例证。

再如“弔”，小篆作 ，《说文》：“弔，问终也，从人弓，古之葬者厚衣之以薪，故人持弓会驱禽也。”许慎给我们分析了这个字的构形理据，这其中包含着丰富的文化学知识，我们从中可看出初民的丧葬习俗。古人朴质，人死后葬埋尸体，不像我们后人一样装入棺木，挖个墓穴，埋入地下，而是“裹以白茅，投之中野”（“葬”字就是众草覆盖尸体之形，“死”即今尸体之尸）[7]，葬之中野便难免鸟兽之灾，也即《庄子·列御寇》所说的“在上为乌鸢食”，因此，“孝子不忍见其亲之尸为禽兽所食，故作弹以守之”[7]，而友人吊丧则要“持弓会驱禽”。

以上我们分析了象形、指事、会意这三类字的构形理据，这三类字都是所谓“纯表意字”，象形是形象的静态追摹，指事、会意是复杂意念的动态显现，它们每个字都用它们的整个形体来显示意义，体现了早期汉字“尚形”的特点，这些字不但展现了一幅幅古人生活的动人风俗画，也汩汩流淌着传统文化心理的潜流。

形声字是“以事为名，取譬相成”[8]，由形符和声符两部分构成，体现了汉字的表音趋向。但它并没有失去汉字的深层表意功能。因为：其一，形声字的形符标志着字的义类，而这些表示义类的形符正如唐兰先生在《古文字学导论》中所说，“可以指示我们古代社会的进化”。每一义类收字的多少，反映了这一领域与人类生活的关系是否密切，而某一义类的字成批出现或死亡，也是由于文化的演进。如商周时代是我国原始宗教的极盛期，不仅每事必祭，而且品目繁多，当我们查考有关的古文字时，就立即可以感受到扑面而来的宗教气息，“祠”是春祭，“礿”是夏祭，“祓”是除恶祭，“禬”是会福祭，“禖”是求子祭，“祫”是合祭，“禋”是升烟祭，“禓”是道口祭，“社”是祭土地等，观乎此，我们就不难看出祭祀在先民生活中占有何等重要的地位，所谓“国之大事，在祀与戎”。[8]也不难理解在《左传·齐桓公伐楚》中，管仲何以把征伐楚国的两个借口“尔贡包茅而不入，王祭不共，无以缩酒，寡人是征”放在“昭王南征而不复，寡人是问”之前；《战国策·冯谖客孟尝君》中，冯谖把“立宗庙于薛”作为“狡兔三窟”中最重要的一窟了。而后来随着社会的进步和宗教观念的淡漠，这些字也就成批的死亡了。由此可见，形符之中包含着极为丰厚的文化积淀。其二，大多数形声字的声符也并非纯粹的表音符号，它本身也有意义，这就是我们常说的“亦声”现象。如“诬”，

《说文》："加言也，从言，巫声。"所谓"加言"，就是虚构事实、无中生有的话，也就是假话。"巫"作为声旁，在字中也并非纯粹的表音符号，它本身也有意义。杨树达先生在《积微居小学述林·释诬》一文中说："字从巫者，《韩非子·显学篇》云：'今巫祝之祝人曰：使若千秋万岁。千秋万岁之声聒耳，而一日之寿无征于人。此人所以简巫祝也。'《盐铁论·散不足篇》云：'世俗饰伪行诈，为民巫祝以取釐谢。坚頟健舌，或以成业致富，故惮事之人释本相学；是以街巷有巫，闾里有祝。'盖巫之为术，假托鬼神，妄言祸福，故诬字从巫从言，训为加言，引申其义则为欺，为诬罔不信也。"作为能够沟通人神关系，因而是神的代言人的巫，在宗教观念浓厚、敬事鬼神的远古时期，原本地位极高，受人尊敬，而后来随着社会的进步，民智的渐开，当人们的宗教观念日渐淡漠，一些巫祝因饰伪行诈而劣迹昭彰时，巫也就逐渐失去了它的神圣和灵光，被人们视为诬妄和虚幻。"诬"的字形以"巫"为依据，字音与"巫"同源，生动地说明了古代汉民族对宗教和天命的怀疑与批判。西门豹治邺时敢于将大巫妪投入河中，绝非一时的个人冲动和心血来潮，从"诬"的造字上可以发现其心理动因。又如"政"，《说文》："政，正也，从攴，从正，正亦声。"从攴，当然表明政权的取得和维持与武力有关，所谓"枪杆子里出政权"，而"从正，正亦声"，则体现了先民对当政者的道德要求。《论语·颜渊》："季康子问政于孔子，孔子对曰：'政者，正也。子帅以正，孰敢不正。'"《论语·子路》："其身正，不令而行，其身不正，虽令不从。"《释名·释言语》："政，正也。有所取正也。"政的构形，反映的正是先民们这种要求执政者洁身自好、正道直行、一身正气、两袖清风的文化心态。正因为形声字的声旁大多表义，形旁只是起表示义类的辅助作用，所以历代解释字义的语文学家往往将字义的根据更多地放在声符上。清代训诂学家郝懿行在其《尔雅义疏》中指出："凡声同、声近、声转之字，其义多存乎声。"段玉裁在其《说文解字注》中也说："声与义同源，故谐声之偏旁多与字义相近。此会意形声两兼之字致多也。《说文》或称其会意，略其形声；或称其形声，略其会意。虽则省文，实欲互见。不知此，则声与义隔。"其三，形声字的出现产生了大量同源字，这是一组声音相同或相近，意义相通或相关的汉字群体，这一音义系列的创造，也反映出大量的文化信息。如洪（洚水也）、㤨（战栗也）；洞（疾流也）、恫（痛也）；浥（湿也）、悒（不安也）；湫（隘下也）、愁（忧也）；崇（山大而高也）、悰（乐也）；垲（高燥也)、恺(乐也)。据宋永培先生的研究，这两两一组的同源字，共同反映出尧遭洪水时期人们面临洪水惊恐、哀痛的神情，困顿于低陷、浥湿之地的忧愁和避离洪灾、登上高山后感到的喜悦和顺，反映了“尧遭洪水”这一重大历史事件[9]。而看过这两两一组的同源词，了解了“尧遭洪水”的历史事件后，我们就会明白为什么我们的祖先会具有“崇高——卑下”(“崇”和“卑”在此一语言结构中皆为动词)的心理情感和价值取向。这一悠远的心理情感和价值取向，至今还在影响着我们，“高明”与“低贱”、“上新台阶”与“走下坡路”，前者之所以比后者好，都可以追溯到先民的这种心理情感和价值取向。

汉字在创造过程中，由于造字者的构思不同，取材有别，方法各异，还产生了大量的异体字。分析异体字不同的构形理据，我们也可从中发现一些文化信息。如“玺”和“壐”是一对异体字，《说文》:“壐，王者之印也，从土，尔声。玺，籀文从玉。”玺作为帝王的印章，是帝王权力的象征和体现，文从玉，是因为在先秦时期，玉的地位纯洁而崇高，被人们赋予了仁、义、智、勇、洁等多种美德，是贤人君子的人格化身，因而制作象征最高权力的帝王大印，自然要用价值连城的美玉了。而其异构从土，则是因为在以农业立国的我先民意识中，民无土不立，拥有土地就是拥有财富，拥有权力，失去土地就意味着失去财富，失去权力。《左传·僖公二十三年》就载有这么一个故事：晋公子重耳在流亡途中，“乞食于野人，野人与之块(土块)”，他竟把它作为“天赐”，郑重地“稽首而载之”，后来果然领有晋国。而南宋遗民画家郑思肖，宋亡后，隐居吴下，坐必南向，每至节日，则望南而哭，画兰花有根无土，人问其故，则云土被番人夺去，以“无土”象征国亡，表达亡国的痛楚。“壐”从土，正反映了先民这种浓烈的土地崇拜意识。观乎此，我们也就不难理解古人何以要经常祭祀“社稷”(土神和谷神)，并用“社稷”作为国家的代名词了。再如“姓”和“⿰亻生”是一对异体字。在甲骨文中，姓就是个从女从生的会意字，生表示人的出生，女表示人生之所由。《说文》“姓，人所生也”，意即“姓”是人所出生的那个家族的代码，是一种血统的标记。然字从女，又与今天人们一般姓父姓的习俗不合，这是为什么呢？上古文献给我们透露了个中消息，《吕氏春秋·恃君览》:“昔太古尝无君矣，其民聚生群处，知母不知父。”原来在远古时代，我们祖先通行的是群婚制，一个男子可以有许多“妻子”，同理，一个女子也绝不止一个“老公”，男女双方都没有固定的配偶，都有性自由，在这种婚制下，子女们当然就“知母不知父”了。在知母不知父的时代，唯母亲与子女间的关系确定和可靠，因而人们按母系确定人的血缘身份，按母系划分社会成员的集团归属，这就是母系氏族社会。在母系氏族社会，每一个以母系血缘为纽带的氏族都必须有一个徽号，一个标志，一个称呼，这个徽号，这个标志，这个称呼，就是“姓”，由于它标志着人由哪个氏族生出，所以从“生”，又由于当时知母不知父，所以从“女”。从女从生之“姓”的造字，反映的正是先民的群婚习俗。而到了春秋时代的金文中，“姓”字出现了一个异体，这也是一个会意字，但是变从“女”为从“人”，写作“亻生”。春秋人为何要为“姓”字造这么一个异体字呢？这也可以从婚俗上找到原因。春秋时期，婚姻制度早已从群婚发展到了专偶婚阶段，专偶婚的特点是丈夫对妻子的独占，丈夫可以三妻四妾，而妻子绝对不能同时找上几个老公。显然，在专偶婚制度下，子女既知其母，又知其父。于是人们对这个从女从生的“姓”的造字意义不满意了，他们根据自己的观念，以“人”代“女”，造出了从人从生的“亻生”字。“姓”字和它的异构，从一个侧面向我们透示了古代婚姻制度的演进。

从以上对汉字创造过程的文化考察，我们可以看出，汉字中蕴藏着无尽的文化学宝藏。从某种意义上说，汉字就是一座恢弘的历史博物馆。它不仅是历史文献记载的工具，而且它自身还为我们提供了许多大大早于历史文献的远古历史文化信息。尤其珍贵的是，这种信息往往比历史文献的记载来得更真实、更可靠。历史文献的记载往往是一种个人或利益集团的行为，它浸透了执笔者对历史的见解，体现的是个人或利益集团的“话语霸权”，免不了会有意无意地遮蔽历史文化真相。而汉字则不然，它是造字当时全社会约定俗成的结果，真实而又客观地反映了造字当时全社会的认知水平和认识成果。因而，它提供的信息更显得弥足珍贵。

注释

[1] 沈锡伦：《中国传统文化和语言》，上海教育出版社 2004 年版，第 357 页。

[2] L.R. 帕默尔：《语言学概论》，商务印书馆 1983 年版，第 103 页。

[3] 索绪尔：《普通语言学教程》，商务印书馆 1980 年版，第 51 页。

[4] 申小龙：《汉语与中国文化》，复旦大学出版社 2003 年版。

[5] 詹绪佐、朱良志:《汉字的文化通观》,《安徽师范大学学报》(哲学社会科学版)1987年第3期。

[6] 许慎:《说文解字》,中华书局1963年版。

[7] 段玉裁:《说文解字注》,上海古籍出版社1981年版。

[8]《左传·成公十三年》,见《十三经注疏》,中华书局1980年版,第1911页。

[9] 宋永培:《说文解字与文献词义》,河南人民出版社1994年版,第58页。

暴希明,男,1957年出生,河南汤阴人。安阳师范学院文学院副教授。主要从事古代汉语和汉字文化的教学与研究。

就“体用同称”谈史丧尊铭文的释读

李义海

闽江学院中文系

提　要　体用同称这一汉语古籍常见的行文范式，不仅利于传布文章辞彩、彰显为文才情，而且还利于再现动作的情状；它的整理与研究，对于文献内涵理解与历史语言文化考古的深化都具有重要意义。西周中期史丧尊铭文中的“匜”便传递着上述信息。

关键词　辞章　文献　释读

在汉语古籍中，工具名称与人们凭借该种工具所施行的动作，往往使用同一个文字来记录，以致俞樾《古书疑义举例》谓：“经典中如此者，不可胜举。”[1]这种用字现象，段玉裁称为“体用同称”。段氏《说文解字注·木部》“梳”字下云：“器曰梳，用之理发因亦曰梳。凡字之体用同称如此。”[2]杨树达先生从文法的角度指出，段氏此说的意义，在于“说明梳字有名字与动字二用法也。”[3]

汉语古籍中的这一现象，在汉代就成为注疏的对象。例如：

絷，绳索，又指用绳索绊絷。《诗经·周颂·有客》：“有客宿宿，有客信信。言授之絷，以絷其马。”毛传：“欲絷其马而留之。”郑笺：“絷，绊也。周之君臣皆爱微子，其所馆宿，可以去矣，而言绊其马，意各殷勤。”按：据传笺可知，主人授予客人工具“絷”是为了用它来实施“絷”马这一动作以尽留客之殷勤。

户，门户。《说文·户部》：“户，护也。半门曰户。”其作用在于出入与止不当入者，故有拦阻之义。《汉书·王嘉传》：“（王嘉）坐户殿门失阑免。”颜师古注：“户，止也。（王）嘉掌守殿门，止不当入者而失阑入之，故坐免也。”《左传·宣公十二年》：“屈荡户之。”杜《注》：“户，止也。”

刃，刀口，指刀剑等的锋利部分。《庄子·养生主》：“今臣之刀十九年矣，所解数千牛矣，而刀刃若新发于硎。”又指刀、剑等有锋刃的兵器。《淮南子·氾论》：“铸金而为刃。”高诱注：“刃，五刃也，刀、剑、矛、戟、矢也。”柳宗元《童区寄传》：“因取刃杀之。”作为动词，指用兵器杀。《韩非子·奸劫弑臣》：“公请自刃于庙。”

杖，名词，手杖；动词，执持，拄扶。《礼记·曲礼上》：“大夫七十而致事，若不得谢，则必赐之几杖。”《说文·木部》：“杖，持也。”段玉裁注：“凡可持及人持之皆曰杖。”《尚书·牧誓》：“王左杖黄钺，右秉白旄以麾。”《汉书·娄敬传》：“杖马箠去居岐。”颜师古注：“杖谓拄之也。”

杇，泥镘，泥工涂墙壁的工具。《说文·木部》：“杇，所以涂也。”又指（用杇）涂饰或粉刷。《论语·公冶长》：“朽木不可雕也，粪土之墙不可杇也。”

量，测量物体多少的器物。《尚书·舜典》：“协时月正日，同律度量衡。”《释文》：“量，斗斛也。”《周礼·地官·司市》：“司市掌市之治教政刑，量度禁令。”郑注：“量，豆、区、斗、斛之属。”又指计量事物的容积。《庄子·胠箧》：“为之斗斛以量之，则并斗斛而窃之。”

规与矩，分别是画圆与画方的工具。《孟子·离娄上》：“不以规矩，不能成方员。”又指刻画。《国语·周语下》：“成公之生也，其母梦神规其臀以墨。”韦《注》：“规，画也。”《周礼·考工记·轮人》：“凡斩毂之道，必矩其阴阳。”郑注：“矩，谓刻识之也。”

这种现象，也引起了近代小学名家刘师培的注意。刘氏曾有如下两处论述[4]：

《尚书·顾命》云：“一人冕执刘。”《郑注》云：“刘，盖今镵斧”是也。又《尔雅·释诂》云：“刘，杀也。”《方言》、《广雅》均同。《左传》成十三年“虔刘”，《杜注》亦训为“杀”。盖杀人之器谓之“刘”，而杀亦训“刘”。

《说文》云：“剑，佩刀也。”而晋潘岳《马汧督诔序》云：“汉明帝时，有司马叔持者，白日于都市手剑父仇。”盖杀人之器谓之“剑”，而以剑杀人亦谓之“剑”。是犹刀谓之“刃”，以刃加人亦谓之“刃”也。

体用同称这种现象，有时还在同一篇章中多次出现，下引一段话中的“规”“矩”“水”“量”“权”即属于这种情况。《周礼·考工记》：“凡为轮，行泽者欲杼，行山者欲侔。杼以行泽，则是刀以割涂也，是故涂不附。侔以行山，则是搏以行石也，是故轮虽敝不甐于凿。凡揉牙，外不廉而内不挫，旁不肿，谓之用火之善。是故规之以视其圜也，矩之以视其匡也，县之以视其幅之直也，水之以视其平沈之均也，量其薮以黍以视其同也，权之以视其轻重之侔也。故可规、可矩、可水、可县、可量、可权也，谓之国工。”

这一现象，在书面文献阅读中比较重要，偶尔失察便会误解原意。俞樾《古书疑义举例》曾揭示了一个经典事例[5]：

庄公三十一年《公羊传》："旗获而过我也。"《解诂》曰："旗获，建旗县所获得以过我也。"按：此解非是。闵二年《左传》："佩，衷之旗也。"《杜注》曰："旗，表也。"然则"旗获而过我"，谓表示其所获之物而过我也。盖旌旗之属，所以表示行列。《国语·晋语》："车无退表。"《韦注》曰："表，旌旗也。"故旌与旗并有表义。僖二十四年《左传》："且旌善人。"哀十六年《传》："犹将旌君以徇于国。"《杜注》并曰："旌，表也。"旗之为表，犹旌之为表也。旌、旗，皆实字，而用作表示之义，则实字而活用矣。解者不达此例，乃以为"县所获于旗"，岂旌君以徇于国，亦将县之于旌乎？

体用同称这种现象不仅出现在书面文献中，而且在西周长铭金文中也偶现踪迹：

𠑇匜（《集成》16.10285）："我义便女千……今我赦女。"《商周青铜器铭文选》258："鞭：《周礼·秋官司寇·条狼氏》：'誓大夫曰敢不关，鞭五百，誓师曰三百。'鞭在此用作动词，即施以鞭刑之意。"[6]

毛公鼎（《集成》5.2841）："女母敢妄宁，虔夙夕，惠我一人，雍我邦小大猷。"《西周铜器断代》201："本铭惠作[illegible]，与《说文》惠古文所从者同，象囊橐之纽结，《说文》曰'韢，橐纽也，从韦惠声，一曰盛虏头橐也'，此其象形。"[7]按：惠，为名词，囊橐；为动词，盛装；句中用以喻指心中装着、心里想着。

格伯簋（《集成》8.4264）："铸保簋，用典格白田。"《两周金文辞大系图录考释·格伯簋》："'用典格伯田'典如今言记录或登录。"[8]《积微居金文说·格伯簋》："或曰：典字从册，有册书之义，说亦通。"[9]按："典"，名词，典册；本铭作动词，记录。

无叀鼎（《集成》5.2814）："官司穆王正侧虎臣，易女玄衣黹屯、戈琱内緌必彤沙、攸勒、銮旗。"《两周金文辞大系图录考释·无叀鼎》："'戈琱内緌必彤沙'……言戈有雕文款识，其柲緌，其緌赤也。"[10]按："其柲緌"，即其柲为緌所缠绕。"緌"，变性作动词短语，用緌缠绕。

毛公鼎（《集成》5.2841）："毋推于政，勿雍建庶□[illegible]。"《商周青铜器铭文选》447："建：建假为楗，楗塞之意。此特指厉王命卫巫监谤，防民之口的教训。"《史记·周本纪》载：厉王时国人谤王，召公谏曰：“民不堪命矣。”王怒，得卫巫，使监谤者，以告则杀之。其谤者鲜矣，诸侯不朝。二十四年，王益严，国人莫敢言，道路以目。厉王喜，告召公曰：“吾能弭谤矣，乃不敢言。”召公曰：“是鄣之也。防民之口，甚于防水。水壅而溃，伤人必多，民亦如之。”[11]

同样，如果在阅读出土文献时无视体用同称这一现象，也会出现文意理解上的障碍。史丧尊铭文的歧释就是一个很明显的例子。

史丧尊，1976 年陕西扶风县云塘村 10 号墓出土，通高 20.8、口径 19.6、腹深 19.1 厘米，重 2.2 千克；喇叭口，长颈垂腹，矮圈足；颈部饰两道弦纹，前后增饰浮雕貘头；著录为《文物》1980 年 4 期 42 页图 6.9，《陕金》1.554，《陕铜》3.83，《集成》5960，《总集》4839，[12]《系统》8309，《通鉴》10930。

该器具铸铭三行十二字：“史丧乍丁公宝彝孙子其永[illegible]。”内中第二行“孙”与第三行“子”字，《通鉴》[13]与《引得》[14]均因失照而漏释；就通读而言，《释文》未加标点，[15]《通鉴》[16]《引得》[17]于“彝”下逗断，《系统》则在“彝”“永”和最末一字之后读断。[18]

铭末“[illegible]”字，《通鉴》隶作“畀”读为“赐”，[19]《释文》[20]与《引得》[21]均视为“赐”；金祥恒[22]、赵平安[23]两先生与《系统》[24]释“匜”。按：该字如果读为赐，则铭末的“孙子其永赐”不合西周金文表达希冀的习惯，更何况“永赐”除本铭外不见金文。

该字见于《前》6·42·8，《乙》2266，金祥恒先生以为“正象奉匜注水于盘”，赵平安先生曾从字形演进与甲骨文语例两个方面证成字当从金先生说，并对史丧尊铭末的“匜”作了如下的考释：[25]

从文例看，“孙子其永匜”与“孙子其永宝”相同。此处的“匜”，古籍中作施，多解释为延。《诗·大雅·皇矣》：“施于孙子。”笺：“施，犹易也，延也。”《淮南子·修务训》：“名施后世。”注：“施，延也。”《庄子·在宥》：“夫施及三王。”《释文》引崔注：“施，延也。”《列子·天瑞》：“施及州闾。”《释文》：“施，延也。”段玉裁《说文解字注》：“施即延之假借。”因此，“孙子其永匜”就是“孙子其永施”，也就是“孙子其永延”的意思。

今按：赵文读“匜”为“施”虽然有律可依，“施”也“多解释为延”，但并没有举出“此处的‘匜’，在古籍中作施”用例。因此，将史丧尊铭末的“匜”

读为“施”训为“延”，从理论上讲，还有可以商榷的必要与余地。再者，“孙子其永施”“孙子其永延”此类意义的表述，在金文中也是没有实例的。因此，赵文虽然证成了这个歧释字确实为匜，但却没有对它做出令人信服的训释。

依笔者拙见，居于本铭末尾的工具名词“匜”，位于副词“永”的后面，记录着一个动作，存在着工具名词亦即“体”与凭之施行的动作亦即“用”同称的可能性，可以先根据“（用＋工具名词＋工具名词）所表事物的功用”的模式来理解。[26]

我们所做的这种推测，也就是在铭末标明器物的功用这种体例，在西周金文中经常以套语“永宝用”“永保用”“永用”“永宝用之”“永保用之”“永用之”“用之”的形式出现。器物的这种“用”，除了在礼器铭文中经常体现得非常充分的“享”之外，还有其具体的记录，如同属西周中期的《邢叔鐘》（《集成》1.356）“鼓乐此鐘”与《瘐鐘》（《集成》1.244、245、246、247）“瘐其永宝日鼓”的“鼓”与“乐”。

自西周晚期之后，匜这种器物的功用开始在铭文中出现，如《叔穀匜》（《集成》16.10219）“万年用之”、《蔡叔季匜》（《集成》16.10284）“永宝用之匜”。

匜是一种盛水或酒的器具，形状如瓢而有鋬（相当于今天所说的抓手），其功用在于下注所盛的水或酒。《说文·匚部》：“匜，似羹魁，柄中有道，可以注水。”使用者执鋬注水以服事尊者。《仪礼·公食大夫礼》：“小臣具盘匜，在东堂下。”郑注：“为公盥也。公尊，不就洗。”其功用，在于沃盥。《左传·僖公二十三年》：“秦伯纳女五人，怀嬴与焉。奉匜沃盥，既而挥之。怒，曰：‘秦、晋，匹也，何以卑我？’公子惧，降服而囚。”《礼记·内则》：“父母舅姑之衣、衾、簟、席、枕、几不传；杖、屦祇敬之，勿敢近；敦、牟、卮、匜，非馂莫敢用。”郑注：“卮、匜，酒浆器。敦、牟，黍稷器也。”贾疏：“此一节论父母舅姑所服用之物，子妇不得辄用，所恒饮食之馔，不得辄食……卮，酒器也。匜，盛酒浆之器，故《春秋》僖公二十三年《左传》云‘怀嬴奉匜沃盥’，是也。”

匜可以盛酒，与盛酒礼器尊一致。尊为盛酒器。《说文·酋部》：“尊，酒器也。”又指盛酒。《仪礼·士冠礼》：“侧尊一甒醴，在服北。”郑注曰：“置酒曰尊。”《礼记·礼器》：“夫奥老妇之祭也，盛于盆，尊于瓶。”“尊”“盆”对举。孔颖达疏：“盛食于盆，盛酒于瓶。”

据前引《仪礼·公食大夫礼》可知，匜可以将所盛服事尊上。据史丧尊铭文“史丧乍丁公宝彝"可知，史丧尊的制作目的在于献酒于丁公，这正是服事尊上。这说明，史丧尊铭末的"匜"的功用，与该尊的制作目的完全一致。

至于本铭所载像用匜沃盥一样用尊沃酒献祭，可能是周代"缩酒"这一祭祀仪式的反映。《左传・僖公四年》提供了灌酒祭祀的信息："尔贡包茅不入，王祭不共，无以缩酒，寡人是征。昭王南征而不复，寡人是问。"杜注："包，裹束也。茅，菁茅也。束茅而灌之以酒为缩酒。"孔疏："《郊特牲》云：'缩酌用茅。'郑玄云：'泲之以茅，缩去滓也。'《周礼・甸师》：'祭祀，共萧茅。'郑兴云：'萧字或为茜，茜读为缩。束茅立之祭前，沃酒其上，酒渗下去，若神饮之，故谓之缩。缩，渗也。故齐桓公责楚不贡包茅，王祭不共，无以缩酒。'"

匜盛水时可以沃水，当然盛酒时也可以沃酒，虽然前者是为了盥。尊这一酒器在祭祀缩酒时"沃酒其上""灌之以酒"的行为方式恰恰与用匜沃水相似。因此，史丧尊铭的"匜"也就具有了"沃酒"或"灌酒"的意义。这大概正是史丧尊虽为酒器而却用水器匜实施"灌""沃"功用以实现向丁公献祭酒酌的原因。

如果前述关于史丧尊铭末"匜"的理解无误，则史丧尊铭文"其永匜"便可以理解为希望永远用它来通过灌沃的方式献祭酒酌。

注释

[1] 俞樾等：《古书疑义举例五种》，中华书局 1956 年版，第 63 页。

[2] 段玉裁：《说文解字注》，上海古籍出版社 1981 年版，第 258 页。

[3] 杨树达：《中国文法学小史》，湖南师范学院古汉语研究室，《古汉语论集》(1)，湖南教育出版社 1985 年版，第 349 页。

[4] 俞樾等：《古书疑义举例五种》，中华书局 1956 年版，第 165—166 页。

[5] 俞樾等：《古书疑义举例五种》，中华书局 1956 年版，第 64 页。

[6] 上海博物馆商周青铜器铭文选编写组：《商周青铜器铭文选》，中华书局 1986 年版，第 185 页。

[7] 陈梦家：《西周铜器断代》，中华书局 2004 年版，第 295 页。

[8] 郭沫若：《两周金文辞大系图录考释》，上海书店出版社 1999 年版，第 82 页。

[9] 杨树达：《积微居金文说》(增订本)，中华书局 1997 年版，第 11 页。

[10] 郭沫若：《兩周金文辭大系圖錄考釋》，上海书店出版社 1999 年版，第 151—152 页。

[11] 上海博物馆商周青铜器铭文选编写组：《商周青铜器铭文选》，中华书局 1986 年版，第 319 页。

[12] 吴镇烽：《商周金文资料通鉴》，2005 年版。

[13] 吴镇烽：《商周金文资料通鉴》，2005 年版。

[14] 张亚初：《殷周金文集成引得》，中华书局 2001 年版，第 113 页。

[15] 中国社会科学院考古研究所：《殷周金文集成释文》，香港中文大学中国文化研究所 2001 年版，第 254 页。

[16] 吴镇烽：《商周金文资料通鉴》，2005 年版。

[17] 张亚初：《殷周金文集成引得》，中华书局 2001 年版，第 113 页。

[18] 华东师范大学中国文字研究与应用中心：《商周金文数字化处理系统》，广西教育出版社 2003 年版。

[19] 吴镇烽：《商周金文资料通鉴》，2005 年版。

[20] 中国社会科学院考古研究所：《殷周金文集成释文》，香港中文大学中国文化研究所 2001 年版，第 254 页。

[21] 张亚初：《殷周金文集成引得》，中华书局 2001 年版，第 113 页。

[22] 金祥恒:《释盥》,《中国文字》(12);赵平安:《释易与匜——兼释史丧尊》,《考古与文物》1991 年第 3 期。

[23] 赵平安：《释易与匜——兼释史丧尊》，《考古与文物》1991 年第 3 期。

[24] 华东师范大学中国文字研究与应用中心：《商周金文数字化处理系统》，广西教育出版社 2003 年版。

[25] 金祥恒:《释盥》,《中国文字》(12);赵平安:《释易与匜——兼释史丧尊》,《考古与文物》1991 年第 3 期。

[26] 李义海：《文言文阅读理解模式概览》，中国青年出版社 2001 年版，第 69 页。

李义海，男，1968 年出生，河南人。闽江学院中文系教授、汉语国际教育研究所所长。

传承弘扬许慎文化　建设经典书香校园

张玉焕

河南省漯河市许慎小学

加强中华优秀传统文化教育，是运用现代教育手段增强中华文化影响力的现实需要，更是构建社会主义核心价值体系、有效推进未成年人思想道德教育和培养“四有”新人的重要任务。当前，在基础教育改革发展中，道德教育、素质教育、校园文化建设一直是重点、热点也是难点，以优秀传统文化为内容，以丰富活泼的形式开展教育教学活动，对学生人格塑造、道德修养、素质提升具有重要作用。在中华文化圣贤殿堂中，字圣许慎不仅以伟岸的人格受人们的敬仰，而且以其丰富的知识和深邃的思维，编撰了《说文解字》等经典著作成为中华文化宝库中的奇葩。作为地处许慎故里、以许慎冠名的学校，漯河许慎小学始终视传承许慎文化、培养时代新人为责任和使命，近年来为将许慎这位文字学家敦厚淳朴的人品、严谨治学的精神发扬光大，将以许慎为代表的汉字文化深深植根于学生心中，我们把“传承许慎文化，建设经典书香校园”作为立校之本，在打造特色学校方面进行了积极的探索与实践。

一　建设特色环境文化，营造人文素养氛围

校园环境的文化建设，如同一扇窗口，将学校的品味与特色展露无遗。传承许慎文化，打造经典书香校园，要求学校的环境文化必须凸显许慎文化精髓，融入汉文化的特点。大到学校的主体性、标志性建筑，小到角角落落、一草一木，都要使其成为无声的语言，倾吐浓郁的经典书香气息。

（一）突出汉文化特点

许慎所处的年代是东汉时期，为使学校环境具有汉文化的特点，我们对学校的教学楼进行了改造，仿照汉代建筑特点增添了楼檐，并改造了窗宇，使人们感到扑面而来的古韵，似乎听到了历史悠远的回声。为了让师生更好地了解许慎及其杰出贡献，我们建造了“字苑”文字大道，学校进大门的主甬道中间采用中国

红花岗岩铺就，每隔一块花岗岩即刻上汉字，这些汉字是从《说文解字》中挑选出来的典型字例，按照“六书”识字法进行排列，每块石板上刻一个汉字的多种字体，能够清楚地显示汉字的演变过程。“字苑”大道每时每刻都在彰显着汉字的神奇与魅力，诉说着许慎对中国文字做出的卓越贡献。我们还在学校标志性建筑——许慎像后雕刻了《说文解字·叙》书简。书简的底座采用天然红砂岩晚霞石，长10米，宽2米，重50吨，经上百年风化积淀而成，象征着许慎文化的博大与厚重。底座上面用汉白玉雕刻成书简形状，书简上镌刻着许慎的力作——《说文解字·叙》。雅致的汉白玉，精练流畅的文字，带给人美的享受。

（二）诗化美化校园

在突出汉文化特点的同时，我们十分注重校园环境的诗化和美化。校门北侧的“许慎文化传承基地”几个大字刻在巨石上，代表着全体师生传承许慎文化的决心。“字苑”大道的两侧，摆放着一些千姿百态的奇石，奇石上点缀着开启智慧的经典名句。学校教学楼上醒目地镌刻着“玉不琢，不成器，人不学，不知义”“博学之、慎思之、名辨之、笃行之”等经典名句。教学楼楼层之间悬挂着以学校的核心理念“淳笃、博学、向上、向善”为主题的格言、警句，还有一些历代文化名人和世界名胜古迹的图片。师生徜徉其中，品书香人生，悟生活情趣，与圣贤对话，和先哲交流……于潜移默化中便受到经典文化的熏陶。

校园东南角的英才园，散发着浓浓的文化气息。园内翠竹挺拔，象征着学生沐浴着师爱的阳光健康成长；桂树葱郁，象征着学校有各级领导、社会各界及广大家长的鼎力支持；藤萝环抱，象征着全校师生团结一致、向上向善的精神风貌。

二 营造诗意精神文化，植养学生人文气韵

“植养人文气韵，奠基诗化人生”。我校注重加强人文素养教育的软环境建设，使许慎学子真正传承许慎的人格光辉、治学精神，传承以许慎文化为代表的经典文化，让优秀传统文化根植养在学生心中。

（一）科学确立办学理念

我们结合许慎文化精神和“以人为本、全面发展、快乐成长”的办学宗旨，提出了“淳笃、博学、向上、向善”的核心办学理念。淳笃，即淳朴谦恭，笃志励行，传承许慎文化，延续六书字脉；博学，即博识多学，勤勉善思，丰厚知识

积淀，提升人文素养；向上，即团结向上，开拓创新，注重特色教育，构筑成长平台；向善，即自信友善，谦君若水，追求美好人生，营造和谐校园。为进一步激发广大师生弘扬许慎文化的热情，我们对校徽、校歌进行了科学设计。比如，校徽采用“许慎”二字音节第一个字母的变形做主题图，其中字母“x”灵动飞扬，象征着孩子们在翩翩起舞，突出学校鲜明的艺术教育特色；字母“s”则是一只艺术化的凤凰，取凤凰“吉祥”、“尊贵”及“百鸟朝凤”等寓意，象征着学校不断发展，勇立教学改革的潮头，始终走在教育战线的最前沿。校徽的中间还有一本展开的书卷，上面用小篆体书写的“许慎”二字，象征着学校崇尚读书，许慎文化将在校园播撒。

（二）扎实开展经典诵读

让校园弥漫书香，让心灵沐浴书香，不仅是对许慎文化最好的传承，更是为孩子的成长着想，为孩子的人生奠基！基于此，学校把营造经典书香校园列入工作重点，购置大量书籍增加校图书室藏书量，在教室设置书架并配置一定数量的图书，开展“我和书的故事”演讲比赛、“跳蚤书市”、“班级读书会”等一系列活动营造阅读氛围。坚持把经典诵读作为建书香校园的突破口，让经典文化如丝丝春雨浸润学生的心灵，丰富学生的精神世界。教师率先垂范，注重加强自身经典诗文积累。启动了教师读书学习系列工程，每学期开展“精读1—2本经典名著”活动，定期举行教师读书交流会，用教师自身良好的人文素养影响学生、带动学生。此外，我们还开展了“硬笔书法日日练”、“背诵百首古典诗词”活动，在教师中大练教学基本功，为落实经典诵读提供了有力保障。

（三）加强“开放式高效识字”研究应用

汉字教学是继承和弘扬民族传统文化的一项基础工程，是素质教育的重要组织部分，是小学语文教学的重要内容，更是许慎文化的集中体现。早在1978年学校就开始了识字教学，自编教材，依托“六书”特点进行“集中识字、提前阅读”的教学探索。1980年，在中央教科所张田若教授的亲自指导下，我们从儿童识字心理特点出发，结合汉字的组合规律，继续深化“六书集中识字”实验研究，取得了可喜的成果。其中，俞景娥老师撰写的论文《“集中识字”与“说文解字”》《“识字”字谜与智能开发》在第一届许慎国际研讨会上进行交流，受到了国内外专家的高度评价。在此基础上，我校于2010年5月申报了省教研室实验课题《小学低年级开放式高效识字教学研究》，现正处在积极实施阶段。

阅读和写作是识字教学的目的及延续。我校在阅读和写作教学方面也进行了许多探索。2001年1月正式启动的《充分发挥多媒体教学优势，培养学生快速阅读能力》省级课题实验研究，得到了北京华育素质教育研究中心顾建华教授、市电教馆、区教研室有关领导的大力支持和指导。本实验的开展使阅读教学另辟蹊径，从全新的角度教给学生快速阅读的方法，扩大阅读量，从而提高阅读习作水平。此课题2004年6月通过省专家组评审验收，顺利结题，荣获省电教馆科技成果二等奖。2003年10月，国家“十五”规划课题《新课程语文个性化阅读教学实验研究》也全面展开，21个实验班参与，21位经验丰富、业务能力较强的实验教师组成的课题组。此课题着重探索“如何让阅读成为个性释放的过程，让课堂成为学生张扬个性的舞台，真正提高学生阅读的质量”。经过四年的探索研究，2007年9月这一课题也顺利结题，并被中央教科所评为科技成果一等奖。1994年在业务校长闫大生的主持下，我校就已经开展了《作文课型的探索》实验研究，并将成果推广到课堂作文教学中。2010年5月，由省教研室立项的实验课题《小学个性化作文的教学研究》又将注重学生的主体个性放到了首位，致力提高学生的习作能力。目前，在业务校长左素华和年级主任唐丽惠的带领下，实验组教师已积极投身课题研究中。

（四）积极研发校本课程

为使许慎文化的传承更加有的放矢，学校组织一批骨干教师进行校本课程的研发，将传承许慎文化纳入教学过程中。校本课程按年级进行研发，内容为“了解许慎、汉字教学、经典文化、习惯养成”四个方面。“了解许慎”主要放在一年级，用深入浅出的语言及生动浅显的故事使刚入学的孩子了解许慎的精神及贡献，从而为自己是许慎小学的学生而感到自豪。“汉字教学”主要放在一、二年级，精选一些典型字例用有趣的图案和文字剖析字理，使学生对“六书识字法”有深刻的印象。“经典文化”一年级到六年级都有渗透，由浅入深，涉及《三字经》、《百家姓》、《千字文》、《论语》、《增广贤文》、唐诗、宋词、元曲及有代表性的古文等方面的内容，旨在让经典浸润学生，让学生读“千古美文”、做“少年君子”。“习惯养成”部分分年级编写，突出故事性、趣味性，全面促进学生各项行为习惯的养成，提升学生的个人修养。同时，我们还利用家加校模式，定期把家长请进来，让家长也了解学校办学特色，了解许慎文化，使许慎文化走进学校，走出校园，走向社会，让许慎文化传承基地名副其实。

（五）坚持办好许慎文化艺术节

为弘扬许慎文化，培养学生的文化艺术鉴赏力和创造力，我校每两年举办一次以“承传许慎文化、构建特色校园”为主题的文化艺术节。艺术节期间围绕“传承许慎文化”开展系列活动。其中文化类活动有：演讲比赛、写作大赛、手抄报比赛、古诗文诵读比赛、校本公开课比赛、书写规范字比赛、英语小话剧比赛等；艺术类活动有：书法绘画百米长卷现场作品赛、手工作品赛、器乐比赛、声乐比赛、舞蹈比赛、相声小品赛等；科技类活动有：科技作品赛、电脑小能手选拔赛、航模赛等；体育类活动有：田径赛、乒乓球赛、羽毛球赛等。一幅幅画，一架架飞机，放飞的是一片片理想，升起的是一片片希望。一本本作文集记录了孩子的点滴进步，留下了童年美好的回忆。通过举办文化艺术节，使广大学生在活动中锻炼自我、发展自我，全面提高了学生的文化艺术素养。

（六）精心办好校刊校报

校刊和校报是学校精神文明建设的重要平台，办好校刊和校报，既可以架起师生全方位交流的桥梁，搭起师生展示自我的舞台，又可以承载崇文博文的校风之舟，构建至美至真的许慎小学文风，让家长和社会各界更好地了解学校。因此，我校十分重视校刊和校报，由学校领导直接负责，聘请学校文笔最好的老师担任编辑，多方采稿，专人组稿，定期出版。我校的校刊校报推出后，收到了良好的社会效应。

三　收获和憧憬

一所学校的精彩在于办学特色的追求与创造，在于生命理念的尊重与执行。由于我校历史悠久，底蕴深厚，管理严谨，质量突出，先后荣获中央教科所课题实验先进学校、全国德育先进学校、全国“红旗大队”、省现代教育技术实验学校、省中小学校长培训基地，省文明学校、省青少年科技教育示范学校、省艺术教育特色学校，漯河市窗口学校等荣誉称号，特别是今年被确定为许慎文化传承基地，成为我校传承许慎文化，打造经典书香校园的新标志和里程碑。

学校特色是一个学校的个性，学校精神是学校文化之魂，秉承学校精神，创办让群众满意、让领导放心、让学生终身受益的特色学校，更是一种责任和使命。我们将用全部的智慧和力量实施文化熏陶战略，以本届许慎文化国际研讨会为新契机，以许慎小学揭牌为新起点，进一步传承弘扬许慎文化，致力打造经典书香校园，让中华优秀传统文化在许慎小学发扬光大，尽情书写学校发展的精彩、学生成长的精彩。

张玉焕，女，1971 年出生，河南漯河人。漯河市许慎小学校长。主要从事教学管理和许慎文化普及工作。

跋

朱小健

案头上,《许慎文化研究（二）——第二届许慎文化国际研讨会论文集》清样，厚厚的，900余页，其中有些文章所论在研讨会上已听过作者的报告，也有的因当时不在同一分会场未能聆听只读过初稿，如今再读经作者修改过的定稿，3年前参加会议的情景宛在眼前：会场内，专家学者的话题固然围绕许慎经学、字学展开你议我和，开幕式上热情民众积极参与拉歌此起彼伏也让各方学者体味着中原民风;会场外呢？街头巷尾路边村口随处可见“字圣文化”标语彩幌迎风招展，沙河旁洁净步道树荫下居民三三两两听着音乐手捧书本安逸阅读，许慎小学里少先队员手握笔管所书横平竖直有模有样，六书广场上时见年轻父母与孩子一起辨认碑刻文字……会内会外，扑面而来的尽是文化生活。

文化,是一个民族的精神家园,灵魂所在。每一方水土又都有自己文化的特色,活泼泼地在漯河闹市乡间流淌的，是许慎文化。

许慎文化，我们今天来看，至少有三方面特点值得注意。

一是对本民族文化传承的担当意识。许慎所处的时代，“博学经籍”是知识分子的普遍追求，而“以《五经》传说臧否不同，于是撰为《五经异义》”的，则唯有许慎。无论古文经学还是今文经学,《五经》所记所述主要都是古圣先民处理人与人、人与社会、人与自然关系的理念事迹。而我们今天能见到的《五经异义》，其所论条目基本都与古代礼制名物相关。礼制名物，是具象的民族文化。它既由人类生存需要而生（任何礼制仪规都有其初始尚未成“制”时的生活实际功用),更反映着人类对把握自身命运的追求(成为仪规的“礼”与化作民风的“俗”都体现着文明的进步与觉醒)。是许慎关注者，正为中华民族文化的传承。文化的传承，可以通过前辈榜样被后代援例来自行明示，也需借助先觉阐释以晓后学而得到承嗣，后者较前者更具理据明确的优势，为更有效的传承。中华民族有慎终追远的传统，注重阐释，注重传承，本身是中华文化的独特性之一。只有讲清本民族文化，才能传承本民族文化。许慎细致辨明这些礼制名物的歧说异义，既符合这些具象的文化传承之需，更体现出一份文化担当。许慎又曾撰《古文孝经说》一篇。“孝弟也者，其为仁之本与！”孝乃儒学伦理的根本，也是修齐治平的发端。许慎撰此篇，可知其于伦理之重视，于经学社会价值之用心。其治经说字，并非为学术而学术，要在阐释传承文化。正因为有这样的追求才能达到时代学术成就高峰，“五经无双”，盖有以也。在世风浮躁、传统文化相对薄弱的当下，许慎的这份担当尤为可贵。我们都应像许慎那样主动负起自己学习中华文化、传播中华文化、参加建构中华文化的责任。

二是对世事万物无止境的探究精神。陆宗达先生说许慎所著《说文解字》“真称得上是一部汉代的百科全书”[①]，固然是因为它“六艺群书之诂，皆训其意，而天地、鬼神、山川、草木、鸟兽、昆虫，杂物、奇怪、王制、礼仪、世间人事，莫不毕载”。而其解释中蕴涵的对人类本身和外部世界万物的精细探求，于我们今天振兴中华文化亦有重要启示。许慎对文字的说解，吸取了前人的研究成果，“创立了汉民族风格的语言学”[②]。所谓汉民族风格的语言学，一个重要的方面就是它解释汉语言文字的办法。这些办法，在《说文解字》里，主要体现为互训、义界、推因。互训，是用两个意义相同相近的词互相解释，它反映了人们对词际同义关系的认识，体现着人类认识未知世界的类推能力；义界，是用一串词一句话来说明词义，它反映了人们对事物概念的特征及不同事物概念之间差异的认识，体现着人类考察客观世界的辨析能力；推因，是沟通声音相同相近的语词来探求词义的所以然，它反映了人们对词义关联和音义相依本质的认识，体现着人类把握世界体系的联想创造能力。关注身居其中的世事万物，探究汉语字词得名运用的缘由奥秘，由前人创立经许慎纯熟运用而形成的汉民族语言学解释词义的这些办法，本身就是中华民族最深沉精神追求的产物。

三是载疑阙疑尊重真理的求是原则。文献语言的解说，字典辞书的编纂，都要围绕两个目标展开，其一是满足读者学习的需求，其二是符合语言本体的实际。这就要求编纂者既要有精深的学术造诣又要有求实的精神，而后者至关重要。要满足读者学习需求，不仅要对知识理据给以正确阐释，还要使这种阐释以读者乐于接受易于感知的方式呈现。要符合语言本体的实际，就不仅要注重师承（这是

①陆宗达：《说文解字通论》，北京出版社 1981 年版，第 11 页。

②同上书，第 6 页。

汉代学者的风气，于文化传承亦有正面作用），更要尊重真理。许慎认为“《五经》之道昭炳光明，而文字者其本所由生”，“圣人不空作，皆有依据”，他解说遵循的原则就是言而有据。他“博问通人，考之于逵”，努力探究，多方求证，无论是引用刘歆、郑兴、杜林、卫宏、班固、徐巡之说，还是直接求教于贾逵，都是为了说解符合语词文字实际。马融推敬他“性淳笃”，也是对许慎求实精神的肯定。与一些经学家、哲学家脱离民众不同，许慎的经学字学适应人们的需求，故其书一出即产生广泛影响，且一直为后人所重。这一点于今天汉语汉字文化在全球传播亦有重要价值，如何用异国他族习惯接受的形式讲好中国故事，从许慎文化可得借鉴。

以上关于许慎文化三方面特点的认识，正实是拜读论文集所得。这本文集中的论述所及，无论是《说文》与文化、《说文》的价值、国内外《说文》研究状况、他书引《说文》情况、《说文》与《尔雅》对比、《说文》与汉字教学、《说文》与汉字规范，还是许慎的经学、许慎的礼学，总体上都围绕以上三方面展开，并都有所创获。这些成果结集出版，当然会流传四方。漯河的同人送来《文集》清样，并告诉我第三届许慎文化研讨会已在筹备之中，实在是令人兴奋的事。遵命写下自已读文集后心得，相信许慎文化必将乘中华文化振兴之风发扬光大，我们期盼着。

2014年6月2日

朱小健，北京师范大学文学院教授、博士生导师。中国训诂学研究会会长、商务印书馆《汉语世界》杂志主编。主要从事训诂学理论、训诂学史和“说文学”等方面的教研工作。

编后记

为弘扬汉字文化，传承许慎精神，2010年10月26日至28日在许慎故里——河南省漯河市举办了“第二届许慎文化国际研讨会”。本次研讨会由国家语言文字工作委员会、中国文字学会、中国训诂学研究会、河南省政府主办，河南省语言文字工作委员会、河南省教育厅、河南省文字学会、中共漯河市委、漯河市人民政府承办，来自英国、法国、韩国、日本、德国、美国及中国香港、中国台湾等19个国家和地区，54所海内外知名高校的130多名文字学、训诂学、音韵学、经学、辞书学等方面的专家学者参加了会议，并在大会上交流了许慎文化研究的最新成果。请香港区旗、区徽设计最高奖获得者肖红先生设计了许慎文化国际研讨会会徽，著名书法家欧阳中石先生题写了“许慎文化国际研讨会”会名。研讨会期间，举办了主题报告会、专题研讨会、“许慎与中华文化”名家访谈、许氏宗亲座谈会、书法名家许慎文化作品展及笔会、筹建辞书博物馆论证会和许慎文化园开园仪式等一系列重要活动，这些活动对许慎文化的研究、保护、宣传、推广起到了积极的促进作用。

此次研讨会共收到学术论文90余篇，经有关专家筛选，本论文集收录论文71篇，约100万字，现予结集出版。在编辑出版过程中，得到了中国文字学会、中国训诂学研究会、河南省文字学会诸多专家及省、市有关部门的大力支持和无私帮助，也得到了与会专家学者的积极响应。第九届、十届全国人大常委会副委员长许嘉璐先生百忙中修改了其在开幕式上的讲话稿作为论文集序言；中国训诂学研究会会长朱小健先生为论文集撰写跋文；中国社会科学出版社任明先生为论文集进行了编排、校对。谨在论文集即将付梓之际一并表示衷心的感谢。

囿于编者水平，疏漏之处在所难免，诚请读者批评指正。

编　者

2014年6月